DICTIONNAIRE DE L'ANGLAIS ÉCONOMIQUE, COMMERCIAL ET FINANCIER

Nouvelle édition

Sommaire

PRÉSENTATION

Ce dictionnaire veut être non seulement un ouvrage de référence pour les spécialistes, mais aussi un manuel accessible à tous ceux qui se trouvent, sans spécialisation préalable, confrontés au vocabulaire du commerce et de l'économie dans sa langue de plus grande diffusion, c'est-à-dire l'anglais.

Pour remplir ce double objectif, cette nouvelle édition du *Dictionnaire de l'anglais économique et commercial* offre les caractéristiques suivantes :

COMPLET, il couvre tous les domaines : production, distribution, consommation, publicité, relations industrielles, comptabilité, finance, droit, informatique, etc. Il comporte dans chaque sens (Anglais-Français et Français-Anglais) environ 40 000 entrées, soient près de 80 000 mots et expressions.

ACTUEL, il intègre la terminologie liée à l'évolution des techniques (« microprocesseurs », « enrichissement des tâches », « affacturage », « cercles de qualité », « bureautique », etc.).

PRÉCIS, il indique les variantes britanniques et américaines chaque fois qu'il y a lieu.

FACILE A MANIER, grâce au respect de l'ordre alphabétique strict et à la multiplication des entrées.

IL RÉPOND AUX BESOINS DES NON-SPÉCIALISTES EN ANGLAIS, en présentant trois originalités par rapport à la plupart des dictionnaires commerciaux et économiques existants :

1. Il donne le *sens général* des mots en plus de leur sens purement commercial ou économique, car, même dans un contexte spécialisé, un mot aura souvent son *sens général* plutôt que son *sens technique.*

Par ailleurs, la connaissance de l'idée directrice suggérée par un mot servira à mieux comprendre ses variations potentielles de sens dans tel ou tel contexte.

2. Il inclut des expressions qui, sans être spécifiquement commerciales ou économiques, sont souvent employées en relation avec ces domaines, en particulier dans la *langue des médias,* à laquelle nous avons voulu faire une large part.

3. Il fournit la traduction d'un certain nombre de locutions, formules de liaison ou liens grammaticaux de grande fréquence.

Ajoutons enfin que le lecteur trouvera dans cet ouvrage :
• une table de prononciation ;
• des listes des principaux sigles et abréviations en anglais et en français ;
• des tables de correspondance (Poids et Mesures, etc.) ;
• des indications sur la présentation d'une lettre commerciale.

■ *CONSEIL D'UTILISATION POUR LA PARTIE FRANÇAIS-ANGLAIS :*
Lorsque plusieurs termes anglais sont proposés pour le même mot français, vérifier leur signification exacte en consultant la section Anglais/Français. Cette utilisation croisée constitue une garantie nécessaire, car il existe peu de vrais synonymes. Elle permettra de faire le bon choix en fonction du contexte.

TABLE DE PRONONCIATION

La prononciation des mots du DICTIONNAIRE DE L'ANGLAIS ÉCONOMIQUE ET COMMERCIAL est indiquée par des symboles entre crochets [ ]. Ces symboles sont ceux du système de l'Association Phonétique Internationale (A.P.I.).

Pour en tirer parti, rappelez-vous que :

• Toute lettre symbole doit être prononcée, par exemple l'anglais *contract* se transcrit ['kɔntrækt] : les consonnes finales *c* et *t* sont prononcées.

• Une apostrophe ' précède la syllabe qui porte un accent tonique.

Si vous ne connaissez pas les symboles de l'A.P.I., reportez-vous à la table de prononciation ci-dessous.

Voyelles courtes	Voyelles longues
[i] *pit*, un peu comme le "i" de "site"	[i:] *meet* [mi:t] cf "i" de "mie"
[æ] *flat*, un peu comme le "a" de "patte"	[a:] *farm* [fa:m] cf "a" de "larme"
[ɔ] *not*, un peu comme le "o" de "botte"	[ɔː] *board* [bɔːd] cf "o" de "gorge"
[u] *put*, un peu comme le "ou" de "coup"	[u:] *cool* [ku:l] cf "ou" de "mou"
[e] *lend*, un peu comme le "è" de "très"	[əː] *firm* [fəːm] cf "e" de "peur"
[ʌ] *but*, entre le "a" de "patte" et le "eu" et "neuf"	
[ə] jamais accentué, un peu comme le "e" de "le"	

Semi-voyelle : [j] *due* [dju:], un peu comme "diou…"

Diphtongues (voyelles doubles)

[ai] *my* [mai], cf "aïe !"	" caoutchouc"
[ɔi] *boy* [bɔi], cf "oyez !"	[əu] *no* [nəu] cf "e" + " ou"
[ei] *blame* [bleim] cf "eille" dans "bouteille"	[iə] *here* [hiə] cf "i" + " e"
[au] *now* [nau] cf "aou" dans	[ɛə] *dare* [dɛə] cf "è" + " e"
	[uə] *tour* [tuə] cf "ou" + " e"

Consonnes

[θ] *thin* [θin], cf "s" sifflé entre les dents)	[ŋ] *bring* [briŋ], cf "ng" dans (langue "ping-pong"
[ð] *that* [ðæt], cf "z" zézayé entre les dents)	[ʒ] *measure* ['meʒə], cf le "j" de (langue "jeu"
[ʃ] *she* [ʃi:], cf "ch" de "chute"	[h] le *h* se prononce ; il est nettement expiré.

Abréviations

adj.	*adjectif*
adv.	*adverbe*
G.B.	*Grande-Bretagne*
Jur.	*Juridique*
n.	*nom*
n.f.	*nom féminin*
n.m.f.	*nom masculin/féminin*
p.p.	*participe passé*
p. passé	*participe passé*
p. présent	*participe présent*
U.S.	*United States*
v.	*verbe*

ANGLAIS-FRANÇAIS
ENGLISH-FRENCH

A

AAA bond, obligation de premier ordre.

A-1 [ei wʌn] *adj.* excellent. *A-I at Lloyd's,* excellent (techniquement : navire de 1ʳᵉ classe dans le classement du Lloyd).

abandon [ə'bændən] *v.* **1.** abandonner ; quitter. **2.** *Assur. :* faire délaissement aux assureurs. **3.** *Jur. :* renoncer à. *To abandon a claim,* renoncer à une demande, plainte.

abandonment [ə'bændənmənt] *n.* **1.** *Assur. marit. :* délaissement, désistement. **2.** *Jur. :* retrait (d'une plainte, etc.). **3.** désinvestissement. *Abandonment value,* valeur résiduelle.

abate [ə'beit] *v.* **1.** diminuer. **2.** *Jur. :* annuler, abolir, rendre nul et non avenu.

abatement [ə'beitmənt] *n.* **1.** rabais, remise, réduction. **2.** *Jur. :* annulation.

abattoir ['æbətwa:r] *n.* abattoir.

abbreviate [ə'bri:vieit] *v.* abréger.

abbreviation [ə'bri:vi'eiʃən] *n.* abréviation ; sigle.

A.B.C. ['eibi:'si:] indicateur des chemins de fer (G.B.) ; guide.

abet [ə'bet] *v.* **1.** soutenir. **2.** être complice.

abettor [ə'betə] *n.* complice.

abeyance [ə'beiəns] *n.* suspension, souffrance. *To fall into abeyance,* tomber en désuétude.

abide by [ə'baid] *v.* se conformer à, respecter.

ability [ə'bility] *n.* capacité, aptitude.

aboard [ə'bɔːd] *adv.* à bord.

abolish [ə'bɔliʃ] *v.* abolir, abroger.

abolishment [ə'bɔliʃmənt] *n.* abolition.

abolition *n.* abolition.

abort *v.* **1.** avorter ; échouer. **2.** annuler (un projet en cours, une action commencée).

abortion *n.* avortement, échec.

abortive *adj.* avorté, manqué, sans résultat.

abound *v.* abonder.

about [ə'baut] *adv.* et *prép.* **1.** environ **2.** au sujet de. **3.** *Bourse : Order given at an about price,* ordre donné à un cours environ.

above [ə'bʌv] *adv.* ci-dessus, au-dessus de. *Above board,* honnête, loyal, franc. *Above-mentioned,* sus-mentionné. *Above quota,* hors contingent. *Above the line,* (recettes et dépenses) courantes, ordinaires.

above par, au-dessus du pair.

abreast of [ə'brest] au courant de, informé de, au courant de l'évolution de.

abroad [ə'brɔːd] *adv.* à l'étranger.

abrogate ['æbrəugeit] *v.* abroger, annuler.

abrogation [ˌæbrəu'geiʃən] *n.* abrogation.

absence ['æbsəns] *n.* absence. *Leave of absence,* congé. *Absence of consideration,* défaut de provision.

absentee [æbsən'ti:] *n.* absent.

absenteeism [æbsən'ti:izəm] *n.* absentéisme.

absentia (in), par contumace.

absorb [əb'sɔːb] *v.* absorber.

abstain [əb'stein] *v.* s'abstenir.

abstention [əb'stenʃən] *n.* abstention.

abstract ['æbstrækt] *n.* abrégé, résumé.

abstraction [æb'strækʃən] *n.* **1.** abstraction. **2.** détournement, vol.

abundance [ə'bʌndəns] *n.* abondance.

abundant [ə'bʌndənt] *adj.* abondant, ample.

abuse [ə'bju:s] *n.* **1.** abus, excès. *Abuse of confidence,* abus de confiance. *Abuse of position,* abus de pouvoir. *Abuse of trust,* prévarication. **2.** injure, insulte, mauvais traitement. **3.** *Jur. :* viol.

academic [ækə'demik] *n.* universitaire.

academic *adj.* universitaire ; académique ; théorique, abstrait. *Academic freedom,* franchises universitaires ; liberté d'enseigner.

accelerate [æk'seləreit] *v.* accélérer, précipiter.

accelerated [æk'seləreitid] *adj.* accéléré. *Accelerated depreciation,* amortissement accéléré. *Accelerated redemption,* remboursement anticipé.

acceleration [ækselə'reiʃən] *n.* accélération. *Acceleration clause,* clause de remboursement anticipé (en cas de défaillance du débiteur).

accept [ək'sept] *v.* accepter. *To accept a bill,* accepter une traite.

acceptable [ək'septəbl] *adj.* acceptable.

acceptance [ək'septəns] *n.* acceptation. *General acceptance,* acceptation sans réserve. *Qualified acceptance,* acceptation conditionnelle, sous réserve. ~ *in lieu,* dation.

accepting [ək'septiŋ] *n.* acceptation.

accepting house (G.B.), maison d'acceptation (banque d'affaires spécialisée dans l'acceptation des traites).

acceptor [ək'septə] *n.* accepteur, tiré.

access ['ækses] *n.* 1. accès ; abord ; liberté, droit de passage. 2. *Jur. :* rapport sexuel. 3. Parlement britannique : entrée en session.

access *v.* (inf) avoir accès à. *To access data,* obtenir les données.

access panel, panel élargi.

access charge, abonnement, frais de souscription (à un service), frais d'accès (à un réseau).

access code, code d'accès.

accessibility [ək,sesə'biləti] *n.* accessibilité.

accessible [ək'sesəbl] *adj.* accessible, d'accès facile.

accession [æk'seʃən] *n.* 1. accession, accès ; admission, entrée en possession, en fonction. 2. adhésion. 3. acceptation, accord, fait d'accéder à une demande. 4. accroissement, augmentation.

access number, code d'accès.

accessory [æk'sesəri] *n.* 1. accessoire. 2. *Jur. :* complice.

access provider, fournisseur d'accès.

accident ['æksidənt] *n.* accident, sinistre. *Accident insurance,* assurance-accidents. *Accident-on-the-job,* accident du travail.

accidental [æksi'dentl] *adj.* 1. accidentel, occasionnel. 2. accessoire, subsidiaire.

accident in the workplace, accident du travail.

accommodate [ə'kɔmədeit] *v.* 1. loger, héberger ; contenir ; recevoir, accueillir. *The hotel can accommodate 500 people,* l'hôtel peut loger 500 personnes. *The harbour can accommodate 40 ships,* le port peut recevoir 40 navires. 2. rendre service, obliger ; fournir/procurer à quelqu'un ce dont il a besoin.

accommodating [ə'kɔmədeitiŋ] *adj.* serviable, obligeant.

accommodation [əkɔmə'deiʃən] *n.* 1. logement, hébergement, accueil. *Accommodation provided,* facilités de logement. 2. aménagement(s), installations. 3. accommodement, arrangement, règlement ; complaisance. *Accommodation bill,* traite de complaisance.

accommodation bill *n.* traite de complaisance.

accordance [ə'kɔːdəns] *n.* accord, conformité. *In accordance with,* conformément à. *In accordance with your instructions,* selon vos instructions.

according to [ə'kɔːdiŋ] *adv.* selon, d'après.

accordingly [ə'kɔːdiŋli] *adv.* en conséquence.

account [ə'kaunt] *n.* 1. compte, considération. *Of some account,* de quelque importance. *Of no account,* sans importance. *On account of something,* à cause de, en raison de quelque chose. *On every account,* sous tous les rapports. *On one's own account,* de sa propre initiative, de son propre chef, de soi-même, à titre personnel. *On somebody's* *account,* pour le compte de quelqu'un. *To take into account,* prendre en considération. **2.** récit, relation, narration, dires, version des faits. **3.** Compte (bancaire). *To open an account with a bank,* ouvrir un compte en banque. **4.** compte (comptabilité). *To audit an account,* vérifier un compte. **5.** liquidation (bourse), à terme. *Account day,* jour de liquidation. *Dealings for the account,* transactions à terme. **6.** *Pub. :* budget d'annonceur (géré par agence) ; par ext. de sens : client, clientèle. *Account executive,* responsable de publicité. **7.** *On account,* en compte, à valoir.

accountability [əkauntə'biliti] *n.* responsabilité.

accountable [ə'kauntəbl] *adj.* **1.** responsable ; comptable ; redevable. **2.** explicable.

accountancy [ə'kauntənsi] *n.* **1.** métier de comptable, d'expert comptable. **2.** comptabilité, tenue des livres.

accountant [ə'kauntənt] *n.* comptable. *Chief accountant,* chef comptable. *Chartered accountant,* expert comptable (G.B.). *Certified public accountant* (C.P.A.) (U.S.), expert comptable.

account current *n.* compte courant.

account director *n.* chef de groupe (agence de publicité).

account executive *n.* **1.** *(sens large)* responsable de la gestion du compte d'un client. **2.** chef de publicité, responsable d'un budget publicité.

account for (to) *v.* **1.** rendre compte, justifier. **2.** représenter, constituer.

account holder, titulaire/détenteur d'un compte.

accounting [ə'kauntiŋ] *n.* comptabilité. *Cost accounting,* comptabilité analytique d'exploitation.

accounting department *n.* département comptable, département comptabilité, service comptabilité.

accounting firm, cabinet d'expertise comptable, cabinet d'audit.

accounting period *n.* exercice comptable.

accounts [ə'kaunts] *n.* comptes, comptabilité. *The accounts department,* le service de la comptabilité.

accounts payable *n.* compte fournisseurs, poste fournisseurs, fournisseurs (au passif d'un bilan).

accounts receivable *n.* compte clients, poste clients (bilan) ; créances.

accredited [ə'kreditid] *adj.* **1.** accrédité. **2.** validé, reconnu. *Accredited courses,* cours validés (pour l'obtention d'un diplôme universitaire).

accreditive [ə'kreditiv] *adj.* accréditif.

accreditor [ə'kreditə] *n.* (U.S.) donneur d'ordre.

accretion [æ'kri:ʃən] *n. Jur. :* accroissement, majoration d'héritage.

accrual *n. Comptab :* spécialisation des exercices.

accrual(s) [ə'kru:əlz] *n.* **1.** charges à payer. **2.** entrées/apports de fonds ; produits à recevoir. **3.** accumulation des intérêts. **4.** *Comptab : Accruals principle,* indépendance des exercices, séparation des exercices.

accrual basis accounting, comptabilité d'engagements.

accrue [ə'kru:] *v.* courir, s'accumuler. *Interest which accrues from January 1st,* intérêts qui courent depuis le 1ᵉʳ janvier.

accrued expenses, charges à payer.

accrued income, produits à recevoir.

accrued interest [ə'kru:d 'intrist] *n.* intérêt couru, intérêt accumulé, intérêts échus mais non versés.

accrue from *v.* provenir de.

accrue to *v.* revenir à (intérêt, somme, etc.).

accruing [ə'kru:iŋ] *adj.* **1.** à échoir, couru, qui court. **2.** *Jur. :* afférent.

accumulate (to) [ə'kju:mju'leit] *v.* accumuler. *Accumulated earnings,* excédent d'exploitation, bénéfices non répartis.

accumulation [ə'kju:mju'leiʃən] *n.* accumulation.

accuracy ['ækjurəsi] *n.* exactitude, précision.

accurate ['ækjurit] *adj.* exact, juste.

accused [ə'kju:zd] *adj.* accusé.

accused *n.* accusé.

achieve [ə'tʃi:v] *v.* réaliser, exécuter, mener à bien, atteindre, parvenir, obtenir.

achiever *n.* personne qui réussit.

achievement [ə'tʃi:vmənt] *n.* réalisation, accomplissement, réussite. *Technical achievement,* réussite technique.

acknowledge [ək'nɔlidʒ] *v.* 1. reconnaître, admettre. 2. (lettre, etc.) accuser réception de.

acknowledgement : voir **acknowledgment.**

acknowledgment, acknowledgement [ək'nɔlidʒmənt] *n.* 1. constatation (des faits), reconnaissance. *In acknowledgment of his services,* en remerciement de ses services. 2. reçu, récépissé, reconnaissance ; accusé de réception ; quittance (d'un paiement). *Acknowledgment by return,* accusé de réception par retour du courrier. *Acknowledgment of a debt,* reconnaissance de dette. *Acknowledgment of receipt,* accusé de réception. 3. *Jur. :* aveu.

acknowledgments, acknowledgements *n.* remerciements.

acknowledge receipt *v.* accuser réception de. *We acknowledge receipt of your letter,* nous accusons réception de votre lettre.

acquaint [ə'kweint] *v.* informer, mettre au courant.

acquaintance [ə'kweintəns] *n.* 1. connaissance (d'un domaine). *His acquaintance with this sector,* sa familiarité avec ce secteur. 2. relations (avec quelqu'un). *Our long acquaintance with this firm,* nos relations de longue date avec cette entreprise. 3. (personne de) connaissance, relation.

acquest [æ'kwest] *n. Jur. :* acquêt.

acquire [ə'kwaiə] *v.* acquérir.

acquisition [ækwi'ziʃən] *n.* acquisition, (r)achat, reprise. *Mergers and acquisitions,* (M & A), fusions et acquisitions.

acquit [ə'kwit] *v.* acquitter, payer, régler.

acquittal [ə'kwitl] *n.* 1. acquittement (d'une dette). 2. *Jur. :* acquittement, relaxe. 3. quitus.

acquittance [ə'kwitəns] *n.* acquitement, décharge.

acre ['eikə] *n.* acre (environ 40 ares).

acronym ['ækrəunim] *n.* sigle.

across-the-board *adj.* général, uniforme. *An across-the-board increase,* une augmentation uniforme ; augmentation étendue à tout un secteur industriel.

act [ækt] *n.* 1. acte, action. 2. loi.

acting *adj.* faisant fonction de ; intérimaire.

action ['ækʃən] *n.* 1. procès, poursuite. *To bring an action against somebody,* intenter un procès contre quelqu'un. *To take legal action against somebody,* intenter un procès contre quelqu'un. 2. *Industrial action,* grève, conflit du travail. *To take industrial action,* faire grève.

actionable ['ækʃənəbl] *adj.* donnant lieu à procès, à poursuites.

active ['æktiv] *adj. Active bond,* obligation à revenu fixe. *Active debt,* dette active. *In active employment,* en activité. *Active partner,* associé actif, associé gérant, commandité.

act of God [ækt əv gɔd] cas de force majeure.

act of war [ækt əv wɔ:] fait de guerre.

actual ['æktjuəl] *adj.* réel, vrai, véritable, authentique, effectif ; disponible.

actuals [ˈæktjuəlz] *n.* **1.** *Comptab. :* chiffres réels. **2.** *(bourse de marchandises)* marchandises livrables, disponibles. **3.** *(cours)* prix effectif auquel un courtier ou agent de change achète ou vend (par opposition aux estimations).

actuary [ˈæktjuəri] *n. Assur. :* actuaire.

actuate [ˈæktjueit] *v.* actionner, mettre en mouvement, commander (machine). *Hand-actuated,* à commande manuelle.

acumen [əˈkjumən] *n.* finesse, sens. *Business acumen,* sens des affaires.

acute [əˈkjuːt] *adj.* aigu, sévère. *An acute shortage of raw materials,* un manque aigu de matières premières.

ad [æd] *n.* annonce publicitaire. *Reading the ads,* lecture des petites annonces. *To run an ad in a newspaper,* faire passer une petite annonce dans un journal.

Ad Alley. Voir **Madison Avenue.**

add [æd] *v.* ajouter, additionner, totaliser.

added value tax [ˈædidˈvælju: tæks] *n.* taxe sur la valeur ajoutée (T.V.A.).

addendum [əˈdendəm] *n.* additif, ajout, supplément, addition ; plur. : addenda.

adding machine [ˈædiŋ məˈʃiːn] *n.* totalisatrice, additionneuse.

addition [əˈdiʃən] *n.* addition, complément.

additional [əˈdiʃənəl] *adj.* complémentaire, additionnel, supplémentaire, auxiliaire.

additive [ˈæditiv] *n.* additif. *Authorized additive,* additif autorisé.

add-on, accessoire, matériel complémentaire (pour ordinateur).

address [əˈdres] *n.* **1.** adresse. **2.** discours, allocution. *Public address system,* sonorisation.

address *v.* **1.** adresser. **2.** s'adresser à. **3.** traiter (un problème).

addressee [ædreˈsiː] *n.* destinataire.

addresser [əˈdresə] *n.* expéditeur.

addressing machine *n.* machine à adresser.

add up *v.* **1.** additionner, totaliser. **2.** se monter à, se chiffrer à, totaliser. *The expenses add up to* $ 725, les frais se montent à 725 dollars.

adequacy [ˈædikwəsi] *n.* adéquation, conformité, congruité ; suffisance, juste proportion, justesse.

adequate [ˈædikwit] *adj.* adéquat, conforme, proportionné, juste, suffisant.

ad hoc [ˈædˈhɔk] ad hoc. *Ad hoc committee,* commission ad hoc.

ad interim [ədˈintərim] par intérim.

adjacent [əˈdʒeisənt] *adj.* adjacent, contigu, attenant, voisin, limitrophe. *Adjacent owner,* riverain. *Adjacent parts of an estate,* tenants et aboutissants.

adjourn [əˈdʒəːn] *v.* **1.** ajourner, différer. **2.** s'arrêter, suspendre son activité. *The board adjourned,* le conseil leva la séance.

adjournment [əˈdʃəːnmənt] *n.* ajournement, suspension, remise. *Adjournment for a week,* remise à huitaine.

adjudge [əˈdʒʌdʒ] *v.* prononcer un jugement. *He was adjudged bankrupt,* il a été déclaré en faillite. *He was adjudged damages,* on lui a accordé des dommages-intérêts.

adjudicate [əˈdʒuːdikeit] *v.* juger, décider. *To adjudicate someone bankrupt,* déclarer quelqu'un en faillite.

adjudication [ədʒuːdiˈkeiʃən] *n.* décision du tribunal, jugement.

adjust [əˈdʒʌst] *v.* **1.** adapter, ajuster, régler. **2.** s'adapter, s'acclimater. **3.** corriger. *Figures are seasonally adjusted,* les variations saisonnières sont éliminées ; les chiffres sont donnés après correction des variations saisonnières. **4.** *Assur. :* répartir, régler (responsabilités et compensations).

adjusted for inflation, déflaté ; compte tenu de l'inflation ; en monnaie constante.

adjuster [ə'dʒʌstə] *n. Assur. marit.* : répartiteur d'avaries, dispacheur. *Assur.* : responsable du règlement des sinistres, responsable de l'évaluation des dommages.

adjustment [ə'dʒʌstmənt] *n.* **1.** adaptation, ajustement ; réglage, mise au point. *Currency adjustment,* aménagement monétaire. **2.** rectification, correction, modification, compensation. **3.** *Assur.* : règlement ; détermination, répartition (des responsabilités et des compensations). *Assur. marit.* : *average adjustment,* règlement d'avaries, répartition d'avaries, dispache. **4.** redressement (fiscal).

adjustor [ə'dʒʌstə] *n.* (U.S.) voir **adjuster.**

adman ['ædmæn] *n.* publicitaire, publiciste.

administer [əd'ministə] *v.* administrer, gérer. *Administered prices,* prix imposés. *Administered price,* prix réglementé.

administration [əd'mini'streiʃən] *n.* **1.** gouvernement, administration. **2.** liquidation (d'actif).

administrative [əd'ministrətiv] *adj.* administratif.

administrator [əd'ministreitə] *n.* **1.** administrateur, gestionnaire. **2.** curateur.

admission [əd'miʃən] *n.* entrée, admission. *Admission free,* entrée libre. *Admission fee,* prix d'entrée.

admit [əd'mit] *v.* admettre, faire droit à.

admittance [əd'mitəns] *n.* accès, entrée. *No admittance,* entrée interdite.

adrift *adv.* à la dérive. *To cut adrift,* laisser partir à la dérive, rompre les amarres, se séparer de. *To come adrift,* se détacher.

adulterate *v.* altérer, falsifier, corrompre, frelater ; adultérer (une substance). *Adulterated milk,* lait additionné d'eau.

adulteration *n.* altération, falsification, corruption, frelatage, adultération.

ad valorem [æd və'lɔːrem]

proportionnel. *Ad valorem duties,* droits de douane proportionnels (à la valeur de l'objet).

advance [əd'vɑːns] *v.* **1.** avancer, progresser. **2.** faire avancer, faire progresser. **3.** avancer de l'argent. **4.** augmenter, monter (prix…).

advance *n.* **1.** avance, anticipation. *In advance,* à l'avance ; en avance. *Advance payment,* paiement anticipé. **2.** progrès, développement. *Technological advances,* progrès technologiques. **3.** avance d'argent. *Advance against security,* avance sur nantissement. **4.** augmentation, hausse.

advance payment bond *n.* (U.S.) caution garantissant le remboursement d'avances.

advanced booking [əd'vɑːnst 'bukiŋ] *n.* réservation (faite à l'avance).

advancement [əd'vɑːnsmənt] *n.* **1.** avancement, promotion. **2.** essor, progrès.

adverse ['ædvəːs] *adj.* défavorable, contraire. *Adverse balance of trade,* balance commerciale en déficit.

advert *n.* (G.B.) = **advertisement.**

advertise ['ædvətaiz] *v.* **1.** faire de la publicité (pour). *This brand is widely advertised,* cette marque fait l'objet d'une large publicité. **2.** annoncer, faire connaître. *To ~ a vacancy,* annoncer une vacance de poste, passer une annonce de recrutement.

advertisement [əd'vəːtismənt], (U.S.) ['ædvər'taizmənt] *n.* annonce, réclame, publicité.

advertiser ['ædvətaizə] *n.* annonceur ; publicitaire.

advertising ['ædvətaiziŋ] *n.* publicité. *The advertising department,* le service de la publicité. *Advertising strategy,* stratégie publicitaire.

advertising agency *n.* agence de publicité.

advertising blitz *n.* campagne publicitaire intensive et de courte durée ; « matraquage » publicitaire.

advertising campaign *n.* campagne publicitaire.

advertising claim *n.* argument publicitaire.

advertising copywriter, rédacteur publicitaire.

advertising drive *n.* campagne de publicité.

advertising expenditures *n.* dépenses de publicité.

advertising man *n.* publicitaire.

advertising pillar *n.* colonne Morris.

advertising program *n.* plan de campagne.

advertising revenue, recettes publicitaires.

advertising slot, créneau publicitaire.

advertising spot *n.* film publicitaire, spot publicitaire.

advice [əd'vais] *n.* **1.** conseil, conseils. *To take legal advice,* consulter un homme de loi. **2.** avis. *Advice note,* avis d'expédition ; lettre d'avis.

advisable [əd'vaizəbl] *adj.* recommandable, judicieux, opportun.

advise [əd'vaiz] *v.* **1.** conseiller. **2.** informer, aviser.

adviser [əd'vaizə] *n.* conseiller. *Legal adviser,* conseiller juridique.

advisor (U.S.) voir **adviser.**

advisory [əd'vaizəri] *adj.* consultatif. *Advisory committee,* comité consultatif. *Advisory services,* services de conseil.

advisory *n.* (U.S.) bulletin d'information.

advocacy ['ædvəkəsi] *n.* plaidoyer ; fait de promouvoir/soutenir/défendre une cause, un principe, etc. ~ *group,* groupe/association de soutien/promotion/défense.

advocate ['ædvəkeit] *v.* préconiser, prôner, défendre.

aegis *n.* auspices, égide. *Under the aegis of,* sous l'égide de…

aerial ['ɛəriəl] *n.* antenne.

aerospace *n.* **and** *adj.* aérospatial.

affect [ə'fekt] *v.* **1.** influer sur, atteindre. **2.** *Jur. :* affecter. *Affected estate,* domaine affecté d'hypothèques.

affidavit [æfi'deivit] *n.* déclaration, déposition par écrit et sous serment, affidavit.

affirm *v.* **1.** affirmer. **2.** *(Jur.)* confirmer (le jugement d'un tribunal).

affix [ə'fiks] *v.* attacher, joindre, apposer.

affiliate [ə'filieit] *n.* **1.** filiale (au sens étroit : filiale détenue à moins de 50 % par la société mère, par opposition à **subsidiary**). **2.** associé, partenaire. **3.** (tv., radio) station affiliée.

affiliate *v.* affilier. *Affiliated firm,* filiale.

affiliation [əfili'eiʃən] *n.* **1.** affiliation. **2.** légitimation, reconnaissance d'un enfant.

affirmative action (U.S.) **1.** mise en pratique, application (d'une décision imposée par un tribunal ou une instance administrative). **2.** discrimination positive. Politique rendant obligatoire l'embauche et la promotion des femmes et des minorités selon des quotas correspondant à leur nombre dans la population.

affix ['əfiks] *v.* apposer. *To ~ one's hand and sign,* apposer sa signature.

affluence ['æfluəns] *n.* abondance, opulence.

affluent ['æfluənt] *adj.* abondant, riche. *The affluent society,* la société de l'opulence, la société de l'abondance.

afford [ə'fɔːd] *v.* **1.** avoir les moyens (financiers) de, se permettre de. **2.** offrir, accorder, procurer, permettre.

affordability, n. fait d'être abordable.

affordable *adj.* **1.** abordable. **2.** réalisable.

afforestation [æfɔris'teiʃən] *n.* reboisement.

affreight [ə'freit] *v.* affréter.

affreighter [ə'freitə] *n.* affréteur.

affreightment [ə'freitmənt] *n.* affrètement.

A.F.L.-C.I.O. : voir liste des abréviations en fin de volume.

afloat [ə'fləut] *adv.* à flot, sur l'eau.

afore [ə'fɔ:] *adv.* et *prép.* avant. *Aforementioned,* susmentionné. *Aforesaid,* susdit, ci-dessus mentionné.

aforethought [ə'fɔ:θɔ:t] *n. Jur. :* préméditation.

afoul [ə'faul] *adv. To run ~ of a ship,* entrer en collision avec un navire ; *to run/fall ~ of the law,* se mettre en infraction avec la loi, avoir des démêlés avec la justice ; *to run ~ of someone,* se mettre quelqu'un à dos.

after date, de date, d'échéance. *Three months after date,* à trois mois de date, d'échéance.

aftermath ['a:ftəmæθ] *n.* suites, séquelles, répercussions.

after-sales service [a:ftə-seilz'sə:vis] *n.* service après-ventes.

aftershock *n.* répercussion.

after-tax profits *n.* bénéfices après impôts.

against all risks [ə'geinst] contre tous risques.

age bracket [eidʒ] *n.* tranche d'âge.

age group *n.* classe d'âge.

age range *n.* tranche d'âge.

agency ['eidʒənsi] *n.* agence, bureau, succursale ; (U.S.) office (sens administratif).

agenda [ə'dʒendə] *n.* ordre du jour ; (politique etc.) calendrier, ordre des priorités, programme.

agent ['eidʒənt] *n.* agent ; mandataire ; représentant. *Forwarding agent,* transitaire. *Sole agent,* agent exclusif, concessionnaire (exclusif).

aggravate ['ægrəveit] *v.* 1. aggraver. 2. irriter.

aggravation [ægrə'veiʃən] *n.* 1. aggravation. 2. irritation.

aggregate ['ægrigeit] *adj.* collectif, global.

aggregate *n.* masse, total, ensemble. *In the aggregate,* globalement.

aggregate ['ægrigeit] *v.* s'élever à, totaliser.

aggressive [ə'gresiv] *adj.* 1. agressif. 2. dynamique.

agio ['ædʒiəu] *n.* agio. *Agio account,* compte d'agio(s).

agrarian [ə'grɛəriən] *adj.* agraire.

agree [ə'gri:] *v.* 1. être d'accord. 2. se mettre d'accord. 3. s'accorder, concorder, correspondre. 4. *To agree the accounts,* faire accorder les comptes, conformer les écritures.

agreeably [ə'griəbli] *adv.* conformément.

agreed [ə'gri:d] *adj. Agreed price,* prix convenu. *Unless otherwise agreed,* sauf stipulation contraire.

agreement [ə'gri:mənt] *n.* accord, convention, contrat. *Agreement in principle,* accord de principe. *Collective agreement,* convention collective. *Working agreement,* modus vivendi.

agribusiness [ægri'biznis] *n.* industrie agro-alimentaire, agriculture industrielle, agro-industrie.

agricultural [ægri'kʌltʃərəl] *adj.* agricole. *Agricultural show,* foire agricole, salon de l'agriculture.

agriculture ['ægrikʌltʃə] *n.* agriculture.

agriculturist [ægri'kʌltʃərist] *n.* agriculteur (U.S.).

agrobusiness : voir **agribusiness.**

agrofoods [əgrəu'fu:dz] *n.* l'agro-alimentaire ; produits agro-alimentaires.

agronomist [ə'grɔnəmist] *n.* agronome.

ahead [ə'hed] *adv.* 1. en avant, devant. 2. à l'avance ; en avance. 3. à venir.

aid [eid] *n.* aide, soutien, secours, assistance. *Audiovisual aids,* moyens audiovisuels. *Government aid,* aide, subvention, soutien de l'État.

aid *v.* aider, assister, secourir, soutenir, venir en aide à.

aide [eid] *n.* assistant(e).

ailing ['eiliŋ] *adj.* défaillant, en mauvaise santé. *Ailing economy,* économie défaillante. *Ailing firm,* entreprise en difficulté.

aim [eim] *n.* but, objectif.

aim *v.* viser, poursuivre (un but).

air [εə] *n.* air. *To carry goods by air,* transporter des marchandises par avion.

air *v.* faire passer à l'antenne, diffuser (sur les ondes).

air bill of lading *n.* lettre de transport aérien.

airborne *adj.* aéroporté, transporté par avion. ~ *time,* temps de vol réel.

air-carrier *n.* transporteur aérien.

air consignment note *n.* lettre de transport aérien.

air-controller *n.* contrôleur aérien.

aircraft ['εəkra:ft] *n.* avion(s), appareil(s). *Aircraft manufacturer,* constructeur d'avions, avionneur.

aircraft industry *n.* industrie aéronautique.

air-crew *n.* équipage (d'un avion).

air-drop *n.* parachutage.

air-fare *n.* tarif aérien.

airfee ['εəfi:] *n.* surtaxe aérienne.

airfield ['εəfi:ld] *n.* aéroport.

airfreight ['εəfreit] *n.* fret aérien.

airfreight *v.* expédier par avion.

airfreight collect, port aérien dû.

airlift *n.* **1.** pont aérien. **2.** transport par avion.

airlift *v.* **1.** transporter par avion. **2.** transporter grâce à un pont aérien.

airline ['εəlain] *n.* ligne aérienne ; compagnie aérienne.

airliner *n.* avion de ligne.

airmail ['εəmeil] *n.* poste aérienne. *By airmail,* par avion.

airmail receipt *n.* récépissé de poste aérienne.

airmail transfer *n.* transfert de fonds par courrier avion.

airmail *v.* envoyer par avion.

airplane ['εəplein] *n.* avion.

airport [εəpɔ:t] *n.* aéroport.

airship [εəʃip] *n.* ballon, dirigeable ; aéronef.

airspace *n.* espace aérien.

airstrip [εəstrip] *n.* terrain d'atterrissage (non entièrement équipé), terrain de fortune.

air-terminal ['εətə:minl] *n.* aérogare.

air-tight ['εətait] *adj.* étanche, hermétique, « airmétique ».

air time *n.* temps d'antenne (à la télévision).

air-traffic *n.* circulation aérienne, trafic aérien. ~ *controller,* contrôleur aérien.

air-transport *n.* transport(s) aérien(s).

air way-bill ['εə wei] *n.* lettre de transport aérien (LTA).

airworthiness ['εə,wə:ðinis] *n.* tenue en l'air, navigabilité.

airworthy [εəwə:ði] *adj. Avion :* navigable, bon pour le service.

aisle [ail] *n.* allée, couloir central.

Algol ['ælgɔl] = **Algorithm Oriented Language.** *Inform. :* algol.

algorithm ['ælgəriðm] *n.* algorithme.

alien ['eiljən] *n.* et *adj.* étranger.

alienate ['eiljəneit] *v. Jur. :* aliéner.

align [ə'lain] *v.* aligner ; s'aligner.

alignment [ə'lainmənt] *n.* alignement, rapprochement. *Currency alignment,* aménagement/ajustement monétaire.

alimony ['æliməni] *n.* pension alimentaire.

all charges to goods, tous frais à la charge du preneur de marchandises.

allegation [æli'geiʃən] *n.* **1.** allégation, assertion. **2.** chef d'accusation.

allege [ə'ledʒ] *v.* alléguer, prétendre, déclarer sans (apporter) preuve.

alleged [ə'ledʒd] *adj.* prétendu, supposé, présumé. *The alleged killer,* le meurtrier présumé, le suspect.

allegedly [ə'ledʒədli] *adv.* prétendument.

alleviate [ə'li:vieit] *v.* alléger, atténuer, rendre plus supportable.

alliance [ə'laiəns] *n.* alliance ;

association ; traité d'alliance ; entente.

allied [ə'laid] *adj.* allié, voisin, connexe, annexe.

all in ['ɔːl in] tout compris, tout frais compris.

all-inclusive, tout compris.

all-in policy *n.* police d'assurance tous risques.

allocate ['æləkeit] *v.* allouer, attribuer, répartir, affecter, assigner, imputer, ventiler.

allocation [ælə'keiʃən] attribution, allocation, répartition, affectation, imputation, ventilation, budgétisation, adjudication (d'un contrat). *Allocation of resources,* répartition des ressources. *Allo-cation for the year,* dotation de l'exercice.

allot [ə'lɔt] *v.* attribuer, répartir.

allotment [ə'lɔtmənt] *n.* répartition, attribution, affectation, imputation ; parcelle.

allow [ə'lau] *v.* accorder, allouer.

allowance [ə'lauəns] *n.* 1. allocation, prestation, indemnité, pension. *Cost-of-living allowance,* indemnité de vie chère, indemnité de résidence. *Family allowances,* allocations familiales. *Travelling allowance,* indemnité de déplacement. 2. remise, rabais, réduction. 3. tolérance. *To make allowance(s) for something,* tenir compte de, faire la part de. 4. franchise. *Free luggage allowance,* bagages en franchise.

alloy ['ælɔi] *n.* alliage.

all-time high, record absolu.

all-time low, niveau le plus bas jamais enregistré.

alongside [ə'lɔŋ'said] accosté, à quai, le long du quai. *To come alongside,* aborder, venir à quai. *Free alongside ship,* franco le long du navire.

also-ran *n.* participant.

alter ['ɔːltə] *v.* modifier, changer.

alteration [ɔːltə'reiʃən] *n.* changement, modification. *Closed for alterations,* fermé pour transformations.

alternate ['ɔːltəːneit] *v.* 1. alterner, se succéder. 2. faire alterner.

alternative [ɔːl'təːnətiv] *adj.* alternatif, de rechange, de réserve, de secours. *Alternative policy,* politique de rechange.

alternative *n.* choix.

alumnus, *pl.* **alumni** *n.* (U.S.) ancien (d'université, école).

amalgamate [ə'mælgəmeit] *v.* fusionner ; amalgamer, absorber.

amalgamation [əmælgə'meiʃən] *n.* fusion, absorption, amalgame.

ambulance chasing, incitation des victimes à intenter des procès. (Dans le but, pour les avocats, de toucher une partie des dommages octroyés. cf *contingency fee.*).

amend [ə'mend] *v.* modifier, rectifier, amender.

amendment [ə'mendmənt] *n.* 1. rectification, modification, avenant. 2. amendement (politique).

amends *n.pl.* réparation, dédommagement. *To make amends (for),* réparer, compenser.

amenity *n.* 1. aménité, civilité. 2. commodité, confort.

American Selling Price (Douanes U.S.) perception des droits non sur le prix des marchandises importées, mais sur le prix de vente aux États-Unis d'un article équivalent fabriqué dans le pays.

amicable ['æmikəbl] *adj.* amiable. *Amicable settlement,* règlement à l'amiable.

amicably ['æmikəbli] *adv.* à l'amiable.

amnesty ['æmnisti] *n.* amnistie.

amortizable [ə'mɔːtaizəbl] *adj.* amortissable.

amortization [əmɔːti'zeiʃən] *n.* 1. amortissement (financier). 2. aliénation en main morte.

amortize [ə'mɔːtaiz] *v.* amortir.

amortizement [ə'mɔːtizmənt] *n.* amortissement.

amount [ə'maunt] *n.* 1. quantité, nombre. 2. montant, somme.

amount *v.* s'élever, se monter, *The bill amounted to $ 100,* la facture s'élevait à 100 dollars.

amusement park, parc d'attractions.

analyse ['ænəlaiz] *v.* analyser.

analysis [ə'næləsis] *n.* analyse.

analyst ['ænəlist] *n.* analyste ; expert. *Financial analyst*, analyste financier.

anchor ['æŋkə] *n.* ancre.

anchor *v.* mouiller.

anchorage ['æŋkəridʒ] *n.* ancrage, mouillage.

anchorman ['æŋkəmən] *n.* présentateur T.V. ou radio chargé de la coordination d'une équipe de journalistes dans une tranche horaire donnée.

ancillary [æn'siləri] *adj.* auxiliaire, complémentaire, subordonné, connexe. *Ancillary equipment*, matériel connexe. *Ancillary buildings*, bâtiments de service. ~ *costs*, frais annexes/accessoires.

animal feeds ['æniml fiːdz] *n.* aliments pour bétail, alimentation pour animaux, fourrage.

animated cartoon ['ænimeitid 'kaːtuːn] *n.* dessin animé.

announce [ə'nauns] *v.* annoncer.

announcement [ə'naunsmənt] *n.* avis, publication, message.

announcer [ə'naunsə] *n.* présentateur, speaker, animateur radiophonique, annonceur.

annual ['ænjuəl] *adj.* annuel. *Annual general meeting (A.G.M.)*, assemblée générale annuelle. *Annual report*, rapport annuel ; bilan. *Annual review*, révision annuelle, notamment (G.B.) fixation annuelle des prix agricoles.

annualization *n.* annualisation.

annualize *v.* annualiser.

annuitant *n.* rentier, rentier-viager.

annuity [ə'njuːiti] *n.* annuité, rente. *Annuity bond*, titre de rente, obligation perpétuelle. *Deferred annuity*, rente différée. **2.** amortissement du capital et des intérêts.

annul [ə'nʌl] *v.* annuler, résilier.

annulment [ə'nʌlmənt] *n.* annulation, résiliation, cassation, abrogation.

answer *n.* réponse.

anonymity [ænə'niməti] *n.* anonymat.

anonymous *adj.* anonyme.

answer *v.* répondre. *Answering machine*, répondeur téléphonique/automatique.

answerable ['aːnsərəbl] *adj.* **1.** à quoi on peut répondre, que l'on peut résoudre, (accusation) réfutable. **2.** *Answerable for something*, garant, responsable, comptable, de quelque chose. **3.** *Answerable to somebody*, responsable vis-à-vis de quelqu'un. *To be answerable to the Personnel Manager*, être responsable vis-à-vis du directeur du personnel, relever de la direction du personnel.

answering machine, répondeur téléphonique.

answer phone, répondeur (téléphonique/automatique).

ante ['ænti] *n.* (poker) mise. *To raise the ante*, augmenter la mise, l'enjeu, le prix, faire monter les enchères.

antedate ['ænti'deit] *v.* antidater.

antenna [æn'tena] *n.* antenne.

anticipate [æn'tisipeit] *v.* prévoir, escompter, anticiper, prévoir, s'attendre à ; avancer.

anticipation [æntisi'peiʃən] *n.* anticipation.

anti-clockwise [ænti'klɔkwaiz] *adv.* dans le sens inverse des aiguilles d'une montre.

anticompetitive *adj.* anticoncurrentiel, qui porte atteinte à la libre concurrence. ~ *practice(s)*, concurrence déloyale.

antitrust ['ænti'trʌst] *adj.* antitrust.

antitruster [ænti'trʌstə] *n.* agence anti-trust (ou son personnel).

apartment [ə'paːtmənt] *n.* **1.** appartement (U.S.). **2.** studio (G.B.).

apiece [ə'piːs] *adj.* chacun, la pièce. $ *2 apiece*, 2 dollars pièce.

apologize [ə'pɔlədʒaiz] *v.* s'excuser, présenter ses excuses.

apology [ə'pɔlədʒi] *n.* excuse.

apparatus [æpə'reitəs] *n.* appareil, dispositif, mécanisme (U.S.).

apparel store [ə'pærl stɔː] *n.* magasin d'habillement.

appeal [ə'piːl] *n.* **1.** attrait, attirance, caractère tentant, tentation, séduction. *Consumer appeal,* attrait pour le consommateur, effet (d'attirance) d'un produit sur le consommateur. **2.** *Jur. :* appel, recours. *Court of appeal,* cour d'appel. *To lodge an appeal,* faire appel, interjeter appel.

appeal *v.* **1.** plaire à, attirer, séduire. **2.** s'adresser à, faire appel à. **3.** *Jur. :* faire appel, interjeter appel, introduire un recours, se pourvoir en cassation. *To appeal a case,* interjeter appel.

appeal for tenders *n.* appel d'offre(s).

appeal for tenders *v.* faire un appel d'offre(s).

appellant *n.* *(jur.)* appelante(e).

appellate court, (U.S.) cour d'appel.

appellee *n.* *(jur.)* défendeur, défenderesse (en appel).

append [əpend] *v.* apposer. *To append one's signature,* apposer sa signature.

appendix [ə'pendiks] *n.* annexe.

applause mail [ə'plɔːz meil] lettres de félicitation.

applause meter, applaudimètre.

appliance [ə'plaiəns] *n.* appareil. *Domestic appliances,* appareils ménagers.

applicant ['æplikənt] *n.* demandeur, postulant, candidat.

application [æpli'keiʃən] *n.* **1.** demande. **2.** candidature. **3.** souscription.

application form *n.* **1.** dossier de candidature. **2.** bulletin de demande (échantillons, etc.). **3.** bulletin de souscription.

applied research [ə'plaid] *n.* recherche appliquée.

apply [ə'plai] *v.* **1.** solliciter, demander, faire acte de candidature. *To apply for a job,* solliciter un emploi. **2.** s'adresser à, s'inscrire. « *Apply within* », adressez-vous à l'intérieur. **3.** souscrire (actions, obligations). **4.** appliquer.

appoint [ə'pɔint] *v.* nommer. *He was appointed chairman,* il a été nommé président. *To appoint somebody to a position,* nommer quelqu'un à un poste.

appointee [əpɔin'tiː] *n.* personne nommée à un poste, personne désignée pour un emploi.

appointment [ə'pɔintmənt] *n.* **1.** rendez-vous. *To make an appointment,* prendre un rendez-vous. **2.** nomination, désignation (à un poste). **3.** *Appointments vacant,* offres d'emploi.

appointive [ə'pɔintiv] *adj.* *Appointive posts,* emplois obtenus par nomination (par opposition aux fonctions électives).

apportion [ə'pɔːʃən] *v.* **1.** répartir, ventiler, partager, distribuer, affecter. **2.** assigner. *To apportion a task to somebody,* assigner une tâche à quelqu'un.

apportionment [ə'pɔːʃənmənt] *n.* partage, répartition, distribution, ventilation, allocation, affectation, imputation.

appraisal [ə'preizl] *n.* estimation, évaluation, expertise.

appraise [ə'preiz] *v.* estimer, évaluer.

appraisement [ə'preizmənt] *n.* évaluation, estimation. *Official appraisement,* expertise.

appraiser [ə'preizə] *n.* estimateur. *Official appraiser,* expert, commissaire priseur.

appreciate [ə'priːʃieit] *v.* **1.** apprécier, faire cas de, être sensible à. **2.** augmenter de valeur. **3.** revaloriser.

appreciation [əpriːʃi'eiʃən] *n.* **1.** appréciation. **2.** accroissement. **3.** plus-value.

apprentice [ə'prentis] *n.* apprenti.

apprentice *v.* mettre en apprentissage.

apprenticeship [ə'prentisʃip] *n.* apprentissage.

approach [ə'prəutʃ] *n.* **1.** approche, façon d'envisager, d'aborder, stratégie. **2.** voie d'accès.

approach *v.* 1. approcher de, s'approcher de. 2. approcher, contacter, entrer en contact avec quelqu'un. *He has been approached for the post,* il a été pressenti pour le poste. 3. aborder, approcher, s'attaquer à (problème, marché…).

approbation [æprəu'beiʃən] *n.* 1. approbation, assentiment, consentement. 2. examen, essai. *Goods on approbation,* marchandises à condition, à l'essai.

appropriate [ə'prəuprieit] *v.* 1. affecter, consacrer. 2. s'approprier.

appropriation [əprəupri'eiʃən] *n.* 1. affectation, répartition, dotation. 2. appropriation.

approval [ə'pru:vəl] *n.* approbation. *Approval rating,* indice de popularité. *On approval, on appro.,* à condition, à l'essai.

approve [ə'pru:v] *v.* 1. approuver, être d'accord avec, agréer, autoriser, ratifier. 2. *To approve of somebody, of something,* juger favorablement, avoir une opinion favorable de, être favorable à, être partisan de quelqu'un ou quelque chose.

approximate [ə'prɔksimeit] *v.* s'approcher de, approcher, avoisiner, rapprocher.

approximate [ə'prɔksimit] *adj.* approximatif.

approximation [əprɔksi'meiʃən] *n.* approximation.

approximately [ə'prɔksimitli] *adv.* approximativement.

appurtenance [ə'pə:tinəns] *n.* *Jur. :* appartenance, servitude. *House with all its appurtenances,* immeuble avec ses servitudes.

aptitude *n.* aptitude, disposition(s), talent. *Aptitude test,* test d'aptitude.

arbiter ['a:bitə] *n.* arbitre.

arbitrage [a:bi'tra:ʒ] *n. Fin. et Bourse :* arbitrage.

arbitrager [a:bi'tra:ʒə] *n.* arbitragiste.

arbitrageur *n.* = arbitrager.

arbitraging [a:bi'tra:ʒiŋ] *n.* arbitrage.

arbitral ['a:bitrəl] *adj.* arbitral.

arbitrate ['a:bitreit] *v.* arbitrer, trancher.

arbitration [a:bi'treiʃən] *n.* arbitrage. *Arbitration committee,* « conseil de prud'hommes ».

arbitrator ['a:bitreitə] *n.* arbitre.

arbitrary ['a:bitrəri] *adj.* arbitraire. *Arbitrary deduction,* remise forfaitaire.

arcade *n.* galerie. *Penny-arcade,* galerie de jeux (avec machines à sous). *Shopping arcade,* galerie marchande.

archives ['a:kaivz] *n.* archives.

area ['ɛəriə] *n.* zone, secteur, région, terrain nu, étendue. *Catchment area,* aire de ramassage. *Sterling area,* zone sterling.

area code *n. Télécom. :* indicatif de zone, indicatif de secteur, indicatif régional.

area manager *n.* chef/responsable de secteur.

area testing *n.* test par secteur.

argue ['a:gju:] *v.* 1. discuter. 2. prétendre.

argument ['a:gjumənt] *n.* 1. discussion, dispute. 2. argument.

arm [a:m] *n.* bras ; branche ; antenne (commerciale).

arm's length (at) *Jur. :* expression qui indique que dans une transaction ou négociation, les deux parties sont indépendantes et qu'aucune ne domine l'autre. *Sale at arm's length,* vente loyale. *Arm's length price,* prix normal du marché, prix de pleine concurrence.

arraign [ə'rein] *v.* mettre en accusation.

arraignment [ə'reinmənt] *n.* mise en accusation.

arrange [ə'reindʒ] *v.* arranger, aménager, organiser. *To arrange a meeting,* organiser une réunion.

arrangement [ə'reidʒmənt] *n.* 1. arrangement, disposition. 2. dispositif, préparatifs. 3. accord, transaction, compromis, arrangement. *Scheme of arrangement :* concordat.

array [ə'rei] *n.* 1. déploiement, alignement, ensemble, collection, éventail. **2.** dispositif, réseau. **3.** *Jur. :* tableau des jurés.

arrear(s) [ə'riəʒ] *n.* arriéré(s), arrérages.

arrearage [ə'riəridʒ] *n.* (U.S.) arriéré(s), arrérages, solde de comptes.

arrest [ə'rest] *n.* **1.** arrêt, suspension. **2.** arrestation. **3.** sursis, surséance (à l'exécution d'un jugement), suspension (de jugement).

arrest *v.* **1.** arrêter, stopper, immobiliser. **2.** arrêter, mettre en état d'arrestation, appréhender. **3.** *Jur. :* suspendre, surseoir.

arrest inflation *v.* arrêter, juguler l'inflation.

arrest-warrant *n.* mandat d'arrêt.

arrival [ə'raivl] *n.* **1.** arrivée. **2.** arrivage.

arson ['a:sn] *n.* crime d'incendie volontaire.

arsonist ['a:sənist] *n.* incendiaire, pyromane.

art direction [a:t] direction artistique.

article ['a:tikl] *n.* article, objet ; (contrat) article, clause, condition ; article (journal).

article *v.* mettre en apprentissage.

articled ['a:tikld] *adj.* lié par contrat d'apprentissage.

articles of association *n.* statuts (d'une société).

articulated lorry [a:'tikjuleitid] *n.* (G.B.) camion semi-remorque, semi-remorque.

artisan [a:ti'zæn] *n.* artisan.

arts and crafts [a:ts] arts et métiers.

ascertain [æsə'tein] *v.* s'assurer de ; constater, vérifier. *To ascertain damage,* constater des dégâts.

ascribable [əs'kraibəbl] *adj.* attribuable, imputable.

ascribe [əs'kraib] *v.* attribuer, imputer.

ascription [əs'kripʃən] *n.* attribution, imputation.

as from, *prép.* à partir de, du ; à compter de, du.

ashore [ə'ʃɔ:] *adv.* à terre.

as is [æz iz] en l'état. *The tenant shall take the dwelling as is,* le locataire s'engage à prendre l'habitation en l'état.

ask [a:sk (G.B.), æsk (U.S.)] *v.* demander.

asked [æskt] *adj.* demandé. *Asked price,* prix demandé ; cours de l'offre.

asking price *n.* prix demandé.

as of, à la date du, à partir du, à compter du.

as per *prép.* suivant, conformément à. *As per invoice,* suivant la facture, conformément à la facture. *As per order :* suivant commande, conforme à la commande, conformément à la commande.

assail [ə'seil] *v.* attaquer/critiquer violemment.

assault and battery [ə'sɔ:lt ənd'bætəri] coups et blessures.

assay [ə'sei] *n.* essai (d'un métal, d'un minerai). *Assay value,* teneur.

assay *v.* analyser, titrer, faire l'essai (minerai, métal).

assemble [ə'sembl] *v.* monter (voiture).

assembler [ə'semblə] *n.* monteur.

assembly [ə'sembli] *n.* **1.** assemblée ; réunion. **2.** montage. *Engine assembly,* montage de moteurs.

assembly line *n.* chaîne de montage.

assent [ə'sent] *n.* accord, consentement, assentiment, agrément.

assent *v.* donner son accord, son assentiment, acquiescer, sanctionner.

assert [ə'sə:t] *v.* **1.** affirmer, soutenir. **2.** revendiquer, faire valoir. *To assert one's claims,* faire valoir ses droits.

assess [ə'ses] *v.* estimer, évaluer, établir, répartir. *To assess the damage,* évaluer les dégâts.

assessable [ə'sesəbl] *adj.* **1.** évaluable. **2.** imposable.

assessee [əse'si:] *n.* personne

qui fait l'objet d'une évaluation (de ses revenus pour le paiement de l'impôt etc.).

assessment [ə'sesmənt] *n.* **1.** évaluation, estimation. **2.** taxation, imposition.

assessor [ə'sesə] *n.* **1.** personne chargée d'une évaluation. **2.** *Impôts :* répartiteur, contrôleur. **3.** *Jur. :* assesseur.

asset(s) ['æset̩s] *n.* **1.** avoir, actif, élément d'actif. *Assets and liabilities,* actif et passif. *Current assets,* actif disponible. *Fixed assets,* immobilisations. *Liquid assets,* disponibilités, liquidités. *Personal assets,* biens meubles. *Real assets,* biens immobiliers. **2.** atout(s).

asset-backed, garanti par des actifs ; disposant de solides actifs.

asset-stripping, élimination/vente d'actifs non rentables.

assign [ə'sain] *n. Jur. :* ayant droit.

assign *v.* **1.** assigner, attribuer. **2.** *Jur. :* céder, attribuer. **3.** *Comptab. :* imputer une charge.

assignable [ə'sainəbl] *adj.* **1.** assignable, attribuable. **2.** cessible, transférable.

assignation [æsig'neiʃən] *n.* *Jur. :* cession, transfert. *Deed of assignation,* acte de transfert.

assignee [æsai'niː] *n.* **1.** ayant droit. **2.** cessionnaire (d'une créance). **3.** syndic (de faillite).

assignment [ə'sainmənt] *n.* **1.** mission, tâche assignée. **2.** affectation, allocation, attribution. *Pub. :* *Assignment of space,* répartition des emplacements. **3.** cession. *Assignment of a patent,* cession d'un brevet.

assignor [ə'sainə] *n.* cédant.

assist [ə'sist] *v.* assister, aider.

assistance [ə'sistəns] *n.* assistance, aide.

assistant [ə'sistənt] *n.* **1.** adjoint. *Assistant manager,* sous-directeur. **2.** vendeur, employé de magasin. *Shop-assistant,* vendeur, -euse.

associate [ə'səuʃieit] *n.* associé.

associate [ə'səuʃieit] *v.* **1.** asso-

cier. **2.** s'associer.

association [əsəusi'eiʃən] *n.* association, société. *Articles of association,* statuts. *Memorandum of association,* acte constitutif.

assort [ə'sɔːt] *v.* assortir.

assortment [ə'sɔːtmənt] *n.* assortiment, choix.

assume [ə'sjuːm] *v.* **1.** assumer. *To assume all risks,* prendre tous les risques. **2.** s'approprier, s'arroger. *To assume ownership,* faire acte de propriétaire. **3.** supposer, présumer.

assumption [ə'sʌmpʃən] *n.* **1.** supposition, postulat (non démontré). **2.** immixtion, usurpation.

assurance [ə'ʃuərəns] *n.* assurance. *Life assurance,* assurance-vie.

assure [ə'ʃuə] *v.* **1.** assurer. **2.** s'assurer.

assured (the) *n. pl.* les assurés. On trouve aussi *the assureds*.

astray [ə'strei] *adv.* de travers. *To go astray,* s'égarer, faire fausse route.

astronaut *n.* astronaut.

astronautics *n. sg.* astronautique.

astronomical *adj.* astronomique.

astrophysicist *n.* astrophysicien.

astrophysics *n. sg.* astrophysique.

at company's risk, aux risques et périls de l'expéditeur.

at consignor's risk, aux risques de l'expéditeur.

at market price, au prix du marché, au prix courant.

atomizer ['ætəmaizə] *n.* atomiseur.

at owner's risk, aux risques et périls du propriétaire.

at par, au pair (valeurs boursières, etc.).

at sender's risk, aux risques de l'expéditeur.

at sight, à vue, sur présentation.

attach [ə'tætʃ] *v.* **1.** joindre ; fixer. **2.** *Jur. :* arrêter, saisir. **3.** s'appliquer à, être afférent à, être en vigueur. **4.** prendre effet.

attaché [ə'tæʃei] *n.* attaché.

attaché-case, serviette, porte-documents.

attachment [ə'tætʃmənt] *n.* **1.** *Jur. :* saisie-arrêt. *Attachment of earnings,* saisie-arrêt sur salaire. *Attachment of real property,* saisie immobilière. **2.** accessoire. **3.** annexe.

attain [ə'tein] *v.* atteindre, arriver à.

attempt [ə'tempt] *n.* tentative, essai.

attempt *v.* tenter, essayer.

attend [ə'tend] *v.* **1.** assister, participer à. *To attend a course,* suivre un cours. *To attend a meeting,* assister à une réunion. **2.** *To attend to somebody, to something,* s'occuper de, veiller à.

attendance [ə'tendəns] *n.* présence, assistance ; assiduité, fréquentation ; participation. *Attendance fees,* jetons de présence. *Attendance figure,* nombre de participants, nombre de visiteurs, nombre de spectateurs, assistance, nombre de personnes présentes. *Attendance sheet,* feuille de présence.

attendant [ə'tendənt] *n.* **1.** personne présente, assistant. **2.** préposé, employé. *Lift attendant,* liftier, garçon d'ascenseur.

attendee [əten'di:] *n.* (U.S.) participant (à une réunion).

attest [ə'test] *v.* certifier. *Attested signature,* signature légalisée.

attitude shift, changement d'attitude/approche.

attitude survey, étude de comportement.

attorney [ə'tə:rni] *n.* (U.S.) avoué, avocat, fondé de pouvoir. (U.S.) *Attorney General,* ministre de la justice. *Power of attorney,* procuration.

attornment [ə'tə:nmənt] *n.* reconnaissance des droits du nouveau propriétaire.

attract [ə'trækt] *v.* attirer.

attractive [ə'træktiv] *adj.* attirant ; attrayant ; intéressant ; tentant. *Attractive prices,* prix intéressants.

attributable *adj.* affectable, attribuable, imputable. ~ *net profit,*

bénéfice net distribuable.

attribute ['ætribju:t] *v.* attribuer, imputer à.

attrition [ə'triʃən] *n.* **1.** usure, dégradation. *The attrition of purchasing power,* l'érosion du pouvoir d'achat. *Attrition rate,* taux d'usure, d'érosion. **2.** départs à la retraite, réduction naturelle du personnel.

attuned to, en accord avec, en harmonie avec, à l'écoute de. *To be attuned to consumer needs,* être à l'écoute des besoins des consommateurs.

auction ['ɔ:kʃən] *n.* vente aux enchères. *To be sold by auction,* être vendu aux enchères, (U.S.) *To be sold at auction,* être vendu aux enchères. *Dutch auction,* vente à la baisse (on baisse le prix jusqu'à trouver un acquéreur). *On-line ~,* enchère(s) en ligne.

auction *v.* vendre aux enchères.

auction block, estrade de vente aux enchères, vente aux enchères.

auctioneer [ɔ:kʃə'niə] *n.* commissaire-priseur.

auctioneer *v.* (U.S.) vendre/ mettre aux enchères.

auction off *v.* vendre/mettre aux enchères.

auction-sale *n.* vente aux enchères.

audience ['ɔ:djəns] *n.* **1.** public, assistance, auditoire ; audience ; clientèle (d'une station radio, télé). *Audience rating,* indice d'écoute. **2.** *Jur. :* droit d'être entendu devant une cour.

audio-engineer, *n.* ingénieur du son.

audit ['ɔ:dit] *n.* vérification, contrôle, apurement (des comptes). *Social audit,* audit social, bilan social de l'entreprise.

audit *v.* vérifier, apurer (comptes) ; faire un audit, faire de l'audit, « auditer ».

auditing ['ɔ:ditiŋ] *n.* vérification, contrôle, audit.

auditor ['ɔ:ditə] *n.* commissaire aux comptes ; vérificateur, auditeur ; spécialiste de l'audit.

augment [ɔːg'ment] *v.* augmenter, accroître, s'accroître.

auspices ['ɔːspisiz] *n.* aus-pices ; patronage.

austerity [ɔ'steriti] *n.* austérité.

autarky ['ɔːtaːkiː] *n.* autarcie.

authenticate [ɔː'θentikeit] *v.* certifier, homologuer, valider, authentifier.

authentication [ɔːθenti'keiʃən] *n.* validation, légalisation, authentification.

authority [ɔː'θɔriti] *n.* 1. autorité. 2. autorisation, mandat. 3. organisme, agence. 4. *Pl. authorities,* pouvoirs publics, autorités.

authorize ['ɔːθəraiz] *v.* autoriser, donner mandat à.

authorized agent fondé de pouvoir.

authorized capital, capital social, nominal.

authorized dealer, concessionnaire, distributeur agréé.

automaker ['ɔːtəmeikə] *n.* constructeur automobile, de voitures.

automan ['ɔːtəmæn] *n.* constructeur d'automobiles (U.S.)

automate ['ɔːtəmeit] *v.* automatiser.

automated ['ɔːtəmeitid] *adj.* automatisé, automatique.

automated cash dispenser, distributeur automatique de billets, billetterie.

automated teller machine (ATM) *n.* distributeur automatique de billets de banque.

automatic [ɔːtə'mætik] *adj.* automatique.

automatic banking teller *n.* distributeur automatique de billets de banque.

automatic cash dispenser, automatic teller machine, distributeur automatique de billets de banque, guichet automatique de banque.

automation [ɔːtə'meiʃən] *n.* automation, automatisation.

automotive ['ɔːtəməutiv] *adj.* 1. automoteur, trice. 2. automobile.

The automotive industry, l'industrie automobile.

auto-shopper, acheteur d'automobile.

auxiliary [ɔːg'ziljəri] *adj.* auxiliaire, secondaire. *Auxiliary books,* livres auxiliaires. *Auxiliary goods,* biens d'équipement. *Jur. : Auxiliaries,* matières adjuvantes.

availability [əveilə'biliti] *n.* disponibilité.

available [ə'veiləbl] *adj.* 1. disponible. 2. valable.

availment [ə'veilmənt] *n. Fin. :* réalisation.

avail oneself of *v.* se prévaloir de, faire usage de, user de, saisir (une occasion).

avails [ə'veilz] *n.* (U.S.) produit (d'une vente), revenus. Également : produit de l'escompte d'une traite (ce que reçoit celui qui la fait escompter).

average ['ævəridʒ] *adj.* moyen.

average *n.* 1. moyenne. *Weighted average,* moyenne pondérée. 2. *Assur. marit :* avaries. *General average,* avarie commune. *Particular average,* avarie simple, avarie particulière. 3. *Assur. :* règle proportionnelle.

average *v.* 1. établir une moyenne 2. atteindre une moyenne.

averager ['ævəridʒə] *n. Bourse :* faiseur de moyenne.

averaging ['ævəridʒiŋ] *n.* établissement d'une moyenne, calcul d'une moyenne ; évaluation d'une moyenne ; évaluation des responsabilités, arbitrage, dispache, répartition d'avarie.

average out *v.* pondérer.

averment [ə'vəːmənt] *n. Jur. :* allégation, preuve.

averse *adj.* hostile, opposé, peu enclin/disposé (à, *to*), ennemi (de, *to*). *Risk-averse investors,* investisseurs qui ne veulent pas prendre de risque(s).

avert [ə'vəːt] *v.* éviter, écarter, éloigner.

avoid [ə'vɔid] *v.* 1. éviter. 2. *Jur. :* résoudre, résilier, annuler.

avoidance [ə'vɔidəns] *n.* **1.** action d'éviter. **2.** *Jur. :* annulation, résiliation. *Avoidance clause,* clause résolutoire.

await [ə'weit] *v.* attendre. *Goods awaiting delivery,* marchandises en souffrance.

award [ə'wɔːd] *n.* **1.** prix, récompense ; citation, mention. **2.** sentence arbitrale, arbitrage. **3.** (U.S.) dommages-intérêts. **4.** augmentation, octroi d'une augmentation. *A salary award,* une hausse de salaire.

award *v.* décerner, accorder, attribuer, allouer ; adjuger ; conférer (un titre).

awarder [ə'wɔːdə] *n. Jur. :* adjudicateur.

aware [ə'wɛə] *adj.* informé, au courant, au fait. *I am fully aware that…,* je n'ignore pas que, je suis pleinement conscient de ce que…

awareness [ə'wɛərnis] *n.* connaissance, conscience. *Advertising awareness,* impact publicitaire. *Brand awareness,* notoriété de marque. *Cost awareness,* connaissance des coûts.

awash *adj.* **1.** à fleur d'eau, flottant, surnageant. **2.** submergé. *Awash in bad debt,* submergé par les mauvaises créances. **3.** débordant de.

axe (ax) [æks] *n.* hache. *To get the axe,* se faire licencier. *Axe wielding,* (mesures de) licenciement ; fait de brandir, d'agiter la menace de, menacer de (mesures de) licenciement.

axe (ax) *v.* éliminer, supprimer (par économie). *To axe a project,* éliminer un projet.

B

back [bæk] **n.** dos, verso. *Sign on the back,* signer au verso.

back, arrière ; de retour.

back **v.** soutenir, donner son appui à, garantir. *To back a bill,* avaliser une traite ; soutenir un projet de loi.

backdate ['bækdeit] **v. 1.** antidater. **2.** avoir effet rétroactif. *The increase was backdated to 1st September,* l'augmentation était rétroactive au 1er septembre.

backdrop **n.** toile de fond, arrière-plan.

backer ['bækə] **n. 1.** partisan, personne qui soutient. **2.** donneur d'aval ; commanditaire. **3.** *Sport :* parieur.

backfire [bæk'faiə] **v.** avoir un effet contraire ou différent.

background ['bækgraund] **n. 1.** antécédents, formation. *He has a good engineering background,* il a une bonne formation d'ingénieur. **2.** arrière-plan, fond. **3.** *Pub. :* fond sonore.

backing ['bækiŋ] **n. 1.** appui, soutien. **2.** aval.

backing up, adossement.

back interest, arrérages.

backlash **n.** contrecoup, choc en retour, effet boomerang, retournement de tendance, réaction.

backlog ['bæklɔg] **n. 1.** un grand nombre de commandes en souffrance, arriéré, peut signifier selon les cas « commandes en carnet/en cours » ou « retards de livraison ». **2.** un grand nombre de tâches non accomplies.

back off **v.** reculer, faire machine arrière.

back-office, (Bourse) « *back office* » (arrière salle de marché, « bureau du fond » où les opérateurs assurent la gestion administrative des titres : livraison et règlement, comptabilité) ; (opérations) post-marché.

back-pay **n.** rappel de traitement, arrérages, arriéré(s) de salaire.

back pay, rappel de salaire.

back pedal **v.** faire marche/machine arière..

back taxes, arriérés d'impôts.

back testing, contrôle ex-post, a posteriori.

back to back, crédit adossé (crédit s'appuyant sur un dépôt de garantie équivalent par un tiers).

backtrack **v.** faire marche/machine arrière, revenir sur une promesse.

backup **n.** soutien, appui ; (*info*) sauvegarde, copie de sécurité.

back up **v. 1.** soutenir, étayer. *To back up a claim,* étayer une revendication, une affirmation. **2.** adosser.

back up line **n.** crédit de sécurité confirmé, crédit de substitution. *Back up line of credit,* ligne de crédit de protection, de soutien, auxiliaire.

back value **n.** valeur rétroactive.

backward *adj.* arriéré.

backwardation [bækwə'deiʃən] **n.** déport (terme boursier).

backwardness ['bækwədnis] **n.** état arriéré, retard. *The backwardness of agriculture,* le retard de l'agriculture.

bad [bæd] *adj.* *Bad cheque,* chèque sans provision. *Bad debt,* créance douteuse, mauvaise créance. *Bad loan,* prêt à risque.

badge [bædʒ] **n.** insigne, macaron, badge.

baffle ['bæfəl] **v. 1.** déconcerter. **2.** déjouer.

bag [bæg] **n.** sac (emballage et/ou contenu). *A tea bag,* un sachet de thé.

bag **v. 1.** mettre en sac, ensacher. **2.** empocher, mettre la main sur. *To bag orders,* empocher des commandes.

baggage ['bægidʒ] **n.** bagage(s).

bag-in-box, cubitainer.

bail [beil] **n.** caution, cautionnement, garant.

bail-bond, caution remise au tribunal maritime pour obtenir la levée d'une saisie sur un navire.

bailee ['bei'li:] *n.* dépositaire de bien(s) en garde, en dépôt.

bailiff ['beilif] *n.* (G.B.) **1.** huissier. **2.** régisseur, intendant.

bailment ['beilmənt] *n.* caution, consignation, contrat de dépôt.

bailor ['beilə] *n.* déposant, commettant, bailleur.

bailout *n.* renflouage, renflouement, sauvetage.

bail out *v.* renflouer, aider, sauver, tirer d'affaire, dépanner. *To bail out an ailing industry,* renflouer, subventionner une industrie en difficulté.

baker ['beikə] *n.* boulanger.

bakery *n.* boulangerie.

balance ['bæləns] *n.* **1.** balance, solde. *Trial balance,* balance de vérification, bilan d'essai. *Profit balance,* solde bénéficiaire. *To settle the balance on delivery,* régler le solde à la livraison. **2.** report (terme bancaire et/ou comptable). *Balance brought forward,* report, solde reporté ; report de l'exercice précédent. *Balance carried forward,* solde à reporter, solde à nouveau ; report à l'exercice suivant.

balance *v.* balancer, équilibrer, solder.

balance of payments *n.* balance des paiements.

balance of trade *n.* balance commerciale.

balance sheet *n.* bilan. *To draw up a balance sheet,* dresser, établir un bilan.

bale [beil] *n.* balle, ballot.

balk [bɔ:k] *v.* **1.** renâcler, regimber, reculer devant, refuser. *To balk at an expense,* reculer devant une dépense. **2.** contrarier, déjouer, frustrer, contrecarrer.

ballast ['bæləst] *n.* lest. *The ship sailed in ballast,* le bateau est parti sur lest.

ballast *v.* lester.

ballooning [bə'lu:niŋ] *adj.* en rapide augmentation.

balloon [bə'lu:n] *v.* augmenter rapidement (prix).

ballot ['bælət] *n.* scrutin, vote. *Secret ballot,* vote à bulletin secret.

ballpark figure *n.* estimation approximative, à vue de nez, chiffre/chiffrage approximatif, « à la louche » (U.S.).

ballyhoo [bæli'hu:] *v.* faire un battage publicitaire.

ballyhoo *n.* **1.** battage publicitaire **2.** balivernes

bamboozle *v.* duper, tromper, embobiner.

ban [bæn] *n.* interdiction, mise hors la loi. *Overtime ban,* refus des heures supplémentaires (décrété par les syndicats).

ban *v.* interdire.

band-aid approach, traitement superficiel.

bandwa(g)gon [bænd'wægən] *n.* *To climb/to jump on the bandwa(g)gon,* prendre le train en marche, suivre la mode. *They joined the bandwa(g)gon,* ils ont suivi la tendance.

bank [bæŋk] *v.* **1.** mettre son argent à la banque, avoir un compte dans une banque. *Bank with...,* ouvrez un compte en banque chez... **2.** *To bank on something,* tabler sur quelque chose, miser sur, compter sur. **3.** *To bank the fires,* couvrir les feux (d'où, en économie, la notion de ralentir, réduire, freiner).

bank *n.* banque. *Discount bank,* banque d'escompte. *Savings bank,* caisse d'épargne. *Data bank,* banque de données. *Bank money,* monnaie scripturale.

bank *n.* **1.** berge, rive ; talus. **2.** rangée. **3.** (mines) front de taille.

bankable ['bæŋkəbl] *adj.* bancable, escomptable ; (risque, prêt, etc.) acceptable par une banque.

bank account *n.* compte en banque.

bank charges, frais bancaires.

bank clerk *n.* employé de banque.

bank deposit *n.* dépôt en banque.

bank draft, tirage d'une banque sur une autre banque.

banker ['bæŋkə] *n.* banquier. *Banker's draft,* traite sur une banque. *Banker's transfer,* transfert bancaire.

bank holiday, jour férié, fête légale (où les banques restent fermées).

banking ['bæŋkiŋ] *n.* opérations, activités bancaires, la banque. *Banking analyst,* analyste bancaire. *Banking circles* (ou : *community*), les milieux bancaires. *Banking industry,* banque, secteur bancaire. *Banking institution,* établissement bancaire. *Banking regulations,* règlements, réglementation bancaire(s). *Banking secrecy,* secret bancaire.

banking account, compte bancaire, compte en banque.

banking privileges, droit d'avoir un compte en banque, d'émettre des chèques. *Withdrawal of ~,* interdiction de chéquier.

bank loan, prêt bancaire ; crédit bancaire.

banknote ['bæŋknəut] *n.* billet de banque.

bank rate *n.* taux d'escompte. *Bank Rate* (G.B.), taux national de l'escompte (= taux de réescompte de la banque centrale).

bankroll ['bæŋkrəul] *v.* financer.

bankroll *n.* **1.** liasse de billets. **2.** fonds, financement, finances.

bankrupt ['bæŋkrʌpt] *n.* failli, banqueroutier. *To go bankrupt,* faire faillite.

bankrupt *v.* causer la faillite de, ruiner.

bankruptcy ['bæŋkrəptsi] *n.* banqueroute, faillite. *Bankruptcy court,* tribunal de faillite, tribunal de commerce statuant en cas de faillite. *To file a petition in bankruptcy,* déposer son bilan. *To file for bankruptcy,* déposer son bilan.

banner ['bænə] *n.* bannière. *Banner headline,* titre s'étalant sur toute la largeur de la première page d'un journal, manchette.

banner *adj.* exceptionnel. *Banner year,* année exceptionnelle.

bar [ba:] *n.* empêchement, obstacle. *Jur. :* fin de non-recevoir.

bar *v.* empêcher, interdire, opposer une fin de non-recevoir.

barber (U.S.) *n.* coiffeur.

bar code, code-barre(s).

bareboat charter [bɛə'bəut] affrètement coque nue.

bar chart *n.* graphique en tuyaux d'orgue, histogramme.

bar code, code à barres.

bargain ['ba:gin] *n.* **1.** *Bourse :* marché. *Cash bargain,* marché au comptant. **2.** bonne affaire. *Bargain sales,* soldes.

bargain (into the) *loc.* par-dessus le marché.

bargain *v.* marchander, négocier, discuter (salaires).

bargain basement (U.S.) *n.* rayon des soldes. *Bargain-basement price,* prix sacrifié, défiant toute concurrence.

bargainee [ba:gi'ni:] *n. Jur. :* acheteur, preneur.

bargainer ['ba:ginə] *n.* marchandeur.

bargain-hunter *n.* chasseur de bonnes occasions, personne/investisseur à l'affût de bonnes occasions.

bargaining ['ba:giniŋ] *n.* **1.** marchandage. **2.** négociations salariales (U.S.).

bargaining power, pouvoir de négociation.

bargain-prices *n.* prix de solde, prix sacrifiés.

bargain-sale(s) *n.* soldes.

barge [ba:dʒ] *n.* péniche, allège, chaland.

bar graph voir **bar chart.**

barley ['ba:li] *n.* orge.

barratry ['bærətri] *n. Assur. mar. :* baraterie.

barrel ['bærəl] *n.* tonneau, fût, barril (pour le pétrole, souvent abrégé en *bbl*).

barren ['bærən] *adj.* stérile.

barrier ['bæriə] *n.* barrière. *Trade barrier,* barrière douanière.

barrister ['bærɪstə] *n.* avocat.

barter ['ba:tə] *n.* troc.

barter *v.* troquer.

base [beɪs] *n.* base.

base lending rate *n.* taux de base (financement).

base-pay [beɪs] *n.* salaire de base.

base-rate *n.* taux de base ; salaire de base ; *(banque)* taux de base, taux directeur.

based [beɪst] *adj. London-based company,* société basée/sise à Londres, dont le siège social est à Londres.

BASIC (Beginners' All purpose Symbolic Instruction Code) basic, basique (langage informatique polyvalent).

basic ['beɪsɪk] *adj.* à la base, fondamental, de base.

basics ['beɪsɪks] *n.* bases, fondements, connaissances de base.

basin ['beɪsn] *n.* bassin. *Coal basin,* bassin houiller.

basis ['beɪsɪs] *n.* Plur. : **bases,** base, fondement.

basket ['ba:skɪt] *n.* panier, corbeille. *Basket clause,* article, clause qui envisage tous les cas non réglés ailleurs.

batch [bætʃ] *n.* **1.** lot (de marchandises), grosse quantité, liasse. **2.** *Inform. :* lot. *Batch processing,* traitement par lot.

batch production production en petite(s) série(s).

batter *v.* malmener.

battery ['bætəri] *n.* batterie, pile.

battle *v.* combattre.

beach *n.* plage.

beach *v.* échouer (un navire) ; s'échouer.

beach-head *n.* tête de pont.

beacon [bi:kən] *n.* balise ; fanal ; phare.

beam [bi:m] *v.* émettre, diffuser.

bear [bɛə] *n.* baissier, spéculateur à la baisse.

bear *v.* **1.** porter, rapporter. *To bear interest,* rapporter (des, un) intérêt(s). **2.** supporter. **3.** *To bear on,* avoir trait à, porter sur ; peser sur. **4.** spéculer à la baisse, vendre à découvert.

bear covering, couverture à la baisse.

bearer ['bɛərə] *n.* porteur (sens financier). *Bearer cheque,* chèque au porteur. *Bearer securities,* titres au porteur.

bearish ['bɛərɪʃ] *adj.* **1.** à la baisse. *Bearish market,* marché orienté à la baisse. **2.** qui croit que les cours vont baisser ; pessimiste quant à l'évolution des cours.

bear market, marché en baisse, à la baisse.

bear out *v.* confirmer (une supposition, etc.).

bear the market *v.* faire baisser les cours (bourse).

beat *v.* **1.** battre, l'emporter sur, vaincre ; dépasser. **2.** surmonter, résister à, faire échec à. **3.** embarrasser, laisser perplexe. **4.** (U.S.) rouler.

beat down *v.* écraser.

beating (to take a), subir un revers, se faire battre à plate(s) couture(s) ; (Bourse) être en très net recul.

bedevil *v.* harceler, accabler, s'acharner sur, empoisonner.

bedraggled *adj.* en piteux état.

beef up [bi:f] *v.* renforcer, étoffer les effectifs.

beforehand [bɪ'fɔ:hænd] *adv.* d'avance, au préalable.

before tax proceeds, produit brut d'exploitation.

bee [bi:] *n.* (U.S.) réunion (d'amis, de voisins, de collègues) pour une activité commune.

beg [beg] *v.* avoir l'honneur de. *I beg to let you know,* j'ai l'honneur de vous faire savoir.

beginner *n.* débutant, -e.

behalf [bɪ'ha:f] *n. On behalf of,* au nom de, de la part de, pour le compte de.

behave [bɪ'heɪv] *v.* se comporter.

behaviour [bɪ'heɪvjə] (U.S.) **behavior** [bɪ'heɪvjər] *n.* comportement.

behemoth *n.* géant.

behest [bi'hest] *n.* ordre, commandement.

behindhand [bi'haind'hænd] *adv.* en arrière, en retard.

behind the scenes, en coulisse ; dans l'ombre.

beleaguered [bi'li:gəd] *adj.* aux abois, accablé.

bellwether *n.* 1. bélier qui mène le troupeau. 2. indicateur de tendance. *Bellwether security,* titre précurseur.

belly up (to go), faire faillite.

belong (to) [bi'lɔŋ] *v.* appartenir à.

belongings [bi'lɔŋiŋz] *n.* biens, propriété, effets personnels.

below par [bi'lɑu] au-dessous du pair (valeurs boursières).

below the line *loc. Litt. :* en dessous de la ligne. *Below the line promotion,* promotion indirecte (qui n'implique pas de budget ni de campagne spécifique ; par exemple, on demande aux représentants de vérifier qu'un produit est correctement présenté dans les magasins qu'ils visitent).

belt [belt] *n.* 1. ceinture. 2. courroie. 3. région, zone. *Cotton belt,* zone où l'on cultive le coton. *Sun belt,* États américains où s'installent les retraités.

belt-tightening *n.* restrictions, austérité.

bench [bentʃ] *n.* 1. banc. 2. *Jur. :* tribunal. *The Bench,* la magistrature assise. 3. poste de travail.

bench-mark, benchmark *n.* 1. repère ; cote (de niveau) ; borne-repère. 2. étalon de mesure. 3. indice de référence d'un portefeuille boursier.

benchmark *adj.* de référence. ~ *index,* indice de référence. ~ *price,* prix de référence.

benchmark *v.* étalonner.

benchmarking *n.* 1. repérage, établissement de cote. 2. étalonnage ; évolution de(s) performance(s) ; (comparaison avec les résultats antérieurs ou la concurrence) évaluation comparative.

beneficial [beni'fiʃəl] *adj.* profitable, utile. *Beneficial interest,* droit d'usufruit.

beneficiary [beni'fiʃəri] *n.* bénéficiaire.

benefit ['benifit] *n.* 1. avantage, profit. *Benefits in kind,* avantages en nature. *Fringe benefits,* avantages divers. 2. allocation, indemnité. *Sickness benefit,* prestation de sécurité sociale (maladie). *Unemployment benefit,* allocation de chômage.

benefit (by, from) *v.* profiter de, bénéficier de.

bequeath [bi'kwi:ð] *v.* léguer.

bequest [bi'kwest] *n.* legs.

berth [bə:θ] *n.* 1. poste de mouillage. 2. couchette.

best *v.* 1. faire mieux que, l'emporter sur, dominer. 2. rouler.

best effort (undertaking), obligation de moyens.

best endeavo(u)r, obligation de moyens.

bestseller ['bestselə] *n.* article qui se vend bien, meilleure vente.

betterment ['betəmənt] *n.* plus-value. *Betterment levy,* impôt sur les plus-values foncières.

bi-annual [bai 'ænjuəl] *adj.* semestriel.

bias ['baiəs] *n.* 1. préjugé, prévention ; penchant. 2. déviation, écart par rapport à la ligne droite.

bias(s)ed ['baiəst] *adj.* 1. partial. 2. (ligne, courbe) décentrée.

bid [bid] *n.* 1. enchère, mise. 2. offre, adjudication, soumission. *Take over bid (for cash),* offre publique d'achat. *Take over bid (for shares),* offre publique d'échange. 3. tentative.

bid *v.* 1. faire une offre, enchérir. 2. *(for something)* essayer/tenter/d'obtenir. 3. ordonner. 4. (U.S.) soumissionner.

bid and ask quotations, voir **bid and asked price.**

bid-bond *n.* caution de participation à une adjudication (appels d'offres internationaux).

bid down v. faire baisser (enchères).

bid price, cours acheteur, prix acheteur, prix offert.

bid up v. pousser, faire monter (enchères).

bid and asked price loc. prix offert et demandé.

bidder ['bidə] n. 1. enchérisseur, offrant. *The goods will be knocked down to the highest bidder,* les marchandises seront adjugées au plus offrant. 2. soumissionnaire.

bidding ['bidiŋ] n. 1. enchère, mise. 2. ordre, injonction.

bid price, prix offert, prix proposé (par l'acheteur).

Big Board (the), la bourse de New York *(the New York Stock Exchange, N.Y.S.E.).*

big business 1. grosse affaire ; domaine/secteur important. **2.** *Big Business,* les grosses entreprises, le grand patronat, le grand capital.

big cap(s) = *big capitalization stock(s),* actions des grosses sociétés.

biggies ['bigiz] n. les grands. *Retailing biggies like Sears & Roebuck,* les grands de la distribution comme Sears et Roebuck.

Big Three (the), les trois grands constructeurs automobiles U.S. (General Motors, Ford et Chrysler).

big ticket items, produits blancs, appareils électro-ménagers (peut aussi inclure les automobiles).

big time le niveau supérieur, le sommet, les grands. *To break into/hit the big time,* faire son entrée parmi les grands, entrer/arriver dans la cour des grands. *To make the big time,* arriver, réussir.

big time *adj.* d'envergure, qui a réussi, important, gros, sur une grande échelle.

bilge [bildʒ] n. eau de cale.

bilge-water, eau de cale.

bilk [bilk] v. voler, escroquer, soutirer de l'argent.

bill [bil] n. 1. projet de loi. 2. billet de banque (U.S.). 3. affiche. *Stick no bills,* défense d'afficher.

Handbill, prospectus. **4.** facture, note, addition. **5.** traite, lettre de change, effet. *Acceptance bill,* traite contre acceptation. *Accommodation bill,* traite de complaisance. *Documentary bill,* traite documentaire. *Long-dated bill,* traite à longue échéance. *Short-dated bill,* traite à courte échéance. *Time-bill,* traite à date fixe. *To discount a bill,* escompter une traite. **6.** bon. *Treasury bill,* bon du Trésor.

bill v. 1. facturer. 2. annoncer par affiches et ou prospectus.

billboard ['bilbəud] n. panneau d'affichage publicitaire.

billfold n. portefeuille.

billing [biliŋ] n. 1. facturation. *Billing period,* période de facturation. 2. affichage. 3. volume d'affaires (annuel) d'une entreprise de publicité ; budget annonceurs.

billing machine n. machine à facturer.

billion ['biljən] n. (U.S.) milliard (10⁹) ; (G.B.) trilliard (10¹²).

bill of entry n. déclaration en douane.

bill of exchange n. lettre de change.

bill of fare, menu.

bill of goods, expédition/envoi de marchandises, liste des marchandises expédiées.

bill of health, patente de santé. *Clean bill of health,* « patente de santé nette ».

bill of lading n. (B/L) : connaissement, lettre de voiture.

bill of sale, acte de vente, contrat de vente, facture.

bill-posting n. affichage. *Bill-posting contractor,* entrepreneur d'affichage.

bills payable n. effets à payer.

bills receivable n. effets à recevoir.

bill stamp n. timbre sur effet de commerce.

bimetalism (U.S.), **bimetallism** (G.B.) [bai'metəlizəm] n. bimétallisme.

bimonthly [bai'mʌnθli] n. et *adj.* bimensuel.

binary ['bainəri] *adj.* binaire.

bin *n.* **1.** coffre, casier. **2.** poubelle.

bind [baind] *v.* lier, engager. *The agreement binds both parties*, l'accord lie les deux parties. *To be bound*, être tenu de.

bind *n.* situation difficile. *To be in a financial bind*, être dans une situation financière difficile.

binding ['baindiŋ] exécutoire, formel, (clause) qui engage.

binding agreement, engagement, promesse, contrat, accord qui lie, qui engage.

binge [bindʒ] *n.* frénésie, ruée. *Christmas buying binge*, la frénésie d'achats à Noël (cf. spree).

bio data ['baiəu'deitə], curriculum vitæ, c.v.

biotechnology *n.* biotechnologie.

black [blæk] *n. To be in the black*, avoir un compte créditeur. *To stay in the black*, maintenir un solde créditeur, avoir des résultats positifs, rester rentable. *To go/get into the black*, (re)devenir rentable.

black *v.* boycotter (langue syndicale). *To black containers*, refuser de décharger les conteneurs.

black-and-white film, film noir et blanc.

blackball ['blækbɔ:l] *v.* blackbouler.

black knight, chevalier noir, société qui lance une OPA ou une OPE hostile sur une autre société.

blackleg ['blækleg] *n.* briseur de grève, jaune (cf. scab).

blacklist ['blæklist] *v.* mettre sur la liste noire, mettre à l'index.

blackmail ['blækmeil] *v.* faire chanter.

blackmail *n.* chantage.

black-market *n.* marché noir.

black-marketeer *n.* vendeur au marché noir.

blackout *n.* **1.** panne d'électricité, des transmissions, etc. *Rotating/Rolling blackouts*, coupures de courant alternées/tournantes (pour économiser l'énergie). **2.** arrêt total d'une activité.

black out *v.* **1.** *(électricité)* tomber en panne ; mettre en panne. **2.** arrêter le fonctionnement de ; cesser de fonctionner.

bladings voir bills of lading. *To take the blame*, accepter un reproche, reconnaître une faute, reconnaître sa responsabilité.

blame [bleim] *n.* blâme, reproche ; responsabilité, faute. *To take, the blame*, accepter un reproche, reconnaître une faute, reconnaître sa responsabilité.

blame *v.* blâmer, *to blame someone for something*, reprocher qque chose à qqu'un. *To blame something on someone*, rejeter la responsabilité de qque chose sur quelqu'un, rendre qqu'un responsable (d'une faute).

blank [blæŋk] *n.* et *adj.* **1.** en blanc. *Blank cheque*, chèque en blanc. *A blank signature*, un blancseing. **2.** blanc. *Fill in the blanks*, remplissez les blancs.

blank-endorsed, endossé en blanc.

blanket ['blæŋkit] *adj.* global, forfaitaire. *Blanket rate*, taux forfaitaire.

blanket *n.* couverture. *Blanket clause*, condition générale. *Blanket policy*, police polyvalente, globale.

blast furnace [blɑːst] *n.* haut fourneau.

bleak *adj.* sombre, sinistre. *Prospects are bleak*, l'avenir est sombre.

blend [blend] *n.* mélange. *A leading blend of tea*, une grande marque de thé.

blend *v.* mélanger.

blight [blait] *n.* **1.** (plantes) rouille, charbon, etc. **2.** détérioration ; influence néfaste. *Urban blight*, détérioration/dégradation des villes, des banlieues (avec baisse de l'immobilier).

blight *v.* flétrir ; faire se dégrader, se dégrader, se détériorer, se délabrer.

blimp *n.* dirigeable.

blindfold test, test en aveugle, m. à m. les yeux bandés, consiste à faire reconnaître ou évaluer des produits par des consommateurs auxquels on ne révèle ni la marque ni le type de ce quils goûtent.

blip [blip] *n.* fluctuation. *Downward blip*, légère baisse (peu importante et provisoire).

blister-pack ['blistə] *n.* emballage plastique, « blister ».

blister-packing *n.* pelliplacage, pelliculage.

blitz [blits] *n.* une campagne intensive. *To launch a P.R. blitz*, lancer une intense campagne de relations publiques.

blitzkrieg ['blitskri:g] *n.* guerre éclair. *A merchandising blitzkrieg*, une campagne de commercialisation très rapide (et très intense).

bloat [bləut] *v.* gonfler. *Prices bloated by non-wage costs*, prix gonflés par les coûts non-salariaux. *Bloated bureaucracy*, bureaucratie pléthorique. *Bloated costs*, prix de revient/coûts de productions anormalement élevés.

block [blɔk] *n.* **1.** paquet (d'actions). **2.** *Block of flats*, immeuble d'habitation. **3.** *Typogr.* : cliché. *Block maker*, clicheur, photograveur. **4.** *On the block*, (mis) aux enchères. *To put on the block*, mettre aux enchères.

block *v.* **1.** bloquer, obstruer. **2.** bloquer des fonds. (En particulier, interdire la conversion en autres devises de fonds détenus dans un pays étranger, ou limiter au pays en question l'utilisation qui peut en être faite.)

blockade [blɔ'keid] *n.* blocus ; barrage (routier).

blockade *v.* bloquer, faire le blocus.

blockage *n.* blocage, obstruction.

blockbuster *n.* **1.** bombe de très forte puissance. **2.** énorme événement, bombe. *His new album will be a blockbuster*, son nouvel album va faire l'effet d'une bombe/va faire un malheur.

block capitals, majuscules d'imprimerie.

block form *n.* (lettre) présentation « compacte » (sans alinéas).

block letters *n.* caractères d'imprimerie, majuscules.

blotter ['blɔtə] *n.* **1.** registre ; brouillard ; main courante. **2.** buvard.

blow-up [bləu] *n.* agrandissement.

blow up *v.* **1.** exploser ; faire exploser ; (crise) se déclancher. **2.** agrandir.

blue-chips [blu:-tʃîps] *n.* valeurs mobilières de premier ordre, actions des grandes sociétés industrielles.

blue-collar (worker) *n.* travailleur manuel.

Blue Cross/Blue Shield Association (U.S.), association à but non-lucratif qui regroupe les plus anciens et les plus importants organismes privés d'assurance santé aux E.U. et administre la plus grande partie des prestations au titre de Medicare. (*Blue Cross* : pour frais d'hospitalisation et de soins ; *Blue shield* : pour actes médicaux et chirurgicaux).

blue-print *n.* bleu, plan, projet.

blue-sky laws, lois destinées à réglementer, assainir et moraliser le marché boursier.

blunt *v.* atténuer, émousser.

board [bɔːd] *n.* **1.** tableau, écriteau. *Notice board*, tableau d'affichage. **2.** comité, bureau, conseil. *Board meeting*, réunion du conseil. *Board of directors*, conseil d'administration. *Board of enquiry*, commission d'enquête. *To sit on the Board*, être membre du conseil (de la commission, du comité…). **3.** (U.S.) *The Board : The Federal Reserve Board*.

board *v.* **1.** monter à bord d'un navire. **2.** (U.S.) monter à bord d'un moyen de transport quelconque. *To board a bus*, monter dans un autobus.

Board of Trade *n.* (G.B.) Ministère du Commerce. (U.S.) Chambre de Commerce.

boat [bəut] *n.* bateau.

boat *v.* transporter par eau.

bob up *v.* remonter (à la surface).

bodily ['bɔdili] *adj.* corporel. *Bodily injury*, blessure corporelle, dommage corporel. *Bodily search*, fouille à corps.

body ['bɔdi] *n.* 1. corps. *Jur. : Body corporate*, personne morale. 2. organisme, collectivité. *Government body*, organisme gouvernemental. 3. masse, ensemble. *A strong body of evidence*, un lourd faisceau de preuves. 4. carrosserie. 5. boîtier (photo.).

body-builder *n.* carrossier.

body-work *n.* carrosserie.

bogus ['bəugəs] *adj.* faux, « bidon », fantôme. *A bogus company*, une société fantôme.

boiler ['bɔilə] *n.* chaudière.

boiler-maker *n.* chaudronnier.

boiler-making *n.* chaudronnerie.

boiler-man *n.* chauffeur (de chaudière).

boilerplate *n.* formule toute faite ; contrat, etc… type/standard.

bold *adj.* hardi, audacieux, courageux, intrépide ; osé. *A ~ interest rate cut*, une baisse vigoureuse du taux d'intérêt.

bold face type [bəuld] *Typogr. :* caractère gras.

bolster ['bəulstə] *v.* soutenir.

bona fide ['bəunə faidi] *loc.* de bonne foi. *Bona fide holder*, détenteur de bonne foi.

bona fides ['bəunə'faidi:z] bonne foi.

bonanza [bəu'nænzə] *n.* et *adj.* abondance ; aubaine. *Bonanza year*, année prospère.

bond [bɔnd] *n.* 1. obligation ; bon. *Government bond*, rente sur l'État. *Junk bond*, obligation de pacotille, obligation camelote, obligation pourrie. *Mortgage bond*, obligation hypothécaire. 2. engagement, contrat, caution. *Performance bond*, garantie de bonne exécution. 3. dépôt, entreposage, entrepôt (des douanes). *To sell in bond*, vendre en entrepôt.

bondage ['bɔndidʒ] *n.* esclavage, asservissement ; servage.

bond of indemnity *n.* caution.

bonded ['bɔndid] *adj.* *Bonded goods*, marchandises en douane. *Bonded warehouse*, magasins généraux, entrepôt en douane.

bonder ['bɔndə] *n.* entrepositaire.

bond fund, fonds commun de placement en obligations.

bondholder ['bɔndhəuldə] *n.* obligataire.

bonding ['bɔndiŋ] *n.* 1. liaison. 2. liens affectifs. 3. collage. 4. entreposage.

bond mutual fund, SICAV obligataire.

bonus ['bəunəs] *n.* bonus, prime, gratification. *Bonus share*, action gratuite.

book [buk] *n.* livre, registre, carnet. *Book entry*, écriture comptable. *Book of prime entry*, journal général. *Book value*, valeur comptable. *Cash book*, livre de caisse. *Order book*, carnet de commande.

book *v.* 1. enregistrer, inscrire. 2. réserver. 3. arrêter pour une infraction, interpeler.

book an order *v.* enregistrer une commande.

booker *n.* personne qui réserve.

booking [bukiŋ] *n.* réservation.

booking-office, guichet (des billets).

bookkeeper ['buk,ki:pə] *n.* aide-comptable ; teneur de livres.

bookkeeping ['buk,ki:piŋ] *n.* tenue des livres, comptabilité. *Double entry bookkeeping*, comptabilité en partie double.

booklet ['buklit] *n.* livret, brochure, notice.

book of stamps, carnet de timbres.

book-rigging *n.* trucage/manipulation des comptes.

book runner, banque organisatrice d'émission de titres.

bookrunner *n.* teneur de plume.

bookseller ['buk,selə] *n.* libraire.

bookshop ['bukʃɔp] *n.* librairie.
bookstore ['bukstɔ:] *n.* librairie.
book-value, valeur comptable, coût d'acquisition, valeur intrinsèque.
boom [bu:m] *n.* **1.** période de prospérité, haute conjoncture. *Boom and bust,* alternance de périodes d'inflation et de déflation, de prospérité et de dépression. **2.** (ciné.) girafe, grue, perche. *Boom man,* perchiste.
boom *v.* prospérer, être en hausse, être en expansion.
booming [bu:miŋ] *adj.* florissant, prospère, en plein essor.
boomlet *n.* mini-reprise.
boomy ['bu:mi] *adj.* (U.S.) = booming.
boon [bu:n] *n.* bienfait, gros avantage.
boost [bu:st] *n.* augmentation. *A boost in demand,* une poussée de la demande.
boost *v.* pousser, développer ; relancer. *To boost sales by advertising,* pousser les ventes par la publicité. *To boost profit margins,* gonfler les marges bénéficiaires.
booster [bu:stə] *n.* **1.** toute personne ou chose qui soutient, stimule, pousse, aide à développer, à faire décoller, etc. **2.** amplificateur, auto-régulateur, survolteur.
boot *n.* botte ; brodequin, grosse chaussure. *To give the ~,* flanquer à la porte. *To get the ~,* se faire virer.
boot (up) *v.* démarrer/lancer un ordinateur.
booth [bu:ð] *n.* cabine, stand. *Telephone booth,* cabine téléphonique. *Polling booth,* isoloir.
bootleg ['bu:tleg] *v.* **1.** faire de la contrebande. **2.** vendre illégalement.
bootlegger ['bu:tlegə] *n.* trafiquant (contrebandier) d'alcool.
bootstrap *adj.* qui repose sur ses propres moyens, avec les moyens du bord, « maison ».
border ['bɔ:də] **1.** frontière. **2.** *Typ. :* cadre.
borderline case, cas limite.

border price, prix frontière, prix franco-frontière.
borough ['bʌrə] *n.* **1.** (G.B.) municipalité ; commune ; circonscription électorale. **2.** (U.S.) division administrative de la ville de New York.
borrow ['bɔrəu] *v.* emprunter. *To borrow against property,* emprunter sur la valeur d'un bien (qui constitue la garantie de l'emprunt). *To borrow short,* emprunter à court terme.
borrower ['bɔrəuə] *n.* emprunteur.
borrowing ['bɔrəuiŋ] *n.* emprunt. *Borrowing rate,* taux d'emprunt, taux emprunteur.
boss [bɔs] *n.* patron.
boss *v.* mener, diriger, conduire, régenter. *To boss the show,* faire la loi.
botch [bɔtʃ] *v.* mal faire, saboter un travail.
botcher ['bɔtʃə] *n.* personne qui sabote, qui fait mal un travail, gâcheur.
bottleneck ['bɔtəlnek] *n.* goulot d'étranglement.
bottling ['bɔtliŋ] *n.* mise en bouteilles ; embouteillage.
bottom ['bɔtəm] *n.* fond, bas. *Bottom of the market,* bas de gamme. *To hit, to touch bottom,* être au plus bas, atteindre le cours le plus bas. *The bottom has fallen out of the market,* les cours se sont effondrés.
bottom *v.* atteindre le point le plus bas.
bottomline *n.* **1.** dernière ligne, ligne du bas. **2.** (par extension de sens) bénéfices, profit ; résultat(s).
bottom-liner *n.* créateur de profits, par extension chef d'entreprise.
bottom of the range, bas de gamme.
bottom out *v.* toucher le fond, être au plus bas. (Par extension) amorcer une reprise, reprendre.
bottomry *n.* (emprunt à la) grosse aventure (hypothèque consentie sur un navire et parfois sur

sa cargaison pour obtenir les fonds nécessaires à son voyage). ~ *loan*, prêt à la grosse. ~ *bond*, contrat à la grosse. ~ *interest*, profit maritime (intérêt touché par le prêteur).

bought [bɔːt] *p.p.* de **to buy** acheté. *Bought note*, bordereau d'achat.

bounce [bauns] *n.* bond, rebond, rebondissement ; reprise. *Consumer bounce*, reprise de la consommation.

bounce [bauns] *v.* **1.** rebondir. **2.** être sans provision. *To ~ a cheque*, (banque) refuser un chèque.

bounce back *v.* rebondir, remonter. *The dollar bounced back*, le dollar a repris, est remonté.

bouncer ['baunsə] *n.* **1.** chèque sans provision. **2.** videur.

bouncing check *n.* chèque sans provision.

bound [baund] *adj.* en partance, à destination. *Bound for New York*, en route pour New York.

bound *p.p.* de **to bind**. **1.** lié, relié. **2.** obligé, tenu, engagé. *To be bound by an oath*, être lié par un serment, engagé sous serment.

boundary ['baundəri] *n.* limite, frontière.

bounds *n.* limites. *Within reasonable bounds*, dans des limites raisonnables. *Within the bounds of the fair*, dans l'enceinte de la foire. *Out of bounds*, (d') accès interdit.

bounty ['baunti] *n.* indemnité, prime, subvention.

bourse [buəs] *n.* bourse, place boursière (à l'étranger).

bout [baut] *n.* accès, crise, poussée. *A new bout of inflation*, une nouvelle poussée d'inflation.

bow out [bau] *v.* **1.** tirer sa révérence. **2.** laisser son poste, se retirer.

box [bɔks] *n.* **1.** boîte. **2.** encadré. **3.** case. *Tick the appropriate box*, cochez la case correspondante.

box-car (U.S.), wagon fermé (marchandises).

box-office receipts, recette sur les entrées.

box-top offer, offre réclame sur emballages.

boycott ['bɔikət] *n.* boycott, boycottage.

boycott *v.* boycotter.

bracket ['brækit] *n.* **1.** catégorie, tranche. *Age bracket*, tranche d'âge. *Tax bracket*, tranche d'imposition. **2.** parenthèse, crochet. **3.** groupe de banques garantissant l'émission d'un emprunt international.

Bradshaw [brædʃɔː] *n.* indicateur des chemins de fer (G.B.).

brain-drain ['brein drein] fuite des cerveaux.

brain storming [brein 'stɔːmiŋ] *n.* travail de réflexion intensif à plusieurs sur un problème difficile (et en général urgent) ; « remue-méninges ».

brake [breik] *n.* frein, serrage. *A brake on investment spending*, le freinage des dépenses d'investissement.

brake *v.* freiner, ralentir. *To brake inflation*, freiner l'inflation.

branch [brɑːntʃ] *n.* succursale.

branch-line *n. Chem.* de fer : ligne secondaire.

branch-office *n.* succursale.

branch out *v.* diversifier. *The company is branching out into new activities*, la société diversifie ses activités.

brand [brænd] *n.* marque. *Leading brands*, grandes marques. *Brand awareness*, notoriété de marque. *Brand loyalty*, fidélité à la marque. *Brand name*, marque, nom de la marque. *Brand recognition*, identification de la marque. *Brand switching*, changement de marque (de la part du consommateur).

brand *v.* marquer.

brand-building *n.* installation/ pénétration de la marque.

branded goods [brændid] produits de marque.

brand extension, brand stretching, extension de marque.

brand-leader, marque qui détient la plus grosse part d'un marché, première marque sur le marché.

brand-manager *n.* chef de marque.

brand-new [,brænd-'nju:], **bran-new** *adj.* tout neuf.

brand-shifting, changement de marque (de la part de l'acheteur), passage d'une marque à une autre.

brass [bra:s] *n.* laiton. *Top brass,* personnage(s) important(s), « huiles », « grosses légumes ». *To get down to brass tacks,* en venir aux faits, aux choses sérieuses, aux éléments concrets.

breach [bri:tʃ] *n.* infraction, rupture, violation. *Breach of regulations,* infraction aux règlements. *Breach of contract,* rupture de contrat.

breach *v.* ne pas tenir (promesse), enfreindre, rompre.

breach of close, effraction, bris de clôture.

breach of promise, violation de promesse, non-exécution d'engagement.

breach of the peace, atteinte à l'ordre public, délit contre l'ordre public.

breach of trust, abus de confiance.

bread and butter *loc.* de base, fondamental.

bread-and-butter issues *n.* problèmes vitaux, essentiels, quotidiens.

breadline ['bredlain] *n.* queue de chômeurs (initialement pour distribution de pain, utilisé aussi pour remise de subsides).

breadwinner, bread-winner, soutien de famille, chef de famille.

break [breik] *n.* 1. chute rapide, effondrement. *There has been a sharp break in share prices,* le cours des actions s'est effondré. 2. rupture. 3. interruption. 4. moment de repos, de répit, pause. 5. coup de chance, occasion favorable.

break *v.* 1. éclater, rompre, briser. 2. se briser, se rompre. 3. enfreindre. *To break the law,* enfreindre la loi. *To break a promise,* ne pas tenir une promesse.

breakage ['breikidʒ] *n.* casse.

break bulk *v.* commencer le déchargement d'une cargaison ; répartir/diviser une cargaison en plus petites unités ; dégrouper.

break down *v.* 1. tomber en panne. 2. interrompre. *The talks broke down,* les discussions furent interrompues ; les négociations ont échoué. 3. ventiler. *The amount of the invoice was broken down,* le montant de la facture a été ventilé.

breakdown ['breikdaun] *n.* 1. défaillance ; arrêt, rupture ; panne. *Breakdown of negotiations,* rupture des négociations, arrêt des discussions. *Nervous breakdown,* dépression nerveuse. *Power breakdown,* panne de courant, d'électricité. 2. ventilation, répartition (comptabilité, sondages).

break even *v.* rentrer dans ses frais, atteindre le seuil de rentabilité.

break-even point *n.* point mort, seuil de rentabilité.

break from work *v.* interrompre son travail.

breaking load *n.* charge de rupture.

break into *v.* entrer par effraction.

break off *v.* rompre (négociations).

break out *v.* se déclencher.

break-proof *adj.* incassable.

breakthrough ['breik'θru:] *n.* percée, avancée ; innovation. *A technological breakthrough,* une percée technologique.

break up *v.* démanteler. *To break up a trust,* démanteler un trust.

breakup, break-up, breaking up *n.* rupture, démantèlement.

break-up price *n.* prix, valeur de liquidation (d'une entreprise).

break-up value, valeur liquidative.

breakwater ['breik,wɔ:tə] *n.* môle, jetée.

break with somebody *v.* rompre avec quelqu'un, se séparer de quelqu'un.

breather ['bri:ʃə] *n.* répit.

breed [bri:d] *n.* race. *A breed of cow,* une race de vache.

breed *v.* élever. *To breed cattle,* élever du bétail.

breeder ['briːdə] *n.* **1.** éleveur. **2.** animal reproducteur. **3.** réacteur nucléaire. *Fast breeder,* réacteur suractivé. *Breeder reactor,* sur-régénérateur.

bribe [braib] *n.* pot-de-vin.

bribe *v.* corrompre, acheter.

bribery ['braibəri] *n.* corruption.

brick-and-mortar, bricks-and-mortar *adj.* de type traditionnel, classique, conventionnel (par opposition à virtuel).

bridge [bridʒ] *v.* combler, boucher, *To bridge the gap,* combler l'écart. *Bridging loan,* prêt-relais.

bridge financing, crédit relais.

bridge loan, prêt relais.

bridging loan, prêt relais.

bridge-over *n.* Fin. : crédit provisoire.

brief [briːf] *n.* **1.** dossier. **2.** indications, spécifications. *Brief of an official organization,* mission (d'un organisme officiel) ; cahier des charges (d'un organisme). **3.** *Jur. :* dossier de procédure, conclusions présentées à la cour avant l'audience.

brief *v.* mettre au courant.

briefing ['briːfiŋ] *n.* **1.** constitution de dossier. **2.** mise au courant, briefing, réunion préparatoire.

bright [brait] *adj.* brillant, éclatant ; lumineux.

brighten *v.* s'éclaircir ; s'améliorer.

bring about *v.* causer, provoquer.

bring an action against *v.* engager des poursuites judiciaires contre.

bring down *v.* abaisser, faire baisser. *To bring down tariffs,* abaisser les tarifs douaniers.

bring forward *v.* avancer. *The sale was brought forward a month,* la vente a été avancée d'un mois.

brink *n.* bord (de l'abîme). *On the brink of bankruptcy,* au bord de la faillite.

brinkmanship *n.* numéro d'équilibriste, acrobatie.

brisk [brisk] *adj.* animé, vif, actif. *Business is brisk,* les affaires marchent. *Demand is brisk,* la demande est soutenue.

briskly ['briskli] *adv.* vivement.

briskness ['brisknis] *n.* activité.

broach *v.* lancer. *To broach a bid,* lancer une OPA.

broadcast ['brɔːdkaːst] *n.* programme, émission (radio, télévision).

broadcast *v.* radiodiffuser, téléviser.

broadcast advertising *n.* publicité à la radio ou à la télévision, publicité radio-télévisée.

broadcaster ['brɔːdkaːstə], **1.** chroniqueur, journaliste (TV, radio). **2.** diffuseur ; entreprise exploitant un réseau radio ou TV.

broadsheet ['brɔːdʃiːt] *n.* **1.** placard publicitaire. **2.** prospectus.

broadside ['brɔːdsaid] *n.* prospectus, dépliant.

brochure ['brəʊʃuə] *n.* brochure.

broke *adj.* sans-le-sou. sans ressources, désargenté, « fauché ». *To go broke,* faire faillite.

broker [brəʊkə] *n.* **1.** courtier ; agent ; revendeur. *Broker-dealer,* courtier négociant. *Insurance broker,* courtier d'assurance. *Pawnbroker,* Prêteur sur gages. *Stockbroker,* agent de change, courtier. **2.** intermédiaire, médiateur.

broker *v.* servir d'intermédiaire, s'entremettre. *To broker an agreement,* négocier un accord (entre deux parties).

brokerage ['brəʊkəridʒ] *n.* courtage. *Brokerage fee,* (frais de) courtage.

brokerage firm, société de bourse, société de courtage, charge d'agent de change.

broking ['brəʊkiŋ] *n.* courtage.

broking house, société de courtage, charge d'agent de change.

brotherhood ['brʌðəhud] *n.* syndicat ouvrier.

brought down *p.p. Balance brought down,* solde à nouveau.

brought-forward *p.p.* reporté.

brown goods, produits bruns, le brun (téléviseurs, etc.)

brownout ['braunaut] *n.* pénurie d'électricité, panne.

browse *v.* **1.** *(magasin, etc.)* flâner, regarder les marchandises exposées. **2.** *(livre)* feuilleter. **3.** (internet) naviguer.

browser *n.* *(info.)* navigateur, logiciel de navigation.

bruise *v.* contusionner, meurtrir, écraser, broyer. *A bruising recession,* une douloureuse récession.

brunt *n.* choc, poids. *To bear the brunt of the expense,* payer le plus gros des dépenses. *To take the brunt,* subir le choc. *The brunt would fall on the poor,* les pauvres seraient les principales victimes.

bubble *n.* **1.** bulle. **2.** illusion, chimère. *Bubble scheme,* projet utopique, chimérique ; entreprise véreuse. *(Fin.)* spéculation malhonnête, scandale financier (lié à un gonflement artificiel des bénéfices promis). *(Bourse) bubble effect,* effet de bulle.

buck [bʌk] *n.* *Fam. :* dollar.

buck *v.* résister à, s'opposer à. *To buck the trend,* résister à/aller contre une tendance.

bucket ['bʌkit] *n.* seau, godet. *Bucket conveyor,* transporteur à godets, à augets.

buckle ['bʌkəl] *v.* (métal) se déformer, se gondoler, se déjeter, gauchir, se gauchir.

buck up *v.* stimuler, ranimer ; encourager.

budget, adj. bon marché.

budget ['bʌdʒit] *n.* budget. *Operational budget,* budget de fonctionnement. *Under budget,* sans dépassement de budget. *To build a ship under budget,* construire un navire sans dépassement de budget.

budget *v.* inscrire au budget ; budgéter, établir un budget.

budget *adj.* à prix réduit, à bas prix, économique.

budgetary ['bʌdʒetəri] *adj.* budgétaire.

buff [bʌf] *n.* fanatique, « fan », enthousiaste.

buffer ['bʌfə] *n.* tampon, amortisseur. (U.S.) pare-chocs.

buffer-pool *n.* fonds régulateur.

buffer-stock *n.* stock régulateur.

buffet ['bʌfit] *v.* ballotter, bousculer.

bug [bʌg] *n.* **1.** défaut, vice de fabrication. **2.** folie, mode, enthousiasme. **3.** enthousiaste, fanatique. *A fire bug,* un pyromane. **4.** microphone caché. **5.** *Inform. :* parasite, erreur, bogue.

bug *v.* **1.** irriter, ennuyer. **2.** installer des micros clandestins, mettre sur table d'écoute. **3.** *Fam. :* équiper d'un système d'alarme.

build [bild] *v.* construire.

builder ['bildə] *n.* constructeur.

building ['bildiŋ] *n.* **1.** bâtiment. **2.** construction. *Building contractor,* entrepreneur de bâtiment. *Building licence,* permis de construire. *Building plots,* emplacements constructibles. *Building site, ground,* terrain à bâtir. *Building specifications,* le cahier des charges. *The building trade, the building industry,* le bâtiment.

building and loan association, organisme, association offrant un plan d'épargne-logement.

building society *n.* (G.B.) société de financement immobilier, société de prêt à la construction, société de crédit immobilier (à but non lucratif), mutuelle d'épargne et de construction.

build up *v.* **1.** constituer, accumuler. *To build up reserves,* constituer des réserves. **2.** faire beaucoup de publicité.

build-up (U.S.) **buildup** *n.* **1.** accumulation ; gonflement. *Build-up in inventories,* accumulation/gonflement des stocks. **2.** battage publicitaire.

built-in *adj.* intégré ; incorporé ; inhérent.

built unit, élément préfabriqué.

built-up *adj.* construit(e). ~ *area,* agglomération, zone urbaine.

bulb [bʌlb] *n.* ampoule ; lampe.

bulge [bʌldʒ] *n.* gonflement, augmentation, hausse.

bulge *v.* se gonfler, grossir, augmenter. *Bulging inventories,* des stocks qui s'accroissent.

bulging ['bʌldʒiŋ] *adj.* volumineux. *Bulging inventories,* stocks excédentaires.

bulk [bʌlk] *n.* gros, masse. *Bulk cargo,* cargaison en vrac. *In bulk,* en gros, en vrac.

bulk *v.* 1. totaliser, être important. 2. estimer (douanes). 3. (expéditions) grouper.

bulk-breaking, division d'une cargaison en plus petites unités ; dégroupage ; fractionnement.

bulk buying, achat(s) en gros.

bulk carrier *n.* vraquier.

bulking *n.* groupage.

bulk mail *n.* envoi(s) en nombre.

bulk sales *n.* 1. ventes en gros, en grandes quantités. 2. ventes globales.

bulk storage, *Info. :* mémoire de masse.

bulky ['bʌlki] *adj.* encombrant, volumineux.

bull [bul] *n.* spéculateur à la hausse, haussier. *The market is all bulls,* le marché est à la hausse. *Bull run,* longue période de hausse des cours.

bull *v.* 1. acheter à découvert, spéculer à la hausse. *To bull the market,* chercher à faire hausser les cours. 2. (titres) être en hausse.

bulletin ['bulitin] *n.* bulletin, communiqué. *Bulletin board,* tableau d'affichage.

bullish ['buliʃ] *adj.* 1. orienté à la hausse. *Bullish stocks,* valeurs en hausse. 2. optimiste (quant à l'évolution des cours ou des événements).

bullishness ['buliʃnəs] *n.* tendance à la hausse ; optimisme.

bullion ['buljən] *n.* or ou argent en barres ou en lingots. *Bullion reserves,* réserves d'or, réserves métalliques.

bull market, marché en hausse.

bulltrap *n.* (bourse) reprise destinée à avorter, reprise sans lendemain.

bumf *n.* (G.B., fam.) paperasserie.

bumper ['bʌmpə] *adj.* élevé, excellent. *Bumper crop,* récolte record. *Bumper year,* année record.

bundle ['bʌndəl] *n.* paquet, liasse.

bundle *v.* 1. mettre en paquet(s), en liasse(s). 2. grouper, regrouper, rassembler.

bungle ['bʌŋgəl] *v.* mal faire, saboter (un travail).

bungler ['bʌŋglə] *n.* personne qui sabote, qui fait mal un travail.

bungling ['bʌŋgliŋ] fait de mal faire, de saboter un travail, de s'y prendre maladroitement.

bunker ['bʌŋkə] *n.* soute (à charbon).

buoy [bɔi] *n.* bouée.

buoy *v.* soutenir.

buoyancy ['bɔiənsi] *n.* fermeté, activité.

buoyant ['bɔiənt] *adj.* ferme, soutenu, actif. *Buoyant market,* marché soutenu.

BUPA = *British United Provident Association* (G.B.). Caisse pour la couverture des frais médicaux des cadres.

burden ['bə:dən] *n.* fardeau, charge. *Debt burden,* endettement. *Tax burden,* pression fiscale. *The burden of proof,* la charge de la preuve.

burden *v.* charger, grever ; encombrer. *Burdened estate,* domaine grevé d'hypothèques.

bureau [bjuə'rəu] *n.* service, département, division administrative, bureau.

bureaucracy [bjuə'rɔkrəsi] *n.* 1. bureaucratie, 2. services administratifs.

bureaucrat ['bjuərəkræt] *n.* bureaucrate.

Bureau of Labor Statistics (U.S.) Institut des statistiques du ministère du Travail.

burgeon [ˈbəːdʒən] *v.* **1.** bourgeonner. **2.** commencer à se manifester. *Burgeoning industries,* industries naissantes. **3.** prospérer, être florissant.

burglar [ˈbəːglə] *n.* cambrioleur.

burglarize [ˈbəːgləraiz] *v.* cambrioler.

burglar-proof, à l'épreuve de l'effraction, du cambriolage ; (coffre) inviolable.

burgle [ˈbəːgəl] *v.* cambrioler, entrer par effraction.

burn-out, burnout *n. executive burnout,* syndrome du cadre qui a « brûlé » son énergie, en proie à la fatigue et à la dépression et dont la carrière tourne court.

burn out *v.* **1.** brûler, détruire par le feu. **2.** (cadre d'entreprise) épuiser, vider de son énergie. *Some executives are burnt out at forty,* certains cadres sont finis à quarante ans.

burst [bəːst] *n.* accès, poussée ; explosion. *A burst of speculative buying,* une poussée d'achats spéculatifs.

burst *v.* exploser, éclater ; crever, rompre, briser, faire éclater. *The sacks were bursting with corn,* les sacs étaient pleins à craquer de blé, regorgeaient de blé.

bus *n.* autobus, bus, (U.S.) autocar, bus-catalogue, (U.S.) *catalog,* catalogue commun. ~ *mailing,* envois groupés.

bus *v.* transporter en bus, en autocar.

bushel [ˈbuʃəl] *n.* boisseau.

business [ˈbiznis] *n.* affaire(s). *Business is business,* les affaires sont les affaires. *Business day,* jour ouvrable. *Business ethics,* déontologie. *Business formation,* création d'entreprise(s). *Business games,* jeux d'entreprise. *Business goods,* biens de production. *Business hours,* heures d'ouverture. *Business house,* maison de commerce. *Business management,* gestion d'entreprise. *To do business with,*

commercer avec. *To get started in business,* se lancer dans les affaires, créer une affaire. *To go out of business,* fermer boutique, se retirer des affaires, faire faillite. *Business accounts,* portefeuille d'entreprises (nombre d'entreprises avec lesquelles on a des contrats). *Line of business,* métier, domaine d'activité, profession.

business address, adresse professionnelle.

business angel *n.* investisseur privé dans la nouvelle économie.

businesslike [ˈbiznislaik] *adj.* régulier, sérieux.

business mail *n.* envoi(s) en nombre.

businessman [ˈbiznismən] *n.* homme d'affaires/d'entreprise, industriel.

business minded *adj.* qui a l'« esprit d'entreprise ».

business plan, projet d'entreprise ; projet de développement.

business reactivation, reprise/relance/sauvetage d'entreprise.

business reply card *n.* carte-réponse.

business risk, risque d'entreprise. ~ *management,* gestion du risque d'entreprise.

business school, école de gestion, école de commerce.

business slowdown, ralentissement des affaires.

business-to-administration (B2A, B to A), enterprise à administration en ligne (EAL).

business to business, (transaction) inter-entreprises, de professionnel à professionnel, de société à société.

business to consumer, d'entreprise à particulier, de professionnel à particulier.

businesswoman *n.* femme d'entreprise/d'affaires.

bust [bʌst] *n.* (U.S.) crise économique, récession, dépression, baisse brutale de l'activité économique.

bust *v.* « sauter », faire faillite.

To go bust, faire faillite.

bustle [bʌsl] *n.* activité, affairement, animation, agitation.

bustle *v.* s'affairer, s'agiter, être actif ; (rue etc.) grouiller de monde.

bust-up *n.* rupture ; éclatement (de société, etc.) ; faillite.

busy ['bizi] *adj.* actif, animé ; occupé. *The line is busy,* la ligne n'est pas libre, est occupée.

butcher ['butʃə] *n.* boucher.

butt [bʌt] *n.* 1. barrique. 2. souche, talon.

buttress ['bʌtris] *v.* soutenir, renforcer. *Measures taken to buttress the economy,* mesures prises pour renforcer l'économie.

buy [bai] *n.* achat, affaire. *It is a good buy,* c'est une bonne affaire.

buy *v.* acheter. *To buy back,* racheter. *To buy in bulk,* acheter en gros, en grandes quantités. *To buy for the account,* acheter à terme. *To buy into a company,* acquérir une partie du capital d'une société. *To buy long,* acheter à long terme. *To buy on credit,* acheter à crédit. *To buy out,* désintéresser, racheter. *To buy up,* accaparer, rafler.

buyback *n.* rachat (par le propriétaire initial). *Stock buyback,* rachat de ses propres actions par l'entreprise. (Commerce international) engagement par l'installateur/ exportateur qui s'implante à l'étranger de racheter tout ou partie des produits fabriqués dans le pays importateur, ou de leur trouver des débouchés, achat en retour (moyens de production mis en place par le vendeur et rachat des produits fabriqués chez le client).

buyer ['baiə] *n.* 1. acheteur, preneur. 2. chef de rayon, chef du service des achats.

buyer beware, *caveat emptor,* que l'acheteur se méfie.

buyer's market, marché où l'acheteur est roi.

buyer's pass *n.* carte d'acheteur (foire, etc.).

buy in *v.* 1. s'approvisionner en. 2. (vente aux enchères) racheter pour le compte du vendeur. 3. acheter/acquérir une partie du capital d'une société.

buy-in *n.* achat/acquisition d'une partie du capital d'une société, prise de participation, entrée dans le capital.

buying [baiiŋ] *n.* achat. *Buying power,* pouvoir d'achat. *Buying and selling,* les achats et les ventes.

buying into, entrée dans le capital de, prise de participation dans.

buy into *v.* acheter/acquérir des actions de/une partie du capital de, entrer dans le capital de.

buy-out *n.* 1. rachat. *Buy-out offer,* offre de rachat. 2. départ volontaire (avec indemnisation).

buy out *v.* racheter (notamment une société lors d'une O.P.A.) ; désintéresser, racheter la part de.

buy-up *n.* acquisition, achat.

buzz [bʌz] *n.* 1. (fam.) coup de téléphone. *Give me a buzz,* passez-moi un coup de fil. 2. publicité de bouche à oreille.

by-contractor *n.* co-contractant.

by-election *n.* élection partielle.

by express par exprès.

by-law *n.* règlement. *Sociétés :* règlement intérieur ; arrêté ou règlement émanant d'une autorité locale.

by-pass ['bai-paːs], (U.S.) ['baipæs] *n.* rocade, route d'évitement, de contournement.

by-pass *v.* contourner, éviter, court-circuiter, se passer de. *To bypass regulations,* contourner la réglementation.

by-product ['bai prɔdəkt] *n.* sous-produit.

by show of hands, à main levée (vote).

byte [bait] *n. Inform. :* octet ; multiplot.

by-way ['bai wei] *n.* 1. chemin vicinal. 2. chemin détourné, voie indirecte.

cable [keibəl] *n.* câble, câblo-gramme, télégramme.

cable operator, câblo-opérateur.

cable transfer, virement par câble (télégraphique ou télépho-nique).

cable *v.* câbler ; télégraphier.

cable broadcasting, télédistri-bution par câble.

cable car ['keibl ka:] *n.* **1.** télé-phérique. **2.** funiculaire.

cablecast ['keibəlka:st] *v.* émettre, diffuser par câble.

cablecasting ['keibəlka:stiŋ] *n.* émission, diffusion par câble.

cablecasting network, réseau de diffusion par câble.

cabotage ['kæbəta:ʒ] *n.* cabo-tage (en particulier droit pour une compagnie étrangère de transporter du fret et des passagers d'une escale à l'autre à l'intérieur d'un même pays).

ca'canny [ka:'kæni] faire la grève perlée (G.B.).

caddy ['kædi] *n.* chariot (de supermarché).

cadre ['ka:dər,'kædri] *n.* cadre, (personnel d') encadrement.

CAF, Currency Adjustment Factor (voir ce mot).

cafeteria benefits, avantages sociaux parmi lesquels on peut choisir en fonction de ses besoins.

cahoots (to be in) (U.S.) être de connivence, être de mèche.

calculating machine ['kælkju leitiŋ] *n.* machine à calculer.

calculus *n.* calcul infinitésimal.

calendar ['kælində] *n.* calen-drier. *Calendar year,* année calen-daire.

calibrate ['kælibreit] *v.* cali-brer.

calibre ['kælibə] *n.* **1.** calibre. **2.** stature, envergure ; grande qualité morale et intellectuelle. *A high-calibre businessman,* un homme d'affaires de grande envergure.

call [kɔ:l] *n.* **1.** appel de fonds. *Payable at call,* payable, rembour-

sable sur demande, sur présentation à vue. *Money on call, money at call,* argent à court terme, au jour le jour. **2.** *Bourse :* option d'achat ; prime ; dont. **3.** *Bourse de marchandises :* cote. **4.** communication, appel télé-phonique. **5.** visite. *To pay a call,* rendre visite. **6.** escale, relâche.

call *v.* **1.** téléphoner. **2.** appeler, convoquer (une réunion), décréter (une grève). **3.** *Fin. :* appeler. *To call the shares,* se déclarer acheteur. **4.** *To call a loan,* demander le rem-boursement d'un prêt. **5.** faire escale, s'arrêter. *To call at a port,* relâcher. *To call at a station,* s'arrê-ter à une gare (train). **6.** rendre visite.

callable bond, obligation rem-boursable par anticipation.

call a meeting *v.* convoquer, décider d'une réunion. *To call a board meeting,* convoquer le conseil d'administration.

call a strike *v.* décréter une grève, décider, déclencher une grève.

call back *v. Téléph. :* rappeler.

call-box *n.* cabine téléphonique.

call-charge *n.* prix, montant de la communication téléphonique.

call collect *v.* appeler en P.C.V.

called person *n. Téléph. :* cor-respondant, personne appelée, abonné appelé.

called-up capital *n.* capital appelé.

caller ['kɔ:lə] *n. Téléph. :* per-sonne qui appelle, demandeur.

call for *v.* **1.** appeler ; deman-der ; réclamer ; faire venir. *To be called for,* à remettre au deman-deur ; « poste restante ». **2.** préconi-ser, en appeler à. *To call for a strike,* appeler à la grève. **3.** exiger, demander, réclamer. *The situation calls for drastic reforms,* la situa-tion appelle des réformes radicales.

call for papers, appel à commu-nication(s).

call for tenders, appel d'offres.

call in *v.* convoquer, faire appel à.

calling ['kɔːliŋ] *n.* métier, vocation.

calling card, carte de visite.

call letters, (radio, T.V.) indicatif.

call-loan, prêt remboursable à la demande.

call money *n.* prêt au jour le jour, à court terme, argent au jour le jour.

call on *v.* 1. rendre visite à. 2. faire appel à.

call off *v.* rapporter, annuler. *To call off a strike,* rapporter un ordre de grève.

call up *v.* 1. faire monter. 2. évoquer. 3. téléphoner. 4. appeler sous les drapeaux. 5. *Called-up capital :* capital appelé.

cambist ['kæmbist] *n.* cambiste, agent de change.

camera ['kæmərə] *n.* 1. appareil photo ; caméra. 2. *Jur. : In camera,* à huis clos.

cameraman ['kæməræmən], cadreur, opérateur de prises de vues.

campaign [kæm'pein] *n.* campagne. *Advertising campaign,* campagne publicitaire. *To launch a campaign,* lancer une campagne.

campaign brief, dossier de lancement d'une campagne.

can [kæn] *n.* boîte de conserve.

can *v.* mettre en conserve. *Canned beer,* bière en conserve. *Canning industry,* l'industrie de la conserve.

canal [kə'næl] *n.* canal.

cancel ['kænsəl] *v.* annuler.

cancellation [kænsə'leiʃən] *n.* annulation.

cancel out *v.* s'annuler, se compenser, s'équilibrer.

candid ['kændid] *adj.* franc, sincère, honnête. ~ *camera,* caméra invisible, caméra cachée.

candidacy ['kændidəsi] *n.* candidature.

candidate ['kændidit] *n.* candidat.

canned film [kænd] bande film pré-enregistrée.

canned music, musique « en boîte », enregistrée.

cannibalization ['kænibəlai'zeiʃən] *n.* cannibalisation (ex. prélèvement d'une pièce de rechange sur une machine du même type).

cannibalize ['kænibəlaiz] *v.* cannibaliser.

can-opener [kæn-əupənə] *n.* ouvre-boîte.

canvas ['kænvəs] *n.* toile, grosse toile, bâche.

canvass ['kænvəs] *v.* prospecter la clientèle, démarcher.

canvasser ['kænvəsə] *n.* prospecteur, démarcheur.

canvassing ['kænvəsiŋ] *n.* prospection ; démarchage.

cap *v.* plafonner.

cap *n.* plafond, taux plafond. *To put a cap on,* mettre un plafond à, plafonner.

cap = *capitalization. Small caps,* actions des petites sociétés ; *large caps,* actions des grosses sociétés.

capability [keipə'biliti] *n.* capacité ; possibilité ; facultés.

capacity [kə'pæsiti] *n.* 1. capacité, potentiel, portée, charge, rendement. *The factory is working to full capacity,* l'usine tourne à plein. 2. contenance. 3. qualité. *To act in the capacity of,* agir en qualité de, à titre de.

capita ['kæpitə] *n.* tête. *Per capita income,* revenu par tête.

capital ['kæpit(ə)l] *n.* capital. *Authorized capital,* capital social. *Called up capital,* capital appelé. *Floating capital,* capital circulant. *Idle capital,* capitaux improductifs. *Nominal capital,* capital nominal. *Operating capital,* fonds de roulement. *Paid-up capital,* capital versé. *Registered capital,* capital social. *Risk capital,* capital à risque. *Share capital,* capital actions. *Working capital,* fonds de roulement. *To raise capital,* réunir, trouver des capitaux. *Capital appropriation,* affectation des capitaux ; approvisionnement en capital. *Capital assets,* capitaux fixes.

capital expenditures, dépenses d'investissement.

capital gains, plus-values, revenu des capitaux.

capital gains tax, impôt sur le revenu des capitaux, les plus-values en capital.

capital goods *n.* biens d'équipement, d'investissement, moyens de production.

capital increase, augmentation de capital.

capital intensive industries, industries de capitaux (par opposition aux industries de main-d'œuvre).

capitalism ['kæpitəlizəm] *n.* capitalisme.

capitalist ['kæpitəlist] *n.* capitaliste.

capitalistic ['kæpitəlistik] *adj.* capitaliste.

capitalization ['kæpitəlai'zeiʃən] *n.* capitalisation.

capitalize [kə'pitəlaiz] *v.* 1. capitaliser. 2. écrire en majuscules. 3. **(on)** profiter de, exploiter.

capital letters, (lettres) capitales, majuscules.

capital loss 1. perte de capitaux. 2. moins-value.

capital outlay *n.* débours, mise de fonds.

capital spending *n.* dépenses d'investissement.

capital stock, capital social, capital action.

capital surplus, (bilan) prime d'émission.

capital tie-up *n.* entente financière.

capsize [kæp'saiz] *v.* chavirer, faire chavirer.

caption ['kæpʃən] *n.* légende, sous-titre.

captive audience ['kæptiv] public captif.

captive custom, clientèle captive.

captive market, marché captif.

capture ['kæptʃə] *v.* capturer. *To capture the market,* s'emparer du marché.

car [ka:] *n.* 1. automobile, voiture. 2. (chemin de fer) voiture, wagon (G.B., de voyageurs ; U.S.,

de voyageurs ou de marchandises).

carbon ['ka:bən] *n.* papier carbone.

carbon-copy *n.* copie carbone, double (au papier) carbone.

card [ka:d] *n.* carte, fiche. *Visiting card,* carte de visite. *Customer's card,* fiche client. *Punch(ed) card,* carte perforée.

cardboard ['ka:dbɔ:d] *n.* carton.

card-file *n.* fichier.

cardholder *n.* détenteur/possesseur de carte.

card index *n.* fichier.

cards (to give someone his) *v.* licencier, mettre à la porte.

care [kɛə] *n.* 1. soin. *Care of (c/o),* aux bons soins de. « *With care* », « fragile ». 2. entretien. 3. garde. *The children were entrusted to the care of the grandparents,* les enfants ont été confiés à la garde des grands-parents.

career [kə'riə] *n.* carrière.

career prospects, perspectives de carrière, d'avenir, plan de carrière.

career officer *n. Univers. :* conseiller-orienteur.

caretaker *n.* gardien, gardienne, concierge ; responsable chargé à titre temporaire de l'expédition des affaires courantes. ~ *government,* gouvernement intérimaire/provisoire.

cargo ['ka:gəu] *n.* cargaison. *Bulk cargo,* cargaison en vrac.

cargo-boat *n.* cargo.

cargo-liner *n.* cargo mixte.

cargo-shifting *n.* déplacement, glissement de cargaison.

cargo-vessel *n.* cargo.

car-hire, location de voiture. *Car-hire concern,* entreprise de location de voitures.

carload *n.* wagon entier, contenu d'un wagon.

car-maker, carmaker *n.* constructeur/fabricant automobile, fabricant d'automobiles.

car-manufacturer, constructeur automobile.

car-park *n.* parking.

car-pool *n.* parc de voitures.

car-pooling, co-voiturage.

carriage ['kærɪdʒ] **n. 1.** port, transport. *Carriage free,* franco de port. *Carriage forward,* en port dû. *Carriage paid,* en port payé. **2.** voiture, wagon.

carried forward, report à nouveau.

carrier n. 1. porteur. **2.** transporteur. **3.** cargo. *Bulk carrier,* vraquier. **4.** porte-avions. **5.** = *air-carrier.* **6.** opérateur de télécom.

carry ['kærɪ] **n.** *Bourse :* report.

carry v. 1. transporter. **2.** porter, rapporter. *To carry an interest of 5 %,* rapporter un intérêt de 5 %. **3.** adopter ; faire passer, faire adopter. *To carry a motion,* adopter une motion. **4.** avoir (des marchandises) en magasin, en stock, en dépôt ; tenir un article. *To carry a large stock,* avoir un stock important. *To carry a line,* vendre, « faire » une gamme de produits. **5.** *To carry a price,* valoir.

carry-back n. report en arrière des bénéfices.

carry-bag, n. sac (en papier ou plastique) donné pour emporter les marchandises achetées.

carry forward v. reporter. *Carried forward,* à reporter. *To carry forward to next account,* reporter à nouveau.

carrying charge/cost, intérêt levé sur un compte. (Notamment en bourse sur un compte à la marge.)

carry-on baggage, bagage(s) à main.

carry out v. exécuter, remplir, effectuer, mettre à exécution, mettre en pratique, exercer, mener à bien, s'acquitter de, appliquer, opérer. *To carry out an order,* exécuter une commande. *To carry out a mission,* s'acquitter d'une mission. *To carry out a survey,* effectuer une étude, une enquête, un sondage.

carry over v. *Bourse et compt. :* reporter. *Carrying over,* report.

carry over n. report.

carry over effect *Pub. :* effet de rappel, rappel.

cart [kɑːt] **n.** charrette, chariot. *Push cart,* caddy, chariot.

cartage ['kɑːtɪdʒ] **n.** camionnage.

cartel [kɑːˈtel] **n.** cartel.

cartel(l)ization [kɑːtelə'zeiʃən] **n.** cartellisation.

carting ['kɑːtɪŋ] **n.** camionnage.

carton ['kɑːtən] **n.** boîte en carton, cartouche de cigarettes.

cartoon [kɑːˈtuːn] **n. 1.** dessin humoristique. **2.** bande dessinée. **3.** dessin animé.

cartoonist [kɑːˈtuːnist] **n.** dessinateur humoristique ; dessinateur de bandes dessinées ; dessinateur de dessins animés.

cartridge ['kɑːtridʒ] **n.** cartouche.

carve out v. tailler, se tailler. *To carve out a career for oneself,* faire carrière, se tailler une carrière. *To carve out a market,* se tailler un marché.

case [keis] **n. 1.** cas, affaire ; dossier. *Case study,* étude de cas. *Case clearing house,* centrale des cas. *Case in point,* exemple pertinent, illustration (d'un propos). **2.** procès. **3.** caisse.

case v. emballer, mettre en caisse.

case history n. 1. historique, histoire de l'évolution (d'une entreprise, etc.). **2.** exemple typique.

case law, droit jurisprudentiel, jurisprudence.

caseload, case load, nombre d'affaires traitées ou en instance, inscrites au rôle d'un tribunal.

case study n. étude de cas (concret).

case study method, méthode des cas.

cash [kæʃ] **n.** espèces, argent comptant. *Cash difficulties,* difficultés de trésorerie. *Cash inflow,* encaissement ; recettes. *Cash in hand,* espèces disponibles, liquidités. *Cash on delivery (C.O.D.),* paiement à la livraison, contre-remboursement. *Cash on the barrelhead,* comptant. *Cash on the nail,* comptant. *Cash outflow,* décaissement, dépense(s), sortie(s). *Cash payment,* paiement comptant. *Cash receipts,* rentrées nettes de trésorerie. *Cash shares,* actions de numéraire. *Cash talks,* prix à débattre, négociation possible sur le prix. *Cash with order (C.W.O.),* paiement à la commande.

cash *v.* encaisser, toucher. *To cash a cheque,* encaisser un chèque.

cash against documents *n.* comptant contre documents.

cash and carry *adj.* au comptant et à emporter. *Cash and carry store,* entrepôt, magasin qui pratique la vente au comptant et à emporter. *Cash and carry market,* libre-service de gros.

cash-book *n.* livre de caisse.

cash-burn rate, vitesse à laquelle l'entreprise dépense l'argent levé auprès d'investisseurs.

cash-cow *n.* vache à lait. Sens large : produit ou service qui constitue la principale ressource d'une entreprise ou d'un secteur. En marketing : produit à forte rentabilité et qui ne nécessite plus d'investissements.

cash-crop *n.* récolte destinée à la vente ; culture de rapport/commerciale.

cash-desk *n.* caisse. *Pay at the cash-desk,* payer à la caisse.

cash discount *n.* escompte de caisse.

cash dispensing machine, distributeur automatique de billets de banque.

cash down *n.* comptant compté.

cash expense, sortie(s) de fonds.

cash flow *n.* « cash flow », flux de liquidités, Marge Brute d'Autofinancement (M.B.A.).

cash-flush, débordant de liquidités, « plein aux as ».

cash-hungry, à la recherche de liquidité ; avide d'argent.

cashier [kə'ʃiə] *n.* caissier.

cash in *v.* encaisser, toucher.

cash in on *v.* profiter de, tirer parti de, exploiter.

cash management, gestion de trésorerie.

cash or charge, réglement comptant (espèces ou chèque) ou par carte (de crédit ou de paiement), paiement comptant ou inscription à un compte.

cash refund *n.* remboursement en espèces.

cash register *n.* caisse enregistreuse.

cash-rich, disposant de fonds abondants.

cash-starved, à court de liquidités.

cash-strapped, à court de liquidités, qui a des difficultés de trésorerie.

cash window (banque) caisse ; guichet des paiements.

cash with order *n.* règlement à la commande.

cask [ka:sk] *n.* tonneau, fût.

cast [ka:st] *v.* 1. donner un suffrage. *To cast one's vote,* voter. **2.** *Métall.* : fondre, mouler. **3.** *Typogr.* : *To cast a page,* clicher une page. **4.** jeter.

cast credits *n.* générique.

casting [ka:stiŋ] *n.* distribution (cinéma, théâtre).

casting vote *n.* voix prépondérante.

cast iron *n.* fonte.

cast off *v.* (navire) larguer les amarres.

cast up *v.* ajouter. *To cast up figures,* additionner des chiffres.

casual ['kæʒjul] *adj.* fortuit, accidentel, temporaire. *Casual customer,* client occasionnel, client de passage. *Casual labour,* main-d'œuvre intermittente ; main-d'œuvre temporaire ; précaire. *Casual wear,* tenue sport/décontractée.

casualization *n.* précarisation (de la main-dœuvre).

casualize *v.* précariser (la main d'œuvre).

casualty ['kæʒjuəlti] *n.* victime (d'un accident) ; personne accidentée, blessé(e) ; accident de personne. *The casualties,* les victimes, les morts et les blessés.

catalogue, (U.S.) **catalog** ['kætələɡ] *n.* catalogue. *Catalogue customers,* acheteurs par correspondance, sur catalogue.

cataloguer ['kætələɡə] *n.* maison, entreprise de vente par correspondance.

catch-line [kætʃ-lain] *n.* Pub. : accroche, formule accrocheuse.

catch on *v.* prendre, réussir, avoir du succès (mode, etc.).

catchment area *n.* 1. bassin hydraulique, zone de captation, de captage. 2. aire de ramassage.

catch up *v.* rattraper. *They can catch up with the delay,* ils peuvent rattraper le retard.

catch-up demand *n.* rattrapage de la demande, manifestation d'une demande accumulée et qui cherche maintenant à être satisfaite.

catch-up effect *n.* effet de rattrapage. *Catch-up effect from deferred demand,* effet de rattrapage qui accompagne la reprise de la demande.

catchword ['kætʃwəːd] *n.* slogan.

catchy ['kætʃi] *adj.* 1. facile à retenir, entraînant. 2. qui attire l'attention, accrocheur, séduisant.

category ['kætiɡəri] *n.* catégorie.

category killer, chaîne spécialisée de grande distribution.

cater ['keitə] *v.* 1. fournir, approvisionner en denrées alimentaires. 2. s'adresser à. *To cater to, for all tastes,* satisfaire tous les goûts.

caterer ['keitərə] *n.* 1. fournisseur, pourvoyeur, approvisionneur. 2. traiteur.

catering ['keitəriŋ] *n.* 1. approvisionnement. *Catering department,* le rayon alimentation (plats préparés). 2. Restauration.

cats and dogs Bourse : actions et obligations de valeur douteuse.

cattle *n.* bétail. *Cattle breeder,* éleveur de bétail. *Cattle feed,* aliment pour bétail. *Cattle-truck,* wagon à bestiaux.

cattleman, *pl.* **cattlemen** *n.* (U.S.) éleveur de bétail.

caucus ['kɔːkəs] *n.* (U.S.) assises d'un parti, réunion des instances dirigeantes.

cause [kɔːz] *n.* cause, sujet, raison, objet, motif.

cause *v.* causer, provoquer, occasionner, susciter.

caution ['kɔːʃən] *n.* 1. prudence, circonspection ; 2. avertissement. *Caution !* Attention ! 3. précaution. 4. caution, cautionnement.

caution *v.* mettre en garde, avertir, préveuir, donner un avertissement.

cautionary *adj.* 1. d'avertissement ; de précaution. 2. donné en garantie.

cautious ['kɔːʃəs] *adj.* prudent, circonspect.

caveat ['keiviæt] *n.* mise en garde, avertissement. « *Caveat emptor* », que l'acheteur se méfie (dégage la responsabilité du vendeur en cas de découverte ultérieure de défaut ou déficience).

cease [siːs] *v.* cesser.

cease and desist *v.* cesser, renoncer (à une pratique) (formule utilisée par les tribunaux ou les organismes officiels lorsqu'ils enjoignent à un individu ou à une société de mettre fin à telle ou telle pratique).

cease and desist order (U.S.) mise en demeure de mettre fin à une pratique illégale ou déloyale (injonction donnée par tribunal ou agence gouvernementale).

cease trading *v.* cesser ses activités, se retirer des affaires.

cede *v.* céder.

ceiling ['siːliŋ] *n.* plafond, limite supérieure. *Ceiling price,* prix plafond.

cell [sel] *n.* 1. cellule. 2. pile.

cell phone, téléphone cellulaire/portable/mobile.

cellular phone, téléphone cellulaire.

censor ['sensə] *n.* censeur.

censor v. censurer.

censorship ['sensəʃip] n. censure.

census ['sensəs] n. recensement.

centenary [sen'ti:nəri] adj. et n. centenaire, centième anniversaire.

centennial [sen'tenjəl] n. centenaire, centième anniversaire.

central ['sentrəl] adj. central. *Central bank*, banque centrale. *Central tendency*, tendance à la moyenne.

centralize v. centraliser.

central processing unit *Inform.* : unité centrale.

centre, (U.S.) **center** n. centre. *Profit center*, centre de profit.

cents-off deals [sents] (U.S.) achats, occasions, à prix réduit, réductions.

cents-off offer (U.S.) offre à prix réduit.

cents-off sale (U.S.) vente à prix réduit.

certificate [sə'tifikit] n. **1.** certificat. *~ of deposit*, certificat de dépôt *Certificate of investment*, certificat d'investissement. *Certificate of origin*, certificat d'origine. **2.** titre. *Registered certificate*, titre nominatif. *Share certificate*, titre d'action. **3.** *certificate of receipt*, reçu, récépissé. **4.** *Bankrupt's certificate*, concordat.

certificate [sə'tifikeit] v. **1.** certifier. **2.** accorder le concordat.

certification [sə:tifi'keiʃən] n. certification, certificat, authentification, homologation.

certified accounts comptes approuvés.

Certified Public Accountant (C.P.A.) (U.S.) expert-comptable (diplômé).

certify ['sə:tifai] v. certifier, attester, viser, approuver ; homologuer. *Certified cheque*, chèque certifié. *Certified true copy*, copie certifiée conforme.

cessation n. cessation. *Cessation of trade*, cessation d'activité commerciale.

chafe [tʃeif] v. user par frottement.

chain [tʃein] n. chaîne ; réseau ; circuit.

chain of command n. voie hiérarchique.

chain saw n. tronçonneuse.

chain-store [tʃein-stɔ:] n. magasin à succursales multiples.

chair n. **1.** fauteuil présidentiel, présidence. **2.** *chairperson*, président(e), président(e) de séance.

chair [tʃɛə] v. présider. *To chair a meeting*, présider une réunion.

chairman ['tʃɛəmən] n. président(e), président(e) de séance. (G.B.) *Chairman and Managing Director*, Président-Directeur Général. (U.S.) *Chairman and Chief Executive*, Président-Directeur Général, P.D.G. *Chairman and President*, P.D.G.

chairmanship ['tʃɛəmənʃip] n. présidence.

chairperson n. président, présidente.

chalk up v. enregistrer (hausse).

challenge ['tʃælindʒ] n. défi.

challenge v. **1.** défier. *Challenging position*, poste motivant, qui fait appel au dynamisme de l'individu, où l'on peut se réaliser. **2.** mettre en question, mettre en doute, contester. **3.** (jur.) faire appel. *To challenge a court decision, a conviction*, faire appel d'un jugement, d'une condamnation.

chamber ['tʃeimbə] n. *Chamber of commerce*, chambre de commerce. *Chamber of trade*, chambre des métiers.

Chancellor of the Exchequer ['tʃa:nsələ] n. Ministre des Finances (G.B.).

change [tʃeindʒ] n. **1.** changement, mouvement. *Price changes*, variations de prix. *Change of ownership*, mutation. **2.** change. **3.** monnaie. *Small change*, petite monnaie.

change v. **1.** changer de l'argent. **2.** faire de la monnaie.

change of venue n. changement de juridiction, de lieu.

change-over, changeover *n.* changement, passage d'un système à un autre. *The change-over to the decimal system,* le passage au système décimal.

change over *v.* changer, passer d'un système à un autre.

channel ['tʃæn(ə)l] *n.* **1.** voie, canal, débouché. *Channels of communication,* canaux de communication. *Channels of distribution,* circuits de distribution ; chaîne (tv). **2.** chenal ; passe ; détroit.

channel *v.* diriger, canaliser.

chapel (G.B.). section syndicale, atelier syndiqué (typographes, imprimerie).

chapter *n.* (U.S.) section locale d'un syndicat.

chapter eleven *(of the 1978 U.S. Bankruptcy Act),* réorganisation en cas de faillite : sauf jugement contraire, le débiteur continue à gérer son entreprise, tout en cherchant un terrain d'entente avec ses créanciers. (cf. redressement judiciaire). *To file under chapter eleven,* demander à bénéficier de cette disposition.

chapter seven *(of the 1978 U.S. Bankruptcy Act),* prévoit la liquidation d'une entreprise en faillite (cf. règlement judiciaire).

character ['kærıktə] *n.* **1.** caractère. **2.** personnage. **3.** qualités morales, moralité ; réputation. *Certificate of character,* certificat de bonne vie et mœurs. *Character witness,* témoin de moralité.

characteristic [kærıktə'rıstık] *n.* et *adj.* caractéristique.

charge [tʃaːdʒ] *n.* **1.** frais, prix, droits, redevances. *Collecting charges,* frais d'encaissement. *Carriage charge,* frais de transport. *Free of charge,* gratuit. **2.** chef d'accusation. **3.** responsabilité. *To be in charge (of),* s'occuper de, être responsable de. **4.** charge financière ; créance ; hypothèque. *To have first charges,* être créancier prioritaire. **5.** *(comptab.)* passation en charges,

provision. *To take a charge,* provisionner. **6.** personne dont on a la responsabilité ; personne à charge.

charge *v.* **1.** faire payer ; débiter d'un compte, porter au débit d'un compte. *To charge to an account,* facturer sur un compte. **2.** charger. **3.** hypothéquer. **4.** accuser.

charge account *n.* (U.S.) compte d'un client (dans un magasin).

charge card, carte de crédit (du type American Express ou Diner's Club, distinctes de celles émises par les banques).

chargehand *n.* chef d'équipe.

charge off *v.* amortir.

charge-off *n.* amortissement.

charitable trust, fondation caritative, fondation à but humanitaire.

charity ['tʃærıti] *n.* œuvre de bienfaisance, fondation, association caritative, association d'entraide. *Charity fund,* caisse de secours. *Charity performance,* représentation, soirée au profit d'une œuvre de bienfaisance, gala.

chart *n.* **the charts,** le hitparade.

chart [tʃaːt] *n.* **1.** diagramme, graphique. *Organization chart,* organigramme. **2.** carte (marine).

chart *v.* **1.** tracer une courbe, établir un graphique. **2.** dresser un plan, donner les grandes orientations.

charter ['tʃaːtə] *n.* **1.** charte, privilège. **2.** affrètement, nolisage. *Time charter,* affrètement à temps. *Voyage charter,* affrètement au voyage.

charter *v.* **1.** accorder une charte à. *Chartered company,* compagnie à charte (ex. : la B.B.C. en Grande-Bretagne). **2.** affréter. *Charter(ed) flight,* vol « charter ». *Chartered plane,* avion affrété, avion « charter ».

charterage ['tʃaːtərıdʒ] *n.* affrètement.

chartered accountant *n.* expert comptable.

charterer [tʃaːtərə] *n.* affréteur.

chartering ['tʃɑ:tərɪŋ] *n.* affrètement.

charter-party *n.* charte-partie.

chattels ['tʃæt(ə)lz] *n.* biens meubles, mobilier. *Chattels mortgage,* hypothèque mobilière. *Chattels personal,* biens personnels. *Chattels real,* biens réels.

cheap [tʃi:p] *adj.* 1. bon marché, peu coûteux. *Cheap fare,* billet à prix réduit. *Cheap money,* argent bon marché. *Cheap rate,* tarif réduit. 2. de mauvaise qualité.

cheaply *adv.* bon marché.

cheapness ['tʃi:pnis] *n.* 1. bas prix, bon marché, faible coût. 2. mauvaise qualité, basse qualité.

cheat [tʃi:t] *n.* 1. tricherie, tromperie, fraude. 2. tricheur.

cheat *v.* tromper, frauder, tricher, escroquer.

cheater ['tʃi:tə] *n.* tricheur, fraudeur.

check [tʃek] *n.* 1. contrôle, vérification. 2. arrêt, empêchement. 3. ticket, bulletin, note, reçu. 4. (U.S.) chèque.

check *v.* 1. enrayer, contenir, stopper, arrêter. *To check inflation,* juguler l'inflation. 2. vérifier, apurer. *To check the books,* vérifier la comptabilité.

check in *v.* se présenter au contrôle ; se présenter pour faire enregistrer ses bagages (aéroports) ; arriver (dans un hôtel).

checking ['tʃekɪŋ] *n.* 1. pointage, contrôle. 2. *Checking account* (U.S.), compte en banque.

check-kiting (U.S.) émission de chèque sans provision.

check-list *n.* liste de contrôle, de vérification.

check out *v.* quitter (un hôtel), payer la note en partant (hôtel).

check-out counter, caisse (pour paiement à la sortie d'un supermarché, etc.).

check-point *n.* point de contrôle (frontière, etc.), poste.

check the accounts *v.* vérifier les comptes.

cheese-paring economies, économies de bout de chandelle.

chemicals ['kemikəlz] *n.* produits chimiques.

chemist ['kemist] *n.* 1. chimiste. 2. pharmacien.

cheque, (U.S.) **check** [tʃek] *n.* chèque. *Bad cheque,* chèque sans provision, chèque en bois. *Bearer cheque,* chèque au porteur. *Cheque book,* chéquier. *Crossed cheque,* chèque barré. *Dud check,* chèque sans provision. *Order cheque,* chèque à ordre. *Open cheque,* chèque non barré. *Rubber cheque,* chèque en bois. *Stale cheque,* chèque périmé. *Cheque without funds,* chèque sans provision. *To cash a cheque,* toucher/encaisser un chèque.

chest [tʃest] *n.* coffre ; caisse ; boîte.

chief [tʃi:f] *n.* chef. *Chief accountant,* chef comptable. *Chief creditor,* créancier principal. *Chief editor,* rédacteur en chef. *Chief executive, chief executive officer (C.E.O.),* directeur général de (société). *Chief Executive* peut aussi désigner le plus haut responsable d'une organisation, un maire ou le Président des Etats-Unis, etc.

chief privacy officer (CPO), responsable de la confidentialité.

Chief Private Officer *(C.P.O.),* Directeur de la confidentialité (chargé du respect de la vie privée des clients et utilisateurs des services informatiques d'une entreprise).

child benefits *n.* complément, sursalaire familial.

child labour, (U.S.) **child labor,** exploitation de la main-d'œuvre enfantine.

chill *n.* refroidissement, coup de froid. (Cours) baisse brutale chute.

chill *v.* refroidir. (Cours) faire chuter. « *Rising rates chill stocks* », la hausse des taux d'intérêts fait chuter le cours des actions.

chip [tʃip] *n.* 1. *Blue chip stocks* (U.S.), *blue chips* (U.S.), valeurs vedettes. 2. *(Silicon) chip,* microprocesseur, « puce ».

choice *adj.* de qualité, de premier choix, de luxe.

choke *v.* étouffer, étrangler ; asphyxier. *To choke off,* décourager, supprimer.

choose, chose, chosen *v.* choisir ; sélectionner ; élire.

chop [tʃɔp] *v.* réduire (prix).

chores [tʃɔːz] *n.* corvées ; tâches quotidiennes. *A housewife's daily chores,* les corvées quotidiennes d'une ménagère.

chose in action [ʃəuz] droit incorporel ; propriété incorporelle. (*Droit anglo-saxon :* droit de propriété mobilière qui n'a pas fait l'objet d'une jouissance par son bénéficiaire mais qui peut être recouvré par action juridique : brevet, « copyright », garantie d'une police d'assurance.)

chose in possession, droit corporel (*Droit anglo-saxon :* tout bien mobilier dont le propriétaire a effectivement la jouissance.)

churn [tʃəːn] *n.* 1. baratte. 2. mouvement de la clientèle qui change de fournisseur/réseau pour profiter de meilleures conditions/nouveaux modèles ; défidélisation. *Customer ~,* nombre de clients passés à la concurrence.

churn out *v.* produire en grande quantité, en série.

C.I.F. = Cost, Insurance, Freight [si: ai ef] C.A.F. = Coût, Assurance, Fret.

cinema advertising [ˈsinimə] publicité cinématographique.

cinemagoer [ˈsinimə gəuə] *n.* personne qui va au cinéma ; habitué de cinéma.

cipher [ˈsaifə] *n.* chiffre ; code secret.

cipher *v.* 1. chiffrer, calculer. 2. chiffrer, coder.

circle [ˈsəːkḷ] *n.* 1. cercle. 2. milieu. *Government circles,* milieux gouvernementaux.

circuit [ˈsəːkit] *n.* 1. circuit. *Closed circuit,* circuit fermé. *Integrated circuit,* circuit intégré. *Printed circuit,* circuit imprimé. 2. ressort d'un tribunal itinérant.

circular [ˈsəːkjulə] *n.* circulaire, prospectus.

circularize [ˈsəːkjuləraiz] *v.* envoyer des circulaires ; expédier des prospectus ; faire connaître par voie de circulaire.

circular letter *n.* circulaire, lettre circulaire.

circular note *n.* note circulaire.

circular tour, voyage circulaire.

circulate [ˈsəːkjuleit] *v.* 1. circuler. 2. mettre en circulation, répandre, diffuser, faire circuler.

circulating [ˈsəːkjuleitiŋ] *adj.* en circulation.

circulating assets, actifs circulants.

circulating capital *n.* capitaux roulants.

circulating medium, support monétaire, agent monétaire.

circulation [səːkjuˈleiʃən] *n.* 1. circulation, diffusion. *For circulation,* à diffuser. 2. tirage (presse) ; diffusion ; nombre de lecteurs.

circulation breakdown *Pub.,* *Presse :* analyse sectorielle de la diffusion.

circulation manager 1. responsable de la diffusion. 2. responsable du tirage.

circumstance [ˈsəːkəmstəns] *n.* circonstance. *Circumstances beyond my control,* circonstances indépendantes de ma volonté. *Extenuating circumstances,* circonstances atténuantes.

circumstances [ˈsəːkəmstæn siz] *n.* 1. circonstances. 2. condition, moyens, situation (de fortune). *In easy circumstances,* dans l'aisance. *In poor circumstances,* dans la pauvreté.

cite [sait] *v.* 1. citer. 2. donner comme raison/explication/justification.

citizen *n.* citoyen. *Good citizen,* bon citoyen ; personne bien intégrée dans son groupe.

C.B. [si: bi:] **Citizens' Band Radio :** bande de fréquence allouée aux particuliers pour l'émission et la réception radiophonique sur ondes courtes.

CBers ['sibiəz] amateurs de radios utilisant la C.B., « cibistes ».

citizenship *n.* citoyenneté. *Good citizenship,* bonne intégration dans un groupe, une organisation : *(entreprise)* conscience de son rôle social.

city hall *n.* mairie.

civil ['sivil] *adj.* civil. *Civil engineering,* génie civil. *Civil law,* droit civil. *Civil rights,* droits civiques. *Civil service,* fonction publique, administration, service public. *Civil servant,* fonctionnaire. *Civil status,* état civil.

civil commotions (Ass.) troubles intérieurs.

claim [kleim] *n.* 1. réclamation, demande. *Claim for damages,* demande de dommages-intérêts. *Claims department,* service des réclamations. *To entertain a claim,* faire droit à une réclamation. 2. revendications. *Wage claims,* revendications salariales. 3. créance. *Bad claim,* créance douteuse. 4. sinistre. *Claims department,* service des sinistres. *To file a claim,* faire une déclaration de sinistre. *To fill in a claim,* faire une déclaration de sinistre. 5. demande d'indemnisation. *Travel claim,* demande de remboursement de frais de voyage. 6. droit ; concession. *To have a prior claim,* avoir un droit de priorité, un droit préférentiel, un droit d'antériorité. *Mineral claim,* concession minière. 7. affirmation, argument. *Advertising claim,* argument publicitaire.

claim *v.* 1. réclamer, revendiquer. *To claim damages,* réclamer des dommages et intérêts. 2. affirmer, prétendre. 3. (= to reclaim) *to ~ VAT,* récupérer la TVA.

claimant ['kleimənt] *n.* réclamant, l'assuré sinistré.

claimer ['kleimə] *n.* réclamant, demandeur, ayant droit.

claims department, service des réclamations.

clamour for ['klæmə] *v.* réclamer, réclamer à cor et à cri.

clamp [klæmp] *v.* imposer, fixer. *To clamp a three-month price-freeze on all goods and services,* imposer un blocage des prix pendant trois mois sur tous les biens et services.

clampdown ['klæmdaun] *n.* restrictions, mesures visant à restreindre, à limiter, contrôle, blocage. *Clampdown on car imports,* coup d'arrêt aux importations automobiles.

clamp down on... *v.* resserrer le contrôle de, bloquer, etc.

clandestine [klæn'destin] *adj.* clandestin. *Clandestine migrants,* immigrants clandestins.

clarification *n.* clarification.

clarify *v.* clarifier, tirer au clair.

clash [klæʃ] *n.* conflit ; heurt, affrontement, querelle, choc ; rupture. *Clash of arms,* affrontement armé. *Clashes with the police,* heurts avec la police.

clash *v.* 1. jurer, détonner, être en contradiction. 2. s'opposer, s'affronter, se quereller.

clash with *v.* 1. *To clash with something,* être en contradiction avec quelque chose. 2. *To clash with somebody,* se heurter, s'opposer à quelqu'un, se quereller avec quelqu'un, rompre avec quelqu'un.

class [klɑːs], (U.S.) [klæs], *v.* classer ; coter.

class *n.* 1. classe sociale. 2. catégorie, genre. 3. *Assur. :* cote d'un navire.

class actions *n.* (U.S.) actions collectives en justice afin de permettre à un ou plusieurs individus d'agir au nom d'un grand nombre de personnes, lorsque celles-ci ont en commun un intérêt de droit ou de fait ou qu'elles sont si nombreuses qu'il serait difficile de les faire toutes venir devant un tribunal.

class action suit(s), voir class actions.

classified ['klæsifaid] *adj.* classé, confidentiel, « secret ».

classified advertisement *n.* petite annonce (journal).

classifieds = classified ads, petites annonces.

classify ['klæsifai] *v.* 1. classer. 2. classer top secret.

clause [klɔ:z] *n.* 1. clause, article, disposition. *Avoidance clause,* clause résolutoire. *Cancelling clause,* clause d'annulation. *Escape clause,* clause échappatoire. *Saving clause,* clause de sauvegarde. 2. avenant (d'une police d'assurance).

claw-back clause, clause de réduction (offre publique de vente d'actions : si le nombre des demandeurs dépasse l'offre, on réduit le nombre d'actions attribuées à chaque demandeur).

clean [kli:n] *adj.* propre, pur, net. *Clean bill,* effet libre ; traite simple (non accompagnée de documents). *Clean bill of lading,* connaissement sans réserves/non-clausé. *Clean receipt,* reçu sans réserve. *Clean record/sheet,* casier judiciaire vierge. *Clean signature,* signature sans réserve.

clean *v.* nettoyer.

cleaner ['kli:nə] *n.* 1. nettoyeur, laveur. 2. produit de nettoyage, nettoyant. *Cleaners and cleansers,* produits de nettoyage, produits d'entretien.

cleanse [klenz] *v.* assainir, purifier.

cleanser ['klenzə] *n.* produit de nettoyage, nettoyant.

clear [kliə] *v.* 1. éclaircir, clarifier. 2. solder, liquider. *To clear goods,* liquider des marchandises. 3. acquitter (dettes), affranchir (propriété), purger (hypothèque). 4. *(through customs)* dédouaner. 5. (chèque) compenser, virer. 6. *(of a charge)* disculper, innocenter. 7. (un obstacle) franchir. *To clear a hurdle,* surmonter une difficulté. 8. autoriser.

clearance ['kliərəns] *n.* 1. liquidation. *Clearance sale,* liquidation du stock, soldes pour liquidation. 2.

déclaration en douane ; dédouanement. *Clearance inwards,* manifeste d'entrée. *Clearance outwards,* manifeste de sortie. 3. espace libre ; intervalle ; hauteur, hauteur libre (passage d'un véhicule sous un pont, etc.). 4. autorisation. 5. dégagement, libération, main-levée ; affranchissement. *Clearance rights,* (cinéma) droits d'affranchissement. *Copyright clearance,* affranchissement des droits.

clear day, jour franc. *Shares will have to be deposited five clear days before the meeting,* les actions devront être déposés cinq jours francs avant l'assemblée.

clearer(s), *n.* (G.B.) voir **clearing bank.** *The 4 major clearers : Barclays, Lloyds, Midland, National Westminster.*

clearing ['kliəriŋ] *n.* 1. (chèque) compensation ; (compte) liquidation ; (dette) acquittement. 2. dédouanement.

clearing bank, *n.* (G.B.) banque de dépôt.

clearing-house *n.* 1. chambre de compensation. 2. comptoir de liquidation.

clear loss, perte sèche.

clear majority, majorité absolue.

clear profit, bénéfice net.

clear through the customs dédouaner.

clear with *v.* soumettre à l'approbation de, obtenir l'accord de, l'autorisation de, obtenir le feu vert de.

clerical ['klerikəl] *adj.* de bureau. *Clerical error,* erreur d'écriture. *Clerical work,* travail de bureau. *Clerical worker,* employé de bureau.

clerk [kla:k], (U.S.) [klə:rk] *n.* employé ; greffier. *Sales clerk,* vendeur.

clicks and mortar, entreprises opérant à la fois dans la nouvelle économie et dans l'économie traditionnelle.

client ['klaiənt] *n.* client.

clientele [kli:ən'tel], U.S. [klaiən'tel] *n.* clientèle.

clinch [klintʃ] *v.* conclure. *Clinching argument*, argument décisif. *To clinch a deal*, conclure un accord, « enlever » un accord. *To clinch a sale*, conclure une vente, « enlever » une vente.

climb [klaim] *n.* avance, montée.

climb *v.* grimper, gravir, monter ; augmenter. *The shares climbed to $ 20*, les actions sont montées à 20 $. *To climb on the bandwagon*, prendre le train en marche, imiter.

clip [klip] *n.* agrafe ; trombone.

clip *v.* agrafer, fixer avec un trombone.

clipping ['klipiŋ] *n.* coupure (de journal).

clipping book, dossier de référence, recueil de coupures de presse.

cloakroom ['kləukru:m] *n.* **1.** vestiaire. **2.** toilettes. **3.** consigne.

clobber *v.* matraquer, écraser, démolir, assommer.

clock in [klɔk] *v.* pointer (à l'arrivée).

clock out *v.* pointer (en sortant).

clockwise ['klɔkwaiz] dans le sens des aiguilles d'une montre.

clog *v.* obstruer ; saturer ; entraver.

close [kləuz] *n.* fermeture, fin de séance. *Quotations at the close,* cote à la fermeture.

close *v.* **1.** fermer, arrêter. *To close an account,* fermer un compte. *To close the books,* arrêter les comptes. **2.** clôturer. *To close at a loss,* clôturer à perte. **3.** conclure (des opérations, un discours, etc.). *To close a sale,* conclure une vente. *To close a deal,* conclure une affaire.

close [kləus] *adj.* **1.** clos. **2.** restreint. **3.** isolé. **4.** serré, pingre. *Close price,* prix tiré. *Close(d) company, close(d) corporation,* société contrôlée par un petit nombre d'actionnaires (cinq au moins) et à régime fiscal particulier, société de capitaux fermée, dont le capital n'a pas vocation à être négocié. **5.** proche.

closed [kləuzd] *adj.* **1.** fermé.

Closed circuit, circuit fermé. *Closed mortgage,* hypothèque purgée. **2.** bouché, d'accès restreint. *Closed shop,* entreprise qui embauche exclusivement des ouvriers d'un syndicat donné.

closed circuit television (C.C.T.V.), télévision en circuit fermé (T.V.C.F.).

closed-door *adj.* à huis clos. ~ *meeting,* réunion à huis clos.

close down *v.* fermer boutique.

closed-end investment company, société d'investissement à capital fixe, S.I.C.A.F., société de placement à capital fixe.

closed-end investment trust, société de gestion de portefeuille à capital non variable.

close-up ['kləusʌp] *n.* gros plan.

closing ['kləuziŋ] *n.* **1.** fermeture, clôture. *Closing bid,* dernière enchère. *Closing call,* cote de clôture. *Closing price,* prix de clôture. *Closing time,* heure de fermeture. **2.** conclusion, signature (d'une affaire, d'un contrat, d'une vente, etc.).

closing date, date limite, (date de) clôture des inscriptions ; date de forclusion.

closing down sale, solde / liquidation pour cessation d'activité.

closure ['kləuʒə] *n.* **1.** fermeture, arrêt. **2.** clôture (débat).

cloth [klɔθ] *n.* étoffe.

clothes [kləuðz] *n.* vêtements.

clothier *n.* magasin d'habillement, de confection ; marchand de vêtements.

clothing ['kləuðiŋ] *n.* habillement, vêtements. *The clothing industry,* l'industrie de l'habillement, du vêtement.

clout *n.* (U.S.) influence, pouvoir.

cluster ['klʌstə] *n.* **1.** groupe ; massif. **2.** (statistiques) grappe.

cluster analysis, analyse de segment.

cluster-pack ['klʌstə pæk] « pack » (de bouteilles).

clutch [klʌtʃ] *n.* embrayage.

coach [kəutʃ] *n.* **1.** car. **2.** wagon, voiture (voyageurs). **3.** carrosserie. **4.** *Sport :* entraîneur.

coal [kəul] *n.* charbon. *Coal field,* bassin houiller. *Coal mining,* charbonnage, extraction du charbon.

coast [kəust] *n.* côte.

coast *v.* **1.** longer la côte. **2.** avancer en roue libre. **3.** rouler, voler, etc., en vitesse de croisière.

coastal ['kəustəl] *adj.* côtier.

coaster ['kəustə] *n.* caboteur.

coastline ['kəustlain] *n.* côte(s).

coated paper [kəutid] *Impr. :* papier couché.

C.O.B.O.L. *n. Common Business Oriented Language,* langage informatique de programmation pour la gestion.

code [kəud] *n.* code. *Code of conduct,* déontologie. *Code of practice,* déontologie.

code *v.* coder, crypter ; classer.

code-sharing *n.* (compagnies aériennes) utilisation d'un code commun pour désigner les vols, liaisons ou destinations identiques ; alliance entre deux compagnies sur un même vol, vol partagé.

codetermination [kəuditə:mi' neiʃn] *n.* co-gestion.

codification [kəudifi'keiʃən] *n.* codification.

codify ['kəudifai] codifier.

coefficient [kəui'fiʃnt] *n.* coefficient.

coercion [kəu'ə:ʃn] *n.* coercition, contrainte.

coercive [kəu'ə:siv] *adj.* **1.** coercitif. **2.** incontestable.

cogency ['kəudzənsi] *n.* force, puissance, cohérence, caractère convaincant (d'un argument).

cogent *adj.* pertinent, convaincant.

cohabitant *n.* concubin, e.

cohabitation *n.* concubinage.

cohabitee [kəuhæbi'ti:] *n.* concubin, e.

coheir [kəu'eə] *n.* cohéritier.

coin [kɔin] *n.* pièce de monnaie.

coin *v.* monnayer, frapper monnaie.

coin-operated, à sous, qui marche en introduisant une pièce de monnaie. *Coin-operated machine,* machine à sous.

co-insurance *n.* co-assurance.

cold storage [kəuld 'stɔ:ridʒ] *n.* **1.** conservation par le froid. **2.** chambre froide/frigorifique ; entrepôt frigorifique.

cold storage plant *n.* usine frigorifique.

cold store *n.* entrepôt frigorifique.

collapse [kə'læps] *n.* effondrement. *The collapse of the pound,* le naufrage de la livre. *Collapse of the talks,* échec des pourparlers, rupture des négociations.

collapse *v.* s'effondrer, s'écrouler (pourparlers, etc.), échouer.

collapsible [kə'læpsəbl] *adj.* pliant, télescopique. *Collapsible chair,* chaise pliante.

collate [kɔ'leit] *v.* collationner.

collateral [kɔ'lætərəl] *adj.* **1.** collatéral, parallèle. **2.** accessoire, indirect, subsidiaire. *Collateral security,* garantie additionnelle, nantissement subsidiaire.

collateral *n.* garantie, nantissement, gage. *Securities lodged as collateral,* titres déposés en nantissement. *Collateral securities,* nantissement de titres (déposés pour garantir un prêt) par l'emprunteur.

collateralize *v.* garantir, nantir.

collect [kə'lekt] *v.* **1.** rassembler ; collectionner. **2.** ramasser ; passer prendre ; prendre livraison de. **3.** percevoir, lever, recouvrer. *To collect taxes,* lever des impôts. *To collect a cheque,* toucher, encaisser un chèque.

collect, (U.S.) *adj.* et *adv.* en port dû, paiement à la livraison ; en P.C.V.

collectable [kə'lektəbl] *adj.* **1.** qui se collectionne. **2.** encaissable, recouvrable.

collectables [kə'lektəblz] *n.* objets de collection, articles qui se collectionnent (tableaux, antiquités, etc.).

collect call *n.* (U.S.) appel téléphonique en P.C.V.

collectible [kə'lektibl] *adj.* (voir **collectable**).

collecting [kə'lektiŋ] *n.* recouvrement. *Collecting charges*, frais de recouvrement.

collection [kə'lekʃn] *n.* 1. collection. 2. recouvrement, encaissement, perception. *Collection of debts*, recouvrement de créances. 3. ramassage (à domicile), enlèvement. *Luggage collection*, enlèvement des bagages. 4. levée. *Collection and delivery*, levée et distribution (courrier). 5. quête.

collective [kə'lektiv] *adj.* collectif. *Collective agreement*, convention collective. *Collective bargaining*, négociation collective. *Collective pay agreements*, accords collectifs sur les salaires.

collectivize [kə'lektivaiz] *v.* nationaliser.

collectivism [kə'lektivizəm] *n.* collectivisme.

collector [kə'lektə] *n.* 1. collectionneur. *Collector's item*, pièce de collection. 2. contrôleur, receveur. *Tax collector*, percepteur. *Ticket collector*, contrôleur.

collide [kə'laid] *v.* 1. entrer en collision. 2. être en violent désaccord.

collier ['kɔliə] *n.* 1. mineur. 2. (navire) charbonnier.

colliery ['kɔljəri] *n.* mine, charbonnage.

collusion [kə'luːʒn] *n.* collusion, connivence, entente frauduleuse.

colon ['kəulən] *n.* Typogr. : deux points.

colo(u)r bar, colo(u)r line ['kʌlə] barrage par l'origine raciale, ségrégation raciale.

colour chart 1. table des couleurs. 2. diagramme, graphique en couleur.

colour range, gamme de coloris, choix de couleurs.

colour scheme, combinaison de couleurs, ensemble de couleurs.

colouring ['kʌləriŋ] *n.* colorant (aliments, etc.).

column ['kɔləm] *n.* colonne. *Credit column*, colonne créditrice. *Debit column*, colonne débitrice.

column width, largeur d'une colonne ou justification.

columnist ['kɔləmnist] *n.* journaliste tenant une rubrique, régulière, éditorialiste. *Advertising columnist*, journaliste en publicité.

co-management [kəu'mænidʒmənt] *n.* cogestion.

combat ['kɔmbæt] *v.* combattre, lutter contre.

combination [kɔmbi'neiʃn] *n.* combinaison, association, ligue, coalition.

combination carrier *n.* pétrolier minéralier.

combine ['kɔmbain] *n.* cartel, entente industrielle.

combine [kəm'bain] *v.* combiner, unir, allier ; s'unir.

come-down, comedown *n.* chute, dégringolade, débâcle.

come into [kʌm] *v.* entrer. *To come into force*, entrer en vigueur. *To come into effect*, prendre effet.

come out *v.* sortir. *The price comes out at $ 10*, le prix s'élève à 10 dollars. *To come out (on strike)*, se mettre en grève.

come to *v.* venir à. *To come to an arrangement*, arriver à un compromis. *To come to maturity*, venir à échéance. *To come to terms*, arriver à un accord, s'entendre.

come up for reelection *v.* se présenter à une réélection. *The board will come up for reelection in March*, on votera en mars pour la réélection du conseil.

comic ['kɔmik] *n.* 1. bande dessinée. 2. *Comic book*, magazine en bandes dessinées, ouvrage de bandes dessinées. *Comic strip*, bande dessinée.

comma ['kɔmə] *n.* virgule.

command [kə'maːnd] *n.* 1. commandement, autorité, contrôle. *Chain of command*, la hiérarchie. 2. maîtrise, connaissance parfaite.

command v. **1.** ordonner. **2.** avoir la maîtrise de. **3.** (marché, etc.) détenir, contrôler. **4.** *To command a price,* coûter, valoir (prix).

commandeer v. réquisitionner.

commence [kə'mens] v. **1.** débuter, commencer, entamer. *Commencing salary,* salaire de début. **2.** prendre effet à une date.

commend [kə'mend] v. recommander, louer, féliciter, approuver.

commendation [kɔmen'deiʃn] n. recommandation, éloge, louange, approbation.

commensurate with [kə'menʃərət] *adj.* proportionné à, en rapport avec.

comment ['kɔment] n. observation, commentaire, appréciation. *No comment,* sans commentaire.

comment v. commenter ; critiquer.

commentary ['kɔmentəri] n. commentaire.

commerce ['kɔmə:s] n. commerce (en gros ; international). *Chamber of Commerce,* Chambre de Commerce.

commercial [kə'mə:ʃl] *adj.* commercial. *Commercial bank,* banque commerciale. *Commercial development,* développement commercial ; croissance commerciale. *Commercial property,* propriété commerciale.

commercial paper (U.S.) papier financier, bons de caisse à court terme, billet de trésorerie.

commercial n. annonce ou émission publicitaire (radio-TV).

commercialese [kə,mə:ʃə'li:z] n. style, jargon commercial.

commercialisation [kə'mə: ʃəlaiz'eiʃn] n. commercialisation.

commercialism [kə'mə: ʃəlizəm] n. mercantilisme.

commercialization [kə'mə: ʃəlaiz'eiʃn] n. commercialisation.

commercialize [kə'mə:ʃəlaiz] v. commercialiser.

commission [kə'miʃn] n. **1.** commission, pourcentage. *Sale commission,* commission sur vente. *To charge a commission,* prélever une commission. *Commission agent,* commissionnaire. *Commission merchant,* commissionnaire. **2.** commission, comité. **3.** mandat, mission.

commission v. **1.** commissionner, mandater. **2.** commander. *To commission a market survey,* commander une étude de marché.

commissioner [kə'miʃənə] n. **1.** commissaire. **2.** membre d'un comité ou d'une administration.

commit [kə'mit] v. **1.** commettre (erreur, etc.). **2.** confier, livrer, remettre. **3.** engager. *To commit oneself,* s'engager. *Committed costs,* frais engagés, frais de structure.

commitment [kə'mitmənt] n. **1.** engagement, promesse, adhésion. *Financial commitment,* engagement financier. *To meet one's commitments,* tenir ses engagements. **2.** dévouement, implication.

commitment fee, commission d'ouverture de crédit.

committee [kə'miti] n. commission, comité. *Executive committee,* conseil de direction. *Management committee,* comité de direction. *Standing committee,* commission permanente. *To be on a committee,* faire partie d'une commission. *Committee of inspection,* conseil de surveillance (faillite).

committal [kə'mitl] n. **1.** voir **commitment. 2.** *Jur. :* incarcération, emprisonnement.

commodity [kə'mɔdəti] n. marchandise, denrée, produit. *Commodity exchange,* Bourse de marchandises. *Commodity futures market,* marché à terme (marchandises).

common ['kɔmən] n. = **common stock,** action(s) ordinaire(s).

common ['kɔmən] *adj.* commun, ordinaire, banal. *Common carrier,* transporteur public. *Common law,* droit coutumier. *Common stock(s),* actions ordinaires. *Common shares,* actions ordinaires.

Common Agricultural Policy (C.A.P.), Politique agricole commune (dans le cadre du Marché commun).

communicate [kə'mju:nikeit] *v.* communiquer.

communication [kəmju:ni'keiʃn] *n.* communication. *Means of communication,* moyens de communication, de transport.

communicator [kə'mju:nikeitə] *n.* personne travaillant dans le domaine de la communication.

communiqué [kə'mju:nikei] *n.* communiqué, annonce officielle.

community [kə'mju:niti] *n.* 1. communauté (de biens, etc.). 2. collectivité, société, public. *Community antenna television (C.A.T.V.),* télévision par antenne collective, télévision par câble. *Community jobs,* travaux d'utilité collective. *Community network,* réseau de télévision par câble.

commute [kə'mju:t] *v.* 1. voyager, aller de son domicile à son lieu de travail et vice versa. 2. permuter, échanger. 3. *Jur. :* commuer.

commuter [kə'mju:tə] *n.* voyageur, « banlieusard », usager des transports en commun.

compact [kəm'pækt] *adj.* compact, de faible encombrement.

compact ['kɔmpækt] *n.* accord, convention, pacte, contrat, entente. *Social compact,* contrat social.

compact car, voiture de faible encombrement (et de petite cylindrée).

companies act ['kʌmpəniz ækt] loi sur les sociétés.

company [kʌmpəni] *n.* compagnie, société. *Airline company,* compagnie aérienne. *Insurance company,* compagnie d'assurances. *Joint-stock company,* société par actions. *Limited liability company,* société à responsabilité limitée. *Parent company,* société mère. *Private limited company,* S.A.R.L. *Public limited company,* société anonyme. *Statutory company,* société concessionnaire.

company car *n.* voiture de fonction, voiture mise à la disposition de ses collaborateurs par l'entreprise.

company formation, création de société(s).

company law *n.* droit des sociétés.

company newspaper *n.* journal d'entreprise.

company secretary *n.* secrétaire général.

company tax *n.* impôts sur les sociétés.

comparative [kəm'pærətiv] *adj.* relatif ; comparé ; comparatif. ~ *advantage,* avantage comparatif. *Comparative costs,* coûts comparés.

compare [kəm'pɛə] *v.* comparer.

compatibility *n.* compatibilité.

compatible *adj.* compatible.

compel [kəm'pel] *v.* contraindre, obliger, forcer, astreindre, mettre dans l'obligation de.

compelling [kəm'peliŋ] *adj.* 1. contraignant. 2. à quoi on ne peut résister, motivant, incitatif, irrésistible. ~ *evidence,* preuve(s) convaincante(s), formelle(s), indéniable(s), irréfutable(s), irrécusable(s).

compensate ['kɔmpənseit] *v.* indemniser, dédommager. *To compensate for the loss,* indemniser pour la perte.

compensating balance, balance compensatrice (partie du crédit qui reste en dépôt).

compensating duties (douanes), droits compensateurs, « surcharge ».

compensation [kəmpen'seiʃən] *n.* 1. indemnité, dédommagement, indemnisation. *To file for compensation,* réclamer un dédommagement. *Unemployment compensation,* indemnité de chômage. *Workmen's compensation.* (U.S.), assurance contre les accidents du travail. *Compensation amount,* montant compensatoire. 2. salaire.

compensatory [kəm'pensətəri] *adj.* compensatoire. *Compensatory amounts/units,* montants compensatoires.

compete (with) *v.* concurrencer, faire concurrence à.

competence ['kɔmpitəns] 1. compétence, aptitude. 2. *Jur. :* capacité, compétence.

competing [kəm'pi:tiŋ] en concurrence, qui se font concurrence.

competition [kɔmpi'tiʃn] *n.* rivalité, concurrence. *A keen competition,* une vive concurrence. *Unfair competition,* concurrence déloyale.

competitive [kəm'petitiv] *adj.* concurrentiel ; compétitif. *Competitive prices,* prix concurrentiels. *Competitive edge,* (léger) avantage concurrentiel.

competitiveness [kəm'petitivnis] *n.* caractère concurrentiel, compétitivité.

competitor [kəm'petitə] *n.* concurrent.

complain [kəm'plein] *v.* se plaindre, porter plainte.

complainant [kəm'pleinənt] *n.* plaignant.

complaint [kəm'pleint] *n.* plainte, réclamation. *Complaint departent,* le service des réclamations.

complement ['kɔmpli'ment] *v.* compléter.

complementary [kɔmpli'mentəri] *adj.* complémentaire.

complete *v.* 1. achever, mener à bien, terminer. 2. compléter.

completion [kəm'pli:ʃn] *n.* bonne exécution, achèvement ; terme, fin, finition. *Completion of an order,* exécution d'une commande. *On completion of contract,* à la signature du contrat. *Under completion,* en cours d'exécution, de finition.

completion bond, garantie de bonne fin.

compliance [kəm'plaiəns] *n.* conformité ; respect ; acquiescement. *In compliance with your instructions,* conformément à vos instructions.

complimentary [kəmpli'mentəri] *adj.* 1. à titre gracieux, gratuit, offert. *A complimentary ticket,* un billet gratuit. *A complimentary copy,* un exemplaire gratuit, hommage de l'éditeur. 2. de politesse. *Complimentary close,* formule de politesse.

complimentary subscription, abonnement à titre gracieux, abonnement gratuit.

complimentary ticket, (billet d') entrée gratuite, invitation gratuite.

comply [kəm'plai] *v.* s'exécuter. **comply with** *v.* se conformer à, respecter.

component [kəm'pəunənt] *n.* élément composant, pièce, pièce détachée. *Component parts,* pièces détachées, pièces constituantes. *Components,* pièces détachées.

composite ['kɔmpəzit] *adj.* mixte. (Bourse) *Composite index,* indice établi à partir d'un ensemble de titres représentatifs.

composite *n.* portrait-robot.

composition [kɔmpə'ziʃn] *n.* 1. composition. 2. entente, composition, accommodement. *To come to composition,* venir à composition. 3. *Jur. :* concordat.

compound ['kɔmpaund] *adj.* composite ; composé. *Compound interest,* intérêts composés.

compound [kəm'paund] *v.* 1. arranger, régler, composer, transiger. *To compound a debt,* régler une dette à l'amiable. *To compound with one's creditors,* s'arranger avec ses créditeurs. 2. aggraver. *Unemployment compounded by inflation,* le chômage aggravé par l'inflation.

compound duty, droit (de douane) mixte, composé (droit de douane spécifique s'ajoutant au droit ad valorem).

comprehensive [kɔmpri'hensiv] *adj.* exhaustif, complet. ~ *insurance,* assurance multirisque. *Comprehensive policy,* police d'assurance tous risques. *Comprehensive survey,* étude dé-taillée.

compromise ['kɔmprəmaiz] *n.* compromis, transaction.

compromise *v.* 1. transiger. 2. compromettre.

comptroller [kən'trəulə] *n.* 1. contrôleur financier. 2. *Adm. :* vérificateur.

compulsion [kəm'pʌlʃn] *n.* 1. force, contrainte. 2. impulsion.

compulsive [kəm'pʌlsiv] *adj.* **1.** coercitif, obligatoire. **2.** irraisonné, compulsif. *Compulsive buying,* achat sous le coup d'une impulsion.

compulsory [kəm'pʌlsəri] *adj.* obligatoire.

computable [kəm'pju:təbl] *adj.* calculable.

computation [kɔmpju:'teiʃn] *n.* compte, calcul ; estimation.

compute [kəm'pju:t] *v.* compter, calculer.

computer [kəm'pjutə] *n.* ordinateur, calculatrice. *Computeraided design (C.A.D.),* conception assistée par ordinateur (C.A.O.). *Computer-aided instruction (C.A.I.),* enseignement assisté par ordinateur (E.A.O.). *Computer-aided language learning (C.A.L.L.),* enseignement des langues assisté par ordinateur. *Home computer,* ordinateur familial. *Personal computer,* P.C., ordinateur individuel.

computer art, infographie.

computer bulletin board, messagerie.

computerese *n.* jargon informatique.

computer firm, entreprise d'informatique.

computerization [kəmpju:tərai' zeiʃn] *n.* traitement par ordinateur, informatisation, passage à l'informatique.

computerize [kəm'pju:təraiz] *v.* **1.** calculer électroniquement, traiter par ordinateur, mettre sur ordinateur. **2.** informatiser.

computerized management [kəm'pju:təraizd] gestion automatisée, gestion informatisée.

computer-literate, compétent en informatique.

computer network, réseau informatique.

computer science, informatique.

computer scientist, informaticien.

computer technology, informatique.

con [kɔn] *v.* **1.** leurrer, tromper, berner. **2.** escroquer.

conceal [kən'si:l] *v.* cacher.

Concealed unemployment, chômage caché.

concealment [kən'si:lmənt] *n.* **1.** dissimulation. **2.** *Jur. :* recel.

conceive [kən'si:v] *v.* concevoir, rédiger (un document).

concentrate ['kɔnsəntreit] *v.* **1,** concentrer. **2.** se concentrer. **3.** *To concentrate on something,* concentrer, porter son attention sur, s'occuper surtout de.

concentration [kɔnsən'treiʃn] *n.* **1.** concentration. **2.** *Univers. :* option.

concept ['kɔnsept] *n.* concept.

conception [kən'sepʃn] *n.* conception.

concern [kən'sə:n] *n.* **1.** entreprise, firme. **2.** souci, préoccupation.

concern *v.* concerner, regarder, toucher. *To whom it may concern,* pour servir et valoir ce que de droit.

concerted action [kən'sə:tid] *n.* action concertée, concertation.

concertina folder [kɔnsə'ti:nə] *n.* dépliant (en) accordéon.

concession [kən'seʃn] *n.* concession ; réduction ; franchise.

conciliation [kənsili'eiʃn] *n.* conciliation, arbitrage.

conciliation board, commission d'arbitrage ; conseil des prud'hommes.

conclude *v.* conclure.

conclusion *n.* conclusion.

conclusive [kən'klu:siv] *adj.* concluant, décisif, probant. *Conclusive evidence,* preuve(s) décisive(s).

concourse *n.* lieu de rencontre, hall.

concurrence [kən'kʌrəns] *n.* **1.** accord, concordance de vues, d'opinions ; coopération. **2.** concomitance, simultanéité.

concurrent *adj.* **1.** en concordance de vues, d'opinions. **2.** concomitant, simultané.

condition [kən'diʃn] *n.* condition, stipulation. *Terms and conditions,* modalités. *Conditions of the contract,* cahier des charges.

condition *v.* **1.** conditionner. **2.** imposer des conditions.

conditional [kən'diʃənl] *adj.* conditionnel. *Conditional on something,* dépendant de, fonction de.

condominium [kɔndə'miniəm] *n.* copropriété (d'un immeuble) ; immeuble en co-propriété.

conduct [kɔn'dʌct] *v.* diriger, conduire ; mener ; effectuer. *To conduct a campaign,* mener une campagne. *To conduct a survey,* mener une enquête, effectuer une étude. *To conduct a poll,* effectuer un sondage, faire une enquête (d'opinion).

conductor *n.* **1.** receveur (de bus, de tramway). **2.** (métal etc.) conducteur. **3.** chef d'orchestre.

confab *n.* congrès.

confectioner [kən'fekʃənə] *n.* confiseur.

confectionery [kən'fekʃənəri] *n.* confiserie.

confederation [kənfedə'reiʃn] *n.* fédération. *Confederation of British Industry (C.B.I.),* Confédération des Industries Britanniques (homologue du MEDEF).

conferee *n.* **1.** congressiste. **2.** personne à qui un titre est conféré.

conference ['kɔnfərəns] *n.* **1.** conférence (de presse). **2.** congrès. **3.** conseil, association. *Conference line,* association d'armateurs, accord international des armements.

confess [kən'fes] *v.* avouer. *To confess to a crime,* avouer un crime.

confessed judgment note [kən'fest] (U.S.) reconnaissance de dette qui autorise le créancier à agir en justice si la dette n'est pas payée à maturité et ce, sans aviser ou faire comparaître le débiteur (illégal dans certains états).

confession [kən'feʃn] *n.* confession, aveu(x).

confidence ['kɔnfidəns] *n.* confiance, confidence. *Confidence index,* indice de confiance. *In strict confidence,* « discrétion assurée ».

confident ['kɔnfidənt] *adj.* confiant.

confidential [kɔnfi'denʃl] *adj.* confidentiel.

confidentiality *n.* confidentialité, caractère privé, secret, discrétion.

confirm [kən'fə:m] *v.* confirmer.

confirmation [kɔnfə'meiʃn] *n.* confirmation.

confirming house [kən'fə:miŋ] firme spécialisée dans le commerce extérieur qui met en contact acheteur et exportateur, joue le rôle d'intermédiaire et de conseiller, et garantit la solvabilité de l'acheteur.

confirmed [kən'fə:md] *adj.* confirmé. *Confirmed credit,* crédit confirmé. *Confirmed letter of credit,* lettre de crédit confirmé.

confiscate ['kɔnfiskeit] *v.* confisquer.

confiscation [kɔnfi'skeiʃən] *n.* confiscation.

confiscatory *adj.* confiscatoire.

conflict *n.* conflit ; rivalité ; antagonisme. *Conflict of interest,* conflit d'intérêt(s).

conflict *v.* être en contradiction/opposition/rivalité/lutte avec.

conflicting *adj.* opposé, contradictoire, conflictuel.

conform [kən'fɔ:m] *v.* se conformer.

conformance *n.* conformité, respect (fait de se conformer à).

conformity [kən'fɔ:məti] *n.* conformité. *In conformity with,* conformément à, selon.

congested *adj.* engorgé ; encombré ; embouteillé.

congestion *n.* engorgement ; encombrement ; embouteillage.

conglomerate [kən'glɔməreit] *n.* conglomérat.

congratulation [kən,grætju'leiʃən] *n.* félicitation.

congratulate [kən'grætjuleit] *v.* féliciter.

congratulatory [kən'grætjulətəri] *adj.* de félicitation(s).

congress ['kɔŋgres] *n.* congrès ; association, fédération. *Congress of Industrial Organizations (C.I.O.),* Confédération syndicale américaine associée à l'A.F.L.

congressman ['kɔŋgresmən] *n.* membre du Congrès, député.

(Aux États-Unis, désigne la plupart du temps un membre de la Chambre des Représentants).

connect [kə'nekt] *v.* lier, relier, connecter, rattacher ; se raccorder, se connecter.

connection [kə'nekʃən] *n.* **1.** relation. *Business connection,* relation d'affaires. **2.** clientèle. **3.** connexion, branchement.

connivance [kə'naivəns] *n.* connivence, collusion.

connive [kə'naiv] *v.* **1.** être de connivence, complice de. **2.** tolérer, fermer les yeux sur.

consent [kən'sent] *n.* accord, consentement, approbation.

consent *v.* consentir, accepter, donner son accord.

consequence ['kɔnsikwəns] *n.* conséquence.

conservative [kən'səvətiv] *adj.* **1.** conservateur, traditionnel. **2.** qui conserve, qui préserve. **3.** prudent, modéré. *A conservative estimate,* une évaluation prudente (plutôt au-dessous de la réalité).

conservation [kɔnsə'veiʃən] *n.* **1.** conservation, sauvegarde, préservation. *Nature conservation,* protection de la nature. **2.** économie d'énergie. *Oil conservation,* économie de pétrole.

conservationism *n.* protection de la nature, mouvement pour la protection de la nature.

conservationist *n.* protecteur de la nature, écologiste.

conserve [kən'sə:v] *v.* préserver, économiser.

consider [kən'sidə] *v.* considérer, examiner, étudier, prendre en compte, envisager.

consideration [kən,sidə'reiʃən] *n.* **1.** considération. *Under consideration,* à l'étude. **2.** rémunération, prix. *For a money consideration,* moyennant finances, paiement. **3.** provision, couverture.

consign [kən'sain] *v.* **1.** consigner, envoyer, expédier, adresser. *Bill of lading consigned to...* connaissance établi au nom de...

2. déposer (des fonds).

consignee [kɔnsai'ni:] *n.* consignataire, destinataire.

consignment [kən'sainmənt] *n.* expédition, envoi, arrivage. ~ *note,* bordereau d'expédition. *On ~,* en dépôt/consignation.

consigner, consignor [kən'sainə] *n.* expéditeur.

consistency *n.* **1.** cohérence. **2.** *Comptab. :* permanence des méthodes appliquées (des règles, des critères).

consistent [kən'sistənt] *adj.* **1.** conséquent, logique, cohérent, uniforme. **2.** *Consistent with something,* en accord avec, compatible avec.

console ['kɔnsəul] *n.* console ; pupitre.

consolidate [kən'sɔlideit] *v.* **1.** consolider. *Consolidated balance sheet,* bilan consolidé. **2.** grouper. *To consolidate deliveries,* grouper les livraisons. *Consolidated deliveries,* livraisons groupées.

consolidated fund (G.B.), argent prélevé sur les impôts en vue du règlement de la dette publique.

consolidation *n.* **1.** consolidation. **2.** groupement, regroupement. **3.** groupage.

consols ['kɔnsəlz] *n.* rentes consolidées.

consortium [kən'sɔ:tjəm] *n.* consortium.

conspiracy [kən'spirəsi] *n.* **1.** conspiration, conjuration. **2.** entente frauduleuse. **3.** association de malfaiteurs.

constituency [kən'stitjuənsi] *n.* **1.** circonscription électorale. **2.** électorat.

constituent [kən'stitjuənt] *n.* **1.** commettant, mandant. **2.** électeur.

constitute ['kɔnstitju:t] *v.* constituer.

constitution [kɔnsti'tju:ʃən] *n.* constitution.

constraint [kən'streint] *n.* **1.** contrainte. **2.** *Jur. :* contrainte par corps.

construct [kən'strʌkt] *v.* construire.

construction [kən'strʌkʃən] *n.*
1. construction. *Construction site,*
chantier de construction. **2.** bâtiment. *The construction industry,*
l'industrie/le secteur du bâtiment.

consular invoice ['kɔnsjulə] *n.*
facture consulaire.

consultancy *n.* conseil.

consultant [kən'sʌltənt] *n.*
expert, conseil. *Tax consultant,*
conseiller fiscal.

consulting [kən'sʌltiŋ] *n.*
conseil, activité de conseil.

consulting-engineer *n.* ingénieur conseil.

consulting firm, société de
conseil.

consumable [kən'sju:məbl]
adj. consommable.

consumables *n.* produits de
consommation ; consommables.

consume [kən'sju:m] *v.* **1.**
consommer. **2.** consumer, brûler.

consumer [kən'sju:mə] *n.*
consommateur. *Consumer goods,*
biens de consommation. *Consumer
durables,* biens de consommation
durables. *Consumer organization,*
association de consommateurs. *The
consumer society,* la société de
consommation. *Consumer union,*
groupement de consommateurs.
*Consumer countries, consuming
countries,* pays consommateurs.
Consumer credit, crédit à la consommation. *Consumer acceptance,*
acceptation par les consommateurs.
Consumer benefits, avantages pour
les consommateurs. *Consumer
confidence,* confiance des consommateurs. *Consumer confidence
index,* indice de confiance des
consommateurs. *Consumer demand,* niveau de la consommation,
demande des consommateurs.
Consumer habits, habitudes des
consommateurs. *Consumer research,*
études de consommation/de marché.

consumerism [kən'sju:məri
zəm] *n.* consumérisme, défense
des consommateurs.

consumerist *n.* consumériste,

défenseur des consommateurs,
membre d'un groupement de
défense des consommateurs.

consumer nation, nation con-
sommatrice.

consumer needs, besoins de
consommation, besoins des consommateurs.

consumer panel, panel de
consommateurs (groupe témoin
pour juger un produit).

consumer price, prix à la
consommation.

consumer price index (C.P.I.)
n. indice des prix à la consommation.

consumer products, produits de
consommation.

consumer profile, profil des
consommateurs.

consumer reaction, réaction des
consommateurs.

consumer reluctance, réticence
des consommateurs.

consumer requirements, besoins
des consommateurs, exigences des
consommateurs.

consumer research, recherche
sur la consommation, étude(s) de
consommation, recherche sur le
consommateur, étude du consommateur.

consumer resistance, résistance
des consommateurs.

consumer response, réponse,
réaction des consommateurs.

consumer survey, étude de
consommation, étude des consommateurs.

**consumer test, consumer tes-
ting,** test de consommation.

consumer trends, tendances de
la consommation, tendances des
consommateurs.

consumer wants, désirs des
consommateurs.

consuming countries, pays
consommateurs.

consumption [kən'sʌmpʃən]
n. consommation. *Conspicuous
consumption,* consommation mesurable. *Consumption per head,*
consommation par tête.

consumption pattern, modèle de consommation.

contact ['kɔntækt] *n.* contact.

contact [kɔn'tækt] *v.* se mettre en rapport avec, contacter.

contact data, coordonnées.

contact-man *n.* Pub. : chef de publicité d'agence.

contain [kən'tein] *v.* 1. contenir, comprendre, renfermer, comporter. 2. contenir, endiguer, maîtriser.

container [kən'teinə] *n.* récipient, conteneur. *Container car* (U.S.), wagon pour transport des conteneurs. *Container ship,* navire pour transport de conteneurs, porte-conteneurs.

containerization *n.* mise en conteneur(s), transport par conteneur(s).

containerize *v.* mettre en conteneur(s), transporter en conteneur(s).

containerized shipping *n.* transport par conteneur(s), expédition en conteneur(s).

containment *n.* contrôle, endiguement. *Cost ~,* maîtrise des coûts.

contango [kən'tæŋgəu] *n.* Bourse : report. *Contango rate,* intérêt de report.

contempt of court [kəntempt] *n.* outrage à magistrat.

contemplate ['kɔntempleit] *v.* envisager.

contender *n.* concurrent, rival.

content [kən'tent] *n.* 1. volume, contenance. 2. teneur, titre.

content(s) ['kɔntents] *n.* contenu. *Table of contents,* table des matières.

contest ['kɔntest] *n.* concours, jeu ; concurrence, lutte.

contingency [kən'tindʒənsi] *n.* contingence, éventualité. *Contingencies, contingency payments,* faux frais divers. *Contingency plan,* plan à appliquer en cas d'urgence. *Contingency reserves,* réserve, fonds de réserve. *Contingencies,* risques divers.

contingency fee, contingent fee, intéressement au résultat, hono-

raires sur résultats (par exemple avocat recevant un pourcentage des dommages et intérêts obtenus pour un client).

continuation [kən,tinju'eifən] *n.* 1. continuation, poursuite. 2. Bourse : report. *Continuation rate,* intérêt de report.

continuative education, continuing education, continuous education *n.* formation permanente, formation continue.

continuity *n.* 1. continuité. 2. (ciné, T.V.) enchaînement(s) ; (texte) liaisons, transitions ; conducteur, conduite ; découpage.

continuity girl [kɔnti'njuːəti], *n.* script-girl, secrétaire de plateau.

contraband ['kɔntrəbænd] *n.* 1. contrebande. 2. marchandises de contrebande.

contract ['kɔntrækt] *n.* 1. contrat. *Contract of employment,* contrat de travail. *Contract work,* travail à forfait. 2. *Contract bargaining,* négociations salariales.

contract [kən'trækt] *v.* 1. contracter, s'engager à. 2. (marché, etc.) se contracter, se réduire.

contract agreement, accord contractuel ; (U.S.) accord entre entreprise et syndicat(s), convention collective.

contraction *n.* contraction, rétrécissement.

contractor [kən'træktə] *n.* entrepreneur ; maître d'œuvre. *Trav. Publ. :* adjudicataire. *(Road) haulage contractor,* entrepreneur de transports routiers.

contractor's all-risk insurance, assurance tous risques chantiers.

contract out *v.* 1. se dégager par contrat d'une obligation ; renoncer par entente préalable à certaines clauses. 2. sous-traiter. 3. donner en concession, donner en sous-traitance, affermer, concéder.

contractual [kən'træktjuəl] *adj.* contractuel.

contrary to ['kɔntrəri] *adv.* contrairement à.

contravene [kɔntrə'viːn] *v.*

contrevenir à, enfreindre.

contribute [kən'tribju:t] *v.* contribuer.

contribution [kɔntri'bju:ʃən] *n.* cotisation ; contribution ; apport.

contributor [kən'tribjutə] *n.* souscripteur, cotisant.

contributory [kən'tribjutəri] *adj.* contributif, participatif. *Contributory pension scheme,* régime de retraite avec participation des assurés.

control [kən'trəul] *n.* 1. contrôle, réglementation. 2. maîtrise. 3. commande, automatisme.

control *v.* 1. contrôler, maîtriser, diriger. *Controlled economy,* économie dirigée. 2. commander (par des automatismes).

control room, salle des commandes, salle de contrôle, régie.

controller [kən'trəulə] *n.* contrôleur.

controlling interest, majorité de contrôle, participation majoritaire.

controlling stake, majorité de contrôle.

controversial [kɔntrə'və:ʃl] *adj.* discutable, qui prête à controverse.

convene [kən'vi:n] *v.* réunir, convoquer ; se réunir, s'assembler.

convener [kən'vi:nə] *n.* membre d'une association, ou d'un syndicat, dont le rôle est de convoquer ses collègues ; responsable de comité.

convenience [kən'vi:njəns] *n.* commodité, convenance ; confort. *At your earliest convenience,* le plus tôt possible. *Convenience bill,* traite de complaisance. *Convenience card,* carte accréditive. *Convenience flag,* pavillon de complaisance. *Convenience goods,* produits de très grande consommation, de consommation/d'achat courant(e). *Convenience store,* magasin de proximité.

convenient [kən'vi:njənt] *adj.* commode, pratique, qui convient, qui agrée.

convention [kən'venʃən] *n.* 1. accord, contrat. 2. congrès (U.S.),

assemblée, rassemblement.

convergence [kən'və:dʒəns] *n.* convergence.

conversant with [kən'və:sənt] *adj.* compétent en, versé dans, bien au fait de.

conversational [kɔnvə'seifənl] *adj. Inform. :* conversationnel.

conversion [kən'və:ʃən] *n.* conversion, convertissement, transformation. *Conversion rate,* taux de conversion.

convert ['kɔnvə:t] *v.* convertir, transformer.

convertibility [kən,və:tə'biləti] *n.* convertibilité.

convertible [kən'və:təbl] *adj.* convertible.

convey [kən'vei] *v.* 1. transporter. 2. transmettre, communiquer. 3. *Jur. :* transmettre (un bien) ; rédiger l'acte de cession.

conveyance [kən'veiəns] *n.* 1. transport. 2. transfert, cession. *Deed of conveyance,* acte de cession.

conveyancing [kən'veiənsiŋ] *n.* rédaction des actes de propriété (cession).

conveyor [kən'veiə] *n.* 1. porteur, transporteur. 2. appareil transporteur. *Conveyor belt,* tapis roulant, ruban transporteur.

convict ['kɔnvikt] *n.* forçat.

convict [kən'vikt] *v.* déclarer coupable, reconnaître coupable.

conviction [kən'vikʃən] *n.* 1. condamnation. *Previous convictions, conviction record,* condamnations antérieures, dossier judiciaire, casier judiciaire. 2. conviction, persuasion.

cook the books [kuk] *v.* falsifier, truquer la comptabilité, maquiller les comptes.

cool [ku:l] *adj.* 1. frais. 2. calme, qui garde son sang-froid. 3. peu enthousiaste.

cool *v.* 1. rafraîchir. 2. calmer ; réduire ; ralentir. *To cool an overheated economy,* ralentir une économie en surchauffe.

cooling-off ['ku:liŋ] *n.* apaisement, réflexion. *Cooling-off period,* période d'apaisement, de réflexion ; délai de réflexion (notamment avant signature officielle de l'acte de vente, dans le cas de vente porte-à-porte).

cool media *n.* media « froid » (télévision selon le sociologue canadien Marshall McLuhan).

cooperate [kəu'ɔpəreit] *v.* coopérer, collaborer.

cooperation [kəu,ɔpə'reiʃən] *n.* coopération, collaboration.

cooperative education (U.S.) [kəu'ɔpərətiv] *n.* « enseignement alterné », formation en alternance.

cooperative society *n.* société coopérative. *Wholesale cooperative society*, société coopérative de gros. *Retail cooperative society*, société coopérative de détail.

co-optation [kəuɔp'teiʃən] *n.* co-optation.

co-op year (U.S.), (étudiants) année en alternance.

co-ordinate [kəu'ɔ:dineit] *v.* coordonner.

co-owner [kəu'əunə] *n.* copropriétaire.

co-ownership [kəu'əunəʃip] *n.* copropriété.

co-partner [kəu'pa:tnə] *n.* coassocié.

co-payment *n.* (système de) ticket modérateur.

cope [kəup] *v.* être égal à une tâche, pouvoir faire face à une tâche.

cope with *v.* faire face à ; venir à bout de.

copier ['kɔpiə] *n.* photocopieuse, photocopieur, machine à photocopier, duplicateur.

copper ['kɔpə] *n.* cuivre. *Bourse : Coppers*, valeurs cuprifères.

copy ['kɔpi] *v.* copier.

copy *n.* **1.** copie. « *Certified true copy* », pour copie conforme. **2.** exemplaire. **3.** *Pub. :* texte, rédaction. **4.** *Journal. :* sujet d'article, matière à reportage. **5.** expédition d'un acte. *Copy deadline*, date limite de remise d'un texte. *Pub. :*

Copy-testing, test d'annonce. *Copywriter*, rédacteur (publicitaire).

copyright, droit(s) d'auteur. *Copyright reserved*, tous droits réservés. *Copyright work*, œuvre protégée.

copyright *v.* déposer (des droits d'auteur(s), une publication).

copyrightable *adj.* qui peut faire l'objet d'un copyright, déposable, qui peut être protégé.

copywriter *n.* rédacteur (publicitaire).

cordless phone, téléphone sans fil.

core [kɔ:] *n.* centre, partie centrale, cœur, noyau. *Univers. : Core courses*, cours de troncs communs. *Core benefit*, avantage essentiel. *Core inflation*, inflation structurelle. *Core market*, marché principal/de référence.

core audience, cœur de cible.

core brand(s), marque(s) principale(s).

core business, cœur du métier, activité centrale d'une entreprise.

corn [kɔ:n] *n.* **1.** grains, céréales, blé. **2.** maïs (U.S.). *Corn belt*, la zone de culture du maïs aux U.S.A.

corner ['kɔ:nə] *n.* coin. *The shop round the ~, the ~ shop*, la boutique du coin, le petit détaillant. *To cut ~s*, prendre un raccourci, ne pas respecter la procédure/la loi ; rogner sur les coûts.

corner ['kɔ:nə] *v.* acculer, mettre dans une situation intenable. **2.** accaparer (le marché, etc.). **3.** acculer un spéculateur à la baisse.

coroner ['kɔrənə] *n. Jur. :* coroner (chargé de l'instruction en cas de mort violente).

corporate ['kɔ:pərit] *adj.* de société, social. *Corporate banking*, banque d'entreprise (ensemble des services spécifiques rendus par une banque à sa clientèle d'entreprise). *Corporate body*, personne morale. *Corporate culture*, culture d'entreprise. *Corporate earnings*, bénéfice des sociétés. *Corporate identity*, identité de l'entreprise ; image de marque. *Corporate image,* image de marque de la société. *Corporate lawyer,* juriste d'entreprise. *Corporate name,* raison sociale. *Corporate planning,* planification d'entreprise (plan de développement à long terme). *Corporate profit,* bénéfice des sociétés. *Corporate raider,* racheteur de sociétés (par O.P.A. et O.P.E.). *Corporate strategy,* stratégie des entreprises. *Corporate tax,* impôt sur les sociétés.

corporate banking, crédit bancaire aux entreprises.

corporate card, carte d'entreprise (remise à certains salariés pour régler leurs frais professionnels).

corporate governance, gouvernance, gouvernement d'entreprise ; contrôle et supervision de la gestion d'une entreprise. (Répartition du pouvoir entre dirigeants, conseil d'administration et actionnaires.)

corporate purchasing card, carte d'achat (pour le règlement par une entreprise de ses achats tels que matériel de bureau, etc.).

corporation [ˌkɔpə'reiʃən] *n.* **1.** corporation, organisme. **2.** (G.B.) organisme public ou semi-public. *Public corporation,* organisme public. **3.** (U.S.) société par actions, société anonyme. **4.** personne morale *(= corporate body).*

correct [kə'rekt] *adj.* correct, exact, juste.

correct *v.* corriger, rectifier, redresser. *Corrected invoice,* facture rectificative.

correction [kə'rekʃən] *n.* correction, rectification.

corrective [kə'rektiv] *adj.* correctif. *To take corrective action,* corriger, remédier à.

correlation [kɔrə'leiʃən] *n.* corrélation.

correspond [kɔri'spɔnd] *v.* **1.** correspondre à, être conforme à. **2.** être en correspondance, correspondre.

correspondence [kɔri'spɔndəns] *n.* **1.** correspondance. *Correspondence-clerk,* correspondancier. *Business correspondence,* correspondance commerciale. **2.** conformité.

correspondent [kɔri'spɔndənt] *n.* correspondant.

corresponding [kɔri'spɔndiŋ] *adj.* correspondant.

corroborate [kə'rɔbreit] *v.* corroborer.

corroboration [kərɔbə'reiʃən] *n.* corroboration.

corrode [kə'rəud] *v.* corroder, attaquer, ronger (métal).

corrosion [kə'rəuʒən] *n.* corrosion.

corrosive [kə'rəusiv] *adj.* corrosif. *Non-corrosive,* inoxydable.

corrugated cardboard ['kɔrugeitid] carton ondulé.

corrugated iron, tôle ondulée.

corrupt [kə'rʌpt] *adj.* corrompu.

corruptible [kə'rʌptibl] *adj.* corruptible.

corruption [kə'rʌpʃən] *n.* corruption.

cosine ['kəusain] *n.* cosinus. *Table of sines and cosines* table des sinus et cosinus.

cosmetic *adj.* **1.** cosmétique. **2.** *(mesures, etc.)* superficiel.

cosmetics *n.* cosmétiques.

co-sponsor [kəu'spɔnsə] **1.** commanditaire associé, partenaire dans un parrainage, un patronage. **2.** co-répondant.

co-sponsoring [kəu'spɔnsəriŋ] co-parrainage, co-patronage.

cost [kɔst] *v.* **1.** coûter. **2.** calculer le prix de revient, les coûts.

cost *n.* coût, frais, prix de revient. *At cost,* au prix coûtant. *Cost accounting,* comptabilité analytique, comptabilité industrielle. *Cost allocation,* affectation de fonds, attribution de fonds, répartition de fonds. *Cost analysis,* analyse des coûts. *Cost awareness,* connaissance des coûts. *Cost-benefit-analysis,* étude du rapport coûts/avantages. *Cost estimate,* évaluation des coûts. *Cost induced inflation,* inflation des prix de revient (par les coûts). *Cost inflation,* inflation par les coûts. *Cost of entry,* coût de pénétration (sur un nouveau marché). *Cost price,* prix de revient, prix coûtant. *Cost push inflation,* inflation par les coûts. *Cost schedules,* barèmes des prix de revient.

cost-conscious *adj.* économe.

cost-control *n.* gestion des coûts ; contrôle des coûts ; maîtrise des coûts.

cost-cutter *n.* personne, mesure, qui réduit les coûts.

cost-cutting *n.* économie, réduction des coûts.

cost-cutting *adj.* d'économie, de réduction des coûts.

cost-effective *adj.* rentable, d'un bon rapport coût/performance.

cost-efficiency, rentabilité, rapport coût/performance.

costing ['kɔstiŋ] *n.* **1.** comptabilité des prix de revient. **2.** calcul du prix de revient, établissement du prix de revient.

cost insurance and freight (C.I.F.) *n.* coût, assurance, fret (C.A.F.).

cost of living *n.* coût de la vie. *Cost of living adjustment (C.O.L.A.),* indexation des salaires. *Cost of living allowance,* indemnité de vie chère. *Cost of living bonus,* indemnité de vie chère. *Cost of living escalator,* échelle mobile des salaires.

cost of money, loyer de l'argent.

costly ['kɔstli] *adj.* cher, coûteux.

costless ['kɔstlis] *adj.* gratuit, sans frais.

cost overrun *n.* dépassement de budget ; surcoût.

cost price *n.* prix de revient.

cost push inflation, inflation par augmentation des prix de revient, par les coûts (de production).

costs *n. Jur. :* dépens. *To be ordered to pay costs,* être condamné aux dépens.

cost-saving *adj.* d'économie, économique.

cost sharing, partage des coûts/frais.

cost shifting, transfert des coûts.

cost variance, écart de prix ; variations de prix.

co-tenancy [kəʊ'tenənsi] *n.* colocation.

co-tenant [kəʊ'tenənt] *n.* colocataire.

cottage industry ['kɔtidʒ] industrie artisanale.

cotton ['kɔtən] *n.* coton. *Cotton belt,* la zone de coton (aux U.S.A.). *Cotton growing,* la culture du coton. *Cotton mill,* filature de coton.

couch potato, personne quipasse son temps devant la télévision, accro de la télé.

council ['kaunsil] *n.* conseil, municipalité. *Town council,* conseil municipal. *Council house (G.B.),* équivalent approximatif de nos H.L.M. (Habitation à Loyer Modéré).

council of advisers, (U.S.) **advisors,** collège de censeurs.

counsel ['kaunsl] *n.* conseil, conseiller juridique, avocat.

count [kaunt] *n.* **1.** compte. **2.** décompte, dénombrement. **3.** *Jur. :* Chef d'accusation.

count *v.* compter. *To count up,* totaliser.

count-down ['kauntdaun] *n.* compte à rebours.

counter ['kauntə] *adj.* contraire, opposé. *Counter offer,* contre-proposition. *Counter order,* contrordre.

counter *n.* **1.** guichet, caisse. *Check-out counter,* caisse. *Over the counter,* au comptant ; (Bourse) de gré à gré, au marché officieux, hors cote ; (Devises) *over-the-counter market,* marché interbancaire. **2.** rayon, comptoir. *Counter-top,* dessus de comptoir. *Counter-top advertising,* publicité de dessus de comptoir.

counter *v.* contrer, riposter à. *To counter foreign penetration,* lutter contre la pénétration étrangère.

counteract [kauntə'rækt] *v.*

contrecarrer, neutraliser, compenser. *To counteract the effects,* amortir les effets.

counterclaim ['kauntəkleim] *n.* demande reconventionnelle ; contre-demande.

counterclaim *v.* faire une demande reconventionnelle.

counter-clockwise (U.S.), dans le sens inverse des aiguilles d'une montre.

counter display, présentoir de comptoir.

counterfeit ['kauntəfit] *n.* contrefaçon, faux.

counterfeit *adj.* faux, fausse. ~ *coin,* fausse pièce, pièce fausse. ~ *money,* fausse monnaie.

counterfeit *v.* contrefaire (monnaie).

counterfeiter ['kauntəfiːtə] *n.* faux-monnayeur.

counterfeiting ['kauntəfiːtiŋ] *n.* contrefaçon.

counterfoil ['kauntəfɔil] *n.* talon (chèque), souche.

counterpart ['kauntəpaːt] *n.* **1.** contrepartie. *Counterpart account,* compte de contrepartie. **2.** contremarque, souche d'un reçu. **3.** homologue.

counterproductive, anti-productif, qui va à l'encontre du but visé, qui produit des effets négatifs.

counter purchase, counterpurchase, contre-achat(s) (commerce international : le vendeur s'engage à acheter ou faire acheter des produits dont la contre-valeur atteint un pourcentage convenu de la valeur du contrat principal).

countersecurity [ˌkauntəsiˈkjuəriti] *n.* contrecaution.

countersign ['kauntəsain] *v.* contresigner.

counter to ['kauntə] *prép.* à l'encontre de.

countertrade *n.* troc, compensation, contrepartie, accord(s) de compensation.

countervail ['kauntəveil] *v.* compenser, contrebalancer. *Countervailing duties,* droits compensatoires. *To file a countervailing duty petition,* déposer une demande d'imposition de droits compensatoires. *Countervailing power,* contrepoids, pouvoir compensatoire.

countless ['kauntlis] *adj.* innombrable(s).

country ['kʌntri] *n.* **1.** pays. *Country planning,* aménagement du territoire. *Developing countries,* pays en voie de développement. *Less developed countries (L.D.C.s),* pays en voie de développement. *Underdeveloped countries,* pays sous-développés. **2.** la campagne ; la province ; la région.

country risk, risque pays.

coupon [kuːpɔn] *n.* **1.** coupon. *International reply coupon,* coupon-réponse international. *Send-in coupon,* coupon-réponse (dans un journal, dans une publicité, etc.). **2.** Bourse : coupon. *Cum-coupon,* coupon attaché. *Due coupon,* coupon échu. *Ex-coupon,* coupon détaché. **3.** bon d'achat, bon de réduction, coupon de réduction (sur emballages, etc.) ; bon-prime, ticket-timbre, bon (distribué au client en fonction de son volume d'achats et donnant droit à un cadeau).

couponing ['kuːpɔniŋ] *n.* promotion par coupons de réduction (sur emballages) ou par timbres distribués aux clients en fonction de leur volume d'achats et donnant droit à un cadeau, couponnage.

coupon scheme *n.* voir **couponing.**

course [kɔːs] *n.* **1.** cours, marche, durée. **2.** direction, cours, route. **3.** décision, ligne de conduite, voie, marche à suivre. **4.** cours. *A course in economics,* un cours d'économie. **5.** service, plat. **6.** *Holder in due course,* détenteur de bonne foi et de plein droit d'un instrument négociable ou d'un article, tiers porteur. **7.** terrain.

court [kɔːt] *n.* cour, tribunal. *To go to court,* aller en justice. *Court order,* décision d'un tribunal. *Out of court settlement,* règlement à l'amiable.

courtesy ['kə:tisi] *n.* courtoisie, politesse. ~ *car,* voiture gratuite (mise gracieuse à disposition) ~ *card,* carte de priorité. ~ *coach,* navette gratuite. *By ~ of,* avec la permission/l'autorisation de.

covenant ['kʌvənənt] *n.* convention, contrat.

covenant *v.* promettre, accorder, convenir, stipuler par contrat.

cover ['kʌvə] *n.* **1.** couverture (livre). *Under separate cover,* sous pli séparé. **2.** couvercle, capuchon, etc. **3.** *Assur. :* couverture, protection, assurance. *Cover note,* note de couverture, police provisoire. **4.** *Fin., Bourse :* couverture, provision, marge, garantie.

cover *v.* **1.** couvrir, revêtir. **2.** couvrir ; protéger ; garantir ; combler. *Covering letter,* lettre d'accompagnement. **3.** comprendre, englober. **4.** *Presse :* relater, faire un reportage sur, « couvrir ».

coverage ['kʌvəridʒ] *n.* **1.** champ d'application, domaine couvert. **2.** *Media, Pub. :* public atteint, tirage, audience. *An advertisement with wide coverage,* une annonce touchant un large public. **3.** *Ass., Fin. :* couverture. **4.** reportage, façon de relater dans les médias, couverture.

covering letter ['kʌvəriŋ] *n.* lettre confirmative, lettre d'envoi. *Ass. :* lettre de couverture.

covering note *n.* note de couverture, garantie.

cover up *n.* fait, tentative d'étouffer une affaire ; dissimulation.

cover up *v.* masquer, dissimuler, camoufler, donner le change, étouffer.

crack [kræk] *n.* fissure, fêlure ; fente.

crack *v.* **1.** fêler, se fêler, craquer. **2.** *To crack a ring,* démanteler un réseau.

crackdown ['krækdaun] *n.* action, intervention énergique ; mesure(s) de répression.

crack down on *v.* intervenir énergiquement (pour éliminer) ; s'attaquer énergiquement à ; serrer la vis à.

cradle-to-grave social programmes, programmes sociaux complets (littéralement du berceau à la tombe).

craft [kra:ft], (U.S.) [kræft] *n.* **1.** habileté, adresse. **2.** métier manuel, activité professionnelle ; corps de métier. **3.** artisanat. **4.** bateau, embarcation, bâtiment. **5.** *Aircraft,* avion.

craftsman ['kra:ftsmən] *n.* artisan.

craftsmanship ['kra:ftsmənʃip] *n.* qualité de l'exécution d'un travail, art, habileté de l'artisan. *Bad craftsmanship,* travail mal exécuté ; manque de soin dans l'exécution.

craft union, syndicat (d'ouvriers qualifiés).

cramp *v.* gêner, entraver.

crane [krein] *n.* grue.

crane *v.* lever, hisser.

crank up *v.* **1.** faire démarrer. **2.** augmenter.

crash [kræʃ] *adj.* **1.** urgent, prioritaire. *Crash program,* programme d'urgence. **2.** intensif. *A crash course,* un cours intensif.

crash *n.* **1.** krach, effondrement, débâcle. **2.** accident (voiture, avion).

crash *v.* **1.** s'effondrer. **2.** entrer en collision, s'écraser au sol.

crate [kreit] *n.* cageot, caisse à claire-voie.

crawling peg ['krɔ:liŋ] (monétaire) parité à crémaillère.

creak to a halt s'immobiliser, s'arrêter, cesser de fonctionner.

create [kri:'eit] *v.* créer, fonder, lancer.

creation [kri:'eiʃən] *n.* création ; fondation.

credentials [kri'denʃəlz] *n.* **1.** lettre de créance. **2.** pièce(s) justificative(s). **3.** titres ; états de service.

credit ['kredit] *n.* crédit. *Credit advice,* avis de crédit. *Credit balance,* solde créditeur. *Credit* *card*, carte de crédit. *Credit crunch*, crise du crédit. *Credit manager*, chef de crédit. *Credit note*, facture d'avoir. *Credit squeeze*, encadrement du crédit. *Credit rating, credit standing, credit status, credit worthiness*, solvabilité. *Letter of credit*, lettre de crédit. *On credit*, à crédit. *Credit terms*, conditions de crédit. *Credit tightening*, resserrement du crédit. *Credit transfer*, virement bancaire (virement global fait par un débiteur à une banque qui crédite individuellement les comptes des créanciers ; en métropole : ordre de paiement ; à l'étranger : envoi de fonds). *Consumer credit*, crédit à la consommation. *Revolving credit*, crédit renouvelable. *Short-term credit*, crédit à court terme. *Standby credit*, crédit-relais. *To be in credit*, être créditeur.

credit *v.* créditer. *To credit an account, to credit a sum to an account*, créditer un compte, verser de l'argent à un compte.

credit account *n.* compte créditeur. **2.** crédit ; compte crédit.

credit crunch *n.* resserrement du crédit.

credit line, ligne de crédit.

credit manager, chef du crédit.

creditor ['kreditə] *n.* **1.** créancier. *Bond creditor*, créancier obligataire. *Secured creditor*, créancier nanti. *Unsecured creditor*, créancier chirographaire.

creditor *adj.* créditeur. *Creditor account*, compte créditeur.

credit rating, évaluation du crédit, solvabilité.

credits *n.pl.* (ciné, T.V.) générique.

credit squeeze, crise du crédit, resserrement du crédit.

credit status agency, agence de renseignements commerciaux.

credit terms, conditions de crédit.

credit titles, générique (ciné, tv).

creditworthiness *n.* solvabilité ; capacité d'emprunt.

creditworthy *adj.* solvable.

creep down(ward) *v.* baisser

lentement, décroître progressivement.

creeping inflation, inflation larvée.

creep up [kri:p] *v.* monter lentement, s'accroître progressivement.

crew [kru:] *n.* équipage.

crime [kraim] *n.* **1.** crime. **2.** délit ; délinquance. **3.** criminalité. *Organized crime*, le grand banditisme.

criminal ['kriminl] *adj.* criminel. *Criminal law*, droit criminel. *Criminal proceedings*, action au criminel, poursuites au criminel.

crimp *v.* **1.** gaufrer, onduler. **2.** entraver, gêner, handicaper.

cripple ['kripl] *v.* paralyser, asphyxier. *The strike crippled production*, la grève a paralysé la production.

crippling ['kriplin] *adj.* paralysant.

crisis ['kraisis] **pl. crises** ['kraisi:z] *n.* crise ~ centre/(U.S.) *center*, cellule de crise. ~ *management*, gestion de crise. *Oil ~*, crise pétrolière, choc pétrolier.

criterion [krai'tiəriən] **pl. criteria** [krai'tiəriə] *n.* critère.

critic ['kritik] *n.* critique (personne).

critical path analysis (C.P.A.), *n.* analyse du chemin critique.

critical path method (C.P.M.) *n.* méthode du chemin critique.

criticism ['kritisizəm] *n.* critique ; attaque. *To level criticism at somebody,* lancer des critiques contre quelqu'un.

criticize ['kritisaiz] *v.* critiquer.

crony capitalism, capitalisme de clientélisme, de copinage, népotique.

cronyism *n.* clientélisme, népotisme, copinage, corruption.

crook [kruk] *n.* escroc.

crooked [krukt] *adj.* malhonnête, déshonnête, tortueux, pervers.

crop [krɔp] *n.* récolte. *Bumper crop*, récolte record. *Standing crop*, récolte sur pied. *Crop-spraying, crop-dusting*, épandage (de pesticides).

cross [krɔs] v. **1.** barrer. *Crossed cheque*, chèque barré. *To cross out where necessary*, barrer les mentions inutiles. **2.** croiser, traverser, franchir. **3.** contrecarrer.

cross-currency swap, crédit croisé (devises).

cross-default clause, clause de défaillance envers des tiers.

cross-examine [ˌkrɔsigˈzæmin] v. procéder à un contre-interrogatoire.

crossing [ˈkrɔsiŋ] n. **1.** barrement. *General crossing*, barrement général. *Special crossing*, barrement spécial. **2.** traversée (en bateau).

cross picket lines v. franchir les piquets de grève.

cross-question, voir **cross-examine.**

cross-section [krɔsˈsekʃən] n. coupe, section, profil, coupe transversale, échantillons représentatifs.

cross-selling, vente(s) croisée(s).

cross shareholding, participation(s) croisée(s).

crowd out v. (U.S.) exclure, chasser (d'un marché, etc.), empêcher la concurrence de pénétrer sur un marché. *Heavy Federal borrowing might crowd out other borrowers*, l'importance des emprunts fédéraux pourrait interdire l'accès aux prêts aux autres emprunteurs.

crown jewel, joyau de la couronne, « bijou de famille » (= actif le plus profitable d'une entreprise ; entreprise faisant partie du patrimoine national).

crude [kru:d] adj. **1.** brut, non raffiné. *Crude oil*, pétrole. **2.** brutal, vulgaire, brut.

crude n. pétrole brut.

cruise [kru:z] n. croisière.

cruise v. faire une croisière, croiser.

crumble [ˈkrʌmbl] v. s'effriter ; se désagréger ; s'effondrer, s'écrouler. *Prices crumbled*, les cours se sont effrités.

crummy, adj. faible, insignifiant.

crunch [krʌntʃ] n. crise. *The energy crunch*, la crise de l'énergie. *Credit crunch*, resserrement du crédit.

crushing plant [krʌʃiŋ] n. usine de concassage.

cubage [ˈkjuːbidʒ] n. cubage, volume.

cubic [ˈkjuːbik] adj. cubique. *Cubic capacity*, volume.

cue [kjuː] n. indice, indication, suggestion. *Cue sheet*, (ciné, T.V.) conduite, conducteur.

cuff [kʌf] n. crédit. *On the cuff*, à crédit. *Off the cuff*, de façon improvisée, non officielle, sans préparation.

cull n. **1.** sélection. **2.** élimination (d'un animal d'un troupeau, etc.).

cull v. **1.** sélectionner, choisir, recueillir, rassembler. *Data culled from various surveys*, données rassemblées à partir de divers sondages. **2.** éliminer (un animal d'un troupeau, etc.).

culprit [ˈkʌlprit] n. coupable.

cultivation [kʌltiˈveiʃən] n. culture. *Land under cultivation*, terre cultivée.

cum [kʌm] exp. *Cum-coupon*, avec coupon. *Cum-dividend*, coupon attaché, avec le dividende. *Cum-rights*, droits attachés.

cumulated [ˈkjuːmjuleitid] adj. cumulé.

cumulative [ˈkjuːmjulətiv] adj. cumulatif ; qui fait boule de neige. *Inflation is a cumulative process*, l'inflation est un engrenage. *Cumulative preferred shares*, actions privilégiées cumulatives.

curator [kjuəˈreitə] n. conservateur.

curb [kəːb] n. frein, blocage. (U.S.) *Curb-market*, marché en coulisse, la coulisse.

curb v. modérer, freiner, juguler. *To curb inflation*, juguler l'inflation.

curbstone broker [ˈkəːbstəun] n. coulissier.

currency [ˈkʌrənsi] n. monnaie

nationale, devise, unité monétaire. *Currency rate,* cours des devises. *Foreign currency,* devises étrangères. *Hard currency,* devise forte.

currency adjustment, aménagement/ajustement/réaménagement monétaire.

currency adjustment factor, taux de réajustement des devises.

currency board, système de régulation monétaire, où la quantité de monnaie nationale en circulation est liée au volume, détenu par la banque centrale, d'une devise avec laquelle cette monnaie est à parité.

current ['kʌrənt] *adj.* **1.** courant. *Current account,* compte courant. *Current assets,* actif réalisable, actif(s) circulant(s). *Current liabilities,* passif exigible, dettes à court terme. *Current price list,* prix courant. **2.** présent, actuel.

current account, balance des transactions/opérations courantes (balance des paiements, marchandises et services).

current value, valeur actuelle ; *Comptab.* : coût de remplacement. *To convert to current value,* actualiser.

curtail [kə:'teil] *v.* réduire, diminuer, raccourcir. *Imports had to be curtailed,* les importations ont dû être réduites.

curtailment [kə:'teilmənt] *n.* réduction, diminution, compression.

curve [kə:v] *n.* courbe. *Bell ~,* courbe en cloche, de Gauss.

cushion ['kuʃən] *n.* marge de sécurité, protection, garantie.

cushion *v.* protéger, garantir.

cushion (off) *v.* amortir, atténuer. *To cushion (off) seasonal fluctuations,* amortir les fluctuations saisonnières.

cushy *adj.* confortable. *A cushy job,* un emploi de faveur, un poste tranquille.

custodial fees, frais de garde.

custodian *n.* gardien ; conservateur.

custody ['kʌstədi] *n.* **1.** garde.

In safe custody, en dépôt. (Valeurs boursières) conservation. *International ~,* conservation internationale ; *local ~,* conservation nationale. **2.** emprisonnement, détention, incarcération. *To take someone into custody,* arrêter, mettre en état d'arrestation.

custom ['kʌstəm] *n.* **1.** *Jur.* : droit coutumier. **2.** clientèle.

custom-house ['kʌstəm-həus] *n.* douane (locaux).

custom-built *adj.* fait sur demande.

custom-made *adj.* fait sur commande, sur mesure.

customer ['kʌstəmə] *n.* client.

customer magazine, magazine promotionnel.

customer profile *n.* profil de la clientèle, profil du client.

customer relations, relations avec la clientèle.

customer relationship management, direction/gestion des relations avec la clientèle.

customer response, réaction de la clientèle.

customer service, service clients, service clientèle.

customization *n.* personnalisation.

customize *v.* personnaliser (un article, un produit), faire sur mesure.

customs *n.* douane. *Customs authorities,* autorité douanière. *Customs clearance,* dédouanement. *Customs duties,* droits de douane. *Customs agent, customs officer, customs official,* douanier. *Customs station,* poste de douane.

cut [kʌt] *n.* **1.** réduction diminution, coupure. *A cut in production,* une réduction de la production. *A cut in spending,* une compression des dépenses. *Electricity cuts,* coupures d'électricité, délestages. *To take a pay cut,* accepter (ou subir) une réduction de salaire. **2.** part. *Cut of the profits,* part des bénéfices. **3.** *Impr.* : cliché.

cut *v.* réduire, comprimer. *To cut prices,* réduire les prix. *To cut one's* *losses,* limiter ses pertes ; faire la part du feu, accepter ses pertes. *To cut deeply into the work force,* procéder à des coupes sombres (= coupes claires) parmi le personnel.

cutback ['kʌt,bæk] *n.* réduction. *There has been a cutback in credit,* il y a eu une réduction/restriction de crédit.

cut back *v.* réduire.

cutdown ['kʌtdaun] *n.* baisse, réduction. *A cutdown in production,* une baisse de production.

cut down *v.* réduire, restreindre. *To cut down on profit margins,* comprimer les marges bénéficiaires.

cut-in *n.* insert publicitaire.

cut off *v. Téléph. :* couper.

cut-off, cutoff *n.* cessation ; date limite. *Cutoff date,* date butoir. *Cutoff procedures,* (comptab.) procédures de séparation des exercices.

cut out *v.* éliminer. *To cut out waste,* éliminer le gaspillage.

cut-price *adj.* à prix réduit(s).

cut-rate *adj.* à prix réduit, qui pratique des prix réduits. *Cut-rate offers,* offres à prix réduit. *Cut-rate store,* magasin à prix réduits.

cut-throat ['kʌtθrəut] *adj.* acharné. *Cut-throat competition,* concurrence acharnée, concurrence féroce, sauvage, à couteaux tirés.

cutting ['kʌtiŋ] *n.* **1.** réduction. **2.** coupure de presse. **3.** *Ingén. :* tranchée, excavation.

cutting-edge technology, technologie de pointe.

cuttings *n.* copeaux (bois, métal).

cutting table, *n.* table de montage (ciné).

cybermarket *n.* cybermarché.

cybernetics [saibə'netiks] *n.* cybernétique.

cyberspace n., cyberespace.

cycle ['saikl] *n.* cycle (économique).

cyclical ['saiklikəl] *adj.* cyclique, conjoncturel. *Cyclical unemployment,* chômage conjoncturel. *The highly cyclical U.S. aerospace industry,* l'industrie aéronautique américaine particulièrement sensible à la conjoncture. *Cyclical peaks,* poussées, pointes, crêtes cycliques.

cypher ['saifə] *n.* chiffre, code secret.

cypher *v.* **1.** chiffrer, calculer. **2.** chiffrer, coder.

dabble ['dæbl] *v.* **1.** se mêler de. *To dabble on the Stock Exchange,* boursicoter. *To dabble in (at) law,* s'occuper un peu de droit. **2.** mouiller, humecter.

dabbler ['dæblə] *n.* boursicoteur.

daily ['deili] *n.* journal quotidien.

daily *adj.* quotidien.

daily *adv.* quotidiennement, tous les jours.

dairy ['deəri] *n.* laiterie. *Dairy produce,* produits laitiers. *Dairy products,* produits laitiers.

dairying ['deəriiŋ] *n.* industrie laitière.

dam [dæm] *n.* barrage ; digue ; retenue.

dam *v.* **1.** construire un barrage. **2.** endiguer.

damage ['dæmidʒ] *n.* **1.** avarie, dégât, dommage. *Damage survey,* expertise/analyse des dégâts. **2.** préjudice, tort. **3.** *Damages* (au pluriel), indemnité, dommages-intérêts. *To sue for damages,* poursuivre en dommages et intérêts. *To be liable for damages,* être civilement responsable.

damage *v.* **1.** avarier, endommager. **2.** léser, porter atteinte à.

damaged ['dæmidʒd] *adj.* abîmé, avarié, endommagé.

damages ['dæmidʒiz] *n.* dommages-intérêts, indemnité. *To claim damages,* réclamer des dommages-intérêts. *To sue for damages,* poursuivre quelqu'un en dommages-intérêts. *To be liable for damages,* être civilement responsable. *Compensatory damages,* réparation, dommages-intérêts compensatoires. *Consequential damages,* dommages-intérêts indirects, résultant de la violation du contrat, mais comprenant des dommages imprévisibles. *Incidental damages,* dommages-intérêts accessoires, frais commercialement raisonnables provenant de la violation du contrat.

General damages, dommages-intérêts prévus par la loi, sans référence à aucun caractère, condition ou circonstances particuliers. *Nominal damages,* réparation symbolique, dommages-intérêts symboliques, franc symbolique. *Punitive damages,* dommages-intérêts exemplaires. *Retributory damages,* dommages-intérêts pour préjudice moral. *Substantial damages,* dommages-intérêts pour préjudice réel. *Farthing damages,* « franc symbolique » de dommages-intérêts.

damp [dæmp] *n.* **1.** humidité, moiteur. **2.** froid, abattement.

damp *v.* (U.S.) to **damper.** **1.** abattre, affaiblir, rabattre, décourager. **2.** mouiller, humecter.

damp *adj.* humide, moite.

dampdown *v.* juguler.

dampen *v.* s'affaiblir, s'atténuer, se calmer. *To dampen sales,* réduire, diminuer, faire baisser les ventes. *To dampen pressure,* réduire la pression.

damper ['dæmpə] *n.* **1.** appareil ou mécanisme permettant de réduire, de modérer, d'amortir, d'étouffer. *To put a damper on,* étouffer, réduire, atténuer. **2.** (U.S. slang) tiroir-caisse.

damp-proof ['dæmp-pru:f] *adj.* imperméable, hydrofuge, à l'épreuve de l'humidité.

danger ['deindʒə] *n.* danger, péril. *To be in danger of…,* courir le risque de. *A danger to,* un danger pour.

dardanism *n.* dardanisme, dénaturation ou destruction de stocks (excédentaires).

dark horse [dɑːk hɔːs] *n.* candidat inattendu, mal connu du public, mais qui a des chances de l'emporter, outsider.

dash [dæʃ] *n.* **1.** tiret. **2.** *A dash* (A'), a prime. **3.** élan, ruée. **4.** choc. **5.** goutte, larme, trait (liquides).

dashboard *n.* tableau de bord.

data ['deitə] *n.* données, informations. *Data processing*, analyse des données, informatique. *Data sheet*, curriculum vitae. *Data handling capacity*, capacité de traitement. *Data bank*, banque de données. *Data base*, base de données.

date [deit] *n.* 1. date, millésime ; quantième. *To be up to date*, être au courant, à la page, à jour. *To be out of date*, dater, être démodé. *Interest to date*, intérêts à ce jour. *To date*, à ce jour, à la date d'aujourd'hui ; jusqu'à ce jour. *Date of a bill*, terme d'un billet. 2. (fam. U.S.) rendez-vous.

date *v.* 1. dater, composter. 2. dater de (from).

date back *v.* remonter à. *His debt dates back two years*, sa dette remonte à deux ans.

date forward *v.* postdater.

date-stamp *v.* composter.

dating ['deitiŋ] *n.* compostage.

day [dei] *n.* 1. jour. *To work by the day*, travailler à la journée. *Twice a day*, deux fois par jour. *This day week*, aujourd'hui en huit. *Every other day*, tous les deux jours. *Day-to-day loans*, prêts au jour le jour. 2. *Day of the month*, quantième du mois. *Day-off*, jour de sortie, dater, être démodé.

day-book ['deibuk] *n.* journal, sommier, brouillard.

day-care center/(G.B.) centre, garderie ; crèche.

day in court *n.* jour de l'audience.

day-light saving time ['deilait seiviŋ taim] (U.S.) heure d'été.

days after sight, jour de vue, à… jours de vue.

days of grace *n.* jours de grâce, délai de trois jours (pour paiement d'un effet) ; délai de trente jours (pour paiement des primes d'assurance sur la vie).

day ticket *n.* billet d'aller et retour, valable pour un jour.

day-to-day, au jour le jour. *On a day-to-day basis*, au jour le jour. *Day-to-day money*, argent au jour le jour.

day to day market, marché de l'argent au jour le jour.

day trader *n.* (Bourse) opérateur au jour le jour.

D-day ['di:dei] *n.* jour J.

dead [ded] *adj.* mort, inactif ; *Fam. :* fini, flambé ; tombé en désuétude. *Law that remains a dead letter*, loi qui reste lettre morte. *Dead hours*, heures creuses. *Dead letter*, lettre au rebut. *Dead loan*, emprunt irrecouvrable. *Dead lode*, filon épuisé. *Dead market*, marché mort, marché éteint. *Dead money*, argent qui dort. *Dead season*, morte saison.

dead beat [ded 'bi:t] *n.* (U.S.) mauvais payeur.

deadbeat *adj.* épuisé, exténué. ~ *company/corporation*, société/entreprise moribonde.

dead freight *n.* 1. dédit pour défaut de chargement (exigible lorsqu'un expéditeur ou un affréteur a réservé de la place sur un navire mais ne l'a pas occupée). 2. espace réservé pour du fret sur un navire mais non utilisé. 3. faux fret (destiné à remplir ou alourdir un navire). 4. fret lourd et non périssable.

dead-hand *n.* Jur. : mainmorte.

dead head ['dedhed] *n.* (U.S.) camion roulant à vide.

dead horse *n.* (U.S.) travail payé d'avance ; article invendable ; sujet ou problème qui a perdu de son intérêt, de son actualité.

deadline ['dedlain] *n.* date limite, date de forclusion, butoir. *Deadline for applications*, clôture des inscriptions. *To meet the deadline*, respecter les délais. *To extend a deadline*, prolonger un délai.

dead loan *n.* emprunt irrecouvrable.

deadlock ['dedlok] *n.* impasse, point mort. *To come to a deadlock*, aboutir à une impasse. *To break the deadlock*, sortir de l'impasse (négociations).

deadlocked *adj.* dans l'impasse.

dead lode *n.* filon épuisé.

dead loss *n.* perte sèche.

dead market *n.* marché mort.
dead money *n.* argent qui dort.
dead season *n.* morte saison.
dead stock *n.* fond de boutique, marchandises invendables, « rossignols ».
dead time *n.* temps mort.
dead-weight *n.* **1.** poids mort. **2.** chargement en lourd.
deadwood *n.* bois mort ; personnel en surnombre/inutile/à licencier.
deal [di:l] *n.* **1.** beaucoup, quantité (en général, *a good deal, a great deal*). **2.** la donne (aux cartes). **3.** *Com.* : affaire, marché, transaction, accord. *It's a deal,* marché conclu. *Big deals,* grosses affaires. *To give someone a fair deal,* agir loyalement envers quelqu'un. *To make a deal,* conclure un accord, conclure un marché, passer un accord.
deal *v.* distribuer, partager, répartir, attribuer.
deal in (to) *v.* faire le commerce de.
dealer ['di:lə] *n.* **1.** fournisseur, marchand, négociant ; concessionnaire, revendeur. *(Wholesale) dealer,* grossiste. **2.** (U.S.) boursier travaillant pour son compte.
dealership *n.* agence, concession.
dealing ['di:liŋ] *n.* **1.** distribution. **2.** commerce. **3.** conduite, procédé, manière d'agir. *Fair dealing,* loyauté.
dealings *n.* affaires, négociations, opérations, rapports, relations d'affaires. *Dealings for cash,* opérations au comptant. *Dealings for the account,* opérations à terme. *Double dealings,* procédés déloyaux en affaires. *Forward exchange dealings,* opérations de change à terme. *Square dealings,* procédés loyaux en affaires.
dealmaker *n.* intermédiaire permettant de conclure un accord, auteur d'un accord. (Utilisé notamment pour désigner les spécialistes des fusions et acquisitions et des restructurations industrielles).
deal with *v.* **1.** s'occuper de, trai-

ter de. **2.** commercer, négocier, traiter avec.
dean [di:n] *n.* doyen (chargé de l'administration d'une université).
dear [diə] *adj.* **1.** cher, coûteux. **2.** cher (au début d'une lettre : *Dear Sir,* correspond au français Monsieur ou Cher Monsieur).
dearth [də:θ] *n.* disette, pénurie, dénuement.
death [deθ] *n.* décès, mort. *Death rate,* taux de mortalité. *Death penalty,* peine de mort.
death duties, droits de succession.
debar [di'ba:] *v.* exclure, interdire, refuser, priver quelqu'un de quelque chose. *To debar someone from doing something,* interdire à quelqu'un de faire quelque chose.
debark [di'ba:k] *v.* débarquer *(from,* de).
debase [di'beis] *v.* **1.** rabaisser, dégrader. **2.** altérer (monnaie). **3.** déprécier (monnaie).
debasement [di'beismənt] *n.* **1.** dégradation. **2.** altération, dépréciation. *Debasement of currency,* dépréciation de la monnaie.
debate [di'beit] *v.* débattre, discuter.
debater [di'beitə] *n.* orateur, spécialiste des débats publics.
debenture [di'bentʃə] *n.* obligation (généralement sans garantie par opposition à *bond* : obligation avec garantie ; cette différence tend à s'atténuer dans l'usage moderne, surtout en américain). *Mortgage debenture,* obligation hypothécaire (c'est-à-dire garantie par une hypothèque). *Convertible debenture,* obligation convertible en action.
debenture-bond *n.* obligation non garantie par un actif, non gagée.
debenture-capital *n.* capital obligation.
debenture-holder *n.* obligataire.
debenture-stock *n.* **1.** titre obligataire. **2.** (U.S.) actions de priorité. **3.** (G.B.) obligations non garanties.
debit ['debit] *n.* débit, doit.

debit *v.* **1.** débiter (un compte). **2.** porter au débit de quelqu'un. *To debit someone with a sum,* porter une somme au débit de.

debit account *n.* compte débiteur.

debit balance *n.* solde débiteur. *His account is showing a debit balance,* son compte est déficitaire.

debit note *n.* bordereau de débit.

debt [det] *n.* **1.** dette, endettement. *Debt capacity,* limite d'endettement. *Debt financing* a) remboursement des emprunts b) financement par emprunt bancaire ou par émission d'obligations. **2.** créance. *Bad debt,* créance douteuse. *Debts (due by the trader),* dette (passive). *Debts (due to the trader),* créance, dette active. *To be in debt,* être endetté. *To be out of debt,* n'avoir plus de dettes. *Secured debt,* dette garantie. *Consolidated debt,* dette consolidée.

debt and equity funding, financement par émission d'obligations et d'actions.

debt capacity, *n.* capacité, limite d'endettement.

debt collection, recouvrement de créances.

debt collector *n.* agent de recouvrement.

debt deferral *n.* moratoire.

debt-equity ratio, ratio d'endettement (d'une entreprise).

debt-equity swap, échange d'obligations contre des actions.

debt forgiveness, abandon d'une créance.

debt-laden, lourdement endetté.

debtor ['detə] *n.* débiteur. *Debtor account,* compte débiteur. *Debtor country,* pays débiteur, nation débitrice.

debt ratio *n.* coefficient d'endettement, ratio de solvabilité.

debt-ridden, grevé de dettes.

debt relief *n.* allègement des dettes.

debt rescheduling *n.* consolidation d'une dette ; rééchelonnement d'une dette.

debt securities *n.* nantissement d'une dette.

debt service, debt servicing *n.* service d'une dette, de la dette.

debt-trading, achat et vente de créances, négociation de créances.

debt swap, échange de créances.

debug *v.* **1.** *Inform. :* mettre au point. **2.** débarrasser de micros « espions ».

decade ['dekeid] *n.* décennie.

decasualization [di,kæʒjuəlai'zeiʃən] *n.* régularisation (du travail), élimination du travail temporaire.

decay [di'kei] *n.* **1.** déclin (fortune), délabrement (bâtiment, etc.). *Urban ~,* dégradation de l'environnement urbain. **2.** corruption, altération.

decay *v.* tomber en décadence (commerce, etc.), décliner, se délabrer, s'altérer, s'avarier.

deceased [di'si:st] *adj.* et *n.* décédé. *Son of Peter Maxwell deceased,* fils de feu P. Maxwell. *Deceased estate,* succession.

deceased *n.* défunt(e).

deceit [di'si:t] *n.* tromperie, vol, fraude.

deceive [di'si:v] *v.* tromper, décevoir, induire en erreur. *We have been deceived in him,* nous nous sommes trompés sur son compte.

decelerate [di:'seləreit] *v.* **1.** ralentir (un service). **2.** ralentir, modérer (son allure).

deceleration ['di:,selə'reiʃn] *n.* ralentissement, freinage.

decennial [di'senjəl] *adj.* décennal.

decentralization [di:,sentrəlai'zeiʃən] *n.* décentralisation.

decentralize [,di:'sentrəlaiz] *v.* décentraliser ; se décentraliser.

deception [di'sepʃən] *n.* **1.** tromperie, fraude. *Theft by deception,* (vol par) abus de confiance. **2.** erreur.

deceptive [di'septiv] *adj.* trompeur, décevant, mensonger. *~ advertising,* publicité mensongère.

decide [di'said] *v.* **1.** décider,

statuer sur, décider de, à, se décider à. **2.** *To decide on something,* se décider à quelque chose, arrêter un plan, une méthode.

decile *n.* décile, tranche de dix pour cent.

decipher [di'saifə] *v.* décoder, déchiffrer, décrypter, transcrire.

decision [di'siʒən] *n.* **1.** décision, vote, délibération. *To reach a decision,* arriver/parvenir à une décision. **2.** résolution, arrêt, jugement.

decision maker *n.* décideur.

decision making *n.* prise de décision.

decision making process, processus, méthode (de prise) de décision.

decision tree *n.* arbre décisionnel, arbre de décision.

decisive [di'saisiv] *adj.* **1.** décisif, concluant. **2.** décidé, net.

deck [dek] *n.* pont de navire.

deck-cargo [dek'-ka:gəu] *n.* pontée (cargaison entreposée sur le pont).

deckload, chargement sur le pont (d'un navire).

declaration [,deklə'reiʃən] *n.* déclaration. *Declaration of the poll,* proclamation des résultats (d'un scrutin).

declaratory [di'klærətəri] *adj.* déclaratoire, qui clarifie. *Declaratory judgement,* jugement déclaratoire. *Declaratory statute,* loi interprétative.

declare [di'kleə] *v.* déclarer. *To declare bankrupt, bankruptcy,* déposer son bilan. *To declare a dividend,* déclarer un dividende. *To declare for, against something,* se prononcer pour, contre quelque chose.

declassification [di:klæsifi'keiʃən] *n.* levée du secret (à propos d'un document, d'une nouvelle).

declassify [di:'klæsifai] *v.* lever le secret (sur un document), autoriser la mise en circulation (d'un document jusqu'ici secret).

decline [di'klain] *n.* déclin.

Aff. : baisse, ralentissement.

decline *v.* **1.** refuser, décliner (invitation). **2.** baisser, être en baisse, diminuer, décliner.

decode [di:'kəud] *v.* déchiffrer, décoder (message).

decoder *n.* décodeur.

decommission *v.* mettre hors service ; mettre au rencart, cesser d'exploiter ; retirer de la circulation. *The decommissioning of old natinal currencies,* le retrait/la démonétisation des anciennes monnaies nationales.

decontrol [di:kən'trəul] *v.* libérer (le prix), lever (mesures de contrôle), détaxer.

decrease ['di:kri:s] *n.* diminution. *Decrease in value,* moins-value, décroissance, raréfaction.

decrease [di:'kri:s] *v.* **1.** baisser, décroître, aller en diminuant. **2.** diminuer, amoindrir, réduire.

decree [di'kri:] *n.* **1.** décret, arrêté. *To issue a decree,* promulguer un décret. **2.** décision, jugement, ordonnance. *Decree in bankruptcy,* jugement déclaratif de faillite.

decree *v.* décréter, arrêter, ordonner.

decumulation [di:,kju:mju'leiʃən] *n.* contraction (des stocks).

dedicate ['dedikeit] *v.* **1.** dédier. **2.** (U.S.) inaugurer.

dedicated ['dedikeitid] *adj.* dévoué, fidèle, consacré (à), motivé, consciencieux ; dédié.

deduce [di'dju:s] *v.* déduire, conclure, inférer.

deduct [di'dʌkt] *v.* déduire, retrancher, compter en moins.

deductible [di'dʌktibl] *n.* (U.S.) franchise (d'assurance).

deductible [di'dʌktibl] *adj.* déductible *(from,* de).

deduction [di'dʌkʃən] *n.* **1.** déduction *(from a quantity),* retenue, prélèvement *(of a sum).* **2.** déduction, raisonnement déductif.

deductive [di'dʌktiv] *adj.* déductif(ve).

deed [di:d] *n.* **1.** action, acte,

fait. *We need deeds not words,* nous avons besoin d'actes, non de paroles. *In deed, not in name,* en fait, pas en titre. **2.** acte (notarié), contrat. *To draw up a deed,* rédiger un acte. *Deed of partnership,* contrat d'association, acte de société. *Deed of transfer* acte de cession. *Private deed,* acte sous seing privé.

deed *v.* (U.S.) transférer par un acte.

deejay ['di:'ʒei] *n.* voir **disk-jockey.**

deem [di:m] *v.* estimer.

deep [di:p] *adj.* **1.** profond. **2.** grave. **3.** (réduction, etc.) sévère.

deep-freeze(r) [‚di:p'-fri:z] *n.* congélateur.

deepfreeze *v.* congeler, surgeler ; mettre en réserve.

deepen ['di:pən] *v.* **1.** approfondir, augmenter ; aggraver. **2.** s'approfondir, s'aggraver, s'accentuer. *The recession deepens,* la récession s'aggrave.

deep-pocketed *adj.* riche, qui dispose de réserves financières.

deep waters (to be in), être en mauvaise posture, dans une situation difficile.

de facto [di: fæktəu] *loc. lat.* *Jur. :* de facto, de fait.

defalcate ['di:fælkeit] *v.* détourner des fonds.

defalcation [di:fæl'keiʃən] *n.* **1.** détournement (de fonds). **2.** deficit.

defalcator ['di:fælkeitə] *n.* détourneur de fonds, concussionnaire (fonds publics).

defamation [‚defə'meiʃən] *n.* diffamation.

defamatory [di'fæmətəri] *adj.* diffamatoire, diffamant, infamant.

defame [di'feim] *v.* diffamer.

defamer [di'feimə] *n.* diffamateur.

default [di'fɔ:lt] *v.* **1.** ne pas faire face à, ne pas honorer (ses engagements), manquer, faillir à. *To default on a payment,* ne pas payer, ne pas honorer un paiement/versement, ne pas faire faceà un paiement/versement ; être en cessation de paiement. **2.** ne pas comparaître, ne pas se présenter (devant un tribunal). **3.** condamner par défaut.

default *n.* **1.** défaut, défaillance, manquement (à une obligation), négligence ; non-paiement, défaut depaiement, cessation de paiement. **2.** *Bourse :* déconfiture. **3.** *Jur. :* non-comparution, contumace. *Judgment by default,* jugement par défaut.

defaulter [di'fɔ:ltə] *n.* **1.** délinquant. **2.** défaillant, contumace. **3.** débiteur défaillant, personne qui n'honore pas ses dettes, mauvais payeur ; failli. **4.** auteur de détournement de fonds, concussionnaire.

defeasance [di'fi:zəns] *n.* **1.** annulation, abrogation (d'un droit). **2.** (finance) défaisance.

defeat [di'fi:t] *v.* **1.** vaincre, battre. **2.** mettre en minorité (gouvernement), mettre en échec.

defect ['di:fekt] *n.* défaut, imperfection, vice. *Defect in form,* vice de forme. *Conspicuous defect,* vice apparent.

defective [di'fektiv] *adj.* défectueux, imparfait, en mauvais état.

defence, (U.S.) **defense** [di'fens] *n.* **1.** défense, protection. *Civil defence,* protection civile. **2.** *Jur. :* défense. *Counsel for the defence,* avocat de la défense. *Witness for the defence,* témoin à décharge.

defend [di'fend] *v.* **1.** défendre, protéger *(from, against).* **2.** défendre (un accusé). **3.** écarter un danger. *God defend !* que Dieu nous en préserve.

defendant [di'fendənt] *n.* **1.** défendeur (-eresse) -au civil. **2.** accusé -au pénal. **3.** intimé - en appel.

defender [di'fendə] *n.* **1.** défenseur. **2.** défendant.

defer [di'fə:] *v.* **1.** ajourner, différer, remettre. **2.** déférer, se soumettre à, s'incliner devant. *To defer to someone's will,* se soumettre à la volonté de quelqu'un.

deferential [ˌdefərenʃl] *adj.* de déférence. *Deferential vote*, vote de déférence.

deferment [di'fə:rmənt] *n.* ajournement, remise, sursis. *Deferment of draft*, sursis d'incorporation.

deferment factor *n.* facteur d'escompte.

deferral = **deferment.**

deferred [di'fə:d] *adj.* différé, ajourné. *Deferred, annuity*, rente différée. *Deferred income*, produit(s) constaté(s) d'avance. *Deferred interest*, intérêts moratoriés. *Deferred payments*, paiement par versements échelonnés, paiements différés ; crédit fournisseur. *Deferred pay*, rappel de traitement. *Deferred stocks*, actions différées.

deficiency [di'fiʃənsi] *n.* **1.** insuffisance, manque, défaut. **2.** déficit, découvert. *To make up a deficiency*, combler un déficit.

deficiency appropriation *n.* rallonge budgétaire. *Deficiency bills*, avances provisoires.

deficiency payment *n.* subvention, montant compensatoire, paiement différentiel.

deficient [di'fiʃənt] *adj.* défectueux, insuffisant, déficient.

deficit ['defisit] *n.* déficit, découvert. *Our budget shows a deficit*, notre budget est déficitaire. *Cash deficit*, deficit de trésorerie. *Deficit-cutting package/measures*, mesures visant à réduire le déficit, mesures anti-déficit, *Overall financial deficit*, impasse budgétaire. *To make up the deficit*, combler le déficit. *To run into deficit, to run a deficit*, avoir un déficit, faire du déficit.

deficit spending, relance par le déficit budgétaire.

definite ['definit] *adj.* défini, déterminé. *Definite needs*, besoins précis. *Definite order*, commande ferme.

deflate [di'fleit] *v.* **1.** dégonfler, se dégonfler. **2.** amener la déflation de la monnaie, diminuer la circulation du papier-monnaie.

deflation [di'fleiʃən] *n.* **1.** cre-vaison, dégonflement. **2.** déflation (contraction de la masse monétaire et/ou du crédit entraînant une baisse générale des prix).

deflationary [di'fleiʃənəri] *adj.* de déflation. *Deflationary pressures*, pressions déflationnistes. *Deflationary policy*, politique de déflation.

deflationist [di'fleiʃənist] *n.* partisan de la déflation, déflationniste.

deflator [di'fleitə] *n.* déflateur ; coefficient d'actualisation permettant de mesurer les phénomènes économiques en termes réels, après neutralisation des effets de l'inflation ; indice d'ajustement.

deforce [di'fɔ:s] *v.* usurper *(something from, someone of)*.

defraud [di'frɔ:d] *v.* **1.** *Fisc. :* frauder. **2.** escroquer quelque chose à quelqu'un *(someone of something)*.

defrauder [di'frɔ:də] *n.* fraudeur.

defray [di'frei] *v.* défrayer. *To defray the cost of something*, couvrir les frais de quelque chose.

defrayable [di'freiəbl] *adj.* à la charge (de, *by*). *Expenses defrayable out of...*, frais imputables à...

defrayal [di'freiəl] *n.* remboursement (des frais), défraiement.

defuse [di:'fju:z] *v.* désamorcer (une bombe, un incident). *To defuse an issue*, dépassionner une question.

degree [di'gri:] *n.* **1.** degré, rang. *To some degree*, jusqu'à un certain point. *Third degree* (U.S.), « passage à tabac ». **2.** grade universitaire, diplôme. *Conferring of degrees*, collation de grades.

degression [di'greʃən] *n.* **1.** dégression. **2.** diminution progressive (du rapport de l'impôt sur le revenu).

degressive [di'gresiv] *adj.* dégressif.

deindustrialization *n.* désindustrialisation.

deindustrialize v. désindustriali-ser ; se désindustrialiser.

de jure [di: dʒuəri] *loc. lat.* en droit.

delay [di'lei] *n.* délai, retard, sursis, atermoiements. *Without further delay,* sans plus tarder. *Excusable delay,* retard justifié.

delay v. ajourner, différer, remettre, retarder.

delayed action [di'leid] à retardement (action).

del credere [del kredəri] *adj.* et *n.* ducroire. *Del credere agent,* agent (commissionnaire), ducroire (responsable, en général en contre-partie d'une augmentation de sa commission, des dettes de ses clients envers la personne ou l'entreprise qu'il représente).

dele ['di:li:] *n. Typogr. :* deleatur (signe indiquant la suppression en typographie).

delegate ['deligət] *n.* délégué.

delegate ['deligeit] v. déléguer.

delegation [,deli'geiʃən] *n.* délégation, nomination, désignation. *Delegation of power,* délégation de pouvoir.

delete [di'li:t] v. biffer, effacer, raturer, rayer (mot). « *Delete* », « à supprimer ».

deletion [di'li:ʃən] *n.* 1. annulation, rature, suppression. 2. passage supprimé.

deliberate [di'libərət] *adj.* 1. délibéré, prémédité, voulu. 2. avisé, circonspect, réfléchi.

deliberate [di'libəreit] v. délibérer (*on, over,* de, sur).

deliberately [di'libərətli] *adv.* de propos délibéré, à dessein, exprès.

deliberateness [di'libərətnis] *n.* 1. intention (marquée). 2. mesure (sage lenteur).

deliberation [di,libə'reiʃən] *n.* 1. délibération, débat. *After due deliberation,* après mûre réflexion. 2. circonspection, mesure.

deliberative [di'libərətiv] *adj.* délibératif.

delicatessen store [,delikə'tesnstɔ:] *n.* (U.S.) magasin de charcuterie ; traiteur ; restaurant.

delict ['di:likt] *n.* délit.

delinquency *n.* 1. délinquance. 2. défaillance, manquement à une obligation. *Mortgage delinquency,* non-remboursement de prêt hypothécaire.

delinquent [di'liŋkwənt] *adj.* et *n.* contrevenant, délinquant. *Delinquent account,* compte à découvert. *Delinquent debtor,* débiteur défaillant. *Delinquent loan,* prêt non-recouvrable, prêt irrécouvrable. *Delinquent taxes* (U.S.), impôts non payés.

delist v. retirer une société de la cote officielle.

deliver [di'livə] v. 1. délivrer (*someone from something,* quelqu'un de quelque chose). 2. livrer, délivrer, distribuer, remettre (lettres, marchandises), signifier (un acte). *Delivered free,* livraison franco. *Goods delivered at any address,* livraison à domicile. *To deliver a speech,* faire un discours. 3. tenir ses promesses, honorer sa parole ; (projet etc.) donner les résultats escomptés.

deliverable [di'livərəbl] *adj.* livrable.

deliveree [di,livə'ri:] *n.* destinataire d'une livraison, personne à qui une livraison, un colis, une lettre, etc., est remis.

deliverer [di'livərə] *n.* 1. distributeur, livreur. 2. sauveur.

deliver jobs (to), créer des emplois.

delivery [di'livəri] *n.* 1. livraison, distribution (courrier). *Cash on delivery,* envoi contre remboursement, paiement à la livraison. *Charge for delivery,* frais de port. *General Delivery* (U.S.), Poste Restante. *Delivery at frontier,* rendu frontière. *Free delivery,* livraison franco. *Late delivery,* retard de livraison. *Notice of delivery,* accusé de réception. *Payment on delivery,* livraison contre remboursement. 2. signification. *Delivery of a writ,* signification d'une assignation.

delivery-book *n.* carnet de livraison.

delivery date *n.* date de livraison. *To keep, to meet the delivery date,* respecter la date de livraison.

delivery deadline *n.* date limite de livraison.

delivery-man (-boy, -girl) *n.* livreur, livreuse.

delivery note *n.* bulletin de livraison.

delivery order *n.* bon de livraison.

delivery schedule *n.* dates de livraison, programme de livraisons.

delivery terms *n.* conditions de livraison.

delivery time-limit, date de livraison. *Delivery time-limits,* délais de livraison.

delivery-van *n.* fourgonnette de livraison.

demand [di'ma:nd] *n.* **1.** demande, exigence, réclamation. *Labour demands,* revendications des travailleurs. **2.** la demande. *Supply and demand,* l'offre et la demande. **3.** sur demande, à vue. *Payable on demand,* payable sur demande, à vue. *Demand deposit,* dépôt à vue. *Demand bill,* traite à vue. *Demand money,* argent au jour le jour, crédit à très court terme, à vue.

demand *v.* demander, exiger, réclamer *(something of, from, someone).*

demand-pull inflation, inflation par (l'augmentation de) la demande.

demandant [di'ma:ndənt] *n.* *Jur. :* demandeur, -eresse ; plaignant.

demand assessment, évaluation de la demande.

demand forecasting, prévision de la demande.

demand shift, déplacement de la demande.

demander [di'ma:ndə] *n.* **1.** acheteur, preneur. **2.** voir **demandant.**

demarcation [,di:ma:'keiʃən] *n.* démarcation, délimitation, séparation. *Demarcation dispute,* conflit portant sur les compétences réci-proques, la détermination des fonctions, les domaines de compétence, les secteurs de responsabilité, les zones d'influence.

demerge *v.* refilialiser ; séparer, détacher (d'un conglomérat, d'un groupe).

demerger *n.* refilialisation ; éclatement, scission (d'un conglomérat, d'une fusion) par division en sous-unités ou sous-groupes.

demi-john ['demidʒɔn] *n.* bonbonne, dame-jeanne.

demisable [di'maizəbl] *adj.* **1.** affermable. **2.** cessible, transmissible.

demise [di'maiz] *n.* **1.** cession, transmission, transfert de titre. **2.** *Pub. : demise of product,* disparition, mort d'un produit.

demise *v.* **1.** céder, léguer, transmettre. **2.** céder à bail, affermer.

demise charter-party *n.* type d'affrètement à temps, le propriétaire louant le navire pour une très longue durée pendant laquelle le locataire en devient le maître.

demit [di'mit] *v.* démissionner. *To demit office,* se démettre de ses fonctions.

Democratic Party [,demə'kræ tik'pa:ti] (U.S.) Parti Démocrate.

demographer [di:'mɔgrəfə] *n.* démographe.

demographic *adj.* démographique. *Demographic sample survey,* étude démographique par sondage.

demography [di:'mɔgrəfi] *n.* démographie.

demonetization [di:,mʌnitai' zeiʃən] *n.* démonétisation.

demonetize [,di:'mʌnitaiz] *v.* démonétiser.

demonstrate ['demənstreit] *v.* **1.** démontrer, décrire (un système, un appareil), faire la démonstration (d'un appareil à vendre). **2.** manifester, prendre part à une manifestation. **3.** faire preuve de, montrer, manifester, prouver.

demonstration [,demən'strei ʃən] *n.* **1.** démonstration. *Demonstration flight,* vol de démonstration.

Demonstration plants, usines pilotes. **2.** manifestation.

demonstrator ['demənstreitə] *n.* **1.** démonstrateur. **2.** manifestant.

demote [di:'məut] *v.* **1.** réduire à un grade/une fonction inférieur(e), rétrograder. **2.** destituer, limoger.

demotion [di:'məuʃn] *n.* **1.** rétrogradation, réduction à un grade/une fonction inférieur(e). **2.** destitution, limogeage.

demur [di'mə:] *v.* soulever des objections.

demurrage [di'mʌridʒ] *n.* **1.** surestarie(s) (dépassement du temps prévu pour le chargement et le déchargement d'un navire ; somme à payer pour ce dépassement). **2.** magasinage (droits de).

demurrer [di'mʌrə] *n.* **1.** *Jur.* : fin de non-recevoir, exception péremptoire, contestation présentée par l'accusé.

denationalization ['di:,næʃnəlai'zeiʃən] *n.* dénationalisation.

denationalize [,di:'næʃnəlaiz] *v.* **1.** dénationaliser. **2.** aliéner du domaine public.

denial [di'naiəl] *n.* **1.** déni, refus. *~ of justice,* déni de justice. **2.** démenti, dénégation. *Formal denial,* démenti formel.

denigratory advertising, publicité qui dénigre un produit concurrent (ce qui est interdit).

denim ['denim] *n.* étoffe croisée de coton, toile de « jeans » (U.S.) (origine : du français « de Nîmes »).

denominate [di'nɔmineit] *v.* dénommer, libeller. *Dollar denominated,* exprimé en dollars.

denomination [di,nɔmi'neiʃən] *n.* **1.** dénomination. **2.** sens monétaire : coupure. **3.** unité (poids, mesure, etc.). *The smallest denomination we have is…,* la plus petite unité que nous ayons est…

denounce [di'nauns] *v.* **1.** dénoncer, déférer *(to the authorities :* à la justice). **2.** s'élever contre, faire le procès, condamner.

density ['densiti] *n.* **1.** densité

(corps, gaz). **2.** densité (population). **3.** densité, opacité, intensité de noircissement (cliché photos).

dent [dent] *n.* marque de coup, bossellement, creux (accrochage auto). *To make a dent in one's fortune,* faire une brèche à sa fortune.

dent *v.* entamer.

denunciation [di,nʌnsi'eiʃən] *n.* **1.** dénonciation, délation. **2.** condamnation.

deny [di'nai] *v.* **1.** démentir, nier, repousser, se défendre. *To deny a statement,* opposer un démenti à une déclaration. **2.** *To deny something to someone,* refuser quelque chose à quelqu'un. *I am denied a right,* on me refuse un droit. **3.** *To deny oneself,* se priver de quelque chose.

deodorant [di:'əudərənt] *n.* déodorant, désodorisant.

depart [di'pa:t] *v.* **1.** sen aller, partir, quitter. *To depart from a rule,* se départir dune règle.

department [di'pa:tmənt] *n.* **1.** rayon, service, comptoir. *The different departments,* les différents bureaux. *The heads of department,* les chefs de service. *Legal department,* service contentieux. **2.** Ministère (U.S.). *Department of Commerce,* ministère du Commerce. *Department of Labor,* ministère du Travail. *Department of the Treasury,* ministère des Finances.

departmental [di:pa:t'ment] *adj.* **1.** départemental. **2.** ministériel. *Departmental committee,* commission ministérielle. *Non departmental minister,* ministre sans portefeuille.

department store [di'pa:tmənt] *n.* grand magasin.

department supervisor (U.S.) *n.* chef de rayon.

departure [di'pa:tʃə] *n.* **1.** départ. *A new departure,* nouvelle orientation, nouvelle tendance, nouveauté. **2.** écart ; déviation ; dérogation *(from,* à).

depauperate [di:'pɔ:pəreit] *v.* appauvrir.

depauperize [,di:pɔ:pəraiz] *v.* appauvrir.

depauperisation *n.* paupérisation, appauvrissement.

depend [di'pend] *v.* 1. dépendre. 2. *To depend on*, dépendre de. 3. *To depend on, upon (someone, something)*, compter sur, se reposer sur (quelqu'un, quelque chose).

dependability *n.* fiabilité.

dependable [di'pendəbl] *adj.* fiable, digne de confiance, d'une sécurité complète (machine). *He is very dependable*, on peut tout à fait compter sur lui. *Dependable news*, nouvelle non sujette à caution.

dependant [di'pendənt] *n.* personne à charge.

dependent [di'pendənt] *adj.* dépendant (*on*, de), tributaire (*upon*, de). *To be dependent on someone*, vivre aux frais de, être à charge de.

dependent *n.* voir **dependant**.

deplete [di'pli:t] *v.* épuiser (provision, ressources) ; démunir.

depletable *adj.* non-renouvelable (ressources).

depletion [di'pli:ʃən] *n.* épuisement (des ressources).

depletion reserve *n.* provision pour reconstitution de gisement (P.R.G.).

deploy *v.* déployer ; (missiles) installer.

deployment *n.* déploiement ; (missiles) installation.

deponent [di'pəunənt] *n.* déposant (témoin).

depopulate [,di:'pɔpjuleit] *v.* 1. dépeupler. 2. se dépeupler.

depopulation [di:,pɔpju'leiʃən] *n.* dépeuplement, dépopulation.

deportation [,di:pɔ:'teiʃən] *n.* 1. expulsion. 2. déportation.

deposit [di'pɔzit] *n.* 1. dépôt. *Deposit at short notice*, dépôt à court terme. *Fixed deposit*, dépôt à terme. 2. arrhes, cautionnement, provision, (Bourse) dépôt. *To make (to leave, to pay) a deposit*, verser des arrhes. 3. gisement.

deposit *v.* 1. déposer. *To deposit money with someone*, déposer de l'argent chez quelqu'un. 2. verser une provision, des arrhes. *To deposit $200*, laisser 200 dollars comme arrhes, comme provision.

Deposit and Consignment Office, Caisse des Dépôts et Consignations.

deposit account *n.* (D.A.) compte de dépôt.

depositary [di'pɔzitəri] *n.* dépositaire, consignataire, séquestre. *Depositary bank*, banque de dépôt, banque dépositaire. *Depositary receipt*, certificat de dépôt.

deposit book *n.* livret (nominatif).

deposit receipt *n.* 1. récépissé de dépôt. 2. bon de caisse. 3. reçu de consignation.

deposit slip, bordereau de versement.

depositor [di'pɔzitə] *n. Banque :* déposant.

depositor's book *n.* livret d'épargne.

depository [di'pɔzitəri] *n.* 1. dépôt, entrepôt. 2. voir **depositary**.

depot ['depəu] *n.* 1. dépôt, entrepôt. 2. (U.S.) gare (marchandise, triage).

depreciable *adj.* dépréciable.

depreciate [di'pri:ʃieit] *v.* 1. déprécier, dévaloriser, rabaisser, amortir. 2. se déprécier, diminuer de valeur, baisser. 3. amortir, calculer l'amortissement. *To depreciate on a straight line basis*, pratiquer l'amortissement linéaire.

depreciation [di,pri:ʃi'eiʃən] *n.* 1. dépréciation, dévalorisation, moins-value. 2. amortissement. *Depreciation charge*, dotation aux amortissements.

depress [di'press] *v.* 1. appuyer sur une touche, un bouton. 2. abaisser, diminuer. 3. abattre, faire baisser, déprimer.

depressant *n.* facteur de dépression.

depressed [di'prest] *adj.* 1. triste, abattu. 2. déprimé, languissant (marché). *Depressed area,* zone en difficulté. *Depressed currency,* monnaie dépréciée.

depression [di'preʃən] *n.* **1.** abaissement, baisse, dépression. **2.** crise, marasme, stagnation, dépression. **3.** *the Great Depression (U.S.),* la crise économique de 1929.

deprive [di'praiv] *v.* priver (de).

depth [depθ] *n.* profondeur, fond. *In depth,* en profondeur. *Indepth study,* étude approfondie.

depth interview *n.* entretien en profondeur (enquête), enquête psychologique.

depth interviewing, entretien en profondeur, technique de l'entretien en profondeur.

depth prober *n.* spécialiste (psychologue) dans la recherche de motivation.

depth psychology *n.* psychologie des profondeurs.

deputation [depju'teiʃən] *n.* députation, délégation.

deputize ['depjutaiz] *v.* **1.** remplacer, faire l'intérim de quelqu'un. **2.** nommer un remplaçant, se faire remplacer par quelqu'un.

deputy ['depjuti] *n.* adjoint, assistant ; fondé de pouvoir ; suppléant.

deputy chairman *n.* vice-président.

deputy judge *n.* juge suppléant.

deputy mayor *n.* maire adjoint.

deputy governor *n.* vice-gouverneur, sous-gouverneur.

derail *v.* **1.** dérailler. **2.** faire dérailler. **3.** (projet) faire échouer, faire avorter. *To ~ talks,* faire avorter des négociations.

derate [,di:'reit] *v.* dégrever (industrie).

deregister [di'redʒistə] *v.* radier (d'un groupe, etc.), rayer (d'un registre).

deregistration [di,redʒi'streiʃən] *n.* radiation.

deregulate [di:'regjuleit] *v.* libérer (prix, loyers, etc.), déréglementer.

deregulation [di:regju'leiʃən] *n.* libération, déréglementation.

derelict ['derilikt] *n.* épave, objet abandonné.

dereliction [,deri'likʃən] *n.* abandon, délaissement ; manquement. *~ of duty,* manquement au devoir, négligence dans le service ; abandon de poste.

derivatives [di'rivətiv] *n.* (fin.) produits dérivés.

derivative suit, procès fait par une ou plusieurs personne(s) à un tiers au nom de la société dont elle(s) est/sont actionnaire(s).

derive [di'raiv] *v.* **1.** *To derive something from something,* tirer... de quelque chose, devoir... à, tenir... de. **2.** dériver, tirer son origine de, émaner, provenir.

derived demand [di'raivd] *n.* demande dérivée, demande induite.

derogate ['derəugeit] *v.* **1.** déprécier, diminuer, amoindrir. **2.** déroger (*from,* à).

derogation [derəu'geiʃən] *n.* dérogation.

derogatory [di'rɔgətəri] *adj.* **1.** dérogatoire. **2.** indigne de, qui déprécie. **3.** désobligeant.

desalinization *n.* dessalement, dessalage.

desalinize *v.* dessaler.

descend [di'send] *v.* **1.** descendre, tomber ; s'abattre sur. **2.** descendre de, venir de (famille), tirer son origine de.

descent [di'sent] *n.* **1.** descendance, lignage. **2.** transmission de biens.

description [di'skripʃən] *n.* **1.** description, signalement. **2.** profession, qualité (du postulant, sur passeport). **3.** désignation (marchandises).

descriptive [di'skriptiv] *adj.* descriptif. *Descriptive catalogue,* catalogue descriptif ; catalogue raisonné.

desequilibrium *n.* déséquilibre.

desert ['dəzət] *n.* désert.

desert *adj.* désertique ; désert.

desert [di'zə:t] *n.* mérite.

desert *v.* déserter, abandonner.

desertion *n.* désertion ; abandon.

deserve [di'zə:v] *v.* mériter, être digne de.

design [di'zain] *v.* **1.** dessiner. **2.** concevoir, imaginer ; projeter. **3.** destiner.

design *n.* **1.** dessin, étude, projet, avant-projet. **2.** modèle. *The latest design,* le dernier modèle. *Industrial design,* esthétique industrielle. **3.** conception ; intention, projet, dessein ; (pub.) stylique.

designation [,dezig'neiʃən] *n.* **1.** désignation, nomination. **2.** dénomination.

design department *n.* bureau d'études, service conception, service création.

design engineering *n.* étude de conception.

designer [di'zainə] *n.* **1.** dessinateur, créateur, couturier, esthéticien industriel, graphiste. *Designer brand,* griffe (du fabricant). *Designer goods,* produits griffés. **2.** auteur, inventeur (projet).

design lead time *n.* délai de conception.

design studio *n.* studio de création.

designing [di'zainiŋ] *n.* création, dessin, étude. *Designing department,* service études.

designate ['dezigneit] *v.* **1.** désigner, nommer *(someone to an office,* quelqu'un à une fonction). **2.** nommer, appeler. *Designated by the name of,* désigné sous le nom de.

desire [di'zaiə] *n.* tendance(s), désir, besoin, souhait.

desist [di'zist] *v.* **1.** cesser *(from doing something,* de faire quelque chose). **2.** *To desist from something,* renoncer à quelque chose. *To cease and desist,* abandonner une pratique, renoncer à une pratique, s'engager à ne plus pratiquer, mettre fin à une pratique.

desk [desk] *n.* **1.** pupitre, bureau (meuble). **2.** réception. *Information ~,* accueil/information(s)/renseignements. (U.S.) secrétariat de la rédaction, bureau de presse, salle des dépêches. **3.** caisse ; guichet. **4.** console (studio son).

desk clerk *n.* réceptionniste, employé(e) à la réception (hôtel).

desk-pad *n.* sous-main, bloc-notes.

desk research *n.* recherche documentaire (souvent par opposition à l'étude sur le terrain).

desk study *n.* étude/recherche sur documents.

desk-top computer, ordinateur de bureau, micro-ordinateur.

desk-top publishing, micro-édition.

desk work *n.* travail de rédaction.

despatch [di'spætʃ] *v.* (voir **dispatch**).

destabilize [di'steibilaiz] *v.* déstabiliser.

destination [,desti'neiʃən] *n.* destination.

destitute ['destitju:t] *adj.* **1.** indigent. *The destitute,* les pauvres, les indigents. **2.** dépourvu, dénué.

destitution [,desti'tju:ʃən] *n.* dénuement, indigence.

detach [di'tætʃ] *v.* détacher, séparer *(from,* de), décoller (un timbre, etc).

detachable [di'tætʃəbl] *adj.* détachable, amovible, mobile.

detail ['di:teil] *n.* **1.** détail, particularité, précision. **2.** (armée, etc.) personne ou groupe sélectionné pour une tâche particulière, détachement. **3.** *details,* coordonnées (personnelles).

detail [di'teil] *v.* **1.** détailler, raconter en détail. *To detail the facts,* énumérer les faits. **2.** (armée, etc.) affecter une personne ou un groupe à une tâche particulière.

detailed [di'teild] *adj.* détaillé, circonstancié (récit). *Detailed work,* travail très fouillé.

detain [di'tein] *v.* **1.** *Police :* détenir (suspect, etc). **2.** retarder, retenir.

detainee [di:tei'ni:] *n.* détenu, détenue.

detainer [di'teinə] *n.* **1.** détention (illégale d'un objet). **2.** incarcération. *Writ of detainer,* mandat de dépôt prolongateur de détention.

detect [di'tekt] *v.* **1.** découvrir, surprendre. *To detect someone in the act,* prendre quelqu'un en flagrant délit. **2.** apercevoir, entrevoir. **3.** *To detect a leakage,* localiser, détecter, chercher une fuite...

detective [di'tektiv] *n.* inspecteur de police, agent de la sûreté, policier. *Private detective,* détective (privé).

detector [di'tektə] *n.* détecteur. *Lie-detector,* détecteur de mensonges.

detention [di'tenʃən] *n.* détention.

deter [di'tə:] *v.* détourner, décourager, dissuader, empêcher (*from,* de).

deteriorate [di'tiəriəreit] *v.* **1.** altérer, avarier, détériorer, déprécier. **2.** s'altérer, savarier, se détériorer, perdre de sa valeur.

deterioration [di,tiəriə'reiʃən] *n.* altération, détérioration, dégradation, dépréciation. *Deterioration of the rate of exchange,* fléchissement du taux de change.

determinable [di'tə:minəbl] *adj.* **1.** déterminable. **2.** *Jur. :* résoluble (contrat).

determination [di,tə:mi'neiʃən] *n.* **1.** détermination, délimitation. **2.** résolution. *To come to a determination,* se décider. **3.** *Jur. :* décision, arrêt ; résolution, résiliation (contrat).

determination clause, clause résolutoire.

determine [di'tə:min] *v.* **1.** déterminer, fixer (date, condition). **2.** décider, résoudre. **3.** *Jur. :* résoudre, résilier (*lease :* bail, etc.).

deterrent [di'terənt] *adj.* préventif (effet), dissuasif.

deterrent *n.* moyen de dissuasion, préventif. *The nuclear deterrent,* la force de dissuasion (nucléaire).

deterrent fee *n.* ticket modérateur.

detour [di'tuə] *n.* détour, déviation.

detour ['deituə] *v.* détourner, dévier.

detrain [di:'trein] *v.* (U.S.) descendre dun train ; décharger d'un train.

detriment ['detrimənt] *n.* détriment, dommage, préjudice. *To the detriment of...,* au détriment, au préjudice de. *Without detriment to...,* sans préjudice de...

detrimental [detri'ment] *adj.* préjudiciable, nuisible.

detrimental clause *n.* clause restrictive.

detruck *n.* (U.S.) descendre d'un camion ; décharger dun camion.

deuce [dju:s] *n.* (U.S.) billet de deux dollars.

deunionization n. désyndicalisation.

devalorization [di:vælorai'zeiʃən] *n.* dévalorisation.

devalorize [di:'vælora:iz] *v.* dévaloriser.

devaluate [di:'væljueit] *v.* dévaluer.

devaluation [,di:vælju'eiʃən] *n.* dévaluation.

devalue [,di:'vælju:] *v.* **devaluate.**

devastate ['devəsteit] *v.* dévaster, ravager.

devastation [,devə'steiʃən] *n.* **1.** dévastation. **2.** *Jur. :* dilapidation (d'une succession).

develop [di'veləp] *v.* **1.** développer, exploiter, mettre en valeur, mettre au point, (U.S.) mettre à jour, révéler. **2.** se développer, se révéler. *It developed to-day,* on apprend aujourd'hui.

developed country [di'veləpt] *n.* pays développé.

developer [di'veləpə] *n.* promoteur.

developing country [di'veləpiŋ] *n.* pays en voie de développement.

development [di'veləpmənt] *n.* **1.** développement, exploitation, mise en valeur, mise au point. *Development area,* région à développer, à urbaniser. **2.** évolution, progrès, essor, déroulement.

development planning = corporate planning, processus de planification et de programmation à long terme, plan de développement à long terme.

deviate ['di:vieit] *n.* **1.** ce qui s'écarte de la norme. **2.** (personne) déviant, pervers, anormal, marginal.

deviate *v.* dévier, s'écarter, s'éloigner (*from*, de).

deviation [,di:vi'eiʃən] *n.* **1.** anomalie, déviation, écart, dérogation (*from*, de). *Deviation from par*, écart par rapport à la parité. *Standard ~*, écart type. **2.** déroutement.

device [di'vais] *n.* **1.** expédient, moyen, stratagème. **2.** dispositif, appareil, invention, mécanisme.

devise [di'vaiz] *n. Jur. :* **1.** dispositions testamentaires de biens immobiliers. **2.** legs (immobilier).

devise *v.* **1.** combiner, inventer, imaginer, concevoir. **2.** *Jur. :* disposer par testament (de biens immobiliers), léguer (des biens immobiliers).

devisee [,divai'zi:] *n.* légataire.

devisor [di'vaizɔ:] *n.* testateur.

devolution [,di:və'lu:ʃən] *n.* dévolution. *Devolution of property*, dévolution de bien. Dans le contexte britannique, le mot prend souvent le sens de : délégation de pouvoir aux régions, régionalisation, décentralisation.

devote [di'vəut] *v.* consacrer, affecter (une somme à), accorder (du temps). *Area devoted to industry*, zone consacrée à l'industrie.

devotion [di'vəuʃən] *n.* **1.** dévotion (à). **2.** dévouement, assiduité.

diagram ['daiəgræm] *n.* diagramme, tracé, schéma, graphique.

diagram *v.* représenter schématiquement ; représenter par un diagramme.

dial ['daiəl] *n.* cadran.

dial *v.* composer un numéro (sur un cadran).

dial a number *v.* faire/composer/appeler un numéro.

dialling tone ['daiəliŋ] *n.* tonalité (du téléphone).

diameter [dai'æmitə] *n.* diamètre. *Internal diameter*, calibre, alésage.

diamond ['daiəmənd] *n.* **1.** diamant. **2.** losange, carreau (carte).

diary ['daiəri] *n.* **1.** journal (personnel). **2.** agenda. **3.** carnet d'échéances.

dicey *adj.* (*fam.*) risqué.

dicker ['dikə] *v.* marchander.

dictate ['dikteit] *n.* diktat, ordre, commandement.

dictate [dik'teit] *v.* dicter (lettre, conditions). *To dictate a line of action*, prescrire une ligne de conduite.

dictating machine, machine à dicter.

dictation [dik'teiʃən] *n.* dictée.

diehard ['dai,ha:d] *n. Polit. :* ultra-conservateur, « jusqu'au-boutiste », réactionnaire.

diesel oil, gasoil.

diet ['daiət] *n.* **1.** alimentation, nourriture. **2.** régime. *To put someone on a diet*, mettre quelqu'un au régime.

differ ['difər] *v.* **1.** différer, être différent (*from*, de). **2.** *To differ in opinion*, être en désaccord.

difference ['difrəns] *n.* **1.** différence, écart. **2.** désaccord, différend.

differential [difə'renʃl] *n.* écart, marge, différentiel. *Wage differential*, écart des salaires (notamment entre ouvriers qualifiés et non-qualifiés dans la même industrie).

differential *adj.* différentiel, modulé. *Differential growth*, croissance différentielle.

differentiate [difə'renʃieit] *v.* **1.** différencier, faire la différence, distinguer. **2.** rendre distinct, différencier.

differentiation [,difərenʃi'eiʃən] *n.* différenciation.

digest ['daidʒest] *hn.* abrégé, condensé.

dig [dig] *v.* **1.** creuser. **2.** *Fam. :* aimer, apprécier.

digit ['didʒitl] *n.* chiffre de O à 9. *A two-digit inflation*, inflation à deux chiffres (c'est-à-dire égale ou supérieure à 10 %).

digital [didʒitl] *adj.* numérique.

digital rights, droits de propriété / d'auteur sur produits numériques.

digitization *n.* numérisation.

digitize *v.* numériser.

dilapidated [di'læpideitid] *adj.* délabré, en mauvais état.

dilatory ['dilətəri] *adj.* dilatoire.

diligence *n.* diligence, soins attentifs, efforts assidus, zèle ; assiduité.

dilute [dai'lju:t] *v.* diluer.

dilution *n.* dilution. *Dilution of capital*, dilution du capital.

dim *adj.* faible, vague, incertain, imprécis ; sombre.

dim *v.* baisser, décliner ; réduire, affaiblir.

dime [daim] *n.* (U.S.) dime (1/10 de dollar = *10 cents*).

dimension [di'menʃən] *n.* dimension.

dimension *v.* 1. déterminer, calculer les dimensions. 2. coter.

diminish [di'miniʃ] *v.* 1. diminuer, réduire, atténuer. 2. s'atténuer, décroître, subir une diminution. *Business has diminished*, les affaires ont baissé.

diminution [dimi'nju:ʃən] *n.* diminution, réduction, abaissement. *Diminution of taxes*, dégrèvement d'impôts.

dining-car ['dainiŋ-ka:] *n.* wagon-restaurant.

dip [dip] *n.* 1. plongée, immersion, tirant d'eau. 2. dépression, creux, pente. 3. baisse.

dip *v.* 1. plonger, tremper. 2. immerger. 3. baisser subitement, s'infléchir. *Shares dipped to…*, les actions se sont infléchies à… 4. puiser. *To dip into one's capital*, puiser dans son capital.

direct [di'rekt], [dai'rekt] *v.* 1. *Aff. :* conduire, diriger, mener, gérer, administrer. 2. *To direct someone to,* indiquer… à quelqu'un. 3. ordonner. *As directed*, selon les instructions. 4. adresser (lettre) (*to someone*, à quelqu'un).

direct *adj.* direct(e). *Direct deposit* (U.S.), virement automatique d'un salaire du compte de l'employeur au compte de l'employé. *Direct taxations*, contributions directes. *Jur. : Direct evidence*, preuve directe.

direct *adv.* directement ; sans intermédiaire ; tout droit. *To dispatch goods direct to*, expédier des marchandises directement à. *To sell direct to*, vendre directement à.

direct advertising *n.* publicité directe.

direct banking, banque directe.

direct costing *n.* approche par les coûts directs.

direction [di'rekʃən] *n.* 1. direction, administration (société, etc.). 2. direction, sens. 3. *Plur. :* directions, instructions, prescriptions.

directions for use, mode d'emploi ; consignes d'utilisation.

directly [di'rektli] *adv.* 1. directement, tout droit. 2. complètement, nettement, clairement. 3. tout de suite.

direct mail advertising *n.* publicité postale, publipostage, « mailing ».

direct marketing, marketing direct.

director [di'rektə], [dai'rektər] *n.* 1. directeur. 2. administrateur (de société). *Board of Directors*, conseil d'administration. *Directors fees*, jetons de présence des administrateurs. *Directors'percentage of profits*, tantième des administrateurs. 3. metteur en scène.

directorate [direktərət] *n.* conseil d'administration, directorat ; direction, administration.

directory [di'rektəri] *n.* 1. annuaire, répertoire d'adresses. 2. (U.S.) Conseil d'administration.

direct sales, ventes directes.

dirigible *n.* dirigeable.

dirt [də:t] *n.* **1.** saleté. **2.** boue. **3.** terre, terre battue.

dirt-cheap, *adv.* très bon marché, pour presque rien.

dirty money, argent sale.

disability [disə'biləti] *n.* incapacité (juridique ou physique), empêchement, invalidité. *Disability coverage,* assurance contre l'invalidité.

disability clause, clause d'assurance-vie qui prévoit que la police restera en vigueur sans paiement de primes si l'assuré devient invalide (prévoit parfois aussi un versement mensuel à l'assuré pendant la durée de son invalidité).

disable [dis'eibl] *v.* rendre incapable, mettre hors d'état de faire quelque chose, rendre inefficace, mettre hors de service, (pers.) rendre invalide.

disabled [dis'eibld] *adj.* (matériel, etc.) mis hors de service, réformé ; (personne) invalide ; (navire) avarié, hors de service.

disablement [dis'eiblmənt] *n.* invalidité, incapacité de travail. *Degree of disablement,* coefficient d'invalidité. *Temporary disablement,* incapacité temporaire. *Disablement pension,* pension d'invalidité.

disadvantage [disəd'va:ntidʒ] *n.* désavantage, inconvénient. *To sell at a disadvantage,* vendre à perte.

disadvantage *v.* désavantager.

disaffiliate [disə'filieit] *v.* désaffilier.

disaffiliation [disəfili'ei∫ən] *n.* désaffiliation.

disaffirm [disə'fə:rm] *v. Jur. :* annuler, rapporter, casser (jugement), dénoncer (contrat).

disaffirmation [disəfər'mei∫ən] *n. Jur. :* annulation, cassation.

disagree [disə'gri:] *v.* **1.** être en désaccord, n'être pas d'accord (*with someone,* avec quelqu'un). **2.** ne pas convenir à…

disagreement [disə'gri:mənt] *n.* **1.** désaccord, différend. **2.**

brouille, querelle. **3.** différence, contradiction.

disallow [disə'lau] *v.* **1.** ne pas reconnaître (réclamation, etc). *Jur. :* rejeter (un témoignage). **2.** ne pas permettre, interdire.

disallowance [disə'lauəns] *n.* refus de reconnaître la validité, le bien-fondé ; rejet d'une réclamation. *Jur. : Disallowance of costs,* rejet des frais.

disappearance [disə'piərəns] *n.* disparition, destruction (navire).

disappoint [disə'pɔint] *v.* décevoir.

disapproval [disə'pru:vl] *n.* désapprobation.

disapprove [disə'pru:v] *v.* désapprouver.

disarmament [dis'a:məmənt] *n.* désarmement.

disarray [disə'rei] désordre ; désarroi.

disaster [di'za:stə] *n.* désastre, sinistre. *Disaster area,* zone sinistrée. *Natural disaster,* catastrophe naturelle.

disband [dis'bænd] *v.* licencier, congédier. *The commission was disbanded,* la commission s'est séparée, a été supprimée.

disbar [dis'ba:] *v.* radier un avocat.

disbarment *n.* radiation du barreau/del'ordre des avocats.

disburse [dis'bə:s] *v.* débourser.

disbursement [dis'bə:smənt] *n.* déboursement. *Disbursements,* frais ; débours. *Disbursement account,* compte de frais.

disc [disk] *n.* disque. *Inform. : Disc storage unit,* unité de mémoire à disque.

discard [di'ska:d] *v.* **1.** mettre de côté, laisser de côté, écarter, renoncer à. **2.** mettre au rebut. **3.** renvoyer, congédier.

discern [di'sə:n] *v.* discerner, faire preuve de jugement, de discernement.

discharge [dis't∫a:dʒ] *n.* **1.** déchargement, décharge, déversement. **2.** renvoi, congé, libération.

3. *Jur.* : mise en liberté ; élargissement, relaxe. **4.** accomplissement. *In the discharge of his duties,* dans l'exercice de ses fonctions. **5.** payement, quittance. *In full discharge,* pour acquit. *Final discharge,* quitus. **6.** (pollution, etc.) émission, déversement, décharge.

discharge [dis'tʃɑːdʒ] *v.* **1.** décharger, débarquer. **2.** congédier, renvoyer, licencier. *To discharge a commission,* dessaisir une commission. **3.** libérer, élargir, mettre en liberté. **4.** accomplir, remplir, s'acquitter de. *To discharge one's duties,* accomplir ses fonctions. *To discharge a debt,* s'acquitter d'une dette. **5.** décharger, acquitter, dégager, libérer, délier, relever. *To discharge someone of an obligation,* décharger quelqu'un d'une obligation. **6.** (pollution, etc.), émettre ; déverser.

dischargeable [dis'tʃɑːdʒəbl] *adj.* **1.** réformable (soldat). **2.** réhabilitable (failli). **3.** acquittable, payable (dette).

discharged bankrupt, failli réhabilité.

discipline ['disiplin] *v.* **1.** discipliner. **2.** (syndicats, etc.) prendre des mesures disciplinaires à l'égard des membres, prendre des sanctions, forcer à respecter les règlements ou décisions officielles.

disciplinary board ['disiplinəri] *n.* conseil de discipline.

disc jockey (D.J.) ['disk ˌdʒɔki] ['diːˈdʒei] animateur, présentateur, meneur de jeu (radio).

disclaim [dis'kleim] *v.* **1.** se désister, renoncer à un droit. **2.** désavouer ; décliner. *To disclaim all responsibility,* décliner toute responsabilité. **3.** rejeter, renier.

disclaimer [dis'kleimə] *n.* **1.** renonciation à un droit, désistement. **2.** dénégation, démenti. *Disclaimer of responsibility,* déni, dénégation de responsabilité. *To send a disclaimer to the press,* adresser un démenti à la presse.

disclose [dis'kləuz] *v.* **1.** découvrir, laisser voir, révéler. **2.** divulguer.

disclosure [dis'kləuʒə] *n.* **1.** mise à découvert, révélation. **2.** divulgation.

disconnect [ˌdiskə'nekt] *v.* débrancher, couper, interrompre.

discontent [diskən'tent] *n.* mécontentement.

discontented [ˌdiskən'tentid] *adj.* mécontent (*with,* de), peu satisfait de, aigri. *To work discontented,* travailler en rechignant.

discontent with *adj.* mécontent de.

discontinuance [diskən'tinju əns] *n.* **1.** cessation, renoncement, désabonnement. **2.** *Jur.* : abandon (procès).

discontinuation *n.* interruption, arrêt.

discontinue [diskən'tinjuː] *v.* **1.** cesser, mettre fin à, finir. *To discontinue a line of product,* cesser la fabrication d'une ligne de produits. *To discontinue a magazine,* se désabonner à un magazine. *To discontinue a subscription,* cesser de souscrire. **2.** prendre fin.

discount ['diskaunt] *n.* **1.** réduction, escompte, rabais, remise, ristourne. *Cash discount,* escompte de caisse (pour paiement au comptant). *Discount broker,* courtier d'escompte. *Discount for quantities,* réduction sur la quantité, remise pour commande importante. *Trade discount,* remise commerciale, remise sur facture (consentie aux professionnels). **2.** escompte. *Discount rate,* taux d'escompte. **3.** *Bourse* : *Discount (from par),* décote.

discount ['diskaunt] *v.* **1.** ne pas tenir compte de. **2.** escompter. *To discount a bill,* escompter un effet. **3.** accorder une remise. **4.** actualiser. *Discounting rate,* taux d'inflation (dans un calcul d'actualisation).

discount (to be at a) *v.* être en baisse, être en perte ; (action) être au-dessous du pair. *To sell at a dis-*

count, vendre à perte.

discountable *adj.* escomptable.

discounted cash flow rate method, méthode de l'indice de rentabilité interne.

discounted for inflation, corrigé de l'inflation, en monnaie constante.

discounter ['diskauntə] *n.* **1.** soldeur ; magasin minimarge. **2.** escompteur.

discount house *n.* **1.** (G.B.) banque d'escompte. **2.** magasin minimarge.

discounting factor, facteur d'escompte.

discount rate, taux d'escompte ; taux (national) de l'escompte, du réescompte.

discount store, magasin minimarge.

discovery [di'skʌvəri] *n.* **1.** découverte. **2.** communication. *Jur. : To give discovery of documents,* communiquer des documents.

discredit [dis'kredit] *n.* **1.** doute. **2.** discrédit.

discredit *v.* discréditer.

discrepancy [di'skrepənsi] *n.* désaccord, opposition, écart, contradiction. *Discrepancy report,* bordereau des litiges.

discrepant [di'skrepənt] *adj.* différent, en contradiction, en désaccord. *Discrepant accounts,* récits contradictoires ; comptes divergents.

discretion [di'skreʃən] *n.* **1.** discrétion. *To have full discretion,* avoir toute latitude. *At your discretion,* comme vous voudrez. **2.** sagesse, jugement.

discretionary [di'skreʃənəri] *adj.* discrétionnaire, délibéré, volontaire. *Discretionary income,* revenu disponible. *Discretionary purchases,* achats non-essentiels. *Discretionary time,* temps de loisir.

discriminate [di'skrimineit] *v.* **1.** distinguer (*from,* de). **2.** établir une distinction, faire la différence. *To be discriminated against,* être victime d'une discrimination.

discrimination [di,skrimi'neiʃən] *n.* **1.** discrimination. **2.** discernement. **3.** jugement. **4.** distinction.

discriminatory [di'skriminətəri] *adj.* **1.** distinctif. **2.** capable de juger, judicieux. **3.** discriminatoire.

discuss [di'skʌs] *v.* discuter, débattre, agiter (question).

discussion [di'skʌʃən] *n.* discussion, délibération. *To come up for discussion,* venir à l'ordre du jour.

disease [di'ziːz] *n.* maladie, affection.

diseconomy *n.* déséconomie (prise en compte des conséquences négatives du développement industriel dans les calculs d'investissement).

disembark [disim'baːk] *v.* débarquer.

disencumber [disin'kʌmbə] *v.* **1.** débarrasser, désencombrer. **2.** dégrever, déshypothéquer (propriété), purger l'hypothèque.

disequilibrium [disekwi'libriəm] *n.* déséquilibre.

disfranchise [dis'fræntʃaiz] *v.* priver du droit électoral, du droit de représentation.

disfranchisement [dis'fræntʃizmənt] *n.* privation du droit de vote.

disgruntled *adj.* mécontent.

dishonest [dis'ɔnist] *adj.* malhonnête, déloyal ; indélicat.

dishonesty [dis'ɔnisti] *n.* malhonnêteté, improbité, mauvaise foi.

dishonour [dis'ɔnə] *n.* **1.** déshonneur. **2.** non-paiement d'un chèque, non acceptation (dun effet).

dishonour *v.* **1.** déshonorer. **2.** ne pas honorer, ne pas accepter (*a bill,* une traite, un effet). *Dishonoured cheque,* chèque impayé.

disincentive *n.* frein, incitation à moins faire, moyen de dissuasion.

disinflation [disin'fleiʃən] *n.* désinflation.

disinflationary *adj.* désinflationniste.

disintegrate [dis'intigreit] *v.* **1.** désintégrer, désagréger. **2.** se désintégrer, se désagréger.

disintegration [dis,inti'grei ʃən] *n.* désagrégation, désintégration.

disinterested [dis'intrəstid] *adj.* désintéressé, non intéressé.

disintermediation, *n.* désintermédiation.

disinvest *v.* désinvestir.

disinvestment *n.* désinvestissement.

disk (U.S.) [disk] *n.* disque. *Calling disk,* disque d'appel (service automatique).

dislocate ['disləukeit] *v.* disloquer ; désorganiser, bouleverser.

dislocation *n.* dislocation ; désorganisation, bouleversement.

dismantle [dis'mæntl] *v.* **1.** dégarnir, dépouiller. **2.** démanteler, désarmer (navire), démonter (machine).

dismember [dis'membə] *v.* démembrer, amputer.

dismemberment *n.* démembrement.

dismiss [dis'mis] *v.* **1.** licencier, congédier, mettre à la porte ; révoquer, destituer. **2.** dissoudre (assemblée). **3.** rejeter (une demande). *To dismiss a charge,* rendre un non-lieu ; écarter, éloigner, ne pas tenir compte de, refuser de considérer.

dismissal [dis'misl] *n.* **1.** licenciement, congédiement, renvoi, révocation. **2.** rejet (d'une demande) ; refus de prendre en compte, fin de non recevoir, refus de considérer, fait d'écarter. **3.** *Jur. :* acquittement.

disobey [disə'bei] *v.* désobéir, enfreindre (ordre).

disobliging [disə'blaidʒin] *adj.* désobligeant.

disorder [dis'ɔːdə] *n.* désordre, infraction, délit, trouble.

disorderly [dis'ɔːdəli] *adj.* désordonné, turbulent, déréglé. *Disorderly conduct,* atteinte à l'ordre public, atteinte aux mœurs.

disorganization [disɔːgənai' zeiʃən] *n.* désorganisation.

disorganize [dis'ɔːgənaiz] *v.* désorganiser.

disown [dis'əun] *v.* désavouer, renier.

disparage [di'spæridʒ] *v.* déprécier, dénigrer, discréditer.

disparity [di'spæriti] *n.* inégalité, disparité, différence.

dispatch [di'spætʃ] *n.* **1.** expédition, envoi. *Dispatch note,* bordereau d'expédition. **2.** expédition (des affaires) ; diligence. *With all possible dispatch,* en toute diligence. **3.** dépêche (télégraphique, diplomatique).

dispatch *v.* dépêcher (courrier), expédier, envoyer, faire partir.

dispatcher [di'spætʃə] *n.* expéditeur.

dispensation *n.* **1.** distribution, dispensation. **2.** dispense.

dispense [di'spens] *v.* **1.** exécuter, administrer. **2.** exempter (*from,* de).

dispense with *v.* se passer de.

displace [dis'pleis] *v.* **1.** déplacer. **2.** destituer, remplacer, évincer.

displacement [dis'pleismənt] *n.* **1.** déplacement, déclassement (d'actions). **2.** remplacement.

display [di'splei] *n.* exposition ; exhibition ; étalage ; présentation. *Display of goods,* présentation d'une marchandise. *End-of line display,* tête de gondole. *On display,* exposé, visible. *Inform. :* visualisation, affichage.

display *v.* **1.** étaler, exposer, exhiber, montrer, présenter. **2.** faire preuve de. **3.** faire étalage de.

display stand *n.* présentoir.

disposable [di'spəuzəbl] *adj.* **1.** disponible, dont on peut disposer. ~ *income,* revenu disponible. **2.** à jeter (après usage). *Disposable container,* emballage à jeter, perdu.

disposable income *n.* revenu (individuel) disponible (après paiement des impôts directs, et donc utilisé pour la consommation et l'épargne).

disposal [di'spəuzəl] *n.* **1.** action de disposer, disposition, résolution. *At someone's disposal,* à la disposition de. **2.** dispensation, vente, cession. *For disposal,* à vendre. *Disposal value,* valeur de cession. 3. destruction, évacuation, élimination. *Waste disposal,* élimination des déchets.

dispose [di'spəuz] *v.* 1. disposer, arranger, aménager. 2. *To dispose of,* se défaire de, se débarrasser, écarter, régler (question), écouler. *To dispose of an article,* écouler, placer un article. *To dispose of the agenda,* épuiser l'ordre du jour.

dispossess [dispə'zes] *v.* déposséder, exproprier. *Jur. :* dessaisir.

dispossession [dispə'zeʃən] *n.* dépossession. *Jur. :* dessaisissement, expropriation.

disproportion [disprə'pɔ:ʃən] *n.* disproportion.

disproportionate [disprə'pɔ:ʃnət] *adj.* disproportionné.

disprove [dis'pru:v] *v.* réfuter, démontrer la fausseté de.

dispute [di'spju:t] *n.* 1. conflit, différend, litige. *Industrial dispute,* conflit du travail. 2. contestation, discussion. *Without dispute,* sans conteste.

dispute *v.* 1. débattre, se disputer, se quereller. 2. discuter, controverser.

disqualification [diskwɔlifi'keiʃən] *n.* 1. incapacité, inaptitude. 2. cause d'incapacité. 3. mise en état d'incapacité, disqualification ; exclusion (d'un concours), élimination (d'un candidat qui ne remplit pas les conditions) ; déchéance (d'un admi- nistrateur).

disqualify [dis'kwɔlifai] *v.* 1. rendre incapable ; rendre inapte. 2. *Jur. :* frapper d'incapacité. 3. interdire, exclure, retirer un titre, un droit, un privilège ; disqualifier.

disregard [disri'ga:d] *n.* 1. indifférence, dédain, insouciance, négligence. 2. désobéissance, non-respect, inobservation.

disregard *v.* faire peu de cas de, ne tenir aucun compte de, faire abstraction de, ignorer (volontairement), passer outre, enfreindre.

disrepair [disri'pɛə] *n.* délabrement, mauvais état.

disrepute [disri'pju:t] *n.* discrédit, déshonneur, déconsidération. *To bring someone into disrepute,* discréditer quelqu'un.

disrupt [dis'rʌpt] *v.* 1. perturber ; interrompre ; gêner ; désorganiser. *To disrupt a meeting,* perturber, interrompre une réunion. 2. rompre, briser. 3. démembrer, faire crouler.

disruption [dis'rʌpʃən] *n.* rupture, perturbation.

disruptive [dis'rʌptiv] *adj.* perturbateur.

dissatisfaction [dis,sætis'fækʃən] *n.* mécontentement.

dissatisfied [dis'sætisfaid] *adj.* mécontent.

dissemble [di'sembl] *v.* dissimuler, cacher, passer sous silence.

disseminate [di'semineit] *v.* disséminer, propager, répandre.

dissemination [disemi'neiʃən] *n.* dissémination, propagation.

dissent [di'sent] *n.* 1. désaccord, dissentiment, avis contraire. 2. dissidence. 3. contestation (sociale).

dissent *v.* 1. différer (*from,* de), être en désaccord. 2. être dissident. 3. contester (un système social, etc.).

dissenter [di'sentə] *n.* 1. personne qui est en désaccord, qui exprime son désaccord. 2. dissident. 3. contestataire.

dissenting opinion *n.* opinion contraire (d'un juge en désaccord avec une majorité ; peut être le point de départ d'une annulation).

dissimilar [di'similə] *adj.* dissemblable, différent (*to,* de).

dissimilarity [disimi'lærəti] *n.* dissemblance, dissimilarité, dissimilitude.

dissimulation [di,simju'leiʃən] *n.* dissimulation.

dissolution [disə'lu:ʃən] *n.* 1. dissolution (assemblée, mariage). 2. annulation.

distance [distəns] *n.* **1.** distance, éloignement. **2.** trajet. **3.** intervalle.

distance *v.* **1.** éloigner, reculer. **2.** distancer, dépasser.

distance learning, enseignement à distance, apprentissage à distance ; télé-enseignement.

distant contract (U.S.) contrat à terme éloigné.

distort [di'stɔ:t] *v.* **1.** tordre, déformer, distordre, dévier, altérer, fausser. *Trade-distorting practices,* pratiques qui faussent la concurrence. **2.** se déformer, se fausser.

distortion [di'stɔ:ʃən] *n.* distorsion, altération, déformation.

distrain [di'strein] *v.* saisir. *To distrain upon someone,* contraindre par saisie de biens.

distrainable [di'streinəbl] *adj. Jur. :* saisissable.

distrainer [di'streinə] *n. Jur. :* saisissant.

distraint [di'streint] *n.* saisie-exécution. *Distraint of property,* mainmise sur les biens.

distrainee [distrei'ni:] *n. Jur. :* débiteur-saisi.

distress [di'stres] *n.* **1.** détresse, angoisse, embarras. *Distress area,* zone sinistrée. **2.** *Jur. :* saisie, exécution. *Distress warrant,* mandat de saisie. *To levy a distress,* opérer une saisie.

distress *v.* **1.** affliger, angoisser, peiner. **2.** *Jur. :* saisir.

distributable [di'stribjutəbl] *adj.* distribuable, partageable.

distribute [di'stribju:t] *v.* distribuer, partager, répartir.

distribution [distri'bju:ʃən] *n.* distribution, répartition. *Distribution network,* réseau de distribution.

distributive [di'stribjutiv] *adj.* distributif(-ive).

distributor [di'stribjutə] *n.* distributeur, concessionnaire.

distributor's brand, marque d'enseigne / du distributeur.

district ['distrikt] *n.* circonscription (administrative, électorale),

district, secteur, région, contrée.

district ['distrikt] *v.* diviser en districts.

district court *n.* tribunal d'instance, de district.

District of Columbia (D.C.) « District » fédéral où se trouve Washington, la capitale des États-Unis.

distrust [dis'trʌst] *v.* se méfier de, ne pas faire confiance à.

disturb [dis'tə:b] *v.* déranger, troubler, agiter, remuer. *Jur. :* inquiéter (dans la jouissance d'un droit). *To disturb the peace,* troubler l'ordre public.

disturbance [dis'tə:bəns] *n.* **1.** trouble, dérangement, perturbation, soulèvement, troubles. **2.** *Jur. :* trouble de jouissance. *Disturbance allowance,* allocation pour trouble de jouissance. **3.** *Disturbance of the peace,* trouble de l'ordre public.

disuse [dis'ju:s] *n.* **1.** désuétude. **2.** abandon.

disuse [dis'ju:z] *v.* cesser de se servir, cesser d'employer.

disused [dis'ju:zd] *adj.* hors d'usage, désaffecté ; désuet.

dive [daiv] *n.* plongeon. *To take a dive,* faire un plongeon ; (cours, etc.) s'effondrer.

dive *v.* plonger ; s'effondrer.

diverge [dai'və:dʒ] *v.* diverger, s'écarter (*from,* de), quitter ; faire diverger.

divergence [dai'və:dʒəns] *n.* divergence.

divergent [dai'və:dʒənt] *adj.* divergent.

diverse [dai'və:s] *adj.* divers, différent, varié.

diversification [dai,və:sifi'kei ʃən] *n.* diversification.

diversify [dai'və:sifai] *v.* diversifier, varier.

diversion [dai'və:ʃən] *n.* détour, dérivation, détournement, déviation.

diversity [dai'və:səti] *n.* diversité.

divert [dai'və:t] *v.* **1.** détourner, dériver. **2.** divertir, amuser.

divest [dai'vest] *v.* retirer, débarrasser (*of*, de), priver, déposséder. *To divest oneself of a right,* renoncer à un droit. *To divest oneself of an asset,* se désaisir, se défaire d'un actif.

divestment *n.* voir **divestiture**.

divestiture [dai'vestitʃə] *n.* **1.** dessaisissement, dépossession. **2.** cession d'actifs, vente d'actifs.

divide [di'vaid] *v.* **1.** diviser, partager, répartir (*profits,* bénéfices). **2.** se diviser. **3.** *Parlement G.B. :* aller aux voix, passer au vote.

dividend ['dividend] *n.* dividende. *Final dividend,* solde de dividende. *Dividend income, dividend yield,* dividende, rendement d'une action.

dividend-warrant *n.* chèque dividende, coupon d'arrérages.

divisibility [divizi'biliti] *n.* divisibilité.

divisible [di'vizibl] *adj.* divisible, partageable, répartissable.

division [di'viʒən] *n.* **1.** division, partage, répartition. *Division of labour,* division du travail. **2.** *Parlement G.B. :* vote. *Without a division,* sans scrutin. *Division vote,* vote par assis-levé. **3.** *Parliamentary division,* circonscription électorale.

divisional [di'viʒənəl] *adj.* divisionnaire.

divisor [di'vaizə] *n.* diviseur.

divorce [di'vɔːs] *n.* divorce. *To seek a divorce,* demander le divorce. *To start divorce proceedings,* intenter une action en divorce.

divorce *v.* divorcer ; séparer.

divvy ['divi] *n.* (U.S.) *Fam. :* part, portion.

divvy out *v.* diviser, partager.

divvy up, diviser, partager.

Dixie ['diksi] appellation populaire du Sud des États-Unis ; chant national des Sudistes pendant la Guerre de Sécession.

do [duː] *v.* faire ; agir. *What do you do ?* Quelle est votre profes-sion ? *To do a sum,* faire une addition, un calcul. *How do you do ?* enchanté (de vous connaître) ! *That will do,* cela va, cela fera l'affaire.

do away with *v.* abolir, abandonner, se défaire de, éliminer, proscrire.

do business *v.* faire des affaires (*with,* avec).

dock [dɔk] *n.* **1.** bassin (port) ; dock. **2.** box, banc des accusés.

dock *v.* **1.** faire entrer au bassin, au dock, en cale sèche ; arriver au bassin/aux docks ; se mettre à quai ; mettre à quai. **2.** (vaisseaux spatiaux) réaliser un rendez-vous orbital, s'amarrer, s'arrimer. **3.** réduire, soumettre à une déduction ; déduire, retirer.

dockage ['dɔkidʒ] *n.* droits de bassin, de docks.

docker ['dɔkə] *n.* débardeur, docker.

docket ['dɔkit] *n.* **1.** bordereau (des pièces d'un dossier) ; registre des jugements rendus ; (U.S.) rôle des causes (inscrites dans l'ordre où elles doivent se plaider). *On docket,* inscrit(e) au rôle. **2.** extrait, fiche (d'un document).

docket *v.* **1.** enregistrer (un jugement rendu), porter sur le rôle (U.S.). **2.** étiqueter, classer (papiers).

dockworker *n.* employé/ouvrier des docks, docker.

dockyard ['dɔkjaːd] *n.* chantier de construction (navires).

doctor ['dɔktə] *v.* **1.** soigner, réparer. **2.** modifier ; falsifier, truquer. *To doctor a tape,* falsifier une bande magnétique.

doctor *n.* docteur. *Doctor's degree,* doctorat.

doctorate ['dɔktəreit] *n.* doctorat.

doctrine ['dɔktrin] *n.* doctrine.

document ['dɔkjumənt] *n.* document, pièce, titre. *Legal documents,* acte authentique. *To draw up a document,* rédiger un acte.

document *v.* **1.** documenter, appuyer sur des documents. **2.** munir des papiers nécessaires.

documentary [dɔkju'mentəri] *adj.* documentaire, qui repose sur un document. *Documentary evidence*, document probant.

documentary bill *n.* traite documentaire.

documentary credit, crédit documentaire.

documentary draft, traite documentaire.

documentation [,dɔkjumen'teʃən] *n.* documentation.

documents against acceptance *n.* documents contre acceptation.

documents against payment *n.* documents contre payement.

document-case *n.* porte-documents.

documents of title *n.* titres de propriété.

dodge [dɔdʒ] *n.* 1. mouvement d'esquive. 2. ruse, artifice ; truc (ingénieux).

dodge *v.* éviter, esquiver, éluder (question).

dodger ['dɔdʒə] *n.* 1. malin ; personne qui évite, essaie d'esquiver ou de passer à travers (réglementation, etc.). *Draft dodger*, insoumis, personne essayant d'échapper à la conscription. *Tax dodger*, fraudeur du fisc. 2. (U.S.) prospectus.

doer ['du:ə] *n.* auteur d'une action, celui qui fait, qui agit par opposition à *talker*, celui qui se contente de parler, de bavarder.

Doe (John) [dəu] nom fictif correspondant au « X » français dans les formules du genre plainte contre « X ».

dog *v.* poursuivre, s'acharner sur. *Dogged by financial problems*, en proie aux problèmes financiers.

dog-ear ['dɔg-iə] *v.* corner (la page d'un livre).

dog's-ear *v.* voir **dog-ear**.

do-it-yourself [du:it jɔ:'self] *n.* bricolage.

do-it-yourself kit *n.* panoplie, trousse, ensemble à monter soi-même, « kit ».

do-it-yourselfer [du:itjɔ:'selfə] *n.* bricoleur.

doldrums ['dɔldrəmz] *n.* 1. idées noires. *To be in the doldrums*, broyer du noir. 2. zone de calme plat, calmes équatoriaux. *Business is in the doldrums*, les affaires sont dans le marasme.

dole [dəul] *n.* allocation, indemnité, secours. *To go on the dole*, s'inscrire au chômage. *Unemployment dole*, indemnité de chômage.

dole out *v.* distribuer avec parcimonie ou condescendance.

dollar ['dɔlə] *n.* unité monétaire des États-Unis (origine : déformation de « thaler », ancienne pièce de monnaie allemande). Le dollar est symbolisé par la lettre « S » barrée : $.

dollar gap *n.* pénurie de dollars (commerce extérieur).

dollar glut *n.* surabondance de dollars (commerce extérieur).

dollarization *n.* emploi généralisé du collar.

dollar standard *n.* étalon dollar.

dollar store (U.S.) *n.* magasin à prix unique.

dolly ['dɔli] *n.* travelling, chariot.

dolly-shop ['dɔli-ʃɔp] *n.* 1. boutique de fournitures pour la marine. 2. boutique de fripier ; de prêts sur gages.

domestic [də'mestik] *adj.* 1. domestique ; intérieur, national, interne. *Domestic policy*, politique intérieure. *Domestic trade*, commerce intérieur. *Domestic quarrels*, dissensions intérieures. *Domestic flight*, vol sur les lignes intérieures. 2. domestique, ménager. *domestic appliance*, article/appareil ménager.

domestic arts *n.* arts ménagers.

domestic content(s) (U.S.), règlement exigeant que, pour pénétrer le marché U.S., les machines ou articles importés contiennent une certaine proportion de pièces fabriquées aux États-Unis ou de produits U.S.

domestic worker, employé(e) de maison.

domestic workshop *n.* atelier à domicile.

domicile ['dɔmisail] *n.* domicile.

domicile *v.* **1.** domicilier (un effet, une traite). **2.** se domicilier, résider.

domiciliary *adj.* à domicile.

domiciliation [,dəmisil'jeifən] *n.* domiciliation (d'un effet).

dominance ['dɔminəns] *n.* domination, prédominance.

dominant ['dɔminənt] *adj.* dominant.

domination [dɔmi'neifən] *n.* domination.

dominion [də'minjən] *n.* **1.** domination, autorité, maîtrise. *To hold dominion over,* exercer son emprise sur. **2.** *Plur. :* possessions (État), colonies, dominions (États ayant fait partie de l'Empire britannique et actuellement en grande partie membres du Commonwealth).

donate [dəu'neit] *v.* faire un don de ; donner.

donation [dəu'neifən] *n.* donation, don. *To make a donation of something to someone,* faire don de quelque chose à quelqu'un.

done [dʌn] *adj.* fait(e). *Done in duplicate at Brighton the 12th,* fait en double à Brighton le 12. *Done !,* tope-là ! ; marché conclu ! *To have done,* avoir fini. *What's to be done ?,* qu'y faire ? *It can't be done,* c'est impossible. *I've been done,* je me suis fait avoir, j'ai été eu.

donee [dəu'ni:] *n.* donataire.

donor ['dəunə] *n.* donateur.

« **do not tilt** » ne pas incliner, ne pas renverser.

doom [du:m] *n.* **1.** destin, sort. **2.** ruine. **3.** décret.

doom *v.* condamner.

door [dɔ:] *n.* porte. *Within closed doors,* à huis clos. *Open-door policy,* politique de la porte ouverte.

door-to-door *n.* porte-à-porte. *Door-to-door calling,* démarchage à domicile. *Door-to-door selling,* vente porte-à-porte.

dope [dəup] *n.* **1.** enduit. **2.** stupéfiant, narcotique. **3.** (U.S.). *Fam. :* renseignement, tuyau. **4.** *Fam. :* abruti.

dormant ['dɔ:mənt] *adj.* endormi, en suspens, oisif ; tombé en désuétude. *Dormant law,* loi inappliquée. *Dormant warrant,* mandat en blanc. *Dormant balance,* solde inactif. *Dormant partner,* commanditaire ; bailleur de fonds. *Dormant capital,* capitaux oisifs.

do's and don'ts [du:z ənd'dəunts] *n.* prescriptions (ce qu'il faut faire et ne pas faire), règlement, code de conduite.

dot [dɔt] *n.* point. *To pay on the dot,* payer argent comptant.

dot *v.* mettre un point sur (un « i ») ; marquer avec des points, pointiller.

dot-com *n.* **1.** pointcom, site commercial. **2.** = dot-com company, société/entreprise commerciale opérant sur le net (la toile).

dot-commer *n.* créateur ou opérateur d'une entreprise sur Internet.

dotted ['dɔtid] *adj.* pointillé. *Dotted line,* ligne (en) pointillée.

double ['dʌbl] *adj.* double. *To reach double figure,* atteindre les deux chiffres. *To pay double the value,* payer le double de la valeur.

double *n.* double, deux fois. *To toss double or quits,* jouer à quitte ou double.

double *v.* doubler, porter au double (chiffre). *To double one's stake,* doubler sa mise.

double check [,dʌbl'tfek] *n.* contre-vérification.

double check *v.* recontrôler, revérifier.

double cross *v.* (U.S.) tromper, « doubler ».

double decker [,dʌbl'dekə] *n.* autobus à impériale ; sandwich géant.

double-digit inflation *n.* inflation à deux chiffres.

double-dipping, cumul d'une retraite militaire ou d'un emploi de fonctionnaire avec une fonction rémunérée dans le privé.

double-dip recession, récession qui connaît une deuxième phase après une période de reprise, rechute de l'activité économique.

double entry [,dʌbl'entri] *n.* partie double. *Double entry book-keeping,* comptabilité en partie double.

double page spread *n.* publicité en double page.

double taxation *n.* double imposition.

double-truck *n.* (U.S.) annonce occupant deux pages entières.

doubt [daut] *v.* douter.

doubtful ['dautful] *adj.* douteux, indécis, incertain. *Doubtful debt,* créance douteuse, dette véreuse.

dough [dəu] *n.* (U.S.). *Fam.* : argent, fric, galette.

dove [dʌv] *n.* colombe (partisan de la paix, par opposition à *hawk*, faucon).

dower ['dauə] *n.* douaire ; dot.

Dow-Jones [,dau'dʒəunz] indice boursier (du nom de deux journalistes Dow et Jones — Wall Street Journal) indiquant le cours des valeurs industrielles à la Bourse de New York.

Dow Jones Industrial Average, indice des valeurs industrielles à la Bourse de New York.

down [daun] *adv.* **1.** vers le bas. *She is down for $ 10,* elle est inscrite pour 10 dollars. *He is £ 120 down,* il a un déficit de 120 livres. *To be down,* être en baisse, être en moins-value. *The shares were down at $ 8.35 against $ 8.70,* les actions sont en moins-value à 8.35 dollars contre 8.70 dollars. **2.** comptant. *A hundred dollars down,* cent dollars comptant.

down and out *adj.* ruiné, sans le sou.

downbeat, pessimiste ; à la baisse.

downfall ['daunfɔ:l] *n.* chute, effondrement, ruine.

downgrade ['daungreid] *v.* **1.** faire passer dans une catégorie inférieure, rétrograder ; revoir à la baisse. **2.** rendre moins difficile, baisser le niveau. **3.** déclasser.

downgrade *n.* rétrogradation ; révision à la baisse.

downgrading *n.* **1.** fait de faire passer dans une catégorie inférieure, rétrogradation, révision à la baisse. **2.** baisse de niveau, fait de rendre plus facile. **3.** déclassement professionnel.

downhill (to go), péricliter.

download *v.* télécharger, transférer des données d'un serveur sur un ordinateur.

downloadable *adj.* téléchargeable.

down-market *adj.* bas de gamme.

down payment *n.* acompte.

down period *n.* période durant laquelle une entreprise est fermée pour travaux.

downplay *v.* minimiser.

downside (on the), en baisse, à la baisse.

downsize *v.* réduire la taille, l'importance ; supprimer des emplois ; restructurer (avec abandon de certaines activités).

downsizing *n.* réduction de taille ; réduction d'effectifs, licenciements, suppression d'emplois ; restructuration (avec abandon de certaines activités).

downslide *n.* baisse, chute, effondrement.

downstream *adv.* en aval.

downswing ['daunswiŋ] *n.* (U.S.) phase descendante, baisse.

downtick (bourse) baisse légère.

down time *n.* temps mort, temps d'arrêt.

down tools *v.* cesser le travail, se mettre en grève.

downtown ['daun'taun] *n.* (U.S.) centre ville.

downtrend *n.* tendance à la baisse.

downturn [,daun'tə:n] *n.* récession, baisse, repli.

downward ['daunwəd] *adv.* de haut en bas, vers le bas, en descendant. *Downward movement of stocks,* mouvement de baisse des valeurs. *Downward trend,* tendance à la baisse.

dowry ['dauəri] *n.* dot.

dozen ['dʌzn] *n.* douzaine. *To sell by the dozen*, vendre à la douzaine. *Thirteen to the dozen*, treize à la douzaine.

Dr ['detə] abréviation de **debtor** au sens de « doit », « débit » (déb., dt, D.).

draft [drɑːft] *n.* **1.** traite, effet, lettre de change. *Draft at sight*, effet à vue. **2.** projet, avant-projet, brouillon, plan, esquisse. **3.** contingent (de recrues), conscription (U.S.).

draft *v.* **1.** rédiger, libeller. **2.** faire un brouillon, une ébauche (de projet). **3.** incorporer (troupes) ; envoyer en détachement.

draft agreement *n.* projet d'accord, de convention, de contrat, protocole d'accord.

draft contract, projet de contrat.

drafting-department *n.* service de rédaction (d'actes).

draftsman ['drɑːftsmən] *n.* **1.** dessinateur (industriel). **2.** rédacteur (d'un projet).

draftsmanship ['drɑːftsmən ʃip] *n.* art du dessinateur industriel ; qualité du dessin.

drag [dræg] *n.* entrave, obstacle, frein.

drag *v.* **1.** traîner, tirer. **2.** traîner en longueur, être à la traîne. **3.** (cours) languir, faire preuve de lourdeur. **4.** *To drag one's feet*, se livrer à des manœuvres dilatoires, ne pas se montrer coopératif, manquer d'enthousiasme, faire de la résistance passive. **5.** *To drag down profits*, peser sur les bénéfices, faire baisser les bénéfices.

dragnet ['drægnet] *n.* **1.** *Pêche :* chalut. **2.** *Police :* filet, piège, dispositif policier pour arrêter un criminel, « souricière ».

drain [drein] *n.* **1.** canal, tranchée, tuyau, orifice de trop-plein. **2.** perte, ponction, fuite, hémorragie. *Brain drain*, exode des cerveaux. *Gold drain*, pertes en or. *Drain of money*, drainage de capitaux. *It will be a drain on our resources*, cela

pèsera lourdement, cela obérera nos ressources.

drain *v.* **1.** évacuer, drainer, vider. **2.** assécher, assainir, drainer (terrain). **3.** épuiser, saigner, mettre à sec. *Drained inventories*, stocks épuisés.

drastic ['dræstik] *adj.* radical, rigoureux, énergique. *To take drastic measures*, prendre des mesures radicales/énergiques.

draught [drɑːft] *n.* **1.** traction ; tirage, courant d'air. *Draught beer*, bière à la pression. **2.** tirant d'eau. **3.** *Draughts*, (jeu de) dames.

draughtsman ['drɑːftsmən] *n.* **1.** dessinateur, traceur (plans). **2.** rédacteur (d'un décret). **3.** pion (jeu de dames).

draughtsmanship ['drɑːfts mənʃip] *n.* art du dessin (industriel), talent de dessinateur.

draw [drɔː] *n.* **1.** tirage au sort. **2.** marchandise en réclame. *This month's draw*, la réclame du mois. **3.** partie nulle, match nul.

draw *v.* **1.** tirer, attirer ; retirer, prélever. *To draw a cheque*, tirer un chèque. *To draw something by lot*, tirer quelque chose au sort. *To draw a commission*, prélever une commission. *To draw a bill*, émettre une traite. *To draw on someone*, tirer sur quelqu'un. **2.** toucher (salaire).

drawback ['drɔːbæk] *n.* **1.** inconvénient, désavantage ; obstacle (à). **2.** remboursement, ristourne des droits de douane, prime d'exportation ; drawback.

drawdown *n.* tirage, utilisation. *Drawdown date*, date de tirage. *Drawdown period*, période pendant laquelle un emprunteur est autorisé à effectuer des tirages sur une ligne de crédit.

draw down *v.* (fin.) effectuer un tirage sur une ligne de crédit.

drawer ['drɔːə] *n.* **1.** tireur, souscripteur (d'une traite), (celui qui tire une traite sur le tiré). **2.** dessinateur. **3.** tiroir.

drawee [drɔːˈiː] *n.* tiré, accepteur (d'une traite).

drawing ['drɔ:iŋ] *n.* **1.** dessin. **2.** prélèvement, levée (de compte), prise, tirage (de chèque, d'effet).

drawing board, planche à dessin. *On the ~* (s), en projet.

drawing up *n.* **1.** rédaction ; passation (acte) ; relèvement (compte). **2.** élaboration ; indication.

drawing account *n.* compte de dépôt ; compte prélèvement.

draw out *v.* **1.** sortir. *To draw out money from a bank,* retirer de l'argent d'une banque. **2.** prolonger, tirer en longueur, faire traîner.

draw up *v.* **1.** tirer en haut, lever, relever, s'arrêter, se garer (voiture). **2.** dresser, libeller, établir (compte, document), rédiger, élaborer. *Documents drawn up before a lawyer,* actes établis devant notaire. *To draw up a balance sheet,* établir un bilan.

dredge [dredʒ] *n.* drague.

dredge *v.* draguer, curer, dévaser.

dredger voir **dredge.**

dress [dres] *v.* habiller, orner, vêtir, parer, préparer. *To dress the window,* faire la vitrine, l'étalage. *To dress up the books,* « habiller » les résultats, falsifier les comptes.

dress code, code vestimentaire, règlement sur la tenue vestimentaire.

drift [drift] *n.* **1.** mouvement, direction, sens (d'un courant) ; cours, marche (des affaires). **2.** but, tendance, sens général, portée. **3.** glissement, dérive (des salaires) ; baisse (des prix, des cours).

drift *v.* flotter, être entraîné, dériver ; entraîner, charrier.

drill [drill] *n.* **1.** foret, mèche, perceuse. **2.** exercice, manœuvre, épreuve.

drill *v.* **1.** forer. **2.** instruire, exercer. *Milit. :* faire faire l'exercice. *Chem. de fer :* faire faire la manœuvre.

drilling ['driliŋ] *n.* **1.** forage, perçage, sondage. *Off-shore drilling,* forage en mer. **2.** *Milit. :* exercices, manœuvres.

drilling-machine *n.* perceuse, foreuse, sondeuse.

drink [driŋk] *n.* boisson. *Food and drink,* le boire et le manger ; consommation. *To have a drink,* prendre un verre. *To stand a drink,* payer à boire à quelqu'un. *Soft drinks,* boissons sans alcool.

drink *v.* boire. *To drink to someone's health,* boire à la santé de quelqu'un. *To drink to someone's success,* boire au succès de quelqu'un. *To drink oneself into debt,* s'endetter à force de boire.

drive [draiv] *n.* **1.** promenade en voiture. **2.** mouvement, transmission, entraînement. **3.** énergie. *He has plenty of drive,* il est plein d'énergie, d'allant. **4.** (U.S.) campagne (de publicité, etc.). *Recruiting drive,* campagne d'embauche, de recrutement. *Export drive,* campagne de promotion des exportations. *Output drive,* campagne de production.

drive *v.* **1.** pousser, faire aller (devant), faire marcher ; conduire (voiture, machine). **2.** contraindre, pousser à. *To drive someone into doing something,* pousser quelqu'un à faire quelque chose. *He was driven to resign,* on l'a poussé à démissionner. **3.** *To drive a trade,* exercer un métier. *To drive a bargain,* passer un marché. *To drive a hard bargain,* imposer à quelqu'un des conditions très dures, être dur en affaires.

drive down *v.* faire baisser.

drive-in *n.* (U.S.) **1.** cinéma en plein air (on y assiste en auto) ; restaurant en bordure de la route. **2.** poste de ravitaillement.

drive-in bank *n.* banque conçue pour servir les conducteurs sans qu'ils sortent de leur véhicule.

driver *n.* **1.** conducteur, chauffeur. **2.** moteur.

drive up *v.* faire monter (cours, prix, etc.).

driving ['draiviŋ] *n.* conduite (voiture).

driving licence *n.* permis de

conduire. *Clean ~,* permis de conduire sur lequel n'est portée aucune infraction, sans retrait de points.

driving test *n.* examen pour permis de conduire. *To pass one's driving-test,* être reçu à son permis de conduire.

droop [dru:p] *n.* abaissement, affaissement, fléchissement.

droop *v.* pencher (se), s'abaisser ; fléchir. *Prices drooped last week,* les prix ont fléchi la semaine dernière.

drooping ['dru:piŋ] *n.* fléchissement.

drop [drɔp] *n.* **1.** goutte. **2.** chute, baisse, abaissement. *Drop in prices,* chute, baisse de prix. *Drop in value,* moins-value.

drop *v.* **1.** tomber goutte à goutte ; tomber, verser. **2.** laisser tomber, abandonner. **3.** baisser, se calmer, faiblir. *The shares have dropped from 4 1/2 to 4,* les actions ont baissé de 4 1/2 à 4.

drop behind *v.* se faire dépasser, prendre du retard, se faire distancer, se laisser devancer.

drop in *v. Fam. :* rendre visite, passer voir quelqu'un.

drop out *v.* laisser tomber, omettre, abandonner. *To drop out of school,* abandonner ses études ; disparaître, cesser ses activités (pour une entreprise).

drop-out ['drɔpaut] *n.* **1.** (U.S.) étudiant quittant l'université avant la fin de ses études. **2.** marginal.

drop-tag *v.* démarquer (une marchandise).

drought [draut] *n.* sécheresse.

drubbing *n.* raclée, volée ; défaite ; dégringolade. *To take a drubbing,* prendre une raclée ; (cours) s'effondrer.

drug [drʌg] **1.** produit pharmaceutique. *~ firm,* société/entreprise pharmaceutique. **2.** drogue, stupéfiant, narcotique.

drugstore ['drʌgstɔ:] *n.* **1.** (U.S.) pharmacie. **2.** magasin qui tient de l'épicerie et du bazar.

drum [drʌm] *v.* **1.** battre du tambour. (U.S.) *To drum for customers,* faire de la réclame, se déplacer pour accrocher le client. **2.** *To drum something into someone's head,* enfoncer quelque chose dans la tête de quelqu'un.

drum *n.* **1.** tambour. **2.** tonneau, récipient cylindrique, bidon.

drummer ['drʌmə] *n.* **1.** tambour (celui qui joue du) ; batteur. **2.** commis voyageur ; (U.S.) voyageur de commerce.

drumming ['drʌmiŋ] *n.* **1.** bruit de tambour ; bourdonnement (oreille) ; bruit de ferraille (auto). **2.** activité du commis voyageur ; racolage de clients.

drum up *v.* racoler, solliciter (les clients). *To drum up sales,* enregistrer des ventes.

dry [drai] *adj.* **1.** sec, sèche. *To run dry, to go dry,* s'assécher, sépuiser, (se) tarir ; ne plus rien avoir à dire, se trouver à court d'idées. **2.** (U.S.) *To go dry,* interdire la consommation des boissons alcoolisées. *Dry state* (U.S.), État où l'alcool était prohibé.

dry-cargo [ˌdrai'ka:gəu] *n.* cargaison sèche.

dry-clearing [ˌdrai'kli:riŋ] *n.* dégraissage ; nettoyage à sec.

dry-dock [ˌdrai'dɔk] *n.* cale sèche ; bassin à sec ; forme de radoub ; bassin de radoub.

dry-dock *v.* entrer, faire entrer en cale sèche.

dry dockage [ˌdrai'dɔkidʒ] *n.* entrée en cale sèche ; entrée en forme.

dry-docking [ˌdrai'dɔkiŋ] *n.* voir dry-dockage.

dry-farming [ˌdrai'fa:miŋ] *n.* culture à sec.

dry-goods [ˌdrai'gu:dz] *n.* (U.S.) articles de nouveauté ; tissus, étoffes.

dry hole [ˌdrai'həul] *n.* puits de pétrole à rendement faible.

dry money [ˌdrai'mʌni] *n.* argent liquide.

drysalter [,drai'sɔːltə] *n.* (U.S.) marchand de salaisons.

dry up *v.* tarir ; se tarir.

dual ['dju:əl] *adj.* double. *Dual carriageway,* double voie (G.B. : sur panneau annonçant une autoroute). *Dual citizenship,* double citoyenneté. *Dual exchange rate,* double régime des taux de change.

dub ['dʌb] *v.* **1.** doubler (cinéma). **2.** nommer, surnommer, qualifier de.

dubbing *n.* [dʌbiŋ] (ciné.) doublage.

dubious ['dju:bjəs] *adj.* douteux, hasardeux, incertain, vague. *Dubious paper,* papier de valeur douteuse.

duck [dʌk] *n.* **1.** canard. **2.** *Bourse :* spéculateur insolvable.

dud [dʌd] *adj.* nul, sans valeur ; incapable. *Dud cheque,* chèque sans provision. *Dud stock,* « rossignols ». *Dud note,* faux billet de banque.

due [dju:] *adj.* exigible, dû, échu ; régulier. *Debts due to us,* créances. *In due form,* en bonne forme, en règle. *After due consideration,* après mûre réflexion. *The train is due at ten o'clock,* le train arrive à 10 h.

due bill *n.* effet échu, effet venant à échéance, (U.S.) reconnaissance de dette.

due date *n.* échéance, date d'échéance.

due-date *v. To due-date a bill,* coter (effet).

due notice *n.* délai réglementaire.

due time (in) *n.* le moment venu.

due process of law, clause de sauvegarde des libertés individuelles.

due *n.* dû, droits, taxes, cotisation, redevance. *Union dues,* cotisations syndicales.

dull [dʌl] *adj.* inactif, maussade, terne, lent, calme (à propos du marché ou des affaires).

dullness ['dʌlnis] *n.* **1.** lenteur, pesanteur, ennui, monotonie. **2.** stagnation, marasme, inactivité. *The general dullness of business,* le marasme général des affaires.

duly ['dju:li] *adv.* **1.** bien, dûment, comme de juste, en temps voulu. *We have duly received your letter of,* nous avons bien reçu votre lettre du. *Lender duly secured,* prêteur dûment nanti.

dummy ['dʌmi] *n.* **1.** mannequin, poupée, figure de cire, maquette, factice. *A dummy company,* une société fictive. **2.** prêtenom, homme de paille. **3.** (math.) variable, auxiliaire.

dummy pack *n.* emballage factice.

dump [dʌmp] *v.* **1.** décharger, déverser. **2.** écouler à perte sur le marché extérieur, faire du dumping.

dump display *n.* présentoir de produits en vrac.

dumping ['dʌmpiŋ] *n.* **1.** basculage, déversement. **2.** vente à perte sur le marché extérieur, « dumping ».

dumps *n. To be in the dumps,* être dans le marasme.

dump-truck *n.* camion à bascule, benne basculante.

dun [dʌn] *n.* agent de recouvrement (dette).

dun *v.* harceler, pourchasser, talonner (un débiteur). *He is dunned by his creditors,* il est assiégé par ses créanciers. *Dunning letter,* lettre de recouvrement, lettre de demande de remboursement (de dette), lettre d'un créancier.

dunnage ['dʌnedʒ] *n.* calage, fardage, parquet de chargement. *Dunnage wood,* bois danimage.

dunnage *v. Navig. :* faire un grenier.

duopoly [dju'ɔpəli] *n.* duopole.

duopsony [dju'ɔpsəni] *n.* duopsone (seulement deux acheteurs sur le marché).

duplicate ['dju:plikət] *adj.* double. *Duplicate parts,* pièces de rechange. *Duplicate receipt,* duplicata de reçu. *Duplicate invoice,* double de facture.

duplicate *n.* double, duplicata,

ampliation (d'un acte). *In duplicate,* en double exemplaire.

duplicate ['dju:plikeit] *v.* faire le double, copier, reproduire, photocopier, reprographier.

duplicating ['dju:plikeitiŋ] *n.* duplication, reproduction.

duplicating-machine *n.* duplicateur.

duplication [dju:pli'keiʃən] *n.* duplication, reproduction, double emploi.

duplication in invoicing, doublon(s) dans la facturation.

duplicator ['dju:plikeitə] *n.* duplicateur.

durability [,djuərə'biləti] *n.* longévité, durée, stabilité, résistance, solidité.

durable ['djuərəbl] *adj.* durable, résistant, inusable. *Durable household goods,* biens d'équipement ménager.

durables ['djuərəblz] *n.* biens durables, biens de consommation à longue durée de vie.

durable goods *n.* biens durables, biens de consommation à longue durée de vie.

duration [djuə'reiʃən] *n.* durée, étendue. *Duration of a patent,* durée dun brevet. *Duration of a lease,* durée d'un bail. (Bourse) duration.

duress [djuə'res] *n.* 1. emprisonnement. 2. contrainte, coercition. *To act under duress,* agir sous la contrainte.

dust *v.* épandre (des pesticides). *Dusting,* épandage (de pesticides).

dustman *n.* (G.B.) éboueur. *Dustmen's strike,* grève des éboueurs.

Dutch auction [dʌtʃ 'ɔ:kʃən] *n.* enchères au rabais, vente à la baisse.

dutiable ['dju:tjəbl] *adj.* passible de droit, taxable.

duties ['dju:tiz] *n.* droits, taxes. *Customs duties,* droits de douane. *Excise duties,* droits de régie, impôts indirects. *Stamp duties,* droits d'enregistrement.

duty ['dju:ti] *n.* 1. devoir, fonction, attribution. 2. droit, taxe. *Liable to duty,* passible de droit. *Duty-free,* en franchise, exempt de droit.

duty-free port, port franc.

duty-paid *adj.* acquitté, (marchandises) dédouané.

dwell [dwel] *v.* 1. habiter, résider, loger. 2. *(on something)* s'étendre sur, s'apesantir sur, insister sur, s'attarder sur.

dwelling ['dweliŋ] *n.* habitation, résidence, domicile, logement.

dwindle ['dwindl] *v.* diminuer, s'amenuiser. *Dwindling natural resources,* ressources naturelles qui se raréfient. *Dwindling production,* production qui va en diminuant.

dwindling ['dwindliŋ] *n.* diminution, affaiblissement, déperdition (capitaux), dépérissement.

dynamic *n.* dynamique. *Driven by an inner dynamic,* mû(e) par une dynamique interne.

dynamics *n. sg.* dynamique (science).

eager ['i:gə] *adj.* impatient ; désireux ; avide ; passionné.

eagerness ['i:gənis] *n.* ardeur, empressement ; désir, impatience.

eagle [i:gl] *n.* (U.S.) pièce d'or de 10 dollars.

early ['ə:li] *adv.* tôt, de bonne heure.

early *adj.* **1.** tôt, du début, de bonne heure ; précoce ; hâtif ; anticipé. *At an early age,* tout jeune, dès l'enfance, de bonne heure. *Early retirement,* retraite anticipée, départ anticipé à la retraite, mise à la retraite anticipée. **2.** prochain, rapproché ; prompt, rapide. *Early delivery,* livraison rapide. *An early reply would oblige us,* une réponse rapide nous obligerait.

earmark ['iəma:k] *v.* **1.** affecter, louer, consacrer (fonds, budget). **2.** désigner pour un certain usage. *Earmarked for refund,* appelé au remboursement. **3.** faire une marque au coin de, marquer d'un signe distinctif.

earn [ə:n] *v.* **1.** gagner. **2.** rapporter. *To earn a profit,* faire des bénéfices, être bénéficiaire ; rapporter/produire un bénéfice. **3.** acquérir, mériter.

earner *n.* celui/celle qui gagne un salaire, touche un revenu. *Low and middle-income earners,* les petits et les moyens revenus.

earnest ['ə:nist] *adj.* **1.** sérieux, consciencieux ; zélé. **2.** sincère, convaincu.

earnest *n.* arrhes ; acompte ; dépôt ; cautionnement, garantie.

earning capacity *n.* rentabilité (d'une entreprise).

earning power, capacité bénéficiaire, rentabilité.

earnings ['ə:ninz] *n.* **1.** gain(s), recettes. **2.** bénéfice(s), profit(s), revenu(s). *Earnings report,* compte de résultat(s). *Retained earnings,* bénéfices non distribués (réserve, notamment, pour auto-financement). *Windfall earnings,* bénéfices exceptionnels. **3.** salaire.

earnings per share, bénéfice par action.

earphones, *n.* écouteurs.

ease [i:z] *v.* **1.** faciliter, rendre facile. **2.** assouplir, alléger, atténuer, desserrer, soulager, réduire, modérer. *To ease the bite of inflation,* atténuer les effets de l'inflation. **3.** baisser, fléchir, se détendre, mollir (prix, cours). *Prices are easing,* les prix baissent.

easement ['i:zmənt] *n.* servitude, droit d'usage (par exemple, droit de passage sur une propriété).

easing ['i:zin] *n.* **1.** assouplissement, allègement, atténuation, desserrement, réduction, modération, soulagement, détente. **2.** baisse, fléchissement (des prix, des cours).

easiness ['i:zinəs] *n.* facilité.

easy ['i:zi] *adj.* **1.** facile. *To be in easy circumstances,* être dans l'aisance. **2.** (marché, cours) calme, tranquille, en baisse.

easy money *n.* **1.** argent facile. **2.** crédit bon marché.

easy terms, facilités de paiement. *To grant/extend easy terms,* accorder/octroyer des facilités de paiement.

eavesdrop ['i:vzdrɔp] *v.* écouter aux portes, d'où le sens moderne espionner, surveiller (électroniquement), mettre sur table d'écoute.

eavesdropping ['i:vzdrɔpin] *n.* espionnage, surveillance électronique, écoute(s) téléphonique(s).

e-bank, e-banking, voir *electronic bank, electronic banking.*

ebb [eb] *n.* reflux ; déclin, baisse.

ebb *v.* refluer ; décliner, baisser, descendre.

e-business *n.* commerce électronique, commerce sur le Web.

eco-efficiency *n.* respect de l'environnement.

eco-efficient *adj.* respectueux de l'environnement.

eco-friendly *adj.* écologique, respectueux de/non-nuisible à l'environnement, écophile.

ecological [,ikə'lɔdʒikl] *adj.* écologique.

ecologist [i:'kɔlədʒist] *n.* écologiste.

ecology [i:'kɔlədʒi] *n.* écologie.

e-commerce, commerce électronique.

econometric [ikɔnə,metrik] *adj.* économétrique.

econometrics *n.* économétrie.

economic [,i:kə'nɔmik] *adj.* économique (au sens de : qui a trait, qui se rapporte à la science ou à la situation économique).

economical [,i:kə'nɔmikəl] *adj.* 1. qui fait faire des économies, économique, bon marché. 2. rentable, profitable. 3. (personne) économe, ménager.

economics [,i:kə'nɔmiks] *n.* l'économie, la science économique, l'économie politique.

economies of scale, économies d'échelle.

economist [i'kɔnəmist] *v.* économiste.

economize [i'kɔnəmaiz] *v.* économiser, ménager, épargner.

economy [i'kɔnəmi] *n.* 1. économie (d'un pays donné). *The French economy,* l'économie française. 2. économie (fait d'économiser). *Economy class,* classe touriste.

ecoproduct *n.* écoproduit.

eco-system, écosystème (unité écologique reposant sur l'équilibre entre un groupe d'êtres vivants et leur environnement).

edge [edʒ] *n.* 1. bord, coin, arête, rebord, tranchant, fil, tranche, lisière, liseré. *To be at the leading/cutting edge,* être à l'avant-garde, être en pointe. 2. avantage (en général léger et de courte durée). *To have an edge, to have the edge,* avoir l'avantage.

edge *v.* 1. se déplacer insensiblement. 2. déplacer insensiblement. 3. border. *Gilt-edged securities,*

valeurs dorées sur tranche, placements de père de famille.

edged [edʒd] *adj.* 1. tranchant, acéré. 2. bordé. *Gilt-edged,* doré sur tranche.

edge down *v.* baisser, décliner (lentement, peu à peu, progressivement, insensiblement).

edge out *v.* 1. dépasser légèrement. 2. remplacer, repousser, chasser. *Mass-produced goods have been edging out native-made products,* les produits de fabrication industrielle remplacent les productions de l'artisanat local.

edge up *v.* augmenter, progresser, monter (peu à peu, insensiblement).

edgy *adj.* irritable ; nerveux.

edible ['edibl] *adj.* comestible.

edibles ['ediblz] *n.* comestibles, denrées comestibles.

edit ['edit] *v.* 1. préparer un texte pour la publication, mettre en forme un document. 2. adapter, modifier, altérer un texte, pratiquer des coupures et des modifications. 3. diriger une publication, diriger la rédaction d'un journal, d'une revue, etc. 4. monter (un film).

editing room *n.* salle de montage.

editor ['editə] *n.* 1. rédacteur en chef, directeur d'une publication. 2. éditorialiste, responsable d'une rubrique. *Our science editor,* notre responsable de la rubrique scientifique.

editorial advertising ['edi'tɔ:riəl] publicité rédactionnelle.

editorial matter, texte rédactionnel.

editorial room *n.* salle de rédaction.

education [,edju:'keiʃən] *n.* enseignement, éducation, formation. *Adult education,* formation des adultes, formation permanente.

educational [,edju:'keiʃənəl] *adj.* de l'enseignement, d'enseignement, qui a trait à l'enseignement, pédagogique, éducatif. *Educational engineering,* ingénierie éducative.

edutainment *n.* éducation et loisirs, ludo-éducatif.

e-entrepreneur *n.* entreprenaute.

effect [i'fekt] *n.* **1.** effet, influence, conséquence, incidence, action, résultat. **2.** exécution, mise en vigueur, réalisation, application, mise en œuvre, effet. *To come into effect,* entrer en vigueur. **3.** sens, teneur dun document.

effect *v.* **1.** effectuer, faire, accomplir, opérer, exécuter, réaliser, atteindre, mener à bien, rendre effectif. *To effect an insurance policy,* prendre, souscrire une assurance. **2.** produire, causer.

effects [i'fekts] *n.* effets, biens personnels, biens mobiliers. *Banque : « No effects »,* sans provision, défaut de provision (chèque, etc.). *Effects not cleared,* effets en cours d'encaissement.

effects man *n.* bruiteur.

effective [i'fektiv] *adj.* **1.** efficace, qui a du rendement. **2.** réel, effectif. *To become effective,* entrer en vigueur, entrer en application, s'appliquer, être appliqué.

effectiveness [i'fektivnis] *n.* **1.** efficacité. **2.** effet produit, force d'impact.

effectual [i'fektʃuəl] *adj.* **1.** efficace. **2.** valide, en vigueur.

effectuate [i'fektjueit] *v.* effectuer, appliquer, mettre en pratique. *To effectuate the policies of the Act,* appliquer les mesures prévues par la loi.

efficacious [efi'keiʃəs] *adj.* efficace, qui a de l'effet, qui agit.

efficaciousness [efi'keiʃəsnis] *n.* efficacité, rendement.

efficacity [efi'kæsəti] *n.* efficacité, rendement.

efficacy ['efikəsi] *n.* efficacité, rendement.

efficiency [i'fiʃənsi] *n.* efficience ; efficacité, rendement. ~ *bonus,* prime de productivité/de rendement. *Efficiency engineer,* ingénieur-conseil. *Efficiency price,* prix économique.

efficient [i'fiʃənt] *adj.* **1.** efficace, compétent, qui a du rendement. **2.** efficace, rentable.

effluent ['efluənt] *n.* effluent, rejet industriel, eau usée ou liquide rejeté par usine, liquide pollué (rejeté par usine).

e.g. [i:'dʒi:] voir abréviations.

egg head (U.S.) *Fam. :* intellectuel, « crâne dœuf ».

eke out *v.* **1.** accroître **2.** faire durer, économiser. **3.** *To ~ a living,* gagner tout juste de quoi vivre, gagner péniblement sa vie.

elaborate [i'læbərət] *adj.* approfondi, poussé, élaboré, compliqué.

elaborate [i'læbəreit] *v.* **1.** élaborer. **2.** préciser. *He refused to elaborate on his statement,* il refuse de préciser sa déclaration, de commenter sa déclaration.

elastic [i'læstik] *adj.* élastique. *Elastic market,* marché élastique (où la demande fluctue largement selon le prix).

elasticity [elæ'stisiti] *n.* élasticité, flexibilité, souplesse. *Elasticity of demand,* élasticité de la demande (= variations de la demande en fonction du prix).

elderly *adj.* âgé (personne). *The elderly,* les personnes âgées.

e-learning *n.* enseignement/apprentissage par/sur internet.

elect [i'lekt] *v.* **1.** élire. **2.** choisir.

election [i'lekʃən] *n.* **1.** élection, élections. **2.** choix.

electioneering [i,lekʃə'niəriŋ] *n.* propagande électorale, manœuvre électorale, campagne électorale.

elective [i'lektiv] *adj.* **1.** (fonction, etc.) électif. **2.** (processus, etc.) électoral. **3.** (cours) facultatif, à option.

elector [i'lektə] *n.* **1.** électeur ; membre du corps électoral. **2.** (U.S.) membre du collège qui élit le Président et le Vice-Président : grand électeur.

electoral [i'lektərəl] *adj.* électoral. *Electoral college,* collège électoral (aux États-Unis, représentants des États qui élisent le

Président et le Vice-Président). *Electoral system,* mode de scrutin, mode de représentation.

electorate [i'lektərət] *n.* électorat, électeurs, votants, corps électoral.

electric [i'lektrik] *adj.* électrique. *Electric current,* courant électrique. *Electric meter,* compteur électrique.

electrical [i'lektrikəl] *adj.* électrique, qui marche à l'électricité.

electrical engineering, industrie électrique ; technique électrique ; génie électrique ; études, fonctions, carrière de l'ingénieur en électricité.

electricity [ilek'trisiti] *n.* électricité, énergie électrique.

electrification [i,lektrifi'keiʃən] *n.* électrification.

electrify [i'lektrifai] *v.* 1. électrifier. 2. électriser.

electronic [ilek'trɔnik] *adj.* électronique. *Electronic calculator,* calculatrice électronique. *Electronic bulletin board,* messagerie. *Electronic mail,* courrier électronique. *Electronic payment,* paiement électronique.

electronic bank, banque électronique.

electronic banking, banque électronique.

electronic business, electronic commerce, commerce électronique, commerce sur le Web.

electronic data processing (E.D.P.), informatique (analyse électronique des données).

electronic funds transfer (E.F.T.), transfert électronique de fonds (T.E.F.).

electronics [ilek'trɔniks] *n.* électronique.

elevator [eliveitə] *n.* 1. (U.S.) ascenseur. 2. monte-charge. 3. (U.S.) silo à grain. *Bonded elevator,* silo sous douane.

eligibility [elidʒi'biliti] *n.* 1. éligibilité. 2. fait de remplir les conditions requises ; conditions d'accès (à un poste) ; acceptabilité, titres d'éligibilité (d'un candidat). 3. désirabilité, avantage (d'un choix).

eligible ['elidʒibl] *adj.* 1. éligible. *Eligible paper* (U.S.), traite, effet escomptable. 2. (personne) qui remplit les conditions requises, qui a droit à, qualifiée. *Eligible for a pension,* ayant droit à la retraite. Digne d'être choisi, élu ou nommé ; agréé. 3. (solution, choix, etc.) agréé, acceptable, désirable, avantageux, préférable, méritant d'être choisi, justifié.

eliminate [i'limineit] *v.* éliminer, supprimer.

elimination [i,limi'neiʃən] *n.* élimination, suppression.

e-mail *n.* courrier électronique, e-mail. ~ *address,* ~ *box,* adresse électronique.

e-mail *v.* envoyer par courrier électronique, adresser un e-mail.

e-manager *v.* gestionaute.

embankment [im'bæŋkmənt] *n.* 1. quai ; berge. 2. digue ; levée, talus, remblai.

embargo [em'ba:gəu] *n.* embargo, séquestre, saisie, arrêt ; contingentement.

embargo *v.* mettre l'embargo sur, séquestrer, réquisitionner.

embark [im'ba:k] *v.* 1. embarquer, prendre à bord, charger à bord (d'un bateau, d'un avion). 2. s'embarquer. 3. entreprendre, se lancer dans, s'embarquer dans, entamer. *To embark on a program,* entreprendre un programme.

embarkation [,emba:'keiʃən] *n.* embarquement, chargement à bord.

embassy -ies ['embəsi] *n.* ambassade.

embattled *adj.* aux abois, sur la défensive, en butte à des attaques.

embedded value (ass.) valeur intrinsèque ~ *of shares/stock,* valeur intrinsèque des actifs (par action).

embezzle [im'bezl] *v.* détourner des fonds, commettre des détournements de fonds.

embezzlement [im'bezlmənt] *n.* détournement de fonds.

embezzler [im'bezlə] *n.* auteur d'un détournement de fonds.

emcee [em'si:] *n.* = **M.C. Master of Ceremonies,** animateur, présentateur.

emcee *v.* être le maître/la maîtresse de cérémonie ; (T.V.) présenter/animer une émission.

emerge [i'mə:dʒ] *v.* émerger, apparaître (faits). *Emerging countries,* les pays émergents.

emergence [i'mə:dʒəns] *n.* émergence ; apparition.

emergency [i'mə:dʒənsi] *n.* urgence, situation critique, crise. *Emergency landing field,* terrain d'atterrissage de secours. *Emergency power,* pouvoir exceptionnel, pouvoirs d'exception. *Emergency repairs,* réparations d'urgence, réparations de fortune. *State of emergency,* état d'urgence.

emerging nations, pays en voie de développement, pays émergents.

emigrant ['emigrənt] *n.* émigrant.

emigrate ['emigreit] *v.* émigrer.

emigration [emi'greiʃən] *n.* émigration.

eminent domain (U.S.) (droit) **1.** domaine éminent. **2.** droit d'expropriation.

emission [i'miʃən] *n.* **1.** émanation, émission, dégagement (de gaz, souvent toxique ou polluant). **2.** *Banque :* émission de pièces ou billets, mise en circulation de pièces ou billets.

emit [i'mit] *v.* **1.** émettre (un gaz). **2.** émettre du papier-monnaie, des pièces. **3.** émettre (un avis, etc.).

Emmy ['emi] *n.* (U.S.) prix décerné à des créateurs et des artistes par la *Television Academy of Arts and Science.*

emolument [i'mɔljumənt] émoluments, appointement(s), salaire, rémunération, indemnité.

emphasis ['emfəsis] *n.* accent (mis sur quelque chose), insistance, importance donnée à quelque chose.

emphasize ['emfəsaiz] *v.* souligner, insister sur, mettre en relief, faire ressortir, mettre l'accent sur.

employ [im'plɔi] *n.* emploi. *In the employ of a trucking company,* employé par une société de transport routier.

employ *v.* employer.

employability *n.* employabilité.

employable *adj.* employable, susceptible de trouver un emploi.

employee [emplɔi'i:] *n.* salarié, employé.

employee buy-out, rachat de l'entreprise par ses salariés.

employee relations, employer relations, relations industrielles, relations sociales, relations salariés employeur(s).

employee share scheme, actionnariat (ouvrier, du personnel).

employee turnover, (taux de) mobilité de la main d'œuvre.

employer [im'plɔiə] *n.* employeur, patron. *Jur. :* commettant. *Employer-employee relations,* relations industrielles, relations sociales. *Employers' association,* association patronale, syndicat patronal. *Employer's liability insurance,* assurance patronale contre les accidents du travail.

employer contributions, charges patronales.

employment [im'plɔimənt] *n.* emploi, situation, occupation, travail, marché de l'emploi, situation de l'emploi, embauche, recrutement. *Employment agency,* bureau de placement, agence de recrutement, bureau d'embauche, agence pour l'emploi. ~ *rolls,* effectifs (du personnel). *To slash ~ rolls,* licencier en masse.

employment consultant, conseil en recrutement, chasseur de têtes.

emporium [em'pɔ:riəm] *n.* **1.** marché, centre d'activités commerciales, centre commercial. **2.** grand magasin. **3.** entrepôt, hall d'exposition.

empower [im'pauə] *v.* mandater, autoriser, donner pouvoir, habiliter, donner procuration, donner pleins pouvoirs, conférer.

empowerment *n.* autorisation, habilitation, mandat, délégation ; acquisition/ obtention/octroi/restitution d'un pouvoir, d'un statut, d'un droit ; responsabilisation.

empties ['emptiz] *n.* **1.** emballages vides. *Empties are returnable,* les emballages sont consignés, les emballages vides sont repris. **2.** locaux vacants, inoccupés.

empty *v.* vider.

empty *adj.* **1.** vide. **2.** inoccupé.

emulsion speed *n.* sensibilité (photo).

enable [i'nəbl] *v.* permettre ; habiliter, donner pouvoir.

enablement *n.* habilitation.

enact [i'nækt] *v.* décréter, arrêter, promulguer, passer (législation).

enacting clauses *n.* dispositif, dispositions d'une loi.

enactment [i'næktmənt] *n.* **1.** promulgation, passage d'une loi. **2.** loi, ordonnance, décret, arrêté, texte voté.

encash [in'kæʃ] *v.* encaisser, toucher.

encashment [in'kæʃmənt] *n.* encaissement.

enclose [in'kləuz] *v.* **1.** joindre. *We enclose…,* veuillez trouver ci-joint… **2.** entourer, clôturer.

enclosed [in'kləuzd] *adj.* joint. *Please find enclosed,* veuillez trouver ci-joint…

enclosure [in'kləuʒə] *n.* pièce jointe.

encounter [in'kauntə] *v.* rencontrer.

encroach [in'krəutʃ] *v.* **1.** empiéter sur, entamer. **2.** usurper.

encroachment [in'krəutʃmənt] *n.* **1.** empiétement. **2.** usurpation.

encryption *n.* encryptage ; chiffrement ; cryptographie.

encumber [in'kʌmbə] *v.* **1.** encombrer, gêner, embarrasser, entraver. **2.** obérer, grever (d'hypothèque).

encumbered [in'kʌmbəd] *adj.* **1.** encombré. **2.** hypothéqué, grevé d'hypothèque.

encumbrance [in'kʌmbrəns] *n.* **1.** embarras, charge. **2.** charges de succession, hypothèque, servitude.

end [end] *n.* **1.** fin. **2.** extrémité, bout. **3.** but, dessein, objectif. *The end justifies the means,* la fin justifie les moyens.

end *v.* **1.** arrêter, terminer, achever, mettre fin à, conclure. **2.** finir, se terminer, prendre fin, s'achever, aboutir. **3.** (valeur boursière) coter en fin de séance, clôturer.

endanger [in'deindʒə] *v.* mettre en danger, mettre en péril, compromettre.

endeavour [in'devə], U.S. **endeavor** *n.* effort, tentative.

endeavour, U.S. **endeavor** *v.* tenter, essayer, s'efforcer de.

endemic [in'demik] *adj.* endémique.

end-of-line display, tête de gondole.

endorsable [in'dɔ:səbl] *adj.* endossable.

endorse [in'dɔ:s] *v.* **1.** endosser (chèque, etc), avaliser (une traite) ; viser. **2.** approuver, appuyer, souscrire à, s'associer à, donner son appui à, accorder son soutien à. *To endorse a brand,* (acteur, etc.) promouvoir une marque, faire la promotion/se faire le champion d'une marque. **3.** *Polit.* : donner son investiture (à un candidat), investir (un candidat).

endorsee [endɔ:'si:] *n.* endossataire, bénéficiaire d'un endossement.

endorsement [in'dɔ:smənt] *n.* **1.** *Banque* : endossement, endos, aval (d'une traite). **2.** *Assur.* : avenant. **3.** approbation, adhésion, soutien. **4.** *Polit.* : investiture (accordée à un candidat par un parti).

endorser [in'dɔ:sə] *n.* endosseur, avaliste, donneur d'aval.

endow [in'dau] *v.* doter, faire une dotation. *Endowed with,* doué de, doté de.

endowment [in'daumənt] *n.*
1. dotation. **2.** fondation (hôpital, hospice, etc.), donation. **3.** don, talent.

endowment insurance, assurance en cas de vie, à capital différé (assurance vie prévoyant le paiement d'une certaine somme à un bénéficiaire désigné si l'assuré décède avant une date donnée, ou à l'assuré lui-même s'il est encore vivant après cette date).

end price, prix final, prix du marché.

end product *n.* **1.** produit final. **2.** résultat.

end use, utilisation finale, type d'utilisation.

end user *n.* utilisateur final.

energetic [enə'dʒetik] *adj.* **1.** (homme, mesure, etc.) énergique. **2.** énergétique, qui a trait à l'énergie, aux sources d'énergie.

energize *v.* dynamiser.

energy ['enədʒi] *n.* énergie. *Energy-saving measures,* mesures d'économie d'énergie.

enface [en'feis] *v.* inscrire au recto d'une traite.

enfacement [ən'feismənt] *n.* formule inscrite au recto d'une traite, d'un effet.

enforce [in'fɔːs] *v.* mettre en vigueur, mettre en pratique, exécuter, faire appliquer, faire exécuter, veiller à l'application de, imposer, faire respecter, faire valoir (des droits).

enforceable [in'fɔːsəbl] *adj.* exécutoire.

enforcement [in'fɔːsmənt] *n.* exécution, mise en vigueur, application (avec un caractère contraignant, obligatoire, légal). *Law enforcement,* application de la loi, maintien de l'ordre.

enfranchise [in'fræntʃaiz] *v.* accorder le droit de vote.

enfranchisement [in'fræntʃizmənt] *n.* admission au suffrage, octroi du droit de vote.

engage [in'geidʒ] *v.* **1.** embaucher, engager, recruter, employer.

2. retenir, réserver.

engage in *v.* se mettre à, se lancer dans, entrer dans, se livrer à, prendre part à. *To be engaged in agriculture,* travailler dans l'agriculture.

engaged [in'geidʒd] *adj.* **1.** retenu, occupé. **2.** recruté, embauché, engagé. **3.** fiancé. **4.** *Engaged in,* se livrant à, travaillant dans.

engagement [in'geidʒmənt] *n.* **1.** engagement, promesse, obligation ; rendez-vous. **2.** recrutement, embauche, engagement. **3.** fiançailles.

engine ['endʒin] *n.* **1.** machine, engin, appareil. **2.** moteur. **3.** locomotive.

engineer [endʒi'niə] *n.* **1.** ingénieur. *Consulting engineer,* ingénieur conseil. **2.** mécanicien, technicien. **3.** conducteur de locomotive. **4.** auteur d'un complot, responsable d'une manœuvre, d'une machination, d'une opération, d'un projet. **5.** soldat du Génie.

engineer *v.* **1.** faire le travail de conception et de réalisation d'un ingénieur, concevoir, construire, réaliser. *He engineered more powerful engines,* il réalisa des moteurs plus puissants. **2.** *To engineer a scheme,* organiser, promouvoir un projet, machiner, ourdir, concevoir et superviser un plan.

engineering [endʒi'niəriŋ] *n.* **1.** science de l'ingénieur, génie. **2.** ingénierie. **3.** organisation, technique(s), méthode(s). **4.** mécanique. *Engineering and electrical industries,* industrie électro-mécanique. **5.** manœuvre(s), machination(s) ; conception et supervision d'un projet.

engineering department, bureau d'étude, département d'ingénierie.

engineering firm 1. société d'étude. **2.** entreprise de mécanique.

engraving [in'greiviŋ] *n.* gravure.

enhance [in'haːns] *v.* **1.** rehausser, accroître, augmenter, mettre en valeur, relever. **2.** (prix, valeur) renchérir, faire monter.

enhancement [in'haːnsmənt] *n.* **1.** rehaussement ; amélioration. **2.** hausse, renchérissement.

enjoin [in'dʒɔin] *v.* **1.** enjoindre, prescrire, ordonner, imposer, donner une injonction, intimer. **2.** (U.S.) interdire, prohiber (par décision de justice ou décret).

enjoy [in'dʒɔi] *v.* **1.** prendre plaisir à, aimer, apprécier, goûter. *To enjoy oneself,* se divertir, s'amuser. **2.** jouir de, bénéficier de, pouvoir exercer (un droit, etc.) *To enjoy a world-wide reputation,* avoir une réputation mondiale.

enjoyment [in'dʒɔimənt] *n.* **1.** plaisir. **2.** jouissance (d'un droit, d'une fortune, etc.). *Prevention of enjoyment,* trouble de jouissance.

enlarge [in'laːdʒ] *v.* **1.** agrandir, augmenter, étendre, accroître. *To enlarge the premises,* agrandir les locaux. **2.** *To enlarge on something,* s'étendre sur un sujet. **3.** proroger (bail, droit, etc.). **4.** (U.S.) = *To set at large,* relaxer, élargir, relâcher, libérer (un prisonnier).

enlarged copy, reproduction en grand, cliché agrandi.

enlargement [in'laːdʒmənt] *n.* **1.** agrandissement, extension, accroissement, élargissement. **2.** agrandissement photographique. **3.** (U.S.) relaxe, libération (d'un prisonnier).

enlist [in'list] *v.* **1.** enrôler, recruter, engager (des partisans), s'assurer les services de. **2.** s'engager, s'enrôler.

enlisted men [in'listid] troupe, simples soldats (par rapport à officiers).

enlistment [in'listmənt] *n.* **1.** enrôlement, engagement. **2.** durée dun engagement dans l'armée.

enquire [in'kwaiə] *v.* **1.** se renseigner, s'informer, demander, poser une question. **2.** enquêter, faire des recherches, faire des investigations, se livrer à une enquête, étudier une question. *I'll enquire into the matter personally,* j'étudierai, j'examinerai l'affaire personnellement, je me pencherai personnellement sur l'affaire.

enquiry [in'kwaiəri] *n.* **1.** demande de renseignement, question. *Enquiries office, enquiry office,* guichet, office, bureau des renseignements, bureau d'information. **2.** enquête, recherche, investigation. *Board of enquiry,* commission d'enquête. *Public enquiry,* enquête de comodo et incomodo. *To open a judicial enquiry,* ouvrir une instruction (judiciaire). *I'll make personal inquiries into the matter,* j'examinerai l'affaire personnellement, je me pencherai personnellement sur l'affaire.

enrich [in'ritʃ] *v.* enrichir, fertiliser, augmenter la teneur.

enrichment [in'ritʃmənt] *n.* enrichissement, fertilisation, augmentation de la teneur. *Job enrichment,* enrichissement des tâches.

enrol(l) [in'rəul] *v.* **1.** engager, enrôler, embaucher, inscrire (des étudiants). **2.** s'engager, s'inscrire, s'enrôler. *To enrol for a course,* s'inscrire à un cours. **3.** enregistrer (un texte, un jugement).

enrollee *n.* participant (à un programme, etc.), inscrit, engagé.

enrollment *n.* (U.S.) voir **enrolment.**

enrolment [in'rəulmənt] *n.* **1.** engagement, embauche, inscription (à un cours, etc.), affiliation. *Enrolment figures in universities,* le nombre d'étudiants inscrits dans les universités. **2.** enregistrement, inscription officielle.

ensue [in'sjuː] *v.* s'ensuivre, résulter.

ensuing [in'sjuːiŋ] *adj.* **1.** suivant, subséquent. **2.** conséquent.

ensure [in'ʃuə] *v.* assurer, faire en sorte que, garantir.

entail [in'teil] *v.* **1.** entraîner, occasionner, causer, amener. **2.** *Jur. :* substituer un bien. *To entail an estate,* restreindre le droit d'héritage à telle catégorie d'héritiers (par exemple la deuxième génération).

entail *n.* **1.** Jur. : substitution d'héritier. **2.** Jur. : bien substitué (voir **to entail**).

entente *n.* entente.

enter ['entə] *v.* **1.** entrer, pénétrer (dans un lieu). **2.** entrer dans, s'engager dans, s'inscrire à, devenir membre de. *To enter a university,* s'inscrire à une université. *To enter a club,* devenir membre d'un club. *To enter the job market, the labor market,* arriver sur le marché du travail. **3.** s'inscrire à un concours, participer à une compétition, s'engager (épreuves sportives). *To enter a contest,* s'inscrire à un concours. **4.** commencer, se lancer dans. *To enter the legal profession,* se lancer dans la carrière juridique, choisir la carrière juridique. **5.** inscrire, enregistrer, consigner, porter sur un livre, passer une écriture. **6.** Jur. : *To enter an action against somebody,* intenter un procès, une action en justice, engager des poursuites. *To enter a protest,* protester par écrit. **7.** Jur. : *To enter an estate,* prendre possession d'un bien, d'un domaine. **8.** Douanes : *To enter goods,* déclarer des marchandises en douane.

enter in *v.* **1.** inscrire. *To enter an item in the books,* porter une écriture dans un livre, passer une écriture, faire écriture d'un article (dans un livre de comptes). **2.** *To enter somebody in a contest,* inscrire quelqu'un à un concours, engager quelqu'un pour une compétition.

enter into *v.* contracter, conclure. *To enter into an agreement,* conclure un accord. *To enter into a bargain,* conclure un marché. *To enter into a contract,* passer un contrat. *To enter into a partnership,* s'associer.

enterprise ['entəpraiz] *n.* **1.** entreprise. **2.** esprit d'entreprise.

entertain [entə'tein] *v.* **1.** amuser ; divertir. **2.** recevoir ; accueillir.

Entertaining allowance, frais de représentation. **3.** prendre en considération, considérer, examiner. *All offers will be entertained,* toutes les offres seront étudiées. **4.** avoir (une opinion), éprouver, concevoir, nourrir, caresser (crainte, idée, espérance, illusion, etc.).

entertainment [entə'teinmənt] *n.* **1.** amusement, divertissement. *The world of entertainment,* le monde du spectacle. **2.** réception, fête. *Entertain-ment allowance,* indemnité de représentation, frais de représentation, indemnité de fonctions.

enthuse [in'θjuːz] *v.* s'enthousiasmer, faire preuve d'enthousiasme.

entice [in'tais] *v.* séduire, attirer.

enticement *n.* attrait, séduction, incitation.

entire [in'taiə] *adj.* entier.

entitle [in'taitl] *v.* **1.** intituler. **2.** autoriser, donner droit, donner le droit de, habiliter, permettre.

entitled [in'taitld] *adj.* autorisé, habilité, ayant droit à, fondé à, remplissant les conditions pour.

entitlement *n.* **1.** droit (en particulier à des prestations sociales). ~s, prestations sociales ; acquis sociaux ; avantages sociaux. **2.** allocation (de fonds), dotation.

entitlement program, programme d'intégration, grand programme social.

entity ['entiti] *n.* entité. *Such a company is a legal entity,* une telle société est considérée comme une personne morale, une entité juridique.

entrance ['entrəns] *n.* **1.** entrée. *Main entrance,* entrée principale. *Tradesmen's entrance,* entrée des fournisseurs. **2.** admission, accès. *Entrance fee,* droit d'entrée.

entrant ['entrənt] *n.* **1.** personne qui pénètre. *Illegal entrants into the country,* les immigrés clandestins. **2.** *New entrants on the job market,* les nouveaux arrivants sur le marché du travail. **3.** inscrit, concurrent, participant (compétition, concours).

entrepreneur [ɔntrəprə'nɜː] *n.* entrepreneur (avec l'idée d'initiative économique).

entrepreneurial [ɔntrəprə'nɜːriəl] *adj.* qui caractérise l'entrepreneur, qui fait preuve d'initiative économique.

entrepreneurship *n.* rôle, fonction, activité, qualités, initiative de l'entrepreneur ; esprit d'entreprise ; création d'entreprise.

entrust [in'trʌst] *v.* confier. *To entrust something to somebody,* confier quelque chose à quelqu'un. *To entrust money to a bank,* confier de l'argent à une banque. *To entrust someone with something,* charger quelqu'un de quelque chose (responsabilité, mission, etc.).

entry ['entri] *n.* **1.** entrée, adhésion, admission. *To gain entry to a club,* être admis dans un club. *The entry of Greece into the E.E.C.,* l'adhésion de la Grèce au Marché Commun. **2.** inscription à un concours. *The number of entries,* le nombre de concurrents, le nombre d'inscrits, d'inscriptions. **3.** écriture, article, poste, passation d'écriture. *To post an entry,* passer écriture d'un article. **4.** article de journal. **5.** prise de possession, entrée en possession, en jouissance. **6.** *Douanes :* déclaration. *Entry inwards,* déclaration d'entrée. *Entry outwards,* déclaration de sortie. *Right of free entry,* droit de libre franchissement des frontières ; droit de libre circulation.

entry-level job, premier emploi.

envelope ['envələp] *n.* enveloppe. *Wage envelope,* paie, salaire.

environment [in'vaiərənmənt] *n.* milieu, environnement (en anglais moderne, souvent au sens écologique).

environmental [invaiərən'mentl] *adj.* qui a trait à l'environnement (souvent au sens écologique).

environmentally *adv.* écologiquement. *Environmentally friendly,* respectueux de l'environnement, écologique (produit).

environmentalist *n.* défenseur de l'environnement, écologiste.

envisage [in'vizidʒ] *v.* prévoir, envisager.

envision [in'viʒən] *v.* envisager.

e-procurement, approvisionnement en ligne.

equal ['iːkwəl] *v.* égaler, être égal à.

equal *adj.* **1.** égal ; paritaire. *Equal pay,* salaire égal, égalité, parité des salaires. *Equal rights,* égalité des droits (en général des femmes). **2.** à la hauteur de. *He is not equal to the job,* il n'est pas de taille à faire le travail, incapable d'occuper ce poste.

equality [iː'kwɔliti] *n.* égalité, parité.

equalization [iːkwəlai'zeiʃən] *n.* égalisation ; régularisation (de comptes) ; péréquation. *Equalization account,* compte de régularisation. *Equalization fund,* fond de régularisation, de compensation.

equalize ['iːkwəlaiz] *v.* **1.** égaliser ; régulariser (des comptes) ; faire une péréquation ; compenser, équilibrer, niveler. **2.** s'égaliser, se compenser, s'équilibrer.

equate [i'kweit] *v.* **1.** égaler, égaliser. **2.** mettre en parallèle, identifier, assimiler à, considérer comme équivalent, comme nécessairement associés. *They tend to equate business with profit,* pour eux, affaires et bénéfices sont inséparables.

equation [i'kweiʒn] *n.* **1.** équation. **2.** égalisation. **3.** mise en parallèle, assimilation.

equilibrium [iːkwi'libriəm] *n.* équilibre. *The equilibrium of the balance of payments,* l'équilibre de la balance des paiements.

equip [i'kwip] *v.* équiper ; pourvoir, doter, munir, outiller.

equipment [i'kwipmənt] *n.* équipement, matériel, installation ; outillage, appareillage ; accessoires. *Plant and equipment,* usine et outillage.

equitable ['ekwitəbl] *adj.* équitable, juste ~ *trade,* commerce équitable.

equities ['ekwətiz] *n.* actions ordinaires.

equity ['ekwiti] *n.* **1.** justice, équité, impartialité. **2.** intérêt que l'on a dans quelque chose, partie du capital que l'on détient. *To have an equity in something,* avoir des intérêts dans, détenir une partie du capital de. *Stockholders' equity,* capitaux propres, capital propre, fonds propres, valeur nette (d'une société). *Equity financing,* financement par fonds propres, par émission d'actions, par augmentation de capital. *Equity fund,* fonds commun de placement en actions. *Equity loan,* prêt participatif, avec prise de participation. *Equity market,* marché des actions. **3.** action ordinaire (d'une société). **4.** (G.B.) « *Equity* », syndicat des artistes. **5.** *Equity method of accounting,* (comptab.) mise en équivalence.

equity savings plan, plan d'épargne en actions.

eradication *n.* élimination, destruction, suppression, éradication.

eradicate [i'rædikeit] *v.* arracher, déraciner, faire disparaître.

erase [i'reiz] *v.* effacer, gommer ; raturer.

eraser [i'reizə] *n.* gomme (à effacer).

erasure [i'reʒə] *n.* suppression (d'un mot dans un texte), effaçage ; grattage, rature.

erection [i'rekʃən] *n.* construction, érection, montage, assemblage, installation.

erect [i'rekt] *v.* construire, bâtir, monter, installer, élever, édifier, ériger ; dresser, instituer.

ergonomics [ə:gəu'nɔmiks] *n.* ergonomie.

erode [i'rəud] *v.* ronger, éroder, saper, user progressivement.

erosion [i'rəuʒən] *n.* érosion, usure. *The erosion of real earnings through inflation,* l'érosion des bénéfices réels du fait de l'inflation.

erratic [i'rætik] *adj.* **1.** irrégulier, inégal, intermittent. **2.** capricieux, excentrique, désordonné.

error ['erə] *n.* **1.** erreur, faute, méprise. *Typist's error, typing error,* faute de frappe. **2.** (statistique) écart, variation.

errors and omissions excepted (E. & O.E.), sauf erreur ou omission.

escalate ['eskəleit] *v.* **1.** monter en flèche. **2.** se livrer à une escalade, une surenchère.

escalation [eskə'leiʃən] *n.* escalade ; hausse, montée, flambée ; surenchère.

escalator clauses ['eskəleitə] clauses d'indexation, clauses d'échelle mobile (du mot *escalator* : escalier roulant).

escape clause [i'skeip] = **escape provision.**

escape period, période de réflexion, délai de grâce (avant application d'un règlement), délai de remise en question (d'un accord, etc.).

escape provision [i'skeip] (contrat) clause dérogatoire, clause d'échappatoire, clause de sauvegarde.

escheat [is'tʃi:t] *n.* déshérence ; dévolution d'héritage à l'État, réversion à l'État.

escheat *v.* **1.** tomber en déshérence, revenir à l'État (succession). **2.** confisquer une succession ; faire échoir une succession à quelqu'un.

eschew [is'tʃu:] *v.* éviter, s'abstenir de.

escort [es'kɔ:t] **1.** escorte, suite officielle. **2.** escorte, cavalier, hôtesse, accompagnateur, accompagnatrice.

escrow [es'krəu] *n. Jur. :* **1.** acte ou bien confié à la garde d'un tiers pour n'être remis au destinataire ou bénéficiaire qu'après la réalisation de certaines conditions spécifiées par contrat. **2.** nom de cette procédure. *Escrow account,* compte séquestre, compte pivot, sur lequel un débiteur en litige avec un créancier verse les sommes dues pour ne pas être considéré comme défaillant (cf. Caisse des Dépôts et

Consignations). *Funds held in escrow,* fonds confiés à un tiers et destinés à servir de garantie à une opération spécifiée dans un accord sous seing privé appelé « escrow agreement ».

essential [i'senʃəl] *adj.* essentiel.

establish [i'stæbliʃ] *v.* **1.** établir, fonder, créer, édifier, instituer, instaurer. **2.** installer dans ses fonctions, titulariser (un fonctionnaire). **3.** établir, prouver, démontrer (la vérité, la validité, etc.).

establishment [i'stæbliʃmənt] *n.* **1.** établissement. *Business establishment,* maison de commerce. *Educational establishment,* établissement scolaire. **2.** création, fondation, constitution ; institution, instauration. **3.** confirmation, démonstration, constatation. **4.** « *The Establishment* », la classe dirigeante, la classe dominante.

estate [i'steit] *n.* **1.** bien, propriété ; patrimoine ; domaine ; immeuble. *Housing estate,* lotissement, zone résidentielle. *Industrial estate,* zone industrielle (G.B.). *Life estate,* biens en viager. *Personal estate,* biens mobiliers, biens meubles. *Real estate,* biens immobiliers, immobilier. **2.** succession. **3.** rang, condition, état. *The Fourth Estate,* la Presse.

estate agency, agence immobilière.

estate agent, agent immobilier.

estate duty, droits de succession.

esteemed [i'sti:md] *adj. In hand your esteemed…,* en main votre honorée… (expression vieillie et à déconseiller).

estimate ['estimət] *n.* **1.** évaluation, estimation, appréciation, calcul. **2.** prévision, pronostic. **3.** devis. **4.** *Budget estimates,* prévisions budgétaires, crédits demandés.

estimate ['estimeit] *v.* estimer, évaluer, apprécier, calculer.

estimation [esti'meiʃən] *n.* estimation, évaluation ; jugement.

estoppel [i'stɔpl] *n. Jur. :* principe juridique qui interdit aux par-

ties de revenir sur leurs déclarations (en niant ce qu'elles ont affirmé ou en affirmant ce qu'elles ont nié), ou qui rend irrecevables de telles dénégations.

estranged [i'streindʒd] *adj.* brouillé, séparé. *An estranged couple,* un couple qui vit séparé.

e-tailer *n.* vendeur au détail en ligne.

e-tailing *n.* vente au détail en ligne, sur Internet.

ethical *adj.* éthique.

ethics ['eθiks] *n.* éthique, morale. *Professional ethics,* déontologie.

e-trade *n.* commerce électronique.

e-trader *n.* cybermarchand.

e-trading, transactions boursières en ligne.

euro ['juərəu] *n.* euro.

eurobond ['juərəu,bɔnd] *n.* euro-obligation.

eurocommercial paper, effets de commerce en eurodevises.

eurocurrencies *n.* eurodevises.

euro-dollar, euro-dollar.

euroloan *n.* crédit en euro-devises.

euromarket, euromarché ; marché des euro-dollars.

European Economic Community (E.E.C.), Communauté Économique Européenne.

European Union, Union Européenne, UE.

evade [i'veid] *v.* se soustraire à, déjouer, éluder, tourner (la loi).

evader [i'veidə] *n.* fraudeur, personne qui tente de se soustraire à une obligation. *Draft-evader,* insoumis, réfractaire, conscrit refusant de faire son service militaire. *Tax-evader,* contribuable pratiquant la fraude, la dissimulation ou l'évasion fiscale.

evaluate [i'væljueit] *v.* évaluer, estimer, apprécier.

evaluation [i'vælju'eiʃən] *n.* évaluation, estimation, appréciation.

evasion [i'veiʒən] *n.* fait de se soustraire ou de tenter de se soustraire, d'éluder ; évasion (fiscale), dissimulation, échappatoire. *Tax-evasion,* évasion fiscale, dissimulation fiscale ou fraude fiscale.

even ['iːvn] *adj.* **1.** uni, égal, régulier. *To get even with someone,* régler ses comptes avec quelqu'un, rendre la pareille à quelqu'un. *Even break,* égalité des chances, chances égales. **2.** pair. **3.** *Your letter of even date,* votre lettre de ce jour (formule démodée et à déconseiller).

even dates, jours pairs.

event [i'vent] *n.* **1.** événement. *Current events,* l'actualité. **2.** cas. *Event of default,* cas de défaillance. **3.** résultat, issue. **4.** réunion sportive, rencontre sportive, épreuve sportive, concours.

eventual [i'ventʃuəl] *adj.* final.

eventually [i'ventʃuəli] *adv.* finalement, en fin de compte.

evergreen *n.* crédit permanent non confirmé (crédit en général d'un an, reconductible tacitement sauf dénonciation de l'une des deux parties).

evict [i'vikt] *v.* expulser, évincer.

eviction [i'vikʃən] *n.* expulsion, éviction, dépossession.

evidence ['evidəns] *n.* **1.** signe, marque, trace, preuve. **2.** preuve(s), témoignage. *To give evidence,* témoigner, déposer. *Circumstantial evidence,* preuve(s) indirecte(s), par présomption. *Documentary evidence,* preuve(s) écrite(s). **3.** témoin.

evolve [i'vɔlv] *v.* **1.** élaborer, développer (projets). **2.** évoluer.

evolution [iːvə'luʃən] *n.* évolution.

e-wallet *n.* portefeuille électronique.

ex, voir abréviations.

exact *v.* exiger.

examination [ig,zæmi'neiʃən] *n.* **1.** examen, inspection, étude, vérification, dépouillement, compulsation. *Competitive examination,* concours. *Thorough examination,* examen en profondeur, étude approfondie. **2.** *Jur. :* instruc-

tion (d'un procès, d'un dossier).

examine [ig'zæmin] *v.* **1.** examiner, inspecter, étudier, vérifier, contrôler. **2.** interroger (un témoin, un candidat), examiner. **3.** *To examine into a matter,* faire une enquête sur une affaire, procéder à l'examen d'une question. **4.** *Jur. :* instruire (un procès).

examinee *n.* personne qui passe un examen, candidat(e).

examiner [ig'zæminə] *n.* **1.** inspecteur, contrôleur vérificateur. **2.** examinateur, membre d'un jury (scolaire, universitaire, etc.). **3.** *Jur. :* juge d'instruction.

examining magistrate, magistrat chargé d'instruire une affaire, juge d'instruction.

exceed [ik'siːd] *v.* **1.** dépasser, excéder. **2.** surpasser. **3.** outrepasser.

except [ik'sept] *v.* excepter.

excepted [ik'septid] *p.p.* excepté.

exception [ik'sepʃən] *n.* **1.** exception. **2.** objection. *To take exception to something, to somebody,* objecter à, trouver à redire à, récuser, faire des objections à.

excerpt [ik'səːpt] *n.* extrait (d'un texte).

excess [ik'ses] *n.* **1.** excès. **2.** excédent, surplus, supplément. **3.** (G.B.) franchise (d'assurance).

excess *adj.* en surnombre, en trop, superflu, en excès. *Excess baggage,* excédent de bagages.

excess capacity, capacité de production inutilisée, surcapacité.

excessive [ik'sesiv] *adj.* excessif, exagéré, démesuré, abusif, immodéré.

excess-profits, super-bénéfices, bénéfices extraordinaires.

exchange [iks'tʃeindʒ] *v.* **1.** échanger, troquer. **2.** permuter. **3.** s'échanger.

exchange *n.* **1.** échange, troc. **2.** change, changes, opérations de change. *Exchange control,* contrôle des changes. *Foreign exchange,* change. *Rate of exchange,* taux de change. **3.** bourse (des valeurs, de commerce, du travail). **4.** *Bill of exchange,* effet de commerce, traite. *First of exchange,* première de change. *Foreign exchange,* effet(s) sur l'étranger, traite(s) sur l'étranger. **5.** *Telephone exchange,* central téléphonique, central.

exchangeable [iks'tʃeindʒəbl] *adj.* échangeable.

exchangee [,ekstʃein'dʒiː] bénéficiaire dun programme d'échange.

exchange rate, taux de change, taux du change.

exchange stabilisation fund, fond de stabilisation des changes.

Exchequer [iks'tʃekə] *n.* (G.B.) Trésor Public, ministère des Finances. *The Chancellor of the Exchequer,* le Chancelier de l'Échiquier, le ministre des Finances.

excisable [ek'saizəbl] *adj.* soumis aux droits de régie, sujet aux droits de régie, justiciable de droits de régie, imposable.

excise [ˈeksaiz] *n.* impôt(s) indirect(s), contribution(s) indirecte(s), régie, droit de régie (impôt perçu sur la fabrication, la vente ou la consommation de marchandises produites et vendues à l'intérieur du pays). *Excise duty,* droit de régie, accise (sur le tabac, l'alcool…), taxe intérieure. *Customs and Excise duties,* droits de douane et de régie.

exclude [ik'skluːd] *v.* **1.** exclure, bannir, refuser d'admettre, rejeter. **2.** écarter, éliminer (une possibilité).

excluded [ik'skluːdid] *adj.* exclu.

excluding [ik'skluːdiŋ] à l'exclusion de.

exclusion [ik'skluːʒən] *n.* exclusion.

exclusion clause, clause d'exclusion, exclusion de garantie (dans un contrat d'assurance, clause prévoyant que certains risques ne seront pas couverts).

exclusive [ik'skluːsiv] *adj.* **1.** exclusif. *Exclusive agent,* agent

exclusif. *Exclusive jurisdiction,* compétence exclusive (d'un tribunal). *Exclusive rights of sale,* droit exclusif de vente. **2.** sans compter, non compris, sans les extras. **3.** (club, etc.) fermé, sélect.

exclusive of *prép.* sans compter…, non compris. *Exclusive of extras,* options non comprises.

ex-coupon, coupon détaché (se dit d'une action pour laquelle le dividende de l'année a déjà été perçu. L'acheteur éventuel n'en bénéficiera donc pas).

ex-dividend, coupon détaché (se dit d'une action pour laquelle le dividende de l'année a déjà été perçu. L'acheteur éventuel n'en bénéficiera donc pas).

exec(s) [ig'zek] *n. Fam. :* pour **executive** (n.).

execute [ˈeksikjuːt] *v.* exécuter, accomplir, remplir, effectuer, s'acquitter de. *To execute an order,* exécuter un ordre.

execution [,eksiˈkjuːʃən] *n.* **1.** exécution, accomplissement, exercice (de fonctions). **2.** *Jur. :* saisie, saisie-exécution.

executive [igˈzekjutiv] *n.* **1.** cadre, dirigeant. *In the executive suite,* dans les milieux cadres. *Junior executive,* cadre moyen, cadre débutant. *Middle executive,* cadre moyen. *Senior executive,* cadre supérieur. *Top executive,* cadre supérieur. **2.** (U.S.) responsable, chef. *The Chief Executive,* le président des États-Unis, mais aussi le directeur, le président, le P.D.G. d'une entreprise. **3.** organe de direction, organisme central, comité directeur, instance(s) dirigeante(s), instance décisionnelle, bureau. **4.** *The Executive,* l'exécutif, le pouvoir exécutif (d'un État).

executive, *adj.* exécutif(ve), exécutoire.

executive agreement, (U.S.) accord entre le chef de l'État et un gouvernement étranger traitant en général de problèmes de routine et ne justifiant pas le recours au traité qui nécessiterait l'accord du Sénat.

executive board, conseil de direction ; directoire.

executive committee, commission exécutive, bureau (d'une association).

executive officer, fondé de pouvoir, responsable en second.

executive order, (U.S.) décret-loi.

executive pay, salaire(s) des cadres.

executive search firm, agence de chasseur(s) de têtes.

Executive Vice Président, (U.S.) vice-président assurant des fonctions de direction générale.

executor [ig'zekjutə] fém. **executrix** [ig'zekjutriks] *n.* exécuteur testamentaire.

executory [ig'zekjutəri] *adj.* exécutoire.

exemplification [ig,zemplifi'keiʃən] *n.* 1. illustration, démonstration par l'exemple. 2. copie authentique, ampliation.

exemplify [ig'zemplifai] *v.* 1. illustrer par un exemple, servir d'exemple. 2. faire une copie conforme, délivrer une copie conforme.

exempt [ig'zempt] *adj.* exempté, exempt, dispensé, exonéré. *Tax-exempt,* exempté d'impôt, exonéré d'impôt.

exempt *v.* exempter, dispenser, exonérer.

exemption [ig'zempʃən] *n.* exemption, dispense, exonération, franchise, dégrèvement. *Tax-exemption,* exonération d'impôt.

exercisable ['eksəsaizəbl] *adj.* qui peut s'exercer, que l'on peut exercer, qui peut s'appliquer, que l'on peut appliquer.

exercise ['eksəsaiz] *n.* exercice.

exercise *v.* 1. exercer, pratiquer, manifester. 2. s'exercer, s'entraîner.

exert [ig'zə:t] *v.* exercer, mettre en œuvre, employer (s').

exhaust [ig'zɔ:st] *n.* 1. échappement. 2. gaz d'échappement.

exhaust *v.* 1. épuiser (personne, ressources), exténuer. 2. arriver au terme de. 3. (gaz) s'échapper.

exhaustion [ig'zɔ:stʃən] *n.* épuisement (personne, ressources).

exhibit [ig'zibit] *n.* 1. objet, pièce exposée. 2. pièce à conviction.

exhibit *v.* 1. exposer. 2. produire une pièce à conviction, produire une preuve, présenter un document. 3. manifester.

exhibition [eksi'biʃən] *n.* 1. exposition. *Exhibition room,* salle d'exposition. *Exhibition site,* lieu d'exposition. 2. démonstration. 3. production, présentation de documents.

exhibitor [ig'zibitə] *n.* exposant.

ex-interest, intérêt déjà versé, déjà perçu.

exit ['eksit] *n.* sortie. *Emergency exit,* issue de secours. *Exit fee,* droit de sortie (fonds commun de placement, etc.). *~ poll,* sondage à la sortie des urnes/du bureau de vote. *~ visa/permit,* visa/permis de sortie.

exit *v.* sortir, partir.

ex-mill *n.* sortie usine.

exonerate [ig'zɔnəreit] *v.* 1. exonérer, décharger, dispenser. 2. disculper, absoudre, mettre hors de cause.

exoneration [ig,zɔnə'reiʃən] *n.* 1. exonération, décharge, dispense. 2. disculpation, mise hors de cause.

expand [ik'spænd] *v.* s'étendre, se développer, prendre de l'extension, grandir.

expansion [ik'spænʃən] *n.* expansion, extension, développement, croissance.

expansionary *adj.* expansionniste.

expatriate [eks'pætrieit] *adj.* et *n.* expatrié.

expect [ik'spekt] *v.* attendre, s'attendre à, prévoir, compter sur ; penser, croire que.

expectancy [ik'spektənsi] *n.* attente. *Life-expectancy,* espérance de vie.

expectation [,ekspek'teiʃən] *n.* 1. attente, espérance, anticipation. 2.

prévision, probabilité. *Expectation of life,* espérance de vie.

expedite ['ekspidait] *v.* **1.** accélérer, exécuter rapidement, accomplir avec diligence. **2.** (U.S.) expédier, envoyer.

expel [ik'spel] *v.* expulser.

expend [ik'spend] *v.* **1.** dépenser de l'argent. **2.** consommer, épuiser.

expendable [ik'spendəbl] *adj.* qui peut être intégralement dépensé, intégralement consommé, intégralement détruit. *Expendable goods,* biens non durables.

expenditure(s) [ik'spenditʃə] *n.* **1.** dépense(s) (souvent dépense(s) publique(s)). **2.** mise de fond, engagement de dépenses. **3.** consommation.

expense [ik'spens] *n.* dépense, frais, charge. *Expense account,* note de frais.

expense *v.* mettre/passer en note de frais. *Fully expensed company car,* (disposition de) voiture de société entièrement défrayée.

expenses [ik'spensiz] *n.* dépenses, frais, charges. *Household expenses,* dépenses des ménages. *Initial expenses,* frais d'établissement, frais de premier établissement, frais initiaux. *Legal expenses,* frais de justice ; dépens. *Operating expenses,* frais d'exploitation, coût de fonctionnement. *Overhead expenses,* frais généraux. *Preliminary expenses,* frais d'établissement, de constitution (d'une société). *Travelling expenses,* frais de déplacement ; indemnité de voyage.

expensive [ik'spensiv] *adj.* cher, coûteux, onéreux.

experience [ik'spiəriəns] *n.* expérience (acquise).

experience *v.* faire l'expérience de, éprouver, connaître, subir, rencontrer.

experienced [ik'spiəriənst] *adj.* **1.** expérimenté ; exercé ; qui a du métier. **2.** éprouvé, subi, connu, rencontré.

experiment [ik'sperimənt] *n.* expérience (de type scientifique ou empirique) ; test, essai, épreuve, tentative.

experiment *v.* expérimenter, faire une expérience, faire des expériences. *To experiment with a new model,* tester un nouveau modèle.

expert ['ekspə:t] *n.* expert, spécialiste.

expertise [ekspə:'ti:z] *n.* compétence, expérience technique, maîtrise ; expertise.

expert system, système expert.

expiration [ekspi'reiʃən] *n.* expiration, fin, cessation ; échéance.

expire [ik'spaiə] *v.* expirer, cesser, prendre fin, arriver à son terme, se terminer.

expired [ik'spaiəd] *adj.* **1.** terminé, parvenu à son terme, parvenu à expiration, expiré, fini, écoulé. **2.** périmé. *Expired bill,* effet périmé.

expiry [ik'spaiəri] *n.* expiration, fin, terminaison, terme.

expiry date, date de peremption, date d'expiration.

explanatory [ik'splænətəri] *adj.* explicatif, d'éclaircissement.

explicit [ik'splisit] *adj.* **1.** explicite, clair. **2.** formel, catégorique.

exploit [ik'sploit] *v.* **1.** exploiter, mettre en valeur. **2.** exploiter (la main-d'œuvre, etc.), profiter (injustement) de.

exploitation [eksploi'teiʃən] *n.* **1.** exploitation, mise en valeur. **2.** exploitation (de la main-d'œuvre, etc). **3.** (U.S.) publicité, exploitation publicitaire.

exploratory [ek'splɔrətəri] *adj.* exploratoire. *Exploratory talks,* discussions/entretiens/négociations préliminaires/préparatoires.

exploration [eksplɔ'reiʃən] *n.* exploration ; prospection (d'un gisement, d'un marché).

explore [ik'splɔ:] *v.* explorer ; prospecter ; étudier, examiner (une possibilité).

explosion [ik'spləuʒən] *n.* explosion. *Population explosion,* explosion démographique.

exponent [ik'spəunənt] *n.* **1.** *Maths.* : exposant. **2.** avocat de, personne qui expose une théorie, se fait le porte-parole d'une théorie.

export [ik'spɔ:t] *v.* exporter.

export ['ekspɔ:t] *n.* **1.** exportation. **2.** marchandise exportée.

exportation ['ekspɔ:'teiʃən] *n.* exportation, fait d'exporter.

export bounty, prime à l'exportation.

export duty, droit(s) de sortie.

exporter [ik'spɔ:tə] *n.* exportateur.

export-import company, société d'import-export.

export-led growth, croissance induite par les exportations.

export packing, emballage maritime ; emballage pour l'exportation.

export tax, droits de sortie.

export trade, commerce d'exportation, l'exportation.

expose [ik'spəuz] *v.* **1.** mettre à jour, démasquer, dévoiler, révéler (un scandale). **2.** mettre au contact de, familiariser avec, habituer à.

exposure [ik'spəuʒə] *n.* **1.** exposition (au froid, à l'air, etc.). *To die of exposure,* mourir de froid. **2.** mise à nu, révélation (d'une faute, d'une tare, d'un scandale). **3.** familiarisation, contact régulier, fait d'être exposé à des influences. **4.** *Indecent exposure,* attentat à la pudeur. **5.** risque (en particulier risque financier encouru sur des capitaux engagés, risque de non-remboursement de prêts, de non-paiement de créances). **6.** encours de crédit ; engagement. **7.** (pub) occasion de voir, d'être vu(e) ; visibilité.

expound [ik'spaund] *v.* exposer, expliquer (une théorie).

express [ik'spres] *n.* **1.** express (train). **2.** exprès, messager.

express *adj.* **1.** exprès, exact, explicite, précis. **2.** rapide, sans délai.

express *v.* **1.** exprimer, énoncer, formuler. **2.** envoyer par exprès.

expropriate [eks'prəuprieit] *v.* exproprier.

expropriation [eks,prəupri'ei ʃən] *n.* expropriation.

expulsion [ik'spʌlʃən] *n.* expulsion.

ex-quay [eks-ki:] à quai, franco à quai. Il faut distinguer entre *ex-quay = ex-dock = duty paid* où le prix indiqué comprend le dédouanement des marchandises et « *ex-quay, duty on buyer's account* » où les droits de douane restent à payer par l'acheteur.

ex-serviceman [eks'sə:vismən] *n.* militaire à la retraite, retraité de l'armée, ancien militaire.

ex-ship, suivie du nom du port de déchargement, cette expression indique que le prix s'entend : marchandise mise à la disposition de l'acheteur à bord du navire au port de déchargement, prête à être enlevée, frais de déchargement et de douane à la charge de l'acheteur.

ex-store, prix en magasin, prix sortie d'entrepôt.

extend [ik'stend] *v.* **1.** étendre ; s'étendre. **2.** prolonger ; se prolonger, continuer ; proroger (une échéance). *To extend a deadline,* prolonger un délai. **3.** présenter, offrir, adresser (remerciements, etc.). **4.** accorder. *To extend a loan,* accorder un prêt. *To extend credit facilities,* accorder du crédit.

extended family, famille élargie.

extension [ik'stenʃən] *n.* **1.** extension, accroissement ; (U.S.) crédit maximum que l'on peut accorder à un client, plafond. **2.** prolongation. ~ *of deadline,* prolongation de délai. **3.** poste (téléphonique). *Extension number,* numéro de poste. **4.** annexe d'un bâtiment.

extensive [ik'stensiv] *adj.* vaste, étendu, considérable, ample, approfondi, complet. *Extensive knowledge,* vastes connaissances. *Extensive travels,* nombreux voyages (dans différents pays).

extent [ik'stent] *n.* **1.** étendue. *Extent of cover,* étendue de la garantie, risques couverts. **2.** importance. *Extent of damage,* importance des dégâts. *To the extent of,* jusqu'à concurrence de.

extenuating circumstances, circonstances atténuantes.

external [eks'tə:nl] *adj.* **1.** extérieur. *External affairs* (U.S.), relations extérieures. **2.** externe.

extinction [ik'stiŋkʃən] *n.* **1.** extinction, anéantissement. **2.** amortissement. *Extinction of a debt,* amortissement d'une dette. **3.** *Jur. : Extinction of an action,* péremption d'instance (il est trop tard pour engager des poursuites).

extinguish [ik'stiŋgwiʃ] *v.* éteindre, abolir, mettre fin à. *To extinguish a debt,* éteindre une dette.

extol [iks'təul] *n.* vanter, célébrer, porter aux nues, exalter, prôner.

extoll, (U.S.), voir **extol.**

extort [ik'stɔ:t] *v.* extorquer, arracher.

extortion [ik'stɔ:ʃən] *n.* extorsion.

extortionate [ik'stɔ:ʃnət] *adj.* exorbitant. *Extortionate charge, extortionate price,* prix exorbitant, prix prohibitif.

extra ['ekstrə] *n.* **1.** supplément, extra. *Extras,* frais supplémentaires. **2.** (cinéma, etc.) extra, personne engagée pour une fonction, un travail de courte durée.

extra *adj.* **1.** supplémentaire, en plus, en sus. **2.** supérieur.

extra bold *n.* gras (caractère).

extract [ik'strækt] *v.* **1.** extraire (minerai, etc.). **2.** arracher (argent, etc.).

extract ['ekstrækt] *n.* extrait.

extraction [ik'strækʃən] *n.* **1.** extraction, arrachage. **2.** origine, extraction.

extractive industries [ik'stræktiv] industries minières, industries extractives.

extra-curricular [,ekstrəkə'rikjələ] hors programme. *Extra-curricular activities,* dans une école ou une université, activités étudiantes qui ne figurent pas au cursus, qui ne font pas partie des cours.

extradite ['ekstrədait] *v.* extrader, obtenir l'extradition.

extradition [ekstrə'diʃən] *n.* extradition.

extra vires, voir **ultra vires.**

ex-warehouse, (prix) en entrepôt, (prix) en magasin, prix sortie d'entrepôt, prix sortie de magasin.

ex-wharf, franco à quai, (prix) marchandises à quai, marchandises débarquées (le prix indiqué comprend le débarquement des marchandises dans le port d'arrivée).

ex-works, sortie d'usine (prix).

eye-appeal *n.* *Pub. :* (valeur d') attraction visuelle.

eye-camera *n.* *Pub. :* caméra qui enregistre les mouvements de l'œil face à une annonce.

eye-catcher *n.* = **eye-stopper.**

eye-catching *adj.* qui attire le regard, qui accroche l'œil, accrocheur, spectaculaire.

eye-stopper *n.* objet qui attire, accroche le regard.

F

fabric ['fæbrik] *n.* **1.** tissu, étoffe. **2.** structure, contexture. *The social fabric,* l'édifice social, le tissu social.

fabricate ['fæbrikeit] *v.* **1.** inventer. **2.** forger (un document). **3.** fabriquer.

fabrication [fæbri'keiʃən] *n.* **1.** invention. **2.** contrefaçon. **3.** fabrication.

face [feis] *n.* **1.** physionomie, visage, apparence, aspect. *To lose face,* perdre la face. **2.** façade, devant. *Coal face,* front de taille (mine).

face *v.* affronter, faire face à, rencontrer ; envisager (une possibilité).

facelift ['feislift] *n.* **1.** chirurgie esthétique du visage. **2.** mise au goût du jour, modification superficielle.

facelift *v.* **1.** remodeler un visage. **2.** mettre au goût du jour, modifier superficiellement.

facet ['fæsit] *n.* facette, aspect (d'une question).

face up to *v.* confronter, faire face à.

face-value, (titre) valeur nominale. *To take something at face-value,* prendre quelque chose pour argent comptant.

facilitate [fə'siliteit] *v.* faciliter.

facilities [fə'silitiz] *n.* **1.** facilités. *To offer facilities for payment,* offrir des facilités de paiement. **2.** installations, infrastructure(s), aménagements, usine. *Harbour facilities,* installations portuaires, infrastructure portuaire.

facility [fə'siliti] *n.* **1.** facilité. **2.** *Facility for,* disposition, aptitude, aisance (à, pour). **3.** équipement, installation.

facsimile [fæk'siməli] *n.* facsimilé.

facsimile *v.* fac-similer.

fact [fækt] *n.* **1.** fait. **2.** acte délictueux. *Accessory before the fact,* complice par instigation.

Accessory after the fact, complice après coup (recel, etc.), complice a posteriori.

fact finder, investigateur. En général, tiers impartial nommé par le Gouvernement pour enquêter sur l'origine et le déroulement d'un conflit du travail.

fact finding commission, commission d'enquête.

factitious [fæk'tiʃəs] *adj.* factice, artificiel.

factor ['fæktə] *n.* **1.** *Maths :* facteur, indice, coefficient, diviseur. **2.** facteur, élément. **3.** commissionnaire, mandataire, consignataire, dépositaire, agent de vente. Le « factor » est un agent travaillant à la commission et qui, à la différence du courtier (*broker*), achète et vend en son nom propre et est propriétaire des marchandises. **4.** agent à la commission louant ses services aux entreprises pour recouvrer leurs créances ; « factor ».

factor *v.* **1.** décomposer en facteurs. **2.** intégrer. **3.** agir en tant qu'agent à la commission (voir ci-dessus **factor 3**).

factorage ['fæktəridʒ] *n.* commission, travail à la commission, droits de commission du « factor » (voir **factor 3**).

factor analysis, analyse factorielle (méthode statistique pour l'identification des variables et la détermination de leur rôle respectif).

factor in *v.* intégrer (un élément dans un calcul, etc.).

factoring ['fæktərin] *n.* affacturage (recouvrement des créances par recours à un organisme extérieur qui gère les comptes clients de l'entreprise. De tels organismes sont rémunérés à la commission et selon un pourcentage de la masse globale des créances).

factorize ['fæktəraiz] *v.* décomposer en facteurs, factoriser.

factory farming, agriculture industrielle.

factory-gate price, prix sortie usine.

factory hand, ouvrier d'usine.

factory-outlet (store), magasin de vente directe (des produits de l'usine au consommateur) ; magasin d'usine ; « usine-center ».

factory ship Pêche : navire usine, bateau usine.

facts and figures, faits et chiffres, description chiffrée, données chiffrées.

factual ['fæktʃuəl] *adj.* réel, effectif, reposant sur les faits, concret, factuel, avec faits à l'appui. *Factual evidence,* preuve nourrie par les faits, preuve avec faits à l'appui. *Factual advertising,* publicité informative.

faculty ['fækəlti] *n.* 1. faculté, pouvoir, privilège. 2. corps enseignant.

fade [feid] *n.* (ciné.) fondu.

fade *v.* 1. se faner, se flétrir ; s'affaiblir, s'estomper ; se décolorer. 2. (ciné.) fondre, enchaîner.

faded ['feidid] *adj.* (article) défraîchi, passé, décoloré.

fail [feil] *v.* 1. ne pas faire quelque chose, manquer, faillir, omettre, manquer à ses engagements. 2. échouer, ne pas réussir. *To fail in a suit,* perdre un procès. 3. (moteur, machine) tomber en panne. 4. (société) faire faillite.

failing payment, faute de paiement, à défaut de paiement, sauf règlement. *Failing payment within a week we shall have to take legal action,* faute de paiement sous huitaine, nous nous verrons contraints d'engager des poursuites.

failure ['feiljə] *n.* 1. fait de ne pas faire, manquement. *Failure to observe the regulation,* inobservation du règlement, manquement au règlement. 2. échec. 3. (commerce, etc.) faillite. 4. panne, non-fonctionnement. *Power failure,* panne d'électricité.

faint [feint] *adj.* faible, timide. *Faint recovery,* reprise timide.

fair [fɛə] *adj.* 1. beau. 2. blond.

3. juste, équitable, honnête, loyal. *Fair and square,* honnête et loyal. *Fair competition,* concurrence loyale, libre concurrence. *Fair practices,* pratiques commerciales en conformité avec la libre concurrence. 4. passable, assez bon, moyen. *Good fair quality,* bonne qualité courante. 5. net, sans tache. *Fair copy,* copie au propre, copie au net.

fair *n.* foire, exposition, salon. *Trade fair,* foire commerciale. *World fair,* exposition universelle.

fairgoer [fɛə'gəuə] *n.* visiteur (d'une foire).

fairly ['fɛəli] *adv.* 1. équitablement, loyalement. 2. moyennement, passablement.

fairness ['fɛənis] *n.* qualité de ce qui est « fair » (voir ci-dessus) ; en particulier, équité loyauté, impartialité, justice, honnêteté.

fair presentation Comptab. : image fidèle, régularité et sincérité des comptes.

fair-trade, respect d'accord de réciprocité des transactions commerciales.

fair-trade agreement, (U.S.) accord entre distributeur et producteur ou fabricant, portant sur le respect d'un prix minimum de vente au détail.

fairway ['fɛəwei] *n.* chenal.

faith [feiθ] *n.* 1. confiance. 2. foi, croyance, conviction(s). 3. bonne foi, parole, fidélité à ses engagements, fidélité, loyauté.

faithful [feiθful] *adj.* fidèle, loyal ; exact, juste, vrai.

faithfully ['feiθfuli] *adv.* fidèlement, loyalement, exactement.

faithfully yours, mot à mot : « fidèlement vôtre », formule de clôture d'une lettre jouant le même rôle que notre : « nous vous prions d'agréer nos sentiments distingués ».

fake [feik] *n.* 1. faux (objet ou document). 2. supercherie, imposture, tromperie. 3. imposteur, charlatan.

fake *adj.* faux, truqué, maquillé.

fake v. **1.** truquer, maquiller. **2.** simuler.

fall [fɔ:l] n. **1.** chute. **2.** baisse (prix, cours, etc.). *To play for a fall,* jouer la baisse, jouer à la baisse. **3.** (U.S.) automne.

fall v. **1.** tomber. **2.** baisser.

fallacy ['fæləsi] n. **1.** idée fausse ou illusoire. **2.** raisonnement erroné. **3.** tromperie, présentation tendancieuse.

fall back v. **1.** reculer. **2.** *To fall back on something, on somebody,* se rabattre sur, se replier sur, avoir recours à, se rattraper sur.

fall behind [fɔ:l bi'haind] v. se laisser distancer, se faire dépasser.

fall due v. (traite, etc.) venir à échéance, arriver à maturité.

fallible ['fæləbl] adj. faillible.

fall in v. **1.** arriver à échéance, expirer. **2.** *To fall in with something,* se conformer à, accéder à (une demande), accepter, se prêter à. *To fall in with somebody,* se conformer, se ranger à l'avis de quelqu'un.

fall-off ['fɔ:lɔ:f] n. baisse, diminution. *Fall-off in demand,* baisse de la demande.

falloff = fall-off.

fall off v. baisser, diminuer, fléchir, décroire, décliner, se ralentir, dépérir.

fall-out, fallout ['fɔ:laut] n. retombée(s) (atomique, économique…).

fall out v. **1.** tomber, retomber. **2.** se produire, survenir. **3.** *To fall out with somebody,* se brouiller avec quelqu'un, se quereller avec quelqu'un.

fallow ['fæləu] adj. en jachère, en friche, non cultivé. *To lie ~,* être en jachère, en friche. *To leave a piece of land lie fallow, to let land lie fallow,* mettre en jachère.

fallow n. jachère, friche, terre non cultivée.

fall short v. échouer. *To fall short of the mark,* ne pas atteindre l'objectif.

fall through v. échouer, avorter.

fall to v. incomber à, échoir à, revenir à.

false [fɔ:ls] adj. faux ; de contrefaçon, contrefait. *False pretences,* présentation mensongère, allégation(s) mensongères(s). *Under false pretences,* sous de faux prétextes ; par des moyens frauduleux. *False swearing,* faux témoignage. *False weight,* poids inexact (en général, poids insuffisant).

falsification [fɔ:lsifi'keiʃən] n. falsification ; trucage.

falsify ['fɔ:lsifai] v. falsifier, truquer.

falter ['fɔ:ltə] v. **1.** hésiter, trébucher ; défaillir. **2.** (cours, etc.) fléchir, vaciller, faiblir.

fame [feim] n. réputation, notoriété, célébrité, gloire.

familiar [fə'miljə] adj. familier ; familiarisé. *Familiar with,* au fait de, connaissant bien.

familiarize [fə'miliəraiz] v. familiariser.

family allowance ['fæmiliə'lauəns] allocation familiale.

family concern, entreprise familiale.

family-owned, (entreprise) familiale, propriété de la famille.

famine [fæmin] n. famine ; disette.

famous ['feiməs] adj. fameux, célèbre.

fan [fæn] n. **1.** ventilateur. **2.** amateur, fanatique, « supporter », « fan ».

fancy ['fænsi] adj. de fantaisie, d'agrément, de luxe. *Fancy goods,* nouveautés.

Fannie Mae(s), titre(s) émis par la Federal National Mortgage Association (U.S.).

fare [feə] n. **1.** prix du voyage, prix de la course, tarif. *Return fare,* aller et retour (prix). *Single fare,* aller simple (prix). **2.** nourriture, régime alimentaire. *Bill of fare,* menu. **3.** *Fam. :* client (d'un taxi).

fare v. aller (bien, mal), se porter, se comporter ; se passer. *He fared badly at the polls,* il a obtenu de mauvais résultats aux élections.

farm [fɑːm] *n.* ferme, exploitation agricole. *Farm equipment,* matériel agricole. *Dairy farm,* élevage laitier. *Poultry farm,* élevage de volailles. *Stud farm,* haras. *Farm income,* revenu agricole. *Farm prices,* prix agricoles. *Farm show,* salon de l'agriculture. *Farm vote,* électorat rural.

farm [fɑːm] *v.* cultiver, exploiter, faire valoir ; élever (du bétail).

farmer [fɑːmə] *n.* agriculteur, cultivateur, exploitant, fermier. *Stock farmer,* éleveur (de bétail).

farm gate price, prix à la production, au producteur.

farm-hand ['fɑːm-,hænd] *n.* ouvrier agricole.

farming ['fɑːmiŋ] *n.* **1.** agriculture, exploitation agricole. *Stock farming,* élevage de bétail. **2.** affermage.

farm out *v.* **1.** confier la réalisation d'un projet, la fabrication d'une pièce à un sous-traitant ; distribuer, répartir le travail parmi des opérateurs et des ouvriers extérieurs à l'entreprise. **2.** épuiser le sol (par une agriculture trop intensive). **3.** affermer, donner en fermage.

farming out *n.* **1.** fait de confier la réalisation d'un projet, la fabrication d'une pièce à un sous-traitant ; distribution, répartition du travail parmi des opérateurs ou des ouvriers extérieurs à l'entreprise ; sous-traitance. **2.** épuisement du sol (par agriculture trop intensive). **3.** affermage.

far-reaching, d'envergure, de grande portée, considérable.

fashion ['fæʃən] *n.* **1.** façon, manière. **2.** mode. **3.** coutume.

fashion *v.* façonner, confectionner.

fashionable ['fæʃnəbl] *adj.* élégant, à la mode, en vogue, au goût du jour.

fast [fɑːst], U.S. [fæst] *adj.* **1.** rapide, prompt. *By fast train,* en grande vitesse. *Fast buck,* (U.S.) *Fam.* : argent facile à gagner. **2.** qui

avance, en avance. *My watch is fast,* ma montre avance. **3.** ferme, stable, solide, bien attaché. **4.** (couleur, tissus) qui ne déteint pas. **5.** malhonnête ; dissipé.

fast access memory, mémoire à accès rapide.

fasten ['fɑːsn] *v.* attacher, fixer.

fastening ['fɑːsniŋ] *n.* attache, fixation.

fast foods, restauration rapide.

fast forward, (magnéto.) avance rapide.

fastidious [fə'stidiəs] *adj.* exigeant, difficile, pointilleux.

fast motion, (ciné.) accéléré.

fast mover, article à forte rotation.

fast track **1.** (U.S. Congress) procédure accélérée (selon laquelle le Congrès peut approuver ou rejeter des accords commerciaux négociés par le Président, mais sans possibilité de les amender). **2.** parcours de la réussite, réussite rapide, voie rapide vers le succès ; (collectivement) jeunes cadres qui montent.

fat [fæt] *adj.* **1.** gros, gras. *Fat profits,* gros bénéfices. **2.** bien payé, lucratif. *A fat job,* un travail, un emploi bien rémunéré. *A fat cat* (U.S.), un richard.

fathom ['fæðm] *n.* (unité de mesure de profondeur) brasse = 6 pieds = 1,829 m.

fathom *v.* sonder.

fatten ['fætn] *v.* **1.** engraisser. **2.** enrichir, s'enrichir.

fault [fɔːlt] *n.* **1.** défaut. **2.** faute. **3.** vice de construction, défaut ; (métal) paille. **4.** (géologie) faille, cassure.

fault *v.* critiquer, trouver à redire à, trouver des défauts à, blâmer, rendre responsable (de).

faulty ['fɔːlti] *adj.* **1.** défectueux. **2.** erroné.

faulty design, vice de conception.

favour ['feivə], U.S. **favor** *n.* **1.** faveur. **2.** approbation. **3.** *Your favour of the 12th,* votre estimée du

12, votre honorée du 12 (formule vieillotte et à éviter).

favour, U.S. **favor** v. 1. favoriser, faciliter, avantager ; honorer. 2. approuver ; préférer.

favoured ['feivəd] adj. avantagé, favorisé. *The most favoured nation clause,* la clause de la nation la plus favorisée (commerce international).

favourable ['feivərəbl] adj. avantageux, favorable. *Favourable terms,* conditions avantageuses.

fax n. télécopie, fax. *Fax machine,* télécopieur.

fax v. télécopier, faxer.

fear premium, prime de risque.

feasibility [,fi:zə'biləti] n. praticabilité ; faisabilité.

feasible ['fi:zəbl] adj. faisable, réalisable, praticable, exécutable.

featherbedding ['feðəbediŋ] n. pratique syndicale en accord avec la direction d'une entreprise ou imposée à celle-ci, impliquant le maintien d'emplois non productifs ou le paiement d'un plus grand nombre d'ouvriers que celui justifié par les tâches à accomplir.

feature ['fi:tʃə] n. trait, caractéristique, point saillant. *Presse :* article important, chronique spéciale. *Cinéma :* film principal.

feature v. 1. comporter. 2. (film, musique, etc.) être fait avec la participation de, présenter en vedette. *Featuring...,* avec la participation de, avec... 3. *Presse :* chroniquer ; mettre en manchette. 4. caractériser, marquer, distinguer.

federal ['fedərəl] adj. fédéral. Aux États-Unis, désigne ce qui a trait au gouvernement central, situé à Washington, par opposition à ce qui a trait aux différents gouvernements des états.

Federal Reserve Board (U.S.), organisme de contrôle des 12 banques régionales qui constituent le système fédéral de réserve des États-Unis (ce système décentralisé joue le même rôle qu'une banque centrale). Le **Federal Reserve Board** fixe les grandes orientations de la politique monétaire et notamment du crédit.

Federal Trade Commission (U.S.), commission fédérale chargée d'assurer le respect de la libre concurrence sur le marché des États-Unis.

federate ['fedəreit] v. 1. fédérer. 2. se fédérer.

federation [fedə'reiʃən] n. fédération.

fee [fi:] n. 1. honoraires, cachet, vacation, rémunération (autre que traitement ou salaire), commission ; jetons de présence. 2. droit. *Entrance fee, admission fee,* prix d'entrée, droit d'entrée. *Tuition fee,* frais de scolarité. 3. cotisation. *Union fees,* cotisations syndicales. 4. redevance.

feed [fi:d] n. aliment pour bétail, fourrage.

feed v. 1. nourrir, approvisionner, ravitailler. 2. alimenter (machine), fournir, introduire, communiquer. *The programme will be fed into the machine,* le programme sera introduit dans la machine, le programme sera passé en, sur machine. 3. *To feed on something,* se nourrir de quelque chose.

feedback ['fi:dbæk] n. 1. (électricité, etc.) rétro-action. 2. information en retour.

feeder ['fi:də] n. peut s'appliquer à tout ce qui approvisionne en énergie ou alimente une machine, un secteur, etc. ; câble d'alimentation, canal d'alimentation, tuyau d'alimentation, collecteur, etc.

feeder line n. 1. ligne (bus, avion, train) secondaire se raccordant à une ligne principale. 2. câble électrique approvisionnant un réseau.

feedstock n. matières premières utilisées pour la fabrication.

feeler ['fi:lə] n. antenne. *To put out feelers,* lancer un ballon d'essai.

feel the pinch, souffrir, ressentir les effets (de mesures d'austérité, etc.).

fee simple (in), sans condition,

libre, en toute propriété, avec tous droits de jouissance et de possession. *Property held in fee simple*, bien détenu en toute propriété, propriété inconditionnelle.

fellow ['feləu] *n.* 1. membre d'une société à caractère culturel ou scientifique. 2. en composition (suivi ou non d'un trait d'union) désigne des personnes dans la même situation. *Fellow citizen*, concitoyen. *Fellow passenger*, compagnon de voyage.

fellowship ['feləuʃip] *n.* 1. association, société (en particulier dans l'université). 2. solidarité, communauté de vues. 3. appartenance à une association, une société ; titre de membre, qualité de membre. 4. bourse de recherche (à un niveau avancé, offerte à des enseignants ou des spécialistes).

felon ['felən] *n.* criminel ; auteur dune infraction grave.

felony ['feləni] *n.* (G.B.) infraction, délit. (U.S.) infraction majeure, crime (kidnapping, meurtre, etc.).

felt [felt] *n.* feutre.

female ['fi:meil] *adj.* féminin. *Female worker*, ouvrière.

female *n.* 1. femme. 2. femelle.

fence [fens] *n.* 1. clôture, barrière. *To sit on the fence*, ne pas se commettre, ménager la chèvre et le chou, attendre avant de s'engager de tel ou tel côté. 2. receleur.

fend off *v.* parer, écarter (un risque).

ferry ['feri] *n.* bac, bac transbordeur, ferry-boat.

ferry *v.* 1. franchir en bac, traverser en bac, faire traverser en bac, transborder. 2. transporter (par avion, camion, etc.).

ferry-boat ['feribəut] *n.* bac, ferry-boat.

fertilization [fə:tilai'zeiʃən] *n.* fertilisation, amendement du sol.

fertilize ['fə:tilaiz] *v.* fertiliser ; amender le sol.

fertilizer ['fə:tilaizə] *n.* engrais.

fetch [fetʃ] *v.* 1. aller chercher. 2. se vendre à, valoir (prix).

feud [fju:d] *n.* inimitié, haine, rivalité, dissensions, querelle, conflit. *There is an on-going feud between the two companies*, les deux sociétés se livrent une guerre permanente, se font une guérilla permanente.

fiat ['faiət] *n.* 1. autorisation (officielle). 2. décret, ordre, oukase.

fibre (U.S. **fiber**) ['faibə] *n.* fibre. *Man-made fiber*, textile artificiel, fibre synthétique. *Fibre-optics*, fibres optiques.

fictitious [fik'tiʃəs] *adj.* fictif. *Fictitious bill*, traite de complaisance, traite en l'air.

fiddle *n.* fraude, falsification.

fiddle *v.* falsifier, truquer.

fiddler *n.* falsificateur ; (G.B.) combinard.

fidelity bond (U.S.) [fi'deliti,] assurance protégeant un employeur contre un détournement de fond commis par un employé.

fiduciary [fi'dju:ʃjəri] *adj.* 1. fiduciaire (prêt, monnaie). 2. impliquant des rapports de confiance.

field [fi:ld] *n.* 1. champ. 2. champ d'application, étendue. 3. secteur, domaine. 4. terrain (désigne souvent des activités concrètes « sur le tas » par rapport aux activités d'état-major). 5. *Milit.* : champ de bataille, front.

field *v.* engager sur le terrain, lancer, mettre en campagne. *To field a candidate*, présenter un candidat (élections).

field operator, homme de terrain, personne qui opère sur place.

field survey, enquête sur les lieux, étude sur le terrain, « étude terrain ».

field testing, test « sur place » ; essai sur le terrain.

field trip, voyage d'étude(s), déplacement sur le terrain, mission.

fierce [fiəs] *adj.* acharné ; violent, brutal. *Fierce competition*, concurrence acharnée.

F.I.F.O. (First in First Out), méthode de gestion des stocks : « premier rentré premier sorti ».

fight [fait] *n.* **1.** combat, bataille, affrontement. **2.** lutte. **3.** combativité.

fight *v.* **1.** se battre. **2.** lutter contre, combattre.

figure ['figə] *n.* **1.** personnalité, personne, figure. **2.** forme, représentation, image, illustration, figure. **3.** chiffre. *Sales figure,* chiffre de ventes. *Unemployment figures,* nombre de chômeurs.

figure *v.* **1.** représenter, figurer. **2.** penser, estimer, évaluer. **3.** chiffrer.

figure in *v.* calculer, prendre en compte.

figure out *v.* **1.** se chiffrer, se monter. **2.** calculer, évaluer, imaginer. *I can't figure it out,* je n'arrive pas à me le représenter, à l'imaginer.

file [fail] *n.* **1.** dossier. **2.** fichier, classeur. **3.** file. **4.** lime.

file *v.* **1.** classer ; ranger un document. **2.** enregistrer un document. **3.** déposer (document, requête), faire enregistrer. *To file a claim,* déposer une réclamation ; porter plainte. *To file an application,* déposer une demande. **4.** *To file a story* (presse) câbler une information.

file a law suit *v.* engager des poursuites, porter plainte, intenter un procès.

file a petition in bankruptcy, déposer son bilan.

file consolidation, fusion de fichiers.

filer ['failə] *n.* **1.** voir *filing clerk.* **2.** classeur ; fichier. **3.** personne qui dépose un dossier, qui engage une procédure.

filibuster ['filibʌstə] *n.* (U.S.) **1.** manœuvre obstructionniste consistant pour les parlementaires U.S. à garder la parole, en se relayant pendant des jours et des semaines, pour empêcher un vote. **2.** voir **filibusterer.**

filibuster *v.* (U.S.) pratiquer l'obstruction parlementaire.

filibusterer [filibʌstərə] *n.*

(U.S.) parlementaire faisant de l'obstruction (voir **filibuster**).

filing ['failiŋ] *n.* **1.** classement. **2.** dépôt, enregistrement (d'une pièce, d'un document).

filing cabinet, classeur (meuble).

filing clerk, employé chargé du classement ; archiviste.

fill [fil] *v.* **1.** remplir ; occuper (un poste). **2.** se remplir. **3.** voir to **fulfil.** *To fill an order,* exécuter une commande. *Fill or kill,* (Bourse) ordre (d'achat ou de vente) à exécuter immédiatement ou à annuler.

filler ['filə] *n.* matériau de remplissage, bourre.

fill-in *n.* **1.** remplaçant. **2.** *fill-in purchase,* achat de complément ou de substitution.

fill in *v.* remplir ; combler. *To fill in a form,* remplir, compléter un formulaire.

fillip *n.* (bourse) fluctuation légère (vers le haut).

fill out *v.* remplir (en totalité) ; compléter. *To fill out one's tax return,* rédiger sa déclaration d'impôts, remplir sa feuille d'impôts.

fill up *v.* remplir (en totalité) ; faire le plein. *To fill up a form,* remplir un formulaire.

final ['fainl] *adj.* **1.** final. **2.** définitif, décisif, sans appel, de rigueur.

finality [fai'næliti] *n.* caractère définitif, péremptoire ; irrévocabilité.

finalize ['fainəlaiz] *v.* donner sa forme finale à, mettre en forme, compléter, donner l'accord final à...

finance [fai'næns] *n.* finance.

finance *v.* financer.

financial [fai'nænʃl] *adj.* financier. *Financial year,* exercice financier ; année budgétaire. *Financial standing,* situation financière, solvabilité. *Financial statement,* état financier ; bilan.

financial futures, contrats à terme d'instruments financiers. *Financial futures market,* marché à terme des instruments financiers.

financialization *n.* financiarisation.

financier [fai'nænsiə] *n*. financier.

financing [fai'nænsiŋ] *n*. financement.

find [faind] *n*. découverte.

find *v*. 1. découvrir, trouver. 2. *Jur.* : prononcer un verdict, rendre un verdict, déclarer. *He was found guilty by the court*, il fut déclaré coupable par le tribunal.

finding ['faindiŋ] *n*. 1. découverte. 2. conclusion d'un tribunal.

findings *n*. conclusions d'un tribunal, résultats d'une enquête, d'une étude, d'un sondage.

fine [fain] *adj*. 1. fin. 2. beau. 3. excellent.

fine *n*. amende.

fine *v*. faire payer une amende, condamner à une amende, infliger une amende.

fine print, 1. petit(s) caractère(s). 2. partie(s) d'un contrat écrite(s) en petits caractères.

fine trade bill, traite de premier ordre, papier de haut commerce.

finetune *v*. régler avec précision ; déterminer précisément.

fine-tuning, réglage précis (souvent employé au sens de réglage précis de l'économie).

finish ['finiʃ] *n*. 1. fini (d'un ouvrage), finesse d'exécution, perfection du détail. 2. fin (d'une lutte). *A fight to the finish,* une lutte à mort.

finish *v*. 1. terminer, finir, achever. 2. se terminer, s'achever. 3. parachever, parfaire. *The finishing touch*, la touche finale, la dernière main.

finished goods ['finiʃt] produits finis.

finished products, produits finis.

finite ['fainait] *adj*. fini, qui a une limite.

fire ['faiə] *n*. 1. feu. *To come under ~, to draw ~,* être vivement critiqué, s'attirer de violentes critiques. 2. incendie. *Fire hazard,* risque d'incendie. *Fire and theft,* vol et incendie.

fire *v*. 1. mettre à la porte, congédier. 2. mettre le feu à ; exciter, enflammer (controverse, passion). 3. faire feu, tirer. 4. lancer (fusée, etc.).

fire alarm, signal d'incendie.

fire insurance, assurance incendie.

fire sale, vente (à bas prix) d'articles endommagés après un incendie.

firing *n*. 1. mise à la porte, mise à pied, licenciement. 2. mise à feu. 3. tir.

firm [fə:m] *n*. firme, entreprise, maison de commerce, maison, société.

firm *adj*. ferme. *To stand firm*, rester ferme (personne) ; se maintenir (cours, etc.). *Firm-fixed price*, prix ferme et définitif.

firm up *v*. 1. se raffermir (cours, etc.). 2. confirmer. *To firm up a contract*, confirmer, signer définitivement un contrat. 3. se confirmer.

firmness ['fə:mnis] *n*. fermeté, stabilité, bonne tenue (des cours).

first [fə:st] *adj*. premier.

first *adv*. 1. premièrement. 2. pour la première fois. 3. en premier.

first-class *adj*. 1. de premier choix, de premier ordre, de première qualité. 2. de première classe.

first of exchange, première de change.

first rate, excellent, de première qualité.

first refusal (right of), pacte de préférence, droit de priorité.

first in first out *v*. FIFO.

first-mortgage, hypothèque de premier rang.

fiscal ['fiskl] *adj*. fiscal.

fiscal year, exercice budgétaire ; exercice fiscal. Débute le 1ᵉʳ avril en Grande-Bretagne et le 1ᵉʳ octobre aux États-Unis.

fish [fiʃ] *n*. poisson.

fish *v*. pêcher.

fisherman ['fiʃəmən] *n*. pêcheur.

fishery ['fiʃəri] *n*. pêcherie.

fish-farm *n*. (centre de) pisciculture, exploitation piscicole.

fish farming, pisciculture.

fishing ['fiʃiŋ] *n.* fait de pêcher, la pêche. *The fishing industry,* l'industrie de la pêche.

fishmonger ['fiʃˌmʌŋgə] *n.* poissonnier.

fit [fit] *n.* **1.** accès. **2.** accord, ajustement, adaptation, ajustage, entente, fait d'aller bien ensemble, de s'entendre.

fit *adj.* convenable, qui convient, propre à, fait pour, adapté à, bon, opportun, apte à, capable de. *(Physically) fit,* en forme. *Fit for consumption,* propre à la consommation.

fit *v.* **1.** s'accorder, convenir, correspondre, aller ; (vêtements) être à la taille. **2.** adapter, ajuster, monter (une pièce). **3.** s'ajuster, s'adapter, s'emboîter, etc.

fitness ['fitnis] *n.* **1.** aptitude, compétence. **2.** fait d'être adapté, de convenir à ; à propos, justesse. **3.** *(Physical) fitness,* forme physique (bonne).

fitter ['fitə] *n.* ajusteur, monteur.

fitting ['fitiŋ] *n.* **1.** ajustement. **2.** installation ; montage.

fittings *n.* installations, équipement ; accessoires ; outillage, appareillage. *Fittings and fixtures,* installations et agencements.

fiver ['faivə] *n.* billet de 5 livres, billet de 5 dollars. *(Fam.).*

fix [fiks] *n.* **1.** embarras, difficulté, pétrin. **2.** (U.S.) pot de vin. **3.** (U.S.) dose (drogue).

fix *v.* **1.** fixer, établir, déterminer, régler. **2.** *Fam. :* réparer, arranger, bricoler ; préparer. **3.** truquer, fausser ; acheter (un jury, etc.). *To fix prices,* s'entendre sur les prix (de façon illicite).

fixed [fikst] *adj.* **1.** fixé, déterminé, établi. **2.** truqué, faussé ; (jury, etc.) acheté. **3.** immobilisé. *Fixed capital,* capital immobilisé, immobilisations.

fixed assets, actif immobilisé, immobilisations.

fixed salary, salaire fixe, fixe, salaire régulier.

fixed-yield securities, fixed-income securities, valeurs à rendement fixe (obligations et actions privilégiées).

fixing ['fiksiŋ] *n.* **1.** fait de fixer, régler, déterminer. *(Gold) fixing,* fixation du cours de l'or, fixage, cotation de la barre d'or. **2.** fait de truquer ; fixation illicite des prix.

fixity ['fiksiti] *n.* fixité. *Fixity of purpose,* détermination.

fixture ['fikstʃə] *n.* **1.** appareil fixe, installation fixe. **2.** événement (sportif, etc.) programmé ou régulier. **3.** objet ou personne associé(e) à un lieu dont il ou elle semble faire partie intégrante.

fixtures ['fikstʃəz] *n.* installations fixes, installations à demeure.

fizzle ['fizl] *n.* feu de paille.

fizzle (out) ['fizl] *v.* faire long feu, avorter, échouer.

flag [flæg] *n.* drapeau, pavillon. *Flag of convenience,* pavillon de complaisance. *To fly a flag,* battre pavillon, arborer un pavillon.

flag *v.* (cours) mollir, se relâcher, baisser, fléchir. *Écon. :* se ralentir, languir.

flag carrier, compagnie de transport (aérien) nationale.

flagging ['flægiŋ] *adj.* languissant ; en baisse, fléchissant.

flagship *n.* navire amiral, vaisseau amiral. Par extension, élément principal d'une organisation, porte-drapeau, vitrine. ~ *product,* produit phare.

flameproof *adj.* ignifugé(e).

flameproof *v.* ignifuger.

flameproofing *n.* ignifugeage.

flap *n.* affolement, panique, crise.

flare up *v.* (prix, etc.) flamber.

flashback, retour en arrière.

flash point, flashing point ['flæʃpɔint] point d'ignition, de combustion, d'inflammation (p. ext., seuil de déclenchement d'une crise).

flask [flɑːsk] *n.* flacon.

flat [flæt] *n.* appartement. *A show flat,* un appartement témoin.

flat *adj.* **1.** plat, sans relief. **2.**

(marché) languissant, terne, (trop) calme **3.** uniforme, forfaitaire. *Flat fee,* honoraires forfaitaires, versement forfaitaire. *Flat rate,* taux uniforme. **4.** (refus, etc.) catégorique.

flat-car *n.* wagon plate-torme.

flatline *v.* (courbe) s'aplatir (cf. électrocardiogramme) ; *the economy is flatlining,* l'économie est au point mort.

flat-rolled steel, acier laminé.

flatten ['flætn] *v.* **1.** aplatir, aplanir. **2.** s'aplatir, s'aplanir. *To flatten out,* s'aplanir, redevenir horizontal. *Sales have flattened in recent weeks,* les ventes out baissé au cours des dernières semaines.

flat withholding, prélèvement libératoire.

flavour ['fleivə], U.S. **flavor** *n.* parfum, saveur, goût.

flavour ['fleivə], U.S. **flavor** *v.* parfumer, assaisonner.

flaw ['flɔ:] *n.* **1.** défaut, imperfection. **2.** *Jur. :* vice de forme. **3.** (métal, etc.) paille, fissure, fente.

flawed [flɔ:d] *adj.* défectueux.

flawless ['flɔ:lis] *adj.* sans faille, sans défaut, impeccable.

flax [flæks] *n.* lin.

flaxen ['flæksən] *adj.* **1.** de lin. **2.** couleur de lin, blond.

fledgling, fledgeling *adj.* qui n'a pas atteint son plein développement. *A ~ company,* une société débutante/nouvellement créée, une jeune société.

fleet [fli:t] *n.* **1.** flotte. **2.** parc de véhicules, nombre de véhicules. *They have a large fleet of delivery vans,* ils ont un grand nombre de camionnettes de livraison.

Fleet Street, la presse londonienne (du nom d'une rue de Londres).

flex [fleks] *n.* cordon ; câble flexible.

flexibility [fleksə'biləti] *n.* souplesse, adaptabilité, élasticité ; fait d'avoir plusieurs cordes à son arc.

flexible ['fleksəbl] *adj.* souple, adaptable, élastique. *Flexible working hours,* horaires flexibles.

flextime *n.* horaires flexibles.

flier voir **flyer.**

flight [flait] *n.* **1.** vol (avion). **2.** fuite, évasion. *Capital flight,* fuite de capitaux. *Flight capital,* capitaux en fuite.

flimsy ['flimzi] *n.* papier pelure.

flip chart, tableau papier, tableau mobile ; fiche mobile.

float [fləut] *n.* **1.** (U.S.) produit en cours de fabrication. **2.** décalage entre la date d'émission d'un chèque et celle de son débit du compte tiré ; masse des effets en circulation (qui n'ont pas encore été encaissés). **3.** flottement d'une monnaie. **4.** char (de carnaval).

float *v.* **1.** flotter ; faire flotter. **2.** mettre à flot. **3.** lancer (société, emprunt), émettre.

floatation [fləu'teiʃən] *n.* lancement (d'une société, d'un emprunt) ; émission (de titres).

floater *n.* émission (Eurodollars, etc.).

floaters ['fləutəz] *n.* monnaies flottantes.

floating assets, actif circulant.

floating capital, capital disponible, fonds de roulement.

floating charge, nantissement réalisable.

floating exchange rate, taux de change flottant.

floating policy, *Assur. mar. :* police flottante.

floating rate, taux flottant, variable. *Floating rate bond,* obligation à taux flottant/variable. *Floating rate note,* bon à taux flottant/révisable.

floating vote, électorat indécis.

flock *n.* troupeau (de moutons, d'oies) ; foule.

flock *v.* s'attrouper, s'assembler, venir en masse, affluer, se presser, accourir.

flog *v.* vendre/revendre des biens obtenus de façon illicite ; bazarder, brader. *To ~ the silver,* « vendre les bijoux de famille » (expression utilisée par les opposants aux privatisations).

flood [flʌd] *v.* **1.** inonder, submerger, saturer. **2.** déborder.

flood *n.* inondation.

floor [flɔ:] *n.* **1.** plancher. **2.** étage. *First floor,* (G.B.) premier étage. (U.S.) rez-de-chaussée. **3.** (enceinte de la) bourse ; (Bourse) salle des transactions. *Floor broker,* (Bourse) commissionnaire agréé.

floor (to take the) *v.* prendre la parole (devant une assemblée, un groupe).

floor manager *n.* **1.** floorwalker. **2.** (ciné, T.V.) régisseur.

floor price, prix plancher.

floor trader, boursier.

floorwalker, surveillant (de grand magasin).

flop [flɔp] *n.* échec ; « bide ».

flop *v.* échouer ; « faire un bide ».

floppy disk, disquette.

floriculture *n.* floriculture.

flotation [fləu'teiʃən] voir **floatation.**

flotsam ['flɔtsəm] *n.* épave(s) flottante(s).

flounder ['flaundə:] *v.* patauger, avancer péniblement. *A floundering economy,* une économie hésitante, qui ne décolle pas.

flour ['flauər] *n.* farine.

flourish ['flʌriʃ] *v.* prospérer, être florissant.

flour-mill *n.* minoterie.

flour-miller *n.* minotier.

flow [fləu] *n.* flux, flot, courant, débit ; circulation. *Free ~ of capital,* libre circulation des capitaux. *Rate of flow,* régime (d'un cours deau).

flow *v.* couler, s'écouler, circuler, etc.

flow-chart, flow-diagram *n.* diagramme, graphique (enregistrant les flux).

flow production, production à la chaîne.

fluctuate ['flʌktjueit] *v.* fluctuer, varier, osciller.

fluctuation [flʌktju'eiʃən] *n.* fluctuation, variation, oscillation.

fluency ['flu:ənsi] *n.* aisance (du style, de la parole). *Fluency in English,* maîtrise de l'anglais, « anglais courant ».

fluent [flu:ənt] *adj.* coulant, facile, (langue) parlée ou écrite de façon courante.

fluently ['flu:əntli] *adv.* couramment. *He speaks German fluently,* il parle l'allemand couramment.

fluid ['flu:id] *n.* fluide, liquide.

fluidity [flu:'idəti] *n.* fluidité.

flurry *n.* (Bourse) accès de fièvre.

flush [flʌʃ] *n.* **1.** accès ; afflux, abondance soudaine. *A flush of orders,* un afflux de commandes. **2.** chasse-d'eau.

flush *adj.* **1.** plein, débordant, abondant. *To be flush,* être plein aux as. *Flush with cash,* débordant de liquidités. *Flush years,* années fastes. **2.** de niveau, affleurant.

flush *v.* **1.** jaillir. **2.** inonder. **3.** rincer, nettoyer.

flutter (to have a) ['flʌtə] risquer de petites sommes, jouer de petites sommes.

flux [flʌks] *n.* flux, flot.

fly, flew, flown *v.* **1.** voler ; voyager par avion. **2.** transporter par avion. **3.** fuir, s'enfuir.

fly a flag [flai] battre pavillon, arborer un pavillon, naviguer sous un pavillon.

flyer *n.* **1.** aviateur, aviatrice. **2.** passager aérien. *Frequent flyer,* passager/usager/client régulier/fréquent (de ligne aérienne). *Frequent flyer plan/program(me),* système de bonus sous forme de kilomètres de vol gratuit offerts à ses clients réguliers par une compagnie aérienne. **3.** (U.S.) prospectus.

fly sheet *n.* **1.** feuille volante ; feuille de renseignements (au début d'un dossier, d'un catalogue). **2.** prospectus.

F O B = Free on Board [ef əu bi:] franco à bord.

F O C [ef əu si:] **1.** *Free of charge,* gratuit, gratuitement. **2.** (U.S.) *Free on car,* franco wagon.

focus ['fəukəs] *n.* centre, foyer, point central. *To bring into focus,* mettre au point ; centrer (un problème).

focus *v.* **1.** concentrer, converger ; centrer. *Most of the discussion was focussed on costs,* la discussion a surtout porté sur les coûts. **2.** se concentrer sur.

focus group, groupe de travail sur un problème spécifique, groupe de réflexion.

fodder ['fɔdə] *n.* fourrage.

foil [fɔil] *n.* **1.** feuille (de métal) **2.** *To serve as a foil, to act as a foil,* servir de repoussoir, faire ressortir.

foil *v.* déjouer, faire échouer.

fold [fəuld] *n.* **1.** plier. **2.** envelopper. **3.** (U.S.) *To fold, to fold up,* faire faillite, fermer boutique.

folder ['fəuldə] *n.* **1.** chemise (pour documents). **2.** dépliant.

follow up ['fɔləu ˌʌp] *n.* suite, poursuite, exploitation, suivi ; relance.

follow up *v.* suivre, poursuivre, exploiter ; relancer.

follow up letter, lettre de relance.

follow up study, follow up survey, étude complémentaire.

food [fuːd] *n.* nourriture, aliments, denrées alimentaires. ~ *crop,* culture vivrière. ~ *stamps,* (U.S.) coupons alimentaires (distribués aux plus démunis).

food chain *n.* chaîne alimentaire.

food safety, sécurité alimentaire. ~ *agency,*agence de sécurité alimentaire.

foodstuff(s) ['fuːdstʌf(s)] *n.* produit(s) alimentaire(s), denrée(s) alimentaire(s), aliment(s).

foot-and-mouth disease, fièvre aphteuse.

foot the bill *v.* régler la note.

footage ['futidʒ] *n.* longueur ou quantité exprimée en pieds. P. ex. : métrage d'un film.

foothold ['futhəuld] *n.* prise (pour le pied). *To gain a foothold, to get a foothold, to secure a foothold, to win a foothold,* prendre pied, pénétrer (sur un marché), commencer à s'implanter.

footing ['futiŋ] *n.* **1.** pose (des pieds). **2.** position, situation, statut. *To gain a footing,* commencer à s'implanter. *On the same footing,* sur le même plan, sur un pied d'égalité.

footnote ['futnəut] *n.* note (de bas de page).

forbid [fə'bid] *v.* interdire.

force [fɔːs] *n.* force, vigueur, puissance. *To be in force,* être en vigueur. *To come into force,* entrer en vigueur. *To put into force,* mettre en vigueur.

force down *v.* faire baisser (en exerçant des pressions, de force).

force majeure [ˌfɔːs mæ'ʒəː] force majeure, cas de force majeure.

force out *v.* évincer. *To be forced out of a market,* se faire évincer/ chasser/éliminer d'un marché.

force up *v.* faire monter (en exerçant des pressions, de force).

forecast ['fɔːkaːst] *v.* prévoir, pronostiquer, annoncer, faire des prévisions, prédire.

forecast *n.* prévision, pronostic ; prédiction ; estimation.

forecaster ['fɔːkaːstə] prévisionniste.

foreclose [fɔː'kləuz] *v.* **1.** exclure (une possibilité). **2.** forclore. **3.** (hypothèque) saisir. **4.** *Banque :* mettre fin à un prêt, refuser de continuer à accorder un prêt.

foreclosure [fɔː'kləuʒə] *n.* **1.** exclusion (d'une solution). **2.** forclusion. **3.** saisie (d'un bien hypothéqué).

forego *v.* voir forgo.

foreign ['fɔrin] *adj.* étranger, de l'étranger.

foreign currency, devise étrangère.

foreign direct investment, (selon contexte) investissement direct à l'étranger ; investissement direct de l'étranger.

foreigner ['fɔrinə] *n.* étranger.

foreign exchange, devises, marché du change. *Foreign exchange market,* marché des changes, des devises. *Foreign exchange trader,* cambiste.

foreign trade, commerce extérieur.

foreman ['fɔːmən] *n.* **1.** contremaître, chef d'équipe. **2.** *Jur. :* premier juré.

foremost ['fɔːməust] *adj.* de tête, premier, qui vient en tête, de tout premier rang.

forensic [fə'rensik] *adj.* judiciaire. *Forensic pathology,* médecine légale.

forerunner ['fɔː,rʌnə] *adj.* avantcoureur ; signe avant-coureur ; précurseur.

foresee [fɔː'siː] *v.* prévoir.

foreseeable *adj.* prévisible.

foresight ['fɔːsait] *n.* prévoyance ; prévision.

forest ['fɔrist] *v.* boiser.

forestation *n.* plantation d'une forêt.

forestry ['fɔristri] *n.* **1.** sylviculture. **2.** exploitation des forêts.

forestall [fɔː'stɔːl] *v.* **1.** prévenir, devancer, anticiper. **2.** accaparer un marché en achetant le maximum de marchandises disponibles pour les revendre plus cher.

foretell [fɔː'tel] *v.* prédire.

forewarn [fɔː'wɔːn] *v.* avertir ; prévenir à l'avance.

forewarning [fɔː'wɔːniŋ] *n.* avertissement.

forfeit ['fɔːfit] *n.* dédit.

forfeit *v.* perdre (par confiscation), se voir retirer, se voir confisquer. *Below a certain percentage of votes, the candidates will forfeit their deposit,* au-dessous d'un certain pourcentage de voix, les candidats perdront leur caution.

forfeitable ['fɔːfitəbl] *adj.* confiscable.

forfeiture ['fɔːfitʃə] *n.* **1.** confiscation, retrait. **2.** *Jur. :* déchéance (d'un droit).

forge [fɔːdʒ] *n.* forge ; atelier de forge ; usine métallurgique.

forge *v.* **1.** forger. **2.** faire un faux, contrefaire, falsifier.

forge ahead *v.* aller de l'avant.

forger ['fɔːdʒə] *n.* **1.** forgeron ; ouvrier travaillant dans une forge.

2. faussaire, faux-monnayeur, contrefacteur.

forgery ['fɔːdʒəri] *n.* **1.** contrefaçon, falsification. **2.** faux, document falsifié.

forget [fə'get] *v.* oublier.

forgive [fə'giv] *v.* pardonner. *To forgive a debt,* faire grâce d'une dette, faire remise d'une dette, ne pas exiger le remboursement d'une dette, annuler une dette.

forgiveness *n.* pardon ; remise (d'une dette), fait de ne pas exiger le paiement ou le remboursement d'une somme due, annulation d'une dette (par le créancier).

forgo [fɔː'gəu] *v.* renoncer à (un droit), se priver de, s'abstenir de.

fork-lift truck, chariot élévateur.

fork out, fork over [fɔːk] *v.* *Fam. :* cracher, casquer, payer, verser.

form [fɔːm] *n.* **1.** formulaire, bulletin, imprimé. **2.** forme. **3.** formule.

form *v.* former, constituer, créer, fonder. *To form a partnership,* s'associer.

formal ['fɔːml] *adj.* **1.** formel, en bonne et due forme, officiel. **2.** cérémonieux, solennel. **3.** (personne) formaliste.

formality [fɔː'mæliti] *n.* **1.** formalité. **2.** respect des formes, caractère formaliste.

formalize ['fɔːməlaiz] *v.* formaliser, préciser, définir.

formally ['fɔːməli] *adv.* formellement, en bonne et due forme, dans les formes ; officiellement ; cérémonieusement.

format ['fɔːmæt] *n.* **1.** format. **2.** type de programme, d'émission, genre d'une production, cadre d'une production.

formation [fɔː'meiʃən] *n.* formation, constitution, fondation.

former ['fɔːmə] *adj.* précédent, ancien, ex-.

formula ['fɔːmjulə] *n.* formule.

formulate ['fɔːmjuleit] *v.* formuler.

formulation [,fɔːmju'leiʃən] *n.*

formulation.

for rent, (U.S.) à louer.

forthcoming [ˌfɔːθˈkʌmiŋ] **1.** prochain, à venir. **2.** obtenu facilement.

forthwith [fɔːθˈwið] *adv.* sans délai, sur-le-champ, immédiatement, séance tenante.

fortnight [ˈfɔːtnait] *n.* (G.B.) quinzaine.

fortran (formula translation) [fɔːtræn] langage scientifique pour ordinateur.

fortunate [ˈfɔːtʃənit] *adj.* heureux (chanceux).

fortune [ˈfɔːtʃən] *n.* **1.** chance. **2.** richesse(s).

forum [ˈfɔːrəm], (presse) tribune libre.

forward [ˈfɔːwəd] *v.* **1.** expédier, envoyer, acheminer. **2.** transmettre, faire suivre. « *Please forward* », « faire suivre ».

forward *adj.* **1.** d'avant, de l'avant, à l'avant, en avant. **2.** avancé ; progressiste. **3.** *Bourse, marchés :* à terme. *Forward purchase,* achat à terme. *The forward market,* le marché à terme.

forward *adv.* **1.** en avant, vers l'avant. *Compt. : carried forward,* à reporter. *To carry the balance forward,* reporter le solde à nouveau. *To date forward,* postdater. **2.** désormais, à partir de. *From that date forward,* à partir de cette date.

forward delivery, livraison à terme.

forwarder [ˈfɔːwədə] transitaire ; expéditeur.

forward exchange market, marché des changes (du change) à terme.

forwarding [ˈfɔːwədiŋ] *n.* **1.** expédition. **2.** fait de faire avancer, de promouvoir.

forwarding agent, transitaire ; agent chargé de l'expédition.

forwarding charges, frais d'expédition.

forwarding clerk, expéditionnaire, commis s'occupant de l'expédition.

forwarding instructions, indications concernant l'expédition.

forwarding station, gare d'expédition, gare de départ (marchandises).

forward-looking, qui regarde vers l'avenir, dynamique.

forward price, cours du li-vrable.

forward rate, cours à terme.

foster [ˈfɔstə] *v.* encourager, favoriser, stimuler, entretenir, faire se développer.

foul [faul] *n.* **1.** collision. **2.** violation des règles, coup bas, coup interdit.

foul bill of lading, connaissement avec réserves, connaissement clausé (réserves faites sur l'état des marchandises ou l'emballage).

foul of (to run) *To run foul of a ship,* entrer en collision avec un navire, aborder. *To run foul of the law,* avoir des ennuis avec la justice, se trouver en état d'infraction.

foul play, coup interdit, jeu déloyal, « coup fourré ».

found [faund] *v.* fonder, créer.

foundation [faunˈdeiʃən] *n.* **1.** fondation, création. **2.** fondement, base ; motif. **3.** fondation (pour la recherche, etc.), œuvre.

founder [ˈfaundə] *n.* fondateur.

founder *v.* sombrer, s'effondrer ; échouer ; faire faillite.

founder's shares, parts de fondateur.

founding [ˈfaundiŋ] *n.* **1.** fondation, création. **2.** fonderie (technique).

foundry [ˈfaundri] *n.* fonderie.

fourfold [ˈfɔːˌfəuld] *adj.* **1.** quadruple, à quatre parties. **2.** multiplié par quatre, quatre fois plus...

fraction [ˈfrækʃən] *n.* fraction.

fractional [ˈfrækʃənl] *adj.* fractionnel.

fractionize [ˈfrækʃənaiz] *v. Maths :* fractionner.

fragment [ˈfrægmənt] *v.* fragmenter, diviser en fragments. *A fragmented market,* un marché fragmenté, non homogène.

frame [freim] *n.* structure, cadre ; châssis. *Frame of mind,* état d'esprit. *Time-frame,* période, espace de temps.

frame *v.* 1. former, construire une structure, organiser un projet, arrêter un plan, concevoir une idée, établir les grandes lignes. 2. monter une accusation contre quelqu'un, faire tomber quelqu'un dans le panneau, monter une machination ; piéger.

framework ['freimwə:k] *n.* cadre (institutionnel, juridique, etc.). *Within the framework of the E.E.C.,* dans le cadre du Marché Commun.

franchise ['fræntʃaiz] *n.* 1. franchise, immunité, exemption. 2. droit de vote. 3. *Assur. :* franchise (plancher au-dessous duquel la responsabilité de l'assureur n'est plus engagée ou n'est plus que partiellement engagée). 4. (U.S.) concession exclusive accordée par le gouvernement à une compagnie pour assurer un service public ou pour exploiter tel ou tel secteur. 5. franchise, droit accordé à un individu ou à un groupe contre paiement d'une redevance, de distribuer les produits ou les services d'une société sur un certain territoire, en utilisant le nom de cette société, une licence exclusive de vente ou de fabrication sous brevet.

franchise *v.* 1. accorder le droit de vote. 2. accorder une concession exclusive à une société pour assurer un service public ou exploiter tel ou tel secteur. 3. accorder par contrat, contre le paiement d'une redevance, le droit à un distributeur indépendant de distribuer les produits ou services d'une société, en utilisant le nom de celle-ci, sur un territoire donné, franchiser.

franchisee [fræntʃai'zi:] *n.* distributeur (personne ou société) exploitant un contrat de « franchisage », c'est-à-dire distribuant les produits ou services d'une autre société en utilisant le nom de cette

dernière, contre redevance, sur un certain territoire, franchisé.

franchiser, franchisor *n.* personne ou société accordant à des distributeurs indépendants, contre redevance, le droit de distribuer ses produits ou services en utilisant son nom sur certains territoires, franchiseur.

franchising ['fræntʃaiziŋ] *n.* franchisage (fait pour une personne ou une société d'accorder à des distributeurs indépendants, contre redevance, le droit de distribuer ses produits ou ses services et d'utiliser son nom, sur un certain territoire).

franco ['frænkəu] *adv.* 1. dispensé de timbrage. 2. envoyé gratuitement. 3. franco domicile.

frank [fræŋk] *v.* affranchir.

franking machine ['fræŋkiŋ mə'ʃi:n] machine à affranchir.

fraud [frɔ:d] *n.* 1. fraude ; tromperie ; abus de confiance. 2. (personne) imposteur ; personne peu sincère.

fraudster *n.* fraudeur.

fraudulent ['frɔ:djulənt] *adj.* frauduleux.

freak [fri:k] *n.* 1. caprice, bizarrerie. *Freak variation,* variation due au hasard, n'ayant pas de valeur normative ; écart aléatoire. 2. drôle d'individu ; marginal. 3. fanatique, passionné, dingue (de).

free [fri:] *adj.* 1. libre. 2. gratuit. *Free copy,* specimen gratuit. *For free,* gratis, gratuitement.

free *v.* libérer ; débarrasser ; délivrer, affranchir. *To free a property from mortgage,* dégrever, déshypothéquer.

free admission, 1. entrée gratuite. 2. *Douanes :* admission en franchise.

free allowance of luggage, franchise de bagages.

free alongside ship, franco long du bord, franco le long du navire (le prix mentionné comprend le transport des marchandises jusqu'au quai du port d'expédition mais non le chargement à bord du navire).

free copies, (édit.) service de presse.

free customer's warehouse, franco domicile, franco entrepôt du destinataire.

freedom ['fri:dəm] *n.* 1. liberté. 2. indépendance. 3. exemption, immunité.

freedom of undertaking, liberté d'établissement.

free enterprise, libre entreprise.

free entry, droit de passer librement les frontières.

free fall, chute libre. *To take a free fall,* être en chute libre, tomber en chute libre.

freehold ['fri:həuld] *n.* propriété foncière perpétuelle et libre ; pleine propriété.

freeholder ['fri:həuldə] *n.* détenteur d'une propriété foncière perpétuelle et libre, propriétaire foncier à perpétuité.

free in and out (F.I.O.), bord à bord (B.A.B.).

free lance ['fri:la:ns], **free-lancer,** *n.* pigiste, journaliste ou spécialiste louant ses services sans être attaché à une entreprise particulière.

free list, 1. liste des articles non soumis à une taxe. 2. liste des gens recevant gratuitement un journal.

free-loader, pique-assiette, parasite.

free-market economy, économie libérale, économie de marché.

free marketeer, partisan de l'économie libérale, de l'économie de marché.

free of average, *Assur. :* franc d'avarie. *Free of general average,* franc d'avarie grosse. *Free of particular average,* franc d'avarie particulière.

free of charge, gratuit, gratuitement.

free on board, franco à bord (attention : dans un document provenant des États-Unis, cette mention ne signifie pas nécessairement que les frais de transport jusqu'au quai sont inclus).

free on quay, franco à quai.

free on rail, franco wagon.

free to receiving station, franco gare d'arrivée.

free-trade [,fri:'treid] *n.* libre échange.

free-trader [,fri:'treidə] *n.* libre échangiste ; partisan du libre échange.

freeware *n.* (info.) logiciel gratuit (à télécharger).

freeze [fri:z] *n.* 1. gel. 2. blocage (des prix, etc.). *Price-freeze,* blocage des prix. *Wage-freeze,* blocage des salaires, gel des salaires.

freeze *v.* 1. geler. 2. congeler ; surgeler. 3. bloquer, geler (prix, etc.).

freeze-drying *n.* lyophilisation.

freeze-frame, (ciné, TV), arrêt sur image.

freezer ['fri:zə] *n.* glacière, frigorifique, réfrigérateur. *Freezer trawler,* chalutier frigorifique.

freezing ['fri:ziŋ] *n.* 1. gel. 2. congélation. 3. blocage, gel (des prix, des salaires).

freight [freit] *n.* 1. fret, marchandises transportées. 2. fret, prix du transport des marchandises.

freight *v.* 1. affréter. 2. (U.S.) transporter des marchandises.

freightage ['freitidʒ] 1. affrètement. 2. fret, cargaison. 3. transport de marchandises.

freight car, (U.S.) wagon de marchandises.

freight collect, fret payable à l'arrivée.

freighter ['freitə] *n.* 1. affréteur. 2. entrepreneur de transport. 3. exportateur. 4. expéditeur. 5. cargo. 6. avion cargo. 7. (U.S.) wagon de marchandises.

freight forwarder, transitaire.

freight prepaid, (en) port payé.

freight ton, tonneau d'affrètement (1 m³ 44 en France, 40 pieds cubiques en Angleterre).

freight train (U.S.), train de marchandises.

frequent flier, frequent flyer, usager/passager régulier/fréquent d'une compagnie aérienne.

frequent shopper, client régulier/fidélisé (d'un magasin).

friend of the court, (U.S.) tiers intéressé par l'issue d'un procès dans lequel il n'est pas nommément impliqué, et qui donne son témoignage.

friendly ['frendli] *adj.* amical. *Friendly agreement,* accord à l'amiable.

friendly bid, OPA amicale.

Friendly Society, (G.B.) mutuelle, Société de secours mutuel, association de bienfaisance.

frill [fril] *n.* fioriture ; prestation non-essentielle.

fringe [frindʒ] *n.* 1. bord, bordure, frange, périphérie. 2. chose ou personnes marginales. En particulier désigne les marginaux, extrémistes ou déviants.

fringe benefits, avantages en nature ou en espèces qui ne sont pas intégrés dans le salaire de base ; avantages de fonction (disposition d'une automobile, assurance-vie payée par l'entreprise, etc.), avantages complémentaires.

fringes = fringe benefits.

fritter away *v.* 1. dissiper, éparpiller. 2. s'émietter, s'effilocher.

front [frʌnt] *n.* 1. devant ; façade ; devanture ; étalage. 2. homme de paille, personnage de façade. *Front company,* société écran.

front *v.* (U.S.) *to front for someone.* 1. représenter/remplacer quelqu'un. 2. être l'homme de paille de quelqu'un.

frontage ['frʌntidʒ] *n.* 1. façade, devanture. 2. *Jur. :* droit de façade. 3. terrain en bordure.

front-end fee, commission payée d'avance, (opération financière) commission de montage, commission d'ouverture.

fronting *Assur. :* façade (opération selon laquelle une société garantit juridiquement un risque dont elle cède tout ou partie à une autre société qui n'apparaît pas dans le contrat et est le plus souvent inconnue de l'assuré).

front office *n.* (bourse) salle des marchés.

front page *n.* (revue) couverture, (journal) première page.

front page *v.* publier en première page.

frothy *adj.* (marché, cours) artificiellement à la hausse.

frozen ['frəuzən] *adj.* 1. gelé, glacé. 2. congelé, frigorifié, surgelé. 3. bloqué, gelé, *frozen assets,* actifs gelés, fonds non liquides. *Frozen credits,* crédits gelés.

fruition [fruːˈiʃən] *n.* 1. jouissance (d'un bien). 2. réalisation, accomplissement, conclusion. *To come to fruition,* porter ses fruits.

frustrated goods, (U.S.) marchandises invendables ou qui n'ont pas pu être expédiées ou exportées.

FSA (G.B.), Financial Services Authority, autorité de tutelle de la City de Londre.

fuel ['fjuəl] *n.* combustible (bois, charbon, gaz, etc.), carburant.

fuel *v.* 1. alimenter en combustible. 2. nourrir (inflation, etc.), entretenir.

fuel-efficient *adj.* qui consomme peu de carburant/d'énergie.

fulfil [fulˈfil] *v.* accomplir, remplir, satisfaire. *To fulfil an order,* exécuter une commande.

fulfilment (U.S.) **fulfillment** [fulˈfilmənt] *n.* accomplissement, exécution ; achèvement (d'une période). *Market fulfil(l)ment,* gestion optimale des commandes.

full [ful] *adj.* plein, rempli, entier. *Full responsibility,* responsabilité totale. *Full-time job,* emploi/travail à plein temps. *Full-time work,* travail à temps plein, travail à temps complet. *To give full particulars,* donner tous les détails.

full-blown [,fulˈbləun] complet, entier, véritable, d'envergure, qui a tous ses titres. *A full-blown depression,* une véritable dépression.

full-dress *adj.* officiel, formel, d'apparat, plénier, complet.

full-fledged [fulˈfledʒd] achevé,

qualifié, qui a tous ses titres, de plein droit, à part entière. *A full-fledged recovery,* une authentique reprise.

full-length feature, film de long métrage.

full pay, plein salaire. *Full-pay leave,* congé avec plein salaire.

full-scale, grandeur nature ; total, complet, intégral. *A full-scale labour walkout,* un débrayage de tous les employés, de tous les travailleurs.

full-time à plein temps. ~ *job,* travail/emploi à plein temps.

fully *adv.* pleinement, entièrement, totalement, intégralement. *Fully paid-up shares,* actions entièrement libérées.

fully-fledged (G.B.) = **full-fledged.**

fumes *n. pl.* émanations, émission(s), vapeur. *Toxic ~,* émanations toxiques.

function *n.* **1.** fonction ; charge. **2.** réception officielle, cérémonie publique, réunion solennelle ; célébration, fête.

function ['fʌŋkʃən] *v.* fonctionner, marcher ; opérer.

functional ['fʌŋkʃnəl] *adj.* fonctionnel.

functionary ['fʌŋkʃnəri] *n.* fonctionnaire.

fund [fʌnd] *n.* fonds, caisse. *Contingency fund,* fonds de prévoyance. *Emergency fund,* fonds de secours. *Exchange equalization fund,* fonds d'égalisation des changes. *Fund collection/raising,* collecte de fonds. *Fund manager,* gérant de fonds. *International Monetary Fund,* Fonds Monétaire International. *Pension fund,* caisse de retraite. *Relief fund,* caisse de secours. *Reserve fund,* fonds de réserve, fonds de prévoyance, caisse de prévoyance. *Sinking fund,* caisse d'amortissement. *Slush fund,* fonds secret, caisse secrète, caisse noire. *Unemployment fund,* caisse de chômage, fonds d'assurance chômage.

fund = **mutual fund,** fonds commun de placement.

fund *v.* **1.** financer, assurer le financement de. **2.** consolider (une dette). **3.** placer de l'argent en fonds d'État.

fundable ['fʌndəbl] *adj.* (dette) consolidable.

fundamental [ˌfʌndə'mentl] *adj.* fondamental, de base.

fundamentals *n. pl.* fondamentaux.

funding [ˌfʌndiŋ] *n.* **1.** financement. *Internal funding,* financement interne, auto-financement. **2.** consolidation (d'une dette). **3.** placement en fonds d'État.

fund-raiser, fundraiser *n.,* **1.** collecteur de fonds. **2.** dîner, gala, etc. destiné à collecter des fonds.

fund-raising, fundraising *n.* collecte de fonds.

funds [fʌndz] *n.* **1.** fonds, ressources pécuniaires, capitaux, moyens financiers. **2.** *Banque :* provision. « *No funds* », défaut de provision. *Cheque/check with insufficient funds,* chèque sans provision. **3.** dette publique. *Government funds,* rente(s) sur l'État.

funds flow *n.* flux de fonds. *Funds flow statement,* tableau de financement.

fungible *adj.* **1.** fongible. **2.** interchangeable.

funicular *n.* funiculaire.

funnel ['fʌnl] *v.* orienter, diriger, canaliser.

furlong ['fə:lɔŋ] *n.* mesure de longueur (220 yards = 201 mètres).

furlough ['fɔ:ləu] *n.* **1.** permission (militaire). **2.** congé. **3.** mise en chômage temporaire ; mise à pied. *On furlough,* au chômage (s'applique le plus souvent aux cadres).

furlough *v.* **1.** (U.S.) accorder un congé. **2.** (U.S.) mettre au chômage temporaire, mettre à pied.

furnish ['fə:niʃ] *v.* **1.** fournir, présenter, procurer, munir, pourvoir, approvisionner. **2.** meubler.

furnisher [ˈfəːniʃə] *n.* **1.** fournisseur. **2.** marchand de meubles, spécialiste de l'ameublement.

furnishing [ˈfəːniʃiŋ] *n.* **1.** fourniture, provision, apport. **2.** ameublement. *Furnishings*, articles d'ameublement (y compris tentures, etc.).

furniture [ˈfəːnitʃə] *n.* meubles, mobilier, ameublement.

furrier [ˈfʌriə] *n.* fourreur, pelletier.

further [ˈfəːðə] *v.* favoriser, promouvoir, encourager, faire avancer, faciliter.

further *adj.* **1.** plus loin. **2.** nouveau, additionnel, complémentaire, supplémentaire. *For further information*, pour de plus amples détails.

further *adv.* **1.** plus loin, plus avant. **2.** davantage. **2.** de plus, en outre, et même.

furtherance [ˈfəːðərəns] *n.* avancement, progrès (d'un projet), fait de faciliter.

further education, formation permanente, formation continue, cours pour adultes.

further to, suite à, comme suite à, à la suite de. *Further to our conversation*, suite à notre conversation.

fuse [fjuːz] *n.* **1.** fusible. **2.** détonateur, amorce.

fusion [ˈfjuːʒən] *n.* fusion.

future contract, contrat à terme (change ou marchandises).

futures [ˈfjuːtʃəz] *n.* (Bourse) contrats à terme ; échéances. *Bourse de commerce :* marchandises vendues à terme, livraisons à terme. *The futures market,* le marché des contrats à terme. *Futures options,* options sur contrats à terme. *Selling of futures, futures sale,* vente à découvert.

G

gadget ['gædʒit] *n.* accessoire, dispositif, mécanisme ; truc ; gadget.

gadgetry ['gædʒitri] *n.* accessoires, ensemble de petits appareils ; trucs.

gaffer ['gæfə] *n.* chef électricien (ciné.).

gain [gein] *n.* gain, avantage, augmentation, accroissement ; profit, bénéfice. *Capital gains,* plus-values en capital.

gain *v.* gagner, acquérir ; obtenir ; (cours, etc.) progresser.

gainful ['geinful] *adj.* profitable, avantageux, rémunérateur, rémunéré. *Gainful occupation,* activité rémunérée.

galimony *n.* pension ou dédommagement demandé par une compagne à la suite de rupture, ou du décès de sa partenaire (*de gal = girl + alimony,* pension alimentaire). Voir *palimony.*

galley proof ['gæli 'pru:f] *n. Impr. :* épreuve à la brosse.

gallon ['gælən] *n.* gallon (mesure de capacité). G.B. : 4,54 litres ; U.S. : 3,78 litres. *Miles per gallon, m.p.g.,* nombre de milles par gallon (en français : nombre de litres d'essence aux cent kilomètres).

galloping ['gæləpiŋ] *Galloping inflation,* inflation galopante.

gamble ['gæmbl] *n.* **1.** pari, coup de dé, prise de risque, jeu de hasard. **2.** *Bourse,* spéculation.

gamble *v.* **1.** jouer de l'argent, miser, prendre des risques ; jouer à des jeux de hasard. *To gamble on something,* miser sur, tabler sur, compter sur. **2.** *Bourse :* spéculer, jouer.

gambler ['gæmblə] *n.* **1.** joueur, joueur professionnel. **2.** personne qui prend des risques. **3.** *Bourse :* spéculateur.

game [geim] *n.* **1.** jeu. *Business games,* jeux d'entreprise. *Game plan,* stratégie. *The games theory,*

the game theory, the theory of games, la théorie des jeux. **2.** jeu de hasard. **3.** gibier.

gamester ['geimstə] *n.* joueur.

game tree, arbre de décision.

gaming *n.* jeux de hasard. *The gaming industry,* l'industrie des jeux.

gang [gæŋ] *n.* **1.** équipe (d'ouvriers). **2.** bande (de voleurs), gang.

gangway ['gæŋwei] *n.* **1.** alléecentrale (dans atelier, etc.). **2.** (navire) passerelle (pour monter à bord et débarquer).

gantry ['gæntri] *n.* pont roulant.

gaol [dʒeil] *n.* prison, maison d'arrêt, centrale.

gap [gæp] *n.* **1.** fossé, trou, brèche, vide, lacune ; créneau. *To bridge a gap,* combler un fossé. *To fill in a gap, to stop a gap,* boucher un vide, combler un fossé. **2.** retard, décalage, écart. *To close a gap,* combler un écart, rattraper un retard. *To narrow a gap,* réduire un écart. **3.** déficit.

garbage ['ga:bidʒ] *n.* ordures, rebut, détritus, immondices. *Garbage in, garbage out,* appliquée aux ordinateurs, cette formule signifie que la qualité des résultats dépend de celle de la programmation.

garden *n.* jardin. *Garden-centre* (U.S. *center*), jardinerie. *Garden-produce,* produits du jardin.

garden *v.* jardiner.

gardening *n.* jardinage.

garment ['ga:mənt] *n.* vêtement.

garner ['ga:nə] *v.* amasser, rassembler, accumuler. *To garner business,* se faire une clientèle, développer sa clientèle.

garnish ['ga:niʃ] *v.* **1.** garnir, orner. **2.** appeler en justice. **3.** opérer une saisie-arrêt.

garnishee ['ga:ni'ʃi:] *n.* tiers-saisi.

garnishee *v.* (U.S.) opérer une

saisie-arrêt. *To garnishee someo-ne's wages,* opérer une saisie sur salaire.

garnisher ['ga:niʃə] *n.* **1.** partie qui cite un tiers devant un tribunal. **2.** créancier saisissant.

garnishment ['ga:niʃmənt] *n.* **1.** citation à comparaître. **2.** sai-siearrêt.

gas [gæs] *n.* **1.** gaz. **2.** (U.S.) essence.

gasoline ['gæsəuli:n] *n.* (U.S.) essence.

gas-works [gæs'wə:ks] *n.* usine à gaz.

G.A.T.T., General Agreement on Tariffs and Trade.

gate [geit] *n.* **1.** porte, portail, entrée, barrière, portillon. **2.** nombre de personnes assistant (à un match, etc.), public.

gate-crasher *n.* resquilleur.

gate crashing, fait d'entrer sans payer, sans billet, sans invitation (concert, festival), fait de res-quiller.

gate money, (somme d'argent correspondant au) nombre d'en-trées, recette.

gate receipts, somme d'argent correspondant au nombre d'entrées, total des entrées, recette, billetterie.

gateway ['geitwei] *n.* **1.** porte, entrée. **2.** point d'accès à une région, de passage des personnes ou des marchandises pour accéder à une région.

gather ['gæðə] *v.* **1.** rassembler, réunir. **2.** croire, comprendre, conclure, déduire.

gauge [geidʒ] *n.* **1.** calibre, éta-lon. **2.** *Chem. de fer :* écartement des voies. **3.** jauge, indicateur. **4.** tirant deau.

gauge *v.* **1.** calibrer, jauger, éta-lonner, standardiser. **2.** mesurer, estimer, juger, évaluer.

gavel ['gævl] *n.* (U.S.) marteau de commissaire-priseur ou de pré-sident de séance.

gavel off *v.* adjuger. *The auctio-neer gavel(l)ed off the furniture to the highest bidder,* le commissaire-

priseur adjugea le mobilier au plus offrant.

GDP = Gross Domestic Pro-duct, Produit Domestique Brut ; Produit Intérieur Brut.

gear [giə] *n.* **1.** appareil, méca-nique, dispositif, engin(s), équipe-ment. **2.** transmission, vitesse. *To change gear(s),* changer de vitesse. *Out of gear,* détraqué, déréglé.

gear *v.* **1.** enclencher, engrener, embrayer ; s'enclencher, s'engre-ner. **2.** adapter à, ajuster à, orienter vers.

geared to [giəd] *adj.* orienté vers, adapté à, ajusté à, organisé en fonction de, tourné vers.

gearing ['giəriŋ] *n.* **1.** fait d'en-clencher, d'embrayer. **2.** adapta-tion, ajustement, orientation. **3.** effet de levier (voir **low-geared capital, high-geared capital**). **4.** endettement.

gem ['dʒem] *n.* joyau, pierre précieuse.

general acceptance ['dʒenərəl ək'septəns] acceptation sans réserve (d'un document).

general audience, grand public.

general average. *Transports marit. :* avarie grosse, avarie com-mune (terme d'assurance maritime s'appliquant à un type d'avarie qui sera supportée à la fois par les pro-priétaires du navire et ceux de la cargaison, par exemple : dom-mages causés à la cargaison pour juguler un début d'incendie).

General Certificate of Education (G.C.E.), (G.B.) diplôme de fin d'études secon-daires.

General Delivery *n.* (U.S.) Poste Restante.

general manager *n.* directeur général.

general meeting *n.* assemblée générale.

general operating account, compte d'exploitation générale.

general public *n.* grand public. *Public limited companies can appeal to the general public for the* *subscription of their shares,* les sociétés anonymes peuvent faire appel au grand public pour la souscription de leurs actions.

general store, magasin qui dans un village ou une petite ville joue à la fois le rôle d'épicier, quincailler, droguiste, etc., bazar.

generate ['dʒenəreit] *v.* générer, engendrer, produire, provoquer.

generating ['dʒenəreitiŋ] *adj.* générateur, génératrice.

generating station, centrale électrique.

generic *adj.* générique.

generic product, (produit vendu sous la) marque du distributeur.

generous ['dʒenərəs] *adj.* généreux, copieux, substantiel, libéral ; (somme d'argent) élevée. *A generous allowance,* une allocation confortable.

genetic *adj.* génétique.

genetically *adv.* génétiquement. ~ *engineered,* obtenu par manipulation génétique. ~ *modified,* génétiquement modifié.

geneticist *n.* généticien(ne).

genetics *n.* génétique.

gentleman's agreement ['dʒentlmən], **gentlemen's agreement,** accord non écrit reposant sur l'engagement d'honneur des parties.

genuine ['dʒenjuin] *adj.* authentique, véritable.

get down [get] *v. To get down to business,* en venir au fait, parler affaires. *To get down to work,* se mettre au travail.

get in *v.* **1.** entrer, monter dans un véhicule. **2.** recouvrer (une créance), faire rentrer (des stocks). **3.** *To get somebody in on something,* mettre quelqu'un au courant de quelque chose, « mettre dans le coup ».

get off *v.* **1.** descendre (d'un véhicule). **2.** expédier. **3.** s'en tirer. **4.** se débarrasser de quelque chose.

get on *v.* **1.** continuer. **2.** s'entendre avec quelqu'un. **3.** faire des progrès, réussir. **4.** prendre de l'âge.

get out *v.* **1.** sortir. **2.** échapper à, se tirer de, se soustraire à. **3.** arracher, retirer, enlever. **4.** publier.

get over *v.* surmonter.

get-rich-quick, qui permet de faire fortune rapidement ; qui espère faire fortune rapidement. *Get-rich-quick developers,* promoteurs immobiliers sans scrupules. *Get-rich-quick fever,* course à la fortune.

get through *v.* **1.** traverser, passer à travers. **2.** faire passer, faire comprendre. **3.** terminer, finir.

getup, get-up ['getʌp] *n.* habillage, présentation (des marchandises).

giant-tanker [dʒaiənt] *n.* pétrolier géant.

gift [gift] *n.* **1.** cadeau, don, donation, prime. *Company gift,* cadeau d'entreprise. **2.** don, talent, génie.

gift wrap *v.* faire un emballage cadeau.

gilt [gilt] *adj.* doré.

gilt-edged [,gilt'edʒd] *adj.* doré sur tranche. *Gilt-edged securities,* voir **gilts.**

gilts [gilts] *n.* voir **gilt-edged securities,** placement de père de famille, valeurs de tout repos (techniquement, désigne des obligations et titres d'État, c'est-à-dire des valeurs à rendement fixe).

gimcrak ['dʒimkræk] *adj.* et *n.* de pacotille, article de pacotille.

gimmick ['gimik] *n.* truc, artifice. *Advertising gimmick,* truc publicitaire, artifice publicitaire.

giro ['dʒaiərəu] *n.* (G.B.) système de chèques postaux. *Giro account,* compte-chèque postal. *Giro form,* chèque postal.

gismo ['gizməu] *n.* (U.S.) voir **gizmo.**

give [giv] *v.* **1.** donner, etc. **2.** (cours) fléchir, faiblir.

give-and-take [givən'teik] donnant donnant (idée de réciprocité, de concessions mutuelles).

give-away ['givəwei] *n.* cadeau publicitaire, cadeau promotionnel.

give-away price, prix sacrifié.

giveback *n.* rabais, réduction.

given *n.* réalité, fait accompli ; donnée.

give or take, plus ou moins. *Give or take 5 %,* à 5 % près.

give up *v.* abandonner, renoncer, cesser.

give way *v.* fléchir, céder.

gizmo ['gizmǝu] *n.* (U.S.) truc, gadget.

glamours ['glæmǝz] *n. Bourse :* actions de prestige.

glamour stock, valeur vedette.

glass [gla:s], (U.S.) [glæs] *n.* verre.

glassware ['gla:sweǝ] *n.* verre, articles de verre.

glass-works ['gla:swǝ:ks] *n.* verrerie, fabrique de verre.

glazed paper [gleizd] *Impr. :* papier surglacé.

glitch *n.* problème, défaut (de fabrication, de fonctionnement, etc.), défaillance, incident technique.

global *adj.* **1.** global, général, d'ensemble. **2.** mondial. *To go global,* se lancer dans une stratégie mondiale, attaquer le marché mondial. *The global economy,* l'économie mondiale.

globalization *n.* **1.** globalisation. **2.** mondialisation.

globalize *v.* **1.** globaliser. **2.** mondialiser ; se mondialiser.

global warming, réchauffement de la planète.

glocalization *n.* création de produits ou services destinés au marché mondial mais adaptés à la culture locale.

gloom [glu:m] *n.* **1.** obscurité. **2.** pessimisme ; caractère sombre, noir.

gloomy ['glu:mi] *adj.* sombre, pessimiste. *Gloomy forecasts,* des prévisions pessimistes. *The outlook is gloomy,* l'avenir est sombre.

glossy print proof ['glɔsi] épreuve sur papier couché.

glut [glʌt] *n.* saturation, engorgement, encombrement, surabondance.

glut *v.* saturer, engorger, encombrer. *The market is glutted,* le marché est saturé, encombré, surchargé.

go ahead *v.* **1.** aller de l'avant. **2.** (fusion etc.) s'effectuer, s'opérer, se faire, avoir lieu, se concrétiser.

go-ahead (to give the) ['gǝuǝhed] donner le feu vert.

go-ahead *adj.* dynamique, qui va de l'avant, entreprenant.

goal [gǝul] *n.* but, objectif.

go bankrupt *v.* faire faillite.

gobble up *v.* avaler, dévorer, engloutir.

go-between [gǝubi,twi:n] *n.* intermédiaire (dans une négociation).

go broke *v.* être à court d'argent, faire faillite.

go bust *v.* faire faillite.

God (Act of) [gɔd] *Assur. :* cas de force majeure.

go down *v.* **1.** baisser. **2.** faire faillite.

godsend ['gɔdsǝnd] *n.* aubaine, occasion qui tombe du ciel, bénédiction.

gofer ['gǝufǝr] *n.* (U.S.) voir **gopher**.

go for *v.* se vendre à (prix).

go-getter [,gǝu'getǝ] *n.* personne entreprenante ; arriviste, personne qui fait tout pour réussir, personne ambitieuse.

go global (to), se mondialiser.

go-go ['gǝugǝu] *adj.* (U.S.) qui va de l'avant sans se préoccuper du reste. *Go-go conglomerates,* conglomérats aventureux. *Go-go investments,* investissements qui semblent très profitables, mais à hauts risques.

going, going, gone ! [gǝuiŋ, gɔn] (vente aux enchères) une fois, deux fois, trois fois, adjugé !

going concern, affaire qui marche, entreprise prospère, saine. *Comptab. : Going concern principle,* continuité d'exploitation.

going price, prix en vigueur.

going rate, taux en vigueur, taux actuel, cours du marché.

go into debt *v.* s'endetter.

gold [gəuld] *n.* or.

goldbug [gəuldbʌg] *n.* détenteur d'or.

golden handshake, somme remise à un dirigeant qui prend sa retraite. Par extension, cadeau d'adieu fait à un responsable dont on veut se débarrasser, à un employé licencié.

golden parachute, compensation financière garantie à un cadre ou dirigeant d'entreprise s'il est licencié ou si ses pouvoirs sont réduits lors d'une O.P.A.

golden share, action de préférence avec droit de veto.

golden share, action spécifique portant un droit particulier.

gold exchange standard, étalon de change or, étalon or de change.

gold-plate [gəuld'pleit] vaisselle d'or.

gold point, point d'or.

gold-standard, étalon or.

gondola *n.* **1.** wagon-tombereau. **2.** cabine de téléphérique, nacelle.

good [gud] *n.* **1.** bien. *The common good,* l'intérêt commun, le bien public. **2.** bien, produit (dans la langue économique uniquement, seul le pluriel « goods » existe en anglais commercial). *A consumer good,* un bien de consommation.

good *adj.* bon, de bonne qualité. *Good merchantable quality,* bonne qualité marchande.

good (to make) 1. compenser, récupérer, rattraper, combler, dédommager. **2.** établir le bien-fondé de, prouver la validité de.

good citizenship, comportement de bon citoyen, aptitude de l'individu ou de l'entreprise à prendre en compte les intérêts du groupe ou de l'environnement dans lequel il/elle opère. (cf. l'entreprise citoyenne).

goods [gudz] *n.* marchandises, produits, biens. *Durable goods,* biens durables. *Capital goods,* biens d'équipement. *Consumer goods,* biens de consommation. *Household goods,* articles ménagers.

goods and chattels [tʃætlz] biens et effets.

good time, *In good time,* à temps. *To make good time,* aller vite.

goodwill [ˌgud'wil] *n.* **1.** bonne volonté, bienveillance, bon vouloir. **2.** clientèle, fonds de commerce, fonds commercial, pas de porte ; actif incorporel d'une entreprise constitué par sa réputation, sa notoriété, sa clientèle ; survaleur, écart d'acquisition.

G.O.P. Grand Old Party, (Parti républicain aux États-Unis).

gopher ['gəufər] *n.* (U.S.) garçon de course, apprenti que l'on envoie chercher ce dont on a besoin, « personne de service ».

go public *v. Sociétés :* s'introduire en bourse, se faire coter en bourse, passer du statut de S.A.R.L. à celui de S.A. (en vendant ses actions en bourse).

go-slow [ˌgəu'sləu] grève se traduisant par un ralentissement des cadences, grève perlée. Correspond parfois à une grève du zèle.

go-slow policy, politique de faible croissance.

go through *v.* **1.** connaître, traverser (une période). **2.** effectuer, se livrer à. **3.** discuter en detail, parcourir attentivement, étudier. **4.** s'effectuer, s'opérer, avoir lieu, être effectif, se concrétiser. **5.** subir, souffrir, affronter des difficultés. **6.** dépenser (en totalité). **7.** fouiller.

go through the floor *v.* s'effondrer (cours).

go through the roof *v.* monter en flèche (cours).

go to law, faire procès, faire appel aux tribunaux.

go to the wall *v.* faire faillite.

gouge [gaudʒ] *v.* extorquer, pratiquer des prix prohibitifs, « estamper ».

go under *v.* faire faillite, s'effondrer.

go unpaid *v.* être impayé, rester en souffrance.

go up *v.* monter, augmenter.

govern ['gʌvn] *v.* gouverner, régir, administrer.

governance *n.* gouvernement, direction, gestion, contrôle ; (équilibre des pouvoirs dans une société) gouvernance.

government ['gʌvnmənt] *n.* **1.** gouvernement. **2.** administration ; secteur public. **3.** État.

government-controlled, contrôlé par le gouvernement, administré par l'état, du secteur public.

government loan, emprunt d'État.

government securities, titres d'État, fonds d'État.

government spending, dépenses publiques.

government stock, titres d'État, fonds d'État.

government worker, (U.S.) employé de l'État, fonctionnaire.

governor ['gʌvənə] *n.* gouverneur.

G.P.O. - General Post Office [dʒi:pi: əu] **1.** Ministère des P. et T. **2.** bureau de poste central, recette principale.

grab [græb] *v.* saisir, s'emparer de.

grace [greis] *n.* grâce, faveur. *Days of grace,* jours de grâce, délai (pour un règlement).

grace period, (crédit), délai de grâce, période de franchise.

gradable ['greidəbl] *adj.* classable, qui peut être classé par catégorie.

grade [greid] *n.* **1.** grade, rang, degré ; niveau. **2.** qualité. **3.** (écoles, etc.), note, évaluation du travail. *To get high grades,* obtenir de bonnes notes (dans la classification A, B, C, D, E, du meilleur au moins bon). **4.** (U.S.) pente, rampe. **5.** teneur. *Low-grade ores,* minerais à basse teneur.

grade *v.* **1.** classer. **2.** graduer. **3.** (écoles) noter, évaluer un travail (dans la classification A, B, C, D, E, du meilleur au moins bon).

grade-crossing *n.* (U.S.) passage à niveau.

graded ['greidid] *adj.* **1.** classé par degré ou catégorie, gradué, graduel. **2.** (tarif, etc.) modulé dégressif ou progressif selon les cas. **3.** (école, etc.) noté, évalué (pour un travail).

gradient ['greidjənt] *n.* rampe, pente, côte ; dénivellation.

gradual ['grædʒuəl] *adj.* progressif, graduel.

graduate ['grædʒuət] *n.* diplômé (d'école, d'université).

graduate ['grædʒueit] *v.* **1.** obtenir un diplôme, un titre. **2.** conférer un diplôme. **3.** graduer ; moduler (impôt, etc.).

graduation [ˌgrædʒu'eiʃən] *n.* **1.** obtention d'un grade, d'un titre, d'un diplôme, réussite à un examen de fin d'études. **2.** collation des grades. **3.** gradation ; modulation (impôt, etc.).

graft ['gra:ft], U.S. [græft] *n.* **1.** greffe. **2.** corruption.

grain [grein] *n.* céréales. *Graincarrier,* navire céréalier. *Grain crop,* récolte de céréales.

granary ['grænəri] *n.* **1.** entrepôt de céréales. **2.** grenier (zone où les récoltes sont abondantes).

grand [grænd] *n.* (U.S.) *Fam. :* mille dollars.

grant [gra:nt], (U.S.) [grænt] *n.* **1.** octroi, délivrance, concession, attribution. **2.** subvention, allocation, aide financière, bourse. **3.** don, donation.

grant *v.* **1.** accorder, octroyer, attribuer, concéder, délivrer. **2.** allouer, accorder (une subvention), consentir (un prêt). **3.** conférer (un titre). **4.** admettre, reconnaître, concéder.

grant a loan, accorder un emprunt.

grant credit, accorder un crédit.

grantee [gra:n'ti:] *n.* bénéficiaire d'une allocation, d'une subvention, d'une aide financière, d'une bourse ; concessionnaire, donataire.

grantor [gra:n'tɔ:] *n.* personne ou organisme qui accorde (une subvention, une allocation, une bourse) ; donateur ; concédant.

graph [gra:f], (U.S.) [græf] *n.*

graphique, diagramme, courbe.

graph *v.* tracer un graphique, une courbe ; représenter sous forme de graphique, de courbe.

graphic design ['græfik] dessin industriel.

graphic designer, graphiste, dessinateur industriel.

grapple with ['græpl] *v.* être aux prises avec, lutter contre, se battre avec. *To grapple with inflation,* être aux prises avec l'inflation.

grasp [gra:sp], (U.S.) [græsp] *n.* 1. étreinte, emprise ; portée. 2. compréhension.

grass roots [,gra:s'ru:ts], (U.S.) ['græs'ru:ts] la base ; la masse.

grateful ['greitful] *adj.* reconnaissant.

gratifying ['grætifaiiŋ] *adj.* agréable, flatteur, réconfortant, qui donne une grande satisfaction, gratifiant.

gratuitous [grə'tju:itəs] *adj.* gratuit, bénévole, à titre gracieux.

gratuity [grə'tju:əti] *n.* 1. gratification ; prime. 2. pourboire. 3. pot-de-vin. 4. indemnité en cas de décès. 5. gratuité.

graving dock ['greiviŋdɔk] bassin de radoub.

gravity ['græviti] *n.* poids ; gravité, pesanteur.

grazier ['greizjə] *n.* éleveur de bétail.

greed [gri:d] *n.* avidité, âpreté au gain, appât du gain.

greedy ['gri:di] *adj.* avide, cupide, gourmand.

green [gri:n] *adj.* 1. vert. 2. ayant trait à l'agriculture, agricole. *The green revolution,* la révolution verte. 3. inexpérimenté ; naïf.

greenback ['gri:nbæk] *n.* (U.S.) billet d'un dollar.

greenfield site, site extra-urbain ; lieu de délocalisation.

greengrocer ['gri:n,grəusə] *n.* marchand de légumes.

greenhouse ['gri:nhəus] *n.* serre.

greenhouse effect, effet de serre.

greenhouse gas(es), gaz à effet de serre.

greenmail *n.* (formé sur blackmail et greenback) rachat par la société-cible, au-dessus du cours, de ses actions détenues par un « raider ».

green paper, avant-projet (d'un programme officiel).

green pound, (G.B.) « livre verte ».

greens [gri:nz] *n.* légumes verts.

greet [gri:t] *v.* accueillir (une personne, un discours, une nouvelle).

greeting ['gri:tiŋ] *n.* salutation, salut. *Greetings,* salutations, compliments.

grey area, zone hachurée, de densité/de taux/d'intensité moyenne.

grey economy, économie parallèle, marché gris.

greying, vieillissement de la population.

grey market, (Bourse) marché gris.

grey population, troisième âge.

grid [grid] *n.* grille ; réseau. *Price-grid,* tarif. *The grid* (G.B.), le réseau électrique.

gridlock *n.* situation de blocage ; embouteillage, bouchon.

grief [gri:f] *n.* douleur, peine, malheur. *To come to grief,* avoir des malheurs, faire de mauvaises affaires, échouer, s'effondrer.

grievance ['gri:vəns] *n.* 1. grief, doléance, plainte, réclamation, revendication — en particulier, litige entre patrons et ouvriers (non-application de convention collective, conditions de travail, etc.). 2. abus.

grievance committee, commission qui traite des réclamations, commission qui arbitre les litiges, commission d'arbitrage ; commission syndicale ou commission paritaire qui tente de résoudre les litiges.

grievant *n.* plaignant.

grind [graind] *v.* 1. moudre ; concasser ; broyer. 2. écraser, opprimer, pressurer. *Grinding poverty,* misère écrasante.

grind *n.* labeur/boulot monotone, corvée.

grind to a halt, s'immobiliser, s'arrêter, cesser de fonctionner.

grip *v.* étreindre, enserrer, saisir.

grip [grip] *n.* emprise, étreinte.

grocer ['grəusə] *n.* épicier.

groceries ['grəusəriz] *n.* articles d'épicerie.

grocery ['grəusəri] *n.* épicerie.

groove [gru:v] *n.* rainure, gorge, sillon. *To get into a groove,* s'encroûter, sombrer dans la routine.

gross [grəus] *adj.* 1. grossier. 2. brut. *Gross income,* revenu brut. *Gross profit,* bénéfice brut. *Gross tonnage,* jauge brute.

gross *v.* faire une recette (brute) de, faire un bénéfice brut de, rapporter, gagner (avant déduction des frais d'impôt).

gross *n.* douze douzaines, grosse.

gross *n.* recette brute, bénéfice brut.

gross cash flow, « cash flow » brut avant impôt, produit brut ; résultat brut d'exploitation.

Gross Domestic Product - G.D.P., Produit Intérieur Brut.

Gross National Product - G.N.P., Produit National Brut.

gross operating surplus, excédent brut d'exploitation.

gross rating point (GRP), mesure de couverture brute (MCB).

ground [graund] *n.* 1. sol, terre, terrain. 2. champ, terrain, domaine. 3. sujet, motif, raison, cause ; grief. *On legal grounds,* pour des raisons juridiques, pour des motifs de droit.

ground *v.* 1. fonder, baser, justifier, appuyer (un argument, une décision...). 2. (navire) s'échouer, aller à la côte. 3. (avion) empêcher de prendre l'air, interdire le décollage, bloquer au sol.

ground (to get off the), décoller, réussir, démarrer, se réaliser.

groundage ['graundidʒ] *n.* (G.B.) droits de mouillage.

ground-clearance, hauteur libre au-dessous d'un véhicule, hauteur du châssis au-dessus du sol.

grounded ['graundid] *adj.* fondé, justifié, motivé.

ground glass, verre dépoli.

groundless ['graundlis] *adj.* non fondé, sans motif, sans raison, non justifié, sans fondement.

grounds [graundz] *n.* pluriel de **ground** dans ses différents sens mais le plus souvent. 1. terrains, propriété, domaine (entourant une habitation, une école, etc.). 2. motifs, causes, raison. *Grounds for complaint,* matière à réclamation.

groundwork ['graundwə:k] *n.* fondement, fondation, base ; structure de base. *To do the groundwork,* faire le travail préparatoire, assurer les bases. *To lay the groundwork for an agreement,* jeter les bases d'un accord.

group [gru:p] *n.* groupe. *Age group,* classe d'âge ; *industrial group,* groupe industriel ; *pressure group,* groupe de pression ; *test group,* groupe témoin.

group *v.* 1. grouper. 2. se grouper.

group dynamics [gru:p] *n.* dynamique de groupe.

group incentive, prime collective, prime attribuée à une équipe.

grouping *n.* groupement ; combinaison ; répartition.

grow [grəu] *v.* 1. pousser. 2. cultiver, faire pousser. 3. (suivi d'un adjectif) devenir. 4. grandir, augmenter, croître, s'accroître, se développer.

grower ['grəuə] *n.* cultivateur, exploitant ; planteur. *Vine-grower, wine-grower,* vigneron, viticulteur.

grown-ups ['grəunʌps] *n.* les adultes.

growth [grəuθ] *n.* 1. croissance. *Zero-growth,* croissance nulle, croissance zéro. 2. accroissement, augmentation, développement, extension. *Growth company,* société en expansion.

growth rate, taux de croissance.

growth stocks, valeurs de croissance.

grubstake ['grʌb,steik] *n.* **1.** provisions ou fonds fournis à un prospecteur contre la promesse d'une partie de ses profits. **2.** *Par ext. :* aide matérielle ou financière fournie à une personne en difficulté ou à une entreprise pendant sa phase de lancement.

grubstake *v.* fournir une aide matérielle ou financière à une personne en difficulté ou à une entreprise pendant sa phase de lancement.

guarantee ['gærən'tiː] *n.* garantie, caution ; gage ; aval. *To go guarantee for someone,* se porter garant de quelqu'un.

guarantee *v.* garantir, cautionner, se porter caution, se porter garant ; avaliser. (U.S.) *guaranteed notes,* effets ou obligations garantis par un tiers.

guarantor ['gærən'tɔː] *n.* garant, répondant, caution, donneur de caution ; avaliste, donneur d'aval.

guaranty ['gærənti] *n.* voir **guarantee**.

guard [gaːd] *n.* **1.** garde. **2.** gardien ; factionnaire ; sentinelle, garde. **3.** système de protection, dispositif de protection.

guardian ['gaːdjən] *n.* **1.** gardien. **2.** tuteur ; curateur ; protecteur.

guardianship ['gaːdjənʃip] *n.* **1.** garde. **2.** tutelle ; curatelle.

gubernatorial [gubərnə'tɔːriəl] *adj.* de gouverneur, qui a trait au gouverneur.

guess ['ges] *v.* **1.** deviner. **2.** (U.S.) penser, estimer.

guesstimate, voir **guestimate.**

guesswork ['geswəːk] *n.* conjecture, estimation au jugé.

guest [gest] *n.* **1.** invité. **2.** client (d'un hôtel), pensionnaire. *Guest-house,* pension de famille, « chambres d'hôtes ». *Paying-guest,* pensionnaire.

guestimate ['gestimeit] *n.* évaluation, estimation au jugé.

guestimate *v.* évaluer, estimer au jugé.

guest worker, travailleur immigré.

guidance ['gaidəns] *n.* conseil(s), assistance, supervision, indication, orientation, information.

guide [gaid] *n.* **1.** guide. **2.** exemple, indication. **3.** livret, indicateur, brochure, guide.

guide-book ['gaidbuk] *n.* guide, indicateur, livret, brochure.

guide-lines ['gaid, lainz] *n.* grandes orientations (d'un projet, d'un programme), lignes directrices, grands axes (d'un programme), directives.

guidepost *n.* indicateur (économique), indication.

guild [gild] *n.* guilde, corporation, confrérie.

guilt [gilt] *n.* culpabilité.

guilty ['gilti] *adj.* coupable.

guinea ['gini] *n.* (G.B.) guinée = 1 livre et 5 pence.

guinea-pig ['ginipig] *n.* cobaye.

gum [gʌm] *n.* **1.** colle. **2.** caoutchouc.

gum *v.* **1.** coller. **2.** gommer (une toile, etc.).

gum up *v.* bloquer la machine, empêcher le fonctionnement.

gush [gʌʃ] *v.* jaillir (pétrole, etc.).

gut-issue [gʌt'iʃjuː] *n.* (U.S.), problème qui provoque des réactions passionnelles, viscérales, affectives.

gutter ['gʌtə] *n.* gouttière ; caniveau. *The ~ press,* la presse à scandales.

guzzle ['gʌzl] *v.* avaler en grande quantité ; consommer (du carburant) en grande quantité. (U.S.) *Gas-guzzling cars,* voitures qui consomment énormément, gouffres à essence.

guzzler ['gʌzlə] *n.* (U.S.) voiture qui consomme beaucoup d'essence.

gyrate *v.* fluctuer rapidement.

H

habeas corpus [,heibjəs'kɔːpəs] principe qui garantit les droits de l'individu, principe juridique selon lequel un citoyen ne peut être gardé à vue ou maintenu en prison sans être présenté à un juge ou à un tribunal dans un certain délai.

haberdasher ['hæbədæʃə] *n.* mercier, chemisier.

haberdashery ['hæbədæʃəri] *n.* mercerie, chemiserie.

habilitate [hə'biliteit] *v.* équiper pour l'exploitation (d'une mine, d'une usine).

habilitation [hə,bili'teiʃən] *n.* fait d'équiper, de fournir des fonds pour l'exploitation (d'une mine, d'une usine).

habitual offender [hə'bitjuəl], récidiviste.

hack [hæck] *n.* personne qui loue ses services, (U.S.) chauffeur de taxi ; synonyme de **hack-writer**, écrivain à gages, écrivassier.

hacker *n. (info.)* **1.** amateur, fanatique. **2.** pirate de disquette, pirate d'ordinateur, pirate informatique.

haggle ['hægl] *v.* marchander.

haggler ['hæglə] *n.* marchandeur.

haggling ['hægliŋ] *n.* marchandage.

hail [heil] *v.* **1.** saluer. **2.** accueillir favorablement (une nouvelle). **3.** héler. *To hail a cab,* appeler, héler, faire signe à un taxi. *To hail a ship,* arraisonner un vaisseau. **4.** (navire) *To hail from a port,* venir d'un port, être en provenance d'un port, avoir comme port d'attache.

hairdresser ['heə,dresə] *n.* coiffeur, capilliculteur.

half, halves [haːf, haːvz] *n.* **1.** moitié. **2.** *Sports :* *First-half, second-half,* première, deuxième mitemps.

half *adj.* demi.

half *adv.* à moitié, à demi.

half-monthly *adj.* semi-mensuel.

half-pay [haːf'pei] *n.* demi-traitement, demi-salaire. *On half-pay,* en demi-solde, en disponibilité, avec un demi-salaire.

half-price [,haːf'prais] moitié prix, demi-tarif. *To pay half price.* **1.** payer moitié prix. **2.** payer demitarif.

half-time [,haːf-'taim] **1.** mi-temps. **2.** pause au milieu d'une conférence, d'une réunion, etc.

half-time (to work), travailler à mi-temps, travailler à la demi-journée.

half-tone, *Impr. :* simili.

half-weekly *adj.* semi-hebdomadaire.

half-weekly *adv.* deux fois par semaine.

half-year *n.* semestre.

half-yearly *adj.* semestriel.

half-yearly *adj.* semestriellement, tous les six mois.

hall [hɔːl] *n.* **1.** hall (hôtel). **2.** grande salle. *Lecture hall,* salle de conférence. **3.** immeuble utilisé comme siège ou comme lieu de réunion par un syndicat, une association, etc.

hall-mark 1. poinçon de contrôle (sur les objets d'orfèvrerie). **2.** cachet, empreinte, signe distinctif, trait distinctif.

halt [hɔːlt] *v.* **1.** cesser, se terminer, s'interrompre. **2.** mettre fin à, arrêter, stopper. *To halt inflation,* stopper l'inflation.

halve [haːv] *v.* **1.** couper en deux, diviser en deux. **2.** partager en deux, se partager (à deux). **3.** à réduire de moitié.

hammer ['hæmə] *n.* marteau. *To come under the hammer, to go under the hammer,* être vendu aux enchères.

hammer *v.* **1.** marteler, frapper à coups répétés. **2.** façonner, mettre en forme, au prix d'efforts répétés. *To hammer out an agreement,* aboutir non sans mal à un accord. **3.** *Bourse :* provoquer une baisse, faire baisser les cours (notamment en vendant à découvert). **4.** *Bourse* *de Londres :* exclure un membre pour non-respect des règlements.

hammer the market *Bourse :* faire baisser les cours en vendant à découvert.

hamper ['hæmpə] *n.* bourriche, panier.

hamper *v.* gêner, empêcher, embarrasser, entraver, contrecarrer.

hamstring v., bloquer, paralyser

hand [hænd] *n.* 1. main. 2. ouvrier, employé, manœuvre, membre de l'équipage (navire). *Farmhand,* ouvrier agricole. 3. écriture. 4. signature. 5. jeu (de cartes), cartes. *To have a good hand,* avoir de bonnes cartes en main.

hand (at) *adv.* 1. proche, à proximité, à portée de la main. 2. prochain.

hand (by) *adv.* 1. à la main, fait à la main. 2. (lettre) par porteur.

hand (in) *adv.* 1. disponible. *Cash in hand,* espèces en caisse. *Stock in hand,* marchandises en magasin. 2. en cours, en chantier, en discussion. 3. en main. *To have the situation in hand,* contrôler la situation.

hand (on) *adv.* 1. disponible (marchandise ou personne). 2. en cours. 3. *Goods left on hand,* marchandises invendues, laissées pour compte.

hand (out of) *adv.* 1. sur-le-champ. 2. échappant au contrôle, que l'on ne contrôle plus.

hand (second) *adj.* et *adv.* d'occasion, de seconde main, usagé.

hand (to) *adv.* 1. en main (lettre, etc.) arrivé, arrivé à destination. *To come to hand,* arriver à destination. 2. disponible, facile à obtenir.

hand (to be a good) être compétent, adroit, capable. *He is a good hand at figures,* il sait manier les chiffres, il est bon en mathématiques.

hand *v.* donner, remettre, tendre, présenter, passer.

handbill ['hændbil] *n.* prospectus, affichette.

handbook ['hændbuk] *n.* guide, annuaire ; manuel.

hand-held *adj.* à main ; portable.

handicraft ['hændikra:ft] *n.* 1. artisanat. 2. produits de l'artisanat. 3. habileté manuelle.

handicraftsman ['hændikra:ftsman] *n.* artisan.

hand in v. remettre, déposer. *To hand in one's resignation,* remettre sa démission, donner sa démission, démissionner.

handle ['hændl] *v.* 1. manier, manipuler, manutentionner. 2. traiter, prendre en main. 3. brasser (des affaires), s'occuper (d'une commande), gérer (un budget), exécuter (une opération), tenir, faire (des articles).

« **handle with care** », « fragile ».

handling ['hændliŋ] *n.* 1. maniement. 2. manutention. 3. traitement (d'une affaire, d'une situation, de personnes). 4. gestion.

handling charges, frais de manutention.

hand-made [hænd'meid], fait main, fait à la main.

hand-me-down *adj.* 1. d'occasion, de deuxième main, usé, déjà utilisé une première fois. 2. (vêtements) bon marché et de mauvaise qualité.

handout, hand-out ['hændaut] *n.* 1. subvention, aide ; charité, aumône ; don. 2. document distribué, document à distribuer, en particulier compte rendu communiqué à la presse. 3. tract.

hand out v. tendre, remettre ; distribuer.

hand over v. 1. remettre, transmettre. 2. céder (un bien).

hand-picked ['hænd,pikt] *adj.* sélectionné, trié sur le volet.

hands [hændz] *n.* employés, ouvriers, main-d'œuvre ; membres d'une équipe, d'un équipage. *All hands on deck,* tout le monde sur le pont.

hands (show of), vote à main levée.

hands-on loc., de terrain, pratique ; qui met la main à la pâte, praticien.

handsome ['hænsəm] *adj.* **1.** beau ; élégant. **2.** considérable, important, substantiel, généreux. *A handsome profit,* un joli bénéfice, de beaux bénéfices.

hand-tailored, fait sur mesures.

handwriting *n.* écriture.

hang on *v.* **1.** (tél.) ne pas quitter. **2.** persévérer.

hangover ['hæŋ,əuvə] *n.* **1.** reste, survivance, conséquence fâcheuse mais inévitable d'un événement passé. **2.** *Fam.* : « gueule de bois ».

hang up *v. Tél.* : raccrocher.

harass ['hærəs] *v.* tracasser, harceler.

harassment ['hærəsmənt] *n.* harcèlement, tracasserie. *Sexual harassment,* harcèlement sexuel.

harbour [ha:bə], (U.S.) **harbor** *n.* **1.** port ; rade. **2.** abri, refuge.

harbour, (U.S.) **harbor** *v.* **1.** héberger, abriter. **2.** entretenir, nourrir (soupçon, etc.).

hard currency, devise forte.

hard cash, espèces sonnantes, argent liquide.

hard commodities, *(bourse)* métaux.

hard-core ['ha:d,kɔ:] *adj.* irréductible.

hardcore *n.* noyau irréductible.

hard discount, maxidiscompte.

hard discounter, maxidiscompteur.

harden ['ha:dn] *v.* **1.** durcir, endurcir. **2.** se durcir, s'endurcir. **3.** (prix, cours) se raffermir, se tendre, être en hausse.

hard-pressed, aux abois.

hard sell *n.* méthode de vente agressive.

hard-sell *v.* vendre selon des méthodes agressives.

hard-selling, vente à l'arrachée, méthode de vente agressive.

hardship *n.* difficulté, épreuve, privation. *Economic ~,* difficultés économiques.

hard times, période difficile, difficultés. *To fall on hard times,*

connaître une période difficile, connaître des difficultés.

hardware ['ha:dwɛə] *n.* **1.** quincaillerie. **2.** *inform.* : « hardware », tout ce qui a trait aux machines par opposition aux programmes ; matériel.

hard-wearing *adj.* résistant, qui fait de l'usage.

harm [ha:m] *n.* mal, dommage, tort, préjudice.

harm *v.* nuire à, faire du tort à, léser.

harmonization [,ha:mənai'zei∫ən] *n.* harmonisation.

harmonize ['ha:mənaiz] *v.* harmoniser.

harness ['ha:nis] *v.* exploiter (une ressource), mettre en valeur, aménager, utiliser (en partic. aménager une chute d'eau, une rivière, pour produire de l'énergie hydraulique).

harvest ['ha:vist] *n.* moisson, récolte.

harvest *v.* moissonner, récolter.

harvester ['ha:vistə] *n.* **1.** moissonneur. **2.** moissonneuse-lieuse.

has-been *n.* personne dont la carrière est finie, qui n'a plus d'avenir.

haste [heist] *n.* hâte, célérité, précipitation.

hasten [heisn] *v.* se hâter, se dépêcher, s'empresser.

hasty [heisti] *adj.* rapide, hâtif, précipité, irréfléchi.

hat [hæt] *n.* chapeau. *Top-hat benefits,* indemnité(s) pour frais de représentation.

hatch *n.* écoutille. *Under hatch,* en cale. *Before hatch opening,* avant déchargement.

hat-money *n.* chapeau du capitaine, primage (versement fait au capitaine du navire par l'expéditeur des marchandises).

haul [hɔ:l] *n.* **1.** prise, pêche, coup de filet. **2.** parcours, trajet, chemin parcouru. *Short haul,* trajet court, courte distance.

haul *v.* **1.** transporter (des marchandises). **2.** tirer, traîner, hâler, remorquer.

haulage ['hɔːlidʒ] **n. 1.** transport de marchandises, transport par camion. *Road haulage*, transport(s) routier(s). *Road haulage contractor*, entrepreneur de transport routier. **2.** fait de tirer, traîner, remorquer.

hauler ['hɔːlə] **n.** (U.S.) voir **haulier.**

haulier ['hɔːljə] **n.** (G.B.) entrepreneur de transports, entrepreneur de transport routier, camionneur.

hauling ['hɔːliŋ] **n. 1.** transport de marchandises, transports routiers. **2.** remorquage, fait de tirer, de traîner.

haven ['heivn] **n.** havre, port, abri, refuge, asile, retraite. *Tax-haven*, paradis fiscal.

have-nots ['hævnɔts] **n.** pauvres. Souvent employé pour les pays pauvres du Tiers Monde.

haves ['hævz] **n.** nantis. Souvent au sens de : les pays nantis, les pays riches, les pays développés par opposition aux pays pauvres du Tiers Monde.

haves and have-nots, (pays) riches et (pays) pauvres.

hawk [hɔːk] **v.** colporter.

hawker ['hɔːkə] **n.** marchand ambulant, camelot, colporteur.

hazard ['hæzəd] **n.** danger, risque. *Occupational hazards*, risques professionnels.

head [hed] **n. 1.** tête. *Heads*, face (sur une pièce de monnaie). *To go over somebody's head*, passer par-dessus la tête de quelqu'un. *To be head over ears in debt*, être criblé de dettes. *To have a head for something*, être doué/avoir des prédispositions pour quelque chose. *Head of cattle*, tête(s) de bétail (attention, dans ce cas *head* est invariable). **2.** chef, directeur, responsable. *Department head*, chef de service, responsable de département, chef de rayon. **3.** crise, point critique. *To come to a head*, arriver au point critique **4.** haut, sommet,

extrémité. **5.** titre, rubrique, chapitre, partie.

head *v.* **1.** conduire, mener, diriger. **2.** venir en tête. **3.** se diriger.

head-accountant *n.* chef comptable.

headage ['hed:dʒ] *n.* subvention par tête de bétail/d'animal.

head-cashier *n.* caissier principal.

head-clerk *n.* chef de bureau, commis principal.

head for *v.* se diriger vers, faire route vers.

head-grip *n.* chef machiniste (ciné.).

head-hunter ['hed,hʌntə] *n.* chasseur de tête (recruteur).

heading ['hediŋ] *n.* **1.** en-tête, intitulé. **2.** poste, rubrique.

head into *v.* se diriger vers. *The country is heading into a recession*, le pays est sur la voie de la récession.

headland *n.* promontoire.

headline ['hedlain] *n.* titre ; manchette. *Front page headline*, manchette, titre de première page. *To hit the headlines*, faire les gros titres, défrayer la chronique.

head of cattle *n.* tête de bétail, invariable : *six head of cattle*.

head off *v.* repousser, écarter.

head-office ['hed'ɔfis] *n.* siège social, siège central, bureau central, siège.

headphones ['hedfəunz] *n.* écouteurs, casque.

headquarters [,hed'kwɔːtəz] *n.* quartier général. (U.S.) siège social.

heads of agreement, protocole.

headway (to make) ['hedwei] *v.* progresser, avancer, faire des progrès.

health [helθ] *n.* santé. *Health benefits*, prestations (pour) maladie. *Health care* (programme de, système de) santé publique. *Health certificate*, certificat médical. *Health foods*, aliments « biologiques ». *Health insurance*, assurance maladie. *Health plan*, système d'assurance maladie.

health (bill of) *n. Marine :* patente de santé (certificat attestant la bonne santé de l'équipage). *Clean bill of health.* **1.** patente de santé nette. **2.** rapport favorable (dans une enquête) ; mise hors de cause.

health care, healthcare *n.* (secteur de la) santé ; domaine des soins.

Health Maintenance Organization, HMO (U.S.), organisme de santé. (Hôpital ou groupe d'hôpitaux géré(s) par une société chargée des soins et de la couverture santé des membres cotisants de cette organisation.)

hear *v.* **1.** entendre **2.** (tribunal) *to hear a case,* juger une affaire, connaître d'un différend. **3.** *to hear from someone,* recevoir des nouvelles de quelqu'un.

hearing ['hiəriŋ] *n.* **1.** audience, séance (d'un tribunal, d'une commission d'enquête). **2.** audition (d'un témoin).

hearsay ['hiəsei] *n.* ouï-dire. *Hearsay evidence,* témoignage indirect, témoignage se fondant sur les affirmations d'un tiers, déposition sur la foi d'autrui.

heat [hi:t] *n.* **1.** chaleur. **2.** agitation, passion, feu, pression.

heat-resistant *adj.* résistant à la chaleur, calorifuge, calorifugé.

heat *v.* chauffer.

heating ['hi:tiŋ] *n.* chauffage. *Heating appliance,* appareil de chauffage. *Central heating,* chauffage central.

heater ['hi:tə] *n.* radiateur, appareil de chauffage.

heat up *v.* **1.** chauffer, réchauffer. **2.** s'intensifier.

heave [hi:v] *v.* lever, soulever.

heave to *v.* (navire) mettre en panne, se mettre en panne.

heaviness ['hevinis] *n.* (cours) lourdeur. *The markets exhibited a seasonal heaviness,* les marchés ont fait preuve de la torpeur habituelle en cette saison.

heavy ['hevi] *adj.* lourd, pesant. *Heavy expenses,* grosses dépenses.

A heavy fine, une lourde amende, une amende élevée. *Heavy trading,* gros volume de transactions, marché très actif.

heavy-duty *adj.* résistant, solide ; (équipement) lourd, pour gros travaux, pour service intensif, capable de résister à des conditions d'utilisation très dures.

heavy goods *n.* marchandises lourdes, pondéreux.

heavyweight *n.* poids lourd.

heckle ['hekl] *v.* (élections, grèves) poser des questions embarrassantes, interrompre, interpeller, empêcher de parler (un orateur, un candidat) ; lancer des quolibets (à un orateur, à un candidat). *Strikebreakers heckling the pickets,* briseurs de grèves lançant des quolibets aux piquets de grève.

heckler ['heklə] *n.* interpellateur, contradicteur (voir **to heckle**).

hectic *adj.* trépidant, mouvementé. *Hectic consumer demand,* demande effrénée de biens de consommation.

hedge [hedʒ] *n.* **1.** haie. **2.** moyen de protection ou de défense. *A hedge against inflation,* un moyen de se prémunir contre l'inflation. **3.** *Fin. :* couverture ; compensation des risques de change (provenant de la fluctuation dans la valeur des devises). **4.** *Bourse :* arbitrage, achat ou vente à terme pour compenser les effets de fluctuation des cours. **5.** *Bourse :* valeur de refuge.

hedge *v.* **1.** entourer d'une haie, enclore. **2.** se défendre, se protéger (contre l'inflation, etc.), se couvrir contre un risque. **3.** *Fin. :* se couvrir contre les risques de change (fluctuations dans la valeur des devises). **4.** *Bourse :* faire la contrepartie, faire un arbitrage, acheter ou vendre à terme pour compenser les effets des fluctuations des cours.

hedge fund, fonds spéculatif.

hedger *n.* (*Bourse*) arbitragiste ; opérateur en couverture.

hedging ['hedʒiŋ] *n.* **1.** couverture contre un risque. **2.** *Fin.* : couverture ; compensation des risques de change (provenant de la fluctuation dans la valeur des devises). **3.** *Bourse* : arbitrage : opération qui consiste à prendre dans le temps ou sur des marchés différents des positions contraires (achats - ventes) afin de limiter ou d'annuler la perte éventuelle.

hefty [hefti] *adj.* substantiel, important.

hegemony [hi'gemǝni] *n.* hégémonie, impérialisme.

height [hait] *n.* hauteur, élévation, faîte, comble, apogée, moment de plus grande activité.

heighten ['haitn] *v.* augmenter, accentuer, faire ressortir.

heir [ɛǝ] *n.* héritier. *Sole heir,* héritier unique.

heiress ['ɛǝris] *n.* héritière.

heirloom ['ɛǝlu:m] *n.* héritage, meuble ou bijou de famille légué par héritage.

helm [helm] *n.* barre, gouvernail.

help [help] *n.* **1.** aide, assistance, secours. **2.** employé ; employé de maison.

help *v.* **1.** aider, secourir. **2.** (à table, dans un magasin) servir. *To help oneself,* se servir. **3.** *I can't help it,* a) je ne peux pas m'en empêcher. b) je ne peux pas l'empêcher, je n'y peux rien.

help wanted ads, petites annonces d'offre d'emploi, offres d'emploi.

hemp [hemp] *n.* chanvre.

hence [hens] *adv.* **1.** dorénavant, à partir d'aujourd'hui. *Two years hence,* dans deux ans. **2.** de là, c'est pourquoi. **3.** (distance) d'ici.

henceforth [,hens'fɔ:θ] *adv.* dorénavant, désormais, à partir de maintenant, à l'avenir.

henceforward [,hens'fɔ:wǝd] *adv.* dorénavant, désormais, à partir de maintenant, à l'avenir.

herd *n.* troupeau (de bovins). (Bourse) *Herd sentiment,* réaction grégaire.

hereafter [hiǝ'a:ftǝ] *adv.* **1.** ci-après, ci-dessous. **2.** dorénavant, désormais, à l'avenir.

hereby [,hiǝ'bai] par la présente (la formule « *I hereby testify that* » correspond souvent au français « Je soussigné, certifie que »).

herein [,hiǝr'in] *adv.* ci-inclus, ici, dans ce document.

hereinafter [,hiǝrin'a:ftǝ] *adv.* ci-après, ci-dessous.

hereof [,hiǝr'ɔv] *adv.* de la présente, duquel, de laquelle.

hereto [,hiǝ'tu:] *adv.* à la présente, au présent document. *The table hereto attached,* le tableau joint au présent document.

heretofore [,hiǝtu'fɔ:] *adv.* jusqu'ici.

hereunder [,hiǝr'ʌndǝ] *adv.* ci-dessous.

hereupon [,hiǝrǝ'pɔn] *adv.* à ce sujet, là-dessus, sur quoi.

herewith [hiǝ'wið] *adv.* ci-joint, ci-inclus, sous ce pli, par la présente.

heritage ['heritidʒ] *n.* héritage, patrimoine.

hew *v.* (U.S.) se conformer, respecter, s'en tenir (à, *to*).

hidden defect ['hidn] défaut caché, vice caché.

hide [haid] *n.* peau d'un animal, cuir.

hide *v.* **1.** cacher, dissimuler. **2.** se cacher, se dissimuler.

hi-fi [hai'fai], « hi-fi », haute fidélité.

high [hai] *n.* (courbe, etc.) point haut, point le plus élevé, niveau le plus élevé. *Quotations have reached a new high,* les cours ont atteint un nouveau record.

high *adj.* haut, élevé ; cher.

high-end, haut de gamme.

high-flyer, personne de haut vol ; cadre qui monte.

high-geared capital, 1. capital d'une société où les actions ordinaires sont en nombre plus faible que les actions préférentielles. **2.** capital à fort effet de levier. (Cet effet de levier provient du ratio entre les actions ordinaires d'une part, et, d'autre part, les obligations et les actions privilégiées sur lesquelles un intérêt ou un dividende fixe est versé. Si le nombre d'actions ordinaires est relativement faible, une augmentation même légère des bénéfices au-delà des sommes nécessaires à la rémunération des détenteurs d'obligations et d'actions de préférence se traduira par une substantielle augmentation des dividendes servis aux actionnaires ordinaires) cf. **low-geared capital.**

high gear *n.* vitesse supérieure, activité intense. *To go into high gear,* passer à la vitesse supérieure.

high-grade *adj.* **1.** (minerai, etc.) à forte teneur ; (essence) à haut degré d'octane. **2.** de haute qualité, de qualité supérieure.

highjack ['haidʒæk] *v.* ou *n.* voir **hijack.**

highjacker ['haidʒækə] *n.* voir **hijacker.**

highjacking *n.* voir **hijacking.**

highlight ['hailait] *n.* clou (d'une fête), manifestation, événement de grande importance ; point principal, élément le plus important.

highlight *v.* **1.** éclairer fortement. **2.** mettre en relief, insister sur, mettre en lumière.

high-powered *adj.* **1.** disposant de beaucoup de pouvoir ou d'influence, haut-placé dans la hiérarchie. **2.** énergique, dynamique. *A ~ salesman,* un vendeur dynamique/efficace/convaincant.

high-pressure salesman, vendeur de choc ; vendeur pratiquant la vente forcée.

high-profile *adj.* bien en vue, bien établi, « profil haut ».

high-rise ['hai,raiz] *n.* tour (immeuble). *High-rise apartment building,* tour d'habitation, immeuble d'habitation à nombreux étages. *Subsidized ~,* H.L.M.

High Street, grand-rue, grande rue (symbolise le monde du commerce de détail).

high-tech *n.* haute technologie, technologie de pointe, technologie avancée.

highway ['haiwei] *n.* route, grand-route.

high-yielder *n.* valeur boursière à haut rendement.

hijack ['haidʒæk] *n.* détournement d'avion ; vol de camion.

hijack ['haidʒæk] *v.* détourner (un avion), voler (un camion).

hijacker ['haidʒækə] *n.* pirate de l'air ; voleur de camion.

hijacking *n.* détournement d'avion ; piraterie aérienne.

hike [haik] *n.* (U.S.) augmentation. *Price hike,* augmentation de prix.

hike *v.* (U.S.) augmenter, faire monter.

hinder ['hində] *v.* empêcher, gêner, entraver, faire obstacle à ; retenir, arrêter.

hindrance ['hindrəns] *n.* entrave, empêchement, obstacle, gêne.

hindsight ['haindsait] *n.* perception des événements après qu'ils se soient produits, sagesse a posteriori, compréhension après coup.

hinge on [hindʒ] *v.* dépendre de.

hint [hint] *n.* **1.** allusion, insinuation. **2.** conseil, recommandation, indication ; indice, « tuyau ».

hint *v.* insinuer, suggérer ; faire allusion.

hire *n.* personne recrutée / embauchée, recrue.

hire ['haiə] *n.* **1.** location ; louage. **2.** embauche. *A new hire,* une nouvelle recrue. **3.** salaire ; loyer. *Hire of money,* loyer de l'argent, loyer des capitaux.

hire *v.* **1.** louer, prendre en location (parfois aussi utilisé au sens de *To hire out,* donner en location). **2.** embaucher. *To hire and fire,* recruter et licencier.

hire away *v.* débaucher du personnel.

hire out *v.* louer (donner en location).

hire-purchase ['haiə'pə:tʃəs] *n.* location-vente, système de vente à tempérament (selon lequel l'acheteur ne devient propriétaire qu'après avoir réglé le dernier versement), crédit à la consommation.

hiring ['hairiŋ] *n.* **1.** location. **2.** embauche.

hiss [his] *n.* bruit de fond, sifflement, « souffle ».

historical cost, *Comptab.* : coût historique, coût d'acquisition, valeur d'acquisition.

hit [hit] *v.* frapper, toucher, atteindre. *To be hard hit,* être durement touché. *Small retailers are the worst hit (the hardest hit),* les petits commerçants sont les plus durement atteints. *To hit the headlines,* faire les gros titres, défrayer la chronique. *To hit the bricks* (U.S.). *Fam.* : se mettre en grève. *To hit a brick wall,* se heurter à un mur, se trouver en face d'une difficulté insurmontable, être stoppé net.

hit *n.* **1.** coup. **2.** coup au but. **3.** succès, coup réussi (en partic. chanson à succès). **4.** (Internet) consultation.

hit-and-run, (finance, bourse) action éclair ; aller-retour ~ *driver,* chauffard coupable d'un délit de fuite.

hi-tech *n.* voir **high-tech.**

hive off [haiv] *v.* essaimer ; filialiser. (Organisation) détacher et rendre indépendant.

hoard [hɔːd] *n.* amas, accumulation ; réserve, trésor, cache.

hoard *v.* amasser, accumuler, (capitaux, or) thésauriser.

hoarder ['hɔːdə] *n.* amasseur, accumulateur ; (capitaux, or) thésauriseur.

hoarding ['hɔːdiŋ] *n.* **1.** palissade. **2.** panneau d'affichage, panneau publicitaire. **3.** amassage, accumulation, thésaurisation.

hoax [həuks] *n.* mystification, supercherie, canular.

hoax *v.* mystifier.

hobble *v.* entraver, gêner, freiner.

hobo ['həubəu] *n.* (U.S.) **1.** travailleur itinérant. **2.** vagabond (qui

voyage clandestinement à bord des trains).

hock [hɔk] *n.* gage. *In hock,* au clou, au mont de piété.

hock *v.* mettre au clou, mettre au mont de piété, engager.

hoe *n.,* houe.

hogshead ['hɔgzhed] *n.* **1.** tonneau, barrique, foudre. **2.** l'une quelconque de diverses unités de capacité, par exemple : 63 gallons U.S. ou 54 gallons G.B. (= 64,85 gallons U.S., c'est-à-dire environ 250 litres).

hoist [hɔist] *n.* **1.** treuil, grue, palan, engin de levage. **2.** montecharge.

hoist *v.* hisser, soulever, faire monter, augmenter.

hold [həuld] *n.* **1.** prise. **2.** emprise. *To take hold,* s'affirmer, se confirmer, s'installer. *As the recession took hold,* alors que la récession s'installait. **3.** cale (d'un navire), soute à bagages (d'un avion).

hold [həuld] *v.* **1.** tenir. **2.** tenir, résister. *To hold one's ground,* tenir bon, ne pas céder, ne pas lâcher pied. **3.** détenir, posséder, occuper. *To hold a job,* détenir/occuper un emploi. *To hold an office,* être titulaire d'une fonction. *To hold a degree,* avoir, détenir un diplôme. **4.** durer, continuer, se maintenir. **5.** garder, conserver, détenir, maintenir. *To hold public expenditure flat,* ne pas augmenter les dépenses publiques, maintenir les dépenses publiques au niveau actuel. **6.** être vrai, demeurer vrai, rester valable. **7.** retenir ; arrêter ; empêcher ; bloquer ; détenir ; retarder. *I've been held up by the traffic,* j'ai été bloqué par la circulation. **8.** considérer, estimer, penser, juger, être d'avis. **9.** contenir, avoir une contenance de.

hold a meeting *v.* tenir une réunion.

hold back *v.* **1.** rester sur l'expectative, ne pas se commettre, ne pas s'engager. *Until budget day,* *investors will hold back,* jusqu'à l'annonce officielle du budget, les investisseurs s'abstiendront. **2.** retenir, dissimuler, garder pour soi.

hold by *v.* s'en tenir à, se conformer à.

hold down *v.* (prix, etc.) éviter l'augmentation, empêcher d'augmenter ; limiter. *To hold prices down,* tenir les prix.

holder ['həuldə] *n.* **1.** détenteur ; titulaire ; (actions, etc.) porteur ; possesseur. **2.** support, monture.

holder in due course, tiers porteur ; tiers détenteur d'un instrument négociable (contrat, etc.) de bonne foi et de plein droit.

holder of an account, détenteur d'un compte (en banque).

holder of a policy, détenteur d'une police.

holding company ['həuldiŋ] *n.* société de portefeuille, société de holding, holding.

holdings *n.pl.* avoir(s), portefeuille.

hold out *v.* **1.** tendre, offrir, présenter. **2.** durer, résister.

hold off *v.* **1.** tenir à distance. **2.** s'abstenir, se réserver, ne pas se commettre, montrer peu d'empressement.

hold on *v.* **1.** tenir bon, tenir ferme, s'accrocher à. **2.** attendre. *Téléph. : Hold on !,* ne quittez pas !

holdover ['həuldəuvə] *n.* reste, survivance, conséquence fâcheuse mais inévitable d'un événement passé.

hold up *v.* **1.** lever ; dresser, redresser ; tenir en l'air. **2.** soutenir. **3.** arrêter, immobiliser, stopper, bloquer, entraver, retarder, suspendre. **4.** faire un hold-up, dévaliser, tenir en respect avec un revolver, attaquer à main armée. **5.** tenir bon, tenir le coup, bien résister. *The firm held up well during the depression,* l'entreprise a bien résisté pendant la crise.

hold-up ['həuldʌp] *n.* **1.** attaque à main armée. **2.** arrêt, suspen-

sion, immobilisation. **3.** embarras de circulation.

holiday ['hɔlədi] *n.* jour de vacance, jour férié. (G.B.) *Bank holiday,* jour férié (avec fermeture des banques).

holiday(s) with pay, congé(s) payé(s).

holography ['hɔ'lɔgrəfi] *n.* holographie.

home [həum] *n.* **1.** logis, foyer, domicile conjugal, intérieur, demeure, maison. *The Ideal Home Exhibition,* le salon des Arts Ménagers. **2.** patrie, pays natal, terre natale. **3.** asile, refuge, abri ; maison de repos ; maison de retraite.

home *adj.* **1.** à la maison, chez soi. **2.** au pays, du pays. **3.** qui atteint son but, qui fait mouche, qui atteint la cible.

home banking, banque directe (services bancaires obtenus depuis son domicile, banque à domicile).

homebuilder ['həum'bildə] *n.* constructeur de maison, entrepreneur du bâtiment.

homebuilding ['həum'bildiŋ] *n.* construction de maisons, (industrie du) bâtiment.

home buyer *n.* acheteur de logement, accédant à la propriété.

home delivery, livraison à domicile.

home development company, société de promotion immobilière.

home equity loan, emprunt sur la valeur de l'habitation (emprunt garanti par la valeur d'une maison, d'un appartement, et permettant à un particulier de financer son crédit à la consommation).

home-improvement, amélioration de l'habitat.

home improvement loan, prêt pour l'amélioration de l'habitat.

homeless ['həumlis] *adj.* sans gîte, sans logis. *The homeless,* les sans-abri.

home loan *n.* prêt immobilier.

home-made ['həum'meid] *adj.* **1.** fait à la maison. **2.** de fortune.

home market *n*. marché intérieur.

Home Office *n*. (G.B.) Ministère de l'Intérieur.

home policy *n*. politique intérieure.

home-remodelling, transformation/amélioration de l'habitat.

home sales *n*. ventes sur le marché intérieur.

home savings plan, plan d'épargne-logement.

home-shopping, achat(s) à domicile.

homestead ['həumstəd] *n*. ferme, exploitation agricole ; (U.S.) maison et terrain familiaux.

homestead *v*. fonder une ferme, exploiter la terre, créer une exploitation agricole ; coloniser.

homesteader *n*. colon, pionnier.

homeward ['həumwəd] *adv*. et *adj*. qui se dirige vers sa maison, vers son pays, (navire) vers son port d'attache. *Homeward bound,* en route vers son pays, (navire) vers son port d'attache. *Homeward journey,* voyage de retour.

homework ['həumwə:k] *n*. **1.** travail fait à la maison, travail fait chez soi. **2.** travail préparatoire, travail de recherche, étude préliminaire d'un dossier.

homeworker *n*. travailleur à domicile.

honest ['ɔnist] *adj*. **1.** honnête, intègre, probe, droit, loyal. **2.** juste, légitime.

honesty ['ɔnisti] *n*. honnêteté, probité, intégrité, loyauté, moralité ; véracité, franchise, sincérité, bonne foi. *Honesty is the best policy,* l'honnêteté est toujours récompensée ; l'honnêteté paie.

honoraria [ɔnəˈrɛəriə] *n. pl.* honoraries.

honorarium [ɔnəˈrɛəriəm] *n*. honoraire.

honorary ['ɔnərəri] *adj*. honoraire. *Honorary degree,* grade honoris causa. *Honorary membership,* honorariat.

honour ['ɔnə], U.S. **honor** *v*. honorer, faire honneur à. *To honour a bill,* payer, acquitter une traite.

honour ['ɔnə], U.S. **honor** *n*. honneur. *Diplôme : With honours,* avec mention. *Fin. : Acceptor for honour,* avaliste, donneur d'aval.

hoof (on the), (bétail) sur pied.

hook [huk] *n*. crochet, croc. (inscription sur colis) : *Use no hooks,* n'utilisez pas de crochets.

hook-up *n*. connexion.

hook up *v*. connecter, se connecter, brancher, se brancher (sur, *to*).

hopper *n*. wagon à trémies.

horse-power ['hɔ:s,pauə] *n*. (invariable) cheval-vapeur, chevaux-vapeur, puissance en chevaux.

hosier ['həuziə] *n*. bonnetier.

hosiery ['həuziəri] *n*. bonneterie.

host *n*. **1.** hôte. *Host country,* pays d'accueil. **2.** (T.V.) présentateur, -trice.

host *v*. **1.** accueillir, recevoir ; héberger, abriter. **2.** (T.V.) présenter (une émission).

hostess ['həustis] *n*. hôtesse. (T.V.) présentatrice. *Air-hostess,* hôtesse de l'air.

hostile ['hɔstail], U.S. ['hɔstl] *adj*. hostile, inamical.

hostile bid, OPA inamicale.

hostile suitor *n*. société qui tente une O.P.A. sur une autre société qui ne veut pas se laisser racheter.

hostile take-over, O.P.A. inamicale.

hot [hɔt] *adj*. **1.** chaud. **2.** (problème) brûlant, sensible. **3.** qui se vend bien ; très demandé, très recherché.

hot cakes (to sell like) *v*. se vendre comme des petits pains.

hot issue *n*. **1.** question brûlante, problème aigu, problème controversé. **2.** émissions d'actions vedettes, très bien cotées.

hot item, article qui se vend bien.

hot line *n.* **1.** ligne d'assistance téléphonique ; aide en ligne. **2.** téléphone rouge, ligne directe.

hot money *n.* capitaux spéculatifs, capitaux fébriles (passant d'une place financière à l'autre pour bénéficier des meilleurs taux d'intérêt).

hot seller *n.* article qui se vend bien.

hour ['auə] *n.* heure. *Business hours*, heures d'ouverture. *Hour(s) worked*, heure(s) ouvrée(s)/travaillée(s). *Office hours*, heures de bureau. *Off-peak hours*, heures creuses. *Peak hours*, heures de pointe. *Per hour*, à, de l'heure, par heure. *Rush hour*, heure de pointe. *Working hours*, heures de travail, d'ouverture.

hourly ['auəli] *adj.* horaire. *Hourly wages*, salaire horaire. *Hourly workers*, travailleurs payés à l'heure. *Workers on hourly wages*, ouvriers rémunérés sur une base horaire.

hourly *adv.* **1.** toutes les heures. **2.** constamment, continuellement. **3.** d'un moment à l'autre.

house [haus] *n.* **1.** maison, habitation. **2.** maison, firme, entreprise. *In-house publication*, journal d'entreprise. *A mail-order house*, une maison de vente par correspondance. **3.** salle, auditoire, assemblée, assistance. *A full house*, une salle pleine. **4.** *Parlement :* chambre.

house *v.* loger, abriter.

house agent ['haus,eidʒənt] *n.* agent immobilier.

housebreaking ['haus,breikiŋ] *n.* effraction, cambriolage avec effraction.

housebuilder ['haus,bildə] *n.* entrepreneur en bâtiments.

housebuilding ['haus,bildiŋ] *n.* (entreprise du) bâtiment ; le bâtiment, la construction.

household ['haushəuld] *n.* ménage, famille. *Household appliances*, articles ménagers, électro-ménager. *Household chores*, tâches ménagères. *Household consumption*, consommation des ménages. *Household expenses*, dépenses domestiques. *Household head*, chef de famille. *Household word*, mot qui est sur toutes les lèvres, expression courante.

household goods *n.* articles ménagers.

household savings. épargne des ménages.

housekeeper ['haus,ki:pə] *n.* **1.** responsable de la surveillance ou de la garde (bureaux, immeuble). **2.** (hôtel, école, etc.) responsable du service d'entretien (de nettoyage).

housekeeping ['haus,ki:piŋ] *n.* économie domestique, gestion domestique, soins du ménage.

house-organ ['haus,ɔ:gən] *n.* journal d'entreprise.

housewife ['hauswaif] *n.* ménagère ; mère de famille.

housing ['hauziŋ] *n.* **1.** logement. *Housing allowance*, allocation de logement. **2.** construction de logements ; le bâtiment.

housing accommodation *n.* logement, conditions de logement.

housing development *n.* grand ensemble, ensemble d'habitations, ensemble résidentiel ; lotissement.

housing estate *n.* (G.B.) grand ensemble, ensemble d'habitations, ensemble résidentiel.

housing industry *n.* (le) bâtiment.

housing lending, prêt immobilier, prêt à la construction.

housing project *n.* grand ensemble, ensemble immobilier d'habitations (en général financé par les autorités publiques pour les familles à revenu modeste).

housing schemes *n.* programmes de constructions de logements.

housing shortage *n.* crise du logement.

housing starts *n.* nombre de logements mis en chantier (indice de la santé de l'industrie du bâtiment).

hover ['hɔvə] *v.* **1.** planer. **2.** hésiter. **3.** osciller.

how-to book, manuel d'utilisation, guide de l'utilisateur.

hub [hʌb] **1.** moyeu. **2.** centre d'activité/d'opérations, centre, cœur, point central, plaque tournante. **3.** (aviation etc.) plate-forme (opérationnelle). **4.** (Internet) point d'interconnexion de plusieurs sites.

huckster ['hʌkstə] *n.* publicitaire (qui travaille pour la radio et la télévision).

hucksterism ['hʌkstərizəm] *n.* techniques de vente agressives.

hucksterize ['hʌkstəraiz] *v.* vendre à l'arraché.

hug [hʌg] *v.* **1.** étreindre, serrer dans ses bras, donner l'accolade. **2.** (navire) *To hug the coast,* longer la côte, raser la côte, naviguer près de la côte.

huge [hju:dʒ] *adj.* énorme, considérable, vaste, immense.

hull [hʌl] *n.* **1.** coque (de navire). *Hull insurance,* assurance sur corps. **2.** cosse, coquille, gousse.

hum [hʌm] *v.* (affaires, etc.) être très actif, faire preuve d'une grande activité. *Business is humming,* les affaires marchent, les affaires tournent.

humid ['hju:mid] *adj.* humide, moite.

humidity [hju:'miditi] *n.* humidité ; hygrométrie.

hunch [hʌntʃ] *n.* intuition. *To, act on a hunch,* agir sur intuition, sur une impulsion.

hundredweight ['hʌndrəd weit] *n.* G.B. : 112 livres = 50,802 kg (parfois appelé *long hundredweight*). U.S. : 100 livres = 45,359 kg (parfois appelé *short hundredweight*).

hunker down ['hʌnkə:] *v.* se tasser, décliner.

hurdle *n.* haie, obstacle. *To clear a ~* franchir un obstacle.

hurry ['hʌri] *n.* précipitation, hâte, empressement.

hurry *v.* **1.** hâter, presser, activer. **2.** se presser, se hâter, se dépêcher.

hurt *v.* nuire, léser, atteindre.

husband ['hʌzbənd] *v.* (bien) gérer ses ressources, gérer avec économie, économiser.

husband *n.* mari, époux.

husbandry ['hʌzbəndri] *n.* **1.** utilisation judicieuse des ressources ; gestion sage. **2.** administration, gestion. **3.** agriculture et élevage.

hush [hʌʃ] *v.* **1.** se taire, faire silence. **2.** imposer silence, faire taire. **3.** étouffer (scandale, etc.), faire silence (sur une affaire).

hush-money ['hʌʃˌmʌni] *n.* prix du silence, pot-de-vin pour acheter le silence de quelqu'un.

hush up *v.* faire taire (un scrupule) ; étouffer (un scandale).

hustle ['hʌsl] vendre à l'arraché.

hustler *n.* (U.S.) **1.** vendeur ou homme d'affaires agressif et peu scrupuleux. **2.** prostituée.

hype [haip] *n.* (U.S.) publicité intense ; battage, exagération, publicité tapageuse.

hype [haip] *v.* (U.S.) multiplier ; gonfler ; exagérer. *To hype the value of a property,* multiplier la valeur d'une propriété.

hyperinflation [ˌhaipə'in fleiʃən] *n.* hyperinflation.

hypermarket [ˌhaipə'ma:kit] *n.* hypermarché.

hyphen ['haifn] *n.* trait d'union.

hyphenate ['haifəneit] *v.* écrire avec un trait d'union, mettre un trait d'union.

hypothecate [hai'pɔθikeit] *v.* **1.** hypothéquer ; gager, nantir. **2.** déposer en nantissement, fournir en gage.

hypothecation [hai'pɔθi' keiʃən] *n.* fait d'hypothéquer ; inscription hypothécaire ; nantissement.

hypothecator [hai'pɔθikeitə] *n.* gageur.

hypothesis, -es [hai'pɔθisis- i:z] *n.* hypothèse(s).

Ideal Home Exhibition [ai'diəl] Salon des Arts Ménagers.

identification [ai,dentifi'keiʃən] *n.* identification.

identify [ai'dentifai] *v.* identifier.

identity [ai'dentiti] *n.* identité.

idle ['aidl] *adj.* **1.** oisif, désœuvré, immobilisé, inoccupé, inactif. *To lie idle,* être à l'arrêt, immobilisé, inoccupé, inactif, inutile. **2.** en chômage. **3.** (machine) à l'arrêt, (navire) désarmé. **4.** (fonds) dormants, inemployés, improductifs. **5.** oiseux, futile, inutile, vain, sans motif.

idle *v.* **1.** mettre au chômage. **2.** *Navire :* désarmer.

idle capacity, capacité (de production) inutilisée ; potentiel inutilisé.

idleness ['aidlnis] *n.* **1.** oisiveté ; inaction. **2.** chômage. **3.** caractère futile, oiseux, vain.

idle shipping, tonnage, navires inemployés, navires désarmés.

ignite [ig'nait] *v.* mettre le feu, enflammer ; prendre feu, s'enflammer. *To ~ a rally,* susciter/déclencher une reprise.

ignore [ig'nɔː] *v.* rejeter, ne pas tenir compte de.

ill-advised [,iləd'vaizd] *adj.* mal inspiré, mal avisé ; mal venu.

ill-assorted *adj.* mal assorti.

illegal [i'liːgl] *adj.* illégal. *Illegal insider trading, (Bourse)* délit d'initié.

illegal aliens, immigrants illégaux/clandestins.

illegible [i'ledʒəbl] *adj.* illisible.

ill-famed *adj.* de mauvaise réputation.

ill-grounded *adj.* mal fondé, peu fondé, sans fondement.

illicit *adj.* illicite.

ill-informed *adj.* mal informé.

illiquid *adj.* **1.** non liquide. **2.** n'ayant pas d'actifs liquides.

illiteracy *n.* analphabétisme.

illiterate *adj.* analphabète.

ill-matched *adj.* mal assorti.

ill-qualified *adj.* peu, mal qualifié, incompétent.

ill-repute *n.* mauvaise réputation.

ill-timed *adj.* inopportun, mal à propos, mal programmé.

image ['imidʒ] *n.* image. *Brand-image,* image de marque. *Corporate image,* image d'une société, image de marque (d'une société).

imbalance [im'bæləns] *n.* déséquilibre.

I.M.F. (International Monetary Fund), Fonds Monétaire International (F.M.I.).

imitate ['imiteit] *v.* **1.** imiter. **2.** contrefaire.

imitation ['imi'teiʃən] *n.* **1.** imitation. **2.** contrefaçon.

imitator ['imiteitə] *n.* **1.** imitateur. **2.** contrefacteur.

immaterial [,imə'tiəriəl] *adj.* sans rapport, qui n'a aucun rapport, qui n'a aucune importance, sans importance. *Immaterial to the case,* sans rapport avec l'affaire.

immediate [i'miːdjət] *adj.* immédiat. *Immediate delivery,* livraison immédiate. *Available for immediate delivery,* livrable immédiatement, livraison à la commande.

immigrant ['imigrənt] *n.* et *adj.* immigrant. *Immigrant workers,* travailleurs immigrés.

immigrate ['imigreit] *v.* immigrer.

immigration [,imi'greiʃən] *n.* immigration.

immobilization [i,məubilai'zeiʃən] *n.* immobilisation.

immobilize [i'məubilaiz] *v.* immobiliser.

immovable [i'muːvəbl] *adj.* **1.** fixe, à demeure. **2.** inébranlable (personne). **3.** *Jur. :* immobilier.

immovables [i'muːvəblz] *n.* *Jur. :* biens immobiliers.

immune [i'mjuːn] *(from, to, against)* à l'abri de ; inaccessible à, insensible à.

immunity [i'mjuːniti] *n.* **1.**

exemption ; exonération. *Immunity from tax, exemption de l'impôt.* **2.** immunité.

impact ['impækt] *n.* impact, choc, répercussion.

impact *v.* avoir un impact (*on*, sur).

impair [im'pɛə] *v.* compromettre, altérer, ébranler, endommager, affaiblir, diminuer.

impairment [im'pɛəmənt] *n.* altération, affaiblissement, dégradation. *Impairment of performance*, diminution/baisse de l'efficacité, dégradation des résultats.

impart [im'pɑːt] *v.* faire part de, communiquer, annoncer, faire connaître, transmettre.

impeach [im'piːtʃ] *v.* **1.** mettre en accusation (haut fonctionnaire, etc.). **2.** récuser (un témoin).

impeachment [im'piːtʃmənt] *n.* **1.** mise en accusation (d'un haut fonctionnaire). **2.** récusation (d'un témoin).

impede [im'piːd] *v.* entraver, gêner, empêcher, retarder, faire obstacle à.

impediment [im'pedimənt] *n.* entrave, obstacle, gêne, empêchement.

impending [im'pendiŋ] *adj.* imminent.

impersonate [im'pəːsəneit] *v.* se faire passer pour.

impersonation [im,pəːsə'neiʃən] *n.* usurpation d'identité.

impersonator [im'pəːsəneitə] *n.* personne qui se fait passer pour une autre, imposteur.

impervious [im'pəːvjəs] *adj.* imperméable, étanche.

impetus ['impitəs] *n.* élan ; impulsion ; vitesse acquise.

impinge [im'pindʒ] *v.* (*on*) **1.** empiéter sur. **2.** avoir de l'influence, un impact, sur.

impingement [im'pindʒəmənt] *n.* empiétement.

implant *n.* implant, usine implantée à l'étranger pour éviter les barrières douanières et le protectionnisme.

implement ['implimənt] *n.* outil (en général agricole) ; instrument ; ustensile.

implement *v.* appliquer, mettre en pratique, mettre en place, rendre effectif, mettre en œuvre ; exécuter.

implementation [,implimen'teiʃən] *n.* application, mise en œuvre, mise en pratique ; exécution.

implementing ['implimentiŋ] *n.* application, mise en œuvre, mise en pratique, exécution.

import ['impɔːt] *n.* **1.** importation. **2.** imports, marchandises importées, articles d'importation, importations.

import [im'pɔːt] *v.* importer.

importation [impɔː'teiʃən] *n.* importation.

import duty, droit de douane, droit d'entrée (marchandises).

importer [im'pɔːtə] *n.* importateur.

import licence, licence d'importation.

import permit, autorisation d'importer.

import quota, contingent d'importation.

impound [im'paund] **1.** mettre en fourrière (véhicule). **2.** confisquer, saisir (marchandises).

imprest account/fund, compte d'avances de caisse, compte d'avances temporaires.

imprint *n.* empreinte. *Card imprint*, empreinte de carte de crédit prise à la réception d'un hôtel pour garantir les prestations dont bénéficiera un client pendant son séjour. **2.** marque, label ; nom de l'éditeur, de l'imprimeur.

imprison [im'prizn] *v.* emprisonner, mettre en prison, incarcérer.

imprisonment [im'prizənmənt] *n.* emprisonnement, incarcération, prison.

improve [im'pruːv] *v.* **1.** améliorer. **2.** s'améliorer, devenir meilleur, devenir plus favorable.

improvement [im'pruːvmənt] *n.* amélioration, progrès.

impugn [im'pjuːn] *v.* attaquer,

contester, mettre en doute, (témoignage) récuser.

impulse buying ['impʌls] achat sur impulsion, achat impulsif.

impulse purchase, achat sur impulsion, achat spontané.

impulse shopping, achats sur impulsion.

impulsive item, article qui s'achète sous l'impulsion du moment.

inaccuracy [in'ækjurəsi] *n.* inexactitude, imprécision ; erreur.

inaccurate [in'ækjurət] *adj.* inexact, imprécis ; erroné.

inadequacy [in'ædikwəsi] *n.* inadéquation, insuffisance.

inadequate [in'ædikwət] *adj.* insuffisant, mal adapté.

inadmissible [,inəd'misəbl] *adj.* inadmissible ; irrecevable, non recevable.

inasmuch as [,inəz'mʌtʃæz], attendu que, vu que, puisque, considérant que, étant donné que ; dans la mesure où.

inaugurate [i'nɔ:gjureit] *v.* **1.** inaugurer. **2.** mettre en vigueur, commencer à appliquer.

inauguration [i,nɔ:gju'reiʃən] *v.* **1.** inauguration. **2.** (U.S.) *Inauguration Day,* jour de prise de fonctions du nouveau président.

inboard [in'bɔ:d] *adj.* (navire) à bord, à l'intérieur du bord.

inboard *adj.* (navire) de l'intérieur, à l'intérieur (cabine).

in bond [in'bɔnd] en entrepôt sous douane.

inbound [in'baund] (navire) qui se dirige vers un port, qui rentre au port.

Inc., voir **Incorporated.**

in camera [in'kæmərə] (procédure) à huis clos.

incapability [in,keipə'biliti] *n.* **1.** incapacité. **2.** inéligibilité.

incapable [in'keipəbl] *adj.* incapable, incompétent.

incapacitation ['inkə,pæsi'teiʃən] *n.* **1.** incapacité ; invalidité. *Incapacitation for work,* incapacité de travail (notamment après accident de travail). **2.** *Jur. :* privation de capacité légale.

incapacitate [,inkə'pæsiteit] *v.* **1.** rendre incapable de. *To be incapacitated for work,* être dans l'incapacité de travailler (notamment après accident du travail). **2.** *Jur. :* priver de capacité légale.

in cash, en espèces.

incentive [in'sentiv] *n.* incitation, stimulant, encouragement. *Incentive bonus scheme,* système de primes d'encouragement.

inception [in'sepʃən] *n.* début, commencement, origine(s).

inch [intʃ] *n.* pouce = 2,54 cm.

inch up *v.* monter, augmenter petit à petit, progressivement.

incidence ['insidəns] *n.* incidence, effet, conséquence.

incident ['insidənt] *n.* **1.** incident. **2.** accident.

incident *adj. Incident to,* qui tient à, attaché à, qui accompagne.

incidental [,insi'dentl] *adj.* fortuit, accidentel, imprévu. *Incidental expenses,* faux frais. *Incidental to,* résultant de, inséparable de.

incidentals *n.* faux frais.

incite [in'sait] *v.* inciter.

incitement [in'saitmənt] *n.* incitation, encouragement.

include [in'klu:d] *v.* comprendre, renfermer, englober, recouvrir.

included [in'klu:did] y compris, compris.

including [in'klu:diŋ] y compris, comprenant ; (date) y compris. *Up to and including July 1st,* jusqu'au 1er juillet compris.

inclusion [in'klu:ʒən] *n.* inclusion, fait de comporter, d'inclure, de contenir.

inclusive [in'klu:siv] *adj.* total, qui comprend, y compris. *From the 1st to the 15th inclusive,* du 1er au 15 compris, du 1er au 15 inclusivement. *Inclusive charge,* tarif forfaitaire.

inclusively [in'klu:sivli] *adv.* inclusivement.

inclusive rate, prix, tarif forfaitaire.

inclusive sum, somme globale, forfaitaire.

inclusive terms, conditions tout compris.

income ['inkʌm] *n.* **1.** revenu, revenus. *Earned income,* revenu du travail. *Unearned income,* rente(s). *Gross income,* revenu brut. *Net income,* revenu net. *To supplement one's income,* compléter ses revenus. **2.** *Sociétés :* bénéfice(s).

income bracket, tranche de revenus.

income earner, personne qui touche un revenu.

income group, tranche de revenus. *The lowest income group,* les plus bas revenus, les revenus les plus faibles ; les plus défavorisés ; les économiquement faibles.

income period, exercice.

income return, déclaration de revenu(s).

income statement, compte de résultat(s), compte d'exploitation.

income support, garantie de revenu (minimum).

incomes policy, politique des revenus.

income tax, impôt sur le revenu.

income transfers, transfers sociaux.

incoming ['inkʌmiŋ] *adv.* **1.** qui entre, qui arrive. **2.** (année) qui commence.

incoming mail, courrier à l'arrivée.

incoming order, commande reçue.

incomings *n.* recettes, rentrées ; revenus.

incompatibility ['inkəm,pætə'biləti] *n.* incompatibilité, inconciliabilité.

incompatible [,inkəm'pætəbl] *adj.* incompatible, inconciliable.

incompetence [in'kɔmpitəns] *n.* incompétence, inhabilité, manque de capacité.

incompetent [in'kɔmpitənt] *adj.* incompétent, incapable.

inconvenience [inkən'viːnjəns] *n.* **1.** gêne, embarras, dérangement, contretemps, incommodité. *We are sorry to put you to such inconvenience,* nous sommes désolés de vous causer un tel dérangement. **2.** inconvénient.

inconvenience *v.* déranger, gêner, causer des embarras.

inconvenient [inkən'viːnjənt] *adj.* gênant, peu pratique, peu commode. *If this is not inconvenient to you,* si cela vous convient, si cela ne vous gêne pas, si cela vous agrée.

inconvertibility ['inkənvə:tə'biliti] *n.* inconvertibilité, non-convertibilité.

inconvertible [,inkən'və:təbl] *adj.* inconvertible, non-convertible.

incorporate [in'kɔ:pəreit] *v.* **1.** incorporer, intégrer, fusionner. **2.** former un corps constitué, réunir en société, en particulier, se constituer en société par actions. *Incorporated under the companies Act. Sociétés :* créée, fondée, constituée, conformément à la loi sur les sociétés.

incorporated [in'kɔ:pəreitid] *adj.* **1.** incorporé, intégré, fusionné. **2.** constitué en société par actions (l'abréviation Inc. figure souvent dans la raison sociale de telles entreprises U.S.).

incorporation [in,kɔ:pə'reiʃən] *n.* **1.** incorporation, intégration, fusion. **2.** constitution en société (par actions).

increase ['inkri:s] *n.* augmentation, accroissement, montée, majoration, développement, extension, accélération. *Price increase,* augmentation des prix, montée des prix. *Wage increase,* augmentation des salaires.

increase [in'kri:s] *v.* **1.** augmenter, croître, monter, grimper ; grandir, prendre de l'extension, se développer. **2.** augmenter, faire monter ; accroître, agrandir, accélérer.

increase in prices augmentation, montée des prix.

increase in value, augmentation de valeurs, plus-value.

increase in wages, augmentation de(s) salaire(s).

increment ['inkrimənt] *n.* **1.** augmentation. **2.** quantité ajoutée. **3.** (légère) augmentation dans une série d'augmentations semblables ou proportionnelles (indices, retraites, etc.). **4.** *Unearned increment*, plus-value (terrain, etc.).

increment *v.* incrémenter (augmenter une variable d'une valeur généralement constante).

incremental [inkri'mentl] *adj.* constituant, ayant trait à ou résultant d'une augmentation ; indiciaire. *Incremental cost*, coût différentiel.

incubation [inkju'beiʃən] *n.* incubation. (En particulier aide apportée au mûrissement d'un projet d'entreprise).

incubator ['inkjubeitə] *n.* couveuse, incubateur. *Business ~*, incubateur d'entreprises.

incumbency [in'kʌmbənsi] *n.* **1.** fait d'occuper une fonction, une charge, un poste administratif, officiel. **2.** durée d'une fonction officielle, d'une charge administrative.

incumbent [in'kʌmbənt] **1.** titulaire d'une fonction administrative, d'un poste officiel. **2.** (en période électorale) candidat sortant.

incumbrance [in'kʌmbrəns] *n. Jur. :* charges d'une succession.

incur [in'kə:] *v.* courir, encourir, risquer, s'attirer, s'exposer à, contracter (dettes). *To incur criticism*, s'exposer aux critiques. *To incur losses*, éprouver, subir des pertes.

incur no charges, « sans frais ».
incur no expenses, « sans frais ».
incurred expenses [in'kə:d] dépenses engagées, frais engagés.

indebted [in'detid] *adj.* **1.** endetté. **2.** redevable, reconnaissant.

indebtedness [in'detidnis] *n.* **1.** dette, montant d'une dette, endettement. **2.** *Mutual indebtedness*, dettes et créances mutuelles (entre deux parties). **3.** fait d'être redevable (envers quelqu'un).

indecisive [indi'saisiv] *adj.* **1.**

peu concluant, indécis. **2.** (personne) irrésolu, indécis.

indefinite [in'definit] *adj.* **1.** vague, mal défini, incertain, ambigu. **2.** (période, etc.) indéfini, illimité.

indemnification [in,demnifi'keiʃən] *n.* indemnisation, compensation, dédommagement, indemnité.

indemnify [in'demnifai] *v.* **1.** indemniser, dédommager. **2.** exempter d'une sanction.

indemnitee [in,demni'ti:] *n.* indemnitaire (personne qui a droit à une indemnité).

indemnity [in'demniti] *n.* **1.** indemnité, dédommagement, compensation. **2.** garantie, assurance (contre pertes), cautionnement. **3.** exemption d'une sanction. *He received indemnity for his overdrawn accounts*, on décida de ne pas le pénaliser pour ses comptes à découvert.

indent ['indent] *n.* commande, bon de commande, ordre d'achat (reçu de l'étranger).

indent [in'dent] *v.* **1.** passer une commande. **2.** *Jur. :* rédiger (contrat, etc.) en partie double.

indenture [in'dentʃə] *n.* contrat synallagmatique, contrat bilatéral. *Bond indenture*, contrat bilatéral d'émission (entre société émettrice d'obligations et obligataires).

indenture [in'dentʃə] *v.* **1.** lier par contrat. **2.** mettre en apprentissage, engager par un contrat d'apprentissage.

indentures [in'dentʃəz] *n.* contrat d'apprentissage.

indented form [in'dentid] présentation de lettre avec paragraphes décalés, avec alinéas.

independent [indi'pendənt] *n.* commerçant indépendant.

independent retailer, *n.* détaillant indépendant.

independent shopkeeper, *n.* commerçant indépendant.

in-depth *adj.* en profondeur, approfondi(e).

index ['indeks] *n.* **1.** *Pl.* : **indexes,** index, répertoire, table. *Index, card-index,* fichier. **2.** *Pl.* : **indices, indexes,** indice. *Consumer price index,* indice des prix à la consommation. *Dow Jones index,* indice Dow-Jones à la Bourse de New York (établi à partir d'un certain nombre de valeurs industrielles). **3.** indication, signe, indice.

index v. **1.** répertorier, fournir un index, ajouter un index. **2.** indexer.

index-book, classeur, répertoire (livre).

index-card *n.* fiche (de fichier).

indexing ['indeksiŋ] *n.* **1.** fait de répertorier, de fournir un index. **2.** indexation.

index-link v. indexer.

index-linked, indexé.

index-number, indice.

index-tied, indexé.

index tracking fund, fonds indiciel coté.

indicator ['indikeitə] *n.* indice, indicateur, « clignotant ». *Economic indicators,* les indices de la conjoncture.

indict [in'dait] v. inculper.

indictment [in'daitmənt] *n.* inculpation.

indifferent [in'difrənt] *adj.* médiocre, quelconque, seulement passable. *Indifferent quality,* qualité médiocre. *Indifferent results,* résultats quelconques.

indispensable [,indi'spensəbl] *adj.* **1.** indispensable, nécessaire. **2.** obligatoire, que l'on ne peut omettre, que l'on ne peut négliger, dont on ne peut se dispenser.

individual [,indi'vidjuəl] *n.* *A private individual,* un simple particulier. *Individual income tax,* impôt sur le revenu des personnes physiques.

indorsable [in'dɔ:səbl] *adj.* voir **endorsable,** endossable, transmissible par endos.

indorse [in'dɔ:s] v. = **endorse.** **1.** endosser. **2.** avaliser. **3.** soutenir, approuver.

indorsement [in'dɔ:smənt] *n.* **1.** endossement, endos. **2.** aval. **3.** *Assur.* : avenant.

indorsee [indɔ:'si:] *n.* endossataire.

indorser [in'dɔ:sə] *n.* endosseur, avaliste, donneur d'aval.

induce [in'dju:s] v. **1.** inciter, induire, amener à, pousser. **2.** induire, conclure.

induced demand [in'dju:st] demande induite.

inducement [in'dju:smənt] *n.* **1.** incitation ; mobile, motif, raison, attrait, tentation. **2.** *Jur.* : cause (d'un contrat), considération ou avantage à l'origine du contrat.

induction [in'dʌkʃən] *n.* **1.** induction (raisonnement du particulier vers le général). *Induction of facts,* apport de preuves (par énumération des faits). **2.** accueil des nouveaux membres, présentation, introduction. *Induction course,* stage d'intégration, stage de formation. **3.** *Armée :* recrutement (par conscription). **4.** fait de causer, de créer (à l'origine). *Induction of labor,* création de main-d'œuvre. *Électr.* : induction. **5.** *Mécan.* : admission, entrée, arrivée (des gaz).

indulge [in'dʌldʒ] v. satisfaire ; donner libre cours à. *To ~ in sometting,* s'adonner à/se livrer à/se permettre quelque chose.

indulgence [in'dʌldʒəns] *n.* satisfaction ; complaisance.

industrial [in'dʌstriəl] *adj.* **1.** industriel. *Industrial site, industrial park* (U.S.), industrial estate (G.B.), zone industrielle. **2.** qui a trait aux rapports entre patronat et ouvriers. *Industrial action,* grève, mouvement de grève. *To take industrial action,* faire grève. *Industrial country,* pays industrialisé. *Industrial disease,* maladie professionnelle. *Industrial injury,* accident du travail. *Industrial relations,* relations industrielles, relations entre direction et employés, entre patronat et syndicats.

industrial accident, accident du travail.

industrial design, esthétique industrielle.

industrial dispute, conflit social, conflit du travail.

industrial drawing, dessin industriel.

industrialist [in'dʌstriəlist] *n.* industriel ; dirigeant d'entreprise.

industrialize [in'dʌstriəlaiz] *v.* industrialiser.

industrialized world [in'dʌstriəlaizd] monde industrialisé ; ensemble des pays industrialisés.

industrials [in'dʌstriəlz] *n.* valeurs (actions) des sociétés (entreprises) industrielles, valeurs industrielles.

industrial unrest, troubles sociaux ; conflits du travail.

industrial wasteland, friche industrielle.

industry ['indəstri] *n.* **1.** industrie. *Extracting industries,* industries minières. *Heavy industry,* industrie lourde. *Mining industry,* industrie minière. **2.** secteur industriel ou commercial, branche industrielle. *The insurance industry,* les assurances.

industry-wide, dans toute l'industrie, dans tout le secteur industriel (industrie en général ou secteur particulier).

ineffective [ini'fektiv] *adj.* inefficace, sans effet ; qui ne produit pas d'effet, qui manque son but.

ineffectiveness [ini'fektivnis] *n.* inefficacité, manque d'efficacité.

inefficiency [ini'fiʃənsi] *n.* **1.** inefficacité (d'une mesure, etc.). **2.** incapacité, incompétence, inefficacité (d'une personne).

inefficient [ini'fiʃənt] *adj.* **1.** inefficace (mesure, etc.). **2.** incapable, incompétent, inefficace (personne).

inelastic [ini'læstik] *adj.* inélastique (demande, etc.), fixe.

inelasticity [inilæs'tisiti] *n.* inélasticité (demande, etc.), fixité.

ineligible [in'elidʒəbl] *adj.* **1.** inéligible (candidat). **2.** qui ne remplit pas les conditions requises (postulant, etc.). **3.** inacceptable.

inexpensive [inik'spensiv] *adj.* bon marché, peu coûteux, pas cher.

inexperienced [inik'spiəriənst] *adj.* inexpérimenté, sans expérience, novice.

infighting *n.* dissensions/querelles internes.

inflate [in'fleit] *v.* gonfler, accroître, grossir, charger. *To inflate the currency,* augmenter la masse monétaire en circulation, avoir recours à l'inflation. *The assets had been artificially inflated,* les actifs avaient été gonflés artificiellement.

inflation [in'fleiʃən] *n.* inflation ; gonflement, augmentation. *Double-digit inflation,* inflation à deux chiffres. *Inflation ridden,* en proie à l'inflation.

inflation accounting, réévaluation de bilan en fonction de l'inflation.

inflationary [in'fleiʃnəri] *adj.* inflationniste. *Inflationary pressures,* pressions inflationnistes.

inflow ['infləu] *n.* afflux, arrivée, rentrée. *Inflow of capital,* afflux de capitaux ; apport de capitaux.

influence ['influəns] *n.* influence. *Jur. : undue influence,* intimidation.

influence ['influəns] *n.* influer sur, influencer.

influence-peddling, trafic d'influence.

influence-trafficking, trafic d'influence.

influential [influ'enʃl] *adj.* influent.

influx ['inflʌks] *n.* arrivée, afflux.

infomercial *n.* annonce publicitaire contenant des informations techniques sur le produit.

inform [in'fɔ:m] *v.* informer, faire savoir, renseigner

informal [in'fɔ:ml] *adj.* **1.** officieux ; non officiel. **2.** sans cérémonie ; familier, détendu. **3.** *Jur. :* en dehors des règles, des statuts, irrégulier.

informality [infɔ:'mæliti] *n.* **1.** absence de cérémonie ; caractère familier, détendu. **2.** *Jur. :* vice de forme, irrégularité.

informant [in'fɔ:mənt] *n.* **1.** informateur, personne qui informe. **2.** *Jur. :* déclarant.

informatics *n.* informatique.

information [infə'meiʃən] *n.* renseignements, informations. *A piece of information*, un renseignement. *Information bureau, information centre (U.S. center), information office*, bureau des renseignements. *Information desk*, guichet de renseignements. *Information processing*, traitement de l'information. *Information systems*, systèmes d'information. *Information technology*, informatique. *Information superhighway*, autoroute de l'information. *For further information*, pour plus amples renseignements, pour une information plus complète… *The information explosion*, la révolution dans les moyens de communication, l'explosion des moyens d'information.

information desk, accueil/réception/information(s)/renseignements.

information highway, autoroute de l'information.

infotainment *n.* information et loisirs. (Formé à partir de " information " et " entertainment ").

infrastructure *n.* infrastructure.

infringe [in'frindʒ] *v.* enfreindre, violer, trangresser. *To infringe a patent*, contrefaire un brevet, être en infraction avec la loi sur les brevets.

infringement [in'frindʒmənt] *n.* infraction, violation, empiétement. *Patent infringement*, infraction à la loi sur les brevets, contrefaçon de brevet.

infringer *n.* **1.** contrevenant. **2.** contrefacteur.

ingenious [in'dʒi:njəs] *adj.* ingénieux.

ingenuity [indʒi'nju:iti] *n.* ingéniosité.

in good repair, en bon état.

ingot ['iŋgət] *n.* lingot.

inhabit [in'hæbit] *v.* habiter.

inhabitant [in'hæbitənt] *n.* habitant ; résident (dans un immeuble).

inherit [in'herit] *v.* hériter.

inheritance [in'heritəns] *n.* héritage, succession ; patrimoine. *To come into an inheritance*, faire un héritage. ~ *laws*, lois sur les successions/l'héritage.

inheritance tax, impôt sur les successions.

inheritor [in'heritə] *n.* héritier.

inheritress [in'heritres] *n.* (fém.) héritière.

inheritrix [in'heritriks] *n.* héritière.

inhibit *v.* empêcher ; entraver ; réduire. *To inhibit growth*, paralyser la croissance.

in-house, à l'intérieur de l'entreprise, « en interne ».

in-house brand, produit générique, marque du distributeur.

in-house training, formation interne, dans l'entreprise.

in ink, à l'encre.

initial [i'niʃəl] *adj.* initial, d'origine.

initial *v.* parapher, viser, émarger ; authentifier un document en y apposant ses initiales.

initial expenses, (commerce, société…) frais de premier établissement.

initial public offering, IPO, offre publique initiale (d'actions).

initials [i'niʃəlz] *n.* initiales, paraphe.

initiate [i'niʃieit] *v.* commencer, lancer, inaugurer, être à l'origine de, entamer, engager (procédure). *To initiate a bill*, proposer un projet de loi.

initiate proceedings *v.* instituer, entamer, engager des poursuites.

initiation [iniʃi'eiʃən] *n.* commencement, début ; fait d'entamer (procédure), fait de proposer (projet de loi) ; (entreprise) débuts, premier établissement.

initiative [i'niʃiətiv] *n.* initiative.

initiative *adj.* préliminaire, préparatoire, introductif.

initiator [i'niʃieitə] *n.* initiateur ; lanceur (d'une idée) ; personne à l'origine de…

initiatory [i'niʃiətəri] *adj.* préparatoire, préliminaire, introductif.

injunction [in'dʒʌŋkʃən] *n.* injonction, ordre. *Court injunction,* arrêt d'un tribunal, mise en demeure.

injure ['indʒə] *v.* 1. blesser. 2. nuire à, léser, porter préjudice à, faire du tort à. 3. endommager, abîmer, avarier.

injured ['indʒəd] *adj.* 1. blessé. *The injured,* les blessés, les accidentés. 2. lésé, à qui on a fait du tort, offensé. *The injured party,* la partie lésée, l'offensé(e). 3. gâté, avarié, endommagé.

injury [in'dʒəri] *n.* 1. blessure ; lésion. *Personal injury, bodily injury,* dommage corporel, accident corporel. *Injuries to workmen, injuries on the job,* accidents du travail. 2. préjudice, tort, atteinte. 3. dommage, dégâts, avaries.

injury in the workplace, accident du travail.

ink [iŋk] *n.* encre. *Black ink,* position créditrice. *Red ink,* position débitrice. *Rising red ink,* augmentation du déficit.

inland ['inlənd] *adj.* intérieur. *Inland navigation,* navigation intérieure, navigation fluviale. *Inland trade,* commerce intérieur. *Inland freight,* fret terrestre.

inland bill, traite sur l'intérieur.

inland rate, tarif, régime intérieur (postes, etc.).

Inland Revenue (the), (G.B.) le fisc, les contributions.

inland waterways, voies navigables, voies fluviales, canaux.

inn *n.* auberge.

inn-keeper *n.* aubergiste.

innovate ['inəu'veit] *v.* innover.

innovation [inəu'veiʃən] *n.* innovation.

innovative *adj.* innovant, innovateur, novateur.

innovator ['inəuveitə] *n.* innovateur, novateur.

inobservance [inəb'zə:vəns] *n.* inobservation, non-respect (d'une clause, d'un contrat).

inordinate [i'nɔ:dinit] *adj.* excessif, immodéré, démesuré, injustifié. *Inordinate spending,* dépenses immodérées.

in-plant, (ayant lieu) sur le lieu de travail, à l'intérieur de l'usine. *In-plant training program* (U.S.), programme de formation sur le lieu de travail (à l'usine).

input ['input] *n.* input, alimentation, puissance fournie ou absorbée, arrivée, nombre d'éléments, d'unités, etc., fournis ; somme d'informations fournies ; somme de données fournies, etc.

inquire [in'kwaiə] *v.* 1. se renseigner, s'informer, demander, demander des renseignements. 2. enquêter, faire des recherches. *I'll inquire into the matter personally,* j'étudierai l'affaire personnellement.

inquiry [in'kwaiəri] *n.* 1. demande de renseignements. *To make inquiries into something,* se renseigner sur quelque chose ; étudier, faire des recherches. *Inquiry office, inquiries office,* bureau, service, guichet de renseignements. 2. *judicial inquiry,* enquête judiciaire, instruction.

inroad ['inrəud] *n.* incursion, raid ; empiétement. *To make inroads into a market,* lancer des attaques sur un marché, pénétrer un marché.

inscribe [in'skraib] *v.* inscrire.

inscribed stock [in'skraibd] titres inscrits, nominatifs, actions nominatives, inscrites.

inscription [in'skripʃən] *n.* inscription. *Inscriptions,* titres nominatifs, actions nominatives.

insert ['insə:t] *n.* encart.

insert [in'sə:t] *v.* insérer, faire figurer (clause, article). *To insert an ad,* faire passer une petite annonce, insérer une petite annonce.

insertion [in'sə:ʃən] *n.* insertion, apposition (d'une clause). *Insertion order,* ordre d'insérer.

inset ['inset] *n.* encart ; feuillet intercalaire.

inside information *n.* (bourse) information privilégiée.

insider [in'saidə] *n.* initié, personne qui fait partie d'une organisation. *Company insider,* membre d'une société (en particulier, le mot « insider » désigne une personne ayant accès à des informations confidentielles en raison de sa fonction ou de son rang dans une organisation. Dans le domaine boursier, le terme s'applique aux cadres ou dirigeants d'une entreprise ou aux détenteurs de plus de 10 % de la valeur des actions cotées de cette entreprise).

insider dealing, voir **insider trading.**

insider trading *(Bourse)* délit d'initié (utilisation illégale à des fins de profit d'informations privilégiées auxquelles on a accès de par ses fonctions).

insist [in'sist] *v.* insister. *To insist on payment,* exiger le paiement.

insofar as, dans la mesure où.

insolvency [in'sɔlvənsi] *n.* insolvabilité ; défaillance d'entreprise.

insolvent [in'sɔlvent] *adj.* insolvable.

in-sourcing, production interne (par opposition à l'externalisation).

inspect [in'spekt] *v.* inspecter, examiner, contrôler, vérifier.

inspection [in'spekʃən] *n.* inspection, examen ; contrôle, vérification, surveillance ; visite (médicale, en cas de dommage corporel) ; étude du dossier individuel d'un demandeur d'assurance. *Inspection copy,* exemplaire d'un livre en spécimen. *Douanes : Inspection order,* bon d'ouverture. *To buy goods on inspection,* acheter sur examen.

inspector [in'spektə] *n.* inspecteur, contrôleur, surveillant, vérificateur, visiteur. *Tax inspector,* contrôleur fiscal, inspecteur fiscal, inspecteur des impôts, contrôleur des contributions.

install [in'stɔ:l] installer, monter, poser. *To install a plant,* installer une usine, monter une usine, implanter une usine, s'implanter.

installation [instə'leiʃən] *n.* **1.** installation, pose, montage. **2.** appareils, installations.

installer *n.* installateur.

instalment, (U.S.) installment [in'stɔ:lmənt] *n.* **1.** versement partiel, acompte. *Monthly instalment,* mensualité. *To pay by instalments,* payer à tempérament, par versements échelonnés. **2.** tranche (emprunt, crédit…).

instalment contract, contrat d'achat ou de vente à crédit.

instalment credit, crédit à la vente, à l'achat.

instalment loan, crédit (prêt) pour achat à tempérament.

instalment payment, règlement à tempérament.

instalment plan, plan, système, calendrier de paiement à tempérament.

instalment selling, vente à tempérament, vente à crédit.

instant ['instənt] *adj.* **1.** immédiat. **2.** (abrégé en **inst.**) courant, de ce mois. *On the 10th instant,* le 10 courant, le 10 de ce mois (considéré comme désuet).

institute ['institju:t] *v.* **1.** établir, fonder, créer, constituer (une société). **2.** instituer, engager, entamer, intenter. *To institute an inquiry,* ordonner une enquête. *To institute an action at law,* intenter une action, engager des poursuites.

3. *Jur. : To institute somebody as heir,* instituer quelqu'un d'héritier.

institute proceedings *v.* engager, entamer, instituer des poursuites, intenter un procès, porter plainte, poursuivre en justice.

institution [insti'tju:ʃən] *n.* **1.** institution, établissement, organisation, association, fondation. **2.** constitution création, fondation (d'un organisme). **3.** ouverture, institution (d'une enquête). **4.** *Jur. :* institution (d'un héritier).

institutional investor [insti' tju:ʃənl] investisseur institutionnel (banque, etc.).

institutional advertising, publicité institutionnelle, publicité de prestige.

institutional broadcast, émission d'intérêt public, institutionnelle.

institutional trading, transactions boursières des investisseurs institutionnels.

instruct [in'strʌkt] *v.* **1.** informer, renseigner, instruire d'un fait. **2.** donner des instructions à, donner des directives à. **3.** charger (quelqu'un de faire quelque chose).

instruction book [in'strʌkʃən] carnet (livret) d'entretien, manuel d'entretien ; livret d'instructions.

instructions *n.* instructions, directives, indications, consignes, ordres ; mandat, charge.

instructions for use, mode d'emploi, conseils d'utilisation.

instructor *n.* instructeur ; entraîneur.

instrument ['instrumənt] *n.* **1.** instrument, appareil. *Instrument board, instrument panel,* tableau de bord. **2.** instrument de commerce, de crédit. *Financial instrument,* instrument financier. *Negotiable instrument,* effet négociable. **3.** *Jur. :* acte, document officiel, acte notarié.

instrumental (to be) [instru' məntəl] contribuer. *His decision was instrumental in bringing about the strike,* sa décision a contribué à provoquer la grève.

in substance defeasance, (comptab.) désendettement de fait.

insulate ['insjuleit] *v.* isoler, calorifuger ; protéger.

insulation [insju'leiʃən] *n.* isolation. *Heat insulation,* isolation calorifuge.

insulator ['insjuleitə] *n.* isolant ; isolateur.

insurable [in'ʃuərəbl] *adj.* assurable, susceptible d'être assuré.

insurance [in'ʃuərəns] *n.* assurance. *To take out an insurance (policy),* prendre une assurance, souscrire une assurance, s'assurer. *Burglary insurance,* assurance vol. *Comprehensive insurance,* assurance multirisque. *Fire insurance,* assurance incendie. *Fire and theft insurance,* assurance vol et incendie. *Life insurance,* assurance vie. *Marine insurance,* assurance maritime. *National insurance,* Sécurité Sociale. *Third-party insurance,* assurance au tiers.

insurance-broker, courtier d'assurance, agent d'assurance, assureur.

insurance company, compagnie d'assurance.

insurance policy, police d'assurance, assurance.

insurance premium, prime d'assurance.

insure [in'ʃuə] *v.* (v.t.) **1.** assurer. **2.** faire assurer. **3.** assurer, garantir (l'exécution de). (v.i.) s'assurer, se faire assurer).

insured [in'ʃuəd] *n. The insured,* l'assuré, les assurés.

insured *adj.* assuré.

insurer [in'ʃuərə] *n.* assureur.

intangible [in'tændʒəbl] *adj.* incorporel. *Intangible asset,* actif incorporel, immobilisation incorporelle. *Intangible property,* bien incorporel.

intangible *n.* immobilisation incorporelle.

integrate ['intigreit] *v.* **1.** intégrer. **2.** concentrer, fusionner. **3.** s'intégrer. **4.** pratiquer la déségrégation.

integration [inti'greiʃən] *n.* **1.** intégration. **2.** déségrégation.

integrated circuit ['intigreitid] circuit intégré.

intelligence n., 1. intelligence ; 2. information(s), renseignement(s).

intelligence gathering, collecte d'informations, de renseignements.

intensive [in'tensiv] *adj.* intensif. *Capital-intensive industry, labour-intensive industry,* industrie de capitaux, industrie de main-d'œuvre.

intent [in'tent] *n.* intention, but. *Jur. : With intent,* de propos délibéré. *To all intents and purposes,* à tous égards ; virtuellement. *Intent letter,* lettre d'intention.

interactive *adj.* interactif.

interbank *adj.* interbancaire.

interchangeable [intə'tʃeindʒəbl] *adj.* interchangeable, permutable.

intercom [intəkəm] interphone.

interconnect *v.* relier, avoir des relations croisées ; assurer la liaison.

interconnected [,intəkə'nektid] *adj.* interconnecté, relié ; dépendants l'un de l'autre.

intercourse ['intəkɔːs] *n.* relation(s), rapport(s), commerce, échanges, communication(s).

interdependence [intədi'pendəns] *n.* interdépendance.

interdependent [intədi'pendənt] *adj.* interdépendant.

interdict *v.* interdire, prohiber.

interdiction *n.* 1. interdit. 2. interdiction.

interest ['intrist] *n.* 1. intérêt. *To bear, to carry, to yield an interest,* produire, porter, servir un intérêt. *Back interest,* arrérages. *Compound interest,* intérêt composé. 2. participation, placement, investissement, capitaux. *To have a vested interest in a concern,* avoir des capitaux dans, être intéressé dans une entreprise. *Vested interests,* les intérêts acquis, les intérêts des gens en place. 3. avantage, profit.

interest *v.* intéresser.

interest-bearing, qui produit un intérêt. *Interest-bearing investment,* investissement qui produit un intérêt. *Interest-bearing securities,* valeurs productives d'intérêt.

interested ['intristid] *adj.* intéressé ; impliqué, concerné. *To be interested in something,* s'intéresser à quelque chose.

interest rate, taux d'intérêt.

interface ['intəfeis] *n.* interface.

interfere [intə'fiə] *v.* s'ingérer, s'immiscer, s'interposer, se mêler, gêner, entraver, contrarier, porter atteinte.

interference [intə'fiərəns] *n.* ingérence, intrusion, immixtion, intervention inopportune.

interim ['intərim] *n.* intérim.

interim *adj.* intérimaire, provisoire, transitoire.

interim dividend, acompte sur dividende, dividende provisoire.

interlock *v.* s'entremêler, s'entrecroiser, s'entrelacer.

interlocking *adj.* entrecroisé, croisé.

intermediary [intə'miːdjəri] *n.* intermédiaire ; *Jur. :* personne interposée.

intermediary *adj.* intermédiaire. *Intermediary goods,* biens intermédiaires, demi-produits.

intermediate [intə'miːdjət] *adj.* intermédiaire ; moyen ; à moyen terme. *Intermediate credit,* crédit à moyen terme.

intermediates [intə'miːdjəts] *n.* produits intermédiaires.

intermission [intə'miʃən] *n.* interruption, pause, entracte, arrêt. *Without intermission,* sans trêve, sans arrêt, sans relâche.

in terms of [in'təːmz əv] sous l'angle de, pour ce qui est de, dans le domaine de, en termes de.

intern *n.* stagiaire.

internal [in'təːnl] *adj.* intérieur, interne. *Internal rate of return,* taux interne de rentabilité.

internal audit, *Comptab. :* contrôle interne, audit interne.

internal auditor, auditeur interne.

Internal Revenue Service (I.R.S.), (U.S.) le fisc.

internal trade, commerce intérieur.

international [intə'næʃənl] *adj.* international. *International union (U.S.)* : syndicat US existant aussi dans un autre pays (en général le Canada).

International Monetary Fund (I.M.F.), Fond monétaire international (F.M.I.).

internationalization ['intə,næ ʃnəlai 'zeiʃən] *n.* internationalisation.

internationalize [intə'næʃ nəlaiz] *v.* **1.** internationaliser. **2.** s'internationaliser.

internationally [intə'næʃənli] *adv.* internationalement.

Internet, Internet. ~ *user,* internaute.

internship [in'tə:nʃip] *n.* **1.** (médecine, etc.) internat. **2.** stage en entreprise.

interpersonal *adj.* relationnel. ~ *skills,* aptitudes relationnelles, sens de la relation à autrui.

interphone [intə'fəun] *n.* interphone.

interpret [in'tə:prit] *v.* **1.** interpréter, expliquer, déchiffrer. **2.** faire l'interprète, interpréter.

interpretation [in,tə:pri'teiʃən] *n.* **1.** interprétation. **2.** interprétariat.

interpreter [in'tə:pritə] *n.* interprète.

interrelated [,intəri'leitid] *adj.* lié, relié, dépendants l'un de l'autre, en rapport étroit.

interrelation [intəri'leiʃən] *n.* relation mutuelle, influence réciproque ; interaction.

interrupt [intə'rʌpt] *v.* interrompre.

interstate [intə'steit] *adj.* entre États (utilisé spécialement pour les relations entre les différents États des États-Unis). *Interstate commerce,* le commerce entre États.

intervene [intə'vi:n] *v.* intervenir.

intervention [intə'venʃən] *n.* intervention.

interventionism *n.* interventionisme.

interview ['intəvju:] *n.* entrevue ; entretien, interview. *To ask for an interview,* demander un entretien, demander un rendez-vous.

interview *v.* interviewer ; avoir une entrevue avec.

interviewee ['intəvju:i:] *n.* interviewé, personne interviewée.

interviewer ['intəvju:ə] *n.* interviewer.

intestacy *n.* absence de testament.

intestate *adj.* intestat. *To die intestate,* mourir sans avoir fait de testament.

in the black, *To be in the black,* avoir une position créditrice. *To be back in the black, to return to the black,* refaire des bénéfices.

in the long run, à long terme.

in the red, en déficit, débiteur.

in the short run, à court terme.

intimacy *n.* **1.** intimité. **2.** rapport(s) sexuel(s).

intimate ['intimit] *adj.* intime.

intimate knowledge, connaissance approfondie.

introduce [intrə'dju:s] *v.* **1.** présenter. *May I introduce Mr X to you,* je vous présente Mr X. **2.** établir, faire adopter, introduire. *This new clause was introduced last May,* cette nouvelle clause a été adoptée en mai dernier. *To introduce a bill,* déposer, présenter un projet de loi. **3.** introduire, introduire à la cote, introduire en bourse. **4.** *To introduce a product on the market,* lancer un produit sur le marché. *Introducing...,* (au cinéma) avec, pour la première fois...

introduction [intrə'dʌkʃən] *n.* **1.** présentation (de quelqu'un à quelqu'un d'autre). *Letter of introduction,* lettre d'introduction, de recommandation. **2.** introduction (d'une mesure), dépôt, introduction (d'une proposition, etc.). **3.** introduction en bourse.

introductory [intrə'dʌktəri] **adj.** d'introduction, liminaire. *Introductory advertising,* publicité de lancement. *Introductory offer,* offre promotionnelle (lors du lancement d'un produit ou service, pour un premier abonnement, etc.).

invade [in'veid] **v.** envahir.

invalidate [in'vælideit] **v.** invalider, casser, annuler, vicier, infirmer.

invalidation [invæli'dei∫ən] **n.** 1. invalidation, cassation, infirmation. 2. action en nullité.

invalidity [invə'liditi] **n.** 1. invalidité (contrat, etc.). 2. invalidité, incapacité de travail.

inventories ['invəntriz] **n. pl.** *Comptab. :* valeurs d'exploitation, stocks.

inventory ['inventri] **n.** 1. stock. *Beginning inventory,* stock initial (en début d'exercice). *Closing inventory,* stock final (en clôture d'exercice). 2. inventaire. 3. état des lieux.

inventory **v.** inventorier, faire l'inventaire (en particulier, faire l'inventaire chiffré des actifs).

inventory control, contrôle des stocks.

inventory management, gestion des stocks.

invest [in'vest] **v.** 1. investir, placer, faire un, des placement(s), mettre des fonds. *Invested capital,* capitaux investis, capital investi ; capitaux permanents. 2. confier (une responsabilité à quelqu'un), investir (quelqu'un d'une responsabilité, mission, etc). *To invest someone with a function,* investir quelqu'un d'une fonction. *Most of the real power is invested in the board,* la plus grande partie du pouvoir réel est confiée au conseil, c'est le conseil qui détient la plus grande part du véritable pouvoir.

investigate [in'vestigeit] **v.** faire des recherches, étudier, enquêter, examiner. *We will investigate the matter thoroughly,* nous examinerons l'affaire minutieuse-

ment. *Investigating magistrate,* juge d'instruction.

investigation [investi'gei∫ən] **n.** enquête, investigation, recherche, examen, étude, instruction (d'un litige).

investigator [in'vestigeitə] **n.** enquêteur, investigateur, chercheur.

investment [in'vestmənt] **n.** investissement, placement, mise de fonds, portefeuille (de titres). *Closed-end investment trust,* société de placement à capital fixe. *Open-end investment trust,* société de placement à capital variable (cf. SICAV). *Fixed-yield investment,* placement à revenu, à rendement fixe. *Investment bank, investment banker,* banque de placement, d'investissement, (U.S.) banque d'affaires. *Investment company/fund/ house,* société d'investissement, société de placement collectif. *Investment tax-credit,* avoir fiscal (actions), crédit d'impôt (obligations).

investor [in'vestə] **n.** investisseur ; épargnant. *Small investors,* petits épargnants. *Institutional investors,* investisseurs institutionnels.

in view of, en raison de.

invigorate **v.** revigorer, revivifier.

invisible [in'vizəbl] **adj.** invisible. *Invisible exports,* exportations invisibles.

invisibles [in'vizəblz] **n.** exportations invisibles, importations invisibles, exportations et importations invisibles.

invitation [invi'tei∫ən] **n.** invitation. *Invitation to tender, invitation for tenders,* adjudication.

invite [in'vait] **v.** inviter, faire appel. *Applications are invited for the position of,* on fait appel aux candidatures pour le poste de…

invoice [in'vɔis] **n.** facture, note. *As per invoice,* conformément à la facture. *Consular invoice,* facture consulaire. *Pro forma invoice,* facture pro-forma. *To make out an invoice,* établir une facture. *To* *receipt an invoice,* acquitter une facture.

invoice *v.* facturer.

invoice-book, facturier (journal, livre).

invoice-clerk, facturier (personne).

invoicing ['invɔisiŋ] *n.* facturation.

involve [in'vɔlv] *v.* **1.** impliquer, comporter, entraîner. **2.** engager, mêler, impliquer quelqu'un. *To be involved in exports,* s'occuper d'exportation. *To be involved in a law suit,* être impliqué dans un procès.

involved [in'vɔlvd] **1.** *To be involved in something,* être engagé dans (une activité) ; être mêlé à, impliqué dans. **2.** compliqué, complexe. *An involved situation,* une situation compliquée, complexe.

involvement [in'vɔlvmənt] *n.* **1.** implication, fait d'être impliqué dans. **2.** complication ; confusion. **3.** difficultés financières.

inward ['inwəd] *adj.* intérieur, interne, vers l'intérieur. *Inward bill of lading,* connaissement d'entrée. *Navire : Inward bound,* sur le chemin du retour, en retour.

IOU [aiəu'ju:] *n.* = **I owe you,** je vous dois. Reconnaissance de dette (qui n'a pas nécessairement une valeur légale).

iron ['aiən] *n.* fer. *Iron-ore,* minerai de fer. *Corrugated iron,* tôle ondulée.

iron-clad, à toute épreuve, intégral, « en béton ».

iron out *v.* aplanir (une difficulté).

iron and steel industry, industrie sidérurgique.

ironmonger ['aiən,mʌŋgə] *n.* quincailler.

ironworks ['aiənwə:ks] *n.* fonderie, usine sidérurgique.

irredeemable [iri'di:məbl] *adj.* **1.** irrachetable, irremboursable. ~ *bond,* obligation perpétuelle. **2.** irrémédiable.

irregular [i'regjulə] *adj.* irrégulier.

irrelevant [i'reləvənt] *adj.* non pertinent, sans rapport avec le problème, la question, hors sujet.

irrespective of [iri'spektiv] *adj.* indépendant de.

irrespective of *adv.* indépendamment de, sans tenir compte de.

irresponsibility ['irispɔnsə'biliti] *n.* irresponsabilité.

irresponsible [iri'spɔnsəbl] *adj.* **1.** irresponsable ; qui manque de sens des responsabilités ; qui n'est pas maître de ses actes, inconscient. **2.** (acte) irréfléchi, qui relève de l'inconscience. **3.** *Financially irresponsible,* insolvable.

irrevocable [i'revəkəbl] *adj.* irrévocable. *Irrevocable letter of credit,* lettre de crédit irrévocable.

ISIN, International Securities Idenfication Numbers, code international d'identification des valeurs.

isothermal, isothermic [aisəu'θə:ml, aisəu'θə:mik] *adj.* isotherme.

issuance ['iʃuəns] *n.* **1.** émission, mise en circulation. **2.** délivrance (brevet, permis de conduire).

issue ['iʃu:] *n.* **1.** mise en circulation, parution, publication, lancement. **2.** numéro, édition (d'une revue). *This month's issue,* le numéro de ce mois. **3.** *Fin.: Bourse :* émission. *Issue at par,* émission au pair. *Issue above par,* émission au-dessus du pair. *Issue below par,* émission au-dessous du pair. **4.** problème, question (controversée). *A point at issue,* un point controversé, contesté. *To take issue with somebody,* exprimer son désaccord avec quelqu'un.

issue *v.* **1.** émettre, mettre en circulation, lancer, publier ; mettre sur le marché, sortir (un produit). *To issue shares,* émettre des actions. *To issue a statement,* émettre, publier un communiqué. **2.** *To issue from,* provenir de.

issue a cheque *v.* émettre un chèque.

issuer [´iʃuə] *n.* émetteur, distributeur.

issuing [´iʃu:iŋ] *n.* **1.** émission, lancement. **2.** publication. **3.** délivrance, distribution (billets, etc.).

issuing *adj.* **1.** émetteur, d'émission. *Issuing bank,* banque émettrice. *Issuing house,* banque de placement. **2.** *Issuing from,* provenant de.

item [´aitəm] *n.* **1.** article. **2.** (compte) écriture, entrée, rubrique, poste. *News item,* fait divers. *Item on the agenda,* question à l'ordre du jour.

itemization [´aitəmai´zeiʃən] *n.* détail (d'un compte), liste détaillée.

itemize [´aitəmaiz] *v.* détailler, établir une liste détaillée.

itemized bill, facture détaillée.

itemized billing, facturation détaillée.

itemized invoice, facture détaillée.

itinerant vendor [ai´tinərənt] marchand ambulant ; marchand forain.

J

jack [dʒæk] *n.* **1.** (Élec.) fiche. **2.** (Autom.) cric.

jackpot (to hit the) ['dʒækpɔt] gagner une grosse somme, gagner le gros lot, réussir.

jack up [dʒæk] *v.* relever, hausser, majorer (prix).

jaded [dʒeidid] *adj.* blasé ; excédé. *Jaded consumers,* consommateurs blasés.

jail [dʒeil] *n.* prison.

jail *v.* emprisonner, mettre en prison, incarcérer.

jam [dʒæm] *n.* (circulation) embouteillage.

jam *v.* **1.** brouiller, interférer. **2.** embouteiller (circulation).

jamming *n.* brouillage.

jar [dʒaː] *n.* bocal ; récipient ; pot.

jawbone ['dʒɔːbəun] *n.* (U.S.) intimidation ou autorité personnelle, en particulier intervention active du Président des États-Unis dans l'économie, en donnant des injonctions à tel ou tel secteur industriel.

jawbone *v.* (U.S.) faire acte d'autorité personnelle ou d'intimidation, en particulier pour le Président des États-Unis, intervenir directement dans le domaine économique en donnant des injonctions à tel ou tel secteur industriel.

jeopardize ['dʒepərdaiz] *v.* menacer, mettre en danger.

jeopardy ['dʒepərdi] *n.* danger. *Jeopardy clause,* clause de sauvegarde.

jerk *v.* avoir des saccades, secousses, à-coups ; avancer par saccades.

jerk *n.* saccade, secousse, à-coup.

jerry-built ['dʒeribilt] *adj.* (immeuble, maison) de mauvaise qualité, mal construit(e).

jet-lag *n.* fatigue due au décalage horaire sur les vols internationaux.

jetsam ['dʒetsəm] *n.* épave.

jet-speed *v.* envoyer en express par avion.

jettison ['dʒetisən] *v.* jeter à la mer, larguer.

jettison *n.* jet à la mer.

jetty ['dʒeti] *n.* jetée, quai.

jewel ['dʒuːəl] *n.* bijou.

jeweller, (U.S.) **jeweler** ['dʒuːələ] *n.* bijoutier.

jewelry ['dʒuːəlri] *n.* bijoux.

jingle ['dʒingl] *n.* indicatif musical (publicité), chanson publicitaire, sonal, jingle.

jitters *n. pl.* nervosité ; peur, inquiétude.

jittery *adj.* nerveux, inquiet, agité.

job [dʒɔb] *n.* emploi, poste, place. *To be in a job,* avoir un emploi. *To have a job :* a) avoir un métier ; b) avoir un emploi. *To be out of a job,* être au chomage, avoir perdu son emploi. *To look for a job,* chercher du travail. *Job with a future,* métier d'avenir. *Entry-level job,* premier emploi.

job *v.* agioter, spéculer.

job-approval rating, taux/indice de satisfaction.

jobber ['dʒɔbə] *n.* **1.** grossiste et/ou demi-grossiste (U.S.). **2.** « négociant » en valeurs mobilières (G.B. : à la bourse de Londres, les courtiers passaient par leur intermédiaire pour se procurer ou vendre des titres. Le terme désigne aujourd'hui un opérateur qui fait profession d'acheter ou de vendre sur le marché en cherchant à profiter de la différence de cours pendant une journée de Bourse). *Jobber's turn,* la marge du « jobber ».

jobbing ['dʒɔbiŋ] *n.* **1.** vente en gros, demi-gros. **2.** *Bourse :* courtage.

job center / GB centre, maison de l'emploi.

job cuts, (U.S.) **job cutbacks,** suppressions d'emplois.

job definition, définition de

poste, profil de poste, définition des fonctions.

job description, profil de poste.

job enrichment n. enrichissement des tâches.

job experience, experience professionnelle.

job flexibility, flexibilité de l'emploi.

job generation, création d'emploi.

job-holder n. titulaire (d'un emploi), détenteur d'un emploi.

job-hopping, changement d'emploi, d'employeur ; nomadisme professionnel.

job-hunter, demandeur d'emploi, personne en recherche d'emploi.

job-hunting, recherche d'emploi.

job interview, entretien d'embauche.

jobless ['dʒɔbləs] adj. sans emploi, en chômage. Jobless benefits, allocations de chômage. Jobless rate, jobless figure(s), nombre des chômeurs.

joblessness ['dʒɔbləsnəs] n. chômage.

job lot n. articles soldés, articles dépareillés, lot d'articles d'occasion.

job market, marché de l'emploi.

job-notice, offre d'emploi.

job-offer, offre d'emploi.

job-related injury, accident du travail.

job satisfaction, satisfaction professionnelle.

job search, recherche d'emploi.

job-searcher, demandeur d'emploi, personne en recherche d'emploi.

job-seeker n. demandeur d'emploi.

job-sharing, partage du travail.

job-training, formation professionnelle, formation à l'emploi.

job vacancy, poste à pourvoir.

jockey for position loc. v. essayer de se placer, manœuvrer ; intriguer.

join [dʒɔin] v. adhérer, entrer dans. To join a firm, entrer dans une entreprise.

joint [dʒɔint] adj. commun, solidaire, paritaire, co-, etc. Joint and several, conjoint et solidaire. Joint committee, commission paritaire/mixte. Joint management, co-direction. Joint ownership, a) copropriété ; b) indivision. Joint stock, capital social. Joint-stock company, société par actions. Joint venture, participation, entreprise commune. (Voir **venture**.)

joint account, compte joint ; compte mixte.

jointly ['dʒɔintli] adv. **1.** conjointement. Jointly and severally, conjointement et solidairement. **2.** contradictoirement.

joint-management n. **1.** codirection. **2.** cogestion.

joint-stock company n. société par actions.

jointure ['dʒɔintʃə] n. **1.** indivision entre époux. **2.** douaire.

joint-venture n. coentreprise, entreprise en participation.

joint-venturer, co-entrepreneur.

jolt [dʒəult] n. secousse.

jolt, v. secouer, ballotter ; cahoter.

journal ['dʒə:nl] n. journal. Bought journal, livre des achats. Subsidiary journal, journal auxiliaire.

journalist ['dʒə:nəlist] n. journaliste.

journey ['dʒə:ni] n. voyage, trajet, parcours.

journey-man ['dʒə:nimən] n. **1.** compagnon. **2.** ouvrier qualifié.

judg(e)ment ['dʒʌdʒmənt] n. jugement, arrêt. Enforceable judgment, arrêt exécutoire.

judicial [dʒu:'diʃə] adj. judiciaire. Judicial factor (U.S.), syndic de faillite.

juggernaut ['dʒʌgənɔ:t] n. poids lourd avec remorque ou semi-remorque.

jugulate ['dʒʌgjuleit] v. juguler.

juicy *adj.* juteux ; avantageux, conséquent, confortable. *Juicy gains,* gros bénéfices.

jumble sale, vente de charité (d'objets disparates), vide-grenier, brocante.

jumbo jet ['dʒʌmbəu dʒet] *n.* (avion) gros porteur.

jump [dʒʌmp] *v.* 1. sauter, bondir. 2. augmenter rapidement (prix), faire un bond.

jump *n.* hausse, bond. *A sudden jump in prices,* une brusque hausse des prix.

jump bail *v.* disparaître alors qu'on est en liberté sous caution.

jump on the bandwagon, prendre le train en marche, suivre le mouvement, imiter, faire de même.

jump seat *n.* strapontin.

jumpstart *v.* dégripper (les rouages de l'économie), faire repartir, faire redémarrer, relancer.

jump the queue *v.* resquiller, essayer de passer avant son tour (dans une queue/file d'attente).

jump to a conclusion *v.* tirer une conclusion prématurée, arriver trop vite à une conclusion.

jumpy *adj* nerveux ; (marché) instable.

junction ['dʒʌŋkʃən] *n.* 1. embranchement, bifurcation, nœud ferroviaire. 2. gare.

jungles [dʒʌŋglz] *n. Bourse :* valeurs ouest-africaines.

junior ['dʒuːnjə] *adj.* moins ancien, subalterne, débutant.

Junior clerk, petit employé. *Junior debt,* dette de deuxième rang. *Junior executive,* cadre débutant. *Junior market,* (Bourse) second marché.

junk [dʒʌŋk] *n.* camelote, pacotille.

junk *v.* jeter, mettre au rebut.

junk bond, « obligation camelote », obligation de pacotille, obligation à haut risque mais à intérêt relativement élevé, émise notamment pour financer le rachat d'une société. (Voir **Leveraged Management Buy Out.**)

junk mail, courrier publicitaire considéré comme sans intérêt par le destinataire.

juridical [dʒuə'ridikəl] *adj.* juridique, judiciaire. *Juridical person,* personne morale.

jurisdiction [dʒuəris'dikʃən] *n.* juridiction, compétence. *Within our jurisdiction,* de notre compétence.

juror ['dʒuərə] *n.* juré, membre d'un jury.

justice ['dʒʌstis] *n.* 1. justice. 2. juge. *Justice of the peace,* juge de paix.

justify ['dʒʌstifai] *v.* justifier. *Jur. : To justify bail,* justifier de sa solvabilité avant de fournir une caution.

just in time, (stocks) juste à temps ; (approvisionnement, etc.) à/en flux tendu.

jute [dʒuːt] *n.* jute.

K

kaffirs ['kæfəz] *n.* valeurs suda-fricaines.

keel [ki:l] *n.* quille (d'un bateau).

keelage ['ki:lidʒ] *n.* droit(s) de mouillage.

keen [ki:n] *adj.* vif, aigu, fort. *Competition was keen,* la concurrence était vive.

keep [ki:p] *v.* **1.** garder, tenir, conserver, maintenir. « *keep dry* », craint l'humidité. **2.** se conserver. **3.** tenir, faire commerce. *To keep a shop,* tenir un magasin. **4.** vendre, avoir en stock. *We no longer keep this article,* nous ne faisons plus cet article. **5.** respecter, observer. *We shall keep the delivery date,* nous respecterons le délai de livraison.

keep abreast of *v.* se tenir au courant de, se tenir informé sur, suivre les progrès de.

keep ahead of *v.* avoir de l'avance sur. *Demand is still keeping ahead of supply,* la demande continue à dépasser/excéder l'offre.

keep down *v.* empêcher d'augmenter, tenir, maintenir.

keep out *v.* empêcher la pénétration de. *To keep out foreign goods,* empêcher l'importation de marchandises étrangères.

keep up *v.* empêcher de baisser, tenir, maintenir.

« **keep dry** », (à) maintenir dans un endroit sec, au sec.

keep going *v.* continuer à fonctionner, ne pas s'arrêter.

« **keep in a cool place** », (à) maintenir au frais, (à) garder au frais.

keep posted up *v.* se tenir au courant. *To keep somebody posted (up),* tenir quelqu'un au courant.

keep up with *v.* garder le rythme de, se maintenir au niveau de. *Consumers cannot keep up with rising prices,* les consommateurs n'arrivent pas à suivre le rythme de la hausse des prix. *To keep up with the Joneses,* (dépenser pour) faire comme les voisins.

keg [keg] *n.* petit tonneau, fût (notamment pour la bière).

kerb [kə:b] *n.* bord (de trottoir). *Kerb-stone broker* (U.S.), coulissier. *Kerb-stone market,* coulisse.

key [ki:] *n.* clé. *Key-telephone,* téléphone à touches.

key *adj.* essentiel, clé. *Key issue,* problème essentiel/principal, problème clé.

key account, grand compte.

key account manager, responsable des grands comptes.

key-audience [ki:] public principal.

keyboard ['ki:bɔ:d] *n.* clavier (de machine à écrire, de terminal).

key code (télex) clef de contrôle.

key economic indicators, principaux indicateurs économiques, tableau de bord de l'économie.

key market monitors, principaux indicateurs économiques.

key money, dessous de table (pour location d'appartement), reprise.

keynote ['ki:nəut] *n.* la note dominante. *Keynote address,* discours d'ouverture.

keynote speaker, principal orateur/conférencier/intervenant.

keynote speech 1. discours d'ouverture ; intervention du principal orateur. **2.** discours-programme.

keyword ['ki:wə:d] *n.* mot clé.

kick [kik] *v.* pousser.

kick-back ['kikbæk] *n.* pot-devin.

kick back *v.* verser un pot-devin.

kick out *v.* renvoyer.

kickstart *v.* faire redémarrer (brusquement).

kick upstairs *v.* se débarrasser de quelqu'un en le nommant à un poste honorifique.

killing ['kiliŋ] *n.* (en bourse) gain, profit soudain et considérable, gros coup.

kind [kaind] *adj.* aimable, bienveillant. *Would you be kind enough to send us...*, voudriez-vous avoir l'obligeance de nous envoyer...

kind *n.* genre, espèce, classe, sorte, variété, catégorie ; nature. *In kind*, en nature. *To repay somebody in kind*, rendre à quelqu'un la monnaie de sa pièce.

in kind *loc.* en nature.

kindly ['kaindli] *adv.* avec bienveillance (avant un verbe, peut se traduire par : « prière de, je vous prie de, veuillez, ayez la gentillesse de... »).

kiosk *n.* kiosque.

kit [kit] *n.* **1.** équipement ; trousse/boîte à outils. **2.** objet en pièces détachées et à assembler soi-même, prêt-à-monter ; panoplie.

kite [kait] *n.* **1.** cerf-volant. *To fly a kite*, lancer un ballon d'essai. **2.** traite de complaisance, traite en l'air, effet de cavalerie.

kite *v.* émettre un chèque sans provision, une traite de complaisance.

kite upward *v.* monter en flèche (prix).

kitty *n.* tirelire ; cagnotte.

knit [nit] *v.* **1.** tricoter. **2.** associer étroitement, unir. *Closely knit, tightly knit economies,* économies étroitement associées.

knitwear *n.* tricot(s).

knob [nɔb] *n.* bouton.

knock down [nɔk] *v.* **1.** faire baisser, faire tomber, faire chuter, réduire. *Prices were knocked down by 2 %,* les prix ont été réduits de 2 %. **2.** adjuger, vendre aux enchères.

knockdown price, prix cassé, prix réduit, prix minimum.

knock off *v.* **1.** cesser le travail, finir la journée. *In winter bricklayers knock off at 5 p.m.,* en hiver, les maçons finissent à 17 h. **2.** rabattre, faire une diminution de prix.

knock off work *v.* **1.** débrayer. **2.** finir sa journée.

knock-on effect, effet domino, d'onde de choc, de propagation.

knock-out price ['nɔkaut] prix défiant toute concurrence.

knot [nɔt] *n.* nœud.

knot [nɔt] *n.* (vitesse) nœud, 1 mile nautique (1 852 mètres) à l'heure.

know-how ['nəuhau] *n.* savoir-faire, connaissances techniques.

knowledge ['nɔlidʒ] *n.* connaissance, savoir. ~ *base,* base de connaissances. ~ *management,* gestion/management du savoir/des connaissances (mise à disposition permanente de l'état le plus récent des connaissances, informations et expériences concernant un domaine donné), " knowledge management ".

knowledge manager, gestionnaire du savoir.

knowledgeable source, source bien informée.

L

label ['leibl] *v.* **1.** étiqueter (v.t.), apposer une étiquette ; adresser (un paquet) ; enregistrer (des bagages). **2.** qualifier, désigner, classer ; « étiqueter quelqu'un ». « *He was labelled as…* ». « il était classé comme… ».

label *n.* **1.** étiquette, étiquette de marque, par extension : marque. *The label carries the goods,* le pavillon couvre la marchandise. **2.** *Jur. :* queue (de document).

label-holder *n.* porte-étiquette.

labelling, (U.S.) **labeling** ['leibə-liŋ] *n.* étiquetage.

labor (U.S.) ['leibə] *n.* voir **labour.**

labor agreement *n.* convention salariale, accord sur les salaires et/ou les conditions de travail.

labor contract *n.* accord sur les salaires.

labor court (U.S.) *n.* le tribunal des prud'hommes.

Labor Day (U.S.) *n.* fête du travail (chômée le premier lundi de septembre aux U.S.A. et au Canada).

labor flare up, embrasement, tension soudaine dans le domaine des relations industrielles.

labor piracy *n.* débauchage de la main-d'œuvre.

labor turnover *n.* taux de mobilité de la main-d'œuvre.

labour (G.B.), **labor** (U.S.) *n.* **1.** travail, labeur, peine. *The division of labour,* la division du travail. **2.** travailleurs, main-d'œuvre. *Capital and labour,* le capital et le travail, le capital et la main-d'œuvre. *Casual labour,* main-d'œuvre temporaire. *Coloured labour,* main-d'œuvre de couleur. *Skilled labour,* main-d'œuvre qualifiée. *Unskilled labour,* main-d'œuvre non qualifiée ; manœuvres. Peut correspondre à ouvriers spécialisés (O.S.). **3.** monde ouvrier, mouvement syndical. *Labor* (U.S.), les syndicats. **4.** (avec majuscules) = **Labour**

Party. 5. *Child labour,* exploitation (en général illégale) de la main-d'œuvre enfantine. *Hard labour,* travaux forcés.

labour, labor *v.* travailler durement, peiner, s'efforcer, fatiguer, souffrir.

labour costs *n.* coût de la main-d'œuvre ; frais de personnel.

labour exchange *n.* bureau de placement, office de la main-d'œuvre.

labour force *n.* l'ensemble des travailleurs, la main-d'œuvre.

Labour government *n.* gouvernement travailliste.

labour(-)intensive *adj.* qui exige, fait appel à une main-d'œuvre abondante. *A labour intensive industry,* une industrie de main-d'œuvre ; à forte valeur ajoutée.

labour law *n.* législation du travail, droit du travail.

labour leader *n.* dirigeant/responsable syndical.

labour legislation *n.* législation ouvrière, du travail.

labour-management relations, relations sociales.

labour market *n.* marché du travail.

Labour Party (G.B.) *n.* parti travailliste.

labour relations *n.* relations industrielles (sociales).

labour-saving, laborsaving *adj.* qui épargne les forces, qui (fait) économise(r) la peine. *Laborsaving device,* machine qui économise le travail manuel ; machine qui fait économiser de la main-d'œuvre.

labour shortage *n.* pénurie de main-d'œuvre.

labour-starved, qui manque de main d'œuvre, à court de main d'œuvre.

labour troubles *n.* troubles ouvriers, troubles sociaux.

labourer ['leibərə] *n.* travailleur, manœuvre, homme de peine. *Day-labourer,* journalier.

Agricultural labourer, ouvrier agricole.

laches ['leitʃiz] *n. Jur. :* négligence, inaction aboutissant en péremption ou forclusion ; carence, négligence coupable.

lack [læk] *n.* défaut de, manque, pénurie de. *Lack of funds,* manque de fonds. *For lack of...,* par manque de...

lack *v.* manquer, (de quelque chose), ne pas avoir, être dépourvu, démuni, dénué de quelque chose. *To lack experience,* manquer d'expérience. *To lack capital,* ne pas avoir de capitaux.

lackluster, (G.B.) **lacklustre** *adj.* terne ; maussade, médiocre.

lacquer ['lækə] *n.* vernis, laque.

ladder ['lædə] *n.* échelle. *The social ladder,* l'échelle sociale.

laden ['leidən] *adj.* chargé. *Laden draught,* tirant d'eau en charge. *Laden in bulk,* chargé en vrac.

laden draught, tirant d'eau en charge.

lading ['leidiŋ] *n.* charge, chargement, cargo, cargaison.

lading port *n.* port de chargement, port d'embarquement, d'expédition.

lag [læg] *n.* retard, décalage, intervalle. *Jet-lag,* fatigue causée par le décalage horaire lors de voyages en avion à réaction. *Time-lag,* retard.

lag *v.* traîner, être à la traîne ; languir, être morose, manquer de ressort. *To lag behind,* être à la traîne. *Business continued to lag,* les affaires continuaient à faire preuve de torpeur. *Rents lagged far behind prices,* les loyers étaient loin de suivre l'augmentation des prix, restaient à la traîne par rapport aux prix.

laissez-faire *n.* libéralisme économique.

lamb [læm] *n.* agneau. fig. : spéculateur novice et inexpérimenté, gogo.

lame duck [leim dʌk] *n.* **1.**
canard boiteux ; affaire non rentable, qui périclite, qui va à vau l'eau, qui ne se maintient qu'avec l'aide financière de l'État. *For years, the textile industry has been a lame duck,* depuis des années, l'industrie textile est un canard boiteux ; spéculateur insolvable. **2.** (U.S.) officiel encore en poste en attendant l'arrivée de son successeur élu, officiel en fin de mandat ou de fonction, et qui ne pourra être réélu ou maintenu dans son poste.

land [lænd] *n.* terre, terres, terrain, bien(s), fonds, propriété foncière.

land *v.* **1.** mettre à terre, débarquer, débarder. **2.** atterrir, aborder, débarquer ; amerrir, alunir. **3.** s'assurer, obtenir, conquérir de haute lutte. *To land a job,* obtenir un emploi. *To land a sale,* s'assurer une vente. **4.** se retrouver, finir avec. *To land up with a huge majority,* se retrouver avec une énorme majorité. *To land with debt,* finir dans les dettes.

land agent, *n.* **1.** agent terrestre, à terre. **2.** régisseur, intendant. **3.** courtier, agent immobilier (G.B.).

landed ['lændid] *adj., p.p.* to land *v.t.* et *v.i.* **1.** foncier. *Landed property, landed estate,* propriété foncière, bien(s) - fonds. **2.** débarqué.

landfill *n.* zone de comblement par ordures ménagères, remblayage par ordures ménagères, remblai.

landholder ['lænd ˌhəuldə] *n.* propriétaire foncier.

landing ['lændiŋ] *n.* **1.** débarquement, débardage, atterrissage. **2.** débarcadère.

landing charges *n.* frais (droits) de débarquement.

landing order *n.* ordre, permis de débarquement.

landing platform *n.* quai de débarquement.

landing right, droit d'atterrissage, droit d'accès à un aéroport.

landing slot droit de trafic, créneau horaire, droit d'accès (à un aéroport).

landing stage *n.* embarcadère (débarcadère) flottant.

land laws *n.* lois agraires.

landlord ['lænlɔːd] *n.* (land-lady, fém.) propriétaire (terrien).

landmark ['lændmaːk] *n.* **1.** point de repère, borne, jalon. **2.** date historique.

land office *n.* (U.S.) bureau/ administration des domaines.

land-owner ['lænd ˌəunə] *n.* propriétaire terrien.

land-poor *adj.* qui connaît des difficultés financières du fait (découlant) de la possession de terre non rentables.

land reform, réforme agraire.

land-reshaping, remembrement.

land rights *n.* droits ou servitudes liés à l'occupation ou à la propriété de terrain(s).

landslide ['lændslaid] *n.* **1.** glissement de terrain. **2.** raz de marée (électoral, etc.), majorité énorme dans une élection. *He was swept into office by the Tory landslide,* il a été porté au pouvoir par le raz de marée conservateur.

land tax ['lændtæks] impôt foncier ; contribution financière sur les propriétés non-bâties.

lane [lein] *n.* **1.** allée, chemin ; ruelle. *Ad lane,* Madison Avenue (New York), la Mecque de la Publicité. **2.** file, voie. *Keep to nearside lane,* (G.B.), gardez la file de gauche. **3.** *(Sea)-lane,* route maritime.

lap (up) [læp] *v.* **1.** envelopper, plier. **2.** laper ; *fig.* : gober, avaler.

lapel microphone [lə'pel] micro-cravate.

lapse [læps] *n.* **1.** erreur, lapsus. **2.** chute, perte, déclin. **3.** intervalle, période de temps. *Lapse of time,* période de temps. **4.** déchéance, péremption, fin de couverture (assurance) pour non-paiement de primes.

lapse *v.* **1.** s'écouler. **2.** échoir, venir à échéance, à terme. **3.** devenir caduc, périmé, tomber en désuétude.

lapsed [læpst] *adj.* **1,** écoulé,

passé, terminé. **2.** échu, venu à échéance. **3.** périmé, caduc (contrat).

laptop computer, ordinateur portable.

larceny ['laːsəni] *n.* larcin, vol (les divers degrés de gravité pénale sont données par les adjectifs : **grand larceny, petty larceny, simple larceny,** etc.).

large [laːdʒ] *adj.* **1.** grand vaste, ample, étendu, gros, de grande dimension. **2.** important, fort, imposant, considérable, élevé, etc.

large (at) *adv.* **1.** libre, en liberté. **2.** en général, en gros, dans l'ensemble.

large account, grand compte.

large cap(s) = *large capitalization stock(s),* actions des grosses sociétés.

largely ['laːdʒəli] *adv.* en grande partie, pour la plupart. *The crisis was largely due to political factors,* a crise était largement due à des facteurs politiques.

large retailers, grandes surfaces, commerce intégré.

large-surface store, (magasin à) grande surface.

lash [læʃ] *n.* **1.** coup de fouet ; mèche de fouet. *Fig.* : sarcasme. *To be under the lash of public opinion, of criticism, of competition, etc.,* être sous le coup de, aiguillonné par, etc. **2.** navire porte-allège, porte-gabarre.

lash *v.* **1.** cingler, fouetter, fouailler. **2.** lier, attacher, amarrer, brider.

lash out *v.* **1.** *To lash out at something, somebody,* attaquer violemment. **2.** *To lash out into expenditure,* se lancer dans de folles dépenses.

last [laːst] *adj.* dernier (d'une série) ; passé ; précédent.

last *v.* durer. *To last out,* perdurer, subsister, surpasser ; suffire. *Clearance price while they last,* en solde jusqu'à épuisement. *It will last you a lifetime,* ça vous durera (restera) toute la vie.

last but one, avant-dernier.

last-ditcher *n.* jusqu'au-boutiste.

last in first out = LIFO, mot à mot : dernier entré, premier sorti (informatique, gestion du personnel, etc.).

last hired, first fired, dernier embauché, licencié le premier.

late [leit] *adj.* **1.** en retard. **2.** tard. *In the late 70's,* vers la fin des années 70. *In late October,* à la fin du mois d'octobre. *Applicants should be in their late twenties,* les candidats devront avoir de 25 à 30 ans. **3.** tardif. **4.** *Techn. :* retardé. *Late admission of gas,* retard à l'admission des gaz. **5.** récent. *The late proposal,* la récente proposition. **6.** ancien. *The late minister,* l'ancien ministre. **7.** feu, défunt, décédé.

lately ['leitli] *adv.* récemment, dernièrement.

lateness ['leitnis] *n.* arrivée tardive ; retard (d'un navire, d'un train) ; état avancé ; date récente d'un événement.

latent ['leitənt] *adj.* latent, potentiel, « en puissance », caché. *Latent fault, latent defect,* vice caché.

later date (at a) ['leitə] ultérieurement, plus tard, à une date ultérieure.

latest ['leitist] dernier en date, dernier paru, dernier sorti, le plus récent, le plus nouveau. *At the latest,* au plus tard, impérativement (date).

latest closing, derniers cours cotés (bourse).

latest date (or time), terme de rigueur ; forclusion.

latest news, dernières nouvelles, dernière heure.

latter ['lætə] *adj.* dernier, final. *The latter,* le dernier des deux (souvent associé à *former*) ; appartenant à la deuxième partie. *The latter part,* la deuxième moitié.

laughmeter *n.* hilaromètre.

launch [lɔːntʃ] *n.* **1.** lancement (produit campagne). **2.** chaloupe.

launch *v.* lancer (un navire, une fusée, un produit, un emprunt, une société, etc.) ; mettre à la mer ; mettre sur un marché. *To launch a new product,* lancer un nouveau produit, se lancer. *To launch out on new markets,* se lancer sur de nouveaux marchés.

launcher *n.* lanceur.

launch(ing) pad, rampe de lancement.

launching site, aire de lancement.

launder ['lɔːndə] *v.* blanchir, lessiver, nettoyer. *Fam.,* fig. : *To launder funds,* blanchir des capitaux (d'origine douteuse ou illégale).

laundering ['lɔːndəriŋ] *n.* **1.** blanchissage. **2.** « lessivage », blanchiment (de capitaux).

laundry ['lɔːndri] *n.* **1.** lessive, blanchissage. **2.** blanchisserie ; laverie automatique.

lavish ['læviʃ] *adj.* prodigue ; somptueux, plantureux.

lavish *v.* prodiguer, (se) dépenser (de largent) sans compter.

law [lɔː] *n.* **1.** loi. *To keep the law,* observer la loi. **2.** droit. *Civil law,* droit civil. *Common law,* droit commun, droit coutumier. *Criminal law,* droit criminel. droit pénal. *Commercial law, mercantile law, law merchant,* droit commercial. *Air law,* droit aérien. *Maritime law,* droit maritime. *Court of law,* cour(s) de justice, tribunal. *To go to law,* aller en justice. *To break the law,* enfreindre la loi. *Action at law,* action en justice.

law-abiding ['lɔːə'baidiŋ] *adj.* respectueux des lois, qui observe la loi.

law and order, la loi et l'ordre ; l'ordre public.

law-breaker ['lɔː,breikə] *n.* violateur, infracteur de la loi, contrevenant à la loi.

law-case *n.* cause civile, affaire contentieuse.

law costs *n.* frais de procédure, de justice ; dépens.

law court (s) *n.* cour de justice, tribunal.

law department, service du contentieux.

law enforcement, application de la loi, maintien de l'ordre.

law-firm *n.* cabinet juridique, conseils juridiques.

lawful ['lɔ:ful] *adj.* légal, permis, licite ; juste. *Lawful currency,* cours légal. *Lawful money,* monnaie libératoire.

lawfully ['lɔ:fuli] *adv.* légalement.

lawfulness ['lɔ:fulnis] *n.* légalité, légitimité, caractère légal.

lawless ['lɔ:lis] *adj.* sans loi ; déréglé.

lawlessly ['lɔ:lisli] *adv.* de façon déréglée, anarchique.

lawlessness ['lɔ:lisnis] *n.* état de ce qui est sans loi ; dérèglement, désordre, anarchie, licence.

law-maker ['lɔ:,meikə] *n.* législateur.

lawsuit ['lɔ:su:t] *n.* procès, poursuites judiciaires. *To file a lawsuit,* engager des poursuites.

lawyer ['lɔ:jə] *n.* avocat, juriste, homme de loi, conseil juridique.

lax [læks] *adj.* **1.** lâche, mou ; vague, imprécis. **2.** déréglé ; relâché, négligent, laxiste, peu rigoureux.

laxity *n.* laxisme.

lay-by ['leibai] *n.* aire de stationnement aménagée au bord des routes ; zone d'évitement (canal, tunnel).

lay by *v.* mettre en réserve(s), mettre de côté. *Money laid by for unexpected circumstances,* de l'argent mis en réserve pour des circonstances imprévues.

lay-days *n.* jour de planche, de starie, staries, estaries, temps d'escale.

lay down *v.* **1.** coucher, poser, déposer. **2.** établir, imposer, stipuler, prendre des arrêts.

layer *n.* couche, strate.

layer *v.* **1.** disposer en couches. **2.** ajouter une strate, un échelon intermédiaire supplémentaire. **3.** marcoter.

lay in *v.* s'approvisionner, emma-

gasiner. *To lay in a stock,* faire entrer, faire rentrer un stock.

lay off *v.* **1.** (U.S.) licencier, mettre au chômage. (G.B.) mettre en chômage technique, temporaire. **2.** suspendre, faire cesser. **3.** prendre quelques jours de vacances.

lay-off, (U.S.) **layoff** ['leiɔf] *n.* licenciement, mise au chômage (pour raisons économiques). (G.B.) mise en chômage technique, temporaire.

layoff pay (U.S.), prime de licenciement.

lay-off rate, nombre de chômeurs.

lay-out, layout ['leiaut] *n.* **1.** dessin, agencement, tracé, étude, dispositif, disposition, mise en place, plan. **2.** mise en page.

lay out *v.* **1.** arranger, étendre, disposer. **2.** préparer, agencer, aménager. **3.** tracer, tirer des plans, aligner. **4.** dépenser, débourser, engager de l'argent.

laxity, laxness *n.* relâchement ; négligence ; indulgence/tolérance excessive.

lead [led] *n.* plomb, mine de crayon ; sonde (nautique).

lead [li:d] *n.* **1.** conduite ; direction ; premier rôle. *To take the lead,* prendre la direction des opérations ; prendre la tête, mener. **2.** longe ; cordon électrique. **3.** indication, piste, « tuyau ». **4.** avance.

lead *v.* mener, guider, conduire, diriger ; contrôler ; entraîner ; ouvrir, débuter.

leads and lags, effets d'avance et de retard de phase, déphasage (utilisé en commerce international pour désigner les effets de décalage entre le recouvrement des créances et le règlement des dettes), termaillage.

lead astray *v.* égarer, détourner ; dévergonder.

lead bank, chef de file (émission d'obligations, etc.).

leader ['li:də] *n.* **1.** chef, guide, dirigeant, conducteur, meneur. *Team leader,* chef d'équipe. **2.**

question destinée à ouvrir ou élargir un débat. **3.** produit bon marché destiné à attirer la clientèle vers d'autres produits. **4.** article de tête d'un journal, éditorial.

leadership ['li:dəʃip] *n.* **1.** position de chef. **2.** qualité de chef, sens du commandement. **3.** situation dominante, position dominante.

leading ['li:diŋ] *adj.* **1.** principal, éminent, dominant, qui dirige. *Leading indicator,* indicateur de tendance. *Leading share,* valeur marquante, vedette. **2.** directif, qui contrôle. *Leading question,* question qui suggère une réponse. *Leading question, Jur. :* question tendancieuse (par ex. celle qui est posée à un témoin pour amener la réponse qu'on souhaite). **3.** qui a le rôle principal. *Leading actor,* premier rôle. *Leading article,* article de fond, éditorial.

leading-edge technology, technologie de pointe.

lead manager = lead bank.

lead on *v.* **1.** conduire, entraîner, mener. **2.** inciter, pousser, encourager.

lead time *n.* délai de livraison, délai de réalisation, période de gestation d'un projet.

lead to *v.* aboutir à, entraîner, produire (un effet, une conséquence), avoir pour résultat.

lead up *v.* **1.** conduire en haut, faire monter. **2.** amener, faire avancer. **3.** *To lead up to,* amener à, conduire à, préluder à, aborder.

leaf [li:f] *n. Pl. :* leaves ; feuille, feuillet, volant. *Counterfoil and leaf,* talon et volant (chèque, etc.).

leaflet ['li:flit] *n.* feuillet, feuille mobile, prospectus.

leaf-raking (employment) [li:f'reikiŋ] création artificielle d'emplois non productifs (par ex. le ramassage de feuilles mortes pour réduire le chômage).

leaf through *v.* feuilleter.

leak [li:k] *n.* fuite, écoulement, perte de liquide, infiltration. *(Fig.)* une fuite (de faits ou de nouvelles). *(Naut.)* voie d'eau. *To spring a leak,* faire eau, faire une voie d'eau. *To stop a leak,* boucher, étancher, maîtriser une voie d'eau.

leak *v.* **1.** fuir, couler, avoir une fuite. **2.** révéler par des fuites. *The report has been leaked to the press,* des fuites ont informé la presse du contenu du rapport.

leak out *v.* se répandre, transpirer. *Word leaked out that,* le bruit s'est répandu que.

leakage ['li:kidʒ] *n.* défaut d'étanchéité, coulage ; fuite, suintement.

lean [li:n] *adj.* maigre. *Lean crops,* maigres récoltes. *Lean inventories,* stocks dégarnis. *Lean years,* années maigres, années déficitaires. (Société, organisation) resserré(e) (d'où plus efficace). *Lean and mean,* (société, etc.) efficace et agressif.

leap [li:p] *n.* **1.** bond, saut important. **2.** hausse importante et soudaine. *A leap in the dark,* un saut dans l'inconnu. *The great leap forward,* le grand bond en avant.

leap-year ['li:pjə] *n.* année bissextile.

learn [lə:n] *v.* apprendre.

learning *n.* **1.** savoir, science ; érudition. **2.** apprentissage, étude(s), enseignement. *Distance ~,* enseignement à distance.

leasable ['li:səbl] *adj.* qui peut être mis à bail.

lease [li:s] *n.* bail, ferme. *Long lease,* bail à long terme.

lease *v.* prendre à bail, mettre à bail, louer à bail, affermer.

leaseback ['li:sbæk] *n.* vente d'une propriété à un acheteur qui la loue ensuite au vendeur, crédit-bail adossé ; cession-bail.

leasing *n.* crédit-bail, location à bail.

leasehold *n.* location à bail, fermage.

leaseholder *n.* locataire à bail, fermier.

lease out *v.* donner à bail.

least [li:st] *adj. The least,* le moindre.

leather ['leðə] *n.* cuir.

leather goods industries fair, salon de la maroquinerie.

leave [li:v] *n.* permission, autorisation, faculté de... *Leave, leave of absence,* autorisation de s'absenter ; congé. *Two weeks' leave,* congé de deux semaines. *Paid leave,* congé payé.

leave *v.* 1. laisser. 2. quitter ; partir.

leave a deposit *v.* verser des arrhes.

lecture ['lektʃə] *n.* 1. conférence. 2. *Univers.* : cours.

ledger ['ledʒə] *n. Comptab.* : grand livre ; registre.

leeway *n.* liberté d'action, marge de manœuvre, marge de sécurité.

left luggage office [left lʌgidʒ] *n.* consigne (de gare).

leg [leg] *n.* étape, partie d'un voyage.

legacy ['legəsi] *n.* legs ; héritage. *To come into a legacy,* faire un héritage. (G.B.) *legacy duty,* (U.S.) *legacy tax,* droit, impôt, sur l'héritage, les successions.

legal ['li:gl] *adj.* 1. légal, licite. 2. juridique. *By legal process,* par voie de droit. 3. judiciaire. *Legal aid,* aide judiciaire.

legal action, voies légales, voies de droit. *To take legal action,* poursuivre en justice.

legal adviser *n.* conseiller juridique.

legal department, service du contentieux.

legalese ['li:gəli:z] *n.* jargon juridique.

legal entity, personne morale, personne juridique, entité légale.

legal expenses, frais de justice.

legalize ['li:gəlaiz] *v.* rendre légal, légaliser ; certifier, authentifier.

legal notice, avis au public.

legal parlance, terminologie juridique.

legal person, personne morale.

legal practitioner(s) *n.* homme(s) de loi, gens du barreau.

legal precedent, précédent.

legal tender, monnaie légale, monnaie libératoire. *To be legal tender,* avoir cours légal, pouvoir libératoire.

legislate ['ledʒisleit] *v.* légiférer.

legislation [,ledʒis'leiʃn] *n.* législation.

legislator *n.* législateur.

legitimacy [li'dʒitiməsi] *n.* légitimité.

legitimate [li'dʒitimit] *adj.* légitime, justifié, valable, fondé, logique ; normal, régulier, raisonnable ; légal.

legitimize [li'dʒitimaiz] *v.* légitimer.

legwork *n.* travail, enquête, etc., impliquant de nombreux déplacements. En particulier, enquête minutieuse sur le terrain.

leisure ['leʒə], U.S. ['li:zər] *n.* loisir(s).

lemon ['lemən] *n.* 1. citron. 2. produit fabriqué (voiture, etc.) de mauvaise qualité. 3. *Fig.* : *What a lemon !,* quel jobard ! quel gogo !

lend [lend] *v.* prêter. *Lending rate,* taux prêteur. (U.S.) *Prime lending rate,* taux de prêt le plus favorable, taux consenti aux meilleurs clients. *Minimum lending rate (M.L.R.),* meilleur taux de prêt consenti par les banques.

lendable *adj.* prêtable, disponible pour prêt(s).

lend-lease aid, prêt-bail.

lender ['lendə] *n.* prêteur. *Lender on security,* prêteur sur nantissement/gage. *Money-lender,* prêteur, bailleur de fonds ; (parfois) usurier.

length [leŋθ] *n.* longueur.

lengthen *v.* allonger, rallonger ; augmenter.

less developed countries (LDCs), pays en voie de développement.

lessee [le'si:] *n.* locataire (à bail), preneur à bail, fermier ; débirentier.

lessen ['lesən] *v.* (s') amoindrir, diminuer, (s') atténuer.

lesser ['lesə] *adj.* (forme comparative) petit, moindre, mineur.

lessor [le'sɔ:] *n.* bailleur (bailleresse), loueur ; crédirentier.

let [let] *v.* laisser. *To let go,* laisser partir, laisser faire, laisser passer. *To be let go,* être licencié.

let *v.* louer, donner (mettre) en location. « *To let* », à louer. *To let on lease,* louer à bail. *To let by the month,* louer au mois.

let go (to be), être licencié(e), se faire licencier.

let-out clause, clause de désengagement.

letter ['letə] *n.* lettre. *Registered letter,* lettre recommandée. *Follow-up letter,* lettre de relance commerciale.

letter of credit (L.C.), lettre de crédit, de créance.

letter of hypothecation, lettre d'affectation en nantissement.

letter of indemnity lettre de garantie, caution.

letter of knowledge and consent, lettre d'apaisement.

letter of subordination (U.S.), **letter of subrogation** (G.B.), lettre d'antériorité de créance.

letters to the editor, « courrier des lecteurs ».

letter-box ['letəbɔks] *n.* boîte à lettres, boîte aux lettres.

let-up, letup ['letʌp] *n.* relâchement, diminution, atténuation. *There was no let-up in the price spiral,* la spirale des prix n'a pas connu de ralentissement.

levee ['levi] (U.S.) digue.

level ['levəl] *n.* niveau. *At a high level,* à un niveau élevé.

level *adj.* à niveau égal, uni, régulier, uniforme. *Level with,* au niveau de, à la hauteur de.

level *v.* mettre à niveau, niveler.

level off (ou **out**) *v.* (courbe, etc.) se stabiliser ; connaître une pause après une forte hausse. *Unemployment has levelled off,* le chômage s'est stabilisé, marque une pause.

level crossing [levəl 'krɔsiŋ] *n.* passage à niveau.

lever ['li:və], (U.S.) ['levər] *n.* levier.

leverage ['li:vəridʒ], (U.S.) ['levəridʒ] *n.* influence, pouvoir. *Fin. :* effet de levier (en finance, dénote l'effet de l'endettement d'une entreprise sur la rentabilité de ses capitaux propres). *Leverage ratio,* ratio de levier, ratio de structure du passif, ratio de solvabilité-endettement. Cf. **low-geared capital, high-geared capital.**

leverage *v.* exercer une influence ; avoir un effet multiplicateur, un effet de levier.

leveraged *adj.* endetté. *Highly leveraged,* à fort degré d'endettement ; surendetté. *Underleveraged,* à faible coefficient d'endettement ; sous-endetté.

leveraged buy-out, leveraged buyout, prise de contrôle par recours à l'emprunt, rachat d'entreprise financé par émission d'obligations à fort rendement mais à haut risque *(junk bonds).*

Leveraged Management Buy Out (L.M.B.O.), rachat d'une entreprise par son état-major (cadres) grâce à l'émission de « junk bonds », obligations de pacotille, à fort rendement mais à haut risque. A été traduit de façon discutable par « rachat d'une entreprise par ses salariés » (R.E.S.). Le « *Leverage* » est constitué par l'émission d'obligations permettant de réunir les fonds nécessaires à l'achat. A aussi été traduit, plus justement, par RECEL : rachat de l'entreprise par ses cadres avec effet de levier.

leveraging *n.* endettement.

levy ['levi] *n.* levée d'impôt ; impôt, contribution, prélèvement.

levy *v.* lever, percevoir (l'impôt).

liability [laiə'biləti] *n.* 1. responsabilité, obligation, engagement. *Joint and several liability,* responsabilité solidaire et indivise. 2. dette(s). 3. point faible, faiblesse, défaut.

liabilities [laiə'bilətiz] *n.* (ensemble des) engagements. *Comptab.* : passif. (U.S.) *Liabilities and stockholders' equity,* passif et capital propre.

liable ['laiəbl] *adj.* **1.** responsable (*for,* de). **2.** *Liable to,* passible de, astreint à, assujetti à, tenu de, redevable de. **3.** *Liable to,* sujet à, enclin à, susceptible de.

liaise [li:'eiz] *v.* assurer la liaison.

libel ['laibl] *n.* diffamation, calomnie ; *libel suit,* procès en diffamation.

libel *v.* diffamer.

liberal ['libərəl] *adj.* libéral, large, généreux, prodigue.

liberalism ['libərəlizəm] *n.* libéralisme.

liberalization [,libərəlai'zeifən] *n.* libéralisation.

liberalize ['libərəlaiz] *v.* libéraliser, rendre libéral ; libérer (prix, etc.).

LIBOR = *London Interbank Offered Rate,* Taux du marché des Eurodevises.

library ['laibrəri] *n.* bibliothèque.

licence (U.S. : **license**) ['laisəns] *n.* autorisation, permission, permis, licence, brevet, patente. *Driving licence,* permis de conduire. *Radio TV licence,* redevance pour utilisation de radio et télévision.

license *v.* breveter, accorder un permis, une licence, une autorisation ; patenter.

licensee [laisən'si:] *n.* personne ayant obtenu une autorisation ou licence pour exercer une activité particulière (soumise à autorisation), licencié, patenté, concessionnaire.

licensing *n.* autorisation d'exploitation (de brevet, etc.).

licensing fee ['laisensiŋ] droit de licence, redevance.

licensor, licenser ['laisənsə] *n.* celui qui octroie, accorde ou cède une licence, une patente, etc. ; « licensieur ».

lid [lid] *n.* couvercle.

lie [lai] *v.* **1.** mentir. **2.** être

étendu, être immobile (navire). *To lie at anchor,* être à l'ancre, être au mouillage. *To lie idle,* être immobilisé, rester inutilisé.

lien [liən] *n.* privilège ; droit de rétention ; gage, droit de suite. *Vendor's lien,* privilège du vendeur.

lienee ['liəni:] *n.* celui dont les marchandises sont gagées.

lienor ['liənə] *n.* créancier gagiste, qui a le droit de rétention.

lieu (in lieu of), en lieu et place de, en remplacement de.

lie with *v.* incomber à, être du domaine de.

life [laif] *n.* vie. *Life assurance/insurance,* assurance sur la vie. *Life boat,* canot de sauvetage. *Life endowment,* pension à vie/viagère. *Life estate,* propriété viagère, propriété en viager.

lifeline *n.* **1.** corde de sécurité ; élément unique de survie ou de contact avec l'extérieur, élément vital. *To throw a lifeline to,* lancer une bouée de sauvetage à. **2.** ligne téléphonique d'urgence.

life-style, lifestyle *n.* style de vie, mode de vie.

lifetime *n.* vie, durée de vie, vivant. *Lifetime gift,* donation entre vifs.

LIFO = **Last In, First Out,** dernier entré, premier sorti (informatique, gestion du personnel, etc.).

lift [lift] *n.* **1.** levée, levage ; hauteur de levage. **2.** augmentation. **3.** ascenseur. *Fam. : To give someone a lift,* conduire quelqu'un en voiture.

lift *v.* **1.** lever. **2.** augmenter, faire monter (prix), soulever, porter (des masses). **3.** lever, honorer (des documents) ; lever un embargo, purger une hypothèque.

lift a ban *v.* lever une interdiction.

lift sanctions *v.* lever des sanctions.

light [lait] *n.* **1.** lumière ; feu. *Navigation lights,* feux de navigation. **2.** enseigne lumineuse. *Neon lights,* enseignes au néon. **3.** phare. *Light boat,* navire phare. *Light dues,* droits de phare.

light *adj.* **1.** clair. **2.** léger.

light *adv.* légèrement. *To travel light,* voyager avec un minimum de bagages.

light dues, droits de phare.

light face type *typogr.* : caractère maigre.

lighthouse ['laithaus] *n.* phare.

lighter ['laitə] *n.* **1.** briquet. **2.** allège, gabarre, péniche de déchargement.

lighterage ['ləitəridʒ] *n.* déchargement par allèges.

lightning strike ['laitniŋ] grève éclair.

light vessel, navire marchand à vide.

like for like, à l'identique ; à périmètre constant.

like for like replacement [laik] remplacement type pour type (investissement de maintenance).

likely ['laikeli] **1.** susceptible de. **2.** probable.

lime [laim] *n.* **1.** chaux. **2.** lime (petit citron). **3.** tilleul.

limit ['limit] *n.* limite. *Bourse :* prix minimum donné par un client à son agent pour la vente de valeurs, ou prix maximum spécifié pour leur achat.

limit *v.* limiter.

limitation [limi'teiʃən] *n.* limite, limitation.

limitative ['limitətiv] *adj.* limitatif, restrictif.

limited *adj.* **1.** limité, borné, délimité. **2.** *Limited, ltd = limited company* (équivalent de la) société anonyme.

limited liability, responsabilité limitée. *Limited liability company,* société à responsabilité limitée.

limited order, voir **limit order**.

limited partner, commanditaire.

limited partnership, société en commandite, société en commandite simple.

limit order, (Bourse) ordre d'achat à un cours maximum spécifié, ou ordre de vente à un prix minimum spécifié.

line [lain] *n.* **1.** ligne (de téléphone, de chemin de fer, de navires). *To bring into line,* ramener au même niveau, à égalité. *To bring into line with,* aligner. *To bring wages into line with prices,* aligner les salaires sur les prix. *Line of credit,* limite de crédit accordé par une banque. *Line organization,* organisation (d'une entreprise) par départements plus ou moins cloisonnés. **2.** ligne de produits. **3.** profession, domaine d'activité, branche. *What's your line ?* quelle est votre profession ? **4.** (U.S.) queue, file d'attente. « *Wait in line* », « *stand in line* », veuillez prendre la queue, faites la queue.

line [lain] *v.* **1.** ligner, régler. **2.** border, doubler de toile, mettre, poser une doublure.

linear programming ['liniə] programmation linéaire.

line cut *Typogr.* : cliché au trait.

line management, direction fonctionelle.

line manager, directeur fonctionnel.

linen ['linin] *n.* **1.** toile de lin. **2.** linge de table.

linen-draper ['linin-, dreipə] *n.* marchand de toile, de linge, de nouveautés.

liner ['lainə] *n.* navire de ligne, paquebot.

lining ['lainiŋ] *n.* doublure, toile intérieure, entoilage, garnissage.

linger ['lingə] *v.* s'attarder, traîner.

link [liŋk] *n.* lien, chaînon, maillon.

link *v.* réunir, lier, attacher ; joindre, relier ; indexer.

linkage ['liŋkidʒ] *n.* liaison, union ; lien, fait de lier, de relier ; indexation.

lion's share ['laiənz'ʃɛə] part du lion.

liquid ['likwid] *adj.* liquide ; disponible.

liquid assets *n.* actif liquide, disponibilités.

liquidate ['likwideit] *v.* liquider (une société, des dettes).

liquidation [likwi'deiʃən] *n.* liquidation. *Voluntary liquidation,* liquidation volontaire.

liquidator ['likwideitə] *n.* liquidateur.

liquidity [li'kwiditi] *n.* 1. liquidité. 2. solvabilité d'une entreprise. 3. capacité d'une valeur à être négociée sans fluctuation notable.

list [list] *n.* 1. liste, tableau, état, rôle, bordereau, etc. *To make out a list,* établir une liste, dresser un état. *List of bills for collection,* bordereau d'effets à encaisser. *Black list,* liste noire, rôle des mauvais payeurs. *Crew list,* liste d'équipage. 2. *Bourse :* cote, bulletin. 3. *Navire :* gîte, bande.

list *v.* 1. inscrire des recrues, dresser une liste, un état, un inventaire, un catalogue. *Listed stock,* valeurs cotées. *Listed securities,* valeurs inscrites à la cote, cotées. 2. *Navire :* donner de la bande, prendre de la gîte.

listing ['listiŋ] *n.* 1. établissement d'une liste, fait de faire figurer sur une liste. 2. *Bourse :* cotation. *(Full) listing,* cote officielle. 3. liste.

list prices *n.* prix du catalogue (prix de base susceptibles d'être diminués selon quantité, selon délais de paiement, etc.).

literacy *n.* degré d'alphabétisation, fait de savoir lire et écrire ; niveau de compétence. *Computer literacy,* compétence en informatique.

literate *adj.* qui sait lire et écrire ; instruit, cultivé ; compétent.

literature ['litərətʃə] *n.* 1. littérature. 2. imprimés, prospectus, brochures publicitaires. *Descriptive literature,* documentation. *Sales literature,* documentation sur les conditions de ventes.

litigant ['litigənt] *n.* plaideur, partie d'un procès.

litigate ['litigeit] *v.* plaider, être en procès, mettre un point en litige.

litigation [liti'geiʃən] *n.* litige, procès.

litigious [li'tidʒəs] *adj.* litigieux ; (d'une personne) procédurier.

live [laiv] *adj.* vivant, vif. *Live weight,* charge utile d'un engin de transport ; poids sur pied du bétail. *Live claims,* créances (toujours) valides. *Live on TV,* en direct à la télévision. *Live program,* programme en direct.

live experience, expérience de terrain, opérationnelle.

live [liv] *v.* vivre.

livelihood ['laivlihud] *n.* moyens d'existence, de subsistance, façon de gagner sa vie.

liveliness ['laivlinis] *n.* animation, activité (d'un marché).

livery company, guilde londonnienne. Ces associations, créés au moyen-âge, ont encore aujourd'hui un rôle professionnel ou d'encouragement à l'enseignement.

livestock ['laivstɔk] *n.* bétail, bestiaux, bêtes sur pieds.

living ['liviŋ] *n.* vie, existence. *To work for a living,* travailler pour vivre.

living cost(s) voir **cost of living.**

load [ləud] *n.* fardeau, charge, chargement. *At full load,* à pleine charge. *A truck-load,* un plein camion. *Load factor,* coefficient de remplissage (avion, etc.). *Pay load,* charge utile. *Work load,* charge de travail, plan de charge.

load *v.* 1. charger. 2. *To load up,* prendre une charge, faire sa cargaison.

loaf on the job [ləuf] tirer au flanc.

loan [ləun] *n.* 1. prêt, avance de fonds. *Loan on mortgage,* prêt hypothécaire. *Loan on overdraft,* (prêt sur) découvert. *Non-recourse loan,* prêt sans garantie, prêt à fonds perdus. *Syndicated loan,* prêt en participation. 2. emprunt. *To float a loan, to launch a loan,* émettre, lancer un emprunt. *Loan syndication,* lancement d'un emprunt en participation.

loan *v.* prêter, faire un prêt.

loan capital, capitaux d'emprunt, capitaux empruntés ; obligations.

loan officer, gestionnaire de crédit.

loan on security, avance sur titres.

loan shark, prêteur à des taux usuraires.

loan-sharking, pratique de prêts à des taux usuraires.

loan store, officine de prêt.

loan workout, gestion des prêts (à la clientèle). ~ *officer,* responsable/chargé de la gestion des prêts, gestionnaire de prêts.

lobby ['lɔbi] *n.* 1. couloir (d'hôtel, etc.) 2. groupe de pression (agissant auprès des administrations, des médias, pour promouvoir une entreprise ou une cause, ex. : *the steel lobby*).

lobby *v.* faire les couloirs, intervenir pour influencer les législateurs en faveur d'une cause ou d'un groupe de pression (sens large : militer auprès des milieux officiels).

lobbyist ['lɔbiist] *n.* spécialiste des relations avec les pouvoirs de décision. *Péjor :* intrigant.

local ['ləukəl] *adj.* local. *Téléph. : local call,* appel local. *Local branch,* succursale sur place.

local *n.* 1. section locale de syndicat. 2. personne de l'endroit, indigène.

local content, réglementation selon laquelle des marchandises importées doivent inclure un certain pourcentage de produits ou de main-d'œuvre du pays importateur.

locale [ləu'ka:l] *n.* scène, théâtre des événements.

locate [ləu'keit] *v.* situer, localiser, établir, implanter ; repérer, déterminer. (U.S.) s'installer quelque part, s'implanter.

location [ləu'keiʃən] *n.* site, situation, emplacement, localisation. *Location of the registered office,* adresse du siège social ;

(ciné) *on location,* en extérieur.

lock [lɔk] *n.* 1. serrure. *Under lock and key,* sous clef. 2. écluse (canal ou bassin).

lock *v.* fermer à clé ; verrouiller ; caler.

locker *n.* casier.

lock in *v.* 1. enfermer. 2. verrouiller ; intégrer, inclure, s'assurer, engranger ; emboîter ; attacher/(s')arrimer/(s')amarrer fermement. *A single currency implies the locking in of exchange rates,* une monnaie unique implique la fusion/le fusionnement des taux de change.

lock out ['lɔk-aut] *n.* fermeture d'usine (par mesure de rétorsion patronale).

lock-out *v.* fermer une usine (pour en interdire l'accès aux ouvriers), lock-outer.

loco price, prix sur place, prix départ usine.

lockup ['lɔkʌp] *n.* 1. prison, cellule. 2. (U.S.) fait de retirer des valeurs boursières de la circulation et de les déposer dans un coffre en vue de réaliser un investissement à long terme.

lock up *v.* 1. mettre sous clef. 2. fermer à clef. 3. mettre sous les verrous. 4. *to ~ capital,* bloquer, immobiliser des capitaux (en les engageant dans un secteur où leur retrait ou conversion est difficile).

lodge [lɔdʒ] *n.* 1. loge ; maisonnette de jardin ; pavillon, chalet. 2. bureau/branche/siège local d'une association ou d'un syndicat.

lodge *v.* 1. loger, héberger. 2. déposer. *To lodge a complaint,* faire une réclamation, porter plainte. *To lodge money with a friend,* confier de l'argent à un ami.

log [lɔg] *v.* enregistrer. *To log gains,* enregistrer des gains.

log-book ['lɔgbuk] *n.* journal, livre de bord (navire, avion). Par extension : registre où sont consignés les événements d'intérêt.

log *v.* abattre et débiter, débarder (des arbres).

logger *n.* bûcheron.

logging *n.* abattage et débardage (des arbres).

logistic *adj.* logistique.

logistics *n.* logistique.

logjam *n.* blocage, impasse.

logo ['lɔgəu] *n.* logotype.

log on *v.* se brancher, se « logger ».

log rolling *n.* échange de bons procédés (un service pour un autre), renvoi de l'ascenseur.

long [lɔŋ] *adj.* **1.** long. **2.** *To be long 20 ITT's,* être propriétaire de 20 (actions d') ITT. **3.** *Long position,* contraire de *short position.* (*To sell short,* vendre à découvert). Cette expression s'applique aux opérateurs qui détiennent effectivement des titres et qui comptent sur une augmentation des cours.

long *adv.* longtemps.

long *n.* (U.S.) spéculateur = **bull,** contraire de **a short.**

long-dated, à long terme ; à longue échéance. *Long-dated investment,* placement à long terme. *Long-dated issues,* émissions à long terme du Trésor britannique.

long distance, à longue distance, lointain. *Téléph. : Long distance,* appel interurbain.

long dozen *loc.* treize à la douzaine.

long end, long terme, obligations à long terme.

long-haul, 1. transport de marchandises sur une grande distance ; long trajet, long parcours. **2.** une affaire difficile et qui a pris longtemps. **3.** long terme.

long hundred, 120 pour 100.

long range, 1. à long terme. *Long range planning,* planification à long terme. **2.** à longue portée, à long rayon d'action. *Long range airplane,* avion à long rayon d'action.

long run *In the long run,* à long terme, à longue échéance.

longs [lɔŋz] (G.B.) titres d'État à remboursement à plus de 15 ans.

longshoreman *n.* (U.S.) débardeur, docker.

long-standing *adj.* **1.** ancien, établi de longue date, qui existe depuis longtemps. *A long-standing policy,* une politique pratiquée depuis longtemps. **2.** durable, capable de durer longtemps.

long standing (of), de longue date, créé(e) il y a longtemps. *A firm of long standing,* une entreprise établie depuis longtemps.

long-term, à long terme, de longue durée. *Long-term credit,* crédit à long terme (à plus de six mois). *In the long-term,* dans un avenir éloigné, à long terme. *Long-term liabilities,* dettes à long terme. *Long-term trend,* la tendance à long terme. *Long-term unemployment,* chômage de longue durée. *The long-term unemployed,* les chômeurs de longue durée.

long ton, tonne forte (environ 1 016 kg).

look *n.* **1.** regard. *To take a hard look (at something),* reconsidérer, réexaminer (sévèrement). **2.** air, aspect, apparence.

look after *v.* s'occuper de, veiller à, prendre soin de.

look ahead *v.* anticiper ; prévoir.

look for *v.* chercher, rechercher. *To look for a job,* être à la recherche d'un emploi.

look into *v.* examiner. « *Look into this (matter)* », « regardez ça d'un peu près », « étudiez cette affaire ».

look up *v.* **1.** s'améliorer. *Business should look up soon,* les affaires devraient aller mieux d'ici peu. **2.** consulter, rechercher (un nom, un mot dans une liste). *To look up an address in a directory,* chercher une adresse dans un annuaire.

loom [lu:m] *n.* métier à tisser.

loom *v.* se profiler, apparaître à l'horizon (de façon inquiétante).

loop [lu:p] *n.* boucle.

loop-hole [lu:p-həul] *n.* **1.** créneau, ouverture au sommet d'un mur. **2.** lacune, faille (de la législation), moyen de tourner une réglementation. *Loop-holes in taxation,* façons (légales) d'échapper au fisc, failles dans la législation fiscale.

loose [luːs] *adj.* **1.** lâche, relâché ; peu soigné. *Loose funds,* fonds non affectés. *Loose thinking,* pensée floue, réflexions peu serrées. **2.** détaché, mobile, non affecté. *Loose sheet,* feuille(t) mobile, feuille volante. *Loose card,* fiche (mobile).

loosen ['luːsn] *v.* relâcher, assouplir ; défaire. *The money market is loosening,* le marché financier connaît une détente.

loose sheet, feuille volante.

loot [luːt] *n.* butin.

loot *v.* piller.

looter ['luːtə] *n.* pillard, pilleur ; « casseur ».

lop off [lɔp] *v.* amputer, élaguer, ébrancher, tailler, émonder. *The deals means that Chrysler is lopping off 25 % of its world wide production,* l'accord signifie que Chrysler s'ampute de 25 % de sa production mondiale.

lopsided [lɔp'saidid] *adj.* qui penche d'un côté, déjeté, de guingois. Fig. : boiteux, déséquilibré. *A lopsided agreement,* un accord déséquilibré/bancal.

lorry ['lɔri] *n.* (G.B.) camion.

lose [luːz] *v.* perdre. *To lose money,* perdre de l'argent. *That business lost us a lot,* cette affaire nous a coûté énormément.

loser ['luːzə] *n.* perdant.

loss [lɔs] *n.* **1.** perte ; déficit d'exploitation. *To make a loss, to suffer a loss, to take a loss,* accuser/subir une perte. *To show a loss,* faire un déficit. *A dead loss,* une perte sèche. *At a loss,* à perte. *To be at a loss,* être dans une confusion totale. *Loss of profit,* manque à gagner. **2.** déchéance. *Loss of a right,* déchéance d'un droit.

loss leader, article sacrifié ; article vendu à perte afin d'attirer les clients ; produit d'appel.

lossmaker *n.* article, etc. sur lequel on perd de l'argent.

loss-making, déficitaire.

loss on exchange, perte de change.

loss of momentum, perte de vitesse.

loss payee clause, clause de délégation d'assurance (permet au délégataire de percevoir seul les indemnités aux lieu et place de l'intéressé).

lot [lɔt] *n.* **1.** grande quantité. *A lot of = much/many.* **2.** lot, parcelle (terrain). *Parking lot,* parking, parc de stationnement. *Used car lot,* parc d'exposition de voitures d'occasion. **3.** lot, partie d'un tout. **4.** tirage au sort. *Redeemable by lot,* remboursable par tirage au sort. **5.** sort, destin, destinée.

lottery bond ['lɔtəri] *n.* bon, obligation à lot.

loudspeaker [ləud'spiːkə] *n.* haut-parleur.

loudspeaker advertising, publicité par haut-parleur.

low [ləu] *adj.* et *adv.* bas, faible, bon marché. *Lowest price,* cours le plus bas.

low *n.* *A low,* un creux, un point bas (sur une courbe). *Profits have reached a new low,* les bénéfices sont tombés à leur niveau le plus bas.

low-cost adj., à bas coût.

low-cost *adj.* bon marché, à bas prix.

lowdown, (fam.) *To give the lowdown (on),* donner des tuyaux (sur), donner des renseignements confidentiels, « tuyauter ».

low-end, bas de gamme.

lower ['ləuə] *v.* baisser, abaisser, diminuer, faire descendre. *The banks have lowered their rates,* les banques ont abaissé leurs taux.

lower middle class, classes moyennes, petite bourgeoisie.

low-geared capital, 1. capital d'une société où les actions ordinaires sont en nombre plus important que les actions préférentielles. **2.** capital à faible effet de levier (cf. **high-geared capital**).

low income, revenu modeste, faible revenu.

low-key *adj.* modéré, discret, qui évite de prendre de front, en sourdine.

low key ad campaign, campagne publicitaire discrète.

low-profile *adj.* modéré ; discret.

loyal *adj.* loyal ; fidèle. ~ *shopper,* client fidèle (d'un magasin).

loyalty ['lɔiəlti] *n.* loyauté, fidélité. *Brand loyalty,* fidélité à une marque.

loyalty card, carte de fidélité.

lubricant ['lu:brikənt] *n.* lubrifiant.

lubricate ['lu:brikeit] *v.* lubrifier, huiler, graisser.

luggage ['lʌgidʒ] *n.* (coll. sing.) bagages. *Her luggage is as heavy as ever,* ses bagages sont toujours aussi lourds.

lukewarm *adj.* tiède, peu enthousiaste. ~ *investor sentiment,* tiédeur des investisseurs.

lull [lʌl] *n.* accalmie. *The summer lull,* la pause estivale.

lull *v.* 1. bercer. 2. endormir les soupçons.

lumber ['lʌmbə] *n.* 1. articles, objets inutiles mis au rancard. 2. U.S. = **timber** = bois de charpente (ou d'abattage). 3. *Fam. :* chose ou personne encombrante.

lump [lʌmp] *n.* bloc, morceau, masse. *In the lump,* en bloc, en gros, globalement.

lump *adj.* global, indivis, total, complet.

lump *v.* mettre en tas, en masse, en bloc.

lumpen proletariat, sous-prolétariat.

lump sum, somme nette, forfaitaire réglée en totalité et en une seule fois. *Lump-sum settlement,* règlement global, règlement forfaitaire. *Lump-sum expenses,* frais forfaitaires.

lump-sum contract, contrat au forfait.

lump together *v.* 1. mettre ensemble. 2. considérer globalement, prendre ensemble ; amalgamer.

luncheon voucher *n.* ticket-restaurant.

lunge [lʌndʒ] *v.* donner un coup en avant. *Prices lunged ahead,* les prix ont augmenté brutalement.

lure [ljuə] *v.* leurrer ; attirer, séduire.

luxury ['lʌkʃəri] *n.* luxe, superflu. *Luxury tax,* impôt sur les produits de luxe.

M

M.A. [em ei] abr. = **Master of Arts,** grade universitaire correspondant à 5 ou 6 ans d'études supérieures dans le domaine des lettres et des sciences humaines.

Ma'am [mæm] (G.B.) abréviation de *Madam ;* forme (polie) pour s'adresser à une dame ; (U.S.) *Fam. :* Madame.

machine [mə'ʃiːn] *n.* **1.** machine. *Calculating machine,* machine à calculer. *Slot-machine,* distributeur automatique. **2.** appareil, structures permanentes. *The machine of a (political) party,* l'appareil d'un parti (politique).

machine-gun [mə'ʃiːn-gʌn] *n.* pistolet-mitrailleur, mitraillette.

machinery [mə'ʃiːnəri] *n.* machines, appareillage, ensemble des installations, rouages, mécanisme. *The machinery of the administration,* les rouages de l'administration. *Union machinery,* appareil syndical, rouages et courroies de transmission de l'appareil syndical.

machine *v.* fabriquer, faire à la machine. **2.** *To machine down,* usiner, fabriquer selon des cotes précises. *A part machined down to less than 0.01 millimetre,* une pièce usinée à moins de 1100 mm.

machine-tool [mə'ʃiːntuːl] *n.* machine-outil.

macroeconomic *adj.* macroéconomique.

macroeconomics *n.* macroéconomie.

Madam ['mædəm] forme polie utilisée pour s'adresser à une femme mariée ou non.

Madam, pl. **Mesdames** ['meidæm] équivalent au féminin, de *Sir,* au début d'une lettre : *Dear Madam* = Madame.

mad-cow disease, maladie de la vache folle.

made [meid] *adj.* participe passé de **to make,** fait, fabriqué, réalisé, exécuté. *Custom-made,* (fait, fabriqué) sur mesure. *Ill-made,* mal fait. *Poorly-made,* mal fait, bâclé. *Ready-made,* de confection, tout fait, tout prêt, prêt-à-porter. *Tailor-made,* (fait, fabriqué) sur mesures. *Well-made,* bien fait, bien réalisé, bien conçu, bien exécuté.

made in duplicate, fait en double exemplaire.

made in France, Japan, etc., fabriqué en France, au Japon, etc.

made in triplicate, fait en triple exemplaire.

made to measure, fait sur mesure.

Madison Avenue ['mædisn] Avenue de New York où se trouvent les grandes agences de publicité, désigne symboliquement la publicité, le monde de la publicité.

magazine [mægə'ziːn] *n.* **1.** revue, magazine. *A quarterly magazine,* une revue trimestrielle. **2.** magasin, chambre (arme à feu, appareil photo).

magistrate ['mædʒistreit] *n.* magistrat (de rang inférieur). *Examining magistrate,* juge d'instruction (approximativement).

magnate ['mægneit] *n.* magnat, personnage puissant. *The oil magnates,* les grands du pétrole.

magnet ['mægnit] *n.* aimant.

magnifier ['mægnifaiə] *n.* loupe.

magnify ['mægnifai] *v.* **1.** agrandir, augmenter (à l'aide d'un instrument grossissant). *Magnifying glass,* loupe. **2.** magnifier, grossir, exagérer.

maiden ['meidən] *adj.* **1.** de jeune fille. *Maiden name,* nom de jeune fille. **2.** initial, inaugural, premier. *Concorde's maiden flight,* le premier vol de Concorde. *Maiden speech,* premier discours d'un élu, discours inaugural.

maiden voyage, voyage inaugural, premier voyage, première traversée (d'un navire).

mail [meil] *n.* courrier, poste ; dépêche. *(by) Airmail,* (courrier) par avion. *Mail sorting,* tri postal. *Outgoing mail,* courrier au départ.

mail *v.* (cf. **to post**) poster, mettre au courrier, envoyer, expédier (par la poste).

mail-bag ['meilbæg] sac postal (contenant le courrier).

mail box *n.* boîte à lettres.

mail fraud *n.* (U.S.) utilisation des services postaux (courrier) à des fins frauduleuses.

mailing ['meiliŋ] *n.* 1. envoi par la poste. 2. « mailing », publipostage, démarchage par correspondance.

mailing address, adresse postale.

mailing list, liste, fichier d'adresses.

mail-order ['meil-ɔ:də] *n.* commande, achat par correspondance. *Mail-order business (M.O.B.),* vente par correspondance (V.P.C.). *Mail-order business, mail-order firm, mail-order house,* entreprise, maison de vente par correspondance. *Mail-order catalogue,* catalogue de V.P.C. *Mail-order department,* service des ventes par correspondance. *Mail-order selling,* vente par correspondance.

mailshot *n.* envoi en nombre, publipostage, mailing.

mail-train ['meiltrein] *n.* train postal.

main [mein] *adj.* principal, grand. *The main point is,* le point essentiel c'est. *Main line,* ligne principale, primaire. *Their main activities,* leurs activités premières, fondamentales.

main frame, mainframe, mainframe computer, gros ordinateur, unité centrale.

mains [meinz] *n.* courant (qui fonctionne sur le secteur). *It must be plugged on mains,* il faut le brancher sur le secteur.

mainspring ['meinspriŋ] mobile essentiel, cause principale, motif, principe.

mainstay ['meinstei] *n.* soutien financier (de famille) ; base

principale des revenus d'une entreprise ; soutien principal ; élément principal.

mainstream *n.* courant/tendance/groupe principal(e), dominant(e), majoritaire.

mainstream *adj.* principal, dominant, central, majoritaire.

maintain [mein'tein] *v.* 1. maintenir, conserver. 2. entretenir, assurer l'entretien, le service (de machines, etc.).

maintenance ['meintənəns] *n.* maintien, entretien, maintenance. *Road maintenance,* entretien des routes. *Maintenance officer,* responsable de l'entretien.

maize [meiz] *n.* maïs.

major ['meidʒə] *adj.* majeur, principal, de premier rang.

major in *v.* obtenir un grade universitaire dans une discipline principale. *He majored in physics,* il a obtenu un diplôme en physique.

majority [mə'dʒərəti] *n.* majorité. *By a vast majority,* à une très large majorité.

majority *adj.* majoritaire, de la, relatif à la majorité. *Majority rules,* les règles majoritaires, de la majorité.

majority interest, participation majoritaire.

majority owner, actionnaire majoritaire.

majors (the) ['meidʒəz] *n.* les plus grandes sociétés pétrolières mondiales.

make [meik] *n.* marque (commerciale ou industrielle), fabrication.

make *v.* faire, fabriquer, créer. *To make a bargain,* passer un marché, faire une affaire. *To make a bill,* créer un effet. *To make a fortune,* faire fortune. *To make cars,* fabriquer des automobiles. *To make a journey,* faire un voyage. *To make a loan,* accorder, faire un prêt. *To make a mistake,* se tromper. *To make an appointment,* prendre rendez-vous. *To make a profit,* faire, tirer un bénéfice. *To make a remit-*

tance, régler une somme, opérer un règlement, un versement. *To make a report,* rendre compte. *To make a statement,* faire une déclaration. *To make ends meet,* joindre les deux bouts.

make for *v.* faire route vers.

make good *v.* payer, compenser, bonifier (assurance), combler. *We have managed to make our loss good,* nous avons réussi à compenser notre perte.

make out *v.* **1.** comprendre. *I can't make out this word,* je ne comprends pas ce mot. **2.** rédiger, établir, dresser, créer. *To make out a bill,* créer un effet. *To make out a cheque,* créer, rédiger un chèque. *To make out a list,* rédiger, dresser une liste. *To make out a statement,* établir un relevé.

maker ['meikə] *n.* **1.** fabricant, spécialiste. *Watchmaker,* fabricant d'horlogerie, horloger, **2.** tireur, souscripteur (bills, chèques, etc.).

makeshift ['meikʃift] *n.* expédient, moyen de fortune, pis-aller. *Makeshift device,* installation de fortune.

make up *v.* **1.** fabriquer ; controuver ; maquiller, truquer. *To make up a story,* inventer une histoire. **2.** payer, rembourser.

make up for *v.* rembourser ; compenser, rattraper. *To make up for lost time,* rattraper le temps perdu.

make-up pay, rattrapage de salaire.

make-up (ou **making-up**) **prices** *Bourse :* cours de compensation.

making ['meikiŋ] *n.* **1.** réalisation, accomplissement. **2.** fait de faire, de créer, etc. *In the making,* en cours de réalisation, de fabrication.

makings *n. pl.* potentiel, possibilités, potentialités. *He has the makings of a good manager,* il a l'étoffe d'un bon directeur.

male [meil] *adj.* masculin, mâle ; du sexe ou du genre mascu-

lin par opposition au sexe ou genre féminin (souvent en composition). *Male clerks,* employés (hommes).

male *n.* homme, mâle.

malfeasance [mæl'fi:zns] **1.** délit. **2.** plus particulièrement, malversation ou agissements délictueux d'un fonctionnaire ou agent de l'état dans l'exercice de ses fonctions.

malfunction [mæl'fʌŋkʃn] *n.* mauvais fonctionnement, fonctionnement défectueux ; défectuosité.

malfunction *v.* fonctionner mal, anormalement, imparfaitement.

malice ['mælis] *n.* (Jur.) malveillance, intention criminelle ou délictueuse. *With malice aforethought,* avec préméditation.

malicious [mə'liʃəs] *adj.* ayant des intentions délictueuses ou criminelles. *Malicious damage,* dommage par acte de malveillance. *Malicious intent,* intention de nuire, intention délictueuse.

malinger [mə'liŋgə] *v. Fam. :* (essayer de) se faire passer pour malade, tirer au flanc, se faire porter pâle.

malingerer [mə'liŋgərə] *n.* simulateur, faux malade, tire-au-flanc.

malingering [mə'liŋgəriŋ] *n.* le fait de feindre la maladie pour ne pas travailler, de se faire porter malade (pâle), de tirer au flanc.

mall [mɔːl] *n.* avenue, promenade, mail. *Shopping-mall* (U.S.) avenue marchande ; galerie marchande ; centre commercial.

malnutrition [mælnjuː'triʃn] *n.* malnutrition, sous-alimentation.

malpractice [mæl'præktis] *n.* faute professionnelle, négligence d'une personne ayant des responsabilités ou d'un membre des professions libérales.

malthusian [mæl'θjuːzjən] *adj.* de Malthus, malthusien.

malversation [mælvə'seiʃən] *n.* **1.** malversation, détournement de fonds, extorsion de fonds. **2.** abus de confiance dans l'exercice d'une fonction officielle. **3.** administration/gestion corrompue.

mammoth ['mæməθ] *n.* mammouth, monstre gigantesque. *Mammoth sales,* soldes gigantesques.

man [mæn] *n.* **1.** homme. **2.** les hommes en général, la race humaine. **3.** ancien (élève). *A Harvard man,* un ancien d'Harvard. **4.** ouvrier, travailleur, marin, bras, etc. *The man in the street,* l'homme de la rue. *One's own man,* son propre employeur. *To the last man,* jusqu'au dernier. *Man-Friday,* homme à tout faire, factotum.

man *v.* armer un navire, équiper, fournir en hommes. *The night-shift is undermanned,* l'équipe de nuit manque de bras. *A manned spacecraft,* un vaisseau spatial habité.

manage ['mænidʒ] *v.* **1.** réussir, parvenir, arriver à, se débrouiller. *I can manage,* je peux me débrouiller, m'en sortir. **2.** mettre en œuvre les moyens pour atteindre un objectif donné ; manier. **3.** gérer, diriger, conduire les affaires, administrer. *To manage a business,* gérer une affaire. *To manage a hotel,* diriger un hôtel.

manageable ['mænidʒəbl] *adj.* qui se prête à un contrôle facile, à une gestion sans problème ; facile à gérer ; permettant les arrangements.

managed trade, commerce dirigé ; commerce contrôlé ; contractualisation des échanges.

management ['mænidʒmənt] *n.* **1.** conduite d'une (des) affaire(s), gestion, direction, con-trôle ; maniement ; savoir-faire. **2.** (ensemble des personnes constituant la) direction, les dirigeants, les cadres, l'encadrement. *Line management,* direction hiérarchique classique, « en ligne directe ». *Lower management,* cadres subalternes, d'exécution. *Middle management,* cadres moyens, *Upper management,* cadres supérieurs. **3.** Patronat. *The American Management Association,* correspond au MEDEF ou à *Confedera-*

tion of British Industry (C.B.I.).

management accounting, comptabilité de gestion.

management audit, contrôle de gestion ; audit de gestion.

management buy-out, rachat de l'entreprise par sa direction et ses cadres.

management by objectives (M.B.O.), direction (participative) par objectifs (D.P.O.), gestion par objectifs.

management consultant, conseil en gestion, conseiller en gestion.

management control, contrôle de gestion.

management education, enseignement de gestion.

management fee, commission de chef de file.

management stock, 1. titres possédés par les directeurs d'une société. **2.** titres qui permettent le contrôle d'une société grâce à leurs votes privilégiés.

management training, formation et perfectionnement des cadres.

manager ['mænidʒə] *n.* gérant, directeur, chef gestionnaire, dirigeant ; administrateur ; régisseur. *Area manager,* directeur régional. *Assistant manager,* sous-directeur, directeur adjoint. *Deputy manager,* sous-directeur, directeur adjoint. *District manager,* directeur régional. *General manager,* directeur général. *Marketing manager,* directeur du marketing. *Personnel manager,* directeur, chef du personnel. *Product manager,* directeur, chef de produit. *Production manager,* directeur, chef de la production. *Project manager,* directeur, chef de projet. *Regional manager,* directeur régional. *Sales manager,* directeur, chef des ventes. *Works manager,* directeur d'usine.

manageress ['mænidʒə'res] *n.* fém. de **manager.**

managerial [mænə'dʒiəriəl] *adj.* **1.** relatif à la direction ou aux dirigeants. **2.** directorial, technocratique.

managers (the) [ˈmænidʒəz] *n.* les dirigeants ; les cadres ; les technocrates.

managing committee [ˈmænidʒiŋ] comité directeur.

managing director, (président-)directeur général, administrateur délégué, administrateur gérant.

managing partner, associé gérant.

mandate [ˈmændeit] *n.* **1.** mandat (non électif). **2.** injonction, mandement.

mandate *v.* **1.** donner mandat, mandater. **2.** rendre obligatoire ; imposer ; entraîner. **3.** mettre sous mandat.

mandatary [ˈmændətəri] *adj.* voir **mandatory.**

mandatory *n.* mandataire.

mandatory *adj.* impératif, obligatoire.

maneuvrable, (G.B.) manœuvrable [məˈnuːvrəbl] *adj.* facile à manœuvrer, d'un maniement facile.

maneuvre, manœuvre, (U.S.) maneuver *n.* évolution, manœuvre, agissement, intrigue. *Underhand manœuvres,* agissements en sous-main, intrigues.

maneuvre, manœuvre, (U.S.) maneuver *v.* maneuvrer ; intriguer.

manipulate [məˈnipjuleit] *v.* manipuler, manœuvrer avec habileté ; tripoter.

man-handle [ˈmæn ˌhændl] *v.* **1.** déplacer à force d'homme. **2.** se saisir d'une personne avec brutalité.

man-hour *n.* quantité de travail faite en une heure par un ouvrier ; heure d'homme ; heure-ouvrier, heure par employé, heure travaillée.

manifest [ˈmænifest] *n.* manifeste (état détaillé de la cargaison d'un navire à son port d'embarquement).

manifold [ˈmænifəuld] *adj.* multiple, diversifié, à plusieurs facettes.

manila, manilla [məˈnilə] *n.* (papier) résistant de couleur cha-

mois (souvent utilisé pour les enveloppes officielles ou commerciales).

manipulation [məˈnipjuleiʃən] *n.* manipulation, manœuvre ; tripotage.

man-made *adj.* fabriqué, artificiel. *Man-made fibres,* fibres synthétiques.

manpower [ˈmæn‚pauə] *n.* main-d'œuvre. *Manpower policy,* politique du personnel.

mansion [ˈmænʃən] *n.* demeure, hôtel particulier, (pl.) immeuble de rapport.

manslaughter [ˈmæn‚slɔːtə] *n.* homicide involontaire. *Manslaughter without malice aforethought,* homicide sans prémédi- tation.

manual [ˈmænjuəl] *adj.* manuel, fait à la main. *Jur. : Manual delivery,* tradition ma-nuelle, matérielle. *Téléph. : Ma-nual exchange,* inter-urbain ma- nuel. *Manual skilled workers,* O.S., ouvriers spécialisés. *Manual workers,* travailleurs manuels.

manual *n.* manuel, livret.

manufactory [mænjuˈfæktəri] *n.* fabrique, manufacture.

manufacture [mænjuˈfæktʃə] *n.* **1.** fabrication, industrie. **2.** produit manufacturé.

manufacture *v.* **1.** fabriquer, produire, transformer. *Manufactured goods,* produits finis, produits manufacturés. **2.** inventer (une histoire), fabuler.

manufacturer [mænjuˈfæktʃərə] *n.* fabricant, industriel. *Manufacturer's agent,* agent exclusif.

manufacturing [mænjuˈfæktʃə-riŋ] *n.* fabrication, transformation. *Manufacturing industries,* industries de transformation, manufacturières. *Manu-facturing licence (license),* licence de fabrication.

manure [məˈnjuə] *n.* fumier ; engrais naturel.

map [mæp] *n.* carte (géographique), plan. *To be on the map,* a) figurer, être sur la carte. b) être d'actualité, de raison. *Fam. :* être dans le coup/dans le vent. *To put on* *the map,* rendre célèbre, faire connaître. *To wipe off the map,* détruire, anéantir, faire disparaître.

map *v.* **1.** établir la carte, dresser le plan. **2.** faire des relevés topographiques.

map out *v.* dresser (un plan), tracer (un itinéraire), arranger/organiser (son emploi du temps), monter. *To map out a low-budget assault (on)…,* monter une attaque avec un budget réduit (contre)…

map up *v.* **1.** faire des relevés topographiques (en vue d'un plan, d'une carte). **2.** établir le détail d'une stratégie, faire un montage. *To map up a strategy,* régler les détails d'une stratégie.

mar *v.* gâcher, gâter, nuire à.

margin ['ma:dʒiŋ] *n.* **1.** *Imprim.* : marge. *As per margin,* comme indiqué en marge. **2.** marge, taux. *Profit margin,* marge bénéficiaire. *Safety margin,* marge de sécurité. **3.** *Fin., Bourse* : marge, couverture, provision, acompte, réserve. *To deposit a margin in cash,* laisser en dépôt une provision en espèces. *Margin account,* compte à la marge. (Cette marge, ou dépôt de couverture, est constituée par des titres ou de l'argent liquide.) *Margin buying,* achat sur marge, sur provision, sur couverture. *Margin call,* appel de marge. *Margin dealing,* transaction sur provision. *Margin ratio,* taux de couverture.

marginal ['ma:dʒinəl] *adj.* **1.** marginal. *Marginal cost,* coût marginal. **2.** occasionnel, marginal. *Marginal buyer,* acheteur occasionnel. *Marginal land,* terre exploitée seulement en cas de nécessité (compte tenu du coût d'exploitation). *Marginal seat,* siège très disputé (dans une élection).

marine [mə'ri:n] *adj.* maritime, marin. *Marine insurance, assurance,* assurance maritime. *Marine loss,* perte maritime. *Marine stores,* magasins maritimes.

marine *n.* **1.** marine. *Merchant,*

mercantile marine, la marine marchande. **2.** fusilier marin.

marital status ['mæritəl] situation de famille (notamment utilisé comme rubrique dans les formulaires imprimés) ; état civil.

maritime ['mæritaim] *adj.* maritime, de la mer. *Maritime law,* droit maritime, droit de la mer. *Maritime peril,* fortune de mer.

mark [ma:k] *n.* marque, note, marquage ; estampille ; cote, cotation (bourse). *To be off the mark,* manquer la cible, ne pas atteindre l'objectif, être loin du compte.

mark *v.* **1.** noter, marquer, coter ; repérer ; chiffrer. **2.** estampiller, viser. *Marked cheque,* chèque certifié, visé. *Marked shares,* actions estampillées. **3.** remarquer ; signaler, témoigner. *Marked recovery,* rétablissement éclatant. **4.** *To mark time,* marquer le pas ; piétiner.

mark-down, markdown [,ma:k'daun] *n.* rabais, réduction, remise, démarque. *To get a markdown of $ 3 on a sticker price,* obtenir un rabais de trois dollars sur le prix marqué (sur l'étiquette).

mark down *v.* démarquer, réduire un prix.

marker ['ma:kə] *n.* **1.** marqueur ; pointeur, aiguille (sur un cadran). **2.** jalon, repère, témoin. *Marker (radio) beacon,* émetteur embarqué (à bord d'un avion) signalant son passage à des balises fixes au sol ou en mer. *Marker crude,* brut (pétrole) de référence. **3.** (U.S.) billet à ordre ou reconnaissance de dette.

market ['ma:kit] *n.* marché (lieu, acheteurs, débouchés). *There is no market for their goods,* il n'y a pas de débouchés pour leurs produits. *We are in the market for 2,000…,* nous sommes acheteurs de 2 000… *Domestic market,* marché intérieur. *Foreign market,* marché(s) extérieur(s). *Home market,* marché intérieur. *Market analysis,* analyse de marché. *Market demand,* besoins du marché. *Market penetra-*

tion, pénétration (implantation sur le) marché. *Market prices,* prix du marché. *Market trend,* tendance, orientation du marché. *Market value,* valeur marchande, vénale. *The commodity market,* le marché/la bourse/des marchandises et des matières premières. *The Common Market,* le marché commun. *The stock market,* le marché des titres, des valeurs. *To put on the market,* mettre sur le marché.

market *v.* **1.** mettre sur le marché, commercialiser, distribuer, lancer un produit. **2.** faire son marché, faire des courses.

marketability *n.* aptitude à être vendu ou promu, possibilité de commercialisation.

marketable [ˈmaːkitəbl] *adj.* négociable, qui a un marché, commercialisable. *Marketable securities,* titres de placement. *Shares marketable on the Stock Exchange,* actions négociables en bourse.

market economy, économie de marché, économie libérale.

marketeer *n.* vendeur sur un marché. *Black-marketeer,* vendeur au marché noir.

marketer *n.* **1.** distributeur ; personne ou organisme qui commercialise un produit ; vendeur. **2.** commercial, membre d'un service commercial ou marketing.

market forecast, prévision/estimation de marché(s).

market gap, créneau commercial.

market-gardener, maraîcher en gros.

market-gardening, culture de produits maraîchers ; horticulture maraîchère.

marketing [ˈmaːkətiŋ] *n.* N.B. malgré les tentatives de spécialistes pour donner de ce mot une traduction trop limitative, rappelons qu'en tant que forme en -ING du verbe *to market,* il a tous les sens de ce verbe, jusques et y compris celui de « porter ses marchandises au marché ». **1.** techniques marchandes, de commercialisation, mercatique, marketing. **2.** vente, distribution, commercialisation (des produits). **3.** le fait d'acheter ou de vendre sur un marché. **4.** le fait de porter ses marchandises au marché. **5.** ensemble des activités en rapport avec le marché et le transfert des marchandises du producteur vers le consommateur, entre autres : étude de marché, étude commerciale d'un projet, achat, vente, stockage, transport, normalisation, financement.

marketing mix, ensemble des opérations relatives à la mise sur le marché de produits nouveaux ; « marketing mix », marchéage.

marketize *v.* faire entrer dans l'économie de marché, privatiser (un secteur économique), soumettre aux lois du marché.

market leader, firme ou produit qui détient la plus grande part d'un marché.

market-maker, teneur de marché (entreprise de courtage qui assure en permanence la contrepartie, achat et vente, sur un marché boursier ou de devises) ; contrepartiste.

market-making, contrepartie, tenue de marché.

market-mover, moteur du marché.

market-oriented, dirigé vers le marché, qui favorise le marché.

market penetration, pénétration d'un marché ; pénétration sur le marché.

marketplace *n.* **1.** place du marché. **2.** activité économique. *In the marketplace,* a) sur le marché ; b) sur la place publique.

market research, étude de marché.

market rule of return, taux de rémunération du marché.

market share, part du marché, portion/segment du marché (détenu(e) par un produit ou une entreprise dans un domaine donné). *To gain market share,* gagner/ conquérir des parts de marché.

market thrust, percée sur un marché, percée commerciale.

market value, valeur sur le marché ; valeur marchande, valeur vénale ; prix sur le marché ; (actions) valeur boursière.

marking ['ma:kiŋ] *n.* **1.** *Bourse :* cote, cotation. **2.** (généralement pl.) marques sur emballage d'expédition, marquage.

mark-up, markup *n.* majoration, marge ; taux de marque.

mark-up *v.* majorer (prix).

marque *n.* marque (de luxe, de voiture de sport, etc.).

marquee [ma:'ki:] *n.* tente ; marquise, auvent.

marshal ['ma:ʃəl] *n.* **1.** maréchal ; chef du protocole royal. **2.** (G.B.) huissier, garde auprès d'un tribunal. **3.** (U.S.) sheriff : commissaire de police chargé de l'application des décisions de justice aux États-Unis.

marshal *v.* **1.** faire manœuvrer (des trains), trier. **2.** arranger, mettre en ordre ; exposer, présenter (des faits). **3.** établir un ordre de priorité, de préséance.

marshalling yard ['ma:ʃəliŋ] *n.* (U.S.) gare de triage.

mart [ma:t] *n.* centre de commerce, marché. *Trade mart,* expo-marché.

mass [mæs] *n.* **1.** masse ; grande quantité (souvent pl.). *The masses,* la masse, les masses. *Masses of people,* une foule (de gens). **2.** *Fin. :* masse. *Mass to be made good,* masse créancière, masse active.

mass *adj.* de masse, massif ; collectif. *Mass dismissal/layoff,* licenciement(s) collectif(s). *Mass meeting,* rassemblement de masse, rassemblement monstre. *Mass picketing,* piquet(s) (de grève) formé(s) de très nombreux grévistes.

mass consumption, consommation de masse.

mass media *n.* moyens de communication de masse (presse, TV, radio) ; supports publicitaires.

mass memory, mémoire de masse, mémoire auxiliaire (informatique : disques ou bandes permettant de stocker un grand nombre d'informations).

mass-produce [,mæs'prə'dju:s] *v.* produire en masse, en quantités industrielles ; faire de la production en grande série, fabriquer en série. *Mass-produced articles/products,* articles/ produits de fabrication industrielle, fabriqués en série.

mass production [,mæs prə'dʌkʃən] *n.* production en grande série, production industrielle de masse, fabrication en série.

mass-retailed products, produits de grande distribution.

mass transit system, système de transport collectif.

mass volume mailer, expéditeur en nombre.

master ['ma:stə] *n.* **1.** maître, capitaine (marine), chef, responsable suprême. *Headmaster,* directeur d'école. *To be one's own master,* être son propre maître. **2.** modèle de référence, original. *Master agreement,* convention collective de référence. *Master contract,* accord cadre. *Master file,* fichier de base. **3.** maître, -qualifié. *Master carpenter,* maître charpentier. **4.** grade universitaire. *M.A. = Master of Arts,* maître ès lettres. *M.B.A. = Master of Business Administration,* titulaire d'une maîtrise des sciences de la gestion. *M.S.(c) = Master of Science,* maître ès sciences.

master *v.* maîtriser, dominer, contrôler.

master copy, copie originale.

master file, dossier de référence.

master key ['ma:stəki:] « passe », passe-partout, clé permettant d'ouvrir plusieurs serrures = **Skeleton key.**

Master Porter, entrepreneur agréé de chargement et de déchargement portuaire.

master tape, bande (magnétique)-mère, originale ; bande ma-trice.

mastery ['ma:stəri] *n.* maîtrise, contrôle total. *To keep complete mastery of the situation,* garder le contrôle absolu de la situation.

match [mætʃ] *v.* **1.** égaler, rivaliser, concurrencer. *To ~ an offer,* offrir les mêmes conditions (que la concurrence). **2.** convenir, aller, assortir, être assorti. *Matching funds,* montants compensatoires. *Ill-matched,* mal assorti. *Well-matched,* bien assorti.

matching *n.* alignement de l'offre sur la concurrence. *Comptab. :* rapprochement.

matching principle *Comptab. :* spécialisation/indépendance des exercices (rattachement des charges et produits aux exercices correspondants).

match up to *v.* être à la hauteur (de la situation, des espoirs, de l'attente).

matchless ['mætʃlis] *adj.* sans rival, inégalable, sans égal, inégalé.

mate [meit] *n.* compagnon, camarade ; second (officier) ; aide. *Carpenter's mate,* aide-charpentier. *Running mate,* (élection U.S.) colistier. *Work mate,* collègue de travail.

material [mə'tiərəl] *n.* **1.** matériau, matière. *Building materials,* matériaux de construction. *Raw material,* matière première. *Material cost,* coût de la matière brute. **2.** tissu(s). **3.** matériel, matière, matériau (sens abstrait). *To gather material for a book,* rassembler la matière pour un livre.

material *adj.* **1.** matériel. *Material damage,* dommages matériels. **2.** important, conséquent, substantiel. *A material change in our plans,* un changement significatif de nos plans. **3.** *Jur. :* matériel, tangible. *Material evidence,* preuve tangible. *Material relations,* relations susceptibles de créer un lien ou une dépendance entre deux partie. *Material witness,* témoin matériel.

materiality *n. Comptab. :* importance relative. *Materiality principle,* seuil de signification.

materialize [mə'tiəriəlaiz] *v.* **1.** se matérialiser, prendre corps, prendre forme. **2.** devenir vrai, réel, se réaliser, se matérialiser. *Our expectations never materialized,* nos espoirs ne se sont jamais réalisés.

maternity [mə'tə:nəti] *n.* maternité. *Maternity allowance,* allocation de maternité. *Maternity benefit,* allocation de maternité. *Maternity grant,* prime de naissance. *Maternity leave,* congé de maternité.

mate's receipt, reçu (provisoire) de bord, certificat de bord, bon de chargement (devra être échangé contre le « bill of lading », connaissement).

mathematical economics [mæθə'mætikəl] économétrie, économie mathématique.

matriculate [mə'trikjuleit] *v.* être reçu, être inscrit à l'université à la suite d'un examen.

matrix, pl. **matrixes/ces** ['meitriks, -si:z] *n.* **1.** moule, matrice. **2.** gangue, matrice. **3.** *Sc. :* matrice.

matter ['mætə] *n.* **1.** matière, chose(s) ; substance. *Printed matter,* imprimés. **2.** affaire. *Private matters,* affaires privées, personnelles. **3.** sujet, question, point. *A matter of opinion,* une affaire, une question d'opinion. *In this matter,* sur cette question, dans cette affaire.

matter *v.* importer, avoir de l'importance.

mature [mə'tjuə] *adj.* **1.** mûr, parvenu à maturité. **2.** mûri, réfléchi. **3.** arrivé à échéance, échu.

mature *v.* **1.** mûrir. **2.** échoir, parvenir à échéance.

maturing [mə'tjuəriŋ] *adj.* parvenant, arrivant à échéance, à maturité. *Bills maturing shortly,* effets parvenant à échéance prochainement.

maturity [mə'tjuəriti] *n.* échéance. *Maturity date,* date d'échéance. *Maturity value,* valeur à échéance.

maverick ['mævərik] *n.* **1.** (à l'origine) tête de bétail non marquée. **2.** personnalité politique restant indépendante, à l'écart de son (d'un) parti ; personne non conformiste, indépendante.

maximal [ˈmæksiməl] *adj.* maximum, maximal.

maximization [mæksimaiˈzeiʃən] *n.* maximisation, maximalisation.

maximize [ˈmæksimaiz] *v.* maximiser, porter à son état le plus grand.

maximum [ˈmæksiməm] *n.* maximum, point le plus haut. *Maximum-minimum tariff system,* tarification basée sur la pénalisation du prix maximum et l'octroi du meilleur prix à la nation favorisée.

maximum *adj.* maximum, maximal, le degré le plus grand, le plus fort, etc.

May-Day [ˈmeidei] *n.* 1ᵉʳ mai.

mayday *n.* signal de détresse international. *The pilot put out a mayday distress call,* le pilote a lancé un S.O.S.

mayhem [ˈmeihem] *n.* désordre, confusion ; destruction ; mutilation. (U.S.) *Jur. :* voie de fait, pouvant entraîner une incapacité.

meal [miːl] *n.* **1.** repas. **2.** farine. *Animal ~,* farine animale. *Meat and bone ~,* farine carnée.

meal voucher, ticket-repas, chèque restaurant.

mean [miːn] *adj.* **1.** pingre, avare. **2.** déplaisant. **3.** méchant, mal intentionné. **4.** moyen, appartenant au juste milieu. *Mean price,* cours, prix moyen. *G.M.T. = Greenwich Mean Time,* temps moyen de Greenwich, temps universel.

mean *n.* **1.** moyenne (cf. **average**). *Arithmetic mean,* moyenne arithmétique. **2.** médiane. **3.** chiffre moyen, etc.

means [miːnz] *n.* **1.** moyen, méthode, façon. *By fair means or foul,* par tous les moyens, par n'importe quel moyen. **2.** ressource. *Means of payment,* moyen de paie-

ment. *Means of production,* moyen de production. *Means of transport,* (U.S. : *transportation*) moyen de transport.

means-tested benefit, allocation sous contrôle de ressources.

meantime [ˈmiːnˈtaim] *n.* temps moyen ; (entre deux événements) intervalle. *In the meantime,* entre-temps.

measurable [ˈmeʒərəbl] *adj.* mesurable, qui peut être mesuré.

measure [ˈmeʒə] *n.* mesure ; démarches ; manœuvres. *To take legal measures,* avoir recours aux voies de droit. *To take measures against,* prendre des mesures contre. *Drastic measures,* des mesures draconiennes.

measure *v.* mesurer, jauger, évaluer. *To measure up,* être de taille, au niveau, faire le poids.

measured [ˈmeʒəd] *adj.* déterminé, mesuré ; considéré ; modéré.

measurement [ˈmeʒəmənt] *n.* mesure, prise de mesure, jaugeage. *To pay by measurement for cargo,* payer la cargaison au cubage, au volume, à l'encombrement. *Measurement goods,* marchandises (légères) pour lesquelles le coût de fret est établi en fonction du volume occupé. *Measurement ton,* tonne d'encombrement, tonne de mer (40 pieds-cubes à la tonne).

mechanic [miˈkænik] *n.* mécanicien, machiniste.

mechanical engineer [miˈkænikəl] *n.* ingénieur mécanicien.

mechanical engineering, génie mécanique, industrie mécanique ; technique, science de la fabrication (de machines).

mechanics [miˈkæniks] *n.* **1.** mécanique (science de la mécanique). **2.** mécanique, mécanisme(s), technique d'une activité. *You must learn the mechanics of the job,* il vous faut apprendre la technique du métier. *The mechanics of violence,* l'engrenage de la violence.

mechanism ['mekənizəm] *n.* mécanisme.

mechanization [mekənai'zeifən] *n.* mécanisation, automatisation.

mechanize *v.* mécaniser, automatiser.

media ['mi:diə] *n. pl.* médias, moyens, supports de la communication (presse, TV, radio). Le singulier est *medium. Media buying,* achat de media.

media *adj.* des médias, médiatique.

media coverage, couverture médiatique.

median ['mi:djən] *n.* médiane.

median *adj.* médian, de la médiane ; moyen. *Median income,* revenu moyen.

media-planning *Pub. :* planification des medias, choix des medias, « média-planning ».

mediate ['mi:dieit] *v.* intervenir comme médiateur, intercéder, offrir ses bons offices.

mediation [,mi:di'eifən] *n.* **1.** médiation, intercession, bons offices. **2.** procédure de conciliation.

mediator ['mi:dieitə] *n.* médiateur, intercesseur, arbitre.

medical ['medikəl] *adj.* médical, relatif à la médecine.

medical *n. Fam. :* examen médical.

medicare ['medikɛə] *n.* (U.S.) système d'assurance maladie pour les retraités.

medium ['mi:djəm] *n.* voir pl. **media. 1.** moyen, support de l'information, de la connaissance ou de l'expression. *The theatre remains his favorite medium,* le théâtre reste son moyen d'expression favori. **2.** milieu naturel. **3.** position moyenne, médiane. *The happy medium between two extremes,* la bonne moyenne entre deux extrêmes.

medium *adj.* moyen, appartenant à la moyenne. *Medium wave,* onde(s) moyenne(s). *Medium-size (sized),* de taille moyenne.

medium term, moyen terme. ~ *note,* bon à moyen terme négociable.

meet [mi:t] *v.* **1.** (se) rencontrer ; se rassembler ; se réunir. *To make both ends meet,* joindre les deux bouts. **2.** faire (la) connaissance de, être présenté. *Meet Mr Jackson,* je vous présente M. Jackson. **3.** satisfaire à, honorer ; convenir. *We hope this model will meet your requirements,* nous espérons que ce modèle satisfera vos exigences. *To meet one's commitments,* honorer ses engagements.

meet a claim, satisfaire une revendication.

meet a deadline, honorer une échéance, respecter un délai, faire quelque chose dans les délais prévus.

meet the demand, faire face à la demande.

meeting ['mi:tiŋ] *n.* rencontre, réunion, assemblée, rassemblement, meeting. *Annual general meeting,* assemblée générale ordinaire. *Board meeting,* réunion du conseil d'administration. *Extraordinary meeting,* assemblée, réunion, extraordinaire.

meet with *v.* **1.** trouver, connaître, rencontrer, éprouver. *We met with difficulties,* nous avons éprouvé des difficultés. **2.** (U.S.) rencontrer quelqu'un (pour des discussions), avoir une réunion avec quelqu'un.

melon ['melən] *n.* **1.** melon. **2.** *Fam. :* bénéfice exceptionnel distribué aux actionnaires.

meltdown *n.* **1.** fusion (d'un réacteur atomique). **2.** *economic meltdown* implosion/effondrement de l'économie.

member ['membə] *n.* membre ; adhérent. (G.B.) *Member of Parliament, M.P.,* parlementaire, député. *Union member,* adhérent, membre d'un syndicat, syndicaliste. (U.S.) *Member bank,* banque ayant adhéré au *Federal Reserve*

System. member-country, pays membre.

membership ['membəʃip] *n.* **1.** appartenance, qualité de membre, adhésion. **2.** nombre d'adhérents, effectif(s). **3.** charge, office. *Stock-broker's membership,* charge, office d'agent de change.

memo ['meməu] *n.* voir memorandum.

memorandum [memə'rændəm, - ə, əmz] *n. pl. —da/dums.* **1.** = **memo,** mémoire, note, rapport, memorandum, note de service. **2.** *Memorandum (of association),* acte constitutif d'une société. *Memorandum and articles,* statuts. (U.S.) *Memorandum buying,* vente à condition. *Memorandum of insurance,* arrêté (provisoire) d'assurance.

memorize ['meməraiz] *v.* apprendre par cœur, mémoriser.

memory ['meməri] *n.* **1.** mémoire. **2.** souvenir.

memory bank, banque de données.

menace ['menəs] *n.* menace ; personne ou objet dangereux.

mend [mend] *n.* réparation.

mend *v.* réparer.

mend (on the), en cours d'amélioration, en convalescence.

menial ['mi:njəl] *adj.* mineur, auxiliaire, secondaire ; modeste ; servile. *Menial job,* tâche inférieure, travail d'exécution n'impliquant aucune responsabilité.

mercantile ['mə:kəntail] *adj.* marchand, commerçant, commercial. (U.S.) *Mercantile agency,* agence de renseignements commerciaux (concernant notamment la solvabilité de demandeurs de crédit). *Mercantile credit,* crédit fournisseurs, crédit entre marchands. *Mercantile exchange,* bourse des marchandises. *Mercantile law,* droit commercial.

merchandise ['mə:tʃəndaiz] *n.* marchandise. *Merchandise rack,* « gondole ».

merchandise *v.* commercialiser.

merchandiser *n.* marchandiseur.

merchandising ['mə:tʃəndaiziŋ] *n.* marchandisage (techniques commerciales relatives à la création, présentation et distribution des marchandises), techniques de commercialisation, marchéage.

merchandization n., marchandisation.

merchant ['mə:tʃənt] *n.* **1.** (à l'origine) marchand spécialisé dans l'import-export. **2.** négociant, marchand, commerçant. *Corn-merchant,* marchand de grains. **3.** courtier (U.S. : souvent : *merchant middleman*).

merchant *adj.* marchand, commercial. *Merchant bank,* banque d'affaires. *Merchant law,* droit commercial. *Merchant marine, merchant fleet,* marine marchande.

merchantable [mə:tʃəntəbl] *adj.* commercialisable. *Good merchantable quality,* bonne qualité marchande.

merchant man *n.* navire marchand (= *merchant ship*).

mercurial [mə:'kjuəriəl] *adj.* volatil, instable.

merge [mə:dʒ] *v.* fusionner, se fusionner ; fondre, amalgamer.

merger ['mə:dʒə] *n.* fusion, concentration d'entreprises. *Mergers and acquisitions,* fusions et acquisitions.

merger-mania, mergermania, fusionite.

merit ['merit] *n.* mérite, valeur. *Merit rating,* notation, évaluation des performances du personnel (administration U.S.). *On its, her, his merits,* sur sa valeur propre, personnelle. *Jur. : The merits of a case,* le fond d'une cause.

message ['mesidʒ] *n.* message. *To get one's message across,* se faire comprendre.

messenger ['mesindʒə] *n.* **1.** messager. **2.** commissionnaire. *By messenger,* par porteur.

messenger-boy, garçon de courses.

metal ['metl] *n.* métal.

metal-banded, à cerclage métallique.

metal-strapped, à cerclage métallique.

metallic currency [mi'tælik] monnaie métallique légale.

metallurgy [me'tælədʒi] *n.* métallurgie.

metal-worker, ouvrier métallurgiste.

metal-works, usine métallurgique.

meter ['miːtə] *n.* compteur, instrument de mesure de débit. *Gasmeter,* compteur à gaz. *Meter rate,* facturation basée uniquement sur les quantités débitées.

metes and bounds, 1. *Jur. :* bornes, limites d'une propriété. **2.** (U.S.) Limites établies, limites reconnues.

method ['meθəd] *n.* méthode, mode, modalité. *Methods engineer,* ingénieur des méthodes. *Straight line method,* méthode d'amortissement linéaire.

me-too strategy, stratégie d'imitation.

metric ['metrik] *adj.* métrique. *Metric system,* système métrique, *To go metric,* adopter le, passer au système décimal.

metropolis [mi'trɔpəlis] *n.* métropole.

metropolitan [metrə'pɔlitən] *adj.* métropolitain. **1.** qui appartient à la grande ville. **2.** qui a trait à la mère patrie.

micro ['maikrəu] *préf.* micro. *Micro-economics,* micro-économie. *Micro-waves,* micro-ondes.

micro-computer, micro-ordinateur.

micro-processor [maikrəu'prəusesə] micro-processeur.

middle ['midl] *adj.* du centre, du milieu, moyen. *Middle East,* le Moyen-Orient. *Middle name,* mot à mot : le nom du milieu = le second prénom (très répandu chez les Anglo-Saxons, il figure souvent sous forme d'initiale). *Middle-sized,* de taille moyenne, moyen.

middle *n.* milieu, centre. *Middle of the road,* juste milieu.

middle class, les classes moyennes, la bourgeoisie.

middleman ['midlmæn] *n.* intermédiaire, grossiste.

middle management, cadres moyens.

middle manager, cadre moyen.

middling *adj.* moyen, médiocre. .

mid-size *adj.* de taille moyenne, de taille intermédiaire.

mid-sized adj., de taille moyenne.

migrant ['maigrənt] *n.* migrant. *Migrant workers,* travailleurs migrants, travailleurs immigrés.

migrate [mai'greit] *v.* migrer, émigrer.

migration [mai'greiʃən] *n.* migration ; émigration ; immigration.

mild *adj.* modéré ; peu sévère, peu rigoureux, bénin.

mile [mail] *n.* mille : unité de longueur = 1 609 mètres ou 1,760 yards. *Nautical mile,* mille nautique = 1 852 mètres.

mileage ['mailidʒ] *n.* (nombre de miles), kilométrage. *Mileage allowance,* indemnité kilométrique. *Mileage (bonus) award,* kilomètres gratuits offerts aux clients réguliers (par exemple, kilomètres de vol offerts par les compagnies aériennes).

milestone ['mailstəun] *n.* jalon repère, date historique.

military (the) ['militəri] *n.* les militaires, l'armée, la force armée.

military *adj.* militaire. *Military Police (M.P.),* police militaire, prévôté.

milk [milk] *v.* **1.** traire. **2.** exploiter. **3.** extorquer (de l'argent, des renseignements).

milking ['milkiŋ] *n.* **1.** traite (du lait). **2.** abus, surexploitation, exploitation abusive.

mill [mil] *n.* **1.** moulin. **2.** usine (utilisant à l'origine une énergie naturelle : eau, vent). *Spinning mill,* usine de tissage. *Weaving mill,* filature.

miller ['milə] *n.* **1.** meunier ; minotier. **2.** fraiseur. **3.** fraiseuse, machine à fraiser.

mimeograph ['mimiəgra:f] *v.* reproduire, copier au moyen de stencils.

minatory *adj.* menaçant, comminatoire.

mine [main] *n.* **1.** mine. *Coal mine,* mine de charbon. *Bourse : The mines,* les valeurs minières. **2.** explosif. *Magnetic mine,* mine magnétique.

mine *v.* extraire, creuser, saper, miner.

miner ['mainə] *n.* mineur.

mineral ['minərəl] *adj.* minéral.

mineral *n.* minéral, minerai. *Mineral concession,* concession minière. *Mineral rights,* droits d'exploitation de minéraux.

mineworker [main'wə:kə] *n.* travailleur de la mine, employé dans une mine.

mini-computer ['mini kəm'pju:tə] *n.* mini-ordinateur.

minimal ['miniməl] *adj.* minime, minium, minimal.

minimization [minimai'zeiʃən] *n.* minimisation, minoration, atténuation.

minimize ['minimaiz] *v.* minimiser, atténuer, minorer.

minimum ['miniməm] *n.* Pl. **minima, minimums,** minimum, point le plus bas. *Sales fell to a minimum,* les ventes sont tombées au plus bas.

minimum *adj.* minimum, le plus bas. *Minimum rate,* tarif, taux minimum, *Minimum wage,* salaire minimum.

minimum lending rate (M.L.R.), taux de crédit préférentiel.

minimum wage, salaire minimum.

mining ['mainiŋ] *n.* activités minières, extraction. *Mining law,* droit minier. *Mining shares,* valeurs minières, « minières ».

minister ['ministə] *n.* **1.** ministre. **2.** ministre plénipotentiaire. **3.** pasteur, ministre de culte.

ministry ['ministri] *n.* ministère.

minor ['mainə] *n.* mineur, personne n'ayant pas atteint l'âge de la majorité légale (actuellement, 18 ans en G.B. et aux E.U.).

minor *adj.* **1.** mineur (d'importance ou de taille), moindre ; secondaire, sans grand intérêt. *Minor coins,* menue monnaie, piécettes. **2.** peu grave, léger (maladie).

minority [mai'nɔriti] *n.* **1.** minorité, état de mineur légal. **2.** minorité, groupe ethnique, religieux ou sociologique, etc. dont l'effectif total représente un pourcentage faible de la population globale. *Minority rights,* droits des minorités.

minority *adj.* **1.** minoritaire. **2.** de la minorité, de l'opposition.

minority interest, intérêt minoritaire, participation minoritaire.

minority stake, participation minoritaire.

Mint [mint] *n.* **1.** monnaie, Hôtel des Monnaies. *Mint par of exchange,* pair métallique. **2.** pièce ou timbre dans son état d'origine. *In mint condition,* en parfait état, à l'état neuf.

mint *v.* **1.** frapper, battre monnaie. **2.** inventer. *To mint a phrase, a new word,* forger une expression, créer un mot nouveau.

minus ['mainəs] *prép.* moins. *77 minus 52 leaves, makes, equals, is 25,* 77 moins 52 égale 25.

minus *n.* **1.** (signe) moins (devant quantité négative ou nombre à retrancher). **2.** quantité négative inférieure à zéro. *The balance of his calculations was a minus,* le solde de ses calculs était négatif.

minute ['minit] *n.* **1.** minute (unité de temps ou de mesure d'angles). **2.** minute, note officielle.

minute-book ['minitbuk] *n.* registre des procès-verbaux, registre des délibérations.

minutes ['minits] *n.* procès-verbal de séance, procès-verbal de réunion ; minutes. *Minutes of the proceedings,* procès-verbal des délibérations.

mire [maiər] *v.* enliser, embourber, s'enliser, s'embourber.

mis- [mis] *préf.* mal…, …par erreur, absence de…

misapplication ['mis,æpli'keiʃən] *n.* mauvaise interprétation (de la loi), détournement (de la loi).

misapprehension ['mis,æpri'henʃən] *n.* malentendu, erreur d'interprétation. *(To labour) under a misapprehension,* être victime d'un malentendu.

misappropriation ['misə,prəupri'eiʃən] *n.* détournement de fonds, abus de confiance.

miscalculation ['mis,kælkju'leiʃən] *n.* erreur de calcul, erreur de jugement ; mécompte.

miscarriage [mis'kæridʒ] *n.* avortement ; perte ; échec. *Miscarriage of justice,* erreur judiciaire, déni de justice.

miscarry [mis'kæri] *v. Propre et fig. :* avorter ; échouer ; s'égarer.

miscellaneous [,misi'leinjəs] *adj.* divers (articles, objets), variés.

misconduct [,mis'kɔndʌkt] *n.* 1. inconduite ; adultère. 2. mauvaise gestion (d'une entreprise). 3. *Professional misconduct,* faute professionnelle.

misdeed *n.* délit, crime ; méfait.

misdeliver *v.* livrer à une mauvaise adresse, commettre une erreur de livraison.

misdelivery *n.* erreur de livraison.

misdemeanour [,misdi'mi:nə] *n.* délit, infraction.

misdirect [misdai'rekt] *v.* 1. mal indiquer une direction, une adresse. 2. gâcher, gaspiller (des efforts). 3. (d'un juge) mal renseigner (les jurés) sur des points de droits.

misfeasance *n.* infraction ; abus de pouvoir, d'autorité.

misfire [mis'faiə] *v.* rater.

mishandle *v.* 1. manipuler sans soin/précaution. 2. mal gérer, mal traiter.

mishap ['mishæp] *n.* aléa, incident, accident, péripétie.

mislay [mis'lei] *v.* égarer, mettre au mauvais endroit.

mislead [,mis'li:d] *v.* tromper, induire en erreur ; abuser.

misleader [mis'li:də] *n.* personne qui induit en erreur, trompe, abuse de la crédulité des autres ; corrupteur.

misleading [mis'li:diŋ] *adj.* trompeur, fallacieux. *Misleading advertising,* publicité mensongère.

mismanage [mis'mænidʒ] *v.* malgérer, commettre des erreurs de gestion.

mismanagement [mis'mænidʒmənt] *n.* mauvaise gestion, gestion fautive.

mismatch risk, risque lié au décalage entre les échéances.

misplace [mis'pleis] *v.* 1. placer au mauvais endroit, déplacer. 2. égarer.

misprint ['misprint] *n.* faute d'impression, coquille, erreur typographique.

misprint [mis'print] *v.* faire une faute d'impression, imprimer incorrectement.

misquote [mis'kwəut] *v.* 1. faire une erreur dans une citation. 2. mal rendre compte (d'un discours, d'un texte). *He complained that newspapermen kept misquoting him,* il se plaignit que les journalistes ne cessaient de déformer ses propos.

misrepresent ['mis,repri'zent] *v.* faire une déclaration fausse ou tendancieuse, une présentation volontairement inexacte, souvent avec intention de nuire.

misrepresentation ['mis,reprizen'teiʃən] *n.* fausse déclaration, rapport tendancieux, présentation déformée ou inexacte (des faits), allégation inexacte.

miss [mis] *v.* **1.** manquer, rater. *To miss the boat, the bus,* rater sa chance, laisser échapper l'occasion. *To miss the mark,* rater son coup, manquer son objectif. **2.** échapper à, éviter. **3.** regretter l'absence de, se languir de.

missing ['misiŋ] *adj.* manquant, absent, porté disparu. *Missing persons,* personnes disparues.

mission *n.* mission. *Mission statement,* définition d'objectif.

misstatement *n.* rapport inexact, renseignement erroné.

mistake [mi'steik] *n.* erreur, faute, méprise. *To make a mistake,* se tromper. *By mistake,* par erreur.

mistake *v.* mal comprendre, se méprendre, se tromper, confondre. *To mistake something for something else,* prendre qqch pour qqch d'autre.

mistaken [mi'steikən] *adj.* **1.** (d'une personne) dans l'erreur, qui a mal compris. **2.** (fait ou idée) mal compris, mal perçu ; erroné.

mistime [mis'taim] *v.* faire mal à propos/à contretemps, mal calculer.

mistrial [mis'traiəl] *n.* **1.** erreur judiciaire. **2.** jugement entaché d'une erreur de procédure.

mistype *v.* faire une faute de frappe.

misunderstand [ˌmisʌndə'stænd] *v.* comprendre de travers, ne pas comprendre.

misunderstanding [misʌndə'stændiŋ] *n.* **1.** le fait de ne pas comprendre. **2.** incompréhension, malentendu. **3.** désaccord.

misuse [mis'juːs] *n.* mauvais usage, abus ; détournement ; utilisation abusive. *Unforgivable misuse of power,* abus impardonnable de pouvoir.

misuse [mis'juːz] *v.* **1.** faire un mauvais usage. **2.** maltraiter.

misuse of funds, détournement de fonds.

miswrite [mis'wrait] *v.* écrire incorrectement, mal écrire.

mitigate ['mitigeit] *v.* atténuer, alléger, réduire. *Mitigating circumstances,* circonstances atténuantes.

mix [miks] *n.* combinaison, mélange, gamme, composition. *Marketing-mix,* ensemble des opérations relatives à la mise sur le marché de produits nouveaux. *Sales mix,* éventail de produits.

mixed [mikst] *adj.* mêlé, mélangé, composite, mixte. *Mixed cargo,* cargaison mixte. *Mixed economy,* économie qui tient à la fois du dirigisme et du libéralisme. *Mixed policy,* police d'assurance mixte. *Mixed property,* biens meubles et immeubles. (Marché) irrégulier.

mob [mɔb] *n.* **1.** foule excitée. **2.** populace. **3.** (U.S.) *The Mob,* la Mafia.

mob [mɔb] *v.* **1.** attaquer (en groupes), malmener. **2.** s'attrouper.

mobile ['məubail] *adj.* mobile ; portable, transportable.

mobile phone, téléphone portable/mobile/cellulaire.

mobility [məu'biliti] *n.* mobilité.

mobilization [məubilai'zeiʃən] *n.* mobilisation (armée, capitaux).

mobster [mɔbstə] (U.S.) gangster, membre de la Maffia.

mock [mɔk] *adj.* de faux-semblant, non réel, imitant le réel. *Mock battle,* simulacre de bataille.

mock-up ['mɔkʌp] *n.* maquette (souvent en grandeur réelle), représentation, modèle.

model ['mɔdl] *n.* **1.** modèle (d'automobile, etc.), type. **2.** copie en réduction, maquette. **3.** exemple, modèle. **4.** représentation mathématique, modèle. *Growth model,* modèle de croissance. **5.** mannequin (mode, couture).

model *v.* **1.** modeler. **2.** faire une copie, une maquette. **3.** poser comme modèle, présenter un modèle. **4.** modéliser (transcrire en termes mathématiques).

modelling ['mɔdliŋ] *n.* **1.** modelage. **2.** métier de mannequin. **3.** modélisation.

modem *n.* modem.

moderate ['mɔdəreit] *adj.* modéré, modique, modeste, raisonnable. *A moderate increase in prices*, une hausse des prix raisonnable.

moderator ['mɔdəreitə] *n.* **1.** (dans assemblée, réunion) président(e) ; (radio, télé) présentateur/-trice, animateur/-trice, meneur de jeu, arbitre d'un concours/jeu, d'une discussion). **2.** (G.B.) examinateur, examinatrice.

modernization [,mɔdənai'zeiʃən] *n.* modernisation.

modernize [,mɔdənaiz] *v.* moderniser, se moderniser.

modify ['mɔdifai] *v.* **1.** changer, modifier. **2.** atténuer, alléger, modérer (changer dans le sens d'une moindre rigueur/exigence).

moiety ['mɔiəti] *n.* (*Jur.*) moitié ; part.

moisture ['mɔistʃə] *n.* humidité ; buée.

mole [məul] *n.* môle, digue, jetée, brise-lames.

mom-and-pop grocery, (U.S.) la boutique, le petit commerce du coin de la rue, du quartier (mot à mot : l'épicerie de papa-maman, l'épicerie tenue par un couple de petits commerçants).

mom-and-pop operation, petite entreprise familiale, magasin ou boutique tenu par un couple de petits commerçants.

momentum [məu'mentəm] *n.* **1.** *Tech.* : couple, vitesse, moment. **2.** vitesse acquise, élan. *The recovery is gaining momentum*, la reprise va en s'accélérant.

monetary ['mʌnitəri] *adj.* monétaire. *International Monetary Fund (I.M.F.),* Fonds Monétaire International (F.M.I.). *International Monetary System,* Système Monétaire International. *Monetary base,* base monétaire. *Monetary reserves,* réserves monétaires. *Monetary standard,* étalon monétaire. *Monetary system,* système monétaire. *Monetary unit,* unité monétaire.

monetarist ['mʌnitərist] monétariste.

monetization [,mʌnitai'zeiʃən] *n.* monétisation.

money ['mʌni] *n.* monnaie, argent, numéraire, capitaux. *Money is scarce,* l'argent est rare, les capitaux sont rares. *Call money,* argent à vue. *Credit money,* monnaie fiduciaire. *Easy money,* argent facile (à trouver, à emprunter). *Bourse : For money,* au comptant. *Idle money, money lying idle,* argent qui dort. *Money assets,* avoirs monétaires. *Money of account,* monnaie de compte. *Near money,* quasi-monnaie. *Ready money,* argent disponible. *Reserve money,* monnaie de réserve. *Tight money,* argent rare, difficile à trouver, resserrement du crédit. *To pay good money,* payer en bel et bon argent, un bon prix. *To put up money,* investir (de l'argent) dans. *To raise money,* trouver des capitaux, emprunter.

money-card, carte de crédit.

money-laundering, blanchiment de capitaux.

money lender, *n.* **1.** prêteur, bailleur de fonds. **2.** usurier.

money-losing *adj.* déficitaire, qui perd de l'argent.

money-maker, *n.* **1.** personne qui sait « faire » de l'argent. **2.** objet ou article qui rapporte ; affaire lucrative.

moneyman ['mʌnimən] *n.* financier.

money manager, gestionnaire de trésorerie, gestionnaire financier.

money market, *n.* marché monétaire, financier. *Money-market fund,* sicav monétaire.

money of account, monnaie de compte.

money order, M.O., *P. et T.* : mandat postal, mandat-poste.

money rate(s), taux du loyer de l'argent, taux de l'argent sur le marché monétaire.

moneys ou **monies** ['mʌniz] *n.* **1.** fonds, capitaux. **2.** monnaie.

money-spinner, (G.B.) (activité, etc.) qui rapporte gros.

money supply, masse monétaire, masse de monnaie en circulation.

money-token, jeton.

money trader, cambiste.

money troubles, difficultés, ennuis, problèmes d'argent (financiers).

monitor ['mɔnitə] *n.* **1.** élève chargé d'une responsabilité. **2.** appareil de contrôle. *TV monitor,* récepteur/moniteur télé. **3.** contrôleur (d'émissions radio).

monitor, *v.* contrôler, surveiller, vérifier (à l'aide de matériel ou de personnel).

monitoring system ['mɔnitəriŋ] *n.* **1.** système de contrôle et de surveillance. **2.** système d'enseignement collectif (où les élèves plus âgés ou plus avancés aident les plus jeunes ou les moins avancés).

monoculture ['mɔnə'kʌltʃə] *n.* monoculture.

monometallism ['mɔnəmə'tælizəm] *n.* monométallisme.

monopolist [mə'nɔpəlist] *n.* monopoliste.

monopolistic [mə,nɔpə'listik] *adj.* monopolistique.

monopolization [mə,nɔpəlai'zeifən] *n.* monopolisation.

monopolize [mə'nɔpəlaiz] *v.* monopoliser.

monopoly [mə'nɔpəli] *n.* monopole, droit d'exclusivité. *Monopolies commission,* commission britannique d'enquête sur les monopoles.

monopsony *n.* monopsone (présence d'un seul acheteur sur le marché).

month [mʌnθ] *n.* **1.** mois. **2.** mois calendaire. *To get a month's credit,* obtenir un mois de crédit. *Bills at three months,* effets/billets/papier à trois mois. *To draw one's month's pay,* toucher son mois. *Month's pay/salary,* mois, salaire mensuel.

monthly [mʌnθli], *adv.* et *adj.* **1.** mensuellement. *Settlements made monthly or quarterly,* règlements effectués mensuellement ou trimestriellement. **2.** mensuel. *Monthly instalment,* règlement/ remboursement/ traite mensuel(le), mensualité. *Monthly money,* argent au mois. *Monthly statement,* relevé mensuel.

mood *n.* ambiance, atmosphère, climat, humeur, disposition, tendance.

moonlight ['mu:nlait] *v.* avoir deux emplois, cumuler deux salaires, travailler au noir.

moonlighter, *n.* personne qui cumule deux salaires, « cumulard », travailleur au noir.

moonlighting, *n.* travail au noir, cumul d'emplois.

moor [muə] *v.* (s')amarrer, mouiller.

moorage ['muəridʒ] *n.* **1.** amarrage, mouillage. **2.** droits d'amarrage, droits de mouillage, droits de corps mort, (canal) droits de rivage.

mooring ['muəridʒ] *n.* **1.** amarrage, mouillage. **2.** droits d'amarrage, mouillage, droits de corps mort, (canal) droits de rivage.

mooring ['muəriŋ] *n.* amarrage, mouillage.

moorings, *n.* amarres ; corps morts.

moot [mu:t] *v.* débattre (une question, un point de droit) sur le plan théorique.

moot *adj.* (*Jur.*) sans objet, purement abstrait, qui n'a pas ou plus de sens, de raison d'être.

moot point/moot question, point litigieux, question controversée.

morale [mɔ'ra:l] *n.* moral. *Employee ~,* moral des employés, motivation du personnel.

moral hazard = moral risk.

moral risk, risque moral (Danger que représente le sauvetage artificiel d'économies ou de secteurs économiques, qui peut inciter les investisseurs à prendre à nouveau le même type de risque).

moratorium [mɔrə'tɔ:riəm] *n.* Pl. **moratoria,** moratoire, moratorium.

moratory [mɔrə'tɔri] *adj.* moratoire.

mortality [mɔː'tæliti] *n.* **1.** mortalité. **2.** taux, rythme de mortalité. *Mortality table* : Assur. : table/tableau d'espérance de vie.

mortgage ['mɔːgidʒ] *n.* hypothèque, gage. *Mortgage deed*, acte hypothécaire. *First mortgage debenture/bond*, obligation hypothécaire de premier rang. *Mortgage-backed securities*, valeurs garanties par hypothèque. *Mortgage holder*, détenteur d'une hypothèque. *Redemption of mortgage*, purge/ extinction d'hypothèque. *Registrar of mortgages*, conservateur des hypothèques.

mortgagee *n.* créancier hypothécaire.

mortgagor *n.* débiteur hypothécaire.

most-favo(u)red nation clause [,məust'feivəd] clause de la nation la plus favorisée.

mothball *v.* mettre temporairement hors-service (par exemple les pétroliers pendant une crise pétrolière), mettre sous cocon (instruments de capacité de production).

mothballing [mɔθ'bɔːliŋ] *n.* mise sous cocon, mise en sommeil (instruments de capacité de production).

motion ['məuʃən] *n.* **1.** mouvement. *In motion*, en mouvement. **2.** geste. **3.** motion, proposition, résolution. *To carry a motion*, adopter une résolution. *To move a motion*, déposer une motion. *To table a motion*, présenter, déposer une motion.

motion picture (or **screen**) ['məuʃən'piktʃə] **advertising**, publicité cinématographique/au cinéma.

motion studies, analyse du mouvement ; chronophotographie.

motivate ['məutiveit] *v.* motiver.

motivation [məuti'veiʃən] *n.* motivation.

motivational [,məuti'veiʃənl] *adj.* qui a trait à la motivation.

motivational research (M.R.), recherche/étude/analyse des motivations.

motivation analysis, recherche/ étude/analyse des motivations.

motive *adj.* moteur, motrice, ~ *power*, force motrice.

motor ['məutə] *n.* moteur.

motor, *adj.* **1.** entraîné par un moteur. *Motor-boat*, bateau à moteur. *Motor-car*, automobile. *Motor-vehicle*, véhicule à moteur. **2.** relatif aux voitures ou aux moteurs. *The motor industry*, l'industrie automobile. *Motor insurance*, assurance des véhicules à moteur. *Motor show*, salon de l'auto.

motorcade ['məutəkeid] *n.* cortège de voitures (souvent officielles).

motorist ['məutərist] *n.* conducteur, possesseur de voiture, automobiliste.

motorization [,məutərai'zeiʃən] *n.* motorisation.

motor show, salon de l'auto(mobile).

motorway ['məutəwei] *n.* (G.B.) autoroute.

motto ['mɔtəu] *n.* devise ; épigraphe.

mount [maunt] *v.* **1.** monter, croître, se développer. **2.** monter, organiser. *To mount a campaign*, organiser une campagne. *To mount a demonstration*, organiser une manifestation.

movable, moveable ['muːvəbl] *adj.* mobile, meuble, mobilier. *Movable property*, biens mobiliers, biens meubles.

movables, moveables, *n.* biens mobiliers, biens meubles.

move [muːv] *n.* **1.** coup, décision, geste. *A good move, a clever move*, une fine manœuvre, un pas décisif. *That was a clever move !*, bien joué ! *To make a move*, jouer (échecs). *To make the first move*, faire le premier pas, le premier geste. **2.** mouvement. *On the move*, en mouvement. **3.** déménagement.

move *v.* **1.** bouger, changer de place, déplacer. **2.** être en mouvement, se mouvoir. **3.** déménager. **4.** appuyer, proposer *(a motion)*. **5.** émouvoir. **6.** *(marchandises)* transporter ; *(personnel)* transférer. **7.** écouler, vendre ; faire vendre ; se vendre. **8.** inciter ; décider ; agir.

move in, *v.* **1.** emménager. **2.** intervenir.

move lower *v.* baisser.

move out, *v.* déménager.

move up, *v.* faire monter, monter, promouvoir, être promu. *He moved up quickly to a better position,* il parvint rapidement à une meilleure position.

movement ['mu:vmənt] *n.* **1.** mouvement ; déplacement. **2.** mouvement ; rassemblement, groupe. *The Labour movement,* le mouvement travailliste.

move sideways v., déraper.

moving *n.* déménagement. *Moving company,* entreprise de déménagement.

M.P. [em pi:] *abrév.* **1.** *Member of Parliament,* député (G.B.). **2.** *Military Police,* prévôté, police militaire.

M P G/m p g [em pi: dʒi:] *abrév. Miles per gallon,* consommation mesurée à la distance parcourue pour 4,5 l d'essence (équivaut à nos litres aux 100 km).

M P H/m p h [em pi: eitʃ] *abrév. Miles per hour,* milles à l'heure (cf. km/h).

Mr ['mistə] *abrév.* de Mister. Toujours suivi du nom : Monsieur...

Mrs ['misiz] *abrév.* Madame. Toujours suivi du nom.

Ms [miz] *abrév.* titre des femmes qui ne souhaitent pas être appelées Mrs ou Miss ou dont on ne sait pas si elles sont mariées ou non.

M.S. [ˌem'es] *abrév. = Master of Science* (U.S.), grade universitaire correspondant à 5 à 6 ans d'études supérieures scientifiques.

M.Sc. [ˌemes'si:] *abrév. = Master of Science* (G.B.), grade universitaire correspondant à 5 à 6 ans d'études supérieures scientifiques.

muckraker ['mʌkreikə] *n.* mot à mot : remueur de boue ; personne (journaliste) qui déterre les scandales.

muddle *n.* confusion, désordre, pagaille.

muddle along *v.* progresser médiocrement.

muddle through *v.* s'en tirer tant bien que mal.

multi- ['mʌlti] *préf.* multi-/multiple. *Multi-processing,* multitraitement. *Multi-purpose,* polyvalent, à usages multiples.

multicurrency *adj.* multidevise.

multilateral netting, compensation des créances internes.

multi-market corporation, firme diversifiée, conglomérat aux activités diversifiées.

multinational [ˌmʌlti'næʃənl] société multinationale, multinationale. *Multinational company, multi-national corporation,* société multi-nationale.

multiple ['mʌltipl] *adj.* multiple. *Multiple store,* magasin à succursales.

multiple, *n.* **1.** multiple. **2.** *Multiple (store),* magasin à succursales, succursaliste. **3.** *Multiple (share),* action multiple. **4.** = *price-earnings (ratio),* P/E (ratio).

multiplication [ˌmʌltipli'keiʃən] *n.* multiplication.

multiplier ['mʌltiplaiə] *n.* multiplicateur. *Multiplier principle,* effet multiplicateur.

multiply ['mʌltiplai] *v.* (se) multiplier.

municipal [mju:'nisipl] *adj.* **1.** municipal (U.S.). *Jur. : Municipal courts,* tribunaux d'arrondissement. *Municipal bonds,* obligations émises par les collectivités locales. *Municipal notes,* emprunts des collectivités locales (de la ville de New York par ex.). **2.** intérieur, interne à un État. *Municipal law,* droit national/interne.

municipality [mju:,nisi'pæləti] *n.* municipalité.

munificent [mju:'nifisnt] *adj.* généreux, libéral, manificent.

muniments ['mju:nimənt] *n. pl.* titres (de propriété), archives.

murder ['mə:də] *n.* crime, meurtre ; homicide volontaire. *Jur. : Second degree murder,* meurtre involontaire. *Wilful murder,* homicide volontaire.

mushroom ['mʌʃrum] *v.* **1.** se développer, s'épanouir en forme de champignon. **2.** se développer très rapidement, proliférer. *Super-markets have mushroomed around the city,* les supermarchés ont poussé comme des champignons autour de la ville.

muster ['mʌstə] *v.* **1.** passer en revue (troupes), faire l'appel des hommes. **2.** rassembler, compter ses partisans. **3.** rassembler des ressources.

mutiny ['mju:tini] *n.* mutinerie.

mutual ['mju:tʃuəl] *adj.* **1.** mutuel, réciproque. *Mutual benefit society, association,* société, association de secours mutuel. *Mutual claims,* créances réciproques. *Mutual insurance,* assurance mutuelle. **2.** commun. *Our mutual friend,* notre ami commun.

mutual fund, *n.* fonds commun de placement, société d'investissements, de portefeuille, de placement ; SICAV (Société d'Investissement à Capital Variable).

mutually-exclusive ['mju:t ʃuəli] qui s'excluent l'un(e) l'autre, d'exclusion réciproque (clauses, etc.).

N

name [neim] *n.* nom., intitulé, patronyme ; dénomination. *Name of a firm,* raison sociale d'une entreprise. *Name day,* 2ᵉ jour d'une transaction en bourse où le nom de l'acheteur est communiqué au vendeur.

name *v.* 1. nommer, donner un nom. 2. nommer (à un poste). 3. fixer (jour, heure, somme), arrêter, indiquer. *To name a price,* fixer un prix.

name at Lloyd's, avoir son nom au Lloyd's n'implique pas forcément qu'on soit assureur mais qu'on soutienne, grâce à une grosse fortune personnelle, un *underwriter.*

name-plate ['neimpleit] *n.* plaque (de porte, etc.), écusson.

narco-trafficker *n.* narco-trafiquant.

narco-trafficking *n.* narco-trafic.

narrow ['nærəu] *adj.* étroit, faible, resserré, étriqué. *Narrow margin,* marge faible. *Narrow market,* marché étroit.

narrow *v.* (se) rétrécir, diminuer, (se) resserrer. *The margin is narrowing,* la marge diminue, devient plus étroite.

nascent ['næsnt] *adj.* naissant ; nouvellement créé(e).

national ['næʃənəl] *adj.* national, public ; nationalisé. *Gross National Product,* Produit National Brut. *National accounting,* comptabilité nationale. *National accounts,* comptabilité nationale, comptes de la nation. *National debt,* dette publique. (G.B.) *National Economic Development Council,* N.E.D.C., approximativement, conseil supérieur du plan. *National income,* revenu national.

national *n.* ressortissant. *A US national,* un (ressortissant) américain.

National Insurance (G.B.), Sécurité Sociale. *National Insurance Contributions,* cotisations à la Sécurité Sociale ; charges sociales (d'une entreprise).

nationalization [ˌnæʃənəlai'zeiʃən] *n.* nationalisation ; étatisation.

nationalize ['næʃənəlaiz] *v.* nationaliser.

nation state, « État » = État-nation, État tout puissant et centralisateur, tel que la France vue par les Anglo-Saxons.

nationwide *adj.* à l'échelle de la nation, qui concerne, s'adresse à l'ensemble du pays, national. *A nationwide campaign,* une campagne denvergure nationale.

native ['neitiv] *adj.* indigène, natif, autochtone, local maternel. *Native gold,* or natif. *Native language,* langue maternelle.

native *n.* indigène, autochtone. *A native of California,* une personne née en Californie.

natural ['nætʃurəl] *adj.* naturel ; inné, foncier. *Natural law,* loi naturelle. *Natural resources,* ressources naturelles.

nautical ['nɔːtikl] *adj.* nautique, marin, naval. *Nautical mile,* mille marin (160 de degré) = 1,852 km.

naval engineering ['neivl] génie maritime.

navy ['neivi] *n.* marine, forces navales. *The Merchant Navy,* la marine marchande. (G.B.) *The (Royal) Navy,* (U.S.) *The (U.S.) Navy,* la marine (de guerre).

near [niə] *adj.* proche, près, rapproché. *Near-money,* quasimonnaie. *Bourse des march. : Near position,* (position) rapprochée.

necessity *n.* nécessité, obligation, contrainte ; besoin.

necessities *n. p.* besoins élémentaires.

neddy ['nedi] *Fam. :* voir **National Economic Development Council (N.E.D.C.).**

need [niːd] *n.* 1. besoin ; nécessité. *If need be,* si besoin est, le cas échéant. *If the need arises,* si le besoin s'en fait sentir. *Needs analysis,* analyse des besoins. **2.** obligation. **3.** pauvreté.

need *v.* avoir besoin de.

needle ['ni:dl] *n.* aiguille ; pointe, stylet.

needy ['ni:di] *adj.* indigent, dans le besoin. *The needy,* les nécessiteux.

negative ['negətiv] *adj.* négatif ; inférieur à zéro, nul.

negative income tax, (U.S.) (projet de) subvention aux personnes trop pauvres pour payer des impôts, et donc pour bénéficier des abattements fiscaux.

neglect [ni'glekt] *n.* **1.** négligence, inattention, oubli. **2.** manque de soin, mauvais entretien (d'une machine).

neglect *v.* négliger, omettre, oublier, laisser échapper (une occasion).

negligence ['neglidʒəns] *n.* négligence ; incurie ; inobservation (des règles ou des règlements). *Jur. : Action for negligence,* demande de dommages et intérêts.

negotiability [ni,gəuʃiə'biliti] *n.* négociabilité.

negotiable [ni'gəuʃiəbl] *adj.* **1.** négociable, commercialisable. *Negotiable bills,* effets, papier(s) négociable(s). *Negotiable instruments paper,* effets de commerce. **2.** à débattre.

negotiate [ni'gəuʃieit] *v.* négocier ; traiter. *To negotiate a loan,* négocier un emprunt.

negotiation [ni,gəuʃi'eiʃən] *n.* négociation(s) ; échange. *To carry out a negotiation,* conduire, mener une négociation. *Matter for negotiation,* affaire à débattre.

negotiator [ni'gəuʃieitə] *n.* négociateur.

neon sign ['ni:ən] *n.* enseigne au néon.

nest-egg *n.* pécule, « magot ».

net *n.* **1.** filet. *Safety net,* filet de sécurité = protection sociale. **2.** (= network) réseau **3.** *The Net, the net = Internet. The net economy ;* l'économie en réseau ; ((= *the new economy),* la nouvelle économie.

net parfois **nett** [net] *adj.* net. *Net cash,* comptant net. *Net income,* revenu net. *Net lease,* loyer total (avec certaines charges). *Net proceeds,* produit net. *Net profit,* bénéfice net. *Net result,* résultat final. *Net weight,* poids net. *Net net weight,* poids net réel. *Net worth,* valeur nette.

net *v.* **1.** prendre au filet. **2.** encaisser au titre de bénéfices ; rapporter. *The firm netted a fat profit,* l'entreprise a encaissé un gros bénéfice.

netback deal, accord sur les prix entre producteur et distributeur, assurant une marge fixe au second contre un débouché régulier au premier.

net out *v.* exprimer en chiffres nets.

netting *n.* (Gestion de trésorerie) compensation multilatérale, compensation des créances internes (regroupement des paiements en une échéance et compensation des créances entre toutes les filiales).

network ['netwə:k] *n.* réseau, système ; filière. *Railway network,* réseau de chemin de fer. *Road network,* réseau routier. *TV network,* réseau, chaîne(s) de télévision.

networking *n.* mise en réseau, création de réseaux ; technique de réseau ; maillage.

network marketing, technique de vente par réseau d'amis ou de connaissances.

net worth, capitaux propres ; valeur nette.

new [nju:] *adj.* **1.** nouveau, neuf. *Polit. : The « New Deal »,* le Nouveau Partage. **2.** *New to,* inexpérimenté, jeune, nouveau. *He is new to the job,* il débute dans le métier.

new economy (the), la nouvelle économie.

news [nju:z] *n.* (coll. sing.)

nouvelle ; nouvelles (presse), information(s), annonce. *The news of the strike broke quickly,* l'annonce de la grève se répandit rapidement. *To be in the news,* avoir la vedette, être dans les journaux.

news-agency, agence de presse.

news-agent ['nju:z,eidʒənt] *n.* marchand de jounaux, de presse.

newscast *n.* bulletin d'informations, nouvelles.

news-letter ['nju:z,letə] *n.* lettre confidentielle, journal spécialisé dans un certain type de nouvelles (sur abonnement).

newsman ['nju:zmən] *n.* journaliste (U.S.).

newspaper ['nju:s,peipə] *n.* journal.

newspaperman ['nju:s,peipə mən] *n.* journaliste.

newsprint ['nju:zprint] *n.* papier-journal.

newsreel ['nju:zri:l] *n.* actualités (cinéma), bande d'actualités.

next [nekst] *adj.* prochain, à venir. *Bourse : Next account,* liquidation prochaine. *Next settlement,* liquidation prochaine.

next-of-kin [,nekstəv'kin] plus proche parent.

niche [ni:ʃ] *n.* créneau, marché.

nick *v.* 1. entailler. 2. faire payer. *To nick the affluent,* ponctionner, « taper » les riches.

night- [nait] *préf.* -de nuit, nocturne.

night-safe, coffre de nuit (banque).

night-shift *n.* équipe de nuit.

nil [nil] *n.* et *adj.* 1. rien. 2. nul, néant, égal à zéro. *The balance is nil,* le solde est nul.

nitrate fertilizers ['naitreit] engrais azotés.

nitty-gritty (the), *(fam.)* les faits concrets, les éléments de base, le fond des choses.

no-brand articles, « produits libres », produits du distributeur. *No-brand groceries,* produit (d'épicerie) libres.

no-brand goods, voir no-brand articles, no-name goods.

no fault, hors faute.

no-fault insurance, indemnisation automatique de l'assuré.

no-frills, sans fioritures, réduit à l'essentiel.

no funds, (sur un chèque) : sans provision.

no-interest loan, prêt sans intérêts.

nominal ['nɔminl] *adj.* 1. nominal, nominatif. *Nominal capital,* capital nominatif, capital social. *In nominal terms,* en monnaie courante. 2. fictif, négligeable. *Nominal partner,* prête-nom. *Nominal damages,* franc symbolique.

nominate ['nɔmineit] *v.* proposer un nom (pour une distinction, une récompense) ; désigner un candidat.

nomination [nɔmi'neiʃən] *n.* investiture officielle, désignation dun candidat.

nominee [,nɔmi'ni:] *n.* 1. personne dénommée, désignée ; intermédiaire, (titres) mandataire. *Nominee company,* société écran. 2. candidat désigné (officiel). (U.S.) *Presidential nominee,* candidat à la présidence des États-Unis ayant reçu l'investiture lors de la convention de son parti.

non-acceptance ['nɔnək'sep təns] *n.* non-acceptation. *Non-acceptance of bill,* non-acceptation d'un effet.

no-name goods, produits sans marque de fabrication, vendus sous la marque du distributeur.

nonbank bank (U.S.) institution financière fonctionnant comme une banque, mais sans en offrir tous les services (exemple : ouverture de compte-chèques ou service de prêt, mais pas les deux) et où la couverture des sommes déposées n'est pas nécessairement assurée..

non-committal *adj.* qui ne s'engage pas, qui refuse de s'engager ; vague, évasif. *Non-committal answer,* réponse vague.

non-compliance *n.* non-respect ; insoumission ; infraction.

non-contributory *adj.* (pension de retraite) payée par l'employeur, sans versement du bénéficiaire.

non-durable *n.* bien de consommation non durable.

nonfeasance *n.* délit par abstention.

non-fulfilment *n.* non-exécution.

non-government organization, organisation non gouvernementale.

non-listed, non-coté en bourse, non-inscrit à la cote officielle.

non-participating stock, actions sans droit de participation.

non-performance *n.* non-exécution, inexécution.

nonperforming, non-performing *adj.* défaillant ; (créance) irrécouvrable. *Nonperforming asset/loan*, actif/prêt non performant.

non-profit *adj.* à but non lucratif.

non-resident, nonresident *n.* non-résidant.

non-returnable *adj.* non-consigné, non-repris.

non-stop *adj.* continu, sans arrêt, sans escale. *Non-stop flight*, vol sans escale.

nonsuit [nɔn'suːt] *n.* **1.** (ordonnance de) non-lieu, déboutement, débouté. *To direct a nonsuit*, rendre une ordonnance de non-lieu. **2.** abandon, cessation de poursuites, retrait de plainte.

nonsuit *v.* débouter. *To be non-suited*, être débouté de sa demande.

non-tariff barriers, barrières non tarifaires, mesures protectionnistes autres que droits de douane.

non-union *adj.* non-syndiqué.

non-voting *adj.* sans droit de vote. *Non-voting preference shares*, actions privilégiées sans droit de vote (voisin des certificats d'investissement). *Non-voting share :* a) action ne portant pas de droit de vote ; b) certificat d'investissement.

non-wage costs, coûts extra-salariaux ; coûts salariaux indirects.

nonworking spouse, conjoint au foyer.

no-par value, sans valeur nominale.

norm [nɔːm] *n.* souvent pl. norme. *According to the norm*, conforme à la norme, conformément à la norme.

normal ['nɔːml] *adj.* **1.** normal, conforme à la norme. **2.** régulier, de régime normal. **3.** *Géométrie :* normal, perpendiculaire.

normalcy ['nɔːmlsi] *n.* (U.S.) normalité. *Back to normalcy*, retour à la (situation) normale. *Return to normalcy*, retour à la (situation) normale.

normality [nɔː'mæliti] *n.* normalité.

normalize ['nɔːməlaiz] *v.* **1.** rendre normal, conforme à la normale. **2.** normaliser, régulariser.

nose-dive ['nəuzdaiv] *n.* **1.** (aviation) piqué. **2.** (actions, cours, etc.) chute libre, baisse rapide, plongeon.

nose-dive *v.* **1.** (aviation) descendre en piqué. **2.** (actions, cours, etc.) faire un plongeon, baisser rapidement, être en chute libre.

no-show *n.* (hôtel, etc., fait de ne pas se présenter) défection.

no-strings, no strings attached, sans conditions, sans contrepartie.

notarial [nəu'tɛəriəl] *adj.* notarial, notarié, relatif au(x) notaire(s).

notarize ['nəutəraiz] *v.* certifier (conforme), légaliser.

notarized ['nəutəraizd] *adj.* notarié, légalisé, certifié conforme. *Notarized copy, statement,* copie certifiée devant notaire.

notary (public) *n.* notaire. N'a pas un rôle aussi important que celui du notaire français : c'est un fonctionnaire dont le rôle principal est d'authentifier des documents.

note [nəut] *n.* **1.** note ; mémorandum ; lettre. *To make a note of something,* prendre (bonne) note de quelque chose. *A diplomatic note,* une note diplomatique. **2.** bordereau, facture, note, bulletin, bon.

Credit note, (facture d') avoir. **3.** billet de banque *(banknote). A five-pound (bank) note,* un billet de 5 livres. **4.** billet, effet. *Promissory notes,* billets à ordre. *Notes receivable,* effets à recevoir. **5.** éclat, renom. **6.** note, signe, indice, caractère, touche. **7.** *notes to the accounts,* annexe au bilan.

note *v.* constater, relever, noter. *Noting a bill,* constat de refus de paiement d'un effet par un *notary public.*

notebook ['nəutbuk] *n.* carnet, calepin.

note-pad *n.* bloc-notes.

not-for-profit, à but non lucratif.

not guilty, non coupable.

notice ['nəutis] *v.* **1.** observer, prendre connaissance, remarquer ; tenir compte de, faire attention à ; relever (des fautes, des erreurs). **2.** mentionner, faire remarquer quelque chose à quelqu'un. **3.** signifier un congé, congédier.

notice *n.* **1.** avis, avertissement, notification. *Notice to pay,* avertissement d'avoir à payer. *To give notice,* notifier, signaler, prévenir. *Public notice,* avis au public. **2.** préavis, délai. *At short notice,* dans un délai très court. *At very short notice,* au pied levé. *To give a week's notice,* donner un préavis d'une semaine. *To give notice,* donner congé, remettre sa démission. *To give/*(U.S.) *file notice of a strike,* déposer un préavis de grève.

noticeable ['nəutisəbl] *adj.* **1.** digne d'attention, remarquable. **2.** apparent, visible.

notice board, panneau/tableau d'affichage.

notice of dismissal, préavis de renvoi, avis de débauche, lettre de mise à pied.

notice period, (période de) préavis.

notification [,nəutifi'keiʃən] *n.* notification, avertissement, avis, annonce, déclaration.

notify ['nəutifai] *v.* notifier, annoncer, signaler, informer, faire savoir. *Jur. : To notify the parties,* faire des intimations aux parties.

noting a bill ['nəutiŋ] constat de refus de paiement d'un effet par un *notary public.*

no-toll number, numéro vert, numéro d'appel gratuit.

notwithstanding [nɔtwiθ'stændiŋ] **1.** *(prép.)* en dépit de, malgré, nonobstant. *Notwithstanding the provisions of...,* par dérogation aux clauses de... **2.** *(adv.)* néanmoins, malgré tout. *He did it notwithstanding,* il le fit quand même. **3.** *(conj.)* quoique, bien que (archaïque, se trouve encore en langue juridique).

novelty ['nɔvlti] *n.* caractère nouveau, innovation, nouveauté. *The novelty of a design, an invention,* la nouveauté d'une conception, d'une invention. *Novelties,* nouveautés, articles de nouveauté.

novelty shop, novelty store, magasin d'articles de nouveauté.

Now account, Negotiable Order of Withdrawal Account, (U.S.), compte à vue rémunéré (avec maintien d'un dépôt minimal).

noxious ['nɔkʃəs] *adj.* nocif, nuisible, malsain. *Noxious fumes,* émanations malsaines, toxiques.

nuclear ['nju:kliə] *adj.* nucléaire. *Nuclear energy,* l'énergie nucléaire. *Nuclear plant,* centrale nucléaire. *Nuclear powers,* les puissances nucléaires. *Nuclear waste,* déchets nucléaires. *Nuclear weapons,* armes nucléaires.

nuclear family, famille nucléaire (père, mère et enfants), noyau familial.

nudge down *v.* faire baisser légèrement.

nudge up [nʌdʒ] *v.* faire monter légèrement, augmenter légèrement, donner un coup de pouce.

nugget ['nʌgit] *n.* pépite.

nuisance ['nju:sns] *n.* **1.** fléau (personne, choses), chose insupportable. *To make a nuisance of oneself,* se rendre insupportable. **2.**

tort, dommage causé à autrui. « *Commit no nuisance* », « défense d'uriner ». **3.** nuisance.

null [nʌl] *adj.* nul, caduc. *Null and void,* nul et non avenu, nul et de nul effet.

nullification [ˌnʌlifi'keiʃən] *n.* annulation, infirmation.

nullify ['nʌlifai] *v.* annuler, rendre caduc, sans effet ; nullifier, dirimer (contrat).

nullity ['nʌliti] *n.* nullité ; invalidité, caducité. *Nullity suit,* demande de nullité (d'un mariage).

number ['nʌmbə] *n.* (abr. *No, Nos*). **1.** nombre, numéro. *A telephone number,* un numéro de téléphone. *In large numbers,* en grand nombre. (G.B.) *Number 10, No 10, 10 Downing Street,* adresse du Premier Ministre. *Number out of work,* nombre de chômeurs. **2.** chiffre.

number *v.* **1.** compter, dénombrer. **2.** numéroter, chiffrer. *Numbered account,* compte numéroté.

numberless ['nʌmbəlis] *adj.* innombrable.

numberplate ['nʌmbəpleit] *n.* plaque minéralogique.

numeracy ['nju:mərəsi] *n.* compétence dans le domaine des chiffres, dans le domaine quantitatif (cf. **literacy**).

numerate ['nju:mərət] *adj.* rompu aux techniques quantitatives.

numerical [nju:'merikə] *adj.* numérique.

nuncupative ['nʌnkjupeitiv] *adj.* (testament) nuncupatif (fait verbalement devant témoin et consigné ensuite par écrit).

nurse [nə:s] *v.* soigner. *To nurse a constituency,* être aux petits soins pour ses électeurs.

nursery ['nə:səri] *n.* **1.** crèche, garderie, pouponnière. **2.** pépinière. **3.** vivier.

nut [nʌt] *n.* **1.** noix. **2.** écrou.

nutrient ['nju:triənt] *n.* substance nutritive, aliment.

nutrient *adj.* nutritif, nourrissant.

nutrition [nju:'triʃən] *n.* nutrition.

nutritionist [nju:'triʃənist] *n.* spécialiste de la diététique, diététicien.

nutritrious [nju:'triʃəs] *adj.* nutritif, nourrissant.

nutritiousness *n.* nutritivité, caractère nourrissant.

nutritive ['nju:tritiv] *n.* substance nutritive, aliment.

nutritive *adj.* nutritif, nourrissant.

O

oath [əuθ] *n.* **1.** serment. *On oath, under oath,* sous serment. *To swear, to take an oath, the oath,* prêter serment. *Broker on oath,* courtier assermenté. **2.** juron.

obedience [ə'bi:djəns] *n.* obéissance, obédience, respect.

object [əb'dʒekt] *v.* objecter, élever une objection, désapprouver, avoir des objections à. *To object to a witness,* récuser un témoin.

obligate ['ɔbligeit] *v.* imposer une obligation. *To obligate oneself,* s'engager formellement (à faire quelque chose).

obligation [ɔbli'geifən] *n.* obligation, devoir, engagement ; dette.

obligatory [ə'bligətəri] *adj.* obligatoire, obligé, de rigueur. *Writ/writing obligatory,* engagement par écrit (devant *notary public*).

oblige [ə'blaidʒ] *v.* **1.** obliger, faire plaisir, rendre service. **2.** obliger, astreindre, contraindre.

obligee [ɔbli'dʒi:] *n.* obligataire, créancier ; obligé.

observance [əb'zə:vns] *n.* observation, respect (des lois, usages, etc.).

observer [əb'zə:və] *n.* observateur.

obsolescence [ɔbsəu'lesəns] *n.* vieillissement, obsolescence, désuétude. *Built-in obsolescence,* vieillissement dû à des causes internes, prévu à l'origine, programmé. *Planned obsolescence,* obsolescence, planifiée, programmée, calculée. *Obsolescence replacement,* investissement de productivité, investissement de modernisation.

obsolescent [ɔbsəu'lesənt] *adj.* absolescent, désuet, en passe de devenir désuet, vieillissant.

obsolete ['ɔbsəli:t] *adj.* vieilli, démodé, qui n'a plus cours, aboli, tombé en désuétude.

obstacle ['ɔbstəkəl] *n.* obstacle, empêchement.

obstruction [əb'strʌkfən] *n.* obstruction, empêchement. *To prac-tise obstruction,* faire de l'obstruction (au Parlement, par ex.).

obtain [əb'tein] *v.* **1.** obtenir, se procurer. **2.** (intransitif) avoir cours, prévaloir, être en vigueur.

obviate ['ɔbvieit] *v.* éviter, obvier à, pallier, parer à.

occasional [ə'keizənl] *adj.* irrégulier, occasionnel, de circonstance. *Occasional worker,* travailleur occasionnel, intermittent, surnuméraire, « extra ».

occupancy ['ɔkjupənsi] *n.* occupation, possession, habitation. *Occupancy rate,* taux d'occupation.

occupant ['ɔkjupənt] *n.* occupant, locataire, titulaire.

occupation [ɔkju'peifən] *n.* métier, profession, emploi, état, occupation professionnelle.

occupational [,ɔkju:'peifənəl] *adj.* professionnel, relatif aux activités professionnelles, ayant trait au métier. *Occupational disease,* maladie professionnelle. *Occupational hazard,* risque professionnel, du métier. *Occupational injury,* accident du travail. *Occupational tax,* (taxe) patente.

ocean-going ['əufən] *adj.* au long cours, long-courrier, de haute mer.

odd [ɔd] *adj.* **1.** étrange, bizarre. **2.** irrégulier, occasionnel, dépareillé. **3.** impair. *Odd numbers,* nombres impairs. **4.** environ, en chiffres ronds. *An odd-twenty,* une vingtaine, environ 20.

odd dates, jours impairs.

odd jobs, petits travaux, bricolage.

odd lot, **1.** solde (articles soldés). **2.** nombre (d'actions, etc.) ne correspondant pas à l'unité habituelle (en dessous de 100).

odd man out, individu (par extension pays, etc.) que son comportement ou ses positions singularisent par rapport à un groupe, intrus, exception.

odd size, taille spéciale.

oddments ['ɔdmənts] *n.* articles dépareillés, sans suite, fins de série.

odds [ɔdz] *n.* **1.** chances, perspectives, probabilités. **2.** cote (pari).

off [ɔ:f] *adv.* **1.** au large, au loin, à l'écart, à distance, etc. **2.** *To be off,* être éteint, arrêté, parti, annulé, etc. ; *Bourse :* être en baisse. *The deal is off,* le marché est rompu, l'affaire est annulée. *Day-off,* jour de congé. *Off the books,* au noir. *To pay off the books,* payer quelqu'un sans le déclarer. *Off the record,* officieusement, confidentiellement, non destiné au compte rendu. **3.** qui fonctionne mal, faux, erroné. **4.** *to be badly off,* être dans la gêne, être à court.

off balance-sheet, hors bilan. ~ *partnership,* partenariat hors bilan.

off-board (cf. **over-the-counter**), au guichet (transactions ne s'effectuant pas en bourse).

offence (U.S. **offense**) [ə'fens] *n.* **1.** attaque, agression, offensive. **2.** injure, offense. **3.** contravention, violation de la loi, délit, crime, infraction, faute, atteinte. *Minor offence,* infraction mineure, délit. *Indictable, non-indictable offence,* infraction majeure, mineure.

offender [ə'fendə] *n.* contrevenant, délinquant, criminel, malfaiteur. *Persistent offender,* récidiviste, repris de justice. *First offender,* délinquant primaire. *Second offender,* récidiviste.

offensive [ə'fensiv] *adj.* offensif, choquant, blessant, déplaisant. *Offensive weapons,* armes offensives.

offer n., prestation.

offer ['ɔfə] *n.* offre, proposition. *Firm offer,* offre ferme. *Offer price,* prix de vente. *On offer,* à vendre. *Verbal offer,* offre verbale.

offer v. **1.** offrir, proposer, présenter, consentir. **2.** s'offrir, se présenter.

offeree [ɔfə'ri:] *n.* personne à qui on offre/propose quelque chose ; cocontractant.

offerer ['ɔfərə] *n.* personne qui offre/propose.

offering ['ɔfəriŋ] *n.* émission (d'obligations, d'actions). *Bourse :* offre.

offering price, prix au catalogue, tarif officiel. (Bourse) prix/valeur/cours d'émission.

off-hand [ɔf'hænd] *adv.* et *adj.* **1.** de prime abord, à première vue, sur-le-champ, de façon inopinée. **2.** impromptu, improvisé.

office ['ɔfis] *n.* **1.** charge, office, fonction, mandat, emploi. *To take, to leave office,* prendre, cesser (se démettre de) ses fonctions. *To stand for office,* se présenter à une élection. *In office,* en fonction, au pouvoir. *Public offices,* administration. **2.** (G.B. = *Ministry*) ministère. *Foreign Office,* ministère des Affaires étrangères. *Home office,* ministère de l'Intérieur ; (U.S.) bureau, service d'un ministère. **3.** bureau, étude, agence, cabinet. *Office block,* immeuble de bureaux. *Office boy,* garçon de bureau. *Office hours,* heures de bureau. *Office space,* superficie de bureaux. **4.** siège. *Head Office,* siège social. *Registered office,* siège social.

office automation, bureautique.

officer ['ɔfisə] *n.* **1.** officier. *Non-commissioned officer* (N.C.O.), sous-officier. **2.** fonctionnaire, agent. *Customs-officer,* douanier. **3.** responsable, dirigeant, membre de la direction ; administrateur. *P.R.O. = Public Relations Officer* (ou *Official*), responsable, chargé des relations publiques.

official [ə'fiʃəl] *adj.* et *n.* **1.** officiel, public administratif. *Official list quotations,* liste des cours officiels (de la Bourse de Londres). **2.** responsable, fonctionnaire, agent. *Officials,* les officiels, les dirigeants, hauts fonctionnaires, personnalités.

official receiver, (G.B.) syndic de faillite.

officialdom [ə,fiʃəldəm] *n.* la bureaucratie, (l'ensemble des) fonctionnaires.

officialese [ə,fiʃə'li:z] *n.* le jargon administratif.

off-label, dégriffé.

off-peak ['ɔfpi:k] calme, creux, en dehors des périodes de pointe. *Off-peak day,* jour creux. *Off-peak season,* morte-saison.

off sales, vente (de produits) à emporter.

offset ['ɔfset] *v.* contrebalancer, compenser, équilibrer.

offset *n.* 1. *Impr. :* offset. 2. compensation, parcontre. *Offset contract,* liquidation, contrepartie, couverture d'une position. 3. (commerce international) troc, compensation, contrepartie, accord de compensation par lequel le vendeur s'engage à intégrer dans le produit qu'il fabrique des biens et services du pays importateur.

offshore ['ɔfʃɔ:] *adj.* et *adj.* 1. au large, en mer. 2. de haute mer. *Offshore drilling platform,* plateforme de forage en mer. 3. à l'étranger, de l'étranger.

offshore bank, banque hors-lieu (banque internationale établie sur un territoire insulaire ou portuaire où elle trouve des privilèges particuliers).

offshore fund, fonds de placement spécialisé dans les investissements à l'étranger.

offshore jobs (to), exporter des emplois.

off target, qui manque sa cible, qui n'atteint pas son but ; mal ajusté.

off-the-peg (G.B.) de confection, prêt à porter.

off-the-rack (U.S.) de confection, prêt à porter.

off-the-shelf, tout prêt, prêt à l'usage ; immédiatement disponible.

O H M S = On Her Majesty's Service (G.B.), pour le service de Sa Majesté (cette abréviation se trouve sur les correspondances officielles et correspond à une franchise postale).

oil [ɔil] *n.* 1. huile. 2. pétrole. *Crude oil,* pétrole brut. *Fuel oil,* mazout. *The oil bill,* la facture pétrolière. *To strike oil,* a) atteindre la nappe de pétrole, trouver du pétrole. b) trouver le filon (fig.). *Oils,* les (valeurs) pétrolières.

oil-cloth ['ɔilklɔθ] toile cirée.

oil-field ['ɔilfi:ld] gisement pétrolifère.

oil pricing, tarification (des cours) du pétrole.

oil rig ['ɔilrig] plate-forme, installation de forage pétrolifère.

oilseeds *n. pl.* oléagineux.

oil shale, schiste bitumineux.

oil shock, choc pétrolier.

oil slick, nappe de pétrole (mazout) (flottant sur leau).

oil spill, nappe de pétrole ; pétrole s'échappant des réservoirs d'un navire, marée noire, etc.

oil tanker, (navire) pétrolier.

old *adj.* vieux ; ancien ; usé.

old-age pension, pension de retraite.

old-age pensioner, retraité(e).

old-boy network, 1. réseau d'anciens de la même école/université. **2.** réseau de relations, d'intérêts, coterie.

old economy (the), la vieille/l'ancienne économie, l'économie traditionnelle.

old-established [əuldi'stæbliʃd] *adj.* ancien, établi depuis longtemps.

old-fashioned, démodé ; désuet, qui date ; ancien.

oligarch ['ɔliga:k] *n.* oligarque, membre d'une oligarchie, personnage puissant.

oligarchy ['ɔliga:ki] *n.* oligarchie.

oligopoly [əli'gɔpəli] *n.* oligopole (situation de monopole partiel où chacun des rares vendeurs peut évaluer l'impact de ses décisions sur le marché et sur ses concurrents).

oligopsony [əli'gɔpsəni] *n.* oligopsonie (situation de monopole partiel où chacun des rares acheteurs peut évaluer l'impact de ses décisions sur le marché et sur ses concurrents).

ombudsman ['ɔmbudzmən] *n.* médiateur chargé d'arbitrer les litiges entre les citoyens et l'administration.

ominous *adj.* inquiétant, menaçant.

omission [ə'miʃən] *n.* omission, négligence, oubli.

omnibus ['ɔmnibəs] *adj.* omnibus ; de portée générale.

omnibus bill, projet de loi englobant des mesures diverses.

on (to be), 1. avoir lieu, se passer, se faire. **2.** *To be on to somebody (on the phone),* parler à quelqu'un au téléphone.

on appro, on approval [ɔnə'pru:vəl] à condition, sous condition.

on consignment, en consignation, en dépôt.

on demand, sur demande, à vue, sur présentation. *Payable on demand,* payable à vue.

on duty, en fonction, en service, de service.

one [wʌn] *pr.* un ; un seul, unique ; un certain. *One Mr Smith asked for you,* un certain M. Smith vous a demandé.

one-man business, entreprise individuelle.

one-off, *adj.* unique, exceptionnel.

one-shot, qui n'est valable qu'une fois, qui ne peut se répéter, qui n'est pas destiné à se répéter.

one-stop, 1. (transports) qui ne comporte qu'un seul arrêt. **2.** (commerce) intégré.

one-stop shopping, achat(s) en une fois ; commerce intégré.

one-time, (U.S.) onetime, *adj.* **1.** ancien. **2.** exceptionnel.

one-way [,wʌn'wei] *adj.* à un sens, à sens unique, dans une seule direction, unilatéral. *A one-way agreement,* accord unilatéral. *A one-way ticket* (U.S.), un billet aller simple. *One-way bottles,* bouteilles non consignées.

ongoing, on-going *adj.* continu, permanent.

on-going education, formation permanente, formation continue.

on hand, 1. disponible, en caisse. *Cash on hand,* disponibilités, fonds en caisse. **2.** en cours. **3.** présent. **4.** laissé pour compte.

on hold, en attente, en instance, suspendu temporairement.

on-line, (U.S.) online, en ligne, en circuit ; direct ; interactif, conversationnel. *On-line data service,* serveur de données.

on-line banking, banque en ligne.

on-line broker, courtier en ligne.

on-line brokerage/broking, courtage en ligne.

on-line purchasing, achat(s) en ligne.

on-line shopping, achat(s) en ligne.

onslaught ['ɔnslɔ:t] *n.* attaque, assaut, ruée.

on(-)stream ['ɔn,stri:m] en fonctionnement. *The nuclear reactor has come on stream,* le réacteur nucléaire a divergé.

on tap, disponible en permanence et sans limitation de quantité.

on target, qui atteint sa cible/son objectif, qui se déroule comme prévu ; dans les temps, à l'heure/la date prévue.

on the cheap, à peu de frais, à bas prix, pour pas cher ; au rabais ; chichement.

on-the-job, sur le lieu de travail, dans l'entreprise. *On the job accident,* accident du travail. *On the job training,* formation (apprentissage) sur le poste de travail, « sur le tas ».

on track, sur les rails.

onus ['əunəs] *n.* responsabilité, charge.

onus of proof, onus of proving, onus probandi, la charge de la preuve.

open ['əupən] *adj.* ouvert, découvert, à découvert ; public, libre.

open *v.* **1.** ouvrir, déboucher, décacheter, défaire ; commencer, aborder. **2.** s'ouvrir, s'entrouvrir, commencer.

open account 1. compte courant. **2.** compte ouvert, crédit à découvert, crédit en blanc.

open credit, crédit à découvert, crédit en blanc, crédit libre.

open cheque, chèque non barré.

open-end, open-ended, ouvert, non directif. *Open-end questions* (dans un sondage, au cours d'une entrevue), questions permettant des réponses non sollicitées.

open-end investment company/fund, société d'investissement ouverte au grand public (cf. SICAV).

open grounds, site, space, terrain en plein air, à l'air libre, découvert.

open house, opération « portes ouvertes ».

opening ['əupəniŋ] *n.* **1.** ouverture, inauguration. **2.** débouché, possibilité.

opening call, *(Bourse)* cote d'ouverture.

open interest, *(Bourse)* positions ouvertes.

open market, 1. marché libre. **2.** *Open market operations,* opérations de régulation effectuées sur le marché des effets à court ou moyen terme par les banques centrales. **3.** marché monétaire.

open-plan office, bureau paysagé.

open pricing, fixation libre des prix.

open shop (U.S.), entreprise où l'embauche et l'emploi ne sont pas liés à l'appartenance à un syndicat.

open-skies policy, déréglementation des transports aériens.

open space, (bureau) paysagé.

open university (G.B.), système d'enseignement télévisé s'adressant surtout à un public non inscrit en faculté.

open up a plant (to), ouvrir une usine, s'implanter.

operate ['ɔpəreit] *v.* **1.** fonctionner, opérer ; être en fonctionnement. **2.** gérer, exploiter, faire marcher.

operating account, compte d'exploitation.

operating costs ['ɔpəreitiŋ] coûts d'exploitation ; frais d'utilisation de l'équipement.

operating cycle, cycle d'exploitation.

operating expenses, frais d'exploitation.

operating income, operating profit, bénéfice d'exploitation.

operating loss, perte d'exploitation.

operating surplus, excédent net d'exploitation.

operation [ɔpə'reiʃən] *n.* **1.** fonctionnement, manœuvre, utilisation, exploitation, opération. *In operation,* en fonctionnement, en exploitation. **2.** unité de production, installation. *To set up operations,* s'implanter, s'installer.

operational [ɔpə'reiʃənəl] *adj.* opérationnel, en état de marche, de fonctionnement.

operational research (G.B.), **operations research** (U.S.), recherche opérationnelle.

operative ['ɔpərətiv] *n.* agent, ouvrier, artisan.

operative *adj.* en vigueur, qui prend effet ; actif, efficace.

operator ['ɔpəreitə] *n.* **1.** opérateur. *Telephone operator,* standardiste. **2.** joueur, spéculateur en bourse.

opinion poll [ə'pinjən] sondage d'opinion.

opponent [ə'pəunənt] *n.* opposant, adversaire.

opportunity [ɔpə'tjuːniti] *n.* occasion, opportunité, possibilité. *Equal opportunity,* égalité des chances. *Market opportunity,* créneau commercial.

opportunity cost, 1. produit de l'emploi alternatif (des capitaux). **2.** coût d'option, coût d'exploitation.

opposite ['ɔpəzit] *adj.* opposé, vis-à-vis ; contraire. *Your opposite number,* votre homologue.

optimal ['ɔptiməl] *adj.* optimal, optimum.

optimization [,ɔptimai'zeiʃən]
n. optimisation.

optimize ['ɔptimaiz] *v.* optimiser.

optimum ['ɔptiməm] *adj.* et *n.*
optimum.

option ['ɔpʃən] *n.* 1. choix, option. *Option of purchase,* faculté
d'achat. 2. *Bourse* : option, prime,
opération à prime. *Option(s) exchange, option(s) market,* bourse,
compartiment des options. *Call option,* option d'achat, prime à la
hausse. *Put option,* option de vente,
prime à la baisse.

optional ['ɔpʃənəl] *adj.* optionnel, facultatif, électif ; en option.

opt-out clause, clause d'exemption ; clause de sortie, de désengagement.

order ['ɔ:də] *n.* 1. ordre, règle,
règlement, réglementation. *Law
and order,* la loi et l'ordre, l'ordre
public. *To be in order,* être conforme (à la règle), en bon ordre, être
en règle. *To be out of order,* être en
mauvais état, ne pas marcher, être
déréglé, en panne. *To get out of order,* se dérégler, se détraquer, tomber en panne. *More precautions are
in order,* il convient de prendre des
précautions supplémentaires. 2.
ordre, commandement, consigne.
Till further order, jusqu'à nouvel
ordre. *Jur. et polit.* : ordonnance,
injonction, arrêt, arrêté. 3. *P. et T.* :
mandat. *Money order,* mandat-poste. *Postal order,* bon de poste. 4.
Commerc. : commande, ordre. *To
book an order,* prendre, noter une
commande. *To cancel, to place an
order* : annuler, passer une commande. *To carry out an order,* exécuter, traiter une commande. *Bulk
order,* commande en grande quantité, en gros. *On order,* en commande, commandé. *Outstanding order,*
commande non exécutée, en cours.
Repeat order, commande renouvelée, régulière. *Trial order,* commande d'essai. *True to order,* conforme
à la commande. 5. *Order of the day,*
ordre du jour. *Order of business,*
agenda, ordre du jour. 6. ordre, sorte, classe, genre, catégorie. *Of the*

order of..., in the order of..., de
l'ordre de, d'environ. 7. ordre, insigne, décoration.

order *v.* 1. commander, ordonner. 2. commander, passer commande.

order book, carnet de commande.

order form, bon de commande,
formulaire de commande.

ordinance [ɔ:dinəns] *n.* ordonnance, décret, arrêté, règlement.

ordinary ['ɔ:dnri] *adj.* ordinaire, normal, habituel, moyen, régulier. *Assur.* : *Ordinary average,*
avarie simple, particulière. *Ordinary share,* action ordinaire. *Ordinary stock,* actions ordinaires.
Ordinary seaman, matelot.

ordinate ['ɔ:dinit] *n.* ordonnée
(cf. **abcisse**).

ore [ɔ:] *n.* minerai.

organ ['ɔ:gən] *n.* 1. organe. 2.
orgue. 3. organe ; journal. *House-organ,* bulletin, revue intérieur(e), journal d'entreprise, journal « maison ».

organic agriculture, agriculture
biologique.

organic food, aliment(s) / nourriture biologique(s).

organization (organisation)
[ɔ:gənai'zeiʃən] *n.* organisation ;
organisme. *Trade organization,* organisme professionnel.

organization chart, organigramme.

organization expenses, frais
d'établissement.

organize ['ɔ:gənaiz] *v.* organiser ; mettre au point, en place. *To
organize workers,* syndiquer, organiser les ouvriers. *Right to organize,* droit, liberté syndical(e).

organized crime, le grand banditisme, le gangstérisme.

organized labour ['ɔ:gənaizd]
main-d'œuvre syndiquée. (U.S.)
Organized Labor, les syndicats.

organizer ['ɔ:gənaizə] *n.* organisateur. *Union organizer,* recruteur
(Syndicats).

orient ['ɔ:riənt] *v.* voir **to
orientate.**

orientate ['ɔ:rienteit] *v.* orienter ; donner des orientations.

orientation [ˌɔːrienˈteiʃən] *n.* orientation ; tendance.

oriented [ˈɔːriəntid] *adj.* orienté (vers), dirigé (vers). *Research-oriented*, orienté vers la recherche.

origin [ˈɔridʒin] *n.* origine, source, provenance, (point de) départ.

original [əˈridʒənl] *adj.* original, d'origine, originaire, originel. *Original margin (U.S., Bourse)*, dépósit.

originate [əˈridʒineit] *v.* (**in, from**) avoir sa source, son origine dans, résulter de.

originating bank [əˈridʒineiↄtiŋ] banque d'origine.

originator [əˈridʒineitə] *n.* créateur, inventeur, auteur, initiateur, promoteur.

ounce [ausn] *n.* once : la 16ᵉ partie de la livre (**1 pound** = 453 g), soit 28,35 g.

oust [aust] *v.* déloger, chasser, évincer, expulser, renverser.

ouster *n.* éviction, renvoi, mise à pied ; limogeage ; (homme politique) renversement.

out [aut] *adv.* 1. dehors, au dehors ; en dehors ; à l'extérieur ; à l'étranger. 2. sorti, absent. *My day out*, mon jour de congé, mon jour de sortie. 3. (livre, films, etc.) paru, sorti. 4. terminé, achevé, épuisé ; à bout ; jusqu'au bout. 5. échappé ; révélé. *The word will be out*, cela se saura. 6. exclu, éliminé, non envisageable, hors de question. 7. dans l'erreur, faux. 8. en grève. 9. franchement, ouvertement. 10. *To be out after, out for*, être à la recherche de, chercher à obtenir, être en quête de. *To be out to*, avoir pour but de, vouloir.

outage *n.* 1. (électricité) délestage ; panne. 2. (liquide, etc.) quantité perdue en cours de transport ou de stockage.

outbid [autˈbid] *v.* surenchérir, enchérir sur, dépasser.

outclass *v.* surclasser.

outcome [ˈautkʌm] *n.* résultat, issue, effet.

outdated [autˈdeitid] *adj.* démodé ; vétuste ; qui n'est plus à jour, périmé.

outdoor location [ˈautdɔː] emplacement, situation en plein air, à l'air libre.

outfit [ˈautfit] *n.* 1. attirail, équipement ; armement, appareil. *Outfit allowance*, prime, indemnité d'équipement. 2. *Fam.* : organisation, entreprise.

outfit *v.* équiper ; habiller.

outfitter [ˈautfitə] *n.* confectionneur, chemisier, marchand de vêtements, de confection.

outflow [ˈautfləu] *n.* flux, sortie, écoulement. *Capital outflow*, sortie, fuite des capitaux.

outgoing [ˌautˈgəuiŋ] *adj.* qui sort, sortant, à la sortie, en partance, au départ. *Outgoing auditors*, commissaires aux comptes sortants.

outgoings [autˈgəuiŋz] *n. pl.* dépenses, sorties.

autgross *v.* faire plus de chiffre/recette que.

outlaw [ˈautlɔː] *v.* mettre hors la loi, bannir, proscrire, interdire.

outlay [ˈautlei] *n.* dépense, débours, mise de fonds. *First outlay*, coûts d'établissement. *Public outlays*, dépenses publiques.

outlet [ˈautlet] *n.* 1. issue, sortie, voie d'écoulement. 2. débouché, marché. 3. magasin, point de vente.

outline [ˈautlain] *n.* contour, esquisse ; grands traits, schéma, ébauche.

outline *v.* 1. esquisser les grandes lignes. 2. souligner.

outlook [ˈautluk] *n.* vue, perspective, futur, avenir. *The outlook is gloomy*, l'avenir est sombre.

outlying [ˈaut,laiiŋ] *adj.* écarté, isolé, éloigné, excentré, excentrique.

outmoded [autˈməudid] *adj.* démodé, dépassé.

out of [ˈautəv] *prép.* 1. hors de ; à l'extérieur de ; sorti de. 2. à court de, démuni, dépourvu de. *Out of cash*, à court d'argent liquide. *Out of stock*, (article) épuisé. 3. parmi, entre. **4.** par, sous le coup de. *To act out of spite*, agir par dépit.

   out-of-court settlement *n.* règlement à l'amiable.

   out of date *adj.* démodé, passé de mode, qui date.

   out of pocket, de sa poche. *To be out of pocket*, en être de sa poche. *Out-of-pocket expenses*, débours.

   out of print, *Ed.* : épuisé.

   out of stock, *Comm.* : épuisé.

   out of work *adj.* sans emploi, chômeur, au chômage, privé de travail.

   outpace [aut'peis] *v.* dépasser, distancer, gagner de vitesse, aller plus vite que.

   outperform *v.* avoir de meilleurs résultats, une meilleure rentabilité, être plus efficace. *To ~ the index*, faire mieux que l'indice.

   outplacement *n.* replacement externe, « outplacement », recherche d'emploi extérieur (pour cadre quittant son entreprise, ou dont le licenciement est prévu à terme), reclassement d'un cadre à l'extérieur de l'entreprise.

   output ['ɔutput] *n.* **1.** rendement, débit. **2.** production. *~ gap*, écart de production.

   outright ['ɔutrait] *adj.* et *adv.* **1.** total, complet (totalement, complètement). *To buy rights outright*, acheter des droits en bloc. **2.** forfaitaire, au forfait, au comptant. *Outright sale*, vente au comptant.

   outrun *v.* dépasser, distancer, l'emporter sur, gagner de vitesse. *Supplies outrun consumption*, l'offre l'emporte sur la consommation.

   outsell [,aut'sel] *v.* **1.** vendre davantage ou plus vite. **2.** se vendre davantage que.

   outset ['autset] *n.* début, commencement.

   outside [,aut'said] *adj.* **1.** extérieur, de l'extérieur. **2.** hors-tout, global. *An outside figure*, un chiffre global.

   outsider [aut'saidə] *n.* **1.** personne extérieure, indépendante ;

étranger, intrus, profane. **2.** *Bourse* : coulissier.

   outsize *adj.* de taille exeptionnelle, de dimensions exceptionnelles. *~ load*, convoi exceptionnel.

   outsource *v.* s'approvisionner par sous-traitance ; externaliser.

   outsourcing *n.* externalisation ; approvisionnement par sous-traitance.

   outspend *v.* dépenser plus (que quelqu'un d'autre, que ses revenus). *To outspend one's income*, dépenser au-delà de ses revenus.

   outstanding [,aut'stændiŋ] *adj.* **1.** éminent, remarquable, hors pair. **2.** impayé, échu, en souffrance, à recouvrer. *Outstanding debts*, créances à recouvrer. *Credit ~*, encours de crédit. **3.** en circulation. *Outstanding shares*, actions en circulation (émises et acquises).

   outstrip [,aut'strip] *v.* **1.** aller plus vite, dépasser ; laisser derrière, devancer, prendre le meilleur sur, distancer. **2.** dépasser en nombre, surpasser, l'emporter sur. *Demand outstrips supply*, la demande est plus forte que l'offre.

   outvote [aut'vəut] *v.* avoir un plus grand nombre de voix, l'emporter sur (au nombre des voix, dans un scrutin).

   outward ['autwəd] *adj.* extérieur ; qui va vers l'extérieur, en partance, qui gagne le large. *Outward-bound*, (navire) en partance, en route pour l'étranger.

   outweigh [aut'wei] *v.* peser plus lourd que, l'emporter sur, dépasser.

   outwork [aut'wə:k] *n.* travail fait à domicile.

   outwork *v.* travailler mieux, travailler plus vite (que les autres).

   outworker ['aut,wə:kə] *n.* travailleur à domicile, ouvrier à domicile.

   over ['əuvə] *n.* excédent, bonus.

   overage ['əuvəreidʒ] *adj.* trop vieux (pour une fonction donnée).

   overage *n.* excédent, surplus, excès, dépassement.

overall [əuvər'ɔːl] *adj.* **1.** hors tout, d'un bout à l'autre. *Overall dimension,* encombrement hors tout, total. **2.** global, total. *Overall expenditure,* dépenses globales.

overall *n.* blouse. *Overalls,* combinaison, salopette, bleu(s).

overallotment option, option d'achat supplémentaire d'actions (en vue de réguler les cours).

overbalance [,əuvə'bæləns] *n.* excédent.

overbid [,əuvə'bid] *n.* surenchère ; annonce supérieure.

overbid *v.* surenchérir, relancer les enchères.

overbill *v.* surfacturer.

overbilling *n.* surfacturation.

overboard [əuvə'bɔːd] *adv.* pardessus bord, à la mer.

overbooking *n.* surréservation.

overburden [,əuvə'bəːdən] *v.* surcharger, accabler.

overcapacity [,əuvəkə'pæsiti] *n.* surcapacité.

overcapitalization [,əuvə,kæpitə-lai'zeiʃən] *n.* surcapitalisation.

overcharge [əuvə'tʃaːdʒ] *n.* majoration ; trop-perçu ; surtaxe ; prix excessif.

overcharge *v.* faire trop payer ; prendre trop cher, faire payer, vendre trop cher.

overclass *n.* classe dirigeante, classe de privilégiés, de bénéficiaires d'un système économico-politique.

overdraft ['əuvədra:ft] *n.* **1.** découvert ; avance bancaire, avance à découvert. *Loan on overdraft,* prêt à découvert. **2.** découvert en compte, dépassement.

overdraw [,əuvə'drɔː] *v.* mettre un compte à découvert, tirer à découvert. *Overdrawn account,* compte à découvert. *Overdrawn check,* chèque sans provision.

overdrawn (to go), être en découvert, passer/se retrouver en découvert.

overdue [,əuvə'djuː] *adj.* **1.** arriéré, en retard, échu, qui aurait dû

être réglé, impayé. **2.** en retard, qui a dépassé l'heure, qui n'est pas à l'heure ; qui aurait dû avoir lieu il y a longtemps.

overexposed [əuvərik'spəuzd] *adj.* surendetté.

overexposure [əuvərik'spəuʒər] *n.* surendettement.

overextend oneself *v.* **1.** se développer/s'étendre au-delà de ses possibilités. *Overextended health care systems,* des systèmes de santé à la limite de la rupture. **2.** prendre un risque inconsidéré, excessif ; s'endetter exagérément. *Consumers are overextented,* les consommateurs sont surendettés.

overflow ['əuvəfləu] *n.* débordement ; (Inform.) dépassement.

overflow [,əuvə'fləu] *v.* déborder.

overhang *n.* offre excédentaire.

overhaul ['əuvəhɔːl] *n.* **1.** révision générale (machine). **2.** refonte, remise à jour, révision (d'un programme, etc.), restructuration.

overhaul *v.* **1.** faire une révision générale, réviser complètement, refondre, remettre à jour, restructurer. **2.** *Navig. :* rattraper, dépasser.

overhead ['əuvəhed] *adj.* **1.** au-dessus (de la tête). **2.** généraux (avec mot pluriel). *Overhead costs/expenses/charges,* frais généraux.

overhead *n.* (U.S.) = **overheads.**

overheads ['əuvəhedz] *n.* frais généraux, frais indirects.

overheating [,əuvə'hiːtiŋ] *n. Propre et fig. :* surchauffe, surchauffage, échauffement.

overindebted *adj.* surendetté.

overindulge [əuvərin'dʌldʒ] *v.* s'adonner avec excès, satisfaire à l'excès, se laisser aller trop facilement à, céder trop facilement à.

overindulgence [əuvərin'dʌldʒəns] *n.* abus, excès. *Consumer ~,* excès de la consommation.

overinsurance [,əuvə,in'ʃuərəns] *n.* sur-assurance, assurance excédant la valeur de la chose assurée.

overinsure [əuvə,inˈʃuə] v. sur-assurer, assurer au-dessus de la valeur.

overissue [,əuvəˈiʃuː] n. sur-émission, émission excédentaire.

overkill [ˈəuvəˈkil] n. (Inform.) surpuissance.

overland [ˈəuvəlænd] adj. [,əuvəˈlænd] adv. à terre, par terre. To travel overland, voyager par terre.

overlap [ˈəuvəlæp] n. chevauchement, recouvrement ; empiétement, double emploi, recoupement.

overlap v. chevaucher, recouvrir en partie ; faire double emploi, empiéter.

overlay n. 1. (archi., dessin industriel) transparent. 2. (Inform.) recouvrement ; segmentation.

overleverage n. surendettement.

overleveraged adj. surendetté.

overload [ˈəuvələud] n. 1. surcharge, surcroît de charge. 2. surtension.

overload v. surcharger ; surmener.

overlook [,əuvəˈluk] v. 1. avoir vue sur, donner sur, dominer ; commander. 2. oublier, négliger, laisser échapper, laisser passer. 3. surveiller.

overlooker n. surveillant(e).

overman [ˈəuvəmæn] v. affecter trop de personnel à une tâche.

overmanning [ˈəuvəmæniŋ] n. 1. mise en place d'un nombre de travailleurs excessif. 2. sureffectif(s). One of the firm's problems was overmanning, l'un des problèmes de l'entreprise était sa main-d'œuvre pléthorique.

overnight [,əuvəˈnait] v. passer une nuit.

overnight adv. du jour au lendemain, pendant la nuit. Overnight funds, argent au jour le jour. Overnight loan, prêt au jour le jour.

overpaid [ˈəuvəpeid] adj. payé trop cher, surpayé, trop payé, surévalué.

overpay v. surpayer.

overpayment [,əuvəˈpeimənt] n. trop-perçu.

overprice v. fixer un prix trop élevé ; surcoter. Overpriced, trop cher, dont le prix est surestimé.

overproduction [,əuvəprəˈdʌkʃən] n. surproduction.

overqualification n. surqualification.

overqualified adj. surqualifié(e).

overrate [,əuvəˈreit] v. surévaluer, surestimer, surtaxer.

overreach [,əuvəˈriːtʃ] v. 1. dépasser. 2. tromper, duper. 3. trop présumer de ses forces.

overreact v. réagir de façon excessive/exagérée, sur-réagir.

overregulation n. réglementation excessive.

override v. 1. l'emporter sur. 2. outrepasser. 3. passer outre, ne pas tenir compte de.

overriding [əuvəˈraidiŋ] adj. 1. qui dépasse tous les autres, primordial. Overriding importance, importance primordiale. 2. qui outre passe, qui dépasse. Overriding commission, commission additionnelle. 3. qui passe outre.

overrule [,əuvəˈruːl] v. 1. Jur. : annuler, casser, rejeter, passer outre. 2. dominer, maîtriser.

overrun [,əuvəˈrʌn] n. 1. surcoût, dépassement (de devis, de coût initialement budgété, etc.). 2. envahissement. 3. (Inform.) surcharge, engorgement, embouteillage. 4. Typogr. : chasse, report, ligne(s) à reporter.

overrun v. 1. envahir. 2. dépasser, aller au-delà des limites. 3. Typogr. : reporter à la ligne ou à la page suivante.

oversea(s) [,əuvəˈsiːz] adj. et adv. (d')outre-mer ; étranger, à l'étranger. Oversea company, société créée en dehors du pays où elle opère au travers d'une succursale.

oversee [,əuvəˈsiː] v. 1. surveiller, contrôler, voir de près. 2. superviser.

oversell v. 1. vendre plus qu'on ne peut livrer. 2. vanter de façon excessive. **3.** *To oversell a client, a prospect*, manquer une vente en voulant trop persuader l'acheteur.

overseer ['əuvə'si:ə] *n.* surveillant, contremaître.

overshoot *v.* dépasser.

overshooting *n.* surréaction ; surajustement.

oversight ['əuvəsait] *n.* **1.** inadvertance, oubli. **2.** surveillance.

overspend *v.* dépenser trop.

overstaff *v.* affecter un personnel trop nombreux.

overstate *v.* **1.** exagérer. **2.** surestimer, accorder trop d'importance à ; surévaluer.

overstock [,əu'və'stɔk] *v.* stocker en quantité excessive ; surstocker.

overstocking [,əu'və'stɔkiŋ] *n.* stockage excessif, surabondance de marchandises.

overstretch *v.* s'étendre exagérément ; s'endetter au-delà de ses capacités.

oversubscribe *v.* sursouscrire. *The issue has been oversubscribed*, l'émission a été sursouscrite.

oversubscription [,əuvəsəb'skripʃən] *n.* demande d'achats dépassant le nombre de titres émis ; couverture excédentaire d'une émission de titres.

oversupply [,əuvəsə'plai] *n.* fourniture excédentaire, excessive.

overtax *v.* surimposer.

over-the-counter, de gré à gré. ~ *transactions*, transactions/opérations de gré à gré. ~ *drugs,* médicaments pouvant être vendus sans ordonnance.

over-the-counter market, 1. *(titres)* marché hors cote, devenu une sorte de second marché. **2.** *(devises)* marché interbancaire.

over-the-phone services, services téléphoniques, services de télécommunication.

overtime ['əuvətaim] *n.* **1.** heures supplémentaires. *Overtime ban*, refus de faire des heures supplémentaires, boycott des heures supplémentaires. **2.** (sports) prolongations.

overtime *adv.* en heures supplémentaires. *To work overtime*, travailler enfaire des heures supplémentaires.

overturn *v.* **1.** (véhicule) se renverser. **2.** (cour d'appel) casser un jugement.

overvaluation [,əuvə,vælju:'eiʃən] *n.* surévaluation.

overvalue [,əuvə'vælju:] *v.* surévaluer.

overview *n.* vue d'ensemble.

overweight ['əuvə'weit] *n.* excédent, surcharge.

overweight [,əuvə'weit] *adj.* trop lourd ; obèse.

overwork [,əuvə'wə:k] *n.* travail excessif, surmenage.

overwork *v.* **1.** surmener, surcharger de travail ; se surmener. **2.** abuser (d'une formule, d'un truc, etc.).

owe [əu] *v.* devoir. *I.O.U.,* voir ce mot. *The firm is owed $ 1.2 billion*, les créances de l'entreprise se montent à 1,2 milliards de dollars.

owing [əuiŋ] *adj.* dû. *The sums owing to me*, les sommes qui me sont dues. *Owing to*, en raison de, compte tenu de.

own [əun] *v.* **1.** posséder, être propriétaire, avoir ; réclamer, revendiquer. *State-owned*, nationalisé, public. *Privately-owned*, privé. **2.** admettre, reconnaître, (s')avouer. *To own a child*, reconnaître un enfant.

own brand, marque du distributeur.

owner [əunə] *n.* propriétaire, possesseur. *Shipowner*, armateur. *Rightful owner*, possesseur légitime, propriétaire.

owners' equity, situation nette.

ownership ['əunəʃip] *n.* propriété, possession.

own label, marque du distributeur.

pace [peis] *n.* **1.** allure, rythme, train, cadence. *To keep pace with,* maintenir l'allure (des autres), garder le rythme, soutenir le train, se maintenir au même niveau. *To set the pace,* donner le rythme, établir l'allure.

pacesetter ['peis,setə] *n.* meneur, chef de file, leader, personne qui donne l'allure ou conduit la tendance.

pack [pæk] *v.* **1.** emballer, empaqueter, conditionner, faire des (ses) paquets ; faire ses bagages/ ses valises. **2.** (s')entasser, (se) mettre ensemble. *People started packing into the carriage,* les gens se mirent à s'entasser dans la voiture. *The pub was packed,* le café était bondé. **3.** rassembler, constituer un groupe de gens favorables. *To pack a committee,* choisir les membres d'une commission. *To pack a jury,* composer un jury à sa convenance/favorable. **4.** *To pack up, Fam. :* faire ses malles, plier bagage, « se tirer ».

package ['pækidʒ] *n.* **1.** emballage, conditionnement. *Fig. :* ensemble, série, lot, train de mesures, etc. *Financial package,* montage financier. **2.** paquet, colis, ballot, envoi (de marchandises). **3.** *Inform. :* produit-programme, « paquège », progiciel.

package *v.* **1.** emballer. **2.** conditionner.

package deal, transaction globale, accord global, négociation d'ensemble.

package settlement, règlement global, d'ensemble.

package tour, circuit (organisé) tout compris, forfaitaire.

packaging ['pækidʒiŋ] *n.* conditionnement, présentation d'un produit.

packer ['pækə] *n.* emballeur, conditionneur.

packet ['pækit] *n.* paquet, colis, envoi.

packet-boat ['pækitbəut] na-vire assurant une liaison régulière, paquebot ; (navire) malle.

packing ['pækiŋ] *n.* emballage ; enveloppe, matériau d'emballage. *Export packing,* emballage pour l'exportation. *Packing list,* note de colisage.

pact [pækt] *n.* pacte, accord solennel, traité.

pad [pæd] *n.* **1.** rembourrage, garniture. **2.** coussin, coussinet. **3.** tampon. *Ink(ing) pad,* tampon encreur. **4.** bloc. *Writing pad,* bloc notes. **5.** support. *Launching pad,* rampe, plate-forme de lancement.

pad *v.* **1.** bourrer, rembourrer, capitonner, matelasser. **2.** faire du remplissage, allonger la sauce, délayer, gonfler artificiellement ou frauduleusement. *To pad the bill,* gonfler la note.

paddy ['pædi] *n.* rizière.

pad-stamp, timbre humide, tampon humide.

page [peidʒ] *v.* **1.** paginer ; folioter ; chiffrer, numéroter. **2.** faire passer une annonce par un chasseur (dans un hôtel, restaurant, etc.). « *Paging Mr Jones* », « on demande M. Jones au téléphone ».

page (-boy) *n.* commissionnaire, chasseur ; saute-ruisseau.

pager *n.* bip (avertisseur de poche).

paging *n.* **1.** numérotation des pages, pagination ; mise en pages. **2.** (hôtel, etc.) fait d'envoyer chercher par un chasseur. *Paging Mr Dodds !* on demande M. Dodds. **3.** radio-messagerie.

paid [peid] *p.p.* payé, pour acquit (sur facture), pour solde de tout compte, également « *Paid with thanks* ».

paid-in, payé, versé. *Paid-in capital,* capital versé.

paid-up, payé, réglé. *Paid-up capital,* capital versé (sur des actions), capital libéré.

pain and suffering, premium doloris.

palimony *n.* pension ou dédommagement demandé par compagne ou compagnon à la suite d'une rupture ou du décès du (de la) partenaire. (*De pal*, copain, copine + *alimony*, pension alimentaire).

pallet ['pælit] *n.* **1.** palette (manutention). *Pallet-load*, chargement sur palette. **2.** paillasse, grabat.

palletise ['pælitaiz] *v.* **1.** mettre sur palettes ; transporter par palettes. **2.** introduire le système de transport par palettes.

pamphlet ['pæmflit] *n.* brochure, plaquette.

panel ['pænl] *n.* **1.** panneau. **2.** tableau. *Instrument panel*, tableau de bord. **3.** *Jur. :* liste des membres du jury, d'où : jury. *To serve on the panel*, faire partie du jury. **4.** membres d'un groupe témoin qui répondent à des questions ; groupe de spécialistes réunis sur un sujet ; panel.

panelist *n.* membre d'un panel, d'un groupe témoin, panéliste.

panel truck, (U.S.) camionnette (de livraison).

panic ['pænik] *n.* panique. *Panic buying*, achat(s) dû(s) à la panique, achat de précaution.

pan shot, (ciné.) panoramique horizontal.

paper ['peipə] *n.* **1.** papier. *Commercial paper*, effet(s) de commerce. *High quality paper*, papier/titres de première catégorie. *On paper*, sur le papier, en théorie. **2.** journal. *Sunday paper*, journal dominical. **3.** document, pièces officielles. *Identity paper(s)*, pièces, papiers d'identité. *Paper work*, paperasserie. *Ship's papers*, pièces de bord, papiers de bord, lettre de mer. **4.** communication, examen, exposé, composition. *He wrote a paper on his experiments*, il a rédigé une communication sur ses expériences.

paper-back ['peipəbæk] (U.S.) « livre de poche » (édition populaire d'ouvrage publié à l'origine en « hard cover »).

paper book, *Jur. :* dossier d'une affaire.

paper clip ['peipəklip] (attache) trombone.

paper currency, monnaie fiduciaire, monnaie papier.

paper-mill ['peipəmil] *n.* papeterie, fabrique (usine) de papier.

paper-money ['peipə,mʌni] papier-monnaie, monnaie de papier, monnaie fiduciaire.

paper over *v.* masquer, dissimuler, cacher, colmater. *To paper over the cracks*, masquer les différends, colmater les fissures, présenter une unité de façade.

paper profits, profits fictifs.

paper tiger, tigre de papier, adversaire arrogant mais sans puissance réelle.

paperwork *n.* **1.** travail administratif, mise à jour des dossiers. **2.** paperasserie.

par [pa:] *n.* égalité, pair, parité. *At par*, au pair, à la parité. *Above par*, au-dessus du pair. *Below par*, au-dessous du pair. *Exchange at par*, change au pair. *Mint par (of exchange)*, parité d'échange, pair intrinsèque, pair métallique.

paragraph ['pærəgra:f] *n.* paragraphe ; entrefilet. *New paragraph*, à la ligne.

paralyse ['pærəlaiz] *v.* paralyser (propre et figuré), rendre inopérant, bloquer.

paramount ['pærəmaunt] *adj.* éminent, insigne, souverain, suprême. *Of paramount importance*, de la plus haute, extrême importance.

parcel ['pa:sl] *n.* **1.** paquet, colis. *Ordinary parcel post*, colis postal, paquet-poste ordinaire. **2.** parcelle, lot, partie d'un ensemble. *Part and parcel of*, partie intégrale (d'un tout). *Parcel of lies*, tissu de mensonges.

parcelling ['pa:səliŋ] *n.* **1.** fragmentation, distribution, répartition. **2.** lotissement.

parcel out *v.* morceler, diviser, partager, lotir.

parcel up *v.* mettre en paquets, empaqueter, emballer.

pardon ['pɑːdn] *n.* **1.** pardon. **2.** grâce, remise de peine ; exercice du droit de grâce. *Free pardon,* grâce. *General pardon,* amnistie. *To grant free pardon,* gracier.

pardon *v.* **1.** pardonner, excuser. **2.** grâcier, amnistier.

pare [pɛə] *v.* réduire, diminuer. *They pared back their lending to…,* ils ont ramené leurs prêts à … *To pare the work force,* supprimer des emplois, réduire les effectifs. *Cheese-paring,* économie(s) de bouts de chandelle.

parental leave, congé parental.

parent company ['pɛərənt] société mère, société principale, maison mère.

pari passu, pari passu (en proportion égale, à égalité).

parity ['pæriti] *n.* parité, égalité.

park *n.* parc. *Industrial park,* zone industrielle. *Theme park,* parc d'attractions.

park *v.* **1.** parquer. **2.** garer ; se garer. **3.** remettre à plus tard (un projet, etc.).

parlay ['pɑːli] *v.* transformer en quelque chose d'une valeur bien supérieure.

parley ['pɑːli] *v.* parlementer, être en pourparlers ; engager, entamer des négociations.

par of exchange, parité officielle de change.

parole [pə'rəul] *n.* mise en liberté conditionnelle, libération sur parole, provisoire. *On parole,* (mise en liberté) conditionnelle, sur parole. *To break one's parole,* faire défaut, ne pas se présenter à l'issue de la période de liberté sur parole.

parole *v.* mettre en liberté provisoire, libérer sur parole.

part [pɑːt] *n.* **1.** partie ; part ; fascicule. **2.** rôle (théâtre), voix (chorale). **3.** pièce, élément, organe. *Component part,* pièce détachée, composant. *Replacement part,* pièce de rechange. *Spare part,* pièce de rechange.

part [pɑːt] *adv.* partiellement, en partie.

part *v.* **1.** séparer en deux, diviser. **2.** se séparer, se diviser, se quitter. *To part with one's possessions,* renoncer à ses biens, aliéner, céder ses biens.

partake [pɑː'teik] *v.* **1. (in, of)** prendre part à, participer à. **2. (of)** participer de, tenir de.

part delivery *n.* livraison partielle.

partial ['pɑːʃəl] *adj.* **1.** partiel, incomplet. **2.** partial, injuste, arbitraire. *To be partial to,* avoir un faible pour.

participant [pɑː'tisipənt] *n.* participant.

participate [pɑː'tisipeit] *v.* participer. *To participate in,* participer à. *To participate of,* participer de.

participating stock, titre(s) participatif(s).

participation [pɑːˌtisi'peiʃən] *n.* participation. *Nonvoting participation certificate,* certificat d'investissement (en actions) sans droit de vote.

participation loan, « prêt en participation » : les lois bancaires imposent parfois, dans le cas d'un prêt important à un même client, que plusieurs banques s'associent pour financer un tel prêt.

particular [pə'tikjulə] *adj.* **1.** particulier, spécial. **2.** pointilleux, vétilleux, maniaque. *He is very particular,* il est très exigeant. **3.** détaillé, minutieux, exact, précis.

particular *n.* détail, particularité, renseignement, indication, précision. *To give full particulars,* donner tous les renseignements, détails.

particular average, (assurance maritime) avarie particulière, avarie simple (avarie affectant soit la cargaison, soit le navire et qui n'implique pas l'intérêt commun des propriétaires des marchandises et du transporteur).

particular lien, privilège spécial.

particulars of a charge, chefs d'accusation.

particulars of sale, description de la propriété à vendre ; cahier des charges.

partition [pa:'tiʃən] *n.* **1.** partage, division, morcellement. **2.** cloison.

partition *v.* **1.** diviser, morceler, partager. **2.** séparer par une cloison, cloisonner.

partly paid (up) ['pa:tli] non entièrement libéré, non intégralement versé.

partner ['pa:tnə] *n.* associé, partenaire. *Acting/active partner,* associé-gérant, commandité. *Sleeping partner,* U.S. *silent partner, dormant partner,* commandataire, bailleur de fonds. *Nominal partner,* associé/partenaire/commanditaire fictif. *Senior partner,* associé majoritaire. *Junior partner,* associé minoritaire. *General partner,* commandité ; *limited partner,* commanditaire (le premier correspond plus ou moins à l'associé gérant, le second ne perd que sa mise).

partner *v.* s'associer.

partnership ['pa:tnəʃip] *n.* **1.** association ; partenariat. **2.** société de personnes. *Articles, deed of partnership,* contrat, acte d'association. *General partnership,* société en nom collectif. *Limited partnership,* société en commandite. *Ordinary partnership,* société en nom collectif. *Particular partnership,* société en participation. *Partnership limited by shares,* société en commandite par actions.

partnership certificate, (U.S.) « certificat d'association commerciale » : pièce déposée en banque qui donne le détail des intérêts de chaque associé dans la société.

part-owner *n.* co-propriétaire.

part-ownership *n.* co-propriété.

part-payment, paiement, règlement partiel, acompte.

parts maker, fabricant de pièces détachées, équipementier.

parts manufacturer, fabricant de pièces détachées, équipementier.

part-time *adv.* à temps partiel, à mi-temps. *To work part-time,* travailler à mi-temps, à temps partiel.

part-timer, employé(e) à temps partiel.

party ['pa:ti] *n.* **1.** partie, ayant droit ; individu. *Third party,* tiers. *To be party to a crime,* être impliqué dans un crime. *To become a party to an agreement,* signer un contrat. **2.** parti, groupe, parti politique. **3.** réunion, réception, soirée.

party line 1. ligne téléphonique commune (utilisée par plusieurs abonnés). **2.** ligne politique d'un parti. **3.** ligne de séparation entre plusieurs partis. *To cross party-lines,* changer de parti, voter pour le candidat du parti adverse.

party liner, inconditionnel de la politique d'un parti.

party wall, mur mitoyen.

par value, valeur au pair.

pass [pa:s] *n.* carte (d'entrée). *Buyer's pass,* carte d'acheteur.

pass *v.* **1.** passer, dépasser, traverser. **2.** réussir, être reçu, subir avec succès. **3.** présenter ; adopter, prononcer, approuver. *To pass a bill,* voter un projet de loi. *To pass judgement,* prononcer un jugement. **4.** (Compta.) porter/passer une écriture.

pass [pa:s], U.S. [pæs] *n.* **1.** passage, col, passe. **2.** passe (maritime). **3.** permis, laissez-passer. **4.** titre de transport ; abonnement. **5.** (examen, etc.) *pass or fail,* reçu ou collé.

passage ['pæsidʒ] *n.* **1.** passage, traversée, trajet, voyage. *Passage (-money),* voyage, coût du voyage. **2.** adoption (d'une loi).

pass along *v.* **1.** passer, avancer. **2.** transmettre, transférer. *To pass along costs,* transférer les coûts.

pass-along readership, diffusion des journaux par transmission (par opposition à l'abonnement ou à l'achat).

pass-book ['pa:sbuk] **1.** carnet, livret de banque ; livre de comptes courants indiquant les opérations effectuées. **2.** carnet de passage en douane.

passbook account, compte d'épargne sur livret.

passenger ['pæsindʒə] *n.* voyageur, passager. *Passenger-ship,* paquebot. *Passenger-train,* train de voyageurs. *By passenger-train,* en grande vitesse.

passenger car, (U.S.) wagon de voyageurs, voiture.

passenger carriage, wagon de voyageurs.

passenger coach, wagon de voyageurs.

passenger-mile, km-passager.

pass on *v.* 1. passer, continuer sa route. 2. transmettre ; distribuer. 3. répercuter. *The increase will be passed on to the consumers,* les consommateurs supporteront l'augmentation.

pass-on readership, nombre de lecteurs d'un journal, livre, etc. par transmission d'un lecteur à l'autre. A distinguer de *circulation* (nombre moyen d'exemplaires vendus).

passport ['pa:spɔ:t] *n.* passeport.

pass-sheet *n.* triptyque, feuille de passage en douane.

password ['pa:swə:d] *n.* 1. mot de passe. 2. mot d'ordre, consigne.

past [pa:st] *adj.* passé, ancien ; écoulé, révolu ; précédent.

paste [peist] *v.* coller. *To paste up,* 1. afficher. 2. coller.

paste-up *n.* 1. montage, collage, assemblage d'éléments divers pour constituer une maquette. 2. réunion d'extraits de textes divers pour constituer un texte apparemment nouveau. *The speech was a paste-up of several campaign pitches,* le discours était un pot-pourri de plusieurs harangues électorales.

patch-up [pætʃʌp] *v.* ravauder, rapiécer. *Fam. :* recoller les morceaux, replâtrer.

patent ['peitənt], U.S. ['pætənt] *n.* 1. patente, privilège (G.B.). 2. brevet. *Patent office,* bureau des brevets. *Patent infringement,* contrefaçon. *Patent pending,* modèle déposé, brevet en cours d'obtention, breveté. *To apply for a*

patent, faire/déposer une demande de brevet. *To take out a patent,* prendre un brevet, obtenir un brevet.

patent *v.* déposer, breveter, faire breveter, obtenir un brevet.

patent *adj.* 1. patent, éclatant, manifeste. *Patent leather,* cuir verni. 2. relatif aux brevets. *Patent law,* loi sur les brevets.

patentable ['peitəntəbl] *adj.* brevetable, susceptible d'être breveté.

patentee [,peitən'ti:] *n.* titulaire d'un brevet.

path [pa:θ], U.S. [pæθ] *n.* 1. chemin, sentier, voie. 2. trajet, chemin, trajectoire. *Critical path method* ou *critical path analysis,* méthode, analyse du chemin critique.

patron ['peitrən] *n.* 1. protecteur, mécène, patron. 2. client, pratique, habitué.

patronage ['pætrənidʒ] *n.* 1. protection, patronage, parrainage, auspices. 2. mécénat. 3. clientèle (de fidèles, d'habitués), pratique.

patronize ['pætrənaiz] *v.* 1. patronner, protéger. 2. être (un) client (habituel, fidèle), se servir chez le même commerçant. 3. parler sur, avoir, un ton protecteur.

pattern ['pætən] *n.* 1. modèle, type, patron (coupe, couture, etc.) ; gabarit, échantillon, spécimen, exemple ; dessin (d'un tissu). 2. modèle, structure, type, agencement, mode, schéma.

pattern *v.* 1. réaliser d'après un modèle, copier ; calquer (**after :** sur). 2. dessiner un motif ornemental.

pauper *n.* indigent, e.

pauperization *n.* paupérisation.

pavillon [pə'viljən] *n.* pavillon, stand couvert (dans une foire, exposition).

pawn [pɔ:n] *n.* 1. poin, jeton (jeu). 2. gage, nantissement. *Security held in pawn,* titre détenu en gage.

pawn *v.* mettre en gage, gager, engager.

pawn-broker ['pɔ:n,brəukə] *n.* prêteur sur gages.

pawnshop ['pɔːnʃɔp] *n.* crédit municipal, boutique de prêt(eur) sur gage.

pawnee [‚pɔː'niː] *n.* créancier gagiste, détenteur d'un gage.

pay [pei] *v.* **1.** acquitter, payer, régler, verser. *To pay taxes,* acquitter des impôts. *To pay (in) cash.* régler (au) comptant. *Order to pay,* ordonnancement, ordre de paiement. *He's paid by the hour,* il est payé à l'heure. **2.** payer, rapporter, être profitable. *They made their investment pay,* ils ont fait fructifier leur placement. **3.** *Fig.* : s'acquitter, rendre, faire. *To pay a visit,* rendre visite.

pay *n.* paye, paie, salaire, solde, gages, rémunération, indemnités, traitement. *In the pay of,* à la solde de. *Back-pay,* arrérage, arriéré, rappel de salaire. *Equal pay,* principe de l'égalité des salaires, à travail égal. *Performance-related pay,* salaire au mérite, au rendement. *Take home pay,* salaire net, après déduction des cotisations. *Without pay,* sans solde, à vue.

payable ['peiəbl] *adj.* payable, exigible. *Payable on demand,* payable sur demande. *Payable to bearer,* payable au porteur. *Payable at sight,* payable à vue.

payables ['peiəblz] *n.* (U.S.) sommes exigibles, sommes à verser.

pay and price freeze, blocage (gel) des salaires et des prix, encadrement/contrôle des salaires et des prix.

pay as you earn = P.A.Y.E., (G.B.) mot à mot : payez à mesure que vous gagnez ; système britannique de retenue à la source (des cotisations diverses, mais aussi de l'impôt).

pay as you go, (U.S.) **1.** (système de) retenue à la source équivalant au P.A.Y.E. britannique. **2.** régler ses créances en temps voulu. **3.** ne pas dépenser au-delà de ses moyens.

payback *n.* rentabilisation (d'un investissement).

pay back *v.* **1.** rendre, rembourser, acquitter une dette, restituer. **2.** rembourser une mise de fonds, être rentable. **3.** se venger, faire payer (un affront), rendre la pareille.

pay back period, durée de récupération de l'investissement, période de rentabilisation, période de récupération du capital ; période de remboursement, période de recouvrement.

pay check, chèque représentant le montant de la paie ou du salaire ; par extension : paie, salaire.

pay-claim, revendication salariale.

pay-day, 1. jour de paie. **2.** *Bourse :* jour du règlement, jour de la liquidation.

pay-differential(s), écart(s), marge(s), des salaires.

pay-dirt (U.S.) boue aurifère. *To strike/hit pay-dirt,* tomber sur un filon/une mine.

pay-dispute, conflit salarial.

pay down *v.* rembourser

payee [pei'iː] *n.* bénéficiaire (d'un chèque, d'un effet de commerce, etc.).

pay envelope, enveloppe du salaire, de la paie ; par extension : salaire, paie (surtout des ouvriers), ensemble des salaires et des avantages en nature.

payer ['peiə] *n.* payeur. *A slow payer,* un mauvais payeur, un payeur qui se fait tirer l'oreille.

pay-fight, conflit salarial.

pay freeze, (politique de) blocage des salaires.

pay in *v.* déposer, verser, payer (une somme à un compte en banque).

paying-in slip [peiiŋ] bordereau de versement (d'une somme à un compte bancaire).

payload ['peiləud] *n.* **1.** charge(s) salariale(s). **2.** charge payante, charge utile (C.U.) d'un véhicule (avion, camion, etc.) **3.** charge explosive (de la tête) d'un missile.

paymaster ['pei‚maːstə] *n.* payeur, trésorier-payeur ; capitaine-trésorier.

payment ['peimənt] *n.* **1.** paiement, versement, règlement. **2.** somme versée en paiement. *Balance of payments,* balance des paiements. *Transfer payments,* transferts sociaux et économiques. *Payment against documents,* paiement/règlement contre documents. *Payment by result,* paiement/salaire à la pièce, au résultat. *Payment in full,* règlement intégral, libération (complète). *Payment on account,* (versement en) acompte à valoir.

payment bill, (à distinguer de **acceptance bill**) traite, documents contre paiement.

payment bond (U.S.) caution garantissant le paiement de la maind'œuvre et des fournisseurs.

payment schedule, échéancier, plan de paiement.

pay-off *n.* **1.** règlement, remboursement, acquittement, solde ; désintéressement (créance), purge (hypothèque) ; règlement de compte, vengeance. **2.** dessous-de-table, pot-de-vin. **3.** rentabilité, rapport (d'une mise de fonds). **4.** congédiement (employé de maison) ; désarmement (d'un navire). **5.** dénouement, chute (d'une histoire).

pay off *v.* **1.** rembourser, acquitter, régler. **2.** payer par dessous la table, corrompre, acheter. **3.** donner son compte, renvoyer, payer ses huit jours à quelqu'un ; désarmer un navire. **4.** rapporter, être rentable/valable. *Our decision paid off,* notre décision a été très profitable.

pay-offer, offre d'augmentation, augmentation offerte, offre salariale.

payola *n.* dessous-de-table, pot-de-vin, rétribution en sous-main d'une faveur ou d'un service (par exemple à un « *disc jockey* » pour le « matraquage » sur les ondes en faveur d'un disque nouveau).

pay one's way 1. payer rubis sur l'ongle, ne rien acheter à crédit. **2.** rapporter, être profitable/rentable. *This item will soon pay its own way,* cet article nous remboursera

bientôt de ses coûts de fabrication, de notre mise.

payout *n.* **1.** dépense. **2.** paiement (notamment paiement de dividendes).

pay out *v.* **1.** payer, régler. **2.** payer par petites sommes, s'acquitter à mesure. **3.** rembourser. **4.** *Fig. :* s'acquitter d'une dette, régler ses comptes.

payout date, date effective de rentrée des fonds ; date de versement.

payout ratio, ratio de distribution (des dividendes par rapport aux bénéfices).

pay packet, ensemble des salaires et des avantages en nature ; enveloppe des salaires ; paie, salaire.

pay per view, télévision à la carte.

pay-phone, téléphone public (à pièces ou à jetons).

payroll ['peirəul] **1.** état des salaires d'une entreprise, livre des comptes d'employés. *Payroll costs,* coûts salariaux. **2.** paie (globale de l'entreprise). *To be on the payroll,* être salarié (d'une entreprise). *Fam. :* travailler pour. *He is no longer on the payroll,* il ne travaille plus ici. *To cut the payroll,* licencier, réduire les effectifs ; *They decided to reorganize with a smaller payroll,* ils ont décidé de se réorganiser avec des effectifs moins nombreux. *Padded payroll(s),* effectifs gonflés. **3.** *Fam. : To be on the payroll,* recevoir des pots-de-vin.

payroll tax, impôt sur les salaires.

pay-sheet ['peiʃi:t] feuille de(s) salaire(s).

pay slip, bulletin de salaire, feuille de paie.

pay-TV, télévision à péage.

pay up *v.* **1.** acquitter, régler, verser. *To pay up front,* payer d'avance. **2.** libérer, verser entièrement.

payvision *n.* télévision à péage.

pay when paid clause, clause contractuelle stipulant que le paiement d'un sous-traitant n'interviendra que lorsque l'entrepreneur pour lequel il travaille aura lui-même été payé.

peace [pi:s] *n.* paix ; ordre public ; tranquillité. *Breach of the peace,* trouble de l'ordre public. *To keep the peace,* faire régner, maintenir l'ordre, ne pas troubler l'ordre public. *Justice of the Peace (J.P.),* juge de paix, juge d'instance. *Peace of God,* trêve de Dieu.

peacemaker ['pi:s,meikə] *n.* pacificateur, homme de paix. (facétieux, U.S.) : revolver.

peak [pi:k] *n.* pic, sommet, pointe, point culminant ; crête ; maximum, record. *Failures have reached a new peak,* le nombre des faillites a battu les records. *Peaks and troughs (valleys),* les sommets/records et les niveaux les plus bas.

peak *v.* atteindre son maximum, atteindre un sommet, battre un record. *Interest rates are about to peak,* les taux d'intérêt sont sur le point de battre des records.

peak attendance, affluence exceptionnelle, record d'affluence.

peak hour, heure de pointe, heure de plus grande circulation.

peak listening time, *Radio :* heure de plus grande écoute.

peak load, charge maximum, pointe de consommation (électricité), limite de rupture.

peak out *v.* atteindre un niveau maximum ; atteindre un niveau record ; (par extension) commencer à diminuer/baisser.

peak season, pleine saison.

peak traffic, circulation aux heures de pointe/d'affluence.

peak viewing time, *Télév. :* heure de plus grande écoute.

peak year, année record.

peck [pek] *n.* **1.** boisseau (mesure de capacité = 9 litres). **2.** *Fig. :* grande quantité.

pecking order ['pekiŋ] *n.* ordre hiérarchique, de préséance.

pecuniary *adj.* pécuniaire.

peddle [pedl] *v.* **1.** colporter, faire du colportage. **2.** essayer de vendre ou de faire admettre (idées, etc.) *To peddle one's own wares,* vanter sa propre camelote.

peddler ['pedlə] *n.* **1.** colporteur, marchand ambulant. **2.** petit trafiquant.

pedlar *n.* voir **peddler**.

peer [piə] *n.* pair. ~ *pressure,* pression des pairs (enfants de la même classe d'âge etc.), imitation, émulation. *Peer-to-peer, P2P,* d'égal à égal, de particulier à particulier.

peg [peg] *n.* **1.** cheville ; patère ; piquet. *To come/bring/set down a peg or two,* baisser d'un cran ou deux. **2.** indexation ; ancrage.

peg *v.* **1.** cheviller, accrocher ; assembler. **2.** contrôler (prix), tenir, stabiliser, modérer (marché), indexer, encadrer.

pegging ['pegiŋ] *n.* **1.** le fait de cheviller, accrocher, assembler. **2.** le fait de contrôler, indexer, etc. ; contrôle, indexation, stabilisation, encadrement (marché, prix) ; (monnaie) ancrage.

penal ['pi:nl] *adj.* **1.** pénal, passible d'une peine ou d'une amende. **2.** pénitentiaire. *Penal farm,* ferme pénitentiaire. *Penal servitude,* travaux forcés. **3.** sévère, extrême, qui pénalise. *Penal terms,* conditions très dures.

penalize ['pi:nəlaiz] *v.* **1.** infliger une peine, sanctionner. **2.** pénaliser, punir. **3.** défavoriser.

penalty ['penlti] *n.* pénalité, peine, amende, sanction ; dédit. *Penalty clause,* clause pénale, clause de pénalité (par ex. : pour rupture de contrat ou retard), donnant lieu à dommages et intérêts. *Penalty for non-performance,* dédit.

penalty charge, pénalité de retard (ou pour remboursement anticipé d'emprunt).

pending ['pendiŋ] **1.** (adj.) en attente, en instance, en cours, prochain. **2.** (prép.) en attendant.

penny stock, valeur à un cours de très faible montant.

pen-pusher *n.* gratte-papier.

pension ['penʃən] *n.* **1.** pension, retraite, pension de retraite. *Old age pension,* retraite vieillesse. *Public pension plan/scheme,* régime de retraite des fonctionnaires. **2.** allocation, pension. *Disability pension,* pension d'invalidité.

pensionable ['penʃənəbl] *adj.* qui a droit à une pension ; qui donne/ouvre droit à pension. *Pensionable age,* âge de la retraite.

pensioner ['penʃənə] *n.* pensionné, retraité.

pension fund, fonds/caisse de retraite ; fonds de pension.

pensioning ['penʃəniŋ] *n.* **1.** versement d'une retraite. **2.** mise à la retraite.

pension off. *v.* mettre à la retraite.

pension scheme, plan/régime de retraite. *Contributory pension scheme,* régime de retraite auquel cotise le bénéficiaire. *Non-contributory pension scheme,* régime de retraite payée par l'employeur.

pent-up *adj.* refoulé, retenu, réprimé. *To unleash ~ demand,* libérer la demande accumulée.

pep up [pep] *v.* stimuler.

peppercorn rent ['pepəkɔːn] mot à mot : loyer de grains de poivre = de très faible valeur. *Fig. :* loyer nominal, de principe.

per [pəː] *prép.* par (pour, de, en, ...). *Per annum* par an, annuellement. *Per capita,* par habitant, par individu, par tête. *Per cent,* pour cent. *Per contra,* en contrepartie. *Per diem,* par jour. *Per procuration(em),* par procuration. *Per-worker productivity,* productivité par ouvrier.

percentage [pə'sentidʒ] *n.* pourcentage, proportion ; commission, guelte, tantième.

percentile [pə'sentail] *n.* percentile, décile (statistiques).

perception [pə'sepʃən] *n.* perception ; recouvrement (impôts, loyers).

peremptory [pə'remptəri] *adj.* **1.** tranchant, impérieux, autoritaire. **2.** péremptoire, absolu, décisif, impératif. *Peremptory call to do something,* mise en demeure de faire quelque chose. *Peremptory writ,* mandat de comparaître.

perfect ['pəːfikt] *v.* **1.** parachever, accomplir, mener à bien. **2.** parfaire, rendre parfait. **3.** perfectionner, améliorer. **4.** *Typogr. :* retirer, imprimer le verso d'une feuille déjà imprimée au recto.

perform [pə'fɔːm] *v.* **1.** accomplir, exécuter, faire, effectuer ; s'acquitter de. **2.** se comporter, fonctionner, marcher (machines). **3.** jouer, représenter.

performance [pə'fɔːməns] *n.* **1.** accomplissement, exécution, réalisation. *Performance bond,* garantie de bonne exécution. **2.** comportement, fonctionnement, marche. **3.** résultat, rendement ; exploit.

performance-related pay, salaire au rendement ; salaire au mérite.

perfunctory [pə'fʌŋktəri] *adj.* superficiel, négligent, de pure forme.

peril ['perəl] *n.* péril, danger, risque. *Perils point,* cote d'alerte. *Perils of the sea,* fortune de mer.

period ['piəriəd] *n.* **1.** période, ère, époque, durée, phase ; terme. *Period of notice,* délai de préavis. **2.** (ponctuation) point ; point final, un point c'est tout. *To put a period to,* mettre un terme à. **3.** (adj.) d'époque, authentique. *Period furniture,* meuble d'époque.

periodical [ˌpiəri'ɔdikl] *n.* (journal) périodique, magazine, revue.

periodical, *adj.* périodique, régulier.

peripheral [pə'rifərəl] *n.* (souvent pluriel) périphérique(s) : matériel d'informatique connecté à une unité centrale.

peripheral, *adj.* périphérique

extérieur ; (d'un intérêt) secondaire, mineur, marginal. *Inform.* : *Peripheral equipment,* périphérique(s), matériel d'informatique connecté à une unité centrale.

perishable ['peri∫əbl] *adj.* périssable. *Perishable goods,* denrées périssables.

perishables ['peri∫əblz] *n. pl.* denrées périssables.

perjury ['pə:dʒəri] *n.* parjure, faux témoignage, faux serment.

perk(s) cf. **perquisites** [pə:ks] *n.* (souvent pl.) petits profits, petits bénéfices, avantages divers (s'ajoutant au salaire).

perk up, *v.* **1.** revigorer, ravigoter. **2.** se ranimer, reprendre. **3.** se rengorger.

permanent ['pə:mənənt] *adj.* permanent, stable, fixe. *Permanent assets,* capitaux fixes, immobilisations. *Permanent address,* adresse habituelle, permanente.

permission [pə'mi∫ən] *n.* permission, consentement, accord ; permis, autorisation.

permissive [pə'misiv] *adj.* **1.** qui est toléré, qui est permis ; facultatif, autorisé mais non obligé. *Permissive-wage adjustment,* convention permettant la renégociation périodique des salaires entre employeurs et syndicats. **2.** tolérant, indulgent, permissif.

permit ['pə:mit] *n.* permis, autorisation ; congé (administration), passavant, licence (douanes).

permit [pə'mit] *v.* **1.** autoriser, permettre ; tolérer. **2.** rendre possible, permettre.

perpetual [pə'pet∫uəl] *adj.* perpétuel, incessant, continu, continuel, ininterrompu.

perpetuate [pə'pet∫ueit] *v.* préserver, perpétuer, éterniser.

perpetuity [pə:pi'tju:əti] *n.* perpétuité. *Rule against perpetuities,* règle qui interdit toute disposition contractuelle à perpétuité en matière d'immobilier.

perquisite(s) ['pə:kwizit s] *n.* cf. **perk,** avantage en nature, petit profit.

per se [pə:'sei] en soi, par soi-même ; en tant que tel.

person ['pə:sn] *n.* **1.** personne, individu, être humain. *In person,* en personne. **2.** personne physique ou morale. *A private person,* un particulier.

personal ['pə:snl] *adj.* personnel, individuel, relatif à la personne. *Personal Assistant, P/A,* secrétaire de direction, assistant(e). *Personal computer,* ordinateur personnel. *Personal consumption,* consommation individuelle. *Personal rights,* droits du citoyen, individuels.

personal estate, biens personnels, biens meubles, biens mobiliers.

personal income tax, impôts sur le revenu des personnes physiques (I.R.P.P.).

personalize *v.* personnaliser.

personal loan, prêt (bancaire) personnel (prêt à court terme).

personal property, biens meubles, biens mobiliers. *Personal property tax,* impôt mobilier.

personal security, garantie personnelle ou mobilière donnée à l'occasion d'un emprunt.

personalty ['pə:snlti] *n.* = **personal property/estate,** biens mobiliers, biens meubles. *To convert realty into personalty,* ameublir un bien.

personnel [pə:sə'nel] *n.* **1.** personnel. **2.** (service du) personnel.

personnel manager, chef du personnel, directeur du personnel.

personnel officer, chef du personnel, directeur du personnel, responsable du service du personnel, responsable du personnel.

perspective [pə'spektiv] *n.* **1.** perspective (géométrie). **2.** vue, perspective, proportion, angle d'observation. *To see something in a new perspective,* voir quelque chose sous un jour nouveau, sous un nouvel angle.

P.E.R.T. [pəːt] *v.* = **Program Evaluation and Review Techniques,** techniques de revision et d'évaluation de programme (recherche opérationnelle).

pervasive [pə'veisiv] *adj.* envahissant (de façon sournoise ou insidieuse), qui se répand partout, qui pénètre partout.

pet *n.* animal familier, animal de compagnie. ~ *food(s)*, alimentation animale, nourriture pour animaux de compagnie. ~ *shop*, boutique d'animaux.

peter out ['piːtə] *v.* partir en fumée, s'évanouir, s'épuiser, disparaître, tomber à l'eau.

petition [pi'tiʃən] *n.* petition, requête, demande, supplique, recours. *Petition in bankruptcy,* demande de mise en liquidation judiciaire. *To file one's petition in bankruptcy,* déposer son bilan.

petition, *v.* pétitionner, implorer ; déposer une supplique, une requête, un recours.

petitioning creditor [pi'tiʃəniŋ] créancier requérant (dans une faillite).

petrol ['petrəl] *n.* essence (U.S. : **gas**).

petroleum [pi'trəuljəm] *n.* pétrole ; huile minérale.

petty ['peti] *adj.* 1. petit, chétif. 2. sans importance, insignifiant ; mesquin. 3. d'importance moindre, véniel.

petty cash, petite caisse. *Petty cash fund,* fonds de caisse.

petty criminal/offender, petit délinquant.

petty expenses, petits frais, faux-frais, menues dépenses.

petty offences, délits mineurs, contraventions.

phase [feiz] *n.* 1. phase, étape, stade. 2. phase, période, époque. *Out of phase,* déphasé, en opposition de phase. *In phase,* en phase.

phase in *v.* introduire graduellement.

phase out *v.* supprimer peu à peu, interrompre graduellement,

mettre progressivement un terme à, programmer le retrait (d'un produit).

phasing out ['feiziŋ] interruption progressive, retrait graduel.

phone [fəun] *n.* = **telephone.**

phone, *v.* to telephone.

phone-card, carte téléphonique.

phone fraud, utilisation du téléphone à des fins frauduleuses.

phone-in, (G.B.) émission de radio ou de télévision à laquelle les auditeurs peuvent participer par téléphone (c.f. U.S. : **call-in**).

phonemaker *n.* fabricant de téléphones.

phoney/phony ['fəuni] *adj.* qui fait semblant, faux, factice, « bidon », frauduleux. *A phony financial statement,* un état financier falsifié/truqué.

photocopier *n.* photocopieur, photocopieuse.

photocopy ['fəutəu,kɔpi] *n.* photocopie.

photocopy, *v.* photocopier, faire une photocopie, reproduire.

photostat ['fəutəstæt] *n.* (à l'origine avec majuscule) photocopie.

photostat, *v.* photocopier, reproduire, faire une photocopie.

pick [pik] *n.* 1. choix. *Take your pick,* faites votre choix. 2. morceau de choix, élite, le meilleur, la fine fleur.

pick *v.* choisir, cueillir, prendre, trier ; éplucher. *Hand-picked,* trié à la main, trié sur le volet. *To have a bone to pick with someone,* avoir un différend avec quelqu'un, un compte à régler avec quelqu'un.

picket ['pikit] *n.* 1. piquet de garde, piquet d'alerte ; piquet de grève. *To cross picket lines,* franchir les piquets de grève. 2. gréviste de faction.

picket *v.* installer des grévistes de faction, mettre un piquet de grève ; faire le piquet de grève ; installer une faction.

pick-up ['pikʌp] *v.* 1. reprendre, repartir, se redresser, se ressaisir, retrouver ses forces, son allant, être en reprise, s'améliorer, redémarrer. **2.** rassembler, ramasser, prendre, saisir. *To pick up momentum,* prendre de l'élan. *To pick up steam,* (reprise, etc.) se renforcer. *To pick up the bill/the tab,* régler la note, payer l'addition.

pick-up *n.* **1.** le fait de prendre, saisir, ramasser ; ramassage, collecte, enlèvement ; chargement. **2.** reprise, redémarrage. **3.** (U.S.) *pickup (truck),* camionnette.

pictorial [pik'tɔːriəl] *adj.* illustré. *Pictorial graph,* diagramme, graphique illustré, photographique.

piece [piːs] *n.* **1.** pièce, morceau, partie, bout, élément. *Piece of paper,* bout de papier. *To pay workers by the piece,* payer les ouvriers à la pièce. **2.** pièce d'un jeu, pièce de monnaie.

piecemeal ['piːsmiːl] *adv.* petit à petit, peu à peu, graduellement ; par morceaux.

piecemeal *adj.* fait par bribes, fragmentaire.

piece-rate *n.* taux à l'unité, à la pièce ; tarif à la pièce.

piece-work *n.* travail à la pièce, aux pièces, travail à la tâche.

pie-chart [ˌpai'tʃaːt] graphique circulaire, « camembert ».

pier [piə] *n.* digue, jetée, môle, ponton, estacade ; pile (d'un pont).

pigeonhole ['pidʒinhəul] *n.* case, casier, alvéole.

pigeonhole *v.* placer dans des casiers, caser, classer.

piggyback ['pigibæk] *n.* **1.** ferroutage (transport de remorques routières ou de conteneurs sur wagon). **2.** *(réseau commercial)* portage.

piggyback *v.* **1.** ferrouter. **2.** *(réseau commercial)* faire du portage.

piggyback *adv.* **1.** (d'un enfant) porté sur le dos. **2.** par ferroutage : transport de remorques routières ou de conteneurs sur wagon. **3.** *Piggyback exports,* portage, exportations kangourou.

piggyback service, service de ferroutage.

piggy-bank ['pigibank] *n.* tirelire.

piggy financings, financement gigogne.

pig-iron ['pig,aiən] fonte, fer en gueuse.

pile [pail] *v.* entasser, empiler, amasser ; amonceler. *To pile with,* charger de, recouvrir de.

pile-up, pileup *n.* carambolage.

pilfer ['pilfə] *v.* commettre des larcins, dérober.

pilferage ['pilfəridʒ] *n.* larcins, chapardages ; démarque inconnue.

pilot [pailət] *n.* **1.** pilote, conducteur. **2.** pilote, modèle, témoin, d'essai. *Pilot plant,* usine pilote.

pinball machine, machine à sous, « flipper ».

pinch [pintʃ] *n.* **1.** restriction ; gêne ; privation ; pénurie. *A labor pinch,* une pénurie de main-d'œuvre. *At a pinch,* au besoin, en cas de besoin. *Credit pinch,* resserrement du crédit. *To feel the pinch,* ressentir les effets, la pression (d'une pénurie etc.). **2.** point critique, moment difficile ; effet (déplaisant). *When it comes to the pinch,* au moment décisif.

pinch *v.* **1.** serrer, gêner. **2.** se priver.

pink slip (U.S.), avis/lettre de licenciement.

pink-slip (U.S.) *v.* licencier.

pin-money, argent de poche (pour femme ou jeune fille).

pinpoint ['pinpoint] *v.* indiquer avec précision, mettre le doigt sur, mettre en évidence ; monter en épingle ; localiser avec précision.

pint [paint] *n.* pinte, unité de capacité : G.B. : 0,56 1, U.S. : 0,47 1.

pipe-line ['paiplain] *n.* oléoduc, gazoduc, etc. *In the pipe-line,* se dit d'une mesure déjà prise mais dont les effets ne se sont pas encore fait sentir ou d'une mesure sur le point d'être prise.

piracy ['paiərəsi] *n.* **1.** piraterie. **2.** pillage, piratage, contrefaçon.

pit [pit] *n.* **1.** fossé; trou dans le sol. **2.** mine, puits de mine. **3.** tuyau, gaine. **4.** marché, corbeille (bourse).

pitch [pitʃ] *n.* **1.** lancement, jet. **2.** tangage. **3.** angle d'élévation, hauteur, espacement, pas ; registre. **4.** place, emplacement (sur un marché). **5.** *Salesman's pitch, sales pitch,* boniment du vendeur, « baratin » du vendeur ; argumentaire.

pitch *v.* promouvoir, faire la promotion de, faire le battage pour.

pitchman *n.* vendeur, camelot, promoteur (d'un produit, d'une idée).

pit-head *n.* carreau de la mine, tête de puits. *Pit-head price,* prix sur le carreau de la mine.

pit-prop *n.* poteau de mine, étai.

pittance *n.* somme dérisoire ; maigre salaire ; portion congrue.

pivotal ['pivətəl] *adj.* central, essentiel, crucial.

placard ['plæka:d] *n.* placard, affiche, avis au public.

placard *v.* **1.** placarder. **2.** aviser par affichage public.

placate [plə'keit] *v.* calmer, apaiser ; se concilier, satisfaire, s'assurer la sympathie de.

place [pleis] *n.* endroit, lieu, place, localité, emplacement, position, ordre, rang.

place *v.* **1.** placer, ranger, disposer. **2.** placer, écouler, vendre. *To place an order,* passer commande, passer un ordre, commander. **3.** (distribution) mettre en place.

placement ['pleismənt] *n.* **1.** placement, arrangement, ordre, position, disposition. **2.** placement, affectation. **3.** orientation ; emploi. *Placement centre/*(U.S.) *center,* agence pour l'emploi. *Placement office,* bureau de placement ; (*université*) centre d'orientation. *Placement officer,* responsable de l'orientation *Univers. :* conseiller-orienteur. *Placement test,* test

d'orientation. **4.** placement, investissement. **5.** stage en entreprise.

placing *n.* **1.** placement. **2.** (distribution) mise en place.

plague [pleig] *v.* harceler, accabler, s'acharner sur, empoisonner.

plain-label item, article vendu sous la marque/l'étiquette du distributeur/magasin.

plaintiff ['pleintif] *n.* demandeur, demanderesse, plaignant, requérant, partie plaignante.

plan [plæn] *n.* dessein, plan, projet, système, dispositif.

plan *v.* **1.** projeter, faire des plans, établir des plans. **2.** planifier. *Planned economy,* économie planifiée ; dirigisme. *Planning horizon,* horizon économique, avenir planifiable.

plane [plein] *n.* **1.** plan, surface plane. **2.** niveau, standard. *Plane of living,* niveau de vie. **3.** avion. *Jet plane,* avion à réaction. **4.** rabot.

plank [plæŋk] *n.* **1.** planche. **2.** ligne de conduite politique, plateforme politique ; élément d'un programme politique ou électoral.

planner ['plænə] *n.* planificateur.

planning ['plæniŋ] *n.* planification.

plant [pla:nt], U.S. [plænt] *n.* **1.** installations, outillage d'une usine, machinerie. *Heavy plant,* grosses machines. *Plant and equipment,* installations (éléments d'actifs). **2.** usine, installation industrielle. *Power plant,* centrale électrique. *Plant location analysis,* analyse d'implantation d'usines. *Plant transfer,* délocalisation d'usine.

plastic *n.* **1.** plastique, matière plastique. **2.** employé de façon générique pour désigner les cartes de crédit.

plastics ['plæstiks] *n.* **1.** matières plastiques. **2.** sciences des matières plastiques.

plate [pleit] *n.* **1.** assiette, plat, vaisselle plate. **2.** (machines) plaque ; platine ; cliché ; planche ; plateau. **3.** plaque, lame métallique, feuille de métal. *Armour-plate*, blindage. *Registration plate*, plaque minéralogique. *Silver-plate*, argenterie, vaisselle d'argent.

plate *v.* 1. plaquer ; dorer, argenter. *Gold-plated*, plaqué-or. 2. réduire en plaques, laminer. 3. blinder, cuirasser, recouvrir de plaques ; border (un navire) ; ferrer.

plate-glass [,pleit'glɑ:s] glace ; vitre, vitrage ; verre laminé. *Plate-glass insurance*, assurance contre le(s) bris de glaces, vitres, vitrines.

plate-iron, feuille de tôle, tôlerie.

plateau ['plætəu], (U.S.) [plæ'təu] *n.* plateau.

platform ['plætfɔ:m] *n.* 1. plate-forme, estrade, tribune, plateau, terrasse ; quai (train), tablier (pont). *Convergence ~*, (*info.*) plate-forme de convergence. 2. programme ou profession de foi politique, programme électoral d'un parti politique.

play [plei] *n.* amusement, divertissement, jeu ; pièce (de théâtre, etc.).

play *v.* jouer. *To ~ fair*, jouer franc-jeu. *To ~ for high stakes*, jouer gros jeu. *To ~ the market*, jouer à la/en bourse.

play down [plei] *v.* minimiser.

player *n.* acteur ; joueur.

play oneself out *v.* s'épuiser.

play up *v.* exploiter ; tirer parti de.

plea [pli:] *n.* 1. action en justice, procès, cause. 2. conclusions, moyens de (la) défense. *Plea of necessity*, impossibilité de faire autrement, cas de force majeure. 3. plaidoirie, plaidoyer. 4. excuse, prétexte.

plea-bargaining *n.* réduction de peine proposée à un accusé contre des aveux ou des révélations.

plead [pli:d] *v.* plaider, arguer, alléguer, faire valoir.

pleading ['pli:diŋ] *n.* 1. plaidoirie, plaidoyer. 2. *Plur.* : pièces, débats ; exposé des chefs d'accusation.

please [pli:z] *v.* plaire, faire plaisir, contenter, satisfaire.

please *adv.* s'il vous plaît ; veuillez… prière de… *Please for-*

ward, prière de faire suivre, faire suivre S.V.P. *Please let us know*, veuillez nous faire savoir. *Please turn over (P.T.O.)*, veuillez voir page suivante, tournez S.V.P. (T.S.V.P.).

pledge [pledʒ] *n.* 1. gage, engagement, nantissement ; caution. 2. promesse, vœu, parole d'honneur. 3. toast.

pledge *v.* 1. engager, gager, mettre en gage, nantir, donner en garantie. 2. promettre, donner sa parole, prendre un engagement, s'engager à. 3. boire à la santé, porter un toast.

pledgee ['pledʒi:] *n.* gagiste.

pledger ['pledʒə] *n.* 1. emprunteur sur gage, gageur. 2. garant.

pledging ['pledʒiŋ] *n.* 1. engagement, nantissement, mise en gage. 2. promesse, fait de promettre.

plenary ['pli:nəri] *adj.* plein, total, entier, complet, sans partage, plenier, illimité. *Plenary powers*, pleins pouvoirs.

plentiful ['plentiful] *adj.* abondant, copieux, ample.

plight [plait] *n.* 1. condition lamentable, situation fâcheuse ou pénible, état difficile ou douloureux, marasme. 2. état, condition, situation, cas. *As is the plight*, comme c'est le cas. 3. engagement solennel, engagement, gage.

plot [plɔt] *n.* 1. complot, conjuration, conspiration, intrigue. 2. pièce de terre, terrain, parcelle. *Building plot*, terrain à bâtir, lotissement.

plot *v.* 1. conspirer, intriguer, comploter, machiner. 2. dresser des plans, faire le relevé.

plough back [plau] *v.* réinvestir.

ploughing back ['plauiŋ] *n.* réinvestissement, auto-financement.

plow back (U.S.) voir **plough**.

plowing back (U.S.) voir **ploughing back**.

ploy [plɔi] *n.* stratagème, astuce, truc, tour.

plug [plʌg] *n.* 1. bouchon, bonde, tampon, cheville. *To pull the plug on*, débrancher, déconnecter, retirer son aide à, cesser de soutenir (une société en difficulté, etc.), ne pas reconduire un prêt. **2.** fiche, prise de courant. *Spark(ing)-plug,* bougie d'allumage.

plug *v.* **1.** cheviller, tamponner. **2.** brancher, mettre sur le courant. **3.** boucher, combler. *To plug a deficit,* combler un déficit. **4.** faire une publicité fracassante ; matraquer.

plumb [plʌm] *v.* **1.** sonder. *To plumb new depths,* atteindre son plus bas niveau. **2.** apposer des scellés.

plummet ['plʌmit] *v.* s'écraser, chuter verticalement, s'effondrer, diminuer énormément. *Prices have plummeted,* les cours se sont effondrés.

plunge [plʌnʒ] *n.* plongeon, chute.

plunge *v.* **1.** plonger. **2.** risquer de grosses sommes dans des entreprises hasardeuses.

plurality [pluə'ræliti] *n.* **1.** pluralité ; cumul. **2.** majorité relative (à une élection U.S.).

plus [plʌs] **1.** *adj.* positif ; avec en plus, plus, supplémentaire, supérieur. **2.** *adv.* plus ; augmenté de. **3.** *n.* signe plus ; gain, avantage ; surplus.

plussage/plusage ['plʌsidʒ] *n.* excédent.

ply [plai] *v.* **1.** faire la navette, assurer une liaison, un service régulier. **2.** manier vigoureusement.

plywood ['plaiwud] *n.* contreplaqué.

poach [pəutʃ] *v.* **1.** braconner. **2.** débaucher de la main-d'œuvre (en général, par surenchère salariale). *Poaching of labour,* débauchage de main-d'œuvre, chasse au personnel chez les concurrents, recrutement de personnel chez les concurrents.

pocket ['pɔkit] *n.* poche. *To be out of ~,* en être de sa poche.

pocket *v.* empocher.

pocket-book, pocket book, pocketbook *n.* **1.** livre de poche. **2.** agenda. **3.** (U.S.) portefeuille. **4.** (U.S.) sac à main. **5.** revenu, moyens financiers ; intérêts économiques.

point [pɔint] *n.* **1.** point, pointe, coupon, ticket. **2.** argument, question, but. *He made his point,* il a fait valoir son point de vue. *Sales point,* argument de vente. **3.** signe de ponctuation : équivaut à la virgule (avec chiffres) : *10.25* = 10,25. **4.** aiguillage. **5.** *Bourse :* a) unité de compte des actions, titres et valeurs correspondant à un dollar (ou à 10 dollars pour les obligations) ; b) valeur du point d'indice (Dow Jones, par ex.).

pointer ['pɔintə] *n.* indicateur.

point of order, rappel au règlement intérieur (dans une assemblée ou réunion, par exemple) ; objection ; point de procédure.

point of purchase advertising, publicité sur les lieux de vente, au point de vente, P.L.V.

point of sale, point de vente, lieu de vente.

point of sale advertising, publicité sur le point de vente, sur les lieux de vente, P.L.V.

points *n.* aiguillage(s), aiguille(s).

pointsman ['pɔintsmən] *n.* aiguilleur.

poised [pɔized] *adj.* prêt, préparé (à agir).

poison pill (m. à m. pilule empoisonnée), mesuré qui rend une O.P.A. si coûteuse qu'elle décourage l'acquéreur éventuel. (Exemple : titres convertibles en liquide dès la réussite d'une O.P.A.)

policeman's report [pə'li:smən] rapport de police.

police record [pə'li:s] casier judiciaire. *To have a police record,* avoir un casier, être fiché.

police records, archives de police, « sommier ».

police station, commissariat de police, « poste ».

policy ['pɔlisi] *n.* **1.** politique, ligne de conduite. *Income policy,* politique des revenus. **2.** police d'assurance. *Standard policy,* contrat d'assurance type, ordinaire.

policy-holder, assuré.

policy maker, décideur, responsable d'une politique.

politics ['pɔlitiks] *n.* politique (science ou vie).

polity ['pɔliti] *n.* système politique, institutions, constitution politique.

poll [pəul] *n.* **1.** scrutin, vote, consultation, élection. **2.** nombre de votants ; résultats du vote du scrutin, décompte des voix. **3.** sondage, consultation du public. *Opinion poll*, sondage d'opinion. *To take a poll*, faire/effectuer un sondage.

poll *v.* **1.** voter. **2.** sonder. **3.** obtenir des voix.

polling booth ['pəuliŋ] isoloir.

polling-day, jour des élections.

polling station, bureau de vote.

pollster ['pəulstə] *n.* sondeur, spécialiste des sondages d'opinion.

poll-taker *n.* spécialiste des sondages, sondeur.

pollutant [pə'lu:tənt] *n.* polluant.

pollute [pə'lu:t] *v.* polluer.

polluter [pə'lu:tə] *n.* pollueur.

pollution [pə'lu:ʃən] *n.* pollution.

ponderous ['pɔndərəs] *adj.* pesant, lourd.

pony up *v.* verser, payer, régler ; rembourser.

pool [pu:l] *n.* **1.** bassin, mare, étang. *Swimming pool*, piscine. **2.** poule, mise commune, pot commun ; masse, fonds commun ; syndicat de placement. *Car pool*, parc de voitures appartenant à une entreprise ou un ministère. *Typing pool*, « pool » de dactylos. **3.** réserve, réservoir. *Pool of skilled labour*, réserve, « gisement », de main d'œuvre qualifiée.

pool *v.* mettre en commun ; mettre en syndicat.

pooling ['pu:liŋ] *n.* mise en commun ; mise en syndicat.

poor [puə] *adj.* **1.** pauvre, indigent ; malheureux, triste. **2.** mauvais, de faible qualité. *Of poor quality*, de mauvaise qualité. **3.** faible, peu convaincant, médiocre.

popular ['pɔpjulə] *adj.* **1.** en vogue, populaire, à la mode. **2.** couru, à la portée de tous. **3.** répandu, commun, généralement admis.

populate ['pɔpjuleit] *v.* peupler, se peupler.

populated ['pɔpjuleitid] *adj.* habité. *Thinly populated*, à faible densité.

population ['pɔpjuleiʃən] *n.* population ; peuplement.

pork-barreling [,pɔ:k'bærə liŋ] (U.S.) défense, par des parlementaires, des intérêts locaux qu'ils représentent, en particulier par l'attribution à des entrepreneurs locaux de fructueux contrats dans le cadre de travaux d'aménagement financés par l'État ; forme d'électoralisme.

port [pɔ:t] *n.* **1.** port. *Free port*, port franc. *Home port*, port d'attache. *Port of registry*, port d'attache ; port d'armement. *Port of sailing*, port de départ. **2.** bâbord.

portability *n.* (Assur.) transférabilité.

portable ['pɔ:tabl] *adj.* portable, portatif, transportable. ~ *phone*, téléphone mobile.

portage ['pɔ:tidʒ] *n.* **1.** portage ; port, transport. **2.** frais de portage.

portal *n.* portail ; (*info.*) portail d'accès.

port charges, droits de port.

port dues, droits de port.

porterage ['pɔ:təridʒ] *n.* **1.** factage, transport ; manutention. **2.** droit, frais de transport, manutention.

portfolio [,pɔ:t'fəuljəu] *n.* **1.** carton, serviette. **2.** portefeuille ministériel, maroquin. **3.** portefeuille financier, d'investissements. *Portfolio management*, gestion de portefeuille. *Portfolio manager*, gérant de portefeuille.

port of call, (port d') escale.

portion ['pɔ:ʃən] *n.* portion, part, partie, secteur, segment. *Portion of the market*, segment du marché.

position [pə'zɪʃən] *n.* **1.** situation, position, condition. *To be in a position to,* être en mesure, à même de. **2.** poste, emploi, fonction, situation. *He holds a good position,* il a une bonne situation.

position *v.* positionner ; se positionner.

positioning [pə'zɪʃənɪŋ] *n.* positionnement, recherche de la position adéquate.

positive ['pɒzətɪv] *adj.* **1.** certain, sûr et certain, assuré, avéré. *I'm positive about it,* j'en suis absolument sûr. *It's a positive fact,* c'est un fait avéré. **2.** manifeste, évident, absolu. *Positive law,* loi en vigueur. **3.** positif, constructif.

possess [pə'zes] *v.* posséder, avoir, être propriétaire.

possession [pə'zeʃən] *n.* possession, propriété ; jouissance ; (pl.) biens, avoirs.

possessor [pə'zesə] *n.* possesseur, porteur (d'un effet).

possessory [pə'zesəri] *adj. Jur. :* possessoire.

post [pəust] *n.* **1.** poteau. **2.** poste ; bureau de poste ; courrier, correspondance. *By return of post,* par retour du courrier. **3.** emploi, situation ; poste. *Trading-post,* comptoir (Indes, Canada).

post *v.* **1.** afficher, placarder, coller (U.S.). *Post no bills,* défense d'afficher. *To post rates,* afficher les cours. **2.** annoncer (des résultats). *The firm posted a deficit of...,* l'entreprise a annoncé un déficit de... **3.** poster, mettre à la poste, au courrier, envoyer par la poste, affranchir. **4.** informer. *Keep me posted,* tenez-moi au courant. *To be posted (up) on something,* être tenu au fait de, être bien informé sur. **5.** inscrire, passer en écriture, passer une écriture, passer, reporter, transcrire, enregistrer. *To post an item,* passer un article. *To post entries,* inscrire, passer des écritures. *To post (up) books,* mettre à jour les livres. *To post up the ledger,* arrêter le grand livre. **6.** déposer de l'argent (en caution). (U.S.) *to post*

bail/bond, verser une caution pour mise en liberté provisoire. **7.** affecter à un poste.

postage ['pəustɪdʒ] *n.* affranchissement, port.

postage due stamp, timbre-taxe, timbre fiscal.

postage paid, dispensé de timbrage, port payé.

postal ['pəustəl] *adj.* postal, relatif à la poste, se faisant par la poste.

postal order, bon de poste (G.B. : jusqu'à une date récente, coupons émis pour des valeurs fixes par la poste britannique).

postcode *n.* code postal.

postdate [,pəust'deɪt] *v.* postdater.

poster ['pəustə] *n.* affiche, placard.

poster advertising, publicité par affichage, par voie d'affiches.

poster designer, affichiste, concepteur, créateur d'affiches.

poste restante [,pəust'resta:nt] poste restante.

poster panel, panneau d'affichage.

post-free [,pəust'fri:] *adj.* franco, franco de port, port payé (U.S. : **post-paid**).

posting [,pəustɪŋ] *n.* **1.** affichage, placardage. **2.** inscription au grand livre *(comptab.)*, passation, inscription. **3.** *(milit.)* nomination, affectation.

postmark ['pəustma:k] *n.* cachet de la poste, timbre, tampon (de la poste), (timbre d') oblitération. *Date as postmark,* le cachet de la poste faisant foi.

postmark *v.* timbrer, apposer un cachet de poste.

postmaster ['pəust,ma:stə] *n.* receveur des postes.

Postmaster General, Ministre des P.T.T.

postmortem [,pəust'mɔ:tem] *n. (Postmortem examination).* **1.** autopsie, examen post-mortem. **2.** examen a posteriori afin de déterminer les causes de l'échec d'un plan, projet, etc.

post-office [ˈpəustˈɔfis] *n.* **1.** bureau de poste, bureau des P.T.T. **2.** *The Post-Office,* les Postes, les P.T.T.

post-paid [ˈpəustpeid] *adj.* (G.B. : **post-free**) (U.S.) franco de port, port payé.

postponable [ˌpəustˈpəunəbl] *adj.* ajournable, qui peut être reporté, remis à une date ultérieure.

postpone [ˌpəustˈpəun] *v.* reporter, remettre à plus tard, à une date ultérieure, ajourner, différer, reculer (une date).

postponement [ˌpəustˈpəunmənt] *n.* ajournement, renvoi, remise à une date ultérieure, sursis.

postscript [ˈpəustkript] *n.* P.S...., post-scriptum, p.s. ; postface.

post up *v.* **1.** rendre public, publier, faire connaître par voie publique, afficher, placarder. **2.** informer, documenter, mettre au courant, renseigner. **3.** mettre à jour (comptes, livres).

potential [pəuˈtenʃl] *n.* potentiel, potentialité, aptitude. *Big sales potential,* bon potentiel de ventes.

potential *adj.* potentiel, latent, virtuel, théorique, possible, éventuel. *Loss of potential income,* manque à gagner.

pound [paund] *n.* livre. **1.** unité de masse (abr. : *lb.*) ; système *avoirdupois* : 0,454 kg. système *troy* (métaux précieux) : 0,373 kg. *Sold by the pound,* vendu à la livre. **2.** unité monétaire (abrév. : £). *Pound sterling,* livre sterling. **3.** fourrière.

poundage [ˈpaundidʒ] *n.* commission, droit de commission, pourcentage (à l'origine, calculée en pourcentage par livre).

pound note, billet de banque d'une livre. *A five-pound note,* un billet de cinq livres. *A ten-pound note,* un billet de dix livres.

pound-stretcher, économe, qui tire le maximum de son argent.

poverty [ˈpɔvəti] *n.* pauvreté, pénurie, indigence. *Poverty line*

(*threshold*), seuil de pauvreté, niveau de revenu au-dessous duquel on est considéré comme pauvre (notion utilisée pour l'octroi d'allocations, etc.).

power [ˈpauə] *n.* **1.** pouvoir, force, autorité, puissance, influence. *The Great/the Big Powers,* les Grandes Puissances. *To be in power,* être au pouvoir. *To the 4th power, to the power 4,* à la puissance 4. **2.** capacité, aptitude à, faculté de. *Mental power,* capacité intellectuelle. *Working power,* puissance de travail. **3.** énergie, puissance. *Nuclear power,* énergie nucléaire. *Horse-power* (H.P.), cheval-vapeur. *Power-cut,* coupure d'énergie/de courant/d'électricité.

power *v.* **1.** actionner, mouvoir, propulser. **2.** fournir de l'énergie, alimenter, nourrir ; faire fonctionner. **3.** générer.

power ahead *v.* aller de l'avant. *The economy will power ahead again,* l'économie repartira/redémarrera de plus belle.

powerful [ˈpauəful] *adj.* puissant ; fort, vigoureux ; énergique.

powerhouse *n.* **1.** centrale électrique. **2.** élément moteur, élément dynamique.

power of attorney, procuration (écrite), mandat, pouvoir.

power-sharing partage du pouvoir ; partage de souveraineté.

power station [ˈpauə ˌsteiʃən] centrale électrique.

practice [ˈpræktis], (U.S.) **practise** *n.* **1.** pratique, habitude, expérience. *Social practices,* les usages sociaux, les mœurs. *To be out of practice,* manquer d'entraînement, être hors de forme. **2.** usage, exercice, règle(s), pratique. *fair practice act,* loi sur les usages en matière de garantie et de service aprèsvente. *Restrictive practices,* pratiques restrictives, pratiques anticoncurrentielles, atteintes à la libre concurrence. *Sharp practices,* procédés malhonnêtes. **3.** clientèle (professions libérales).

practise ['præktis] *v.* **1.** mettre en pratique, pratiquer, exercer. **2.** s'entraîner, s'exercer, étudier.

practised ['præktist] *adj.* **1.** pratiqué. **2.** (personne) expérimenté(e).

practising ['præktisiŋ] *adj.* en exercice.

preamble [pri:'æmbl] *n.* préambule, exposé des motifs.

precarious [pri'kɛəriəs] *adj.* précaire, à titre précaire ; incertain, douteux.

precaution [pri'kɔ:ʃən] *n.* précaution.

precautionary [pri/kɔ:ʃənəri] *adj.* de précaution/prudence/prévention. ~ *measures,* mesures de précaution. ~ *principle,* principe de précaution.

precedence ['presidəns] *n.* **1.** préséance. *To have/take precedence of someone,* avoir, prendre le pas sur quelqu'un. **2.** (**over,** sur) droit de priorité.

precedent ['presidənt] *n.* précédent. *Without precedent,* sans précédent.

precept ['pri:sept] *n.* **1.** précepte, principe moral ; commandement (divin). **2.** *Jur. :* mandat. **3.** avis d'impôt local (G.B.).

precinct ['pri:siŋkt] *n.* **1.** enceinte ; bornes, limites ; domaines ; environs. **2.** district, quartier, secteur, « arrondissements » (limites administratives dans une ville) ; ressort, juridiction ; (U.S.) circonscription électorale, subdivision électorale ; (ressort d'activité d'un) commissariat de police.

précis ['preisi:] *n.* précis, résumé ; compte rendu.

preclude [pri'klu:d] *v.* empêcher, exclure, interdire, prévenir.

preclusive buying [pri'klu:siv] achat destiné à empêcher d'autres acheteurs de se manifester.

predator *n.* prédateur ; raider.

predatory *adj.* rapace, de prédateur.

predatory competition ['predə təri] concurrence déloyale par ven-

te au-dessous du prix de revient.

predatory price-cutting, pratique de prix plus bas que le prix d'achat, en vue de s'emparer d'un marché.

predecessor ['pri:disesə] *n.* prédécesseur, devancier.

predict [pri'dikt] *v.* prédire, annoncer, prévoir.

preempt [,pri:'empt] *v.* **1.** préempter, user d'un droit de préemption. **2.** acquérir au préalable, à l'avance. **3.** prendre des mesures, prendres des mesures préventives, prendre des mesures dissuasives. **4.** *To preempt a T.V. program* (U.S.), remplacer une émission de télévision (en raison de l'actualité).

preemption [,pri:'empʃən] *n.* préemption, droit de préemption.

preemptive [,pri:'emptiv] *adj.* préemptif, à titre préventif. *Preemptive bid,* ouverture préemptive, enchère dissuasive. *Preemptive right,* droit de préemption.

preemptor [,pri:'emptə] *n.* (U.S.) personne qui utilise un droit de préemption.

prefab ['pri:fæb] *n.* **1.** *Abrév. fam. :* maison préfabriquée, construction préfabriquée/en éléments fabriqués en usine. **2.** *adj.* en préfabriqué.

prefer [pri'fə:] *v.* **1.** préférer, aimer mieux. **2.** nommer, promouvoir, faire avancer. **3.** privilégier. **4.** *Jur. :* déposer. *To prefer a complaint,* déposer une plainte, porter plainte.

preference ['prefərəns] *n.* **1.** préférence, chose préférée. **2.** traitement préférentiel ; droit de priorité.

preference bond, obligation privilégiée.

preference rate, taux de préférence, taux préférentiel, privilégié.

preference share, action privilégiée, préférentielle, action de priorité, à dividende prioritaire.

preferential [,prefə'renʃl] *adj.* préférentiel, de préférence, privilégié. *Preferential creditor,* créancier privilégié, prioritaire. *Preferential* *duty,* droit (de douane) privilégié. *Preferential shop,* atelier, usine, entreprise donnant la priorité à l'embauche d'employés syndiqués.

preferment [pri'fə:mənt] *n.* avancement, promotion.

preferred [pri'fə:d] *adj.* de préférence, privilégié. *Preferred creditor,* créancier prioritaire, privilégié. *Preferred dividend,* dividende privilégié. *Preferred share,* cf. **preference share.** *Preferred stock/« B » stock,* titres privilégiés.

preferred position *Pub. :* emplacement spécial, privilégié.

preferred stock, actions privilégiées, de priorité, à dividende prioritaire.

prejudice ['predʒədis] *n.* 1. prévention, préjugé. 2. préjudice, tort, dommage. *Jur. : Without prejudice,* sous réserve de, sans préjuger…

prejudice *v.* 1. nuire, faire du tort, porter tort. 2. prédisposer, prévenir contre. *To be prejudiced against/for someone,* avoir des préventions contre/être bien disposé en faveur de quelqu'un.

prejudicial [,predʒu'diʃəl] *adj.* 1. qui fait tort, qui nuit, nuisible, préjudiciable. 2. préjudiciel.

preliminaries [pri'liminəriz] *n.* préliminaires, préalables.

preliminary [pri'liminəri] *adj.* préliminaire, préalable.

premier ['premjə] *n.* chef du gouvernement, premier ministre.

premiere *v.* (ciné.) être présenté pour la première fois ; (film) sortir.

premise ['premis] *n.* prémisse (logique).

premises ['premisiz] *n.* local, locaux, immeuble, établissement ; domicile (commercial). *Large premises,* vastes locaux. *On the premises,* sur place.

premium ['pri:mjəm] *n.* 1. prime (d'assurance). *Insurance premium,* prime d'assurance. 2. prime (en bourse), surcote. *At a premium,* au-dessus du pair. 3. prime, récom-

pense. *Premium pay,* salaire supplémentaire. 4. supplément (dû pour service exceptionnel).

premium *adj.* de première qualité.

premium bonds *n.* obligations à lots (au lieu d'être répartis également entre tous les détenteurs, les intérêts sont regroupés au bénéfice des heureux gagnants de tirages au sort, mensuels dans le cas des *Premium Savings Bonds* britanniques).

prepack [,pri:'pæk] *v.* pré-emballer.

prepacks ['pri:pæks] *n.* produits pré-emballés, vendus sous emballage.

prepaid expenses, charges constatées d'avance.

preparatory talks [pri'pærətəri] négociations préparatoires, pré-négociations.

prepaid [,pri:'peid] *adj.* 1. payé d'avance. 2. franco (de port).

prepay [,pri:'pei] *v.* payer d'avance, avancer.

prepayment [,pri:'peimənt] *n.* 1. paiement d'avance, à l'avance. 2. affranchissement (préalable).

prerequisite [,pri:'rekwizit] *n.* prérequis, condition préalable.

prerogative [pri'rɔgətiv] *n.* prérogative. *The Royal Prerogative* (G.B.), le privilège royal.

prescribe [pri'skraib] *v.* 1. prescrire, ordonner. 2. rédiger une ordonnance.

prescriber *n.* prescripteur.

prescription [pri'skripʃən] *n.* 1. *Méd. :* ordonnance, prescription. 2. *Jur. :* prescription. 3. (U.S.) titre de propriété fondé sur la possession ininterrompue ; moyen d'obtenir ce titre.

prescriptive [pri'skriptiv] *adj.* 1. prescriptif, qui commande, ordonne, exige. 2. consacré par l'usage.

present ['preznt] *v.* 1. offrir, donner, faire cadeau. 2. montrer, présenter. *To present a bill for acceptance,* présenter un effet à l'acceptation. *To present a bill for collection,* présenter un effet à l'encaissement, au recouvrement. *To present a bill for discount,* présenter un effet à l'escompte, demander l'escompte de papier commercial.

presentation [,prezen'teiʃən] *n.* **1.** présentation. *On presentation,* à présentation ; à bureau ouvert ; à vue ; sur demande. **2.** (congrès) communication.

presentment [pri'zentmənt] *n.* **1.** présentation ; représentation, tableau, description. **2.** *Jur. :* déclaration du jury ou d'un magistrat dénonçant une situation délictueuse.

present value, valeur actuelle, valeur actualisée.

preservation [,prezə'veiʃən] *n.* préservation, conservation ; salut. *Preservation order,* (G.B.) ordonnance stipulant qu'un objet (par ex. : monument) doit être préservé ou maintenu en bon état.

preserve [pri'zə:v] *n.* **1.** confiture, conserve. **2.** réserve, parc de gibier. **3.** *Fig. :* chasse gardée.

preserve *v.* **1.** conserver, préserver. **2.** faire des confitures, confire.

preside [pri'zaid] *v.* présider. *Presiding judge,* président de tribunal.

presidency['prezidənsi] *n.* présidence.

president ['prezidənt] *n.* président(e). *Univers. :* recteur. *President of the Board of Trade* (G.B.), ministre du Commerce. *President* (U.S.), président-directeur général, P.D.G. *President and Chief Executive,* P.D.G.

press *v.* **1.** presser. **2.** peser (sur). **3.** insister sur. *To press a point,* faire valoir un point. *To press a claim,* insister sur une demande, une revendication. **4.** *To press for something,* réclamer, revendiquer. **5.** repasser, donner au pressing.

press [pres] *n. The press,* la presse ; les gens de presse.

press a charge/charges, porter plainte, engager des poursuites.

press advertising, publicité-presse.

press agent ['pres,eidʒənt] agent de presse, chargé des relations avec la presse, le public.

press Baron/Lord, magnat de la presse.

press-book, album de presse.

(press) clipping, coupure de presse.

press cutting, coupure de presse.

press release, communiqué de presse.

press-run *n.* **1.** opération de tirage en continu d'un journal. **2.** tirage, nombre d'exemplaires imprimés (d'un journal).

pressure ['preʃə] *n.* poussée, pression, contrainte, tension ; poids (de la chose subie). *Inflationary pressures,* pressions inflationnistes. *Under pressure,* sous la contrainte. *He resigned under pressure,* il a été contraint à démissionner.

pressure *v.* exercer des pressions, contraintes, faire pression sur.

pressure-group, groupe de pression.

pressure selling, vente forcée.

presumption [pri'zʌmpʃən] *n.* présomption.

presumptive [pri'zʌmptiv] *adj.* **1.** présumé. **2.** *Jur. :* présomptif. *Presumptive heir,* héritier présomptif.

pre-tax cash flow [pritæks] cashflow brut avant impôts, produit brut, résultat brut d'exploitation.

pre-tax profit, pretax profit, bénéfices(s) avant impôt.

pre-ticketing *n.* étiquetage préalable.

prevail [pri'veil] *v.* prévaloir, l'emporter (sur) ; dominer, prédominer.

prevailing [pri'veiliŋ] *adj.* dominant, en vigueur. *Prevailing opinion,* opinion générale, dominante.

prevention [pri'venʃən] *n.* prévention ; fait d'empêcher, empêchement.

preview *n.* **1.** avant-première ; projection privée avant diffusion publique. **2.** bande annonce, film annonce. **3.** avant-goût, aperçu, anticipation ; tour d'horizon.

previous ['pri:vjəs] *adj.* précédent, antérieur, préalable. *Previous conviction*, condamnation antérieure. *Jur. : Previous question*, question préalable. *prép. Previous to :* préalablement à, avant.

prevision [,pri:'viʒn] *n.* prévision.

price [prais] *n.* prix, cours. *Buying price*, prix d'achat. *Cost price*, prix de revient. *Pegged price*, prix de soutien, de stabilisation. *Posted price*, prix affiché, théorique. *Sales prices*, prix de vente. *Target price*, prix de référence, prix d'équilibre, prix d'objectif.

price *v.* **1.** établir, déterminer, fixer le prix, tarifer. **2.** marquer le prix, mettre l'étiquette de prix. **3.** rechercher le meilleur prix d'un même article en visitant plusieurs points de vente ; comparer les prix. **4.** *To price oneself out of a market*, pratiquer des cours au-dessus du marché, perdre un marché en pratiquant des prix trop élevés.

pricebasher [,prais'bæʃə] *n.* fabricant ou commerçant qui casse les prix.

price-consumption curve, courbe de la consommation et des prix.

price control(s), contrôle(s) des prix.

price(s) current, tarif, liste des prix en vigueur (à un moment donné pour des articles désignés).

price cut, rabais ; baisse.

price differential, price differential spread, différentiel des prix.

price discrimination, discrimination en matière de prix (application de tarifs différents pour les mêmes marchandises vendues à des clients différents).

price-earning(s) ratio, *abrév. : P/E ratio, P/E,* rapport cours-bénéfice, rapport bénéfice-prix (cours d'une action divisé par le dividende qu'elle rapporte), taux de capitalisation du bénéfice net par action ;

coefficient de capitalisation des résultats (C.C.R.).

price-elastic market, marché sensible au prix.

price-fixing, 1. fixation du prix, établissement du prix a priori. **2.** fixation illicite des prix (par entente entre fabricants et/ou distributeurs).

price-freeze, blocage des prix.

price-gouging, pratique de prix exorbitants.

price-grid, tarif.

price-index, indice des prix.

price leadership, position dominante en matière de prix.

priceless ['praislis] *adj.* hors de prix.

price-list, tarif, prix courant.

price loco, voir **loco price.**

price-maintenance, vente à prix imposé.

price marker, porte-prix (P.L.V.).

price-off label, étiquette d'offre spéciale, de prix cassé.

price pyramiding, répercussion exponentielle des hausses de coût sur les prix.

price range, gamme de prix.

price rigging, fixation illicite/ illégale des prix.

price-sensitive, sensible au prix, élastique.

price setting, fixation du/des prix, établissement du prix.

price slashing, prix cassés, très forte baisse.

price support, soutien des prix.

price tag, étiquette de prix ; par extension, prix.

price war, guerre des prix.

price-wise *adv.* pour ce qui est du prix, en termes de prix.

pricey, pricy *adj.* (fam.) cher, qui coûte cher.

pricing ['praisiŋ] *n.* établissement du prix ; tarification, fixation des prix, formation des prix. *Common pricing*, prix de cartel. *Pricing policy*, politique de(s) prix.

pricey, pricy *adj.* cher, d'un prix élevé, de luxe.

primage ['praimidʒ] *n.* chapeau du capitaine, primage (il s'agissait de l'argent donné au capitaine pour l'usage des engins de bord lors du chargement ou du déchargement de la cargaison ; le principe en demeure sous forme d'un pourcentage ajouté au coût du fret, d'un montant variable selon les ports).

primary commodities ['praiməri] produits de base.

primary household, ménage, foyer de lecteurs primaires (qui ont acheté une publication ou l'ont demandée).

primary drives *Psychol.* : besoins primaires, élémentaires ; impulsions primaires.

prime [praim] *adj.* **1.** premier, principal, de premier rang, premier en date ou en importance. *Prime minister,* premier ministre. *Prime bill,* effet de haut commerce. **2.** excellent, de premier choix. (U.S.) *Prime time,* heure de grande écoute (médias audiovisuels).

prime *v.* **1.** amorcer ; stimuler, relancer. **2.** mettre au courant, informer, briefer.

prime cost, prix coûtant. **1.** prix de revient (incluant matières premières, salaires et frais encourus directement). **2.** (U.S.) coût direct ; coût de fonctionnement ; coût qui varie en raison directe du volume de la production. Synonyme : *flat cost.*

prime driver *n.* moteur (sens figuré)

prime mover *n.* moteur (sens figuré)

prime rate, (U.S.) taux d'escompte bancaire préférentiel : taux préférentiel consenti par les banques d'affaires aux toutes premières entreprises américaines ; peut varier en fonction du volume de l'emprunt, des conditions économiques locales ou internationales, etc.

prime time, heure de plus grande audience, « prime time ». *Prime time slot,* créneau de pointe.

principal ['prinsəpl] *n.* **1.** patron, employeur, chef, directeur. **2.** montant d'un prêt sur lequel un intérêt est perçu, principal. **3.** commettant, mandant, donneur d'ordre. **4.** *Jur.* : auteur principal d'un crime ou d'un délit.

print [print] *n.* **1.** impression, empreinte, marque ; estampe, gravure. **2.** imprimé ; caractère d'imprimerie. *In print,* imprimé ; disponible. *Out of print,* épuisé. *In small print,* en petits caractères (au bas des contrats notamment). *Print media,* les médias de la presse écrite, la presse écrite.

print *v.* imprimer ; faire une empreinte ; tirer (livre, document…).

printed matter ['printid] *n.* imprimés.

printer ['printə] *n.* **1.** imprimeur ; typographe. *Printer's error,* coquille. *Printer's proof,* épreuve d'imprimerie. *Printer's reader,* correcteur d'épreuves. **2.** imprimante. *Laser printer,* imprimante à laser.

print-out ['printaut] *n.* liste imprimée (produit par l'imprimante d'un ordinateur), listage, « listing ».

print run, chiffre de tirage (d'un journal).

prior ['praiə] *adj.* antérieur ; préalable. *prép. Prior to :* avant. *To have a prior claim,* avoir un droit de priorité, d'antériorité, avoir priorité.

prior analysis, étude préalable.

prioritize *v.* traiter en priorité, en premier, donner la priorité à.

priority [prai'ɔriti] *n.* **1.** priorité, préséance. **2.** privilège (d'un créancier). *Priority share,* action privilégiée.

privacy *n.* vie privée ; intimité.

private [,praivit] *adj.* **1.** particulier, personnel, privé. « *Private* » (sur courrier), personnel. *Private account,* compte particulier. *Private Assistant, P/A,* secrétaire de direction, assistant(e). **2.** privé, restreint, non public. *Private agreement,* accord amiable. **3.** sans fonction spéciale, ordinaire. *A private individual,* un simple particulier. **4.** *Jur.* : *Private sitting,* huis-clos.

private brand, marque de distributeur, marque privée.

private company, également **private limited company.** société privée, société à responsabilité limitée (équivalence approximative ; dans cette forme de société, le nombre des actionnaires est limité à 50 et ils ne peuvent céder leurs parts à des tiers sans le consentement de la société ; celle-ci n'a pas le droit d'annoncer une émission d'actions au public).

private consumption, consommation des ménages.

private corporation (U.S.), société à responsabilité limitée (dont les parts ne sont pas négociées dans le public).

private entreprise, libre entreprise.

private exhibition, salon spécialisé réservé aux professionnels, ou sur invitation.

private income, revenu des ménages.

private label, marque de distributeur.

private party selling, vente chez et par un particulier dans le cadre d'une réception.

private secretary, secrétaire particulière, secrétaire de direction.

privatisation, privatization n. privatisation.

privatise, privatize v. privatiser, rendre au secteur privé.

privilege ['privilidʒ] n. **1.** privilège, prérogative. **2.** immunité. *Breach of privilege,* (cas de) rupture de privilège ou d'immunité. **3.** *Bourse : Privileges* (U.S.), options.

privity ['priviti] n. **1.** connivence, connaissance (d'un fait secret). **2.** *Jur. :* lien de droit, obligation (contractuelle) (concerne notamment le cas d'héritage de droits d'un contrat, pour garantir aux héritiers les mêmes droits que la partie contractante dont ils héritent).

Privy Council ['privi' kaunsəl] (G.B.) Conseil Privé de la Reine.

prize [praiz] n. **1.** prix, récompense ; lot. *Prize bond,* obligation à lot. *Prize drawing,* tirage de lots. **2.** prise, capture (maritime).

pro [prəu] n. et prép. **1.** *Fam. :* professionnel. **2.** pour. *Pros and cons,* le pour et le contre, les arguments pour et contre.

pro-active adj. pro-actif, proactive.

probability sampling [ˌprɔbə'biliti] sondage par échantillon probabiliste, sondage aléatoire.

probate ['prəubeit] n. *Jur. :* validation, homologation, vérification (d'un testament). *Probate court,* tribunal vérifiant et homologuant les testaments et traitant les affaires qui en découlent. *Probate duty,* droit de succession.

probation [prə'beiʃən] n. **1.** probation, épreuve ; examen, stage ; essai. *On probation,* à l'épreuve. *Probation period,* période d'essai. **2.** mise à l'épreuve (sous surveillance de la police), liberté conditionnelle, liberté surveillée. *Probation officer,* responsable des délinquants mis en liberté surveillée.

probationer [prə'beiʃənə] n. **1.** délinquant mis en liberté surveillée (sous la responsabilité du *probation officer*). **2.** employé en cours de formation, stagiaire ; en particulier infirmière en stage de formation.

probative ['prəubətiv] adj. **1.** exploratoire, probatoire. **2.** probant.

probe [prəub] n. **1.** sonde. **2.** enquête ; sondage.

probe v. **1.** sonder ; examiner à fond. **2.** enquêter.

problem debtor ['prɔbləm' detə] n. mauvais payeur.

procedure [prə'si:dʒə] n. procédure ; procédés ; pratiques en usage.

proceed [prə'si:d] v. **1.** naître de, procéder de. **2.** commencer, se mettre à, entreprendre de. **3.** poursuivre, continuer, procéder. **4.** s'accomplir, avancer, poursuivre son cours. **5.** poursuivre en justice, intenter un procès.

proceedings [prəˈsiːdiŋz] *n.* **1.** événements, actions, actes ; affaires. **2.** poursuites judiciaires. *To take, institute, start, undertake proceedings,* engager, entreprendre des poursuites. **3.** débats, délibérations. **4.** procès-verbal (d'une réunion, d'une séance, des délibérations) ; compte rendu, annales (d'un congrès).

proceeds [prəˈsiːdz] *n.* **1.** produit, montant ; gains, bénéfices, recettes, rentrées. **2.** *Fin. :* produit net.

process [ˈprəʊses] *n.* **1.** processus, cours, étapes, développement. **2.** procédé, méthode, mode, opération. ~ *industry,* industrie de transformation opérant à partir des matières premières (cf. raffinage du pétrole brut). **3.** *Jur. :* action en justice, sommation à comparaître.

process [prəˈses], (U.S.) [ˈprɔses] *v.* **1.** traiter, transformer, apprêter. **2.** traiter, analyser, dépouiller. *Data-processing,* traitement des données. *To process an order,* traiter, exécuter une commande. **3.** *Jur. :* poursuivre.

processing [ˈprəʊsesiŋ] *n.* **1.** traitement, transformation. **2.** analyse, traitement, acheminement. *Data processing,* informatique, traitement des données, de l'information. *Processing plant,* usine de traitement. *Statistical processing,* dépouillement, analyse des statistiques.

processing fee *n.* (crédit, etc.) frais de dossier.

processed foods, produits alimentaires industriels, de transformation.

process-server *n. Jur. :* huissier.

procuration [ˌprɔkjuəˈreiʃən] *n.* **1.** procuration, mandat. **2.** délégation de pouvoir. **3.** obtention. *Procuration fee / money,* droit de commission (versé à un agent pour l'obtention d'un prêt).

procurator [ˈprɔkjuəreitə] *n.* **1.** agent d'affaires ; fondé de pouvoirs. **2.** *Jur. :* procurateur.

procuratory-letters [prəˈkjuə reitəri ˈletəz] *n. plur. Jur. :* pouvoir, lettre d'accréditation comme fondé de pouvoir.

procure [prəˈkjuə] *v.* **1.** procurer, obtenir ; se procurer. **2.** causer, amener. **3.** servir d'entremetteur, agir comme proxénète.

procurement [prəˈkjuəmənt] *n.* **1.** obtention, acquisition. **2.** entremise ; débauchage, proxénétisme. **3.** (U.S.) service des fournitures, approvisionnement. *Procurement costs,* coûts d'approvisionnement. *Public procurement,* appel d'offres public ; marché public.

produce [ˈprɔdjuːs] *n.sg.* **1.** denrées, produits, production(s) (souvent d'origine agricole). *Dairy produce,* produits laitiers, production(s) laitière(s). *Farm-produce,* produits agricoles. **2.** rendement, produit.

produce [prəˈdjuːs] *v.* **1.** produire, montrer, exhiber, présenter. **2.** présenter, produire, fournir (pour inspection). *To produce a witness,* faire comparaître un témoin. **3.** rapporter, produire, rendre (un bénéfice). **4.** créer, produire, provoquer (un effet).

producer [prəˈdjuːsə] *n.* producteur.

producer advertising, 1. publicité du fabricant/producteur. **2.** publicité pour des produits industriels.

producer buyer, acheteur industriel.

producer goods, producer's goods, biens de production, biens d'équipement (cf. **capital goods** : biens tels que les matières premières, utilisés pour produire d'autres biens — de consommation ou d'équipement).

producer price index, indice des prix à la production.

produce exchange, bourse de marchandises.

product [ˈprɔdʌkt] *n.* **1.** produit, denrées ; production. *Finished* *product,* produit fini. **2.** *Math.* : produit.

product abandonment, suppression d'un produit.

product-ad, annonce-produit.

product-area, domaine de produits.

product benefits, avantage d'un produit pour le consommateur.

product capabilities, possibilités, performances que l'on peut attendre d'un produit.

product change-over, changement radical, mutation d'un produit.

product clinic, exposition-démonstration de produits à l'intention de détaillants.

product demeaning, érosion de l'image d'un produit.

product executive, chef, responsable de produit.

production [prə'dʌkʃən] *n.* **1.** présentation, représentation, soumission, communication (pièces, documents, etc.). **2.** génération, création, production (effets physiques, chroniques, etc.). **3.** production, fabrication. *Mass production,* production de série/masse. **4.** produits, denrées, productions.

production control, contrôle de la production ; planification de la production.

production cost, coût de production (matières premières + main-d'œuvre directe + charges).

production delays, retard de/à la production.

production index, indice de la production.

production line, chaîne de production.

production standard, norme de production.

productive [prə'dʌktiv] *adj.* **1.** générateur, producteur. **2.** fertile, riche, généreux. **3.** productif, rentable, lucratif.

productivity [prɔdʌk'tiviti] *n.* productivité, rendement, rapport.

product(s) liability, responsabilité du fabricant — ou de l'importateur — pour les dommages ou accidents causés par un défaut grave de ses produits.

product life cycle concept/PLC concept, concept de cycle de vie d'un produit.

product life span, durée de vie d'un produit.

product line, ligne de produits.

product management, gestion (de) produit.

product manager/PM, chef de produit.

product mix, ensemble des différents produits (ou de la production) d'une entreprise.

product planning, (merchandising) techniques marchandes.

product risk, risque-produit.

profession [prə'feʃən] *n.* **1.** déclaration (d'intention), profession (de foi). **2.** métier, carrière, profession. *The profession,* les gens du métier, les professionnels. *The professions,* les professions et carrières libérales, les membres des professions libérales.

professional *n.* **1.** professionnel, expert, spécialiste. **2.** membre des professions libérales. **3.** cadre.

professional [prə'feʃənəl] *adj.* professionnel, spécialisé. *Professional advice,* conseil d'un spécialiste ; de carrière, de métier. *The professional army,* l'armée de métier ; expert, professionnel, spécialiste.

professional engineer, équivalent à « ingénieur diplômé » (dans le système britannique d'éducation, l'université a le privilège exclusif de la collation des grades ; pour devenir ingénieur, la voie habituelle est de passer un B.Sc. dans le domaine des sciences de l'ingénieur — B.Sc. Eng. — ; le jeune diplômé pourra ensuite éventuellement devenir *professional engineer* en se voyant admis au sein des *Chartered Engineers*).

professional rules, (l'ensemble des) règles (de conduite), le code de conduite d'une profession libérale ; le code de déontologie professionnelle.

proffer *v.* offrir, présenter. *To proffer shares as collateral,* offrir/proposer des actions en garantie.

proficiency [prə'fiʃənsi] *n.* compétence, capacité, force, habileté, connaissance.

proficient [prə'fiʃənt] *adj.* compétent, expérimenté, efficace, expert, habile, capable, versé.

profile ['prəufail] *n.* profil.

profile *v.* profiler.

profiler *n.* profileur.

profiling *n.* profilage ; analyse de(s) profil(s) ; gestion de(s) profil(s).

profit ['prɔfit] *n.* **1.** profit, bénéfice, gain, avantage. **2.** profit, bénéfice (commercial). *To make a profit,* faire du, des bénéfice(s). *To bring in, show, yield a profit,* produire un, des bénéfice(s). *After-tax profits,* bénéfices après impôt, bénéfices nets. *Capital profits,* plus-value en capital. *Corporate profit(s),* bénéfices des sociétés. *Gross profit(s),* bénéfice(s) brut(s). *Loss of profit,* manque à gagner. *Net operating profit,* bénéfices nets d'exploitation, profits nets. *Net profits,* profits nets, bénéfices nets. *Pre-tax profits,* bénéfices avant impôts, bénéfices bruts. *To turn a profit,* faire des bénéfices ; commencer à faire des bénéfices.

profit *v.* **1.** profiter (de), bénéficier (de), être avantageux ; mettre à profit. **2.** réaliser des bénéfices/profits.

profitable ['prɔfitəbl] *adj.* **1.** avantageux, profitable, intéressant. **2.** rentable, lucratif, fructueux, rémunérateur.

profitability [,prɔfitə'biliti] *n.* rentabilité. *Profitability index,* indice de profitabilité, coefficient de rentabilité.

profit and loss account, compte de(s) profits et pertes.

profit balance, solde bénéficiaire.

profit-earning, bénéficiaire, profitable, qui fait des bénéfices.

profiteer [,prɔfi'tiə] *n.* profiteur.

profiteer *v.* profiter, faire des bénéfices sans cause/excessifs ; exploiter.

profit graph, courbe de rentabilité.

profitless ['prɔfitlis] *adj.* qui ne produit pas de bénéfice, non rentable, sans profit, inutile. *Profitless deal,* affaire blanche. (U.S.) *Profitless point,* seuil de rentabilité, point mort.

profit margin, marge bénéficiaire.

profit-seeking, 1. intéressé, qui cherche à faire des bénéfices. **2.** à but lucratif.

profit sharing ['prɔfit ,ʃeəriŋ] **(plan or scheme)** (système) de participation/d'intéressement des travailleurs aux bénéfices.

profit take *v. Bourse :* prendre son bénéfice.

profit taking *Bourse :* prise de bénéfice(s).

profit warning, avertissement/alerte sur résultat, alerte aux résultats, (annonce de) revue à la baisse des bénéfices attendus (avant annonce officielle des résultats).

profligacy ['prɔfligəsi] *n.* **1.** prodigalité, folles dépenses. **2.** débauche, dévergondage.

profligate ['prɔfligit] *adj.* **1.** prodigue, dépensier. *Profligate spending,* dépenses effrénées, dépenses somptuaires. **2.** débauché, dépravé.

pro forma [,prəu 'fɔ:mə] (du latin : pour la forme) de pure forme, théorique.

pro forma account, compte fictif (établi comme guide, exemple ou modèle).

pro forma invoice, facture proforma.

programme, (U.S.) **program** ['prəugræm] *n.* programme (de spectacles, de travail, etc.) ; catalogue. *Programme Evaluation and*

Review Techniques, voir **P.E.R.T.**
Programme schedule, (T.V.) horaire, grille.

program *v.* programmer, mettre au programme.

programmed trading, voir **program trading.**

programmer ['prəʊgræmə] *n.* **1.** programmeur (informatique : spécialiste de la conception, de la réalisation et de l'utilisation des programmes). **2.** *(appareil)* programmateur.

programming language ['prəʊgræmɪŋ] langage de programmation (par exemple : Algol, Cobol, Fortran, etc.).

program trading, *(bourse)* déclenchement automatique des ordres d'achat ou de vente selon le niveau des cours (grâce à un programme informatisé).

progress [prəʊ'gres] *n.* (coll. sing.) **1.** cours, avancement, marche en avant, progression. *Negotiations in progress,* pourparlers en cours. **2.** progrès, état d'avancement, amélioration, mieux, progression. *The progress of negotiations,* les progrès de la négociation. *Progress chasing,* suivi des dossiers. *Progress report,* compte rendu (d'une opération en cours) ; suivi ; état périodique.

progression [prəʊ'greʃən] *n.* progression, progrès, mouvement en avant.

progressive [prəʊ'gresɪv] *adj.* **1.** progressif, qui avance régulièrement. **2.** progressiste, de progrès.

prohibit [prə'hɪbɪt] *v.* interdire, défendre, prohiber. *Prohibited goods,* marchandises prohibées, dont l'importation ou l'exportation sont interdites dans un pays.

prohibition [prəʊɪ'bɪʃən] *n.* **1.** interdiction, défense. **2.** *Jur.* : défense de statuer. **3.** (U.S.) *Prohibition* (1920-1933), période pendant laquelle il était interdit de fabriquer, de transporter et de vendre des boissons alcoolisées ; régime sec.

prohibitive [prə'hɪbɪtɪv] *adj.* **1.** qui interdit, prohibe, défend, empêche, dissuade, etc. *Prohibitive duty,* droit prohibitif. **2.** prohibitif, exorbitant, d'un coût excessif. *Prohibitive price,* prix exorbitant.

prohibitory [prə'hɪbɪtəri] voir **prohibitive** (1).

project ['prɒdʒekt] *n.* **1.** projet, dessein, plan. ~ *management,* gestion de projet. **2.** (U.S.) ensemble immobilier, lotissement.

project [prə'dʒekt] *v.* **1.** projeter ; faire des plans. **2.** (se) projeter. **3.** faire saillie.

projection [prə'dʒekʃən] *n.* **1.** saillie, projection ; ressaut. **2.** projection, anticipation.

project manager, chef de projet.

prole [prəʊl] *n.* prolétaire.

proletarian [prəʊlɪ'tɛərɪən] *n.* et *adj.* prolétaire.

proletariat [prəʊlɪ'tɛərɪət] *n. m.* prolétariat.

prolong [prəʊ'lɒŋ] *v.* **1.** prolonger, retarder. **2.** proroger.

prolongation [,prəʊlɒŋgeɪʃən] *n.* **1.** prolongement ; prolongation. **2.** prorogation.

pro memoriam item, note pour mémoire.

promise ['prɒmɪs] *n.* **1.** espérance, promesse. *Of great promise,* qui permet, autorise de grands espoirs, qui est riche/plein de promesse. **2.** promesse, engagement.

promise *v.* promettre.

promisor *n.* engagé, promettant.

promissory note ['prɒmɪsəri] billet à ordre (promesse écrite faite par une personne de payer à une autre personne une somme d'argent convenue, soit à vue, soit à une date déterminée).

promote [prə'məʊt] *v.* **1.** promouvoir, donner de l'avancement. **2.** promouvoir, encourager, servir, soutenir, favoriser, lancer.

promoter [prə'məʊtə] *n.* promoteur ; lanceur d'entreprisesd'affaires ; animateur, instigateur.

promotion [prə'məʊʃən] *n.* **1.** promotion, avancement. *Promotion* *by seniority,* avancement à l'ancienneté. *Promotion list,* tableau d'avancement. **2.** promotion, action de soutenir, monter, lancer, favoriser (des idées, des activités économiques, etc.). *Promotion cost,* frais d'établissement. *Promotion shares,* actions de primes.

promotional [prə'məuʃənəl] *adj.* promotionnel, relatif à la promotion ou à la publicité. *Promotional sale,* vente publicitaire, promotionnelle. *Promotional material,* matériel publicitaire.

prompt [prɔmpt] *v.* **1.** pousser à (l'achat, consommation, etc.), tenter, inciter. **2.** provoquer, rappeler (idées, souvenir). **3.** souffler (théâtre, etc.).

prompt *adj.* **1.** prompt, rapide. *Prompt cash,* comptant d'usage. *Net prompt cash,* comptant sans escompte. *Prompt delivery,* livraison immédiate. **2.** vif, prompt.

prompter ['prɔmptə] *n.* **1.** souffleur (théâtre). **2.** (T.V.) appareil fixé sur une caméra de télévision sur lequel le texte des informations se déroule pour permettre à l'annonceur ou au journaliste de donner l'impression d'improviser ou de parler sans notes.

prompting ['prɔmptiŋ] *n.* **1.** suggestion ; incitation. **2.** impulsion.

promulgate ['prɔmʌlgeit] *v.* promulguer (une loi) ; disséminer, diffuser (des idées).

prone *adj.* enclin, prédisposé, qui a tendance (à, *to*). *Stike-prone,* qui se met souvent en grève.

proof [pru:f] *n.* **1.** preuve, fait établi, fait prouvé. *Burden of proof,* charge de la preuve. *Proof by documentary evidence,* notoriété de droit. *Proof in bankruptcy,* constat de faillite. *Proof of loss,* pièce justificative de pertes. **2.** essai, épreuve ; preuve. *Standing the proof,* qui résiste à l'épreuve. *Press proof,* bon à tirer. **3.** contenu en alcool d'une boisson.

proof, à l'épreuve de. *Bullet-*

proof, à l'épreuve des balles. *Soundproof,* insonorisé. *Waterproof,* étanche.

prop [prɔp] *n.* **1.** appui, support, soutien, pilier ; étai ; cale. **2.** (théâtre, cinéma, etc.) accessoire.

prop *v.* étayer, soutenir, appuyer. *To prop up the economy,* soutenir l'économie.

propel *v.* propulser, faire grimper.

property ['prɔpəti] *n.* **1.** avoir(s), bien(s), possession(s), propriété(s). *Acquired property,* acquêt. *Item of property,* élément de fortune. *Landed property,* biensfonds. *Personal property,* biens mobiliers. *Real property,* biens immeubles. **2.** propriété, caractéristique, attribut. **3.** accessoire de théâtre.

property analyst, expert immobilier.

property damage, dommages aux biens. *Assur. :* « multirisque habitation ».

property deed, acte de propriété.

property developer, promoteur immobilier.

property development, promotion immobilière.

property firm (G.B.), société de placement immobilier.

property owner *n.* propriétaire (foncier).

property right(s) droit(s) de propriété.

property tax, impôt foncier (U.S., correspond en fait à un impôt sur le capital), contribution foncière sur les propriétés bâties.

proportion [prə'pɔ:ʃən] *n.* **1.** proportion. **2.** proportion, quotepart, quotité, partie.

proportional [prə'pɔʃənəl] *adj.* Proportionnel. *Proportional representation,* représentation proportionnelle. (U.S.) *Proportional taxation,* imposition proportionnelle (applicable en principe sur la valeur déclarée dans une « **property** »).

proportionally *adv.* proportion-nellement.

proportionate [prə'pɔ:ʃənət] *adj.* proportionné, en rapport.

proportionately [prə'pɔ:ʃənə tli] *adv.* proportionnellement.

proposal [prə'pəuzəl] *n.* **1.** proposition. **2.** (U.S.) soumission.

propose [prə'pəuz] *v.* **1.** proposer, offrir, faire une proposition. **2.** se proposer. **3.** faire une demande en mariage.

proposition [prɔpə'ziʃən] *n.* **1.** proposition, offre, affaire. **2.** idée émise, suggestion.

proprietary [prə'praiətəri] *adj.* de propriétaire, relatif à la propriété. *The proprietary classes,* les classes possédantes. *Proprietary company,* **1.** société mère (possède la totalité ou la majorité d'une autre société). **2.** société propriétaire de terrains loués à d'autres sociétés. **3.** (G.B.) société dont les titres ne sont pas commercialisés, et donc non détenus par le public.

proprietary interest, 1. intérêt patrimonial ; part de capital. **2.** participation majoritaire dans l'actif.

proprietor [prə'praiətə] *n.* propriétaire.

proprietorship [prə'praiətəʃip] *n.* possession ; droit de propriété.

props *n.pl.* (théâtre, ciné.) accessoires.

propsman, propswoman *n.* accessoiriste.

prorate [prəu'reit] *v.* affecter, distribuer, diviser ou estimer de façon proportionnelle, au prorata.

prorateable [prəu'reitəbl] *adj.* proportionnel, au prorata.

prorogation [prəurə'geiʃən] *n.* **1.** prorogation, prolongation. **2.** suspension, ajournement (d'une session parlementaire).

prosecute ['prɔsikju:t] *v.* poursuivre en justice ; intenter (une action) ; poursuivre (une plainte).

prosecution [ˌprɔsi'kju:ʃən] *n.* **1.** poursuite, recherche, étude, continuation. **2.** poursuites judiciaires. **3.** partie plaignante, plai-gnants. **4.** ministère public, accusation Ministère Public. *Witness for the prosecution,* témoin à charge.

prosecutor ['prɔsikju:tə] *n.* plaignant, poursuivant. *Public prosecutor,* Procureur de la République.

prospect ['prɔspekt] *n.* **1.** perspective ; vue, coup d'œil ; espoir, espérance, avenir. **2.** futur client, client potentiel, client éventuel.

prospecting [prəs'pektiŋ] *n.* prospection, recherches.

prospective [prə'spektiv] *adj.* **1.** à venir, futur, en perspective. **2.** potentiel, éventuel, attendu, espéré, probable.

prospectus [prə'spektəs] *n.* prospectus ; prospectus d'émission. Ce document peut donner : **1.** les grandes lignes et les objectifs d'une entreprise qu'on se propose de créer. **2.** une brève description d'un bien mis à la vente ou à la location. **3.** les détails exigés par la commission de contrôle des opérations boursières, avant toute émission de titres nouveaux.

prosper ['prɔspə] *v.* prospérer, réussir.

prosperity [prɔ'speriti] *n.* prospérité, succès.

prosperous ['prɔspərəs] *adj.* prospère.

protect [prə'tekt] *v.* **1.** protéger, défendre ; préserver, garder, sauve-garder, garantir, couvrir, soutenir. **2.** garantir la bonne fin, être responsable de la bonne fin (d'un effet), faire provision (lettre de change).

protection [prə'tekʃən] *n.* **1.** protection, défense, sauvegarde, garantie. **2.** bonne fin, garantie de bonne fin. **3.** protectionnisme.

protectionism [prə'tekʃəni zəm] *n.* protectionnisme.

protectionist [prə'tekʃənist] *n.* protectionniste.

protective [prə'tektiv] *adj.* protecteur, destiné à protéger, soutenir ; protectionniste. *Protective duties,* droits de protection. ~ *tariffs, droits de douane*/tarifs doua-niers protecteurs/protectionnistes.

pro tem(pore) [,prəu'tem] *adv.* provisoirement, à titre provisoire, précaire.

protest ['prəutest] *n.* **1.** protestation (diplomatie), représentation. *Jur. : Under protest*, sous réserve, à son corps défendant. **2.** protêt, protestation. *Protest for non acceptance*, protestation faute d'acceptation. *Protest for non-payment*, protestation faute de paiement. *Certified protest*, protestation authentique. *To give notice of a protest*, notifier un protêt. **3.** *Ship's protest*, rapport de mer, procès-verbal, déclaration d'avaries.

protest ['prə'test] *v.* **1.** protester (contre, de), émettre des protestations ; (U.S.) contester, mettre en cause. **2.** *To protest a bill*, protester un effet.

protester [prə'testə] *n.* **1.** protesteur. **2.** protestataire. **3.** débiteur qui fait protester un effet.

protracted [prə'træktid] *adj.* prolongé.

protraction [prə'trækʃən] *n.* **1.** prolongation (procès), longueurs, lenteurs (procédure). **2.** relevé (topographique), réduction à l'échelle.

prove [pru:v] *v.* **1.** prouver, démontrer ; vérifier, éprouver, tester ; homologuer (un testament). **2.** (+ adj.) se révéler, se montrer. *To prove fruitful*, se révéler fructueux.

proven ['pru:vən] *adj.* confirmé, attesté. *Proven reserves*, réserves confirmées.

prove up *v.* **1.** se vérifier, (s')avérer. **2.** (U.S.) apporter la preuve (de), faire valoir ses droits (à).

provide [prə'vaid] *v.* **1.** fournir, pourvoir, munir. **2.** *Jur. :* prévoir (cas), spécifier, stipuler. *The law provides that*, la loi stipule que.

provide for *v.* **1.** subvenir à, pourvoir à. *To provide for oneself*, se suffire, subvenir à ses propres besoins. **2.** tenir compte de, prévoir, parer à.

provident ['prɔvidənt] *adj.* prévoyant, économe. *Provident funds*, caisse de prévoyance, fond de prévoyance.

provider *n.* **1.** pourvoyeur ; fournisseur. **2.** celui ou celle qui fait vivre/entretient une famille, soutien de famille.

provision [prə'viʒən] *n.* **1.** prévision(s), disposition(s) prises en vue d'un résultat, recherche ; précaution ; pension. **2.** *Comptab. :* réserve, provision ; prestation (de capitaux). **3.** *Jur. :* article, clause ; disposition, stipulation, prescription. *Falling within the provision of the law*, tombant sous le coup de la loi. **4.** fourniture, mise en place, installation ; alimentation.

provisional [prə'viʒənl] *adj.* **1.** provisoire, temporaire. **2.** *Jur. :* conservatoire, provisionnel.

provisioning [prə'viʒəniŋ] *n.* approvisionnement, ravitaillement.

provisions [prə'viʒənz] *n.* produits alimentaires, comestibles, provisions, vivres.

proviso [prə'vaizəu] *n.* condition, clause conditionnelle, clause ; stipulation. *With the proviso that*, à la condition (expresse) que.

provisory [prə'vaizəri] *adj.* provisoire, conditionnel.

prox., proximo [prɔks'prɔksiməu] *adv.* (du mois) prochain.

proxy ['prɔksi] *n.* **1.** fondé de pouvoir, mandataire. **2.** procuration, mandat, délégation de pouvoir(s). *To vote by proxy*, voter par procuration. *Proxy contest, proxy fight*, bataille de procurations. *Proxy statement*, pouvoir, procuration.

prudential [pru'denʃl] *adj.* dicté par la prudence, de prudence, prudentiel. (U.S.) *Prudential committee*, comité de gestion.

prune [pru:n] *v.* réduire, diminuer, élaguer.

public ['pʌblik] *adj.* **1.** public ; connu du public, non secret. **2.** appartenant à l'État, au gouvernement ou à l'administration ; social. **3.** *To go public*, se transformer en « public company » (par émission d'actions en bourse). *To take a firm public*, introduire une entreprise en bourse.

public *n.* **1.** le public ; l'opinion publique ; le peuple ; la communauté (nationale ou locale). *The general public,* le (grand) public, les citoyens. *The public at large,* le (grand) public, les citoyens. **2.** clientèle.

public accounting (U.S.), comptabilité des sociétés (effectuée par un « *public accountant* », expert-comptable).

public address system, sonorisation.

public administror, (U.S.) curateur aux successions (fonctionnaire local chargé des successions).

publican ['pʌblikən] *n.* (G.B.) tenancier de « **public house** » ou « **pub** », cafetier.

public assistance, (G.B.) aide publique, aide de l'État.

publication [ˌpʌbli'keiʃən] *n.* **1.** publication (œuvre imprimée). **2.** publication, publicité, annonce publique ou officielle.

public carrier, transporteur public (qui assure le transport à titre onéreux des voyageurs et des marchandises).

public company, société anonyme par actions (**joint-stock companies** ou **limited liability companies**) dont le capital est la propriété d'actionnaires qui peuvent négocier librement les titres sur le marché.

public corporation, organisme public ou semi-public.

public debt, dette publique, dette de l'État.

public domain, domaine public, les domaines. **1.** terres qui sont propriété de l'État ou des communes. **2.** situation d'une œuvre artistique ou littéraire, ou bien d'une invention, qui cessent d'être protégées par des droits (d'auteurs ou de brevets).

public holiday (U.S.), jour férié, fête légale.

public interest group, groupe « citoyen ».

publicist ['pʌblisist] *n.* **1.** spécialiste de droit international ; spécialiste de droit public. **2.** journaliste politique. **3.** publicitaire ; agent publicitaire, agent de relations publiques.

publicity [pʌb'lisiti] *n.* (à distinguer de **advertising**) publicité, mise à la connaissance du public d'événements officiels ou commerciaux (dans ce dernier cas, activité de **public relations**).

publicity stunt, truc, astuce publicitaire.

publicity agent, agent de publicité, spécialiste des relations extérieures.

publicize ['pʌblisaiz] *v.* divulguer, rendre public, dévoiler, porter à la connaissance du public, faire connaître.

public jobs, les emplois du service public.

public law, 1. loi concernant les citoyens dans leur ensemble. **2.** loi internationale (régissant les rapports entre États).

publicly-owned ['pʌblikli 'əund] propriété du public, de l'État, du gouvernement ; public.

publicly traded, coté en bourse.

public nuisance, trouble de l'ordre public, désordre (sur la voie publique).

public offering (of shares), offre publique (d'actions). *Initial ~,* première émission d'actions (société nouvellement cotée).

public relations, relations publiques, relations extérieures ; relations internes (à l'entreprise).

public relations officer - P.R.O., responsable/chargé des relations publiques/extérieures.

public schools, 1. (U.S.) l'école publique. **2.** (G.B.) écoles privées souvent renommées (Eton, Harrow, Rugby, Winchester, etc.).

public servant, (U.S.) fonctionnaire = **civil servant.**

public service, (U.S.) le service public ; l'administration, fonction publique. *President Ford was ready to accept a public service jobs program,* le Président Ford était prêt à accepter un programme (de création) d'emplois dans la fonction publique. (U.S.) *Public Service Commission,* commission de contrôle des services publics et des agences fédérales.

public spending, dépenses publiques.

public utility (corporation/service/company), (G.B.) organisme ou société de service public (eau, gaz, électricité, transport, etc.). (U.S.) société privée assurant le même service public.

public trustee, (G.B.) curateur de l'État aux successions.

public workers, travailleurs du secteur public (administration, fonction publique, agences gouvernementales ou fédérales).

public works, travaux publics.

publish [ˈpʌbliʃ] *v.* publier, faire paraître, éditer.

publisher [ˈpʌbliʃə] *n.* éditeur.

publishing house [ˈpʌbliʃiŋ] maison d'édition.

pull [pul] *v.* 1. tirer. 2. effectuer, faire. *To pull strings,* tirer les ficelles ; faire jouer le piston.

pull *n.* 1. traction, attraction. 2. *(fam.)* piston.

pull down [pul] *v.* 1. déprimer, tirer vers le bas, entraîner vers le bas, faire baisser/tomber. *A fall in the price of bonds may pull down the prices of stocks,* une chute du prix des obligations risque de faire baisser celui des actions. 2. démolir, abattre (bâtiment).

pull-out, pullout *n.* 1. retrait. 2. bon à détacher, encart détachable.

pull out *v.* se retirer.

pull through *v.* tirer d'affaire ; se tirer d'affaire, surmonter ses difficultés, sortir d'une mauvaise passe.

pull up *v.* 1. stopper, s'arrêter net. 2. tirer, faire remonter.

pump in/into *v.* injecter.

pump out *v.* pomper, aspirer, retirer.

pump up *v.* regonfler. *To ~ demand,* regonfler/relancer la demande.

pump-priming [ˈpʌmp ˈprai miŋ] mot à mot, amorçage de la pompe. *Pump-priming (measures),*

mesures de relance de l'économie, mesures d'incitation économique (par l'injection de capitaux publics lors de périodes de dépression économique).

punch(ed) card [pʌntʃt] carte perforée.

pundit [ˈpʌndit] *n.* expert, spécialiste, autorité.

punitive *adj.* 1. punitif, de punition. 2. exagérément sévère. (Impôts etc) trop elevé/sévère/dissuasif.

punitive tariff, droits de douanes dissuasifs/punitifs/de rétorsion.

punt *v.* boursicoter.

punter *n.* boursicoteur.

purchase [ˈpəːtʃəs] *n.* 1. achat, acquisition ; emplette. *Hire-purchase, H.P.,* location-vente, vente à tempérament. *Purchase order,* ordre d'achat. 2. marché, affaire. *A good purchase,* une bonne affaire. 3. *Jur. :* acquêt, acquisition. 4. loyer annuel, dans l'expression : *bought at 20 years' purchase,* acquis pour un montant de 20 années de loyer (ou bien : moyennant…). 5. point d'appui, prise, force mécanique ; levier, appareil de levage, palan.

purchase *v.* acheter, acquérir, faire ses achats.

purchaser [ˈpəːtʃəsə] *n.* acheteur, acquéreur.

purchase-tax, taxe d'achat (impôt local perçu sur les ventes de marchandises ou de services au détail, remplacé en G.B. par la **V.A.T.** *value-added tax,* taxe à la valeur ajoutée).

purchasing agent [ˈpəːtʃəsiŋ] 1. directeur (du service) des achats, acheteur. 2. courtier, intermédiaire qui achète pour le compte de clients.

purchasing power, pouvoir d'achat. *Purchasing power of the dollar,* pouvoir d'achat du dollar (mesure de l'évolution quantitative des marchandises ou services qu'un dollar permet d'acquérir au cours d'une période de référence).

purportedly, censément, se présentant comme.

purpose [ˈpə:pəs] *n.* dessein, but, objet, fin, intention, résolution. *For the purpose of,* afin de, dans le but de. *To answer a purpose,* remplir un objectif. *To good purpose,* utilement. *To no purpose,* inutilement, en pure perte. *For customs purposes,* dans le cadre de la législation des douanes.

purpose-made, spécial, spécialement, fait pour.

purser [ˈpə:sə] *n. Marine :* commissaire (de bord).

pursuance [pəˈsjuəns] *n.* poursuite, action de poursuivre ; conséquence. *In pursuance of,* en vertu de, conformément à.

pursuant [pəˈsjuənt] **1.** *adj.* conforme. *Jur. :* poursuivant. **2.** *prép. Pursuant to,* conformément à.

pursuit [pəˈsju:t] *n.* **1.** poursuite, recherche. **2.** occupation. *Pursuits,* travaux.

purveyance [pəˈveiəns] *n.* approvisionnement, fourniture.

purveyor [pəˈveiə] *n.* fournisseur, pourvoyeur. *Purveyor to Her Majesty,* fournisseur de la Reine.

purview [ˈpə:vju:] *n.* **1.** vue générale, étendue, portée, limites. **2.** *Jur. :* dispositif ; corps d'une loi, d'un statut, texte, articles. *To be within the purview of,* être du ressort de, de la compétence de. **3.** être à portée de vue de.

push [puʃ] *n.* **1.** poussée, impulsion ; effort ; énergie. **2.** piston. **3.** mise à pied, mise à la porte, licenciement. *To give someone the ~* (fam.) mettre quelqu'un à la porte. *To get the push,* se faire « virer ».

push [puʃ] *v.* **1.** pousser, faire avancer. *To push sales,* pousser vigoureusement les ventes. **2.** pousser, exercer une pression. *The rate of inflation is pushing towards a 12 % annual rate,* le taux d'inflation tend vers un rythme annuel de 12 % ; bousculer, presser, importuner (par des demandes). *To push one's luck,* prendre des risques. *To push for a pay-increase,* réclamer une augmentation de salaire. **3.** faire l'article, vendre, placer, promou-

voir. *To push drugs,* vendre, placer de la drogue. *To push oneself,* se faire valoir, se faire mousser. *To push shares,* placer des actions douteuses.

push-button *adj.* **1.** qui marche en appuyant sur un bouton, automatisé. **2.** à touches. *Push-button telephone,* téléphone à touches.

push-cart [ˈpuʃ-ka:t] *n.* charrette à bras ; chariot (de magasin en libre-service).

push down *v.* faire baisser, faire chuter.

push downward *v.* faire baisser, faire chuter (cours, prix, etc.).

pusher [puʃə] *n.* **1.** pousseur (machine, mécanique). **2.** arriviste, personne qui cherche à se faire valoir. **3.** vendeur agressif. *Drug pusher,* colporteur de drogue.

push-money, (U.S.) commission payée par un fabricant ou commerçant à un vendeur qui pousse ses produits.

push up *v.* faire monter (cours, prix, etc.).

push-up *n.* augmentation, relèvement.

pushy *adj.* arriviste ; arrogant.

put [put] *n.* **1.** mise ; coup, jet, lancement. **2.** *Bourse :* aussi **put option,** option de vente.

put *v.* **1.** mettre, poser, placer. **2.** lancer (poids), jeter. **3.** faire, demander (question). **4.** *To put to sea,* prendre la mer.

put and call *Bourse :* double option, double prime, stellage.

put away *v.* **1.** écarter. **2.** mettre de côté.

put in *v.* poser, déposer. *To put in a claim,* déposer une réclamation. *To put in a claim for compensation,* déposer une demande en dommages et intérêts.

put off *v.* **1.** remettre, reporter, ajourner, renvoyer. **2.** décourager, dissuader. **3.** indisposer ; désarçonner, déconcerter.

put on *v. Téléph. :* passer. *Could you put me on to him,* pourriez-vous me le passer ?

put out *v.* **1.** éteindre (feu). **2.** ennuyer, déranger, perturber. **3.** produire (industrie). **4.** émettre, publier. **5.** *To put out at interest,* prêter avec intérêt.

put the shares, se déclarer vendeur (d'actions).

put through *v. Téléph. :* passer, connecter sur un (autre) poste téléphonique. *Put me through to extension 502,* passez-moi le poste 502.

putting *n.* **1.** présentation, soumission. **2.** *Bourse :* délivrement, remise (d'actions).

putting up ['putiŋ] *n.* **1.** majoration. **2.** mise en vente. **3.** emballage.

put up *v.* **1.** relever, lever, faire monter, remettre en place, fixer, accrocher, caser. **2.** présenter, adresser (adresse, pétition). **3.** fournir, mettre en vente. *To put up for auction,* mettre aux enchères. *To put up for sale,* mettre en vente. **4.** réunir (une somme d'argent), déposer, verser. **5.** loger (quelqu'un). **6.** bâtir, construire, monter. **7.** *To put up a candidate,* présenter un candidat. **8.** *To put up with,* s'accommoder de, s'arranger de, supporter.

pyramid selling, vente pyramidale.

Q

qualification [ˌkwɔlifi'keiʃən] **n. 1.** compétence, titre et compétence, aptitude, capacité. **2.** spécialité. **3.** réserve, restriction.

qualified ['kwɔlifaid] **adj. 1.** qualifié, compétent. **2.** qui remplit les conditions, autorisé, habilité. **3.** restreint, conditionnel. *Qualified acceptance,* acceptation sous condition, sous réserve.

qualify ['kwɔlifai] **v. 1.** *To qualify for,* avoir les qualités requises pour, répondre aux conditions requises, remplir les conditions. *To qualify for a loan,* remplir les conditions pour bénéficier d'un prêt. **2.** *To qualify someone for something,* rendre quelqu'un apte à ; autoriser quelqu'un à. **3.** apporter des réserves, des nuances ; restreindre.

quality ['kwɔliti] **n.** qualité.

quantify ['kwɔntifai] **v.** quantifier.

quantity ['kwɔntiti] **n.** quantité. *Discount for quantities,* réduction pour commande (achat) en nombre.

quarantine ['kwɔrənti:n] **n.** quarantaine.

quarantine v. mettre en quarantaine.

quarry ['kwɔri] **n.** carrière.

quarry v. 1. tirer d'une carrière. **2.** exploiter une carrière.

quart [kwɔ:t] **n.** quart de « gallon » : environ un litre. G.B. : 1,136 litre ; U.S. : 0,946 litre.

quarter ['kwɔ:tə] **n. 1.** quart. **2.** trimestre ; terme. **3.** milieu, sphère. *Business quarters,* milieux industriels, commerciaux, d'entreprise. **4.** U.S. : pièce de 25 *cents.* **5.** mesure : environ 12 kg, etc.

quarterly ['kwɔ:təli] **adv.** trimestriel.

quarterly n. revue/publication trimestrielle.

quarterly journal, magazine trimestriel, revue trimestrielle.

quarter-page advertisement, annonce quart de page, publicité

quart de page.

quay [ki:] **n.** quai, appontement. *Alongside quay,* à quai.

quayage [ki:idʒ] **n.** droit de quai ; droit de bassin.

quay-berth n. place, emplacement, à quai.

queer street (to be in), avoir de graves difficultés financières, être dans une mauvaise passe.

quell [kwel] **v.** réprimer, étouffer. *To quell inflation,* réprimer l'inflation. *To quell an uprising,* étouffer une révolte.

query ['kwiəri] **n.** question, interrogation, demande de renseignement.

query v. 1. demander. **2.** se demander. **3.** mettre en doute.

question ['kwestʃən] **v. 1.** mettre en doute, mettre en question, mettre en cause. **2.** interroger, soumettre à un interrogatoire.

questionnaire [ˌkwestiə'nɛə] **n.** questionnaire.

queue [kju:] **v.** faire la queue.

queue n. queue, file d'attente. *To jump a ~,* resquiller (en passant devant).

queueing problems ['kju:iŋ] problèmes de files d'attente.

queueing theory, théorie des files d'attente.

quick [kwik] **adj.** rapide ; vif. *Quick motion,* (ciné.) accéléré.

quicken ['kwikən] **v.** accélérer.

quickness ['kwiknis] **n.** rapidité, vitesse, promptitude.

quid [kwid] **n.** *Fam. :* livre (sterling). *4 quid,* 4 livres.

quietus [kwai'i:təs] **n.** quitus.

quirk **n.** bizarrerie, anomalie, écart, variation.

quit [kwit] **v. 1.** abandonner, cesser. **2.** démissionner, se démettre de ses fonctions.

quiz [kwiz] **n.** jeu radiophonique ; jeu publicitaire (radio, T.V.).

quorum ['kwɔ:rəm] **n.** quorum. *To have, to form a quorum,* constituer un quorum.

quota ['kwəʊtə] *n.* contingent ; quota.

quotable ['kwəʊtəbl] *adj.* **1.** *Bourse :* cotable. **2.** citable.

quotation [kwəʊ'teiʃən] *n.* **1.** cours, cote, cotation. **2.** citation. *Quotation marks,* guillemets.

quote *n.* [kwəʊt] **1.** citation. **2.** début de citation, ouvrez les guillemets. **3.** = **quotation 1.**

quote *v.* **1.** citer (paroles, texte…). *Please quote this number in your reply,* prière de rappeler, de mentionner ce numéro dans votre réponse. « *Quote* », « ouvrez les guillemets ». **2.** (un prix) fixer, établir, faire connaître, mentionner, annoncer. **3.** *Bourse :* coter. *Officially quoted,* admis à la cote officielle.

quote a price *v.* mentionner un prix, donner, indiquer un prix, annoncer, faire connaître un prix.

quoted on the stock-exchange [kwəʊtid] coté en Bourse.

rack [ræk] *n.* casier, étagère ; présentoir. *Luggage-rack*, filet à bagages.

racketeer *n.* racketteur.

racketeering *n.* fait de se livrer à un racket, rackettage.

rackjobber [ˌræk'dʒɔbə] *n.* grossiste ou spécialiste se chargeant contractuellement de l'approvisionnement des rayons et de la présentation des marchandises dans les magasins de détail (en général supermarchés).

rackjobbing [ˌræk'dʒɔbiŋ] *n.* réapprovisionnement des rayons d'un magasin de détail par grossiste ou spécialiste travaillant au contrat.

rack up *v.* enregistrer. *To rack up profits*, faire des bénéfices.

radio ['reidiəu] *n. On the radio*, à la radio.

radio *v.* émettre par radio, transmettre par radio, signaler par radio.

radio announcement, annonce à la radio, annonce radiophonique, annonce radio-diffusée.

radio quiz, jeu radiophonique.

raider *n.* raider, « prédateur ».

rail [reil] *n.* **1.** chemin de fer, rail. *By rail*, par chemin de fer. *Free on rail*, franco-wagon. **2.** *(ship's rail)* bastingage.

rail-car *n.* (U.S.) wagon de chemin de fer.

railhead [ˌreil'hed] *n.* tête de ligne.

railroad ['reilrəud] *n.* (U.S.) voir **railway**.

railroad *v.* (U.S.) **1.** expédier par chemin de fer. **2.** faire pression sur, forcer la main à.

railroad bill of lading, railroad waybill (U.S.), lettre de voiture ferroviaire.

rail transport, transport par fer.

railway ['reilwei] *n.* chemin de fer, ligne, voie ferrée. *The railways*, les chemins de fer.

railway bill (G.B.) lettre de voiture ferroviaire.

railway guide, indicateur des chemins de fer.

railway line, ligne de chemin de fer.

railwayman ['reilweimən] *n.* employé des chemins de fer, cheminot.

railway station, gare de chemin de fer.

railway traffic, trafic ferroviaire.

rainy day, mot à mot jour de pluie, d'où jours difficiles. *To save/put money away for a rainy day*, économiser,mettre de l'argent de côté. *Rainy-day fund*, fonds de réserve.

raise [reiz] *n.* augmentation.

raise *v.* **1.** augmenter, relever. **2.** dresser, lever, soulever. **3.** élever (bétail, etc.) **4.** promouvoir (à un poste). **5.** lever (des impôts), contracter (un emprunt), emprunter (de l'argent). *To raise cash*, se procurer des fonds, trouver/collecter des fonds. *To raise money*, se procurer des capitaux. *Fundraising*, collecte de fonds.

raise capital *v.* se procurer des capitaux, trouver des capitaux ; emprunter des capitaux.

rake in *v.* ratisser, ramasser, engranger. *To rake in substantial profits*, faire de gros bénéfices.

rally ['ræli] *n.* **1.** rassemblement, manifestation, rallye, « meeting ». *To stage a rally*, organiser un rassemblement, une manifestation. **2.** reprise (boursière, économique).

rally *v.* se ranimer, être en reprise, se redresser ; (se) rallier.

rampage *n.* agitation, tapage. *Bears are on the rampage*, affolement chez les baissiers.

rampant ['ræmpənt] *adj.* violent, déchaîné. *Rampant inflation*, inflation « rampante », « galopante ».

random ['rændəm] *n. At random*, au hasard.

random *adj.* **1.** fait au hasard, aléatoire. *Random sampling*, prélèvement d'un échantillon au hasard, échantillonnage aléatoire. **2.** tout-venant. *Random widths,* largeurs tout-venant.

random access memory (R.A.M.) mémoire vive.

random problems, problèmes aléatoires.

randomization [‚rændəmai'zeiʃən] *n.* **1.** dans les études statistiques, dispersion systématique des facteurs pour obtenir des conclusions de valeur générale. **2.** dans les études statistiques, procédé aléatoire pour éliminer ou réduire l'interférence de variables autres que celles que l'on étudie.

randomize ['rændəmaiz] *v.* assurer une répartition aléatoire, une dispersion systématique.

range [reindʒ] *n.* **1.** portée, étendue, domaine, champ d'action. *Range of action,* champ d'activité. **2.** gamme, variété, éventail, série, choix. *A wide range of samples,* une grande variété d'échantillons.

range *v.* **1.** s'étendre (de... à), aller de... à, varier (de... à). **2.** avoir une portée de.

rank [ræŋk] *n.* rang, classe, grade, niveau hiérarchique ; classement, place. *Promoted from the ranks,* sorti du rang.

rank *v.* *To rank (somebody or something) among...,* ranger parmi, placer au nombre de, situer parmi. **2.** se ranger, se classer, se placer, se situer, avoir le rang de. *To rank with,* être égal à, être au même niveau que, être comparable à.

rank and file (the) la base (syndicat, etc.).

rank and filers, les membres de la base.

ranking ['ræŋkiŋ] *n.* classement, position, rang.

ransom ['rænsəm] *n.* **1.** rançon. **2.** rachat.

ransom *v.* **1.** rançonner, faire payer rançon. **2.** payer la rançon, racheter.

rapid ['ræpid] *adj.* rapide.

rare [reə] *adj.* rare.

rarefy ['reərifai] *v.* **1.** se raréfier. **2.** raréfier.

rareness [reənis] *n.* rareté.

rarity ['reərəti] *n.* rareté.

rash [ræʃ] *adj.* téméraire, imprudent, risqué, irréfléchi, inconsidéré.

rash *n.* vague, épidémie. *A rash of strikes,* une vague de grèves.

ratchet *n.* cliquet. *Ratchet effect,* effet de cliquet, effet d'entraînement, effet d'encliquetage.

ratchet *v.* entraîner.

ratchet up *v.,* 1. enclencher, entrainer ; 2. augmenter.

rate [reit] *n.* **1.** taux. **2.** cours ; prix, tarif. **3.** cadence, rythme. **4.** classe, qualité, catégorie. *First-rate,* de premier ordre, de première qualité. **5.** *Rates,* impôts locaux.

rate *v.* **1.** estimer, évaluer, considérer comme. **2.** situer, classer. **3.** taxer.

rateable ['reitəbl] *adj.* **1.** évaluable. **2.** imposable.

rate card, fiche d'évaluation.

rate of exchange, taux de change.

rate-payer, contribuable (impôts locaux, etc.).

ratification [‚rætifi'keiʃən] *n.* **1.** ratification. **2.** homologation.

ratify ['rætifai] *v.* ratifier, valider, entériner, homologuer ; approuver.

rating ['reitiŋ] *n.* **1.** estimation, classement, évaluation, cote. *Credit rating,* évaluation de la surface financière, de la solvabilité ; crédit. *His credit rating is good,* son crédit est bon. **2.** classement, classification ; notation. **3.** (TV) indice d'écoute ; taux de satisfaction. *Satisfaction rating,* indice de satisfaction.

rating(s) agency, agence de notation, agence de *rating* (voir **rating firm**).

rating(s) firm, firme d'analystes spécialisé dans la notation financière (classement des dettes selon leur degré de solvabilité).

ratings, (audience radio, télé) indice d'écoute ; indicateur d'audience ; taux de satisfaction ; sondage(s).

ratio ['reiʃiəu] *v.* ratio, rapport, proportion, taux. *In inverse ratio,* en raison inverse.

ration ['ræʃən] *n.* ration.

ration *v.* rationner.

rattle *v.* ébranler.

raw [rɔ:] *adj.* **1.** cru. **2.** brut. **3.** inexpérimenté. **4.** à vif. *To get a raw deal,* faire une mauvaise affaire, se faire posséder, se faire avoir.

raw material, matière première.

re [ri:] relativement à, au sujet de (les formules du genre « *Re your letter of March 2nd...* » sont à déconseiller dans la correspondance commerciale moderne).

reach [ri:tʃ] *n.* **1.** portée, rayon d'action, atteinte ; influence. *Within reach,* à portée, accessible. *Without reach,* hors de portée, hors d'atteinte, inaccessible. **2.** bief.

reach *v.* **1.** atteindre. **2.** arriver à (conclusion, destination). **3.** s'élever, se monter à. **4.** s'étendre.

reach an agreement, parvenir à un accord.

read [ri:d] *v.* **1.** lire. **2.** se lire, dire. *The telegram read « arriving »,* le télégramme disait « arrivons ».

reader ['ri:də] *n.* **1.** lecteur. **2.** recueil, manuel, livre. **3.** affichette (indiquant le prix dans une vitrine, etc.) **4.** maître de conférence.

reader habit survey, enquête sur les habitudes de lecture du public.

readership ['ri:dəʃip] *n.* **1.** nombre de lecteurs, lectorat. *Pass-on readership,* nombre de lecteurs (par opposition au nombre d'abonnés). **2.** maîtrise de conférence.

readership survey, enquête sur le nombre de lecteurs d'une publication ; enquête sur les habitudes de lecture d'un public ; étude d'audience.

reading notice (U.S.) ['ri:diŋ] *Pub. :* annonce rédactionnelle.

readjust [ri:ə'dʒʌst] *v.* réadapter, réajuster, rectifier, réaménager.

readjustment [ri:ə'dʒʌstmənt]

n. réajustement, réadaptation, rectification, réaménagement.

read law *v.* faire son droit, faire des études de droit.

readmission [ri:əd'miʃən] *n.* réadmission (douanes).

readmittance [,ri:əd'mitəns] *n.* réadmission (douanes, etc.).

read out *v.* lire à haute voix.

readout ['ri:daut] *n.* (informatique) « sortie », « sortie machine », « sortie » de la machine, « affichage ».

read only memory (ROM) « mémoire morte ».

ready [redi] *adj.* prêt(e). *Ready acceptance,* acceptation facile. *Ready sales,* ventes faciles.

ready-made [,redi'meid] tout fait. *Ready-made clothes,* vêtements de confection.

ready money, argent comptant.

ready-reckoner *n.* barème (permettant le calcul) ; table (où sont donnés les résultats d'opérations arithmétiques, de conversion, etc.).

ready to wear, prêt à porter, de confection.

reafforestation *n.* reboisement.

real accounts [riəl] comptes de l'exploitation, compte de valeur.

real cost, coût réel.

real estate, 1. propriété immobilière, bien(s) immobilier(s), immeubles. **2.** l'immobilier.

real estate agency, agence immobilière.

real estate agent, agent immobilier.

real estate development [riəl i'steit] promotion immobilière.

real estate developer, promoteur immobilier.

real-estate loan, prêt hypothécaire, prêt immobilier.

real-estate mortgage, prêt (immobilier) hypothécaire.

realign *v.* réaligner, réajuster ; *(monnaies, etc.)* réaménager.

realigment *n.* réaligment, réajustement ; *(monnaies)* réaménagement.

realizable ['riəlaizəbl] **1.** dont

on peut se rendre compte. **2.** convertible en espèces. **3.** réalisable, qui peut se faire.

realization [riəlaiˈzeiʃən] **1.** prise de conscience. **2.** conversion en espèces. **3.** réalisation.

realize [ˈriəlaiz] v. **1.** s'apercevoir ; prendre conscience (de). **2.** convertir en espèces. **3.** réaliser (un bénéfice).

reallocate [riːˈæləukeit] v. réattribuer ; réaffecter ; réadjuger.

re-allocation [riːˌæləuˈkeiʃən] n. réattribution ; réaffectation ; réadjudication.

real property, bien(s) immobilier(s), immeuble(s).

real terms (in), (en) monnaie constante.

realtor [ˈriəltə] n. (U.S.) agent immobilier.

realty n. bien immobilier ; biens immobiliers, immeubles.

realty office, agence immobilière.

real value n. valeur réelle, effective.

real wage n. salaire réel.

ream [riːm] n. rame (de papier).

reap [riːp] v. **1.** moissonner. **2.** récolter, recueillir, tirer (profit, etc.).

reaper [ˈriːpə] n. moissonneuse.

re-appoint [ˌriːəˈpɔint] v. réintégrer, rétablir dans ses fonctions.

re-appointment [riːəˈpɔintmənt] n. réintégration.

reapportion [riːəˈpɔːʃən] v. redistribuer, réaffecter.

reapportionment [riːəˈpɔːʃənmənt] n. redistribution.

reappraisal [riːəˈpreizəl] n. réévaluation. *Agonizing reappraisal,* révision déchirante.

reappraise [riːəpreiz] v. réévaluer.

rear [riə] adj. arrière, de l'arrière, de derrière.

rear v. élever (une famille, du bétail).

reassess [riːəˈses] v. **1.** réévaluer. **2.** réimposer.

reassessment [riːəˈsesmənt] n. **1.** réévaluation. **2.** réimposition.

reassign [riːəˈsain] v. **1.** réaffecter ; affecter à un autre poste ; muter. **2.** opérer une nouvelle cession (terrain, titre, etc.).

reassignment [riːəˈsainmənt] n. **1.** réaffectation ; affectation à un autre poste ; mutation. **2.** nouvelle cession (terrain, titre, etc.).

reassurance [riːəˈʃuərəns] n. réassurance.

reassure [riːəˈʃuə] v. **1.** rassurer. **2.** réassurer. *The reassured,* les réassurés (on trouve aussi the reassureds).

rebate [ˈriːbeit] n. **1.** rabais. **2.** remise. **3.** ristourne.

rebound [ˈriːˈbaund] n. reprise (économie, bourse).

rebound [riːˈbaund] v. (économie, bourse) reprendre, rebondir, (cours) remonter.

rebrand v. rebaptiser/renommer une marque.

rebuild [ˌriːˈbild] v. reconstruire.

recall [riˈkɔːl] v. **1.** se rappeler. **2.** rappeler (quelqu'un de son poste). **3.** annuler, révoquer, rétracter. **4.** retirer du marché pour révision ou réparation de marchandises défectueuses.

recall n. **1.** rappel (d'un envoyé, etc.). **2.** révocation, annulation, rétractation. **3.** retrait du marché de marchandises défectueuses.

recall test, test de mémorisation.

recapitalization n. recapitalisation.

recapitalize v. recapitaliser.

recede [riˈsiːd] v. reculer, décliner, baisser.

receipt [riˈsiːt] n. **1.** reçu, quittance ; récépissé. **2.** *Receipts,* rentrées, recette(s), encaissements. **3.** réception. *To acknowledge receipt,* accuser réception.

receipt v. acquitter ; apposer la mention « acquitté ».

receipt an invoice, acquitter une facture.

receipt-book n. livre de quittances ; quittancier.

receipt-stamp n. timbre à quittance.

receivable [riˈsiːvəbl] adj. recevable, admissible. *Bills receivable,* effets à recevoir.

receivables [ri'si:vəblz] *n.* effets à recevoir.

receive [ri'si:v] *v.* 1. recevoir ; toucher, percevoir. 2. contenir. 3. capter (radio, etc.).

receiver [ri'si:və] *n.* 1. destinataire ; réceptionnaire. 2. receveur (administrateur). 3. récepteur (par opposition à émetteur). 4. combiné (téléphone). 5. *Receiver in bankruptcy, official receiver,* liquidateur, administrateur judiciaire, syndic de faillite. 6. receleur.

receivership [ri'si:vəʃip] *n.* syndicat de faillite. *To be in receivership,* être en liquidation judiciaire. *To go into receivership,* entrer en liquidation. *To fall into receivership,* faire faillite.

receiving [ri'si:viŋ] *n.* 1. réception. 2. recel.

receiving note, bon à embarquer.

receiving order, ordonnance de mise sous séquestre.

receiving station, gare d'arrivée, de destination.

reception *n.* réception ; accueil.

reception desk, réception, accueil (salle, bureau).

receptionist *n.* réceptionniste.

recess [ri'ses] *n.* 1. vacances (parlementaires), période entre deux sessions d'une assemblée. 2. suspension (de négociations, de séance).

recess *v.* suspendre (une séance, des négociations).

recession [ri'seʃən] *n.* récession ; recul, retraite. *Recession-bound,* sur la pente de la récession.

recessionary *adj.* de récession, en récession.

recipient [ri'sipiənt] *n.* bénéficiaire, destinataire. *Welfare recipient,* bénéficiaire d'une aide sociale, assisté social.

reciprocal [ri'siprəkl] *adj.* 1. réciproque, mutuel. 2. *Math. :* inverse. *Reciprocal ratio,* raison inverse.

reciprocate [ri'siprəkeit] *v.*

rendre la pareille, payer en retour, échanger des services. *To reciprocate an entry,* passer écriture conforme, passer une écriture en conformité.

reciprocity [resi'prɔsəti] *n.* réciprocité.

recital clause [ri'saitl] *Assur. :* conditions d'application (du contrat), liste des garanties.

reckon ['rekən] *v.* 1. calculer, compter. 2. estimer, juger, penser.

reckoning ['rekəniŋ] *n.* 1. compte, calcul. 2. évaluation, estimation, estime, prévision.

reclaim [ri'kleim] *v.* 1. rendre cultivable (terrain), défricher, assécher, gagner sur la mer, les marais, mettre en valeur. 2. (sous-produit) récupérer. *To reclaim V.A.T.,* récupérer la T.V.A.

reclaimable [ri'kleiməbl] *adj.* 1. asséchable, défrichable (terrain). 2. récupérable (sous-produit).

reclamation [,reklə'meiʃən] *n.* défrichement, assèchement, mise en valeur, régénération (sols).

recognition [rekə'gniʃən] *n.* 1. reconnaissance. 2. considération, notoriété, réputation.

recognizance [ri'kɔgnizəns] *n.* caution ; cautionnement ; engagement (devant tribunal).

recognize ['rekəgnaiz] *v.* reconnaître.

recognized ['rekəgnaizd] *adj.* agréé, accrédité, attitré, patenté.

recognized agent, agent accrédité.

recommend [,rekə'mend] *v.* recommander, conseiller.

recommendation [,rekəmen:'deiʃən] 1. recommandation. 2. avis. *Recommendation of a court, of a commission,* avis rendu par un tribunal, une commission.

recompense *n.* 1. récompense. 2. dédommagement, compensation.

recompense *v.* 1. récompenser. 2. dédommager, compenser un dommage.

reconcile ['rekənsail] *v.* concilier, accorder ; réconcilier. *To re-*

concile accounts, faire concorder les comptes.

reconciliation [,rekənsili'eiʃən] *n.* conciliation ; réconciliation.

recondition [ri:kən'diʃən] *v.* remettre en état, réviser, rénover.

reconduct [ri:kən'dʌkt] *v.* reconduire.

reconduction [ri:kən'dʌkʃən] *n.* reconduction.

reconsider [,ri:kən'sidə] *v.* **1.** reconsidérer, examiner à nouveau. **2.** réviser, revoir (décision, jugement), revenir sur, changer d'avis.

reconstruction [,ri:kən'strʌkʃən] *n.* reconstruction.

reconversion [,ri:kən'və:ʃən] *n.* reconversion.

record ['rekɔ:d] *n.* **1.** record. **2.** enregistrement. *On record,* bien établi, officiel. *To go on record,* déclarer publiquement, faire une déclaration (à la presse, etc.). *To say something off the record,* faire une déclaration non officielle, déclarer en privé. **3.** archive, registre. **4.** carrière, dossier, antécédents, états de service. *Clean record,* casier judiciaire vierge. *Good record,* bons états de service. *Police record,* casier judiciaire. **5.** disque.

record *adj.* record. *Record sales,* ventes record.

record [ri'kɔ:d] *v.* enregistrer, consigner par écrit.

recorded delivery [ri'kɔ:did] (envoi avec) accusé de réception.

records ['rekədz] *n.* archives ; dossiers.

recoup [ri'ku:p] *v.* **1.** dédommager, indemniser. **2.** se dédommager, se rattraper de ses pertes, récupérer, se refaire.

recoupment [ri'ku:pmənt] *n.* dédommagement.

recourse [ri'kɔ:s] *n.* recours.

recover [,ri:'kʌvə] *v.* **1.** recouvrer, récupérer. **2.** reprendre (ventes, économie).

recoverable [ri'kʌvərəbl] *adj.* recouvrable, récupérable.

recover over against *v.* se retourner contre.

recovery [ri'kʌvəri] *n.* **1.** recouvrement (créance, etc.). **2.** reprise, redressement (économie).

recreational [rekri'eiʃənəl] *adj.* de divertissement, de loisir. *Recreational facilities,* équipements de loisir. *Recreational industries,* industries des loisirs.

recruit [ri'kru:t] *n.* recrue.

recruit *v.* recruter, embaucher, engager.

recruitment [ri'kru:tmənt] *n.* recrutement.

recur [ri'kə:] *v.* se reproduire, se représenter.

recurrence [ri'kʌrəns] *n.* répétition, récidive.

recurrent [ri'kʌrənt] *adj.* répétitif, périodique, récurrent.

recusal [ri'kju:zəl] (U.S.) *n.* récusation (d'un juge).

recusation [rekjʊ'zeiʃən] *n.* récusation.

recyclable [ri:'saikləbl] *adj.* recyclable (matériaux).

recyle [,ri:'saikl] *v.* **1.** recycler (matériaux). *The recycling of waste,* le recyclage des déchets. **2.** (rare) recycler du personnel.

recycling [,ri:'saikliŋ] *n.* **1.** recyclage (de matériaux). **2.** voir **retraining,** recyclage (du personnel).

red (to be in the) [red] être dans le rouge, avoir une balance déficitaire, être en déficit. *Your account is in the red,* votre compte est à découvert.

redeem [ri'di:m] *v.* **1.** racheter, rembourser, amortir (dette, etc.). **2.** racheter, compenser. **3.** échanger (contre de l'argent liquide, un cadeau promotionnel etc.) ; *special coupons that can be redeemed for electronic appliances,* des coupons spéciaux qui peuvent être échangés contre des appareils électroniques.

redeemable [ri'di:məbl] *adj.* remboursable, rachetable, amortissable.

redemption [ri'dempʃən] *n.* amortissement, remboursement (dette, obligation), purge. ~ date, (date de) maturité (pour une obligation).

redemption rate 1. taux de remboursement, d'amortissement (dette, obligation). **2.** taux de réponse (**mailing**).

redeploy [,ri:di'plɔi] *v.* reconvertir ; redéployer ; réaffecter (main-d'œuvre dans des secteurs techniques ou géographiques différents).

redeployment [,ri:di'plɔiment] *n.* reconversion ; redéploiement ; réaffectation ; redistribution ; recyclage.

redeveloped area [,ri:di'veləpt] zone de redéveloppement.

redevelopment [,ri:di'veləpmənt] *n.* redéveloppement, rénovation.

red ink, déficit.

redirect [,ri:di'rekt] *v.* réexpédier.

redirection [,ri:di'rekʃən] *n.* réexpédition.

redistribute [,ri:di'stribju:t] *v.* redistribuer, répartir à nouveau.

redistribution ['ri:,distri'bju:ʃən] *n.* redistribution, nouvelle répartition.

redistributional ['ri:,distri'bju:ʃənəl] *adj.* redistributif, qui correspond à une nouvelle répartition.

redress [ri'dres] *n.* réparation (d'un tort), recours. *To seek redress,* demander réparation, demander justice.

redress *v.* réparer (un tort), rétablir, corriger, redresser, porter remède à.

red tape [,red'teip] routine administrative, lenteurs de l'administration ; bureaucratie ; paperasserie(s).

reduce [ri'dju:s] *v.* réduire, diminuer, atténuer, abaisser, limiter. *At reduced prices,* au rabais, en solde.

reducible [ri'dju:səbl] *adj.* réductible.

reduction [ri'dʌkʃən] *n.* **1.** réduction, diminution, baisse. *Reduction in price,* baisse de prix. *Reduction in taxation,* allégement fiscal. **2.** *Reduction in rank,* rétrogra-

dation.

reduction for quantity, réduction pour commande / achat en nombre.

redundancy [ri'dʌndənsi] *n.* redondance, surnombre, d'où **1.** licenciement. **2.** personne licenciée. *Redundancy figures,* nombre de licenciements. *Redundancy compensation,* allocation de chômage. *Redundancy notice,* lettre de licenciement, notification de licenciement. *Redundancy payment, redundancy pay,* prime de licenciement.

redundant [ri'dʌndənt] *adj.* **1.** redondant, en surnombre. **2.** licencié. *To make workers redundant,* licencier des ouvriers.

reelect [,ri:i'lekt] *v.* réélire.

reelection [,ri:i'lekʃən] *n.* réélection. *To be eligible for reelection,* être rééligible. *To come up for reelection,* se présenter pour un nouveau mandat. *The Board will come up for reelection,* on va voter pour réélire des administrateurs, les administrateurs arriveront en fin de mandat.

reenact [,ri:i'nækt] *v.* remettre en vigueur, rétablir.

reenactment [,ri:i'næktmənt] *n.* remise en vigueur, rétablissement.

re-engineer *v.* réorganiser le fonctionnement d'une entreprise pour optimiser son efficacité ; reconfigurer.

re-engineering *n.* réorganisation du fonctionnement d'une entreprise pour optimiser son efficacité ; reconfiguration.

re-entry [ri:'entri] *n.* **1.** réinscription. **2.** réintroduction. *Vehicles awaiting re-entry to the assembly line for correction,* véhicules attendant d'être réintroduits sur la chaîne de montage pour rectification. **3.** *Douanes :* réimportation. **4.** rentrée dans l'atmosphère (missiles, etc.).

re-enter [,ri:'entə] *v.* **1.** réinscrire. **2.** réintroduire. **3.** réimporter (marchandises exportées). **4.** entrer à nouveau.

reexport [,ri:'ekspɔ:t] *n.* **1.** réexportation. **2.** marchandise réexportée.

reexport [ri:ək'spɔ:t] *v.* réexporter.

reexportation [,ri:,ekspɔ:'teiʃən] *n.* réexportation.

refer [ri'fə:] *v.* **1.** soumettre (quelque chose à quelqu'un). *To refer a matter to a court,* soumettre une affaire à un tribunal. **2.** adresser quelqu'un à quelqu'un. *Refer to drawer, referred to drawer,* (chèque) voir le tireur. **3.** se référer à, se rapporter à, se reporter à. *Referring to your letter,* en référence à votre lettre, comme suite à votre lettre. **4.** faire mention de, faire allusion à, signaler, désigner. *Referred to as...,* désigné sous le nom de.

referee [,refə'ri:] *n.* **1.** *Jur. :* arbitre, arbitre expert, tiers arbitre. **2.** *Commerce :* garant, répondant ; recommandataire, donneur d'aval, avaliste.

referee *v.* arbitrer.

refer to drawer, (chèque) voir le tireur.

reference ['refrəns] *n.* référence ; rapport ; allusion ; cadre ; données pertinentes. *Terms of reference,* attributions, pouvoirs (d'un organisme) ; cahier des charges.

referral [ri'fə:rəl] *n.* fait d'adresser, d'envoyer à l'organisme ou à l'instance compétents.

refill ['ri:fil] *n.* recharge ; plein.

refill ['ri:fil] *v.* recharger, remplir, faire le plein.

refinance *v.* refinancer.

refine [ri'fain] *v.* raffiner.

refinery [ri'fainəri] *n.* raffinerie.

reflate [,ri:'fleit] *v.* relancer par augmentation de la masse monétaire.

reflation [ri:'fleiʃən] *n.* relance par l'augmentation de la masse monétaire, « reflation ».

reflationary [ri'fleiʃənəri] *n.* « reflationniste », (politique) de relance par l'augmentation de la masse monétaire.

refloat [,ri:'fləut] *v.* **1.** renflouer (navire, société), déséchouer ; remettre à flot. **2.** émettre à nouveau.

refocus *v.* recentrer ; se recentrer.

refocus, refocus(s)ing *n.* recentrage.

reforestation [,ri:'fɔris'teiʃən] *n.* reboisement.

reforwarding [ri:'fɔ:wədiŋ] *n.* réexpédition.

refresher course [ri'freʃə] cours de recyclage.

refuel [ri:'fjuəl] *v.* **1.** réapprovisionner, ravitailler en combustible. **2.** se réapprovisionner, se ravitailler en combustible, faire le plein. **3.** ranimer, raviver, relancer. *To refuel inflation,* relancer l'inflation.

refund ['ri:fʌnd] *n.* remboursement.

refund [ri:'fʌnd] *v.* rembourser, restituer de l'argent.

refunding [ri:'fʌndiŋ] *n.* remboursement.

refundment [ri:'fʌndmənt] *n.* remboursement, restitution d'argent.

refusal [ri'fju:zl] *n.* refus. *First ~,* première offre, droit de préemption, droit d'accepter ou de refuser une offre en priorité.

refusal to supply, refus de vente.

refuse ['refju:s] *n.* déchet(s), détritus, rebut.

refuse [ri'fju:z] *v.* refuser.

regard [ri'ga:d] *n.* égard, considération. *In regard to,* par rapport à. *My kind regards to..., Give my kind regards to..., Best regards,* Meilleur souvenir/Amitiés/Cordialement.

regard *v.* **1.** regarder, considérer. **2.** regarder, concerner. *As regards,* en ce qui concerne.

regarding [ri'ga:diŋ] concernant, quant à, à l'égard de.

regardless of [ri'ga:dlis] sans tenir compte de. *Regardless of expenses,* sans regarder à la dépense.

régime [rei'ʒi:m] *n.* régime politique.

region ['ri:dʒən] *n.* partie du monde ; région. *In the region of,* aux alentours de, dans les environs.

regional ['ri:dʒənl] *adj.* régional. *Regional development,* aménagement du territoire.

register ['redʒistə] *n.* registre, livre ; listes.

register *v.* 1. enregistrer, inscrire. *To register a company,* faire enregistrer une société. *To register a patent,* déposer, faire enregistrer un brevet. *Registered clerk,* commis, employé accrédité. 2. recommander (lettre). *Registered delivery* (U.S.), avec accusé de réception. 3. s'inscrire.

Register of Business Names, Registre du Commerce.

registered bond, obligation nominative.

registered capital, capital social, déclaré, nominal.

registered office, siège social (adresse officielle).

registered share, action nominative.

registered stock, titre nominatif.

registered trade-mark, marque déposée.

registrar [,redʒi'stra:] *n.* 1. greffier. 2. officier d'état civil. *The Registrar's office,* (le bureau de) l'état civil. *The Registrar, the Companies Registrar,* l'enregistrement. *The registrar of mortgages,* le conservateur des hypothèques. 3. archives ; archiviste.

registrar of companies, enregistrement des sociétés, registre des sociétés.

registration [,redʒi'streiʃən] *n.* 1. enregistrement, immatriculation, inscription ; tenue de registre. *Registration fee,* frais d'inscription. *Registration number,* numéro d'immatriculation. *Registration plate,* plaque d'immatriculation, plaque minéralogique. 2. recommandation (lettre).

registration deadline, (date de) clôture des inscriptions.

registration form, bulletin d'inscription/de participation.

registry ['redʒistri] *n.* 1. enregistrement. *Port of registry,* port d'attache. 2. recommandation (lettre, colis).

regress [ri'gres] *v.* régresser, rétrograder, décliner.

regression [ri'greʃən] *n.* régression, recul, baisse.

regressive [ri'gresiv] *adj.* régressif.

regroup [,ri:'gru:p] *v.* regrouper.

regrouping [,ri:'gru:piŋ] *n.* regroupement.

regret [ri'gret] *n.* regret. *Letter of regret,* avis de retour de souscription.

regret *v.* regretter. *We regret to inform you that,* nous avons le regret de vous annoncer que.

regular ['regju:lə] *adj.* régulier ; fixe ; dans les règles, dans les formes réglementaires.

regular *n. Fam. :* habitué, client fidèle.

regulate ['regjuleit] *v.* 1. régler, ajuster. 2. régler, réglementer, régir.

regulation [regju'leiʃən] *n.* 1. réglage. 2. réglementation. 3. règlement, disposition, prescription. *Safety regulations,* consignes, règles de sécurité.

regulator *n.* régulateur, organisme de contrôle.

regulatory [,regju'lætəri] *adj.* 1. de régulation. 2. (agence, organisme) chargé(e) de la réglementation.

rehabilitate [,ri:ə'biliteit] *v.* 1. réhabiliter. 2. rééduquer, réadapter, réintégrer, reclasser. 3. (Urbanisme) rénover.

rehabilitation ['ri:əbili'teiʃən] *n.* 1. réhabilitation. 2. rééducation, réadaptation, réintégration, reclassement. *Rehabilitation of the victims of industrial injuries,* rééducation, reclassement des victimes d'accidents du travail. 3. (urbanisme) rénovation, réhabilitation.

rehearsal *n.* répétition.

rehearse *v.* répéter.

rehire *v.* réembaucher.

reignite *v.* rallumer, relancer. *To reignite inflation*, relancer l'inflation.

reimbursable [ri:im'bə:səbl] *adj.* remboursable.

reimburse [,ri:im'bə:s] *v.* rembourser.

reimbursement *n.* remboursement.

rein in *v.* retenir. *To rein in inflation*, freiner, contenir, juguler l'inflation.

reinstate [,ri:in'steit] *v.* 1. réintégrer (dans ses fonctions, ses droits, ses possessions). 2. rétablir. 3. rouvrir un procès.

reinstatement [,ri:in'steitmənt] *n.* 1. réintégration de quelqu'un (dans ses fonctions, ses droits, ses possessions). 2. rétablissement. 3. réouverture d'un procès.

reinsurance [,ri:in'ʃuərəns] *n.* réassurance.

reinsure [,ri:in'ʃuə] *v.* réassurer.

reinsurer [,ri:in'ʃuərə] *n.* réassureur.

reinvest [,ri:in'vest] *v.* réinvestir.

reinvestment [,ri:in'vestmənt] *n.* réinvestissement.

reinvigorate *v.* revigorer.

reinvoice *v.* refacturer.

reissue [ri:'iʃu:] *v.* 1. émettre à nouveau (actions, etc.). *To reissue a statement*, répéter une déclaration. 2. rééditer.

reissue *n.* 1. nouvelle émission ; répétition (déclaration, etc.). 2. réédition.

reject ['ri:dʒekt] *n.* pièce mise au rebut, article, etc., rejeté parce que non conforme.

reject [ri'dʒekt] *v.* 1. rejeter, repousser, refuser. 2. mettre au rebut.

rejection [ri'dʒekʃən] *n.* 1. rejet, refus. 2. mise au rebut.

rejection rate, taux de rejet, taux de rebut.

rejigger *v.* réorganiser, redistribuer.

rekindle [,ri:'kindl] *v.* rallumer. *To rekindle inflation*, rallumer, relancer l'inflation.

relapse *v.* rechuter.

relapse *n.* rechute.

relate [ri'leit] *v.* 1. rapporter, rapprocher, associer. 2. entretenir des rapports avec. 3. raconter.

relation [ri'leiʃən] *n.* 1. rapport, relation. *To enter into relations with someone*, se mettre en rapport avec quelqu'un. 2. relation, personne avec qui on a des relations. *A business relation*, une relation d'affaires. 3. parent. 4. récit.

relationship [ri'leiʃənʃip] *n.* 1. rapport, relation. 2. parenté ; lien, degré de parenté.

relative ['relətiv] *adj.* relatif.

relative *n.* parent.

relaunch *v.* relancer.

relax [ri'læks] *v.* 1. relâcher, assouplir (contrainte, etc.). 2. (contrainte, etc.) se relâcher, diminuer, s'assouplir. 3. se détendre (personne).

relaxation [,ri:læk'seiʃən] *n.* 1. assouplissement, adoucissement, relâchement (contrainte, règlement, etc.). 2. (personne) détente ; délassement.

relay ['ri:lei] *n.* relais.

relay [ri:'lei] *v.* relayer ; prendre le relais de ; transmettre (un message).

release [,ri:'li:s] *n.* 1. libération, remise en liberté, relaxe, élargissement. 2. renonciation, décharge. 3. mise en vente, mise sur le marché, sortie, mise en circulation. 4. émission (d'un communiqué). *Press release*, communiqué de presse. 5. mise en marche, déclenchement.

release [ri'li:s] *v.* 1. libérer, relâcher, relaxer. 2. libérer, décharger, acquitter (d'une obligation). 3. mettre en vente, en circulation, sur le marché, sortir. 4. émettre (un communiqué, etc.). 5. déclencher. 6. relâcher (son emprise), desserrer.

relevance ['reləvəns] *n.* pertinence, rapport, opportunité, convenance, adéquation.

relevant ['reləvənt] *adj.* pertinent, applicable, qui a rapport, opportun, adéquat.

reliability [rilaiə'biliti] *n.* **1.** sûreté, honnêteté, crédibilité, degré de confiance que l'on peut accorder. **2.** endurance, solidité, fiabilité.

reliable [ri'laiəbl] *adj.* **1.** fiable, sûr, digne de confiance, honnête, digne de foi. ~ *source,* source digne de foi, bien informée. **2.** solide, résistant.

reliance [ri'laiəns] *n.* **1.** confiance (que l'on met en quelque chose ou quelqu'un). **2.** dépendance.

relief [ri'li:f] *n.* **1.** secours, aide, assistance. **2.** soulagement, allégement. *Tax relief,* allégement fiscal. **3.** relève. **4.** relief.

relief check, chèque d'assistance, bon de secours, versement à personne assistée.

relieve [ri'li:v] *v.* **1.** secourir, aider, assister. **2.** alléger, soulager. *To ~ unemployment,* résorber le chômage. **3.** relever, remplacer, prendre la relève. **4.** destituer. *To relieve someone of his/her duties,* a) décharger quelqu'un de ses fonctions ; b) relever quelqu'un de ses fonctions.

relinquish [ri'liŋkwiʃ] *v.* abandonner, renoncer à (fonction, droit, propriété).

relinquishment [ri'liŋkwiʃmənt] *n.* abandon, renonciation (fonction, droit, propriété).

reload [ri:'ləud] *v.* recharger.

reloading [ri:'ləudiŋ] *n.* rechargement.

relocation [ri:ləu'keiʃən] *n.* transfert, déménagement, relogement ; délocalisation, nouvelle implantation, choix d'une nouvelle implantation.

relocation allowance, indemnité de transfert, indemnité de déménagement.

relocate [ri:ləu'keit] *v.* déménager, transférer, réimplanter, reloger, délocaliser.

reluctance [ri'lʌktəns] *n.* réticence, répugnance.

reluctant [ri'lʌktənt] *adj.* réticent.

reluctantly [ri'lʌktəntli] *adv.* avec répugnance, réticence, à contre-cœur, à regret, de mauvaise grâce.

rely [ri'lai] *v.* compter sur, faire confiance à, tabler sur, se reposer sur, s'en remettre à, s'en rapporter à ; dépendre de.

remainder [ri'meində] *n.* reste ; restant, reliquat.

remand [ri'ma:nd] *v.* renvoyer un prévenu à une autre audience. *To remand a prisoner in custody,* renvoyer à huitaine la comparution de l'inculpé, avec détention provisoire. *To remand on bail,* mettre en liberté sous caution.

remedy ['remedi] *v.* remédier à.

remedy *n.* remède, solution ; recours ; dédommagement.

remind [ri'maind] *v. To remind somebody of something,* rappeler quelque chose à quelqu'un. *To remind somebody to do something,* rappeler à quelqu'un de faire quelque chose.

reminder [ri'maində] *n.* **1.** rappel, relance. **2.** lettre de rappel. **3.** mémento, mémoire.

remission [ri'miʃən] *n.* remise (dette, impôt, peine).

remit [ri'mit] *v.* **1.** remettre, envoyer, faire envoi d'une somme, payer. **2.** exonérer, exempter d'un paiement, faire remise (d'une peine).

remittal [ri'mitl] *n.* remise (d'une peine, d'une dette).

remittance [ri'mitəns] *n.* envoi de fonds, versement, remise d'argent.

remittance advice [ri'mitəns] avis de règlement, avis de remise, remise à l'encaissement, remise documentaire à l'encaissement.

remittee [ri'miti:] *n.* destinataire (d'un envoi de fonds).

remitter [ri'mitə] *n.* remetteur, expéditeur de fonds.

remnant ['remnənt] *n.* reste, restant.

remodel [,ri:'mɔdl] *v.* remodeler, remanier, réadapter, réorganiser, transformer. *Home-remodelling,* transformation/amélioration de l'habitat.

remote [ri'məut] *adj.* **1.** lointain, distant, éloigné, écarté, reculé. **2.** vague, léger, faible, moindre. *Remote-control,* commande à distance, télécommande.

remote *n.* voir *remote-control.*

removable [ri'mu:vəbl] *adj.* **1.** détachable ; transportable. **2.** amovible, révocable.

removal [ri'mu:vl] *n.* **1.** suppression, enlèvement. **2.** déménagement.

remove [ri'mu:v] *v.* **1.** enlever, faire disparaître. **2.** déménager. **3.** déplacer (fonctionnaire, etc.), retirer d'un poste.

remover [ri'mu:və] *n.* **1.** produit qui enlève, détachant, décapant. *Stain-remover,* détachant. *Varnish-remover,* décapant pour vernis. **2.** déménageur, entrepreneur de déménagements.

remunerate [ri'mju:nəreit] *v.* rémunérer.

remuneration [ri,mju:nə'reiʃən] *n.* rémunération.

remunerative [ri'mju:nərətiv] *adj.* rémunérateur, profitable.

render ['rendə] *v.* **1.** rendre. **2.** remettre (un compte, un relevé).

renege [ri'ni:g] *v.* se rétracter, revenir sur une promesse, manquer à sa parole. *To renege on a deal/a transaction,* revenir sur un accord, ne pas honorer un accord.

renegotiate *v.* renégocier.

renew [ri'nju:] *v.* **1.** rénover. **2.** renouveler. **3.** reconduire, proroger.

renewable [ri'nju:əbl] *adj.* renouvelable ; reconductible.

renewable *n.* énergie renouvelable.

renewal [ri'nju:əl] *n.* **1.** rénovation. **2.** renouvellement. **3.** prorogation ; reconduction. **4.** (journal) réabonnement.

renewed area [ri'nju:d] *n.* zone reconstruite, zone d'urbanisation prioritaire.

renounce [ri'nauns] *v.* **1.** renoncer à. **2.** dénoncer (une convention) ; répudier (un traité).

rent [rent] *n.* loyer, rente.

rent *v.* louer (prendre en location).

rentable ['rentəbl] *adj.* qui peut être loué, qui peut se louer ; affermable.

rental ['rentl] *n.* **1.** loyer ; prix de la location. **2.** organisme de location.

rental fee, montant / prix de la location.

renter ['rentə] *n.* **1.** locataire. **2.** personne qui prend en location.

renunciation [ri,nʌnsi'eiʃən] *n.* renonciation ; abandon.

reopen [ri:'əupən] *v.* rouvrir.

reopening [ri:'əupəniŋ] *n.* réouverture.

reorder [ri:'ɔ:də] *v.* commander à nouveau, passer une nouvelle commande, repasser commande.

reorganization ['ri:,ɔ:gənai'zeiʃən] *n.* réorganisation, réaménagement ; restructuration.

reorganize [,ri:'ɔ:gənaiz] *v.* **1.** réorganiser, réaménager. **2.** resyndiquer (le personnel d'une entreprise).

reorient [ri:'ɔriənt] *v.* réorienter.

reorientate [,ri:'ɔrienteit] *v.* réorienter.

reorientation ['ri:,ɔ:rien'teiʃən] *n.* réorientation.

rep *n.* représentant de commerce.

repaid [ri:'peid] *adj.* remboursé.

repair [ri:'pɛə] *n.* réparation. *In good repair,* en bon état. *Under repair,* en travaux, travaux en cours.

repair *v.* réparer.

repairman [ri'pɛəmən] *n.* réparateur.

repatriate [ri:'pætrieit] *v.* rapatrier.

repatriation [,ri:pætri'eiʃən] *n.* rapatriement.

repay [ri:'pei] *v.* rembourser.

repayable [ri:'peiəbl] *adj.* remboursable.

repayment [ri:'peimənt] *n.* remboursement.

repeal [ri'pi:l] *n.* abrogation, révocation.

repeal *v.* abroger.

repeat [ri'pi:t] *v.* **1.** répéter. **2.** recommencer. **3.** renouveler.

repeat *n.* répétition. *Repeat offender*, récidiviste. *Repeat order*, commande renouvelée.

repetition [,repi'tiʃən] *n.* répétition.

repetitious [ri'petiʃəs] *adj.* répétitif.

repetitive [ri'petitiv] *adj.* répétitif ; monotone.

replace [ri'pleis] *v.* remplacer, substituer, se substituer.

replacement [ri'pleismənt] *n.* **1.** remplacement, substitution, renouvellement, rechange, réapprovisionnement. *Replacement costs*, coûts de remplacement. *Replacement cost accounting*, prise en compte par la comptabilité des coûts réels de remplacement (pour corriger les effets de l'inflation). **2.** remplaçant. **3.** pièce de rechange.

replacement level, niveau de remplacement.

replacement market, marché de renouvellement.

replacement part, pièce de rechange.

replacement value, valeur de remplacement, de renouvellement.

replay *n.* répétition (T.V.) *instant replay*, retour sur image ; ralenti.

replenish [ri'pleniʃ] *v.* réapprovisionner ; recharger ; remplir, refaire le plein, compléter. *To replenish the shelves*, réapprovisionner les étagères.

replenishment [ri'pleniʃmənt] *n.* réapprovisionnement.

replete [ri'pli:t] *adj.,* rempli, plein.

repletion [ri'pli:ʃən] *n.* **1.** plénitude. **2.** satiété.

replevin [ri'plevin] *n.* mainlevée.

reply [ri'plai] *n.* réponse ; réplique.

reply *v.* répondre ; répliquer.

repo *n.* voir **repossession.**

report [ri'pɔ:t] *n.* rapport, compte rendu ; procès-verbal (d'une réunion) ; dépêche ; reportage ; (informatique) état.

report *v.* **1.** rapporter, signaler. **2.** rendre compte ; rédiger un rapport ; rédiger/établir/soumettre un état financier. *Reporting system*, système d'information comptable. **3.** être responsable vis-à-vis de, dépendre de. *He will report direct to the manager*, il dépendra directement du directeur. **4.** se présenter.

reporting *n.* (comptab.) reddition des comptes.

reposition *v.* repositionner ; se repositionner.

repositioning *n.* repositionnement.

repossess [,ri:pə'zes] *v.* rentrer en possession de ; reprendre possession de ; saisir, faire saisir un article ou un bien non entièrement payé.

repossession [,ri:pə'zeʃən] *n.* rentrée en possession, reprise de possession ; saisie (au bénéfice du vendeur) d'un article non entièrement payé.

represent [,repri'zent] *v.* représenter.

representative [,repri'zentətiv] *n.* **1.** représentant ; délégué. **2.** représentant de commerce.

representative *adj.* représentatif, typique, caractéristique.

reprieve [ri'pri:v] *n.* sursis, répit.

reprieve *v.* accorder un sursis, un répit, un délai.

reprint ['ri:print] *n.* réimpression, retirage ; réédition.

reprint *v.* réimprimer, faire un nouveau tirage de ; rééditer.

repress [ri'pres] *v.* réprimer.

repression [ri'preʃən] *n.* répression, fait de réprimer.

reprisal(s) [ri'praizlz] *n.* représailles.

reprocess *v.* retraiter.

repurchase *n.* rachat ; réméré. *With option of repurchase*, avec faculté de rachat.

repurchase v. racheter.

reputable ['repjutəbl] *adj.* de bonne réputation, honorable.

reputation [,repju'teiʃən] *n.* réputation.

repute [ri'pju:t] *n.* renom, renommée, réputation.

request [ri'kwest] *n.* requête, demande, sollicitation ; réclamation. *On request,* sur demande.

request v. demander, inviter (à). *As requested,* conformément aux instructions.

require [ri'kwaiə] v. demander, réclamer ; exiger, nécessiter. *If required,* si nécessaire, si on le demande.

requirement [ri'kwaiəmənt] *n.* 1. besoin, nécessité. *To meet the requirements,* satisfaire les besoins. 2. condition requise, caractéristique, exigence. *The requirements of the job,* les exigences du poste. *To meet the requirements,* remplir les conditions.

requisite ['rekwizit] *adj.* nécessaire, requis.

requisites ['rekwizits] *n.* 1. conditions requises. 2. accessoires, objets nécessaires. *Office requisites,* fournitures de bureau.

requisition [,rekwi'ziʃən] *n.* 1. demande. 2. réquisition.

requisition v. réquisitionner.

reroute [ri:'ru:t] v. (U.S.) [ri:'raut] réacheminer ; détourner, dérouter, dévier ; modifier l'itinéraire ; modifier le tracé (d'une route).

resale [ri:'seil] *n.* revente.

resale price maintenance, vente au détail à prix imposé.

rescale [ri:'skeil] v. revoir, réajuster (souvent à une moindre échelle).

reschedule [ri'ʃedjul] (U.S.) [ri'skedʒul] v. rééchelonner, réordonnancer, reprogrammer, replanifier, modifier l'horaire, l'échéance, reporter. *To reschedule a debt,* rééchelonner une dette. *To reschedule a loan,* consolider un prêt.

rescheduling *n.* rééchelonne-ment, réordonnancement ; réaménagement (d'une dette).

rescind [ri'sind] v. annuler, casser, abroger, résilier.

rescission [ri'siʒən] *n.* annulation, abrogation, résiliation.

rescue ['reskju:] *n.* sauvetage.

rescue v. porter secours (à), opérer le sauvetage (de).

research [ri'sə:tʃ] *n.* recherche, travail de recherche. *Research and development,* recherche et développement ; études.

research v. faire de la recherche, faire des recherches (scientifiques, technologiques).

researcher [ri'sə:tʃə] *n.* chercheur.

resell [ri:'sel] v. revendre.

reseller [ri:'selə] *n.* revendeur.

reservation [rezə'veifən] *n.* 1. réserve, arrière pensée. 2. réservation.

reserve [ri'zə:v] *n.* 1. réserve ; provision. 2. réserve, restriction.

reserve v. réserver, retenir, louer.

reserved [ri'zə:vd] *All rights reserved,* tous droits réservés.

reserved price, prix minimum (dans une mise à prix).

resettle [ri:'setl] v. reclasser, réaffecter (personnel) ; réinstaller, transférer ; se réinstaller.

resettlement [ri:'setlmənt] *n.* réaffectation, reclassement (du personnel).

reshape v. restructurer ; se restructurer.

reshipment [ri:ʃipmənt] *n.* réembarquement, réexpédition.

reshuffle [ri:'ʃʌfl] *n.* remaniement, réorganisation.

reshuffle v. remanier ; réorganiser.

reshuffling [ri:'ʃʌfliŋ] *n.* remaniement.

reside [ri'zaid] v. résider.

residence ['rezidəns] *n.* résidence.

residence permit, permis de séjour, carte de séjour.

residency permit, permis de séjour.

resident ['rezidənt] *n.* résident.

residual value [ri'zidjuəl] *n.* valeur résiduelle.

residuals (U.S.) *n.pl.* cachet de redevance (versé aux interprètes lors de la reprise d'une émission ou d'un film).

residuary estate [ri'zidjuəri] propriété résiduelle.

residuary legatee, légataire universel des biens mobiliers.

residue ['rezidju:] *n.* reliquat d'une succession.

resign [ri'zain] *v.* 1. démissionner, donner sa démission. 2. abandonner, renoncer à.

resignation [rezig'neiʃən] *n.* 1. démission. *To tender one's resignation, to hand out one's resignation,* démissionner. 2. abandon (d'un droit), renonciation.

resilience [ri'ziliəns] *n.* 1. élasticité, ressort. 2. résistance.

resiliency [ri'ziliənsi] *n.* voir *resilience.*

resilient *adj.* élastique, résistant, qui a du ressort.

resolution [rezə'lu:ʃən] *n.* résolution.

resolutive ['rezəlutiv] *adj.* résolutoire, qui annule.

resolve [ri'zɔlv] *v.* décider, se décider, prendre une décision, trouver une solution, résoudre.

resort [ri'zɔ:t] *n.* 1. recours. *Last ~,* dernier recours/ressort, ultime recours. 2. lieu de séjour. *Holiday ~,* station estivale, lieu de villégiature. *Health ~,* station climatique/estivale/thermale. *Seaside ~,* station balnéaire, plage. *Winter ~,* station de sports d'hiver.

resort *v.* avoir recours (à, *to*).

resource [ri'sɔ:s] *n.* ressource.

resource-strapped, à court de ressource.

respond [ri'spɔnd] *v.* 1. réagir. 2. répondre.

respondent [ri'spɔndənt] *n.* 1. répondant. 2. (enquête, sondage) personne interrogée.

response [ri'spɔns] *n.* 1. réaction. 2. réponse.

response time, 1. temps de réac-

tion. 2. délai de réponse.

responsibility [rispɔnsə'biliti] *n.* responsabilité.

responsible [ri'spɔnsəbl] *adj.* responsable ; qui a le sens des responsabilités.

responsive [ri'spɔnsiv] *adj.* coopératif. *They have been responsive to our efforts,* ils ont répondu à nos efforts.

rest [rest] *n.* 1. repos. 2. reste.

rest *v.* 1. se reposer. 2. (on, sur) reposer, être posé, s'appuyer, être appuyé. 3. (with, à) incomber, revenir, appartenir. 4. demeurer. *There the matter rests,* l'affaire en est là. *The problem rests in this,* le problème réside en ceci. 5. *Jur.* : (U.S.) *To rest the case,* conclure son plaidoyer.

restate [ri:'steit] *v.* se reformuler ; spécifier à nouveau.

restaurant ['restərɔn] *n.* restaurant. *Restaurant-voucher,* chèque-restaurant.

restitution *n.* 1. restitution ; reconstitution. 2. réparation, compensation, dédommagement.

restock [ri:'tɔk] *v.* 1. réapprovisionner, se réapprovisionner, réassortir, renouveler les stocks. 2. (élevage) renouveler ; réempoissonner.

restocking [ri:'tɔkiŋ] *n.* 1. réapprovisionnement, renouvellement des stocks. 2. (élevage) renouvellement ; réempoissonnement.

rest on, rest upon *v.* 1. reposer sur. 2. faire reposer sur, fonder, baser, appuyer sur. *To rest a case on facts,* appuyer, fonder un dossier sur des faits.

restore [ri'stɔ:] *v.* 1. rendre, restituer. 2. restaurer, reconstituer, rétablir. *To ~ a company to profitability,* restaurer/rétablir la rentabilité d'une société. 3. réintégrer (dans une fonction).

restrain [ri'strein] *v.* contenir, réprimer ; entraver.

restraining order, ordonnance de référé.

restraint [ri'streint] *n.* contrainte, restriction, entrave. *Voluntary* *restraint,* modération volontaire (salaire, etc.). *In restraint of trade,* qui porte atteinte à la liberté du commerce, anti-concurrentiel.

restrict [ri'strikt] *v.* limiter, réduire, restreindre. *Restricted area,* zone interdite.

restriction [ri'strikʃən] *n.* restriction, limitation.

restrictive practise, (G.B.) **practice** [ri'striktiv] **1.** atteinte à la libre concurrence. **2.** discrimination à l'embauche.

rest with *v.* être de la responsabilité de, être à la charge de.

restroom ['restru:m] *n.* (U.S.) toilettes.

restructure *v.* restructurer.

restructuring [ri:'strʌktʃəriŋ] *n.* restructuration.

result [ri'zʌlt] *n.* résultat ; performance.

result *v. To result in,* aboutir à, amener, mener à, avoir pour conséquence. *To result from,* provenir de, découler de.

resume [ri'zju:m] *v.* reprendre, recommencer (travail, négociations).

résumé ['rezju:mei] *n.* curriculum vitae.

resumption [ri'zʌmpʃən] *n.* reprise (travail, négociations, etc.). *Resumption of work,* reprise du travail.

resupply [ri:sə'plai] *n.* réapprovisionnement.

resupply *v.* réapprovisionner.

retail ['ri:teil] *n.* détail, vente au détail.

retail [ri:'teil] *v.* vendre au détail.

retail bank, banque commerciale (par rapport à banque d'affaires), banque de détail.

retail banking, activités bancaires usuelles vis-à-vis du grand public (gestion de compte, prêt, dépôt…) à l'exclusion des opérations des banques d'affaires, banque de détail.

retail chain, chaîne de vente au détail, de distribution.

retail dealer *v.* détaillant.

retailer [ri:'teilə] *n.* détaillant. *Large retailer,* grande surface.

retail outlet, magasin de détail.

retail trade, commerce de détail, petit commerce. *Large-scale retail trade,* commerce intégré.

retain [ri'tein] *v.* retenir, conserver, maintenir.

retained earnings, bénéfices non distribués ; réserves.

retainer [ri'teinə] *n.* arrhes ; provision, avance, avance sur honoraires, somme versée à l'avance pour s'assurer les services d'une personne ou d'un organisme. *To be on retainer* (avocat, expert, etc.) avoir un contrat à l'année (pour des services épisodiques).

retaliate [ri'tælieit] *v.* exercer des représailles.

retaliation [ri,tæli'eiʃən] *n.* représailles, (mesures de) rétorsion.

retaliatory *adj.* de représailles, de rétorsion. *To take retaliatory steps,* prendre des mesures de rétorsion.

retention *n.* **1.** conservation, maintien, fait de retenir. **2.** ce qui reste. *After tax retention,* (somme, montant, volume) après impôt.

retire [ri'taiə] *v.* **1.** prendre sa retraite. **2.** mettre à la retraite. **3.** quitter ses fonctions. **4.** retirer de la circulation (titre, effet, etc.). *To retire a debt,* rembourser une dette.

retiree [ri'taiəri:] *n.* retraité(e).

retirement [ri'taiəmənt] *n.* **1.** retraite. **2.** mise au rancart.

retirement account, compte épargne retraite.

retirement benefits, prestations retraite.

retirement fund, caisse de retraite.

retirement pension, pension de retraite.

retool *v.* se rééquiper en machines, moderniser les chaînes, la production.

retrain [ri:'trein] *v.* recycler (le personnel).

retraining [ri:'treiniŋ] *n.* recyclage (du personnel).

retreat *v.* **1.** se retirer. **2.** *(cours, etc.)* baisser.

retrench [ri'trenʃ] *v.* réduire, comprimer, diminuer, restreindre (les dépenses) ; faire des économies.

retrenchment [ri'trenʃmənt] *n.* réduction, compression, restriction des dépenses. *Retrenchment policy*, politique d'austérité.

retrievable *adj.* récupérable. (Donnée informatique) accessible.

retrieval [ri'tri:vl] *n.* **1.** recouvrement. **2.** réparation, récupération. **3.** accès à l'information, (informatique) restitution (des données).

retrieve [ri'tri:v] *v.* retrouver, recouvrer ; récupérer. *To retrieve one's losses*, récupérer ses pertes, se refaire. *To retrieve information,* **1.** avoir accès à des renseignements (ordinateur, banque de données). **2.** restituer des renseignements.

retroaction [retrə'ækʃən] *n.* rétroaction.

retroactive [retrə'æktiv] *adj.* rétroactif.

retroactivity [retrə,æk'tiviti] *n.* rétroactivité.

retrocede [,retrəu'si:d] *v.* rétrocéder.

retrocession [retrəu'seʃən] *n.* rétrocession.

return [ri'tə:n] *n.* **1.** retour. *By return of mail, by return of post,* par retour (du courrier). *Return ticket*, billet aller et retour. *Return address,* adresse de l'expéditeur. *Return to profit/profitability*, retour à la rentabilité, fait de redevenir bénéficiaire. **2.** rendu, invendu. *On sale or return,* (vente) en dépôt, à condition (avec reprise des invendus). **3.** revenu, rendement, bénéfice. *Return on capital,* rémunération du capital. *Return on investment,* rapport, rendement, profitabilité d'un investissement. *Sales return,* produit des ventes. **4.** compte rendu, rapport, relevé, état, situation (banque, etc.), bilan, statistique. *Tax return,* déclaration d'impôt. **5.** ristourne ; remboursement.

return *v.* **1.** revenir (à), retourner (à). *To return to profit/profitability,* redevenir rentable/bénéficiaire. **2.** renvoyer ; rendre. **3.** faire une déclaration (revenu, etc.). **4.** (G.B.) élire. *To return to Parliament*, élire comme député. **5.** (investissement) rapporter.

returnable [ri'tə:nəbl] *adj.* **1.** qui peut être rendu, qui peut être renvoyé ; (emballage) repris, consigné. **2.** (G.B.) (candidat) éligible.

returnables [ri'tə:nəblz] *n.* emballages repris ; emballages consignés.

return on assets, rentabilité des actifs.

return on assets, rendement de l'actif.

return on capital employed, rendement des capitaux engagés.

return on equity, rentabilité des capitaux propres.

return on equity, rendement des capitaux propres.

return on invested capital, rendement de l'investissement.

return on investment, rentabilité d'un investissement ; taux de rendement comptable ; rendement des actifs ; ratio de rentabilité.

return on sales, pourcentage du résultat d'exploitation par rapport au chiffre d'affaires, taux de marge.

returns [ri'tə:nz] *n.* **1.** recettes, rentrées. **2.** invendus, « retours ». **3.** résultats (élection, etc.). *Census returns,* résultats du recensement.

return ticket, billet aller et retour.

return to profit (to), être à nouveau bénéficiaire, refaire des bénéfices, renouer avec le profit.

return to profit (to), redevenir profitable / rentable, renouer avec les bénéfices.

return to sender, retour à l'envoyeur ; à retourner à l'envoyeur, à l'expéditeur.

revaluation [ri:,vælju'eiʃən] *n.* réévaluation.

revalue [ri:'vælju:] *v.* réévaluer.

revamp [ri'væmp] *v.* transformer, remodeler, moderniser, rénover.

revenue ['revənju:] *n.* **1.** revenu, rapport, recettes, chiffre d'affaires. *Comptab. :* produit. **2.** revenu de l'impôt. *The Inland Revenue* (G.B.), *The Internal Revenue* (U.S.), le fisc.

revenue bond, obligation à long terme émise par une collectivité publique pour financer un projet.

revenue stamp, timbre fiscal.

reversal [ri'və:sl] *n.* **1.** renversement, retournement (de tendance). **2.** annulation (jugement, écriture).

reverse [ri'və:s] *n.* inverse, contraire, opposé ; marche arrière.

reverse *adj.* inverse, contraire, opposé.

reverse *v.* **1.** faire marche (ou machine) arrière, inverser. **2.** annuler, révoquer (sentence).

reverse charge call, (G.B.) appel en PCV.

« reverse charges », (G.B.) « en PCV ».

reversed take over, contre OPA.

reversibility [rivə:sə'biliti] *n.* caractère réversible, réversibilité.

reversible [ri'və:səbl] *adj.* réversible.

reversion [ri'və:ʃən] *n.* **1.** retour (à situation antérieure). **2.** réversion, droit de retour (d'un bien). **3.** *Assur. :* rente viagère.

reversionary [ri'və:ʃənəri] *adj.* réversible, de réversion.

reversioner *n.* bénéficiaire d'une réversion, réversataire.

reversionist *n.* bénéficiaire d'une réversion réversataire.

revert [ri'və:t] *v.* retourner, revenir (à).

review [ri'vju:] *n.* **1.** revue, périodique, magazine. **2.** examen, compte rendu, recensement, étude critique. *The year under review,* l'exercice en question, l'exercice écoulé. **3.** révision (d'un procès).

review *v.* **1.** passer en revue, revoir, examiner ; faire le compte rendu, la critique de. **2.** réviser, revoir (procès, décision).

revisable [ri'vaizəbl] *adj.* révisable.

revise [ri'vaiz] *v.* réviser. *To revise downward,* réviser en baisse. *To revise upward,* réviser en hausse.

revision [ri'viʒən] *n.* révision.

revival [ri'vaivl] *n.* reprise (économie, etc.) ; renaissance, renouveau.

revive [ri'vaiv] *v.* **1.** reprendre, se ranimer, repartir (économie, etc.). **2.** ranimer, faire reprendre, faire revivre ; raviver, relancer. **3.** remettre en vigueur ; réactiver.

revocable ['revəkəbl] *adj.* révocable.

revocation [revə'keiʃən] *n.* révocation, abrogation, annulation.

revoke [ri'vəuk] *v.* révoquer, annuler, abroger.

revolving credit [ri'vɔlviŋ] crédit à renouvellement automatique, crédit renouvelable, crédit permanent.

revolving door, 1. porte à tambour ; **2.** ancien responsable politique ou dirigeant d'entreprise recruté pour faire du lobbying.

rev up *v.,* augmenter. **to rev up production,** relancer la production.

rev up *v.* **1.** faire tourner à plein régime, lancer (un moteur, etc.). **2.** stimuler, relancer (l'économie).

reward [ri'wɔ:d] *n.* récompense, prime.

reward *v.* récompenser.

rewarding [ri'wɔ:diŋ] *adj.* **1.** rémunérateur. **2.** qui récompense, satisfaisant, qui donne de grandes satisfactions. *A rewarding job,* un emploi qui apporte des satisfactions.

rewind *v.* rembobiner.

rewrite [ri:'rait] *v.* remanier, réécrire.

rice-paddy *n.* rizière.

rich [ritʃ] *adj.* riche ; magnifique. *The rich,* les riches.

riches ['ritʃiz] *n.* richesses. *From rags to riches,* de la pauvreté à la fortune.

rid [rid] *v.* débarrasser.

ride *n.* promenade à cheval, à bicyclette ; trajet/voyage en train, bus, moto, voiture. *To take someone for a ride*, berner, tromper quelqu'un.

ride *v.* aller à cheval, à bicyclette, à moto ; aller/être en train, en autobus, en voiture.

ride out a crisis [raid] surmonter une crise, passer au travers d'une crise.

rider ['raidə] *n.* **1.** cavalier ; motocycliste. **2.** voyageur, passager (train, bus). **3.** avenant, clause additionnelle.

ridership *n.* *(train)* nombre de voyageurs.

riding public (the), les usagers des transports, les usagers du chemin de fer.

rift [rift] *n.* divergence, dissension ; scission.

rig [rig] *n.* **1.** équipement, installation, accessoires, mécanisme. **2.** *Oil rig*, plate-forme de forage (en mer). **3.** (U.S.) camion semi-remorque.

rig *v.* **1.** équiper. **2.** truquer. *Bourse : To rig the market*, fausser le marché, manipuler le marché.

rigging ['rigiŋ] *n.* trucage, manipulation. *Price rigging*, fixation illicite/illégale des prix. *Bourse :* agiotage, manipulation du marché.

right [rait] *n.* droit. *Sole right*, droit exclusif.

rights offering, émission de droits de souscription.

rights issue, émission de droits de souscription, émission de droits d'attribution.

rig up *v.* **1.** installer, monter, faire une installation de fortune. *To rig up a demonstration*, improviser une démonstration. **2.** *Bourse : To rig up prices*, faire monter artificiellement les prix, les cours.

ring [riŋ] *n.* **1.** coup de téléphone. **2.** réseau (de trafiquants, etc.). **3.** *(Bourse)* corbeille.

ring *v.* sonner.

ring off *v.* raccrocher (Tél.).

ring road [riŋ rəud] (G.B.) route circulaire, boulevard de ceinture, périphérique, rocade.

ring up *v.* **1.** appeler au téléphone. **2.** enregistrer.

riot ['raiət] *n.* émeute.

riot *v.* être en état d'émeute, se livrer à une émeute.

rioter ['raiətə] *n.* émeutier.

ripe [raip] *adj.* mûr.

ripen ['raipən] *v.* mûrir, parvenir à maturité.

rip-off *n.* vente à un prix trop élevé (vol).

rip off *v.* escroquer.

ripple effect, propagation, réaction en chaîne. *It will have a ripple effect on...*, cela va s'étendre à, se propager dans...

rise *n.* **1.** augmentation, montée, accroissement. *Rise in wages*, augmentation de(s) salaires. *Rise in unemployment figures*, augmentation du chômage. **2.** ascension, essor. **3.** source, naissance, origine.

rise [raiz] *v.* monter, augmenter, croître, s'accroître. *To rise by 5 %*, augmenter de 5 %.

risk [risk] *n.* risque, danger. *At owner's risk*, aux risques et périls du propriétaire.

risk *v.* risquer, courir un risque, prendre un risque.

risk analysis, analyse du risque.

risk capital, capital à risque, capital-risque.

risk management, gestion du/des risque(s) ; prévention-assurance.

risk profile, profil de risque(s), distribution de la probabilité (du risque).

risky *adj.* risqué, dangereux.

rival ['raivl] *n.* rival, concurrent.

rival *v.* rivaliser (avec), concurrencer.

road [rəud] *n.* route. *To be on the road*, être voyageur de commerce.

ROA, return on assets, rendement de l'actif (RDA).

roadblock *n.* barrage routier.

roadholding [,rəud'həuldiŋ] *n.* (véhicule) tenue de route.

road show *n.* tournée de présentation/promotion.

roadstead ['rəudsted] *n.* rade.

road tax, vignette automobile.

roadtest *v.* tester, vérifier si qqchose « tient la route » (propre et figuré).

« **road up** », rue barrée, route barrée, route en réfection, attention travaux.

roadway ['rəudwei] *n.* chaussée.

road works *n.* travaux routiers. « *Road works ahead* », « attention travaux ».

roadworthiness ['rəudwɔːðinis] *n.* état général d'un véhicule, état de marche d'un véhicule.

roadworthy ['rəudwɔːði] *adj.* (véhicule) en bon état de marche.

roar [rɔːr] *v.* **1.** rugir, gronder. **2.** prospérer. *To do a roaring trade,* faire des affaires d'or.

rob [rɔb] *v.* voler.

robbery ['rɔbəri] *n.* vol, vol qualifié. *Armed robbery,* vol à main armée.

robot ['rəubɔt] *n.* robot.

robotics *n.* robotique.

robotization *n.* robotisation.

ROCE, return on capital employed, rendement des capitaux engagés (RCE).

rock bottom price [rɔk'bɔtəm] prix sacrifiés, prix le plus bas qui peut être consenti.

rocket *v.* monter en flèche. *Rocketing prices,* prix qui s'emballent, qui montent en flèche.

ROE, return on equity, rendement des capitaux propres (RCP).

rogue [rəug] *n.* gredin, scélérat, canaille, fripouille ; individu incontrôlé. ~ *state,* état félon, état « voyou ».

ROIC, return on invested capital, rendement de l'investissement (RDI).

roll [rəul] *n.* **1.** liste, rôle, état, contrôle. *To call the roll,* faire l'appel. **2.** (U.S.) liasse de billets de banque. **3.** *Rolls,* train de laminoir.

roll *v.* rouler ; (métaux) laminer.

rollback (U.S.) ['rəulbæk] *n.* baisse des prix imposée. *To force a steel-price rollback,* imposer une baisse des prix de l'acier.

roll back *v.* imposer une baisse (des prix).

roller coaster ['rəulə] montagnes russes (expression utilisée pour les variations de prix, etc.).

rolling-mill ['rəuliŋ] *n.* laminoir.

rolling stock, (chemin de fer) matériel roulant.

roll-on roll-off, fret intégré. *Roll-on roll-off ship,* navire roulier.

roll out *v.* produire à la chaîne, sortir des chaînes.

rollout *n.* production (sortie des chaînes). *The euro's rollout,* la mise en place de l'euro.

roll over, 1. crédit à taux révisable. **2.** refinancement d'une obligation arrivée à maturité en offrant en échange une obligation de même type.

roll-over credit, crédit renouvelable/reconductible à taux variable, crédit à taux révisable.

roll up *v.* accumuler.

roll-up-fund, fonds de capitalisation (qui intègre les plus-values dans le capital).

room [ruːm] *n.* **1.** pièce, salle. **2.** place, espace.

Ro Ro ship = *Roll-on roll-off ship.*

roster ['rəustə] *n.* (U.S.) tableau, état, liste, rôle.

roster *v.* mettre sur liste d'appel, sur tableau de service.

rotate *v.* alterner, faire se succéder, faire tourner. *Rotating presidency,* présidence tournante.

rotation of crops [rəu'teiʃən] assolement, rotation des cultures.

rough [rʌf] *adj.* **1.** rude, rugueux. **2.** brut. **3.** brutal ; rude ; grossier ; dur. **4.** approximatif.

rough *n.* ébauche, brouillon, avant-projet, esquisse.

rough book, brouillard, brouillon.

rough cut, (ciné., T.V.) premier montage, montage provisoire.

rough draft, esquisse, brouillon, (premier) projet.

rough estimate, devis approximatif, évaluation approximative.

round [raund] *n.* **1.** tournée, circuit. *The postman's round,* la tournée du facteur. **2.** série, tour. *Round of talks,* série de négociations. *Second round,* 2ᵉ tour d'une élection. **3.** étape, phase, cycle d'une négociation.

round down *v.* arrondir au chiffre inférieur.

round off *v.* terminer, parachever.

round out *v.* compléter.

round table, table ronde.

roundtable talks, table ronde.

round the clock ['raund ðə klɔk] 24 heures sur 24 heures, jour et nuit.

round trip, voyage circulaire ; (U.S.) aller et retour. *Round-trip charter,* affrètement aller et retour.

roundup ['raundʌp] *n.* **1.** rassemblement (fait de rassembler). **2.** (police) arrestation d'un groupe. **3.** résumé (des nouvelles).

round up *v.* **1.** rassembler. **2.** *Police :* arrêter un groupe. **3.** résumer (les nouvelles). **4.** arrondir au chiffre supérieur.

rout [raut] *n.* déroute, débandade ; effondrement.

rout *v.* mettre en déroute.

rout [raut], (U.S.) *n.* et *v.* voir **route.**

route [ruːt], (U.S.) [raut] *n.* itinéraire, parcours, route (maritime) ; cheminement.

route, (U.S.) [raut] *v.* acheminer, router.

routine [ruːˈtiːn] *n.* routine, train-train.

routing [ruːtiŋ] *n.* routage.

row [rəu] *n.* rang, rangée, ligne.

row [rau] *n.* querelle, dispute, éclat ; conflit.

royalty, royalties ['rɔiəltiz] *n.* droit(s) d'auteur ; redevance(s) dues à inventeur ou détenteur de droit(s) (sur un brevet, une mine, un puits de pétrole).

rubber cheque ['rʌbə] chèque sans provision.

rubbers ['rʌbəz] *n. Bourse :* caoutchoucs (valeurs).

rubber-stamp *v.* entériner.

rudder ['rʌdə] *n.* gouvernail.

rule [ruːl] *n.* règle, règlement, loi ; pouvoir, domination.

rule *v.* **1.** gouverner, régir. **2.** décider, déterminer, régler. **3.** (tribunal etc.) statuer.

rule off *v.* arrêter, clore un compte.

rule of law, état de droit.

rule of thumb, méthode empirique, « pifométrique ».

rule out *v.* éliminer, écarter (une possibilité).

ruling ['ruːliŋ] *n.* décision, ordonnance (d'un tribunal, d'un juge), arrêt.

ruling *adj.* actuel, courant, dominant. *Ruling prices,* cours actuel, cours actuellement pratiqués.

rummage ['rʌmidʒ] *v.* fouiller ; (douanes) visiter un navire.

rummage *n.* visite de douane (à bord d'un navire).

rummage sale, (U.S.) vente de charité, vente d'objets usagés, vide-grenier, braderie.

rummaging ['rʌmidʒiŋ] *n.* recherches, fouille, visite à bord (par les autorités douanières).

run [rʌn] *v.* (intransitif) **1.** courir. **2.** fuir, s'enfuir. **3.** courir, durer. *The bill has 15 days to run,* l'effet a 15 jours à courir. *The contract has 3 more years to run,* le contrat est encore valable pour 3 ans. **4.** fonctionner, marcher, opérer. **5.** circuler ; faire route, aller. **6.** avoir cours. **7.** être élevé. *Prices run high,* les prix sont élevés. **8.** dire ; se lire. *The document ran thus,* le document disait ceci. **9.** disputer, concourir ; se présenter, être candidat (élection). **10.** couler, s'écouler. **11.** déteindre.

run *v.* (transitif) **1.** diriger, faire fonctionner, gérer, tenir. **2.** organiser (concours, etc.). **3.** faire fonctionner, faire travailler (machine) ;

exploiter (une ligne, un service). **4.** faire passer, publier (annonce, article). **5.** vendre, avoir en magasin. *To run a line of products,* vendre une ligne de produits. **6.** *To run a risk,* courir un risque. **7.** *To run a deficit,* être en déficit, avoir un déficit, accuser un déficit. *To run gigantic deficits to support social spending,* pratiquer des déficits énormes pour soutenir les dépenses sociales.

run *n.* **1.** trajet, parcours, traversée. *Trial run,* parcours d'essai, course d'essai ; essai(s). **2.** marche (d'une machine) ; période de fonctionnement d'une machine. **3.** rythme, cours. *The run of the market,* les tendances du marché. **4.** période, séquence, suite, série, succession. *First run,* présentation, sortie (film, etc.). *In the short run,* à court terme. **5.** ruée, panique. *Run on a bank,* ruée sur une banque (pour demandes de remboursement), panique bancaire, course aux guichets. *Run on gold,* ruée sur l'or. *Run on the dollar,* ruée spéculative sur le dollar. **6.** libre accès, libre disposition. *To have the run of the building,* avoir libre accès au bâtiment, pouvoir disposer du bâtiment. **7.** tirage.

run a car *v.* faire fonctionner une voiture. *How much it costs to run a car,* combien coûte l'entretien d'une voiture, combien coûte l'utilisation de la voiture.

run afoul of, entrer en collision avec (navire, etc.). *To run afoul of the law,* avoir des démêlées avec la justice ; tomber sous le coup de la loi.

run aground *v.* s'échouer.

run an ad, faire passer, publier une petite annonce ; mettre une annonce.

run a poll, faire un sondage (d'opinion).

run a surplus (to), présenter un excédent / surplus.

runaway inflation ['rʌnəwei] inflation galopante, incontrôlable, non-maîtrisable.

runaway plant, (U.S.) usine se transportant là où la main-d'œuvre est moins chère.

rundown ['rʌndaun] *n.* **1.** compte rendu, rapport, bref exposé ; analyse point par point, résumé point par point. **2.** déclin, contraction (d'une industrie). **3.** *(pub.)* répartition, mise en place (des annonces).

rundown *adj.* épuisé, fatigué. ~ *equipment,* matériel usé jusqu'à la corde.

run down *v.* **1.** décliner. **2.** réduire, faire baisser (stocks), faire se contracter.

run down *v.,* réduire / contracter l'activité de.

run foul of, voir **run afoul of.**

rung [rʌŋ] *n.* échelon.

run in *v.* roder (moteur).

runner ['rʌnə] *n.* concurrent ; candidat.

runner-up [,rʌnər'ʌp] *n.* concurrent, candidat en 2ᵉ position, qui obtient la 2ᵉ place.

running ['rʌniŋ] *n.* **1.** direction, gestion. **2.** fonctionnement, marche. **3.** course, compétition, concurrence.

running *adj.* **1.** consécutif, d'affiliée, de suite, à la suite. *2 days running,* 2 jours de suite. **2.** courant.

running expenses, coûts, frais de fonctionnement ; dépenses courantes.

running in *n.* rodage. « *Running in* », « en rodage ».

running-in period, période de rodage.

run into debt, s'endetter.

runoff, run-off, 1. (assurance) liquidation de sinistre. **2.** (U.S.) 2ᵉ tour d'une élection.

run-of-paper position *Pub.* : emplacement ordinaire (dans un journal).

run-of-the-mill *adj.* ordinaire, standard, moyen, normal, habituel.

run out 1. expirer (contrat), se terminer. **2.** chasser. **3.** (U.S.) supplanter.

run out of, être à court de, (commencer à) manquer de. *To run out of steam,* s'essouffler (reprise, etc.), s'épuiser.

run-over *n.* dépassement (d'espace, de temps attribué, notamment de temps d'antenne).

run short of, être à court de, commencer à manquer de.

run to *v.* se monter à.

run up *v.* **1.** monter, s'élever (prix). **2.** faire monter (prix, enchères). **3.** accumuler, laisser s'accumuler. *To run up bills,* s'endetter. *To run up a deficit,* accumuler un déficit.

runway ['rʌnwei] *n.* piste de décollage.

rush [rʌʃ] *n.* ruée ; cohue. *Rush on a bank,* ruée sur les guichets (pour retirer ses fonds).

rush *v.* se ruer, se précipiter.

rushes *n.pl.* (ciné.) épreuves de tournages, « rushes ».

rush hour, heure de pointe.

rust [rʌst] *n.* rouille.

rust *v.* rouiller.

rusty ['rʌsti] *adj.* rouillé.

rut [rʌt] *n.* ornière, routine.

rye [rai] *n.* seigle ; whisky à base de seigle.

S

sabbatical *n.* sabbat ; année sabbatique.

sabbatical *adj.* sabbatique.

sack [sæk] *n.* sac, grand sac.

sack *v.* 1. mettre à la porte, renvoyer, licencier. 2. ensacher, mettre en sac. 3. piller.

sack (to give the), mettre à la porte, renvoyer, licencier.

sackcloth ['sæk,klɔθ] *n.* toile à sac, grosse toile, toile d'emballage.

sacking ['sækiŋ] *n.* 1. mise à la porte, renvoi, licenciement. 2. mise en sac, ensachage. 3. toile à sac, grosse toile, toile d'emballage. 4. pillage, mise à sac.

sacrifice ['sækrifais] *v.* sacrifier ; (marchandises) vendre à perte.

saddled ['sædld] *adj.* *To be saddled with a debt*, endosser une dette (avoir une dette sur les bras). *To be saddled with a loss*, endosser une perte.

safe [seif] *n.* coffre-fort.

safe *adj.* 1. en sûreté. *Safe and sound*, sain et sauf. 2. sûr, sans danger, sans risque. *Safe investment*, placement sûr.

safe-box, compartiment de coffre-fort.

safe conduct [,seif 'kɔndʌkt] *n.* sauf-conduit.

safe custody, dépôt en garde. *Banque : Safe custody of valuables*, garde des objets de valeur mis en dépôt.

safe-department *Banque :* service des coffres.

safe-deposit, dépôt en coffre-fort.

safeguard ['seifgaːd] *n.* 1. garantie, sauvegarde. 2. sauf-conduit.

safeguard *v.* protéger, sauvegarder, mettre à l'abri, mettre à couvert.

safekeeping department [,seif 'kiːpiŋ] service des coffres-forts.

safely ['seifli] *adv.* sans accident, sans dommage. *To arrive safely*, arriver en bon état, sans dommage.

safety ['seifti] *n.* sécurité ; sûreté. *Safety measures*, mesures de sécurité. *Safety regulations*, consignes de sécurité.

safety, (en position d'adjectif devant un nom) de sécurité ; de protection.

safety net, filet de sécurité, protection sociale.

safety standards, normes de sécurité.

sag [sæg] *v.* fléchir, baisser, s'affaisser ; ployer.

sag *n.* baisse, fléchissement, affaissement.

sagging [sægiŋ] *n.* baisse, fléchissement, affaissement (cours, etc.).

sagging *adj.* en baisse ; languissant, atone, en perte de vitesse.

said [sed] *adj.* déjà mentionné, ci-dessus. *The said contract*, ledit contrat. *The said price*, le prix fait.

sail [seil] *n.* voile.

sail *v.* 1. naviguer. 2. prendre la mer, partir (navire), appareiller.

sailing ['seiliŋ] *n.* 1. navigation. 2. appareillage ; départ (navire). *Sailing time*, heure de départ (navire). *Port of sailing*, port de départ.

sailing *adj.* navigant(e).

sailor ['seilə] *n.* marin.

salability *n.* voir **saleability**.

salable *adj.* voir **saleable**.

salaried worker, ouvrier salarié.

salary ['sæləri] *n.* salaire, traitement ; appointements. *To draw a salary*, toucher un traitement.

sale [seil] *n.* vente. *On sale*, en vente ; en solde. *Bargain-sale*, soldes. *Cash sale*, vente au comptant. *Clearance sale*, soldes. *Closing-down sale*, soldes, liquidation du stock. *Credit sale*, vente à crédit. *For sale*, à vendre, à céder. *Up for sale*, en vente, mis en vente.

saleability [,seilə'biliti] *n.* caractère marchand, qualité marchande, facilité de vente, d'écoulement (d'un article).

saleable ['seiləbl] *adj.* vendable, marchand.

sale by auction, vente aux enchères.

sale by private contract, vente de gré à gré, à l'amiable.

sale by tender, vente par soumission.

sale for cash, vente au comptant.

sale for the account *Bourse :* vente à terme.

sale on approval, vente à l'essai ; vente sur qualité vue.

sale on sample, vente sur échantillon.

sale on trial, vente à l'essai.

sale or return (on) (vente) en dépôt, à condition, avec faculté de retour, avec reprise des invendus.

sales account, compte de(s) vente(s).

sales area, secteur de vente.

sales book, livre des ventes, journal des ventes.

sales chart, courbe des ventes.

sales clerk *n.* vendeur ; commis.

sales convention, séminaire de vente, séminaire de la force de vente.

sales department, service des ventes, service commercial.

sales drive, campagne de ventes.

sales engineer, ingénieur d'affaires/des ventes/commercial.

sales expectation(s), espérance de vente(s).

sales figure, chiffre de ventes, chiffre d'affaires.

sales forecast, prévision de vente(s).

sales force, force de vente (équipe de vendeurs, représentants, etc.).

sales girl *n.* vendeuse.

saleslady ['seilzleidi] *n.* (U.S.) vendeuse.

salesman ['seilzmən] *n.* 1. vendeur. 2. *(Travelling) salesman,* représentant, voyageur de commerce.

sales management, direction des ventes, direction de la force de vente ; gestion des ventes.

sales manager, responsable des ventes, chef du service des ventes, chef du service commercial.

salesmanship ['seilzmənʃip] *n.* art de vendre, art de la vente, sens commercial.

sales mix, gamme, éventail de produit.

salespeople ['seilzpi:pl] vendeurs et vendeuses, membres du service commercial, employés du service de vente.

salesperson *n.* vendeur, vendeuse.

sales pitch, baratin/boniment du vendeur, argumentaire.

sales promotion, promotion des ventes.

sales receipts, produit des ventes.

sales resistance, résistance à la vente.

sales returns, recettes, rentrées provenant des ventes, produit des ventes.

sales tax, impôt sur le chiffre d'affaires.

saleswoman ['seilzwu:mən] *n.* vendeuse.

salt away *v.* mettre de l'argent de côté.

saltwater ['sɔ:lt'wɔ:tə:] *n.* eau de mer, eau salée.

salutations [,sælju:'teiʃənz] *n.* formules d'introduction (lettre) ex. : *Dear Sir,* Monsieur.

salvage ['sælvidʒ] *n.* 1. sauvetage (navire, marchandise). 2. droit, prime de sauvetage. 3. matériel, objets récupérés, sauvés après un naufrage, un incendie.

salvage *v.* récupérer (marchandises, navire après naufrage, etc.), effectuer le sauvetage de.

salvage value, valeur résiduelle ; valeur de récupération.

salve [sælv] *v.* voir **to salvage.**

salver ['sælvə] *n.* sauveteur (de matériel après naufrage, incendie).

salvor ['sælvə] *n.* voir **salver.**

sample ['sa:mpl], U.S. ['sæmpl] *n.* échantillon. *Free sample,* échantillon gratuit. *Probability sample,* échantillon aléatoire. *Random sample,* échantillon aléatoire. *Sale* *on sample,* vente sur échantillon. *True to sample, up to sample,* conforme à l'échantillon, répondant à l'échantillon.

sample *v.* 1. échantillonner. 2. prendre un échantillon. *Sampling order,* autorisation de prélever des échantillons sur des marchandises entreposées. 3. faire un sondage.

sample census, recensement par sondage.

sampler ['sa:mplə] *n.* échantillonneur/euse.

sample request card, (carte de) demande d'échantillon.

« samples » ['sa:mplz] *n.* « échantillons gratuits ».

sample survey, enquête par sondage.

sample testing, test par échantillon(nage).

sampling ['sa:mpliŋ] *n.* échantillonnage.

sanction *n.* sanction. *To lift sanctions, lever les sanctions.*

sandwich courses ['sænwidʒ] enseignement alterné.

sandwichman ['sænwidʒmən] *n.* homme sandwich.

sanitation [,sæni'teiʃən] *n.* hygiène.

sap *v.* saper.

satellite ['sætəlait] *n.* satellite. *Communications satellite,* satellite de communications. *Satellite town,* ville satellite.

satiated ['seiʃieitid] *adj.* saturé.

satiation [seiʃi'eiʃən] *n.* saturation.

satisfaction [,sætis'fækʃən] *n.* 1. satisfaction. *Satisfaction rating,* indice de satisfaction. 2. exécution (d'une promesse), acquittement, paiement, liquidation (d'une dette), désintéressement (d'un créancier).

satisfied that (to be) ['sætisˌfaid] être assuré que, avoir vérifié que, être convaincu que.

satisfied with (to be), être content de, satisfait de.

satisfy ['sætisfai] *v.* 1. satisfaire. 2. remplir (les conditions), satis-

faire à. 3. exécuter (une promesse), payer, liquider, s'acquitter de (dette).

saturate ['sætʃəreit] *v.* saturer.

saturation [sætʃə'reiʃən] *n.* saturation. *Saturation spot campaign,* pilonnage publicitaire (par spots T.V.).

save [seiv] *v.* épargner, économiser, mettre de côté. *To ~ for a rainy day,* économiser/épargner en prévision des jours difficiles.

saver ['seivə] *n.* épargnant. *Small-savers,* petits épargnants.

saving ['seiviŋ] *adj. Labour-saving device,* système qui économise la main-d'œuvre, qui réduit les coûts de main-d'œuvre. *Time-saving,* qui fait gagner du temps, qui fait économiser du temps.

saving clause, clause de sauvegarde.

savings ['seiviŋz] *n.* économies, épargne. *Savings plan,* plan d'épargne.

savings account, compte d'épargne.

savings and loan association, (U.S.) organisme de prêt au logement, association offrant un plan d'épargne-logement.

savings-bank, caisse d'épargne, banque d'épargne. *Savings-bank depositor's book,* livret de caisse d'épargne.

savings bond, bon d'épargne, bon de caisse.

savvy ['sævi] *n.* savoir faire, connaissance (du spécialiste), compétence fondée sur l'expérience et le sens pratique.

savvy *adj.* expérimenté, avisé, sage, de bon sens.

sawdust ['sɔːdʌst] *n.* sciure.

sawmill ['sɔːmil] *n.* scierie.

say (to have one's) [sei] avoir son mot à dire. *To have no say,* ne pas avoir voix au chapitre.

say *adv.* par exemple.

scab [skæb] *n.* jaune, briseur de grève.

scaffolding ['skæfəldiŋ] *n.* échafaudage.

scale [skeil] *n.* échelle ; barème ; tarif ; gamme. *Wage-scale,* échelle des salaires. *Sliding wage-scale,* échelle mobile des salaires. *On a large scale,* sur une grande échelle.

scale *v.* tracer (carte, plan) à l'échelle. *To scale down,* réduire l'échelle (salaires, etc.). *To scale up,* augmenter l'échelle.

scale back *v.* réduire (dans une certaine proportion) revoir en baisse/à la baisse.

scaling *n.* 1. graduation. 2. calcul selon une échelle commune.

scam, *n.* escroquerie, manœuvre frauduleuse.

scan [skæn] balayer, explorer. *Scanning device,* lecteur optique.

scanner, *n.* lecteur optique, scanneur.

scant [skænt] *adj.* rare.

scantiness *n.* rareté, insuffisance (quantité).

scanty ['skænti] *adj.* rare, peu abondant, en quantité insuffisante.

scarce [skɛəs] *adj.* rare, peu abondant, en quantité insuffisante. *To be scarce,* faire défaut.

scarceness ['skɛəsnis] *n.* rareté ; pénurie ; manque ; disette.

scarcity ['skɛəsiti] *n.* rareté ; pénurie ; manque ; disette.

scare *n.* panique.

scatter ['skætə] *v.* 1. disperser, éparpiller. 2. diffuser, disséminer (informations). 3. se disperser, s'éparpiller.

scattered ['skætəd] *adj.* 1. dispersé, éparpillé. 2. (informations) disséminé.

schedule (G.B.) ['ʃedju:l] (U.S.) ['skedju:l] *n.* 1. plan, programme, « planning », calendrier, échéancier ; (T.V.) grille des programmes. *According to schedule,* selon le programme. *Ahead of schedule,* en avance sur le programme. *Behind schedule,* en retard sur le programme. *On schedule,* à l'heure, dans les temps, dans les délais prévus. 2. horaire (train, etc.), indicateur. 3. nomenclature,

tarif, barème (douanes, prix, etc.), rubrique. 4. annexe (contrat, etc.). 5. bordereau.

schedule *v.* 1. établir un programme, un plan, une chronologie, programmer ; ordonnancer. *The meeting is scheduled for next week,* la réunion est prévue pour la semaine prochaine. 2. porter, faire figurer sur un horaire. 3. inscrire, faire figurer sur une liste. *The scheduled territories,* les pays de la zone sterling. 4. ajouter, faire figurer en annexe.

scheduled flight ['ʃedju:ld] (G.B.), ['skedju:ld] (U.S.) vol régulier.

scheduled time, heure indiquée, officielle ; heure (date, période) prévue.

scheduling ['ʃedju:liŋ] (G.B.), ['skedju:liŋ] (U.S.) *n.* ordonnancement.

scheme [ski:m] *n.* 1. projet, plan ; combinaison. 2. système. *Bonus scheme,* système de primes. *Pension scheme,* système de retraite. *Contributory pension scheme,* système de retraite avec cotisations de l'intéressé. 3. *Scheme of composition,* concordat (dans le cas d'une faillite).

scheme *v.* dresser des plans ; combiner ; intriguer.

scheme of arrangement, concordat.

scholarship ['skɔləʃip] *n.* bourse (d'études).

scofflaw *n. et adj.* qui bafoue la loi.

scoop [sku:p] 1. exclusivité ; nouvelle (sensationnelle) publiée ou diffusée par un organe d'information (presse écrite ou radio télévisée) avant ses concurrents. 2. coup d'éclat, « coup ».

scope [skəup] *n.* 1. envergure, portée, rayon, étendue. 2. zone de compétence, terrain d'application, champ d'action. 3. liberté d'action, latitude. *To give somebody wide scope,* donner une grande latitude à quelqu'un.

scorched earth (m. à m. terre brûlée), technique consistant pour une société à se rendre moins attrayante en cas d'O.P.A. (Exemple : remboursement d'emprunt immédiatement exigible dès le rachat...).

score *n.* **1.** vingt ; une vingtaine. **2.** nombre de points, décompte des points, score, résultat. **3.** question, point, sujet. *On that score,* à ce titre. **4.** partition.

score *v.* **1.** marquer des points ; faire un (bon, mauvais) résultat. **2.** (musique) écrire une partition ; orchestrer, arranger.

score up *v.* inscrire, enregistrer. *To score up a debt,* inscrire/enregistrer une dette.

scout *n.* recruteur.

scout *v.* explorer ; rechercher.

scramble *n.* bousculade, mêlée, lutte ; ruée.

scramble *v.* jouer des pieds et des mains. *To scramble for something,* se battre, se bousculer, pour avoir quelque chose, se disputer quelque chose.

scrap [skræp] *n.* déchet(s), débris (métallique(s)), rebut. *Scrap iron,* ferraille.

scrap *v.* **1.** mettre au rebut, au rencart, hors service, à la ferraille, etc. **2.** abandonner (un projet).

scrap value, valeur résiduelle ; valeur à la casse.

scrape by *v.* vivoter, s'en tirer péniblement, s'en sortir, parvenir à joindre les deux bouts.

scratch (to start from) [skrætʃ] partir de zéro ; avoir un handicap au départ.

scratch *v.* **1.** rayer (un nom sur une liste). **2.** décommander, annuler (réunion, etc.).

scratch off *v.* rayer un nom (sur une liste).

screen *n.* écran. *Screen test,* bout d'essai.

screen [skri:n] *v.* **1.** trier, filtrer, sélectionner. *To screen applicants,* sélectionner les candidats, opérer un tri, un choix parmi les candidats. **2.** abriter, protéger. **3.** (ciné.) vi-

sionner ; projeter ; porter à l'écran.

screening ['skri:niŋ] *n.* **1.** sélection, tri, filtrage, examen attentif. **2.** (ciné.) visionnage.

screwdriver plant, usine « tournevis », usine d'assemblage (en général appartenant à une société étrangère utilisant la main-d'œuvre locale du pays d'implantation).

scrimp by *v.* vivoter, survivre péniblement.

scrip [skrip] *n.* **1.** certificat, document, reçu, bon donnant au détenteur le droit de toucher une somme d'argent, de recevoir un titre de propriété ou de recevoir des marchandises. ex. : *Scrip worth $ 100 in merchandise,* titre, bon, document donnant droit à 100 dollars de marchandises. **2.** valeurs, titres, actions. *Registered scrip,* titres nominatifs. **3.** *Scrip (certificate),* certificat provisoire (actions), « scrip ».

scrip-holder *n.* **1.** porteur de titre. **2.** détenteur de certificats (provisoires) d'actions. **3.** détenteur d'un bon, reçu, certificat, titre donnant droit au versement d'une somme d'argent, à des marchandises ou à un titre de propriété.

script [skript] *n. Jur. :* **1.** document original, d'origine. **2.** manuscrit, scénario.

scripter (U.S.) ['skriptə] *v.* voir **scriptwriter.**

scriptwriter ['skript,raitə] *n.* auteur de scénario, scénariste.

scrounge *v.* voler, chaparder ; *to scrounge around for something,* chercher à se procurer. *To scrounge on...* vivre aux crochets de.

scrounger *n.* parasite.

scrutinize ['skru:tinaiz] *v.* examiner, étudier minutieusement. *To scrutinize votes,* vérifier les suffrages, pointer les suffrages.

scrutiny ['skru:tini] *n.* **1.** examen attentif / minutieux / rigoureux, analyse / étude détaillée / approfondie. **2.** vérification des bulletins de vote, pointage des voix.

scupper ['skʌpə] *v.* couler, saborder, faire échouer.

scuttle [skʌtl] *v.* saborder, couler, faire échouer. *To ~ a deal*, saborder/couler/faire échouer un accord.

sea [si:] *n.* mer. *At sea*, en mer. *By sea*, par mer, par voie de mer. *To put to sea*, prendre la mer.

sea-borne ['si:bɔ:n] 1. *Sea-borne trade*, commerce, transport maritime. 2. (marchandises) transportées par mer.

sea-carriage, transport par mer.

sea-carrier, transporteur maritime.

sea-change *n.* changement radical, renversement de stratégie/d'orientation.

sea-damage, fortune de mer.

sea-damaged, avarié, endommagé pendant le transport par mer.

seal [si:l] *n.* 1. sceau, cachet. *Seals,* scellés. *Custom-house seal,* plomb de la douane. 2. label (de garantie). *Quality seal,* label de qualité. 3. bouchon, fermeture hermétique.

seal *v.* 1. sceller, cacheter. *Sealed bid/tender,* soumission sous pli cacheté. 2. fermer hermétiquement, assurer l'étanchéité de. 3. apposer les scellés. 4. Conclure. *To seal a deal,* conclure une affaire.

sealing ['si:liŋ] *n.* 1. cachetage. 2. apposition des scellés. 3. fermeture hermétique. 4. plombage d'un colis (douanes).

seaman ['si:mən] *n.* 1. marin, matelot. 2. navigateur.

sea-peril, risque de mer.

search [sə:tʃ] *n.* 1. recherche(s). 2. perquisition, fouille, visite (par les autorités douanières).

search *v.* 1. fouiller, inspecter. 2. perquisitionner. 3. *To search for,* chercher, rechercher.

search engine, moteur de recherche.

search warrant, mandat de perquisition.

sea-route, route maritime.

season ['si:zn] *n.* saison.

seasonal ['si:zənl] *adj.* saisonnier.

seasonal swings, variations saisonnières.

seasonally adjusted ['si:znəli] corrigé des variations saisonnières.

season-ticket ['si:zn,tikit] carte d'abonnement.

season-ticket holder, abonné.

seat *n.* siège.

sea-transport, transport maritime.

seawater, eau de mer.

seaworthiness *n.* état de navigabilité (pour un navire), aptitude à tenir la mer.

seaworthy ['si:,wə:ði] *adj.* en bon état de navigabilité (navire), apte à prendre la mer. *Seaworthy packing,* emballage maritime.

second ['sekənd] *v.* 1. seconder. *To second a motion,* appuyer, soutenir (une motion). 2. détacher (fonctionnaire).

second *adj.* second, deuxième.

secondary market, *Bourse :* second marché.

secondary picketing ['sekənd əri] (G.B.) mise en place de piquets de grève autour d'établissements qui traitent avec une entreprise en grève.

second debenture, obligation de deuxième rang.

second endorser, tiers porteur (pour document transmissible par endos).

second-hand, d'occasion ; de seconde main.

secondment [si'kɔndmənt] *n.* détachement.

second mortgage, hypothèque de deuxième rang. *Second mortgage bond,* obligation hypothécaire de deuxième rang.

second of exchange, deuxième de change (lettre de change).

second opinion, avis d'un confrère, d'un (autre) expert, contre-expertise.

second-rate [,sekənd'reit] médiocre, inférieur, de qualité inférieure.

secrecy ['si:krəsi] *n.* secret ; discrétion totale.

secret ['si:krit] *adj.* secret.

secretarial [ˌsekrə'teəriəl] *adj.* de secrétariat, de secrétaire. *Secretarial job,* travail, poste de secrétaire.

secretariat [ˌsekrə'teəriət] *n.* secrétariat.

secretary ['sekrətri] *n.* **1.** secrétaire. *Executive secretary, private secretary,* secrétaire de direction. *General Secretary, Secretary General, Company Secretary,* secrétaire général. **2.** ministre, secrétaire d'État.

secret ballot, vote à bulletin secret.

secret partner, bailleur de fonds.

secret reserve, caisse secrète, fonds secrets, fonds occultes, caisse noire.

secretion [si'kri:ʃən] *n.* dissimulation. *Jur. :* recel (d'objets volés).

section ['sekʃən] *n.* **1.** section, partie, division, tranche, portion. *Cross-section,* coupe, tranche. **2.** paragraphe, rubrique, article.

sectional interests ['sekʃənəl] **1.** intérêts catégoriels, sectoriels. **2.** intérêts régionaux, intérêts locaux.

sector ['sektə] *n.* secteur.

secular *adj.* laïque.

secure [si'kjuə] *adj.* sûr, assuré, en sécurité. *Secure investment,* placement sûr, de tout repos.

secure *v.* **1.** obtenir, se procurer, acquérir, s'assurer, se faire accorder. *To secure a good job,* trouver un bon emploi. **2.** (emprunt) garantir, nantir. *To secure a loan,* garantir un emprunt. **3.** mettre en sûreté. *To secure oneself against something,* se garantir contre quelque chose. **4.** assurer, fixer, arrimer. **5.** sécuriser.

secure an order, obtenir une commande, s'assurer une commande.

secured [si'kjuəd] *adj.* **1.** sûr, assuré. **2.** (emprunt) garanti, gagé, nanti. *Secured bond,* obligation garantie. **3.** sécurisé.

securing ['si'kjuəriŋ] *n.* **1.** obtention ; approvisionnement. *To secure supplies,* s'approvisionner. **2.** nantissement, garantie, cautionne-

ment. **3.** arrimage, fixation. **4.** protection, mise en lieu sûr, mise à l'abri ; sécurisation.

Securities and Investments Board (S.I.B.), (G.B.) cf. Commission des Opérations de Bourse.

securities company, securities house, société de placement/d'investissement en valeurs mobilières, société de bourse.

securities firm, société de placement/d'investissement en valeurs mobilières, société de bourse.

securitization *n.* titrisation.

securitize *v.* titriser.

security [si'kjuəriti] *n.* **1.** sécurité. *Job security,* sécurité de l'emploi. *Social security,* sécurité sociale. **2.** caution, gage, garantie, cautionnement, nantissement, sûreté. *As security for the sum,* en couverture de la somme. *Loan on security,* prêt ou emprunt sur gage. *Personal security,* garantie mobilière. *Security for costs,* caution judiciaire. *To lend on security,* prêter sur gage, sur nantissement. *To lodge stock as security,* déposer des titres en nantissement. **3.** donneur de caution, garant, répondant, accréditeur, donneur d'aval. *To stand security for someone,* se porter garant (caution) pour quelqu'un. *To stand security for a debt,* assurer, avaliser une créance. *To stand security for a signature,* avaliser une signature. **4.** *Securities,* valeurs (boursières), titres. *The securities market,* le marché des valeurs. *Bearer securities,* titres, valeurs au porteur. *Gilt-edged securities,* valeurs de tout repos, valeurs de père de famille (techniquement, obligations et titres d'État). *Government securities,* fonds d'État. *Marketable securities,* titres négociables. *Outstanding securities,* titres en circulation. *Registered securities,* titres nominatifs valeurs nominatives. *Banque : Securities department,* service des titres. *Transferable securities,* valeurs mobilières.

security house, société de bourse.

securization *n.,* mutualisation

des risques, réassurance.

seed [si:d] *n.* graine, grain, semence.

seed *v.* **1.** semer, ensemencer. **2.** (projet, etc.) générer ; favoriser la gestation/l'éclosion de ; financer (projet, création d'entreprise). **3.** (sports) classer (un joueur).

seed capital, investissement initial, mise de fonds de départ (création d'entreprise).

seed money, investissement initial, mise de fonds de départ ; capitaux de lancement, dotation initiale (pour création d'entreprise).

seek [si:k] *v.* chercher, rechercher. *To seek employment,* chercher un emploi. *To seek advice,* demander conseil.

seep [si:p] *v.* suinter, s'infiltrer.

seepage ['si:pidʒ] *n.* **1.** suintement, infiltration. **2.** fuite, déperdition (par infiltration).

seesaw ['si:sɔ:] *v.* monter et descendre, pencher d'un côté ou d'un autre. *Seesawing prices,* oscillation des prix.

see to [si:] *v.* veiller à, s'occuper de, s'assurer de ce que.

segment ['segmənt] *n.* portion, secteur, segment (d'un marché).

segment [seg'mənt] *v.* segmenter (un marché).

segmentation [,seg'mən'tei ʃən] *n.* segmentation.

seize [si:z] *v.* saisir, confisquer, opérer la saisie de, faire arrêt sur.

seizing ['si:ziŋ] *n.* saisie (marchandises, propriété).

seizure ['si:ʒə] *n.* saisie (judiciaire, de marchandises). *Seizure of real estate,* saisie immobilière.

select [si'lekt] *v.* choisir, trier, sélectionner, prélever.

select *adj.* choisi, d'élite, de premier choix, de première catégorie, trié sur le volet. *Parlement : Select committee,* commission d'enquête.

selectee [silek'ti:] (candidat) sélectionné, retenu. *Non-selectees,* candidats non sélectionnés, non retenus.

selection [si'lekʃən] *n.* sélection.

selective [si'lektiv] *adj.* sélectif.

selectivity [,silek'tiviti] *n.* sélectivité.

selector [si'lektə] *n.* sélectionneur.

self [self] (chèques) moi-même. *Pay self,* (chèques) payez à moi-même.

self-defence, (U.S.) **defense** *n.* légitime défense.

self-drive, voir **drive yourself.** voiture sans chauffeur.

self-employed, travailleur(s) indépendant(s).

self-financing, auto-financement.

self-indulgent [,selfin'dʌl dʒənt] qui ne se refuse rien ; qui s'écoute.

self-propelled, (véhicule) automoteur, auto-propulsé.

self-reliance *n.* **1.** indépendance, autonomie. **2.** confiance en soi.

self-service, libre service. *Self-service store,* magasin en libre service, self-service, self.

self-starter *n.* **1.** démarreur automatique. **2.** personne douée d'initiative.

self-study *n.* auto-apprentissage.

self-sufficiency [,selfsə'fiʃənsi] autarcie, indépendance.

self-sufficient [,selfsə'fiʃənt] indépendant, autarcique, qui répond à ses propres besoins.

self-supporting, qui survient à ses besoins, qui vit de son travail, autonome.

self-sustained, indépendant, autonome, autarcique. *Self-sustained recovery,* reprise autarcique.

self-teaching *n.* auto-apprentissage.

sell [sel] *n.* action de vendre, fait de vendre, façon de vendre, technique de vente. *Hard sell,* méthode de vente agressive. *Soft sell,* méthode de vente par suggestion ou persuasion.

sell [sel] *v.* **1.** vendre ; écouler, placer (des marchandises...). *To sell afloat,* vendre en cargaison flottante. *To sell at a loss,* vendre à perte. *To sell back,* revendre. *To* *sell by auction*, vendre aux enchères. *To sell for cash*, vendre au comptant. *To sell for the account*, vendre à terme. *To sell forward*, vendre à terme. *To sell on appro*, vendre sur qualité vue. *To sell on credit*, vendre à crédit. *To sell on trust*, vendre à crédit. *To sell short*, vendre à découvert. **2.** se vendre. *To sell poorly*, se vendre mal. *To sell like hot cakes*, se vendre comme des petits pains.

sell-by date, date limite de vente.

sell by retail, vendre au détail ; détailler.

seller ['selə] *n.* **1.** vendeur. *A seller's market*, un marché où la demande est forte, un marché porteur. **2.** article qui se vend plus ou moins bien. *A strong/brisk/hot seller*, un article qui se vend bien, un produit d'appel. *A poor seller*, un article qui se vend mal.

sell for cash, vendre au comptant.

selling ['seliŋ] *n.* vente ; réalisation. *Pyramid selling*, vente pyramidale.

selling off, braderie, liquidation. *Selling off of stocks*, liquidation des stocks.

selling price, prix de vente.

selling space, surface de vente.

selling spree, frénésie de ventes.

sell off *v.* solder, écouler, vendre à bas prix, liquider, brader.

sell-off *n.* liquidation, braderie.

sell out *v.* vendre la totalité de son stock ; réaliser (un portefeuille d'actions). *We are sold out*, nous avons tout vendu.

sellout *n.* **1.** trahison totale (des siens, de ses intérêts). **2.** *(match, etc.)* qui se joue à guichets fermés. **3.** article qui se vend comme des petits pains. **4.** rupture de stock en raison d'une demande considérable.

sell up *v.* **1.** voir **to sell out.** **2.** faire vendre (les biens de quelqu'un) en remboursement d'une dette.

semi-annual [,semi'ænjuəl] *adj.* semestriel, semi-annuel.

semicolon [,semi'kəulən] point (et) virgule.

semi-manufactured, mi-ouvré.

semi-trailer [,semi'treilə] semi-remorque.

send [send] *v.* envoyer, adresser, expédier, faire tenir.

send back *v.* renvoyer, retourner, réexpédier.

send down *v.* faire baisser.

sendee [sen'di:] *n.* destinataire.

sender ['sendə] *n.* expéditeur, envoyeur, expéditionnaire.

send in *v.* envoyer, livrer, remettre. *To send in one's application*, envoyer, remettre sa demande. *To send in one's resignation*, envoyer, remettre sa démission.

sending ['sendiŋ] *n.* envoi, expédition.

sending back *n.* renvoi, réexpédition.

send on *v.* faire suivre, transmettre.

send out *v.* envoyer, lancer (circulaire, etc.).

send through *v.* transmettre (communication, télégramme).

send up *v.* faire monter.

senior ['si:njə] *adj.* **1.** aîné. **2.** plus ancien, plus élevé en grade, supérieur.

senior citizen, personne âgée.

senior clerk *n.* commis principal, premier commis, chef de bureau.

senior debt, créance de premier rang, dette de premier rang.

senior executive, cadre supérieur.

seniority [,si:ni'ɔriti] *n.* ancienneté. *Promotion by seniority*, promotion/avancement à l'ancienneté. *Seniority bonus, seniority pay*, prime d'ancienneté.

senior management, direction, cadres de direction.

senior manager, cadre supérieur.

senior note, reconnaissance de dette offrant les meilleures garanties ; titre/obligation prioritaire.

senior officer, directeur ; supérieur ; membre de l'équipe de direction, responsable situé au sommet de la hiérarchie.

senior official, fonctionnaire de rang élevé, membre important d'un organisme public, dirigeant.

senior partner, associé principal.

senior staff, cadre(s) supérieur(s).

sensitive ['sensitiv] *adj.* sensible. *Sensitive market,* marché instable, prompt à réagir.

sensitivity [,sensi'tiviti] *n.* sensibilité. *Sensitivity of demand,* sensibilité de la demande.

sensitize ['sensitaiz] *v.* sensibiliser.

sentence ['sentəns] *n.* 1. jugement (d'un tribunal), condamnation, peine. *Life sentence,* condamnation à vie. *Death sentence,* condamnation à mort. 2. phrase.

sentence *v.* condamner, prononcer une sentence.

sentiment *n.* sentiment, opinion, impression, attitude. *An improvement in consumer sentiment,* une meilleure disposition des consommateurs.

separate entity concept, *Comptab.* : principe de séparation des patrimoines.

sequence ['si:kwəns] *n.* séquence, succession, série.

sequential [si'kwenʃəl] *adj.* successif, consécutif, séquentiel.

sequentially [si'kwenʃəli] *adv.* successivement, consécutivement, chronologiquement.

sequester [si'kwestə] *v.* séquestrer, mettre sous séquestre.

sequestrate [si'kwestreit] *v.* voir **to sequester.**

sequestration [,si:kwe'streiʃən] *n.* séquestration, mise sous séquestre.

sequestrator [si'kwestreitə] *n.* séquestre (personne).

serial ['siəriəl] *adj.* de série, en série. *Serial number,* numéro de série, numéro d'ordre, numéro matricule.

serial ['siəriəl] *n.* feuilleton, roman-feuilleton. *Serial rights,* droits de reproduction dans journaux et périodiques.

series ['siəri:z] *n.* série.

servant ['sə:vənt] *n.* serviteur. *Civil servant,* fonctionnaire.

serve [sə:v] *v.* 1. servir (client, etc.). 2. desservir (moyen de transport, etc.). 3. jouer le rôle de, tenir lieu de, servir de. 4. accomplir, faire un temps ; purger (une peine). *To serve one's apprenticeship,* faire son apprentissage. *To serve one's sentence,* purger sa peine. 5. signifier, notifier, délivrer, émettre. *To serve a writ, to serve a summons,* notifier une assignation. *To serve a notice on somebody,* signifier un arrêt à quelqu'un. *To serve notice,* signifier. *To serve notice upon a tenant,* donner congé à un locataire. 6. servir un intérêt, verser un intérêt.

server *n.* (*info.*) serveur.

service ['sə:vis] *n.* 1. service. 2. entretien, dépannage. 3. emploi, carrière. *The civil service,* l'administration, le fonctionnariat. 4. délivrance, signification d'un acte, d'une assignation.

service *v.* 1. assurer l'entretien, entretenir, réparer. 2. *To service a debt,* servir une dette, payer les intérêts d'une dette ; *to service a loan,* payer les intérêts d'un emprunt. 3. desservir, assurer un service.

serviceability *n.* résistance à l'usure, facilité d'entretien.

serviceable *adj.* résistant à l'usure ; facile à entretenir, d'un entretien facile.

service charge 1. service, pourboire. 2. frais de gestion de compte.

service industries, industries de(s) service(s), secteur tertiaire.

service job, emploi de service, du tertiaire.

service life, durée d'utilisation.

servicing ['sə:visiŋ] *n.* 1. entretien ; service après-vente (entretien d'un appareil). 2. service d'une dette.

serving ['sə:viŋ] *n. Jur.* : signification, notification, délivrance (d'un arrêt, d'un acte, d'une citation).

session ['seʃn] *n.* session, séance, audience, réunion.

set [set] *n.* **1.** ensemble, jeu, collection. *Set of bills of lading,* jeu de connaissances. **2.** milieu, groupe d'individus.

set *v.* **1.** disposer, placer. *To set the controls,* régler les commandes. **2.** fixer, désigner, préciser, arrêter. *To set a date,* fixer une date. **3.** donner quelque chose à faire à quelqu'un. *To set a task,* donner une tâche. **4.** *Jur. : To set one's hand and sign,* apposer sa signature.

set apart *v.* mettre de côté, réserver.

set a record, établir un record.

set aside 1. mettre de côté. **2.** rejeter, écarter. *Jur. :* annuler, casser, infirmer.

setback ['setbæk] *n.* revers, échec ; recul.

set designer, (ciné.) décorateur.

set forth, énoncer, formuler, présenter.

set free *v.* libérer. *To set prices free,* libérer les prix.

set off *v.* **1.** partir, se mettre en route, se lancer (dans). **2.** déclencher. **3.** mettre en valeur, rehausser. **4.** compenser, balancer.

set out *v.* **1.** se mettre en route. **2.** commencer. **3.** arranger, disposer, présenter.

set objectives, fixer des objectifs.

setting ['setiŋ] *n.* cadre ; environnement.

setting-out, disposition.

settle [setl] *v. trans.* **1.** régler (une somme). *To settle a bill,* régler une facture, une note. *To settle a debt,* régler une dette. *To settle an account,* régler un compte, une note. **2.** régler (un problème), résoudre. *To settle a dispute,* régler un conflit. *To settle a claim,* régler un litige. *To settle out of court,* régler à l'amiable. **3.** constituer (une annuité).

settle *v. intr.* **1.** s'installer. **2.** se tasser, s'apaiser, se calmer, rentrer dans l'ordre ; se stabiliser.

settled ['setld] *adj.* **1.** pour acquit, réglé. **2.** invariable, sûr.

settle down *v.* s'installer, se fixer ; s'habituer, s'adapter. *To ~ to work,* se mettre au travail.

settlement ['setlmənt] *n.* **1.** règlement (d'une somme). *Early settlement,* règlement anticipé. *(Bourse)* liquidation. *Settlement day,* jour du terme, de la liquidation. *(Bourse, U.S.)* appel de marge. **2.** règlement, résolution (d'un litige). *Settlement of a dispute,* règlement d'un conflit. *Out-of-court settlement,* règlement à l'amiable (d'un litige avant d'aller en justice ou en cours de procès). **3.** établissement (d'une population dans un pays), colonie. **4.** constitution (d'une annuité).

settle up *v.* régler les comptes, s'acquitter.

settling ['setliŋ] *n.* **1.** règlement, liquidation. **2.** constitution (d'une annuité, etc.).

settling day, jour du terme, de la liquidation, du règlement.

settler ['setlə] *n.* **1.** colon. **2.** décideur, personne qui prend la décision.

set-up ['setʌp] *n.* structure, disposition, agencement, organisation.

set up *v. intr.* s'établir, s'installer. *To set up in business,* s'établir dans les affaires.

set up *v. tr.* créer, fonder (une société, etc.), constituer, former ; instituer. *To set up shop.* **1.** ouvrir (une) boutique. **2.** créer une entreprise, s'installer, s'implanter.

seven sisters (the) ['sevn' sistəz] (les sept sœurs) ; les sept plus grosses sociétés pétrolières mondiales : Exxon, Gulf, Mobil Royal Dutch, Shell, Texaco, British Petroleum, Standard Oil of California.

sever ['sevə] *v.* rompre, couper. *To sever diplomatic ties,* rompre les relations diplomatiques.

several ['sevrəl] *adj.* **1.** plusieurs. **2.** séparé, différent. **3.** respectif, individuel.

severally ['sevrəli] *adj.* individuellement, séparément. *Severally liable,* individuellement responsable(s). *Jointly and severally,* conjointement et solidairement.

severance ['sevərəns] *n.* séparation, rupture.

severance pay, prime de licenciement.

severance payment, prime de licenciement.

sewage *n.* eaux usées, eaux d'égout.

sewer *n.* égout.

sewerage *n.* système d'égouts ; élimination des eaux usées.

sew up [səu] *v.* **1.** coudre. **2.** (fam.) emballer, ficeler, boucler. *I thought we had the contract sewed up,* je pensais que le contrat était dans le sac.

shade [seid] **1.** ombrager, protéger (de la lumière) ; masquer ; obscurcir. **2.** (couleur) nuancer, estomper, dégrader. *Shaded chart,* graphique ombré. **3.** baisser, diminuer progressivement. **4.** *To shade prices,* établir des prix dégressifs. *Prices shaded for quantities,* prix dégressifs pour grand quantité, tarif dégressif pour le gros.

shadow economy (the), l'économie parallèle.

shady ['seidi] *adj.* louche, douteux, véreux. *Shady dealings,* transactions, affaire(s) louche(s).

shaft [sa:ft] *n.* **1.** puits de mine. **2.** cage d'ascenseur.

shake-out ['seikaut] *n.* **1.** *Bourse :* tassement, récession, resserrement du marché intervenant après une période d'inflation. S'emploie aussi pour l'activité industrielle. **2.** *Eco. :* bouleversement s'accompagnant de fermetures et de licenciements.

shake-up ['seikʌp] remaniement ; restructuration.

shakiness, *n.* instabilité, fragilité, incertitude.

shaky *adj.* instable, précaire, peu sûr, douteux, chancelant.

shale oil, schiste bitumineux.

shallow *adj.* **1.** peu profond, superficiel. **2.** peu marqué, faible.

sham [sæm] *adj.* feint, simulé, faux, fictif.

shantytown ['sænti'taun] *n.* bidonville.

shape [seip] *n.* forme.

shape *v.* **1.** façonner, modeler, tailler, former, esquisser. **2.** se développer, prendre tournure, s'annoncer.

shape up *v.* **1.** se profiler, apparaître, se préparer, s'annoncer, prendre forme, se dessiner. *A recovery is shaping up,* une reprise se dessine. **2.** faire face, s'adapter.

share [sɛə] *v.* **1.** partager. **2.** participer. *To share in profits,* participer aux bénéfices.

share *n.* **1.** part ; partie. *Share of the market,* part du marché. **2.** action (boursière). *Bearer share,* action au porteur. *Bonus share,* action gratuite. *Called-up share,* action appelée. *Common share,* action ordinaire. *Deferred share,* action différée. *Founder's share,* part de fondateur. *Issued share,* action émise. *Management share,* part de fondateur. *Ordinary share,* action ordinaire. *Outstanding share,* action émise et en circulation. *Paid up share, fully paid up share,* action libérée, entièrement libérée. *Preference share, preferred share,* action privilégiée (de préférence, de priorité). *Cumulative preference share,* action privilégiée cumulative (les actions privilégiées donnent droit à un dividende fixe et ont priorité sur les actions ordinaires en cas de faillite ou de liquidation. « *Cumulative* » signifie que le dividende non payé pour une année reste dû et devra s'ajouter au dividende pour l'année suivante). *Qualification share,* action de garantie, de cautionnement. *Registered share,* action nominative. *Transferable share,* action cessible, action au porteur.

share capital, capital actions.

share certificate, certificat d'action, titre d'action.

share-cropper, (U.S.) métayer ; locataire d'une ferme recevant en paiement de son travail une partie de la récolte.

share-cropping, (U.S.) métayage.

share flotation, émission d'actions.

shareholder ['ʃɛə,həuldə] *n.* actionnaire.

shareholder value, valeur actionnariale.

share of mind, notoriété.

share of the market, part du marché.

share option scheme, actionnariat (ouvrier, du personnel), plan de participation par achat d'actions.

shareowner ['ʃɛə,əunə] *n.* actionnaire.

share qualification, cautionnement en action.

sharer [ʃɛərə] *n.* participant, partie prenante (partage, projet, etc.).

share-swap, échange d'actions, participation croisée.

share-tenant, métayer.

shareware *n.* (Info.) logiciel contributif, c'est-à-dire payant (à télécharger).

share warrant 1. titre d'action, certificat d'action, titre au porteur. **2.** droit de souscription préférentiel à des actions permettant une option d'achat à l'avenir à un prix fixé.

sharing *n.* partage ; participation. *Profit-sharing scheme,* système d'intéressement aux bénéfices (entreprise).

shark [ʃɑːk] *n.* requin, escroc, aigrefin, usurier. *Loan shark,* prêteur à des taux usuraires, usurier. *Shark repellent,* mesure visant à décourager les tentatives d'O.P.A. (Exemple : statuts exigeant l'accord de 75 % des actionnaires...)

sharp [ʃɑːp] *adj.* **1.** aigu, pointu, accentué, net, accusé, vigoureux. *A sharp rise in profits,* une nette augmentation des bénéfices. **2.** fin, éveillé, vif. **3.** retors, rusé, peu scrupuleux.

sharply *adv.* nettement, sensiblement, considérablement.

shave [ʃeiv] *v.* rogner, réduire. *To shave subsidies,* rogner les subventions.

shavings *n.* copeaux (emballage).

shed [ʃed] *n.* hangar, atelier, baraque.

shed *v.* **1.** verser, répandre. **2.** se défaire de. *To ~ jobs,* supprimer des emplois, licencier.

sheet [ʃiːt] *n.* feuille, feuillet, fiche, bordereau. *Attendance sheet,* feuille de présence. *Balance sheet,* bilan. *Data sheet,* fiche de renseignements, curriculum vitae. *Loose sheet,* feuille volante. *Order sheet,* bulletin, bordereau de commande. *Pay-sheet,* feuille de paye.

sheet-iron ['ʃiːt ,aiən] tôle.

sheet-mill, laminoir à tôle.

sheet-music, partition(s).

shelf (pl. **shelves**) [ʃelf-ʃelvz] *n.* étagère.

shelf-life *n.* durée de vie d'un produit en magasin, durée de conservation avant la vente, période pendant laquelle un produit est présenté sur les linéaires.

shelf-space *n.* rayonnage, espace sur les étagères, linéaire (supermarchés, etc.).

shelf-strip, dépassant de rayon.

shell company, société écran (société sans actifs réels, créée pour les besoins d'une opération, par exemple une O.P.A.).

shell out *v.* débourser, dépenser.

shelter ['ʃeltə] *n.* abri, refuge. *Bus shelter,* abri-bus. *Tax shelter,* paradis/subterfuge fiscal.

shelve [ʃelv] *v.* mettre au rancart, ajourner, abandonner (au moins provisoirement). *To shelve a project,* enterrer, classer un projet.

shelver *n.* gondolier, gondolière.

shenanigans [ʃi'nænigənz] *n.* combines, manœuvres, stratagèmes, mystifications.

shift [ʃift] *n.* **1.** équipe. *Night-shift,* équipe de nuit. *The 3-shift system,* les 3 huit (3 équipes de huit heures). **2.** journée de travail, durée de travail de l'équipe. **3.** changement, modification, fluctuation. **4.**

déplacement, transfert. *Population shift*, déplacement de population. **5.** expédient.

shift *v.* changer, modifier, se modifier, fluctuer, (se) déplacer. *To shift the balance*, modifier l'équilibre ; (cargaison) se désarrimer, riper.

shifting ['ʃiftiŋ] *n.* changement ; déplacement. *Cargo-shifting*, déplacement, désarrimage de la cargaison.

shift-work *n.* travail par équipe ; travail posté.

ship [ʃip] *n.* navire, bateau, vaisseau, bâtiment. *Merchant-ship*, navire marchand. *Space-ship*, vaisseau spatial. *Ship's sweat*, buée de cale (dommages causés par l'humidité des cales).

ship *v.* **1.** expédier, envoyer, adresser (colis, etc.). **2.** charger, embarquer (marchandises).

ship-broker, courtier maritime.

shipbuilder ['ʃip,bildə] constructeur de navire.

shipbuilding ['ʃip,bildiŋ] *n.* construction navale.

shipbuilding yard, chantier naval.

ship-canal, canal maritime.

ship-chandler, fournisseur, approvisionneur de la marine, « shipchandler ».

ship-load, cargaison, fret, chargement.

shipmaster ['ʃip,ma:stə] capitaine (de navire).

shipment ['ʃipmənt] *n.* **1.** expédition, chargement, envoi (marchandises expédiées). **2.** expédition, envoi ; transport. *Packing for shipment,* emballage pour transport ; embarquement, mise à bord, chargement.

shipowner ['ʃip,əunə] *n.* armateur.

shipped bill of lading, connaissement à bord (attestant que les marchandises sont à bord).

shipper ['ʃipə] *n.* **1.** expéditeur, chargeur. **2.** affréteur.

shipping ['ʃipiŋ] *n.* **1.** expédition. **2.** embarquement, chargement, mise à bord. **3.** navigation, transports maritimes. *Shipping intelligence, shipping news,* nouvelles maritimes, mouvements des navires. *Shipping office,* inscription maritime, bureau maritime. *Shipping routes,* routes maritimes. *Shipping shares,* actions des compagnies de navigation. *The shipping trade, shipping business,* les affaires maritimes, le commerce maritime. **4.** tonnage (de l'ensemble des navires d'un pays, d'un port, etc.). *Idle shipping,* tonnage désarmé.

shipping agency, agence maritime.

shipping agent, 1. agent maritime. **2.** (marchandises) commissionnaire expéditeur, commissionnaire chargeur.

shipping and handling charge(s)/fee(s), frais de port/d'expédition et de manutention.

shipping bill, déclaration de ré-exportation d'entrepôt.

shipping charges, frais d'expédition, frais de port.

shipping clerk, expéditionnaire.

shipping company, compagnie maritime.

shipping documents, pièces d'embarquement, documents d'expédition.

shipping-exchange, bourse des frets.

shipping instructions, instructions pour le chargement, l'expédition.

shipping note, note de chargement, permis d'embarquement.

shipping port, port de chargement.

shipping terms, conditions du contrat de transport.

shipping ton, tonneau d'affrètement.

shipping weight, poids embarqué.

ship policy *Assur. mar.* : police sur corps.

ship's papers, papiers de bord, documents de bord.

ship's rail, bastingage. *The risk of loss or of damage to the goods is transferred from the seller to the buyer when the goods pass the ship's rail*. Le risque de perte ou de dommage affectant les marchandises est transféré du vendeur à l'acheteur dès que les marchandises sont chargées à bord. (Dans le cadre d'un contrat de transport FOB).

ship's register, certificat d'immatriculation.

shipwreck ['fiprek] naufrage.

shipyard ['fipja:d] chantier naval, chantier de construction navale.

shirk *v.* tirer au flanc.

shirker *n.* tire-au-flanc.

shock-proof [,fɔk'pru:f] à l'épreuve des chocs.

shoddy ['fɔdi] *adj.* de mauvaise qualité, de camelote.

shoestring (on a) ['fu:strin] (U.S.) avec des capitaux insuffisants, avec des capitaux à peine suffisants. *To start business on a shoestring*, se lancer dans les affaires avec très peu de capitaux. *To operate on a shoestring*, fonctionner avec des capitaux extrêmement réduits.

shoot [fu:t] *v.* **1.** tirer, faire feu. **2.** blesser, tuer par balle. **3.** tourner (un film), prendre (une photo). *Shooting script*, (film) découpage.

shoot down *v.* (prix, etc.) baisser considérablement.

shoot on location, filmer en extérieur.

shoot up *v.* (prix, etc.) monter en flèche, augmenter rapidement.

shop [fɔp] *n.* **1.** boutique, magasin. *To close shop*, fermer boutique. *To talk shop*, parler boutique. **2.** atelier. **3.** entreprise, lieu de travail. *Closed shop*, entreprise qui n'embauche que des employés syndiqués. *Open shop*, entreprise qui n'exige pas que les employés soient syndiqués ou se syndiquent à l'embauche. *Union shop*, entreprise où la direction, par accord avec le syndicat, est libre d'engager des non-syndiqués aussi bien que des syndiqués, mais où les non-syndiqués devront adhérer au syndicat avant une date limite sous peine de licenciement. **4.** *Bourse :* introducteurs. *Shop-buying*, achats professionnels. *Shop-selling*, ventes professionnelles. *Shop-shares*, actions à l'introduction.

shop *v.* faire ses courses, faire ses achats. *To shop around*, faire les magasins pour comparer les prix. *To shop for something*, chercher à acheter quelque chose, chercher à se procurer quelque chose ; examiner et comparer en vue d'acheter. *To shop for prices*, comparer les prix. *To shop by catalogue, by mail*, acheter par correspondance.

shop-assistant ['fɔpə,sistənt] employé de magasin, vendeur, vendeuse.

shopfloor [,fɔp'flɔ:] (syndicats) la base. *Shopfloor workers*, les ouvriers de la base.

shopfloor politics, politique syndicale au niveau de la base.

shop-girl ['fɔpgə:l] vendeuse dans un magasin, employée de magasin.

shopkeeper ['fɔp,ki:pə] (petit) commerçant, boutiquier.

shopkeeping ['fɔp,ki:pin] tenue de boutique ; (secteur du) petit commerce.

shoplift *v.* voler à l'étalage, voler dans les magasins.

shoplifter ['fɔp,liftə] voleur à l'étalage.

shoplifting ['fɔp,liftin] vol à l'étalage, vol dans les rayons.

shopper ['fɔpə] *n.* acheteur, personne qui fait ses courses, client (d'un magasin).

shopping ['fɔpin] *n.* achat, emplettes, courses. *On-line shopping*, achat(s) en ligne. *Distance shopping*, achat(s) à distance. *Convenience shopping*, achat(s) de dépannage.

shopping area, surface d'un magasin.

shopping around s'emploie lors de la réalisation d'un ensemble industriel, quand l'acheteur ou promoteur choisit plusieurs fournisseurs et traite séparément avec eux au lieu de confier l'ensemble de l'opération à un entrepreneur maître-d'œuvre.

shopping basket 1. panier à provisions. **2.** panier de la ménagère.

shopping centre, (U.S.) **center,** centre commercial.

shopping channel, galerie marchande en ligne.

shopping goods, produits d'utilisation courante.

shopping-list, liste de commissions, liste d'achats.

shopping mall, centre commercial ; avenue marchande, galerie marchande.

shopping space, surface commerciale (supermarchés, etc.).

shopping spree, frénésie d'achat.

shop-soiled [‚ʃɔp'sɔild] (article) défraîchi, qui a fait l'étalage.

shopsteward [‚ʃɔp'stjuəd] délégué d'atelier.

shop-walker ['ʃɔp‚wɔːkə] **1.** surveillant, inspecteur (dans magasin, supermarché…). **2.** chef de rayon.

shop-window [‚ʃɔp'windəu] de vanture, vitrine, étalage.

shop-worn, shopworn *adj.* (marchandise) défraîchi(e).

shore [ʃɔː] *n.* rivage, côte, littoral, bord, rive.

shore up *v.* étayer, soutenir. *To shore up a shaky economy,* soutenir une économie chancelante.

short [ʃɔːt] *adj.* **1.** court, bref. *Short credit,* crédit à court terme. *Short bills,* traites à courte échéance. **2.** *Bourse :* à découvert. *Short seller,* vendeur à découvert. **3.** insuffisant, incomplet, déficitaire. *I am $ 10 short,* il me manque 10 dollars. *To be short of,* être à court de.

short *v.* vendre à découvert.

short *adv.* **1.** en deçà. *To fall short of something,* ne pas atteindre le but fixé, être inférieur à. *To fall*

short of expectations, ne pas être à la hauteur des espoirs. **2.** *Bourse :* à découvert. *To sell short,* vendre à découvert.

short *n.* **1.** *Bourse :* vente à découvert. **2.** *Bourse :* baissier. **3.** manque, déficit.

short account *Bourse :* position vendeur.

shortage ['ʃɔːtidʒ] *n.* pénurie ; insuffisance, manque, déficit. *Housing shortage,* crise du logement. *Labour shortage,* pénurie de main-d'œuvre.

shortchange ['ʃɔːt‚tʃeindʒ] *v.* **1.** ne pas rendre assez de monnaie. *He says he's been shortchanged by the cashier,* il dit que le caissier s'est trompé en lui rendant la monnaie, l'a volé en lui rendant la monnaie. **2.** (transaction, contrat, etc.) voler. *To be shortchanged,* ne pas en avoir pour son argent. **3.** coter quelque chose au dessous de sa valeur véritable.

shortcoming [‚ʃɔːtkʌmiŋ] *n.* **1.** défaut, imperfection, insuffisance. **2.** (argent) manque, insuffisance, déficit.

short covering *Bourse :* rachat (pour couvrir un découvert).

short-dated, à courte échéance.

short delivery, livraison incomplète.

shorten ['ʃɔːtən] *v.* raccourcir, réduire.

shortfall ['ʃɔːtfɔːl] *n.* déficit, manque, montant/nombre insuffisant. *Profit ~,* manque à gagner. *There is a ~ of …,* il manque….

shorthand ['ʃɔːthænd] *n.* sténo.

shorthanded ['ʃɔːthændid] à cours de personnel, de main-d'œuvre.

shorthand-typist ['ʃɔːthænd'taipist] sténo-dactylo.

short haul, (U.S.) transport de marchandises ou de passagers sur une faible distance.

shorting ['ʃɔːtiŋ] *n.* (U.S.) *Bourse :* vente à découvert.

short-landed cargo, cargaison débarquée en moins.

shortlist ['ʃɔtlist] *v.* sélectionner.

shortly ['ʃɔ:tli] *adv.* sous peu, très bientôt.

short notice, délai bref, court délai de préavis. *At short notice,* à bref délai ; du jour au lendemain. *To give somebody short notice,* donner à quelqu'un un délai bref, prendre quelqu'un de court. *Withdrawal at short notice,* retrait à court terme.

short order, commande incomplète.

shorts [ʃɔ:ts] *n.* **1.** éléments, unités qui manquent pour compléter une quantité, un total. *Cash shorts and overs,* déficit et excédent de caisse. **2.** *Bourse :* vendeurs à découvert. **3.** *Short term loans,* prêts (emprunts) à court terme. **4.** *Short term bonds,* obligations à court terme.

short sale, vente à découvert.

short-selling, vente à découvert.

short-term ['ʃɔ:ttə:m] court terme.

short time, horaire réduit. *To put workers on short time,* mettre les ouvriers à un horaire réduit, réduire les horaires des ouvriers. *To be on short time,* travailler à horaire réduit.

short ton, (U.S.) tonne courte (907,184 kg).

short weight, manque de poids, poids insuffisant. *There is short weight,* le poids n'y est pas.

shot *n.* **1.** balle, coup de feu, *To have a shot at,* essayer de s'emparer de, essayer de faire quelque chose. *To call the shots,* être le patron, donner les ordres. *A big shot,* un personnage important. **2.** coup. **3.** (ciné.) plan, image. **4.** injection, piqûre. *Shot in the arm,* stimulant.

shoulder ['ʃəuldə] *v.* endosser, supporter. *To shoulder the cost of something,* supporter la totalité du coût de quelque chose.

show [ʃəu] *v.* **1.** présenter, exposer. **2.** faire apparaître, accuser, faire ressortir, indiquer. *To show a profit,* faire apparaître un bénéfice.

3. (vote) lever la main. *Those in favour please show,* que ceux qui sont pour lèvent la main.

show *n.* **1.** spectacle. *Show of wealth,* signe extérieur de richesse. **2.** salon. *The Motor show,* le Salon de l'Auto. *On show,* exposé ; visible.

show a profit, indiquer un bénéfice, enregistrer un bénéfice, faire des bénéfices.

show business, industrie du spectacle.

showcard ['ʃəuka:d] *n.* **1.** pancarte. **2.** étiquette (de vitrine, etc.). **3.** carte d'échantillons.

show case ['ʃəukeis] présentoir ; vitrine.

showcase *v.* exposer, mettre en valeur, mettre en lumière.

showdown ['ʃəudaun] confrontation, épreuve de force, règlement de compte (entre adversaires).

show flat, appartement témoin.

showing *n.* comportement, performance ; résultat. *Poor showing,* mauvaise performance.

show of hands, vote à main levée.

showroom ['ʃəurum] *n.* salle d'exposition.

show up, se présenter, paraître.

showy ['ʃəui] *adj.* voyant, tape-à-l'œil, tapageur.

shredder *n.* déchiqueteuse, broyeur, destructeur de documents/papier.

shrink [ʃriŋk] *v.* rétrécir, diminuer, se réduire, se contracter, baisser. *A shrinking market,* un marché qui se contracte.

shrinkage ['ʃriŋkidʒ] *n.* **1.** rétrécissement, contraction, diminution. **2.** vol, « fauche ».

shuffle [ʃʌfl] *n.* réorganisation, redistribution des postes.

shuffle *v.* réorganiser, redistribuer les postes.

shunt [ʃʌnt] *v.* **1.** (train) manœuvrer, garer, faire la manœuvre, aiguiller. *To shunt into a siding,* mettre sur une voie de garage (au propre et au figuré). **2.** *Bourse* (G.B.) : faire l'arbitrage (entre deux bourses du même pays).

shunting [ʃʌntiŋ] *n.* **1.** *Chem. de fer :* manœuvres de triage, changement de voie. **2.** mise au rancart, ajournement, mise sur une voie de garage (d'un programme, etc.). **3.** *Bourse* (G.B.) : arbitrage.

shut [ʃʌt] *v.* fermer.

shutdown [ʃʌtdaun] *v.* fermer (usine, etc.).

shutdown *n.* fermeture (d'usine, etc.).

shut out *v.* exclure, éliminer, empêcher. *The purpose of cartels is to shut out newcomers to an industry unless they are willing to join,* le but des cartels est d'interdire aux nouveaux venus l'accès à un secteur industriel, à moins qu'ils n'acceptent de faire partie du cartel.

shutter [ʃʌtə] *n.* **1.** volet. *To put up the shutters,* fermer boutique, mettre la clé sous la porte. **2.** obturateur (photo).

shuttle [ʃʌtl] *n.* navette.

shuttle *v.* faire la navette.

shyster (U.S.) [ʃaistə] homme de loi véreux.

sick [sik] *adj.* malade.

sick-allowance, allocation maladie.

sick-benefit, allocation, prestation maladie.

sick-leave, congé de maladie. *To be on sick leave,* être en congé maladie.

sickout *n.* forme de grève consistant à se faire porter malade.

sick pay, prestation maladie.

sickness benefit, allocation maladie, prestation maladie.

sickness insurance, assurance maladie.

side [said] *n.* **1.** côté. **2.** parti ; partie. *The other side,* la partie adverse. *To take sides,* prendre parti.

side (with) *v.* prendre le parti de, se ranger du côté de, faire cause commune avec.

side issue [said'iʃuː] question d'intérêt secondaire.

side effect, effet secondaire.

side-entrance, entrée latérale, de côté.

sideline [saidlain] **1.** (ligne de) touche. *To stay on the sidelines,* ne pas se commettre, rester prudent, ne pas s'engager. **2.** activité secondaire, activité complémentaire.

sideline *v.* mettre sur la touche, éliminer un concurrent.

side-note [saidnəut] note marginale.

sidestep *v.* esquiver, éluder. *To sidestep an issue,* éluder un problème.

sidetrack [saidtræk] voie de garage.

sidetrack *v.* mettre sur une voie de garage.

siding [saidiŋ] *n.* voie de garage. *The proposal was shunted into a siding,* la proposition a été mise sur une voie de garage.

sight [sait] *n.* vue. *At sight,* à vue. *Bill payable at sight,* effet, traite payable à vue, sur présentation, sur demande. *Sight withdrawal,* retrait à vue. *Sight deposit,* dépôt à vue. *Sight unseen,* sur plan, sur description, etc. *To buy land sight unseen,* acheter un terrain sur description. *On sale sight unseen,* vendu sur plan, sur description, etc.

sight *v.* voir ; viser. *To sight a bill,* voir, viser un effet.

sight bill, effet, traite à vue.

sight draft, traite à vue.

sighting [saitiŋ] *n.* visa (d'une lettre de change).

sight unseen, sans avoir vu, sans avoir l'occasion de voir, sur simple description.

sign [sain] *n.* **1.** enseigne. **2.** panneau, poteau de signalisation, poteau indicateur. *Traffic sign,* panneau de signalisation. **3.** signe, trace. *Jur. :* Hand and sign, signature. *To set one's hand and sign,* apposer sa signature.

sign *v.* signer.

signage *n.* signalétique.

signal light [signəl lait] feu de signalisation.

signatory [signətəri] *n.* signataire.

signature ['signətʃə] *n*. signature. *To affix, to append one's signature,* apposer sa signature. *Document sent over somebody's signature,* document envoyé sous la signature de quelqu'un.

signee [sai'ni:] *n*. signataire.

signer ['sainə] *n*. signataire.

significant [sig'nifikənt] *adj*. important ; de grande portée, considérable ; significatif.

signing ['sainiŋ] *n*. signature (d'un contrat, etc.).

signing clerk, fondé de pouvoir, clerc.

sign off *v*. indiquer la fin d'un message, d'une émission. " *Signing off* ", " terminé " ; rendant l'antenne.

sign on *v*. 1. embaucher, engager. *To sign somebody on,* embaucher quelqu'un. 2. s'inscrire. *Signing-on fee,* droit d'inscription.

sign-post ['sainpəust] poteau indicateur.

sign-post *v*. marquer, signaliser, baliser.

sign up *v*. 1. s'inscrire (à un cours, un programme, etc.). 2. signer un contrat. 3. faire signer un contrat à quelqu'un.

silage ['sailidʒ] *n*. ensilage.

silent partner ['sailənt] bailleur de fonds (dans une société de personne, « *partnership* ») ; associé passif.

silicon ['silikən] *n*. silicone.

silk [silk] *n*. soie.

silver ['silvə] *n*. argent (métal) ; pièces d'argent. *Silver coin,* pièce d'argent. *Silver in the till,* encaisse (en monnaie).

silver-plate [ˌsilvə'pleit] argenterie.

single [siŋgl] *adj*. 1. seul, unique. 2. célibataire.

single *n*. voir *single ticket*.

single *v*. choisir.

single currency, monnaie unique.

single entry bookkeeping, comptabilité en partie simple.

Single European Market, marché unique européen.

single frame *n*. vue par vue, image par image.

single out *v*. choisir, remarquer, distinguer.

single-payer (U.S.) principe de la prise en charge des prestations de santé par un organisme unique.

single room, chambre à un lit.

single ticket, aller simple.

Single European Act, Acte Unique Européen.

singly ['siŋgli] *adv*. séparément, singulièrement.

sink [siŋk] *v*. 1. (navire) couler, sombrer. 2. amortir, éteindre (une dette). 3. placer de l'argent à fonds perdu (par ex. viager). 4. placer de l'argent à perte, engloutir. 5. (cours, etc.) baisser.

sinking fund ['siŋkiŋ 'fʌnd] fond d'amortissement.

sin tax (U.S.) taxe/impôt sur le tabac et les alcools.

sister company ['sistə] société appartenant au même groupe.

sister ship, navire du même type, bâtiment de la même série.

sit *v*. siéger. *To sit on the Board,* faire partie du conseil d'administration.

sitcom *n*. *situation comedy,* comédie de situation, (T.V.) sitcom.

sit-down strike, grève sur le tas, grève avec occupation d'usine.

site [sait] *n*. 1. emplacement, site. *On site,* sur le site ; à pied d'œuvre ; sur zone. 2. chantier. *Building site,* chantier de construction ; terrain à bâtir. *Site manager,* directeur de chantier. *Site supervisor,* responsable de chantier.

site *v*. implanter. *To site a plant,* implanter une usine.

siting *n*. implantation, installation.

sitting ['sitiŋ] *n*. séance, réunion, tenue d'une assemblée, session, audience.

situation [sitju'eiʃən] *n*. 1. situation (politique, financière, etc.). *The economic situation,* la conjoncture. **2.** poste, position, emploi, situation, place. *Journaux : Situations vacant,* offres d'emploi. *Situations wanted,* demandes d'emploi. **3.** situation, emplacement.

situate ['sitjueit] *adj.* sis, situé (forme archaïque encore utilisée dans la langue juridique).

sizable ['saizəbl] *adj.* voir **sizeable.**

size [saiz] *n.* taille, dimension, grandeur, étendue, volume, format, etc.

size *v.* calibrer.

sizeable ['saizəbl] *adj.* de bonnes dimensions, assez grand ; considérable. *A sizeable sum,* une grosse somme.

size up *v.* jauger, évaluer.

skeleton-law ['skelitn] loi-cadre.

skeleton staff, personnel réduit au strict minimum ; permanence.

sketch [sketʃ] *n.* **1.** croquis ; levé (topographique). *Dimensioned sketch,* croquis coté. *Rough sketch,* ébauche, esquisse, croquis de projet. **2.** esquisse, résumé, grandes lignes (d'une idée, d'un plan).

sketch *v.* esquisser, ébaucher, décrire à grands traits. *Sketch-book,* cahier, carnet album de croquis.

skew [skju:] *n.* écart, distorsion déviation (d'une courbe), irrégularité (d'une fréquence).

skew *adj.* oblique, qui dévie (courbe), qui a une distribution asymétrique (fréquence).

skew *v.* biaiser, obliquer, dévier (courbe) ; altérer, modifier ; déséquilibrer (budget etc.).

skid [skid] *v.* faire des embardées, déraper. *To skid downward,* dégringoler.

skids [skidz] *n.* partie du chantier naval où se déroule le lancement. *On the skids.* **1.** (navire) en construction, en chantier. **2.** (entreprise) en perte de vitesse, qui court à la faillite.

skill [skil] *n.* **1.** adresse, habileté, talent, art. *Verbal skills,* aptitudes verbales. **2.** spécialité, spécialisation, compétence technique ; métier.

skilled [skild] *adj.* **1.** adroit, habile. **2.** compétent, expert. **3.** (main-d'œuvre, etc.) qualifié.

skilled labour, main-d'œuvre qualifiée.

skilled worker, ouvrier qualifié.

skimming policy ['skimiŋ] *(skim the cream policy)* politique d'écrémage (marketing, etc.).

skin [skin] *v.* tondre, plumer, écorcher, dépouiller.

skip [skip] *v.* sauter, omettre.

skipper [skipə] *n. Fam. :* capitaine ; patron de bateau.

skittish *adj.* (marché) instable, capricieux.

sky-high *adj.* et *adv.* très élevé, à un niveau considérable.

sky-rocket [,skai' rɔkət] *v.* monter en flèche.

slack [slæk] *adj.* **1.** négligent, nonchalant, peu actif, peu dynamique, peu zélé. **2.** (affaires) peu actives. *Business is slack,* les affaires vont mal. *Slack demand,* faible demande.

slack *n.* **1.** ralentissement des affaires, faiblesse des activités, torpeur, stagnation, morte saison. **2.** mou, ballant, jeu. *To take up the slack,* rendre un secteur industriel ou économique plus actif et performant, « resserrer les boulons ».

slacken ['slækən] *v.* ralentir (vitesse, pas, rythme…).

slackness ['slæknəs] *n.* stagnation, marasme, atonie (d'un marché), manque d'activité, torpeur de l'économie ; relâchement.

slander ['sla:ndə] *n.* diffamation verbale. *Slander action ;* poursuites en diffamation.

slander *v.* diffamer (verbalement), calomnier.

slant [sla:nt] *n.* **1.** pente, inclinaison, biais, oblique. **2.** *Fam. :* point de vue.

slap [slæp] *v.* imposer. *To slap a price freeze,* imposer un blocage des prix. *To slap a tax,* imposer un impôt.

slash [slæʃ] **n.** réduction, baisse. *A 5 to 10 per cent price slash on new cars,* une baisse de 5 à 10 % sur les voitures neuves.

slash **v.** réduire (considérablement). *To slash prices,* sacrifier des prix. *To slash one's payroll,* licencier massivement.

slash-and-burn agriculture, agriculture d'abattage et de défrichage/défrichement.

slate [sleit] **n. 1.** ardoise. *Clean slate,* situation saine (laissée à un successeur), bonne gestion, bons états de service. **2.** (U.S.) liste des candidats.

slate **v. 1.** prévoir, programmer. **2.** désigner (un candidat).

slaughter ['slɔːtə] **v. 1.** abattre (animaux de boucherie, etc.). **2.** liquider, solder.

slaughter-house, abattoir.

slaughter price, prix sacrifié.

slave **n.** esclave. *The slave-trade,* la traite.

slave away **v.** travailler comme un esclave, s'échiner.

slave-driver **n.** meneur d'esclaves ; exploiteur de main-d'œuvre.

slavery **n.** esclavage. *White slavery,* traite des blanches.

sleaze **n. 1.** caractère minable. **2.** corruption.

sleazy **adj. 1.** minable, miteux. **2.** corrompu.

sleeper ['sliːpə] **n. 1.** voiturelit, wagon-lit, wagon-couchette. **2.** (rail) traverse.

sleeping berth, couchette.

sleeping car, voiture-lit, wagon-lit.

sleeping-coach ['sliːpiŋ kəutʃ] voiture-lit, wagon-lit, wagon-couchette, voiture couchette.

sleeping partner, bailleur de fonds (dans une association de personnes) ; associé passif ; commanditaire.

slender ['slendə] **adj.** mince, maigre, modique.

slew [sluː] **v.** virer, pivoter (brutalement).

slick [slik] **n.** nappe (d'huile, etc.). *Oil-slick,* nappe (de mazout, de pétrole, en mer).

slick **adj. 1.** adroit, habile. **2.** débrouillard, roublard, malin, opportuniste, qui a de vieux routier.

slice [slais] **n.** part, portion, tranche.

slice **v.** retrancher, amputer ; réduire considérablement.

slice off **v.** couper, détacher ; réduire, diminuer ; retrancher.

slide **n. 1.** baisse, glissement, débâcle (cours). **2.** diapositive. *Slide library,* diathèque.

slide [slaid] **v.** glisser ; baisser ; s'effondrer (cours).

slide-rule ['slaidruːl] **n.** règle à calculer.

sliding ['slaidiŋ] **adj. 1.** coulissant, mobile. *Sliding wage scale,* échelle mobile des salaires. **2.** qui baisse, qui s'effondre.

slim **adj.** mince, léger.

slim down **v.** amincir, réduire, contracter ; s'amincir, se réduire, se contracter.

slip [slip] **n. 1.** bordereau, fiche, billet, feuille. **2.** *Assur. mar. :* police provisoire, projet de police. **3.** erreur, faute d'inattention, inadvertance, étourderie, lapsus. **4.** baisse, déclin, recul (cours, etc.). **5.** (navire) chantier de construction, de lancement. **6.** encart.

slip **v. 1.** glisser. **2.** se glisser (erreur, etc.). **3.** se tromper, commettre une faute d'étourderie. **4.** (cours) baisser, décliner, reculer.

slip back **v.** baisser.

slip behind **v.** se laisser dépasser, se laisser distancer.

slippage ['slipidʒ] **n.** glissement, tassement, baisse. *Slippage in profit margins,* tassement, baisse des profits.

slipshod ['slipʃɔd] **adj.** (travail) bâclé, négligé, mal fait, sans finition, sans soin.

slip up **v. 1.** se tromper, commettre une erreur. **2.** échouer.

slogan ['sləugən] **n.** slogan, devise, mot d'ordre.

sloppiness *n.* manque de soin, manque de finition ; allure négligée.

sloppy *adj.* (travail) peu soigné, bâclé, saboté ; (allure) négligé ; relâché, débraillé.

slot [slɔt] *n.* **1.** fente. **2.** créneau (commercial, etc.). *Landing slot,* droit de trafic, créneau horaire, autorisation d'atterrir, droit d'utiliser un aéroport (pour compagnie aérienne désireuse d'exploiter une ligne).

slot machine, machine à sous, distributeur automatique, appareil à jetons.

sloth [sləuθ] *n.* paresse, fainéantise.

slovenly ['slʌvnli] *adj.* (travail) négligé, sans soin, sans finition.

slow [sləu] *adj.* lent. *Slow train,* train de marchandises. *Business is slow,* les affaires vont mal.

slow *v.* ralentir.

slowdown ['sləudaun] *n.* **1.** ralentissement. **2.** (douaniers, etc.) grève du zèle.

slow down *v.* ralentir.

slow motion, ralenti.

slow-moving *adj.* à rotation lente (article).

sluggish ['slʌgiʃ] *adj.* paresseux ; (marché) peu actif, léthargique, atone.

sluggishness ['slʌgiʃnis] *n.* torpeur ; paresse.

slump [slʌmp] *n.* baisse, effondrement (des cours) ; dégringolade (prix, devises) ; crise, marasme, dépression (économique).

slump *v.* s'effondrer, baisser brutalement, dégringoler. *Slumping economy,* économie en (voie de) récession.

slumpflation [,slʌmp'fleiʃən] *n.* conjoncture caractérisée par l'inflation et la dépression, l'inflation et la récession, période de crise économique et d'inflation.

slush fund [,slʌʃ'fʌnd] *n.* fonds secrets, caisse secrète, caisse noire.

small [smɔːl] *adj.* petit, de petite taille, peu important, peu nombreux, faible, peu sensible. *Small-sized,* petit, de petite taille.

small business, 1. petite entreprise. **2.** (sens collectif) les petites entreprises.

small cap(s) = *small capitalization stock(s),* actions de petite(s) société(s).

small print *n.* les passages écrits en petits caractères dans un contrat.

smart card *n.* carte à puce, carte à mémoire.

small-time *adj.* peu important, sans envergure, petit, insignifiant, de troisième oredre.

smash [smæʃ] *n.* **1.** désastre, sinistre, collision. **2.** faillite, déconfiture, débâcle, banqueroute.

smash *v.* **1.** détruire, anéantir, annihiler. **2.** ruiner, faire échouer, faire faire faillite.

smash-up *n.* **1.** collision, accident (routier, ferroviaire). **2.** faillite.

smelt [smelt] *v.* fondre (le minerai).

smelting ['smeltiŋ] *n.* fusion, fonte (du minerai). *Smelting-works,* fonderie.

smokestack, cheminée d'usine. *Smokestack industries.* **1.** industrie(s) lourde(s). **2.** industries anciennes/traditionnelles.

smuggle ['smʌgl] *v.* passer en fraude, en contrebande. *To smuggle in,* introduire en fraude. *To smuggle out,* faire sortir en fraude.

smuggler ['smʌglə] *n.* contrebandier.

smuggling ['smʌgliŋ] *n.* contrebande, fraude douanière.

snafu [snæ'fuː] **(Situation Normal All Fouled Up)** désordre complet, confusion totale. (U.S.).

snag *n.* **1.** souche submergée, entrave à la navigation fluviale. **2.** écueil, obstacle, difficulté, problème, hic. *To hit a snag,* rencontrer un obstacle, un problème, se heurter à des difficultés.

snag *v.* achopper (on, *sur*).

snake *n.* serpent. Souvent utilisé au sens de serpent monétaire (cf.

E.M.S., European Monetary System/ Snake, Système/Serpent Monétaire Européen.

snap [snæp] *v.* **1.** saisir. *To snap at an opportunity,* saisir une occasion, une chance. **2.** rompre, se rompre. **3.** dire d'un ton cassant.

snap up *v.* saisir, sauter sur, enlever, arracher, prendre d'assaut, acquérir immédiatement et en totalité.

snarl *v.* **1.** embouteiller. **2.** créer de la pagaille. **3.** bloquer.

snarl (up) *n.* **1.** embouteillage. **2.** pagaille, confusion, complication. **3.** blocage.

snatch [snætʃ] *v.* saisir, s'emparer de. *To snatch a market,* saisir, arracher un marché.

snowball ['snəubɔ:l] *v.* faire boule de neige, s'amplifier. *Snowballing effect,* effet boule de neige.

soak-the-rich tax reform [səuk] réforme fiscale destinée à faire payer les riches. (**To soak :** pomper, boire comme une éponge).

soak up [səuk] *v.* éponger.

soap opera, feuilleton télévisuel, téléroman.

soar [sɔ:] *v.* prendre son essor, s'élever, monter, grimper, faire un bond. *Soaring prices,* prix qui grimpent.

so-called [səu'kɔ:,ld] prétendu, nommé, appelé.

social ['səuʃl] *adj.* social, qui a trait à la vie en société ; qui a trait à la vie d'une communauté, d'un groupe. *Social duties,* devoirs de représentation.

social charges, charges sociales.

social climber, personne qui veut s'élever dans l'échelle sociale ; arriviste.

social ladder, échelle sociale.

social payments, transferts sociaux.

social ownership, actionnariat populaire.

social security, sécurité sociale.

social security tax, charges sociales.

society [sə'saiəti] *n.* **1.** société. *Primitive societies,* les sociétés primitives. **2.** association à but non lucratif.

socio-economic group, catégorie socio-professionnelle.

sociological [səusjə'lɔdʒikəl] *adj.* sociologique.

sociologically [səusjə'lɔdʒikəli] *adv.* sociologiquement.

sociologist [səusi'ɔlədʒist] *n.* sociologue.

sociology [səusi'ɔlədʒi] *n.* sociologie.

socket ['sɔkit] douille ; prise.

soft *adj.* mou, molle ; doux, douce ; faible. *Soft demand,* demande faible, faiblesse à la demande.

soft commodities, denrées agricoles.

soft currency [sɔft] devise faible.

soft drinks, boissons non alcoolisées.

soften ['sɔfən] *v.* adoucir, amollir, atténuer, assouplir.

soft goods, tissus, textiles.

soft landing, atterrissage en douceur.

soft loan, crédit à taux privilégié, prêt bonifié (souvent au sens de crédit d'aide, prêt à long terme à taux peu élevé accordé aux pays en voie de développement pour qu'ils achètent des produits fabriqués dans le pays qui consent le prêt).

soft sell, vente par des méthodes de suggestion ou de persuasion (s'oppose à **hard sell :** vente par des méthodes agressives).

soft spot, point faible ; (bourse, marché, etc.) secteur en baisse.

software ['sɔftweə] logiciel.

soil [sɔil] *n.* sol, terrain, terreau.

soil bank, (U.S.) service gouvernemental ayant pour mission de régler les problèmes de surproduction agricole (subventions aux fermiers pour remplacer récoltes par herbages, etc.).

soil *v.* salir, souiller.

soiled ['sɔild] *adj.* défraîchi. *Shop-soiled goods,* articles défraîchis (dans magasins).

sold-ledger, grand livre des ventes (comptabilité).

sole agent [səul] agent exclusif, concessionnaire exclusif, représentant exclusif.

sole legatee, légataire universel.

solely ['səulli] *adv.* uniquement, exclusivement. *Solely responsible,* entièrement responsable.

sole proprietorship, entière propriété, entreprise possédée par une seule personne, entreprise individuelle.

sole right, droit exclusif.

sole-trader, entrepreneur individuel.

solicit [sə'lisit] *v.* solliciter, demander, prier.

soliciting agent [sə'lisitiŋ] placier.

solicitor [sə'lisitə] *n.* **1.** homme de loi qui cumule les fonctions de notaire et d'avoué ; conseiller juridique. **2.** (U.S.) placier, démarcheur. **3.** chef du contentieux. *Solicitor's department,* service du contentieux.

solid ['sɔlid] *adj.* **1.** solide. ~ *foundations,* fondations solides. ~ *arguments,* arguments solides, convaincants. ~ *fuel,* carburant solide. **2.** compact, d'un seul tenant ; unanime. **3.** substantiel. ~ *gains,* des gains substantiels, de gros bénéfices.

solid-state ['sɔlid-,steit] transistorisé.

solvency ['sɔlvənsi] *n.* solvabilité.

solve [sɔlv] *v.* résoudre (un problème, une crise).

solvent ['sɔlvənt] *adj.* solvable.

solvent *n.* dissolvant.

sophisticated [sə'fistikeitid] *adj.* sophistiqué, complexe, compliqué, évolué.

sophistication [sə,fisti'keiʃən] *n.* sophistication, complexité.

sort [sɔ:t] *v.* trier.

sorter *n.* trieuse.

sorting ['sɔ:tiŋ] *n.* tri, triage, classement.

sort out *v.* **1.** trier. **2.** démêler, ti-rer au clair.

sound [saund] *n.* son. *Sound effect,* bruitage, effet sonore. *Sound effects library,* sonothèque.

sound *adj.* **1.** sain. *Sound management,* gestion saine. **2.** valide, juste, irréfutable (argument).

sound *v.* sonder.

sound engineer, ingénieur du son.

soundness ['saundnis] *n.* **1.** bon état, état sain, fiabilité. **2.** solidité, solvabilité (entreprise…). **3.** validité, pertinence (d'un argument…).

sound insulation, isolation sonique, insonorisation.

soundproof ['saundpru:f] *adj.* insonorisé.

soundproof *v.* insonoriser.

sound the alarm, lancer un cri d'alarme.

sound truck, camion publicitaire équipé d'un haut-parleur.

soup kitchen, soupe populaire.

sour [sauə] *v.* se gâter, tourner à l'aigre ; gâter, faire tourner à l'aigre.

sour *adj.* aigre ; malsain, mauvais, peu sûr. *To go/turn sour,* tourner à l'aigre ; se gâter, devenir peu sûr.

source [sɔ:s] *n.* source, origine. *At source,* à la source. *Source document,* document de base. *Source materials,* matières de base, matériaux de base (pour un processus de transformation).

source *v.,* **1.** (fin.) trouver une source de ; **2.** provenir (**from,** de).

sourcing *n.* approvisionnement ; achat de composants, de pièces.

south [sauθ] *n.* sud. *To go/head south* a) aller vers le sud, b) baisser, être à la baisse, se détériorer.

sovereign credit, emprunt garanti par l'État.

sovereign risk, risque d'insolvabilité de l'état emprunteur, risque souverain.

sow [səu] *v.* semer.

spa *n.* ville d'eau, station thermale ; centre de thalassothérapie.

space [speis] *n.* **1.** espace ; place, emplacement ; intervalle ; zone, étendue, surface. **2.** l'espace. *The space race,* la course à l'espace. *The space industry,* l'industrie spatiale. *Outer space,* l'espace (interstellaire). **3.** *Typogr. :* espacement, intervalle, interligne. **4.** case. *Tick the appropriate space,* cochez la case appropriée.

space *v.* espacer ; échelonner.

space buyer *Pub. :* acheteur d'espace (dans journaux, revues, etc.).

space buying *Pub. :* achat d'espace.

spacecraft *n.* vaisseau spatial.

spacer ['speisə] *n.* *Typogr. :* barre d'espacement.

spacing ['speisiŋ] *n.* espacement.

spam *v.* faire du pollupostage/multipostage ; faire du multipostage abusif, arroser, inonder (le réseau).

spamming *n.* pollupostage, multipostage abusif, inondation-/arrosage-réseau.

span [spæn] *n.* envergure, portée, écartement, distance entre deux points ou deux dates. *The span of a man's life,* la durée d'une vie humaine.

span *v.* **1.** (pont) enjamber, franchir, traverser (un cours d'eau, une vallée). **2.** couvrir, embrasser (une période, une durée).

spanking new, flambant neuf.

spanner ['spænə] *n.* clé anglaise. *To throw a ~ in the works,* mettre des bâtons dans les roues.

spare [speə] *adj.* **1.** disponible. *Spare capacity,* capacité de production disponible/non-utilisée. *Spare capital,* capital disponible. *Spare copies,* exemplaires disponibles, exemplaires en surplus. *Spare time,* temps disponible, heures de loisir. *Spare time activities,* activités de loisir. **2.** de rechange ; de réserve. *Spare parts,* pièces de rechange.

spare *n.* pièce de rechange ; pièce détachée ; rechange. *Spares,* les pièces de rechange.

spare *v.* **1.** épargner, ménager, mettre de côté. *Can you spare me 5 minutes ?,* pouvez-vous m'accorder 5 minutes ? *I can't spare it,* je ne peux m'en passer. **2.** éviter, épargner, faire grâce de. *This will spare you the trouble of,* cela vous évitera (épargnera) la peine de. *There is enough and to spare,* il y en a largement assez, plus qu'il n'en faut.

spark [spa:k] *v.* déclencher.

sparse [spa:s] *adj.* peu dense ; clairsemé.

sparsely *adv.* *Sparsely populated,* faiblement peuplé, à population clairsemée.

spate [speit] *n.* afflux, déferlement, vague, marée, sortie en grand nombre. *~ of publicity,* déferlement publicitaire, vague de publicité. *~ of strikes,* vague de grèves.

spear-head, (U.S.) **spearhead** ['spi:ərhed] *n.* fer de lance ; pointe, élément avancé, de pointe.

spear-head, (U.S.) **spearhead** *v.* être à la pointe de, mener, conduire, être à la tête (d'une offensive).

spec(s) [speks] *v.* **specifications.**

special delivery ['speʃl] « par exprès », par porteur.

special drawing rights, droits de tirage spéciaux (Fonds Monétaire International).

special effects, effets spéciaux.

specialization [,speʃəlai'zeiʃən] *n.* spécialisation.

specialize ['speʃəlaiz] *v.* spécialiser.

specialized ['speʃəlaizd] *adj.* spécialisé.

specialty ['speʃlti] *n.* **1.** spécialité. **2.** *Jur. :* contrat formel sous seing privé.

specialty store, magasin de spécialité, spécialisé.

specie ['spi:ʃi:] *n.* espèces, numéraire.

species ['spi:ʃi:z] *n.* espèce, sorte, genre.

specific [spi'sifik] *adj.* spécifique.

specification [spesifi'keiʃən] **n. 1.** spécification, description détaillée, précision(s), prescription, stipulation, indication précise. *Specifications,* fiche technique. *Specification of work to be done,* prescription des travaux à exécuter. *Specifications of a contract,* stipulations d'un contrat ; cahier des charges. *Acceptance specifications,* prescriptions pour la réception, conditions d'admission, conditions d'acceptation. **2.** devis descriptif. **3.** *Jur. : Specifications of charge,* chef d'accusation. **4.** *Brevet : Patent specification,* demande de dépôt de brevet (avec descriptif), mémoire descriptif d'une invention. **5.** *Douanes :* déclaration d'embarquement. **6.** (bourse, etc.) bordereau.

specifications *n.* **1.** spécifications, etc. **2.** caractéristiques (d'un modèle). **3.** cahier des charges.

specification sheet, notice technique, fiche technique.

specificity [spesi'fisiti] *n.* spécificité.

specify ['spesifai] *v.* spécifier, préciser, stipuler, désigner, déterminer, prescrire, indiquer, mentionner, énoncer. *Unless otherwise specified, unless we specify to the contrary, except where otherwise specified,* sauf indication(s) contraire(s).

specimen ['spesimin] *n.* spécimen, échantillon, modèle, exemplaire. *Specimen signature,* modèle de signature (banque, chèques postaux).

spec sheet [,spek'ʃi:t] voir **specification sheet.**

spectacular [spek'tækjulə] *adj.* spectaculaire, frappant, impressionnant.

spectacular *n.* (U.S.) publicité lumineuse, grande enseigne lumineuse animée.

speculate ['spekjuleit] *v.* spéculer.

speculation [spekju'leiʃən] *n.* spéculation.

speculative ['spekjulətiv] *adj.*

spéculatif-ve.

speculator ['spekjuleitə] *n.* spéculateur.

speed [spi:d] *n.* vitesse, rapidité. *High-speed trains,* trains à grande vitesse.

speed *v.* **1.** faire de la vitesse. *Jur. : A speeding offense,* un excès de vitesse. **2.** accélérer.

speed goods, marchandises de grande vitesse.

speedily ['spi:dili] *adv.* rapidement, vite, avec promptitude, en toute hâte.

speeding ['spi:diŋ] *n.* **1.** grande vitesse. **2.** excès de vitesse. **3.** *Speeding up,* accélération (d'un travail, etc.).

speed-up *n.* accélération. *A speed-up in inflation,* une accélération de l'inflation.

speed up *v.* accélérer.

speedy ['spi:di] *adj.* rapide, prompt. *Speedy delivery,* livraison rapide.

spell [spel] *n.* période. *At a spell,* à la suite.

spell *v.* **1.** épeler. **2.** orthographier. **3.** signifier. *It spells disaster,* cela signifie la ruine.

spelling ['speliŋ] *n.* orthographe.

spell out *v.* annoncer (en détail), expliquer, formuler avec clarté et précision.

spend [spend] *v.* **1.** dépenser. **2.** passer du temps, employer, consacrer son temps.

spendable *adj.* qui peut être dépensé. *Spendable currency,* devise qui a une réelle valeur sur le marché.

spender ['spendə] *n.* **1.** personne ou organisme qui dépense. **2.** dépensier. *A great spender,* une personne qui dépense beaucoup.

spending ['spendiŋ] *n.* dépense. *Spending power,* pouvoir d'achat.

spending spree, frénésie de dépense. *To go on a spending spree,* se lancer dans les dépenses, être saisi d'une frénésie de dépenses.

spendthrift ['spendθrift] *n.* dépensier, gaspilleur, prodigue.

sphere [sfiə] *n.* sphère, zone, rayon, domaine, champ, secteur, ressort. *Sphere of activity,* domaine, champ, zone, secteur d'activité. *Sphere of influence,* zone d'influence. *This is not (does not fall) within my sphere,* ce n'est pas de mon ressort.

spiel [spi:l] *n.* numéro, boniment, baratin (du vendeur, etc.) (U.S.).

spike *n.* pointe, crête, pic (d'une courbe). *Price spike,* hausse des prix.

spike *v.* augmenter fortement.

spill [spil] *n.* écoulement, quantité perdue par écoulement, perte par écoulement ; pollution par déversement de matières toxiques.

spill *v.* **1.** répandre, renverser. **2.** se répandre, s'écouler.

spillage ['spilidʒ] *n.* perte par écoulement.

spillover *v.* **1.** débordement, trop plein. **2.** retombée(s), conséquence(s). **3.** glissement de la demande d'un produit vers un autre en cas de difficultés d'approvisionnement.

spill over *v.* **1.** déborder. **2.** s'étendre à.

spin [spin] *v.* filer (textiles).

spin *n.* présentation, façon de présenter un dossier, une affaire, aux médias et à l'opinion.

spinning-factory ['spiniŋ] filature.

spinning-mill, filature.

spin-off *n.* **1.** retombées (économiques, etc.). **2.** essaimage. **3.** éclatement du capital d'une société de type conglomérat en sociétés centrées sur des domaines d'activité spécifiques. **4.** produit dérivé.

spin off *v.* **1.** avoir des retombées (économiques, etc.), produire des retombées. **2.** faire de l'essaimage, essaimer. **3.** se débarrasser de. **4.** faire éclater le capital d'un conglomérat en plusieurs sociétés cotées.

spiral ['spaiərəl] *n.* spirale. *The wage-price spiral,* la course prix-salaires, la spirale des prix et des salaires.

spiral *v.* monter en spirale, grimper, augmenter rapidement.

spira(l)ling ['spaiərəliŋ] qui grimpe, qui monte vertigineusement. *Spiralling costs,* coûts qui augmentent de façon vertigineuse. *Spiralling inflation,* inflation galopante.

spit [spit] *v. Douanes :* sonder (pour vérifier le contenu).

splinter group, groupe dissident.

split [split] *n.* **1.** division, partage, fractionnement. **2.** scission.

split *v.* **1.** diviser, partager, scinder, fractionner. *To split shares,* fractionner des actions. **2.** provoquer une scission, une rupture. *A split vote,* un vote indécis (voix partagées à peu près également entre plusieurs candidats).

splitting ['splitiŋ] *n.* **1.** partage, division, fractionnement. **2.** scission.

split level building, bâtiment à niveaux décalés.

splurge *n.* folle(s) dépense(s).

splurge *v.* dépenser sans compter, engloutir son argent, se lancer dans de folles dépenses, dépenser plus que ses revenus ne le permettent/inconsidérément.

spoil [spɔil] *v.* gâcher, gâter, abîmer.

spoilable ['spɔiləbl] *adj.* périssable, susceptible de se gâter.

spokesman ['spəuksmən] *n.* porte-parole.

spokesperson *n.* porte-parole.

spokeswoman *n.* porte-parole (femme).

sponsion ['spɔnʃən] *n. Jur. :* garantie personnelle ; engagement formel en faveur d'un tiers ; fait de se porter garant, de se porter caution.

sponsor ['spɔnsə] *n.* **1.** parrain ; personne ou organisme qui parraine, patronne ou finance (spectacle, émission de télévision, etc.) ; organisateur, responsable ; « annonceur ». **2.** initiateur d'une proposition de loi. **3.** caution, répondant.

sponsor *n.*, parraineur, -euse.

sponsor *v.* **1.** parrainer, patronner ; prendre en charge. *Courses sponsored by the government,* cours patronnés par le gouvernement. *To sponsor a bill,* présenter une proposition de loi. **2.** commanditer. **3.** se porter caution pour (de), être le garant, le répondant de.

sponsoring ['spɔnsəriŋ] *n.* parrainage, patronage, parrainage publicitaire.

sponsorship ['spɔnsəʃip] *n.* parrainage, patronage. *Cultural sponsorship,* mécénat. *Shared sponsorship,* commandite partagée.

spot [spɔt] *n.* **1.** lieu, endroit. *On the spot.* a) sur place. b) sur-le-champ. **2.** spot, séquence. *Advertising spot,* séquence/spot publicitaire. *T.V. spot,* spot/séquence publicitaire. **3.** (U.S.) poste, position dans la hiérarchie, situation, place.

spot cash, argent comptant.

spot check, sondage, vérification par sondage.

spot delivery, livraison immédiate.

spot exchange transactions, opérations de change au comptant.

spot goods, marchandises disponibles immédiatement.

spotlight *v.* mettre en vedette, en valeur, braquer le projecteur sur.

spot market, marché au comptant, marché du disponible.

spot price, prix sur place, prix du disponible ; (devises) cours du comptant.

spot quotation, cote du disponible.

spot rate, cours du disponible.

spot sale, vente en disponible.

spot transaction, opération au comptant.

spouse [spaus] *n.* conjoint.

spray [sprei] *n.* **1.** vaporisateur, atomiseur. **2.** liquide pour vaporisation.

spray *v.* vaporiser, pulvériser, atomiser (liquide) ; épandre (pesticide).

spray-can *n.* atomiseur, vaporisateur, bombe à aérosol.

spraying, épandage (de pesticides sur les récoltes).

spread [spred] *n.* **1.** étendue, extension. **2.** diffusion, dissémination, propagation. **3.** éventail, différence, marge, différentiel, *(Bourse)* écart. *Banque :* majoration appliquée au taux de base d'un crédit en fonction de différentes caractéristiques propres à l'emprunteur. *Income spread,* éventail de salaires. *Price spread,* différence entre deux prix (notamment entre prix de revient et prix de vente). **4.** *Bourse :* opération à cheval. **5.** (annonce) pleine page. *2-page spread, double page spread,* annonce sur deux pages, publicité sur deux pages.

spread *v. tr.* **1.** répartir, échelonner, ventiler. *Payment will be spread over 2 months,* le règlement sera réparti sur deux mois. *To spread risks,* répartir les risques. **2.** étaler, répandre, épandre.

spread *v. intr.* s'étendre, se répandre, se disséminer, se propager, se généraliser. *The strike will spread to other sectors,* la grève s'étendra à d'autres secteurs.

spread sheet, spreadsheet, tableur, présentation panoramique sur écran.

spree [spri:] *To go on a buying spree, a purchasing spree, a shopping spree,* se lancer dans une frénésie d'achats. *To go on a spending spree,* se lancer dans une frénésie de dépenses.

spring a leak [spriŋ] faire une voie d'eau.

springboard *n.* tremplin.

spud in date [spʌd] date de démarrage, de mise en route d'un chantier ; (pétrole, etc.) début des opérations de forage.

spur *n.* stimulant, aiguillon, incitation.

spur [spə:] *v.* stimuler, aiguillonner, inciter. *To spur a lagging economy,* stimuler une économie languissante.

spurious ['spjuəriəs] *adj.* faux, falsifié, contrefait, de contrefaçon.

spuriously ['spjuəriəsli] faussement, par contrefaçon.

spurt *n.* 1. effort soudain. 2. (Bourse, etc.) montée soudaine, démarrage.

spurt *v.* 1. faire un effort soudain. 2. (Bourse, etc.) monter soudainement, démarrer.

squander ['skwɔndə] *v.* gaspiller, dilapider, dissiper. *To squander money,* jeter l'argent par les fenêtres.

square [skweə] *v.* 1. balancer, égaliser, régler un compte. *To square matters,* arranger les choses. 2. élever au carré. *Two squared,* 2 au carré.

square with *v.* correspondre à, s'accorder avec, cadrer avec.

square *adj.* 1. carré. *Square foot,* pied carré. 2. loyal.

squeeze [skwi:z] *n.* 1. compression, resserrement, blocage, gel. *Credit squeeze,* resserrement du crédit, encadrement du crédit. *Economic squeeze,* crise économique. 2. pression (exercée sur quelqu'un). 3. *Bourse :* étranglement des vendeurs à découvert.

squeeze *v.* 1. resserrer, comprimer, bloquer, geler. 2. excercer des pressions sur quelqu'un. 3. *Bourse :* To squeeze the bears, to squeeze the shorts,* étrangler les vendeurs à découvert, faire la chasse au découvert.

squelch *v.* aspirer ; enrayer. *To squelch inflation,* enrayer l'inflation.

stability [stə'biliti] *n.* stabilité.

stabilization [steibilai'zeiʃn] *n.* stabilisation. *Stabilization loan,* emprunt de valorisation.

stabilize ['steibilaiz] *v.* stabiliser.

stabilizer ['steibilaizə] *n.* stabilisateur. *Built-in stabilizers,* stabilisateurs organiques, amortisseurs organiques, régulateurs organiques.

stable ['steibl] *adj.* stable.

stack [stæk] *n.* pile, tas.

stack *v.* entasser, empiler.

stack up *v.* entasser, empiler ; s'entasser, s'empiler.

staff [sta:f], U.S. [stæf] *n.* 1. personnel. *Clerical staff,* personnel administratif, de bureau. *To be on the staff,* faire partie du personnel. 2. état-major (cadres et dirigeants de l'entreprise). *The senior staff,* les cadres supérieurs, les cadres d'état-major.

staff *v.* fournir, pourvoir en personnel ; nommer du personnel. *Over-staffed,* surchargé en personnel. *Under-staffed,* qui manque de personnel.

staff and line, organisation mixte reposant sur des cadres d'état-major et des responsables sur le terrain.

staffer *n.* (U.S.) membre de l'état-major (journal, administration).

staffing *n.* affectation de personnel ; fourniture d'effectifs.

staff status (to have) *v.* avoir un statut de cadre.

staff-manager, directeur du personnel.

stag [stæg] *n. Bourse :* loup, chasseur de prime, spéculateur mixte (spéculateur qui souscrit à une nouvelle émission pour revendre rapidement en bénéficiant de l'augmentation temporaire des cours qui fait souvent suite à la mise des titres sur le marché).

stage [steidʒ] *n.* étape, stade, stage, phase. *At this stage,* à ce stade. *Production stages,* phases de la production.

stage *v.* organiser, mettre sur pied. *To stage a demonstration,* organiser une manifestation. *To stage an exhibition,* organiser une exposition.

stagflation [stæg'fleiʃn] *n.* stagflation (inflation dans la stagnation).

stagger ['stægə] *v.* 1. chanceler. 2. frapper de stupeur. 3. échelonner, étaler. *Staggered holidays,* vacances échelonnées.

staggering ['stægəriŋ] *adj.* surprenant, renversant. *A staggering amount,* une somme incroyable. ~ *losses,* énormes pertes, pertes considérables.

staggering *n.* échelonnement, étalement (paiement, vacances, etc.).

stagnant ['stægnənt] *adj.* stagnant.

stagnate [stæg'neit] *v.* stagner.

stagnation [stæg'neiʃn] *n.* stagnation.

stain [stein] *n.* tache, souillure.

stain *v.* tacher, souiller.

stake [steik] *n.* **1.** enjeu, mise ; participation. *At stake,* en jeu. **2.** avoir(s), investissement(s), capitaux, participation au capital.

stake *v.* mettre en jeu, risquer, hasarder.

stakeholder *n.* partie prenante ; (dans et de l'entreprise) partenaire.

stakeholder value, valeur partenariale.

stale [steil] *adj.* **1.** éventé, rassis, qui n'est pas frais, défraîchi. *Stale goods,* articles défraîchis. *Stale market,* marché lourd, peu animé. **2.** *Jur. :* prescrit, périmé. *Stale cheque,* chèque périmé, prescrit.

stalemate ['steilmeit] situation de blocage, impasse.

stalemate *v.* bloquer, mettre dans l'impasse. *The talks have been stalemated for a few weeks,* les discussions sont dans l'impasse depuis quelques semaines.

stall [stɔːl] *n.* étalage, étal, éventaire, échoppe, stand. *Newspaper stall,* kiosque à journaux.

stall *v.* **1.** (moteur, etc.) caler, bloquer ; perdre de la vitesse. **2.** faire caler, faire perdre de la vitesse à. *Heavy regulation can stall profits,* une réglementation pesante peut faire plonger les bénéfices. **3.** chercher à gagner du temps. *To stall off creditors,* lanterner des créanciers.

stamp [stæmp] *n.* **1.** timbre, vi-

gnette. *Adhesive stamp,* timbre auto-collant. *Inland revenue stamp,* timbre fiscal. *Postage stamp,* timbre poste. *Receipt stamp,* timbre de quittance. **2.** tampon, cachet, griffe. **3.** *Métall. :* emboutisseuse, estampeuse.

stamp *v.* **1.** timbrer, estampiller, viser. **2.** tamponner, imprimer. **3.** *Métall. :* emboutir, estamper. **4.** composter.

stamp-duty, droit de timbre.

stampede [stæm'piːd] *n.* *Bourse :* panique, débâcle, débandade, affolement.

stampede *v.* **1.** être pris de panique. **2.** créer la panique, l'affolement.

stamp out *v.* étouffer, écraser, venir à bout de, éliminer.

stance [stæns] *n.* (U.S.) position, attitude, point de vue (d'un gouvernement, etc.).

stanch [staːnʃ] *v.* **1.** étancher. **2.** stopper, mettre un terme à. *To ~ inflation,* stopper l'inflation ; *to ~ the drain on reserves,* arrêter l'hémorragie des réserves.

stand [stænd] *n.* **1.** stand, étal, étalage. **2.** position, prise de position.

stand *v.* **1.** être debout, se tenir debout, se trouver, être situé, se dresser. *To stand in line,* faire la queue. **2.** être inscrit, être porté, apparaître (dans un document). **3.** *Bourse : To stand at a premium,* faire prime, être au-dessus du pair. *To stand at a discount,* faire perte, être au-dessous du pair. **4.** tenir, se maintenir, rester valable. *Our offer still stands,* notre offre reste valable. **5.** *To stand one's ground,* tenir bon, résister, ne pas lâcher pied. *Colours that stand,* des couleurs qui résistent. **6.** être candidat à, se porter candidat. *To stand for reelection,* se représenter. **7.** *How do we stand ?* comment nous situons-nous ?, où en sont nos comptes ?, *Where do we stand,* où en sommes-nous ? quelle est notre situation, notre position ? **8.** *To stand as se-*

curity for debt, assurer une créance. *To stand surety for someone,* se porter caution pour quelqu'un, se porter garant de quelqu'un. **9.** *To stand a loss,* enregistrer une perte, supporter, subir une perte. **10.** supporter, subir, tolérer, soutenir, endurer. *I can't stand him,* je ne peux pas le supporter. **11.** to stand a *drink,* offrir un verre, payer à boire.

stand-alone *adj.* indépendant.

stand-alone store, magasin de détail implanté hors des centres commerciaux et en général consacré à une marque.

standard ['stændəd] *adj.* standard, type, ordinaire, courant, normal, classique. *Standard deduction,* prélèvement libératoire, forfaitaire.

standard *n.* **1.** étalon. *Gold standard,* étalon or. **2.** modèle, norme, type, mesure. *Up to standard,* conforme à la norme, conforme à l'échantillon. **3.** niveau, degré. *Standard of living,* niveau de vie. *High standards,* niveau élevé, haut degré. **4.** titre, teneur (d'un métal, d'une solution chimique).

standard deviation, écart type.

standardization [stændədai'zeifn] *n.* standardisation, normalisation, homogénéisation.

standardize ['stændədaiz] *v.* standardiser, normaliser.

standard measure, 1. mesure étalon. **2.** dimension normale.

standard model, modèle courant, modèle de série.

standard of living, niveau de vie.

standard weight, 1. poids étalon. **2.** poids normal.

stand by ['stændbai] *n.* **1.** (machine, etc.), (de) rechange, (de) secours. **2.** (finance, etc.) en réserve, de soutien, de secours. **3. (to be on),** être sur une liste d'attente.

stand by 1. être présent. **2.** se tenir prêt (à agir) ; être en état d'alerte, être prêt à remplacer. **3.** soutenir. **4.** rester fidèle à sa promesse. **5.** *(Télécom.)* être en écoute permanente.

stand-by credit, crédit-relais, crédit de substitution.

standee [stæn'di:] *n.* spectateur debout, personne debout.

stand for *v.* **1.** signifier, vouloir dire, représenter. *What does this abbreviation stand for ?,* à quoi correspond cette abréviation ? **2.** représenter quelqu'un (procès, etc.). **3.** *To stand surety for someone,* se porter garant, caution pour quelqu'un. **4.** défendre, soutenir (quelqu'un, une cause).

stand-in *n.* remplaçant.

standing ['stændiŋ] *n.* **1.** standing, statut, situation, rang, importance. *Financial standing,* situation financière, surface financière, crédit (d'une entreprise). **2.** durée. *Of long standing, of old standing,* de longue date, anciennement établi.

standing *adj.* **1.** permanent, fixe, établi. **2.** debout, sur pied. *Standing crop,* récolte sur pied.

standing charge, abonnement (téléphone, gaz, etc.).

standing committee, commission permanente.

standing expenses, frais généraux ; frais fixes.

standing order, ordre permanent (banques, etc.).

standing price, prix fixe.

standing procedure, procédure établie, procédure normale.

standings *n. pl.* classement.

standoff ['stændɔf] *n.* impasse, point mort. *The situation is a standoff,* la situation est au point mort ; c'est l'impasse.

stand off *v.* mettre en chômage temporaire, mettre en congé.

stand over *v.* laisser en suspens, laisser en souffrance.

standstill ['stændstil] *n.* immobilisation, arrêt, panne. *To come to a standstill,* s'immobiliser. *Business is at a standstill,* les affaires stagnent. *Negotiations are at a standstill,* les négociations sont au point mort.

standstill agreement, moratoire. *A standstill agreement on nu-*

clear testing, décision mutuelle de surseoir à de nouveaux essais nucléaires.

staple [steipl] *adj.* principal, de base. *Staple commodities,* denrées de base. *Staple industries,* industries de base.

staple *n.* **1.** matière première, matériau de base, produit de base, denrée de base. **2.** agrafe.

staple *v.* agrafer.

stapler [ˈsteiplə] *n.* agrafeuse, machine à agrafer.

stapling machine [ˈsteipliŋ] agrafeuse, machine à agrafer.

star [staː] *n.* étoile ; vedette.

star *v.* être en vedette.

starboard [ˈstaːbəd] tribord.

starch [staːtʃ] *n.* amidon.

starch *v.* amidonner.

star system, vedettariat.

start [staːt] *n.* **1.** début, commencement, démarrage, départ. *Housing starts,* mises en chantier (de logements). **2.** avance.

start *v.* **1.** partir. **2.** commencer, débuter, entamer, lancer, créer, ouvrir. *To start a campaign,* lancer une campagne. *To start a firm,* créer une entreprise. *To start an entry,* ouvrir une écriture, ouvrir un poste (comptabilité). *To start a new line,* lancer une nouvelle filière. *To start negotiations,* entamer des négociations. *To start from scratch,* partir de zéro, partir de rien.

starting [ˈstaːtiŋ] *adj.* de départ, de début. *Starting price,* prix de départ ; mise à prix (enchères), prix d'appel. *Starting salary,* salaire de départ, salaire à l'embauche.

start out *v.* **1.** débuter ; commencer. **2.** se mettre en route, partir. **3.** se disposer à.

start-up *n.* **1.** démarrage, mise en route. **2.** création (d'entreprise). **3.** entreprise nouvelle, entreprise nouvellement créée, jeune entreprise.

start-up costs, frais d'établissement, frais initiaux.

starvation [staːˈveiʃn] *n.* famine, manque de nourriture. *To die of starvation,* mourir de faim.

starvation wages, salaire(s) de famine.

starve [staːv] *v.* **1.** mourir de faim. **2.** manquer de nourriture. **3.** affamer.

state [steit] *n.* état. *State intervention,* intervention de l'État.

state *v.* **1.** déclarer. **2.** préciser, spécifier. **3.** *Jur. :* To state a case, exposer les faits, présenter un dossier, exposer une affaire.

state-aided, aidé, subventionné par l'État, bénéficiant d'une aide de l'État.

state-controlled, contrôlé par l'État, régi par l'État. *State-controlled economy,* économie dirigiste, à planification centrale.

state-owned, contrôlé par l'État, possédé par l'État.

state-run, régi par l'État, contrôlé par l'État.

statehood [steitˈhuːd] *n.* fait de constituer un État ; conditions d'indépendance nationale et de souveraineté qui caractérisent un État.

statement [ˈsteitmənt] *n.* **1.** déclaration, rapport, communiqué, exposé, compte rendu, affirmation. **2.** état, relevé, bordereau, mémoire, note, bilan. *Bank statement,* situation de banque, relevé bancaire. *Cash statement,* état de caisse. *Financial statement,* état financier, compte de résultat. *Operating statement,* compte d'exploitation. **3.** *Jur. :* déposition.

statement of account, relevé de compte.

statement of affairs, bilan de liquidation.

statement of expenses, état de frais.

statement of source and application of funds, tableau de financement.

state of the art, état de la technique, état de l'art.

state-of-the-art *adj.* à la pointe des connaissances ; dernier cri.

state-owned *adj.* détenu par l'État ; nationalisé.

state-ownership, propriété de l'État, fait que l'État est propriétaire.

state-run *adj.* contrôlé par l'État, nationalisé.

statesman ['steitsmən] homme d'État.

station ['steiʃən] *n.* **1.** gare. *At station price*, prix en gare de départ. *Forwarding station*, gare d'expédition, gare de départ (marchandises). *Goods station*, gare de marchandises. *Receiving station*, gare d'arrivée (marchandises), gare de destination. **2.** station. *Filling station*, *Service station*, station service. **3.** centrale. *Nuclear station*, centrale nucléaire. *Power station*, centrale électrique. **4.** *Police station*, commissariat de police. **5.** poste de travail. **6.** position, condition, situation. **7.** *(Broadcasting) station*, station de radiodiffusion, station radio, station télé. *Station I.D.*, indicatif (de station).

station *v.* affecter, placer, poster.

stationary ['steiʃnəri] *adj.* stationnaire.

stationer ['steiʃnə] *n.* papetier, libraire.

stationery ['steiʃnəri] *n.* papeterie. *Office stationery*, fournitures de bureau (papier, enveloppes, etc.).

station-master ['steiʃn-ma:stə] chef de gare.

statism *n.* étatisme.

statist *adj.* étatiste.

statistic [stə'tistik] *n.* statistique.

statistical [stə'tistikəl] statistique. *Statistical returns*, résultats statistiques, statistiques officielles.

statistician [stæti'stiʃn] *n.* statisticien, statisticienne.

statistics [stə'tistiks] *n.* statistique(s).

status ['steitəs], U.S. ['stætəs] *n.* **1.** statut, position, situation, état, rang, standing, prestige. *Official status*, position, situation officielle. *Status car*, voiture de prestige. **2.** situation financière, solvabilité. *Credit status*, solvabilité, réputation financière. *Financial status*, situation financière, solvabilité. *Status information*, renseignements commerciaux. *Status inquiry*, enquête sur la situation financière, la solvabilité.

status quo [ˌsteitəs 'kwəu] statu quo.

status symbol, bien, produit dont la possession est censée indiquer le statut social ou la fortune ; *(marketing)* bien ostentatoire.

statute ['stætjuːt] *n.* statut. *Statute of limitations*, prescription légale, loi établissant la prescription (dettes).

statute-barred, prescrit.

statute-book ['stætjuːtbuk] code (lois), recueil de lois.

statute-law, droit écrit, jurisprudence.

statutory ['stætjutəri] statutaire, réglementaire, établi, fixé, imposé, prévu par la loi, conforme à la loi.

statutory auditor, commissaire aux comptes.

statutory company, société concessionnaire, compagnie assurant un service public.

statutory holiday (U.S.), jour férié, fête légale.

statutory meeting, assemblée statutaire ; assemblée constitutive.

statutory reserve, réserve statutaire.

staunch [stɔːn] *adj.* sûr, dévoué ; convaincu, bon teint.

staunch *v.* voir **stanch.**

stave off [steiv] *v.* écarter, détourner, éviter, prévenir, conjurer, parer à, échapper à. *To stave off bankruptcy*, prévenir, éviter la faillite. *To stave off creditors*, échapper aux créanciers. *To stave off foreclosure*, éviter la saisie.

stay [stei] *n.* **1.** séjour. **2.** entrave ; suspension, sursis. *Stay of execution*, suspension dans l'application (d'un jugement, etc.), ordonnance de surseoir.

stay *v.* **1.** séjourner, rester, demeurer. **2.** suspendre, surseoir, ajourner, remettre.

stay even v. 1. rester identique, ne pas se modifier, rester en équilibre. 2. être solvable.

stay-in strike ['steiin straik] grève sur le tas, grève avec occupation des locaux, grève avec occupation d'usine.

S.T.D. [es ti: di:] voir **Subscriber Trunk Dialling**, automatique interurbain.

steadily ['stedili] régulièrement, de façon continue.

steadiness ['stedinis] fermeté, stabilité, régularité, sûreté.

steady ['stedi] adj. ferme, stable, régulier, fixe, soutenu, continu, constant. A steady increase, une augmentation régulière.

steady v. affermir, raffermir, stabiliser, régulariser ; se stabiliser.

steadying ['stediiŋ] n. stabilisation ; affermissement.

steal [sti:l] v. voler, dérober.

steal n. 1. vol. 2. opération malhonnête, escroquerie. 3. véritable affaire, occasion en or, « occase ».

steam [sti:m] n. vapeur. Steam-engine, machine à vapeur. To pick up steam, to gather steam (reprise) prendre de l'ampleur, se renforcer. To run out of steam, to run short of steam, s'essouffler, être essoufflé. Under one's own steam, par ses propres moyens.

steamboat ['sti:m,bəut] n. bateau, navire à vapeur, vapeur.

steamer ['sti:mə] n. navire à vapeur, vapeur.

steamship ['sti:mʃip] n. navire à vapeur, vapeur.

steel [sti:l] n. acier. The iron and steel industry, la sidérurgie.

steel-worker [sti:l'wə:kə] ouvrier de l'acier, ouvrier sidérurgiste.

steel-works ['sti:l 'wə:ks] aciérie, usine sidérurgique.

steep [sti:p] adj. à pic, à forte pente. A steep rise in prices, une forte augmentation des prix, une augmentation exorbitante des prix.

steer [stiə] v. conduire, diriger, gouverner. Steering committee, comité directeur, commission qui détermine les procédures et l'ordre du jour, comité de pilotage.

stem [stem] v. endiguer, enrayer, contenir, arrêter, stopper. To stem inflation, endiguer l'inflation.

stem from v. provenir de, être issu de, venir de, être le résultat de, être causé par.

stencil ['stensl] n. stencil.

stencil v. 1. tirer (au stencil), polycopier, reproduire. 2. marquer (une caisse).

stenographer [stə'nɔgrəfə] n. sténographe, sténo.

stenography [stə'nɔgrəfi] n. sténographie, sténo.

step [step] n. 1. démarche, mesure. To take steps, a) faire des démarches ; b) prendre des mesures. To take legal steps, faire les démarches légales. 2. pas, cadence. A step forward, un pas en avant. To keep step with, aller au rythme de, marcher du même pas que, avancer au même rythme que, se maintenir au niveau de. 3. étape, échelon.

step aside v. quitter son poste/ses fonctions, se retirer.

step down v. se retirer (quitter la fonction qu'on occupe).

step in v. intervenir.

step up v. 1. accélérer, augmenter le rythme de. To step up production, accélérer la production. 2. intensifier.

sterling ['stə:liŋ] n. livre sterling.

sterling adj. de bonne qualité, véritable, solide, de bon aloi.

sterling area, zone sterling.

sterling balance, balance sterling.

stern [stə:n] n. poupe.

stern adj. sévère, dure, rigide. Stern regulation, réglementation rigide.

stevedore ['sti:vidɔ:] arrimeur.

stevedore v. arrimer.

stevedoring company ['sti:vi dɔ:riŋ] entreprise d'arrimage.

steward [stjuəd] 1. Shop steward, délégué d'atelier, délégué du personnel. 2. administrateur (d'une propriété), intendant, économe. **3.** (aviation) steward.

stewardship ['stjuədʃip] *n.* **1.** économat, intendance, fonctions d'économe, d'intendant, d'administrateur. **2.** direction, conduite, houlette.

stick [stik] *v.* **1.** coller, tenir. *The stamp doesn't stick,* le timbre ne tient pas. **2.** coller, apposer, placarder. *Stick no bills,* défense d'afficher.

sticker ['stikə] *n.* étiquette, autocollant, affiche, affichette.

stick to *v.* rester fidèle à, adhérer à, persister, ne pas en démordre. *To stick to the words of a contract,* s'en tenir à, s'attacher à la lettre d'un contrat.

sticker-price, prix affiché, prix porté sur l'étiquette.

stiff [stif] *adj.* **1.** raide, rigide *Stiff regulations,* règlements draconiens. **2.** dur, rude, opiniâtre, acharné. *Stiff competition,* concurrence acharnée. **3.** (marché) tendu. **4.** (travail, examen, etc.) difficile. **5.** (prix) élevé, exagéré.

stiffen ['stifn] *v.* **1.** (réglementation, etc.) durcir, renforcer. **2.** rendre plus difficile (examen, etc.). **3.** raidir, se raidir, se durcir.

stifle *v.* étouffer. *To stifle demand,* étouffer la demande.

stifling *adj.* étouffant, très contraignant. *~ regulations,* réglementation paralysante.

still(s) [stil(z)] **1.** vue(s) fixe(s). **2.** alambic, cornue.

stimulate ['stimjuleit] *v.* stimuler, motiver.

stimulus ['stimjləs] *n.* stimulus, stimulant, stimulation, impulsion ; relance.

stint [stint] *n.* **1.** tâche assignée, travail effectué pendant une période donnée. *He did a 4-year stint with them,* il a travaillé chez eux pendant une période de 4 ans, il a fait 4 ans chez eux. *The day's stint,* la somme de travail effectuée dans la journée. **2.** restriction, limite. *To spend without stint,* dépenser sans compter.

stipend ['staipənd] rémunération, indemnité ; défraiement.

stipulate ['stipjuleit] *v.* stipuler, préciser.

stipulated ['stipjuleitid] *adj.* stipulé, convenu, prévu, mentionné.

stipulation [stipju'leiʃn] *n.* stipulation, précision, condition.

stock [stɔk] *adj.* courant, classique, standard. *A stock answer,* une réponse toute faite. *Stock size,* taille courante.

stock *n.* **1.** stock, provisions, approvisionnement, marchandises. *From stock,* de stock. *To be out of stock,* être en rupture de stock, à court d'approvisionnement. *To run out of stock,* voir ses stocks s'épuiser. *To lay in a stock,* s'approvisionner. *To take stock,* faire l'inventaire. *To carry a large stock,* avoir de gros stocks. **2.** *Chem. de fer : Rolling stock,* matériel roulant. **3.** bétail. *Live-stock, grazing stock,* bestiaux, animaux sur pied. **4.** valeur(s) titre(s). *Fully paid stock,* titres libérés. *Government stock,* fonds d'État, titres d'État, obligations d'État. *Railway stock,* valeurs (actions et obligations) du chemin de fer. *Registered stock(s),* titres nominatifs. *Stocks and shares,* valeurs mobilières. *Technology stock(s),* valeurs technologiques. **5.** ensemble du capital d'une société, ensemble des actions d'une société. *Capital stock,* capital actions, capital social. *Common stock* (U.S.), actions ordinaires. **6.** (U.S.) action. *Common stock,* action(s) ordinaire(s). *Stock fund,* fonds commun de placement en actions. **7.** *Navig. : Stocks,* cale de construction, cale de lancement. *On the stocks,* en construction.

stock *v.* stocker, approvisionner, emmagasiner.

stock accounting, comptabilité matières.

stock analyst, analyste boursier.

stock average, indice des valeurs boursières.

stock-book ['stɔkbuk] livre d'inventaire(s).

stock breeder ['stɔk ,bri:də] éleveur de bétail.

stockbroker ['stɔk ,brəukə] agent de change, courtier en bourse.

stock control, contrôle des stocks. *Stock-control card,* fiche de stock.

stock dividend, distribution/attribution d'actions gratuites.

stock exchange ['stɔkiks ,tʃeindʒ] bourse des valeurs. *The Stock Exchange,* la bourse de Londres.

stockholder ['stɔk,həuldə] porteur de titre ; (U.S.) actionnaire.

stockholders' equity, (U.S.) capital propre, situation nette, fonds propres.

stockholding 1. actionnariat. **2.** stockage.

stock in hand [stɔk in 'hænd] marchandises en magasin.

stock-in-trade [stɔkin'treid] fonds de commerce.

stockist *n.* stockiste, dépositaire.

stock jobber ['stɔk ,dʒɔbə] **1.** *Jobber,* marchand de titres, négociant en valeurs, sorte de grossiste spécialisé dans certaines valeurs. **2.** agioteur.

stock list, 1. inventaire. **2.** *Bourse :* bulletin de la cote.

stock management, gestion des stocks.

stock market ['stɔk ,ma:kit] **1.** bourse des valeurs, place boursière. **2.** marché des valeurs.

stock mutual fund, SICAV en actions.

stock offering, émission d'actions.

stock option, option sur titres ; option de souscription d'actions (en particulier, possibilité offerte aux cadres d'une société de souscrire un certain nombre d'actions de celle-ci à un prix fixe sur une certaine période ; peut constituer un substantiel complément de rémunération). *Stock option scheme,* plan de participation par achat d'actions.

stock outstanding, actions en circulation.

stock picking, choix/sélection des valeurs boursières/des actions ; sélection des titres au cas par cas.

stockpile ['stɔkpail] *v.* stocker, entasser.

stockpile *n.* stock ; réserve(s).

stock-portfolio, portefeuille de valeurs mobilières.

stock-sheet, feuille d'inventaire.

stock-shot *n.* (TV, ciné.) plan d'archives.

stock-split *n.* division d'actions.

stocktaking, 1. inventaire. **2.** évaluation, bilan général.

stock turnover, rotation des stocks.

stock-swap *n.* échange d'actions, participation(s) croisée(s).

stoke (up) *v.* entretenir, alimenter, nourrir. *To stoke inflation,* nourrir l'inflation.

stone [stəun] mesure de poids 6,348 kg. *10 stone,* (environ) 64 kg.

stop [stɔp] *n.* **1.** arrêt, interruption, halte, pause. **2.** (ponctuation) point. **3.** arrêt, butoir, dispositif de blocage. *(Machine à écrire) Margin stop,* régulateur de marge.

stop [stɔp] *v. tr.* **1.** arrêter, interrompre, bloquer, endiguer, stopper, empêcher, suspendre. *Goods stopped at the customs,* marchandises bloquées (consignées) en douane. *To stop a cheque,* faire opposition à un chèque, bloquer un chèque. *To stop payment on something,* cesser le paiement, interrompre le paiement, suspendre le paiement, faire opposition au paiement. *To stop somebody from doing something,* empêcher quelqu'un de faire quelque chose. **2.** déduire, retenir, opérer une retenue (à la source). *The sum will be stopped from their wages, out of their wages,* la somme sera retenue sur leurs salaires.

stop *v. intr.* **1.** s'arrêter, stopper. **2.** séjourner brièvement, rendre visite, faire escale. *To stop at a port,* faire escale dans un port.

stop (and) go [stop ənd 'gəu] croissance « en escalier », coups d'accordéon, (période d'arrêt de la croissance économique, suivie d'une reprise, puis nouvel arrêt, etc.). *Stop-and-go policy*, politique économique consistant en une alternance de coups d'arrêt à la croissance, et de mesures de relance. *Stop-and-go cycle of inflation*, cycle d'inflation caractérisé par la succession de périodes de flambée des prix et de périodes de stabilisation.

stop-gap ['stɔp-gæp] bouche-trou. *Stop-gap measures*, mesures provisoires, temporaires, de transition, expédients, palliatifs.

stop motion, prise de vue image par image.

stop order *Bourse* : ordre stop (ordre donné à un agent de change d'acheter ou de vendre lorsque le cours d'une valeur monte ou descend jusqu'à un niveau précisé à l'avance).

stop over *v.* faire escale, faire étape.

stopover *n.* **1.** escale, étape. **2.** (voyage aérien) passager, voyageur en transit. « *Stopovers first* », voyageurs en transit d'abord.

stoppage of work ['stɔpidʒ] arrêt de travail.

stop-press, dernière minute.

stop-watch *n.* chronomètre.

storage ['stɔridʒ] *n.* **1.** stockage, emmagasinage, entreposage. *Storage and removal*, déménagement et garde-meubles. **2.** *Info.* : mémoire, mémorisation.

storage space, capacité de stockage, surface de stockage, espace disponible pour le stockage, surface des entrepôts, capacité d'emmagasinage.

store [stɔ:] *n.* **1.** approvisionnement, stock, fournitures, réserve(s), provisions, vivres. *To have, hold, keep in store*, avoir en stock, en réserve. *To lay in a store*, s'approvisionner. *In store*, a) en réserve ; b) à venir. **2.** entrepôt, dépôt, magasin, garde-meubles. **3.** magasin ; (U.S.) boutique, magasin. *Chain-stores*, magasins à succursales multiples. *Cooperative store*, coopérative (de vente au détail). *Department stores*, grands magasins. *Store brand*, marque du distributeur.

store *v.* **1.** entreposer, emmagasiner, stocker. **2.** amasser, accumuler, mettre en réserve. **3.** approvisionner, munir, pourvoir. **4.** *Info.* : mettre en mémoire.

store accounting, comptabilité matières, comptabilité des stocks.

storehouse ['stɔ:haus] *n.* entrepôt, dépôt, magasin.

storekeeper ['stɔ:ki:pə] *n.* **1.** magasinier. **2.** (U.S.) commerçant, boutiquier, marchand, propriétaire ou gérant d'un magasin, d'une boutique.

storeless shopping, achat(s) à domicile.

store-room ['stɔ:rum] salle de stockage ; dépôt, entrepôt, magasin.

story board ['stɔ:ri,bɔ:d] *n.* scénario du message publicitaire, « story board », scénarimage.

storyline ['stɔ:rilain] *n.* scénario, intrigue.

stow [stəu] *v.* arrimer.

stowage ['stəuidʒ] *n.* **1.** arrimage. **2.** frais d'arrimage.

stowaway ['stauəwei] *n.* passager clandestin.

stower [stəuə] *n.* arrimeur.

stowing [stəuiɳ] *n.* arrimage.

straddle ['strædl] *n. Bourse* : opération à cheval, opération mixte, ordre lié. Par exemple : **1.** achat simultané d'option de vente et d'achat d'une certaine valeur (boursière). **2.** la réalisation d'une option d'achat et d'une option de vente sur la même valeur. **3.** pour les marchandises, vendre à terme en même temps qu'on achète au comptant les mêmes marchandises.

straight [streit] *adj.* **1.** juste, honnête, droit, d'aplomb. *To put matters straight*, arranger, rectifier les choses. *Straight angle*, angle de 180°. *Straight bill*, traite simple (non accompagnée de documents). *Straight dealings,* transactions, procédés honnêtes. **2.** successif. *For the third ~ month,* pour le troisième mois consécutif/de suite.

straight bill of lading, connaissement à personne nommée, connaissement nominatif.

straighten ['streitən] *v.* **1.** redresser, arranger, mettre en ordre, régulariser. **2.** se redresser, s'arranger.

straight line (method of) depreciation, (méthode de l')amortissement linéaire, constant.

strain [strein] *n.* **1.** tension, fatigue. **2.** limite de charge ou de rupture.

strain *v.* tendre. *Strained relations,* relations tendues.

straitened circumstances ['streitənd] gêne, besoin, nécessité, embarras.

straits [streits] *n.* **1.** détroit. **2.** situation difficile, critique. *To be in financial straits,* être dans une situation financière difficile, dans l'embarras financier.

strand [strænd] *v.* s'échouer. *To be stranded,* a) être échoué. b) être dans la gêne, dans l'embarras. c) être bloqué, rester en plan, être abandonné dans un pays étranger sans argent ni moyens de retour.

stranglehold ['strængl'həuld] *n.* mainmise, étau. *To have a stranglehold on,* tenir à la gorge.

strap [stræp] *n.* courroie ; cercle, bande métallique.

strap *v.* **1.** attacher, lier avec une courroie ; cercler avec une bande métallique. **2.** *strapped for cash,* à court de liquidités.

strategic [strə'ti:dʒik] *adj.* stratégique.

strategist ['strætidʒist] *n.* stratégiste, stratège ; expert.

strategy ['strætidʒi] *n.* stratégie.

straw [strɔ:] *n.* paille. *Man of straw,* homme de paille.

stray [strei] *v.* s'écarter (*from,* de).

streak [stri:k] *n.* période, succession. *Losing ~,* suite de pertes ; (longue) période de baisse.

stream [stri:m] *n.* **1.** cours d'eau, fleuve, rivière, ruisseau, torrent. **2.** flot, flux. *~ of customers,* afflux de clientèle, flot de clients. *On ~,* en production, en service. *To come on ~,* (réacteur) diverger. *Up-stream,* en amont. *Down-stream,* en aval. **3.** filière.

streamer ['stri:mə] *n.* banderole.

streamline ['stri:mlain] *v.* **1.** caréner, rendre aérodynamique. **2.** rationaliser, alléger, rénover, refondre, moderniser.

streamlined ['stri:mlaind] *adj.* aérodynamique.

streamlining ['stri:mlainiŋ] *n.* rationalisation, refonte, allégement, rénovation.

street [stri:t] *n.* rue. *High Street,* la grand rue (symbole en anglais britannique des activités du petit commerce). *Main Street* (U.S.), idem. (U.S.) *Street vendor,* marchand ambulant. *The Street = Wall Street,* la bourse de New York.

street *n.* Bourse : *Street market,* marché après bourse. *Street price,* cours après bourse.

strength [streŋθ] *n.* **1.** force. **2.** résistance (matériaux). **3.** effectif (d'un groupe, etc.).

strengthen ['streŋθn] *v.* **1.** renforcer, raffermir, consolider. **2.** se renforcer, se raffermir, se consolider.

strength of materials, resistance des matériaux.

strenuous ['strenjuəs] *adj.* **1.** vigoureux, énergique. **2.** épuisant.

stress [stres] *n.* **1.** insistance. *To lay, to put the stress on something,* mettre l'accent sur, insister sur quelque chose. **2.** tension, fatigue nerveuse. **3.** *Mécan. :* tension mécanique, contrainte, travail.

stress *v.* **1.** insister sur, souligner. **2.** faire subir une tension à.

stretch [stretʃ] *n.* **1.** tension, allongement. *At full stretch,* au maximum/à la limite de ses possibilités. **2.** étendue, bande de terrain, section (de route). **3.** période. *At a stretch,* d'affilée, à la suite.

stretch *v.* **1.** tendre, étirer, allonger. *To be fully stretched,* travailler/opérer au maximum/à la limite de ses possibilités. *To stretch to breaking point,* tendre jusqu'à la rupture. *To be stretched thin,* être à la limite de ses ressources/possibilités. **2.** s'étirer, s'allonger, s'étendre ; (tissus) se déformer, se distendre. **3.** trop demander à ; interpréter trop largement ; outrepasser ; exagérer. *To ~ the law,* faire une entorse à la loi, tourner la loi.

strict [strikt] *adj.* strict, précis, exact, rigoureux. *Strict adherence to the contract,* respect scrupuleux du contrat.

strife [straif] *n.* lutte, conflit. *Labour strife,* conflit du travail.

strike [straik] **(1)** *n.* grève. *To be on strike, to be out on strike,* être en grève. *To bring out on strike,* mettre en grève. *To call a strike,* lancer un mot d'ordre de grève, appeler à la grève. *To call off a strike,* annuler un mot d'ordre de grève. *To come out on strike, to go on strike,* se mettre en grève. *To stage a strike,* organiser une grève. *Ca'canny strike,* grève perlée. *General strike,* grève générale. *Go-slow strike,* grève perlée. *Lightning strike,* grève surprise. *Protest strike,* grève de protestation. *Sitdown strike,* grève sur le tas. *Slowdown strike,* grève perlée. *Stay-in strike,* grève avec occupation des locaux. *Sympathetic, sympathy strike,* grève de solidarité. *Token strike,* grève symbolique. *Unofficial strike,* grève sans l'accord de l'organisation syndicale. *Wildcat strike,* grève sauvage. *Work-to-rule strike,* grève du zèle.

strike **(2)** *n.* découverte (de minerai, de pétrole).

strike **(3)** *n.* (bourse) prix d'exercice d'une option.

strike **(1)** *v.* **1.** être en grève, se mettre en grève. **2.** (U.S.) mettre une usine en grève. *The plant was struck for a month,* l'usine a été mise en grève pendant un mois.

strike **(2)** *v.* **1.** frapper. **2.** *To strike a load,* découvrir un filon.

strike a balance, 1. trouver l'équilibre, équilibrer. **2.** établir une balance, dresser un bilan.

strike a bargain, a deal *v.* conclure une affaire, conclure un marché, conclure un accord.

strikebound ['straik'baund] victime d'une grève, atteint par une grève (usine, etc.).

strike-breaker ['straik ,breikə] briseur de grève.

strike committee, comité de grève.

strike fund, fond, caisse syndicale de grève.

strike notice, préavis de grève.

strike off *v.* **1.** barrer, rayer, biffer, éliminer, retrancher. **2.** radier, rayer des contrôles. **3.** déduire, faire une réduction. *To strike off 10 %,* faire une réduction de 10 %, baisser de 10 %.

strike out *v.* barrer, rayer, biffer, tirer un trait sur (un mot), radier.

strike pay, indemnité syndicale versée aux grévistes.

strike picket, piquet de grève.

strike-prone *adj.* enclin à la grève.

striker ['straikə] *n.* gréviste.

strike vote, vote pour décider d'une grève, mise aux voix d'une grève. *To take a strike vote,* voter sur la grève, voter pour décider d'une grève.

string [striŋ] *n.* **1.** fil, ficelle, corde. *To pull the strings,* tirer les ficelles. **2.** condition (dans des expressions comme : *With strings attached,* à certaines conditions). **3.** suite, file, procession, série. *A string of bankruptcies,* une série de faillites. *A string of barges,* un train de peniches. **4.** *Bourse de marchandises :* filière.

string *v.* ficeler.

stringency ['strindʒənsi] *n.* **1.** rigueur, sévérité (des règlements). **2.** resserrement du crédit, rareté de l'argent ; austérité.

stringent ['strindʒənt] *adj.* **1.**

rigoureux, sévère, strict. **2.** (marché financier, etc.) tendu, serré.

stringer *n.* pigiste.

strip [strip] *v.* dépouiller, dégarnir ; priver. *Asset stripping,* élimination d'actifs non rentables.

strip-mining ['strip'-mainiŋ] exploitation minière à ciel ouvert (charbon).

strip *n.* bande (papier, étoffe, terrain). *Comic strip,* bande dessinée.

strip cartoon, bande dessinée.

stripper ['stripə] *n.* trieur (qui trie en arrachant, en éliminant) ; machine à trier.

strive [straiv] *v.* faire des efforts pour, s'efforcer de.

strong [strɔŋ] *adj.* fort, résistant, robuste, ferme, solide.

strong-arm *v.* intimider par la menace ou la violence.

strong-box ['strɔŋbɔks] coffre-fort.

strong room ['strɔŋrum] salle des coffres, salle blindée, salle forte, cave forte.

structural ['strʌktʃərəl] *adj.* structurel.

structure ['strʌktʃə] *n.* structure.

struggle ['strʌgl] *n.* lutte, combat, concurrence.

struggle *v.* lutter, se débattre. *To struggle with somebody,* lutter avec quelqu'un ; rivaliser. *A struggling firm,* une entreprise en difficulté.

stub [stʌb] *n.* talon, souche.

stub-book, carnet à souches.

student ['stuj:dnt] *n.* étudiant. *Student board, council,* bureau des élèves. *Students' union,* association d'(des) étudiants.

study *n.* **1.** étude. **2.** bureau (de travail).

study ['stʌdi] *v.* étudier.

study group, groupe d'étude.

study trip, voyage d'études.

stuff [stʌf] *n.* étoffe, tissu.

stuff *v.* bourrer, rembourrer.

stuffing ['stʌfiŋ] *n.* bourrage, rembourrage.

stumble *v.* trébucher. *The franc stumbles on politics,* le franc trébuche pour des raisons politiques.

stumer ['stjumə] *n.* (G.B.) *Fam. :* chèque sans provision.

stump [stʌmp] *n.* souche.

stump *v.* déconcerter, dérouter.

stunt [stʌnt] *n.* **1.** cascade (cinéma). **2.** coup sensationnel, coup de publicité. *Stunt advertising,* publicité tapageuse.

stunt *v.* empêcher/arrêter la croissance de.

sturdy *adj.* robuste, vigoureux, résistant.

style [stail] *n.* **1.** style. **2.** mode. **3.** *Style of a company,* raison sociale d'une société.

style *v.* **1.** dénommer. **2.** dessiner (une voiture, etc.). **3.** mettre un article à la mode.

styling ['stailiŋ] *n.* modification de l'apparence ou de la présentation d'un produit ; conception d'un produit.

stymie ['staimi] *v.* bloquer, faire échouer.

sub [sʌb] *n.* avance sur salaire. *To get a sub,* toucher une avance sur salaire.

sub-account [,sʌb-ə'kaunt] sous-compte.

sub-agency [,sʌb-'eidʒənsi] sous-agence.

subaltern *n.* subalterne, subordonné(e).

subaltern *adj.* subalterne, subordonné(e).

sub-compact *adj.* de petit format, miniature, miniaturisé.

subcontract [,sʌbkən'trækt] contrat sous-traité, contrat de sous-traitance.

subcontract *v.* sous-traiter ; externaliser.

subcontracting [,sʌbkən'træk tiŋ] *n.* **1.** sous-traitance. **2.** essaimage. **3.** externalisation.

subcontractor [,sʌbkən'træk tə] *n.* sous-traitant.

subcharter [,sʌb'tʃa:tə] *v.* sous-affréter.

subdivide [,sʌbdi'vaid] *v.* subdiviser.

subdivision ['sʌbdi,viʒən] *n.* sous-division.

subdue [səb'djuː], (U.S.) [səb'duː] *v.* maîtriser, dompter, réduire.

sub-editor [ˌsʌb-'editə] secrétaire de rédaction ; rédacteur.

sub-head, sub-heading ['sʌb, hed] sous-titre.

subject ['sʌbdʒikt] *n.* 1. sujet. 2. sujet, citoyen. 3. matière, domaine (d'enseignement). 4. objet (d'un contrat, d'un accord).

subject [səb'dʒekt] *v.* soumettre.

subject to ['sʌbdʒikt] 1. sujet à, prédisposé à, exposé à. 2. soumis à, assujetti à, justiciable de, passible de, bénéficiant de. *Subject to regulations,* soumis aux règlements. *Subject to stamp duty,* passible de droit de timbre. *Prices subject to 5 % discount,* prix bénéficiant d'une remise de 5 %. *Subject to alteration,* sous réserve de modification.

subjoin [sʌb'dʒɔin] *v.* ajouter, joindre, donner en annexe.

sublease *v.* sous-louer, donner en sous-location, prendre en sous-location (avec bail).

sub-lessee [sʌb-le'siː] *n.* 1. sous-locataire. 2. sous-contractant.

sub-lessor [sʌb-'lesɔː] *n.* sous-bailleur.

sub-let ['sʌb-'let] *v.* 1. sous-louer. 2. sous-traiter (un contrat, une tâche).

sub-licence [ˌsʌb-laisəns] *n.* sous-licence.

sub-licensee [ˌsʌb-laisənsiː] sous-licencié, détenteur d'une sous-licence.

subliminal advertising, publicité subliminale.

sub-manager [sʌb-'mænidʒə] *n.* sous-directeur, sous-gérant.

submission [səb'miʃən] *n.* 1. soumission (d'une proposition, d'un problème à un arbitre). 2. engagement contractuel de deux parties de soumettre leurs différends à un arbitre. 3. *Jur.* : plaidoirie. *To submit a statement of one's affairs,* déposer son bilan. 2. plaider, faire valoir.

sub-office ['sʌb-'ɔfis] *n.* agence, succursale.

subordinate *n.* subordonné(e).

subordinate *v.* subordonner.

subordinated debt, dette de deuxième rang.

subordinated loan, prêt non privilégié.

subpoena [səb'piːnə] *n.* citation, assignation à comparaître. 2. obligation faite par un tribunal de remettre ou présenter un document.

subpoena *v.* 1. citer à comparaître, assigner à comparaître. 2. enjoindre de remettre ou présenter un document dans le cadre d'une enquête judiciaire.

subrogate ['sʌbrəgeit] *v.* subroger, substituer.

subrogation [sʌbrəu'geiʃən] *n.* subrogation, substitution de créancier.

sub-routine [ˌsʌbru:'tiːn] *Inform.* : sous-programme.

subscribe [səb'skraib] *v.* 1. signer, apposer sa signature. 2. souscrire. *To subscribe to a loan,* souscrire à un emprunt. *To subscribe for shares,* souscrire à des actions. 3. s'abonner, payer une cotisation, cotiser.

subscribed [səb'skraibd] *adj.* souscrit. *Subscribed capital,* capital souscrit. *The issue has been entirely subscribed,* l'émission a été entièrement souscrite.

subscriber [səb'skraibə] *n.* 1. signataire, soussigné, contractant. 2. souscripteur. 3. abonné (journaux, téléphone). 4. cotisant.

subscribing [səb'skraibiŋ] *n.* 1. souscription. 2. abonnement. 3. cotisation (à un club, etc.).

subscription [səb'skripʃən] *n.* 1. signature, approbation. 2. souscription. 3. abonnement. 4. cotisation.

subsection ['sʌb,sekʃən] *n.* sous-division.

subsequent ['sʌbsikwənt] *adj.* subséquent, postérieur, ultérieur. *Subsequent to,* consécutif à.

subside v. baisser, diminuer ; s'affaisser, se tasser ; retomber ; s'effondrer.

subsidiarity n. subsidiarité.

subsidiary [səb'sidjəri] adj. subsidiaire, auxiliaire, secondaire.

subsidiary n. filiale (en général détenue à plus de 50 %).

subsidiary account n. sous-compte.

subsidiary books n. livres auxiliaires.

subsidize ['sʌbsidaiz] v. subventionner, fournir des subsides.

subsidy ['sʌbsidi] n. subvention, allocation, subsides.

subsistence [səb'sistəns] n. subsistance ; moyens d'existence. *Subsistence crops*, récolte destinée à la consommation sur place (et non à la vente).

subsoil ['sʌbsɔil] n. sous-sol.

substance over form, *Comptab.* : prééminence de la réalité sur l'apparence.

substandard [səb'stændəd] adj. au-dessous du niveau requis, au-dessous de la norme, de qualité inférieure, inacceptable.

substantial [səb'stænʃl] adj. considérable, substantiel, élevé ; (preuve) concluant, solide, convaincant..

substantiate [səb'stænʃieit] v. *Jur.* : établir, prouver, justifier. *To substantiate a charge*, établir une accusation, fournir des faits à l'appui dune accusation. *To substantiate a claim*, prouver le bien-fondé d'une réclamation, apporter des faits à l'appui d'une réclamation.

substantiation [səb,stænʃi'eiʃən] n. justification (d'une affirmation) ; établissement des faits.

substantive law ['sʌbstəntiv] droit positif.

sub-station [səb-'steiʃən] n. sous-station, sous-centrale.

substitute ['sʌbstitju:t] n. 1. remplaçant, suppléant, intérimaire ; substitut. 2. mandataire, représentant. 3. succédané, produit de remplacement. 4. contrefaçon, imitation.

substitute adj. de remplacement.

substitute v. 1. remplacer, suppléer, se substituer à (quelqu'un). 2. substituer, remplacer. *Jur.* : subroger. 3. *Jur.* : nover (une dette).

substitution [sʌbsti'tju:ʃən] n. 1. substitution, remplacement. *Jur.* : subrogation. 2. *Jur.* : novation (de créance).

sub-title ['sʌb-,taitl] n. sous-titre.

subtotal ['sʌb'təutəl] sous-total, somme partielle.

subtract [səb'trækt] v. soustraire, déduire.

subtraction [səb'trækʃən] n. soustraction.

suburb ['sʌbə:b] n. banlieue, faubourg.

suburban [sə'bə:bən] de banlieue, suburbain.

suburbanite [sə'bə:bənait] n. banlieusard, habitant de la banlieue.

subvention [səb'venʃən] n. subvention.

subway ['sʌbwei] n. 1. passage souterrain. 2. (U.S.) métro.

succeed [sək'si:d] v. 1. réussir. 2. succéder.

success [sək'ses] n. succès.

succession [sək'seʃən] n. succession.

successor [sək'sesə] n. successeur.

sucker ['sʌkə] n. (U.S. slang) naïf, pigeon, gogo, poire.

sue [sju:] v. poursuivre en justice, intenter un procès, engager des poursuites, déposer une plainte. *To sue for damages*, poursuivre en dommages et intérêts.

suffer ['sʌfə] v. 1. subir, supporter, souffrir, endurer. 2. tolérer, permettre.

sufferance ['sʌfərəns] n. 1. *Jur.* : tolérance, permission. 2. *Douanes : Bill of sufferance*, (document permettant l'exemption des droits de douanes lors du transfert de marchandises d'un entrepôt portuaire à un autre).

sufficiency [sə'fiʃənsi] *n.* suffisance. *Self-sufficiency,* autarcie.

sufficient [sə'fiʃənt] *adj.* suffisant.

suffrage ['sʌfridʒ] *n.* 1. vote. 2. droit de vote.

sugar-mill ['ʃugə,mil] *n.* sucrerie (usine).

suggestion box [sə'dʒestʃən] *n.* boîte à idées.

suit [su:t] *n.* procès, poursuite(s).

suit *v.* 1. convenir, aller. 2. adapter, approprier.

suitability [su:tə'biliti] *n.* caractère adapté, souhaitable, convenance, accord. *Suitability of an applicant for a position,* aptitude d'un candidat à un poste, qualification d'un candidat pour un poste.

suitable ['su:təbl] qui convient, adéquat, adapté, pertinent, approprié, satisfaisant.

suited ['su:tid] adapté, qui convient. *Candidate not suited to (for) the job,* candidat qui n'est pas fait pour le poste.

suite [swi:t] *n.* appartement, salon, suite (d'hôtel). *In the executive suite,* dans les milieux cadres, chez les dirigeants d'entreprises.

suitor ['su:tə] *n.* 1. plaideur. 2. prétendant ; candidat au rachat d'une société.

sum [sʌm] *n.* 1. somme, total, montant. 2. addition, calcul mathématique.

summarize ['sʌməraiz] *v.* résumer.

summary ['sʌməri] *n.* résumé, récapitulation. *Summary of the proceedings,* résumé de la séance.

summary *adj.* succinct, sommaire. *Jur. : summary proceedings,* procédure sommaire (procédure de référé).

summons ['sʌmənz] *n.* convocation, citation à comparaître, assignation.

summon ['sʌmən] *v.* convoquer, citer à comparaître, assigner.

sum of the years' digits method, *Comptab. :* méthode de l'amortissement proportionnel à l'ordre numérique inversé des années.

sum up *v.* 1. résumer. 2. additionner, totaliser. 3. évaluer (une personne, une situation).

sundries ['sʌndriz] *n. plur.* divers. 1. articles divers. 2. frais divers.

sundry ['sʌndri] *adj.* divers. *Sundry expenses,* frais divers.

sunlighter ['sʌnlaitə] *n.* personne qui continue à travailler au-delà de l'âge de la retraite.

sunrise industries, industries d'avenir.

sunset industries, industries déclinantes.

sunset provision, disposition de fin d'application, clause prévoyant/régissant la fin d'application.

superannuable *adj.* (G.B.) qui donne droit à une retraite. *Superannuable position,* poste qui donne droit à une retraite.

superannuation ['su:pə,rʌnju'eiʃən] *n.* 1. retraite. 2. pension de retraite. *Superannuation act,* loi sur les mises à la retraite.

superannuation fund, caisse de retraite.

supercover ['su:pə,kʌvə] *n.* garantie totale, couverture complète.

superette, supérette.

superhighway *n.* autoroute ; *information ~,* autoroute de l'information, autoroute électronique.

superimposure *n.* surimpression.

superintend [,su:pərin'tend] *v.* diriger, présider, surveiller, superviser.

superintendence [,su:pərin'tendəns] *n.* surveillance, direction, contrôle, supervision, conduite (d'opérations). *Superintendence report,* rapport de surveillance.

superintendent [,su:pərin'tendənt] *n.* 1. commissaire de police, chef de la police. 2. directeur, responsable, chef de département. *Airport superintendent,* directeur d'aéroport. 3. *Building superintendent,* responsable de l'entretien d'un immeuble.

superior [su:'piəriə] *n.* supérieur, supérieur hiérarchique.

superior *adj.* **1.** supérieur, du haut, d'un rang élevé. **2.** suffisant, condescendant.

superiority [su:piəriə'ɔreti] *n.* supériorité.

supermarket ['su:pə,ma:kit] *n.* supermarché.

supersede [su:pə'si:d] *v.* remplacer, supplanter, détrôner, prendre la place de.

supersession [,su:pə'seʃn] *n.* **1.** remplacement, évincement. **2.** annulation (tarif, etc.).

superstore [su:pə'stɔ:] *n.* hypermarché.

supertanker *n.* pétrolier géant.

supertax ['su:pətæks] *n.* surtaxe, impôt supplémentaire sur le revenu (pour les tranches élevées).

supervise ['su:pəvaiz] *v.* superviser, contrôler, surveiller.

supervision [,su:pə'viʒn] *n.* surveillance, contrôle, direction.

supervisor ['su:pəvaizə] *n.* **1.** surveillant, contremaître. **2.** (U.S.) responsable de l'embauche et du licenciement du personnel.

supervisory ['su:pəvaizəri] *adj.* de supervision, de surveillance.

supervisory board ['su:pəvaizəri] conseil de surveillance.

supplement ['sʌplimənt] *n.* complément, supplément.

supplement *v.* compléter, ajouter en supplément.

supplemental *adj.* additionnel.

supplementary [sʌpli'mentəri] *adj.* complémentaire, supplémentaire. *Supplementary entry,* écriture complémentaire. *Supplementary estimates,* rallonges budgétaires. *Supplementary unemployment benefit,* allocation de chômage complémentaire.

supplier [sə'plaiə] *n.* fournisseur.

supplies [sə'plaiz] *n.* marchandises, fournitures, stocks, approvisionnement.

supply *v.* **1.** fournir, pourvoir, approvisionner. *To supply somebo-*dy with something, fournir quelque chose à quelqu'un. *To supply from stock,* fournir de stock. **2.** réparer, combler, répondre à, remédier à. *To supply a defect,* corriger un défaut. *To supply a need,* répondre à un besoin. *To supply a want,* remédier à un manque.

supply *n.* **1.** approvisionnement, fourniture(s), provisions, ravitaillement, alimentation, vivres. *The electricity supply,* l'alimentation en électricité. *The water supply,* l'approvisionnement en eau. *The law of supply and demand,* la loi de l'offre et de la demande. *Supply-side economics,* économie de l'offre. **2.** (en général pluriel) fonds, ressources (financières).

supply (in short), en faible quantité, rare, peu abondant, difficile à trouver.

supply (to lay in a), faire des provisions, faire des stocks.

supply chain, chaîne logistique.

supply-side economics, économie de l'offre.

support [sə'pɔ:t] *n.* soutien, appui. *Support price,* prix de soutien (à l'agriculture, etc.).

support *v.* **1.** appuyer, soutenir, être partisan de, donner son accord à, corroborer (théorie). *Supporting document,* pièce justificative ; document d'accompagnement. *Supporting evidence,* preuves à l'appui. *Supporting part,* second rôle. **2.** entretenir, faire vivre, subvenir aux besoins de. *To support a family,* faire vivre une famille ; avoir une famille à charge.

supporter [sə'pɔ:tə] *n.* partisan (d'une cause), personne favorable à, « supporter ».

suppress [sə'pres] *v.* **1.** supprimer. **2.** cacher, dissimuler, réprimer.

suppression [sə'preʃən] *n.* **1.** suppression. **2.** dissimulation, étouffement.

supranational *adj.* supranational.

supremacy [su'preməsi] *n.* suprématie, supériorité absolue.

supreme [su'pri:m] *adj.* suprême ; souverain.

supranational [su:prə'næʃə nəl] *adj.* supranational.

surcharge [sə:'tʃa:dʒ] *n.* **1.** droit supplémentaire, taxe supplémentaire, impôt supplémentaire. **2.** surcharge, charge excessive. **3.** prix excessif.

surcharge [sə:'tʃa:dʒ] *v.* **1.** surtaxer (contribuables, lettre). **2.** surcharger.

surety ['ʃuərəti] *n.* **1.** *Jur.* : caution, garant, répondant. *To stand surety for somebody,* se porter caution pour quelqu'un, se porter garant de quelqu'un. **2.** (effets de commerce) donneur d'aval. **3.** (dette) cautionnement, garantie ; sûreté.

surety bond, cautionnement, engagement de garantie.

surface mail, courrier ordinaire (autre que par avion).

surfeit ['sə:fit] *n.* surabondance, excès (quantité excessive).

surge [sə:dʒ] *n.* vague, flot, montée. *A surge of buying,* une vague d'achats. *A surge in prices,* une augmentation (forte et soudaine) des prix.

surge *v.* monter, monter soudainement, s'élever soudainement.

surname ['sə:neim] *n.* nom de famille.

surmise ['sə:maiz] *n.* supposition, conjecture.

surmise [sə:'maiz] *v.* supposer, conjecturer, faire des conjectures.

surpass [sə'pa:s] *v.* surpasser, devancer, excéder.

surplus ['sə:pləs] *n.* surplus, excédent, réserve(s). *Operating surplus,* bénéfices d'exploitation.

surplus *adj.* excédentaire. ~ stocks, stocks excédentaires.

surplus capacity, potentiel (de production) non employé.

surplus dividend, superdividende.

surrender [sə'rendə] *n.* **1.** reddition. **2.** remise (documents). *On surrender of the bill of lading,* sur remise de connaissement. **3.** *Jur.* : abandon, renonciation, cession, restitution. *Surrender of a patent,* abandon de (droits sur) brevet. **4.** *Assur.* : rachat d'une police. *Surrender value,* valeur de rachat. *Surrender charge,* frais de rachat (d'assurance vie).

surrender *v.* **1.** se rendre. **2.** produire (document). **3.** *Jur.* : renoncer à, abandonner (ses droits sur), céder, restituer. **4.** *Assur.* : racheter (une police).

surrogate ['sʌrəgit] *n.* **1.** suppléant, substitut. **2.** succédané, produit de remplacement, de substitution. **3.** (U.S.) juge chargé d'homologuer les testaments.

surrogate mother, mère porteuse.

surtax ['sə:tæks] *n.* **1.** surtaxe. **2.** impôt supplémentaire (sur les revenus élevés).

surtax *v.* **1.** surtaxer. **2.** percevoir un impôt supplémentaire (sur les revenus élevés).

surveillance [sə:'veiləns] *n.* **1.** surveillance. **2.** espionnage (électronique, etc.).

survey ['sə:vei] *n.* **1.** étude, recherche, examen, exposé, vue générale d'une situation ; enquête, sondage. *Market survey,* étude de marché. **2.** inspection, visite, certificat d'expertise. *Damage survey,* expertise des dégâts, des dommages. *Survey report,* rapport d'expertise, certificat d'expertise, compte rendu d'expert. **3.** relevé topographique.

survey [sə'vei] *v.* **1.** étudier, examiner, faire des études, des recherches sur ; enquêter, sonder. **2.** inspecter, expertiser, visiter. **3.** relever, faire le relevé de (topographie).

surveyor [sə'veiə] *n.* **1.** contrôleur, inspecteur, vérificateur, surveillant. *Tax surveyor,* inspecteur des contributions directes. *Quantity surveyor,* métreur vérificateur. **2.**

expert. **3.** *Land surveyor,* géomètre, expert-géomètre.

survival [sə'vaivəl] *n.* survie.

survivor [sə'vaivə] *n.* survivant, rescapé. *Survivor benefits,* pension de réversion.

survivorship annuity [sə'vaivə ∫ip] rente viagère avec réversion (dont un tiers désigné peut bénéficier s'il survit aux bénéficiaires initiaux).

suspect ['sʌspekt] *adj.* et *n.* suspect.

suspect [sə'spekt] *v.* **1.** soupçonner. **2.** avoir le sentiment que.

suspend [sə'spend] *v.* **1.** suspendre, cesser, interrompre. **2.** suspendre quelqu'un de ses fonctions, démettre, relever (provisoirement) quelqu'un de ses fonctions.

suspended sentence [sə'spen did] jugement, condamnation, avec sursis.

suspense [sə'spens] *n.* suspens, souffrance. *Comptab. : Suspense account,* compte d'ordre.

suspension [sə'spen∫n] *n.* **1.** suspension, arrêt, interruption. **2.** suspension (de quelqu'un), mise à pied.

sustain [sə'stein] *v.* **1.** subir, supporter, souffrir, essuyer. *To sustain a loss,* subir une perte. *To sustain an injury,* recevoir une blessure. **2.** soutenir, appuyer, corroborer.

sustainability *n. f.* durabilité ; respect de l'environnement, « soutenabilité ».

sustainable *adj.* soutenable, défendable, tenable ; durable ; stable ; respectueux de l'environnement. ~ *activity,* activité viable. ~ *growth/development,* croissance durable/respectueuse de l'environnement, développement respectueux de l'environnement.

sustenance ['sʌstinəns] *n.* (moyens de) subsistance.

swamp [swɔmp] *v.* inonder, submerger. *To swamp a market,* inonder un marché.

swap [swɔp] *n.* troc, échange.

Swap agreement, crédit croisé (accord entre banques). *Forward ~,* échange à terme ; *roller ~,* échange renouvelable ; *syndicated ~,* échange syndiqué.

swaps *n. pl.* opérations liées, opérations « swap ».

swap *v.* échanger, troquer.

sway [swei] *v.* **1.** influencer, influer sur, entraîner. **2.** gouverner, diriger.

sway *n.* domination, emprise, puissance, influence.

swear [sweə] *v.* **1.** prêter serment, jurer. **2.** assermenter, faire prêter serment. *To swear somebody in,* faire prêter serment à quelqu'un avant sa prise de fonction (président des E.U., etc.).

sweat [swet] *v.* **1.** transpirer. **2.** *Fam. :* exploiter. **3.** travailler dur.

sweater [swetə] *n.* chandail.

sweatshop ['swet∫ɔp] *n.* usine où les ouvriers sont exploités (souvent utilisé pour désigner les excès du capitalisme du XIXe siècle), bagne.

sweep [swi:p] *v.* balayer. *He was swept into office,* il a été porté au pouvoir par un raz de marée.

sweeping ['swi:pi∫] *adj.* général, complet, intégral, radical, sans nuance. *Sweeping changes,* bouleversements complets, changement de fond en comble. *A sweeping statement,* une affirmation radicale, sans nuance, trop générale, à l'emporte-pièce. *Sweeping layoffs,* licenciements massifs.

sweepstake *n.* loterie (promotion des ventes), jeu-concours.

sweet [swi:t] *adj.* doux ; sucré ; gentil, adorable. ~ *loan,* prêt à des conditions très favorables/exceptionnelles.

sweeten ['swi:tn] *v.* adoucir, rendre plus agréable, plus attrayant. *To sweeten an offer,* rendre une offre plus attrayante, plus tentante.

sweetener *n.* incitation (notamment à acheter des titres).

sweetheart agreement, swee-thear contract, sweetheart deal, (U.S.) accord à l'amiable entre patronat et syndicats (souvent négocié à l'avantage du patronat avec l'accord d'un responsable syndical non-mandaté par la base).

sweetheart loan, prêt de complaisance.

swell [swel] *n.* augmentation, accroissement, gonflement.

swell *v.* **1.** augmenter, gonfler (le nombre de). **2.** s'enfler, se gonfler.

swerve [swəːv] *v.* faire un écart, faire une embardée, s'écarter.

swindle ['swindl] *n.* escroquerie.

swindle *v.* escroquer.

swindler ['swindlə] *n.* escroc.

swing [swiŋ] *n.* **1.** variation, fluctuation, oscillation. *Seasonal swings,* variations saisonnières. **2.** amplitude d'une variation, marge. *Credit swing,* marge de crédit. *Swing in votes,* déplacement des voix.

swing *v.* fluctuer, varier, osciller.

swing (to be in full), battre son plein.

swing line, crédit relais (de papier commercial), crédit de sécurité.

swipe *v.* **1.** voler. **2.** insérer, faire glisser (une carte magnétique) ; " badger ".

switch [switʃ] *n.* **1.** commutateur, interrupteur, disjoncteur, contacteur. **2.** aiguillage. **3.** permutation, échange, commutation ; *(Bourse)* transfert d'une position à une autre (« report »). **4.** arbitrage. **5.** opération de courtage international impliquant un négoce de marchandise et un arbitrage de devises. **6.** changement, modification ; volte-face.

switch *v.* **1.** commuter, mettre le contact. *To switch on,* allumer, mettre le contact. *To switch off,* éteindre, couper le contact. **2.** aiguiller. **3.** changer. *To switch jobs,* changer d'emploi ; changer de métier. *To switch from... to...,* passer de... à... **4.** *Bourse de marchandises :* faire passer un contrat à terme d'un mois à un autre.

switchboard ['switʃbɔːd] *n.* **1.** *Électr. :* tableau de distribution, de commutation, disjoncteur. **2.** standard (téléphonique). *Switchboard operator,* standardiste.

switching value, valeur critique, valeur seuil.

switch trading, troc, compensation ; contrepartie.

sworn [swɔːn] *adj.* assermenté.

sworn in (to be), prêter serment.

syllabus ['siləbəs] *n.* programme (université).

sympathetic [‚simpə'θetik] *adj.* compréhensif ; qui éprouve de la sympathie pour. *Sympathetic strike,* grève de solidarité, de soutien.

sympathy ['simpəθi] *n.* *Bourse, Fin. :* rapport. *Prices moved in sympathy with,* les prix ont évolué en rapport avec, les prix ont suivi l'évolution de. *Sympathy strike,* grève de solidarité.

sync [siŋk] *adj.* synchrone. *To be in sync with,* être en phase avec. *Out of sync,* déphasé.

synchronize ['siŋkrənaiz] *v.* synchroniser.

syndicate ['sindikit] *n.* **1.** consortium. **2.** syndicat, association de copropriétaires. **3.** *The Syndicate,* la maffia.

syndicate ['sindikeit] *v.* syndiquer, se syndiquer ; former un consortium. *To syndicate a loan,* former un consortium de prêt. *Syndicated columnist,* chroniqueur affilié. *Syndicated loans,* prêts en participation.

syndication [sind kei∫ən] *n.* mise en consortium, mise en participation, mise en commun ; affiliation. *(Journalisme)* Vente ou publication par l'intermédiaire d'un syndicat de distribution.

synopsis [si'nɔpsis] *n.* synopsis, résumé (film).

synthesis ['sinθisis] synthèse.

synthesize ['sinθisaiz] *v.* synthétiser.

synthetic [sin'θetik] *adj.* synthétique.

synthetize, voir **synthesize.**

system ['sistem] *n.* **1.** système, méthode. **2.** réseau. *River system,* réseau fluvial.

systematize ['sistimətaiz] *v.* systématiser ; unifier.

systemic *adj.* systémique. ~ *risk,* risque systémique, effet de dominos, risque de faillites bancaires en chaîne.

systems analyst, analyste de système.

tab [tæb] *n.* **1.** onglet. **2.** étiquette (à bagages). *To keep tabs on,* contrôler. *To foot the tab,* régler la note. *To pick up the tab,* régler la note.

table [teibl] *n.* table, tableau, barème (ch. de fer, etc.). *Table of fares, of charges,* barème des prix. *Input-output table,* tableau entrées-sorties ; *Use and resource table,* tableau des emplois et des ressources.

table *v.* **1.** mettre en forme de tableau, faire figurer sur un tableau. **2.** déposer un projet de loi. **3.** (G.B.) *to table a motion,* déposer une motion. **4.** (U.S.) ajourner (indéfiniment) un projet de loi.

tabloid [ˈtæblɔid] *n. Journal :* tabloïde.

tabular [ˈtæbjulə] *adj.* tabulaire. *In tabular form,* sous forme de tableau.

tabulate [ˈtæbjuleit] *v.* disposer (des chiffres) en forme de tableau ; classifier ; cataloguer (des marchandises).

tabulator [ˈtæbjuleitə] *n.* tabulatrice.

tacit [ˈtæsit] *adj.* tacide, implicite. *Renewal by tacit agreement,* reconduction tacite.

tack [tæk] *n.* ligne d'action, méthode suivie, voie, piste, tactique.

tackle [ˈtækl] *n.* **1.** palan. *Assur. : Under ship's tackle,* sous palan. **2.** attirail, équipement.

tackle *v.* s'attaquer à. *To tackle a problem,* s'attaquer à un problème.

tack on, ajouter, joindre. *To tack a 2 % tax on a product,* ajouter une taxe de 2 % sur un produit.

tacky *adj.* de mauvaise qualité.

tacky *adj.* douteux.

tactician [ˈtæktiʃn] tacticien.

tactics [ˈtæktiks] tactique(s).

tag [tæg] *n.* étiquette. (= price-tag), étiquette de prix, prix. *To bear a tag of,* valoir.

tag *v.* **1.** étiqueter. **2.** référencer. **3.** ajouter.

tail [teil] *n.* **1.** queue. **2.** arrière. **3.** (pièce) pile. **4.** *Jur. :* clause de substitution.

tail away, décroître, s'amenuiser.

tailback (of traffic) [ˈteilbæk] bouchon (circulation sur autoroute, etc.).

tailgate [ˈteilgeit] *n.* hayon.

tail off *v.* voir **To tail away.**

tailor [ˈteilə] *v.* adapter, concevoir en fonction de, faire sur mesure. *Our products are tailored to the needs of foreign customers,* nos produits sont conçus en fonction des besoins de la clientèle étrangère.

tailor-made, sur mesure, parfaitement adapté.

tailspin *n.* chute verticale.

take [teik] *n.* **1.** prise. **2.** rentrées, revenu, profit. **3.** part (des bénéfices).

take *v.* **1.** prendre, se saisir de. **2.** tenir, contenir. **3.** prendre, demander, exiger. **4.** accepter, supporter, recevoir. **5.** conduire, emmener, transporter, porter. **6.** *To take an exam,* passer un examen. **7.** *To take a trip,* faire un voyage.

take a charge, enregistrer une perte ; provisionner une perte.

take a poll, faire un sondage (d'opinion).

take back *v.* reprendre.

take hold *v.* se faire sentir, s'affirmer, se confirmer, s'installer. *To take hold of something,* s'emparer de quelque chose.

take home pay *n.* salaire net.

take into account, prendre en considération, tenir compte de, prendre en compte.

take legal action, engager des poursuites, faire procès.

takeoff [ˈteikɔf] *n.* décollage.

take off *v.* **1.** faire un rabais, retirer (d'un prix). **2.** décoller. **3.** (projet, etc.) prendre corps, se réaliser.

take on v. **1.** embaucher, engager. **2.** accepter, entreprendre. **3.** s'en prendre à. **4.** prendre (mode), avoir du succès.

take-or-pay contract, contrat d'achat ferme, contrat de prise ferme.

take out v. prendre, obtenir (un brevet, un permis) ; contracter (une assurance). *To take out an insurance policy,* contracter, souscrire une police d'assurance.

take-over ['teik,əuvə] n. **1.** rachat, achat (d'une société), prise de contrôle. **2.** prise de pouvoir.

take over v. **1.** prendre le contrôle de, racheter ; prendre possession de. *To take over a company,* prendre le contrôle d'une société. **2.** succéder, prendre la suite, la succession, reprendre. *To take over from somebody,* succéder à quelqu'un. **3.** prendre en charge. *To take over the liabilities,* prendre les dettes à sa charge, reprendre le passif. **4.** absorber. *To take over an issue,* absorber une émission (de titres, etc.). **5.** recevoir, accepter (du fabricant). *To take over a car, a machine,* accepter, recevoir une voiture, une machine (du constructeur).

take-over bid loc. offre publique d'achat, O.P.A., offre de rachat.

take place v. se produire, avoir lieu, se passer, se dérouler.

taker ['teikə] n. **1.** preneur (d'un bail, etc.). *Taker of a bill,* preneur d'une lettre de change. *Taker of an option,* optant. **2.** acheteur. *Taker for a put,* acheteur (option de vente). **3.** vendeur. *Taker for a call,* vendeur (option d'achat).

take steps v. **1.** prendre des mesures. **2.** faire des démarches.

take stock v. faire, dresser l'inventaire ; évaluer.

take the floor v. prendre la parole (devant une assemblée), s'adresser à l'auditoire.

take the lead v. prendre la tête.

take up ['teikʌp] v. **1.** lever. *To take up an option,* lever une option, une prime. *To take up stocks,* lever des titres. **2.** honorer. *To take up a bill,* honorer un effet.

taking out n. relevé.

taking-over n. **1.** prise de possession. **2.** rachat, reprise (mobilier, etc.). **3.** réception, acceptation.

takings ['teikiŋz] n. pl. recette, produit.

taking-up n. levée (de titres) ; consolidation (d'un marché à prime).

talent n. talent. *Talent scout,* chasseur de talent, prospecteur.

talk [tɔːk] n. conversation, entretien, discussion. *The talks with the trade unions will resume next week,* les négociations avec les syndicats reprendront la semaine prochaine.

talk v. parler, discuter, s'entretenir avec. *To talk someone into buying something,* convaincre (verbalement) quelqu'un d'acheter quelque chose. *To talk someone out of resigning,* convaincre (verbalement) quelqu'un de ne pas démissionner.

tally ['tæli] n. **1.** pointage ; inventaire au déchargement. *To keep tally of goods,* pointer des marchandises. **2.** compte, décompte. **3.** étiquette. **4.** jeton de présence. **5.** contre-partie (d'un document).

tally v. **1.** pointer, étiqueter. **2.** décompter, dénombrer.

tally-clerk n. pointeur, contrôleur ; marqueur de marchandises.

tally-keeper n. pointeur, contrôleur.

tally-sheet n. feuille de pointage, bordereau.

tally with v. correspondre à, concorder avec, être en accord avec.

tame v. domestiquer, dompter. *To tame inflation,* maîtriser l'inflation.

tamper with ['tæmpə] v. altérer, falsifier, trafiquer. *To tamper with a witness,* tenter de suborner un témoin. *The books have been* *tampered with,* les livres (de compte) ont été maquillés (« bricolés »). *Tampering with official documents,* falsification de documents officiels.

tangible ['tændʒəbl] *adj.* tangible, palpable. *Jur. : Tangible assets,* immobilisations corporelles, valeurs matérielles. *Tangible personal property,* biens mobiliers corporels.

tangle ['tæŋgl] *n.* embrouillement, situation embrouillée, enchevêtrement, complication ; embouteillage.

tank [tæŋk] *n.* réservoir.

tank car *n.* camion-citerne, wagon-citerne.

tanker ['tæŋkə] *n.* **1.** bateauciterne, pétrolier. **2.** camion-citerne. **3.** wagon-citerne.

tank truck *n.* camion-citerne, wagon-citerne.

tank wag(g)on *n.* camion-citerne, wagon-citerne.

tantamount ['tæntəmaunt] *adj.* équivalent. *To be tantamount to something,* équivaloir à quelque chose.

tap *n.* robinet. *Bills on tap,* effets placés de gré à gré. *Tap security,* titre émis à guichets ouverts, à jet continu. *To put into the tap,* mettre en exploitation. *The money tap,* le robinet du crédit.

tap [tæp] *v.* **1.** exploiter. *To tap resources,* exploiter des ressources. *To tap a new market,* exploiter, commencer à exploiter un nouveau marché. **2.** mettre un téléphone sur table d'écoute.

tap issue, émission à guichets ouverts.

tape [teip] *n.* ruban, bande (de papier gommé, magnétique, de récepteur télégraphique, etc.). *Tape quotation,* cotation télégraphique. *Red-tape,* paperasserie.

tape (off) *v.* **1.** attacher, ficeler. **2.** enregistrer (sur bande magnétique, etc.). **3.** mesurer au cordeau.

taper ['teipə] *v.* décroître, diminuer.

tape-recorder ['teip-ri,kɔːdə] *n.* magnétophone.

tapering ['teipəriŋ] *adj.* dégressif. *Tapering charge, rate,* tarif dégressif.

tar [taː] *n.* goudron.

tardiness ['taːdinəs] *n.* **1.** lenteur, nonchalance **(in doing something).** **2.** (U.S.) retard, manque de ponctualité.

tardy ['taːdi] *adj.* **1.** tardif. **2.** (U.S.) en retard.

tare [tɛə] *n.* tare, poids à vide. *Allowance for tare,* tarage. *To ascertain, allow for the tare,* faire la tare. *Average tare,* tare commune. *Customary tare,* tare d'usage. *Extra tare,* surtare. *Real, actual tare,* tare réelle.

tare *v.* tarer, faire la tare.

target ['taːgit] *n.* objectif, cible, but. *Target-date* (U.S.), date limite (livraison, achèvement d'un travail).

target *v.* **1.** prendre pour cible. **2.** avoir pour objectif ; désigner à l'avance ; cibler ; déterminer, fixer comme objectif. *2,000 employees are targeted for dismissal,* on prévoit le licenciement de 2 000 employés.

target audience, auditoire cible, public visé.

target company, société cible (dans une O.P.A.).

target costing, coût cible ; établissement/calcul du coût cible.

target estimate, tableau prévisionnel.

target group, groupe cible.

target price, prix d'objectif, prix de référence, prix de campagne.

tariff ['tærif] *n.* tarif. *Customs tariff,* tarif douanier, tarif d'importation. *Tariff walls,* barrières douanières. *Punishing ~s,* droits de douane dissuasifs/punitifs.

tariff *v.* tarifer.

tariff barrier, barrière douanière.

tariffication *n.* tarification.

tariff walls, barrières douanières.

tarmac, 1. macadam. **2.** piste de décollage.

tarpaulin [tɑːˈpɔːlin] *n.* bâche, toile goudronnée.

tarry [ˈtæri] *v.* tarder, s'attarder.

task [tɑːsk] *n.* tâche. *Task work*, travail à la tâche.

task force, groupe constitué pour traiter un objectif donné ; groupe d'experts de diverses spécialités assurant une mission ponctuelle.

taste [teist] *n.* goût.

taste *v.* 1. goûter, déguster. 2. avoir goût de.

tax [tæks] *n.* impôt, imposition, taxe, droit, prélèvement, contribution. *To collect a tax*, percevoir un impôt. *To lay a tax*, imposer, frapper d'un impôt. *To levy a tax*, lever, percevoir un impôt. *Tax on capital*, impôt sur le capital, impôt sur la fortune. *Capital gains tax*, impôt sur le bénéfice des capitaux, impôts sur les plus-values. *Income tax*, impôt sur le revenu. *Land tax*, impôt foncier, contribution foncière des propriétés non bâties. *Sales tax*, taxe sur le chiffre d'affaires.

tax *v.* 1. imposer, taxer. 2. peser lourdement sur ; mettre à l'épreuve.

taxability [tæksəˈbiliti] *n.* caractère imposable (d'un bien) ; ressources imposables (d'un pays).

taxable [ˈtæksəbl] *adj.* imposable. *To make something taxable*, imposer quelque chose. *Taxable year*, année d'imposition, exercice fiscal. *Jur.* : *Costs taxable to*, frais à la charge de.

tax-allowance [tæks-əˈlauəns] exonération fiscale ; crédit d'impôt.

taxation [tækˈseiʃn] *n.* 1. imposition, charges fiscales, impôts. 2. *Jur.* : *Taxation of costs*, taxation, taxe des frais.

tax-attorney, fiscaliste.

tax-audit, contrôle fiscal.

tax authorities, services fiscaux.

tax-avoidance, évasion fiscale ; moyen licite de réduire ou d'éviter le paiement de l'impôt, forme légale d'évasion fiscale.

tax-base, assiette de l'impôt.

tax-bite, ponction fiscale.

tax bracket, tranche d'impôt.

tax break, réduction d'impôt.

tax break, avantage fiscal.

tax code, code des impôts.

tax-collections, rentrées fiscales.

tax-collector [ˈtæks-kəˌlektə] percepteur, receveur (des contributions).

tax credit [ˌtæks ˈkredit] avoir fiscal ; crédit d'impôt.

tax cut, baisse des impôts.

tax-deductible [ˌtæks-diˈdʌktibl] déductible des impôts.

tax deduction [tæks diˈdʌkʃn] réduction fiscale ; déduction fiscale.

tax-dodger [ˌtæks-ˈdɔdʒə] fraudeur (du fisc).

tax-dodging [ˌtæks-ˈdɔdʒiŋ] évasion fiscale, fraude fiscale.

tax-evader [ˈtæks-iˈveidə] fraudeur (du fisc).

tax-evasion [ˈtæks-iˈveiʒən] évasion fiscale, fraude fiscale.

tax-exempt *adj.* exempté d'impôt, exonéré d'impôt.

tax fraud, fraude fiscale.

tax-free [ˌtæks-ˈfriː] libre d'impôt(s).

tax-haven [ˈtæks-ˈheivn] paradis fiscal.

tax holiday, dispense provisoire d'impôt, défiscalisation temporaire, période de non-imposition.

tax-incentive, incitation fiscale.

tax-law, droit fiscal.

tax rate, barème de l'impôt.

tax-receipts, recette fiscale.

taxi [ˈtæksi] *n.* taxi.

taxi *v.* 1. aller en taxi. 2. rouler sur le sol (pour un avion).

tax-man [ˈtæks-mæn] *n.* percepteur.

tax-payer [ˈtæks-ˌpeiə] *n.* contribuable.

tax-rebate [ˈtæks-ˈriːbeit] réduction fiscale.

tax-relief [ˈtæks-ˌriˈliːf] *n.* abattement fiscal.

tax return [ˈtæks riˈtəːn] déclaration d'impôts. *To file one's* *tax-return,* faire sa déclaration d'impôts.

tax schedules [tæks'ʃedju:lz] barèmes fiscaux.

tax-shelter [tæks-'ʃeltə] paradis fiscal.

t-banking, banque directe par le poste de télévision, télé-banque.

t-commerce, commerce par la télévision, télé-achats.

team [ti:m] *n.* équipe. *Team work,* travail d'équipe, en équipe.

teamster ['ti:mstə] *n.* (U.S.) routier. *Teamsters' union,* syndicat des conducteurs de poids lourds (U.S.).

team up *v.* se joindre. *To team up with,* se joindre à, faire équipe avec, s'associer à.

teamwork ['ti:mwə:k] *n.* travail en équipe, travail d'équipe.

tear [tɛə] *n.* usure. *(Fair) wear and tear,* usure (normale).

tear [tɛə] *v.* **1.** déchirer, arracher. **2.** se déchirer. **3.** aller à toute vitesse.

tear-off *adj.* qui s'arrache, perforé. *Tear-off calendar,* éphéméride.

tear off *v.* arracher.

tease [ti:z] *v.* taquiner, asticoter, faire enrager. *(Pub.)* attirer l'attention, provoquer, aguicher, faire du « *teasing* ».

teaser *n.* *(pub.)* aguiche, « teaser », (ciné.) intro., séquence prégénérique.

technical ['teknikl] *adj.* technique.

technical data, renseignements techniques.

technical director, directeur technique.

technicality [tekni'kæliti] *n.* détail technique ; technicité.

technician [tek'niʃn] *n.* technicien.

technique [tek'ni:k] *n.* technique ; méthode.

technics ['tekniks] *n.* (U.S.) technique, technologie.

technocracy [tek'nɔkrəsi] *n.* technocratie.

technocrat ['teknə'kræt] *n.* technocrate.

technocratic [teknə'krætik] *adj.* technocratique.

technologic [teknə'lɔdʒik] *adj.* technologique.

technological [teknə'lɔdʒikəl] technologique, technique.

technological transfer, transfert technologique.

technologist [tek'nɔlədʒist] *n.* technologue.

technology [tek'nɔlədʒi] *n.* technologie, technique. *High technology industries, advanced technology industries,* industries de pointe. *Technology transfer,* transfert technologique, transfert de technologie.

technology shares/stock(s), valeurs/actions technologiques.

technostructure *n.* technostructure.

teeth *n. pl.* (m. à m. dents) efficacité, force, pouvoir, caractère contraignant. *A new regulation, with more teeth to it,* une nouvelle réglementation plus contraignante/dure/efficace. *To give more teeth to a law,* renforcer une loi.

tele-cine [,teli-'cini] *n.* télécinéma.

telescript ['teliskript] *n.* télé-script.

tele-film ['teli-film] *n.* téléfilm.

telecommunication(s) ['telikə, mju:ni'keiʃn] *n.* télécommunication(s).

telegram [telegram] *n.* télégramme.

telegraph ['teligra:f] *n.* télégraphe. *Telegraph-line,* ligne télégraphique. *Telegraph-pole/-post,* poteau télégraphique. *Telegraph-wire,* fil télégraphique.

telegraph *v.* télégraphier.

telegraphic [teli'græfik] *adj.* télégraphique. *Telegraphic money order,* mandat télégraphique. *Telegraphic transfer,* virement télégraphique.

telegraphy [ti'legrəfi] *n.* télégraphie.

telemarketing *n.* marketing téléphonique.

telemeter ['telimi:tə] *n.* télémètre.

telemetry [ti'lemitri] *n.* télémétrie.

telephone ['telifəun] *n.* téléphone. *Telephone booth, telephone box*, cabine téléphonique. *Telephone book, telephone directory*, annuaire téléphonique. *Telephone exchange*, central téléphonique. *Telephone ordering service*, service/département des commandes téléphoniques. *Telephone subscriber*, abonné au téléphone.

telephone *v.* téléphoner.

telephone fraud, utilisation du téléphone à des fins frauduleuses.

teleprint ['teliprint] *v.* télexer.

teleprinter ['teli,printə] *n.* téléscripteur.

teleprocessing ['teliprəu' se siŋ] télétraitement ; télégestion.

teleprompter *n.* télésouffleur.

tele-sale(s), marketing téléphonique, vente par téléphone, télévente.

telescreen ['teliskri:n] *n.* écran de télévision.

teletype ['telitaip] *n.* télétype.

televiewer ['telivju:ə] *n.* téléspectateur.

televise ['telivaiz] *v.* téléviser.

television ['teli,viʒn] *n.* télévision.

telework *n.* télétravail.

teleworking *n.* télétravail.

telex ['teleks] *n.* télex.

telex *v.* télexer.

teller ['telə] *n.* **1.** caissier, guichetier. *Teller's cashbook*, main courante de caisse. **2.** scrutateur.

telly ['teli] *n. Fam.* : « télé ».

temp *n. abrév. de temporary worker*, intérimaire.

temp *v.* (*Fam.*, G.B.) faire un travail intérimaire.

temporary ['tempərəri] *adj.* temporaire, provisoire, intérimaire. *Temporary employee*, intérimaire. *Temporary-staffing agency*, agence de recrutement intérimaire, agence d'intérim.

tenancy [tenənci] *n.* location. *To hold a life tenancy of a house*, jouir viagèrement d'une maison.

tenant ['tenənt] *n.* locataire. *Tenant for life*, usufruitier. *Tenant's repairs*, réparation locatives. *Undertenant*, sous-locataire.

tend [tend] *v.* **1.** s'occuper de (clientèle, machine), servir. **2.** tendre (à), avoir tendance (à).

tendency ['tendənsi] *n.* tendance. *Bearish tendency*, tendance à la baisse. *Bullish tendency*, tendance à la hausse. *Downward tendency*, tendance à la baisse. *To show an upward tendency*, manifester une tendance à la hausse.

tender ['tendə] *n.* **1.** soumission, offre. *Invitation for tenders*, appel d'offre. *To go for tender :* a) faire l'objet d'un appel d'offre, être soumissionné ; b) soumissionner. *To invite tenders for*, mettre en adjudication. *To lodge a tender with*, adresser une soumission à. *To make, put in, send in a tender for*, soumissionner pour. *To offer for tender*, concéder, faire un appel d'offre. *To seek tender*, faire un appel d'offre. **2.** *Jur.* : offre réelle. **3.** *Fin* : cours légal. *To be legal tender*, avoir cours légal, avoir pouvoir libératoire. **4.** (*Bourse*) filière. **5.** machiniste.

tender *v.* **1.** offrir, présenter, remettre. *Jur : To tender money in discharge of debt*, faire une offre réelle. *To tender one's resignation*, donner sa démission. **2.** *To tender for*, soumissionner, faire une soumission (pour).

tenderer ['tendərə] *n.* soumissionnaire. *Allocation to the lowest tenderer*, adjudication au plus bas soumissionnaire, au mieux-disant. *Successful tenderer for a contract*, adjudicataire.

tendering *n.* soumissionnement.

tender notice, appel d'offre(s).

tender offer, 1. appel d'offre(s). **2.** O.P.A.

tenement ['tenimənt] *n.* **1.** appartement dans un immeuble de rapport. *Tenement house*, logements ouvriers, H.L.M. **2.** *Jur.* : fonds de terre ; jouissance, tenure.

tenor ['tenə] *n.* **1.** teneur, contenu. **2.** *Jur. :* copie conforme. **3.** échéance (d'une traite).

tense [tens] *adj.* tendu.

tentacular [ten'tækjulə] *adj.* tentaculaire.

tentative ['tentətiv] *adj.* expérimental, d'essai, sujet à révision. *A tentative agreement,* un accord provisoire, un accord non définitif. *To make a tentative offer,* faire une ouverture.

tenure ['tenjuə] *n. Jur. :* (période de) jouissance, (d')occupation (d'un office, d'une propriété, etc.). *Fixity of tenure,* bail assuré, stabilité d'un emploi (université, etc.), titularisation. *To have tenure,* être titulaire ; avoir une chaire.

term [tə:m] *n.* **1.** terme, mot, expression. **2.** terme, période, durée, limite, délai. *Term loan,* prêt à terme fixe. *Long-term planning,* planification à long terme. *Term of limitation,* délai de prescription. *Term of notice,* délai de préavis. *Term of office,* mandat, durée de fonction. *To extend a term,* proroger un délai. *To keep a term,* observer un délai. **3.** (École, université) trimestre. **4. terms,** clauses, termes. *Terms and conditions,* conditions (générales et particulières). *Terms of a contract,* clauses d'un contrat, conditions. *Terms of sale,* conditions de vente. *Easy terms,* facilités de paiement. **5. terms,** rapports, relations. **6. to come to terms,** parvenir à un accord ; accepter. **7.** = *term of imprisonment,* peine de prison.

terminable ['tə:minəbl] *adj.* résiliable. *Jur. :* résoluble.

terminal ['tə:minl] *adj.* **1.** terminal. *Oil terminal,* terminal d'oléoduc. *Terminal port,* port de tête de ligne. **2.** trimestriel. **3.** *Bourse de marchandises :* livrable. *Terminal market,* marché à terme. *Terminal price,* cours du livrable.

terminal *n.* **1.** (gare) terminus. *Air-terminal,* aérogare. **2.** terminal (d'ordinateur), console. **3.** dépôt, entrepôt, hangar.

terminals [tə:minəlz] *n. pl. Chem. de fer :* frais de manutention.

terminate ['tə:mineit] *v.* **1.** terminer. **2.** se terminer. **3.** résilier, résoudre, mettre fin.

termination [,tə:mi'neiʃn] *n.* **1.** terminaison, fin, expiration. **2.** résiliation. **3.** résultat, conclusion. *Termination notice :* a) notification d'expiration, de résiliation ; b) lettre de licenciement.

terminology [tə:mi'nɔlədʒi] *n.* terminologie.

terminus ['tə:minəs] *n.* terminus.

terms [tə:mz] **1.** conditions, clauses, teneur (contrat, etc.). *To come to terms,* s'accorder, transiger, en venir à un accord, s'accommoder, trouver un arrangement ; pactiser. **2.** relations, rapports. *To be on good terms,* être en bons termes.

terms inclusive, tout compris.

terms of payment, conditions de paiement.

terms of reference, 1. (d'une commission) pouvoir(s), mandat, attributions, compétence, instructions reçues. **2.** moyens d'évaluation, de comparaison.

terms of trade, termes de l'échange (commerce international).

terrain [te'rein] *n.* terrain.

territorial [teri'tɔ:riəl] *adj.* territorial. *Territorial waters,* eaux territoriales.

territory ['teritəri] *n.* territoire. *Representative's territory,* secteur assigné à un représentant de commerce.

terse [tə:s] *adj.* concis, net, bref.

tertiary ['tə:ʃəri] *adj.* tertiaire. *The tertiary sector,* le secteur tertiaire.

test [test] *n.* épreuve, essai, test. *Test market,* marché test. *Test marketing,* test de marché. *Aptitude test,* test d'aptitude. *Market test,* test de vente, vente expérimentale. *Jur. : Test case,* cas qui fait jurisprudence. *Test area*, zone test. *To sit (for) a test, to take a test*, passer un test.

test *v.* tester, éprouver, essayer.

testament ['testəmənt] *n.* testament. *To make one's testament*, faire son testament, tester.

testator [te'steitə] *n. Jur.* : testateur.

testee *n.* personne qui passe un test, personne testée, candidat(e).

testify ['testifai] *v.* témoigner ; déclarer sous serment.

testimonial [testi'məunjəl] *n.* certificat, recommandation, attestation (délivrée par un employeur).

testimony ['testiməni] *n.* témoignage, déposition.

testing ['testiŋ] *n.* test, essai. *Testing plant*, laboratoire d'essai. *Product testing*, test de produit.

textile ['tekstail] *adj.* et *n.* textile. *The textile industry*, l'industrie textile.

thank [θæŋk] *v.* remercier ; exprimer sa gratitude.

thanks, remerciements.

thanks to, grâce à.

thank-you note, lettre de remerciement.

theft [θeft] *n.* vol. *Theft-proof*, inviolable, anti-vol.

theme park, parc d'attractions.

theoretical [θiə'retikəl] *adj.* théorique.

theorize ['θiəraiz] *v.* théoriser, faire la théorie de ; spéculer.

theory ['θiəri] *n.* théorie. *Critical path theory*, méthode du chemin critique. *Game theory*, théorie des jeux. *Queueing theory*, théorie des files d'attente.

thereabout(s) ['ðɛərəbauts] *adv.* environ.

thereafter [ˌðɛə'a:ftə] *adv.* **1.** ci-dessous, plus bas. **2.** ensuite de quoi.

thereby [ˌðɛə'bai] *adv.* de ce fait, par là, par ce moyen.

therm [θə:m] *n.* thermie.

thesis ['θi:sis] *n.* thèse.

thief ['θi:f] *n.* pl. **thieves** [θi:vz] voleur.

thieving ['θi:viŋ] vol. *Petty thieving*, larcin.

thin *adj.* maigre, mince, (population) clairsemée, (marché) de peu d'ampleur, étroit ; peu liquide.

think [θiŋk] *v.* penser. *Think tank*, usine à penser ; groupe de réflexion.

thin out [θin] *v. intr.* s'amenuiser, se réduire.

thin out *v. tr.* amenuiser, réduire, dégraisser (les structures).

third [θə:d] *adj.* **1.** troisième. *Thirds*, articles de qualité inférieure, de troisième choix. *Third of exchange*, troisième de change. **2.** tiers. *Third person*, tierce personne, tiers. *Third-party*, tiers. *Third-party insurance*, assurance de responsabilité civile, assurance au tiers. *Third-party payer*, tiers payant. *Third-party risk*, risque de recours au tiers.

Third Market, (Bourse de Londres) troisième marché où peuvent être cotées des sociétés qui font des bénéfices depuis un an (contre cinq ans pour le « full stock-exchange listing » et trois ans pour le « Unlisted Securities Market »).

third-rate, de troisième ordre, médiocre.

third world, tiers monde.

this side up, « haut ».

thorough ['θʌrə] *adj.* **1.** complet, approfondi, parfait. *Thorough enquiry*, enquête approfondie. **2.** consciencieux, méthodique, minutieux. *Thorough work*, travail consciencieux.

thoroughfare ['θʌrəfɛə] *n.* artère, voie de communication.

thread [θred] *n.* **1.** fil, filament. **2.** fil conducteur. **3.** filetage, pas de vis.

threadbare [θred'bɛə] *adj.* **1.** usé jusqu'à la corde. **2.** rebattu, éculé, banal.

threat [θret] *n.* menace.

threaten ['θretn] *v.* menacer.

three [θri:] *n.* et *adj.* trois. *Three-course rotation*, assolement triennal. *Three-cornered election*, élection triangulaire. *Three-shift system*, les trois huit.

threshold ['θreʃhəuld] *n.* seuil.

thrift ['θrift] *n.* économie, épargne. (U.S.) **thrifts,** désigne les *Savings and loans Associations*, organismes d'épargne logement.

thrifty ['θrifti] *adj.* économe.

thrive [θraiv] *v.* prospérer.

thriving *adj.* prospère, florissant.

throng [θrɔŋ] *n.* foule (en mouvement), affluence, presse, cohue.

throng *v.* affluer, faire foule, arriver en foule, encombrer, remplir, envahir.

throttle [θrɔtl] *v.* juguler, étouffer ; ralentir ; entraver. *To throttle back investments*, réduire les investissements.

through [θru:] *adv.* complètement, jusqu'au bout, entièrement ; directement.

through *prép.* à travers, par ; à cause de ; par l'intermédiaire de ; pendant.

through *adj.* **1.** direct, en communication. *Through B/L*, connaissement direct, à forfait. *Through freight*, fret à forfait. *Through put*, données en traitement. *Through rate*, tarif forfaitaire. *Through train*, train direct. *To forward in through freight*, envoyer en transit. *To get through to*, entrer en communication avec. *I'm putting you through to his secretary*, je vous passe sa secrétaire. **2.** fini, terminé.

throw [θrəu] *v.* jeter, lancer. *To throw a spanner in the works*, mettre des bâtons dans les roues. *To throw a party*, organiser une soirée.

throwaway ['θrəuəwei] *adj.* *Throwaway products*, produits à jeter. *Throwaway packaging*, emballage(s) à jeter, jetable(s), perdu(s).

throwaways *n.* **1.** emballages perdus, non consignés. **2.** prospectus (distribués dans la rue).

thru [θru:] (U.S.) voir **through.**

thrust [θrʌst] *n.* poussée, percée. *Competitive thrust*, percée commerciale.

thumb [θʌm] *n.* pouce. *Rule of thumb*, méthode empirique, procédé approximatif. *By rule of thumb*, approximativement, à vue de nez.

thwart [θwɔːt] *v.* contrecarrer, faire échouer.

tick [tik] *v.* **1.** cocher. *Tick the appropriate box*, cochez la case correspondante (appropriée). **2.** bien fonctionner, aller (bien), marcher, « tourner rond ».

tick *n.* **1.** marque, point, trait. **2.** *(Bourse)* écart minimum des cours.

tick *n. On tick*, à crédit.

ticker ['tikə] *n.* téléscripteur. *Ticker-tape*, bande de téléscripteur.

ticket ['tikit] *n.* **1.** billet, ticket. *Single ticket*, billet simple. *Return ticket*, billet d'aller-retour. **2.** étiquette. *(Price-) ticket*, étiquette (de prix). **3.** *Bourse* : fiche. **4.** *Politique* : (U.S.) liste des candidats. *The presidential ticket*, les candidats à la Présidence et à la Vice-Présidence. **5.** *Fam. :* contravention.

ticketing ['tikitiŋ] *n.* **1.** étiquetage. **2.** billeterie.

ticking off ['tikiŋ] *n.* **1.** pointage. **2.** réprimande, rappel à l'ordre.

tick off [tik] *v.* **1.** pointer. **2.** rembarrer, réprimander.

tick up *v.* augmenter.

tidal wave ['taidəl] *n.* raz-de-marée.

tide over ['taid əuvə] *v.* aider quelqu'un à franchir le cap, faire la soudure, surmonter des difficultés (notamment financières).

tide-over loan, prêt-relais.

tidy ['taidi] *adj.* **1.** propre, net, bien rangé. **2.** *Fam. :* important, coquet, rondelet. *A tidy sum*, une somme coquette.

tidy up *v.* ranger, mettre de l'ordre.

tie [tai] *n.* **1.** lien. **2.** égalité (vote, etc.) par extension : ballottage.

tie *v.* lier, attacher. *Tied loan*, prêt conditionnel (par exemple pour un achat précis à un fournisseur nommé). **2.** être à égalité (vote, etc.). *They are tied for 1st place,* ils sont premiers ex-aequo.

tied agent, agent ou représentant ne travaillant que pour une seule marque ou organisme.

tie-in *n.* **1.** lien, relation. **2.** *Pub.* : publicité conjointe par détaillant et fabricant.

tie-in *adj.* (U.S.) conditionnel. *Tie-in sale,* vente à condition.

tie in *v.* **1.** relier, se relier, se rejoindre. **2.** concorder.

tie-up *n.* **1.** association, entente. **2.** (U.S.) arrêt de travail. **3.** impasse, situation sans issue. *Tie-ups caused by the recent postal strike,* retards (dans le tri du courrier) causés par la récente grève des postes.

tie up *v.* **1.** bloquer, immobiliser. *Tied up capital,* immobilisations. *To be tied up,* être pris, ne pas être libre, être occupé. *To be tied up in a meeting,* être pris/retenu par une réunion. **2.** *To tie up with someone,* s'associer à quelqu'un.

tier [tiə] *n.* étage, niveau, strate. *To arrange in tiers,* disposer par étages (marchandises). *A two-tier letter service,* courrier à deux vitesses, affranchissement postal à deux tarifs.

tight [tait] *adj.* **1.** étanche, hermétique. **2.** étroit, serré, tendu, difficile, rare. *Tight money policy,* politique d'encadrement du crédit. *Tight money,* argent rare. *Tight schedule,* emploi du temps serré. **3.** sévère, strict, dur.

tighten ['taitn] **1.** resserrer, durcir. **2.** se resserrer.

tightening ['taitəniŋ] *n.* resserrement, durcissement ; restriction.

tight flow, flux tendu.

till [til] *n.* tiroir-caisse. *Till money,* encaisse.

tilt [tilt] *n.* inclinaison, pente.

tilt *v.* **1.** s'incliner, pencher. *Do not tilt,* ne pas incliner.

tilt the balance, faire pencher la balance ; déséquilibrer.

timber ['timbə] *n.* bois d'œuvre. *Building timber,* bois de construction, de charpente.

time [taim] *n.* **1.** temps ; époque, période ; heure ; terme, délai. *Lead time,* délai (de livraison, de production). *Light-saving time,* passage de l'heure d'été à l'heure d'hiver et vice versa. *On time* **a)** à temps, à l'heure **b)** à tempérament, à crédit. *To be on short time,* travailler à horaire réduit. **2.** taux de rémunération horaire. *To get double time on Sundays,* toucher double paie le dimanche.

time *v.* **1.** fixer l'heure de quelque chose, fixer la date de quelque chose. **2.** mesurer la durée de quelque chose, chronométrer.

time and a half, (heures supplémentaires) paiement d'une fois et demie le tarif normal.

time (and) motion studies, organisation scientifique du travail.

time-bill, effet à terme.

time book, registre de présence.

time buyer *Pub.* : acheteur de temps.

time buying *Pub.* : achat de temps.

time card, fiche de présence, fiche de pointage (au travail).

time charter, affrètement à temps.

time clerk, pointeur, contrôleur (de présence).

time-clock, horloge pointeuse.

time-consuming, qui prend du temps, long.

time deposit, dépôt à terme.

time-draft, effet à terme.

time for shipment, délai d'embarquement.

time-frame *n.* délai(s), période, fenêtre.

time freight, fret à temps.

time-hotelling, bureaux à la carte.

time-keeper, 1. chronométreur, contrôleur de présence. **2.** personne qui est toujours à l'heure.

time-lag 1. décalage dans le temps ; déphasage ; effet retard. **2.** temps de réponse.

time-limit, délai (de paiement, etc.).

timely ['taimli] *adj.* opportun ; à propos.

time-machine, horloge pointeuse.

time off, congé, période de repos.

time payments, paiements à tempérament.

time-piece *n.* horloge.

time policy, police à temps.

time-saving, qui fait gagner, économiser, du temps.

time-sharing, temps partagé.

time-sheet, feuille de présence, fiche de pointage (usine, bureau).

time-slot, créneau horaire, tranche horaire.

time-span *n.* période, durée.

time study, étude des temps, chronométrage.

timetable ['taim,teibl] *n.* horaire, emploi du temps, (négociations) calendrier, (sens large) échéancier.

time-zone, fuseau horaire.

timing ['taimiŋ] *n.* 1. chronométrage. 2. choix du moment. *The timing of their advertising campaign has been excellent,* la date du lancement de leur campagne publicitaire a été très bien choisie.

tin [tin] *n.* 1. étain, fer-blanc. *Tin-lined (container…),* (conteneur…) doublé de fer-blanc. 2. boîte de conserve.

tin *v.* 1. étamer. 2. mettre en boîte, en conserve.

tinker ['tiŋkə] *n.* 1. rétameur, ferblantier. 2. (mauvais) bricoleur.

tinker *v.* 1. rétamer. 2. bricoler.

tinware ['tinwɛə] *n.* articles en fer-blanc, ferblanterie.

tip [tip] *n.* 1. bout, extrémité, pointe, sommet ; filtre (de cigarette). 2. pourboire. 3. tuyau, renseignement confidentiel. 4. monceau (d'ordures, déchets) ; crassier ; décharge. 5. pente, inclinaison.

tip *v.* 1. déverser, décharger, basculer. *To tip into recession,* basculer dans la récession. *To tip the scale(s) at a hundred pounds,* peser cent livres. 2. donner un pourboire. 3. donner un tuyau, fournir des ren-

seignements. 4. *Bourse :* indiquer un bon placement. *Industrials are being tipped in the forecasts,* les pronostics donnent les valeurs industrielles comme un bon placement.

tip-in *n.* encart.

tip-lorry, camion à benne basculante.

tip off *n.* tuyau, renseignement, avertissement.

tip off *v.* avertir, renseigner, « tuyauter ».

tippee [ti'pi:] *n.* bénéficiaire d'un renseignement confidentiel, d'un « tuyau ».

tip(ping) truck, wagon à bascule.

tire [taiə] (U.S.) voir **tyre.**

tissue paper ['tiʃu: 'peipə] *n.* 1. papier de soie. 2. papier pelure.

tithe [taið] *n.* dîme.

title ['taitl] *n.* 1. titre. 2. titre, droit. Title to property, titre de propriété. *Title by occupancy,* titre, droit de propriété de premier occupant. *To take title to,* s'assurer la propriété légale de. 3. *Jur. :* intitulé. 4. titre (de l'or).

title-deed ['taitl,di:d] *n.* titre (constitutif) de propriété, acte.

title-page, *n.* page de titre ; la « une » (presse).

titular ['titjulə] *n.* titulaire.

tobacco [tə'bækəu] *n.* tabac.

to boot *loc.* par dessus le marché, en plus.

to date loc. à ce jour, à la date d'aujourd'hui ; jusqu'à ce jour.

toehold (to gain a), prendre pied, pénétrer, commencer à s'implanter.

toe the line [təu] *loc.* obéir, s'exécuter, se conformer au mot d'ordre.

toil [tɔil] *n.* labeur, travail pénible.

toil *v.* travailler dur, peiner.

token ['təukən] *adj.* symbolique. *Token money,* monnaie fiduciaire, divisionnaire, d'appoint. *Token strike,* grève d'avertissement, grève symbolique.

token *n.* **1.** signe, marque, symbole, preuve. *Token payment*, paiement symbolique. **2.** jeton. **3.** bon (à échanger contre une marchandise chez un détaillant).

tolerance, ['tɔlərəns] *n.* tolérance.

toll [təul] *n.* **1.** péage, droit de péage. *Toll-booth*, poste de péage, guichet de péage. *Toll-bridge*, pont à péage. *Toll-gate*, guichet d'autoroute ; barrière d'octroi. *Toll-motorway*, autoroute à péage. *Téléph. : Toll-call*, communication interurbaine (avec la grande banlieue). *Toll-free number*, numéro de libre appel, pour appel gratuit, numéro vert, pour appel en P.C.V. **2.** nombre de victimes. *The toll of/on the roads*, la mortalité sur les routes. *Even a short strike would take its toll*, même une grève de courte durée serait lourde de conséquences. *" Gloom takes toll on tech stocks "*, le pessimisme/l'inquiétude fait baisser le cours des valeurs technologiques.

tombstone ['tu:mstəun] *n.* plaquette publicitaire : annonce dans la presse financière publiant les noms de tous les participants à un crédit financier international. Les banquiers chefs de file ont tendance à considérer ces « tombstones » (mot à mot pierres tombales) comme des références publicitaires.

ton [tʌn] *n.* **1.** tonne. **2.** tonneau (de jauge). *Gross ton, long ton*, tonne forte (1 016,04 kg). *Measurement ton*, tonneau d'arrimage, d'encombrement (de 40 pieds cube). *Net ton, short ton*, tonne courte (907,18 kg). *Per net register ton*, par tonneau de jauge nette. *Ton-mile*, tonne par mille, tonne milliaire (transport d'une **ton** sur un **mile**). *Ton-mileage*, nombre de tonnes transportées sur un mille pour une période donnée. *Shipping ton*, tonneau d'affrètement.

tone [təun] *n.* **1.** *Bourse :* allure, tendance. *The prevailing tone*, la tendance générale. *The tone of the market*, la tenue, l'allure, l'atmosphère du marché. **2.** *Dialling tone*, tonalité (du téléphone).

tone down *v.* atténuer.

tonnage ['tʌnidʒ] *n.* tonnage. *Bill of tonnage*, certificat de tonnage. *Register tonnage*, tonnage de jauge.

tonner ['tʌnə] *n. En composition : A thousand-tonner*, un navire de 1 000 tonneaux.

tontine [tɔn'ti:n] *n.* tontine (dispositif d'assurance par lequel des fonds ou rentes sont payables aux survivants jusqu'au dernier, à la mort des autres participants, ou partagés entre les survivants à une date déterminée).

tool [tu:l] *n.* outil, instrument, outillage. *Tool-box*, boîte à outils.

tool-maker *n.* fabricant d'outils, outilleur, taillandier.

tool up *v.* équiper, s'équiper (en machines) ; outiller, s'outiller.

tooling ['tu:liŋ] *n.* **1.** outillage. **2.** ciselage ; usinage.

top 1. haut, sommet. **2.** dessus. **3.** couvercle.

top [tɔp] *adj.* supérieur. *Top executives, top management*, cadres supérieurs, cadres dirigeants. *Top price*, prix fort, cours le plus haut.

top *v.* **1.** surmonter, couronner, coiffer. **2.** dépasser, franchir une limite. **3.** venir en tête de. *To top a poll*, venir en tête d'un sondage (d'opinion).

top-down *adj.* dont l'impulsion vient du sommet, organisé depuis le sommet.

top-drawer adj. 1. de premier rang; 2. aristocratique, de la haute société.

topic ['tɔpik] *n.* sujet, domaine, thème.

topical ['tɔpikəl] d'actualité, qui se rapporte à l'actualité.

top manager *n.* dirigeant.

topmost ['tɔpməust] *adj.* le plus haut, le plus élevé.

top-notch [tɔp-'nɔtʃ] *adj.* de premier choix.

top-of-line, haut de gamme.

top of the line, haut de gamme.

top out *v.* plafonner (atteindre une pointe).

top-secret *adj.* absolument secret.

torque [tɔːk] *n.* couple (machine, moteur).

tort [tɔːt] *n.* préjudice, dommage.

tot up [tɔt] *v.* 1. s'élever à. 2. additionner ; faire le compte, le total de.

total ['təut] *adj.* total, global *Total amount,* somme totale, globale. *Total capital,* capital global. *Assur. : Total loss,* sinistre total. *Total tonnage,* tonnage global.

total *n.* total.

total *v.* 1. totaliser. 2. se monter à.

totalize ['təutəlaiz] *v.* totaliser.

touch *n.* 1. touche, élément ; léger coup. 2. contact. *To be in touch with,* être en contact avec. *To get in touch,* prendre contact. *To keep in touch,* garder le contact. *To be out of touch,* avoir perdu le contact, ne plus être au courant. *The personal touch,* les rapports personnels (avec clients, etc.). *To lose one's touch,* perdre son savoir faire.

touch *v.* toucher, concerner, affecter, avoir trait à.

touch and go, incertain, précaire, qui peut pour un rien déboucher sur la réussite ou l'échec.

touch bottom *v.* toucher le fond, atteindre le point/le niveau le plus bas.

touchdown, atterrissage (navette spatiale, etc.).

touch off [tʌtʃ] *v.* provoquer, déclencher, entraîner. *The results of the negotiations touched off a storm of protests,* les résultats des négociations ont déclenché une tempête de protestations.

tough [tʌf] *adj.* dur, rude, difficile. *Tough competition,* concurrence serrée, forte concurrence.

toughen ['tʌfən] *v.* durcir, endurcir ; s'endurcir.

tour [tuə] *n.* circuit (touristique). *Tour operator,* organisateur de voyages, voyagiste.

tourism ['tuərizəm] *n.* tourisme.

tourist trade *n.* (industrie du) tourisme.

tour of duty, affectation temporaire.

tout [taut] *n.* démarcheur. *Business tout,* placier.

tout *v.* solliciter la clientèle, démarcher ; racoler ; vanter (un produit, etc.).

tow [təu] *n.* 1. remorque. *On tow, in tow,* en remorque. *To take a boat in tow,* prendre un bateau en remorque. 2. remorquage.

tow *v.* remorquer.

towage *n.* remorquage, touage, halage. *Towage charges, towage dues,* frais, droit de remorquage.

tow-boat *n.* remorqueur.

tower ['tauə] *v.* 1. monter très haut, monter en flèche. 2. dominer.

towering prices ['tauəriŋ] prix très élevés, prix exorbitants.

to wit *loc.* *Jur. :* à savoir, c'est-à-dire.

town [taun] *n.* ville. *Town and country planning,* aménagement du territoire. *Town cheque,* chèque sur place. *Town-planner,* urbaniste. *Town-planning,* urbanisme.

town hall *n* mairie.

trace [treis] *v.* 1. tracer. 2. suivre à la trace ; trouver, retrouver ; retrouver l'origine de ; localiser.

traceability, *n.* traçabilité.

traceable *adj.* traceable, dont on peut connaître l'origine.

tracer ['treisə] *n.* avis, fiche de recherche (pour retrouver un article perdu en cours de transport).

track [trak] *n.* voie, piste, rails. *On track,* sur les rails. *To run off the tracks,* dérailler.

track *v.* suivre à la trace, à la piste ; pister ; localiser ; suivre les résultats de.

trackage *n.* halage, frais de halage.

track-boat *n.* chaland, péniche (de canal).

tracker *n.,* fonds indiciel coté.

tracker fund, fonds indiciel coté.
tracker fund, tracker *n.* fonds indiciel.

tracking stock, action reflet.

tracking stock/shares, actions « reflets », actions de compartiment(s) (permettant d'individualiser la valeur d'une filiale tout en en gardant le contrôle).

track record *Fam. :* antécédents professionnels ; curriculum vitae.

traction unit [ˈtrækʃən] partie tractante, tracteur (camion).

tractor [ˈtræktə] *n.* tracteur.

tradable, tradeable *adj.* négociable ; commercial(e) (terme utilisé notamment dans le domaine de l'import-export).

trade [treid] *n.* **1.** emploi, métier, commerce. **2.** commerce, trafic, négoce, échanges commerciaux. *Home trade,* commerce intérieur. *Foreign trade,* commerce extérieur. **3.** corps de métier ; ensemble des professionnels. *A copy will be supplied free to the trade,* un exemplaire sera fourni gratuitement aux professionnels. **4.** échange. **5.** transaction.

trade *v.* **1.** faire le commerce de, commercer, négocier, faire le trafic de. **2.** exercer une activité commerciale. **3.** (s')échanger ; être coté. *Traded goods,* produits marchands.

trade agreement, accord commercial.

trade balance, balance commerciale.

trade ban, sanction(s) commerciales(s) (par exemple interdiction d'importer ou d'exporter).

trade bank, banque de commerce, banque commerciale.

trade bills, effets de commerce.

trade deficit, déficit commercial.

trade discount, escompte d'usage, rabais pour revendeurs.

trade fair, foire commerciale.

trade gap, déséquilibre commercial, déficit commercial, déficit de la balance commerciale.

trade-in *n.* reprise (voiture, etc.).

trade in *v.* **1.** donner en reprise (voiture, etc.) **2.** reprendre, payer une reprise (voiture, appareil ménager, etc.).

trade journal, revue professionnelle, revue spécialisée.

trade magazine, magazine professionnel, magazine spécialisé.

trade-mark, marque de fabrique.

trademark *v.* breveter.

trade marketing, marketing au sein de la profession (optimisation des rapports entre fournisseur et distributeur).

trade-name, raison commerciale.

trade-press, presse professionnelle.

trade-off *n.* échange, arrangement, compromis ; troc.

trade off *v.* échanger ; troquer.

trader [ˈtreidə] *n.* **1.** négociant, commerçant, marchand. **2.** navire marchand, de commerce (de ligne régulière). **3.** opérateur (en bourse) ; contrepartiste ; courtier.

trade referee, garant commercial.

trade sanctions, sanctions commerciales.

tradesman [ˈtreidzmən] *n.* marchand, fournisseur. *Tradesmen's entrance,* entrée des fournisseurs.

trade surplus, excédent commercial.

trade-union [ˌtreidˈjuːnjən] *n.* syndicat ouvrier. *Trades-union congress (T.U.C.),* Confédération des Syndicats Britanniques, à laquelle sont affiliés les principaux syndicats ; porte-parole du mouvement syndical et interlocuteur du gouvernement.

trade war, guerre commerciale.

trade-weighted *adj.* ajusté en fonction du volume des échanges.

trade-wind [ˈtreid-wind] *n.* vent alizé, alizé.

trading ['treidiŋ] *n.* 1. commerce, négoce, trafic. *Trading concern, trading company, trading firm,* entreprise, société commerciale. 2. exploitation commerciale, exercice. *Trading account,* compte d'exploitation. *Trading assets,* actif engagé. *Trading capital,* capital de roulement. *Trading results,* résultats de l'exercice. *Trading stamps,* timbres-primes, timbres réduction. 3. transactions, volume des transactions. *Bourse : Stock trading,* opérations boursières. 4. *(Bourse)* contrepartie.

trading account, 1. compte d'exploitation. 2. = *Trade account, trade balance,* balance commerciale. *The yield from their foreign investments no longer covers the deficit on the trading account,* les bénéfices de leurs investissements à l'étranger ne couvrent plus le déficit de la balance commerciale.

trading in *n.* reprise (d'un véhicule, etc.), vente avec reprise.

trading partner, partenaire commercial, partenaire économique.

trading post, comptoir commercial.

trading year, exercice (commercial).

tradition [trə'diʃən] *n.* 1. tradition. 2. *Jur. :* transfert (d'un bien).

traffic ['træfik] *n.* 1. trafic, commerce. 2. mouvement, circulation. *Traffic manager, traffic superintendent,* chef du trafic, directeur du service du trafic.

traffic, traffick *v.* trafiquer, se livrer à un trafic.

trafficker *n.* trafiquant.

trail [treil] *v.* venir derrière, être à la traîne.

trailer ['treilə] *n.* 1. remorque. 2. bande-annonce, film-annonce, présentation d'un film (contenant des extraits).

train [trein] *n. Fast train,* express. *Slow train,* omnibus. *Through train,* train direct. *By goods train,* en petite vitesse. *By passenger train,* en grande vitesse.

train *v.* former, donner une formation, préparer à (une profession, un métier) ; entraîner.

trainee [trei'ni:] *n.* stagiaire.

train ferry *n. Navig. :* transbordeur de train, « ferry-boat ».

traineeship [trei'ni:ʃip] *n.* stage.

training ['treiniŋ] *n.* formation. *Training officer,* responsable de formation. *On-the-job training,* formation permanente dispensée dans l'entreprise. *Vocational training,* formation professionnelle.

training period, stage (de formation).

trajectory ['trædʒiktəri] *n.* trajectoire.

tram [træm] *n.* voir **tramcar.**

tramcar ['træmka:] *n.* (voiture de) tramway.

tramp (steamer) [træmp] *n.* navire cargo sans ligne régulière, vapeur en cueillette.

tramping, transport maritime à la demande.

tranche [tra:nʃ] *n.* tranche (d'emprunt).

transact [træn'zækt] *v.* traiter, être en affaires. *To transact business with,* être en affaires avec, faire des affaires avec.

transaction [træn'zækʃən] *n.* 1. opération, transaction. *Cash transaction,* opération, marché au comptant. *Transactions on change,* opérations en bourse. 2. *pl.* annales ; actes (colloque, etc.).

transactional *adj.* transactionnel(le).

transactor [træn'zæktə] *n.* négociateur, personne qui traite une affaire.

transcribe [træn'skraib] *v.* transcrire.

transcript ['trænskript] *n.* copie dactylographiée ou imprimée ; transcription ; relevé. *Transcript of record(s),* (université) relevé, copie des résultats scolaires.

transcription [træn'skripʃən] *n.* transcription.

transfer ['trænsfə] *n.* 1. transfert, déplacement, mutation (de fonctionnaire, etc.), transport. *Plant transfer*, délocalisation d'usine. *Transfer ticket*, billet de correspondance. **2.** *Jur.* : transfert, transmission (d'un droit), cession. *Transfer by death*, mutation par décès. *Transfer duty*, droit de mutation (entre vifs). *Transfer of a debt*, cession, revirement d'une créance. *Transfer of shares*, transfert, assignation d'actions. *Transfer payments*, transferts sociaux. **3.** *Fin.* : transfert, virement, contrepassement (d'une écriture). *Transfer of funds*, virement de fonds. *Bank transfer*, virement bancaire.

transfer [træns'fə:] **1.** transférer, muter ; changer de train. **2.** transférer, transmettre, céder. **3.** virer, contrepasser. **4.** *Téléph.* : passer, faire passer (un appel).

transferability [træns,fə:rə'biliti] *n.* transmissibilité, cessibilité.

transferable [træns'fə:rəbl] *adj.* transférable, transmissile, cessible, négociable. *Transferable securities*, titres négociables, cessibles.

transferal, voir **transferral**.

transfer charge call, appel en P.C.V.

transfer-deed *n.* acte de cession.

transferee [trænsfə:'ri] *n.* **1.** cessionnaire (d'un bien, d'un effet de commerce). **2.** bénéficiaire d'un transfert (crédit documentaire, connaissement…).

transference ['trænsfərəns] *n.* mutation, transfert (à un autre poste).

transfer of technology, transfert de technologie, transfert technologique.

transferor *n.* cédant.

transferral *n.* transfert.

transfer-tax *n.* droits de mutation.

tranship *v.* transborder.

transhipment *n.* transbordement.

transgress [træns'gres] *v.* transgresser, enfreindre.

transient ['trænziənt] *adj.* transitoire, passager, éphémère.

transient *n.* **1.** voyageur de passage (motels, etc.). **2.** migrant à la recherche de travail.

transire [train'saiəri] *n.* passavant, laissez-passer.

transit ['trænsit] *n.* **1.** transport, voyage, expédition. *Ships in transit*, navires transiteurs. *Damage in transit*, avarie(s) en cours de route. *Transit agent*, transitaire. **2.** transit. *Goods in transit*, marchandises en transit.

transition [træn'siʃən] *n.* transition.

transmission [trænz'miʃən] *n.* transmission.

translate [træns'leit] *v.* traduire ; convertir. *To translate into*, se traduire par/en.

translation [træns'leiʃən] *n.* traduction ; conversion. *Translation adjustment*, écart de change ; correction de l'écart de change.

translator [træns'leitə] *n.* traducteur.

transmit [trænz'mit] *v.* **1.** transmettre. **2.** émettre.

transmitter [trænz'mitə] **1.** transmetteur. **2.** émetteur (poste).

transmutation [trænzmju:'teiʃən] *n. Jur.* : mutation.

transnational *adj.* transnational.

transparency *n.* **1.** transparent. **2.** transparence.

transplant *n.* **1.** transplantation ; construction d'usines à l'étranger, « transplant ». **2.** greffe (d'organes).

transport ['trænspo:t] *n.* transport. *Transport agent*, transporteur. *Transport company*, société de transport. *Inland water transport*, batellerie. *River transport*, transport fluvial.

transport [træn'spo:t] *v.* transporter.

transportation [trænspo:'teiʃən] *n.* **1.** (U.S.) transport. **2.** (U.S.) moyen de transport. **3.** (G.B.) déportation.

transporter [træn'spo:tə] *n.* **1.** entrepreneur de transports, transporteur. **2.** (appareil) transporteur, convoyeur. *Transporter bridge*, pont transbordeur.

transship *v.* voir **tranship**.

trap [træp] *n.* piège.

trap *v.* **1.** prendre au piège, faire tomber dans un piège, piéger. **2.** bloquer, retenir, coincer, immobiliser, emprisonner.

trash [træʃ] *n.* **1.** détritus, ordures, déchets. **2.** marchandise(s) sans valeur, camelote. *Trash TV*, télévision " poubelle ".

travel [ˈtrævl] *n.* voyage. *Travel agency*, agence de voyage. *Travel card*, carte de transport. *Travel expenses*, frais de voyage.

travel *v.* **1.** voyager. **2.** être voyageur de commerce. *To travel for a firm*, représenter une maison de commerce. **3.** supporter le voyage (denrées périssables).

travel agency, agence de voyage.

travel bureau (U.S.), agence de voyage.

traveller (**U.S. traveler**) [ˈtrævlə] *n.* voyageur. *Commercial traveller*, voyageur de commerce, commis voyageur, représentant de commerce.

traveller's cheque (U.S. **traveler's check**), chèque de voyage.

travel(l)ing allowance [ˈtrævə liŋ] indemnité de déplacement.

travel(l)ing expenses *loc.* frais de déplacement.

travelling fair, exposition itinérante.

travel(l)ing salesman, (U.S.) voyageur de commerce.

traversable [ˈtrævəsəbl] *adj.* Jur. : contestable.

traverse [ˈtrævəs] *n.* Jur. : dénégation.

traverse *v.* Jur. : dénier.

trawler [ˈtrɔ:lə] *n.* chalutier.

treacherous [ˈtretʃərəs] *adj.* déloyal ; traître, trompeur, dangereux.

treachery [ˈtretʃəri] *n.* acte déloyal ; déloyauté ; traîtrise.

treasurer [ˈtreʒərə] *n.* trésorier. (U.S.) *Treasurer's check*, chèque bancaire.

treasury [ˈtreʒəri] *n.* trésor (public), trésorerie. *Treasury bill*, billet, bon du trésor, (U.S.) bon du trésor en comptes courants (maturité à moins d'un an). *Treasury bond*, bon du trésor, (U.S.) bon du trésor à long terme. *Treasury note* (U.S.), bon du trésor. *The Treasury* (U.S.), le ministère des finances. *Treasury Secretary*, (U.S.) Ministre des Finances. *Treasury-warrant*, mandat du trésor.

treat [tri:t] *v.* **1.** traiter. **2.** négocier. **3.** recevoir avec magnificence.

treaty [ˈtri:ti] *n.* **1.** traité (de commerce, de paix), conversation. *To enter into a treaty with*, conclure un traité avec. *Treaty port*, port ouvert au commerce étranger. **2.** accord, contrat. *To sell something by private treaty*, vendre quelque chose de gré à gré, à l'amiable.

treble [ˈtrebl] *v.* tripler.

trend [trend] *n.* tendance, orientation. *Upward trend*, tendance à la hausse. *To reverse a trend*, renverser une tendance.

trend *v.* se diriger, tendre (*to, towards*, vers). *To trend higher*, tendre à augmenter. *To trend lower*, tendre à baisser.

trend-setter, personne (ou acte) qui donne le ton, lance la mode.

trendy *adj.* à la mode, en vogue, chic, branché, dans le vent.

trespass [ˈtrespəs] *n.* **1.** contravention, transgression de la loi, délit. **2.** Jur. : violation des droits, trouble de jouissance. *Trespass to land*, violation de propriété (foncière).

trespass *v.* transgresser, violer (loi), enfreindre ; entrer sans permission ; empiéter (sur).

trespasser [ˈtrespəsə] *n.* contrevenant ; auteur d'une violation de propriété.

tret [tret] *n.* déduction (poids).

trial [ˈtraiəl] *n.* **1.** essai ; épreuve. *Trial balance*, balance de vérification. *Trial balance book*, livre de balance, de soldes. *Trial order*, commande d'essai. **2.** procès. **3.** jugement.

trial-and-error method, méthode des essais et des erreurs, méthode du tâtonnement.

trial period, période d'essai(s).

trial run, parcours d'essai, essai, répétition, expérimentation.

tribunal ['trai'bju:nl] *n.* tribunal, cour de justice. *Industrial tribunal,* (G.B.) prud'hommes.

tributary ['tribjutəri] *n.* affluent.

trick [trik] *n.* tour, ruse, truc. *The tricks of the trade,* les ficelles du métier.

trickle-down effect, (m. à m. effet de ruissellement) effet de retombées. (Théorie économique selon laquelle la croissance s'obtient en laissant prospérer l'investissement et les affaires au sommet, afin que cette prospérité stimule l'activité et les revenus des autres couches de la société).

tricky ['triki] *adj.* compliqué, délicat.

trifle [traifl] *n.* chose sans importance, bagatelle, broutille ; petite somme d'argent, somme ridicule.

trifle *v.* jouer, badiner (*with,* avec). *To trifle away,* gaspiller, gâcher.

trifling ['traifliŋ] *adj.* sans importance, négligeable, insignifiant, futile.

trigger ['trigə] *n.* stimulus, stimulant. *Trigger price,* prix seuil, prix déclencheur. *Fin. : Trigger rate,* taux/seuil de déclenchement (taux auquel des bons à taux flottant sont automatiquement convertis en papier à taux fixe).

trigger (off) *v.* déclencher, provoquer.

trillion *n.* (U.S.) 10^{12} ; (G.B.) 10^{18}.

trim [trim] *n.* 1. bon ordre, parfait état. 2. arrimage, assiette. *Ship in trim, out of trim,* navire qui a, qui n'a pas son assiette.

trim *v.* 1. arranger, mettre en ordre. 2. arrimer. *To trim the cargo,* arrimer ou réarrimer le chargement. *Free on board and trimmed,* franco bord et arrimage. (Marchandises en

vrac) *Trimmed,* convenablement mises en soute. **3.** réduire, retrancher, « dégraisser ». *To trim a budget,* réduire un budget. *To trim the profit margins,* serrer les marges bénéficiaires. *To trim the payroll,* réduire les effectifs. *60 people were trimmed from the company's payroll,* le personnel de la société fut réduit de 60 personnes. **4.** orner, parer.

trimmer ['trimə] *n.* opportuniste.

trimming ['trimiŋ] *n.* 1. arrimage. 2. réduction. 3. opportunisme.

trip [trip] *n.* voyage, trajet. *Business trip,* voyage d'affaires. (U.S.) *Round trip,* aller-retour. *To go on, to make, to take a trip,* faire un voyage.

triplicate ['triplikit] *adj.* triplé, triple.

triplicate *n.* triple, triplicata. *Invoice in triplicate,* facture en triple exemplaire.

triplicate ['triplikeit] *v.* rédiger un document en triple exemplaire, tripler.

trivial ['triviəl] *adj.* sans importance, insignifiant, ordinaire.

trolley ['trɔli] *n.* chariot. *Trolley basket,* caddy, chariot de supermarché.

trouble ['trʌbl] *n.* 1. ennui, difficulté. *Money troubles,* problèmes d'argent, soucis d'argent. 2. dérangement, mal, peine. 3. trouble, désordre. *Labour troubles,* conflits sociaux, troubles sociaux.

trouble *v.* 1. inquiéter, préoccuper, s'inquiéter, se préoccuper. 2. déranger, incommoder, gêner. 3. se déranger, se donner la peine de, se mettre en peine.

troubled *adj.* 1. préoccupé, inquiet. 2. en difficulté. *The ~ banking sector,* le secteur bancaire en crise.

troubleshooter ['trʌbl'ʃu:tə] *n.* enquêteur ; médiateur ; spécialiste chargé de trouver les causes d'un problème ou d'une panne.

trough [trɔf] *n.* creux. *Trough of a graph, of a curve,* creux d'un graphique, d'une courbe. *Troughs* *and peaks*, les creux et les crêtes, les extrêmes d'un graphique.

troy (weight) [trɔi] *n.* poids troy (pour la pesée de l'or et de l'argent). *Troy ounce, ounce troy*, once troy (31,1 g).

truce *n.* trêve.

truck [trʌk] *n.* **1.** wagon. **2.** (U.S.) camion. *Heavy-truck*, poids lourd. **3.** chariot ; diable. **4.** troc, échange. *Truck (system)*, paiement des ouvriers en nature. **5.** (U.S.) produits maraîchers.

truck *v.* **1.** camionner, transporter par camion. **2.** échanger, troquer.

truckage ['trʌkidʒ] *n.* camionnage, roulage.

trucker ['trʌkə] *n.* camionneur, routier.

trucking ['trʌkiŋ] *n.* camionnage, transport en wagons, roulage. (U.S.) *Trucking b/l*, lettre de voiture, de transport routier.

true [tru:] *adj.* vrai, exact, conforme. *True to sample*, conforme à léchantillon.

true and fair view, *Comptab. :* fidélité.

truly *adj.* vraiment ; sincèrement. (lettre) *yours truly*, je vous prie de croire à l'assurance de mes sentiments distingués.

trunk [trʌŋk] *n.* **1.** *Télécom. :* interurbain. *S.T.D.* (G.B.), *Subscriber Trunk Dialling*, automatique interurbain. *Trunk call*, communication interurbaine. *Trunk line*, ligne interurbaine. **2.** *Chem. de fer : Trunk line*, ligne principale, grande ligne. *Trunk road*, grande route.

trust [trʌst] *n.* **1.** confiance. **2.** crédit. *To supply goods on trust*, fournir des marchandises à crédit. **3.** responsabilité, charge. **4.** garde, dépôt. *To hold something on trust, in trust*, garder quelque chose en dépôt. **5.** fidéicommis. *To hold something in trust*, tenir quelque chose par fidéicommis, administrer (un bien) par fidéicommis. **6.** *Trust, investment trust*, société d'investissement. *Closed-end investment trust*, société de gestion de portefeuille à capital fixe. *Open-end investment trust, unit trust*, société d'investissement à capital variable (S.I.C.A.V.).

trust *v.* **1.** se fier à, faire confiance à, compter sur. **2.** faire crédit à.

trustbuster *n.* « briseur de trust », (U.S.) fonctionnaire fédéral chargé de faire appliquer les lois anti-trusts.

trust company *n.* (U.S.) société de gestion.

trust-deed *n.* acte fiduciaire, acte de fidéicommis.

trust department *n.* *Banque :* service des titres en dépôt, service de gestion de portefeuille.

trustee [trʌs'ti:] *n.* **1.** commissaire fiduciaire, fidéicommissaire, curateur. **2.** dépositaire, consignataire. **3.** mandataire, administrateur, syndic de faillite. *Trustee in bankruptcy*, syndic de faillite. **4.** administrateur, membre du conseil d'administration d'une fondation. *Board of trustees*, conseil d'administration. **5.** fondé de pouvoir. **6.** (Procédure d'escrow) Tiers détenteur.

trust estate, bien, propriété, détenu(e) par fidéicommis.

trust fund, bien (en particulier argent ou valeurs boursières) détenu par fidéicommis.

trust indenture, acte fiduciaire ; contrat fiduciaire.

trust mortgage *n.* hypothèque fiduciaire.

trusteeship [,trʌs'ti:ʃip] *n.* **1.** fidéicommis. *Trusteeship in bankruptcy*, syndicat de faillite. **2.** administration.

trustification *n.* (U.S.) formation d'un trust, groupement de sociétés. *Vertical trustification*, intégration.

trustify *v.* réunir en trust, intégrer (des sociétés).

trustworthiness [,trʌst,wə:ðinis] *n.* **1.** loyauté, fidélité. **2.** crédibilité, véracité, exactitude.

trustworthy ['trʌst,wə:ði] *adj.*

1. digne de foi, de confiance, loyal, honnête. **2.** digne de foi, croyable, exact.

truth *n.* vérité.

truthful *adj.* vrai, fidèle, véridique ; digne de foi.

truth-in-lending laws, lois veillant à ce que l'emprunteur soit bien informé sur les conditions réelles des prêts.

try [traɪ] *n.* essai, tentative.

try *v.* **1.** essayer, expérimenter. **2.** tenter, tâcher de faire quelque chose. **3.** éprouver. **4.** juger.

try for something *v.* tâcher d'obtenir quelque chose. *To try for a post,* poser sa candidature à un poste.

try on *v.* essayer (vêtement, chaussures).

try-out *n.* essai (technique, d'une machine).

try out *v.* essayer, soumettre à des essais prolongés.

tug [tʌg] *n.* remorqueur.

tug *v.* remorquer.

tugboat [ˌtʌgˈbəut] *n.* remorqueur.

tug of war [tʌgəvˈwɔː] *n.* lutte, rivalité, bras de fer.

tuition [tjuːˈiʃən] *n.* enseignement. *Tuition fees,* frais de scolarité. *Private tuition,* cours particuliers.

tumble [tʌmbl] *n.* **1.** chute, culbute, dégringolade. **2.** confusion, désordre.

tumble *v.* culbuter, tomber, dégringoler, s'écrouler, chuter.

tune *n.* air, mélodie, chanson. *To call the ~,* (fam.) être le patron, donner les ordres, faire la loi. *To the ~ of,* pour une somme de, au rythme de, à raison de.

tune *v.* **1.** (musique) accorder. **2.** (moteur) régler.

tune in (to), se régler sur/se brancher sur/prendre (une longueur d'onde, une station, etc.).

turbine [ˈtəːbaɪn] *n.* turbine.

turbo-jet [ˌtəːbəuˈdʒet] *n.* turbo propulseur.

turmoil *n.* désordre, agitation, bouleversement, ébullition.

turn [təːn] *n.* **1.** tour. **2.** *Bourse :* changement de tendance, revirement. **3.** *Bourse : Turn of the market,* écart entre le prix d'achat et le prix de vente. **4.** *Jobber's turn,* marge du « jobber ».

turn *v.* **1.** tourner. **2.** changer, transformer, convertir. **3.** devenir ; atteindre (un âge). **4.** *to turn a profit,* faire des bénéfices.

turnabout, *n.* retournement de situation, de tendance ; volte-face.

turnaround n., rotation (des stocks).

turn around *v.* (société) **1.** se rétablir, se redresser. **2.** redresser. *To turn around an ailing company,* redresser une société en difficulté.

turnaround *n.* **1.** retournement de situation, de tendance ; volte-face. **2.** redressement (de société, de l'économie).

turnaround time, temps d'immobilisation (chargement, déchargement, entretien) d'un véhicule, navire, etc., opérant une rotation.

turn down *v.* repousser, rejeter. *To turn down an offer, a proposal,* repousser, rejeter une offre, une proposition.

turndown *n.* baisse.

turn in *v.* rendre, remettre.

turn in one's resignation *v.* remettre sa démission.

turn-key job, opération clés en main.

turn-key project *n.* projet clés en main.

turn-key unit, unité, ensemble (livrable, livré) clés en main.

turn on *v.* mettre en marche, allumer, mettre en route, mettre le contact, faire démarrer, déclencher.

turnout [ˈtəːnaut] *n.* **1.** production, rendement. **2.** (taux de) participation (à un vote). **3.** assemblée, concours, foule. **4.** (G.B.) grève. **5.** aiguillage, voie de garage.

turn out *v.* **1.** produire, fabriquer, sortir. **2.** mettre dehors, congédier. **3.** se présenter. **4.** se produire, se trouver, se montrer. **5.** éteindre. **6.** *To turn out on strike,* se mettre en grève.

turnover ['tə:n,əuvə] *n.* **1.** chiffre d'affaires. *Turnover tax,* impôt sur le chiffre d'affaires. **2.** *Bourse :* volume des transactions. **3.** rotation ; rotation des stocks, roulement, ventes. *Rapid turnover of goods,* écoulement rapide des marchandises. *Room turnover,* (hôtel) taux d'occupation des chambres. **4.** mouvement, rotation du personnel, instabilité d'emploi.

turnpike ['tə:npaik] *n.* **1.** barrière de péage. **2.** *Turnpike road,* route à péage, autoroute.

turn-round ['tə:n-raund] *n.* renversement, revirement.

turntable ['tə:n,teibl] *n.* **1.** *Chem. de fer :* plaque-tournante. **2.** tourne-disque ; platine.

turn the corner *v.* sortir d'une mauvaise passe.

tutor ['tju:tə] *n.* **1.** tuteur. **2.** précepteur, répétiteur. **3.** *Univers. :* responsable des études d'un groupe d'étudiants.

tutorial [tju:'tɔ:riəl] *n.* cours individuel ou en petit groupe.

turn upward *v.* (courbe, etc.) repartir, remonter.

T.V. set ['ti: 'vi: set] poste de télévision, récepteur, télé.

twin [twin] *adj.* jumeau, jumelé.

twin *v.* jumeler.

twist off [twist] *v.* enlever en tournant, arracher en tournant, détacher en tournant.

two-digit inflation [tu:'didʒit] inflation à deux chiffres.

two-tier [tu:tiə] *loc.* à deux niveaux, à deux étages. *Two-tier letter service,* courrier à deux vitesses, à deux tarifs.

two-way *adj.* qui fonctionne dans les deux sens. *Two-way street,* rue à double sens. (Télé, etc.) en duplex.

two-way bottles, (U.S.) bouteilles consignées.

tycoon [tai'ku:n] *n.* magnat, potentat, brasseur d'affaires.

type [taip] *v.* dactylographier, taper à la machine.

typewriter ['taipraitə] *n.* machine à écrire.

typewrite ['taiprait] *v.* dactylographier, taper à la machine.

typewriting ['taipraitiŋ] *n.* dactylographie.

typing ['taipiŋ] *n.* dactylographie.

typist ['taipist] *n.* dactylo. *Shorthand typist,* sténo-dactylo.

typo ['taipəu] fam. pour *typographical error,* faute de frappe.

typographer [tai'pɔgrəfə] *n.* typographe.

typographic [taipə'græfik], **typographical** [taipə'græfikl] *adj.* typographique.

tyre [taiə] pneumatique, pneu.

U

ullage [ˈʌlidʒ] *n. Douanes :* manquant. *On ullage,* (tonneau) en vidange.

ulterior [ʌlˈtiəriə] *adj.* **1.** ultérieur. **2.** secret, caché, inavoué.

ultimate [ˈʌltimit] *adj.* ultime, final, définitif, fondamental. *Ultimate destination of a parcel,* destination finale d'un colis.

ultimatum [ˌʌltiˈmeitəm] *n.* ultimatum.

ultimo [ˈʌltiməu] *adv.* (abr. **ult**) du mois dernier, du mois écoulé. *Your letter of the 14th ult.,* votre lettre du 14 du mois dernier.

ultra vires [ˈʌltrə ˈvaiəriːz] *loc. lat. Jur. :* au-delà des pouvoirs, anti-statutaire, illégal. *Action ultra vires,* action antistatutaire, excès de pouvoir.

umbrella body, organe représentatif, organisme qui en chapeaute plusieurs autres.

umpire [ˈʌmpaiə] *n.* **1.** arbitre, juge. **2.** *Jur. :* sur-arbitre, tiers-arbitre.

umpire *v.* arbitrer (un différend). *To umpire between two parties,* servir d'arbitre entre deux parties.

umpteen [ˌʌmpˈtiːn] *adj.* très grand nombre. *For the umpteenth time,* pour la nième fois.

unaccountable [ˌʌnəˈkauntəbl] *adj.* **1.** inexplicable, incompréhensible, étrange, bizarre. **2.** qui n'a pas à rendre compte.

unaccounted [ˌʌnəˈkauntid] *adj.* **1.** inexpliqué. **3.** non inscrit au bilan.

unaccredited [ˌʌnəˈkreditid] *adj.* non accrédité, sans pouvoirs.

unadulterated [ˌʌnəˈdʌltəreitid] *adj.* inaltéré, pur, sans mélange.

unadvisable [ˌʌnədˈvaizəbl] *adj.* inopportun, à déconseiller, peu recommandable, imprudent.

unaffiliated [ʌnəˈfilieitid] *adj.* non affilié.

unaffordability *n.* fait d'être inabordable

unaffordable *adj.* inabordable, hors d'atteinte.

unalienable [ʌnˈeiljənəbl] *adj.* inaliénable.

unallocated [ˌʌnˈæləukeitid] *adj.* sans affectation, inaffecté.

unalloyed [ˌʌnəˈlɔid] *adj.* (métal) pur, sans alliage.

unaltered [ˌʌnˈɔːltəd] *adj.* inchangé.

unanimity [ˌjuːnəˈnimiti] *n.* unanimité.

unanimous [juːˈnæniməs] *adj.* unanime.

unanimously [juːˈnæniməsli] *adv.* à l'unanimité.

unannounced [ˌʌnəˈnaunst] *adj.* sans être annoncé, sans se faire annoncer, à l'improviste.

unanswered [ˌʌnˈaːnsəd] *adj.* sans réponse, sans solution.

unappropriated [ˌʌnəˈprəuprieitid] *adj.* **1.** inutilisé, disponible, sans destination spéciale. *Unappropriated funds,* fonds sans affectation, sans application déterminée. **2.** non distribué, non réparti. *Unappropriated profits,* bénéfices non distribués, non répartis.

unapproved [ˌʌnəˈpruːvd] *adj.* non approuvé. *Douanes :* non agréé.

unassessed [ˌʌnəˈsest] *adj.* **1.** non évalué. **2.** non imposé.

unassignable [ˌʌnəˈsainəbl] *adj.* (droit, bien) inaliénable, incessible, intransférable.

unassigned [ˌʌnəˈsaind] *adj.* non affecté (en garantie), non gagé.

unattached [ˌʌnəˈtætʃt] *adj.* libre d'attache, d'engagement, indépendant ; disponible, sans affectation. *These documents were left unattached to our letter,* ces documents n'ont pas été joints à notre lettre.

unattested [ˌʌnəˈtestid] *adj.* non attesté, non certifié ; (document) non légalisé.

unauthenticated [ˌʌnɔːˈθentikeitid] *adj. Jur. :* non légalisé.

unauthorized [ˌʌnˈɔːθəraizd] *adj.* inautorisé, illicite (transaction) ; (personne) sans mandat.

unavailability [ˌʌnəˌveiləˈbiliti] *n.* indisponibilité ; illiquidité (du capital) ; (billet) non-validité.

unavailable [ˌʌnəˈveiləbl] *adj.* indisponible, non disponible ; (capital) illiquide.

unbalanced [ˌʌnˈbælənst] *adj.* 1. non équilibré, en déséquilibre, déséquilibré. 2. *Comptab. :* non soldé.

unbias(s)ed [ˌʌnˈbaiəst] *adj.* sans préjugé, sans parti pris, sans prévention, loyal, objectif.

unblock *v.* débloquer, dégeler (des fonds, des actifs).

unbranded goods [ˌʌnˈbrændid] *adj.* « marque du distributeur ». Ex. : produits vendus dans les supermarchés sous la marque desdits supermarchés.

unbundle [ˌʌnˈbʌndl] *v.* 1. dégrouper. 2. séparer les tarifs.

unbundling [ˌʌnˈbʌndliŋ] *n.* 1. dégroupage ; dégroupement. 2. séparation des tarifs.

unbusinesslike [ˌʌnˈbiznis laik] *adj.* dépourvu du sens des affaires, peu commerçant ; (pratique commerciale) irrégulière, incorrecte.

uncalled [ˌʌnˈkɔːld] *adj.* non appelé. *Uncalled capital,* capitaux non appelés.

unchallenged [ˌʌnˈtʃæləndʒd] *adj.* incontesté, indiscutable, indiscuté, non récusé, sans rival.

unchanged [ˌʌnˈtʃeindʃd] *adj.* inchangé, sans modification.

uncharged [ˌʌnˈtʃaːdʒd] *adj.* 1. déchargé, dégagé, libre de responsabilité. 2. non accusé. 3. qui n'est pas soumis au paiement d'un droit, gratuit.

unchecked [ˌʌnˈtʃekt] *adj.* 1. incontrôlé, à quoi on n'impose pas de limites ; sans entraves. 2. non contrôlé, non vérifié.

unclaimed [ˌʌnˈkleimd] *adj.* non réclamé. *Unclaimed letter,* lettre de rebut. *Unclaimed parcel,* colis en souffrance. *Unclaimed right,* droit non revendiqué.

uncleared [ˌʌnˈkliəd] *adj.* 1. (*of debt*) non acquitté, non liquidé. 2. (*of goods*) non dédouané. 3. (*of cheque*) non compensé.

uncollectable *adj.* irrécouvrable, non-recouvrable.

uncollected [ˌʌnkəˈlektid] *adj.* non encaissé. *Uncollected taxes,* impôts non perçus.

uncollectible *adj.* non recouvrable.

uncommissioned [ˌʌnkəˈmiʃənd] *adj.* 1. non commissionné, non délégué (pour faire quelque chose). 2. (vaisseau) désarmé.

unconditional [ˌʌnkənˈdiʃənl] *adj.* inconditionnel, absolu, sans réserve, sans conditions.

unconfirmed [ˌʌnkənˈfəːmd] *adj.* non confirmé, qui n'a pas reçu de confirmation.

unconscionable [ʌnˈkɔnʃənəbl] *adj.* (contrat, clause) léonin ; sans scrupule ; exorbitant ; indéfendable.

unconscionability [ʌnˈkɔnʃənəˈbiliti] *n.* caractère léonin.

unconvertible [ˌʌnkənˈvəːtbl] *adj.* inconvertible.

uncorrected [ˌʌnkəˈrektid] *adj.* non corrigé, non rectifié, non redressé.

uncovered [ʌnˈkʌvəd] *adj.* à découvert. *Uncovered balance,* découvert.

uncrossed [ˌʌnˈkrɔst] *adj.* non barré.

uncurbed [ʌnˈkəːbd] *adj.* libre d'entrave, sans frein, déchaîné.

uncurtailed [ˌʌnkəˈteild] *adj.* 1. non écourté, non réduit, intact. 2. sans restriction.

uncustomed [ʌnˈkʌstəmd] *adj.* 1. en contrebande, en fraude, de contrebande. 2. *Douanes :* libre à l'entrée.

undamaged [ʌnˈdæmidʒd] *adj.* non endommagé, en bon état, sans avarie.

undated [ˌʌnˈdeitid] *adj.* non daté, sans date.

undecided [ˌʌndiˈsaidid] *adj.* *Bourse :* indécis, hésitant.

undelivered [ˌʌndi'livəd] *adj.* non livré. *Undelivered letter,* lettre non encore remise à destination ; lettre de rebut.

undepressed [ʌndi'prest] *adj. Bourse :* soutenu, (marché) ferme.

under ['ʌndə] *prép.* **1.** sous, en. *To be under s.o.,* être sous les ordres de quelqu'un. *Under construction,* en construction. *Under oath,* sous serment. *Under registered cover,* sous pli recommandé. *Under repair,* en réparation. *Under separate cover,* sous pli séparé. *Under ship's derrick (tackle),* sous palan. *Under the style of,* sous la raison sociale de. **2.** au-dessous (de), de moins de. **3.** en vertu, aux termes de, au titre de, en application de, selon. *Under this agreement,* en vertu de cet accord. *Under article five,* d'après, aux termes de l'article cinq. *Under the terms of the contract,* aux termes du contrat.

under (to go) *loc.* faire faillite, échouer.

underassessment [ˌʌndə,ə'sesmənt] *n.* **1.** sous-estimation. **2.** sous-imposition.

underbid [ˌʌndə'bid] *v.* offrir des conditions plus avantageuses que, demander moins cher que, faire une soumission moins élevée.

underbill *v.* sous-facturer.

underbilling *n.* sous-facturation.

under bond *loc.* lié, engagé.

undercarriage ['ʌndə,kærɪdʒ] *n.* châssis ; train d'atterrissage.

undercharge [ˌʌndə'tʃaːdʒ] *v.* ne pas faire payer assez à (quelqu'un).

underconsumption [ˌʌndəkən'sʌmpʃən] *n.* sous-consommation.

under-contract *v.* sous-traiter.

undercut ['ʌndəkʌt] *v.* vendre moins cher que, consentir des conditions plus avantageuses que.

underdeveloped [ˌʌndədi'veləpt] *adj.* sous-développé, en voie de développement.

underdevelopment [ˌʌndədi'veləpmənt] *n.* sous-développement.

underdog ['ʌndədɒg] *n.* opprimé, exploité, « perdant ».

under-employed, sous-employé ; sous utilisé.

under-employment [ˌʌndərim'plɔimənt] *n.* sous-emploi.

underestimate [ˌʌndər'estimeit] *v.* sous-estimer.

underfund *v.* sous-financer, financer insuffisamment.

underfunded, sous-capitalisé.

undergo [ˌʌndə'gəu] *v.* subir, supporter, souffrir (une perte).

underground *n.* (G.B.) métro.

underground *adj.* souterrain. ~ *economy,* économie souterraine.

underhand [ˌʌndə'hænd] *adj.* secret, clandestin, en sous-main.

underinsurance [ˌʌndərin'ʃuərəns] *n.* sous-assurance.

underinsure [ˌʌndərin'ʃuə] *v.* sous-assurer.

underlease ['ʌndəli:s] *n.* sous-bail, sous-location.

underlessee ['ʌndəlesi:] *n.* sous-locataire.

underlessor ['ʌndəlesə] *n.* sous-bailleur.

underlet [ˌʌndə'let] *v.* sous-louer.

underline ['ʌndəlain] *v.* souligner, mettre en évidence.

underlying ['ʌndə'laiiŋ] *adj.* **1.** sous-jacent, caché. **2.** fondamental.

undermanned ['ʌndəmænd] *adj.* à court de personnel ; (tâche, service) auquel un personnel insuffisant a été affecté.

undermentioned [ˌʌndə'menʃənd] *adj.* mentionné ci-dessous, ci-dessous mentionné.

undermine [ˌʌndə'main] *v.* saper, miner.

underpaid [ˌʌndə'peid] *adj.* **1.** mal rétribué, insuffisamment rétribué. **2.** (lettre, colis) insuffisamment affranchi.

underperform *v.* avoir des résultats au-dessous de la norme ; *to ~ the index,* faire moins bien que l'indice.

underpin *v.* étayer, renforcer ; soutenir ; sous-tendre.

underprice *v.* **1.** fixer un prix au-dessous du marché ou de la valeur réelle. **2.** vendre moins cher que la concurrence.

underprivileged [,ʌndə'privilidʒd] *adj.* défavorisé, déshérité.

underproduction [,ʌndəprə'dʌ-kʃən] *n.* sous-production.

underquote *v.* offrir de meilleurs prix que la concurrence.

underrate *v.* sous-estimer, sous-évaluer.

underreport *v.* minorer les résultats (dans un état financier par exemple).

underscore [,ʌndə'skɔ:] *v.* souligner.

undersecure *v.* garantir/assurer insuffisamment.

undersell [,ʌndə'sel] *v.* **1.** vendre moins cher que quelqu'un. **2.** vendre à bas prix, au-dessous de sa valeur.

undersign ['ʌndəsain] *v.* soussigner.

undersigned [,ʌndəsaind] *adj.* soussigné.

understaffed [,ʌndə'sta:ft] *adj.* qui manque de personnel, à court de personnel.

understand [,ʌndə'stænd] *v.* **1.** comprendre. **2.** reconnaître, convenir (de ce que). *I understand that any misrepresentation...,* je reconnais que toute distorsion des faits...

understanding [,ʌndə'stændiŋ] *n.* **1.** compréhension. **2.** accord, entente. *On the understanding that,* à condition que.

understate [,ʌndə'steit] *v.* sous-estimer, sous-évaluer, amoindrir les faits, rester au-dessous de la réalité.

understood [,ʌndə'stud] *adj.* **1.** compris. **2.** convenu.

understudy *n.* (ciné. etc.) doublure.

undersubscribed [,ʌndəsəb'skraibd] *adj.* non couvert. *The issue was undersubscribed,* l'émission n'a pas été couverte.

undertake [,ʌndə'teik] *v.* **1.** entreprendre, se charger de. **2.** s'engager à.

undertake proceedings *v.* engager des poursuites, intenter un procès, faire procès.

undertaker [,ʌndə'teikə] *n.* entrepreneur de pompes funèbres.

undertaking [,ʌndə'teikiŋ] *n.* **1.** action d'entreprendre, entreprise. **2.** entreprise (commerciale, industrielle). **3.** engagement, promesse. *On the undertaking that,* sous promesse que, à condition que.

undervaluation ['ʌndə,vælju'eiʃən] *n.* sous-estimation, sous-évaluation.

undervalue [,ʌndə'vælju:] *v.* sous-estimer, sous-évaluer.

under water *loc.* se dit, dans le cadre de stock options, lorsque le cours de l'action est au-dessous de celui auquel les options ont été émises.

underwater (to go), couler.

underworld ['ʌndəwə:ld] *n.* milieu (du crime).

underwrite ['ʌndərait] *v.* **1.** soutenir, donner son accord à, prendre en compte, prendre en charge, financer. *To underwrite a proposal,* soutenir une proposition. *To underwrite expenses,* prendre en charge des dépenses. **2.** garantir, souscrire (une émission). **3.** soumissionner (des bons, une nouvelle émission). **4.** *Assur. :* souscrire, assurer. *To underwrite a policy, a risk,* souscrire une police, un risque, partager un risque.

underwriter [,ʌndəraitə] *n.* **1.** membre d'un syndicat de garantie ; soumissionnaire (émission de titres). **2.** assureur, souscripteur (de risques).

underwriting ['ʌndəraitiŋ] *n.* **1.** garantie d'émission. *Underwriting commission,* commission syndicale (d'un syndicat de garantie). *Underwriting contract,* contrat de garantie, acte syndical, contrat de souscription éventuelle à forfait (engagement de prendre tout ou partie des actions émises par une société si elles ne sont pas souscrites en totalité par le public). **2.** souscription (d'une police d'assurance, d'un risque) ; assurance maritime.

underwriting fee, commission de garantie, commission de placement.

underwriting group/pool, syndicat de prise ferme.

undischarged [ˌʌndis'tʃɑːdʒd] **adj. 1.** (navire) non déchargé. **2.** non déchargé (d'une obligation). *Undischarged bankrupt,* failli non réhabilité. **3.** non acquitté, non liquidé. *Undischarged debt,* dette inacquittée, non liquidée, non soldée.

undiscountable [ˌʌndis'kaun təbl] **adj.** (effet) inescomptable, incourant.

undisposed [ˌʌndi'spəuzd] **adj.** non écoulé, invendu. *Stock undisposed of,* marchandises non écoulées, invendues.

undistributed [ˌʌndi'stribjuː tid] **adj.** non distribué, non réparti. *Undistributed profits,* profits non distribués.

undivided [ˌʌndi'vaidid] **adj.** non partagé, non réparti, indivis. *Undivided profits,* bénéfices non répartis. *Undivided property,* biens indivis.

undock [ˌʌn'dɔk] **v. 1.** faire sortir (un navire) du bassin. **2.** sortir du bassin, sortir de cale sèche. **3.** détacher un module d'un vaisseau spatial.

undocumented adj. sans preuves documentaires, sans documents faisant foi ; (traite, virement) non-documentaire, non-accompagné de documents. ~ *alien,* immigrant sans papiers/non officiellement recensé/sans pièce d'identité.

undue [ˌʌn'djuː] **adj. 1.** (paiement) inexigible, indu (effet) non échu, à échoir. **2.** injuste, illégitime, inique, exagéré. *Undue authority,* abus d'autorité. *Undue influence,* influence illégitime, intimidation.

unearned [ˌʌn'əːnd] **adj.** non gagné par un travail ou un service

rémunéré. *Unearned income,* rentes. *Unearned increment,* plus-value.

uneconomic [ˌʌn,iːkə'nɔmik] **adj. 1.** non économique, contraire aux lois de l'économie. **2.** non rémunérateur, non rentable. *Uneconomic project,* projet non rentable.

uneconomical [ˌʌn,iːkə'nɔmi kəl] **adj. 1.** (méthode, appareil) peu économique ; peu rentable. **2.** (personne) peu économe.

unemployed [ˌʌnim'plɔid] **adj. 1.** sans emploi, sans travail. *The unemployed ; unemployed people,* les chômeurs. **2.** (capital) inemployé. *Unemployed funds,* capitaux inactifs, improductifs, dormants.

unemployment [ˌʌnim'plɔi mənt] **n.** chômage. *Unemployment benefit,* (U.S.) *unemployment compensation,* indemnité de chômage. *Unemployment figures, unemployment rate,* taux de chômage, nombre de chômeurs. *Unemployment fund,* caisse d'assurance contre le chômage. *Unemployment insurance,* assurance contre le chômage, assurance-chômage ; allocation(s) de chômage. *Cyclical unemployment,* chômage cyclique. *Structural unemployment,* chômage structurel.

unencumbered [ˌʌnin'kʌm bəd] **adj.** libre d'hypothèque. *Unemcumbered estate,* propriété franche d'hypothèque, non grevée.

unendorsed [ˌʌnin'dɔːst] **adj. 1.** (chèque) non endossé. **2.** (projet, action) auquel on ne donne pas son adhésion.

unentered [ˌʌn'entəd] **adj.** *Douanes :* non enregistré, non déclaré.

uneven [ˌʌn'iːvn] **adj. 1.** inégal, irrégulier. **2.** impair. **3.** rugueux, accidenté.

unexceptionable [ˌʌnik'sep ʃənəbl] **adj.** irréprochable.

unexchangeable [ˌʌniks'tʃein dʒəbl] **adj.** inéchangeable.

unexecuted [ˌʌn'edsikjuːtid] **adj.** inexécuté, non réalisé. *Jur. : Unexecuted deed,* acte non souscrit, non validé.

unexpected [ˌʌnik'spektid] *adj.* inattendu, inopiné.

unexpired [ˌʌnik'spaiəd] *adj.* non expiré, non périmé.

unfair [ˌʌn'fɛə] *adj.* **1.** injuste, partial. **2.** inéquitable, déloyal. *Unfair competition*, concurrence déloyale. *Unfair dismissal*, licenciement abusif. *Unfair practice*, a) pratique déloyale, atteinte à la libre concurrence. b) (emploi) pratique discriminatoire. *Unfair labor practice*, (U.S.) infraction à la législation sur l'emploi, au code du travail. *Unfair price*, prix exorbitant. *Unfair wage*, salaire inéquitable.

unfair contract terms, conditions discriminatoires à l'embauche.

unfaithful [ˌʌnfei'θful] *adj.* **1.** infidèle, déloyal. **2.** inexact.

unfashionable [ˌʌn'fæʃənəbl] *adj.* démodé.

unfasten [ˌʌn'fɑːsn] *v.* défaire, dénouer, délier, détacher.

unfavourable [ˌʌn'feivərəbl] *adj.* défavorable, peu favorable. *Unfavourable balance of trade*, balance commerciale déficitaire, défavorable, passive. *Unfavourable exchange*, change défavorable.

unfettered *adj.* sans entraves, sans contraintes, sans limites, débridé, sans frein, effréné.

unfilled [ˌʌn'fild] *adj.* **1.** non rempli, non comblé, non pourvu. **2.** (voir **unfulfilled**) non exécuté, non honoré, non satisfait.

unfinished [ˌʌn'finiʃt] *adj.* **1.** inachevé. **2.** brut, non façonné, non usiné.

unfit [ˌʌn'fit] *adj.* impropre, inapte, inadéquat. *Unfit for work*, inapte au travail.

unforeseen [ˌʌnfɔː'siːn] *adj.* imprévu. *Unforeseen event, contingency,* imprévu. *Jur. : Unforeseen circumstances,* force majeure.

unfortunate [ˌʌn'fɔːtʃənit] *adj.* malheureux, infortuné ; regrettable, malencontreux.

unfulfilled [ˌʌnful'fild] *adj.* inaccompli, non satisfait, inexécuté, non rempli ; inachevé.

unfunded [ˌun'fʌndid] *adj.* non financé ; non consolidé. *Unfunded debt*, dette flottante.

unification [ˌjuːnifi'keiʃən] *n.* **1.** unification. **2.** consolidation.

unified [ˌjuːnifaid] *adj.* unifié, consolidé. *Unified debt*, dette consolidée. *Unified mortgage*, hypothèque consolidée.

uniform [ˌjuːnifɔːm] *adj.* uniforme. *Uniform accounting*, comptabilité normalisée.

unify [ˌjuːnifai] *v.* **1.** unifier. **2.** consolider.

unilateral [ˌjuːni'lætərəl] *adj.* unilatéral.

uninsured [ˌʌnin'ʃuəd] *adj.* non assuré. *Poste :* sans valeur déclarée.

union ['juːnjən] *n.* **1.** union. *Customs union*, union douanière. **2.** *(Trade,* (U.S.) *labor) union*, syndicat. *Union card*, carte syndicale. *Union contribution*, cotisation syndicale. *Union hours*, heures conformes aux règles syndicales. *Union local* (U.S.), section syndicale. *Union member*, membre d'un syndicat. *Non-union man*, ouvrier non syndiqué. *Union leader*, dirigeant syndical.

union contract (U.S.), convention, contrat, entre employeur et syndicat, renégocié périodiquement (cf. convention collective).

unionism *n.* syndicalisme.

unionist ['juːnjənist] *n.* ouvrier syndiqué, syndicaliste.

unionization *n.* syndicalisation.

unionize ['juːnjənaiz] *v.* syndiquer, affilier à un syndicat.

union-management disputes, affrontement patronat-syndicats ; conflits entre patronat et syndicats.

union official *n.* responsable syndical, permanent.

unissued [ˌʌn'iʃuːd] *adj.* non émis. *Unissued debentures*, obligations à la souche. *Unissued shares*, actions non encore émises, à la souche.

unit ['juːnit] *n.* **1.** unité. *Téléph. : Unit charge*, taxe unitaire.

Unit cost, prix de revient unitaire. *Unit price,* prix unitaire, prix à l'unité. *Unit trust,* SICAV (société d'investissement à capital variable). **2.** appareil ; dispositif.

united [ju:'naitid] *adj.* uni ; associé, conjoint.

unitized cargo, unité de charge normalisée, conteneur.

unknown at this address [ˌʌn'nəun] inconnu à l'adresse indiquée.

unlawful [ˌʌn'lɔːful] *adj.* illégal, illicite.

unleash ['ʌn'liːʃ] *v.* **1.** libérer. *To ~ pent-up demand,* libérer la demande accumulée. **2.** déchaîner, déclencher.

unless [ənles] *prép.* sauf. *Unless otherwise stipulated, agreed, specified, stated,* sauf stipulation, indication contraire. *Unless we specify to the contrary,* sauf stipulation contraire.

unlicensed [ˌʌn'laisənst] *adj.* non autorisé, illicite ; sans patente. *Unlicensed broker,* courtier marron.

unlikely [ʌn'laikli] *adj.* peu probable, improbable, peu susceptible, peu vraisemblable.

unlimited [ʌn'limitid] *adj.* illimité. *Unlimited liability,* responsabilité illimitée.

unlisted *adj. Bourse :* non inscrit (à la cote officielle), non coté. *Unlisted security,* valeur non inscrite/admise à la cote officielle. *Unlisted securities market,* (G.B.) Correspond en fait au second marché (Bourse). Différence avec cote officielle : pour accéder à la cotation sur l'U.S.M., les sociétés doivent avoir fait des bénéfices au cours des 3 dernières années (au lieu de 5) et offrir au public 10 % de leurs actions (au lieu de 25 %).

unload [ˌʌn'ləud] *v.* **1.** décharger, débarquer (une cargaison). **2.** se décharger, se débarrasser de. *To unload stock on the market,* se décharger d'un paquet d'actions. **3.** réaliser son portefeuille.

unloading [ˌʌn'ləudiŋ] *n.* déchargement, débarquement. *Unloading platform, bay,* quai de déchargement.

unmarked [ˌʌn'maːkt] *adj.* **1.** sans marque, non estampillé. **2.** non remarqué, inaperçu.

unmarketable [ʌn'maːkətəbl] *adj.* invendable, non négociable.

unmortgaged [ʌn'mɔːgidʒd] *adj.* libre d'hypothèque, franc d'hypothèque, non grevé d'hypothèque.

unnegotiable [ʌni'gəuʃiəbl] *adj.* (chèque) non négociable ; (effet) incommerçable.

unnotified [ɔn'nəutifaid] *adj.* **1.** qui n'a pas été averti, qui n'a pas reçu notification. **2.** sans avertissement préalable. **3.** qui n'a pas été convoqué, qui n'a pas reçu de convocation.

unofficial [ˌʌnə'fiʃəl] *adj.* non officiel, officieux, non confirmé. *Unofficial information,* renseignements officieux. *Unofficial market,* marché hors cote. *Unofficial strike,* grève qui n'est pas organisée ou reconnue par les autorités syndicales ; grève sans préavis.

unpack [ˌʌn'pæk] *v.* déballer, dépaqueter, décaisser (des marchandises).

unpacked [ˌʌn'pækt] *adj.* **1.** déballé, dépaqueté. **2.** pas encore emballé ou empaqueté, sans emballage.

unpaid [ˌʌn'peid] *adj.* **1.** (personne) non rétribué, bénévole. **2.** (effet) impayé ; (dette) non acquitté. **3.** (lettre) non affranchi.

unperformed [ˌʌnpə'fɔːmd] *adj.* non exécuté, non accompli, non rempli.

unpractical [ʌn'præktikəl] *adj.* **1.** peu pratique, peu commode, malcommode, impraticable. **2.** qui n'a pas de sens pratique.

unpriced [ˌʌn'praist] *adj.* sans prix, dont le prix n'est pas marqué, sans indication de prix.

unproductive [ˌʌnprə'dʌktiv] *adj.* non productif, improductif ; (capital) dormant.

unprofessional *adj.* contraire à la déontologie, à l'éthique de la profession ; peu professionnel.

unprofitable [ˌʌnˈprɔfitəbl] *adj.* peu profitable, sans profit, non rentable, stérile.

unprotected [ˌʌnprəˈtektid] *adj.* sans protection ; nu, sans emballage.

unprotested [ˌʌnprəˈtestid] *adj.* (effet) non protesté.

unquote [ˌʌnˈkwəut] *loc.* fermez les guillemets, fin de citation.

unquoted [ˌʌnˈkwəutid] *adj. Bourse :* 1. non coté. 2. non inscrit à la cote officielle.

unreclaimed [ˌʌnriˈkleimd] *adj.* non récupéré ; (terrain) resté en friche, non cultivable.

unrecoverable [ˌʌnriˈkʌvərəbl] *adj.* irrecouvrable.

unredeemable [ˌʌnriˈdiːməbl] *adj.* 1. irrachetable, irrémédiable. 2. irremboursable, non amortissable.

unregistered [ˌʌnˈredʒistəd] *adj.* 1. non enregistré ; (marque) non déposé. 2. (lettre) non recommandée.

unreliability *n.* caractère peu fiable, manque de fiabilité ; (renseignement) inexactitude, caractère douteux, incertain.

unreliable *adj.* peu sûr, peu fiable, sur qui on ne peut compter, peu digne de confiance ; *(renseignement, etc.)* sujet à caution, incertain, inexact.

unrepaid *adj.* non-remboursé.

unreservedly [ˌʌnriˈzəːvidli] *adv.* sans réserve.

unrest [ˌʌnˈrest] *n.* inquiétude, malaise, agitation. *Labour unrest, social unrest,* troubles sociaux.

unrestricted [ˌʌnriˈstriktid] *adj.* sans restriction, absolu.

unsafe [ˌʌnˈseif] *adj.* dangereux, peu sûr. *Unsafe investment,* investissement risqué.

unsalable, unsaleable [ˌʌnˈseiləbl] *adj.* invendable.

unsalaried [ˌʌnˈsælərid] *adj.* (personne) sans traitement, non salarié ; (emploi) non rétribué.

unsatisfactory [ˈʌnˌsætisˈfæktə-ri] *adj.* peu satisfaisant, qui laisse à désirer, défectueux, médiocre.

unsatisfied [ˌʌnˈsætisfaid] *adj.* 1. mécontent. 2. non satisfait, non réglé, non honoré.

unscathed *adj.* sans dommage, indemne, sain et sauf.

unscrupulous [ʌnˈskruːpjuləs] *adj.* 1. malhonnête, peu scrupuleux, indélicat. 2. peu soigneux.

unseal [ˌʌnˈsiːl] *v.* décacheter, desceller.

unseat *v.* 1. battre, faire perdre son siège à, défaire. *He unseated the incumbent mayor,* il a battu le maire sortant. 2. démettre, invalider, renvoyer quelqu'un de son poste. *To unseat a board,* démettre un conseil d'administration.

unseaworthiness [ˌʌnˈsiːˌwəː-ðinis] *n.* mauvais état de navigabilité, inaptitude à prendre la mer.

unseaworthy [ˌʌnˈsiːˌwəːði] *adj.* en mauvais état de navigabilité, hors d'état de prendre la mer.

unsecured [ˌʌnsiˈkjuəd] *adj.* (emprunt) non garanti, à découvert. *Unsecured creditor,* créancier sans garantie, chirographaire.

unserviceable [ˌʌnˈsəːvisəbl] *adj.* inutilisable ; (personne) peu serviable.

unsettle [ˌʌnˈsetl] *v.* déstabiliser, troubler, fragiliser.

unsettled [ˌʌnˈsetld] *adj.* 1. troublé, instable, incertain, variable, indécis ; dérangé. 2. non encore réglé, douteux, indécis. 3. impayé, non réglé, non acquitté.

unship [ˌʌnˈʃip] *v.* débarquer, décharger.

unshipment [ˌʌnˈʃipmənt] *n.* débarquement, déchargement.

unskilled [ˌʌnˈskild] *adj.* (ouvrier) non qualifié, sans qualification. *Unskilled labour,* main-d'œuvre non qualifiée.

unskilled worker, ouvrier non qualifié, manœuvre.

unsnarl *v.* démêler. *To unsnarl a legal tangle,* débrouiller une situation juridique complexe.

unsold [,ʌn'səuld] *adj.* invendu. *Subject unsold,* en cas de non-vente, sauf vente.

unsolicited goods or services act [,ʌnsə'lisitid] loi sur la vente forcée.

unsolicited offer, offre non sollicitée. **1.** offre spontanée. **2.** (tentative de) vente forcée.

unsound [,ʌn'saund] *adj.* malsain ; erroné ; mauvais. *Assur. : Unsound risk,* mauvais risque, mauvais sujet d'assurance.

unspecialized [,ʌn'speʃəlaizd] *adj.* non spécialisé ; (travail) de manœuvre, de journalier.

unspent [,ʌn'spent] *adj.* **1.** non dépensé, non utilisé. **2.** non épuisé.

unstable [,ʌn'steibl] *adj.* instable.

unstamped [,ʌn'stæmpt] *adj.* non timbré, non estampé, non estampillé, (lettre) non affranchi. *Unstamped paper,* papier libre.

unsteady [,ʌn'stedi] *adj.* instable, irrégulier.

unstocked [,ʌn'stɔkt] *adj.* désassorti, sans stock, désapprovisionné, en rupture de stock.

unsubscribe [,ʌnsəb'skraib] *v.* se désabonner.

unsubscribed [,ʌnsəb'skraibd] *adj.* **1.** (document) non souscrit, non signé. **2.** (capital) non souscrit.

unsubsidized [,ʌn'sʌbsidaizd] *adj.* non subventionné, sans subvention, sans prime.

unsuccessful [,ʌnsək'sesful] *adj.* **1.** non réussi, sans succès, vain, infructueux. **2.** (personne) qui ne réussit pas.

unsuitability ['ʌn,su:tə'biliti] *n.* **1.** inaptitude, incapacité. **2.** caractère impropre, inopportun.

unsuitable [,ʌn'su:təbl] *adj.* **1.** inapte. **2.** impropre, mal approprié.

unsuited [,ʌn'su:tid] *adj.* **1.** peu fait pour, inapte, impropre. **2.** non satisfait. *We do not want our clients to remain unsuited,* nous ne voulons pas que nos clients restent insatisfaits.

untapped [,ʌn'tæpt] *adj.* non exploité, non utilisé.

untax [,ʌn'tæks] *v.* détaxer.

untaxable [,ʌn'tæksəbl] *adj.* non imposable. *Untaxable costs,* faux frais.

untenable [,ʌn'tenəbl] *adj.* intenable, insoutenable.

untenanted [,ʌn'tenəntid] *adj.* inoccupé, sans locataire, vide, inhabité.

untested [,ʌn'testid] *adj.* non vérifié, qui n'a pas été mis à l'épreuve, non soumis à un test ou une vérification.

untimely [ʌn'taimeli] *adj.* inopportun, mal venu, mal à propos, intempestif.

untrammel(l)ed, sans entraves, sans contraintes.

untransferability [,ʌntræns, fə:rə'biliti] *n.* incessibilité ; caractère inaliénable.

untransferable [,ʌntræns'fə: rəbl] *adj.* incessible, intransférable, inaliénable.

untrue [,ʌn'tru:] *adj.* faux, inexact ; mensonger, déloyal.

untrustworthy [,ʌn'trʌst,wə: ði] *adj.* indigne de confiance, déloyal ; peu sûr.

unused [,ʌn'ju:zd] *adj.* **1.** non utilisé, inutilisé, dont on ne se sert pas. **2.** (personne) peu habitué.

unvalued [ʌn'vælju:d] *adj.* non évalué, non estimé. *Unvalued policy,* police non évaluée.

unveil [ʌn'veil] *v.* dévoiler, révéler, annoncer, rendre public.

unvouched (for) [ʌn'vautʃt] *adj.* non garanti, non confirmé.

unwaged *adj.* au chômage, qui ne touche pas de salaire.

unwarranted [ʌn'wɔ:rəntid] *adj.* **1.** sans garantie. **2.** injustifié, abusif, anormal.

unwind [ʌn'waind] *v.* **1.** débobiner, dérouler ; se dérouler. **2.** (bourse) se dégager, se dégager d'une position. **3.** se détendre, se décontracter. **4.** (crise) se résoudre ; (situation) revenir à la normale.

unworkable [ˌʌn'wəːkəbl] *adj.*
1. impraticable, inexécutable. **2.**
(gisement) inexploitable.

unworthy [ʌn'wəːði] *adj.* indigne.

up [ʌp] *adv.* **1.** en hausse, en
augmentation. *Our turnover is 5 %
up on last year's,* notre chiffre d'affaires est en hausse de 5 % sur l'an
dernier. **2.** haut, en haut. *This end
up, this side up,* haut, dessus, ne
pas renverser, mettre debout.

up *v.* (U.S.) **1.** augmenter. **2.**
promouvoir.

up against (to be) *v.* se heurter
à, être aux prises avec.

upbeat, optimiste ; à la hausse.

upcoming *adj.* imminent.

update *n.* mise à jour, actualisation.

update [ˌʌp'deit] *v.* mettre à
jour, moderniser, actualiser.

up for grabs, à la merci du premier venu, dont n'importe qui peut
s'emparer.

up-front, 1. devant, à l'avant. **2.**
au début, au départ ; (paiement)
comptant.

upgrade *v.* promouvoir, améliorer, relever le niveau.

upgrade *n.* hausse, remontée ;
amélioration.

upgrading [ˌʌp'greidiŋ] *n.* promotion, amélioration.

upheaval [ˌʌp'hiːvəl] *n.* bouleversement, agitation.

uphold [ˌʌp'həuld] *v.* supporter, soutenir, confirmer, maintenir.
Contract that can be upheld,
contrat valide.

upholster [ˌʌp'həulstə] *v.* capitonner, rembourrer, tapisser.

upholsterer [ˌʌp'həulstərə] *n.*
tapissier.

upholstery [ˌʌp'həulstəri] *n.*
capitonnage, rembourrage, garniture, tapisserie (d'ameublement).

up in arms (to be) *v.* se révolter,
se dresser, se soulever, se mobiliser. *Car manufacturers are up in
arms against the new regulation,*
les fabricants d'automobiles se
dressent contre le nouveau règlement, s'attaquent au…

upkeep ['ʌpkiːp] *n.* (frais d')
entretien.

uplift ['ʌplift] *n.* reprise.
Business uplift, reprise des affaires.

up market, haut de gamme. *Up
market model,* modèle haut de
gamme.

upper ['ʌpə] *adj.* supérieur, du
haut. *To get the upper hand,*
prendre le dessus.

upper class, classe dirigeante,
grande bourgeoisie, haute bourgeoisie.

upper middle class, bourgeoisie.

uppermost [ˌʌpə'məust] *adj.*
1. en dessus. **2.** prédominant. *To do
one's uppermost,* faire son maxi-
mum, faire tout ce qui est en son
pouvoir.

uprising ['ʌp,raiziŋ] *n.* soulèvement, révolte.

ups-and-downs, fluctuations,
vicissitudes, hauts et bas.

upscale *adj.* haut de gamme.
Upscale model, modèle haut de
gamme.

upset [ʌp'set] *v.* **1.** renversement. **2.** désorganisation, bouleversement.

upset ['ʌpset] *n.* **1.** renverser. **2.**
désorganiser, bouleverser.

upset price, (enchères) mise à
prix, prix de départ, prix demandé.
*Knocked down for $ 450 from an
upset price of $ 75,* adjugé à $ 450
sur demande de $ 75.

upsetting [ʌp'setiŋ] *adj.* inquiétant, bouleversant.

upshot *n.* résultat, conclusion.

upside (on the), en hausse, à la
hausse.

upside down [ˌʌpsaid'daun] la
tête en bas, à l'envers, renversé,
sens dessus dessous.

up-sizing, upsizing *n.* restructuration avec embauche.

upstanding [ʌp'stændiŋ] *adj.*
1. dressé, droit. **2.** (salaire) fixe. **3.**
honnête, intègre, probe.

upstart *n.* **1.** arriviste. **2.** nouvel
arrivant/nouveau venu (sur un mar-
ché tenu par des entreprises bien
établies).

upstream [,ʌp'stri:m] en amont.

upsurge ['ʌpsə:dʒ] *n.* poussée, hausse (sensible).

upswing ['ʌp'swiŋ] *n.* revirement, redressement, reprise.

uptick ['ʌptik] *On the uptick*, en reprise, en augmentation, en hausse.

up to *adv.* jusqu'à. *Up to $ 3,000*, jusqu'à concurrence de $ 3000.

up to a point, dans une certaine mesure, jusqu'à un certain point.

up-to-date *adj.* 1. à la mode. 2. à jour.

up-to-sample, conforme à l'échantillon.

uptrend *n.* tendance à la hausse.

upturn [ʌp'tə:n] *n.* reprise, amélioration ; poussée.

upturn *v.* 1. retourner, renverser. 2. être en reprise, s'améliorer.

up-valuation *n.* réévaluation.

upward ['ʌpwəd] *adj.* montant, ascendant. *Upward movement*, mouvement de reprise. *Upward tendency*, tendance à la hausse. *Upward trend*, tendance à la hausse.

upward(s) *adv.* 1. de bas en haut, vers le haut, en hausse. *The estimates have had to be revised upward*, les prévisions ont dû être revues en hausse. 2. au-dessus. *$ 50,000 and upwards*, $ 50 000 et au-dessus.

urban ['ə:bən] *adj.* urbain. *Urban blight* (U.S.), paupérisation et dégradation du centre des villes. *Urban renewal*, rénovation, réaménagement des zones urbaines. *Urban roadways*, voies rapides. *Urban sprawl*, urbanisation sauvage.

urbanization [,ə:bənai'zeiʃən] *n.* urbanisation.

urbanize ['ə:bənaiz] *v.* urbaniser.

urge [ə:dʒ] *n.* incitation, besoin, impulsion.

urge *v.* encourager, inciter, pousser, insister ; préconiser.

urgency ['ə:dʒənsi] urgence, besoin pressant.

urgent ['ə:dʒənt] *adj.* urgent, pressant.

urtel (U.S.), abréviation de *your telegram*, en référence à votre télégramme.

usage ['ju:zidʒ] *n.* 1. usage. 2. *Jur.* : droit de passage.

usance ['ju:zns] *n.* 1. usance : période pendant laquelle les traites sur l'étranger peuvent être présentées pour paiement. *Usance draft*, traite à échéance. 2. revenu d'une fortune ; intérêt de l'argent. 3. utilisation, emploi.

use [ju:s] *n.* 1. emploi, usage, utilité. *Directions for use*, mode d'emploi. 2. *Jur.* : détention précaire, usufruit.

use [ju:z] *v.* utiliser, se servir de, employer.

used [ju:zd] *adj.* usagé, usé, de seconde main. *Used cars*, voitures d'occasion.

useful [ju:sful] *adj.* utile. *Useful life*, (durée de) vie utile, durée d'utilisation.

usefulness ['ju:sfulnis] *n.* utilité.

useless ['ju:slis] *adj.* inutile.

« **use no hooks** », ne pas utiliser de crochets.

user ['ju:zə] *n.* 1. utilisateur, usager. 2. *Jur.* : détenteur précaire, usufruitier. 3. *Jur.* : droit d'usage continu. *Land subject to a right of user*, propriété grevée d'une servitude.

user fee, redevance payée par l'utilisateur, contribution/participation financière de l'utilisateur/du bénéficiaire ; tarif personnalisé.

user-friendly *Info.* : convivial, d'utilisation facile, facile à utiliser, bien adapté à l'utilisateur.

usher ['ʌʃə] *n.* huissier ; ouvreur, ouvreuse.

usual ['ju:ʒuəl] *adj.* usuel, habituel. *On usual terms*, aux conditions habituelles.

usufruct ['ju:sju:frʌkt] *n.* usufruit.

usufructuary ['ju:sju:frʌk, tjuəri] *adj.* usufruitier. *Usufructuary right*, droit usufructaire.

usufructuary *n.* usufruitier. *Usufructuary's repairs*, réparations usufruitières.

usurer ['juːʒərə] *n.* usurier.

usurious [juːˈzjuəriəs] *adj.* **1.** (intérêt) usuraire. **2.** (prêteur) usurier.

usury ['juːʒuri] *n.* usure, intérêt exorbitant.

utensil [juːˈtensil] *n.* ustensile ; instrument, outil.

utilities [juːˈtilitiz] *n.* **1.** services publics, V.R.D. (voiries, réseaux divers). **2.** eau, gaz, électricité. **3.** sociétés assurant un service public.

utility [juːˈtiliti] *n.* utilité. *Public utility services,* services publics. *Utility bill,* note, dépenses d'eau, gaz et électricité. *Utility bond,* obligation émise par société gérant un service public. *Utility company,* société chargée d'assurer un service public (eau, gaz, électricité). *Info. : Utility program(me),* programme utilitaire.

utilization ['juːtilaiˈzeiʃən] *n.* utilisation, mise en valeur. *Utilization per cent,* taux du rendement.

utilize ['juːtilaiz] *v.* utiliser, tirer profit de, mettre en valeur.

utter ['ʌtə] *adj.* complet, absolu, total, extrême.

utter *v.* **1.** émettre, prononcer. **2.** émettre, mettre en circulation. *To utter a forged document,* émettre un faux document.

V

vacancy ['veikənsi] *n*. **1.** vacance, poste vacant, poste à pourvoir. *To fill a vacancy,* pourvoir à une vacance. **2.** inoccupation. *Vacancy rate,* taux d'inoccupation (locaux commerciaux, etc.) ; souvent pluriel, **vacancies,** (hôtel, locations) « chambres » libres ; (appartement) à louer.

vacant ['veikənt] *adj*. **1.** vide, inoccupé. **2.** libre, vacant, à pourvoir. **2.** *Jur. : Vacant possession,* libre possession, jouissance immédiate.

vacate [və'keit] *v*. **1.** quitter un emploi, donner sa démission. **2.** évacuer, quitter, libérer laisser libre (un lieu). *To vacate the premises,* vider les lieux. **3.** annuler, résilier (un contrat).

vacating [və'keitiŋ] *n*. **1.** évacuation. **2.** démission. **3.** annulation.

vacation [və'keiʃn] *n*. vacances. *Jur. :* vacations.

vacuum ['vækjuəm] *n*. vide.

vacuum-packed, emballé sous vide.

vagrancy ['veigrənsi] *n*. vagabondage.

vagrant ['veigrənt] *n*. vagabond.

valediction [væli'dikʃən] *n*. discours d'adieu.

valedictory [væli'diktəri] *n*. (U.S.) discours d'adieu.

valid ['vælid] *adj*. valide, valable, régulier. *No longer valid,* périmé.

validate ['vælideit] *v*. valider, rendre valable.

validation [væli'deiʃən] *n*. validation.

validity [və'liditi] *n*. validité.

valorization *n*. valorisation ; (U.S.) maintien (artificiel) des prix.

valorize *v*.

valuable ['væljuəbl] *adj*. **1.** précieux, de valeur, de prix. **2.** évaluable.

valuables, objets de valeur.

valuation [vælju'eiʃn] *n*. **1.**
évaluation, estimation, expertise. **2.** inventaire. **3.** valeur estimée, valorisation ; *inventory valuation,* valorisation des stocks. *To set too high a valuation,* surestimer, surimposer. *To set too low a valuation,* sous-estimer, sous-imposer.

valuation of a policy, *Assur. :* évaluation d'une police, établissement de la valeur de remboursement d'un bien assuré (à la signature du contrat).

valuator *n*. expert, commissaire-repriseur.

value ['vælju:] *n*. **1.** valeur. *To get good value for one's money,* en avoir pour son argent. *To set a value upon something,* estimer, attribuer une cote de valeur à quelque chose. *Book value,* valeur comptable. *Break-up value,* valeur d'inventaire. *Commercial value,* valeur vénale, marchande, négociable, cours. *Decrease in value,* moins-value. *Face value,* valeur nominale. *For value received,* valeur reçue. *Increase in value,* plus-value. *Invoice value,* valeur de facture. *To lose value,* se dévaloriser. *Loss of value, fall in value,* dévalorisation. *Market value,* valeur vénale, marchande, négociable, cours. *Nominal value,* valeur nominale. *Par value,* valeur du pair, valeur au pair. *Rateable value,* valeur fiscale. *Redemption value,* valeur de rachat, valeur de remboursement. *Rental value,* valeur locative. *Assur. : Surrender value,* valeur de rachat. *Taxable value,* valeur imposable. **2.** *Value date :* échéance, date d'entrée en valeur, date de valeur (chèque).

value *v*. **1.** évaluer, estimer, apprécier ; inventorier (des marchandises). **2.** tenir à, faire grand cas de, priser. **3.** valoriser.

value added tax (V.A.T.), taxe à la valeur ajoutée (T.V.A.).

value as security, valeur en garantie.

value for collection, valeur à l'encaissement.

value for money, rapport qualité/prix. *Good value for money,* d'un bon rapport qualité/prix. *To get/have (good) value for money,* en avoir pour son argent. *To give users value for money,* en donner pour leur argent aux usagers.

value here and there, valeur compensée.

value in account, valeur en compte.

value in exchange, contre-valeur.

value received in cash, valeur reçue au comptant.

value upon someone *v.* disposer, tirer sur quelqu'un.

valued ['væljuːd] *adj.* **1.** évalué, estimé. *Valued policy,* police évaluée. **2.** estimé, précieux.

valuer ['væljuːə] *n.* expert, commissaire-priseur.

valuing ['væljuːiŋ] *n.* **1.** évaluation, estimation, appréciation. **2.** valorisation (de chèque).

van [væn] *n.* fourgon, camion, camionnette. *Delivery van,* camionnette de livraison.

van *v.* transporter, livrer (des marchandises) en camionnette.

van-driver, conducteur de camionnette, chauffeur-livreur.

variable ['vɛəriəbl] *n.* variable.

variable ['vɛəriəbl] *adj.* variable, changeant.

variance ['vɛəriəns] *n.* **1.** désaccord, divergence. *At variance,* en désaccord. **2.** *Statist.* : écart, variation, variance.

variant ['vɛəriənt] *adj.* différent, divergent.

variation [ˌvɛəri'eiʃən] *n.* variation, changement. *Adjusted for seasonal variations,* compte tenu des variations saisonnières.

variety [və'raiəti] *n.* variété, diversité, assortiment. *Variety show,* émission de variété. *Variety store* (U.S.), sorte de bazar à bon marché.

various ['vɛəriəs] *adj.* varié, divers.

vary ['vɛəri] *v.* changer, modifier ; varier, être variable, se modifier.

V.A.T. : value added tax ['viː ei 'tiː] taxe à la valeur ajoutée, T.V.A. ~ *exempt,* exonéré de T.V.A. ~ *exemption,* franchise de T.V.A.

vault [vɔːlt] *n.* voûte ; chambre-forte. *Safety vault,* chambre-forte. *Vault cash* (U.S.), réserves en espèces.

vault *v.* (*Bourse*) dépasser, franchir un niveau.

VC, venture capital, capital risque.

vector ['vɛktə] *n.* vecteur.

vehicle ['viːikl] *n.* véhicule.

velocity [vi'lɔsiti] *n.* vitesse. *Velocity of circulation,* vitesse de circulation (monnaie).

vend [vend] *v.* vendre.

vendee [ven'diː] *Jur.* : acheteur, acquéreur.

vendibility [ˌvendə'biliti] *n.* caractère vendable.

vending machine ['vendiŋ] *n.* (U.S.) distributeur automatique.

vendor ['vendɔː] *n.* **1.** vendeur. *Vendor's assets,* valeurs d'apport. *Vendor's lien,* privilège du vendeur. *Vendor's shares,* actions d'apport, de fondateur. **2.** distributeur automatique. **3.** marchand, marchand ambulant. **4.** prestataire de service.

vendue *n.* (U.S.) vente aux enchères.

venture ['ventʃə] *n.* **1.** risque, entreprise hasardeuse. **2.** entreprise, spéculation, opération. *Joint venture,* association qui peut prendre des formes juridiques diverses entre plusieurs individus ou sociétés afin de mener à bien une entreprise commune ; opération conjointe, co-entreprise. En particulier, création par 2 ou plusieurs firmes d'une filiale exploitée conjointement. *Foreign venture,* implantation à l'étranger.

venture *v.* hasarder, risquer, s'aventurer. *We venture to inquire about,* nous nous permettons de nous renseigner sur.

venture capital, capital spécula-

vitalize v. dynamiser, revitaliser.

vitiate ['viʃieit] v. 1. vicier, corrompre. 2. rendre nul (un contrat).

vocation [vəu'keiʃn] n. 1. profession, métier. 2. vocation.

vocational [vəu'keiʃənl] adj. professionnel. *Vocational guidance,* orientation professionnelle. *Vocational training,* formation professionnelle.

voice [vɔis] n. voix, suffrage. *Advisory voice,* voix consultative.

voice v. exprimer, énoncer, interpréter. *To voice concern,* exprimer son inquiétude.

voice-mail, boîte vocale.

voice over, commentaire, voix du commentateur (films, T.V.).

void [vɔid] adj. 1. vide. 2. dénué de. 3. nul. *To make a clause void,* annuler une clause, frapper une clause de nullité. *To declare null and void,* déclarer nul et non avenu.

void v. résilier, annuler, rendre caduc.

void a contract, frapper un contrat de nullité, annuler un contrat, résilier un contrat.

voidable ['vɔidəbl] adj. annulable.

voidance ['vɔidəns] n. résiliation.

voidness ['vɔidnis] n. nullité.

volatile ['vɔlətail], (U.S.) ['vɔlətil] adj. instable. *(Bourse)* volatil ; en effervescence. *A highly volatile situation,* une situation explosive.

volatility [vɔlə'tiləti] n. volatilité.

volume ['vɔljuːm] n. volume. *Sales volume,* chiffre des ventes. *Volume control,* (son) réglage de volume, de puissance.

voluntary ['vɔləntəri] adj. volontaire, bénévole. *Voluntary chain,* regroupement volontaire de détaillants, coopérative d'achat (pour détaillant). *Voluntary organization,* organisation bénévole. *Voluntary redundancy,* départ volontaire. *Voluntary restraint,* (revendications salariales) modération volontaire ;

autolimitation. *Voluntary winding-up,* liquidation volontaire.

volunteer [vɔlən'tiə] se porter volontaire.

vote [vəut] n. 1. scrutin, vote secret, vote, scrutin secret ; vote à bulletin secret. *To take the vote,* procéder au scrutin. 2. voix. *Casting vote,* voix prépondérante. *To count the votes,* compter les voix, dépouiller le scrutin. *To poll votes,* obtenir des voix. *To tally the votes,* dépouiller le scrutin, décompter les voix.

vote v. voter.

vote by proxy, vote par procuration.

vote down v. repousser, rejeter (par un vote).

voter ['vəutə] n. 1. votant. 2. électeur. *Voters' list,* registre électoral.

voting right ['vəutiŋ] droit de vote. *Voting rights of the shareholders,* droits de vote des actionnaires, nombre de voix dont disposent les actionnaires.

voting stock, actions avec droit de vote.

vouch [vautʃ] v. attester, garantir.

vouchee [vaut'ʃiː] n. bénéficiaire d'une caution.

voucher ['vautʃə] n. 1. justification, pièce justificative, pièce comptable. *Voucher for receipt,* récépissé, quittance. *Luncheon voucher,* ticket restaurant. 2. bon d'achat, coupon de réduction. 3. (personne) garant.

voucherize v. faire reposer un système (aide sociale, santé, etc.) sur la distribution de bons ou de coupons.

vouch for, 1. attester, répondre de, témoigner de, confirmer. 2. se porter garant de quelqu'un, répondre de quelqu'un.

vouching ['vautʃiŋ] n. attestation, justification ; vérification.

vouchsafe [vautʃ'seif] v. 1. concéder, accorder, octroyer. 2. accepter de faire quelque chose.

vow [vau] *n.* vœu, serment, engagement, promesse solennelle.

vow *v.* s'engager à, promettre de, déclarer solennellement.

voyage ['vɔiidʒ] *n.* voyage (par mer), traversée. *Voyage charter,* affrètement au voyage. *Voyage policy,* police au voyage.

vulgarize ['vʌlgəraiz] *v.* populariser, vulgariser.

vulnerability [vʌlnərə'biliti] *n.* vulnérabilité.

vulnerable ['vʌlnərəbl] *adj.* vulnérable.

vulture investor, investisseur qui rachète à bas prix les obligations et dettes des sociétés en difficulté ou en faillite, vautour.

W

WACC, weighted average cost of capital, coût moyen pondéré du capital, CMPC.

wad [wɔd] *n.* **1.** bourre. **2.** pile de lettres. **3.** « gros paquet » (de billets).

wage [weidʒ] *n.* (s. pl. **wages**) salaire, paye (d'ouvrier). *Incentive wages* (U.S.), primes de rendement. *Minimum living wage,* salaire minimum vital. *Money wages,* salaires nominaux. *Retention on wages,* retenue sur salaires. *Supplementary wages,* sursalaire.

wage *v.* poursuivre, continuer, mener (guerre, campagne).

wage adjustment, réajustement de salaire.

wage-agreement, accord salarial.

wage-arrears, arrérages/arriéré(s) de salaire.

wage contracts, contrats salariaux.

wage costs, coût salarial, main-d'œuvre.

wage differential(s), écart, éventail, grille des salaires.

wage drift, dérapage des salaires, dérive salariale.

wage-earner ['weidʒ,ə:nə] salarié.

wage-escalator (U.S.) échelle mobile des salaires.

wage-packet, (G.B.) salaire.

wage (-price) freeze, blocage des salaires (et des prix).

wage-hike (U.S.) hausse des salaires.

wage increase, hausse des salaires.

wage-price spiral, spirale des prix et des salaires.

wage-round, négociation salariale.

wage scale, échelle des salaires.

wage-sheet, feuille de paye.

wage stop, blocage des salaires.

wages standstill, blocage des salaires.

wages tax, impôt sur les salaires.

wag(g)on ['wægən] *n.* wagon (découvert à marchandises).

wag(g)onage *n.* (U.S.) roulage.

wait *n.* attente.

wait [weit] *v.* attendre. *Wait days,* jours d'attente. *Wait-list,* liste d'attente.

wait and see (policy), politique d'attente, attentisme.

waiter ['weitə] serveur, garçon.

waiting list ['weitiŋ list] liste d'attente.

waiting-room, salle d'attente.

wait on *v.* **1.** servir (un client). **2.** rendre visite (à un client).

waitress ['weitris] *n.* serveuse (rest.).

waive [weiv] *v.* renoncer à, abandonner un droit ; se désister ; déroger à. *To waive a debt,* annuler une dette.

waiver ['weivə] *n.* abandon, désistement, renonciation ; décharge. *Waiver clause,* clause d'abandon, de désistement.

waiving ['weiviŋ] *n.* abandonnement, désistement, renonciation, dérogation.

wake [weik] *n.* sillage ; conséquences.

walkie-talkie [,wɔ:ki'tɔ:ki] « talkie-walkie », émetteur-récepteur radio (portatif).

walk off [wɔ:k] *v.* s'en aller, partir. *To walk off the job, to walk off the lines,* débrayer, cesser le travail.

walk out *v.* **1.** débrayer, cesser le travail, se mettre en grève. **2.** quitter la table de conférence, se retirer des négociations.

walkout ['wɔ:kaut] *n.* **1.** débrayage, grève. *To stage a walkout,* organiser un débrayage. **2.** départ, retrait (d'une des parties lors d'une négociation).

wall [wɔ:l] *n.* Douanes : barrière. *High tariff wall,* hautes barrières douanières.

wallet ['wɔlit] *n.* portefeuille. *E-wallet, digital wallet,* portefeuille électronique.

wall out *v.* dresser des barrières

contre, limiter. *To wall out imports,* dresser des barrières contre les importations.

Wall Street, « La Bourse de New York ».

Wall-Streeter ['wɔːl'striːtə] *n.* (U.S.) boursier.

wane [wein] *v.* décroître, diminuer, décliner.

want [wɔnt] *n.* **1.** manque, défaut. *For want of funds,* faute de provisions. **2.** indigence, misère. **3.** besoin.

want *v.* **1.** vouloir, désirer. **2.** manquer de, avoir besoin de, demander. **3.** être dans le besoin. **4.** rechercher (police, voir **wanted**).

want-ad, (petites annonces) demande ou offre d'emploi ; demandes diverses.

wantage ['wɔntidʒ] *n.* (U.S.) manque, déficit.

wanted ['wɔntid] *adj.* recherché, « on recherche », demandé. *Stocks, securities wanted,* valeurs demandées. « *Situations wanted* », « demandes d'emplois ».

war [wɔː] *n.* guerre. *War loan,* emprunt de la Défense nationale. *To wage a price war,* livrer la bataille des prix, se livrer à une guerre des prix.

war *v.* faire la guerre, lutter, rivaliser.

ward [wɔːd] *n.* **1.** garde, tutelle. **2.** pupille. *Ward of the court,* pupille sous tutelle judiciaire. **3.** arrondissement, quartier. *Electoral ward,* circonscription électorale.

ward off *v.* détourner, écarter, prévenir (un danger). *To ward off bankruptcy,* éviter la faillite, échapper à la faillite.

warden ['wɔːdn] *n.* **1.** gardien. **2.** responsable, directeur (d'une institution). *Warden of the standards,* gardien des poids et mesures.

ware [weə] *n.* **1.** articles fabriqués ; articles nécessaires à une activité donnée. *Glass-ware,* verrerie. *Kitchen ware,* ustensiles de cuisine. *Tin-ware,* ferblanterie. **2.** pl. *wares,* marchandises.

warehouse ['weəhaus] *n.* entrepôt, magasin, dépôt. *Bonded warehouse,* entrepôt en douanes, magasins généraux. *Ex-warehouse,* à prendre en entrepôt. *Ex-warehouse price,* prix départ entrepôt. *Furniture warehouse,* garde-meubles.

warehouse ['weəhauz] *v.* entreposer, (em)magasiner. *To warehouse one's furniture,* mettre son mobilier en garde-meubles.

warehouse charges, frais de magasinage, d'emmagasinage, d'entrepôt.

warehouse club, club constitué pour la vente de marchandises en entrepôt à ses membres.

warehouse-keeper, surveillant d'entrepôt.

warehouseman *n.* magasinier.

warehouse-receipt, récépissé d'entrepôt.

warehouse rent, frais d'entrepôt.

warehouse-warrant, certificat d'entrepôt.

warehousing ['weəhauziŋ] *n.* entreposage, (em)magasinage. *Warehousing charges,* frais de magasinage, d'entrepôt.

warfare ['wɔːfeə] *n.* guerre, conduite de la guerre.

warn [wɔːn] *v.* **1.** avertir, prévenir. **2.** alerter.

warning ['wɔːniŋ] *n.* **1.** avertissement. **2.** avis, préavis, congé. *To give an employee warning,* donner congé à un employé. *Warning to leave,* congé. *To give an employer warning,* donner congé à son employeur.

warning strike, grève d'avertissement.

warn off *v.* mettre en garde, détourner.

warp [wɔːp] *n.* **1.** amarre, remorque, touée. **2.** (tissus) chaîne, lisse.

warp [wɔːp] *v.* touer, haler (un navire).

warpage ['wɔːpidʒ] *n.* touage, halage. *Warpage dues,* droits de touage.

warrant ['wɔrənt] *n.* **1.** garantie, garant. **2.** autorisation, justification, titre. *Bearer warrant*, titre au porteur. *Dividend warrant*, coupon de dividende. *Share warrant*, actions, titres au porteur. *Stock purchase warrant* (U.S.), droit préférentiel d'achat d'actions, certificat donnant au porteur un droit de souscription. **3.** *Douanes* : warrant, récépissé-warrant. *Interest warrant*, mandat d'intérêts. *Produce warrant*, warrant en marchandises. *Warehouse warrant*, *dock warrant*, certificat d'entrepôt, bulletin de dépôt, warrant. *To issue a warehouse warrant for goods*, warranter des marchandises. *Issuing of a warehouse warrant*, warrantage. *Goods covered by a warehouse warrant*, marchandises warrentées. **4.** *Jur.* : mandat, ordre, pouvoir. *Arrest warrant*, mandat d'arrêt. *Search warrant*, mandat de perquisition. *Warrant of attorney*, procuration, mandat, pouvoirs. *Warrant for payment*, ordonnance de paiement. **5.** brevet.

warrant *v.* **1.** garantir, attester, certifier. **2.** justifier. *Nothing warrants such a policy*, rien ne justifie une telle politique.

warrantable ['wɔrentəbl] *adj.* **1.** justifiable, légitime, permis. **2.** que l'on peut garantir.

warranted ['wɔrentid] *adj.* **1.** garanti. **2.** autorisé. **3.** justifié.

warrantee [wɔrən'ti:] *n.* **1.** receveur d'une garantie. **2.** personne sous le coup d'un mandat d'amener.

warranter ['wɔrəntə] *n.* garant.

warrantor ['wɔrəntə] *n. Jur.* : répondant, garant.

warranty ['wɔrenti] *n.* **1.** autorisation, justification. **2.** garantie. *Assur. mar.* : *Express warranty*, garantie expresse. *Implied warranty*, garantie implicite. *Jur.* : *Warranty of title*, attestation de titre. *Breach of warranty*, rupture de garantie.

wary ['wɛəri] *adj.* prudent, méfiant.

washed [wɔʃt] *adj. Bourse* (U.S.) : *Washed sale*, vente fictive.

washed ashore *adj.* rejeté sur le rivage, échoué à la côte.

washed overboard, enlevé par une lame.

wash-goods *n.* détergents, produits lessiviels.

washing ['wɔʃiŋ] *n.* **1.** *Bourse* (U.S.) : vente fictive. **2.** *Washing overboard of goods*, enlèvement de marchandises par la mer, par les lames.

washing-machine, machine à laver.

wash out *v.* perturber ; faire partir à vau-l'eau, anéantir ; (U.S.) échouer.

wash-out *n.* fiasco. *The deal is a wash-out*, le marché, l'opération est manqué(e), est un fiasco.

wash sale *n. Bourse* : vente fictive de titres (pour influer sur les cours ou pour raison fiscale).

wash up, laver, nettoyer. *To be washed up*, être tombé à l'eau (plan).

W.A.S.P. [wɔsp] **White anglo-saxon protestant,** américain blanc protestant.

wastage ['weistidʒ] *n.* **1.** coulage, perte. **2.** s.pl. déchets, rebuts. **3.** (personnel) *Natural wastage*, départs à la retraite. *The loss of up to 4,000 jobs, mostly by natural wastage*, la disparition de près de 4 000 emplis, la plupart par départs à la retraite.

waste [weist] *n.* **1.** gaspillage, gâchis. *To go/run to waste*, être gâché, être gaspillé, se perdre. **2.** déchet(s). *Liquid waste*, déchets liquides. *Nuclear waste*, déchets nucléaires. *Radio-active waste*, déchets radio-actifs. *Solid waste*, déchets solides. **3.** *Jur.* : dégradation(s), détérioration. **4.** désert.

waste *adj.* non utilisé, perdu. *Waste-paper basket*, corbeille à papier(s).

waste-book *Comptab.* : main-courante, brouillard (brouillon servant à des inscriptions temporaires).

wasteful ['weistful] qui gaspille, peu rentable.

wastefulness ['weistfulnis] gaspillage ; caractère ruineux ; prodigalité.

wasteland *n.* terre inculte, terre en friche ; terrain vague ; désert. *Industrial wasteland,* friche industrielle.

wasting ['weistiŋ] *n.* gaspillage, dilapidation, dissipation, perte.

wasting *adj.* défectible. *Wasting assets,* actifs défectibles.

watch [wɔtʃ] *n.* 1. montre. 2. garde, surveillance. 3. quart, période de garde. 4. veille.

watch *v.* 1. regarder. 2. surveiller.

watchdog ['wɔtʃdɔg] *n.* 1. chien de garde. 2. gardien ; en particulier organisme chargé de contrôler le bon fonctionnement d'une institution ; organisme régulateur.

watchmaker ['wɔtʃ,meikə] *n.* horloger, fabricant de montre.

watchman ['wɔtʃmən] *n.* gardien, garde. *Night watchman,* veilleur de nuit.

watchword ['wɔtʃwə:d] *n.* mot d'ordre.

water ['wɔ:tə] *n.* 1. eau. *Drinking water,* eau potable. *Fresh water,* eau douce. *Salt water,* eau de mer, eau salée. *Water carriage,* transport par eau. *Water line,* ligne de flottaison. *Water processing plant,* usine de traitement des eaux. *Water route,* voie navigable. *To be in deep water(s),* être dans une situation difficile. 2. *Fin. Fam. :* actions émises pour diluer le capital.

water *v.* 1. arroser. 2. diluer (le capital d'une société). *Watered capital,* capital dilué. *Watered stocks,* actions en baisse par suite d'émissions d'actions gratuites.

water down *v. Fam. :* atténuer, affaiblir. *To water down a statement,* atténuer une affirmation.

waterage *n.* 1. batelage, transport par eau. 2. prix de transport par eau, droit(s) de batelage.

watering ['wɔtəriŋ] *n.* dilution de capital (social). *Watering of*

stock, dilution de capital (social).

waterlogged ['wɔ:tələgd] *adj.* 1. (navire) plein d'eau, entre deux eaux. 2. (terrain, édifice) envahi par les eaux.

waterman ['wɔ:təmən] *n.* batelier, marinier.

watermark ['wɔ:təma:k] *n.* filigrane.

waterpipe ['wɔ:təpaip] conduite d'eau, tuyau d'eau.

waterpower, énergie hydraulique.

waterproof ['wɔ:təpru:f] *adj.* imperméable, hydrofuge.

watershed ['wɔ:təʃed] *n.* 1. ligne de partage des eaux, par extension : date historique. 2. bassin hydrographique, aire d'alimentation.

water table, nappe phréatique.

watertight ['wɔ:tətait] *adj.* étanche.

waterway ['wɔ:təwei] *n.* voie navigable. *Inland waterways,* réseau navigable, voies navigables (canaux et rivières).

waterworks ['wɔ:təwə:ks] *n.* usine de distribution des eaux, usine hydraulique.

wattage ['wɔtidʒ] *n.* puissance en watts.

wave [weiv] *n.* 1. vague. *Wave of wildcat strikes,* vague de grèves sauvages. 2. onde. *Short waves,* ondes courtes.

wave-length ['weivleŋθ] longueur d'onde.

waver ['weivə] *v.* hésiter, être indécis ; chanceler. *(cours)* osciller ; fléchir.

wax [wæks] *n.* cire.

wax *v.* cirer, encaustiquer.

wax paper papier paraffiné.

way [wei] *n.* 1. chemin, route, voie, direction. *Way of business,* branche d'affaires, métier, emploi. *To be in a small way of business,* avoir un petit commerce. *To pave the way,* préparer le terrain. *To pay one's way,* être rentable. 2. moyen, manière, façon.

way-bill *n.* lettre de voiture, feuille de route, bordereau d'expédition.

way of life, mode de vie.

ways and means, voies et moyens, façons et moyens ; manière de se procurer des fonds.

Ways and Means Committee *Polit.* (U.S.) : Commission des Recettes Budgétaires.

weak [wiːk] *adj.* faible.

weaken ['wiːkən] *v.* **1.** s'affaiblir, faiblir, fléchir. *The market weakens*, le marché fléchit, se tasse. **2.** affaiblir.

weakening ['wiːkəniŋ] *n.* affaiblissement, fléchissement, tassement. *Weakening of a currency*, fléchissement, affaiblissement d'une monnaie.

wealth [welθ] *n.* **1.** richesse(s), opulence, fortune ; patrimoine. *National wealth*, patrimoine national. **2.** abondance, profusion.

wealth tax, impôt sur la fortune.

wealthy ['welθi] *adj.* riche, fortuné.

wear [wɛə] *n.* **1.** usage. **2.** usure. *Wear and tear*, usure, détérioration, dégradation, frais d'entretien. *Jur. : Fair wear and tear*, usure normale.

wear *v.* **1.** porter (un vêtement). **2.** user. **3.** s'user. *Clothes that wear well*, vêtements qui font un bon usage.

weather ['weðə] *n.* temps. *Weather conditions*, conditions atmosphériques, météorologiques. *Weather permitting*, si le temps le permet. *Weather working day*, jour où le temps permet de travailler.

weather *v.* surmonter.

Weather Bureau, office météorologique.

weather forecast, prévision météorologique.

weather man, météorologue, météorologiste.

weatherproof, qui résiste aux intempéries.

weather report, bulletin météorologique.

weathership, navire météo.

weather *v.* **1.** (navire) doubler, franchir (un cap). **2.** (fig.) résister à, se tirer d'affaire, s'en sortir. *To weather a storm*, survivre, résister à une tempête. **3.** (métal) prendre de la patine.

weave [wiːv] *v.* tisser.

weaver ['wiːvə] *n.* tisserand.

weaving ['wiːviŋ] *n.* tissage. *Weaving loom*, métier à tisser. *Weaving mill*, usine de tissage. *The weaving trade*, l'industrie du tissage.

web *n.* **1.** tissu ; réseau. **2.** *the web*, le web, la toile.

webmaster *n.* webmestre.

website *n.* site sur le web/la toile.

weed out *v.* éliminer, extirper.

week [wiːk] *n.* semaine. *A week from now, this day week, to-day week*, aujourd'hui en huit. *Thursday week*, jeudi en huit. *Weekday*, jour ouvrable. *Within a week*, d'ici huit jours, sous huitaine.

weekly ['wiːkli] *adj.* hebdomadaire. *Weekly return*, situation hebdomadaire.

weekly *n.* hebdomadaire (magazine, journal).

weft [weft] *n.* (tissus) trame.

weigh [wei] *v. tr.* et *intr.* **1.** peser. **2.** soupeser. **3.** évaluer.

weigh *n.* pesage.

weigh-bridge *n.* pont à bascule, (balance à) bascule.

weigher [weiə] *n.* peseur.

weighing ['weiiŋ] *n.* pesée. *Weighing instruments*, instruments de pesage.

weight [weit] *n.* poids, charge. *Chargeable weight*, poids taxé. *Dead-weight*, poids mort, poids inerte. *Delivered weight*, poids rendu. *Loaded net weight*, poids net embarqué. *Paper-weight*, pressepapier. *Jur. : Public weight master*, peseur juré. *Short weight*, manque de poids. *To sell by weight*, vendre au poids.

weight [weit] *v.* **1.** charger, lester, alourdir. **2.** pondérer.

weight allowed free, franchise de poids.

weight ascertained, poids constaté.

weight cargo, marchandises lourdes.

weighted *adj.* chargé d'un poids, lesté, alourdi ; pondéré. *Weighted average,* moyenne pondérée. *Weighted index,* indice pondéré. *Heavily weighted in favour of,* pesant lourdement en faveur de.

weighted average cost ['weitid] coût moyen pondéré.

weighting *n.* **1.** lestage. **2.** pondération. *Weighting allowance* (G.B.), indemnité, supplément pour résidence, vie chère, etc. *Weighting coefficient,* coefficient pondérateur, pondération, péréquation.

weight note, bulletin de pesage.

weight or measurement, poids ou cube, poids ou encombrement.

weight stamp, griffe de pesée.

weights and measures, poids et mesures.

weight when empty, poids à vide.

welcome *n.* accueil, bienvenue.

welcome *v.* accueillir.

welfare ['welfɛə] *n.* bien-être. *To be on welfare* (U.S.), bénéficier de l'aide sociale, être économiquement faible, être un assisté social. *Welfare department,* service social (d'une entreprise). *The welfare state,* l'État-providence. *Welfare worker,* assistante sociale, travailleur social.

welfare benefits, avantages sociaux.

welfare committee, comité de bienfaisance.

welfare fund, caisse, fonds de secours ; caisse de solidarité.

welfare recipient, bénéficiaire d'une aide sociale.

welfare services, services de prévoyance sociale, services d'assistance sociale.

well [wel] *n.* puits. *Oil-well,* puits de pétrole.

well-connected [welkə'nek tid] *adj.* qui a des relations.

well-heeled *adj.* à l'aise, dans l'aisance.

well-honed *adj.* bien rodé.

well-off [,wel'ɔf] *adj.* prospère, aisé, dans l'aisance.

well-rounded, complet, bien structuré ; confirmé, expérimenté.

well-stored *adj.* bien garni, bien approvisionné.

well-to-do [,weltə'du:] *adj.* **1.** prospère, aisé, cossu, dans l'aisance. **2.** de bon ton, comme il faut.

well versed in, familiarisé avec, compétent en, très au fait de.

wet [wet] *adj.* mouillé, humide. *Wet dock,* bassin à flot. *Bourse, fam. : Wet goods,* marchandises liquides. *Wet stocks,* les spiritueux.

whacking *adj.* énorme, colossal.

wharf [wɔ:f] *n.* (pl. **s.** ou **wharves**) quai. *Ex wharf,* à prendre à quai. *Ex wharf prices,* prix départ quai, entrepôt maritime.

wharf *v.* **1.** débarquer. **2.** venir à quai, amarrer (un navire) à quai.

wharfage [wɔ:fidʒ] *n.* **1.** débarquement, embarquement, mise en entrepôt (de marchandises). **2.** quayage, droit de quai, de bassin.

wharfinger ['wɔ:findʒə] *n.* **1.** propriétaire d'un quai. **2.** garde-quai.

wheat [wi:t] *n.* blé, froment.

wheeler-dealer ['wi:lə 'di:lə] *n.* (U.S.) *Fam. :* brasseur d'affaires.

wheeling and dealing ['wi:liŋ ən di:liŋ] *n.* affairisme.

whence [wens] *adv.* d'où.

whereabouts ['wɛərəbauts] *n.* lieu où se trouve quelqu'un ou quelque chose.

whereas [wɛəræz] *conj.* **1.** alors que, tandis que. **2.** alors que, au lieu que. **3.** attendu que. *The whereas clauses,* les attendus (d'un jugement).

whereby [wɛə'bai] *conj.* par quoi, par lequel, par laquelle.

whereof [wɛər'ɔv] *adv.* de quoi, duquel, dont.

whereon ['wɛər'ɔn] *adv.* sur quoi ; ce en quoi.

whereupon [,wɛərə'pɔn] voir **whereon**.

windmill, windpump n., éolienne.

whip [wip] *n.* **1.** fouet. **2.** député chargé d'assurer la liaison avec les parlementaires de son parti et de veiller à la discipline de vote. **3.**

(G.B.) appel écrit lancé par le « whip » aux membres de son groupe parlementaire.

whip [wip] *v.* **1.** fouetter. **2.** vaincre. *To whip inflation*, vaincre l'inflation.

whipsaw ['wipsɔ:] *v.* (U.S.) *Syndicats :* utiliser comme précédents les avantages acquis dans une entreprise pour les étendre à l'ensemble d'un secteur.

whipsaw strike *n.* (U.S.) grève sélective organisée par les ouvriers d'une usine (« *target company* ») choisie pour cible pour obtenir des avantages au niveau du secteur industriel dans son ensemble (« *industrywide* »).

whistle *n.* sifflet. *To blow the whistle*, donner l'alarme, l'alerte ; dénoncer.

white coal *n.* la houille blanche.

white-collar *n.* employé de bureau.

white-collar *adj.* (d'employé) de bureau. *White-collar crime*, criminalité en col blanc, escroqueries pratiquées par des cadres. *White-collar job*, situation d'employé de bureau. *White-collar worker*, employé de bureau ; employé du secteur des services.

white elephant objet, réalisation, coûteux et peu rentable.

white goods, produits blancs (électroménagers).

white knight (m. à m. chevalier blanc), société qui vole au secours d'une autre menacée d'une O.P.A.

white paper *n.* **1.** *Parlement et administration :* livre blanc, projet détaillé d'un programme officiel. **2.** *Fin. :* papier de haut commerce.

whitewash ['waitwɔʃ] *v.* **1.** blanchir à la chaux. **2.** disculper, réhabiliter (un failli). *Fam. :* blanchir. **3.** (U.S.) *Fam. :* battre ses adversaires sans qu'ils aient marqué un point.

whittle down *v.* réduire, rogner, comprimer. *To whittle down a profit margin*, rogner une marge bénéficiaire. *To whittle down a cost price*, comprimer un prix de revient.

whizz-kid *n.* petit génie, petit prodige.

whole ['həul] *adj.* entier, complet. *Whole cargo charter*, affrètement total. *Whole life insurance*, assurance en cas de décès. *Whole time work*, travail à plein temps.

wholesale ['həulseil] *adv.* en gros. *To sell wholesale*, vendre en gros. *To buy wholesale*, acheter en gros.

wholesale *n.* (vente en) gros. *Wholesale dealer*, grossiste. *Wholesale and retail*, gros et détail. *Wholesale price index*, indice des prix de gros. *Wholesale trade*, commerce de gros. *Wholesale trader*, commerçant en gros, grossiste.

wholesale *v.* **1.** vendre en gros. **2.** se vendre en gros.

wholesaler ['həul'seilə] *n.* grossiste.

wholly ['həuli] *adv.* entièrement. *Wholly-owned subsidiary*, filiale détenue à 100 %.

whopping *adj.* énorme, considérable.

wicker-basket ['wikə'bæskit] panier d'osier.

wicket ['wikit] *n.* guichet.

wide [waid] *adj.* large, étendu. *Wide connection*, grosse clientèle. *Wide range of articles*, gamme étendue d'articles. *Wide quotation*, cours avec un gros écart entre le prix d'achat et le prix de vente.

wide-bodied, wide-body *adj.* (avion) à fuselage élargi. ~ *jet/aircraft*, gros-porteur.

widen ['waidən] *v.* **1.** agrandir, élargir. **2.** s'élargir, s'agrandir. *The gap is widening*, l'écart s'accentue, le fossé se creuse.

widespread ['waidspred] *adj.* répandu, fréquent, généralisé.

widow ['widəu] *n.* veuve.

widower ['widəuə] *n.* veuf.

width [widθ] *n.* largeur.

wield [wi:ld] *v.* manier ; exercer.

wild [waild] *adj.* sauvage ; furieux, déchaîné ; désordonné, incontrôlé, fou ; risqué. *Wild market*, marché erratique/imprévisible, aux fluctuations soudaines et imprévues.

wildcat ['waildkæt] *adj.* **1.** risqué, extravagant. *Wildcat scheme*, projet extravagant, spéculation risquée. **2.** illégal, sauvage. *Wildcat strike*, grève sauvage.

wildcatter [,waild'kætə] *n.* **1.** gréviste. **2.** spéculateur.

wilful ['wilful] *adj.* volontaire, intentionnel, délibéré. *Wilful misrepresentation of facts*, distorsion volontaire des faits, fausse déclaration. *Wilful murder*, homicide volontaire, meurtre avec préméditation.

will [wil] *n.* **1.** volonté. **2.** testament. *The last will and testament of*, les dernières volontés de. *To make one's will*, faire son testament. *To mention someone in one's will*, coucher quelqu'un sur son testament.

will *v.* léguer, disposer de quelque chose par testament. *To will one's property away from someone*, déshériter quelqu'un.

win [win] *v.* **1.** gagner. **2.** extraire. *To win coal*, extraire du charbon. *To win metal from ore*, extraire le métal des minerais.

winback *n.* reconquête.

win back *v.* reconquérir ; regagner.

win customers *v.* se faire une clientèle, attirer des clients, se faire des clients.

winch [wintʃ] *n.* treuil.

windfall ['windfɔ:l] *n.* **1.** aubaine, bonne fortune. **2.** héritage, inattendu. *Jur. :* acquêt.

windfall *adj.* inattendu. *Windfall earnings*, gains, bénéfices inattendus. *Windfall gains*, gains inattendus. *Windfall profit*, bénéfice inattendu (et exceptionnellement élevé). *Windfall tax*, impôt sur les bénéfices exceptionnels.

winding-up [,waindiŋ'ʌp] *n.* liquidation, dissolution (d'une société). *Winding-up sale*, vente pour cessation de commerce ; vente pour cause de liquidation.

windlass ['windləs] *n.* treuil.

windmill ['windmil] *n.* **1.** moulin à vent. **2.** cavalerie, traite-en-l'air, cerf-volant. **3.** éolienne.

window ['windəu] *n.* **1.** fenêtre. **2.** vitrine, devanture. *To put something in the window*, mettre quelque chose à l'étalage. **3.** guichet. **4.** créneau.

window bill, affichette pour vitrine.

window-case, vitrine.

window display *n.* étalage ; présentation à l'étalage. *Window display artist*, étalagiste.

window-dresser *n.* étalagiste.

window-dressing *n.* **1.** arrangement d'une devanture, décoration d'une vitrine ; art de l'étalage. **2.** truquage, camouflage. *Window-dressing of the balance-sheet*, truquage/habillage du bilan.

window-shopping *n.* lèche-vitrine.

windpump *n.* éolienne.

wind up [waind] *v.* **1.** clôturer, régler (un compte). *To wind up a meeting*, clore une séance. *To wind up a speech*, terminer un discours. **2.** liquider (une société). **3.** se mettre en liquidation, (se) liquider. *The company wound up*, la société se mit en liquidation.

wine [wain] *n.* vin. *The wine trade*, l'industrie viticole.

wine and dine (to), bien traiter, bien recevoir.

wine-grower [,wain'grəuə] *n.* viticulteur, vigneron.

winery *n.* établissement vinicole.

winner ['winə] *n.* **1.** gagnant. **2.** celui qui obtient quelque chose par son travail. *Breadwinner*, soutien de famille ; instrument de travail. *Winner-take-all*, tout au gagnant, le vainqueur ramasse tout.

win-win *adj.* gagnant-gagnant. (situation, décision, accord etc.) qui n'a que des avantages, où l'on gagne sur tous les tableaux, où tout le monde est gagnant.

wipe [waip] *v.* essuyer.

wipe off *v.* **1.** essuyer, enlever, effacer. **2.** apurer, liquider, régler. *To wipe off a debt,* apurer une dette.

wipe out *v.* **1.** effacer. **2.** liquider, amortir, apurer (une dette). **3.** exterminer ; éliminer, écraser. *Business wiped out,* affaire réduite à zéro.

wiping-off ['waipiŋ] *n.* apurement, amortissement (d'une dette).

wiping-out *n.* liquidation, amortissement d'une dette.

wire ['waiə] *n.* **1.** câble ; fil de fer ; fil métallique. *Baling wire,* fil de fer d'emballage (pour faire des colis, des paquets). *Barbed-wire,* fil de fer barbelé. **2.** télégramme, dépêche. *To send an order by wire,* transmettre un ordre par télégramme. *Reply by wire,* réponse télégraphique. **3.** *Fam. : Hold the wire,* ne quittez pas (téléphone).

wire *v.* **1.** télégraphier, câbler. **2.** poser des fils électriques. **3.** armer de fil de fer, attacher avec du fil de fer. **4.** câbler, mettre en réseau, relier.

wire fraud (U.S.) information trompeuse donnée au téléphone.

wireless ['waiəlis] *adj.* sans fil. *Wireless set,* poste de T.S.F., de radio. *Wireless telegram,* radiotélégramme, radio.

wiretap *v.* mettre sur table d'écoute.

wiretap *n.* écoute(s) téléphonique(s).

wiretapping *n.* écoute(s) téléphonique(s), mise sur table d'écoute.

with [wið] *prép.* avec. *Cash with order (C.W.O.),* paiement à la commande.

withdraw [wið'drɔː] *v.* **1.** retirer : *To withdraw an action,* retirer sa plainte. *To withdraw banknotes from circulation,* démonétiser des billets. *To withdraw a sum from a bank account,* retirer une somme d'un compte en banque. **2.** se retirer. *To withdraw from a Board of Directors,* se retirer d'un conseil d'administration.

withdrawal [wið'drɔːəl] *n.* **1.** retrait. *Withdrawal of capital,* re-

trait de fonds. *The gold withdrawals,* les sorties d'or. *Withdrawal of a sum,* retrait d'une somme d'argent. **2.** mainlevée, retrait. *Withdrawal of interdiction,* mainlevée de l'interdiction.

wither ['wiðə] *v.* **1.** se dessécher, se flétrir, dépérir ; (bénéfices) se tarir. **2.** faire se dessécher, faire se flétrir, faire dépérir, tarir.

withhold [wið'həuld] *v.* détenir, retenir. *Withholding tax,* impôt retenu à la source.

withholding [wið'həuldiŋ] *n.* détention, rétention, prélèvement. *Withholding at source,* prélèvement à la source, libératoire. *Withholding system,* système de retenue(s) à la source. *Withholding tax,* retenue à la source.

within [wi'ðin] *adv.* à l'intérieur, avant, en moins de, d'ici. *Delivery within a month,* délai de livraison d'un mois. *Within a week,* sous huitaine, d'ici une semaine.

without [wi'ðaut] *prép.* sans. *Without any liability on our part,* sans engagement de notre part. *Without notice,* sans préavis ; sans prévenir.

withstand [wið'stænd] *v.* résister à, s'opposer à.

witness ['witnis] *n.* **1.** témoin. **2.** témoignage. *To bear witness to, of,* porter témoignage de, témoigner. *In witness whereof,* en témoignage, en foi de quoi. *To call someone as a witness,* citer quelqu'un comme témoin. *Eyewitness,* témoin oculaire.

witness *v.* **1.** témoigner, déposer, certifier. **2.** *To witness to something,* témoigner de.

witness-box, barre des témoins.

wizard ['wizəd] *n.* grand spécialiste, « sorcier », génie. *A financial ~,* un génie/un (grand) spécialiste de la finance.

wobbly ['wɔbli] *adj.* branlant, chancelant, vacillant.

woes *n. pl.* malheurs, difficultés.

woo [wuː] *v.* courtiser, faire la cour à, faire des avances à, rechercher le soutien de, chercher à séduire.

wood [wud] *n.* bois.

wooden ['wudn] *adj.* de bois, en bois.

woodland ['wudlənd] *n.* bois, pays boisé.

woodcuttings ['wud,kʌtiŋz] *n.* copeaux de bois.

woodwork ['wudwə:k] *n.* **1.** charpente. **2.** menuiserie ; ébénisterie.

woodworker ['wudwə:kə] ouvrier du bois ; charpentier ; menuisier ; ébéniste.

woof [wu:f] *n.* trame.

wool [wul] *n.* laine.

woollen ['wulən] *adj.* de laine, en laine. *Woollen goods, woollens,* tissus de laine, lainages. *Woollen merchant,* négociant en draps.

womb-to-tomb [wu:m-tu:tu:m] *loc. Womb-to-tomb National Health Service,* système de sécurité sociale qui prend en charge le citoyen de la naissance au décès.

word [wə:d] *n.* mot. *In words,* en toutes lettres.

word *v.* libeller, rédiger, formuler.

wording ['wə:diŋ] *n.* rédaction, libellé, formulation.

word-process *v.* faire du traitement de texte.

word-processing *n.* traitement de texte.

word-processor *n.* machine à (pour) traitement de texte.

work [wə:k] *n.* travail ; ouvrage ; emploi. *To be out of work,* être sans travail, sans emploi, au chômage. *Clerical work,* travail de bureau. *Job work,* travail à la pièce. *To knock off work,* cesser le travail. *Work at piece-rates,* travail payé à la pièce. *Work at time-rates,* travail payé au temps. *Work force,* effectif, personnel, main-d'œuvre. *Work in hand, in process, in progress,* travail en cours. *Work order,* ordre de fabrication. *Work-sheet,* feuille d'opérations, brouillon. *Work ticket,* bon de travail. *Work-to-rule strike,* grève du zèle.

work *v. intr.* **1.** travailler, fonctionner. *The number of hours worked,* le nombre d'heures de travail. *To work full-time,* travailler à plein temps. *To work part-time,* travailler à mi-temps. *To work one's way through college,* travailler pour payer ses études. *To work overtime,* faire des heures supplémentaires. *To work shorter hours,* avoir un horaire réduit ; subir une réduction du temps de travail. *To work unsocial hours,* travailler aux heures où tout le monde est au repos. **2.** réussir.

work *v. tr.* **1.** opérer. **2.** faire fonctionner. **3.** exploiter. *To work a patent,* exploiter un brevet. *To work a mine,* exploiter une mine. **4.** *To work an area,* opérer dans un secteur (représentant de commerce).

workable ['wə:kəbl] *adj.* **1.** exploitable. **2.** (projet) exécutable, réalisable.

workaholic *n.* drogué du travail.

work-day, workday *n.* jour de travail, jour ouvrable ; journée de travail.

work down *v.* écouler. *To work down inventories,* écouler des stocks.

worker ['wə:kə] *n.* ouvrier, travailleur. *Clerical worker,* employé de bureau. *Semi-skilled worker,* ouvrier spécialisé (O.S.). *Skilled worker,* ouvrier qualifié. *Worker participation,* participation des travailleurs à la gestion, co-gestion.

workers' control, autogestion.

workfare *n.* théorie (dont le nom joue sur l'opposition avec **welfare**) qui met l'accent sur la nécessité de remettre les chômeurs au travail afin d'éviter la pérennisation (jugée socialement et économiquement perverse) des allocations de chômage.

workfare programs (U.S.), programmes de travaux d'utilité publique pour les bénéficiaire d'une aide sociale.

work flow, déroulement des opérations.

work force, effectif(s), personnel, main-d'œuvre ; (sens large) population active.

work-in *n.* occupation d'usine (sans arrêt de la production).

working ['wə:kiŋ] *adj.* **1.** qui travaille. *The working classes*, la classe ouvrière, les classes laborieuses. **2.** qui fonctionne, efficace. *Working agreement*, modus vivendi.

working *n.* **1.** travail. *Short-time working*, travail à horaire réduit, réduction d'horaire. *Working conditions*, conditions de travail. **2.** marche, fonctionnement. *Working balance*, fonds de roulement. *Working capital*, fonds de roulement. **3.** exploitation. *Working account*, compte d'exploitation. *Working expenses*, frais d'exploitation. *Working plant*, matériel d'exploitation. *Working ratio*, coefficient d'exploitation. *Working stock*, matériel d'exploitation.

working class, classe ouvrière, classe(s) laborieuse(s).

working day, jour de travail, jour ouvrable, journée de travail.

working group, groupe de travail.

working-out *n.* **1.** mise au point, établissement. *Working-out of an agreement*, mise au point, établissement dun accord. **2.** décompte.

working party, groupe de travail.

working poor, travailleurs pauvres.

working week, semaine de travail.

work in hand, travaux, travail en cours.

work-in-progress, (compta.) encours.

workless ['wə:klis] *adj.* sans travail ; au chômage.

workload ['wə:kləud] *n.* charge de travail, plan de charge.

workman ['wə:kmən] *n.* ouvrier, artisan. *The workmen's compensation act*, la loi sur les accidents du travail. *Workmen's compensation*, indemnité (accident du travail).

workmanship ['wə:kmənʃip]

n. exécution, fini, qualité du travail.

workmen's compensation, assurance contre les accidents du travail.

work off *v.* écouler ; éliminer. *To work off excess stock(s)*, écouler des stocks excédentaires.

work out *v.* étudier, calculer, mener à bien, élaborer, établir. *To work out a compromise*, élaborer un compromis.

work permit, permis de travail.

workplace *n.* lieu de travail.

work placement, (G.B.) stage en entreprise.

work print, (ciné. etc.) copie de travail.

works [wə:ks] *n. pl.* **1.** ouvrages, travaux. *Public works program(me)*, programme de travaux publics. **2.** usine. *Gasworks*, usine à gaz. *Steelworks*, aciérie. *Works council*, conseil d'entreprise ; comité d'entreprise. *Works manager*, directeur de l'exploitation. *Works regulations*, « règlements d'entreprise ».

works (to be in the works), être en préparation, se préparer.

workscape *n.* environnement professionel/de travail.

work-sharing, partage du travail.

workshop *n.* atelier.

work station *n.* poste de travail.

work-to-rule strike, grève du zèle.

work up *v.* **1.** susciter, éveiller, exciter, provoquer. **2.** développer, élaborer. *To work up a campaign*, organiser une campagne. **3.** monter, augmenter. **4.** avancer, progresser (dans la hiérarchie).

workweek *n.* semaine de travail.

world [wə:ld] *n.* monde. *The business world*, le monde des affaires, les milieux d'affaires. *The third world*, le tiers-monde. *World consumption*, consommation mondiale. *World markets*, marchés mondiaux.

world fair, exposition universelle.

world trade, commerce mondial, échanges internationaux. ~

centre/(U.S.) center, centre d'affaires international.

worldwide *adj.* mondial, universel. *Worldwide letter of credit,* lettre de crédit mondiale. *Worldwide reputation,* réputation mondiale.

worshipful company, (G.B.) guilde, corporation. Fondées au moyen âge pour regrouper les membres d'un corps de métier ou d'une profession, les *worshipful companies* ont traversé les siècles et sont encore actives aujourd'hui en tant qu'organisations représentatives qui jouent un rôle de coordination ou de contrôle, ou qui parrainent et financent des activités d'enseignement. *Worshipful* = honorable.

worst-case scenario, sénario catastrophe.

worth [wə:θ] *n.* valeur, prix. *Net worth,* valeur nette, valeur résiduelle.

worth *adj.* valant, qui vaut.

worthless ['wə:θlis] *adj.* 1. sans valeur. 2. sans provision. *Worthless cheque,* chèque sans provision.

worthwhile [wə:θ'wail] valable, qui vaut la peine.

worthy *adj.* digne (*of,* de) ; louable.

wrangle ['ræŋgl] *n.* dispute, querelle.

wrangle *v.* se disputer, se quereller, chicaner (sur les prix).

wrap [ræp] *v.* emballer, envelopper.

wrapper *n.* 1. bande (de journal). 2. emballage. 3. chemise de dossier. 4. emballeur.

wrapping ['ræpiŋ] *n.* 1. mise en paquet, emballage. 2. papier, toile d'emballage.

wrapping-paper, papier d'emballage.

wrap up *v.* 1. envelopper, emballer. 2. compléter, mener à bien, terminer.

wreck [rek] *n.* 1. naufrage, sinistre ; accident. 2. épave, débris.

wreck *v.* 1. démolir, détruire. 2.

causer le naufrage de. 3. faire échouer, ruiner (un projet, etc.) ; briser (une carrière, etc.).

wreckage ['rekidʒ] *n.* 1. épaves ; débris, décombres. 2. naufrage.

wrecked ['rekt] *adj.* sinistré.

wrecker ['rekə] *n.* 1. démolisseur. 2. récupérateur d'épaves.

wrest [rest] *v.* 1. arracher. *To wrest land from the sea,* arracher des terres à la mer. 2. forcer, fausser.

writ [rit] *n.* acte judiciaire, mandat, ordonnance, assignation, acte émis par un tribunal. *Writ of summons,* citation/sommation à comparaître.

writ *v.* assigner.

write [rait] *v.* 1. écrire, adresser une lettre, envoyer une lettre. 2. écrire, rédiger, libeller. *To write a cheque,* faire un chèque. 3. *Assur. :* assurer, souscrire (un risque). *To write business,* faire de l'assurance, assurer.

write back *v.* 1. répondre (par écrit). 2. *Comptab. :* contre-passer, ristourner (un article).

write-down *n.* réduction (comptable) de la valeur d'un actif, de l'actif.

write down *v.* 1. coucher, consigner par écrit. 2. réduire (le capital). *To write down assets by,* réduire la valeur de l'actif de.

write-in *n.* 1. pétition. 2. (U.S.) vote par correspondance.

write in *v.* 1. insérer. 2. (U.S.) envoyer, écrire une réclamation.

write off *v.* 1. amortir ; annuler, déduire. *To write off a bad debt,* défalquer une mauvaise créance, passer une créance par profits et pertes, sortir une créance douteuse du bilan, extérioriser une créance douteuse. *To write off a loss,* déduire une perte ; constater une perte ; provisionner une perte ; amortir une perte. *To write off capital,* amortir du capital. 2. *(solution, etc.)* éliminer, exclure. 3. rayer. 4. passer par pertes et profits ; (matériel) réformer.

write-off *n.* **1.** déduction ; remise. (U.S.) *Tax write-off*, somme déductible sur la déclaration des revenus, abattement, déduction fiscal(e). **2.** amortissement. **3.** annulation (notamment de facture irrécouvrable). **4.** pertes.

write out *v.* tirer (un chèque), rédiger.

write-up *n.* (U.S.) fausse déclaration dans un bilan.

write up *v.* rédiger.

writing ['raitiŋ] **1.** écriture. *In writing*, par écrit. *Writing-back*, contre-passement. *Writing-off*, amortissement. *Writing-up*, rédaction. **2.** *Assur. :* souscription d'un risque.

writing-pad, 1. bloc-notes, bloc de papier (pour écrire). **2.** sousmain.

writing-paper, papier à lettres.

writ of arrest, exploit de saisie. *Writ of attachment*, ordonnance de saisie-arrêt. *Writ of execution*, exploit de saisie-exécution. *Writ of habeas corpus*, injonction de déférer un accusé devant un tribunal. *To serve a writ upon someone*, assigner quelqu'un en justice, signifier un exploit à quelqu'un.

written ['ritn] *adj.* écrit. *Written agreement*, accord écrit, convention par écrit. *Written-off*, a) amorti. b) considéré comme perdu.

wrong ['rɔŋ] *adj.* faux, inexact, erroné.

wrong *n.* tort, injustice. *To do someone wrong*, faire du tort à quelqu'un, léser quelqu'un.

wrong *v.* faire du tort à quelqu'un, léser quelqu'un.

wrongdoing *n.* **1.** fait de mal agir, de causer du tort ; injustice ; méfaits. **2.** infraction à la loi.

wrongful adj. injuste, illegal; dommageable. **Wrongful dismissal,** licenciement injustifié / abusif / illégal.

wrought iron [ˌrɔːt'aiən] fer forgé.

x-coupon [ˈeksˈkuːpɔn] *loc.* : (voir **ex-coupon**) ex-coupon, coupon détaché. *This stock goes x-coupon on*, le coupon de cette action se détache le…

x-dividend *loc.* : (voir **ex-dividend**) ex-dividende. *Shares quoted x-dividend*, actions cotées ex-dividende.

xenophobe [ˈzenəfəub] *n.* xénophobe.

xenophobia [zenəˈfəubiə] *n.* xénophobie.

xenophobic [zenəˈfəubik] *adj.* xénophobe.

xerox [ˈziərɔks] *v.* photocopier, reproduire (des documents).

xerography [ziəˈrɔgrəfi] *n.* reprographie, xérographie.

x-interest *loc.* : (voir **ex-interest**) sans intérêt.

x-mill *loc.* : (voir **ex-mill**) départ usine (prix).

x-quay *loc.* : (voir **ex-quay**) à prendre à quai.

x-ray *v.* radiographier, passer aux rayons X ; passer au crible, examiner avec soin.

x-ship *loc.* : (voir **ex-ship**) à enlever à bord.

x-store *loc.* : (voir **ex-store**) en magasin ; disponible.

x-warehouse *loc.* : (voir **ex-warehouse**) à enlever en entrepôt, (prix) départ entrepôt.

x-wharf *loc.* : (voir **ex-wharf**) à prendre à quai.

x-works *loc.* : (voir **ex-works**) (prix) départ usine.

Y

yank [jænk] *v.* bloquer, arrêter brutalement.

yard [jaːd] *n.* **1.** mesure de longueur (= 0,914 m). **2.** chantier, dépôt. *Marshalling yard,* gare de triage. *Shipyard,* chantier de constructions navales.

yardstick ['jaːdstik] *n.* critère d'évaluation, étalon.

yarn [jaːn] *n.* **1.** fil. **2.** invention, histoire inventée.

yaw [jɔː] *n.* embardée.

yaw *v.* faire une embardée, dévier de sa route.

yawning ['jɔːniŋ] *adj.* béant. ~ *deficit,* énorme déficit.

year [jəː] *n.* an, année. *Bumper year,* année excellente, exceptionnelle. *Calendar year,* année civile. *Company's year,* année sociale. *Financial year,* année budgétaire. *Fiscal year,* année budgétaire. *To earn £ 10,000 a year (per year),* gagner 10 000 livres par an. *Trading year,* (année d') exercice commercial. *Year in year out,* bon an, mal an. *Year on year,* sur les douze derniers mois.

year-book ['jəːbuk] *n.* annuaire, almanach, recueil annuel.

yearly ['jəːli] *adj.* annuel.

yearly *adv.* annuellement.

year-to-year, d'une année sur l'autre. *Year-to-year increase,* augmentation d'une année sur l'autre.

yellow-dog contract, clause ['jeləu] (U.S.) convention, stipulation, qui n'est pas conforme aux règlements syndicaux.

yellow pages, pages jaunes, annuaire par profession.

yield [jiːld] *n.* rapport, rendement. *Yield of shares,* rendement, rapport des actions. *Gross current yield,* taux actuariel brut ; production. *Yield to maturity,* rendement à l'échéance.

yield *v.* **1.** rapporter, rendre, produire. *To yield a 10 % dividend,* produire un dividende de 10 %. **2.** céder.

yield an interest, rapporter un intérêt, porter un intérêt, servir un intérêt.

yielder *n.* ce qui produit un rendement.

yield management, (transports etc.) gestion qui s'adapte à la structure de la demande.

yo-yo *v.* fluctuer (cours de bourse, etc.).

York-Antwerp rules *Assur.* : règles d'York et d'Anvers.

Yours sincerely *loc.* nous vous prions d'agréer l'expression de nos sentiments les meilleurs.

Yuppy, Yuppies *n.* (U.S.) abrév. de *young urban professional(s), young upwardly mobile professional(s),* jeune(s) cadre(s) dynamique(s)/qui monte(nt).

zap *v.* zapper ; (jeu vidèo) attaquer, détruire.

z-chart G.B. [ˈzedˈtʃɑːt], (U.S.) [ˈziːˈtʃɑːrt] *n.* graphe, graphique en dents de scie.

zeal [ziːl] *n.* zèle.

zero [ˈziərəu] *n.* zéro.

zero-base budgeting, pratique du budget base zéro.

zero-coupon bond, obligation à coupon zéro (ne rapporte pas d'intérêt, mais vendue très au-dessous du pair).

zero-fault, zéro défaut.

zero-growth, croissance zéro, croissance nulle.

zero in on *v.* **1.** prendre dans le collimateur. **2.** prendre pour objectif principal, se concentrer sur. **3.** (ciné., T.V.) piquer sur, « zoumer » sur.

zero-inventory, zéro stock.

zero-rated *adj.* à taux zéro.

zero-sum game, jeu à somme nulle.

zinc-lined [zɪŋkˌlaind] *adj.* dou-blé de zinc.

z.i.p. (zone of improved postage), voir **zip code.**

zip code, (U.S.) code postal.

zip-fastener [ˈzipˌfaːsnə] *n.* fermeture à glissière.

zone [zəun] *n.* zone. *Free zones,* zones franches.

zone *v.* répartir en zones ; urbaniser.

zone of improved postage, (U.S.) code postal.

zoning [ˈzəunɪŋ] *n.* répartition en zones ; urbanisation ; aménagement du territoire.

zoom [zuːm] *n.* montée en flèche, hausse spectaculaire, astronomique.

zoom *v.* monter en flèche, subir une hausse spectaculaire, astronomique.

zooming [ˈzuːmiŋ] *adj.* qui monte en flèche. *Zooming inflation,* inflation galopante. *Zooming prices,* prix qui subissent, accusent une hausse astronomique.

LISTE
DES PRINCIPAUX SIGLES
ET ABRÉVIATIONS
BRITANNIQUES
ET AMÉRICAINS

1° Nous avons souvent maintenu le point après chaque initiale ; il est de plus en plus fréquent que ce(s) point(s) soi(en)t omis de nos jours et la tendance va en saccentuant.

2° Dans certains cas nous utilisons le signe ≈ pour introduire une équivalence très approximative en français.

A1, *first-class (ship in Lloyd's register),* de première catégorie, de première cote.

A.A., *Automobile Association* (G.B.).

A/A, *Articles of Association,* statuts (d'une société).

A.A.A., *American Automobile Association.*

AAA, Aaa, obligation de premier ordre.

A.A.A.A., *American Association of Advertising Agencies.*

A.A.R., a.a.r., *against all risks,* contre tous les risques, contre tous risques.

AARP, *American Association of Retired Persons.*

A.B.C., *American Broadcasting Corporation,* chaîne de T.V. américaine.

A.B.C., *Audit Bureau of Circulation,* bureau de contrôle du tirage des journaux.

ABEND, abnormal end of task.

A/C, *account current,* compte courant.

A.C., a/c, *Alternating Current,* courant alternatif.

A.C.A.S. (G.B.) *Advisory Conciliation and Arbitration Service,* organisme d'arbitrage et de conciliation dans les conflits du travail.

acct, acc., *account,* compte.

Acc., *acceptance, accepted,* acceptation, accepté.

ACE, *American Council on Education.*

ad, *advertisement,* petite annonce.

a/d, *after date, three months after date,* à trois mois de date, à trois mois d'échéance.

ADRs, *American Depositary Receipts. (They represent securities issued in a foreign country and can be bought and sold in the U.S. juste like the underlying shares.)*

ad. val., *ad valorem (according to value),* selon valeur.

AEEU, *Amalgamated Engineering and Electrical Union,* syndicat britannique.

AFBD, *Association of Futures Brokers and Dealers.*

A.F.L./C.I.O., *American Federation of Labor/Congress of Industrial Organization,* principale organisation syndicale (U.S.).

A.G., *Attorney General,* ministre de la Justice (U.S.).

A.G.M., *Annual General Meeting,* assemblée générale annuelle.

agt, *agent,* agent.

AICPA, *American Institute of Certified Public Accountants.*

a.k.a., *also known as,* connu également sous le nom de.

A-level (G.B.) *advanced level* (≈ baccalauréat 2e partie).

ALM, *Asset and Liability Management,* gestion actif/passif.

a.m., ante meridiem, du matin.

AMA, *American Medical Association.*

A.M.A., *American Management Association.*

AMEX, 1. *American Stock Exchange.* **2.** *American Express.*

amt, *amount,* montant.

A.M.F., *Arab Monetary Fund,* organisme destiné à procurer les crédits nécessaires pour couvrir les déficits des balances des paiements dans le monde arabe.

A.M.T., *Air Mail Transfer,* transfert de fonds par courrier avion.

Amtrak, *American Track* (U.S.), *national railroad passenger system.*

A.N.A.M., *American National Association of Manufacturers.*

A.N.P.A., *American Newspaper Publishers' Association,* Association américaine des éditeurs de journaux.

a/o, *account of,* compte de.

a.o.b., *any other business.*

A.P., *Associated Press.*

A & P, *The Atlantic and Pacific Tea Co,* la plus importante épicerie à succursales multiples des U.S.A.

A/P, *Additional Premium,* complément de prime (assurances).

APEC *Asia-Pacific Economic Cooperation.*

appro, *approval,* approbation.

A.R., *advice of receipt,* avis de réception.

A/R, *all risks (insurance),* (assurance) tous risques.

arb., *arbitrageur,* contrepartiste.

arr, 1. *arrival,* arrivée. **2.** *arrived,* arrivé(e), arrivé(e)s.

a/s, *after sight. Four days after sight,* à quatre jours de vue (traite).

A/S, *Account Sales,* compte de ventes.

a.s.a.p., *as soon as possible,* dès que possible, dans les meilleurs délais.

ASCAP, *American Society of Composers, Authors and Publishers.*

ASE, *American Stock Exchange.*

ASEAN, *Association of South-East Asian Nations.*

asgd, *assigned.*

asgmt, *assignment.*

A.S.P., *American Selling Price.*

Ave, ave, *avenue.*

A.T.M., *automatic teller machine, automated teller machine,* distributeur automatique de billets de banque, guichet automatique de banque.

attn, attention, à l'attention de.

A.T. & T., *American Telephone and Telegraph Co.*

A/V, ad valorem, selon la valeur.

av., *average,* moyenne.

AVEW, (G.B.) *Amalgamated Union of Engineering Workers.*

A.W.B., *air-waybill,* lettre de transport aérien, LTA.

B.A., *Bachelor of Arts* ≈ licencié ès lettres.

BAF, *bunker adjustment factor,* surcharge de soutage.

bal, *balance,* solde.

BASIC, *Beginner's All purpose Symbolic Instruction Code,* Basique (langage informatique polyvalent).

B.B., *bill-book,* carnet d'échéance, livre d'effets.

BBB, *Better Business Bureau,* organisme américain de déontologie professionnelle.

BBC, *British Broadcasting Corporation.*

bbl., *barrel,* baril (= 42 *gallons* U.S.), 155 litres pour le pétrole.

B/D, *bank draft,* traite ou chèque tiré sur une banque.

b.d., b/d, *brought down. Balance brought down,* solde à nouveau.

B/E, *bill of entry,* rapport en douane, déclaration de détail.

B/E, *bill of exchange,* effet de commerce.

B.E.S., (G.B.) *Business Expansion Scheme* (possibilité pour un particulier de bénéficier d'une déduction fiscale — plafonnée — en investissant pour cinq ans dans une entreprise).

bf, b.f., b/f, *brought forward,* report.

B.I.S., *Bank for International Settlements,* Banque des règlements internationaux (B.R.I.).

Bk., *bank, book, backwardation,*

banque, livre, déport.

bl, 1. *barrel,* tonneau, fût. 2. *bale,* balle.

B/L, *bill of lading,* connaissement.

B.O., *Branch office,* agence.

B.of.E., *Bank of England,* Banque d'Angleterre (banque centrale).

B.O.T., B.of.T., *Board of Trade* (G.B.), ministère du Commerce.

BRAD, *British Rate and Data,* catalogue (G.B.) donnant les prix des espaces publicitaires des différents médias.

B.R.I. *Brand Rating Index* (U.S.), indice d'évaluation des supports.

Bro, *brother,* frère.

Bros., *brothers,* frères (cette mention, si elle n'est pas suivie de *Ltd = limited,* indique une association de personnes).

B.R.S., *British Road Services,* Transports routiers britanniques.

B.S. (U.S.), **B.S.c.** (G.B) *Bachelor of Science* ≈ licencié ès sciences.

B/S, 1. *balance-sheet,* bilan. 2. *bill of sale,* acte de vente.

B-school, *Business school,* grande école de commerce.

B.S.T., *British Summer Time.*

B 2 B, *business to business,* d'entreprise à entreprise, de professionnel à professionnel, interprofessionnel.

B 2 C, *business to consumer,* d'entreprise à particulier, de professionnel à particulier.

B.T.U., *British Thermal Unit,* Unité de chaleur (0,25 kilo calories).

B.U.P.A., *British United Provident Association* (G.B.), Caisse complémentaire des cadres.

B.V.C.A., *British Venture Capital Association.*

c., *circa,* aux alentours de, aux environs de, environ.

C.A., *Chartered Accountant* (G.B.), expert comptable.

CAD, *computer-aided design,* conception assistée par ordinateur, CAO.

CAF, *currency adjustment factor,* surcharge monétaire.

C.A.I., *Computer Aided Instruction,* Enseignement assisté par ordinateur (E.A.O.).

CAM, *computer-aided manufacturing,* fabrication assisteé par ordinateur, F.A.O.

C.A.P., *Common Agricultural Policy,* politique agricole commune (Communauté Européenne).

CAR, *compound annual rate,* taux annuel composé.

Cat., *catalogue,* catalogue.

cats (U.S.), *certificate of Accrual on Treasury Securities.*

C.A.T.V., *Community Antenna Television,* Télévision par câble.

C.B.D., *Cash Before Delivery,* paiement avant livraison.

C.B.I., *Confederation of British Industry,* Centre national du patronat britannique.

CBO, (U.S.) *Congressional Budget Office* (organisme bi-partisan émettant un avis sur le financement des projets gouvernementaux).

CBOE, *Chicago Board Options Exchange.*

C.B.S., *Columbia Broadcasting System,* chaîne de T.V. américaine.

C.C., *cubic centimetre,* centimètre cube ; *in the small CC's,* de petite cylindrée.

C.C.A., *Controlled Circulation Audit, C.J.D.*

C.C.T.V., *Closed Circuit Television,* télévision en circuit fermé.

c/d, *carried down,* reporté.

CD, 1. *certificate of deposit,* certificat de dépôt. 2. *compact disc.*

C.Eng., *Chartered Engineer* ≈ ingénieur diplômé (G.B.).

C.E.O., *Chief Executive Officer* (U.S.), président directeur général.

c/f, *carried forward,* à reporter, reporté.

C & F, c.f., *cost and freight,* coût et fret.

C.F.O., *Chief Financial Officer,* Directeur Financier.

CFTC, *Commodity Futures Trading Commission.*

cge pd, *carriage paid,* port payé.

cgt, *capital gains tax,* impôt sur les plus-values de capitaux.

change, *Exchange,* bourse (de Londres).

CHIPS, *Clearing House Interbank Payment System* (U.S.) Caisse de compensation interbanques.

chm, *chairman,* président.

chq, *cheque* (G.B.), chèque.

C.I.A., *Cash in advance,* paiement d'avance.

C.I.A., *Central Intelligence Agency* (U.S.).

C.I.F., c.i.f., *Cost insurance and freight,* coût, assurance, fret (C.A.F.).

c.i.f. & c., *Cost, insurance, freight and commission,* coût, assurance, fret et commission.

c.i.f.c. & i., *Cost, insurance, freight, commission and interest,* coût, assurance, fret, commission et intérêt.

C.L.I., *Cost of living index,* indice du coût de la vie.

CLO, *Chief Legal Officer,* responsable des services juridiques, chef du contentieux.

C.M.E., *Chicago Mercantile Exchange,* Bourse des marchandises de Chicago.

C.M.O. *Collateralized mortgage obligations,* obligations garanties par hypothèque.

C/N, *circular note,* chèque de voyage.

C/N, *credit note,* facture d'avoir.

Co, *Company,* société, compagnie.

C/O, *care of,* aux bons soins de.

COBOL, *Common Business Oriented Language,* COBOL (langage informatique à orientation commerciale).

COCOM, *Coordinating Committee for Multilateral Export Controls,* organisme international contrôlant les exportations technologiquement sensibles vers les pays du bloc soviétique.

C.O.D., *cash on delivery,* envoi contre remboursement, règlement à la livraison.

C.O.L., *Cost of Living index.*

C.O.L.A., *Cost of living allowance/adjustment,* allocation de vie chère.

COMEX, *Commodity Exchange,* New-York.

consol., *consolidated,* consolidé.

cont., 1. *contents,* contenu. **2.** *continued (to be),* à suivre.

C.O.O., *Chief Operating Officer.*

CORE, (U.S.) *Congress of Racial Equality.*

corp., *corporation,* compagnie.

COS, C.O.S., *cash on shipment,* règlement à l'expédition.

C/P, *charter-party,* charte partie.

C.P. 1. *carriage paid,* port payé. **2.** *commercial paper.*

CPA, *Critical Path Analysis,* analyse du chemin critique.

C.P.A., *Certified Public Accountant* (U.S.), expert comptable.

C.P.I., *Consumer Price Index,* indice des prix à la consommation.

CPM, *Critical Path Method,* méthode du chemin critique.

CPO, *Chief Private Officer,* Directeur de la confidentialité.

C.P.S., *cycles per second.*

CPT, *Cost per thousand (exposures),* coût aux 1 000 (personnes atteintes par un message publicitaire).

C.P.U., *Central Processing Unit,* unité centrale de traitement.

C.R., C/R, *at Company's risk, carrier's risk,* aux risques et périls de la compagnie.

C.R., *current rate,* taux en vigueur.

C.R.T., *cathode-ray tube,* écran cathodique.

Cr., *credit, creditor,* crédit, créancier.

C.S.O., *Central Statistical Office* (G.B.), équivalent de l'INSEE.

C2C, *consumer to consumer,* de particulier à particulier.

C.U., *close-up,* gros plan, plan serré.

cu.ft., *cubic foot,* pied cube, pied cubique.

cum div., *with dividend,* avec dividende.

curr., currt, *current,* du mois en cours, actuel.

CVD, *Countervailing duty,* droit compensatoire.

C.W.O., c.w.o., *cash with order,* paiement à la commande, règlement à la commande.

cwt., *hundredweight,* mesure de poids de 50,80 kg (G.B.) ou de 45,35 kg (U.S.).

D/A, *documents against acceptance,* documents contre acceptation.

D.A., *deposit account,* compte de dépôt.

D.A., *District Attorney* (U.S.), procureur.

D & B, *Dun and Bradstreet, one of the major rating firms,* une des plus importantes agences de notation financière.

d.b.a., *doing business as,* connu(e) sous le nom de, opérant sous le nom de.

D.C., *Direct current,* courant continu.

D.C., *District of Columbia,* où se trouve Washington, capitale des U.S.A.

D.C.L., *Doctor of Civil Law* (U.S.).

DCS, *Doctor of Commercial Science.*

dd., d/d, deld, *delivered,* livré.

DDP, *delivered duty-paid,* rendu droits acquittés.

deb(s), *debentures(s),* obligation(s).

DHSS, *Department of Health and Social Security* (G.B.).

DI, (U.S.) *Disabled/Disability Insurance,* assurance invalidité.

dink, *double income, no kids,* couple à deux salaires et sans enfants.

D.I.Y., *Do it yourself.*

D.J., *disc jokey* (U.S.), animateur radio.

dely, *delivery,* livraison.

demo, *demonstration,* démonstration.

DMU, *decision-making unit,* unité de prise de décision.

dept., *department,* service, département.

dft, *draft,* traite.

dis, disc, disct, *discount,* escompte.

div., *dividend,* dividende.

D/N, *debit note,* note de débit, facture de débit.

D.N., *dispatch note,* bulletin d'expédition.

D/O, *delivery order,* bon de livraison.

dol(s), *dollar(s),* dollar(s).

dot com, .com, point com ; entreprise sur Internet.

doz., *dozen,* douzaine.

D/P, *documents against payment,* documents contre paiement.

D.P., *data-processing,* informatique.

D.P.I., *disposable personal income,* revenu personnel disponible.

Dr, *debtor,* débiteur, débit ; *doctor,* docteur.

Dr(s), *debtors,* débiteur(s).

d/s, d.s, *days after sight,* à... jours de vue (traite).

D.T.I., *Department of Trade and Industry* (G.B.).

DVD, *digital versatile disk,* disque numérique polyvalent.

D/W, *dock-warrant,* certificat d'entrepôt, bulletin de dépôt, warrant.

d/y, *delivery,* livraison.

e-, E-, électronique, virtuel, sur l'Internet.

EASDAQ, *European Association of Securities Dealers.*

Ebitda, *earnings before interests, depreciation and amortization,* excédent brut d'exploitation.

EBRD, *European Bank for Reconstruction and Development,* Banque Européenne pour la Reconstruction et le Développement, BERD.

E.C., *European Community,* abréviation U.S. pour E.E.C., Communauté européenne.

ECB, *European Central Bank,* Banque Centrale Européenne, BCE.

ECN, *electronie communica-*

tions network.

E.C.P., *Euro-Commercial Paper,* effets de commerce en eurodevises.

ECU, *European Currency Unit,* Unité monétaire européenne.

E.D.P., *electronic data processing,* informatique.

E.E., *errors excepted,* sauf erreur.

EEA, *European Economic Area,* Espace Economique Européen, EEE.

E.E.C., *European Economic Community,* Communauté économique européenne.

E.E.O., *Equal Employment Opportunity.*

EFT, 1. *Electronic Funds Transfer,* transfert électronique de fonds (T.E.F.). **2.** *exchange traded fund,* fonds indiciel.

EFTS, *Electronic Funds Transfer System.*

E.F.T.A., *European Free Trade Association,* Association européenne de libre échange (A.E.L.E.).

Eftpos, *Electronic Funds Transfer at Point of Sale* (G.B.).

e.g., *exempli gratia (for example),* par exemple.

EIB, *European Investment Bank,* Banque Européenne d'Investissement, BEI.

E-mail, e-mail, *electronic mail,* messagerie électronique, courrier électronique.

E.M.S., *European Monetary System,* Système Monétaire Européen, S.M.E.

EMU, *European monetary union,* union monétaire européenne.

ENC., Encl, enc, *enclosure(s),* pièce(s) jointe(s).

ENIAC, *Electronic Numerical Integrator and Computer,* machine à calculer.

E. & O.E., *errors and omissions excepted,* sauf erreur ou omission.

EOE, *Equal Opportunity Employer.*

E.P.S., *earnings per share,* bénéfice par action, B.P.A.

ERM, *European exchange rate mechanism,* mécanisme européen de taux de change, Système Monétaire Européen.

ES, *Expert System,* système expert, SE.

E.S.O.P., *Employee Stock Ownership Plan,* participation des employés au capital par distribution d'actions en sus du salaire.

est., *established,* fondé, créé (société, etc.).

ETD, e.t.d., *estimated time of departure.*

E.U. *European Union.*

ex cp., *ex-coupon,* ex-coupon, coupon détaché.

ex.div., *ex-dividend,* ex-dividende.

execs, *executives,* cadres.

EXIMBANK, *Export Import Bank,* Banque américaine du secteur public spécialisée dans le financement et l'assurance du commerce extérieur aux États-Unis.

ex ss, *ex-steamer,* au débarquement.

ex stre, *ex-store,* disponible.

ex-whf, *ex-wharf,* franco à quai.

ex whse, *ex-warehouse,* disponible.

FAA, (U.S.) *Federal Aviation Administration.*

F.A.A., f.a.a, *free of all average,* franc d'avarie, franc de toutes avaries.

" Fanny Mae " (U.S.), *Federal National Mortgage Association* (pour le refinancement des hypothèques).

F.A.O., *Food and Agriculture Organization,* Organisation pour l'alimentation et l'agriculture (O.A.A.).

F.A.Q., f.a.q, 1. *free alongside quay,* franco à quai. **2.** *fair average quality,* qualité courante, qualité commerciale, bonne qualité marchande.

F.A.S., f.a.s, *free alongside ship,* franco le long du navire.

FASB, *Financial Accounting Standards Board* (U.S.), organisme qui édicte des normes, retenues par la SEC, pour la présentation des documents comptables et des états financiers.

F.B.I., *Federal Bureau of Investigation* (U.S.).

F.C.C., *Federal Communications Commission* (U.S.).

FCL, *full container load,* conteneur complet.

FDA, (U.S.) *Food and Drug Administration.*

FDC, *Fast Developing Country.*

FDI, *foreign direct investment,* investissement direct de l'étranger, peut aussi signifier investissement direct à l'étranger.

FDIC, *Federal Deposit Insurance Corporation.*

Fed, (U.S.) **1.** *Federal Reserve System.* **2.** *Federal Reserve Board ;* le système bancaire fédéral est un système décentralisé : 12 banques régionales et 24 succursales, contrôlées par le Federal Reserve Board de Washington.

FEPC, (U.S.) *Fair Employment Practices Commission.*

f.g.a., *free of general average,* franc d'avarie grosse, franc d'avarie commune.

FHLB, (U.S.) *Federal Home Loan Bank,* banque fédérale de prêt immobilier.

FICA, (U.S.) *Federal Insurance Contribution Act.*

Fifo, *First in first out,* (gestions des stocks, informatique) premier entré, premier sorti, P.E.P.S.

4-As (the), cf. *A.A.A.A.,* les quatre A (pub.).

F.O.A. = *F.O.B. Airport,* FOB Aéroport.

F.O.B., *f.o.b,* *free on board,* franco à bord.

f.o.c, *free of charge,* franco, franco de port et d'emballage.

folg, *following,* suivant(e), suivant(e)s.

Footsee, *Financial Times Share Index.*

f.o.q., *free on quay,* franco à quai.

F.O.R., f.o.r., *free on rail,* franco wagon.

forex, *foreign exchange,* (marché des) devises.

FORTRAN, *Formula Translation,* FORTRAN (langage informatique à orientation scientifique).

F.O.S., f.o.s., *free on steamer,* franco à bord du navire.

F.O.T., f.o.t., *free on truck,* franco-wagon, sur wagon, franco-camion, sur camion (U.S.).

Four-0,40, excellent (meilleure note) (U.S.).

f.p., *fully paid,* intégralement versé(es).

F.P.A., f.p.a, *free of particular average,* franc d'avarie particulière.

FPAD, *freight payable at destination,* fret payable à destination.

FRA, *future rate agreement,* garantie sur les taux d'intérêt.

FRN, *Floating-Rate Note,* bon à taux flottant, à taux révisable (papier à court terme).

frt, *freight,* fret.

F.S.B. (G.B.) *Financial Standards Board.* (organisme qui édicte des normes comptables).

F.S.L.I.C., *Federal Savings and Loan Insurance Corporation* (U.S.), système d'assurance fédérale des fonds déposés dans ces institutions.

ft, *foot, feet,* pied(s) (30,48 cm).

F.T.C., *Federal Trade Commission* (U.S.).

F.T. index, *Financial Times index* (G.B.), cf. Down Jones U.S.

FTSE, *Financial Times Share Index* (G.B.).

FUTA, (U.S.) *Federal Unemployment Trust Fund,* Fonds fédéral d'assurance chômage.

fwd, *forward,* à terme ; livrable.

G.A., g.a, *general average,* avarie grosse, avarie commune.

G.A.A.P., *Generally Accepted Accounting Principles.*

gal., gall., *gallon,* mesure de capacité valant 4.54 litres (G.B.), 3,78 litres (U.S.).

GATS, *General Agreement on Trade in Services,* AGCS.

G.A.T.T., *General Agreement*

on Tariffs and Trade, Accord général sur les tarifs douaniers et le commerce, AGETAC.

G.C.E., *General Certificate of Education* (G.B.), cf. baccalauréat, examen passé à la fin de l'enseignement secondaire.

GCR, *general cargo rates,* taux de fret pour marchandises diverses.

G.D.P., *Gross Domestic Product,* produit domestique brut, Produit intérieur brut (P.I.B.).

G.F.T.U., *General Federation of Trade Unions* (U.S.).

G.I., « *government issue* », soldat américain.

Ginnie Mae(s), *issue(s) from the Government National Mortgage Association* (U.S.).

G.L.C., *Greater London Council* (G.B.).

G.M., *General Manager,* directeur général.

G.M., *General Motors* (U.S.).

G.M.T., *Greenwich mean time,* heure de Greenwich, temps universel.

G.N.P., *Gross National Product,* produit national brut, P.N.B.

G.O.P., *Grand Old Party* (U.S.), parti républicain.

G.P., *General Practitioner,* médecin généraliste.

G.P.O., *General Post Office,* **1.** le ministère des P. et T. **2.** la poste principale.

gr(s), *grain(s),* unité de poids de 6,48 centigrammes.

gr.wt., *gross weight,* poids brut.

G-7, groupe des sept nations les plus industrialisées : Allemagne, Canada, États-Unis, France, Grande-Bretagne, Italie et Japon.

G-8, = G-7 plus Russie.

gtd, *guaranteed,* garanti.

guar, *guaranteed,* garanti.

hdqrs, *headquarters,* quartier général, siège.

hdwe, *hardware.*

H.E.W., *Health, Education and Welfare* (U.S.), ancien ministère de la Santé publique, de l'Enseignement et de l'Aide sociale.

hgt, *height,* hauteur.

H.H.S., *Health and Human Services,* ministère de la Santé (U.S.).

H.M.C., *Her (His) Majesty's Customs* (G.B.), douanes de Sa Majesté.

HMO, *Health Maintenance Organization,* organisme de santé.

H.M.S., *Her (His) Majesty's ship* (G.B.), navire de sa Majesté, navire de la marine royale britannique.

H.O., *Head Office,* siège social.

H.P., h.p., *horse power,* puissance en chevaux.

H.P., *Hire-purchase,* vente à tempérament.

H.Q., hq, *Headquarters,* quartier général.

HRM, *Human Resources Management,* Gestion des Ressources Humaines, GRH.

hr(s), *hour(s),* heure(s).

H.S., *High School* (U.S.).

H.S., *Home Secretary* (G.B.), ministre de l'Intérieur.

IADB, *Inter-American Development Bank.*

IAP, *Internet Access Provider,* fournisseur d'accès à l'Internet.

IASC, *International Accounting Standards Committee,* organisme qui émet des propositions de normes pour une présentation internationale des résultats comptables.

I.B., *Invoice-book,* facturier.

I.B.A., *Independent Broadcasting Authority* (G.B.), organisme britannique de radiotélévision commerciale.

I.B.M., International Business Machines.

IBRAD, IBRD, *International Bank for Reconstruction and Development,* Banque internationale pour la reconstruction et le développement, B.I.R.D.

I.C., *integrated circuit,* circuit intégré.

I.C.A., *Institute of Chartered Accountants* (G.B.), association professionnelle des experts-comptables.

I.C.C., *Interstate Commerce Commission* (U.S.), Commission fédérale pour la réglementation du commerce.

I.D., *Immigration Department* (U.S.).

I.D., *Identification* (U.S.).

I.G., *Inspector General* (U.S.).

I.L.G.W.U., *International Ladies Garment Workers Union* (U.S.).

I.L.O., *International Labour Organization,* Organisation internationale du travail, O.I.T.

I.M.F., *International Monetary Fund,* Fonds monétaire international, F.M.I.

IMM, *International Monetary Market of Chicago Mercantile Exchange.*

IMO, *international money order,* mandat international.

Inc., *incorporated* (U.S.), constitué(e) en société.

ince, ins, insce, *insurance,* assurance.

incl., *inclusive,* tout compris.

inst., *instant,* du mois en cours.

Internet, *International Network,* réseau informatique d'accès aux banques de données et aux messageries.

intl, *international.*

I.O.U., *I owe you,* reconnaissance de dette.

IPE, *International Petroleum Exchange (Londres).*

I.P.O., *Initial Public (Stock) Offering,* offre publique d'actions (privatisations, etc.).

I.Q., *Intelligence Quotient,* quotient d'intelligence.

I.R., *Inland revenue* (G.B.), le fisc.

I.R.A., *Individual Retirement Account,* compte retraite établi par l'intéressé, compte de retraite volontaire.

IRP *Instantly Repackaged Perpetual* K TSDI, titre subordonné à durée indéterminée.

I.R.S., *Internal Revenue Service* (U.S.), le fisc.

IS, *Information System(s),* système(s) d'information.

ISO, *International Standards Organization.*

ISP, *Internet Service Provider,* fournisseur d'accès à l'Internet.

IT, *information technology,* informatique.

I.T.O., *International Trade Organization,* Organisation internationale du commerce (O.I.C.).

i-TV, *interactive TV,* télévision interactive.

I.T.V., *Independent Television,* (G.B.) chaîne de télévision (commerciale).

J/A, *joint-account,* compte conjoint, compte joint, compte en participation.

J.C.S., *Joint Chiefs of Staff* (U.S.).

JICNARS, *Joint Industry Committee for National Readership Surveys,* homologue anglais du Centre d'étude des supports de publicité (C.E.S.P.).

jnr, jr., jun, junr., *junior,* jeune, cadet, fils.

J.P., *Justice of the Peace,* juge de paix.

K.C., *King's Counsel,* avocat de la couronne (qui peut néanmoins plaider pour des particuliers).

KVI, *Known Value Item,* article de valeur connue.

L.A., *Los Angeles.*

Laser, *Light Amplification by Stimulated Emission of Radiation,* laser.

lb(s), *pound(s),* livre(s) unité de poids de 453,59 g.

LBO, *leverage(d) buy-out,* R.E.S.

L/C, *letter of credit,* lettre de crédit.

L.D.C.('s), *less developed country, less developed countries,* pays en voie de développement, *PMA,* pays moins avancé(s), pays les moins avancés.

ldg, *loading,* chargement.

led, *ledger,* grand livre.

L.I.B.I.D., *London Interbank Bid rate,* taux du marché des Eurodevises (à l'achat).

L.I.B.O.R., *London Interbank Offered Rate,* Taux du Marché des Euro-devises.

L.I.F.F.E., *London International Financial Futures Exchange.*

Lifo, *Last in, first out,* dernier entré, premier sorti, D.E.P.S. (gestion du personnel ; gestion des stocks).

Limean, *average of L.I.B.O.R. and L.I.B.I.D.,* moyenne du taux de vente et d'achat pour les Euro-devises.

L.I.P., *Life Insurance Policy,* police d'assurance-vie.

L.M.B.O., *Leveraged Management Buy-Out,* rachat de l'entreprise par ses cadres, R.E.S.

L.M.E., (G.B.) *London Metal Exchange.*

L.P., *Long-playing,* longue durée (disque, bande).

L.P.G., *Liquefied Petroleum Gas,* gaz de pétrole liquéfié (G.P.L.).

LSD, *landing, storage and delivery,* mise à terre, magasinage et livraison.

L.S.E. 1. *London Stock Exchange.* **2.** *London School of Economics.*

l.t., *long ton,* tonne forte (1 016 kg).

Ltd, *Limited,* limité(e) (à la suite du nom d'une société, indique qu'elle est à responsabilité limitée).

Lyons, (U.S.) *Liquid yield option notes.*

m., *million(s), mile(s), minute(s),* million(s), mille(s), minute(s).

M1, composante de la masse monétaire : *paper money plus sight deposits,* papier-monnaie plus dépôts à vue, M1

M2, composante de la masse monétaire : M1 *plus savings accounts,* M1 plus comptes d'épargne, M2.

M3 *money and near money :* M2 *plus such elements as time deposits, money market funds, bonds close to redemption date, assets convertible into cash,* M2 plus éléments tels que dépôts à terme, SI-

CAV monétaires, obligations proches de leur maturité, actifs convertibles en liquidités, M3.

M.A., *Master of Arts.*

M/A, *Memorandum of Association* (G.B.), acte constitutif d'une société.

M & A, *mergers and acquisitions,* fusions et rachats.

M.B.A., *Master of Business Administration* ≈ maître de gestion.

MBO, *Management By Objectives,* direction par objectif (D.P.O.).

M.C., *Master of Ceremonies,* animateur, présentateur.

M.C.U.s., *Monetary Compensatory Units,* montants compensatoires monétaires (M.C.M.).

M.D., *Doctor of Medicine,* docteur en médecine.

m/d, *months after date,* à … mois, à … mois de date, à … mois d'échéance (traite).

M.E., *Medical Examiner,* médecin légiste.

Medicaid, (U.S.) aide médicale aux indigents.

Medicare, (U.S.) assistance médicale aux personnes de plus de 65 ans et aux handicapés.

M.E.P., *Member of the European Parliament,* député européen, membre du Parlement Européen.

Merc, *New York Mercantile Exchange.*

Messrs, messieurs.

M.F.N., *Most Favo(u)red Nation,* nation la plus favorisée.

mgr, *manager,* directeur.

M.I.P., *Marine Insurance Policy,* police d'assurance maritime.

M.I.P., *monthly investment plan* (permet d'acheter à tempérament des actions avec des moyens limités).

MIS, *Management of Information Systems,* Management des Systèmes d'Information.

M.I.T., *Massachusetts Institute of Technology.*

M.L.R., *Minimum Lending Rate,* taux de base.

M.O., *Money-Order,* mandat postal.

M.O.B., *Mail Order Business,* vente par correspondance.

M.O.D., *Mail Order Depart-ment,* service de vente par corres-pondance.

MOF, *multi-option facility.*

mo(s), *month(s),* mois.

M.P., *Member of Parliament* (G.B.), membre de la chambre des Communes (au sens large, et appli-qué à d'autres pays que la Grande-Bretagne : député, parlementaire).

M.P.G., m.p.g., *miles per gal-lon,* milles au gallon (consomma-tion d'une voiture).

M.R., *Motivational Research,* recherche des motivations, étude des motivations, analyse des moti-vations.

Mr, *Monsieur,* M.

Mrs, *Madame,* Mme.

m/s, *months after sight,* à ... mois de vue (traite).

M.S., *Master of science* (U.S.) ≈ maître ès sciences.

M.Sc., *Master of science* (G.B.) ≈ maître ès sciences.

MTBF, *mean time between fai-lures,* temps moyen entre dé-faillances/pannes.

M.T.N., *medium-term note.*

mv, *merchant vessel,* cargo, na-vire marchand.

n.a., *not available,* non dispo-nible ; *not applicable,* non appli-cable.

N.A.A.C.P., *National Association for the Advancement of Colored People* (U.S.).

NAFTA, *North American Free Trade Agreement,* Accord Nord Américain de Libre Échange (U.S.A., Canada, Mexique), ANA-LE.

NAM, *National Association of Manufacturers* (U.S.).

NASA, *National Aeronautics And Space Administration* (U.S.).

NASDAQ, (U.S.) *National Association of Securities Dealers Automated Quotations.*

N.A.T.O., *North Atlantic Treaty Organization,* Organisation du trai-té de l'Atlantique-Nord (O.T.A.N.).

N.B.C., *National Broadcasting Company,* chaîne de TV (U.S.).

N.C.B., *National Coal Board* (G.B.), Direction des houillères (nationalisées).

N.C.O., *Non-Commissioned Of-ficer,* sous-officier.

N.C.V., *no commercial value,* (échantillon) sans valeur commer-ciale.

N.E.D.C., *National Economic Development Council* (G.B.), Conseil national pour le développe-ment économique ≈ le « Plan ».

Neddy, *N.E.D.C.* (G.B.).

NGO, *Non-Government Organi-zation,* Organisation Non-Gouver-nementale, ONG.

N.H.S., *National Health Service.*

N.L.R.B., *National Labor Rela-tions Board* (U.S.).

NMB, *National Mediation Board* (U.S.).

No., *number,* numéro.

NOPAT., *net operating profit af-ter tax,* résultat net d'exploitation, RNE.

NORAD, *North American Air Defense.*

N.O.W., *National Organization for Women* (U.S.).

Now account, (U.S.) *Negotiable order of withdrawal account,* compte-chèques rémunéré nécessi-tant un préavis avant retrait.

NSC, *National Security Council* (U.S.).

NSF, *National Science Foun-dation* (U.S.).

NTB, *non-tariff barriers,* bar-rières non tarifaires, mesures pro-tectionnistes autres que droits de douane.

NTSB, *National Transportation Safety Board,* (U.S.).

N.U.M., *National Union of Mineworkers* (G.B.), syndicat des mineurs.

N.U.R., *National Union of Railwaymen* (G.B.), syndicat national des chemins de fer.

NYCE, *New York Cotton Exchange.*

NYCSCE, *New York Cocoa, Sugar, Coffee Exchange.*

NYFE, *New York Futures Exchange.*

NYME, *New York Mercantile Exchange.*

N.Y.S.E., *New York Stock Exchange,* bourse de New York.

N.Y.U., *New York University.*

o., *order,* commande.

o/a, *on account of,* pour le compte de ; à l'acquit de.

O.A.S., *Organisation of American States,* Organisation des Etats américains (regroupant les E.-U. et la majorité des pays d'Amérique centrale et d'Amérique du Sud).

OASI, (U.S.) *Old Age and Survivors Insurance,* assurance vieillesse.

OB, *organizational behavio(u)r.*

OCAS, *Organisation of Central American States.*

o/d, *on demand,* à la demande, à vue.

O.D., *overdrawn,* à découvert.

o/d, *overdraft,* découvert.

O.E.C.D., *Organization for Economic Cooperation and Development,* Organisation de coopération et de développement économique, O.C.D.E.

O.E.M., *Original Equipment Manufacturer,* système de vente de matériel informatique à des prix de gros, mais avec maintenance réduite et sans formation du personnel.

O.H.M.S., *On Her (His) Majesty's Service,* au service de Sa Majesté, en franchise postale.

OL, *organizational learning,* apprentissage organisationnel *(ability of organizations to acquire, stock, retrieve, share, interpret and discard knowledge).*

O & M, *organization and methods,* organisation et méthodes.

o.n.o., *or nearest offer,* à débattre (somme).

o/o, *order of,* à l'ordre de.

O.P., *open policy,* police ouverte.

O.P., *out of print,* épuisé.

O.P.E.C., *Organisation of Petroleum Exporting Countries,* Organisation des pays exportateurs de pétrole (O.P.E.P.).

Opic, *Overseas Private Investment Corporation* (U.S.).

O.R., *owner's risk,* aux risques et périls du propriétaire.

O.R., *operations research, operational research,* recherche opérationnelle.

O.T.C., *over-the-counter, over the counter market,* hors cote, marché hors cote, de gré à gré.

OTE, *on target earnings,* salaire commission comprise.

OTS, *opportunity to see,* « occasion de voir » (publicité).

oz, *ounce,* once, unité de poids (28,35 g).

P.A., *Personal Assistant, Private Assistant, Personal Aide,* adjoint, assistant, collaborateur. *P.A. Secretary,* secrétaire de direction, rédactrice.

P.A., p.a., *particular average,* avarie particulière.

P/A, *power of attorney,* procuration, pouvoir, mandat.

p.a., *per annum,* par an.

PAA, *Pan American Airways.*

P & D, *pickup and delivery,* enlèvement et livraison.

p & p, *postage and packing,* affranchissement et emballage.

pat, *patent,* brevet.

patd, *patented,* breveté.

P.A.Y.E., *Pay as you earn,* système de prélèvement à la source (prélèvement direct de l'impôt sur le salaire mensuel, etc.).

P.C., 1. *Police constable* (G.B.), agent de police. 2. *Personal computer,* ordinateur individuel, ordinateur personnel. 3. *Participation certificate,* certificat d'investissement (en actions, sans droit de vote).

pcl, *parcel,* colis.

PCS, *Personal Communication Service,* téléphone sans fil d'agglomération.

pd, *paid,* payé(es).

P.E., *Production Engineer.*

P.E.R., *price-earnings ratio,* (action) rapport cours-bénéfices.

per pro, *per procurationem,* par procuration, pour le compte de.

P.E.R.T., *Program Evaluation and Review Technique,* méthode « PERT ».

PFI, *Privately Financed Initiative.*

P.I., *Profitability index,* coefficient de rentabilité.

P.I.N., *Personal Indentification Number,* numéro personnel d'identification.

pkg, *package,* colis.

P & L, *profit and loss,* profits et pertes.

plc, *public limited company* (G.B.), société anonyme, S.A.

pm, *premium,* prime (d'assurance).

PM, 1. *push money,* gratification aux vendeurs. **2.** *Prime Minister* (G.B.), Premier ministre.

PMG, *Postmaster General* (U.S.), ministre des P. et T.

P/N, P.N., p.n., *promissory note,* billet à ordre.

PO, *Personnel Officer,* Chef/Responsable/du personnel.

P.O., 1. *Post Office,* bureau des postes. **2.** *Postal Order,* mandat postal (pour petites sommes).

P.O.B., *Post Office Box,* boîte postale.

P.O.D., *pay on delivery,* paiement à la livraison.

P.O.E., 1. *port of embarkation,* port d'embarquement, port de chargement. **2.** *Port of entry,* port d'arrivée.

P.O.S., *point-of-sale,* point de vente.

P.P.B.S., *Planning, Programming, Budgeting System,* Rationalisation des choix budgétaires, R.C.B.

P.P.I., *producer price index,* indice des prix à la production.

P.P.P., *purchasing power parity.*

P.R., *public relations,* relations publiques.

P.R., *port risks,* risques de port.

pref. *preference share,* action préférentielle.

Pres., *President,* Président.

P.R.O., *Public Relations Officer,* chef du service des relations publiques, responsable des relations publiques.

prox., *proximo,* du mois prochain, du mois à venir.

PRP, *performance-related pay,* salaire au mérite, au rendement.

pt, *pint,* pinte, mesure de capacité de 5,68 dl.

P.T.O., *Please Turn Over,* tournez la page, suite page suivante, voir page suivante, suite au dos, T.S.V.P.

P2P, *Peer-to-peer,* d'égal à égal, de particulier à particulier.

P.W.A., *Public Works Administration.*

PX, *Post Exchange* (U.S.), magasin d'approvisionnement des militaires.

Q.C., *Queen's Counsel,* avocat de la couronne (qui peut néanmoins plaider pour des particuliers).

qr(s), *quarter(s),* mesure de poids de 12,70 kg.

qt(s), *quart(s),* mesure de capacité de 1,136 litre.

R. & D., R and D, *Research and Development,* recherche et développement.

RAM, *Random Access Memory,* mémoire vive.

RAMAC, *Random Access Memory Accounting Machine,* machine comptable électronique.

RAROC, *risk-adjusted return on capital,* rentabilité du capital en fonction des risques.

RCA, *Radio Corporation of America.*

R/D, *refer to drawer,* voir le tireur.

re, *with reference to, relating to,* concernant, au sujet de, à propos de.

R.E., RE, *real estate,* immobilier, biens immobiliers.

recd, *received,* reçu(es).

rect, *receipt,* reçu.

ref, *reference,* référence.

reg., regd, *registered.* **1.** recommandé (courrier, colis). **2.** nominatif (actions, etc.).

R.E.I.T., *Real Estate Investment Trust* (U.S.), société de placements immobiliers.

rem., *remittance,* versement.

rep., *representative,* représentant.

repo, *repossession,* saisie.

repos, *repurchase of stock,* (Bourse) réméré.

rept, *report,* rapport.

retd, *returned,* renvoyé, retourné, en retour.

rly, *railway,* chemin de fer.

RMBCA, *Revised Model Business Corporation Act* (U.S., 1984).

R.M.D., *Ready money down* (U.S.), comptant.

R.O.A., *Return on Assets,* rentabilité des actifs.

R.O.I., *Return on Investment,* retour sur investissement, profitabilité d'un investissement.

ROM, *read-only memory,* mémoire morte.

R.O.S., *Return on Sales,* taux de marge, pourcentage du résultat d'exploitation par rapport au chiffre d'affaires.

R.P.I., *Retail Price Index,* indice des prix de détail.

R.P.M., *revolutions per minute,* tours-minute, t/min.

R.R., *railroad* (U.S.), chemins de fer.

RT, *return ticket, round trip,* aller-retour.

RTA, *Reciprocal Trade Agreement.*

Ry, ry, *railway* (G.B.), chemins de fer.

S & L, *Savings and Loan Association.* (U.S.), organisme de prêt au logement.

S & P, *Standard and Poor's,* firme U.S. de notation financière.

SALT, *Strategic Arms Limitation Talks,* négociations sur la limitation des armes stratégiques.

S.A.T., *Scholastic Aptitude Tests,* Tests passés aux E.U. à la fin du secondaire par les candidats aux Universités.

S.A.Y.E., *Save As You Earn,* plan d'épargne par retenue automatique sur salaire ; (G.B.) plan d'intéressement des cadres.

SBA, *Small Business Administration* (U.S.).

SCM, *supply chain management,* gestion de la chaîne logistique ; *supply chain manager,* responsable de la chaîne logistique.

S.D.R., *Special Drawing Rights,* droits de tirage spéciaux (D.T.S.).

S.E., *Stock-Exchange,* bourse des valeurs.

SEAQ, *Stock-Exchange Automated Quotations.*

S.E.A.T.O., *South East Asia Treaty Organization,* Organisation du traité de l'Asie du Sud-Est (O.T.A.S.E.).

S.E.C., *Securities and Exchange Commission* (U.S.), commission qui surveille les opérations boursières (cf. C.O.B. en France).

secy, *secretary,* secrétaire.

Sen, Senr., *Senior,* aîné, doyen, père, (associé) principal.

S.E.T., *Selective Employment Tax.*

SGA, *selling, general and administrative expenses,* frais de ventes et frais administratifs.

sgd., *signed,* signé(es).

sh., shr., *share,* action.

shipt, shpt, *shipment,* expédition, chargement.

S.I.B., *Securities and Investments Board* (G.B.), cf. Commission des Opérations de Bourse et S.E.C. américaine.

SIMEX, *Singapore International Monetary Exchange.*

S/N, S.N., *shipping note,* permis d'embarquement, note de chargement.

S/O, *standing order,* ordre permanent.

SOP, *Standard Operating Procedure.*

S & P, *Standard and Poor's Corporation, one of the major rating firms,* une des plus importantes agences de notation financière.

SS, S/S, s.s., s/s, *steamship,* navire à vapeur, vapeur, paquebot.

SSAP, (G.B.) *Statement of Standard Accounting Practice.*

S.S.T., *Supersonic Transport.*

st., *stone,* unité de poids de 6,35 kg.

ST, *Standard Time.*

s.t., *short ton.*

stats, *statistics,* statistiques.

std., *standard,* standard, type.

St. Ex., *Stock Exchange,* Bourse des valeurs.

S.T.D., *Subscriber trunk dialling* (G.B.), automatique interurbain.

subs., *subscription,* souscription.

svgs, *savings,* épargne.

SWIFT, *Society for Worldwide Interbank Financial Telecommunications* (pour transfert électronique de fonds).

synd., *syndicate.*

t, *ton,* tonne.

T.B., *trial balance,* balance de vérification.

T-Bill, (U.S.) bon du Trésor (à court terme).

T-Bond, (U.S.) bon du Trésor (à long terme).

tech., *technology, technological,* technologie, technologique.

tech stock(s), *technology stock(s),* valeur(s) technologique(s).

temp, *temporary,* temporaire.

T.G.W.U., *Transport and General Workers' Union* (G.B.), syndicat des transports et des ouvriers non qualifiés en Grande-Bretagne.

Tigers, (U.S.) *Treasury Investors Growth Receipts.*

tk, *truck,* camion ; wagon.

T.L.C., *Transferable Loan Certificate.*

T.M.O., *Telegraphic money-order,* mandat télégraphique.

T.O., *turnover,* chiffre d'affaires.

T.O., *Telephone Office. Telegraph Office.*

TOPS, *Training Opportunities* (G.B.), Programmes de formation ou de recyclage patronnés par le gouvernement.

TPNB, *Theft, pilferage, non-delivery,* vol, maraude, non-livraison.

TPCC, *Trade Promotion Coordinating Committee* (U.S.), comité de coordination de la promotion du commerce.

TQM, *Total Quality Management,* Management Total de la Qualité.

TRIPS, *Trade Related Intellectual Property Rights agreement.*

TSB, *Trustee Savings Bank* (G.B.).

T.T., *Telegraphic Transfer,* versement télégraphique, virement télégraphique.

T.U., *Trade Union* (G.B.), syndicat.

T.U.C., *Trades Union Congress* (G.B.), organisme de coordination et de représentation du mouvement syndical à l'échelon national.

T.V.A., *Tennessee Valley Authority.*

T.V.R., *Television Rating,* indice d'écoute.

U.A.W., *United Automobile Workers* (U.S.), fédération des travailleurs de l'automobile.

U.C.L.A., *University of California at Los Angeles.*

U.H.F., *Ultra High Frequency.*

ult., ulto, *ultimo,* du mois dernier, du mois écoulé.

U.K., *United Kingdom.*

ULCC, *Ultra-large crude carrier.*

UMTS, *Universa Mobile Telecommunications System.*

U.M.W., *United Mine Workers (of America).*

U.N., *United Nations,* les Nations unies.

U.N.C.T.A.D., *United Nations Conference on Trade and Development,* Conférence des Nations unies pour le commerce et le développement (C.N.U.C.E.D.).

U.N.E.S.C.O., *United Nations*

Education, Science and Culture Organization, Organisation des Nations unies pour l'éducation, la science et la culture.

UNICEF, *United Nations Children's Fund.*

UNIVAC, *Universal Automatic Computer.*

UNRRA, *United Nations Relief and Rehabilitation Administration.*

U.P.I., *United Press International,* agence de presse U.S.

U.S.A., *The United States of America.*

USDA, *United States Department of Agriculture.*

USIA, *United States Information Agency.*

U.S.M., unlisted securities market (G.B.).

U.S.T.C., *United States Tariff Commission.*

u/w, *underwriter,* assureur.

v, *versus,* contre.

V.A.T., *Value Added Tax,* taxe à la valeur ajoutée, TVA.

V.C., 1. *Vice-chairman,* Vice-Président. 2. *venture capital,* capital-risque.

V.C.R., *Video Cassette Recorder,* magnétoscope à cassette.

VDT, *Visual Display Terminal.*

Veep, *Vice-President* (U.S.), Vice-Président.

VER, *Voluntary export restraint,* limitation volontaire des

exportations.

V.H.F., *Very High Frequency,* très haute fréquence.

VHS. *Video Home System,* magnétoscope à cassettes.

V.I.P., *very important person,* personne très importante, personnalité.

viz., *videlicet (namely),* à savoir.

VLCC, *very large crude carrier.*

V.O., *voice over,* commentaire sur image, voix hors champ.

V.O.A., *Voice of America,* « La voix de l'Amérique ».

V.P., *Vice-President,* vice-président.

VTR, *Videotape recorder,* magnétoscope à bande.

VU meter, *volume unit meter,* vumètre.

WAP, *wireless application protocol,* technologie de téléphonie mobile permettant de se connecter à des serveurs Internet et d'accéder à toute une série de services (infos, météo, bourse, etc.).

WASP, *White Anglo-Saxon Protestant,* Américain de race blanche, d'origine anglo-saxonne et de religion protestante.

W/B, *way-bill,* lettre de voiture, feuille de route.

WEF, *World Economic Forum,* forum mondial de l'économie (Davos).

wgt, wt, *weight,* poids.

whf, *wharf,* quai.

W.H.O., *World Health Organization,* Organisation Mondiale de la Santé (O.M.S.).

whse, *warehouse,* entrepôt.

whsle, *wholesale,* en gros.

WIPO, *World Intellectual Property Organization,* organisation mondiale de la propriété intellectuelle, OMPI.

wk, *week,* semaine.

wkly, *weekly,* hebdomadaire, par semaine.

W.P., 1. *word-processor,* machine à traitement de texte. 2. *word-processing,* traitement de texte.

W.P.A., w.p.a., *with particular average,* avec avarie particulière.

w.p.m., *words per minute,* mots à la minute.

wt., *weight,* poids.

WTO, *World Trade Organization,* Organisation Mondiale du Commerce, O.M.C.

W/W, *Warehouse Warrant,* récépissé-warrant.

ww, *with warrant.*

w.w.w. (the) *worldwide web,* la toile.

wysiwyg, *what you see is what you get,* visualisation du document tel qu'il apparaîtra à l'impression (traitement de texte).

X.C., *ex-coupon,* ex-coupon, coupon détaché.

X.d., *ex-dividend,* ex-dividende.

x.i., *ex-interest,* ex-intérêt.

X-ml, X-mll, *ex-mill,* départ usine.

X-ship, X-shp, *ex-ship,* au débarquement.

x-stre, *ex-store,* disponible, départ magasin.

xw, *ex-warrant, without warrant.*

x-whf, *ex-wharf,* franco à quai.

x-whse, *ex-warehouse,* disponible, départ entrepôt.

x-wks, *ex-works,* départ usine.

Y/A, Y.A.R., *York-Antwerp Rules,* règles d'York et d'Anvers (assur. marit.).

yd(s), *yard(s),* mesure de longueur (91,44 cm).

yld, *yield,* rendement.

YOB, *year of birth,* année de naissance.

yr, 1. *year,* année. 2. *your,* votre, vos.

yrs, 1. *years,* années. 2. *yours,* le vôtre, la vôtre, les vôtres.

Y.T.M., *yield to maturity,* rendement à l'échéance.

z, *zero,* zéro.

Z.B.B., *zero base budgeting,* budget base zéro.

zip (code), *Zone of Improved Postage* (U.S.), code postal.

ZPG, *zero population growth,* croissance démographique zéro.

FRANÇAIS-ANGLAIS
FRENCH-ENGLISH

A

abaissement *n.m.* **1.** lowering; reduction. *L'~ des tarifs douaniers,* the lowering of tariff walls. **2.** fall, drop, decrease, cut.

abaisser *v.* to lower, to lessen, to reduce, to bring down.

abaisser (s') *v.* to fall, to drop, to decrease, to go down.

abandon *n.m.* **1.** giving up, surrender, relinquishment. **2.** *(fin.)* cession; yielding up. **3.** *(ass. mar.)* abandonment. **4.** *(de fonction)* resignation; *(~ de poste)* desertion. **5.** neglect. *Être à l'~,* to be derelict, in dereliction. **6.** *(des études)* dropping out.

abandonner *v.* **1.** to give up, to abandon. **2.** *(laisser derrière soi)* to abandon, to leave behind. **3.** *(une fonction)* to withdraw from, to retire from. **4.** *(un poste)* to desert, *(une fabrication)* to discontinue, to scrap; *(progressivement)* to phase out (production). **5.** *(laisser tomber quelqu'un)* to let down. **6.** *(Fam. : « baisser les bras »)* to quit. **7.** *(valeur boursière = perdre)* to lose. **8.** *~ ses études,* to drop out.

abattage *n.m.* *(mur etc.)* demolition, pulling down. *(arbres)* felling. *(animaux)* slaughtering. *(mine)* cutting; blasting; mining.

abattement *n.m.* deduction, discount, allowance, cut, relief, writeoff. *~ forfaitaire,* standard deduction.

abattoir *n.m.* slaughter-house, (U.S.) slaughterhouse, abattoir.

abattre *v.* *(immeuble)* to pull down. *(arbres)* to fell. *(animal)* to slaughter.

abîmer *v.* **1.** to damage. **2.** *(nourriture, etc.)* to spoil. *Marchandises abîmées par l'exposition en magasin,* shop-soiled articles.

abîmer (s') *v.* **1.** *(marchandises, etc.)* to get/spoilt/spoiled. **2.** *(bâtiments, etc.)* to deteriorate, to wear out, to go to ruin, to go to rot. **3.** *(navire, etc.)* to sink.

abolir *v.* **1.** to abolish, to do away with, to suppress. **2.** *(annuler)* to cancel; *décret, etc.,* to abrogate.

abolissement *n.m.* voir **abolition 1.**

abolition *n.f.* **1.** abolishment, abolishing, abolition. **2.** *(annulation)* cancellation, cancelling. *(Décret, etc.)* abrogation, annulment.

abondance *n.f.* **1.** abundance, plenty; profusion. **2.** wealth, affluence; *vivre dans l'~,* to be affluent, to live in plenty, *(Fam.)* to be on easy street. *La société d'~,* the affluent society.

abondant *adj.* abundant, plentiful, copious.

abondement *n.m.* complement, supplement, additional funding.

abonder *v.* **1.** to abound, to be plentiful. **2.** *(fin.)* to supplement, to complement; to provide/supply additional funding; to fund, to supply funds.

abonné, e *n.m.f.* subscriber. *(Tél.)* *l'~ ne répond pas,* the party doesn't answer.

abonnement *n.m.* **1.** subscription. *~ d'essai,* trial subscription. *~ gracieux,* complimentary subscription. *Prendre un ~ à,* to subscribe to…, to take out a subscription to. **2.** *(transports, etc.)* season-ticket, commuter-ticket; *(U.S.)* pass. **3.** *(eau, gaz, etc.)* rate; standing charges. **4.** *(location, service)* rental. **5.** *(ass. mar.)* police d'~, floating policy.

abonner *v.* to take out a subscription (for someone).

abonner (s') *v.* to subscribe (to), to become a subscriber, to take out a subscription.

à bord *adv.* aboard, on board. *~ d'un navire,* aboard (a) ship, on board.

aborder *v.* **1.** *(un sujet)* to come to, to tackle, to deal with, to introduce, to broach; to address. **2.** *(une personne)* to approach, to contact.

3. *(naut.)* to collide with, to run foul of. **4.** *(un rivage)* to land.

abrégé *n.m.* précis, summary, abstract.

aboutir *v.* **1.** *(négociation, etc.)* to succeed, to be successful. ~ *à un accord,* to reach an agreement, to work out an agreement, to close a deal, to clinch a deal; *ne pas* ~, to fail, to abort, *(négociations)* to break down. **2.** *(mener à)* to lead to, to result in, to entail, to involve, to end in.

aboutissement *n.m.* result, outcome; conclusion.

abréger *v.* **1.** to shorten; to reduce, to limit, to restrict, to curtail. **2.** *(article, etc.)* to abridge, to condense. *Pour* ~, to be brief; for short.

abréviation *n.f.* **1.** abbreviation, *par* ~ for short. **2.** *(d'une durée)* shortening, reducing, limiting, restricting.

abri *n.m.* shelter; protection; *à l'*~, under cover; safe; *à l'*~ *de (danger, etc.)* secure from; immune from. *Sans-abri,* homeless.

abri-bus *n.m.* bus shelter.

abrogation *n.f.* abrogation, cancellation, annulment; *(d'une loi)* repeal; *(d'un décret, d'un jugement)* rescission, rescinding.

abroger *v.* to abrogate, to cancel, to annul; *(une loi)* to repeal; *(un décret, un jugement)* to rescind.

absence *n.f.* **1.** absence; non-attendance, non-appearance. *Pendant son* ~, while he/she/is (was) away. **2.** *(manque)* lack, default, want, absence.

absent, -e *adj.* **1.** absent, away. **2.** *(manquant)* missing.

absent, -e *n.m.f.* absentee.

absentéisme *n.m.* absenteeism.

absenter (s') *v.* to be absent; to go away.

absolu, -e *adj.* absolute; complete; total; unrestricted, unlimited.

absorber *v.* **1.** to absorb. **2.** *(entreprise)* to take over.

absorption *n.f.* *(entreprise)* taking over, acquisition.

abstenir (s') *v.* to abstain; *(de)* to abstain from, to refrain from.

abstention *n.f.* abstention, abstaining; non-participation; non-intervention.

abstentionnisme *n.m.* non-voting, abstentionism; abstaining.

abstentionniste *n.m.f* non-voter; abstainer.

abus *n.m.* abuse; excess. ~ *de biens sociaux,* misappropriation of corporate assets/funds, improper/ illegal use of corporate assets/ funds. ~ *de confiance,* breach of trust. ~ *de pouvoir,* action/act/ultra vires.

abuser *v.* **1.** to exaggerate. **2.** *(tromper)* to abuse, to cheat, to deceive, to mislead. **3.** *(abuser de)* to consume immoderately. **4.** *(abuser du temps de quelqu'un, etc.)* to encroach on, to trespass on.

abusif, -ive *adj.* **1.** excessive; exaggerated; *prix* ~, prohibitive price. **2.** *(emploi* ~, etc.) improper, irregular. **3.** unfair. *Licenciement* ~, unfair dismissal.

abusif, -ve *adj.* licenciement abusif, wrongful dismissal.

accaparement, *(d'un marché)* cornering.

accaparer *v.* to monopolize; *(des marchandises, un secteur)* to buy up; *(un marché)* to corner, to capture; *(Fam.)* to grab.

accapareur *n.m.* monopolizer, monopolist; *(Fam.)* grabber.

accédant à la propriété, new property-owner, prospective home-owner.

accéder *v.* **1.** *(à une demande)* to meet, to agree (to), to comply with. **2.** *(avoir accès à)* to have access to, to reach. ~ *à la propriété,* to become a property owner.

accélération *n.m.* speeding up; *(production, etc.)* stepping up.

accéléré, -e accelerated, speeded up; *(ciné.)* quick motion.

accélérer *v.* **1.** *(aller plus vite)* to accelerate; to hurry. **2.** *(faire aller plus vite)* to speed up; to hasten; to quicken; *(production)* to step up.

accent *n.m.* *(insistance)* emphasis, stress; *(mettre l'~ sur)* to stress, to emphasize; *(se concentrer sur)* to focus on.

accentuation *n.f.* increase; *(d'un déficit, etc.)* increase, worsening.

accentuer *v.* **1.** *(mettre l'accent sur)* to emphasize, to stress. **2.** *(augmenter, etc.)* to increase.

accentuer (s') *v.* to increase; *(déficit, etc.)* to worsen, to get worse.

acceptabilité *n.f.* *(marketing)* acceptability; acceptance.

acceptable *adj.* acceptable, fair; reasonable.

acceptation *n.f.* **1.** agreement, approval. **2.** *(traite, etc.)* acceptance. ~ *sans réserves,* general acceptance, clean acceptance. ~ *sous protêt,* acceptance supra protest. ~ *sous réserve,* qualified acceptance. *Refus d'~,* non acceptance. **3.** *(marketing)* acceptance. ~ *de la marque,* brand acceptance. ~ *du produit,* product acceptance.

accepter *v.* **1.** to accept, to agree to. **2.** *(traite, assurance)* to accept. **3.** *Acceptez-vous les chèques?* Do you take cheques?

accepteur *n.m.* acceptor.

acception *n.f.* *(d'un terme)* acceptation. *Dans son ~ la plus large,* in the full acceptation of the word, in every sense of the word.

accès *n.m.* **1.** *(fait d'avoir accès)* access. ~ *libre,* free access; *(facilité(s) d'~)* easy access. *(Entrée)* entrance, admittance. *(Fait d'être admis)* admission. **2.** *(poussée)* fit, burst.

accessible *adj.* accessible. *Facilement ~,* easily accessed, *(personne)* approachable.

accession *n.f.* access. ~ *à la propriété,* property ownership, property purchase, estate buying, housing purchase.

accessoire *adj.* accessory, subsidiary, secondary, subordinate, incidental.

accessoire *n.m.* accessory;

attachment; fitting; *(accessoires de studio)* properties, props.

accident *n.m.* accident; *(voiture, avion)* crash, *(U.S.)* wreck. ~ *du travail,* accident/injury in the workplace/at work, workplace accident, injury on the job, industrial accident, industrial injury, *(U.S.)* occupational injury. *Assurance contre les ~s du travail,* workmen's compensation.

accidenté, e *adj.* *(personne)* injured; *(véhicule, etc.)* damaged, wrecked.

accise *n.f.* excise, excise duty.

accommodement *n.m.* arrangement; adjustment; settlement; compromise; *(dettes, etc.)* composition.

accommoder (s') *v.* **1.** *(s'accorder)* to come to terms. **2.** *(se satisfaire de)* to be satisfied with something; to make do with something.

accompagnement *n.m.* *(mesures d')* attending measures, package, supportive measures/steps.

accompagner *v.* to accompany; to attend; *je vais vous ~,* let me see you to… ; *je vais vous ~ à la porte,* I'll show you out; *à l'hôtel,* I'll take you to your hotel; *à la gare, à l'aéroport,* I'll see you/take you/to the station, the airport.

accompli, e *adj.* *(parfait)* accomplished; *(effectué)* fulfilled, performed; met; accomplished; *(terminé)* completed; *fait accompli,* fait accompli.

accomplir *v.* to carry out, to perform, to effect, to accomplish, to fulfil; *(des obligations)* to meet; *(un stage)* to complete. ~ *son devoir,* to do one's duty. ~ *un voyage d'affaires,* to go on/to make/to take/a business trip.

accomplissement *n.m.* fulfilment, fulfilling, performance, performing, accomplishment, completion.

accord *n.m.* **1.** agreement; arrangement; settlement; deal; *(Pol.)* accord. *Parvenir à un ~,* to

reach/conclude/sign an agreement.
2. *(autorisation)* consent, approval,
agreement, authorization. ~ *cadre*,
frame agreement. ~ *commercial*,
trade agreement. ~ *de principe*,
agreement in principle. ~ *de réciprocité*, reciprocal/reciprocity agreement.

accord de compensation, countertrade (agreement).

accorder *v.* **1.** to grant, to allow.
2. *(harmoniser)* to adjust, to
conform. **3.** *(reconnaître)* to admit,
to grant. **4.** *(attribuer)* to award.

accorder (s') *v.* to reach an
agreement/an arrangement.

accouplement *n.m.* coupling,
pairing; interlocking.

accoupler *v.* to couple; to pair.

accréditer *v.* **1.** to open a credit
(for s.o.). *Veuillez accréditer le
porteur...*, please open a credit to
the bearer. **2.** to accredit. **3.** to
authorize.

accréditif *n.m.* credit.

accréditif, -ive *adj.* accreditive.
Carte accréditive, credit card.

accréditeur, -trice *n.m.* guarantor, surety; endorser.

accroissement *n.m.* increase;
rise, growth.

accroître *v.* to increase, to raise,
to augment.

accroître (s') *v.* to increase, to
rise, to grow.

accueil *n.m.* **1.** welcome; reception (desk), information desk.
Bureau d'~, information centre/cen-
ter. *Pays d'~*, host country. **2.** *(traite,
etc.)* *faire bon ~ à*, to honour, to
meet. **3.** *(capacité d'~)* accommodation facilities.

accueillir *v.* **1.** to welcome; to
meet. **2.** *(une nouvelle, un produit,
etc.)* to receive, to react to; *(avec
plaisir)* to greet, to hail. **3.** *(traite,
etc.)* to honour, to meet. **4.** *(héberger, etc.)* to accommodate. **5.** *(une
manifestation, un congrès)* to host.

accumulation *n.m.* accumulation; piling up; *(stocks)* build-up;
(de commandes non satisfaites)
backlog.

accumuler *v.* to accumulate, to
pile up; *(des richesses)* to amass;
(des informations) to collect; *(des
dettes)* to run up.

accumuler (s') *v.* to accumulate,
to pile up, to stack up.

accusation *n.f.* accusation;
charge; *chef d'~*, count.

accusé, -e *n.m.f.* defendant.
L'accusé(e), the defendant; the
accused.

accusé (de) réception *n.m.* acknowledgment of receipt; notice of
delivery; return receipt. *Lettre
recommandée avec ~*, registered
letter with notice of delivery.

accuser *v.* to accuse (somebody
of something) ; to charge (somebody with something). *(~ une
hausse, etc.)* to show ; to record ; to
register. ~ *réception*, to acknowledge receipt.

accuser (s') *v.* *(s'accentuer)* to
get more obvious, to get stronger;
(crise, etc.) to get worse.

achalandage *n.m.* custom.

achalandé, e *adj.* with a large
custom, with numerous customers.

achat *n.m.* purchase, buy; *(fait
d'acheter)* purchasing, buying,
acquisition. *(Bourse)* ~ *à découvert*, bull purchase; ~ *à la hausse*,
bull buying. *~(s) à distance*, distance shopping. ~ *à tempérament*,
instalment buying, buying on instalment, hire purchase. ~ *au comptant*, buying for cash, cash
purchase. *~(s) de dépannage*,
convenience shopping. ~ *de précaution*, anticipation buying. ~
d'espace, space buying. ~ *d'impulsion (par, sur impulsion, impulsif)*
impulse buying. ~ *en gros*, wholesale purchase, wholesale buying,
bulk buying, buying in large quantities. *~(s) en ligne*, on-line shopping. ~ *sur catalogue*, buying on
description. *(Bourse)* ~ *sur couverture, sur marge, sur provision*, margin buying. ~ *sur échantillon*,
purchase (buying) on sample.
(Bourse) ~ *à terme*, buying for the
account, for the settlement; long

purchase. *(Bourse de marchandises)* futures buying. ~ *par correspondance*, mail order buying. *Centrale d'~*, buying (purchasing) group. *Pouvoir d'~*, purchasing power. *Prix d'~*, cost price.

achat(s) à domicile, home-shopping, storeless shopping.

acheminement *n.m.* forwarding, dispatching, routing.

acheminer *v.* to dispatch, to forward, to route.

acheter *v. (voir* **achat***)* to buy, to purchase, to acquire; *(corrompre)* to bribe. ~ *à crédit*, to buy on credit. ~ *en gros*, to buy wholesale; to buy in bulk.

acheter à *v.* **1.** *(origine)* to buy from **2.** *(bénéficiaire)* to buy for.

acheteur *n.m.* buyer; purchaser. ~ *-cible*, target buyer. ~ *d'espace*, space buyer. ~ *potentiel*, potential buyer/purchaser, prospective buyer, prospect. ~ *régulier*, repeat buyer, regular customer.

acheteuse *n.f.* voir acheteur.

achever *v.* to end, to finish (off); to complete, to fulfil; to carry out.

achever (s') *v.* to come to an end, to end; to draw to a close; *(tâche)* to near completion.

achèvement *n.m.* completion; fulfilment, carrying out.

acier *n.m.* steel.

aciérie *n.f.* iron and steel works; *(U.S.)* steel plant.

acompte *n.m.* deposit; instalment. *Laisser, verser un ~*, to pay/leave/make/a deposit.

à-coup *n.m.* jerk, jolt; *sans ~*, smoothly; *travailler par ~*, to work by fits and starts; *(croissance économique)* stop and go.

acquéreur *n.m.* purchaser, buyer.

acquérir *v.* **1.** to acquire; to gain; to secure. **2.** *(= acheter)* to buy, to purchase.

acquêt *n.m. (Jur.)* acquest.

acquis *n.m.* **1.** experience, background; attainments. **2.** what has been acquired, gained, achieved. ~ *professionnels*, field experience, professional experience, competence/qualification(s) / expertise acquired on the job. ~ *sociaux*, social gains, social advances; entitlements.

acquis, e *adj.* **1.** acquired. **2.** *(démontré)* established. **3.** *(gagné)* earned. **4.** *(acheté)* bought, purchased. **5.** *(à garder)* not returnable.

acquisition *n.f.* **1.** acquisition; securing. **2.** purchase; buying. *Fusions et acquisitions*, mergers and acquisitions, M & A.

acquit *n.m.* receipt; « *pour ~* » « received with thanks » ; *à l'~ de*, on behalf of; *(douanes)* ~ *-à-caution (titre de douane ou de régie délivré moyennant la fourniture d'une caution et permettant de faire circuler des marchandises en suspension des droits et taxes auxquels elles sont soumises)* bondnote; transhipment note.

acquittement *n.m.* **1.** *(d'une somme)* payment; settlement; discharge, paying off; clearing. **2.** *(d'une personne)* acquittal.

acquitter *v.* **1.** *(une somme)* to pay, to settle, to pay off, to discharge. **2.** *(une personne)* to acquit, to pronounce not guilty. **3.** *(qqu'un d'une obligation)* to discharge (from) ; to release (from).

acquitter (s') *v.* **1.** *(d'une dette)* to settle, to pay off, to pay up, to discharge. **2.** *(d'une obligation)* to meet, to carry out, to fulfil, to perform.

acronyme *n.m.* acronym.

acte *n.m.* **1.** act, action. **2.** *(notarié, etc.)* deed. ~ *constitutif*, articles of incorporation *(voir* **constitutif***)*. ~ *de fidéicommis*, deed of trust. ~*s (d'un congrès, etc.)*, proceedings. *Acte Unique Européen*, Single European Act.

acte de propriété, deed of property, title-deed.

acter *v.* to ratify, to endorse.

acteur, -trice *n.m.f.* player; protagonist; participant; agent.

actif *n.m.* asset l'~ *(d'un bilan)* the assets. ~ *circulant*, current assets, circulating assets. ~ *disponible*, current assets. ~ *immobilisé*, fixed assets; tied up capital. ~ *réalisable*, current assets.

actif, -ive *adj.* **1.** active, dynamic. **2.** (*marché*) buoyant, brisk, lively. **3.** (*dette*) outstanding debt(s). **4.** *population* ~, working population.

action *n.f.* **1.** action, act; operation; activity. *Organiser une journée d'action*, to organize a day of protest(s)/demonstrations. **2.** (*juridique*) suit, lawsuit, *intenter une action contre quelqu'un*, to take legal action/undertake proceedings/institute proceedings against someone. **3.** (*bourse*) share; (*U.S.*) stock. ~ *privilégiée, de priorité, à dividende prioritaire*, preference share, (*U.S.*) preferred stock. *Actions "reflets"*, tracking shares/stock. ~*s technologiques*, technology stock(s)/ shares.

action appelée, called-up share.

action au porteur, bearer share.

action commerciale, marketing, marketing action.

action de garantie, qualification share.

action différée, deferred share.

action émise, issued share.

action en circulation, outstanding share.

action libérée, paid-up share. *Action entièrement libérée,* fully paid-up share.

action gratuite, bonus share.

actionnaire *n.m.f.* shareholder, (*U.S.*) stockholder.

actionnariat *n.m.* shareholding, (*U.S.*) stockholding; shareholders, stockholders. ~ *ouvrier,* employee share scheme, share option scheme.

actionner *v.* **1.** (*Jur.*) to sue, to prosecute, to take legal action, (*U.S.*) to file a suit. **2.** (*machine, etc.*) to run, to operate; to actuate; to drive; to set in motion, to start.

action nominative, registered share / stock.

action ordinaire, ordinary share, (U.S.) common stock.

action privilégiée cumulative, cumulative preferred stock, cumulative preference share.

action reflet tracking stock.

activer *v.* **1.** to speed up, to accelerate. **2.** (*économie, etc.*) to spur, to stimulate.

activité *n.f.* **1.** activity. **2.** (*des affaires, de l'économie*) briskness, buoyancy. **3.** (*métier*) job, occupation, profession. *En ~,* in service.

actuaire *n.m.* actuary.

actualisation *n.f.* **1.** updating; update. **2.** (*Compta.*), current value accounting, conversion to current value.

actualiser *v.* **1.** to update. **2.** (*Compta.*) to convert to current value.

actualité(s) *n.f.* current events; news. (*Ciné.*) newsreel(s), newscast; *actualités télévisées,* television/T.V./news.

actuel *adj.* present, current; (*d'actualité*) topical.

actuellement *adv.* currently, now, today; (*U.S.*) presently.

adaptateur *n.m.* (*d'un ouvrage*) adapter; (*instru.*) adapter; (*tension*) converter.

adapter *v.* **1.** to adapt, to adjust, to fit. **2.** (*faire convenir*) to suit; to gear. **3.** (*modifier*) to modify, to adapt.

adapter (s') *v.* to adjust, to adapt.

addenda *n.m.* addendum, (*pl.*) addenda.

additif *n.m.* **1.** addition, complement, supplement. **2.** (*chimique*) additive.

addition *n.f.* **1.** (*opération*) sum. **2.** addition, adding. **3.** (= *note*) bill, (*U.S.*) check.

additionner *v.* to add, (*U.S.*) to tot up.

adhérent, -e *n.m.f.* member. *Nombre d'~s,* membership. *Baisse du nombre d'~s,* decrease/fall/drop in membership.

adhérer *v.* **1.** (*syndicat, etc.*) to join. **2.** (*coller*) to adhere, to stick. **3.** (*être d'accord avec*) to approve, to support.

adhésion *n.f.* **1.** adhesion; membership, joining. **2.** (*approbation*) approval, support, backing.

adjoindre v. 1. *(ajouter)* to add. 2. *(un collaborateur, etc.)* to appoint as an assistant, to engage as assistant, to attach as an assistant.

adjoint, e *n.m.f.* assistant; deputy.

adjonction *n.f.* adding; addition, adjunction.

adjudicataire *n.m.* 1. contractor. 2. *(vente aux enchères)* buyer, highest bidder, successful bidder.

adjudicateur, -trice *n.m.f.* awarder; adjudicator.

adjudication *n.f.* 1. *(de contrat)* ~, award, allocation; « *par* ~ », by tender. ~ *publique*, public/open tender. 2. *(enchères)* knocking down; « *par* ~ », by auction. 3. *(judiciaire)* sale by order of court.

adjuger v. 1. *(contrat)* to award. 2. *(enchère)* to knock down; *une fois, deux fois, trois fois, adjugé*, going, going, gone!

admettre v. 1. to admit, to accept; to allow, to permit; *(un membre)* to take in/on. 2. *(tolérer)* to tolerate, to admit. 3. *(reconnaître)* to acknowledge, to grant, to own, to admit. 4. *(supposer)* to assume, to suppose. 5. *(quelqu'un à un examen)* to pass. 6. *(douanes) admettre en franchise*, to allow duty-free, to import duty-free. 7. *(Bourse) admettre à la cote*, to list.

administratif, -ive *adj.* administrative. *Routine administrative, lenteurs administratives,* red-tape.

administrateur, -trice *n.m.* 1. administrator. 2. *(conseil d'administration)* director, board-member. ~ *sortant*, retiring/outgoing director. 3. *(de faillite) (official)* receiver. 4. *(de succession)* trustee.

administration *n.f.* 1. administration; administrative services. 2. management. 3. *(services publics)* public services; civil service. 4. *(Jur.)* trusteeship; *(de la preuve)* producing (of proofs, of evidence). *Conseil d'~,* Board of Directors. *Etre membre du/siéger au conseil d'~,* to sit on the board, to be a director. 5. *(péjoratif)* officialdom; red-tape.

administration des ventes, sales processing. *A distinguer de* sales management, *direction des ventes, qui implique la responsabilité de la force de vente.*

administrer v. 1. to administer, *(U.S.)* administrate, to manage; *(pays)* to govern. 2. *(une preuve)* to produce. 3. *(un coup)* to deal, to deliver, to give.

admission *n.f.* 1. *(entrée)* admittance, entrance. *Droit d'~,* entrance fee, admission charge, *(club)* membership fee/dues. *L'~ du Portugal dans le Marché Commun,* Portugal's entry into the Common Market. 2. *(marchandises)* entry. ~ *en franchise,* duty-free entry. ~ *temporaire,* duty-free entry for reexport. 3. *(Bourse)* ~ *à la cote,* admission to quotation, to the Stock-Exchange list, listing.

adopter v. 1. to adopt. 2. *(une loi)* to vote, to pass, to carry.

adoption *n.f.* adoption *(d'un projet de loi)* vote, voting, passing, carrying.

adoptif, -ve *adj.* adoptive, adopted.

adossement *n.m.* backing(up), back-up.

adosser v. to back (up).

adressage *n.m.* *(inform.)* addressing.

adresse *n.f.* 1. address; ~ *électronique,* e-mail address; ~ *postale,* postal address, mailing address; ~ *professionnelle,* business address. 2. skill.

adresser v. 1. to address. 2. to send, to forward. 3. *(critique, etc.)* to level, to aim.

adresser (s') v. 1. *(verbalement)* to address (somebody). 2. *(pour renseignement, etc.)* to apply (to). 3. *(remarque, critique)* to apply. *Ce commentaire ne s'adresse pas à vous,* this comment is not meant for you.

ad valorem, ad valorem.

adversaire *n.m.* adversary, opponent, contender, challenger, enemy.

aérien, -ne *adj. Compagnie* ~, airline. *Contrôleur* ~, air-controller. *Espace* ~, airspace. *Fret* ~, air-freight. *Tarif(s)* ~(s), air-fare(s). *Transport(s)* ~s), air-transport.

aérogare *n.f.* air terminal.

aéronautique *n.f.* aeronautics, aerospace, aerospace industry.

aéronef *n.m.* airship ; (= *avion*) aircraft.

aéroport *n.m.* airport.

aéroporté *adj.* airborne ; airlifted.

aérosol *n.m.* 1. aerosol. 2. *(bombe aérosol)* spray, spray-can.

aérospatial *n. et adj.* aerospace.

affacturage *n.m.* factoring.

affaiblir *v.* to weaken.

affaiblir (s') *v.* to weaken, to grow weaker.

affaiblissement *n.m.* weakening.

affaire *n.f.* 1. matter ; business ; affair. 2. *(commerce)* business, transaction, deal, operation. 3. *(Jur.)* case. 4. *bonne affaire,* (good) bargain. 5. *(firme)* firm, business, concern, enterprise, company. 6. *(affaires personnelles)* personal belongings.

affaires *n.f.pl.* business. *Le monde des* ~, the world of business. *Milieux d'*~, business circles, business community. *Anglais des* ~, business English. *Faire des* ~ 1. to do business, to transact business, to trade. 2. to make money, to make a profit. *Faire des* ~ *d'or,* to do a roaring trade. *Avoir le sens des* ~, to have a head for business, to have business acumen, to have (a strong) business sense.

affairisme *n.m.* wheeling and dealing.

affairiste *n.m.f.* wheeler-dealer.

affaissement *n.m.* sagging ; collapse.

affaisser (s') *v.* to sag ; (*s'effondrer*) to collapse.

affecter *v.* 1. *(atteindre, toucher)* to concern ; to hit, to hurt. 2. *(à un poste)* to appoint ; to assign. 3. *(des fonds)* to allocate, to allot. 4. *(à une dette)* to charge ; to apply. 5.

(Fin. : imputer) to appropriate, to apply, to allocate ; to charge ; *(à l'avance)* to earmark. *Fonds affectés à l'opération,* funds earmarked for the operation/transaction.

affectation *n.f.* 1. *(d'une personne)* appointment, assignment. *(Temporaire)* tour of duty. 2. *(de fonds)* allotment, allocation, appropriation ; ~s *budgétaires,* budget appropriations. 3. *(Fin. : imputation)* appropriation, application, earmarking. 4. *(en garantie)* charge, charging.

afférent, e *adj.* 1. *(se rapportant à)* relating to, attaching to, pertaining to. *Coûts* ~s, costs incurred. 2. *(qui revient à)* accruing to, falling to, assignable to.

affermage *n.m.* 1. *(terre, propriétaire)* leasing. 2. *(terre, locataire)* renting. 3. *(marketing, etc.)* farming out, leasing. 4. *(pour emplacements publicitaires)* contracting.

affermer *v.* 1. *(terre, propriétaire)* to lease. 2. *(terre, locataire)* to rent. 3. *(marketing)* to farm out, to lease. 4. *(pour emplacements publicitaires)* to contract (for something). 5. *(donner en sous-traitance)* to contract out.

affermir *v.* to strengthen, to firm up, to harden ; *(monnaie, etc.)* to bolster ; *(position, etc.)* to consolidate ; *(stabiliser)* to steady.

affermir (s') *v.* to strengthen, to harden ; *(monnaie, etc.)* to rally ; *(position, etc.)* to consolidate ; *(se stabiliser)* to steady.

affermissement *n.m.* strengthening, firming up, hardening ; *(stabilisation)* steadying ; *(d'une position)* consolidating, consolidation ; *(monnaie, etc.)* rallying, strengthening.

affichage *n.m.* bill-posting, billing, placarding. *Tableau d'*~, notice board, bulletin board. *Panneau d'*~, hoarding, bill-board. ~ *interdit,* stick no bills. 2. *(Inform.)* read-out ; display.

affiche *n.f.* poster ; *(théâtre, annonce administrative)* bill, placard. *Publicité par ~,* poster-advertising. *Colleur d'~,* bill-poster, bill-sticker.

afficher *v.* **1.** to post ; *~ les résultats,* to post results. **2.** *(annoncer par affiche, mettre à l'~)* to bill ; to post. **3.** *(afficher sur écran)* to display.

affichette *n.f.* card, showcard, small poster, handbill.

affichiste *n.m.* poster-designer, poster-artist.

affilié *n.m. (compagnie, groupe)* affiliated company, affiliate.

affilier *v.* to affiliate.

affilier (s') *v.* **1.** to affiliate oneself, to become affiliated. **2.** *(adhérer)* to join.

affirmation *n.f.* statement ; assertion ; assurance. *~ de compte,* certification of account. *~ de créance,* proof of indebtedness.

affirmer *v.* to affirm, to state, to assert.

affirmer (s') *v.* to get firmer, to become pronounced, to firm up, to make oneself felt. *La tendance s'affirme,* the trend is getting stronger.

affluence *n.f.* **1.** inflow, influx. **2.** crowd, rush ; *heure d'~,* rush hour, peak hour, peak period.

affluer *v.* to flow in, to pour in. *Les commandes affluent,* orders are piling up, pouring in. *Les visiteurs affluent,* visitors are crowding/flocking/in.

afflux *n.m.* inflow, influx ; *~ de capitaux,* capital inflow.

affranchir *v.* **1.** to stamp, to frank ; *(colis, etc.)* to prepay. *Ne pas ~,* no stamp required ; postage prepaid. **2.** *(exonérer)* to exempt, to clear, to free, to release, to relieve, to discharge.

affranchissement *n.m.* **1.** *(droit d'~)* postage, stamping, franking, prepayment. **2.** *(exonération)* exemption, exoneration, discharge, releasing, freeing, clearance.

affrètement *n.m.* chartering, charterage, freighting. *Affrètement à temps,* time charter. *Affrètement*

au voyage, voyage charter. *Contrat d'affrètement,* charter agreement, chartering agreement.

affréter *v.* to charter, to freight.

affréteur *n.m.* charterer, freighter.

AGCS Accord Général sur le Commerce et Services GATS, General Agreement on Trade and Services.

âge *n.m.* age. *Classe d'~,* age bracket, age group, age range. *Limite d'~,* age limit.

âgé, -ée *adj.* old. *Personnes âgées,* old people, senior citizens. *Les personnes âgées,* the elderly.

agence *n.f.* agency, branch. *~ bancaire,* bank branch. *~ de publicité,* advertising agency. *~ de presse,* press agency, news agency. *~ de sécurité alimentaire,* food-safety agency. *~ pour l'emploi,* (government-run) placement centre/(U.S.) center.

agencement *n.m.* **1.** arrangement, organization, disposition, lay-out. **2.** *(fait d'agencer)* fitting up. **3.** *(équipement fixe)* fixtures and fittings.

agenda *n.m.* diary.

agent *n.m.* **1.** agent, representative, broker. *~ d'assurances,* insurance broker. *~ de change,* stockbroker. *~ comptable,* accountant. *~ exclusif,* sole agent, exclusive agent. **2.** factor, element, agent.

agent de changement, agent of change.

agent de maîtrise, supervisor.

agent de relations publiques, public relations agent ; publicist.

agent publicitaire, advertising agent ; publicist.

agglomération *n.f.* city, town ; built-up area ; urban district ; conurbation.

aggravation *n.f.* increase, worsening, aggravation.

aggraver *v.* to increase, to worsen, to make worse, to aggravate.

aggraver (s') *v.* to get worse, to worsen, to increase.

agio *n.m.* **1.** (*sur transation bancaire*) agio, bank commission; premium. **2.** (*Bourse*) jobbery, speculation.

agiotage *n.m.* (*Fin., péjoratif*) stock-jobbing; rigging the market; gambling; speculation.

agioteur *n.m.* gambler, speculator.

agir *v.* **1.** to act, to take steps. **2.** (*se conduire*) to behave. **3.** (*faire procès à*) to take legal action, to undertake proceedings (against s.o.).

agitateur, -trice *n.m.f.* agitator.

agitation *n.f.* agitation. *Agitation sociale*, labour unrest, social unrest.

agrafe *n.f.* (*fourniture de bureau*) staple.

agrafer *v.* to staple; to attach.

agrafeuse *n.f.* stapling machine, stapler.

agraire, *adj.* agrarian. *Réforme ~*, land reform.

agrandir *v.* to increase, to enlarge, to extend, to widen; *agrandir les locaux*, to enlarge the premises.

agrandir (s') *v.* to extend, to enlarge, to develop, to grow.

agrandissement *n.m.* **1.** extension, enlargement, increase. **2.** (*photo, etc.*) enlargement, blow-up.

agréé, e *adj.* approved; authorized. *Comptable ~*, chartered accountant, (*U.S.*) Certified Public Accountant. *Distributeur ~*, authorized dealer. *Fournisseur ~*, regular supplier.

agréer *v.* to approve, to agree (to), to accept, to recognize. *Veuillez ~, etc.*, Yours faithfully, Yours sincerely, (*U.S.*) Sincerely yours, Sincerely. *Si cela vous agrée*, if this is convenient to you.

agrément *n.m.* **1.** authorization, approval, consent, agreement. **2.** charm, pleasure, attractiveness. *Voyage d'agrément*, pleasure trip.

agressif, -ive *adj.* aggressive.

agressivité *n.f.* aggressiveness.

agricole *adj.* agricultural. *Comice ~, exposition ~*, agricultural show. *Subventions ~s*, farm(ing) subsidies. *Machine ~*, farming machine, farming machinery.

agriculteur, -trice *n.m.f.* farmer; (*U.S.*) agriculturist.

agriculture *n.f.* agriculture, farming.

agro-alimentaire *n.m.* agrobusiness, agribusiness; farm and food products.

agronome *n.m.f.* agronomist.

aguiche *n.f.* (*pub.*) teaser.

aide *n.f.* **1.** help. **2.** relief; assistance, aid. *~ à la décision*, aid to decision. *~ économique*, economic assistance. *~ militaire*, military aid. *~ étrangère*, foreign aid, foreign assistance. (*= subvention*) subsidy.

aide *m.* assistant, aide; (*mots composés*) assistant-, under-.

aide à domicile, domiciliary help.

aide-comptable *n.m.f.* assistant-accountant, bookkeeper.

aide en ligne, hot line.

aider *v.* **1.** to help, to assist, to aid. **2.** (*faciliter*) to further, to promote, to facilitate, to help.

aiguiller sur une voie de garage, to shunt into a siding, to sidetrack.

aiguilleur *n.m.* pointsman, (*U.S.*) switchman. *Aiguilleurs du ciel,* air-controllers.

aire *n.f.* area. *Aire de chargement*, loading area. *~ de lancement*, launching site, launching pad. *~ de ramassage*, catchment area. *~ de repos*, lay-by.

aisance *n.f.* **1.** ease **2.** easy circumstances, easy means, affluence. *Être, vivre dans l'~*, to be welloff. (*Fam.*) to be on easy street.

aisé, e *adj.* **1.** (*facile*) easy. **2.** (*revenus*) well-off; well-to-do; well-heeled.

ajournement *n.m.* postponement, postponing, putting off, deferment, deferring, adjournment, adjourning.

ajourner *v.* to postpone, to defer, to put off, to adjourn.

ajout *n.m.* addition, complement, supplement.

ajouter *v.* **1.** to add. **2.** *(mettre à la suite)* to tag on. *A cette situation s'ajoute…*, the situation is compounded by…

ajustement *n.m.* **1.** adjustment. **2.** *(règlement)* adjustment, arrangement, settlement. **3.** *(à la demande, etc.)* adapting, adjusting, matching.

ajuster *v.* **1.** to adjust. **2.** *(faire concorder)* to adapt, to adjust, to fit. **3.** *(en fonction d'une cible)* to target.

ajusteur *n.m.* fitter.

alanguir (s') *v.* to weaken.

alanguissement *n.m.* weakening.

alarme *n.f.* alarm; *signal d'alarme*, alarm signal.

alarmant, e *adj.* disturbing, worrying. *Des signes alarmants*, disquieting signs, disturbing signs.

alarmer *v.* to alarm, to disturb, to cause concern.

alarmer (s') *v.* to worry, to be worried (about something, over something), to be concerned (about…), to be disturbed (by…).

aléatoire *adj.* **1.** random; *échantillonnage aléatoire*, random sampling. **2.** uncertain; hazardous.

alerte sur résultat, profit warning.

algorithme *n.m.* algorithm.

aliéner *v.* to alienate.

alignement *n.m.* **1.** alignment; *alignement monétaire*, currency alignment. **2.** *(Compta., fin.)* balancing, adjustment. **3.** *alignement sur la concurrence (prix, crédit)* matching. **4.** line, building-line.

aligner *v.* to align; *~ des chiffres*, to list figures; *(Compta.)* to balance, to adjust.

aligner (s') *v.* **1.** to fall into line. **2.** *(sur la concurrence)* to match.

aliment *n.m.* food, foodstuff(s); *aliment. ~ pour bétail*, cattle food, cattle feed. *~(s) préparé(s)*, convenience food(s). *~(s) surgelé(s)*, frozen food(s).

alimentaire *adj.* **1.** alimentary, nutritive. *Carence ~*, nutritional deficiency. *Chaîne alimentaire,*

food chain. *Denrée ~, produit ~*, foodstuff. *Régime ~*, diet. *Sécurité ~*, food safety. *Substance ~*, nutrient. **2.** *pension ~*, alimony; *versée à un(e) ex-concubin(e)*, palimony. **3.** *(Fam.) besogne ~*, potboiler.

alimentation *n.f.* **1.** *(nourriture)* food; *coupons d'alimentation*, food stamps; *rayon ~*, food department, grocery department. *Magasin d'~*, grocery shop/(U.S.) store. **2.** *(nutrition)* nutrition; *(régime)* diet. **3.** *(fait de nourrir)* feeding. **4.** *(fait de fournir)* supply, supplying; *(en énergie)* power supply.

alimenter *v.* **1.** to feed. **2.** *(une activité, un budget)* to maintain, to support, to supply; *~ un compte*, to pay money into an account, to provision an account. **3.** *(une machine)* to supply power (to), to power, to feed. *~ l'inflation*, to fuel inflation, to feed inflation.

alinea *n.m.* **1.** paragraph. **2.** indented line.

allécher *v.* to appeal, to attract; *offre alléchante*, attractive offer.

allégation *n.f.* allegation; *(jur.)* averment.

allège *n.f.* ligther; *frais d'allèges*, lighterage.

allégement *n.m.* lightening, easing. *~ fiscal, ~ d'impôt* a) tax reduction, tax relief, tax deduction, tax cut. b) easing of taxation. *~ de la / d'une dette*, debt relief.

alléger *v.* to lighten, to ease (the burden of), to reduce. *~ les charges*, to reduce charges, to ease charges.

alléguer *v.* to allege.

aller *n.m.* **1.** outward journey, outward trip. **2.** single (ticket), one-way ticket.

aller-retour *n.m.* return (ticket); *(U.S.)* round-trip ticket.

aller simple, single (ticket), one-way ticket.

alliance *n.f.* alliance.

allier (s') *v.* to ally (oneself) *(avec*, with), to become allied /

allies, to enter into / to form an alliance; to combine.

allocataire *n.m.f.* recipient, beneficiary.

allocation *n.f.* 1. allowance, benefit, subsidy, grant; ~ *de chômage,* unemployment benefit; ~ *de vie chère,* cost of living allowance; ~ *familiales,* family allowances. 2. *(de fonds)* allocation, appropriation. 3. *(d'actions, etc.)* allotment, attribution.

allocation sous contrôle de ressources, means-tested benefit.

allocution *n.f.* address. *Prononcer une ~,* to deliver an address.

allonger *v.* 1. to lengthen; to prolong. 2. *(période, délai)* to extend, to stretch.

allongement *n.m.* lengthening; *(d'une période, etc.)* extension, stretching.

allouer *v.* 1. *(des subsides, etc.)* to allow, to grant, to award. 2. *(affecter)* to allocate, to allot, to assign, to attribute; *(à l'avance)* to earmark; *(budget)* to appropriate.

allumer *v. (poste, etc.)* to switch on.

alourdir *v.* to make heavy, to weigh (on), to increase the burden of...

alourdir (s') *v.* to grow heavy, to become heavy; *(marché)* to become dull.

alourdissement *n.m. (des charges, etc.)* increase; *(d'un marché)* increased dullness; glutting.

altération *n.f.* change, deterioration, impairing; *(produit)* adulteration; *(texte)* modification, amendment; falsification.

alternance *n.f.* alternation. *Formation/Enseignement en alternance,* cooperative education. *Année d'alternance,* co-op year, *(G.B.)* sandwich year.

alternatif, -ive *adj.* alternating, alternate, alternative.

alternative *n.f.* choice, option, alternative.

amarrage *n.m.* 1. mooring. 2. *(emplacement)* moorings, berth.

Droit d'~, berthage, mooring dues. 3. *(d'une cargaison)* stowage, stowing, lashing. 4. *(vaisseau spatial)* docking.

amarre *n.f.* (mooring) rope, line; *amarres,* moorings.

amarrer *v.* 1. to moor; *être amarré au quai,* to lie alongside, to be berthed/lying at the quay. 2. *(une cargaison)* to stow, to lash. 3. *(vaisseau spatial)* to dock.

amasser *v.* 1. *(rassembler)* to collect, to gather, to amass. 2. *(entasser)* to pile up, to stock up, to heap up. 3. *(mettre en réserve)* to stock, to store; *(argent, or)* to hoard. 4. *(économiser)* to save, to lay by.

ambulant, e *adj.* itinerant, mobile, travelling. *Marchand ambulant,* pedlar, hawker.

amélioration *n.f.* improvement, amelioration, bettering.

améliorer *v.* to improve, to better, to ameliorate.

améliorer (s') *v.* to improve, to get better, to grow better; *(perspectives, etc.)* to look up, to get brighter.

aménagement *n.m.* 1. *(bureau, etc.)* fitting up, arrangement, layout; disposition; installations; equipment; organization. 2. *(impôts, mesures, etc.)* adjustment. ~ *monétaire,* currency / monetary / parity adjustment/alignment. ~ *d'une dette,* rescheduling of a debt. 3. *(hôtel, etc.)* accommodation; amenities. 4. *(cours d'eau, etc.)* harnessing. 5. ~ *du territoire,* town and country planning, *(U.S.)* zoning. 6. ~ *du temps de travail, des horaires,* (implementation of) flexible working hours, flexitime, flexi-time.

aménager *v.* 1. *(bureau, etc.)* to fit up; to arrange; to equip; to install; to organize. 2. *(mesures, etc.)* to adjust, to adapt. 3. *(cours d'eau)* to harness. 4. *(planifier)* to plan, to organize.

amende *n.f.* fine; penalty; *faire payer une ~, mettre à l'~, condamner à une ~,* to fine. *(Fam.)* a ticket.

amendement *n.m.* **1.** improvement. ~ *des terres,* improvement of land/soil. **2.** *(Pol.)* amendment; *(contrats, etc.)* additional clause.

amender *v.* **1.** *(terre)* to improve, to better. **2.** *(loi)* to amend.

amenuisement *n.m.* shrinking, dwindling, decrease, narrowing (of gap).

amenuiser (s') *v.* to shrink, to dwindle, to decrease. *L'écart s'amenuise,* the gap is narrowing.

AMF Autorité des Marchés Financiers, *Financial Markets Authority.*

amiable *adj.* amicable; *à l'~,* amicably; by private contract, by mutual agreement; *règlement à l'~* **1.** amicable settlement. **2.** *(si des poursuites ont déjà été engagées)* settlement out of court, out of court settlement.

amical, e, *adj.* friendly.

amnistie *n.f.* amnesty, pardon.

amnistier *v.* to amnesty, to pardon.

amodier *v.* **1.** to change, to modify, to alter. **2.** *(terre)* to farm out, to lease.

amodiation *n.f.* **1.** change, modification. **2.** leasing.

amoindrir *v.* to lessen, to reduce, to diminish, to restrict, to limit; *(un choc)* to soften; *(résistance)* to weaken; *(efficacité)* to impair.

amoindrir (s') to lessen, to diminish, to decrease, *(résistance)* to weaken.

amoindrissement *n.m.* lessening, reduction, diminution, decrease.

amonceler *v.* to pile up, to heap up, to stack up; *(renseignements)* to collect.

amonceler (s') *v.* to accumulate, to pile up, to heap up, to stack up.

amont (en) upstream.

amorçage *n.m.* starting; *(reprise économique, etc.)* pump-priming.

amorce *n.f.* beginning, starting.

amorcer *v.* **1.** *(économie)* to start, to prime the pump. **2.** to start, to initiate, to trigger.

amorcer (s') *v.* to begin, to start.

amortir *v.* **1.** *(un choc)* to soften, to cushion. **2.** *(réduire)* to lessen, to reduce. **3.** *(une dette)* to redeem, to pay off, to pay back. **4.** *(des frais d'établissement)* to amortize. **5.** *(du matériel, etc.)* to write off, to depreciate. **6.** *(un investissement, des pertes)* to cover, to recoup.

amortissable *adj.* *(dette)* redeemable; amortizable; to be written off.

amortissement *n.m.* **1.** *(dette)* redemption, paying off, paying back. **2.** *(frais d'établissement)* amortization, amortizement. **3.** *(matériel)* depreciation, writing off. ~ *linéaire,* straight line depreciation. ~ *dégressif,* depreciation on a reducing (decreasing) balance, reducing charge method, declining balance method. *Caisse d'~,* sinking fund.

amortisseur *n.m.* shock-absorber; *(= régulateur)* buffer.

ample *adj.* ample, extensive, wide, vast, copious, abundant; *d'~s réformes,* wide reforms, sweeping reforms.

ampleur *n.f.* width, extensiveness, size, magnitude. *L'~ des dégâts,* the extent of damage. *D'une grande ~,* extensive, far-reaching.

amovible *adj.* **1.** detachable. **2.** *(fonctionnaire, etc.)* removable. **3.** *(pension, etc.)* revocable.

ampliation *n.f.* certified copy, attested copy; *pour ~,* certified true copy.

amplification *n.f.* development, growth, increase, amplification.

amplifier *v.* **1.** to extend, to increase, to enlarge, to amplify, to expand, to spread, to boost. **2.** to magnify.

amplifier (s') *v.* to extend, to increase, to expand, to spread, to grow, to develop.

amplitude *n.f.* **1.** extent, size. **2.** amplitude, range, spread.

amputation *n.f.* cut, reduction, curtailment, amputation, cutting off, lopping off, pruning.

amputer *v.* to cut down, to cut off, to curtail, to reduce, to amputate, to lop off, to prune; *(salaire, etc.)* to dock.

an *n.m.* year; *par an,* per annum, p.a., per year, a year; *les candidats devront avoir de 30 à 35 ans,* applicants should be in their early thirties.

analphabète *adj.* et *n.m.f.* illiterate.

analphabétisme *n.m.* illiteracy.

analyse *n.f.* analysis *(pl.* analyses). ~ *des coûts,* cost analysis. ~ *des données,* data processing. ~ *des flux financiers,* funds flow analysis. ~ *détaillée (des résultats),* breakdown. ~ *financière,* financial analysis.

analyse de segment, cluster analysis.

analyser *v.* to analyse.

analyste *n.m.f.* analyst. ~ *système,* systems analyst.

analytique *adj.* analytical.

anarchie *n.f.* anarchy.

anarchique *adj.* anarchic.

ancien, -ne *adj.* former; old; *(qui a de l'ancienneté)* senior.

ancien élève, *(U.S.)* alumnus *(pl.* alumni*) ;* former pupil, old boy, old girl.

ancienneté *n.f.* seniority. *Promotion à l'~,* promotion by/according to/seniority.

ancrage *n.m.* 1. *(bateau)* anchorage; moorings. 2. *(monnaie)* pegging, peg.

ancre *n.f.* anchor. *Être à l'~,* to lie/to ride/at anchor, to be anchored. *Jeter l'~,* to cast anchor. *Lever l'~,* to heave/to weigh anchor, to sail.

ancrer *v.* to anchor.

anéantir *v.* to destroy, to wipe out, to stamp out, to annihilate.

anéantissement *n.m.* destruction, wiping out, stamping out, annihilation.

animal, pl. animaux *n.m.* animal. ~ *domestique,* domestic animal. ~ *familier/de compagnie,* pet.

animal, -e *adj.* animal. *Alimentation animale,* animal foods; pet foods.

animateur, -trice *n.m.f.* *(télé, etc.)* ~ *de tranche horaire,* anchorman, anchorwoman; M.C., *(U.S.)* emcee; Master of ceremonies; host. ~ *de la force de vente,* manager/head/coordinator/of the sales force. *(cours)* instructor.

animation *n.f.* 1. liveliness, briskness; *(marché)* buoyancy. 2. animation, stimulation, coordination. ~ *de la force de vente,* management of the sales force, coordination of the sales force.

animé, -e *adj.* busy, lively; *(marché)* brisk, buoyant.

animer *v.* 1. to animate, to stimulate. 2. *(une force de vente, etc.)* to manage, to head, to run, to motivate, to coordinate.

animer (s') *v.* *(marché, affaires)* to liven up, to become lively, to come to life, to look up.

année *n.f.* year. ~ *bissextile,* leap year. ~ *budgétaire,* financial year. ~ *civile,* calendar year. ~ *de référence,* base year. ~ *exceptionnelle,* bumper year. ~ *fiscale,* fiscal year. ~ *record,* peak year, record year. ~ *scolaire,* school year. ~ *universitaire,* academic year. *Payer à l'~,* to pay by the year.

annexe *adj.* 1. supplementary, additional, complementary. 2. related. 3. secondary.

annexe *n.f.* 1. *(bâtiment)* annex, outbuilding. 2. *(document)* annex, appendix, supplement, schedule, attachment. ~ *au bilan,* notes to the accounts. 3. *(lettre)* enclosure.

annexer *v.* 1. *(un territoire),* to annex. 2. *(joindre)* to annex, to enclose, to attach, to append.

annonce *n.f.* 1. announcement; news; statement; notification; *(légale)* notice. *Faire une ~,* to make/issue/release a statement. 2. *(signe)* sign, indication, signal. 3. *(publicitaire)* advertisement, *(G.B.)* advert, *(U.S.)* ad. *(Radio, télé)* commercial, spot. *Annonce double* *page*, spread. *Petites annonces*, classified ads, classifieds. *Passer une annonce*, to run an ad, to place an ad.

annoncer *v.* 1. to announce, to notify. 2. *(publicité)* to advertise. 3. ~ *un prix*, to quote a price. ~ *des conditions*, to quote terms, to offer terms. 4. *(des résultats)* to post. 5. *(promettre)* to promise; to herald; to show, to indicate.

annonceur *n.m.* 1. *(Pub.)* advertiser. 2. announcer.

annotation *n.f.* note, annotation, annotating.

annoter *v.* to annotate.

annuaire *n.m.* 1. *(calendrier)* calendar. 2. *(publication annuelle)* year book, almanac. 3. *(professionnel, etc.)* directory; *(catalogue)* repertory, list. ~ *téléphonique*, phone directory, phone book. ~ *par profession*, (trade) directory, "yellow pages".

annualisation *n.f.* annualization.

annualiser *v.* to calculate/compute/on a yearly basis, to annualize, to pay by the year.

annuel, -le *adj.* annual, yearly; *(par an)* per year. *Rente ~ le*, annuity.

annuellement *adv.* yearly, annually, every year, on a yearly basis; *(par an)* per year.

annuité *n.f.* *(dette)* annuity, annual instalment; *(Ass.)* ~ *à vie*, life annuity.

antiquaire *n.m.* antique dealer.

antiquité(s), antique(s). *Magasin d'~s*, antique shop.

annulable *adj.* cancellable; *(contrat, etc.)* voidable.

annulation *n.f.* cancelling, cancellation; *(Jur.)* voiding, voidance, annulment; *(abrogation d'un jugement)* quashing, rescission; *(abrogation d'une loi)* repeal.

annuler *v.* 1. to cancel; ~ *un chèque*, to cancel a cheque. ~ *une créance/dette*, to write off a debt. 2. *(réunion, mot d'ordre, etc.)* to call off. 3. *(résilier un contrat)* to can-

cel, to terminate. 4. *(invalider un contrat)* to nullify, to render null and void. 5. *(jugement, etc.)* to void, to quash, to render null and void, to rescind. 6. *(une loi)* to repeal. 7. *(un mariage, une mesure)* to annul.

annuler (s') *v.* to cancel out.

anomal, e *adj.* anomalous.

anomalie *n.f.* 1. anomaly. 2. *(par rapport à la règle et à la déontologie)* irregularity. 3. *(bizarrerie)* oddity.

anonymat *n.m.* anonymity. *Garder l'~*, to remain anonymous, to retain/to preserve/one's anonymity.

anonyme *adj.* anonymous; unnamed. *Société anonyme*, joint-stock company, limited liability company. *Société Anonyme (S.A.)*, *(G.B.)* Public Limited Company (PLC, plc), Large Company, *(U.S.)* corporation.

anonymement *adv.* anonymously.

anormal, e *adj.* abnormal, irregular.

anormalement *adv.* abnormally.

antagonisme *n.m.* antagonism.

antagoniste *n.m.f.* opponent.

antécédents *n.m. pl.* previous record, past record, career to date, track record.

antenne *n.f.* 1. aerial; antenna; wave collector; *antenne parabolique*, (satellite) dish. *être à l'antenne*, to be, to go on the air. *Heure(s) d'~*, air time. 2. *(élément avancé d'une organisation)* office, unit, branch, arm.

antérieur, e *adj.* 1. *(précédent)* former, previous, earlier. 2. *(qui a priorité) engagement ~*, prior engagement, prior commitment.

antérieurement *adv.* previously; before. ~ *à...*, before, prior to.

antériorité *n.f.* 1. anteriority; antecedence; *(droit)* priority. *Avoir un droit d'~*, to have a prior claim. 2. *(ancienneté)* seniority.

antichambre *n.f.* waiting-room ; *faire ~*, to be kept waiting.

anticipation *n.f.* anticipation. *Par ~*, in advance. *Payment par ~*, advance payment, prepayment. *Achat d'~*, hedge buying, anticipation buying.

anticipé, e *adj.* advanced, anticipated. *Avec mes remerciements ~s*, Thanking you in advance. *Départ ~ à la retraite, retraite ~*, early retirement. *Remboursement ~*, redemption before due date, early refund.

anticiper *v.* 1. to anticipate ; *(obligation, remboursement)* to meet, to redeem before due date. 2. To look ahead.

anticoncurrentiel, le, *adj.* anticompetitive, anticompetitive.

antidater *v.* to antedate, to foredate, to predate.

antisocial, e *adj.* antisocial.

antivol *adj.* antitheft ; against theft.

antivol *n.m.* safety lock.

APA Allocation Personnalisée d'Autonomie, *Personal Autonomy Benefit/Allowance*.

apaisement *n.m.* 1. *(fait de s'apaiser)* abatement, calming down, subsiding. 2. *(garantie)* assurance, appeasement.

apaiser *v.* to calm, to pacify, to soothe, to appease ; *(tension)* to ease, to relax.

apaiser (s') *v.* to calm down, to die down, to abate, to subside ; *(tension, etc.)* to relax, to ease.

apathie *n.f.* apathy, listlessness.

apathique *adj.* apathetic, listless. *(marché, bourse)* dull, sluggish.

aperçu *n.m.* outline ; (rough) estimate ; survey ; summary.

apériteur *n.m.* lead insurer/underwriter in charge of defining the terms of risk-coverage.

aplanir *v.* *(des difficultés)* to iron out, to smooth out ; *(un terrain, une surface)* to level, to smooth, to flatten.

aplanissement *n.m.* *(de difficultés)* smoothing (out), ironing out ; *(d'un terrain, d'une surface)* levelling, smoothing, flattening.

aplatir (s') *v.* *(courbe)* to flatten out.

aplatissement *n.m.* *(courbe)* flattening out.

apogée *n.m.* climax, acme, height ; *(d'une courbe)* peak ; *(d'une activité)* heyday. *L'~ de l'exploitation du charbon*, the heyday of coal mining.

apolitique *adj.* apolitical.

a posteriori, a posteriori, post factum ; *(de façon rétroactive)* ex post facto.

apparaître *v.* 1. to appear, to emerge. 2. *(sembler)* to seem, to appear.

apparaître (faire), to show.

appareil *n.m.* 1. appliance, apparatus, device. *~ de chauffage*, heater. *~ électrique*, electrical appliance. *~ ménager*, domestic/household appliance. 2. machine, machinery, instrument, equipment. 3. *(organisation)* machinery. *L'~ du parti*, the party machinery. 4. *(avion)* aircraft, craft. 5. *(~ photo)* camera.

appareil électrique, electrical appliance.

appareil ménager, household appliance, domestic appliance.

appareil productif, production facilities ; production capacity.

appareillage *n.m.* 1. *(navire)* sailing, leaving (harbour), getting under way. 2. equipment, fittings, accessories, gear ; device ; apparatus.

appareiller *v.* 1. *(navire)* to sail, to leave (harbour), to get under way. 2. *(apparier)* to match.

apparier *v.* to match.

apparition *n.f.* appearance, emergence. *~ sur le marché*, arrival on the market, launching/marketing. *L'~ des chemins de fer*, the advent of the railway(s).

appartement *n.m.* flat ; *(U.S.)* apartment ; *(hôtel, résidence)* suite (of rooms). *Vendre par ~(s)*, to split off and sell separately.

appartenance *n.f.* *(à un club, etc.)* membership.

appartenir *v.* 1. to belong. 2. *(être de la responsabilité de)* to rest (with), to fall (to), to lie (with), to concern.

appât *v.* **1.** bait. **2.** lure.

appâter *v.* to lure.

appauvrir *v.* **1.** to impoverish, to make poorer. **2.** (*réduire*) to reduce, to weaken.

appauvrir (s') *v.* **1.** to become poorer, to become impoverished. **2.** (*diminuer*) to dwindle, to shrink.

appauvrissement *n.m.* **1.** impoverishment, impoverishing. **2.** (*diminution*) dwindling, shrinking.

appel *n.m.* **1.** (*téléphone, etc.*) call ; ~ *en P.C.V.*, collect call ; ~ *gratuit*, free call, toll-free call. **2.** (*Jur.*) appeal. *Cour d'~*, Court of Appeal, (*U.S.*) Appellate Court. **3.** (*liste d'~*) roll ; roll-call. *Faire l'~*, to call the roll. *Feuille d'~*, roll. **4.** (*demande, requête*) appeal ; call ; invitation. **5.** (*prix d'~*), special low price. *Produit d'~*, **a)** (*vendu à perte*) loss leader. **b)** (*prix bas*) low-priced item (meant to attract shoppers). **c)** (*prestige*) top-of-the-line item (whose image of quality is supposed to reflect on the other brand-products). **6.** (*militaire*) draft. **7.** ~ *à/de candidature(s)*, call for candidates/candidacies, invitation to apply.

appel à communication(s), call for papers.

appel d'offre(s), appeal for tenders, tender offer, tender notice.

appel (faire) 1. (*à quelqu'un*) to call on somebody, on somebody's services ; to call somebody in. **2.** (*à quelque chose*), to summon, to call forth. **3.** (*Jur.*) to appeal (against a decision), (*U.S.*) to appeal a decision. *Interjeter ~*, to lodge an appeal, (*U.S.*) to file an appeal. **4.** (*faire l'~*), to call the roll. **5.** ~ *aux candidatures*, to invite applications.

appelant, e *n.m.f.* (*Jur.*) appellant.

appel de fonds, call (for funds, for money). *Faire un ~ de fonds*, to call up capital.

appel d'offre(s), invitation to tender, invitation for tenders, appeal for tenders, call for tenders ; competitive bidding. ; bid invitation.

appelé, (*capital*) called up capital.

appelé *n.m.* (*militaire*) draftee.

appeler *v.* **1.** (*nommer*) to name ; to call. **2.** (*un taxi, etc.*) to call ; *faire ~ quelqu'un*, to call someone in, to send for someone ; ~ *au téléphone*, to call on the phone. **3.** (*jur.*) ~ *d'un jugement*, to appeal (against) a sentence. **4.** (*justifier*) to call for. **5.** *En ~ à quelqu'un*, to appeal to someone. **6.** (*inviter*) to invite. **7.** ~ *à la grève*, to call for a strike.

appeler quelqu'un au téléphone, to call someone on the phone, to ring someone up, to telephone.

appellation *n.f.* name ; trade name.

appel, (*téléphonique*) (telephone) call, (phone) call.

appendice *n.m.* appendix, annex.

applicable *adj.* applicable. *Le règlement sera ~ à partir de,* the regulation will take effect (come into force, become operative, effective) as from/as of…

application *n.f.* **1.** applying, application ; (*mesure*) implementation ; (*loi*) enforcement. *En ~ de…,* in pursuance of. **2.** (*d'une somme à un usage*) appropriation. **3.** (*Jur.*) ~ *de peine*, determination of penalty. **4.** (*dans le travail*) steadiness ; dedication.

appliquer *v.* to apply ; (*des mesures, etc.*) to apply, to implement ; to put into practice.

appoint *v.* change. *Faire l' ~,* to give/produce the correct change, to pay the exact amount, to tender the exact amount. *Activité d'~,* sideline, means of making up one's income. *Ressource d'~,* complementary income.

appointement(s) *n.m.* salary ; *toucher des ~s,* to draw a salary ; remuneration.

appointer *v.* to pay a salary to, to put on a salary basis.

apport *n.m.* contribution, investment; supply, provision. ~ *de capitaux étrangers,* inflow of foreign capital. *La responsabilité financière des membres est limitée à leur ~,* the members' financial liability is limited to their contribution. *(Jur.)* estate brought in; assets brought into business; assets transferred to company. *Capital d'~,* initial capital.

apporter *v.* **1.** to bring **2.** *(faire un apport)* to bring in, to contribute, to transfer; *(des capitaux)* to supply, to provide.

apporteur *n.m.* contributor; *apporteur de capitaux,* provider of capital.

apposer *v.* **1.** *(sa signature)* to affix, to append one's signature; to set one's hand (and seal), to put one's signature (to a document). **2.** *(une affiche)* to stick. **3.** *(insérer)* to insert, to add (a clause). **4.** *(les scellés)* to affix the seals.

apposition *n.f.* affixing, appending; *(d'une clause à un acte)* insertion.

appréciation *n.f.* **1.** *(estimation)* estimate, estimation, estimating, valuation; evaluation, evaluating, assessment, assessing, appraising, appraisal, appraisement; rating. **2.** *(jugement)* appreciation, opinion, judgment.

apprécier *v.* **1.** *(mesurer)* to estimate, to assess, to evaluate, to appraise, to value, to determine, to judge, to rate. **2.** *(faire cas de)* to appreciate, to value, to like, to be fond of.

apprécier(s') *v.* to appreciate, to rise, to go up.

appréhender *v.* to arrest.

apprendre *v.* **1.** *(étudier)* to learn, to study. **2.** *(faire savoir)* to inform; *nous sommes heureux de vous ~ que,* we are pleased to let you know that. **3.** *(enseigner)* to teach; to train.

apprenti, e *n.m.f.* apprentice; trainee.

apprentissage *n.m.* **1.** learning, study(ing), studies, training. **2.** apprenticeship; on-the-job training; *contrat d'~,* articles of apprenticeship, indenture(s). *Être en ~,* to be apprenticed, articled *(chez,* to). *Faire son ~* a) to serve one's apprenticeship, to be in training. b) to learn one's trade, one's job, to be in training. *Mettre en ~,* to apprentice, to article.

approbation *n.f.* **1.** approval. **2.** accord, consent, agreement. *Cette décision doit être soumise à l'~ de,* the decision must be submitted to the approval of..., the decision must be cleared with..., *(U.S.)* vetted by... **3.** *(des comptes, etc.)* certifying (of accounts).

approche *n.f.* **1.** approach. **2.** *(approximation)* approximation.

approcher *v.* **1.** to approach. **2.** *(contacter)* to approach, to contact. **3.** *(idée d'approximation)* to approximate.

approfondi, e *adj.* thorough; *étude ~e,* thorough study, indepth study.

approfondissement *n.m.* deepening.

appropriation *n.f.* appropriation; ~ *frauduleuse de fonds,* embezzlement.

approprié, e *adj.* appropriate, proper, relevant, adequate, wellsuited, suitable, adapted.

approuver *v.* **1.** to approve; *(avec valeur morale)* to approve of something. **2.** *(donner son accord)* to consent to, to agree to; to endorse; to confirm; to ratify; « *lu et approuvé* », "read and approved". **3.** *(les comptes)* to certify. **4.** *(un projet de loi, une dépense, un dividende, etc.)* to pass.

approvisionnement *n.m.* **1.** supply, stock, store, supplies. **2.** *(fait d'approvisionner)* supplying; stocking. *(fonction)* procurement. ~ *par sous-traitance,* outsourcing.

approvisionnement en ligne e-procurement.

approvisionner *v.* to supply. *Bien approvisionné,* well supplied, well stocked. ~ *quelqu'un,* to supply someone (with something) ; to cater for someone. *(un compte)* to replenish.

approvisionner (s') *v.* to get one's supplies (one's supply) ; to supply oneself ; to lay in a stock/a supply/stores.

approximatif, -ive *adj.* approximate ; *(empirique)* rule-of-thumb. *Une estimation approximative,* a rule-of-thumb estimate, a gues(s)-timate ; *(U.S.)* a ballpark figure.

approximation *n.f.* approximation ; gues(s)timate. *Faire une ~,* to make a rough guess ; to approximate.

approximativement *adv.* approximately.

appui *n.m.* support ; backing.

appuyer *v.* **1.** *(presser)* to press. **2.** *(soutenir)* to support, to back, to back up ; ~ *une demande,* to support an application. **3.** *(insister sur)* to stress, to emphasize.

appuyer (s') *v.* **1.** *(sur des personnes)* to be supported by, to be backed by, to rely on, to have the support of, to have the backing of. **2.** *(sur des données)* to rely on ; to be based on, grounded on, founded on. *Ces propositions s'appuient sur les résultats du sondage,* these proposals are based on the findings of the poll.

âpre *adj.* harsh, rough ; *(concurrence, etc.)* keen, bitter, harsh. *La concurrence est de plus en plus ~,* competition is harsher and harsher.

après-demain *adv.* the day after tomorrow.

après impôt, after tax.

après-vente *(service)* after-sales (service).

âpreté *n.f.* harshness ; bitterness ; keenness ; sharpness.

a priori, a priori.

apte *adj.* **1.** *(compétent)* qualified. **2.** *(capable d'exercer une fonction)* fit (for something) ; *(armée, etc.)* able, apt. **3.** *(susceptible de)* likely to ; liable to.

aptitude *n.f.* aptitude, ability, capacity ; *(compétence)* qualification(s) ; *(physique)* fitness.

apurement *n.m.* **1.** *(vérification de compte)* checking (of accounts), agreeing (of accounts), auditing. **2.** *(d'une dette)* discharge, wiping off ; settlement.

apurer *v.* **1.** *(vérifier les comptes)* to check (the accounts), to agree the accounts, to audit, to pass. **2.** *(une dette)* to discharge, to wipe off.

aquaculture *n.f.* aquaculture, aquiculture ; fish farming.

à quai (dédouané), ex-quay (duty paid).

à quai (non dédouané), ex-quay (duty on buyer's account).

arbitrage *n.m.* **1.** arbitration. **2.** *(Bourse)* arbitrage, arbitraging, arbitration. **3.** *(Fin.)* arbitration ; hedging. **4.** *(sentence arbitrale)* (arbitration) award.

arbitragiste *n.m.* arbitrage(u)r, arbitragist ; hedger.

arbitraire *adj.* **1.** arbitrary. **2.** *(despotique)* despotic, tyrannical. **3.** *(au hasard)* random.

arbitrairement *adv.* arbitrarily.

arbitre *n.m.* **1.** arbitrator, arbiter ; referee. **2.** *(sports)* referee ; umpire. **3.** *libre ~,* free will.

arbitrer *v.* **1.** to arbitrate, to settle, to judge, to decide, to act as arbitrator ; to make an award. **2.** *(sports)* to referee, to umpire.

arboriculture *n.f.* tree farming.

archiver *v.* to file.

archives *n.f. pl.* **1.** archives ; ~ *cinématographiques,* film archives, stock shot library. **2.** *(dossiers)* files, records.

ardoise *n.f.* **1.** slate. **2.** *(Fam. = note)* bill.

argent *n.m.* **1.** silver. **2.** money ; funds ; cash. *A court d'~,* short of money, short of cash. ~ *à vue (au jour le jour)* call money, day to day money. ~ *comptant,* cash, ready money. ~ *en caisse,* cash in hand, cash position ; money in the till. ~ *liquide,* cash, liquidities. ~ *de* *poche,* pocket money. ~ *qui dort,* idle money. ~ *rare,* tight money. ~ *sale,* dirty money. *En avoir pour son* ~, to get one's money's worth, to get good value for one's money. *Faire de l'~,* to make money. *Loyer de l'~,* price of money, cost of money. *Obtenir, trouver de l'~,* to raise money/funds.

argent comptant, 1. cash, ready money. **2.** hard cash, cash money.

argenté, e *adj.* moneyed, rich.

argentier (le grand), the finance minister.

argent liquide, cash.

argument *n.m.* argument; point; ~ *fort, valable,* strong point. ~ *convaincant,* cogent/convincing argument.

argumentaire *n.m.* **1.** sales arguments, sales claims; sales pitch. **2.** *(dossier)* sales folder.

argumentation *n.f.* argumentation.

argumenter *v.* to argue.

aride *adj.* barren.

aridité *n.f.* barrenness.

armateur *n.m.* shipowner.

armement *n.m.* **1.** *(fait d'équiper un navire)* fitting out; *(navire de guerre)* commissioning; *(équipement d'un navire)* equipment; *(fourniture d'un équipage)* manning. *Port d'~,* port of registry. **2.** *(désigne collectivement les armateurs et leur fonction)* shipowners, shipowning, the shipping business. **3.** *(les armes)* armament, arms, weapons, weaponry. **4.** *(fait d'armer)* arming, providing, supplying, equipping with arms.

armer *v.* **1.** *(navire)* to man and supply, to fit out, to equip; *(navire de guerre)* to commission. **2.** to arm, to supply with weapons.

arobase, arobas, aroboce, arobase, arobe *n.f.* (info.) at, at-sign.

arpent *n.m.* acre.

arpentage *n.m.* surveying, land-surveying.

arpenter *v.* to survey.

arpenteur *n.m.* surveyor, land-surveyor.

arrachage *n.m.* **1.** tearing off, pulling off. **2.** *(déracinage)* uprooting.

arracher *v.* **1.** *(une page, etc.)* to tear off; to pull off. **2.** *(déraciner)* to uproot. **3.** *(une promesse, etc.)* to wring, to wrest, to force. **4.** *(un marché)* to snatch.

arraisonnement *n.m.* boarding.

arraisonner *v.* *(Douanes)* to board, to stop and examine (a ship), to visit (a ship).

arrangeant, e *adj.* accommodating.

arrangement *n.m.* agreement, settlement, understanding, accommodation.

arranger *v.* **1.** to arrange, to organize, to manage. **2.** *(régler)* to settle, to straighten out. **3.** *(faire plaisir à)* to accommodate, to oblige, to suit; to meet somebody's requirements. *Si cela vous arrange,* if this is convenient to you, if that fits in with your plans. **4.** *(réparer)* to repair, to mend, to fix.

arranger (s') *v.* **1.** *(situation)* to be settled, to straighten out. **2.** *(s'accorder)* to come to an agreement. **3.** *(se débrouiller)* to manage. **4.** *(se satisfaire de)* to do with something, to make do.

arrérages *n.m. pl.* arrears, back-interest(s). *(de salaire)* wage-arrears, back-pay.

arrestation *n.f.* arrest; *en état d'~,* under arrest.

arrêt *n.m.* **1.** stop; cessation; pause; break; *être à l'~,* to be at a standstill; ~ *cardiaque,* heart failure; ~ *de commercialisation,* withdrawal from the market; *(de la fabrication d'un produit, etc.)* discontinuation; ~ *de paiement d'un chèque,* stopping of a cheque; ~ *de travail,* a) stoppage of work; b) sick-leave, day(s) off, *être en ~,* to be on sick-leave; c) (= *certificat médical*) medical certificate. ~ *d'une entreprise,* business shutdown. **2.** *(d'autobus, etc.)* stop; ~

facultatif, stop by request, request stop. **3.** *(des comptes)* closing of accounts. **4.** *(légal, saisie-~)* attachment, seizure, distress, distraint. ~ *sur salaire*, retention on wages, distress on salary, garnishment. **5.** *(d'un tribunal)* court decision, court order, court injunction, ruling; sentence, judg(e)ment, award. **6.** *(arrestation)* arrest; *mandat d'~*, arrest warrant.

arrêté *n.m.* **1.** decision, order, decree; bylaw. **2.** *arrêté de compte*, closing of account; settlement of account. ~ *des comptes*, closing of accounts; financial year-end.

arrêter *v.* **1.** to stop; to bring to a standstill; to halt. ~ *la circulation*, to stop, to block, to hold up the traffic. ~ *le paiement d'un chèque*, to stop a cheque. **2.** *(= cesser)* to cease; *(une fabrication, etc.)* to discontinue; *(progressivement)* to phase out. ~ *de fumer*, to quit smoking, to give up smoking. **3.** *(les comptes)* to close, to balance, to rule off, to make up the accounts. **4.** *(arriver à une décision)* to decide, to conclude, to agree; to order. ~ *un programme*, to draw up a program(me). ~ *une stratégie*, to decide on a strategy. **5.** *(fixer une date)* to fix, to set, to decide on. **6.** *(un criminel)* to arrest. **7.** *(retenir les services à l'avance)* to retain.

arrêter (s') *v.* **1.** to stop, to pause, to come to a standstill; *(véhicule)* to pull up. **2.** *(cesser de)* to cease, to give up.

arrhes *n.m. pl.* deposit; *verser/laisser/des ~*, to leave/to make a deposit, to pay a deposit; earnest money.

arrière *adj.* back, rear.

arriéré, e *adj.* **1.** backward. **2.** *(paiement)* overdue, outstanding, owing, late, behind, in arrears. *Compte ~*, outstanding account. *Loyer ~*, back rent. *Paiement ~*, overdue payment, outstanding payment.

arriéré, *(de paiement)* arrears. *En ~*, overdue, outstanding, owing. ~ *de loyer*, back rent. ~ *de salaire*, back-pay, wage-arrears; *(de commandes)* backlog.

arrière-boutique, back-shop.

arrière-pays, hinterland.

arrière-plan, background.

arrière port, inner harbour.

arriérés *n.m. pl.* arrears.

arrière-saison, late season.

arrimage *n.m.* **1.** *(d'une cargaison)* stowing, *(U.S.)* stevedoring. **2.** *(droits d'~)* stowage. **3.** *(équilibrage de la cargaison)* trimming. **4.** *(fait de fixer)* securing.

arrimer *v.* **1.** *(une cargaison)* to stow, *(U.S.)* to stevedore. **2.** *(équilibrer la cargaison)* to trim. **3.** *(fixer)* to secure.

arrimer (s') *v. (vaisseau spatial)* to dock.

arrimeur *n.m.* stower, *(U.S.)* stevedore.

arrivage *n.m.* arrival; new consignment. *Nouvel ~*, fresh arrival.

arrivant (nouvel) new-comer; *(marché du travail)* new-entrant.

arrivée *n.f.* **1.** arrival; *gare d'arrivée*, station of arrival; *(marchandises)* station of destination, receiving station; *port d'~*, port of arrival, of destination; *courrier à l'~* incoming mail. **2.** *(livraison)* delivery. **3.** *(d'une nouvelle technique, etc.)* advent.

arriver *v.* **1.** to arrive, to come. **2.** *(atteindre)* to arrive at, to reach, to attain. **3.** *(réussir)* to manage (to do), to succeed (in doing). **4.** *(se produire)* to happen, to take place, to occur.

arriver à échéance, to fall due; to come to maturity.

arrivisme *n.m.* place-seeking, pushing, climbing, go-getting.

arriviste *n.m.f.* place-seeker, pusher, climber, go-getter.

arroger (s') *v.* to arrogate to oneself; to assume.

arrondir *v.* **1.** to round off. ~ *une somme*, to round off a sum. ~

vers le haut/à l'unité supérieure, to round up ; ~ *vers le bas/à l'unité inférieure,* to round down. ~ *ses fins de mois,* to round off/to supplement/one's income. ~ *les angles,* to round off the angles, to iron out difficulties. **2.** *(faire une approximation)* to approximate.

arroser *v.* **1.** to water. **2.** to spray. **3.** *(boire à la santé de)* to drink to, to drink someone's health. **4.** *(soudoyer)* to bribe ; to grease. **5.** *(par multipostage)* to spam.

art. *n.m.* art ; skill. ~*s ménagers,* domestic arts. *État de l'art,* state of the art. *Métier d'~,* handicraft. *Œuvre d'~,* work of art. *Ouvrages d'art,* construction works, engineering structures (such as bridges, tunnels etc.).

art de la vente, salesmanship.

artère *n.f.* artery ; *(ville)* thoroughfare.

article *n.m.* **1.** article, item ; *(marchandise)* commodity. ~ *d'appel,* loss leader ; ~ *défraîchi,* shop-soiled article. ~*s de grande consommation,* convenience goods. ~*s de marque,* branded goods, proprietary articles. ~ *de voyage,* travel goods. ~ *en réclame,* special offer. ~*s ménagers,* household appliances, domestic appliances. *Faire l'~,* to plug/to boost/an article, to hawk/to peddle/one's wares. *Nous ne faisons (tenons) pas cet ~,* we don't sell/keep/stock/this article. **2.** *(d'un contrat, etc.)* article, clause, provision, item. ~*s de dépense,* items of expenditure. **3.** *(de journal)* article ; ~ *de fond,* leader, leading article ; lead story ; editorial. *(Coupures de journaux)* press-cuttings.

articles *n.m. pl.* **1.** articles ; items ; goods. **2.** *(de contrat, etc.)* articles, clauses, provisions, items. **3.** *(de journaux)* articles ; *(coupures)* press-cuttings.

articles de marque, branded goods ; proprietary articles.

articles de toilette, toiletry.

articles ménagers, household goods, domestic goods.

articles passés par pertes et profits, losses and write-offs.

artificiel, -le *adj.* artificial ; imitation, man-made. *Fibres ~ les,* artificial fibres, man-made fibres.

artificiellement *adv.* artificially.

artisan *n.m.* craftsman, artisan ; *(classification administrative)* self-employed person (not belonging to the professions or engaged in agriculture ; ex : self-employed taxi-driver).

artisanal, e *adj.* **1.** craft. **2.** small-scale, on a small scale.

artisanat *n.m.* handicraft, arts and trades ; *(d'art)* arts and crafts ; the cottage industry. *(Les artisans)* craftsmen.

artiste *n.m.f.* artist.

ascenseur *n.m.* lift, *(U.S.)* elevator ; *(pour marchandises)* hoist.

ascension *n.f.* rise, climb.

asile *n.m.* asylum ; ~ *politique,* political asylum ; *demandeur d'~,* asylum seeker. *droit d'~,* right of sanctuary ; shelter, refuge, haven, home.

asphyxie économique, economic strangulation.

asphyxier *v.* to axphyxiate ; *(étouffer)* to stifle ; to choke.

aspirateur *n.m.* vacuum-cleaner ; *(Fam.)* hoover *(nom de marque).*

aspiration *n.f.* *(du public, etc.)* yearning, desire.

assassinat *n.m.* murder, assassination, killing, slaying ; *(homicide volontaire)* wilful murder.

assainir *v.* to make healthier ; *(hygiène)* to improve sanitation ; *(un marché, des pratiques)* to police ; *(des finances, etc.)* to reform, to restore, to reorganize ; *(la monnaie, le budget)* to stabilize ; *(un terrain)* to drain, to reclaim.

assainissement *n.m.* *(hygiène)* improvement of sanitation ; *(d'un marché, de pratiques)* policing ; *(des finances)* reforming, reorganizing, restoring ; *(de la monnaie, du* *budget)* stabilization, stabilizing; *(d'un terrain)* draining, drainage; reclaiming.

assèchage, *voir.* **assèchement.**

assèchement *n.m.* drainage, draining, reclaiming.

assècher *v.* to drain; to dry; *(pour rendre cultivable)* to reclaim.

assemblage *n.m.* **1.** collection, combination; blending; gathering. **2.** assembly, assembling.

assemblée *n.f.* **1.** meeting; assembly; conference. **2.** *(rassemblement)* gathering. **3.** *(auditoire)* audience, public, assembly.

assemblée constitutive, constituting assembly.

assemblée générale annuelle, Annual General Meeting (A.G.M.).

assemblée générale ordinaire, ordinary general meeting.

assemblée générale extraordinaire, Extraordinary General Meeting.

assemblée des actionnaires, shareholders'meeting, *(U.S.)* stockholders'meeting.

assembler *v.* **1.** *(des choses)* to gather, to collect, to bring together. **2.** *(des personnes)* to convene, to summon, to call together, to assemble. **3.** *(des pièces)* to assemble. **4.** *(connecter)* to connect.

assembler (s') *v.* to meet, to gather; *(tenir une réunion)* to convene, to hold a meeting.

asseoir *v.* **1.** *(établir fermement)* to establish, to place, to lay; to strengthen. **2.** *(fonder une opinion)* to ground, to found, to base. **3.** *(un impôt)* to assess.

assermenté, e *adj.* sworn, sworn in, on oath; *courtier ~,* broker on oath.

asservir *v.* **1.** to enslave. **2.** *(une machine)* to hook up, to tie (up).

assesseur *n.m.* *(Jur.)* assessor; *(sens large)* assistant.

assidu, e *adj.* regular, steady, assiduous, industrious, hard-working, dedicated, devoted. *Stagiaire ~ aux cours,* trainee who attends courses regularly.

assiduité *n.f.* dedication to work; devotion to work, application to work; perseverance; *(présence régulière)* regular attendance.

assiette *n.f.* **1.** *(équilibre)* stability, balance. **2.** *(impôt)* tax base; property/income/on which a tax is assessed, basis/assessment/of a tax. *~ d'une rente,* property/funds/on which an annuity rests/is secured.

assignable *adj.* **1.** liable to be sued, liable to be summoned. **2.** assignable, attributable, ascribable *(à,* to).

assignation *n.f.* **1.** *(Fin. : transfert)* assignment, transfer. **2.** *(Jur.)* summons; subpoena. *Remettre une ~ à quelqu'un,* to serve a writ, a process, on somebody. *~ à comparaître,* summons, subpoena. *~ à résidence,* placing under forced residence.

assigner *v.* **1.** *(fixer)* to assign, to set, to fix, to appoint, to allot, to apply. **2.** *(= affecter une somme)* to assign, to allot, to allocate, to appropriate, to earmark; *à un compte,* to charge to an account. **3.** *(Jur.)* to summon, to subpoena, to cite, to issue a writ against, to serve a writ on; *(faire procès)* to sue somebody, to take legal action against somebody, to bring an action against somebody.

assises *n.f. pl.* **1.** *(Jur.)* Assizes; *les ~, la cour d'~,* the Assizes, the Assize Court. **2.** *(construction, etc.)* foundations. **3.** *(d'un parti, etc.)* National Convention, *(U.S.)* Caucus.

assistance *n.f.* **1.** *(fait d'assister)* attendance, presence. **2.** *(auditoire)* audience, public, spectators. **3.** *(aide)* assistance, aid, help, relief, backing, support; *~ économique,* economic aid; *~ judiciaire,* legal aid; *~ Publique, (G.B.)* Public National Hospital Organisation; *~ sociale,* a) social work; b) *(organisme G.B.)* National Assistance; *~ technique,* technical assistance.

assistant, e *n.m.f.* **1.** assistant; *~ chef de produit,* Assistant Product

Manager. 2. *assistants = personnes présentes*, those present, those attending; (*U.S.*) attendees. 3. ~(e) *social(e)*, social worker.

assisté, e *adj.* 1. (*aidé*) assisted, helped, aided, supported, backed. **2.** (*aidé par collectivité*) on welfare.

assister *v.* 1. (*aider*) to assist, to aid, to help, to back, to support; *assisté par ordinateur*, computer-aided. *Enseignement Assisté par Ordinateur (E.A.O.)*, computer-aided instruction (C.A.I.). **2.** (*être témoin de*) to witness. **3.** (*être présent*) to attend.

assister à une réunion, to attend a meeting.

associatif, -ive *adj.* of association(s), pertaining to associations. *Mouvement/tissus/vie ~*, clubs and societies.

association *n.f.* 1. (*fait de s'associer ou d'associer*) association, associating; connecting, connection. **2.** (*organisme*) association, council, body. **3.** (*à but non lucratif*) society; (*non-commerçante*) non-trading association. **4.** (*de personnes*) partnership. *Entrer en ~*, to enter into partnership. **5.** (*de capitaux*) company, (*U.S.*) corporation. **6.** (*Jur.*) *association de malfaiteurs*, conspiracy.

association de personnes, partnership.

associé, e *n.m.f.* associate; (*dans une association de personnes*) partner. *~ principal*, senior partner. *~ commanditaire (société en commandite simple)* limited partner; *~ commanditaire (société en nom collectif)* sleeping partner, (*U.S.*) silent/dormant partner. *~ commandité*, general/acting, active/partner. *~ gérant*, managing partner. *~ passif*, sleeping partner.

associé, e *adj.* associated; joint; *porteurs ~s, souscripteurs ~s*, joint-holders of stock.

associé(e) majoritaire, senior partner.

associé(e) minoritaire, junior partner.

associer *v.* to associate, to connect, to unite, to link, to join.

associer (s') *v.* 1. (*commerce*) to enter into an association, into a partnership. **2.** to associate with.

assolement, rotation of crops; *~ triennal*, three-course rotation.

assombrir *v.* to darken.

assombrir (s') *v.* to become gloomy, to darken, to cloud over.

assombrissement *n.m.* darkening, gloom.

assorti, e *adj.* assorted, matched, matching.

assortiment *n.m.* 1. (*fait d'assortir ou d'être assorti*) matching, match. **2.** (*variété*) assortment, variety, range. *Une grande variété de produits*, a wide range of products.

assortir *v.* 1. (*couleurs, etc.*) to assort, match, to suit. **2.** (*stocks*) to stock.

assouplir *v.* (*règlements, etc.*) to ease, to relax, to loosen; to make more flexible; (*une position*) to soften, to tone down, to water down.

assouplissement *n.m.* (*règlement, etc.*) easing, relaxing, loosening, making more flexible; *d'une position*, softening, toning down, watering down.

assujetti, e *adj.* subject to; liable to. *Les ~s à l'impôt*, the taxpayers.

assujettir *v.* to subject to, to make liable to, to submit to.

assujettissement *n.m.* subjecting to, making liable to, liability.

assumer *v.* to assume; *~ le contrôle de*, to take over, to control, to run; *~ les frais*, to meet the expenses.

assurable *adj.* insurable, assurable, which/who can be insured.

assurance *n.f.* 1. (*compagnie*) insurance company. **2.** (*fait de s'assurer*) insurance, insuring; *prime d'~*, insurance premium. **3.** (*couverture d'un risque*) coverage, covering, insuring. **4.** (*police d'~*) insurance policy. *Prendre une* *police d'~*, to take out an insurance policy. **5.** *(garantie)* guarantee. **6.** *(promesse, engagement)* assurance. **7.** *(certitude)* assurance, certainty, guarantee. **8.** *veuillez croire à l'~ de mes sentiments distingués, etc.*, *(G.B.)* Yours faithfully, Yours sincerely, *(U.S.)* Sincerely yours, Sincerely.

assurance au tiers, third-party insurance.

assurance-chômage, unemployment insurance.

assurance contre le chômage, unemployment insurance.

assurance contre les accidents du travail, insurance against industrial injuries; employers' liability insurance, *(U.S.)* workmen's compensation.

assurance contre le vol, theft insurance; burglary insurance.

assurance contre le vol et l'incendie, fire and theft insurance.

assurance contre les accidents du travail, employers' liability insurance, *(U.S.)* workmen's compensation insurance.

assurance maladie, health insurance; health insurance scheme; sickness insurance; sickness benefit.

assurance maritime, marine insurance; underwriting.

assurance multirisque, comprehensive insurance.

assurance perte(s) d'exploitation, business interruption insurance, loss of profit/earnings insurance.

assurance sur corps, hull insurance.

assurance sur facultés, *(Ass. mar.)* cargo insurance.

assurance tous risques, all-in policy; insurance against all-risks; comprehensive insurance. *Assurance tous risques chantiers,* contractor's all-risks insurance.

assurance-vie, life insurance, life assurance.

assurance vieillesse, old age insurance.

assuré, e *n.m.f.* insured; policy holder.

assurer *v.* **1.** *(contre un risque)* to insure; to have something insured. *S'~,* to take out an insurance policy. **2.** *(garantir)* to guarantee. **3.** *(donner une assurance)* to assure; to vouch for something. **4.** *(faire en sorte)* to ensure. **5.** *(fournir)* to supply, to provide. **6.** *(honorer)* to meet. **7.** *~ une créance,* to stand security for a debt. **8.** *(affirmer)* to assure, to affirm, to insist, to claim.

assureur *n.m.* insurer, insurance company; *(ass. mar.)* underwriter.

assureur maritime, underwriter.

astreignant, e *adj.* exacting, demanding.

astreindre *v.* to compel, to oblige, to subject to, to make liable to.

astreint à, subjected to, liable to.

astreinte *n.f.* **1.** obligation, constraint. **2.** penalty, fine (for delay); daily fine for delay.

astronaute *n.m.f.* astronaut.

astronautique *n.f.* astronautics.

astronomique *adj.* astronomical, *(prix)* prohibitive. *Augmentation ~,* sky-rocketing increase.

astrophysicien, -ienne *n.m.f.* astrophysicist.

astrophysique *n.f.* astrophysics.

asynchrone *adj.* non-synchronized, asynchronous.

atelier *n.m.* workshop; *délégué d'~,* shop-steward.

atermoiement *n.m.* **1.** *(vieilli)* deferment of payment, composition, arrangement with creditors for deferment of payment. **2.** *~s,* delay, procrastination.

atermoyer *v.* to defer payment; to procrastinate.

atmosphère *n.f.* atmosphere, mood, feeling; environment.

atome *n.m.* atom.

atomique *adj.* atomic, nuclear. *Déchets ~s,* nuclear waste. *Énergie ~,* atomic energy, nuclear power. *Usine ~,* nuclear plant.

atone *adj.* dull, sluggish.

atonie *n.f.* dullness; *(économie)* sluggishness.

atout *n.m.* asset, trump, trump-card, winning card, strong point. ~ *principal*, main asset.

attache *n.f.* **1.** *(lien)* link, contact, tie, connection. **2.** *(matériel de bureau)* paper-clip. **3.** *(maritime)* mooring. *Droits d'~*, mooring rights, mooring dues, moorage. *Port d'~*, port of registry.

attaché, e *n.m.f.* attaché, ~ *de presse*, press attaché, press agent. ~ *commercial* a) *(ambassade)* commercial attaché b) *(entreprise)* sales representative.

attacher *v.* **1.** to attach, to bind, to fix, to fasten, to tie, to make fast, to secure; *(avec une agrafe)* to clasp, to staple, to clip; *(Bourse) coupon attaché*, with coupon, cum coupon, coupon on. **2.** *(lier, relier)* to attach, to link, to connect. **3.** *(~ de l'importance à)*, to attach importance to, to value.

attardé, -e *adj.* backward; lagging.

attaque *n.f.* **1.** attack, assault, onslaught; strike, offensive. **2.** criticism.

attaquer *v.* **1.** ~ *un marché*, to tap a market, to tackle a (new) market. **2.** ~ *en justice*, to sue, to take legal action against, to bring an action against. **3.** to criticize, to attack.

attaquer un nouveau marché, to tap a new market.

attaquer à (s') **1.** to tackle. **2.** to attack, to criticize.

atteindre *v.* **1.** to reach; ~ *un but*, to reach/to achieve/a goal. *La production a atteint son niveau le plus bas depuis 5 ans,* Production has hit a five-year low. **2.** *(prix)* to amount to, to fetch. **3.** *(toucher, affecter)* to hit, to hurt, to affect. *Les entreprises les plus durement atteintes,* the hardest-hit firms, the worst-hit firms.

atteint, e *adj.* *(touché)* hit, affected, hurt.

atteinte *n.f.* **1.** reach; *hors d'~*, out of reach. **2.** attack; blow; damage. ~ *à l'environnement*, environmental damage, damage to the environment. *Porter ~ à*, to interfere with, to impair, to damage, to injure, to hurt, to harm, to tamper with. **3.** *(jur.)* breach. ~ *à la sécurité des personnes*, breach of personal safety. ~ *à l'ordre public*, breach of the peace, disruption of the peace. ~ *à la libre concurrence*, restrictive practice, practice in restraint of trade, unfair trade practice. ~ *aux droits de…*, infringement of the rights of…

attendre *v.* **1.** to wait for; to await. *Faire ~ quelqu'un*, to keep somebody waiting. **2.** to expect.

attendre (s') *v.* to expect, to anticipate.

attendus *n.m. pl.* *(Jur.)* whereas clauses, reasons adduced.

attentat *n.m.* attempt. ~ *à la bombe*, bomb attempt.

attente *n.f.* **1.** wait. *10 minutes d'~*, 10 minutes'wait, a ten-minute wait. *Salle d'~*, waiting room. **2.** expectation, anticipation. *Cet article ne répond pas à notre ~*, this article does not meet our expectations. *Dans l'~ de votre réponse*, looking forward to your reply.

attention *n.f.* **1.** attention; care; notice. *A l'~ de…* For the attention of… **2.** *mise en garde*, caution; beware. ~ *à la peinture*, mind the paint. ~ *travaux*, danger, works ahead.

attentivement *adj.* attentively, closely, carefully, thoroughly.

atténuation *n.f.* lessening, reducing, reduction, decrease, softening.

atténuer *v.* to lessen, to diminish, to reduce, to decrease, to soften, to mitigate. *Circonstances atténuantes*, extenuating circumstances.

atténuer (s') *v.* to decrease, to lessen, to diminish.

atterrir *v.* to land.

atterrissage *n.m.* landing; ~ *en catastrophe*, crash landing. ~ *en douceur*, soft landing.

attestation *n.f.* **1.** certificate. **2.** *(recommandation)* testimonial. **3.** *(sous serment)* affidavit.

attester *n.m.* to attest, to certify; *(témoigner)* to testify (to something), to vouch (for something).

attirail *n.m.* apparatus, gear, equipment.

attirance *n.f.* attraction, appeal, attractiveness.

attirer *v.* to attract, to draw; *(plaire)* to appeal to.

attitré, e *adj.* regular, appointed. *Fournisseur ~*, regular supplier. *Fournisseur ~ de sa Majesté*, purveyor by appointment to His (Her) Majesty.

attitude *n.f.* attitude. *~s de la clientèle*, customer attitudes. *~ des consommateurs*, consumer attitudes.

attractif, -ive *adj.* attractive; *(spectacle, etc.)* entertaining.

attraction *n.f.* **1.** appeal, attractiveness. *C'est une ~ pour les touristes*, it attracts tourists. **2.** show, act.

attrait *n.m.* appeal; attractiveness.

attrayant, e *adj.* attractive.

attribuable *adj.* attributable, ascribable, assignable; due (to), caused (by).

attribuer *v.* **1.** to attribute, to assign, to allocate; *(actions)* to allot; *(récompense, bourse, etc.)* to grant, to award. **2.** *(imputer)*, to ascribe, to attribute.

attributaire *n.m.f.* **1.** *(succession, etc.)* assign, assignee. **2.** *(distribution d'actions, etc.)* allottee.

attribution *n.f.* **1.** attribution, attributing, allocation, allocating, assigning, assignment; *(d'une récompense, d'une bourse)* granting, award, awarding; *(d'actions)* allotment. **3.** *(fonction)* duty, duties, functions, powers, attributions, competence, field of responsibility, job definition.

auberge *n.f.* inn.

aubergiste *n.m.f.* inn-keeper.

au-dessous, below, under.

au-dessus, above; over; *(audelà)* beyond.

attribut *n.m.* feature, charateristic.

audience *n.f.* **1.** *(juridique)* hearing; session. **2.** *(pub-marketing)* audience; *(messages imprimés)* readership; *(télé)* viewership.

audimat *n.m.* TV ratings.

audio-visuel, audio-visual. *L'audio-visuel (selon contexte)*, audio-visual aids/equipment/techniques/methods, the audio-visual industry; the audio-visual press.

audit *n.m.* auditing. *Cabinet d'audit*, auditing firm. *Faire de l'audit, faire un audit*, to audit.

auditer *v.* to audit.

auditeur, -trice *n.m.f.* **1.** *(radio)* listener. **2.** *(compta., etc.)* auditor.

audition *n.m.* **1.** hearing; *~ de témoins*, hearing/examination, examining/of witnesses. **2.** *(candidat)* trial performance, audition.

auditoire *n.m.* audience; public; attendance; listeners.

auditorium *n.m.* auditorium.

augmentation *n.f.* rise, increase; *(U.S.)* hike; *(U.S.)* raise; *(du prix de vente au consommateur)* mark-up. *~ de capital*, increase of capital. *~ de prix*, price rise, price increase. *~ de salaire*, pay rise, wage increase, rise in wages; *(U.S.)* pay hike, pay raise. *~ du nombre des chômeurs*, rise in unemployment figures; *(U.S.)* rise in the jobless rate.

augmenter *v.* **1.** to rise, to increase, to go up. **2.** *(faire monter)* to raise, to increase; *(relever)* to jack up. *~ le rythme de*, to step up.

auspices *n.m.pl.* aegis, auspices, patronage. *Sous les ~ de*, under the aegis of…

austérité *n.f.* austerity; squeeze; *(Fam.)* belt-tightening. *Mesures d'~*, austerity measures, *(entreprise)* retrenchment policy.

autarcie *n.f.* self-sufficiency. *Vivre en autarcie*, to be self-sufficient.

autarcique *adj.* self-sufficient. *Croissance* ~, self-sustained growth. *Reprise* ~, self-sustained recovery.

auteur *n.m.* **1.** author; *(livre)* author, writer, *(chanson)* composer, *(d'un scénario)* screenplay writer, scriptwriter, *(U.S.)* scripter; *(d'une méthode)* creator, originator, promoter. *Droits d'*~, copyrights, royalties. **2.** ~ *d'un accident,* party at fault.

authenticité *n.f.* genuineness, authenticity.

authentification *n.f.* certification, certifying, authentication.

authentifier *v.* to certify, to authenticate.

authentique *adj.* genuine, certified.

auto-apprentissage *n.m.* self-study, self-teaching.

autobus *n.m.* bus. *Ligne d'*~, bus route/line. *Arrêt d'*~, bus stop.

autocar *n.m.* bus, coach.

autocariste *n.m.f.* coach-driver, bus-driver; coach-operator, bus-operator.

auto-collant *n.m.* sticker, self-adhesive label.

auto-concurrence *n.m.* self-competition. *Politique d'*~ *(entre marques appartenant au même groupe)* multiple branding policy. ~ *involontaire,* cannibalization.

autodidacte *n.m.f.* self-made man/woman/person; *adj.* self-taught.

auto-financement *n.m.* self-financing; internal funding.

auto-gestion *n.f.* self-management.

auto-guidage *n.m.* homing. *système d'*~, homing device.

automate *n.m.* automation. ~ *bancaire,* automatic/automated teller machine.

automation *n.f.* automation.

automatique *adj.* automatic, automated. *A démarrage* ~, self-starting.

automatisation *n.f.* automation.

automatiser *v.* to automate.

automobile *n.f.* motor-car, car; *(U.S.)* automobile. *Usine* ~, car factory, *(U.S.)* automobile plant.

automobile *adj.* self-propelled. *Véhicule* ~, motor vehicle. *L'industrie* ~, the car industry, the automobile industry, the automotive industry, *(l'industrie ~ américaine)* Detroit.

automobiliste *n.m.f.* motorist; car-driver.

automoteur *adj.* self-propelled, self-propelling.

automotrice *n.f.* voir **autorail.**

autonome *adj.* autonomous, independent, free; *(pays)* independent, self-governing; *(appareil)* self-operating, self-operative; self-contained.

autonomie *n.f.* autonomy, independence; *(pays)* self-government, self-governing, self-rule.

autonomiste *n.m.f.* autonomist.

autopsie *n.f.* autopsy, post-mortem (examination).

autopsier *v.* to carry out/perform a post-mortem.

auto-propulsé, e *adj.* self-propelled.

auto-propulsion *n.f.* self-propulsion, self-propelling.

auto-radio *n.f.* car-radio.

autorail *n.m.* rail-car.

auto-régulation *n.f.* self-regulation.

auto-régulé, e *adj.* self-regulated.

autorisation *n.f.* authorisation; consent, agreement, approval; *(d'exporter)* permit; *(d'exercer une fonction, etc.)* licence; *(d'exploiter un brevet, etc.)* licensing.

autorisé, e *adj.* authorized, approved, permitted. *Représentant* ~, accredited representative. *Avis* ~, authoritative opinion. *Source* ~*e*, *milieux* ~*s*, reliable source(s).

autoriser *v.* **1.** to authorize, to allow, to permit. **2.** *(justifier)* to justify, to entitle. **3.** *(donner autorité à quelqu'un pour…)* to empower somebody (to do something).

autoritaire *adj.* authoritarian;

(régime) autocratic, dictatorial; *(personne)* tyranical, overbearing; *(Fam.)* bossy; *(ton)* peremptory, commanding.

autorité *n.f.* **1.** authority. *Donner toute ~,* to give full power(s). *Les ~s,* the authorities, the officials, the administration. *C'est une ~ dans ce domaine,* he is an authority, a recognized expert in this field. *Qui fait ~,* authoritative. **2.** *(Jur.)* jurisdiction.

autoroute *n.f.* motorway; *(U.S.)* highway *(aussi* expressway, thruway, freeway). *~ à péage,* toll-motorway; *(U.S.)* turnpike road. *~ de l'information, ~ électronique,* information superhighway.

autoroutier, e *adj.* *réseau ~,* motorway network, motorway system; *(U.S.)* highway system, highway network.

auto-stop, hitchhiking. *Faire de l'~,* to hitchhike.

autosuffisance *n.f.* self-sufficiency.

autosuffisant, e *adj.* self-sufficient.

autour de *prép.* about, around, *(somme, etc.)* in the region of, circa.

autrui, third party, third parties. *Pour le compte d'autrui,* for account of a third party, on behalf of a third party.

auxiliaire *n.m.f.* auxiliary, collaborator, aide, assistant.

auxiliaire *adj.* auxiliary, subsidiary, supplementary, reserve; *(équipement, etc.)* auxiliary, ancillary.

aux risques et périls de l'expéditeur, at sender's risks.

aux risques et périls du destinataire, at owner's risks.

aval *n.m.* **1.** *(garantie)* endorsement, endorsing, guarantee; *donner son ~,* to endorse, to guarantee, to back; *(pour une créance, également)* to stand security, to stand surety; *donneur d'~,* guarantor, backer, endorser, surety, security. **2.** *(cours d'eau et sens large)* en ~, downstream.

avaliser *v.* to endorse, to guarantee, to back. *~ une créance,* to stand security/surety/for à debt.

avaliseur *n.m.* *voir* **avaliste.**

avaliste *n.m.* endorser, guarantor, backer, security, surety.

à-valoir *n.m.* instalment, sum (paid) on account.

avance *n.f.* **1.** advance, lead; *arriver en ~,* to arrive early. *Avoir de l'~ sur la concurrence,* to have a competitive edge. *D'~,* in advance, beforehand. **2.** *de fonds,* advance, loan. *~ sur découvert,* overdraft. *~ sur marchandises,* advance on goods. *~ sur nantissement,* advance against security. *~ sur titres,* advance on securities. *Demander une ~,* to ask for a loan. *Faire une ~,* to lend money, to make a loan, to advance. **3.** *(sonder, etc.)* to make approaches, to make advances.

avancé, e *adj.* **1.** advanced, sophisticated. **2.** *La réunion a été ~e d'une heure,* the meeting has been brought forward/put forward/an hour.

avancée *n.f.* *(percée)* breakthrough; advance, development.

avancement *n.m.* **1.** promotion, advancement. *~ à l'ancienneté,* promotion by seniority, *obtenir de l'~,* to be promoted. **2.** *(des travaux)* progress.

avancer *v.* **1.** to move, to go forward, to come forward. **2.** *(progresser)* to advance, to progress, to make headway. **3.** *(faire progresser)* to advance, to promote, to further. **4.** *(de l'argent)* to advance, to lend, *(U.S.)* to loan. **5.** *(une réunion, etc.)* to bring forward, to put forward, to move forward. **6.** *(avoir de l'avancement)* to be promoted. **7.** *(une théorie)* to put forward. **8.** *(montre)* *ma montre avance de 5 minutes,* my watch is 5 minutes fast. *~ sa montre,* to put one's watch forward. **9.** *Ceci ne nous avance à rien,* this is not taking us anywhere, we are not making any progress.

avancer (s') *v.* **1.** to move forward. **2.** *(prendre un risque) Je ne veux pas m'avancer,* I cannot commit myself, *(Fam.)* I can't stick my neck out on this.

avant *n.m.* front; *(navire)* bow(s).

avant *adv.* before; beforehand; in advance. *Vers l'~, en ~,* forward.

avantage *n.m.* advantage, benefit, *(atout)* asset. *~s acquis,* social gains/advances, entitlements. *~s en nature, ~s de fonction, ~ complémentaires,* fringe benefits, perks. *~ fiscaux,* tax advantages. *~ sociaux, (social)* benefits, (U.S.) entitlements. *Avoir un ~ sur la concurrence,* to have a competitive edge, to have an edge (the edge) on competitors. *Vous auriez ~ à vendre maintenant,* you had better sell now. *Vous auriez ~ à annuler la commande,* your best course would be to cancel the order.

avantage fiscal, tax-break, tax-incentive.

avantager *v.* to favour, to advantage.

avantages sociaux welfare benefits.

avantageux, -euse *adj.* advantageous, favourable, profitable. *Conditions ~ euses,* favourable terms.

avant impôt, before tax. *Bénéfices ~(s)* pre-tax profit(s), profit(s) before tax.

avant-première, *n.f.* preview; private view(ing); *(théâtre)* dress rehearsal.

avant projet, draft project, rough draft; tentative plan, preliminary version; *(d'un document ou programme officiel)* green paper.

avare *n.m.f.* miser.

avare *adj.* miserly, avaricious, stingy, tight-fisted.

avarice *n.f.* avarice, miserliness, stinginess.

avarie *n.f.* damage; average. *~ commune, ~ grosse,* general average. *~ particulière,* particular average. *Règlement d'~,* average

adjustment. *Répartiteur d'~s,* average adjuster.

avarié, e *adj.* **1.** *(navire)* damaged, injured. **2.** *(marchandises)* spoiled, damaged.

avarier *v.* **1.** *(navire)* to damage, to injure. **2.** *(marchandises)* to spoil, to damage.

avarier (s') *v.* to spoil, to get spoiled/spoilt.

avenant *n.m.* additional clause, endorsement, rider.

avertir *v.* **1.** *informer à l'avance,* to inform, to advise, to notify, to let someone know, to tell, to give notice. **2.** *(mettre en garde)* to warn.

avertissement *n.m.* notice, warning; *sans ~,* without notice. *~ sur résultat,*profit warning.

aveu(x) *n.m.* confession, admission. *Faire des ~,* to confess.

aveugle *adj.* blind. *Test en ~,* blind test, blind testing.

avide *adj.* greedy, rapacious.

avidité *n.f.* greed, avidity, rapaciousness, rapacity.

avilir (s') *v. (perte de valeur)* to fall, to drop, to depreciate.

avilissement *n.m.* *(perte de valeur)* fall, drop, depreciation.

avion *n.m.* plane, aeroplane; *(U.S.)* airplane, aircraft. *~ à réaction,* jet. *~ d'affaires,* executive jet.

avionneur *n.m.* aircraft manufacturer.

avis *n.m.* **1.** opinion, view; point of view, judg(e)ment. *A mon ~,* according to me, to my mind, in my opinion, from my point of view. **2.** *(conseil)* advice, counsel, recommendation. **3.** *(information)* announcement, notification, notifying, notice; *(avec nuance de menace)* warning. *A moins d'~ contraire,* unless you hear to the contrary, unless we specify to the contrary, unless otherwise specified, except where otherwise stated. *Jusqu'à nouvel ~,* until further notice. *~ d'attribution (d'actions)* letter of allotment. *~ de crédit,* credit advice, credit note. *~ de débit,* debit advice, debit note. *~ de livrai-*

son, delivery note. ~ *d'encaissement,* collection advice, receipt. ~ *de paiment,* payment advice, notice to pay, order to pay. ~ *de prélèvement (automatique),* direct debit advice. ~ *de réception,* acknowledgement of receipt. *(Bourse)* ~ *d'exécution,* contract note. ~ *d'expédition,* advice of dispatch, notification of dispatch, advice note. ~ *de retour de souscription (attribution d'actions)* letter of regret. ~ *d'imposition,* tax assessment.

aviser *v.* 1. to inform, to advise, to let someone know, to notify, to tell, to give notice; *(mettre en garde)* to warn. 2. *(prendre une décision)* to take (the necessary) steps.

aviver *v.* to increase, to revive; *(l'inflation)* to refuel.

avocat *n.m.* 1. lawyer, barrister; *l'~ de la défense,* the counsel for the defence. 2. *(sens large,* ~ *d'une cause)* advocate. *Se faire l'~ de,* to advocate.

avoir *n.m.* 1. *(actif)* asset. 2. *(biens)* property, estate, possessions. 3. *(remise sur achat ultérieur)* credit note, customer credit,

store credit. 4. *(d'un compte)* credit/credit side/of an account. 5. *(avoir(s) financier(s))* holdings, portfolio; *(part(s) d'un capital)* stake(s).

avoir droit à..., to be eligible for, to be entitled to, to qualify for.

avoir fiscal, tax credit.

avoir la responsabilité de, to be responsible for, to be in charge of.

avoué *n.m.* solicitor.

avouer *v.* to confess, to admit, to acknowledge, to recognize. ~ *un crime,* to confess to a crime.

axe *n.m.* axis, trend; *(d'une campagne publicitaire)* platform; *(publicitaire)* appeal; central message.

axé, e *adj.* ~ *sur,* focus(s)ed on, centered (G.B. centred) on; geared to, directed to, aimed at, addressed to.

axer *v.* to center, to focus, to gear, to direct, to aim.

ayant-cause, *voir* **ayant-droit.**

ayant-droit *n.m.* 1. assign, assignee. ~ *à la retraite,* eligible for retirement. 2. *(Sécurité sociale, etc.)* recipient, beneficiary.

B

babiole *n.f.* **1.** curio, knick-knack, trinket. **2.** *(chose sans importance),* trifle.

bâbord port; port side.

bac *n.m.* **1.** ferry, ferry boat. **2.** *(récipient)* tank.

baccalauréat *n.m.* school-leaving certificate (after secondary studies) cf. *G.B.* General Certificate of Education.

bâche *n.f.* tarpaulin, cover; *(au-dessus d'une devanture)* awning.

bachelier, -ère *n.m.f.* one who has passed his/her/school-leaving certificate on completion of secondary studies.

bâcher *v.* to cover; to cover with a tarpaulin.

bâcler *v.* **1.** to scamp, to perform in a hasty or careless manner. **2.** *(produire un travail de mauvaise qualité)* to botch, to bungle.

badaud, -e *n.m.f.* **1.** idler; *(qui se promène)* stroller; window-shopper **2.** *(spectateur)* onlooker, *(U.S.)* gawker.

badge *n.m.* **1.** badge **2.** magnetic card.

badger *v.* **1.** to have participants wear a badge, to badge. **2.** to swipe (a magnetic card for admission etc), to insert (a magnetic card).

bagage(s) *n.m.* luggage; baggage; *(U.S.)* bag(s). *Consigne des bagages,* left-luggage office; *(U.S.)* cloak-room, baggage room. *Bagage à main,* hand luggage, *(U.S.)* carry-on baggage. *Franchise bagages, bagages en franchise,* baggage allowance. *Excédent de bagage,* excess baggage.

bagagiste *n.m.f.* **1.** luggage-porter. **2.** baggage store.

bagout *n.m.* gift of the gab; glibness, salesman's talk.

bail, baux *n.m.* lease. *Donner à bail,* to lease out. *Prendre à bail,* to lease. *Location à bail,* leasehold. *Locataire à bail,* leaseholder.

bailleur *n.m.* lessor. ~ *de fonds,* sleeping/silent/dormant partner;

(sens large) (money-) lender; investor.

bâillonner *v.* to gag, to silence.

baisse *n.f.* drop, fall, decrease, decline. *Tendance à la baisse,* downward trend. *Opérations à la baisse,* bear transactions. *Marché à la baisse,* falling market, bear market. *Baisse maximum,* maximum fall; *(fin.)* limit down. *Les estimations ont été revues en baisse, les prévisions ont été revues à la baisse,* estimates have been revised down(ward). *Jouer à la baisse (Bourse),* to play for a fall.

baisse (en), down; *(fin.)* off, weak.

baisse de la demande fall (off) in demand, decrease in demand, decreasing demand.

baisse des impôts, tax cut; fall/drop/decrease in taxation.

baisser *v.* **1.** to fall, to drop, to go down, to decrease, to decline. **2.** *abaisser,* to lower, to reduce, to cut.

baissier *n.m.* bear.

baissier, -ère *adj.* *Tendance baissière,* downward trend, down-trend.

balance *n.f.* **1.** scales; weighing machine. **2.** balance.

balance commerciale, trade balance, balance of trade. *Balance commerciale excédentaire,* favourable trade balance. *Balance déficitaire,* negative/adverse trade balance.

balance des paiements balance of payments. ~ *des paiements courants,* balance on current account.

balance de vérification trial balance.

balancement *n.m.* swing.

balancer *v.* **1.** to balance; *(compta.) balancer un compte,* to balance/settle/an account. **2.** to hesitate.

balancier *n.m.* pendulum; *mouvement de balancier,* swing of the pendulum. *Retour du balancier,* backlash.

balayage *n.m.* sweeping; *(télé)* scanning.

balayer *v.* to sweep; *(télé)* to scan.

balise *n.f.* beacon; buoy.

baliser *v.* to beacon, to buoy, to mark out.

ballast *n.m.* ballast.

balle *n.f. (coton, etc.)* bale.

ballot *n.m.* bundle, package.

ballottage *n.m.* tie, draw; *(2e tour)* second ballot, *(U.S.)* runoff.

banal, e *adj.* commonplace, ordinary, trite, trivial.

banaliser *v.* to vulgarize, to render commonplace.

banc *n.m.* **1.** *(des accusés)* dock; *(des témoins)* box. **2.** *(de sable)* bank, shoal. **3.** *(de poissons)* shoal. **4.** *(siège)* bench.

bancaire *adj.* bank, banking. *Le secteur bancaire,* the banking industry, the banking sector. *Opération bancaire,* banking transaction/operation. *Traite bancaire,* banker's draft. *Milieux bancaires,* banking circles/community.

bancatique *n.f.* electronic banking.

banc d'essai 1. testing bench. **2.** *(sens général)* testing ground.

bande *n.f.* **1.** band, party; bunch; *(criminels)* gang, crowd. **2.** *(magnétophone, etc.)* tape. *Bande son,* sound track. *Bande vidéo,* video tape; *bande vidéo promotionnelle,* videoclip. **3.** *(de terrain)* strip, stretch, tract. **4.** *bande dessinée,* comic strip, comic(s).

banderole *n.f.* streamer.

banlieue *n.f.* suburb. *La banlieue de Londres,* the London suburbs. *Train de banlieue,* commuter train.

banlieusard, e *n.m.f.* **1.** suburbanite. **2.** *(transport)* commuter.

banque *n.f.* bank. *Compte en banque,* bank account, banking account. *Avoir un compte dans une banque,* to bank with, to have an account with.

banque à domicile, home banking.

banque centrale, central bank.

banque commerciale, commercial bank, trade bank.

banque de dépôt, deposit bank.

banque de détail, retail bank; retail banking.

banque de données, data bank.

banque d'affaires, investment bank, *(G.B.)* merchant bank.

banque d'émission, issuing bank.

banque d'escompte, discount bank.

banque directe, direct banking, home banking.

banque électronique, e-banking, electronic banking; e-bank, electronic bank.

banque émettrice, issuing bank.

banque en ligne, on-line banking; on-line bank.

banque notificatrice, advising bank.

banque ordonnatrice, issuing bank.

banqueroute *n.f.* bankruptcy. *Faire banqueroute,* to go bankrupt. *Banqueroute frauduleuse,* fraudulent bankruptcy.

banqueroutier, -ère *n.m.f.* bankrupt, unrehabilitated bankrupt, fraudulent bankrupt.

banquier, -ère *n.m.f.* banker.

baraque *n.f.* shanty, shed. *Baraque foraine,* booth.

baraterie *n.f.* barratry.

baratin *n.m. (du vendeur)* salesman's pitch, sales pitch, *(U.S.)* spiel.

barème *n.m.* **1.** *(de prix)* price list; schedule; *(douanier)* tariff. **2.** table, scale.

barge *n.f.* barge; lighter.

baril *n.m.* barrel, cask; *petit baril,* keg.

barillet *n.m.* keg.

barque *n.f.* (small) boat; *(de pêche)* fishing-boat, fishing smack.

barrage *n.m.* **1.** dam. **2.** *(routier)* roadblock, (road) blockade. **3.** *faire barrage,* to block.

barre *n.f.* **1.** bar, rod; *(de protection)* rail. **2.** *(des témoins)* witness box, witness stand. *Aller à la barre,* to testify, to give evidence. **3.** *(d'un bateau)* helm, rudder, tiller. *Tenir la barre,* to steer.

barrement *n.m. (chèque)* crossing.

barrer *v.* **1.** to bar, to obstruct; *(route)* to block, to close; *(un cours d'eau)* to dam. **2.** *(rayer)* to cross out, to strike out. **3.** *(un chèque)* to cross a cheque. **4.** *(un navire)* to steer.

barrer un chèque, to cross a cheque/*(U.S.)* check.

barrière *n.f.* barrier, gate. ~ *de péage,* toll gate.

barrières douanières, tariff walls, tariff barriers, customs barriers, customs walls.

barrique *n.f.* cask.

bas, basse *adj.* low.

bas *n.m.* bottom, lower part.

bas coût low-cost.

bascule *n.f. (balance)* weighing-machine, weigh-bridge.

basculement *n.m.* changeover, switchover.

basculer *v.* **1.** to tip, to tilt, to swing; *(U.S.)* to teeter. **2.** *(passer d'un système/état à un autre)* to change over, to switch over.

bas de bilan, current assets and liabilities; short-term financing.

bas de gamme, bottom of the range; down-market.

bas de laine, savings, nest-egg.

base *n.f.* **1.** basis, foundation, grounds; *de base,* basic. **2.** *(d'un raisonnement)* premise(s). **3.** *(base militaire)* base. **4.** *(syndicats etc.)* rank and file; *(G.B.)* shopfloor. **5.** *(politique, électorat par opposition aux états-majors)* grassroots. **6.** *(banque) Taux de ~,* base rate. **7.** *Salaire de ~,* basic wage, base pay. **8.** *Industrie de ~,* staple industry. *Produit de ~,* staple, staple commodity/product, basic commodity/product.

base de données, data base.

baser *v.* **1.** to base (on), to found (on), to ground (on). **2.** *(affecter)* to base.

bases *(jeter les),* to lay the groundwork. ~ *d'un accord,* to lay the groundwork for an agreement.

bassin *n.m.* **1.** basin; *bassin houiller,* coal basin, coal field. **2.** *dock, bassin de radoub,* dry dock, graving dock. **3.** *(d'un fleuve)* drainage basin, river system, catchment area. **4.** ~ *d'emploi,* employment pool/basin; job-generating area.

bastion *n.m.* stronghold.

bât *n.m.* pack, pack-saddle. *Animal de bât,* pack-animal. *C'est là que le bât blesse,* that's where the shoe pinches.

bataille *n.f.* battle, fight, struggle.

batailler *v.* to battle, to fight, to struggle.

bâtard, e *adj. Solution bâtarde,* hybrid solution, compromise.

bateau *n.m.* boat, craft; *(navire)* ship, vessel. ~ *à rames,* rowing boat/*(U.S.)* row-boat. ~ *à moteur,* motor boat, motor launch. ~ *à vapeur,* steamboat, steamer. ~ *à voile,* sailing boat/*(U.S.)* sail-boat. ~ *charbonnier,* collier. ~ *citerne,* tanker. ~ *de pêche,* fishing boat, fishing smack. ~ *de plaisance,* pleasure boat. ~ *de sauvetage,* lifeboat. ~ *grue,* crane boat. ~ *phare,* lightship. ~ *pilote,* pilot boat. ~ *pompe,* fire-boat.

bateau-citerne *n.m.* tanker.

batelage *n.m.* lighterage. *Frais de batelage,* lighterage charges.

batelier, -ère *n.m.f.* boatman, boatwoman; *(bac)* ferryman, ferrywoman; *(de chaland)* bargeman; lighterman.

batellerie *n.f.* **1.** inland water transport, inland navigation, inland shipping. **2.** lighterage. **3.** river fleet.

bâtiment *n.m.* **1.** building; *peintre en ~,* house-painter. **2.** *(secteur)* the building trade, the building industry, the construction industry. *Entrepreneur en ~,* building contractor. **3.** *(navire)* ship, vessel. ~ *fluvial,* river boat, river-craft.

bâtir *v.* to build; to erect; to construct. *Terrain à ~,* building site. *Zone bâtie*, built-up area.

battage *n.m.* 1. *(blé)* threshing. 2. *(pub)* boosting, pushing; *(U.S.) (fam.)* ballyhoo. *Faire du ~ autour de*, to boost, to ballyhoo, to push, to plug.

battant *n.m.* *(fam.)* fighter, winner, dynamic person, energetic person.

battement *n.m.* time between... ; *dix minutes de ~ entre l'arrivée et le départ*, 10 minutes'/a ten-minute wait/between arrival and departure.

battre *v.* 1. to beat, to defeat. ~ *l'inflation*, to beat inflation, to halt inflation, *(fam.)* to lick inflation. ~ *(la) monnaie*, to mint. ~ *un candidat*, to defeat a candidate; *(un candidat sortant)*, to unseat. ~ *un record*, to break a record.

se battre *v.* to fight.

baux *voir* **bail**.

bazar *n.m.* 1. *(oriental)* bazaar. 2. General Store (U.S.).

bénéfice *n.m.* 1. profit, gain, earning(s), return(s) ; *(d'un organisme à but non lucratif)* proceeds. ~ *brut*, gross profit. ~ *des sociétés*, corporate profit(s). ~ *d'exploitation*, operating profit. ~ *consolidés*, consolidated profit. ~ *net*, net profit. ~ *non distribués*, retained earnings. ~ *par action*, earnings per share. *Faire un ~*, to make, to show a profit. *Intéressement (participation) aux ~ de l'entreprise*, profit-sharing, profit-sharing scheme. *Marge de ~*, profit margin. *Prise de ~ (Bourse)*, profit taking. *Vendre à ~*, to sell at a profit. 2. *(sens large d'avantage)* benefit *(attention, ce terme ne désigne jamais les bénéfices d'une entreprise)*.

bénéfices avant impôt, profit(s) before tax, pre-tax profit.

bénéfice(s) d'exploitation, operating profit.

bénéfices non distribués, retained earnings.

bénéficiaire, *n.m.f.* beneficiary; *(d'un versement)* payee. ~ *de l'aide sociale*, welfare recipient.

bénéficiaire, *adj.* showing a profit; in the black; *(rentable)* profit-making, profitable. *Marge bénéficiaire*, profit margin. *Solde bénéficiaire*, profit balance.

bénéficier *v.* to benefit, to profit, [*de*, *(G.B.)* by; *(U.S.)* from] ; to take advantage of. ~ *de la Sécurité Sociale*, to draw Social Security. ~ *d'une clause*, to be covered, protected by a clause. ~ *d'une pension*, to receive/to be paid/a pension.

bénéfique *adj.* beneficient, positive.

bénévolat *n.m.* voluntary work.

bénévole *n.m.f.* volunteer; *des ~s*, volunteers.

bénévole *adj.* gratuitous, voluntary, unpaid.

bénévolement *adv.* gratuitously, voluntarily.

benne *n.f.* *(camion à)* tip-lorry, *(U.S.)* dump-truck, tipping-truck.

berge *n.f.* *(rivière)* bank; slope, side.

berner *v.* to deceive, to con.

besogne *n.f.* task, work, job; *besogne fastidieuse*, tedious job, chore, drudgery.

besoin *n.m.* 1. need, requirement, want, necessity. *Avoir ~ de*, to need, to require, to want. *~s alimentaires*, food requirements. ~ *élémentaires*, basic needs. *En cas de ~*, if the need arises, in case of need, if need be, if necessary. *Répondre aux ~s*, to meet the needs/the requirements. 2. *(pauvreté)* être *dans le ~*, to live in poverty, to be in want, to be in poor circumstances.

besoins de consommation, *(des consommateurs)* consumer needs.

bestiaux *n.m.pl.* cattle, *(U.S.)* livestock; *cent bestiaux*, a hundred head of cattle. *Élevage de ~*, stock-breeding, cattle raising. *Éleveur de ~*, stock-breeder, cattle-raiser, grazier; *(U.S.)* cattleman. *Parc à ~*, cattle-pen, stock-yard. *Wagon à ~*, cattle-truck.

bétail *n.m.* cattle, *(U.S.)* livestock; *20 têtes de ~*, 20 head of cattle. *Élevage de ~*, stock-breeding. *Éleveur de ~*, stock-breeder, cattle-raiser, grazier ; *(U.S.)* cattleman. *~ sur pied*, cattle on the hoof.

bête *n.f.* animal, beast, *(bêtes)* cattle. *~ de somme*, pack animal, beast of burden. *~ de trait*, draughtanimal, *(U.S.)* draft-animal. *(Fig.) ~ de travail*, workaholic.

béton *n.m.* concrete.

betterave *n.f.* beetroot, beet. *~ à sucre*, sugar-beet.

beurre *n.m.* butter ; *~ d'intervention*, intervention butter.

bévue *n.f.* blunder, slip, mistake.

bibelot *n.m.* curio, ornament, knick-knack, trinket.

bibliographie *n.f.* bibliography.

bibliothécaire *n.m. f.* librarian.

bibliothèque *n.f.* 1. library. *~ de gare*, bookstall. 2. *(meuble)* bookcase.

bic *n.m.* *(= stylo-bille)* ballpoint pen, *(G.B. fam.)* biro.

bicyclette *n.f.* bicycle, cycle, *(fam.)* bike.

bidon *n.m.* can, drum, tin, can.

bidon *adj.* *(fam.)* bogus ; *une société ~*, a dummy company, a straw company.

bidonville *n.m.* shantytown.

bief *n.m.* reach.

bien *n.m.* 1. property, estate, possession. *~s fonciers*, landed property. *~ immobiliers*, *~ immeubles*, real estate, real property, immovables. *~ meubles*, *~ mobiliers*, personal estate, personal property, chattels, movables. *~ sociaux*, corporate assets. 2. *~s de consommation*, consumer goods. *~s d'équipement*, capital goods. *~s d'équipement ménager*, durable household goods. 3. good. *Faire le ~*, to do good.

bien-être *n.m.* well-being, comfort, *(des citoyens)* welfare.

bienfaisance *n.f.* charity. *Bureau de ~*, charitable trust, charitable institution, charitable association, society, *(pl. sociétés de ~)* charities.

bien-fondé, e *adj.* well-founded, well-grounded, justified.

bien-fondé *n.m.* validity, soundness. *Établir le ~ d'une réclamation*, to substantiate a claim. *Reconnaître le ~ d'une réclamation*, to allow a claim, to validate a claim.

bien-fonds *n.m.* real estate, landed property.

biennal, e *adj.* biennal, two-yearly.

biens de consommation, consumer goods.

biens d'équipement, capital goods.

biens durables, durables, durable goods.

biens intermédiaires, intermediary goods.

bienveillance *n.f.* kindness, benevolence, sympathy.

bienveillant, e *adj.* kindly, benevolent, sympathetic.

bienvenue *n.f.* welcome ; *souhaiter la ~*, to welcome, to greet.

biffer *v.* to cross out, to strike out, to delete.

biffure *n.f.* crossing-out, striking out.

bijou *n.m.* jewel, gem ; *~ x*, jewellery, jewelry.

bijouterie *n.f.* jewelry, jewellery.

bijoutier, -ère *n.m.f.* jeweller.

bilan *n.m.* 1. *(sens large d'évaluation)* assessment, evaluation, estimate, stocktaking ; *(d'une organisation, d'un responsable)* performance, record. *Faire le ~ d'une situation*, to assess a situation, to take stock of a situation. *~ provisoire*, provisional estimate. *~ de santé*, medical check-up. 2. *(d'une catastrophe, nombre de morts)* toll. 3. *(compta.)* balance-sheet. *Dresser un ~*, *faire un ~*, to draw up a balance sheet. *Déposer son ~*, to file one's petition in bankruptcy, to file for bankruptcy. *~ provisoire*, interim balance sheet. *~ de vérification*, trial balance. *Trucage de ~*, cooking (of) the books/windowdressing.

bilan consolidé, consolidated balance-sheet.

bilan de liquidation, statement of affairs.

bilatéral, e *adj.* bilateral.

billet *n.m.* 1. note, letter. 2. ticket. ~ *aller simple*, single ticket/(*U.S.*) one-way ticket. ~ *aller et retour*, return ticket/(*U.S.*) round-trip ticket. ~ *d'abonnement*, season ticket/(*U.S.*) pass. ~ *d'entrée*, admission ticket. (*Transports*) *Le prix du* ~, the fare. 3. ~ *de banque*, banknote/(*U.S.*) bill. 4. (*finance, etc.*) note ; bill.

billet à ordre, promissory note.
billet à présentation, bill payable on demand.
billet à vue, sight-bill, bill payable at sight.

billeterie *n.f.* 1. ticketing ; ticket-office. 2. number of tickets sold, gate receipts. 3. automatic/automated cash dispenser.

bimeloterie *n.f.* knick-knacks, toys.

bimensuel, elle *adj.* fortnightly, semi-monthly, twice a month, (*parfois U.S.*) bimonthly. *Une revue ~ le,* a fortnightly review, (*U.S. parfois*) a bimonthly review.

bimestre *n.m.* two-month period, two months.

bimestriel, elle *adj.* bimonthly, every two months.

bimétallisme *n.m.* bimetallism.
bimétalliste *n.m.* bimetallist.
binaire *adj.* binary.
biocarburant *n.* biofuel.
biodégradabilité *n.* biodegradability.
biodégradable *adj.* biodegradable.
biodégradation *n.f.* biodegradation.
biodiversité *n.f.* biodiversity.
bioénergétique *adj.* bioenergetic.
bioénergie *n.f.* bioenergy.
bioéthique *n.f.* bioethics (sg.).
biologique, aliment(s) biologique(s) organic food.
biotechnologie *n.f.* biotechnology.
bis *adv.* 1. (*spectacle*) encore. 2. *n° 42 bis,* No 42 A. *L'article 2 bis,* clause 2 A.

bissextile (année), leap year.
bistro(t) *n.m.* (*fam.*) pub, café.
bitumage *n.m.* 1. (*route*) asphalting, surfacing. 2. tarring.
bitume *n.m.* 1. (*route*) asphalt, bitumen. 2. tar.
bitumer *v.* 1. (*route*) to asphalt, to surface, to bituminize. 2. (*carton, etc.*) to tar.
bituminer *v. voir* **bitumer.**
bitumineux, -se *adj.* bituminous. *Pétrole ~,* shale oil. *Schiste ~,* bituminous shale.
blackbouler *v.* (*un candidat*) to blackball, to reject, to turn down.
blâme *n.m.* blame, reprimand, disapprobation, disapproval, censure, rebuke.
blâmer *v.* to blame (somebody for something), to make responsible (somebody for something), to lay the blame (on), to reproach (somebody with something), to reprimand.
blanc, -che *adj.* 1. white. 2. (*sans profit*) profitless. *Affaire blanche,* deal that just breaks even, profitless transaction, blank transaction.
blanc *n.m.* 1. (*couleur*) white. 2. (*de race blanche*) white. 3. (*vide, espacement*) blank, blank space. *Acceptation en ~,* blank acceptance. *Chèque en blanc,* blank cheque. *Remplir les ~s,* to fill in the blanks. *Signature en ~,* blank signature. 4. (*tissus*) linen, linen drapery. *Vente de ~,* white sale.
blanchiment *n.m.* laundering.
blanchir *v.* 1. to whiten. 2. (*textiles, chimie, exposition à la lumière*) to bleach. 3. (*par cuisson, absence d'exposition à la lumière*) to blanch. 4. (*linge*) to launder. 5. ~ *à la chaux,* to whitewash. 6. (*innocenter*) to clear. 7. (*recycler des fonds d'origine douteuse*) to launder.
blanchissage *n.f.* laundering ; (*à la chaux*) whitewashing.
blanchisserie *n.f.* 1. (*magasin*) laundry. ~ *automatique,* launderette. 2. (*activité*) laundering.

blanchisseur *n.m.f.* *(magasin)* laundry; *(personne)* laundryman, laundrywoman.

blanc-seing *n.m.* 1. blank signature. 2. full delegation, full powers.

blé *n.m.* *(G.B.)* corn, wheat; *(U.S.)* wheat (corn *en américain signifie* maize, *maïs*).

blessé, e *n.m.f.* 1. injured person, casualty; *les ~s*, the injured, the casualties. 2. *(par balle, arme blanche, soldat, etc.)* a wounded person; *les ~s*, the wounded; *morts et ~*, casualties, toll.

blesser *v.* 1. *(moralement)* to hurt; to offend. 2. *(accident)* to injure. 3. *(par balle, arme blanche)* to wound.

blessure *n.f.* 1. *(morale)* wound; hurt. 2. *(accident)* injury. 3. *(par balle, arme blanche)* wound. *Coups et ~s*, assault and battery.

blindage *n.m.* plating.

blinder *v.* to plate.

bloc *n.m.* 1. block, lump, chunk; *en ~*, in bulk. *D'un seul ~*, all of a piece, all in one piece. *Acheter en ~*, to buy in bulk, to buy in the lump. *Acheter des actions en ~(s)*, to buy blocks of shares. 2. *(politique)* bloc.

blocage *n.m.* 1. blocking, blockage, stoppage. 2. *(salaires, etc.)* freeze, freezing; pegging.

blocage des prix, price-freeze.

blocage des salaires, wage-freeze.

blocage des prix et des salaires, price and wage freeze, wage-price freeze.

bloc-note *n.m.* note-pad, writing-pad, memo-pad, *(pour brouillon)* scratch pad.

blocus *n.m.* blockade; *faire le ~ de*, to blockade.

bloquer *v.* to block, to halt, to stop; *(salaires, etc.)* to freeze, to peg; *(des fonds)* to freeze; *(des fonds à l'étranger)* to block, to freeze; *(navigation, etc.)*, to bring to a standstill; *(négociation, etc.)* to block. *Les négociations sont bloquées*, the talks are deadlocked.

Marchandises bloquées en douane, goods held up at the customs. *J'ai été bloqué par la circulation*, I've been held up by the traffic. *~ un chèque*, to stop a cheque. *~ un port*, to blockade a port. *(Réserver, date, etc.)* to reserve. *(Grouper commande, etc.)* to bulk. *Compte bloqué*, escrow account.

bluff *n.m.* bluff.

bluffer *v.* to bluff.

bobine *n.f.* 1. *(textile)* bobbin, spool, reel. 2. *(ficelle, etc.)* reel, coil, drum. 3. *(photo)* spool, roll. 4. *(film)* reel, spool. 5. *(électricité)* coil.

bocal *n.m.* jar; bottle; *mettre en ~*, to bottle.

bœuf *n.m.* 1. *(animal)* ox, *pl.* oxen; *(U.S., jeune ~)*, steer. 2. *(viande)* beef.

bogue *n.m.* bug.

boire *v.* to drink.

bois *n.m.* wood; *en ~*, wooden. *~ de construction*, timber, lumber. *Chèque en ~*, rubber check.

boisage *n.m.* *(construction, mine)* timbering, scaffolding, framing.

boisé, e *adj.* wooded.

boisement *n.m.* afforestation.

boiser *v.* 1. *(mine, etc.)* to timber, to prop (up) 2. *(planter)* to afforest.

boisson *n.f.* drink, beverage. *~ alcoolisée*, alcoholic drink/beverage. *~ gazeuse*, sparkling drink. *~ non alcoolisée*, soft drink. *~ pilote*, drink on special offer.

boîte *n.f.* 1. box; case. *~ à outils*, toolbox, toolkit, kit. *~ aux lettres*, mail-box. *~ postale*, post office box, P.O. box; *~ noire*, black box. 2. *(de conserve)* tin, can. *Mettre en boîte*, to tin, to can. 3. *~ de nuit*, night-club; *(fam.)* joint. 4. *(fam. : entreprise)* office, firm; outfit.

boîteux, -euse *adj.* *(compromis, etc.)* unsatisfactory, patched-up, unbalanced; lopsided.

boîte vocale, voice-mail.

boîtier *n.m.* case.

bombarder v. 1. to bomb. 2. (fam. = nommer) to appoint.

bon n.m. 1. order, ticket, voucher. ~ de caisse, cash voucher. ~ de commande, order form. ~ de livraison, delivery note, delivery order. 2. (Finance, Bourse) bond. ~ au porteur, bearer bond. ~ du Trésor, Treasury bond; Treasury bill. ~ nominatif, registered bond.

bon, bonne adj. 1. good. 2. (exact) right, correct. 3. (qui convient) suitable, proper.

bon à découper, cut-out coupon.

bon à détacher, tear-off coupon.

bon à tirer adj. ready for press; ready for print; good for printing.

bon à tirer n.n. press-proof.

bon-cadeau n.m. gift-coupon, gift voucher.

bond n.m. bound, jump, leap. ~ en avant, leap forward. Faire un ~, to soar.

bondé, e adj. crowded, packed, crammed, (U.S.) mobbed; (rue, etc.) thronged.

bon d'achat, voucher, coupon.

bon de caisse n.m. deposit receipt, certificate of deposit.

bon de commande n.m. order form, order card, order sheet, order slip.

bon de livraison n.m. delivery note.

bon de réduction n.m. 1. premium voucher, cash voucher, premium coupon. 2. (à l'intérieur d'un paquet) : in-pack coupon.

bon du trésor, Treasury bond; (à court terme) Treasury bill.

boni n.m. 1. surplus, profit. 2. (excédent de salaire, prime) bonus (pl. bonuses).

bonification n.f. 1. improvement. 2. rebate, discount. 3. (assurance) bonus.

bonifié, e adj. improved. Prêt ~, government-subsidized loan, low-interest loan, soft loan.

bonifier v. 1. (améliorer) to improve. 2. (faire bénéficier) to allow, to credit. 3. (compenser, perte, etc.) to make good.

bonifier (se) v. to improve.

boniment n.m. 1. (de forain) ballyhoo, patter; (U.S.) shilling. 2. (de vendeur) sales talk, (sales) pitch; (U.S.) (sales) spiel. 3. (baratin, etc.) trash, claptrap, ballyhoo, (U.S.) baloney, (argot U.S.) schmalz.

bonimenter v. to ballyhoo, to patter; (U.S.) to shill.

bonimenteur n.m. (de foire) barker; (U.S.) spieler.

bon marché, low-priced, inexpensive, economical, cheap.

bonne affaire, (good) bargain, good buy; value for money.

bonne fin, meeting of commitment, completion of project.

bonne qualité marchande, good merchantable quality.

bonneterie n.f. hosiery.

bonnetier, -ère n.m.f. hosier.

bon pour accord, n'a pas de traduction, une signature suffit mais on peut utiliser, agreed, authorized by, etc.

bon-réponse n.m. reply coupon, reply voucher, reply card.

bonus n.m. 1. bonus, supplement. 2. (assurance) no claim bonus, premium discount.

bord n.m. 1. (rebord) verge. 2. (côté, camp, parti) side. 3. (rivière) bank. 4. (de la mer) shore, seaside. 5. (d'un abîme, d'une catastrophe) verge, brink. Être au ~ de la faillite, to be on the verge of bankruptcy. Au ~ de la récession, on the brink of recession. 6. (à ~ d'un navire) on board, aboard. Bienvenue à bord, welcome aboard. Être à ~ d'un navire, to be aboard/on board/(a) ship. Jeter par-dessus ~, to jettison. Journal, livre de ~, ship's log. Monter à ~, to go aboard, to board. Papiers de ~, ship's papers. Reçu de bord, mate's receipt. Tomber par-dessus ~, to fall overboard.

bordereau n.m. note, slip; (liste) list, docket. ~ d'expédition, dispatch note. (banque) ~ de versement, paying-in slip. ~ de paye, wages docket. ~ *de crédit,* credit note. ~ *de débit,* debit note. *(Bourse)* ~ *d'achat,* ~ *de vente,* contract note.

bornage *n.m.* marking out; boundary.

borne *n.f.* 1. landmark, boundary-stone. ~ *kilométrique,* milestone. 2. *(pl. : limites)* limits, boundaries, bounds. *Sans ~s,* boundless. 3. *(info.)* terminal.

borner *v.* 1. to mark out, to set landmarks, to mark the boundaries. 2. *(restreindre)* to limit, to restrict.

se borner (à) *v.* to restrict oneself (to), to limit oneself (to).

bosse *n.f. (fam.)* avoir la ~ *du commerce,* to have business acumen, to have a gift for business, to be gifted for business.

bosser *v. (fam.)* to work; to work hard.

bosseur, euse *n.m.f. (fam.)* hard-worker.

botte *n.f.* 1. (high) boot. 2. *(de foin etc.)* bundle ; bunch.

bottelage *n.m. (foin, etc.)* trussing, tying up, bundling.

botteler *v.* to truss, to tie up, to bundle.

bottier *n.m.* bootmaker.

bottin *n.m.* (trade name) directory, trade directory; *(pour annuaire téléphonique)* telephone-book, phone book.

bouc émissaire, scapegoat.

bouche *n.f.* 1. mouth; *de ~ à oreille,* by word of mouth; *(pl. = embouchure)* mouth(s), delta. 2. *(ouverture)* opening, mouth; ~ *à incendie,* fire hydrant. ~ *d'aération,* air-vent, air-flue. ~ *d'égout,* manhole. ~ *de métro,* underground entrance.

bouché, e *adj.* 1. *(marché, etc.)* saturated, clogged, glutted. 2. *(avenir, perspective)* gloomy. 3. *(carrière, métier)* overcrowded. 4. *(bouteille, etc.)* stopped, corked. 5. *(rue)* blocked.

boucher *v.* 1. *(bouteille)* to stop, to cork. 2. *(passage)* to block.

boucher *n.m.* butcher.

boucherie *n.f.* 1. butcher's shop. *Aller à la boucherie,* to go to the butcher's 2. *(métier)* butcher's trade.

bouchon *n.m.* 1. *(bouteille)* stopper, cork; *(tonneau)* plug, bung. 2. *(circulation)* traffic jam; *(sur autoroute)* tailback (of traffic).

boucle *n.f. (inform.)* loop.

boucler *v.* 1. *(attacher)* to fasten, to strap, to buckle. 2. *(les comptes)* to close. 3. *(un budget)* arriver à boucler son budget, to manage to make both ends meet. 4. *(un marché, une affaire)* to clinch, to close. 5. *(fermer)* to close down. 6. *(un quartier, par la police)* to cordon off, to seal off.

bouder *v.* 1. *(des marchandises)* to refuse to buy, to be reluctant to buy, to stay away from; to be loath to buy, to show no inclination to buy. 2. *(Bourse)* to hold off, to stand aloof, to shy at; not to commit oneself.

boue *n.f.* mud *Traîner dans la ~,* to drag through the mud/the mire.

bouée *n.f.* buoy. ~ *d'amarrage,* mooring buoy. ~ *de balisage,* marking buoy. ~ *de sauvetage,* life buoy.

bouge *n.m.* slum; *(mal famé)* honky-tonk.

bouger *v.* 1. to move, *(marché)* to stir. 2. *(changer)* to change, to shift, to move.

bougie *n.f.* 1. candle. 2. *(moteur)* plug.

boulanger, -ère *n.m.f.* baker.

boulangerie *n.f.* 1. baker's shop; *aller à la ~,* to go to the baker's. 2. *(industrielle)* bakery. 3. *(métier)* baking, bread-making; baker's business, baker's trade.

bouleversement *n.m.* disruption, upsetting ; upheaval.

bouleverser *v.* 1. to disrupt, to upset. 2. *(émotion)* to upset.

boulot *n.m. (fam.)* job. *Petits boulots,* odd jobs.

bourgeois, e *n.m.f.* middle-class person, bourgeois.

bourgeoisie *n.f.* middle-class. *Petite ~,* lower middle-class. *Haute ~,* upper middle-class.

bourre *n.f.* padding, stuffing. ~ *de laine,* flock. ~ *de soie,* floss silk.

bourrer *v.* 1. *(avec de la bourre)* to stuff, to pad. 2. *(remplir, entasser)* to fill, to cram, to pack.

bourriche *n.f.* hamper, basket.

bourse *n.f.* 1. *(des valeurs, etc.)* stock-exchange. *En* ~, *à la* ~, on the stock-exchange. *(sens large : marché boursier)* stock market. 2. *(pour études)* scholarship ; grant. 3. purse, bag. *C'est à portée de leur* ~, they can afford it, it is within their means.

bourse du travail, Labour Exchange.

bourse de marchandises, commodity exchange, produce exchange.

bourse des valeurs, stock-exchange, stock market.

bourse maritime, shipping exchange.

boursicotage *n.m.* dabbling (in stocks).

boursicoter *v.* to dabble (in stocks, on the stock-exchange) ; to speculate in stocks, on the stock-exchange.

boursicoteur *n.m.* small speculator, dabbler (in stocks, on the stock exchange).

boursier, -ère *adj.* stock-exchange, stock-market. *Analyste* ~, stock analyst.

boursier *n.m.* 1. *(étudiant)* scholarship holder, scholar. *Un boursier Fulbright,* a Fulbright scholar. 2. *(agent de change, etc.)* stock-broker. 3. *(spéculateur)* stock exchange operator, speculator.

bousculer *v.* *(plans)* to upset.

bout *n.m.* 1. *(fin.)* end. 2. *(extrémité)* end ; tip. 3. *(morceau)* bit. 4. *(naut.)* rope.

bouteille *n.f.* bottle ; *mettre en* ~ ; to bottle. ~ *consignée,* returnable bottle. ~ *non-consignée,* non-returnable bottle, one-way bottle.

boutique *n.f.* shop ; *(U.S.)* store. *Faire les boutiques,* a) to go shopping ; b) to go window-shopping. *Fermer boutique,* to close shop, to close down, to stop doing business, to go out of business *(fam.)* to put up the shutters.

boutiquier, -ère *n.m.f.* shopkeeper.

bouton *n.m.* 1. *(de vêtement)* button. 2. *(électrique)* switch ; *(mécanique, etc.)* knob, button, switch.

box *n.m.* 1. *(des accusés)* dock. 2. *(parking etc.)* lock-up garage, private garage.

boycottage *n.m.* boycott, boycotting.

boycotter *v.* to boycott.

braconnage *n.m.* poaching.

braconner *v.* to poach.

braconnier *n.m.* poacher.

brader *v.* to sell off, to sell below the normal price.

braderie *n.f.* 1. jumble sale, rummage sale. 2. *(fait de brader)* selling off.

branche *n.f.* branch, segment, field, line ; industry. ~ *d'activité,* field of activities, occupational field, line of business, branch. ~ *commerciale,* branch of trade.

branchement *n.m.* 1. *(électrique)* connection ; *(fait de brancher)* plugging (in). 2. *(rail)* junction. 3. *(conduite, oléoduc)* branching, connection ; tapping.

brancher *v.* to connect, *(électricité)* to plug (in).

brancher (se) *v.* to connect (with) ; to tie up (with) ; *(électricité)* to plug (into) ; *(ordinateur)* to hook up (to) ; *(écoutes téléphoniques)* to tap.

brandir une menace, to threaten (with something).

bras de fer, contest, tug of war.

bras *n.m.* arm. *Avoir le* ~ *long,* to have a wide influence. *Avoir quelque chose sur les* ~, to have something on one's hands, to be left with something, to be saddled with something. *Être le* ~ *droit de quelqu'un,* to be somebody's right hand. *Manquer de* ~, to be short-handed, to be undermanned.

brasser v. 1. *(bière etc.)* to brew. 2. *(affaires)* to handle; *(U.S.)* to wheel and deal.

brasserie n.f. 1. brewery. 2. *(café)* beer-house, beer-saloon.

brasseur n.m. 1. *(bière)* brewer. 2. *(d'affaires)* big-time operator, wheeler-dealer, *(U.S., péjoratif)* hustler.

brebis galeuse, black sheep.

brèche n.f. breach, gap, opening. ~ *dans la législation, etc.* loophole.

bref, -ève adj. brief, short. *En* ~, briefly, in short, in brief, to make a long story short.

bretelle n.f. strap, sling; *(paire de)* ~, (pair of) braces, *(U.S.)* suspenders. ~ *d'autoroute,* link-up.

brève n.f. *(Presse)* short.

brevet n.m. 1. patent. *Bureau des* ~*s,* Patent Office. *Prendre, déposer un* ~, to take out a patent. *Contrefaçon de* ~, patent infringement. 2. certificate; commission.

brevetable adj. patentable.

breveter v. 1. to patent. 2. to certificate.

bric à brac n.m. odds and ends, curios. *Magasin/boutique/de* ~, curiosity shop.

bricolage n.m. 1. do-it-yourself. *Rayon du* ~, do-it-yourself department. 2. pottering, (doing) odd jobs. 3. *(péjoratif)* bungling, botching.

bricole n.f. 1. *(menu travail)* odd job. 2. *(chose sans importance)* trifle.

bricoler v. 1. to do odd jobs, to potter, *(U.S.)* to putter; to tinker. 2. *(péjoratif)* to bungle, to botch.

bricoleur n.m. do-it-yourselfer, handyman, potterer, *(U.S.)* putterer.

brider v. to restrict, to limit, to slow down, to restrain, to curb, to hinder, to hamper.

briguer v. to solicit, to court, to scheme for. ~ *des voix,* to solicit votes, to canvas for votes. ~ *un poste,* to seek a position.

brillant, e adj. 1. bright, brilliant; dazzling, outstanding. 2. *(visuellement)* shiny; glossy; bright.

brimade n.f. 1. ill-treatment, bullying. 2. *(administrative, etc.)* harassment.

brique n.f. brick.

briqueterie n.f. 1. brick-works. 2. *(métier)* brick-making.

bris n.m. breaking, *(casse)* breakage. ~ *de clôture,* breach of close.

briser v. to break.

briser (se) v. to break.

briseur de grève, strike-breaker, blackleg, *(U.S.)* scab.

brocante n.f. curios, dealing in curios, dealing in second-hand goods; *(boutique)* antique shop; junk shop.

brocanteur n.m. dealer in curios, dealer in second-hand goods, second-hand dealer.

brochure n.f. booklet, brochure, pamphlet.

broderie n.f. 1. embroidery; embroidering 2. embroidery shop.

bronze n.m. bronze.

brouette n.f. wheelbarrow, barrow.

brouillage n.m. *(radio)* jamming.

brouillard n.m. fog, smog; *(fig.) être dans le* ~, to be in the dark.

brouillon n.m. rough draft, rough copy.

broyeur n.m. 1. crusher, grinder. 2. *(de documents)* shredder.

bruit n.m. 1. noise. 2. rumour.

brûler v. to burn.

brun adj. brown. *Les produits bruns, le brun (téléviseurs etc.)* brown goods.

brusque adj. sudden, abrupt.

brusquer v. *(les choses)* to precipitate, to hurry; *(des personnes)* to be sharp, rude with somebody; *(bousculer)* to rush somebody, *(U.S.)* to hustle.

brut, e adj. 1. *(matière première)* raw. 2. *(bénéfice, poids, etc.)* gross. *Bénéfice* ~, gross profit. *Produit National* ~, Gross National Product/Income, G.N.P. 3. *(pétrole* ~*)* crude oil.

brutal, e *adj. augmentation brutale,* sharp rise, sudden rise. *Refus brutal,* blunt refusal, flat no.

bûcheron *n.m.* lumberman, *(U.S.)* lumberjack, logger.

budget *n.m.* budget, estimates; *(publicité)* ~ *d'annonceur,* account. ~ *de fonctionnement,* operating budget. ~ *serré,* tight budget.

budgétaire *adj.* budget, budgetary; financial, fiscal. *Année* ~, fiscal year, financial year.

budgeter *v.* to budget.

budgétisation *n.* budgeting.

budgétiser *v.* to budget.

bulletin *n.m.* bulletin, report. *Bulletin d'enregistrement des bagages,* luggage ticket, *(U.S.)* baggage check. ~ *d'information,* news bulletin. ~ *météorologique,* weather forecast; weather report; *vote à ~ secret,* vote/voting/by secret ballot.

bulletin de commande, order form.

bulletin de participation, registration form.

bulletin d'expédition, dispatch note, consignment note, way-bill.

bulletin de paye, bulletin de salaire, pay-slip.

bulletin de souscription, application form, subscription form, subscription blank.

bulletin de vote, ballot paper, voting paper.

bulletin d'inscription, registration form.

buraliste *n.m.f.* tobacconist. *(Poste)* clerk.

bureau *n.m.* **1.** office, agency, department; committee; bureau; board. *Fournitures de* ~, office stationery. **2.** *(meuble)* desk. **3.** ~ *de tabac,* tobacconist's.

bureaucrate *n.m.f.* bureaucrat.

bureaucratie *n.f.* bureaucracy; red-tape, red-tapism; officialdom.

bureaucratiser *v.* to bureaucratize.

bureau de change, exchange bureau.

bureau de placement, employment office, placement office/bureau/.

bureau de poste, post office.

bureau de renseignements, information office, inquiries office, inquiry office.

bureau d'études 1. *(d'une entreprise)* design office, research department; R and D (Research and Development). **2.** consulting firm, research consultancy.

bureau paysagé, open-plan office.

bureautique *n.f.* office automation, bureautics.

bureaux à la carte, time-hotelling.

bus, n.m. *(transport; inform.)* bus.

but *n.m.* goal, purpose, objective, object; target; design. *Dans le* ~ *de,* with a view to. *A* ~ *lucratif,* for pecuniary gain; profit-making. *Société à* ~ *lucratif,* trading company; profit-seeking organization; *à* ~ *non lucratif,* not for money, non-profit, non profit making. *Société à* ~ *non lucratif,* non profit organization; society.

buter *v.* ~ *contre,* to encounter, to come up against, to meet with (difficulties).

butin *n.m.* loot, booty.

buttoir *n.m.* **1.** buffer, limit. **2.** *(date)* deadline.

buvable *adj.* drinkable.

buvard *n.m.* blotting-paper; blotting-pad.

buvette *n.f.* (refreshment) bar.

buveur, -euse *n.m.f.* drinker.

C

cabaret *n.m.* **1.** public-house, pub, bar. **2.** cabaret.

cabaretier *n.m.* *(G.B.)* publican, bar-owner, bar-operator, inn-keeper.

cabine *n.f.* box, booth.

cabine téléphonique *n.f.* phone box, *(U.S.)* phone booth, public call box, public box, pay-phone.

cabinet *n.m.* office, firm. ~ *juridique,* law-firm. ~ *conseil,* consulting firm. ~ *d'audit,* auditing firm.

câblage *n.m.* cabling, wiring.

câble *n.m.* cable; wire; *(télégramme)* cable, wire. *Aviser par ~,* to cable, to wire.

câbler *v.* to cable; to wire.

câblo-opérateur *n.m.* cable operator.

cabotage *n.m.* **1.** coasting; coastal traffic. **2.** *(navigation à la cueillette le long d'une côte)* tramping. **3.** *(transport de fret ou de passagers par compagnie aérienne étrangère d'une escale à l'autre à l'intérieur d'un même pays)* cabotage.

caboter *v.* to coast.

caboteur *n.m.* coasting vessel, coaster.

cacao *n.m.* cocoa.

cachet *n.m.* **1.** stamp, seal. ~ *de la poste,* post-mark. *Le ~ de la poste faisant foi,* date as post-mark. **2.** *(somme)* fee. **3.** *(médical)* tablet, lozenge.

cacheter *v.* to seal.

cadeau *n.m.* gift, present. *Faire un ~,* to offer a gift, to make a present. *Pouvez-vous me faire un paquet-~?,* Can you gift-wrap it for me?

cadence *n.f.* rate; pace; rhythm; speed. ~ *de production,* production rate. *Augmenter la ~ de production,* to step up production.

cadran *n.m.* dial. *Vente au ~,* auction sale, sale by auction, time auction, dial/clock auction.

cadre *n.m.* **1.** *(personne)* executive; (senior) staff; (senior) officer; cadre. **2.** framework. *Dans*

le ~ de…, within the framework of… **3.** *(d'emballage)* (packing) frame, crate.

cadre moyen, *n.m.* junior executive; middle executive. *Cadres moyens,* middle management.

cadrer *v.* **1.** *(correspondre)* to correspond (to), to tally (with), to fit in (with), to agree (with), to go (with).

cadres *n.pl.* executives, senior staff.

cadre supérieur *n.m.* senior executive, top executive. *Les cadres ~s,* top management.

cadreur *n.m.* cameraman, camera operator.

caduc, caduque *adj.* null and void. *Rendre ~,* to void, to render/to make null and void.

caducité *n.f.* nullity.

C.A.F. *coût assurance fret,* C.I.F. (Cost, Insurance, Freight).

café *n.m.* **1.** coffee. **2.** café, pub, bar, coffee-house. *Garçon de ~,* waiter.

cafetier *n.m.* café-owner.

cageot *n.m.* crate.

cagnotte, *n.f.* **1.** nest-egg. **2.** *(jeux)* pool, kitty.

cahier *n.m.* copy-book. *Cahier des charges,* terms of reference; specifications; brief.

caisse *n.f.* *(pour paiement)* (cash-) desk; *(supermarché)* check-out counter; *(pour expédition)* box; case; *(tiroir ~)* till, cash-box; *(argent en ~)* cash, money in the till, money in hand, cash-in-hand; *(d'une administration, etc.)* cashier's desk. *Livre de caisse,* cash-book. *Petite ~,* petty cash. *Faire sa ~,* to balance one's cash.

caisse d'amortissement sinking fund.

caisse de garantie, credit guarantee fund; credit guarantee institution.

caisse (de) maladie, health insurance (scheme).

caisse d'épargne, savings bank.

caisse de retraite, pension fund.

caisse enregistreuse, cash-register.

caisse de sortie, check-out counter.

caisse noire, slush fund.

caissier, e *n.m.f.* cashier, teller.

calcul *n.m.* **1.** calculation, computing, computation, reckoning. **2.** *(différentiel, etc.)* calculus. **3.** *(évaluation)* estimate, assessment. **4.** *(projet)* calculation, scheme, plan.

calculateur *n.m.* **1.** calculator, reckoner. **2.** *(ordinateur)* computer. **3.** *(personne)* schemer, scheming person.

calculatrice *n.f.* calculating machine, calculator; ~ *électronique,* electronic computer; ~ *numérique,* digital computer.

calcul des probabilités, theory of probability, probability calculus.

calculer *v.* **1.** to calculate, to compute, to reckon. **2.** *(sens large)* to work out. **3.** *(estimer, évaluer)* to estimate, to assess. **4.** *(ses dépenses)* to regulate, to adjust.

calculette *n.f.* pocket calculator.

cale *n.f.* **1.** *(d'un navire)* hold. *Eau de cale,* bilge, bilge water. **2.** *(pour réparation, etc.)* dock. ~ *sèche,* dry-dock. ~ *de construction,* stocks. ~ *de lancement,* slip, slip-way. **3.** *(pour caler)* wedge, block, chock.

calendrier *n.m.* **1.** calendar. **2.** schedule, time-chart; *(~ d'une négociation, etc.)* timetable; *(de réformes etc.)* agenda.

calibre *n.m.* calibre, *(U.S.)* caliber; *(tuyau, etc.)* bore, gauge.

calibrer *v.* to standardize, to calibrate.

calme *adj.* *(affaires, Bourse, marché)* quiet; *(insuffisamment animé)* dull.

calme *n.m.* quietness.

calorie *n.f.* calorie, calory.

calque *n.m.* tracing.

se calmer *v.* to calm down; *(controverse, etc.)* to subside, to blow over, to spend oneself, to die down.

cambiste *n.m.* foreign-exchange trader; (foreign) exchange-broker; (foreign) exchange-dealer.

cambriolage *n.m.* burglary *(U.S.)* burglarizing, burglaring.

cambrioler *v.* to break into something, to burgle; *(U.S.)* to burglarize, to burglar.

cambrioleur *n.m.* burglar.

camelot *n.m.* hawker.

camelote *n.f.* trash, junk, shoddy goods, cheap goods.

camion *n.m.* truck; *(G.B.)* lorry. ~ *de déménagement,* removal van. ~ *-grue,* breakdown van, breakdown lorry. ~ *-magasin,* mobile shop.

camion-citerne tanker; *(U.S.)* tank-truck; *(G.B.)* tanker lorry.

camionnage *n.m.* haulage, road-haulage; cartage, carting.

camionner *v.* to carry, to cart, *(U.S.)* to truck.

camionnette *n.f.* van, truck; *(U.S.)* pick-up truck. ~ *de livraison,* delivery van. ~ *de dépannage,* tow-truck, breakdown van, *(U.S.)* tow car, wrecker.

camionneur *n.m.* lorry driver, *(U.S.)* truck driver, trucker, teamster.

campagne *n.f.* **1.** countryside, country. **2.** campaign, drive. ~ *de recrutement,* recruiting drive. **3.** *(récolte)* harvest.

campagne publicitaire, advertising campaign.

canal, *n.m.,* pl. **canaux,** canal; *(mer)* channel; *(de distribution etc.)* channel.

canard boiteux, lame duck.

canaux de communication, communication channels.

canaux de distribution, distribution channels.

canalisation *n.f.* pipe, piping, mains, conduit.

canaliser *v.* **1.** to channel. **2.** to canalize. **3.** *(source d'énergie)* to harness.

candidat, e *n.m.f.* candidate, applicant; ~ *désigné,* ~ *officiel,* nominee.

« **candidater** » *v.* to apply.

candidature *n.f.* application, candidacy. *Faire acte de* ~, to apply. *J'ai l'honneur de faire acte de* ~ *au poste de,* I wish to apply for the position of.

cannibalisation *n.f.* cannibalization.

cannibaliser *v.* to cannibalize.

canton *n.m.* canton, district.

cantonnement *n.m.* limitation of creditors' claims to only part of a firm's assets.

caoutchouc *n.m.* rubber.

capable *adj.* capable; able; competent.

capacité *n.f.* capacity, ability, capability, competence, competency, talent; qualification. ~ *d'autofinancement,* self-financing capability; cash-flow. ~ *d'endettement, d'emprunt,* debt capacity. ~ *financière (moyens),* financial means. *Avoir (la)* ~ *de,* to be qualified (for, to do).

capacité de traitement, processing capacity, *(données)* data-handling capacity.

capitaine *n.m.* captain; *(bateau de pêche, de plaisance)* skipper. ~ *au long cours,* master mariner.

capital, e *adj.* **1.** basic, fundamental, chief, essential, major. **2.** *peine* ~*e,* death sentence.

capital *n.m. pluriel* **capitaux. 1.** capital. *(Attention : ce nom n'est jamais pluriel en anglais dans ce sens).* *Afflux de capitaux,* capital inflow. *Augmentation de* ~, increase of capital, capital increase. *Capitaux d'une société,* corporate assets. *Avoir besoin de capitaux,* to need funds, to need cash. *Entrer dans le* ~ *d'une société,* to buy shares of a company, to buy into a company. **2.** *(d'un prêt)* capital, principal. ~ *et intérêt,* principal and interest.

capital actions, share capital; *(U.S.)* capital stock.

capital appelé, called-up capital.

capital à risques, risk capital, venture capital.

capital circulant, circulating capital.

capital d'apport, initial capital.

capital disponible, available capital, available assets.

capitale *n.f.* capital.

capital fixe, fixed capital, fixed assets.

capital flottant, floating capital.

capitalisable, *adj.* capitalizable.

capitalisation, *n.f.* capitalization; funding. *Retraite par* ~, pension financing through trust funds, contribution-defined retirement scheme. *Fonds de retraite par* ~, funded pension scheme.

capitaliser, *v.* to capitalize.

capitalisme, *n.m.* capitalism.

capitaliste *adj.* capitalist, capitalistic.

capitaliste *n.* capitalist.

capital propre, stockholders' equity.

capital-risque *n.* venture capital. *Investisseur en* ~, *société de* ~, venture capitalist.

capital social 1. *(nominal)* authorized capital, registered capital. **2.** *(réel d'une société)* capital.

capital souscrit, subscribed capital.

capital versé, paid-up capital.

capitaux, capital, funds, money, cash. ~ *permanents,* invested capital.

capitaux fébriles, hot money.

capitaux flottants, hot money, floating capital.

capitaux improductifs, idle capital.

capitaux mobiles, floating capital, hot money.

capitaux propres 1. stockholders' equity, net worth, equity capital. **2.** *(d'un individu, etc.)* own capital, proprietary capital.

capitaux spéculatifs 1. *(fébriles)* hot money. **2.** *(capital risque)* risk capital.

capoter *v.* **1.** *(navire)* to capsize. **2.** *(échouer)* to fail, to collapse, to break down, to fall through, to fizzle out. *Faire* ~ *un accord,* to scuttle a deal.

capricieux, -euse *adj.* *(marché)* changing, irregular, unsteady, skittish, shifting, freakish.

captif, -ive *adj.* captive. *Marché ~,* captive market; *(chasse gardée)* preserve.

capter *v.* *(une énergie)* to tap, to harness.

car *n.m.* coach, bus.

caractère *n.m.* **1.** *(caractéristique)* characteristic, (main) feature; trait. **2.** *(d'une personne)* temper; personality; disposition; turn; nature. **3.** *(nature d'un événement, etc.)* nature; turn; tone. **4.** *(imprimerie)* type. *Écrire en ~s d'imprimerie,* to write in block characters, to write in capitals; *(U.S.)* to print.

caractéristique *n.f.* characteristic, (main) feature.

carambolage *n.m.* pile-up, (U.S.) pileup.

carambouillage *n.m.* swindling (immediate resale of goods bought on credit or unpaid).

carambouille *n.f.* *voir* **carambouillage.**

carambouiller *v.* to swindle (cf. **carambouillage**).

carambouilleur *n.m.* swindler (who resells goods bought on credit or unpaid).

caravane *n.f.* **1.** caravan (*U.S.*: trailer). **2.** *(publicitaire, etc.)* motorcade.

carburant *n.m.* fuel.

carénage *n.m.* **1.** *(mer)* careening, careenage. **2.** *(av., aut. fait de donner un profil aérodynamique)* streamlining.

carence *n.f.* **1.** *(inefficacité)* inefficiency. **2.** *(manque)* deficiency; lack. **3.** *(non-paiement)* defaulting, insolvency.

caréner *v.* **1.** *(mar.)* to careen. **2.** *(av. aut. donner un profil aérodynamique)* to streamline.

cargaison *n.f.* cargo, freight, load; *également selon le mode de transport,* boatload, truckload, carload (*U.S., pour un wagon, etc.*). *~en vrac,* bulk cargo.

cargo *n.m.* cargo-boat, cargo-

ship, cargo-vessel, freighter. *~ mixte,* passenger-cargo ship, *avion ~,* cargo-plane, air-freighter.

caritatif, -ive *adj.* charitable. *Association ~,* charitable association, charity.

carnet *n.m.* book, notebook. *~ à souche,* counterfoil book, stub book. *~ de bord, de route,* log book.

carnet de chèques, chèque-book, *(U.S.)* check-book.

carnet de commandes, order book.

carreau *n.m.* **1.** *(de verre)* glass pane, window pane. **2.** *(tuile)* tile. **3.** *(~ de mine)* pit-head. **4.** *(~ des halles)* market. **5.** *(tissus à carreaux, etc.)* check, checked.

carrefour *n.m.* crossroads, intersection.

carrier *n.m.* quarryman, quarrier, quarry operator.

carrière *n.f.* **1.** *(de pierre, etc.)* quarry, pit. **2.** *(d'une personne)* career; *(dans les annonces)* record, track record.

carrossable *adj.* *(route)* carriageable.

carrosserie *n.f.* **1.** *(d'une voiture, etc.)* body. **2.** *(métier)* coach-building, body-building.

carrossier *n.m.* coach-builder.

carrousel *n.m.* *(de diapositives)* round slide-tray.

carte *n.f.* **1.** card, sheet, slip; *(restaurant)* menu. *~ des vins,* wine list. *Donner ~ blanche,* to give a free hand, to give carte blanche. **2.** *(géographique)* map, plan, *(maritime)* chart. **3.** *(bus, métro, etc.)* pass.

carte accréditive, convenience card *(cf.* American Express, Visa, Mastercard, *etc.).*

carte à détacher, tear-out card.

carte à mémoire, smart card.

carte à puce, smart card.

carte d'abonnement, season ticket; pass; *(club, etc.)* subscription card.

carte de crédit, credit card.

carte de fidélité, loyalty card.

carte d'entreprise, corporate card.

carte de visite, visiting card, *(U.S.)* calling card ; business card.

carte de réduction, pass, season ticket ; *(pour banlieusard)* commuter ticket.

carte de séjour, residence permit.

carte grise, car licence, *(U.S.)* automobile license.

carte perforée, punched card, punch-card.

cartel *n.m.* cartel.

carte-lettre *n.f.* letter-card.

cartellisation *n.f.* cartellization.

carte-réponse *n.f.* reply-card, business reply-card ; reply-coupon.

carte téléphonique, phone card.

carton *n.m.* **1.** *(matériau)* cardboard. ~ *ondulé,* corrugated cardboard. **2.** case, carton.

cartonnage *n.m.* **1.** making/manufacturing/of cardboard boxes. **2.** *(collectif : boîtes en cartons)* cardboard boxes.

cartonnerie *n.f.* **1.** cardboard trade, cardboard industry. **2.** cardboard factory.

cartouche *n.f.* cartridge, refill.

cas *n.m.* case. *Étude de ~,* case study. *Méthode des ~,* case study method. ~ *limite,* borderline case. ~ *de force majeure,* case of absolute necessity ; *(ass.)* Act of God ; « force majeure ».

case *n.f.* box, space. *Cocher la ~ correspondante,* tick the appropriate box.

casier *n.m.* **1.** box, locker ; bin. ; pigeon-hole. **2.** *(à bouteille)* rack. **3.** *(judiciaire)* police record, criminal record.

cassation *n.f.* quashing, rescinding, annulment, reversing, reversal. *Cour de ~,* Supreme Court of Appeal, Highest Court of Appeal.

casse *n.f.* breaking, breakage, damage.

casser *v.* **1.** to break. **2.** ~ *les prix,* to slash prices, to undersell, to undercut competitors ; *(Bourse)* ~ *les cours,* to bang the market. **3.**

(un fonctionnaire) to demote. **4.** *(un jugement)* to rescind, to quash, to reverse, to annul.

catalogue *n.m.* catalogue, *(U.S.)* catalog ; *(des prix)* price-list.

cataloguer *v.* **1.** to catalogue, to list, to feature. **2.** to class, to categorize.

catastrophe *n.f.* catastrophe ; *bilan d'une ~,* toll. ~ *naturelle,* natural disaster.

catastrophique *adj.* catastrophic.

catégorie *n.f.* category, kind, variety ; ~ *de revenus,* income bracket.

catégoriel, le *adj.* socio-professional. *Intérêts ~s,* sectional interests.

caténaire *n.f.* catenary.

cause *n.f.* **1.** cause, reason, grounds. **2.** *(jur.)* suit, action, proceedings, trial, case.

causer *v.* to cause, to bring about, to lead to, to result in, to involve, to entail, to provoke.

caution *n.f.* **1.** *(commerce)* deposit. **2.** *(banque, etc.)* security, guarantee. *Se porter ~ pour quelqu'un,* to stand surety for somebody. **3.** *(jur.)* bail, bond.

cautionnement *n.m.* **1.** security, guarantee, deposit. **2.** *(judiciaire)* bail.

cautionner *v.* **1.** *(sens large)* to guarantee. **2.** *(banque)* to stand surety for somebody. **3.** *(jur.)* to go bail for somebody.

cavalerie *n.f.* *(traite de)* accommodation bill, kite.

cavalier seul (faire) *loc.* to go it alone.

céder *v.* **1.** *(s'incliner)* to give up, to yield. ~ *aux pressions,* to bow to pressure. **2.** *(abandonner)* to surrender, to relinquish, to yield, to part with. **3.** *(vendre)* to sell, to transfer. *Commerce/Locaux commerciaux à ~,* commercial premises for sale. **4.** *(se rompre)* to break, to yield, to give way.

célibataire *adj.* single, unmarried.

célibataire *n.* un ~, an unmarried man, a bachelor. *Une ~,* an unmarried woman.

cellule *n.f.* cell. *~de crise,* crisis centre/(U.S.) center.

cens *n.m.* *(électoral)* property qualification (for citizens to be allowed to vote).

censeur *n.m.* **1.** censor. **2.** *(comptab.)* auditor.

censitaire *adj.* *(électeur)* qualified by property. *Suffrage ~,* franchise dependent on property qualification.

censure *n.f.* censorship. *Vote de ~,* vote of no confidence.

censurer *v.* to censor.

cent *adj.* et *n.m.* hundred.

centaine *n.f.* **1.** hundred. **2.** *(environ 100)* about a hundred.

centenaire *n.m.* centenary, centennial.

centésimal *adj.* centesimal.

centième *adj.* hundredth.

centigrade *adj.* centigrade.

centigramme *n.m.* centigramme.

centilitre *n.m.* centilitre.

centime *n.m.* centime, « cent ».

centimètre *n.m.* centimetre.

central, e *adj.* central, centre, *(U.S.)* center ; *(ordinateur) unité centrale,* central processing unit, central processor.

centrale *n.f.* *~ atomique,* atomic plant. *~ d'achat,* purchasing group, buying group. *~ électrique,* power plant, power station, generating station. *~ syndicale,* Confederate Union, Confederated Union. *~ thermique,* thermal plant, thermal station.

centrale nucléaire, nuclear plant.

centralisateur, -trice *adj.* centralizing.

centralisation *n.f.* centralization.

centraliser *v.* to centralize.

central téléphonique, *n.m.* telephone exchange, *(U.S.)* central.

centre *n.m.* **1.** centre, *(U.S.)* center. **2.** *(milieu)* middle, centre. **3.** *(pour vacances)* resort. **4.** *(politique)* centre, middle-of-the-road. **5.** *~ d'activité,* hub. *Au XIXᵉ siècle,*

Londres était le ~ du monde commercial, in the 19th century, London was the hub of the commercial world.

centre commercial, 1. shopping centre ; shopping mall. **2.** commercial centre (U.S. center), business centre/center.

centre d'affaires, business centre/(U.S.) center. *~ international,* world trade centre/(U.S.) center.

centre d'appel, call centre/ (U.S.) center.

centre de décision, decision centre/(U.S.)center.

centre de profit, profit centre/(U.S.) center.

centrer *v.* to centre, to focus.

centuple *n.m.* centuple, *au ~,* a hundredfold.

centupler *v.* to centuple, to centuplicate, to increase a hundredfold, to multiply by a hundred.

cercle *n.m.* circle ; *~s de qualité,* quality circles. *~ vertueux,* virtuous circle. *~ vicieux,* vicious circle.

cercler *v.* to hoop ; to bind.

céréale, *n.f.* cereal. *~s,* grain.

céréalier *n.m.* **1.** grain producer, grain grower. **2.** *(navire)* grain carrier.

céréalier, e *adj.* *cultures ~es,* cereal crops, grain crops.

cérémonie *n.f.* ceremony ; *~ officielle,* state function, formal ceremony, public ceremony.

certificat *n.m.* **1.** certificate ; *~ de bonne vie et mœurs,* certificate of character. *~ (provisoire) de titres,* scrip. **2.** *(attestation)* recommendation, testimonial.

certificat d'avarie, damage report.

certificat de chargement, certificate of receipt ; *(nav.)* mate's receipt.

certificat d'entrepôt, warehouse warrant.

certificat d'investissement, certificate of investment, investment certificate, participation certificate, non-voting share convertible into a voting one at a small premium.

certificat d'origine, certificate of origin.

certificateur *n.m.* certifier, guarantor.

certification *n.f.* certification, authentication; *(d'une caution)* guaranteeing.

certifier *v.* to certify, to authenticate; *(une caution)* to guarantee; *(sens large)* to attest (to something), to vouch (for something), to assure. *Copie certifiée conforme,* certified true copy, authenticated copy.

cessation *n.f.* end, stoppage, discontinuance, termination, cessation, suspension, interruption, ceasing, breach, closure. ~ *d'activité,* ~ *de commerce,* discontinuance of business, closing down. ~ *d'activité commerciale,* cessation of trade. ~ *de contrat,* termination of contract, closure of contract. ~ *de paiement,* suspension of payment; stoppage of payment.

cesser *v.* to stop, to cease, to suspend, to discontinue; *(relations)* to break off. ~ *le travail,* to knock off work, *(faire grève)* to go on strike, to down tools, to walk out, to walk off the job. ~ *de fabriquer,* to discontinue (a product, a line), to drop.

cessibilité *n.f.* transferability; *(patrimoine)* assignability.

cessible *adj.* transferable *(patrimoine)* assignable.

cession *n.f.* transfer; *(patrimoine)* assignment; *faire ~ de,* to transfer; *(territoire)* cession. ~ *d'actifs,* assets transfer, transfer of assets; disposal of assets.

cession-bail *n.f.* lease back.

cessionnaire *n.m.* transferee, assignee.

chaîne *n.f.* **1.** chain. ~ *de fabrication,* production line. ~ *de manutention,* handling chain. ~ *de montage,* assembly line. *Travail à la ~,* assembly-line production, work on the assembly line. ~ *de magasins de vente au détail,* retail chain, chain stores, multiple-shop

operation, multiples. **2.** *(télé.)* channel; *(U.S.)* network. ~ *à accès public,* public access channel.

chaîne logistique, supply chain.

chaire *n.f.* *(université)* professorship; tenure.

chaland *n.m.* **1.** barge. ~ *automoteur,* self-propelled barge. ~ *sans moteur,* dumb barge. **2.** shopper, customer, purchaser.

chalandise (zone de), 1. distribution area. **2.** commercial area, shopping area; shopping centre *(U.S.* center), shopping mall.

chaleur *n.f.* heat; *(affective)* warmth.

chalutier *n.m.* trawler.

chambre *n.f.* **1.** room; ~ *forte,* strong room. **2.** *(des députés)* House, Chamber, House of Representatives. **3.** ~ *de compensation,* clearing-house. **4.** ~ *froide,* cold storage; cold storage room. **5.** ~ *des Métiers,* Guild. **6.** ~ *syndicale,* Committee of Elected Representatives, Elected Board, Committee of Union Representatives.

Chambre de Commerce, Chamber of Commerce.

chambre pour une personne, single room.

chambre pour deux personnes, double room.

champ, *n.m.* field, ~ *d'activité,* field of operation. ~ *d'action,* scope. ~ *de course,* race-course, race-track. ~ *de foire,* fairground. ~ *pétrolifère,* oil-field.

chance, *n.f.* **1.** luck. **2.** *(hasard)* chance. **3.** *(occasion)* opportunity, chance.

chancelant, e *adj.* unsteady *(vacillant)* staggering, *(hésitant)* wavering.

chanceler, *v.* to be unsteady; *(vaciller)* to stagger; (hésiter) to waver.

change, *n.m.* exchange; foreign exchange. *Contrôle des changes,* exchange control. *Taux de ~,* exchange rate. *Lettre de ~,* bill of exchange. *Première de ~,* first of exchange. *Deuxième de ~,* second of exchange. *Perte de ~,* loss on exchange.

changeant, e *adj.* changing, variable, unstable.

changement *n.m.* change; alteration; transformation. *~ de direction* a) new management b) shift.

changement de propriétaire change in ownership; new management.

changer *v.* **1.** to change, to alter, to transform. *~ d'emploi,* to change jobs, to switch jobs. **2.** *(de l'argent)* to change, to exchange.

changeur *n.m.* money changer.

chantage *n.m.* blackmail.

chanter (faire) to blackmail.

chantier *n.m.* site; yard. *~ de construction,* building site. *Mettre en ~ :* a) to start construction on; b) to start work on.

chantier naval, shipyard.

chanvre *n.m.* hemp.

chaos *n.m.* chaos.

chapardage *n.* theft, stealing, pilfering; pilferage.

chaparder *v.* to steal, to pilfer.

chapeau *n.m.* *(typo.)* heading; introductory paragraph.

chapeau du capitaine *n.m.* primage, hat money.

chapeauter *v.* to head, to supervise.

chapelier *n.m.* hat-maker, hatter.

chapitre *n.m.* **1.** chapter. **2.** *(d'un compte)* heading, item.

charbon *n.m.* coal.

charbonnages *n.m.pl.* coal-mining, coal-mining industry; *(organisme)* coal board; *(houillères)* coal-fields, coal-mines.

charbonnier, ère *adj.* coal. *Industrie ~,* coal industry, coal-mining. *(Navire)* collier, coaler.

charcuterie *n.f.* **1.** pig-meat, pork-butcher's meat. **2.** pork-butcher's shop. **3.** pork-butcher's trade.

charcutier *n.m.* pork-butcher.

charge *n.f.* **1.** load; burden. *~ de travail,* workload. *~ utile,* payload. **2.** *(fonction)* office, function,

duties. **3.** *(responsabilité)* charge, responsibility, onus. *En ~ de,* responsible for; in charge of. **4.** *(dépenses)* charge, expense, cost. *A la ~ de,* payable by, to be borne by, chargeable to. *~ d'exploitation,* operating expenses. *~s directes,* direct cost(s). *~(s) fiscale(s),* tax, taxes, taxation, the burden of taxation, fiscal charges. **5.** *(jur. : accusation)* charge; indictment. *Témoin à ~,* witness for the prosecution. **6.** *Avoir ~ de famille,* to support a family, to have dependants/dependents. *Personne à ~,* dependant. **7.** *~ de la preuve,* burden of proof, onus of proof. **8.** *Libre de toute ~ (propriété, etc.),* free from all encumbrances. **9.** *~ d'agent de change,* brokerage firm, broking house.

charge (prendre en), to take charge of, to take care of, to take over; *(coût)* to meet the cost of, to pay for.

chargé(e) de *adj.* responsible for, in charge of.

chargé d'affaires *n.m.* chargé d'affaires, ambassador's deputy.

chargé de famille (être) to have dependants, to support a family.

chargé d'études *n.m.* researcher.

chargement *n.m.* **1.** load, cargo. **2.** *(fait de charger)* loading. **3.** *(intérêts, dette)* charge.

charger *v.* **1.** to load, to ship. **2.** *(une batterie)* to charge. **3.** *(quelqu'un de faire quelque chose)* to instruct somebody to do something; to entrust somebody with (doing) something, to charge somebody to do something, to commission somebody, to put somebody in charge of something, to assign somebody to do something. **4.** *(gonfler)* to inflate. *~ un compte,* to inflate an account. **5.** *(jur.)* to accuse, to charge, to indict (somebody with something).

charger *(se ~ de quelque chose)* to take care of something, to attend to something, to look after something, to deal with something.

charges *n.f.pl.* voir **charge. 1.** expenses. ~ *constatées d'avance,* prepaid expenses; ~ *d'exploitation,* operating costs; *charges et produits,* charges and revenues, expenses and income, costs and revenue. **2.** *(jur.)* charges.

charges à payer expenses payable.

charges patronales, employer contributions.

charges payées d'avance, prepayment and deferred charges.

charges sociales, social charges.

chargeur *n.m.* loader, shipper.

chariot *n.m.* truck, wag(g)on, cart. ~ *de supermarché,* cart, trolley-basket, trolley. ~ *élevateur,* fork-lift truck.

charité *n.f.* **1.** charity. **2.** alms, alms-giving. *Vente de ~,* rummage sale, jumble sale.

charlatan *n.m.* quack, charlatan.

charlatanisme *n.m.* quackery, charlatanry.

charpentier *n.m.* carpenter.

charrette *n.f.* cart.

charrue *n.f.* plough, *(U.S.)* plow.

charte *n.f.* charter.

charte-partie *n.f.* charter-party.

chasse *n.f.* shooting, hunting; hunt.

chasser *v.* **1.** to hunt, to shoot. **2.** *(renvoyer)* to drive out, to drive away, to expel, to dismiss, to chase.

chasseur *n.m.* **1.** hunter. ~ *de têtes,* head-hunter, *(U.S.)* headhunter; *cabinet de chasseurs de tête,* headhunting firm. **2.** *(hôtel)* page, page boy, *(U.S.)* bell boy, bell hop. **3.** *(avion)* fighter.

chaud, e *adj.* warm, hot.

chaudière *n.f.* boiler.

chaudronnerie *n.f.* boiler-making; boiler-trade.

chaudronnier *n.m.* boiler-maker; coppersmith, tinsmith.

chauffage *n.m.* heating. ~ *central,* central heating. *Appareil de ~,* heating appliance, heater.

chauffagiste *n.m.* heating systems specialist.

chauffer *v.* **1.** *(transitif)* to heat. **2.** *(intransitif)* to get hot, to become hot.

chauffeur *n.m.* **1.** *(conducteur)* driver. ~ *de camion, de poids lourd, routier,* lorry driver, *(U.S.)* truck driver, trucker, teamster. **2.** *(de maître)* chauffeur. **3.** *(industrie)* stoker; fireman; boilerman; furnace man.

chaussure *n.f.* shoe, footwear. *L'industrie de la ~,* the shoe industry.

chavirer *v.* to capsize, to overturn.

check-list *n.f.* check-list.

chef *n.m.* **1.** head; manager; director; chief; *(fam.)* boss. ~ *de file,* leader. **2.** *(d'accusation)* count; charge.

chef caissier *n.m.* (head) cashier.

chef comptable *n.m.* chief accountant, head accountant.

chef d'atelier *n.m.* (work) shop-supervisor, shop-foreman, overseer.

chef de bureau *n.m.* office manager, head clerk; department head, departmental head.

chef de crédit, credit manager.

chef de fabrication *n.m.* production manager, technical manager.

chef de famille *n.* head of a family, householder.

chef de file *n.* leader. *(Banque)* lead bank. *(Bourse, opération de souscription)* managing underwriter.

chef de gare *n.m.* station master.

chef de groupe *n.m.* Division Manager; *(pub.)* account director.

chef d'entreprise *n.m.* firm manager, business manager, head of firm, head of business firm, entrepreneur.

chef de marque, brand-manager.

chef de produit *n.m.* product manager.

chef de publicité *n.m.* **1.** *(agence)* account executive, *(G.B.)* budget executive. **2.** *(annonceur)* advertising director, advertising manager. **3.** *(media, support)* advertisement manager/director; *(U.S., presse)* advertising sales manager.

chef de rayon *n.m.* department head, department supervisor, *(surveillant)* shop-walker, *(U.S.)* floor walker.

chef de service *n.m.* department head, departmental head.

chef des informations, desk editor, news editor.

chef des ventes *n.m.* sales manager.

chef-d'œuvre *n.m.* masterpiece.

chef du crédit, credit manager.

chef du personnel *n.m.* Personnel Manager, Personnel Executive, Staff Manager.

chef du service des ventes, sales manager.

chemin *n.m.* path, way, road; *méthode du ~ critique,* critical path method.

chemin de fer *n.m.* railway(s), *(U.S.)* railroad(s), rail. *Ligne de ~,* railway/(U.S.) railroad line. *Voie de ~,* railway/(U.S.) railroad track. *Voyager par ~,* to travel by rail.

cheminot *n.m.* railwayman, railway worker/employee, (U.S.) railroader, railroad man, railroad worker/employee.

chemise *n.f.* **1.** shirt. **2.** *(pour documents)* folder, jacket.

chemiserie *n.f.* **1.** haberdashery. **2.** shirtmaking, shirt factory.

chemisier *n.m.* **1.** haberdasher. **2.** shirt-maker.

chenal *n.m., pl.* **chenaux,** channel, fairway.

cheptel *n.m.* livestock, cattle.

chèque *n.m.* cheque, *(U.S.)* check. *Émettre un ~,* to issue a cheque. *Faire un ~,* to write a cheque, to make out a cheque. *Refuser un ~,* to stop a cheque. *Toucher un ~,* to cash a cheque.

chèque au porteur, bearer cheque, cheque to bearer.

chèque bancaire, bank cheque.

chèque barré, crossed cheque.

chèque de voyage, traveller's cheque, *(U.S.)* traveler's check.

chèque en blanc, blank cheque.

chèque en bois, bad/dud/bouncing/rubber/worthless cheque *(U.S.,* check).

chèque postal, giro cheque, giroform. *Compte ~,* giro account.

chèques postaux (les), the Giro.

chèque restaurant, restaurant-voucher, meal voucher, luncheon voucher; meal ticket.

chèque sans provision, bad cheque, *(U.S.)* bad check, dud cheque; bouncing cheque, *(U.S.)* rubber check.

chéquier *n.m.* cheque book, *(U.S.)* checkbook.

cher, ère *adj.* dear, expensive; *vie chère,* high cost of living, high prices.

chercher *v.* to look for, to seek, to search for; *(petite annonce de recrutement, également)* to need, to want. *Aller ~,* to go and fetch; *(un colis)* to collect, to take delivery of; *aller ~ quelqu'un à la gare, etc.,* to meet, to pick up.

chercheur, euse *n.m.f.* researcher; scientist.

cherté *n.f.* (high) cost, expensiveness, dearness, high price.

cheval *n.m.* horse; *~ de trait,* draught-horse.

chevalier blanc, white knight.

chevalier noir, black knight.

cheval-vapeur *n.m.* horsepower, h.p.

chevauchement *n.m.* overlap, overlapping.

chevaucher *v.* to overlap.

chicane *n.f.* quarrel, wrangling; *(jur.)* pettifogging.

chicaner *v.* **1.** *(jur.)* to pettifog, to argue, to dispute. **2.** to wrangle; *(prix)* to haggle.

chiffrable *adj.* calculable, computable.

chiffrage *n.m.* **1.** calculating, reckoning, computing, numbering. **2.** *(code)* coding, ciphering.

chiffre *n.m.* **1.** figure; number, numeral; digit, amount, sum. *Inflation à deux ~s,* double-digit inflation. **3.** *(code)* cipher, code.

chiffre d'affaires, turnover.

chiffre d'affaires net, net sales.

chiffre de vente, sales figure.

chiffrer *v.* **1.** to calculate, to reckon, to compute, to quote a figure; to work out/to figure out/a sum, an amount. **2.** *(fam.)* to reach a high figure, to add up to a lot, to be very expensive, to cost a lot. **3.** *(en code)* to code, to cipher.

chiffrer (se... à), to amount to.

chimie *n.f.* chemistry.

chimique *adj.* chemical. *Un produit ~,* a chemical product, a chemical. *Industrie ~,* chemical industry; chemical engineering.

chimiquier *n.m.* chemical tanker, chemical cargo ship, chemical transport vessel.

chimiste *n.m.* et *f.* chemist. *Ingénieur ~,* chemical engineer.

chirurgical, e *adj.* surgical. *Subir une intervention ~,* to undergo surgery/a surgical operation.

chirurgie *n.f.* surgery. *~ esthétique,* plastic surgery, *(fam.)* face-lifting.

chirurgien, ne *n.m.* et *f.* surgeon.

choc *n.m.* shock; impact. *Prix ~!,* slashed prices, bottom prices. *~ pétrolier,* oil crisis, oil shock.

chocolat *n.m.* chocolate.

choisir *v.* to choose, to select, to pick.

choix *n.m.* **1.** choice, selection, choosing. *De ~,* choice, top, prime, high quality, first-class, high grade. *Avancement au ~,* promotion by selection/on merit. **2.** *(variété)* range, variety, choice. *Nous avons un grand ~ d'articles,* we have a wide range of articles.

chômage *n.m.* unemployement. *Allocation de ~,* unemployment benefit, *(fam.)* the dole. *Être au ~,* to be unemployed, to be out of work, to be out of one's job, to be out of a job, to be jobless, to be workless, to be idle, *(fam.)* to be on the dole. *~ de longue durée,* long-term unemployment. *~ partiel,* short-time (working). *~ saisonnier,* seasonal unemployment. *~ structurel,* structural unemployment. *~ technique,* lay-off(s), (U.S.) layoff(s). *Mettre au ~,* to lay off, to make (workers) redundant, to throw out of work, to put out of work; to idle. *S'inscrire au ~* to apply for unemployment benefit.

chômer *v.* **1.** to be unemployed, to be idle, etc. *(voir* **chômage***).* **2.** *(usine)* to stand idle, to be at a standstill. **3.** *(volontairement)* to knock off work, not to work, to take (a day, a week, etc.) off; *jour chômé,* public holiday, *(G.B.)* bank holiday.

chômeur *n.m.* unemployed person; *les chômeurs,* the unemployed. *Le nombre de ~,* unemployment figures, *(U.S.)* the jobless rate.

chômeurs de longue durée, (the) long-term unemployed.

chronique *n.f.* *(presse)* chronicle, column.

chronique, *adj.* chronic; structural.

chroniqueur, *n.m.* *(presse)* columnist, commentator. *(radio, télé)* broadcaster.

chronologie *n.f.* chronology, time-sequence.

chronologique *adj.* chronological, in sequential order.

chronologiquement *adv.* chronologically, sequentially.

chronométrage *n.m.* time-keeping, timing.

chronométrer *v.* to time.

chronométreur *n.m.* time-clerk.

chute *n.f.* *(des prix)* fall, drop; *(effondrement)* collapse; *(d'une personnalité, d'un gouvernement)* fall. *~ libre,* free fall. *Être/tomber en chute libre,* to take a free fall, to go into a tailspin.

chuter *v.* to fall, to drop.

ciblage *n.m.* targeting.

cible *n.f.* target; *(publicité)* population *~,* target group, target audience, target market. *~ visée,* target, intended target, target aimed at.

cibler *v.* to target, *(une population)* to define, to identify ; *(une campagne, un produit)* to gear ; ~ *une campagne.* **1.** to gear a campaign (to a group). **2.** *(géog.)* to zone a campaign. *Population ciblée*, target audience, target group.

ci-dessous *adv.* below ; hereunder ; hereinafter.

ci-dessus *adv.* above, above-mentioned.

cidre *n.m.* cider.

cidrerie *n.f.* **1.** cider-house. **2.** cider-making.

ci-inclus *adv.* enclosed, herewith.

ci-joint *adv.* enclosed, herewith. *Veuillez trouver* ~, please find enclosed.

ciment *n.m.* cement ; *ciment armé*, reinforced cement, concrete.

cimenter *v.* to cement ; *(sens large)* to consolidate.

cimenterie *n.f.* cement factory.

cinéma *n.m.* **1.** cinema (motion) pictures, *(U.S.)* movies. **2.** *(salle)* cinema, picture-house, *(U.S.)* theater.

cinémathèque *n.f.* film library.

circonstance *n.f.* circumstance, situation, event, occasion, instance. ~*s atténuantes*, extenuating circumstances.

circuit *n.m.* **1.** circuit. ~ *fermé*, closed circuit. **2.** *(itinéraire)* tour, route. ~ *habituel*, usual round(s). **3.** *tour de* ~ *(course automobile, etc.)* lap.

circulaire *n.f.* circular. *Envoyer des* ~*s, prospecter par* ~, to circularize.

circulaire *adj.* circular. *Voyage* ~, round trip.

circulant, e *adj.* circulating. *Actif* ~, circulating assets, current assets. *Capitaux* ~*s*, circulating capital, floating capital.

circulation *n.f.* **1.** traffic ; traffic flow. *Accident de la* ~, road accident. ~ *aérienne*, air traffic. *Être bloqué, retardé par la* ~, to be held up by (the) traffic. **2.** *(journal, etc.)* circulation. **3.** *(de l'information)* circulation ; dissemination. **4.** *(monnaie, capitaux, etc.)* circula-

tion. *Libre* ~ *des capitaux*, free flow of capital. **5.** *(main d'œuvre)* movement. *Libre* ~ *des travailleurs*, free movement of labour.

circulation (mettre en), to put into circulation ; *(produit)* to put out, to issue, to put on the market.

circuler *v.* **1.** to circulate. **2.** *(voiture, etc.)* to move, to go ; *(train)* to run. *Faire* ~, *(information)* to spread ; to circulate ; to disseminate.

citadin, e *n.m.f.* town-dweller, townsman, townswoman.

citation *n.f.* **1.** quotation, citation. **2.** ~ *à comparaître*, summons, subpoena. *Notifier une* ~, to serve a summons (on somebody), to subpoena.

cité *n.f.* **1.** city ; town. **2.** *(groupe d'habitations)* housing estate ; housing project. ~ *universitaire*, student residence. **3.** ~ *administrative*, administrative centre/ *(U.S.)* center.

citer *v.* **1.** *(mot à mot)* to quote. ~ *un prix*, to quote a price. **2.** *(sens large)* to mention. **3.** *(en justice)* to summon, to subpoena.

citerne *n.f.* tank ; reservoir. *Camion* ~, tank-lorry *(G.B.)*, tank-truck, tanker ; *wagon-*~, tank car.

citoyen, ne *n.m.f.* citizen, national.

citoyenneté *n.f.* citizenship, nationality.

civil *n.m.* civilian. *Être en* ~, to be in plain clothes. *Policier en* ~, plain-clothes policeman.

civil *adj.* **1.** civil, civic. *Droit* ~, civil law. *État* ~, marital status, family status ; *(bureau)* registry office. *Mariage* ~, civil marriage. *Partie* ~*e*, plaintiff. *Responsabilité* ~, civil liability. **2.** *(opposé à militaire)* civilian. **3.** polite.

civilement *adv.* **1.** civilly, *(jur.)* legally. ~ *responsable*, legally responsible, liable for damages. *Se marier* ~, to contract a civil marriage. **2.** politely.

civique *adj.* civic ; civil. *Droits* ~*s*, civil rights.

clair, e *adj.* **1.** clear, explicit, obvious, plain. **2.** *(couleur)* light, pale. *Tirer une affaire au ~,* to clear (up) a matter; to unravel a situation.

clairement *adv.* clearly, explicitly, obviously.

claire-voie, s (caisse à) *n.f.* crate.

clandestin, e *adj.* secret, clandestine, underground, undisclosed; illicit, illegal. *Immigrés ~(s),* clandestine migrants/immigrants. *Passager ~,* stowaway.

clarté *n.f.* clarity.

classe *n.f.* **1.** class; category; group; type; kind; order; division; quality; grade; rank; rate; rating. *~ d'âge,* age bracket, age range, age group. *~ dirigeante,* establishment, ruling class. *~ moyenne,* middle class. *~ ouvrière,* working class. **2.** *(au sens scolaire)* class, form, grade; *salle de ~,* classroom. *~ de 6ᵉ,* first form; *~ de 1ʳᵉ,* 6th form.

classe (de 1ʳᵉ) **1.** *(transport)* 1st class. **2.** top-quality, top; *(personne)* top-flight, top-notch. **3.** *(assur. mar.) navire de première ~,* A-1 at Lloyd's.

classement *n.m.* **1.** classification, rating, ranking, grading; *(sports)* standings. **2.** *(place dans un ~)* rank, ranking, rating, standing. **3.** *(rangement)* filing. **4.** *(tri)* sorting out.

classer *v.* **1.** to classify, to class. **2.** *(donner un rang)* to rate, to rank, to grade. **3.** *(ranger)* to file. **4.** *(trier)* to sort out.

classer (se) *v.* to rank, to be placed, to rate.

classeur *n.m.* file; folder; *(pour fiches)* card-index; *(meuble)* filing-cabinet, file-cabinet.

classification *n.f.* classification, classifying, rating, grouping.

clause *n.f.* clause; article, provision, stipulation.

clausé, e *adj. connaissement ~ (avec réserves),* foul/unclean/bill of lading; *connaissement non-~ (sans réserves),* clean bill of lading.

clause compromissoire *n.f.* arbitration clause.

clavier *n.m.* keyboard.

clé *n.f.* key. *~(s) en main,* turn-key. *Usine ~s en main,* turnkey plant.

cliché *n.m.* **1.** block, negative, plate. **2.** cliché.

client, e *n.m.f.* customer; *(services)* client; *(hôtellerie)* patron; *(docteur)* patient; *(taxi)* fare. *~ régulier,* regular customer, regular client, *(fam.)* regular; *(magasin)* frequent shopper; *(compagnie aérienne)* frequent flier/flyer.

clientèle *n.f.* customers; clients; goodwill, custom, connection; *(docteur)* practice; *(hôtel, etc.)* patrons; *(électorale)* constituency; clientèle.

clientélisme *n.m.* cronyism.

clients potentiels *n.m.pl.* prospective customers, prospects.

clignotant *n.m.* **1.** *(économie)* indicators. **2.** alarm signal, flash(ing) light.

climat *n.m.* **1.** climate. **2.** atmosphere, mood, climate.

clip *n.m.* clip.

cliquet *n.m.* ratchet. *Effet de ~,* ratchet effect.

cloison *n.f.* partition; *(nav.)* bulkhead.

cloisonnement *n.m.* partitioning.

cloisonner *v.* to partition, to segment.

clore *v.* **1.** *(terminer)* to end, to finish, to put an end to; *(une séance, un discours)* to wind up. **2.** *(fermer)* to close, to shut. **3.** *(un compte)* to close. **4.** *(enclore)* to enclose.

clore (se) *v.* to come to an end, to end.

clos, e *adj.* **1.** *(terminé)* finished, ended. **2.** *(fermé)* closed, shut.

clôture *n.f.* **1.** *(fin.)* end; *(d'une séance, discours)* winding up. *Discours de ~,* final address. **2.** *(fermeture)* closing, closing down, closure. **3.** *(limite)* fence, fencing, enclosure. *Bris de ~,* breach of close. **4.** *(compte)* closing; winding up. **5.** *(Bourse)* close.

clôturer v. 1. (terminer) to end, to bring to a close (an end) ; (séance, discours) to wind up. 2. (un compte) to close, to wind up. 3. (enclore) to enclose. 4. (Bourse) to close.

clou n.m. 1. nail. 2. (d'une soirée, d'une exposition) main attraction, highlight. 3. mettre au ~, to pawn ; (U.S.) to hock.

clouer v. to nail.

CMPC, coût moyen pondéré du capital weighted average cost of capital, WACC.

cocher v. to tick, to check. Cochez la case correspondante, tick the appropriate box.

co-contractant, e n.m.f. by-contractor.

codage n.m. encoding.

code n.m. (écriture chiffrée) code, cipher. ~ de bonne conduite, code of ethics ; code of honour (U.S. honor). ~ de la route, highway code. ~ des impôts, (G.B.) Inland Revenue Code, (U.S.) Internal Revenue Code. (Banque) ~ confidentiel d'identification, personal identification code/number, P.I.N.

code-barre(s) n.m. bar-code.

code d'accès access number, access code.

coder v. to code ; (en langage chiffré) to code, to cipher.

codébiteur n.m. joint-debtor.

codéfendeur n.m. co-defendant.

codemandeur, codemanderesse n.m.f. co-plaintiff, joint-plaintiff.

code postal n.m. postal code, postcode ; (U.S.) zip code.

coder v. to code, to cipher.

codétenteur n.m. joint-holder ; joint-owner.

codicille n.m. 1. codicil. 2. (sens large) appendix, supplement.

codificateur n.m. codifier.

codification n.f. 1. codification, codifying. 2. (chiffrage) coding.

codifier v. 1. to codify. 2. (coder) to code.

codirection n.f. joint-management ; co-management ; co-directorship.

codirecteur, trice n.m.f. co-manager, co-director, joint-manager.

coefficient n.m. coefficient, ratio ; factor ; multiplier.

coefficienter v. to apply a coefficient/a ratio, to weight.

coentrepreneur n.m. co-contractor ; joint venturer.

coentreprise n.f. joint venture.

coercitif, -ive adj. coercive.

coercition n.f. coercion.

cœur de cible, target centre/ (U.S.) center ; core audience.

cœur de métier, core business, core activity.

coffre n.m. 1. chest ; case ; box ; coffer ; bin. 2. (banque) safe ; strong-box.

coffre-fort n.m. safe, strong-box.

cogérance n.f. joint-management, co-administration.

cogérant, e n.m.f. co-manager, co-administrator.

cogestion n.f. joint-management, co-determination.

cohue n.f. press ; throng ; mob.

colifichet n.m. 1. trinket, bauble. 2. (commercial) fancy article. ~s, fancy goods. 3. (péjoratif) trash, rubbish.

colis n.m. parcel ; (U.S.) package ; par ~ postal, by parcel post ; (sens global) les ~, luggage, (U.S.) baggage.

colisage n.m. packing. Liste de ~, packing list.

collaborateur, trice n.m.f. 1. collaborator, cooperator, associate, colleague, partner ; (à une revue) contributor ; (à un ouvrage) joint-author. 2. (pl., personnel) staff.

collaboration n.f. collaboration ; cooperation ; association ; partnership ; (à un journal, etc.) contribution.

collaborer v. to collaborate, to cooperate ; (à un journal, etc.) to contribute.

collationner v. to collate.

collecte n.f. collection, collecting, contribution.

collecte d'informations, intelligence gathering.

collecter v. to collect.

collectif n.m. ~ budgétaire, supplementary estimates; budget amendment, Amendment to the Finance Bill.

collectif, -ive adj. collective, joint. ~ et solidaire, joint and several. Licenciement ~, mass dismissal.

collection n.f. collection.

collectionner n.f. to collect.

collectionneur n.m. collector.

collectivement adv. collectively, jointly. ~ et solidairement, jointly and severally.

collectiviser v. to collectivise.

collectivisme n.m. collectivism.

collectivité n.f. collectivity; community; general public. ~s locales, "communes, departments and regions", local administrative units.

collège n.m. **1.** secondary school. **2.** college, body. **4.** ~ électoral, constituency, electoral college.

collège de censeurs, council of advisers/(U.S.) advisors.

collégial adj. collegial, collegiate.

collègue n.m.f. colleague, fellow-(+ nom de l'activité) ; (homologue) counterpart.

coller v. **1.** to stick, to glue, to paste. **2.** (tenir par collage) to stick, to adhere. **3.** (à un examen) to fail, (U.S.) to flunk. ~ un candidat, to fail a candidate. Se faire ~ à un examen, to fail an exam.

collision n.f. collision, (véhicule) crash. Entrer en ~ avec, to run into, to collide with. (nav.) to run (a)foul of. ~ d'intérêts, clash of interests. Assurance ~, collision insurance.

colloque n.m. conference, seminar, symposium ; colloquy.

collusion n.f. collusion.

colocataire n.m.f. co-tenant, joint tenant.

colocation n.f. co-tenancy, joint tenancy ; sharing a flat.

colon n.m. settler, colonist.

colonial adj. colonial.

colonie n.f. colony, settlement. ~ de vacances, holiday camp, (U.S.) summer camp.

colonisation n.f. colonization ; settling.

coloniser v. to colonize, to settle.

colonne n.f. column, colonne Morris, Morris pillar.

colorant n.m. colouring, (U.S.) coloring.

coloration n.f. colour, (U.S.) color ; colouring, (U.S.) coloring.

colorer v. to colour, (U.S.) to color ; to tint, to tinge.

coloris n.m. colour, (U.S.) color ; colouring, (U.S.) coloring ; tinge, tint, shade. Carte de ~, shade card.

colporter v. to peddle, to hawk.

colporteur n.m. peddler, pedlar.

colportage n.m. peddling ; hawking.

combattre v. to fight, to fight against, to combat.

combinaison n.f. **1.** combination, arrangement ; (pour contrôler un marché, etc.) combine. **2.** (combine) (dubious) scheme/plan. **3.** (vêtement) overalls.

combine n.f. (shady) deal, (dubious) scheme/plan.

combiner v. **1.** to combine ; to associate, to unite. **2.** (fam.) to concoct, to contrive, to lay a scheme (a plan), to design, to devise ; (tout organiser) to engineer, to mastermind.

comble adj. full, packed, crowded ; salle ~, full house, house filled to capacity, capacity audience.

combler v. to fill, to fill in, to fill up. ~ un déficit, to plug a deficit. ~ un écart, to bridge a gap. ~ une perte, to make up (to make good) a loss. ~ un retard, to catch up (sur, with).

combustible *adj.* combustible, inflammable.

combustible *n.m.* fuel.

comestible *adj.* edible.

comice *n.m.* show. ~ *agricole*, agricultural show.

comité *n.m.* committee. ~ *de direction*, board; management committee; executive committee. ~ *d'entreprise*, works council, joint committee, joint consultative committee. ~ *d'orientation, de programme*, steering committee.

commande *n.f.* **1.** order. *Passer* ~ *(à)*, to order (from) ; to place an order (with). *Passer (une) commande de dix unités*, to place an order for ten units, to order ten units. *Enregistrer une* ~, to book an order. ~ *en gros*, bulk order. *Payable à la* ~, *règlement à la* ~, cash with order. *Carnet de* ~, order book. ~*s accumulées*, backlog of orders. ~ *d'essai, à l'essai*, trial order. ~ *renouvelée, renouvellement de* ~, repeat order. ~ *reçue de l'étranger*, indent. ~ *en cours*, order on hand. *Exécuter une* ~, to fill an order. **2.** control. ~ *à distance*, remote control. *(inform.)* ~ *numérique*, numerical/digital/control. *Gestion optimale des* ~, market fulfil(l)ment.

commandement *n.m.* **1.** command; order; instruction. **2.** authority; command; management. **3.** *(d'huissier)* order to pay, summons to pay before execution.

commander *v.* **1.** *(passer commande)* to order, to place an order. *Commander quelque chose à quelqu'un*, to order something from somebody, to place an order for something with somebody. **2.** *(donner un ordre)* to instruct, to order, to enjoin, to command.

commanditaire *n.m.f.* **1.** *(association de personnes)* limited partner; sleeping partner, silent partner, dormant partner. **2.** *(publicité, etc.)* sponsor.

commandite *n.f. société en* ~ *(simple)*, limited partnership. *Société*

en ~ *par actions*, partnership limited by shares.

commandité *n.m.* active partner, acting partner, general partner.

commanditer *v. (pub.)* to sponsor; *(société)* to support, to finance, to act as sleeping partner.

commentaire *n.m.* comment; commentary. *(T.V.)* ~ *sur image*, running commentary, *(U.S.)* voice-over.

commentateur *n.m.* commentator, *(U.S.)* narrator, voiceover.

commenter *v.* to comment.

commerçant, e *n.m.f.* shopkeeper, retailer; *(petits métiers du commerce, fournisseur)* tradesman; *(sens général)* trader. *Petit* ~, small retailer.

commerçant, e *adj.* commercial, business, busy. *Quartier* ~, shopping district. *Être* ~, to have business acumen, business sense, to be a born salesman. ~ *indépendant*, independent retailer.

commerce *n.m.* **1.** *(sens le plus large)* commerce. **2.** *(échanges)* trade. *Atteinte à la liberté du* ~, restrictive practice, practices in restraint of trade. *Chambre de* ~, Chamber of Commerce. ~ *dirigé*, managed trade. ~ *extérieur*, foreign trade. ~ *intérieur*, home trade, domestic trade. *Effet de* ~, bill, note. *Faire du* ~, to trade. *Faire le* ~ *de*, to deal in, to sell. *Fonds de* ~, stock-in-trade; business; goodwill. *Le monde du* ~, the world of commerce, the commercial world. *Marine de* ~, merchant service, merchant navy. *Maison de* ~, business firm. *Ouvrir un* ~, to open a store, to set up a business. *Petit* ~, small traders, shopkeepers, storekeepers, small retailers; *(G.B.)* High Street, *(U.S.)* Main Street. *Registre du* ~, Trade Register. *Tribunal de* ~, commercial court. *(marchandise) se trouver dans le* ~, to be on sale. *Voyageur de* ~, commercial traveller, representative, *(U.S.)* traveling salesman.

commerce de détail (the) retail trade.

commerce électronique, electronic commerce, e-commerce, e-trade.

commerce extérieur, foreign trade.

commerce de gros, (the) wholesale trade.

commerce par la télévision, t-commerce.

commercer v. to trade, to deal (*avec,* with) ; to have business relations with.

commercial, e *adj., pl.* **commerciaux, commerciales,** commercial. *Accord commercial,* trade agreement. *Attaché ~,* commercial attaché. *Directeur ~,* Sales Manager. *Droit ~,* commercial law, merchant law. *Foire ~e,* trade fair. *Entreprise ~e,* trading firm, trading concern. *Guerre ~e,* trade war. *Ingénieur ~,* sales engineer. *Partenaire ~,* trading partner. *Politique ~e,* sales policy ; trade policy. *Relations ~es,* business relations, business contacts. *Service ~,* Sales Department.

commercial, e *n.m.f.* member of the marketing team/sales force ; sales person ; representative. *Commerciaux,* marketing people, sales people.

commercialement *adv.* commercially.

commercialisable *adj.* marketable.

commercialisation *n.f.* commercialization ; *(mise sur le marché)* marketing ; *(spécifique d'un produit donné)* merchandising.

commercialiser v. to commercialize ; *(mettre sur le marché)* to market ; *(activités spécifiques nécessaires à la vente d'un produit donné)* to merchandise.

commettant *n.m.* principal.

commettre v. 1. to commit. *~ une erreur,* to make a mistake. 2. *(nommer à une fonction)* to appoint. *~ un expert,* to nominate/appoint an expert.

commettre (se) v. to commit oneself ; to pledge oneself. *Ne pas se ~,* not to commit oneself, to be/to remain non-committal ; to hold off.

comminatoire *adj.* comminatory, minatory ; threatening.

commis *n.m.* 1. clerk. *Premier ~, ~ principal,* head/senior clerk. 2. *(magasin, boutique)* assistant. 3. *~ voyageur,* commercial traveller, *(U.S.)* traveling salesman. 4. *(jur.)* agent. 5. *Les grands ~ de l'État,* senior civil servants.

commis d'office *n.m.* *(avocat, expert)* appointed by the court.

commissaire *n.m.* commissioner ; *~ de police,* police superintendent, *(U.S.)* chief of police, police chief.

commissaire aux comptes *n.m.* auditor.

commissaire-priseur *n.m.* auctioneer.

commissariat de police *n.m.* police station.

commission *n.f.* 1. committee, commission, board. *~ d'enquête,* court of inquiry, board of inquiry, commission of inquiry. *~ paritaire,* joint committee. *~ permanente,* standing committee. 2. commission, fee, percentage, charge, brokerage, turn. *Agent à la ~,* commission agent. *~ d'agence, ~ de gestion,* agency fee. 3. *faire des ~s,* to run errands, to go shopping, to do one's shopping. 4. *(message)* message. 5. *(attribution d'une fonction, d'une mission)* commission. *Donner ~ à quelqu'un,* to commission somebody (to do something).

commissionnaire *n.m.* 1. commission agent. 2. *(de transport)* forwarding agent. 3. *~ en douanes,* customs agent, customs broker.

commissionner v. to commission.

commode *adj.* *(facile)* easy ; *(pratique)* handy ; *(qui convient)* convenient ; *(personne)* easy-going.

commodité *n.f.* convenience. *Biens de ~*, convenience goods. *~s*, amenities.

commuer *v.* *(une peine)* to commute.

commun, e *adj.* common, ordinary. *Avarie ~e*, general average. *Mise en ~*, pooling.

communauté *n.f.* **1.** community. *La ~ Européenne*, the European Community, the E.E.C., *(U.S.)* E.C., the Common Market. **2.** *(jur., ~ de biens)* joint estate. **3.** *~ urbaine*, urban district.

communicateur *n.m.* communicator.

communication *n.f.* **1.** communication. *Avoir ~ d'un document*, to have access to a document. *Voie de ~*, line of communication, means of communication. **2.** *(téléphone)* call. *Passer une ~*, to put a call through. *~ longue distance*, *(G.B.)* trunk call, *(U.S.)* long distance call. **3.** *(contact)* contact, connection, relation. *Être en ~ avec quelqu'un*, to be in touch with somebody. *Entrer en ~*, to get in touch. **4.** *(message)* communication, message, notice; *(dans un congrès)* presentation; communication; address; paper.

communication téléphonique *n.f.* phone call.

communiqué *n.m.* (official) statement, *bulletin, communiqué. ~ à la presse*, statement to the press, press release.

communiquer *v.* to communicate.

commutation *n.f.* *(inform.)* switching.

compagnie *n.f.* company. *~ d'assurance*, insurance company. *~ d'aviation*, airline, airline company. *~ de navigation*, shipping company… *et ~ (et Cie)*, and Company (and Co)

comparaître *v.* *(en justice)* to appear (before a court). *Être cité à ~*, to be summoned to appear. *Citation à ~*, summons, subpoena. *Faire ~*, to bring (before a court, a magistrate).

comparution *n.f.* *(devant un tribunal)* appearance (before a court).

comparatif, -ive *n.f.* comparative. *Avantage ~*, comparative advantage. *Essais ~s*, comparison/comparative tests.

comparse *n.m.f.* *(jur.)* accomplice; confederate.

compartiment *n.m.* compartment.

compartimentage *n.m.* division, dividing, segmenting, fragmenting, compartmenting; *(cloisonnement)* partitioning.

compartimenter *v.* to divide, to segment, to fragment, to compartment; *(cloisonner)* to partition.

compatibilité *n.m.* compatibility.

compatible *adj.* compatible.

compensable *adj.* **1.** compensable, that can be compensated, that can be made up for. **2.** *(traite, etc.)* payable.

compensateur, trice *adj.* compensating, balancing, offsetting, counterbalancing, equalizing, compensatory.

compensation *n.f.* compensation, counterpart, equalization, offset(ting), making up, balancing, *(fin.)* clearing. *Chambre de ~*, clearing house. *(commerce extérieur)* countertrade.

compensatoire *adj.* compensatory; counterbalancing. *Dommages-intérêts ~s*, compensatory damages. *Droits ~s*, countervailing duties. *Montants ~s*, deficiency payments, (monetary) compensatory units, M.C.U.'s, (monetary) compensation/compensatory amounts.

compenser *v.* to compensate, to counterbalance, to make up (for something), to offset, *(chèques, etc.)* to clear. *~ une perte*, to make up for a loss, to make good a loss. *(jur.) ~ les dépens*, to divide out the costs (between the parties).

compétence *n.f.* **1.** competence, ability, capacity, qualification, proficiency, skill. **2.** *(tribunal)* jurisdiction. *Être de la compétence d'un* *tribunal,* to fall within the jurisdiction of a court. **3.** *(domaine de compétence)* scope, responsibility, province, powers.

compétence(s) *n.f.pl.* qualification(s).

competent, e *adj.* competent, qualified, well-versed in, proficient, conversant (with).

compétiteur *n.m.* competitor.

compétitif, -ive *adj.* competitive.

compétition *n.f.* competition, contest.

compétitivité *n.f.* competitiveness.

compilateur *n.m.* *(inform.)* compiler.

compilation *n.f.* *(inform.)* compiling.

compiler *v.* to compile.

complaisance *n.f.* *Auriez-vous la ~ de,* would you be so kind as to, would you kindly... *Pavillon de ~,* convenience flag. *Traite, effet de ~,* accommodation bill.

complaisant, e *adj.* accommodating ; obliging.

complément *n.m.* complement. *En ~,* in addition.

complémentaire *adj.* additional, complementary ; supplementary. *Renseignements ~s,* further information, further details, further particulars.

complémentarité *n.f.* complementarity.

complet, ète *adj.* complete, full, total, comprehensive ; *(hôtel, etc.)* fully booked, "no vacancies".

compléter *v.* **1.** to complete. **2.** *(formulaire) ;* to fill in, to fill out, to fill up. **3.** *(s'ajouter à)* to supplement.

complexe *n.m.* complex. *~ industriel,* industrial complex.

complexe *adj.* complex, complicated, sophisticated, intricate.

complexité *n.f.* complexity, sophistication.

complication *n.f.* **1.** complication. **2.** complexity.

complice *n.m.f.* accomplice ; *(jur.) Être ~ d'un crime,* to be

accessory to/party to a crime. *Se rendre ~ de...,* to aid and abet.

complicité *n.f.* complicity ; *(jur.)* aiding and abetting.

compliments *n.m.pl. Avec les ~ de,* with the compliments of. *Avec mes ~,* Kind regards. *Mes ~ à,* My kind regards to... Please give my regards to... ; *(félicitations)* congratulations.

compliqué, e *adj.* complicated, complex, elaborate, intricate, involved, difficult, sophisticated.

compliquer *v.* to complicate, to compound. *Le problème est compliqué par l'inflation et le chômage,* the problem is compounded by inflation and unemployment.

comportement *n.m.* *(personne)* behaviour, (U.S.) behavior. (machine, indice etc.) performance.

comportemental, e *adj.* behavioural, (U.S.) behavioral.

comporter *v.* **1.** *(impliquer)* to involve, to entail, to imply. **2.** *(contenir)* to include, to contain, to feature, to comprise, to consist of. *Cette proposition comporte des aspects positifs,* the proposal presents (has) positive aspects.

comporter (se) *v.* to behave, to conduct oneself, to perform ; *(véhicule, etc.)* to behave, to perform, to function. *Les nouveaux véhicules se sont très bien comportés au cours des tests,* the new vehicles performed very well during the tests.

composant *n.m.* component. *~s électroniques,* electronic components.

composante *n.f.* component ; part, section.

composé *adj.* *(intérêt)* compound (interest).

composer *v.* *(en venir à un accord)* to compromise, to come to an agreement, to come to terms. *~ avec ses créanciers,* to make a composition, to propose a scheme of arrangement, of composition.

composer, *(un numéro de téléphone)* to dial.

composer de (se) *v.* to consist of.

composition *n.f.* **1.** composition; contents, ingredients. **2.** *(composition d'une assemblée)* constitution, structure, membership. **3.** *(arrangement)* arrangement, agreement, settlement, compromise.

composter *v.* to date-stamp, to date, to perforate, to punch, to stamp.

compréhensif, -ive *adj.* understanding, sympathetic.

comprendre *v.* **1.** to understand. **2.** to include, to consist of.

compressible *adj.* compressible, that can be reduced/restricted.

compression *n.f.* squeeze, squeezing, reduction, curtailment; *(des dépenses)* retrenchment, cuts, cutback(s), curtailment. ~ *de crédit,* credit squeeze. ~ *de personnel,* redundancy, lay-off; staff-reduction.

comprimé *n.m.* tablet, pill, lozenge.

comprimer *v.* to compress, to squeeze, *(les dépenses)* to cut, to cut down, to trim, to curtail, to cut back. ~ *le personnel,* to lay-off, to make workers redundant, to cut the payroll.

compromettre *v.* to compromise, to endanger, to jeopardize, to imperil; *(l'efficacité)* to impair, to damage; *(dans une affaire louche)* to involve, to implicate.

compromis *n.m.* compromise; trade-off; *(avec créanciers)* composition, (scheme of) arrangement; ~ *de vente,* (formal) promise to sell.

compromission *n.f.* compromising, involvement, (in dubious dealings).

compromissoire *adj.* *(jur.)* *clause compromissoire,* arbitration clause.

comptabilisation *n.f.* counting; posting, recording.

comptabiliser *v.* **1.** to enter in the books, to record. **2.** *(sens large)* to record, to keep count of, to count, to account for.

comptabilité *n.f.* **1.** accounting, bookkeeping; *(profession)* accountancy. *Chef de la* ~, chief accountant. ~ *analytique,* cost accounting. ~ *d'engagements,* accrual basis accounting, accruals principle. ~ *des sociétés,* corporate accounting. ~ *de trésorerie,* cash-flow accounting. ~ *en partie double,* double-entry bookkeeping. *Faire, tenir la* ~, to keep the books, the accounts. *Livre de* ~*s,* account(s) book; *(grand livre)* ledger. **2.** *(service comptable)* accounts department, accounting department.

comptabilité nationale national accounting, national accounting plan/system, national accounts.

comptable *n.m.f.* accountant; *(teneur de livres)* bookkeeper; *expert* ~, *(G.B.)* Chartered Accountant, *(U.S.)* Certified Public Accountant; *(chargé de vérifier les comptes)* auditor.

comptable *adj.* **1.** *(tâche)* accounting, bookkeeping. *Pièce* ~, voucher, receipt. *Principes* ~, accounting principles/policies/methods/procedures. *Valeur* ~, book value. **2.** *(responsable)* accountable, responsible, answerable (for something, to somebody).

comptant *n.m.* cash, spot cash, cash payment. *Payer* ~, to pay cash. *Acheter au* ~, *vendre au* ~, to buy/sell/for cash. *Au* ~ *compté,* cash down. ~ *d'usage,* prompt cash. *Marché du* ~, spot market. ~ *contre document,* cash against documents.

compte *n.m.* **1.** *(état comptable)* account. *Livre de* ~, account(s) book. *Mettez cela sur mon* ~, charge it to my account. *Pour le* ~ *de...,* on behalf of. *Ouvrir un* ~, to open an account (with a bank). *Relevé de* ~, statement of account. *Approvisionner un* ~, to replenish an account. *Arrêter un* ~, to close an account. ~ *à découvert,* overdrawn account, account in the red. ~ *à demi,* joint account. ~ *à vue,* demand deposit account. *Détenteur d'un ~,* account holder. *Régler un ~,* to settle an account. *Solder un ~,* to balance an account. **2.** *(décompte)* calculation, count, reckoning, tally. *~ à rebours,* countdown. **3.** *(quantité)* count, amount. **4.** *se mettre à son ~,* to set up in business, to set up/start one's own business. **5.** *faire le ~ des voix,* to tally the votes.

compte à rebours *n.* countdown.

compte bancaire, bank account, banking account.

compte bloqué, escrow account.

compte chèque postal, giro account.

compte-chèques, bank(ing) account, *(U.S.)* checking account.

compte client, *(bilan)* accounts receivable.

compte courant, current account. *~ postal,* giro account.

compte créditeur, credit account.

compte d'amortissement, depreciation account; *(dette)* redemption account; amortization account.

compte débiteur, 1. debit account. **2.** overdrawn account, outstanding account. *Votre compte est débiteur,* your account is in the red.

compte de dépôt, deposit account.

compte de l'exercice, accounts for the financial (trading, fiscal) year.

compte d'épargne, savings account.

compte de profits et pertes, income statement, profit and loss account, earnings report.

compte de régularisation, equalization account. *(d'actif)* prepayments and accrued income; prepayments and deferred charges. *(de passif)* accruals and deferred income.

compte de résultats(s), income statement, *(G.B.)* profit and loss account, *(U.S.)* earnings report.

compte d'exploitation, trading account, *(U.S.)* operating account, income statement.

compte en banque, bank account, banking account.

compte fournisseur, *(bilan)* accounts payable.

compte joint, joint account.

compte-pivot, escrow account.

compter *v.* **1.** to account, to reckon, to compute, to calculate, *(des voix)* to tally (votes). **2.** *(compter sur, s'attendre à)* to expect, to anticipate. **3.** *(compter sur, tabler sur, faire confiance à)* to rely on, to depend on, to trust *(fam.)* to bank on. **4.** *(prendre en considération)* to take into account, to include, to consider. **5.** *(inclure)* to count, to include, to number. **6.** *(faire des plans, projeter)* to plan, to propose, to consider, to envisage. **7.** *(espérer)* to hope, to trust, to look forward to. **8.** *(faire payer)* to charge. **9.** *à ~ de,* as from, as of.

compte rendu *n.m.* report; *(de séance, des délibérations)* minutes.

comptes approuvés *n.m.pl.* certified accounts.

compteur *n.m.* counter, meter, recorder. *~ à gaz,* gas meter; *~ de vitesse,* speedometer; *(kilométrique)* odometer; *relever un ~,* to read a meter.

comptoir *n.m.* counter; *(de magasin)* counter, department. *~ d'escompte,* discount bank. *~ commercial,* trading post. *(Agence, etc.)* branch, agency.

compulser *v.* to go through, to look through, to examine, to study *(documents).*

concéder *v.* **1.** to concede, to admit, to allow, to acknowledge, to recognize. **2.** *(accorder)* to grant, to allow. **3.** *(soumission)* to contract out, to offer for tender.

concentration *n.f.* concentration, *(d'industrie)* combine, combination.

concentré *n.m.* concentrate.

concentré, e *adj.* concentraded.

concentrer v. to concentrate, to focus, to centre; *se ~ sur,* to concentrate, to focus on.

conception *n.m.* conception; design. ~ *assistée par ordinateur (C.A.O.),* computer-aided design, C.A.D.

concerner v. to concern, to involve, to affect, to regard. *En ce qui concerne,* as regards, as concerns, as to, as for. *La clause concernée,* the clause involved, the relevant clause.

concertation *n.f.* consensus seeking; concertation.

concerter v. to plan, to arrange, to pre-arrange, to concert, to pre-concert.

concerter (se) v. to plan together; to discuss joint action.

concession *n.f.* concession; grant; sole agency; *(minière)* claim. ~ *réciproque,* trade-off. *Obtenir la ~ d'un programme de travaux,* to obtain, to be granted/awarded a works project contract.

concessionnaire *n.m.f. (automobile, etc.)* dealer; (sole) agent; (sole) distributor; ~ *d'un brevet,* patent-holder, patentee; ~ *d'une licence,* licence-holder, licensee.

concessionnaire *adj.* concessionary, *(qui a la concession d'un service public)* statutory company, *(U.S.)* utility company.

concevoir v. to devise, to conceive, to imagine; *(un modèle)* to design; *(texte)* to draft, to word, to write.

conciliant, e *adj.* conciliatory.
conciliation *n.f.* conciliation.
conciliatoire *adj.* conciliatory.
concilier v. to conciliate, to reconcile.
concis, e *adj.* concise, brief.
concision *n.f.* conciseness, concision, brevity.
concitoyen, ne *n.m.f.* fellow-citizen.
concluant, e *adj.* conclusive, decisive, convincing.
conclure v. 1. *(achever)* to conclude, to end, to close; *(un dis-*cours)* to wind up. 2. *(conclure un marché)* to strike, to close, to clinch (a deal, a bargain). ~ *un accord,* to sign, to conclude, to arrive at, to enter into (an agreement). 3. *(jur.)* to find. ~ *à l'innocence,* to declare innocent. ~ *au suicide,* to return a verdict of suicide. 4. *(tirer des conclusions)* to conclude, to decide, to understand, to find, to gather, to infer.

conclusif, -ive *adj.* conclusive.

conclusion *n.f.* 1. *(fin.)* conclusion, end; close; *(discours)* winding up. 2. *(d'un marché)* striking, clinching (of a deal), concluding. 3. *(d'une enquête, etc.)* findings; *(d'un jury)* findings, decision 4. *(fait de tirer des ~s)* conclusion, inference.

concordance *n.f.* agreement, concordance, correspondence.

concordant, e *adj.* agreeing, in agreement, concordant.

concordat *n.m. (avec créanciers)* scheme of composition, scheme of arrangement.

concorder v. to agree, to tally, to correspond.

concourir v. to compete; to enter a contest/competition; *(concourir à)* to contribute to, to concur in.

concours *n.m.* 1. contest, competition, *(promotion, pullicité)* sweepstake.; *(scolaire)* competitive examination. 2. *(aide)* help, assistance, support, aid, collaboration, cooperation, backing up. 3. *(foule)* concourse, gathering. ~ *de circonstances,* coincidence, chance.

concret, ète *adj.* concrete, factual.

concrétiser v. to put in concrete form, to turn into reality, to realize.

concrétiser (se) v. to materialize.

concubin, e *n.m.f.* cohabitant, cohabitee.

concubinage *n.m.* cohabitation. *Vivre en ~,* to cohabit, to live together as husband and wife without a legal marriage having been performed.

concurrence *n.f.* competition. *Atteinte à la libre ~,* (practice) in restraint of trade, restrictive practice. *Biens de ~,* shopping goods. *Faire ~ à,* to compete with. *Jusqu'à ~ de,* up to, to the extent of, not exceeding.

concurrence déloyale, unfair competition, unfair trading; anti-competitive practice(s).

concurrencer *v.* to compete with.

concurrent, e *adj.* **1.** competing, *entreprises ~es,* competing firms, rival firms. **2.** *(concurrentiel)* competitive.

concurrent, e *n.m.f.* **1.** competitor; rival; challenger. **2.** *(candidat)* candidate, applicant. **3.** *(concours)* entrant, entry, contestant.

concurrentiel, le *adj.* competitive.

concussion *n.f.* misappropriation (of public funds).

condamnable *adj.* reprehensible; condemnable.

condamnation *n.f.* **1.** *(sens général)* condemnation. **2.** *(jur.)* sentence; conviction.

condamner *v.* **1.** *(sens général)* to condemn. **2.** *(condamner à la ruine, etc.)* to doom. **3.** *(jur.)* to sentence; *(à une amende)* to fine; *(aux dépens)* to order to pay costs; *(déclarer coupable)* to convict. **4.** *(une porte, ouverture)* to block, to board up.

condenser *v.* to condense, to shorten, to abridge.

condition *n.f.* **1.** condition, stipulation. *~s d'un contrat,* terms of a contract. *~s habituelles,* usual terms. *Vente à ~.* a) on sale or return; b) *(vente par correspondance)* on approval, on appro. *A ~ que,* on condition that, provided that. **2.** *(état)* condition, state. *En bonne ~,* in good repair, in good/fair/condition. **3.** *(sociale)* status, position. **4.** *(conditions, situation)* condition(s), situation, circumstances.

conditionnel, le *adj.* conditional; *(à)* subject to.

conditionnellement *adv.* conditionally.

conditionnement *n.m.* packaging; *(textiles)* conditioning.

conditionner *v.* to package, *(textiles)* to condition.

conditionneur *n.m.* packager; *(textile)* conditioner.

conditions de crédit, credit terms.

conditions de paiement, terms of payment.

conditions de vente, terms of sale, sales terms. *Conditions générales de vente,* general terms of sale, terms and conditions (of sale).

conditions d'expédition, shipping terms.

conducteur, trice *n.m.f.* driver, *(automobiliste)* motorist, *(conducteur d'engin, etc.)* operator.

conducteur de travaux, foreman.

conduire *v.* **1.** *(véhicule)* to drive; *permis de conduire,* driving licence, *(U.S.)* driver's license. **2.** *(route, etc.)* to lead. **3.** *(diriger)* to conduct, to lead, to manage, to run; *(une délégation, etc.)* to lead. **4.** *(transporter)* to take, to transport, to convey, to bring, to carry. **5.** *(une politique)* to follow, to conduct a policy.

conduire (se) *v.* to behave, to conduct oneself.

conduite *n.f.* **1.** *(comportement)* behaviour; conduct; performance. *Code de bonne ~,* code of ethics; code of honour *(U.S.* honor). **2.** *(direction)* management, control, direction, leadership, responsibility, *(de négociations)* conduct, heading, leading. **3.** *(politique)* policy, course (of action). **4.** *(tuyau)* pipe, main.

confection *n.f.* **1.** *(fait de fabriquer)* manufacture, manufacturing, making, construction. **2.** *(vêtements)* ready-to-wear. *Magasin de ~,* men's/women's/children's wear, *(U.S.)* apparel store.

confectionneur *n.m.* ready-to-wear manufacturer.

conférence *n.f.* **1.** *(de presse, etc.)* conference. **2.** *(faite par un conférencier)* lecture. **3.** *(congrès)* congress, conference, convention. **4.** *(discussion)* conference, debate, discussion.

conférencier, ère *n.m.f.* lecturer; public speaker.

conférer *v.* **1.** *(accorder)* to grant, to award, to confer, to bestow. **2.** *(avec)* to confer with, to discuss with.

confiance *n.f.* confidence, trust, faith; reliance. *La ~ (économique) ne se rétablit pas du jour au lendemain,* confidence cannot be restored overnight. *~ des consommateurs,* consumer confidence. *Indice de ~ des consommateurs,* consumer confidence index. *Digne de ~,* trustworthy; reliable. *Homme de ~,* right hand, confidential agent, trusted representative. *Avoir ~ en soi,* to be self-confident.

confiant, e *adj.* **1.** confident, trustful, hopeful, trusting. **2.** *(en soi)* self-confident.

confidence (en) *loc. adv.* confidentially, in confidence.

confidentialité *n.f.* confidentiality, secrecy.

confidentiel, le *adj.* confidential; private; classified. *A titre ~,* in strict confidence, confidentially, *(déclaration)* off-the-record.

confidentiellement *adv.* confidentially, in confidence; *(déclaration)* off-the-record.

confier *v.* **1.** *(quelque chose à quelqu'un)* to entrust (something to somebody, somebody with something), to trust (somebody with something), to commit, to assign (something to somebody), to charge (somebody with something). **2.** *(révéler)* to tell, to disclose, to impart, to reveal, to confide.

confirmatif, ive *adj.* confirmative, confirming.

confirmation *n.f.* confirmation.

confirmer *v.* **1.** to confirm. **2.** *(prouver le bien-fondé)* to bear out.

3. *(le jugement d'un tribunal)* to uphold.

confiscable *adj.* confiscable, forfeitable.

confiscation *n.f.* confiscation, forfeiture.

confiscatoire *adj.* confiscatory.

confiserie *n.f.* **1.** confectionery. **2.** confectioner's shop.

confiseur *n.m.* confectioner.

confisquer *v.* to confiscate, to seize.

conflictuel, le *adj.* conflictual; adversarial.

conflit *n.m.* dispute; conflict; row. *~ du travail, conflit social,* labour dispute; *~ armé,* conflict; clash of arms. *Régler un ~,* to settle a dispute.

conflit d'intérêts, conflict of interest(s).

confondre *v.* **1.** to mistake, to confuse. **2.** *(mettre ensemble)* to merge.

conforme *adj.* in conformity (with), true (to), corresponding (to), consistent with; as per. *~ à l'échantillon,* up to sample, true to sample. *(tissus)* true to pattern. *~ à la commande,* as per order. *Copie ~,* certified true copy. *Livraison ~,* delivery as per order, good delivery.

conforme à la commande, as per order.

conforme à l'échantillon, up to sample, true to sample.

conformément à *loc. adv.* according to, in conformity with, in accordance with, in compliance with; *(jur.)* in pursuance of. *~ à votre commande,* as per your order.

conformer à (se) *v.* to comply with, to conform to, to abide by, to keep to; *(fam.)* to stick to.

se conformer aux termes de, to comply with the terms of.

conformité *n.f.* conformity. *En ~ avec les consignes,* in accordance with, in compliance with instructions.

confort *n.m.* comfort. *Les conditions de ~ de la vie moderne,* the amenities of modern life.

confortable *adj.* comfortable, cosy.

confrère *n.m.* colleague, fellow-member.

confrontation *n.f.* confrontation, clash, *(finale)* showdown.

confronter *v.* to face, to confront, to meet with (difficulties).

congé *n.m.* **1.** leave; vacation, holiday. *Prendre un jour de ~,* to take a day off. *~ de convenance personnelle,* leave on personal grounds. *~ de maladie,* sick leave. *~ parental,* parental leave. *~(s) payé(s),* paid leave, holiday(s) with pay, *(U.S.)* paid vacation(s). *Être en ~,* to be on holiday, to be on vacation, to be on leave. *Prendre~,* to take leave. **2.** *(renvoi)* dismissal, *(Adm.)* discharge. *Donner ~,* to dismiss; *(propriétaire à locataire, locataire à propriétaire)* to give notice. **3.** *(autorisation)* authorization, permit.

congédier *v.* to dismiss, *(Adm.)* to discharge.

congédiement *n.m.* dismissal, *(Adm.)* discharge.

congélateur *n.m.* freezer, deep-freeze.

congélation *n.f.* freezing, deep-freezing; cold-storage. *Chambre de ~,* freezing chamber.

congeler *v.* to freeze, to deep-freeze.

congestion *n.f. (du marché)* glut.

congestionner *v. (marché)* to glut.

conglomérat *n.m.* conglomerate.

congrès *n.m.* congress, conference, convention.

congressiste *n.m.f.* attendant (at a conference, a congress), *(U.S.)* attendee. *Les ~s,* those attending the conference.

conjecture *n.f.* conjecture, guess, estimate.

conjecturer *v.* to guess, to conjecture, to guesstimate.

conjoint, e *n.m.f.* spouse; *les ~s,* husband and wife.

conjoint, e *adj.* joint. *~ et solidaire,* joint and several.

conjointement *adv.* jointly. *~ et solidairement,* jointly and severally.

conjoncture *n.f.* situation; conjuncture. *~ économique,* economic situation, present economic situation, state of the economy, present state of the economy, present economic trends, business outlook, the economy.

conjoncturel, le *adj.* relating to/pertaining to/the (present) state of the economy; temporary; trend-related. *Chômage ~,* cyclical unemployment.

conjoncturiste *n.m.f.* economic observer, analyst, trend watcher.

conjugaison *n.f.* combination, combining.

conjugué, e *adj.* combined.

connaissance *n.f.* **1.** knowledge. *Gestion des ~s,* knowledge management. **2.** *(personne)* acquaintance.

connaissement *n.m.* bill of lading, B/L.

connaissement à bord, shipped B/L, on board B/L.

connaissement à ordre, B/L to order.

connaissement au porteur, B/L to bearer.

connaissement avec réserves, unclean B/L.

connaissement chef, original stamped B/L.

connaissement clausé, unclean B/L, foul B/L.

connaissement direct, through B/L.

connaissement net, clean B/L.

connaissement nominatif, B/L to a named person.

connaissement non-clausé, clean B/L.

connaissement sans réserves, clean B/L.

connaître de *v. (tribunal) connaître d'une affaire, d'un différend, d'un grief,* to hear a case, a dispute, a grievance. *(avoir compétence)* to be competent in, to have competence in, to have jurisdiction over.

connecter *v.* to connect, to link; *(brancher)* to plug in. *(Inform.) connecté,* on-line.

connecter (se) *v.* to connect, to get connected *(à,* to).

connexion *n.f.* connection.

conquérir *v.* to win, to conquer, *(marché)* to capture.

conscience professionnelle *n.f.* conscientiousness, dedication/devotion to one's job.

consciencieux, -euse *adj.* conscientious; dedicated.

consécutif, -ive *adj.* **1.** consecutive, running, in a row, on end, in succession. *Pour le troisième mois ~,* for the third straight month. **2.** *~ à,* resulting from, following (upon), due to, consequent upon.

conseil *n.m.* **1.** (piece of) advice. **2.** *(organisme)* council, committee, board. **3.** *(conseiller)* adviser, consultant. *~ en gestion,* management consultant. *~ en organisation,* management consultant. *~ en recrutement,* recruiting consultant, appointment consultant. *Ingénieur ~,* consulting engineer. **4.** *(réunion)* meeting.

conseil d'administration, Board of Directors.

conseil de direction, management board, management committee, executive committee.

conseil d'entreprise, works council.

conseil de surveillance, *(société)* Supervisory Board.

conseiller, -ère *n.m.f.* **1.** adviser, consultant, expert. *~ juridique,* legal adviser. *~ fiscal,* tax consultant. **2.** *(membre d'un conseil)* councillor.

conseiller *v.* to advise; to counsel. *Prix conseillé,* recommended price.

consensus *n.m.* consensus.

consensuel, -le *adj.* consensual, consensus.

consentant, e *adj.* consenting.

consentement *n.m.* agreement, consent, authorization, assent.

consentir *v.* **1.** to agree (to), to consent (to), to authorize. **2.** *(un prêt)* to grant.

consentir un prêt, to grant a loan, to make a loan.

conséquence *n.f.* consequence, result, outcome; *les conséquences,* the aftermath, the fallout.

conservateur, -trice *n.m.f.* **1.** *(Pol.)* conservative, *(G.B.)* Tory. **2.** *(des hypothèques)* registrar of mortgages. **3.** *(produit)* preservative. **4.** *~ (qui fait des conserves)* canner.

conserveur *n.m.* canner.

conservatisme *n.m.* conservatism.

conservation *n.f.* preservation; *(des ressources)* conservation. *(valeurs boursières)* custody; *~ internationale,* global custody; *~ nationale,* local custody.

conservatoire *n.m.* school, academy, conservatory. *~ des Arts et Métiers,* School of Arts and Crafts.

conservatoire *adj.* (of) conservation. *Mesures ~s,* measures of conservation; provisional measure.

conserve *n.f.* preserve, preserved food; *(boîte de conserves)* tin, can; tinned food, canned food.

conserver *v.* to preserve, to keep, to retain, to maintain, to conserve. « *~ au frais* », "keep in a cool place", " store in a cool place".

conserverie *n.f.* **1.** canning factory, (U.S.) cannery. **2.** canning industry.

considérable *adj.* considerable, large, substantial, extensive.

considération *n.f.* **1.** consideration, point of view, motive. *Prendre en~,* to take into account. *En ~ de,* on account of; in regard of, in view of. **2.** *(respect)* respect, regard, esteem; reputation.

considérer *v.* to consider, to regard; *(envisager)* to envisage, to contemplate.

consignataire *n.m.* **1.** *(destinataire)* consignee. **2.** *(dépositaire)* depositary, trustee.

consignateur *n.m.* consignor, *(U.S.)* consigner, shipper.

consignation *n.f.* **1.** *(marchandises)* consignment. *Vente en ~,* consignment sale, sale on consignment. **2.** *(somme d'argent)* deposit; consignation.

consigne *n.f.* **1.** instruction, direction; order; recommendation. **2.** *(pour marchandises consignées)* deposit. **3.** *(à bagages)* left-luggage office, *(U.S.)* baggage-check.

consigner *v.* **1.** *(une somme)* to deposit. **2.** *(des marchandises)* to consign. **3.** *(un emballage)* to charge a deposit (on). *Bouteille consignée,* deposit bottle, returnable (refundable) bottle. **4.** *(laisser à la consigne)* to leave at the left luggage-office; to check. **5.** *(parécrit)* to write (down), to record, to enter (in the records), to couch in writing, to commit to writing.

consister *v.* to consist of, *~ à + verbe,* to consist in + *verbe* + ing; to be composed (of).

consolation (prix de), consolation prize.

console *n.f.* console, desk. *~ de mixage,* mixing desk.

consolidation *n.f.* consolidation; *(d'une dette)* consolidation, funding.

consolidé, -e *adj.* consolidated. *Dette consolidée,* consolidated debt. *Filiale consolidée,* consolidated subsidiary. *Rente consolidée,* consolidated annuity. *Résultats consolidés,* consolidated results.

consolider *v.* to consolidate; *(une dette)* to consolidate, to fund.

consommable *adj.* consumable.

consommables *n.m. pl.* consumables.

consommateur, -trice *n.m.f.* consumer. *(café, etc.)* customer. *Association de ~s,* consumer organisation/association/union. *Défense du ~,* consumer defense, consumer-

ism. *Panel de consommateurs,* consumer panel. *Pays consommateur,* consumer country, consuming country. *Profil des consommateurs,* consumer profile.

consommation *n.f.* **1.** consumption. *Société de~,* consumer society; *(d'abondance)* affluent society. *Biens de~,* consumer goods. *Crédit à la ~,* consumer credit. *Étude de ~,* consumer survey/research. *Indice des prix à la ~,* consumer price index (C.P.I.). *Niveau de la ~,* consumer demand. *Produits de~,* consumer products/goods. *Produits de grande~,* convenience goods, mass-consumption goods. **2.** *(boisson dans un café)* drink.

consommation des ménages, household consumption.

consommation par tête, consumption per head, per capita consumption.

consommer *v.* **1.** to consume. **2.** *(machine, moteur)* to use up. *Cette voiture consomme x litres aux cent kilomètres,* this car does x miles to the gallon. **3.** *(café, restaurant, etc.)* to have a drink. **4.** *(sur emballage) A consommer avant le...,* best before...

consomptible *adj.* consumable.

consortium *n.m.* consortium, syndicate.

constant, e *adj.* steady, stable; constant; *francs~s,* inflation-adjusted francs, constant francs.

constat *n.m.* (certified) report; memorandum.

constatation *n.f.* **1.** *(d'une enquête)* findings. **2.** fact. *Faire une~,* to discover, to note, to ascertain.

constater *v.* **1.** to note, to find, to discover. **2.** *(vérifier la réalité de)* to ascertain, to establish, to attest, to evidence.

constituer *v.* **1.** to constitute. **2.** *(une société)* to set up, to form, to found, to incorporate, to create. *Corps constitués,* public bodies, organized bodies. **3.** *(nommer un héritier, etc.)* to constitute, to make, to appoint. **4.** *(se ~ prisonnier)* to give oneself up. **5.** *(se ~ partie civile)* to institute an action, to institute legal proceedings. **6.** *(~ une rente à quelqu'un)* to settle an annuity on somebody. **7.** *(~ un jury)* to empanel a jury.

constituteur d'une annuité *n.m.* settlor, grantor of an annuity.

constitutif, ve *adj.* **1.** constitutive, that constitute(s). *Acte ~ (d'une société de capitaux)*, Memorandum of Association; *(d'une société de personnes)*, Deed of Partnership. **2.** *(ouvrant un droit)* conferring a right, entitling to a right. *Titre ~ (d'une propriété)*, title-deed.

constitution *n.f.* **1.** constitution. **2.** *(d'une société)* setting up, forming, formation, founding. **3.** *(composition)* composition, contents.

constitutionnel, le *adj.* constitutional.

constructeur, -trice *n.m.f.* maker, manufacturer, builder. *~ automobile, (G.B.)* car manufacturer, *(U.S.)* automaker. *(course automobile)* constructor.

constructible *adj.* building. *Terrain ~*, building land, building plot.

constructif, -ive *adj.* constructive, positive.

construction *n.f.* **1.** building; erection, construction, making. *Chantier de~*, building site. *Chantier de ~ navale*, shipyard. *~ d'une usine*, building of a factory, erection of a plant. *~ navale*, shipbuilding. **2.** *(bâtiment)* building, structure. **3.** *(industrie du bâtiment)* housebuilding/housing industry; construction.

construire *v.* to build, to erect, to construct, to make; *(machine)* to make, to manufacture, to assemble, to design.

consul *n.m.* consul.

consulaire *adj.* consular, *facture consulaire*, consular invoice.

consulat *n.m.* consulate.

consultant *n.m.* consultant.

consultatif, -ive *adj.* consultative, advisory. *Comité ~*, advisory council/committee/board.

consultation *n.f.* consultation, consulting. *~ d'expert*, professional advice, opinion. *~ électorale*, vote, voting, poll, election. *~ juridique*, legal advice/opinion. *(Internet)* hit.

consulter *v.* to consult, to take advice. *~ un avocat*, to consult/to see a lawyer, to seek/to take legal advice, to take legal opinion. *A ~ sur place*, not to be taken away.

consumérisme *n.m.* consumerism.

consumériste *n.m.f. et adj.* consumerist.

contact *n.m.* contact. *Être en~*, to be in touch. *Entrer en~*, to get in touch, to come into contact, to approach. *Garder le~*, to keep/stay in touch. *Prise de~*, *~ préalable*, preliminary contact(s).

contacter *v.* to contact, to get in touch (with), to approach.

container *n.m.* container. *Porte-container*, container-ship, container-plane, container wagon, container truck. *Transport par~s*, container transport, containerized transport.

contenance *n.f.* capacity, content.

conteneur *n.m.* container *(voir* **container***).*

contenir *v.* **1.** to contain, to hold. **2.** *(salle, etc.)* to accommodate. **3.** *(contrôler)* to rein in.

contentieux *n.m.* litigation; dispute. *Chef/responsable du ~*, head of the legal department, chief legal officer.

contentieux *adj. (service)* legal department.

contenu *n.m.* content(s).

contestable *adj.* debatable, questionable, arguable, objectionable.

contestataire *n.m.f.* dissenter.

contestation *n.f.* contestation, dispute, *(sociale, politique)* dissent.

contester *v.* to contest, to dispute, to challenge. *Je ne le conteste pas*, I don't deny it.

contexte *n.m.* context, *(social, etc.)* environment.

contingent *n.m.* **1.** quota. **2.** *(sens large de nombre, ration)* number, allowance, allocation.

contingentement *n.m.* **1.** quota, system of quota, quota system, applying quotas, application of quotas. **2.** *(réduction)* curtailing, curtailment.

contingenter *v.* **1.** to fix (to apply) quotas. **2.** *(réduire la production)* to curtail.

continu, e *adj.* continuous, ongoing. *Formation ~e,* continuing education, continuous education, adult education, further education, on-going education.

continuation *n.f.* continuation, continuance.

continuer *v.* to continue, to carry on, to pursue.

continuité *n.f.* continuity. ~ *d'exploitation (compta.),* going concern principle.

contourner *v.* to bypass, to skirt. ~ *la réglementation,* to bypass regulations.

contractant *n.f.* contracting party.

contracter *v.* to contract, to enter into. ~ *une assurance,* to take out an insurance policy. ~ *un emprunt,* to raise a loan, to take out a loan.

contracter (se) *v. (marché)* to shrink.

contraction *n.f.* contraction. *Contraction du crédit,* credit ~ *(d'un marché)* shrinking, narrowing.

contractuel, le *n.m.f.* traffic warden.

contractuel, le *adj.* contractual, contract. *Agent ~,* contract employee. *Main d'œuvre ~,* contract labour (U.S. labor).

contradiction *n.f.* contradiction, incompatibility; *(manque de cohérence)* inconsistency, discrepancy.

contradictoire *adj.* contradictory, conflicting, in opposition, incompatible, *(non conforme)* inconsistent, discrepant. *Examen ~,* cross-examination. *Expertise ~,* counter-test, counter-survey, second opinion.

contraindre *v.* to compel, to force, to oblige. ~ *par corps,* to imprison for debt.

contraint, e *adj.* compelled, forced, obliged. *Nous serons contraints de,* we will have to, we will be compelled to (forced to, obliged to).

contrainte *n.f.* **1.** constraint, *(coercition)* coercion. *Agir sous la~,* to act under duress. **2.** *(restriction)* restraint. *Sans~,* without restraint. **3.** ~ *par corps,* imprisonment for debt. ~ *par saisie de biens,* distress.

contraire *adj.* contrary. *Sauf indication (stipulation) ~,* unless otherwise agreed, unless we specify to the contrary; unless otherwise specified (stipulated), except where otherwise stipulated/specified.

contrat *n.m.* contract, deed, agreement. ~ *à durée déterminée,* (employment) contract for a limited period of time; ~ *à durée indéterminée,* (employment) contract for an unlimited period of time. ~ *de location,* rent agreement; *(locaux, etc.)* tenancy agreement. ~ *de propriété,* deed of property, title-deed. *Passer un~,* to sign/to enter into/a contract, to contract. *Projet de~,* draft contract. *Résilier un~,* to cancel a contract. *Rupture de~,* breach of contract.

contrat à durée déterminée, fixed-term contract.

contrat à durée indéterminée, unlimited term contract.

contrat d'affrètement, affreightment contract; charter-party.

contrat d'apprentissage, indentures.

contrat d'assurance, insurance contract, insurance policy.

contrat de formation, intern contract, placement contract; on-the-job training.

contrat de vente, bill of sale, contract of sale, sale contract.

contravention *n.f.* **1.** *(amende)* fine, *(Fam.)* ticket. ~ *pour excès de* *vitesse,* speeding offence, speeding ticket. ~ *pour stationnement non réglementaire,* parking ticket. **2.** *(infraction)* breach (of regulations), offence, infringement, violation. ~ *à la loi sur les brevets,* patent infringement.

contrebalancer *v.* to counterbalance, to balance, to offset, to compensate, to make up for.

contrebande *n.f.* smuggling, contraband; *(de l'alcool)* bootlegging; moonshining. *Faire de la~,* to smuggle (goods).

contrebandier *n.m.* smuggler.

contrecarrer *v.* to thwart, to foil.

contrecoup *n.m.* **1.** *(conséquence)* repercussion(s), aftermath, effect(s). **2.** *(choc en retour)* backlash.

contredire *v.* to contradict, to deny.

contrefaçon *n.f.* forgery; counterfeiting; counterfeit; fraudulent imitation. ~ *de brevet,* infringement of patent.

contrefacteur *n.m.* forger; counterfeiter; *(brevet, etc.)* infringer.

contrefaire *v. (signature, monnaie)* to forge; to counterfeit; *(brevet)* to infringe.

contremaître *n.m.* foreman, overseer.

contremanifestant, e *n.m.f.* counter-demonstrator.

contremanifester *v.* to counter-demonstrate.

contremarque *n.f.* counter-mark.

contre-ordre *n.f.* counter-order.

contrepartie *n.f.* **1.** counterpart. **2.** *(compta., G.B.)* contra. **3.** *(transaction)* other side, other party. **4.** *(garantie pour un prêt, etc.)* collateral. **5.** *Bourse :* market-making. **6.** *(commerce international)* counter-trade.

contrepartiste *n.m.* market-maker.

contrepasser une écriture, to pass a correcting entry.

contre-performance *n.f.* disappointing performance, poor showing.

contresigner *v.* to countersign, to endorse.

contretemps *n.m.* inconvenience, mishap, disappointment, *(retard)* delay.

contrevaleur *n.f.* exchange value, corresponding amount.

contrevenant *n.m.* offender, infringer, contravener, violator; delinquent.

contrevenir *v.* to infringe, to contravene.

contribuable *n.m.f.* taxpayer.

contribuer *v.* contribute.

contribution *n.f.* **1.** contribution. **2.** *(impôt)* tax. ~*s directes,* direct tax, direct taxation. ~*s indirectes,* indirect taxes, indirect taxation, customs and excise duties.

contrôle *n.m.* **1.** *(maîtrise)* control, command. *Majorité de ~,* controlling stake, majority stake. **2.** control, check, checking, inspection, supervision, superintendence, verification; *(des comptes)* audit, auditing; *(liste)* roll, list.

contrôle de gestion, management control; management accounting.

contrôle de qualité, quality control.

contrôle des changes, foreign exchange control(s).

contrôle des naissances, birth control.

contrôle des prix, price control.

contrôle des stocks, stock/inventory check/checking/control/management.

contrôle ex-post, *a posteriori,* back testing.

contrôle fiscal, tax-audit, tax field-audit.

contrôler *v.* **1.** *(vérifier)* to check, to inspect, to examine; *(comptes)* to audit. **2.** *(avoir le contrôle de)* to control.

contrôleur *n.m.* inspector, examiner, supervisor; *(comptes)* auditor; *(bus, train)* ticket-collector, conductor. ~ *de gestion,* management controller. ~ *financier,* comptroller.

contrôleur des impôts, *(des contributions)* tax-inspector.

controverse *n.f.* controversy.

contumace *n.f.* contumacy, nonappearance in court. *Condamné par~,* sentenced in absentia.

convaincre *v.* **1.** to convince, to persuade. **2.** *(jur., déclarer coupable)* to convict (of a crime).

convenance *n.f.* **1.** convenience, suitability, appropriateness. *Congé pour ~ personnelle,* leave on personal grounds. *Pour raisons de ~,* on grounds of expediency. *La date de la réunion peut être modifiée à votre ~,* the date of the meeting can be changed at your convenience.

convenir *v.* **1.** to suit; to be convenient; to be suitable, to fit, to be advisable, to correspond, to conform. **2.** *(décider)* to agree (on something). ~ *d'une date,* to decide on a date, to set, fix a date. **3.** *(convenir de, admettre)* to admit, to acknowledge.

convention *n.f.* **1.** agreement, contract, covenant, convention, compact. **2.** *(convention(s) sociale(s)* convention(s), rule(s), form, formalities.

convention collective *n.f.* collective agreement; (U.S.) union contract.

conventionnel, le *adj.* **1.** contractual, conventionary. **2.** conventional.

conventionnellement *adv.* contractually, by agreement.

conventionné, e *adj.* officially recognized by the National Health Service (Social Security). *Prêt conventionné,* subsidized/low-interest/loan.

convenu, e *adj.* agreed, stipulated, specific.

conversion *n.f.* **1.** conversion, change. **2.** *(fin.)* translation. *Conversion de devises,* **foreign currency translation, 3. (personnel)** redeployment.

convertibilité *n.f.* convertibility.

convertible *adj.* convertible.

convertir *v.* to convert, to change, to turn. ~ *des francs en dollars,* to change French francs into dollars (for dollars), to exchange French francs for dollars. *(fin.)* to translate.

convertissable *adj.* convertible; *(transformable)* convertible, transformable.

convier *v.* **1.** to invite; **2.** *(inciter)* to invite, to prompt.

convivial, e *adj.* **1.** *(atmosphère)* friendly, warm. **2.** *(info.)* user-friendly.

convivialité *n.f.* **1.** conviviality, warmth, friendliness. **2.** *(info.)* user-friendliness.

convocation *n.f.* **1.** *(d'une assemblée, etc.)* convening. **2.** *(à une réunion, etc.) pas de mot anglais correspondant, d'où périphrases :* (official) notice, notification, letter, paper, etc.; ~ *à une réunion,* notice of (a/the) meeting. ~ *à une/l'assemblée générale,* notice of general meeting. **3.** *(jur., citation)* summons.

convoi *n.m.* convoy; *(chemin de fer)* train. *(de voitures)* motorcade. ~ *exceptionnel,* long vehicle; wide load ahead; outsize load.

convoquer *v.* **1.** *(une assemblée des actionnaires, etc.)* to convene, to call a meeting of, to hold a meeting of. *Convoquer à une réunion,* to give notice of a meeting, to request attendance at a meeting, to request (someone) to attend a meeting. *Être convoqué à une assemblée, une réunion,* to be invited/requested to attend a meeting. **2.** *(pour une entrevue, un examen, etc.)* to call in for, to notify, to call, to invite. **3.** *(jur.)* to summon. **4.** *Il a immédiatement convoqué tous les chefs de département,* He immediately called in all department heads. *Être convoqué par,* to have to report to.

convoquer une réunion, to call a meeting.

convoyer *v.* to convoy, to escort.

convoyeur *n.m.* **1.** person in charge of convoy; *(transport de fonds)* guard. **2.** *(ruban transporteur)* conveyor.

cooccupant *n.m.* joint-occupant, joint-tenant, joint-resident.

coopérateur *n.m.* cooperator.

coopératif, ve *adj.* cooperative.

coopération *n.f.* cooperation, collaboration, help.

coopérative *n.f.* cooperative society.

coopérer *v.* to cooperate, to collaborate.

cooptation *n.f.* co-option, co-opting, co-optation.

coopter *v.* to co-opt.

coordination *n.f.* coordination.

coordinateur, trice *n.m.f.* coordinator.

coordonnées, contact data.

coordonnées *n.f.pl.* **1.** coordinates. **2.** *(fam.)* address and phone number, (personal) details.

coordonnées bancaires, banking references.

coordonner *v.* to coordinate.

co-partage *n.m.* joint heirship, partnership in inheritance, coparcenary.

co-partageant, e *n.m.f.* *(succession)* co-heir(ess), joint-heir(ess), coparcener.

co-partager *v.* *(succession)* to succeed jointly, to be co-heirs, to be joint heirs.

co-participant *n.m.* co-partner.

co-participation *n.f.* co-partnership, joint-venture.

copie *n.f.* copy, duplicate. ~ *conforme,* certified true copy.

copier *v.* to copy, to duplicate. *Machine à ~,* copying machine, duplicator, duplicating machine.

copieur *n.m.* copier.

copieuse *n.f.* copier, duplicator; copying machine, duplicating machine.

co-posséder *v.* to own jointly, to be joint owner(s) of, to have joint ownership of.

copossesseur *n.m.* joint-owner.

copossession *n.f.* joint-ownership.

co-producteur, trice *n.m.f.* coproducer, joint-producer.

co-production *n.f.* coproduction, joint-production.

co-produire *v.* to coproduce.

co-propriété *n.f.* joint-ownership, co-ownership.

copyright *n.m.* copyright.

coque *n.f.* *(navire)* hull; *(sens général)* shell, hull.

corbeille *n.f.* **1.** basket. **2.** *(Bourse)* floor; ring.

cordage *n.m.* rope.

corde *n.f.* rope.

cordonnerie *n.f.* shoe-making, shoe-maker's shop, cobbler's shop, *(fam.)* heel bar.

cordonnier *n.m.* shoemaker.

co-répondant *n.m.* co-surety, coguarantor.

corporatif, -ive *adj.* corporate, corporative. *Intérêts ~s,* sectional interests.

corporation *n.f.* **1.** *(guilde)* guild; trade-association. **2.** *(jur.)* public body, corporate body.

corporatisme *n.m.* corporatism, corporativism; sectional interests, special interests, vested interests.

corporel, le *adj.* *biens~s,* tangible property. *Dommage~,* bodily injury, bodily harm. *Immobilisations ~s,* tangible assets; *(dans un bilan)* property, plant and equipment.

corps *n.m.* **1.** body; *(cadavre)* corpse, body. *Perdu~ et biens,* lost with all hands. **2.** *(groupe)* body, association. ~ *constitué,* public body, corporate body, public corporation. ~ *de métier,* trade association; trade. ~ *médical,* medical profession. ~ *professoral,* faculty. **3.** *(jur.)* contrainte par ~, imprisonment for debt. ~ *du délit,* corpus delicti. **4.** *(mar.)* assurance sur~, hull insurance. ~ *mort,* moorings, (anchor) buoy. **5.** *(milit.)* ~ *d'armée,* corps.

correct, e *adj.* correct, proper, *(exact)* accurate.

correcteur, trice *n.m.f.* *(typo)* proof-reader.

correctif *n.m.* corrective, amendment. ~ *budgétaire,* supplementary estimates.

correctif, -ive *adj.* corrective.

correction *n.f. (fait de corriger)* correction, correcting; *(fait d'être correct)* correctness; propriety.

correctionnel, le *adj. délit correctionnel,* minor offence. *Tribunal* ~, Court of summary jurisdiction.

corrélation *n.f.* correlation. *Établir une*~, to correlate.

corréler *v.* to correlate.

correspondance *n.f.* correspondence, letter-writing; ~ *commerciale,* business correspondence, business letters; *(lettres)* mail, letters; *(fait d'être en rapport)* communication, dealings; *(lien)* connection, link; *(trains, etc.)* connection, transfer; *(avion)* connecting flight.

correspondancier *n.m.* correspondence clerk.

correspondant, e *n.m.f.* correspondent; *(téléphone)* person called, *(U.S.)* party.

correspondant, e *adj.* corresponding; equivalent.

correspondre *v.* 1. to correspond, to agree, to tally, to square, to fit, to match. 2. *(par lettre)* to correspond, to communicate in writing, to exchange letters.

corrigé des variations saisonnières *loc.* seasonally adjusted; adjusted for seasonal swings.

corriger *v.* to correct, to adjust.

corroboration *n.f.* corroboration, corroborating, confirmation.

corroborer *v.* to corroborate, to confirm.

corroder *v.* to erode, to corrode.

corrompre *v.* to corrupt; *(acheter)* to bribe, to buy.

corrompu, e *adj.* corrupt; *(acheté)* bribed.

corrosif, -ive *adj.* corrosive.

corrosion *n.f.* corrosion.

corruption *n.f.* corruption, corruptness; *(de témoin, de fonctionnaire, etc.)* bribing, bribery.

corvée *n.f.* chore; drudgery.

co-signer *v.* to sign jointly.

co-signataire *n.m.f.* cosignatory, joint signer.

co-signature *n.f.* joint signature.

cosmétique *adj.* cosmetic.

cosmétologie *n.f.* cosmetology.

cosmopolite *adj.* cosmopolitan.

cossu, e *adj.* rich, wealthy, well-to-do, affluent.

costume *n.m.* suit; costume.

cotation *n.f.* 1. quotation. 2. *(évaluation)* rating.

cote *n.f.* 1. *(cotation, cours)* quotation, rate, price; *(liste de cotations)* list; *(valeurs admises à la cote)* listed securities; *actions inscrites à la* ~, listed shares; *la Cote (Bourse),* the official list. 2. *(évaluation)* rating. 3. *(montant d'une contribution)* quota, share, proportion; *(évaluation de cette contribution)* assessment. ~ *mobilière,* assessment on income. ~ *foncière,* assessment on land. 4. *(pari, etc.)* (betting) odds. 5. *(chiffre indiquant une dimension ou permettant de repérer)* dimension, size, reference, number, figure, mark, classification. ~ *d'alerte,* danger point.

côte *n.f.* 1. *(mer)* coast, coastline, shore, shoreline, seaside. *Au large des côtes,* off the coast(s), offshore. 2. slope, hill, gradient.

coter *v.* 1. *(indiquer le cours)* to quote; *(officiellement)* to list. 2. *(apprécier, évaluer)* to rate; to assess. 3. *(classer, donner des références)* to classify, to mark, to number, to letter, to reference, to class.

coterie *n.f.* set, small circle, coterie, clique.

cotisant *n.m.* contributor, subscriber, member.

cotisation *n.f.* contribution, subscription, fee, dues; *(quote-part)* contribution, share, quota. *Appel de* ~*(s),* call for contribution(s), notice to pay (contribution, fee, dues etc.).

cotiser *v.* to contribute.

coton *n.m.* cotton.

cotonnade *n.f.* cotton fabric.

cotonnier, ère *adj.* cotton.

cotiser (se) *v.* to pool resources, to share expenses.

coucher par écrit, to couch in writing, to commit to writing.

couchette *n.f. (train, bateau)* berth; *compartiment ~,* sleeping compartment, sleeper; *(lit d'enfant)* cot, child's bed; *(lit pliant)* collapsible bed.

coudre *v.* to sew. *Machine à ~,* sewing-machine.

coulage *n.m.* waste, wastage; *(démarque inconnue)* pilferage.

couler *v.* 1. to flow; *(s'échapper, pour un liquide)* to leak. 2. *(navire)* to sink; to go underwater; *(entreprise)* to sink. 3. *(transitif)* to ruin.

couleur *n.f.* colour, *(U.S.)* color.

coulisse *n.f. en coulisse,* behind the scenes; *(Bourse)* outside market.

coulissier *n.m.* outside broker.

coup *n.m.* blow. *~ au but,* hit. *~ d'État,* coup. *~ d'État militaire,* military coup. *(Bourse) réussir un gros ~,* to make a killing.

coupable *n.m.f.* culprit; offender, delinquent.

coupable *adj.* guilty *(de,* of) *être déclaré ~,* to be found guilty, to be convicted.

coupage *n.m.* mixing (of wines); diluting (of a wine).

coup de fil *n.m.* ring, (phone-) call. *Passer un ~ à quelqu'un,* to give someone a ring.

coupe *n.f.* 1. cup. 2. *(arbres)* cutting. *~ sombre,* drastic cut. 3. *(section)* section, profile. *~ transversale,* cross-section. 4. *(vêtements)* cut. 5. *être sous la ~ de,* to be in somebody's power, under somebody's control.

coupe-file *n.m.* pass.

couple *n.m.* couple. *~ sans enfant,* childless couple.

couper *v.* 1. to cut. 2. *(téléphone)* to cut off.

coupon *n.m.* coupon; *(valeurs) ~ attaché,* cum dividend, cum coupon, with coupon; *~ détaché,* ex-dividend, ex-coupon. *~d'alimentation,* food stamp.

coupon-réponse *n.m.* reply-coupon. *~ d'alimentation,* food stamp.

coupure *n.f.* 1. *(de gaz, etc.)* cut; *(coupure d'électricité)* power cut, power breakdown. 2. *(de journal)* press-cutting. 3. *(billet)* banknote; *(U.S.)* bill.

courant *n.m.* 1. current; *~ électrique,* electric current; *(eau)* stream, current. 2. *(financier)* flow. 3. *(tendance)* trend. 4. *(dans le courant de, au cours de)* in the course of, during, within. 5. *être au ~,* to be informed, to be aware (of something), to know (about something) to be in the know. *Mettre au ~,* to inform *(fam.)* to put (someone) in the picture; to brief (somebody on something). *Se tenir au~,* to keep abreast (of something). *Tenir (quelqu'un) au ~,* to keep (someone) posted/informed.

courant, e *adj.* 1. current, present. *Le 9 du mois ~,* the ninth of this month, the ninth inst. (instant). *Prix ~,* current price, market price. 2. *(moyen)* standard, average. 3. *(ordinaire)* ordinary, usual.

courbe *n.f.* graph, curve. *~ en cloche,* bell curve.

courir *v. (intérêts)* to run, to accrue.

courriel *n.m.* e-mail.

courrier *n.m.* 1. mail, letter(s), correspondence, post; *par retour du ~,* by return of post, *(U.S.)* by return mail. 2. *(personne)* messenger. 3. *(transport) long-courrier,* liner.

courrier à l'arrivée, incoming mail.

courrier au départ, outgoing mail.

courrier des lecteurs, letters to the editor.

courrier électronique, electronic mail, E-mail, e-mail. *Envoyer/ Adresser par courrier électronique,* to e-mail.

cours *n.m.* 1. quotation, rate, price. *Le~ du dollar,* the dollar rate. *Hausse des ~,* rise in prices. 2.

(sens scolaire) course, class, lesson, *(université)* lecture, programme; ~ *du soir,* night school, evening classes. **3.** *(d'une rivière)* course, stream. **4.** *(circulation)* circulation. *Avoir* ~ *(monnaie)* to be legal tender. *Cette pièce n'a plus* ~, this coin is no longer valid. **5.** *(durée) en* ~, in progress, under way. *Affaires en* ~, business in hand. *Année en* ~, current year. *Négociations en* ~, negotiations in progress. *Tarif en* ~, current price(s) *Travail en* ~, work in progress. *En* ~ *de construction,* under construction. *Au* ~ *de,* in the course of, during.

cours acheteur, bid price.

cours à terme, *(change)* forward rate; *(Bourse)* future(s) price.

cours au comptant, *(change)* spot rate; *(Bourse)* cash price, cash position; *(marchandises)* spot price.

cours de change, exchange rate. *Cours de change croisé,* exchange cross rate.

cours de clôture, closing price.

cours de l'offre, asked price.

cours du disponible, spot price.

cours du livrable, forward price.

cours d'eau, river; stream; waterway.

course *n.f.* **1.** race. *La* ~ *prix-salaires,* the wage-price spiral. ~ *aux guichets,* run on a bank. **2.** *(faire ses courses)* to shop, to go shopping, to do one's shopping; to run errands. *Garçon de* ~, errand boy.

cours pivot, central rate.

cours vendeur, asked price.

court, e *adj.* short. *A* ~ *terme,* short-term, in the short run. *Être à* ~ *de,* to be/to run/short of; to be/to run/out of. *Être à* ~ *de liquidités,* to be short of cash, pressed for cash, strapped for cash.

courtage *n.m.* brokerage; *(commission)* broker's commission, broker's turn. *société de* ~, brokerage firm.

courtage en ligne, on-line brokerage/broking.

courtier *n.m.* broker, agent. ~ *assermenté,* broker on oath. ~ *d'af-frètement,* charter broker. ~ *de change,* exchange broker. ~ *en Bourse,* stock-broker. ~ *en ligne,* on-line broker.

courtier d'assurance, insurance broker.

courtier maritime, ship-broker.

courtier négociant, broker-dealer.

court terme, short term; *à* ~ *terme :* **1.** in the short term, short-term. **2.** *(traite, etc.)* short-dated.

courtois, e *adj.* courteous, polite.

coût *n.m.* cost; ~ *de la vie,* cost of living. *Coût(s) d'établissement,* first outlay, initial expenses. ~ *historique,* historical cost. ~ *salarial,* ~*s salariaux,* wage cost(s).

coût, assurance, fret (C.A.F.), cost, insurance, freight (C.I.F.)

coûtant *adj. prix* ~, cost price.

coût-cible *n.m.* target-cost; target-costing.

coutellerie *n.f.* cutlery.

coûter *v.* to cost.

coûteux, euse *adj.* expensive, costly, dear.

coût d'approvisionnement, procurement costs.

coût moyen pondéré du capital weighted average cost of capital.

coûts de fabrication, manufacturing costs.

coûts de production *n.m.pl.* production costs.

coûts d'exploitation, operating costs.

coûts directs, direct costs.

coûts extra-salariaux, non-wage costs.

coûts salariaux, wage costs. ~ *indirects,* non-wage costs.

coutume *n.f.* custom, use, usage, habit.

coutumier, ère *adj.* customary, usual. *Droit* ~, Common Law, customary law.

couture *n.f.* sewing; *(haute couture)* couture.

couturier *n.m.* (fashion) designer.

couturière *n.f.* dressmaker.

couvercle *n.m.* lid, top.

couvert, e *adj.* covered, guaranteed, insured.

couvert *n.m.* *vivre/gîte/et ~,* board and lodging.

couverture *n.f.* **1.** (cover, covering), coverage; *(risque)* coverage; *(paiement)* payment. **2.** *(arrhes, dépôt)* deposit, cover, guarantee. **3.** *(marge déposée en garantie pour jouer en Bourse)* margin, cover. **4.** *(assurance) note de couverture,* cover note, covering note, provisional policy. **5.** *(d'un livre)* cover. **6.** *(d'un événement par la presse, d'un public par la publicité)* coverage. **7.** *(fait de se couvrir de, protéger une transaction)* hedging. **8.** *(de lit)* blanket. **9.** *(toit)* roofing, roof.

couverture à la baisse, *(Bourse)* bear covering.

couverture à terme, *(fin.)* forward cover.

couverture médiatique, media coverage.

couverture sociale, social coverage; social benefits; safety net.

couvre-feu *n.m.* curfew. *Imposer un ~,* to impose a curfew. *Lever le ~,* to lift the curfew.

couvrir *v.* to cover; *(des dépenses)* to cover, to meet; *(des risques)* to cover; *(protéger une transaction)* to hedge. *L'emprunt a été couvert,* the loan has been totally subscribed. *Couvrez-nous par chèque,* Please settle by cheque, please remit by cheque.

couvrir (se) *v.* *(Bourse, risque de change, etc.)* to hedge.

co-voiturage, car-pooling; carpool.

craindre *v.* to fear, to be afraid (of something). *"craint la chaleur",* keep cool, store in a cool place. *"Craint l'humidité",* keep dry, store in a dry place.

crainte *n.f.* fear, apprehension, misgiving.

cran *n.m.* degree, notch, peg.

crassier *n.m.* slag-heap.

crayon *n.m.* pencil; *~ à bille,* ball-point pen, *(G.B., fam.)* biro. *~ feutre,* felt-tip pen.

créance *n.f.* debt; claim; *~ à recouvrer,* outstanding debt. *~ douteuse, mauvaise ~,* bad debt. *Recouvrement de ~,* collection of debt, debt collection.

créancier, ère *n.m.f.* creditor. *Désintéresser un ~,* to pay off a creditor.

créateur, trice *n.m.f.* creator, originator, generator; *(d'un chèque, etc.)* maker, issuer. *~ d'entreprise,* entrepreneur; *(sur Internet)* dot-commer. *~ de profit,* bottom-liner. *(mode)* designer, fashion designer.

créatif, ve *adj.* creative, inventive.

créatif, ve *n.m.f.* *(pub.)* creative executive, member of the creative team; designer, layout artist/specialist.

création *n.f.* creation, foundation, generation, starting, launching; *(d'une entreprise)* setting up, forming, founding; *~ d'entreprise(s),* business start-up(s) ; business formation; entrepreneurship; *(d'un chèque)* writing out, making out, issuing.

création d'emplois, job generation/creation.

créativité *n.f.* creativeness, creativity.

crèche *n.f.* crèche, day-care center/(G.B.) centre, day-nursery; child care center/(G.B.) centre.

crédibilité *n.f.* credibility.

crédirentier, -ère *n.m.f.* recipient of an allowance; lessor.

crédit *n.m.* credit; *(compta.)* credit side. A *~,* on credit. *Accorder un ~,* to grant credit terms, credit facilities. *Acheter à ~,* to buy on credit. *Assouplir le ~,* to relax credit. *Conditions de ~,* credit terms. *Crédit croisé (devises),* cross currency swap. *~ d'impôt,* tax credit, tax deduction. *Crise du ~,* credit crunch, credit squeeze. *Encadrement du ~,* credit squeeze. *Lettre de ~,* letter of credit. *Ligne de crédit,* credit line. *Organisme de ~,* credit institution. *Resserrement du ~,* tightening of credit, credit crunch/ squeeze. *Verser une somme au ~ de,* to credit somebody with a sum. *Voter des ~s,* to vote supplies, to allocate funds.

crédit à la consommation *n.m.* consumer credit.

crédit-bail *n.m.* leasing.

crédit de sécurité, swing line.

crédit de substitution, stand-by credit, back-up line.

crédit documentaire, documentary credit.

créditer *v.* to credit; *~ un compte,* to credit an account.

créditeur, trice *n.m.f.* creditor.

créditeur, trice *adj.* credit.

credit permanent, revolving credit.

crédit relais *n.m.* stand-by credit.

crédulité *n.f.* gullibility.

créer *v.* to create; *(modèle)* to design; *(chèque)* to make out, to write out.

créer une société, to set up, to found, to form, to create, to launch, to float, to start, to incorporate a company.

crémaillère *n.f. parité à ~,* crawling peg.

crème *n.f.* cream; *(sens figuré)* pick of the basket; upper crust.

crémerie *n.f.* cheese and milk shop.

créneau *n.m.* slot; (sens large) market; *(sur un marché),* (market) gap, niche, (market) opportunity. *~ horaire,* slot, time-slot; window. *~ porteur,* seller's market, buoyant market.

crête *n.f.* crest; *(courbe)* peak, spike.

creuser *v.* to dig. *~ un écart,* to widen a gap, to increase a lead.

creuset *n.m.* crucible, melting-pot.

creux, euse *adj.* hollow. *Heures creuses,* slack hours, off-peak hours. *Marché ~,* sagging market.

creux *n.m.* *(d'une courbe)* trough.

criée *n.f.* auction. *Vendre à la ~,* to sell by (public) auction.

crieur *n.m.* **1.** *(enchères)* auctioneer. **2.** *(marchés)* hawker. *~ de journaux,* news-boy.

crime *n.m.* crime, offence, felony.

criminaliser *v.* to refer (a case) to a criminal court.

criminaliste *n.m.f.* **1.** specialist in criminal law, criminal jurist. **2.** *(sociologie)* criminologist.

criminalité *n.f.* crime, crime rate.

criminel, le *n.m.f.* criminal.

criminel, le *adj.* criminal.

criminologie *n.f.* criminology.

criminologiste *n.m.* criminologist.

crise *n.f.* crisis, pl. crises; crunch. *~ de l'emploi,* employment crisis *~ du crédit,* credit crunch. *Cellule de ~,* crisis centre/(U.S.) center. *Gestion de ~,* crisis management.

crise de l'énergie, energy/crisis/crunch.

crise du logement, housing shortage.

crise économique, economic crisis, slump, depression.

critère *n.m.* criterion, *pl.* criteria; *(de mesure)* yardstick.

critique *n.f.* criticism.

critique *n.m.* critic; opponent.

critique *adj.* critical, dangerous, decisive. *Méthode du chemin~,* critical path method.

critiquer *v.* to criticize, to find fault with, to blame.

croire *v.* to believe; to think; to trust, to be confident that; to suppose, to consider; *(U.S.)* to figure. *Nous vous prions de ~ à l'assurance, etc.* Yours faithfully, *(U.S.)* Sincerely yours, Sincerely.

croisière *n.f.* cruise. *Vitesse de croisière,* cruising speed.

croissance *n.f.* growth. *~ zéro,* zero-growth. *~ interne,* internal growth. *Taux de ~,* growth rate.

croissant, e *adj.* growing, increasing.

croître *v.* to grow, to increase.

croquis *n.m.* sketch, rough drawing, rough plan. *Faire un* ~, to sketch.

cru *n.m.* vintage. *Grand* ~, great/famous vintage.

crue *n.f.* flood. *Être en* ~, to overflow; to be in spate. *Le fleuve est en* ~, the river is overflowing (its banks)/is in (full) spate.

crypter *v.* to code.

cubitainer *n.m.* bag-in-box.

cuir *n.m.* leather. *Simili* ~, mock leather, imitation leather.

cueillette *n.f.* 1. *(fruits, etc.)* picking. 2. *navigation à la* ~, tramping. *Navire en* ~, tramp.

cuisine *n.f.* 1. cooking; cuisine. 2. kitchen. 3. *(fam.)* ~ *électorale*, electioneering, *(fraude)* election rigging, *(découpage)* gerrymandering.

cuivre *n.m.* copper.

culbute *n.f.* *(faillite)* bankruptcy. *Faire la* ~, to multiply prices by two.

cul-de-sac *n.m.* 1. blind alley, dead-end. 2. *(fig.)* dead-end. *Emploi sans avenir*, dead-end job.

culminant, e *adj.* culminating. *Point* ~, highest point, height, climax, peak, high.

culminer *v.* to culminate, to reach a high.

cultivable *adj.* arable, cultivable. *Terre* ~, arable land/soil, tillable land, farmland.

cultivateur, trice *n.m.f.* farmer. ~ *de pommes de terre*, potato grower.

cultivé, e *adj.* *(terre)* cultivated; *(personne)* (well-)educated, cultured.

cultiver *v.* to cultivate, to farm, to till *(la terre)*.

culture *n.f.* 1. cultivation, cultivating, farming, growing, cropraising; *(variété cultivée)* crop. ~ *fruitière*, fruit growing. ~ *maraîchère*, market gardening. ~ *viticole*, wine growing. ~ *vivrière*, food crop. 2. *(personne)* culture. ~ *d'entreprise*, corporate culture.

culturel, le *adj.* cultural. *Association à but* ~, cultural association, society for the promotion of culture; non-profit association.

cumul *n.m.* cumulation, ~ *de fonctions*, plurality of offices.

cumulard *n.m.* person who holds several jobs or pensions; multiple office holder.

cumulatif, -ive *adj.* cumulative.

cumuler *v.* to cumulate. ~ *des fonctions*, to hold a plurality of offices.

cupide *adj.* greedy, money-grubbing.

cupidité *n.f.* greed.

curateur *n.m.* trustee; administrator; *(mineur émancipé)* guardian.

curriculum vitae *n.m.* curriculum vitae, C.V., résumé, data sheet; personal record.

cuve *n.f.* tank; *(vin)* vat.

cuvée *n.f.* *(récolte)* harvest, crop, *(fam.)* vintage.

cyberespace, *n.m.* cyberspace.

cybermarchand *n.m.* e-trader.

cybermarché *n.* cybermarket.

cybernétique *n.f.* cybernetics.

cycle *n.m.* cycle. ~ *de/du produit*, product cycle. ~ *de vie d'un produit*, product life-cycle. *(de négociation(s))*, round.

cyclique *adj.* cyclical.

cyclomoteur *n.m.* moped.

D

dactylo *n.f.* typist.

dactylographie *n.f.* typing, typewriting.

date *n.f.* date. ~ *contractuelle*, contract date. ~ *d'échéance*. a) due date. b) date of maturity. ~ *de départ*, date of departure. ~ *de la poste*, date as post-mark. ~ *de parution*, publication date.

date butoir, deadline; *(fin., banque)* cut off date.

date d'entrée en valeur, value date.

date d'envoi, dispatch date.

date de péremption, expiry date.

date de valeur, value date.

date d'expédition, dispatch date, shipping date.

date d'ouverture, opening date. ~ *de l'exercice*, first day of the financial year.

daté, e *adj.* dated; *non daté*, undated.

date limite, deadline. ~ *de vente*, sell-by date.

dater *v.* 1. to date; ~ *de*, to date from, to date back to. *A ~ de ce jour*, as from today. 2. to be outdated, outmoded.

dation *n.f.* dation.

débâcle *n.f.* collapse; crash.

déballage *n.m.* unpacking.

déballer *v.* to unpack.

débarcadère *n.m.* 1. wharf. 2. unloading dock.

débardage *n.m.* *(arbres)* logging.

débarder *v.* *(arbres)* to log.

débardeur *n.m.* longshoreman, docker.

débarqué, e *adj.* *(passagers)* landed; *(marchandises)* unloaded.

débarquement *n.m.* landing, unloading.

débarquer *v.* to land, to disembark.

débattre *v.* to discuss, to argue; *(au sujet des prix)* to haggle, to bargain; *prix à ~*, price subject to negotiation; *salaire à ~*, salary negotiable.

débauchage *n.m.* discharging, laying off; *(action d'attirer)* hiring away, poaching.

débaucher *v.* to discharge, to lay off; *(attirer)* ~ *des cadres*, to hire away executives.

débirentier, ère *n.m.f.* payer of an allowance; lessee.

débit *n.m.* 1. *(compta.)* debit. *Bordereau de ~*, debit note. 2. *(production)* output; *(rythme)* pace, rate. 3. *(vente)* sale. *Bon débit, débit assuré*, ready sales. 4. *(cours d'eau)* flow. 5. *(moyens de transport)* passenger flow. *(autoroute, etc.)* traffic flow; traffic capacity. 6. ~ *de boisson*, bar, café, pub. ~ *de tabac*, tobacconist's.

débitant de boisson, café, bar operator/manager/owner, (G.B.) publican.

débiter *v.* 1. to sell, to retail. 2. *(un compte de)* to debit (an account with). *Débitez mon compte de la somme*, charge the sum to my account.

débiteur, trice *m.f.* debtor.

débiteur insolvable, insolvent debtor, insolvent.

débiteur, trice *adj.* debit, debtor. *Avoir un compte ~*, to be in the red, to be overdrawn. *Compte ~*, debtor account. *Solde ~*, debit balance.

déblocage *n.m.* *(fonds)* release; *(salaires)* unfreezing.

débloquer *v.* 1. *(une situation)* to break/end a deadlock. 2. *(des fonds)* to issue money, to release funds, to make funds available. *(des fonds, actifs gelés/bloqués)* to unblock. *Les actifs gelés pendant la guerre ont été partiellement débloqués*, assets frozen during the war have been partially unblocked. 3. *(les salaires, etc.)* to unfreeze; to unpeg; to lift controls.

déboire *n.m.* disappointment; setback. *Déboires*, setbacks, difficulties.

débordement *n.m.* overflow.

déborder *v.* to overflow.

débouché *n.m.* market, outlet, opening. *Créer de nouveaux ~s,* to open up new markets.

débours *n.m.* outlay, disbursement.

débourser *v.* to lay out, to disburse, to spend.

débouter *v.* to nonsuit (somebody), to dismiss a claim.

débrayage *n.m.* walkout.

débrayer *v.* to walk out, to walk off the job, to down tools.

débutant, e *n.m.f.* beginner.

débuter *v.* to begin; to start out.

décacheter *v.* to unseal.

décaissable *adj.* payable.

décaissement *n.m.* paying out, disbursement; cash withdrawal.

décaisser *v.* to pay.

décalage *n.m.* **1.** gap; lag. *~ dans le temps,* time-lag; *~ horaire,* time-change; change in time-zones; *(lié aux voyages aériens)* jet-lag. **2.** inconsistency, discrepancy. **3.** *(inform.)* shift.

décaler *v.* to change, to shift, to alter, to move.

décalquer *v.* to trace off; to transfer.

décennal, e *adj.* decennial.

décennie *n.f.* decade.

décentralisation *n.f.* decentralization.

décentralisé, e *adj.* decentralized, local.

décentraliser *v.* **1.** to decentralize. **2.** *(géographiquement)* to relocate, to transfer.

décerner *v.* to award, to grant.

décès *n.m.* death, decease.

décharge *n.f.* **1.** discharge, release (of debt). *Témoin à ~,* witness for the defence. **2.** *(quittance)* receipt. **3.** unloading. **4.** *(déversement d'ordures)* tipping, dumping; *(lieu)* dumping ground/yard, *(G.B.)* refuse tip. **5.** waiver.

déchargement *n.* unloading.

décharger *v.* **1.** to discharge, to release, to exonerate. *~ d'une dette, d'une obligation,* to release from a debt, an obligation. **2.** *(une facture)* to receipt. **3.** to unload, to discharge.

déchéance *n.f.* **1.** forfeiture, loss, loss of right; *(d'une police)* expiration. **3.** decay, decline.

déchets *n.m.pl.* waste, scrap; refuse; rejects. *~ nucléaires,* nuclear waste.

déchiqueteuse *n.f.* shredder.

déchoir *v.* **1.** to demean oneself, to lower oneself. **2.** to decline, to wane. **3.** to demote, to degrade. **4.** *être déchu de ses droits,* to be deprived of one's rights.

déchu, e *adj. être déchu de ses droits,* to have forfeited one's rights, to be deprived of one's rights. *Etre déchu de l'autorité parentale,* to lose parental rights.

décider *v.* **1.** to decide; to plan. **2.** to determine. *Être bien décidé à,* to be intent upon.

décideur *n.m.* decision-maker; policy maker, policymaker.

décimal, e *adj.* decimal. *Adopter le système ~,* to go decimal.

décision *n.f.* *(d'un tribunal)* decision, ruling; *(d'arbitrage)* award; *(d'un jury)* verdict. *Prise de décision,* decision-making.

décisionnaire *n.m.* decision-maker.

décisionnaire *adj.* decision-making.

déclaration *n.f.* **1.** statement, declaration. **2.** notice, notification. *~ de sinistre,* notification of claim; *(formulaire)* claim form, accident report form. **3.** return. *~ en douane,* customs declaration, customs entry. *~ de revenu,* income-tax return, declaration of income. *~ sous serment,* affidavit, sworn statement. *Faire une ~ de revenu,* to make/to file an income-tax return.

déclaré, e *adj.* declared, registered. *Valeur ~e,* declared value. *Capital ~,* registered capital.

déclarer *v.* **1.** to declare, to state, to announce, to report. **2.** to return, to notify, to register. *~ un dividende,* to declare a dividend. *~ quelqu'un en faillite,* to adjudicate somebody bankrupt.

déclassé, e *adj.* *(valeur boursière)* unbankable, displaced (securities).

déclassement *n.m.* downgrading; *(valeur boursière)* displacement; *(documents)* declassifying; *(passagers)* change of class.

déclasser *v.* to downgrade; *(valeur boursière)* to displace; *(documents)* to declassify; *(passagers)* to transfer from one class to another.

déclencher *v.* to trigger (off), to touch off, to set off, to spark off.

déclin *n.m.* decline. *En ~, sur le déclin,* declining; on the wane. *Industrie en déclin,* declining industry.

décliner *v.* 1. *(refuser)* to decline, to refuse. 2. *(être en déclin)* to decline, to sink, to wane, to be on the wane; to abate, to fade; to fall (off). *Industries déclinantes,* declining industries; sunset industries. 3. *décliner un produit,* to play variations on a product, to develop several versions of a product.

décloisonnement *n.m.* removal of partitions, suppression of barriers.

décloisonner *v.* to remove partitions, to suppress barriers.

décoder *v.* to decode.

décollage *n.m.* take-off; *(fusée, etc.)* liftoff.

décoller *v.* to take off, *(fig.)* to get off the ground.

décommander *v.* to cancel (an order); to call off (a meeting).

décomposer *v.* to break down, to split, to itemize; to analyze.

décomposition *n.f.* *(des tâches, des résultats)* breakdown, splitting up; analysis.

décompte *n.m.* 1. deduction. 2. calculation, count. 3. *(des voix)* tally (of votes). 4. breakdown, detailed account.

décompter *v.* 1. to deduct. 2. to calculate, to count. 3. to break down.

déconfiture *n.f.* collapse, insolvency. *Tomber en déconfiture,* to go bankrupt, to default, to go under.

déconsolider *v.* to deconsolidate; to unconsolidate.

décote *n.f.* discount (from par); fall, drop.

décourager *v.* to discourage; to deter.

découvert *n.m.* 1. deficit, shortage. 2. *(banque)* overdraft. *Achat à ~,* bull purchase. *Acheter à ~,* to bull, to bull the market, to buy a bull. *Compte à ~,* overdrawn account. *Consentir/autoriser un ~,* to grant, to allow an overdraft. *Crédit à ~,* unsecured credit. *Mettre un compte à ~,* to overdraw an account. *Prêt à ~,* loan on overdraft. *Vendre à ~,* to sell short, to sell a bear. *Vente à ~,* short sale, bear sale.

découverte *n.f.* discovery, breakthrough.

décret *n.m.* decree, *(U.S.)* executive order, *(G.B.)* order in council, ordinance.

décrochage *n.m.* uncoupling, unhooking; *(parité)* unpegging; falling off, slipping.

décrocher *v.* 1. *(téléphone)* to pick up, to lift (the receiver). 2. *(obtenir)* to get, to land, to obtain. *~ un contrat/emploi,* to land a contract/a job. 3. *(parité, etc.)* to unpeg; to fall (off), to drop, to slip.

décroissance *n.f.* decrease, decline.

décroissant, e *adj.* decreasing, declining, tapering. *Par ordre ~ d'importance,* (in) descending order of importance; (in) pecking order.

décroître *v.* to decrease, to fall, to recede, to diminish.

décrue *n.f.* 1. fall, subsidence. 2. decrease, drop, fall. *Forte ~ des taux d'intérêt,* sharp fall in interest rates.

décryptage *n.m.* decoding, decyphering.

décrypter *v.* to decode, to decypher.

décuplé, e *adj.* tenfold.

dédier *v.* to dedicate; to devote; to assign.

dédier *v.* to earmark.

dédit *n.m.* forfeit, penalty. *Clause de ~,* forfeit clause.

dédommagement *n.m.* compensation, damages, indemnification.

dédommager *v.* to compensate, to indemnify; *se ~,* to recoup.

dédouanement *n.m.* customs clearance, customs clearing; taking out of bond.

dédouané, e *adj.* out of bond, cleared. *Marchandises ~es,* goods out of bond. *Marchandises non ~es,* uncleared goods. *(Prix)* duty-paid. *Prix marchandises ~es,* duty-paid quotation/price.

dédouaner *v.* *(des marchandises)* to clear (goods) through the customs.

déductible *adj.* deductible. *~ de l'impôt,* tax deductible. *Dépense ~,* allowable expense.

déduction *n.f.* deduction, allowance. *~ faite de…,* after deducting, allowing for, discounting. *~ avant impôt,* tax allowance.

déduire *v.* 1. *(raisonnement)* to deduce. 2. *(une somme)* to deduct (from); to offset (against); to dock. *On lui a déduit 10% de son cachet,* he was docked 10% of his fee.

déduit, e *adj.* deducted. *Intérêts, impôts ~s,* interest less tax.

défaillance *n.f.* 1. failure. *~ d'entreprise,* business failure. 2. default. *En cas de ~,* in the event of, in case of default. *Risque de ~,* risk of default.

défaillant, e *adj.* defaulting, fail-ing.

défaisance *n.f.* defeasance.

défalcation *n.f.* deduction.

défalquer *v.* to deduct, to write off.

défaut *n.m.* 1. defect, default, fault, flaw, bug. *~ de construction,* construction defect. 2. failure, lack, default. *A ~ de,* failing, for want of, in default of. *~ d'entretien,* defective maintenance/servicing. *~ de livraison,* non-delivery. *~ de paie-*

ment, default (in paying), failure to pay. *(Débiteur)* Faire *~,* to default. 3. *(jur.)* default. *Faire ~,* to default, to fail to appear. *Jugement par ~,* judgement by default.

défavorable *adj.* unfavourable. *Balance commerciale ~,* unfavourable/adverse/trade balance. *Change ~,* unfavourable exchange.

défectible *adj.* wasting.

défection *n.f.* 1. defection, desertion, failure to support, withdrawal of support; drop in support. 2. *(hôtel, etc.)* no-show.

défectueux, euse *adj.* defective, faulty. *Article ~,* faulty item, defective article.

défectuosité *n.f.* defect, fault, imperfection.

défendeur, défenderesse *n.m.f.* defendant, accused; *(en appel)* respondent.

défendre *v.* 1. to protect, to defend, to support, to back (up). 2. to prohibit, to forbid, to ban, to bar. 3. *(jur.)* to defend.

défenseur *n.m.* *(jur.)* counsel for the defence, *(d'un projet)* advocate; supporter; backer.

défense *n.f.* 1. defence, *(U.S.)* defense. 2. prohibition. *Avocat de la ~,* counsel for the defence. *Bons de la ~ nationale,* war bonds. *Emprunt de la ~ nationale,* war loan. *~ nationale,* national defence. *Dépenses de ~ nationale,* defence expenditure. *~ des consommateurs,* consumer protection, consumer defence/defense.

défense d'afficher, stick no bills; post no bills.

déférer *v.* 1. *(jur.)* to refer, to submit. 2. *(titre)* to confer, to bestow. 3. *(à une demande)* to accede to, to comply with.

défi *n.m.* challenge. *Relever un ~,* to meet a challenge.

déficience *n.f.* deficiency.

déficient, e *adj.* faulty, deficient.

déficit *n.m.* deficit, shortage, shortfall, gap. *Combler un ~,* to make up a deficit, to fill a gap. *~ budgétaire,* budget deficit. *~ de la* *balance des paiements,* balance of payments deficit. *Accuser/enregistrer un ~,* to register/to run/to show a deficit. *Etre en ~,* to be in the red.

déficitaire *adj.* **1.** adverse, debit. **2.** loss-making, money-losing, uneconomical. *Balance ~,* adverse balance. *Entreprise ~,* money-losing firm. *Leur entreprise est ~,* their firm runs a deficit/is in the red. *Production ~.* a) insufficient production. b) *(non-rentable),* uneconomical production. *Solde ~,* debit balance.

déficit commercial, trade deficit ; trade gap.

défilé *n.m.* march ; demonstration ; parade ; procession ; *(de voitures)* motorcade ; *~ de mode/mannequins,* fashion show.

défiler *v.* to march ; to demonstrate ; to parade.

définir *v.* to define, to outline, to spell out.

définition *n.f.* definition. *~ de poste,* job description.

défiscalisation *n.f.* tax-exemption, exemption from tax.

défiscaliser *v.* to exempt from tax.

déflater *v.* to deflate.

déflation *n.f.* deflation.

déflationniste *adj.* deflationary. *Mesures ~s,* deflationary measures. *Tendance ~,* deflationary tendency, deflationary trend.

défraîchi, e *adj.* shop-soiled, shop-worn ; faded, stale. *Articles défraîchis,* shop-soiled articles/items.

défraiement *n.m.* defraying, defrayal ; (stagiaire) stipend.

défrayer *v.* to defray, to pay someone's expenses.

dégagé, e *adj.* **1.** free, open. **2.** redeemed, taken out of pawn. *(Bourse) La place est dégagée,* the market is all bears.

dégager *v.* **1.** *(d'une obligation, d'une responsabilité)* to relieve ; *(libérer),* to release ; *(rendre disponible)* to free up ; *~ de l'argent,* to free up money ; *(générer)* to yield,

to produce, to make ; *~ un bénéfice,* to make a profit. **2.** *(déblayer)* to clear. **3.** *(émettre)* to emit, to give off, to discharge. **4.** *(retirer)* to extricate ; to withdraw. **5.** *(des conclusions, etc.)* to draw. **6.** to redeem, to take out of pawn. *~ un bien,* to redeem a property.

dégager (se) *v.* **1.** to disengage oneself (from something), to withdraw (from something). **2.** to become apparent/clear, to emerge.

dégât *n.m.* damage. *~s à charge de,* damage chargeable to. *Évaluer les ~s,* to assess the damage. *Les ~ sont énormes,* damage is considerable.

dégeler *v.* to unfreeze, to thaw ; to unpeg ; to unblock.

dégonflement *m.* deflating, deflation ; working off (of stocks).

dégonfler *v.* to deflate ; to work off (stocks).

dégradation *m.* **1.** *(destitution)* degradation ; dismissal. *~ civile,* loss of civil rights. **2.** deterioration, worsening. *(niveau)* decline, drop, fall ; collapse. *~ de l'environnement urbain ;* urban decay, urban blight. **3.** *(dégâts)* damage, dilapidation. **4.** *(usure)* wear and tear, wear ; decay.

dégrader (se) *v.* **1.** to deteriorate, to get worse, to worsen. **2.** *(immeuble etc.)* to fall into disrepair, to decay. **3.** *(niveau)* to fall ; to collapse.

dégraissage *n.m.* trimming, pruning, lopping off, laying off ; lay-off.

dégraisser *v.* to trim ; to lay off, to cut jobs, to cut the payroll.

degré *n.m.* degree, grade, ratio. *~ de liquidité,* liquidity ratio. *~ de parenté,* relationship, kinship. *~ de solvabilité,* credit rating, credit status, creditworthiness. *~ d'usure,* degree of wear.

dégressif *adj.* tapering, graded, shaded. *Amortissement ~,* reducing balance depreciation. *Impôt ~,* graded tax. *Tarif ~,* tapering charges.

dégressivité *f.* degression.

dégrèvement *m.* **1.** relief, abatement. ~ *fiscal,* tax relief, tax cut, tax allowance. **2.** *(jur.)* disencumbering.

dégrever *v.* **1.** to relieve, to derate. **2.** *(jur.)* to disencumber. ~ *une propriété,* to disencumber a property. **3.** ~ *d'impôt,* to award tax-relief/tax-exemption (to…).

dégriffer *v.* to sell off-label. *Dégriffé,* off-label.

dégroupage *n.m.* *(cargaison)* breaking of bulk, bulk-breaking.

dégroupement *n.m.* unbundling.

dégrouper *v.* to unbundle.

déjeuner *n.m.* lunch. ~ *d'affaires,* business lunch. ~ *de travail,* working lunch. *Petit-déjeuner,* breakfast.

déjeuner *v.* to have lunch, to lunch.

délai *m.* time, time-limit, time frame, lead time, deadline. *Accorder un ~ à un débiteur,* to allow a debtor time to pay. *A bref ~,* at short notice. ~ *de carence,* lead time before payment. ~ *de livraison,* terms of delivery; delivery date/deadline, time of delivery, lead time. ~ *de paiement,* term of payment. ~ *de préavis,* notice. ~ *de réalisation, de production,* lead time. ~ *de réflexion,* a) time for consideration, period of study. b) cooling-off period. *Demander un ~,* to ask for time. *Obtenir un ~ (de paiement),* to get a time extension (for payment). *Prolonger un ~,* to extend a deadline. *Proroger un ~,* to extend a term, a deadline. *Respecter des ~s de livraison,* to meet/to keep a delivery deadline/date. *Dans quel ~ pouvez-vous livrer?* How soon can you deliver?

délais (dans les plus brefs), as soon as possible.

délégataire *n.m.* proxy, assign, assignee.

délégation *n.f.* delegation.

délégué, e *adj.* delegate, deputy, appointed. *Administrateur ~,* managing director.

délégué, e *n.m.f.* delegate, deputy. ~ *du personnel,* shop steward, worker's delegate, *(U.S.)* union delegate. ~ *d'atelier,* shopsteward.

délestage *n.m.* **1.** *(électricité, etc.)* load-shedding; outage. **2.** *(circulation)* alternate/alternative route, diversion, *(U.S.)* detour.

délibération *n.f.* deliberation, discussion, consideration, proceedings. *Après ~,* after consideration. *En ~,* under consideration. *Mettre en ~,* to submit for discussion. *~s d'une assemblée,* proceedings of a meeting.

délictueux *adj.* punishable (by law); malicious. *Acte ~,* misdemeano(u)r, offence, *(U.S.)* offense.

délinquance *n.f.* delinquency; offence, crime; crime rate. ~ *juvénile,* juvenile delinquency.

délinquant, e *n.m.f.* delinquent; offender. ~ *primaire,* first offender.

délit *n.m.* offence, *(U.S.)* offense; misdemeano(u)r; delict. ~ *d'initié,* (illegal) insider trading.

délivrance *n.f.* delivery, grant. ~ *d'actions,* delivery of shares. ~ *d'un brevet,* grant of a patent.

délivrer *v.* to deliver, to issue.

délocalisation *n.f.* relocation; delocalization. ~ *d'une usine,* plant transfer.

délocaliser *v.* to relocate; to delocalize. ~ *une usine,* to relocate/transfer a plant.

déloyal, e *adj.* unfair, deceptive, dishonest. *Concurrence ~e,* unfair competition. *Pratiques ~es,* unfair practices.

demande *n.f.* **1.** demand. ~ *excédentaire,* excess demand. ~ *induite,* derived/induced/demand. ~ *globale du marché,* aggregate market demand. ~ *de main-d'œuvre, de monnaie,* demand for labour, for money. ~ *induite,* induced demand. ~ *de remplacement,* replacement demand. ~ *saisonnière,* seasonal demand. ~ *suivie,* steady demand. *Faire face à la ~ (de),* to meet the demand (for). *Loi de l'offre et de la*

~, law of supply and demand. *Pression de la ~*, pressure(s) of demand, demand pull. **2.** request, requirement, inquiry, application, claim. *~ d'achat*, purchase order. *~ d'emploi*, application for a job. *Le nombre de ~s d'emploi a augmenté*, the number of job-seekers has increased. « *~ d'emploi* », « situations wanted », position(s) wanted, want ad. *~ de crédit*, application for credit. *~ en dommages-intérêts*, claim for damages. *~ de renseignements*, inquiry. *~ reconventionnelle*, counter-claim. *Conformément à votre ~*, in accordance with your request. *Dépôt, prêt remboursable sur ~*, deposit, loan at call. *Documentation, échantillons sur ~*, literature, samples sent on request. *Payable sur ~, à vue*, payable on demand.

demandé, e *adj.* wanted, asked, bid. *Article très ~*, article in great request/demand, hot item, hot seller. *Cours ~s*, prices bid. *Prix ~*, price asked.

demander *v.* **1.** to ask for, to request, to apply for; to call for; *(exiger)* to require; to demand. *~ un emploi*, to apply for a job. *~ des renseignements*, to ask for/request information. *~ le prix de*, to ask for the price of. *~ un prix pour*, to charge a price for. **2.** to claim. *~ des dommages-intérêts*, to claim for damages. **3.** to want. « *On demande stagiaire* », trainee wanted. **4.** *(du temps)* to take (time). *Opérations qui demandent du temps*, time-consuming operations.

demandeur *n.m.* **1.** applicant. *~ d'un brevet*, applicant, claimant for a patent. *~s d'emploi*, job seekers, registered applicants for work. *~ d'asile*, asylum seeker. **2.** *(jur.)* plaintiff, claimant. *Avocat du ~*, counsel for the plaintiff. **3.** *(tél.)* caller.

demandeur *adj.* *Marché ~*, seller's market.

démantèlement *n.m.* dismantling; *(de trust)* breaking up; *(sens large)* abolishment, abolition.

démanteler *v.* to dismantle; *(sens large)* to abolish. *~ un réseau de trafiquants*, to crack a smuggling ring. *~ un trust*, to break up a trust.

démarchage *n.m.* prospection, canvassing. *~ à domicile*, door-to-door calling.

démarche *n.f.* **1.** step. *~ commune/collective*, joint represpentation. *Faire une ~*, to take a step. **2.** approach.

démarcher *v.* to canvass; to call on.

démarcheur *n.m.* canvasser. *(U.S., ass.)* solicitor. *~ à domicile*, door-to-door salesman.

démarque *n.f.* marking down. *~ inconnue*, pilferage; *(supermarchés, etc.)* shoplifting.

démarqué, e *adj.* *(articles ~s)* (goods sold) off-price, at a discount.

démarrage *n.m.* start (up); take off.

déménagement *n.m.* removal, moving. *Frais de ~*, removal expenses, relocation expenses.

déménager *v.* **1.** *(des meubles, etc.)* to remove, to move (out). **2.** *(changer de lieu d'habitation)* to move, to move house, to move out.

démembrement *n.m.* dismemberment, dismembering breaking up, break-up.

démembrer *v.* to dismenber, to break up.

démenti *n.m.* denial.

démentir *v.* to deny.

démettre (se) *v.* to quit, to resign, to retire, to step down.

demeure *n.f.* dwelling; residence. *Mise en ~*, formal notice, summons. *Mettre en demeure d'honorer/exécuter un contrat*, to give formal notice to perform a contract. *A demeure*, permanent. *Livraison à demeure*, goods delivered at any address.

demi, e *adj.* half. *Une ~ -douzaine*, half a dozen.

demi *préf.* half, semi. *~ -gros*, retail-wholesale, wholesale in small quantities. *Prix de ~ -gros*, trade price. *~ -salaire*, half pay.

demi-gros *n.m.* wholesale (trade); semi-wholesale (trade).

demi-produits, intermediary goods.

demi-tarif *n.m.* half fare; half price.

démission *n.f.* resignation. *Donner, remettre sa ~,* to tender/to hand in one's resignation.

démissionnaire *adj.* resigning, outgoing.

démissionner *v.* to resign. *~ d'un poste,* to resign one's post; to resign from office.

démocrate *n.m.f.* democrat. *Social-~,* social democrat.

démocrate *adj.* democratic.

démocratie *n.f.* democracy. *~ libérale,* liberal democracy. *~ parlementaire,* parliamentary democracy. *Social-~,* social democracy.

démocratique *adj.* democratic.

démocratisation *n.f.* democratization.

démodé, e *adj.* old-fashioned, outmoded, outdated, obsolete.

démographe *n.m.* demographer.

démographie *n.f.* demography; population growth.

démographique *adj.* demographic. *Accroissement, croissance ~,* increase in population, population growth. *Estimation ~,* population estimation. *Explosion ~,* population explosion/boom, demographic explosion/boom. *Statistiques ~s,* vital statistics. *Tendances ~s,* population trends.

démonétisation *n.f.* demonetization.

démonétiser *v.* to demonetize.

démonstrateur, trice *n.m.f.* demonstrator.

démonstration *n.f.* demonstration. *Salle de ~,* showroom.

démonter *v.* to disassemble.

démontrer *v.* to demonstrate, to prove, to show.

démotivation *n.f.* demotivation, failing morale, discouragement, lack/loss of motivation.

démotiver *v.* to weaken the morale of, to discourage, to demotivate.

démultiplicateur, trice *adj.* demultiplying.

démunir *v.* to deprive (of something). *Etre démuni,* to be short of money; *être démuni de quelque chose,* to be out of something; *ceux qui sont démunis,* those in need, the needy.

démunir (se) *v.* **1.** to part with something. **2.** to run short of.

dénationalisation *n.f.* denationalization, privatization.

dénationaliser *v.* to denationalize, to privatize.

dénégation *n.f.* denial, disclaimer. *~ de responsabilité,* denial, disclaimer of responsibility.

denier *n.m.* penny, money, funds. *~s publics,* public money(s), public funds.

dénombrement *n.m.* count, tally; census. *~ de la population,* census of population.

dénombrer *v.* to count,to tally; to take a census of (population).

dénominateur *n.m.* denominator. *~ commun,* common denominator.

dénomination *n.f.* denomination, name.

dénoncer *v.* to denounce.

dénonciation *n.f.* denunciation, denouncing. *~ d'une dette,* denunciation of a debt, cancellation of a debt (by the debtor).

dénouer sa position, to close one's position.

denrée *n.f.* commodity, produce, product. *Consommation de ~s alimentaires,* food consumption. *~s alimentaires,* foodstuffs. *~s périssables,* perishable foodstuffs, perishables.

dense *adj.* dense. *Population ~,* dense population. *Population peu ~,* sparse population.

densité *n.f.* density. *~ de population,* density of population.

dénuement *n.m.* destitution, destitute condition, extreme poverty.

déontologie *n.f.* professional ethics, business ethics.

déontologique *adj.* ethical.

dépannage *n.f.* emergency repairs. *(voiture)* road(side) repairs, breakdown service. *Camionnette de ~,* tow-truck, breakdown van.

dépanner *v.* to repair. *~ un client,* to help out a customer/ client.

départ *n.m.* **1.** departure. **2.** *(mar.)* sailing. **3.** *(compte, police)* starting date. *~ à la retraite,* retirement. *~ anticipé à la retraite,* early retirement. *~ volontaire,* voluntary redundancy, voluntary retirement. *Courrier (au) ~,* outgoing mail. *Date de ~,* date of departure, date of dispatch *(courrier, colis). Prix ~ usine,* price ex-works, ex-mill, ex-factory; ex-works, ex-mill, ex-factory price.

département *n.m.* department, service.

dépassement *n.m.* excess, overrun. *~ de coût,* (cost) overrun; *(inform.)* overflow.

dépasser *v.* to exceed. *(Course, concurrence)* to outstrip. *~ en nombre,* to outnumber. *Toute somme dépassant $ 3 000,* any amount in excess of $ 3,000. *(Véhicule)* to overtake, to pass. *~ les limites, les bornes,* to overstep the limits.

dépendance *n.f.* **1.** dependence. *Non-~,* self-sufficiency. **2.** appurtenance, outbuilding. *Immeuble avec ses appartenances et ~s,* house with its appurtenances.

dépendant, e *adj.* dependent.

dépendre (de) *v.* to depend (on), to be dependent (on). *De qui dépend-il?,* who does he report to?

dépens *n.m.pl.* cost, legal costs. *Condamner aux ~,* to order to pay the costs.

dépense *n.f.* expense, expenditure, spending. *Allouer une ~,* to allow an expense. *Augmenter les ~s,* to increase the expenditure. *Budget des ~s et recettes courantes,* current budget. *Chef de ~,* expense item. *Couvrir ses ~s,* to cover one's expenses. *~s budgétaires,* budgetary expenditure. *~ en capital,* capital expenditure. *~s*

courantes, running expenses. *~s d'équipement,* equipment spending, investment in facilities, expenditure in equipment goods/ capital goods. *~s de l'État,* Government expenditure. *~s imprévues,* contingent expenses. *~ marginale,* marginal outlay. *~s des ménages,* household expenditure. *~s militaires,* military expenditure. *~s prévues au budget,* budgeted expenses. *~s publicitaires,* advertising expenditure. *~s publiques,* Government spending, public expenditure. *~s sociales,* welfare expenditure. *Imputer une ~ à un compte,* to charge an expense to an account. *Menues ~s,* out-of-pocket expenses. *Postes de ~,* items of expenditure. *Prévision de ~,* estimated expenditure, cost estimate. *Recettes et ~s,* receipts and expenses, cash revenues and outgoings.

dépensé, e *adj.* spent, expended. *Solde non ~,* unspent balance, unexpended balance.

dépenser *v.* to spend, to expend. *~ mal à propos,* to misspend.

dépensier, ière *adj.* spendthrift, thriftless.

déperdition *n.f.* waste, wastage, loss.

dépérissement *n.m.* deterioration, decay; dwindling.

dépeuplé, e *adj.* depopulated.

dépeuplement *n.m.* depopulation.

déphasé, e *adj.* out of sync. *Être ~ par rapport à,* to be out of sync with.

déplacé, e *adj.* **1.** displaced. *Personnes ~es,* displaced persons. **2.** *(propos, remarque)* out of place, uncalled for, ill-timed.

déplacement *n.m.* **1.** displacement, shift. *~ de cours,* shift in prices. *~s de la demande,* demand shifts. *~ de la main-d'œuvre,* displacement of labour. *~ d'une usine,* plant relocation. **2.** *(mutation d'un cadre)* relocation, reassignment. **3.** Travelling. *Frais de ~,* travelling expenses. *Indemnité de ~,* travelling allowance. *Être en ~ d'affaires,* to be on a business trip.

déplacer *v.* to move, to shift, to transfer, to displace.

déplafonner *v.* to lift/to raise/the ceiling of.

dépliant *n.m.* folder.

dépopulation *n.f.* depopulation.

déport *n.m.* backwardation.

déposant *n.m.* **1.** depositor. **2.** *(témoin)* witness. **3.** *(de biens)* bailor.

dépose *n.f.* removal.

déposé, e *adj.* **1.** deposited. **2.** registered. *Marque ~e,* registered trade-mark. *Modèle ~,* registered pattern.

déposer *v.* **1.** to deposit, to lodge, to pledge. *~ de l'argent en banque,* to deposit money with a bank. *~ des titres en garde,* to deposit securities in safe custody. *~ en nantissement,* to pledge as collateral. **2.** to register. *~ une marque,* to register a trade-mark. **3.** *(bilan, candidature)* to file. *~ son bilan,* to file one's petition in bankruptcy, to file for bankruptcy. *~ sa candidature,* to file one's application. **4.** *(témoignage)* to give evidence, to bear witness to/of. **5.** *(projet de loi) ~ un projet de loi,* to introduce a bill, *(G.B.)* to table a bill. *(préavis) ~ un préavis de grève,* to give/(U.S.) file notice of a strike. **6.** *~ (une) plainte,* to take legal action, to file a claim, to press a charge, to sue, to go to law.

déposit *n.m.* *(dépôt de garantie initial nécessaire à la conclusion d'une opération sur marché à terme),* margin; *(G.B.)* deposit, *(U.S.)* original margin.

dépositaire *n.m.f.* **1.** trustee, depositary; *(de biens)* bailee. **2.** *(agent) ~ exclusif,* sole agent.

déposition, *n.f.* testimony, deposition, evidence.

déposséder *v.* to dispossess.

dépossession *n.f.* dispossession, release, surrender, transfer. *~ de marchandises,* releasing of goods.

dépôt *n.m.* **1.** placing; posting. *~ de brevet,* registration of patent, patent registration. *~ d'une marque,* registration of trademark. *~ d'un projet de loi,* introduction of a bill, *(G.B.)* tabling of a bill. **2.** *(entrepôt)* warehouse, depot, yard; *(douanes)* bond. **3.** *(acte, bilan, candidature)* filing. *Le nombre des ~s de bilan s'est accru,* the number of bankruptcies has increased. **4.** *(fonds)* deposit; *(titres)* lodging, custody. *Banque de ~,* deposit bank. *Compte de ~,* deposit account. *En ~,* on deposit, in trust, in safe custody. *~ en banque/bancaire,* bank deposit. *~ en coffre-fort,* safe deposit. *~ à court terme,* deposit at short notice. *~ à vue,* demand deposit, sight deposit. *~ de couverture,* reserve deposit. *~ à échéance fixe,* fixed deposit. *~s en monnaie étrangère,* foreign currency deposits. *~ payable à vue,* demand deposit, deposit at call. *~ remboursable sur demande,* deposit at call. *~ à terme,* time deposit. *Être en ~ (douane),* to be in bond. *Mettre en ~,* to bond. *Mettre des valeurs en ~,* to place securities in safe deposit. *Retraits massifs des ~s bancaires,* run on banks. **5.** *(marchandises) en dépôt,* on consignment; on sale or return. *Dépôt-vente,* showroom for goods on consignment/for consignment sales.

dépouillement *n.m.* collection and analysis. *~ des voix,* tally(ing)/counting of votes.

dépouiller *v.* to collect and analyze. *~ les votes,* to tally/to count/votes.

dépourvu, e *adj.* destitute. *~ de,* devoid of.

dépréciation *n.f.* depreciation, fall in price, fall in value. *~ de la monnaie,* depreciation of money. *Provision pour ~ de matériel,* reserve for depreciation of plant.

déprécier *v.* to depreciate.

déprécier (se) *v.i.* to depreciate.

dépression *n.f.* depression, slump.

déprimé, e *adj.* depressed.

déprimer *v.* to depress.

député *n.m.* *(G.B.)* Member of Parliament, M.P., *(U.S.)* Congressman.

déqualification *n.f.* deskilling.

déraciné, e *n.* exile.

déraciné, e *adj.* uprooted; rootless; exiled, in exile.

dérailler *v.* to run off the track, to leave the track. *Faire ~ (train, projet),* to derail.

dérapage *n.m.* skidding; getting out of hand, out of control; *(prix, etc.)* rise, increase. *~ des salaires,* wage drift.

déraper *v.* to skid; to get out of hand, out of control; to overshoot the mark; *(augmenter)* to rise, to go up.

déréglementation *n.f.* deregulation.

déréglementer *v.* to deregulate.

dérivation *n.f.* derivation. *~ d'une fonction,* derivation of a function.

dérive *n.f.* drift. *~ salariale,* wage drift.

dérivé, e *n.f.* derived. *Fonction ~e,* derived function. *Produit ~,* by-product.

dérivée *n.f.* derivative.

dériver *v.* **1.** to derive/to stem/to originate (from). **2.** *(aller à la dérive)* to drift, to go adrift. **3.** *(cours d'eau, etc.)* to divert.

dernier *adj.* last, latest, final, ultimate. *~ acheteur,* last buyer. *En dernière analyse,* in the last analysis. *~ cours,* closing prices, latest quotations. *~e enchère,* closing bid. *~ tarif,* latest price-list. *~ versement,* final instalment. *~s volontés,* last will and testament.

dérogation *n.f.* departure; derogation; dispensation; exception. *~ à une loi, un règlement,* departure from a law, from a regulation.

dérogatoire *adj.* derogatory. *Clause ~,* overriding clause.

désabonner (se) *v.* to cancel one's subscription; to unsubscribe.

désaccord *n.m.* disagreement. *Être en ~,* to disagree.

désaffecté, e *adj.* disused.

désaffilier (se) *v.* to disaffiliate (oneself from).

désaisonnalisation *n.f.* correction/adjustment for seasonal variation.

désapprovisionner *v.* to unstock.

désapprovisionné, e *adj.* unstocked. *Compte ~,* overdrawn account.

désarmement *n.m.* **1.** disarmament. **2.** *(d'un bateau)* laying up, idling, mothballing; putting out of commission; *(U.S.)* decommissioning.

désastre *n.m.* disaster.

désastreux, euse *adj.* disastrous.

désavantage *n.m.* **1.** disadvantage, drawback, inconvenience, snag. **2.** handicap.

désavantageux, euse *adj.* unfavourable, prejudicial.

désavouer *v.* to disown.

descendant, e *adj.* descending, decreasing, downward. *Courbe ~e,* downward curve.

descendants *n.m.pl.* descendants, offspring, progeny.

descendre *v.* to come down, to go down.

descriptif, ve *adj.* descriptive. *Devis ~,* specification.

descriptif *n.m.* outline, abstract, summary; *(travaux)* specification sheet.

description *n.f.* description, specification.

déséchouage *n.m.* refloating.

déséconomie *n.f.* diseconomy.

désenclavement *n.m.* linking-up, linkup; provision of transport and communications facilities.

désenclaver *v.* to link up; to provide transport and communications facilities, to upgrade the infrastructure.

désendettement *n.m.* getting out of debt. *~ de fait, (compta.)* in substance defeasance.

désendetter (se) *v.* to get out of debt.

désengagement *n.m.* pullout, withdrawal; disengagement; disinvestment.

désengager (se) *v.* to pull out, to withdraw; to disengage oneself; to disinvest.

désépargne *n.f.* dissaving.

déséquilibre *n.m.* disequilibrium, imbalance. *Corriger un ~,* to adjust an imbalance, to restore a balance. *~ des paiements,* imbalance of payments. *Facteur de ~,* destabilizer.

déséquilibrer *v.* to create an imbalance, to throw off balance, to unbalance; to destabilize; *(budget etc.)* to skew.

désertification *n.f.* **1.** desertification; turning/transformation into a desert. **2.** *(campagnes etc.)* population drain, loss of population and economic activity; being deserted.

désertifier (se) *v.* **1.** to turn into a desert. **2.** to be deserted.

déshérence *n.f.* default of heirs, escheat. *Tomber en ~,* to escheat.

déshérité, e *adj.* underprivileged. *Nations ~es,* have-nots.

déshériter *v.* to disinherit; to cut off with a shilling.

déshypothéquer *v.* to disencumber, to free from mortgage. *~ une propriété,* to free a property from mortgage.

désignation *n.f.* **1.** description. **2.** *(à un poste)* appointment (to the position of), nomination (as). *~ des marchandises,* goods description. *~ des titres,* description of securities.

désigné, e *adj.* **1.** specified. **2.** appointed.

désigner *v.* **1.** to appoint. **2.** to describe, to specify.

désindustrialisation *n.f.* deindustrialization.

désindustrialiser *v.* to deindustrialize.

désindustrialiser (se) *v.* to deindustrialize.

désinflation *n.f.* disinflation.

désinflationniste *adj.* disinflationary.

désintéressé, e *adj.* disinterested.

désintéressement *n.m.* *(associé)* buying out; *(créancier)* paying off.

désintéresser *v.* *(un créancier)* to pay off; *(racheter des droits)* to buy out; to satisfy.

désintermédiation *n.f.* disintermediation.

désinvestir *v.* to disinvest. *(par abandon d'actifs)* to divest.

désinvestissement *n.m.* disinvestment. *(par abandon d'actifs)* divestment, divestiture.

désister (se) *v.* to withdraw; to waive (a right, a claim).

désœuvré, e *adj.* idle.

désordre *n.m.* disorder, disruption, perturbation.

désorganisation *n.f.* disorganization, disruption, dislocation.

désorganiser *v.* **1.** to disorganize, to dislocate. **2.** *(perturber)* to disrupt.

dessaisir *v.* to divest; to dispossess. *Se ~ de quelque chose,* to divest oneself of something. *~ un tribunal d'une affaire,* to withdraw a case from a court. *Le tribunal s'est dessaisi de l'affaire,* the court decided not to proceed with the case.

dessaisissement *n.m.* divestment, divestiture; dispossession.

dessalage *n.m.* *voir* **dessalement.**

dessalement *n.m.* desalinization.

dessaler *v.* to desalinize.

dessein *n.m.* purpose, goal, intention, design, scheme.

desserte *n.f.* service. *~ aérienne,* air service.

desservir *v.* **1.** *(transports)* to service; to serve. **2.** *(préjudice)* to be detrimental to.

dessin *n.m.* **1.** *(motif)* design, pattern. **2.** drawing, draft. *~ à l'échelle,* drawing to scale. *~ animé,* animated cartoon. *~ industriel,* industrial design; drafting.

dessinateur, trice *n.m.f.* draughtsman, *(U.S.)* draftsman. *~ industriel,* industrial designer.

dessiner *v.* to draw, to design, to sketch.

dessous *adv. ou prép.* below, under. *Au-~ de la moyenne,* below average. *Au-~ de la normale,* below standard. *Au-~ du pair,* below par.

dessous-de-table *n.m.* undercover payment, (sum paid) under the counter, under-the-table payment ; (= *pot de vin*) bribe, pay-off ; golden handshake ; (*appar- tement*) key-money.

dessus (au) *adv. ou prép.* above. *Au-~ de la ligne,* above the line. *Au-~ de la moyenne,* above average. *Au-~ de la normale,* above average. *Au-~ du pair,* above par.

déstabilisateur, trice *adj.* destabilizing.

déstabiliser *v.* to destabilize, to unsettle.

destinataire *n.m.f.* 1. (*envoi*) consignee, sendee, addressee ; (*fax*) receiver. 2. (*fonds*) payee, remittee. 3. (*aide etc.*) recipient.

destination *n.f.* 1. destination. *A ~ de,* (*mar.*) bound for. *Port de ~,* port of destination. 2. (*fonds*) appropriation.

destiné, e (à) *adj.* intended (for), designed (for), meant for. *Marchandises ~es à l'exportation,* exportable goods. *Tirer au sort les bons ~s à être remboursés,* to draw bonds for redemption.

destiner *v.* to intend, to design.

déstockage *n.m.* inventory reduction, stock reduction, running down of inventories/stocks, destocking ; selling off ; stock/inventory clearance ; clearance sale.

déstocker *v.* to run down/to reduce inventories, to run down/to reduce stocks, to deplenish stocks, to destock ; to sell off ; to clear stocks/inventories.

désuet, e *adj.* obsolete, outdated, outmoded.

désuétude *n.f.* obsolescence, disuse. *Tomber en ~,* to fall into abeyance. *~ calculée,* built-in obsolescence, planned obsolescence.

désutilité *n.f.* disutility.

détaché, e *adj.* detached.

Coupon ~, ex coupon. (*A un poste*) assigned, (*fonctionnaire*) seconded.

détachement *n.m.* assigning, assignment, (*fonctionnaire*) secondment.

détacher *v.* to detach, to cut off, to tear out. *~ un coupon,* to cut off, to detach a coupon. (*à un poste*) to assign ; (*fonctionnaire, etc.*) to second.

détail *n.m.* 1. detail, particular. *De plus amples ~s,* further paticulars. *Tous les ~s,* full particulars. *~s d'un compte,* items of an account. 2. retail. *Commerce de ~,* retail trade. *Prix de ~,* retail price. *Vendre au ~,* to retail. *Vente au ~,* retail sale. 3. (*d'un compte*) itemization, breakdown (of an account).

détaillant *n.m.* retailer, retail trader.

détaillé, e *adj.* 1. detailed. *Rapport ~,* detailed report. 2. itemized. *Compte ~,* itemized account. *Facture ~,* itemized bill.

détailler *v.* 1. to retail, to sell (by) retail. 2. to detail, to specify, to itemize ; to break down. *~ un compte,* to itemize an account.

détaxation *n.f.* removal of tax/duty ; reduction in tax.

détaxe *n.f.* remission of charges, return of charges, return of duties ; removal of tax/duty ; reduction in tax.

détaxer *v.* to untax ; to remit the duties, to return the charges ; to remove the tax (on), to take the tax off, to reduce the tax (on). (U.S.) to decontrol. *Produits détaxés,* tax-free goods, duty-free goods.

détection *n.f.* detection. *Système de ~ d'erreurs,* error detection system, error detection device.

détendre (se) *v.* (*Bourse*) to ease (off), to be easier.

détenir *v.* 1. to hold, to own, to have, to possess, to be in possession of ; to keep. *~ des actions,* to hold shares. *~ des biens,* to own property. *~ un emploi,* to hold a job, to be in a job. 2. to detain ; to keep (someone) prisoner.

détente *n.f.* **1.** (*Bourse*) easing off, slackening. (*cours, taux*) lowering. **2.** relaxing. *J'ai besoin de ~, I need to relax, I need a break.* **3.** (*d'une arme*) trigger. **4.** (*diplomatie*) detente.

détenteur, trice *n.m.f.* holder, owner. *~ d'actions*, shareholder. *~ de bonne foi*, bona fide holder. *~ d'emploi*, job-holder. *~ d'obligations*, debenture holder. *~ de titres*, scripholder. *~ d'un compte*, account holder.

détention *n.f.* **1.** (*fin.*) holding. **2.** (*d'un bateau*) detention, detainment. **3.** (*incarcération*) detention, imprisonment, jail(ing), custody.

détenu, e *adj.* **1.** held. **2.** detained. *Bien ~ en toute propriété*, property held in fee simple. *Titres ~s en gage*, securities held in pledge. *Titres ~s en garantie*, securities held as security. *Valeurs ~es en gage*, securities held in pawn.

détenu, e *n.m.f.* inmate, convict, prisoner.

détérioration *n.f.* deterioration, worsening, damage; tear. *~ de la balance des paiements*, deterioration of the balance of payments.

détériorer (se) *v.* **1.** to deteriorate. **2.** (*marchandises*) to spoil, to become spoilt.

déterminable *adj.* determinable.

déterminant, e *adj.* decisive, overriding.

déterminant *n.m.* determinant.

détermination *n.f.* determination, fixing. *~ des prix*, price determination, pricing.

déterminé, e *adj.* determined, fixed. *A échéances ~es*, at fixed dates. *Montant déterminé*, specific amount.

déterminer *v.* **1.** to determine, to fix. **2.** (*des causes*) to ascertain.

détitrer *v.* to lower the title of.

détourné, e *adj.* roundabout, circuitous, oblique. *Moyens ~s*, oblique ways.

détournement *n.m.* **1.** (*de fonds*) embezzlement, misappropriation, defalcation. **2.** (*d'avion*) hijacking.

détourner *v.* **1.** (*fonds*) to misappropriate, to divert. *~ des fonds*, to embezzle funds. **2.** (*véhicule etc.*) to reroute, to redirect. **3.** (*avion*) to hijack. *~ un avion*, to hijack a plane.

détresse *n.f.* distress.

détriment *n.m.* detriment. *Erreur à notre ~*, error to our disadvantage.

dette *n.f.* debt, indebtedness, liability. *Accablé/criblé/de ~s*, riddled with debt, debt-ridden. *Acquittement d'une ~*, clearing off of a debt. *S'acquitter d'une ~*, to discharge/to pay off/to repay a debt. *Allègement de la/d'une ~*, debt relief. *Amortir une ~*, to redeem a debt. *Amortissement de la ~*, debt redemption, debt amortization. *Apurer une ~*, to write off a debt. *Assigner en paiement d'une ~*, to summon for a debt. *Bonne ~*, good debt. *Cautionner une ~*, to stand surety for a debt, to secure a debt. *Cessibilité d'une ~*, transferability of a debt. *Compenser une ~*, to set off a debt. *Consolider une ~ publique*, to fund a public debt. *~ non acquittée*, unpaid debt, undischarged debt. *~s actives*, accounts receivable, debts due to us. *~ à court terme*, current liabilities. *~ à vue*, debt on sight. *~ caduque*, prescribed debt. *~ chirographaire*, unsecured debt. *~ consolidée*, consolidated debt, funded debt. *~ exigible*, due debt. *~ extérieure*, foreign debt. *~ flottante*, floating debt. *~ hypothécaire*, mortgage debt. *~ nationale*, national debt. *~ non consolidée*, unconsolidated debt, unfunded debt. *~ obligataire*, bonded debt, debenture debt. *~ passive*, passive debt. *~s passives*, accounts payable, debts due by us. *~ publique*, public debt. *~ privilégiée*, preferential debt. *~ recouvrable*, recoverable debt. *~ solidaire*, joint and several debt. *Exigibilité d'une ~*, repayability of a debt. *Garant d'une ~*, surety for a debt. *Intérêts sur les ~s*, interest on debts. *Libérer quelqu'un d'une ~,* to discharge someone from a debt. *Provision pour ~s,* reserve for debts, liability reserve. *Purger un bien de ~s,* to clear a property of debt. *Reconnaissance de ~,* I.O.U. (I owe you), acknowledgment of debt, *(U.S.)* due bill. *Recouvrer une ~,* to recover a debt. *Rééchelonner une ~,* to reschedule a debt. *Règlement de la ~,* settlement of the claim. *Rembourser une ~,* to pay off a debt, to redeem a debt. *Remettre une ~,* to remit a debt. *Remise de ~,* remittal of a debt, remission of a debt.

deuxième *adj.* second. *~ classe,* second class. *De ~ main,* second-hand. *De ~ qualité,* second-rate, second-class, second-grade. *Obligations de ~ rang,* junior bonds. *Obligations hypothécaires de ~ rang,* second mortgage bonds.

dévaliser *v.* to rob; to strip; *(magasin)* to empty.

dévalorisation *n.f.* devalorization, loss of value.

dévaloriser *v.* to devalorize.

dévaloriser (se) to depreciate.

dévaluation *n.f.* devaluation. *~ d'une monnaie,* devaluation of a currency.

dévaluer *v.* to devalue, to devaluate.

dévaluer (se) *v.* to devaluate, to devalue, to depreciate.

devancer *v.* to be ahead of, to keep ahead of; *(dépasser)* to outstrip, to pass.

devanture *n.f.* shop-window, shop-front.

développé, e *adj.* developed, advanced. *Aide aux pays sous-~s,* economic aid to underdeveloped countries, economic aid to L.D.C.s (less developed countries). *Économie ~e,* advanced economy. *Pays sous-~s,* underdeveloped countries, L.D.C.s (Less Developed Countries).

développement *n.m.* development. *Banque Internationale pour la Reconstruction et le ~,* International Bank for Reconstruction and Development (I.B.R.D.). *Coût de ~,* development cost. *~ économique,* economic development. *~ personnel,* personal growth. *~ de produits nouveaux,* new products development. *Potentiel de ~,* development potential. *Programme de ~,* development program(me). *Recherche et ~,* research and development (R & D). *Sous-~,* underdevelopment. *Pays en voie de ~,* developing nations. *Zone de ~,* development area.

développer (se) *v.* to grow, to expand, to develop. *Se ~ à partir de zéro,* to grow from scratch.

déviation *n.f.* **1.** deviation, departure. *~ standard,* standard deviation. **2.** *(route)* diversion.

dévier *v.* to deviate. *~ la circulation,* to divert the traffic.

deviner *v.* to guess.

devis *n.m.* estimate, cost estimate; *(travaux publics)* tender, *(U.S.)* bid. *~ descriptif,* specification. *Établir un ~,* to draw up an estimate. *Soumettre un ~,* to send in a tender, to tender.

devise *n.f.* **1.** currency, exchange. *Achat et vente de ~s,* purchase and sale of exchange. *Allocation en ~s,* foreign currency allowance. *~ à terme,* forward exchange. *~ au comptant,* spot exchange. *Effet en ~,* bill in foreign currency. *Étalon ~-or,* gold exchange standard. *Marché des ~s étrangères,* foreign exchange market. *Réserve en ~s,* foreign exchange reserve. **2.** motto.

devise étrangère, foreign currency.

devise faible, soft currency.

devise forte, hard currendy.

dévoiler *v.* **1.** to unveil. **2.** to reveal, to disclose, to divulge; to leak out.

devoir *n.m.* duty, task. *Faire son ~,* to do one's duty. *Se faire un ~ de,* to make a point of doing something.

devoir *v.* to owe, to be indebted for. *Avec tout le respect que je vous dois,* with due respect. *La somme qui nous est due,* the amount owing to us, due to us. *On lui doit cette réussite,* he should take the credit for/be credited with/this success. *On lui doit cet échec,* he should take the blame for this failure. *« Reste à ~ »,* « amount owing ».

dévolu, e *adj.* vested, devolved. *Droit ~ à,* right vested in. *Part ~e aux héritiers,* share that devolves to the heirs.

dévolution *n.f.* devolution, transmission of property.

dévoué,e *adj.* dedicated, devoted.

dévouement *n.m.* dedication; devotion.

diable *n.m.* (hand) truck.

diagnostic *n.m.* (médical) diagnosis; *(sens général)* analysis, conclusion(s); assessment; audit.

diagnostiquer *v.* to diagnose.

diagonal, e *adj.* diagonal.

diagonale *n.f.* diagonal.

diagramme *n.m.* diagram, chart, graph. *~ de dispersion,* scatter diagram. *~ de points,* dot diagram. *~ en tuyaux d'orgue,* bar graph.

dialectique *adj.* dialectical. *Matérialisme ~,* dialectical materialism.

dialectique *n.f.* dialectics.

diamant *n.m.* diamond. *~s industriels,* industrial diamonds. *~ véritable,* genuine diamond.

diamantifère *adj.* diamond-yielding. *Valeurs ~s,* diamonds.

diamètre *n.m.* diameter.

diapositive *n.f.* slide, transparency.

dichotomie *n.f.* dichotomy.

dictature *n.f.* dictatorship.

didacticiel *n.m.* learning-oriented software; courseware; educational programm(me).

diététicien, ne *n.m.f.* dietician.

diététique *n.f.* dietetics; health food(s).

diététique *adj.* dietary, dietetic(al). *Nourriture ~,* health food, organic food. *Magasin ~,* health food shop.

diffamation *n.f.* defamation, libel; *procès en ~,* libel suit; *(verbale)* slander. *Campagne de ~,* smear campaign.

diffamatoire *adj.* defamatory; libellous; slanderous.

diffamer *v.* to defame; to libel; to slander.

différé, e *adj.* deferred, postponed. *Actions ~es,* deferred shares. *Assurance à capital ~,* endowment insurance. *Intérêt ~,* deferred interest. *Livraison ~e,* deferred delivery. *Règlement ~,* deferred payment. *Réunion ~e,* deferred meeting, postponed meeting.

différence *n.f.* différence, differential, margin. *A la ~ de,* unlike, as opposed to, in contrast to. *~ entre deux prix,* spread. *~s de salaires,* wage differentials.

différenciation *n.f.* differentiation. *~ des produits,* product differentiation.

différencié, e *adj.* differentiated.

différend *n.m.* dispute, difference, disagreement. *Régler un ~,* to settle a dispute.

différent, e *adj.* different (*de,* from).

différentiel, le *adj.* differential, discriminating. *Calcul ~,* differential calculus. *Coût ~,* differential cost.

différentiel *n.m.* differential.

différer *v.* **1.** *(être différent)* to differ from. **2.** to defer, to postpone, to delay, to put off. *~ le paiement,* to defer payment, to postpone a payment.

difficile *adj.* difficult, hard. *Article ~ à vendre,* hard-to-sell article. *Connaître une période difficile,* to fall on hard times.

difficilement *adv.* with difficulty.

difficulté *n.f.* difficulty. *Aplanir des ~s,* to iron out difficulties. *~s de trésorerie,* liquidity/cash problem(s).

Entreprise en ~, ailing firm, struggling firm; lame duck. *Connaître des difficultés,* to meet with difficulties, to experience difficulties, to fall upon/on hard times. *Surmonter des ~s,* to overcome difficulties.

diffusion *n.f.* 1. *(d'informations)* circulation, dissemination (of information). 2. *(de presse)* circulation. *Liste de ~,* mailing list. *~ totale,* gross circulation. 3. *(radio, T.V.)* broadcasting. 4. *(de produits)* distribution. *~ nationale,* nationwide distribution.

digit *n.m.* digit. *~ binaire,* binary digit.

digital *adj.* digital.

digne *adj.* worthy. *~ de confiance,* trustworthy, dependable, reliable.

digue *n.f.* dam; *(protection contre inondations)* dike, dyke, (U.S.) levee.

dilapider *v.* to squander, to waste.

dilatoire *adj.* dilatory. *Tactique ~,* foot-dragging.

dilemme *n.m.* dilemma.

diligence *n.f.* diligence, application; haste, dispatch. *A la ~ de,* on the request of. *En toute ~,* with all possible dispatch. *Faire ~,* to hurry, to make haste, to hasten. *Travailler avec ~,* to work diligently.

diligenter *v.* to hasten; *(une enquête)* to start, to institute.

dilué, e *adj.* diluted, watered down.

dilution *n.f.* dilution, watering down. *~ de capital,* watering of capital.

dîme *n.f.* tithe, tenth.

dimension *n.f.* size, dimension. *A trois ~s,* three-dimensional.

dimensionnel, le *adj.* dimensional.

diminuer *v.t.* to reduce, to cut (down), to curtail, to lessen.

diminuer *v.i.* to decrease, to fall off, to drop, to decline, to go down, to dwindle, to shrink, to run low, to run down, to lessen.

diminution *n.f.* 1. *(spontanée)* decrease, drop, fall; loss. *~ des bénéfices,* drop in profits, dwindling of profits. *~ du capital,* capital decumulation. *~ de production,* decrease in production/output. *~ de valeur,* decrease in value. 2. *(volontaire)* cut, curtailment. *~ des salaires,* wage cuts. *~ des dépenses,* curtailment of expenses. 3. *(rabais, ristourne)* reduction, rebate, allowance.

diplôme *n.m.* diploma; *(d'université)* degree. *Accorder un ~,* to grant/to award/to confer a degree. *Avoir un ~,* to hold/have a degree. *Il aura son ~ en juin,* he'll graduate in June.

diplômé, e *adj.* certified, qualified, certificated. *Comptable ~,* qualified accountant. *(= Expert Comptable)* G.B. Chartered Accountant, *U.S.* Certified Public Accountant. *Expert ~,* qualified expert. *Étudiant ~,* graduate.

diplômé, e *n.m.f.* graduate. *Il est ~ d'une école de commerce,* he is a business school graduate, he has graduated from a business school, he holds a business school degree. *Les ~s de l'Université,* University graduates.

diplômer *v.* to award a degree. *Formation diplômante,* degree-awarding program(me).

direct, e *adj.* direct, straight. *Connaissement ~,* through B/L. *Contrat ~,* direct contract. *Contributions ~es,* direct taxes. *Coûts ~s,* direct costs. *Héritier ~,* lineal heir. *Investissement ~,* direct investment. *Train ~,* through train. *Vol ~,* direct/through flight.

directement *adv.* directly, direct. *Adressez-vous ~ au siège social,* apply direct to the head office.

directeur, trice *adj.* managing, guiding, controlling. *Idée directrice,* guiding principle. *Principe ~,* guiding principle.

directeur *n.m.* **directrice** *n.f.* manager, head, *(fam.)* boss. *~*

adjoint, deputy manager, assistant manager. ~ *commercial,* sales manager. ~ *du personnel,* personnel manager, staff manager. ~ *d'usine,* plant manager, works manager. ~ *financier,* treasurer. ~ *gérant,* managing director. ~ *régional,* district manager, regional manager.

directeur de la communication, "dircom", Public Relations Manager, Public Relations Officer (also in charge of internal communication).

direction *n.f.* **1.** management. *Comité de ~,* management committee. *Conseil de ~,* executive board. *Fonctions de ~,* managerial functions. ~ *des entreprises,* corporate management. ~ *commerciale,* sales management. ~ *du contentieux,* legal department. ~ *générale,* top management, general management, senior management; head office. ~ *par objectifs,* management by objectives (M.B.O.). *Secrétaire de ~,* executive secretary, private secretary, personal assistant, P.A. **2.** control. **3.** direction. **4.** *(pl. = instructions)* directions, instructions. **5.** *(pl. = orientations)* trends.

directive *n.f.* instruction, direction; *(gouvernementale, etc.)* directive.

directives *n.f.pl.* guidelines; instructions, directions.

directoire *n.m.* executive board; board of directors.

directorial, e *adj.* managerial.

dirigé, e *adj.* planned, controlled. *Economie ~e,* planned economy.

dirigeable *n.m.* dirigible, airship.

dirigeant, e *adj.* **1.** executive. *Dans les équipes ~es,* in executive suites. *Dans les milieux ~s,* in executive circles. **2.** ruling. *Les classes ~es,* the ruling classes, the Establishment.

dirigeant, e *n.m.f.* executive, manager, leader. ~ *syndical,* union leader; union official.

diriger *v.* **1.** *(conduire)* to steer,

to channel, to direct. ~ *les investissements vers un secteur,* to channel investments into a sector. **2.** to manage, to run, to head, to control. ~ *une affaire,* to run a business.

dirigisme *n.m.* planned economy, state-control, dirigisme.

dirigiste *adj.* planned. *Économie ~,* planned economy, state-controlled/state-run economy.

dirimant, e *adj.* diriment, nullifying.

dirimer *v.* to nullify, to invalidate.

disciplinaire *adj.* disciplinary.

discipline *n.f.* **1.** discipline. *Conseil de ~,* disciplinary board. **2.** subject-matter, field, discipline.

discompte *n.m.* discount.

discompter *v.* to discount. *Prix discompté,* discount price.

discompteur *n.m.* discounter.

discontinu, e *adj.* discontinuous.

discontinuité *n.f.* discontinuity, break.

discours *n.m.* speech, address. *Faire un ~,* to deliver a speech/an address. *(congrès, etc.) ~ d'ouverture,* keynote address. *Terminer un discours,* to wind up a speech.

discréditer *v.* to discredit.

discret, ète *adj.* **1.** discreet, unobtrusive, sober, unpretentious. **2.** *(math.)* discrete, discontinuous. *Variable ~e,* discrete variable.

discrétion *n.f.* discretion, confidentiality, secrecy. « ~ *assurée* », « write in confidence », « apply in confidence », « applications will be treated in strict confidence ».

discrimination *n.f.* discrimination, differentiation. « *Aucune ~ en matière de recrutement* », *(U.S.)* « we are an equal opportunity employer ». *Non ~ en matière de salaires,* principle of equal pay. ~ *raciale,* racial discrimination. ~ *positive,* affirmative action.

discriminatoire *adj.* discriminatory; unfair.

discriminer *v.* to discriminate (against someone).

discussion *n.f.* **1.** discussion, debate, talk, argument. ~*s avec les syndicats*, talks with the unions. *En* ~, under discussion; at issue. *Sans* ~ *possible*, unquestionably, indisputably. **2.** *(jur.)* ~ *de biens*, enquiry into the assets of a debtor.

discutable *adj.* debatable, arguable, questionable; objectionable.

discuter *v.* **1.** to discuss, to argue, to debate. ~ *un projet*, to review/evaluate/a project. **2.** *(mettre en doute)* to question, to dispute. **3.** *(jur.)* ~ *un débiteur*, to enquire into the assets of a debtor.

disette *n.f.* shortage, scarcity, dearth.

disfonctionnement *n.m.* voir *dysfonctionnement*.

dislocation *n.f.* dislocation, disruption, dismemberment.

disloquer *v.* to dislocate, to dismember.

dispache *n.f.* average adjustment.

dispacheur *n.m.* average adjuster.

disparate *adj.* dissimilar, uneven.

disparité *n.f.* disparity, gap. ~ *du niveau technologique*, technological gap. ~ *des salaires*, disparity in wage rates.

dispense *n.f.* exemption, waiver. ~ *d'âge*, waiver of age limit(s).

dispensé de timbrage, postage paid, postage pre-paid.

dispenser *v.* to exempt, to exonerate.

dispersé, e *adj.* scattered.

dispersion *n.f.* dispersion, scatter, scattering, spread. *Coefficient de* ~, scatter coefficient. *Diagramme de* ~, scatter diagram.

disponibilité *n.f.* **1.** availability. ~ *des capitaux*, availability of capital. *Non-*~, non-availability. **2.** *disponibilités* *f.pl.* *(fin.)* disposable funds, available assets, liquid assets; *(comptab.)* quick assets; *(stocks)* available stocks. ~*s monétaires*, money supply.

disponible *adj.* available. *Actif* ~, available assets, quick assets. *Actif réalisable et* ~, current assets. *Argent* ~, money in hand. *Capital* ~, available funds, circulating capital. *Fonds* ~*s*, liquid assets, disposable funds. *Revenu* ~, disposable income. *Solde* ~, available balance. *Surplus* ~, disposable surplus. ~*(s) sur le marché*, available on the market, currently marketed.

disponible *n.m.* disposable funds, liquid assets, spot. *Cote officielle du* ~, official spot quotation. *Cours du* ~, spot price, price ex store. *Marché du* ~, spot market.

disposé, e *adj.* prepared to, ready to, willing to. *Marché bien* ~, buoyant market.

disposer *v.i.* **1.** to have at one's disposal. *Nous disposons d'une gamme étendue de produits*, we can offer a wide range of products. **2.** *(jur., prévoir)* to provide for. **3.** *(fin.)* to draw. ~ *sur un compte par chèque*, to draw on an account by cheque *(U.S. : check)*.

disposer *v.t.* **1.** to lay out, to display, to arrange. **2.** *(fin.)* to draw. ~ *un chèque sur une banque*, to draw a cheque *(U.S. : check)* on a bank.

dispositif *n.m.* device, apparatus, system; framework. *(Jur.)* enacting terms.

disposition *n.f.* **1.** disposal. *Mettre à la* ~ *de*, to place at the disposal of. *Nous restons à votre entière* ~, we remain entirely at your disposal. *Tenir à la* ~ *de*, to hold at the disposal of. **2.** draft. *Avis de* ~, advice of draft. ~ *à vue*, sight draft. ~*s à vue*, drawings on an account. **3.** terms, terms and conditions, provision, clause, stipulation. ~*s d'une loi*, provisions of an act. ~ *d'un testament*, clause of a will. *Sauf* ~ *contraire*, except/unless/otherwise stipulated. **4.** *(Bourse)* tone, trend. ~ *du marché*, tone of the market. **5.** *(des locaux, d'une lettre)* lay-out.

disproportion *n.f.* disproportion.

disproportionné, e *adj.* disproportionate ; incommensurate.

disqualification *n.f.* disqualification.

disque *n.m.* **1.** disk, disc. ~ *magnétique,* magnetic disk. *Mémoire à ~s,* disk storage. **2.** *(musique)* record.

disquette *n.f.* diskette, floppy disk.

dissension *n.f.* dissension, disagreement, discord. ~*s,* feud(s), quarrel(s).

dissimulation *n.f.* dissimulation, concealment. ~ *d'actif,* concealment of assets. ~ *de bénéfices,* concealment of profits.

dissimuler *v.* to conceal, to hide.

dissiper *v.* **1.** to clear up. ~ *un malentendu,* to clear up a misunderstanding. **2.** to squander, to waste, to spend.

dissolution *n.f.* dissolution, breaking up, winding up. ~ *d'une société,* winding up of a company. ~ *d'une société en nom collectif,* breaking up of a partnership.

dissoudre *v.* to dissolve, to bring to an end, to break up, to wind up.

dissuader *v.* to dissuade, to discourage, to deter (from).

dissuasif, ve *adj.* dissuasive, discouraging, deterrent ; *(tarif etc.)* prohibitive, punishing. *Droits de douane ~s,* punishing tariffs.

dissuasion *n.f.* dissuasion ; deterrence. *Moyen de ~,* disincentive, deterrent.

distance *n.f.* distance. *Achat à ~,* distance shopping, distance buying. *Commande à ~,* remote control. ~ *de transport,* length of haul. *Enseignement à ~,* distance learning ; distance teaching. *Fret proportionnel à la ~,* freight prorata. *Vente à ~,* distance selling.

distancer *v.* to outdistance, to outrun, to outstrip. *Se laisser ~,* to fall behind.

distant, e *adj.* distant ; remote ; far (away).

distillation *n.f.* distillation, distilling.

distillerie *n.f.* distillery.

distinct, e *adj.* distinct, separate.

distinction *n.f.* distinction ; reward.

distinguer *v.* to distinguish, to differentiate, to discriminate (*de* : from).

distorsion *n.f.* distortion, bias. *Sans ~,* unbias(s)ed.

distribuable *adj.* distributable.

distribué, e *adj.* distributed. *Bénéfice non distribué,* undistributed profit ; retained/undistributed earnings. *Dividendes ~s,* (share) dividends.

distribuer *v.* to distribute ; to market ; *(postes)* to deliver. ~ *des actions,* to allot shares. ~ *un dividende,* to pay a dividend.

distributeur, trice *adj.* distributing, *Centre ~,* discount house, *(U.S.)* discounter.

distributeur, trice *n.m.f.* distributor. ~ *agréé,* authorized dealer. ~ *automatique,* slot machine, dispenser, vending machine. ~ *automatique de billets de banque,* automatic/automated cash dispenser, automatic/automated teller machine, money machine. ~ *exclusif,* sole agent.

distributif, ve *adj.* distributive.

distribution *n.f.* distribution ; marketing. ~ *aléatoire,* random distribution. ~ *(de courrier) par exprès,* special delivery. ~ *du revenu national,* distribution of national income. ~ *des richesses,* distribution of wealth. *Grande ~,* large-scale distribution, large-scale retail(ing), volume retailing. *Réseau de ~,* distribution/distributing network ; channel(s) of trade.

district *n.m.* district, area. ~ *fédéral (U.S.),* Federal District.

divergence *n.f.* **1.** divergence, discrepancy ; departure (*par rapport à,* from). **2.** differences (of opinion), disagreement.

diverger *v.* **1.** to diverge ; to depart (*par rapport à,* from). **2.** *(opinions)* to take divergent views on, to differ.

divers, e *adj.* various, diverse, different, varied ; sundry ; miscellaneous. « *Divers* » *(petites annonces)*, « miscellaneous ». *Fait ~*, news item. *Faux frais ~*, contingencies, incidental expenses, incidentals. *Frais ~*, sundry expenses, sundries. « *Questions ~es* » *(ordre du jour)*, other business.

divers *n.m. pl.* sundries. *Compte de ~*, sundries account.

diversification *n.f.* diversification. *~ des produits*, product diversification. *Stratégie de ~*, diversification strategy.

diversifier *v.t.* et *v.i.* to diversify.

diversité *n.f.* diversity, variety.

dividende *n.m.* dividend. *Approuver un ~ de 3 %*, to pass a dividend of 3 %. *Déclarer un ~*, to declare a dividend. *Ex-~*, ex-dividend. *~s distribués*, share dividends. *~ supplémentaire*, bonus on shares. *Prélèvement du ~ sur le capital*, payment of dividend out of capital.

divis, e *adj.* divided. *Bien ~*, land held in severalty. *Responsabilité ~e*, several liability.

divisé, e *adj.* divided, split. *Les syndicats sont ~s sur cette question*, the unions are split over this issue. *Non ~*, undivided.

diviser *v.* to divide, to split. *~ en deux*, to halve.

diviseur *n.m.* divisor. *Plus grand commun ~*, greatest common factor.

divisibilité *n.f.* divisibility.

divisible *adj.* divisible.

division *n.f.* **1.** division. *~ du travail*, division of labour *(U.S. :* labor). **2.** division, branch, department. **3.** *(scission)* split, rift.

divisionnaire *adj.* divisional.

divorce *n.* divorce. *Demander le divorce*, to seek a divorce. *Intenter une action en divorce*, to start divorce proceedings.

divorcé, e *n.m.f.* divorcee.

divorcer *v.* to divorce ; to get a divorce.

divulgation *n.f.* disclosure.

divulguer *v.* to disclose. *(indiscrétion, fuite)* to leak out.

dock *n.m.* dock, warehouse. *~ entrepôt*, dock warehouse. *~ flottant*, floating dock. *~ frigorifique*, cold storage dock. *Droits de ~*, dock dues.

docker *n.m.* docker, longshoreman. *Grève des ~s*, dock strike.

doctrine *n.f.* doctrine. *~ économique*, economic doctrine. *~ de libre-échange*, free-trade doctrine.

document *n.m.* document. *~s à ordre*, promissory documents. *~s contre acceptation*, documents against acceptance. *~s contre paiement*, documents against payment. *Comptant contre ~s*, cash against documents.

documentaire *n.m.* documentary (film).

documentaire *adj.* documentary. *Crédit ~*, documentary credit. *Traite ~*, documentary bill.

documentaliste *n.m.f.* researcher ; information collector ; (assistant) librarian.

documentation *n.f.* documentation, documents, information, literature ; research.

documenter *v.* to document. *Bien documenté, (dossier, etc.)* well-documented, well-researched, information-rich, knowledgeable ; *(personne, source)* well-informed, knowledgeable.

documenter **(se)** *v.* to collect/gather information/material/data.

dollar *n.m.* dollar, greenback, *(fam.)* buck. *Billet de cinq ~s, (U.S., fam.)* fiver. *Mille ~s (U.S., fam.)* grand. *~ titre*, security dollar. *Zone ~*, dollar area.

domaine *n.m.* **1.** *(secteur)* field, area, sphere. *~ d'activité*, line of business. **2.** *(foncier)* estate, property. *Les ~s*, public property, property of the State. *~ grevé d'hypothèques*, burdened estate. *~ public*, public property.

domestique *adj.* domestic, internal, inland. *Budget ~*, household expenses. *Travaux ~s*, house work.

domicile *n.m.* domicile, residence; *(société)* registered office, head office. ~ *légal*, permanent residence. *Certificat de ~*, certificate of residence. *Changement de ~*, change of residence. *Démarchage à ~*, door-to-door calling, home calls; canvassing. *Livrable à ~*, to be delivered. *Livraison franco à ~*, delivery free domicile; *(entreprise)* delivery free to customer's premises/buyer's premises. *Sans ~ fixe*, homeless. *Les sans domicile fixe*, the homeless. *Travail à ~*, outwork; work on the client's premises; work on the employer's premises; *(fait chez soi)* homework. *Vente à ~*, door-to-door selling. *Violation de ~*, breach of domicile.

domicile (à), domiciliary. *Livraison à domicile*, home delivery.

domiciliataire *n.m.* paying agent.

domiciliation *n.f.* domiciliation.

domicilié, e *adj.* domiciled.

domicilier *v.* to domicile.

dominant, e *adj.* dominant, ruling, prevailing. *Économie ~e*, dominant economy. *Position ~e*, leading position, *(trust, etc.)* dominant position.

domination *n.f.* domination, leadership.

dominer *v.* 1. to dominate; to rule. 2. *(impression etc.)* to prevail. 3. *(avoir vue sur)* to overlook.

dominion *n.m.* dominion.

dommage *n.m.* 1. damage, loss. *Compenser un ~*, to make good a damage, to make up the damage. ~ *causé à un tiers*, third-party damage. ~ *corporel*, damage to persons. ~*s indirects*, consequential damage. ~*s matériels*, damage to property. 2. ~ *s-intérêts*, *m.pl.* damages. *Accorder des ~ s-intérêts*, to give damages. *Action en ~ s-intérêts*, action for damages. ~ -*intérêts pour préjudice moral*, retributory/punitive/damages. ~ -*intérêts pour préjudice réel*, substantial damages. *Obtenir des ~*

s-intérêts, to recover damages. *Passible de ~ s-intérêts*, liable for damages. *Poursuivre en ~ s-intérêts*, to sue for damages. *Réclamer des ~ s-intérêts*, to claim damages.

domotique *n.f.* integrated home systems.

don *n.m.* gift; donation; grant. ~*s et prêts*, grants and loans.

donataire *n.m.* donee, grantee.

donateur *n.m.* donor, grantor.

donation *n.f.* donation, pledge. *(jur.)* donation, gift. *Acte de ~*, deed of gift. *Impôt sur les ~s et les successions*, death and gift duties. ~ *entre vifs*, donation inter vivos, lifetime gift.

donné, e *adj.* given. *A un cours ~*, at a given price.

données *n.f.pl.* data, (facts and) figures, information, instructions. *Collecte des ~*, data collection. *Banque de ~*, data bank. *Base de ~*, data base ~ *de base*, base figures. ~ *brutes*, raw data. ~ *de contrôle*, control data. ~ *d'exécution*, work specification. ~ *globales*, aggregate figures. *Restitution de ~*, retrieval of data. *Saisie des ~*, data acquisition/collecting/collection. *Stockage de ~*, storage of data. *Traitement des ~*, data processing.

donner *v.* to give. ~ *son avis*, to give one's opinion, to have one's say. ~ *sa démission*, to tender one's resignation. ~ *un rendez-vous*, to give an appointment. ~ *à bail*, to lease. *Donnant droit à une pension*, entitling to a pension, qualifying for a pension. ~ *des instructions*, to give instructions. ~ *en location*, to let. ~ *un ordre*, a) to give an order b) *(passer commande)* to place an order (with).

donneur *n.m.* donor. ~ *d'aval*, guarantor, surety. ~ *d'option*, taker for a put and call. ~ *d'ordre*, principal, contractor.

dont *n.m.* *(Bourse)* call, call option. *Acheter ~*, to buy a call option. *Vendre ~*, to sell a call option.

doper *v.* to boost, to spur, to stimulate.

dormant, e *adj.* dormant, inactive, idle, unemployed. *(Marché, etc.)* sluggish. *Comptes ~s,* dormant accounts.

dormir *v.* **1.** to sleep. **2.** to remain inactive, to be idle, to be dormant. *Argent qui dort,* idle money.

dortoir *n.m.* dormitory; sleeping quarters. *Cité ~, ville ~,* bedroom community.

dos *n.m.* back, reverse side. *Voir au ~,* see overleaf. *~ d'un effet,* back of a bill.

dosage *n.m.* blend; dosing, proportion.

dosé, e *adj.* proportioned; measured; dosed; blended.

doser *v.* to dose; to proportion; to measure; to blend.

dossier *n.m.* **1.** file, dossier. *~ de candidature,* application file. **2.** *(jur.)* brief, dossier. *Établir le ~ d'une affaire,* to brief a case.

dot *n.f.* dowry.

dotation *n.f.* *(fin.)* **1.** appropriation, allocation. *~ de l'exercice,* allocation for the year. **2.** *(matériel, etc.)* endowment. *~ en capital,* capital endowment. **3.** *~ aux amortissements,* depreciation allowance. **4.** *~ en effectifs,* staffing.

doté, e *adj.* voir **doter.**

doter *v.* **1.** *(fin.)* to appropriate, to allocate. **2.** *(matériel, etc.)* to endow (with), to equip (with).

douane *n.f.* customs. *Agent de ~,* customs officer/official. *Bordereau de ~,* custom-house note. *Bureau des ~s,* customs office. *Déclaration en ~,* customs declaration, bill of entry. *Droits de ~,* customs duties. *Entrée en ~,* clearance inwards. *Entrepôt en ~,* bonded warehouse. *Entrepôt sous ~,* bond-store. *Exempt de ~,* duty-free. *Expédition en ~,* clearance outwards. *Frais de ~,* customs charges. *Franco de ~,* free of customs duties. *Marchandises en ~,* bonded goods. *Passer en ~,* to clear through customs, to get customs clearance. *Passible de droits de ~,* dutiable. *Perception des droits de ~,* collection of customs duties. *Permis de ~,* customs permit. *Quittance de ~,* customhouse receipt. *Valeur de ~,* customs value. *Visa de la ~,* customs visa.

douanier, e *adj.* customs. *Accord Général sur les Tarifs Douaniers et le Commerce,* General Agreement on Tariffs and Trade (G.A.T.T.). *Barrières douanières,* customs barriers, tariff walls. *Formalités douanières,* customs formalities. *Réforme des tarifs ~s,* tariff reform. *Règlements ~s,* customs regulations. *Tarifs ~,* customs tariffs. *Union douanière,* customs union.

douanier *n.m.* customs officer.

double *adj.* double, duplicate. *~ emploi,* duplication. *~ étalon,* double standard. *~ option,* put and call. *~ prime,* double option, put and call. *(Fait en) ~ exemplaire,* (made in) duplicate. *Partie ~,* double entry.

double *n.m.* duplicate; copy. *Faire en ~,* to duplicate.

doublé, e *adj.* *(Bourse)* option to double.

doublage *n.m.* **1.** *(Film)* dubbing. **2.** *(de protection)* lining.

doubler *v.* **1.** to double. **2.** *(cinéma)* to dub. **3.** *(véhicule)* to overtake, *(U.S.)* to pass. **4.** *(mettre une doublure)* to line. **5.** *(fam., tromper)* to double-cross.

doublure *n.f.* **1.** *(vêtement)* lining. **2.** *(ciné.)* understudy; stand-in.

douteux, se *adj.* **1.** doubtful, uncertain, dubious, bad; *(provision)* *(provision pour) créances douteuses,* (provision for) bad debts.

douzaine *n.f.* dozen. *Demi-~,* half a dozen. *Treize à la ~,* 13 to the dozen, a baker's dozen.

Dow Jones *m.* Dow Jones. *Indice Dow Jones,* Dow Jones index, Dow Jones industrial average.

doyen, ne *adj.* senior.

doyen, ne *n.m.f.* *(université, grande école)* dean (of studies).

draconien, ne *adj.* drastic. *Mesures ~ nes*, drastic measures.

drainage *n.m.* **1.** drainage, draining. **2.** drain. *~ de capitaux.* a) collection of funds. b) drain of money.

drainer *v.* to drain. *~ des capitaux*, to attract capital ; to tap capital.

drapeau *n.m.* flag. Etre sous les *~ x*, to complete one's military service.

drastique *adj.* drastic.

droit, e *adj.* right, straight. *Amortissement en ligne ~e*, straight-line depreciation.

droit *n.m.* **1.** law. *~ bancaire*, bank(ing) law. *~ cambial*, exchange law. *~ civil*, civil law. *~ commercial*, commercial law. *~ coutumier*, custom law. *~ des obligations*, law of contract. *~ écrit*, statute law. *~ fiscal*, tax law. *~ immobilier*, real estate law. *~ international*, international law. *~ jurisprudentiel*, case law. *~ maritime*, maritime law. *~ naturel*, unwritten law. *~ pénal*, criminal law. *~ positif*, substantive law. *~ privé*, private law. *~ social*, labour law. *~ des sociétés*, company law, corporate law. *~ du travail*, labour law. **2.** right. *A qui de ~*, to whom it may concern. *Atteinte aux ~s*, infringement of rights. *Avoir ~ à*, to be entitled to, to qualify for, to be eligible for. *Céder ses ~s*, to yield one's rights. *Déchéance d'un ~*, loss of a right. *Déclaration des ~s des citoyens*, (G.B.) Bill of Rights. *Donnant ~ à pension*, pensionable. *Ayant ~*, interested party, entitled party, assign. *~s acquis*, vested interest. *~ au bail*, right to the lease. *~s d'achat*, purchasing rights. *~ d'aînesse*, birthright, primogeniture. *~s d'asile*, right of asylum. *~s d'auteur*, copyright. *~s civiques*, civil rights. *~ exclusif*, exclusive right. *~ de gage*, lien. *~ de grève*, right to strike. *~ inaliénable*, inalienable right. *~s miniers*, mineral rights. *~ de préemption*, right of preemption. *~ de rétention*,

lien. *~ de rachat*, power of redemption. *~ de souscription*, application rights. *~ de tirage*, drawing right. *~ de vote*, right to vote. *Tous ~s de reproduction réservés*, all rights reserved. **3.** duty, duties ; due, dues. *Exempt de ~s*, duty-free. *Passible de ~s*, dutiable. *~ de constitution (d'une société)*, incorporation duties, capital duty. *~s de dock*, dock dues. *~s de douane*, customs duties. *~s d'enregistrement*, registration dues. *~ d'entrée (marchandises)*, import duty ; *(lieu public)* admission, entrance fee. *~ d'exportation*, export duty. *~ de garde*, charge for safe custody. *~ d'importation*, import duty. *~ de magasinage*, storage rent, warehouse charge. *~s de mouillage*, groundage. *~s de mutation*, transfer duty, *(entre vifs)* succession duty. *~s de navigation*, navigation dues. *~s de port*, port dues. *~s de quai*, wharfage, quayage. *~ de reprise d'un bail*, premium on a lease. *~ de sauvegarde*, safeguarding duties. *~ de sortie (fonds commun de placement etc.)*, exit fee. *~ de succession*, death duties, inheritance tax, estate duties. *~s de succession (par testament)*, probate duty. *~ de timbre*, stamp duty. *~s de tirage spéciaux*, special drawing rights, S.D.R.'s.

droits de l'homme, human rights.

dû, due *adj.* **1.** *(dette échue)* due, owing. *En port ~*, carriage forward. *Somme qui nous est ~e*, sum due to us. *Solde ~*, balance due. **2.** *(convenable)* proper, due, regular. *En bonne et ~e forme*, in due form. **3.** *(attribuable à)* ascribable to, due to. *Retard ~ à une grève*, delay due to/caused by/a strike.

dû *n.m.* due. *Réclamer son ~*, to claim one's due.

ducroire *n.m.* del credere. *Agent ~*, del credere agent. *Commission ~*, del credere commission.

dûment *adv.* duly. *~ accrédité*, duly authorized.

dumping *n.m.* dumping.

duopole *n.m.* duopoly.

duopsone *n.m.* duopsony.

duplicata *n.m.* duplicate.

duplicateur *n.m.* duplicating machine, copier.

duplication *n.f.* duplication.

durabilité *n.f.* durability.

durable *adj.* durable; lasting; sustainable. *Biens de consommation ~s,* consumer durables, durable consumer goods. *Bien ~,* durable. *Développement/croissance ~,* sustainable development/growth.

duration *n.f.* *(Bourse)* duration.

durcir *v.* to harden; *(réglementation, etc.)* to tighten, to stiffen. ~ *des revendications salariales,* to step up a payfight. ~ *sa position,* to take a tougher stand.

durée *n.f.* duration. *De longue ~,* long-term. ~ *d'un bail,* term of the lease, duration of a lease. ~ *du travail,* hours of work, *(hebdomadaire)* working week. ~ *de vie (humaine)* life span, life expectancy; *(produits)* economic life, life cycle. *Réduction de la ~ de travail,* shorter work(ing) week.

durer *v.* to last.

dynamique *adj.* dynamic, energetic, aggressive, forward-looking, go-ahead.

dynamique *n.f.* **1.** *(scientifique)* dynamics. **2.** *(entraînement)* dynamic. *Mû(e) par une ~interne,* driven by an inner dynamic.

dynamiser *v.* to dynamize.

dynamisme *n.m.* dynamism, drive; aggressiveness. *(d'un marché)* buoyancy.

dysfonctionnement *n.m.* failure, fault, inadequacy: dysfunction, malfunctioning.

E

eau *n.f.* water. *Compagnie des ~x*, water company. *~ de mer, ~ salée*, sea-water, salt-water. *~ douce*, fresh water. *~ lourde*, heavy water. *~ non-potable*, water unfit for drinking. *~ potable*, drinking-water, drinkable water, potable water. *~ x territoriales*, territorial waters. *~ usée*, effluent. *Voie d'~* a) waterway. *Par voie d'~*, by water b) leak.

ébaucher *v.* to outline, to sketch out.

EBE, excédent brut d'exploitation, gross operating surplus.

éboueur *n.m.* garbage collector, (G.B.) dustman, sanitation man, refuse collector. *Grève des éboueurs*, garbage strike.

ébranler *v.* to shake.

écart *n.m.* difference, divergence ; spread, variance ; gap ; *(Fin.)* margin. *Combler un ~*, to bridge a gap, to fill a gap. *Réduire un écart*, to narrow a gap. *~ absolu*, absolute deviation. *~ entre le cours acheteur et le cours vendeur*, turn of the market. *~ à la moyenne*, mean deviation. *~ d'acquisition*, *(comptab.)* goodwill. *~ de change*, change differential, translation adjustement. *~ de prix*, spread, price differential. *~ de production*, output gap. *~ -type*, standard deviation.

écartement *n.m.* gauge. *~ des rails*, track gauge.

écarter **(s')** *v.i.* to deviate (from) ; to depart (from) ; to drift away (from).

échafaudage *n.m.* scaffolding.

échafauder *v.* to build up. *~ des plans*, to make plans.

échange *n.m.* exchange, trade, swap, swapping. *Association Européenne de Libre ~*, European Free Trade Association, E.F.T.A. *~ cambiste*, treasury swap. *~ de créances*, debt swap. *~ de créances contre actifs*, debt-equity swap. *~ de devises*, currency swap. *~ de taux d'intérêt*, interest swap, interest rate swap. *~ de vues*, exchange of views, discussion. *Libre-~*, free trade. *Monnaie d'~*, money of exchange. *Moyen d'~*, medium of exchange. *Terme de l'~*, exchange value. *Zone européenne de libre-~*, European Free Trade Area. *Zone de libre-~*, free trade area.

échangeabilité *n.f.* exchangeability.

échangeable *adj.* exchangeable. *Biens ~s*, exchangeable goods.

échanger *v.t.* to exchange, to trade, to swap (*contre*, for).

échanger (s') *v.i.* to exchange ; to be traded.

échanges commerciaux, trade, commercial transactions.

échangiste *n.m.* exchanger. *Libre-~*, free-trader.

échantillon *n.m.* sample, specimen, pattern. *Carte d'~s*, sample card. *Conforme à l'~*, up to sample, true to sample. *Prélever un ~*, to sample, to spotcheck. *~ aléatoire*, random sample. *~ sans valeur*, sample of no value.

échantillon (acheter sur), to buy on sample.

échantillonnage *n.m.* sampling.

échantillonner *v.* to sample.

échappatoire *n.f.* loophole, way out. *Clause ~*, escape clause. *~ fiscale*, tax loophole.

échapper *v.* to escape, to evade, to dodge, to avoid. *~ à la faillite*, to stave off bankruptcy. *~ à l'impôt (de façon légale)*, to use a tax loophole. *~ à l'impôt (de façon illégale)*, to evade/to dodge taxes. *~ à une prise de contrôle*, to stave off a take-over bid.

échéance *n.f.* **1.** *(sens large, date limite)* deadline. *Faire face à ses ~s*, to meet deadlines, to meet one's liabilities. **2.** date of maturity, due date, term. *A courte ~*, *(adj.)* short-dated ; *(adv.)* in the short term. *Avis d'~*, notice to pay. *Date d'~*, due date, date of maturity, pay day. *Effet à courte ~*, short (-dated) bill, time bill. *Effet à longue ~*, long (-dated) bill, long. *Payable à l'~*, payable at maturity, at a fixed date. *Ne pas payer un effet à son ~*, to dishonour a bill. *Venir à ~*, to fall due, to come to maturity. **3.** *(délai avant l'exigibilité)* tenor, currency. *L'~ est de trois mois*, the currency is three months. **4.** *(effet)* bill, draft. *~ à vue*, bill at sight. *Faire face à une ~*, to meet a bill at maturity, to honour a bill when due. **5.** *(expiration)* expiration, expiry. *~ d'un contrat*, expiration of a contract. *~ d'une police*, expiry of a policy. **6.** *(date d'entrée en valeur)* value date *(chèque, etc.)*. **7.** *(dettes)* *~s de fin de mois*, end-of-month/payments/ commitments/requirements. *~ de fin de trimestre*, end-of-quarter requirements/payments. **8.** *~s électorales*, election(s) ; *échéances politiques*, political timetable.

échéancer *v.* to schedule.

échéancier *n.m.* bill-book, bill diary. *(sens large)* schedule ; time-table. *(de paiement)* payment schedule.

échéant *adj.* falling due, payable. *Le cas ~*, should the occasion arise, if need be.

échec *n.m.* failure ; *(fam.)* flop. *~ des négociations*, collapse of the talks/negotiations. *(revers, recul)* setback. *Enregistrer un ~*, to suffer a setback.

échelle *n.f.* **1.** ladder. *~ sociale*, social ladder. **2.** scale. *~ mobile des salaires*, sliding wage scale. *Dessin à l'~*, drawing to scale. *Économies d'~*, economies of scale. *Sur une grande ~*, on a large scale.

échelon *n.m.* step, level, echelon ; rung. *A l'~ directorial*, at managerial level ; *(fig.)* in executive suites.

échelonné, e *adj.* spread, staggered. *Livraisons ~es*, staggered deliveries. *Paiements par versements ~s*, payment by instalments, deferred payment. *Remboursable par versements ~*, repayable by instalments.

Congés ~, staggered holidays.

échelonner *v.t.* to spread, to stagger. *~ des versements sur*, to spread, to stagger payments over.

échelonner (s') *v.i.* to be spread *(sur*, over).

échiquier *n.m.* exchequer *(G.B.)*. *Chancellier de l'~*, Chancellor of the Exchequer.

échoir *v.* to fall due, to mature, to come to maturity. *Intérêts à ~*, accruing interest.

échoppe *n.f.* booth, street stall ; workshop.

échouer *v.* **1.** to fail, to abort ; to miscarry ; *(négociations)* to collapse, to fail. *Faire échouer des négociations*, to cause talks to collapse, to derail talks. *Faire échouer une tentative*, to thwart/foil an attempt. *Faire échouer un projet*, to ruin/wreck a project. **2.** *(navire)* beach, to ground.

échouer(s'), to run aground ; to beach.

échu, e *adj.* due, outstanding, overdue ; matured. *Intérêts ~s*, outstanding interest. *Intérêts ~s et non payés*, overdue interest, arrears of interest. *Non ~*, undue. *Termes ~s*, instalments due.

écluse *n.f.* lock.

écobuage *n.m.* burn-beating.

école *n.f.* school. *~ de commerce*, business school. *~ d'ingénieurs*, engineering school. *~ primaire*, primary school, elementary school. *~ professionnelle*, vocational school. *~ secondaire*, secondary school, *(U.S.)* high school.

écologie *n.f.* ecology ; conservation ; environmentalism.

écologique *adj.* ecological ; environmental. *(Produit)* environmentally friendly, eco-friendly.

écologiste *n.m.f.* ecologist, environmentalist ; conservationist.

économat *n.m.* **1.** treasurer's office ; bursar's office *(école)*. **2.** stationery department *(service qui s'occupe des fournitures de bureau)*.

économe *adj.* thrifty, sparing. *Ménagère ~*, thrifty housewife.

économe *n.m.f.* **1.** treasurer ; bursar *(école)*. **2.** stationery clerk *(responsable des fournitures de bureau)*.

économètre *n.m.* econometrist.

économétrie *n.f.* econometrics.

économétrique *adj.* econometric. *Modèle ~*, econometric model.

économie *n.f.* **1.** *(action)* saving, economy. *~s d'échelle*, economies of scale. *~ de main-d'œuvre*, labour-saving. *~ de temps*, time-saving. **2.** *f.pl. (résultat)* savings *(le singulier saving s'emploie aussi au sens d'économie[s])*. *~s d'énergie*, energy savings ; *(politique d')* energy conservation. *Faire des ~s*, to save money, to curtail expenses. *Faire des ~s d'énergie*, to save energy, to conserve energy. *Politique d'~*, retrenchment policy. **3.** *(d'un pays)* (the) economy. *la vieille/l'ancienne ~*, l'~ traditionnelle, the old economy. *~ de marché*, (free) market economy. *L'~ est dans le marasme*, the economy is in a slump, in the doldrums. *~ mixte*, mixed economy. *L'~ nationale*, the nation's economy. *L'~ parallèle*, the grey economy. *~ planifiée*, planned economy. *Les pays d'~ libérale*, free-market economies. *Relancer l'~*, to revive, to reflate the economy. **4.** *(science économique)* economics. *~ politique*, economics, political economy. *~ de l'offre*, supply-side economics. *Étudier l'~*, to study economics. **5.** *(esprit d'économie)* thrift.

économie parallèle *n.f.* (the) shadow economy.

économique *adj.* **1.** *(qui fait faire des économies, rentable)* economical, inexpensive. *Classe ~*, economy class. *Gadget ~*, labour-saving, time-saving gadget. *Modèle ~*, *(grand modèle)* economy size, economical model. *Voiture ~*, economical car. **2.** *(qui se rapporte à la situation ou la science écono-*

mique) economic. *Agents ~s*, economic agents. *Communauté ~ Européenne*, European Economic Community. *Cycle ~*, economic cycle. *(mesures de) relance économique*, *(U.S.)* pump priming (measures). *Relance ~*, economic revival, reflation. *Reprise ~*, economic recovery, rebound, upturn, pickup. *Sciences ~s*, economics.

économiquement *adv.* economically.

économiser *v.* to save, to economize ; to spare ; to conserve. *~ de l'argent, du temps*, to save money, time. *~ l'énergie*, to save energy *(résultatif)*, to conserve energy *(prospectif)*. *~ des ressources*, to spare resources.

économiste *n.m.f.* economist.

écophile *adj.* ecofriendly.

écosystem *n.* ecosystem.

écotourisme *n.m.* ecotourism.

écoulé, e *adj.* **1.** past, previous. *Exercice ~*, period under review, last fiscal year. **2.** *(correspondance)* of last month. *Votre lettre du 15 ~*, your letter dated 15th of last month, your letter of the 15th ult (ultimo).

écoulement *n.m.* placing, selling, disposal ; flow. *~ des marchandises*, turnover of goods. *Articles d'~ facile*, fast-selling articles ; *(U.S.)* fast-moving articles.

écouler *v.* to place, to sell, to dispose of, to clear, to get rid of. *~ des actions*, to place shares. *~ des faux billets*, to pass forged banknotes. *~ des marchandises*, to sell goods, *(U.S.)* to move goods. *~ les stocks*, to dispose of, to get rid of stocks, of inventories.

écoute *n.f.* listening. *Heure de grande ~*, *(U.S.)* prime-time ; *(G.B., radio)* peak listening time, *(G.B., télé)* peak viewing time. *Indice(s) d'écoute, taux d'écoute*, rating(s). *Ecoute(s) télépho-nique(s)*, wiretapping. *Mettre sur table d'écoute*, to wiretap ; to eavesdrop.

écouteur(s) *n.m.* earphone(s).

écran *n.m.* screen. ~ *cathodique*, cathode-ray tube, C.R.T. ~ *de contrôle*, monitor screen. *Société écran*, shell company, nominee company ; front.

écrémage *n.m.* skimming. *Politique d'~*, skimming policy, skim-the-market policy.

écrémer *v.* to skim. ~ *le marché*, to skim the market.

écrit, e *adj.* written, in writing. *Déclaration ~e*, written statement. *Droit ~*, statute-law, statutory law. ~ *à la main*, hand-written. *Preuve ~e*, documentary evidence, evidence in writing.

écrit *n.m.* writing. *Consigner par ~*, to put down in writing, to couch in writing, to commit to writing. *Déclaration par ~*, written statement, affidavit.

écriteau *n.m.* placard, bill, notice board, *(U.S.)* bulletin board.

écriture *n.f.* **1.** writing, hand, handwriting. *Avoir une bonne ~*, to write a good hand. **2.** entry. ~ *comptable*, book-entry. ~ *de clôture*, closing entry. ~ *de virement*, transfer entry. ~ *portée au crédit*, entry to the credit side. ~ *portée au débit*, entry to the debit side. *Passer une ~*. to post an entry, to make an entry, to post an item. *Redresser une ~*, to correct, to adjust an entry. **3.** ~*s (f.pl.)* accounts. ~*s comptables*, accounts, books, entries. ~*s en partie double*, double entry. *Arrêter les ~s*, to close/to balance/the books. *Tenir les ~s*, to keep the books. **4.** *(jur.)* documents. *Faux en ~s*, forging of documents.

écrou *n.m.* *Levée d'~*, release.

écrouer *v.* to jail, to imprison.

écroulement *n.m.* collapse, slump ; *(fig.)* breakdown.

écrouler (s') *v.* to collapse, to slump ; *(fig.)* to breakdown. *Les cours se sont écroulés*, prices collapsed. *Le marché s'est écroulé*, the market slumped.

écu *n.m.* ecu (European currency unit).

écueil *n.m.* **1.** reef, shelf. **2.** *(fig.)* danger, difficulty, snag.

édifice *n.m.* building, structure ; fabric. *L'~ social*, the social fabric.

édicter *v.* to decree, to promulgate.

éditer *v.* to publish.

éditeur *n.m.* publisher.

édition *n.f.* **1.** *(activité)* publishing, publishing trade. *Maison d'~*, publishing firm/house. **2.** edition. ~ *originale*, original/first edition. ~ *spéciale*, special issue. *Dernière ~*, latest edition.

éditorial *n.m.* *(presse, télé)* editorial, leading article, leader.

éditorialiste *n.m.* *(presse)* editorial writer, leader writer. *(télé)* program(me) editor.

éducatif, -ive *adj.* educational.

éducation *n.f.* education, schooling, instruction. *Ministre de l'~*, *(G.B.)* Minister of Education ; *(U.S.)* Secretary of Education.

effacer *v.* **1.** *(= gommer)* to erase. **2.** to wipe out, to wipe off.

effectif, -ive *adj.* effective, actual, real ; operative. *Prix de revient ~*, actual cost. *Valeur effective*, actual value, real value.

effectif *n.m.* staff, manpower, workforce ; complement. ~ *au complet*, full complement, full force of men. ~ *de 300 employés*, staff of 300 people employed ; 300-man staff. ~ *de 50 ouvriers*, manpower of 50 workers. *Réduction des ~s*, payroll cuts, pruning/trimming of the work/labo(u)r force, job cuts, job cutbacks. *Réduire les ~s*, to cut the payroll, to cut jobs, to shed labo(u)r/jobs, to cut/prune/trim/pare the work/labo(u)r force. *Ils ont décidé de se réorganiser avec des ~s moins nombreux*, they decided to reorganize with a smaller payroll. *(syndicats, etc.)* members, membership. *Baisse des ~s*, fall/drop/decline in membership.

effectivement *adv.* effectively, actually.

effectuer *v.* **1.** to effect, to make. ~ *un paiement*, to effect, to make a payment. **2.** to carry out, to undertake. ~ *une étude,* to carry out a study, a survey. ~ *un sondage,* to conduct a poll/survey. ~ *des tests,* to make tests. ~ *des travaux,* to undertake work. ~ *un stage,* to complete a training-period/traineeship/(*U.S.*) an internship.

effet *n.m.* **1.** effect, consequence, result. *A cet* ~, for this purpose, to this end. *Avoir pour* ~ *de,* to result in, to lead to. ~ *boule de neige,* snowballing effect ; ~ *boomerang,* backfiring, boomerang effect. **2.** operation, execution. *Décret à* ~ *rétroactif,* retroactive decree. *Prendre* ~, to come into effect, to become effective, to become operative. *Prise d'*~, effective date. **3.** bill, draft. *Avaliser un* ~, to back a bill. *Domicilier un* ~, to domicile a bill. ~ *à courte échéance,* short-dated bill. ~ *à échéance,* time draft. ~ *de commerce,* bill of exchange, commercial paper. ~ *à l'encaissement,* bill for collection. ~*s à l'escompte,* bills for discount. ~*s à payer,* bills payable. ~ *au porteur,* bill payable to bearer. ~*s à recevoir,* bills receivable. ~ *à vue,* sight bill, sight draft. ~ *de complaisance,* accommodation bill. ~ *déplacé,* out-of-town bill. ~ *documentaire,* documentary bill. ~*s en portefeuille,* bills in hand. ~ *sur l'étranger,* foreign bill. *Encaisser un* ~, to collect a bill. *Escompter un* ~, to discount a bill. *Présenter un* ~ *à l'acceptation,* to present a bill for acceptance. *Remise d'*~*s,* remittance of bills. **4.** (*biens*) belongings, chattels. *Biens et* ~*s,* goods and chattels. ~*s mobiliers,* movables, personal property, chattels personal. **5.** (*titres*) stocks and shares. ~*s au porteur,* bearer securities. ~*s nominatifs,* registered securities. ~*s publics,* government securities, government bonds.

effet de serre, greenhouse effect. *Gaz à* ~, greenhouse gas(es).

efficace *adj.* efficient ; effective, adequate.

efficacité *n.f.* efficiency ; effectiveness. *Étude de coût et d'*~, cost-effectiveness analysis.

efficience *n.f.* efficiency.

efficient, e *adj.* efficient.

effondrement *n.m.* slump, collapse. ~ *des cours,* slump in prices. ~ *du marché,* collapse of the market. ~ *des prix,* price collapse, collapse of prices.

effondrer (**s'**) *v.* to slump (down), to collapse. *Les actions se sont effondrées,* shares slumped. *Le marché s'est effondré,* the bottom has fallen out of the market.

efforcer (**s'**) *v.* to endeavour, to strive.

effort *n.m.* effort, endeavour.

effraction *n.f.* breach of close. *Pénétration par* ~, breaking and entering. *Vol par* ~, burglary, housebreaking.

effréné, ée *adj.* frantic ; unfettered ; (*dépenses*) profligate. *Demande effrénée de biens de consommation,* hectic consumer demand.

effritement *n.m.* crumbling. ~ *des cours,* crumbling of prices.

effriter (**s'**) *v.* to crumble.

e-formation *n.f.* e-training, e-learning, e-education.

égal, e *adj.* equal, even. *A conditions* ~*es,* on equal terms. *Sans* ~, unequalled, matchless.

également *adv.* **1.** equally. **2.** also, as well.

égaler *v.* to equal, to match. *Rien ne peut* ~, nothing can compare with, nothing can match. ~ *à,* to equate with/to.

égalisation *n.f.* equalization, levelling.

égaliser *v.* to equalize ; to equate. ~ *les importations et les exportations,* to equate imports and exports.

égalitaire *adj.* equalitarian.

égalité *n.f.* equality, parity, par. *A* ~, on a par. *A* ~ *de prix,* at even prices. ~ *de salaires,* equal pay. ~ *des chances,* equal opportunity. ~

devant l'emploi, equal employment (opportunity).

égard *n.m.* respect. *A cet ~*, in this respect. *A tous ~s*, in every respect. *Eu ~ à*, in consideration of.

égarer *v.* to mislay, to lose.

égide *n.f.* aegis. *Sous l'~ de*, under the aegis of...

égout *n.m.* sewer. *Eaux d'~*, sewage.

élaboration *n.f.* elaboration, design, development ; formulation.

élaboré, e *adj.* elaborate, sophisticated ; processed. *Denrées alimentaires ~es*, processed foodstuffs.

élaborer *v.* to elaborate, to work out, to formulate, to design, to develop. *~ des propositions*, to work out proposals. *~ de nouvelles méthodes de production*, to develop new production methods.

élan *n.m.* impetus, momentum. *Donner de l'~ à*, to give impetus to. *Prendre son ~*, to take off ; to gain momentum.

élargir *v.* **1.** to widen ; to broaden ; to extend. **2.** *(prisonnier)* to release.

élargissement *n.m.* **1.** widening. **2.** *(union européenne etc.)* enlargement. **3.** *(d'un prisonnier)* release.

élasticité *n.f.* elasticity, resilience. *~ de la demande*, elasticity of demand. *~ du marché*, market resilience.

élastique *adj.* elastic, resilient.

électif, -ive *adj.* elective.

élection *n.f.* election. *~s législatives, (G.B.)* parliamentary election ; *(U.S.)* Congressional election. *~s nationales*, general election. *~s primaires*, primary election(s).

électoral, e *adj.* electoral. *Année ~e*, election year. *Campagne ~e*, election campaign. *Circonscription ~e*, constituency ; *(U.S.)* precinct. *Fraude ~e*, election fraud ; cheating ; *(trucage)* election rigging. *Programme ~*, election platform. *Promesse ~e*, election pledge. *Triomphe/raz de marée/électoral*, landslide.

électorat *n.m.* electorate, voters, constituency, constituents. *~ de base*, grassroots.

électricien, -enne *n.m.f.* **1.** electrician ; **2.** electrical operator / company.

électricité *n.f.* electricity.

électrification *n.f.* electrification.

électrifier *v.* to electrify.

électrique *adj.* **1.** *(ampoule, courant, pile)* electric (bulb, current, battery). *Énergie ~*, electric power. *Centrale ~*, power station, power plant, electricity works. **2.** electrical. *Appareils ~s*, electrical appliances. *Construction ~*, electrical engineering.

électro-ménager *n.* household appliances, electrical and domestic appliances.

électronique *n.f.* electronics.

électronique *adj.* electronic. *Calcul ~*, electronic computation. *Calculatrice ~*, electronic computer, electronic calculator. *Paiement ~*, electronic payment.

élément *n.m.* element, factor, component, unit, item. *~s constitutifs du prix de revient*, elements of cost. *~s incorporels d'un fonds de commerce*, goodwill. *~ de temps*, time element.

élémentaire *adj.* elementary ; easy.

élevage *n.m.* breeding ; *(de bétail)* stock farming, cattle raising ; *(lieu)* farm ; *~ de poulets*, chicken-farm ; *~ de volailles*, poultry farm.

élevé, e *adj.* high, large ; *(part. passé)* raised. *Argent emprunté à un taux ~*, high money. *Articles d'un prix ~, (U.S.)* big-ticket items. *~ au carré*, squared. *D'un prix ~*, highly-priced, expensive.

élever *v.* **1.** *(construire)* to build ; to erect ; to raise. **2.** *(bétail)* to breed, to raise ; *(enfants)* to bring up ; to raise. **3.** *(augmenter)* to raise. **4.** *(une protestation)* to raise, to voice. **5.** *(à un poste)* to promote, to raise. **6.** *(la voix)* to raise. **7.** (le débat) to raise the tone (of a debate) ; to take a broader view, to have a more general/extensive approach.

élever (s') v. **1.** to rise, to increase. **2.** to amount to, to reach, to run up to, to add up to. L'actif s'élève à, the assets add up to. S'~ en moyenne à, to average. Le solde s'élève à, the balance stands at.

éleveur n.m. breeder. ~ de volailles, poultry breeder ; (de bétail) stock farmer, cattle breeder, (U.S.) cattleman.

éligibilité n.f. eligibility.

éligible adj. eligible.

élimination n.f. elimination.

éliminer v. to eliminate, to clear, to rid, to get rid of, to do away with ; (possibilité) to rule out.

élire v. to elect ; (G.B., au Parlement) to return.

élite n.f. élite. D'~, first-rate, top.

ellipse n.f. ellipse.

elliptique adj. elliptical.

éloigné, e adj. distant, remote, outlying.

éloigner (s') v. to move away, to move off, to recede.

éluder v. to evade.

émanation n.f. **1.** (gaz) emission, emanation ; smell. ~s toxiques, toxic fumes. **2.** product, result.

émaner de v. to issue/come/emanate from.

émancipation n.f. emancipation.

émaner v. to emanate (de, from). Document émanant de, document issued by.

émargement n.m. **1.** signature, initialling, receipting. **2.** marginal note, annotation.

émarger v. **1.** to sign, to initial. **2.** to write a marginal note in. **3.** (salaire) to draw a salary.

emballage n.m. **1.** (action) packing, wrapping, packaging. Frais d'~, packing expenses. **2.** package, packing. ~ à retourner, packing to be returned. ~ compris, packing included. ~ consigné, returnable packing. ~ d'origine, original packing. ~ factice, dummy pack, display package. ~ non compris, packing extra. ~ perdu, non returnable packing, one-way package, throw-away package. ~s vides, empties. Faire un emballage-cadeau, to gift-wrap. Franco d'emballage, packing free.

emballer v. to pack (up), to wrap (up). ~ des marchandises, to pack goods.

emballer(s') v. to run away.

emballeur n.m. packer.

embarcadère n.m. wharf, quay ; landing stage ; (gare) platform.

embargo n.m. embargo. Lever l'~ sur, to raise/lift the embargo on. Mettre l'~ sur, to lay the embargo on, to forbid the sale of.

embarqué, e adj. embarked, loaded ; on board.

embarquement n.m. **1.** (passagers) embarking ; embarkation ; (avion) boarding. Carte d'~, boarding pass. Permis d'~, shipping note. Port d'~, port of embarkation, port of lading.

embarquer v. **1.** (passagers) to embark ; (avion) to board. **2.** (marchandises) to embark, to load, to lade, to ship ; (train) to entrain.

embauchage n.m. voir **embauche.**

embauche n.f. enrolment, hiring, engaging, taking on ; employment.

embaucher v. to hire, to recruit, to engage, to take on.

embellie n.f. improvement, recovery, upturn.

emblématique adj. emblematic ; symbolic.

emblème n.m. emblem ; symbol ; sign.

embouteillage n.m. **1.** bottleneck, congestion ; (circulation) traffic jam. **2.** (mise en bouteille) bottling.

embranchement n.m. siding, junction.

embrouillé, e adj. intricate, confused, involved.

émergence *n.f.* emergence.

émergent, e *adj.* emerging. *Pays ~s*, emerging countries/nations.

émerger *v.* to emerge.

émetteur, trice *adj.* issuing. *Banque émettrice*, issuing bank. *Poste ~*, transmitting station ; broadcasting station. *Société émettrice*, issuing company.

émetteur *n.m.* issuer. *(radio, etc.)* transmitter. *~ de télévision*, T.V. broadcasting station.

émettre *v.* 1. *(radio, télé)* to broadcast. 2. *(fin.)* to issue, to float. *~ des actions au pair*, to issue shares at par. *~ un chèque*, to issue a cheque *(U.S.,* check). *~ un emprunt*, to float a loan. *~ un nouveau billet*, to put a new banknote into circulation. 3. *(gaz, etc.)* to emit, to give off, to discharge, to release.

émeute *n.f.* riot.

émigrant *n.m.* emigrant, migrant.

émigration *n.f.* emigration, migration.

émigrer *v.* to emigrate, to migrate.

émis, e *adj.* issued.

émission *n.f.* 1. issue, issuing, *(U.S.)* issuance ; *(d'un emprunt)* floatation. *~ au-dessous du pair*, issue below par. *~ d'obligation*, bond issue. *Garantir une ~*, to underwrite an issue. *Prime d'~*, share premium. *Prix d'~*, rate of issue, issue price. 2. *(radio, télé)* program(me), broadcast ; T.V. show ; transmission. *~ de variétés*, variety show. *~ en différé*, (pre)recorded program(me). *~ en direct*, live broadcast, live transmission. 3. *(pollution)* effluence, emission, discharge. *~s nocives*, toxic/noxious fumes.

emmagasinage *n.m.* storage, storing, warehousing ; laying in. *Droits d'~*, storage charges.

emmagasiner *v.* to store, to warehouse ; to lay in.

émolument *n.m.* benefit, advantage. *Emoluments*, salary, pay, compensation.

empathie *n.f.* empathy.

empathique *adj.* empathetic.

empêchement *n.m.* impediment, hindrance ; prevention. *En cas d'~*, if you/he/she etc. are/is unable to come/attend, should you etc. be prevented from coming/ attending ; should it prove impossible.

empêcher *v.* to prevent ; to bar ; to stop. *~ quelqu'un de faire quelque chose*, to prevent someone from doing something.

emphytéotique *adj.* emphyteutic, emphyteutical. *Bail ~*, long lease, (ninety-nine year) building lease.

empiétement *n.m.* encroachment, infringement *(sur*, upon).

empiéter *v.* to encroach, to infringe *(sur*, upon), to trespass (on) ; *(chevaucher)* to overlap.

empiler *v.* to pile up, to stack up ; to head up.

empirique *adj.* empirical. *Évaluation ~*, rule-of-thumb evaluation.

empiriquement *adv.* empirically.

empirisme *n.m.* empiricism.

emplacement *n.m.* site, space, location, situation. *~ d'affichage*, hoarding site. *~ d'une annonce*, advertisement position. *~ d'embarquement*, loading berth. *~ d'exposition*, exhibition space. *~ garanti*, guaranteed position. *~ de P.L.V.*, display position.

emploi *n.m.* 1. employment, position, job. *Avoir un ~, (être actuellement employé)*, to be in a job ; to hold/have a job. *~ à vie*, lifetime employment. *~ qualifié*, skilled job. *Chercher un ~*, to look for a job, to look for work. *(Programmes de) création d'~s*, job creation program(me)s. *Demande d'~*, application for a job, job application. « *Demandes d'~ » (annonces classées)*, « situations wanted ». *Les demandes d'~ ont augmenté de 2 % en octobre*, the number of job-seekers has increased by 2 % in October. *Demander* *un ~, solliciter un ~,* to apply for a job. *Demandeurs d'~,* job seekers, registered applicants for work. ~ *à plein temps,* full-time job. ~ *aidé,* subsidized job. *Offre d'~,* job offer. « *Offres d'~* » *(annonces classées),* « situations vacant ». *Personne en recherche d'~,* job-seeker, unemployed person. *Plein ~,* full employment. *Politique de plein ~,* full employment policy. *Premier ~,* first job ; entry-level job. *Sans ~,* unemployed, jobless, out of work, out of a job. *Sécurité de l'~,* job security. **2.** use, employment, appropriation. ~ *de ressources financières,* appropriation, earmarking of financial resources. *Double ~,* duplication, overlapping. *Faire double ~ avec,* to duplicate with. *Mode d'~,* directions for use, instructions for use.

emploi à mi-temps, part-time job.

emploi à plein temps, full-time job.

emploi de proximité, community job.

employabilité *n.f.* employability.

employable *adj.* **1.** *(personne)* employable. **2.** *(objet)* usable.

employé, e *adj.* **1.** *(personne)* employed. **2.** *(objet)* used, in use.

employé, e *n.m.f.* employee. ~ *aux écritures,* book-keeper. ~ *de bureau,* clerk, clerical worker, white-collar worker. ~ *de magasin,* salesperson, sales assistant, *(U.S.)* sales clerk. ~ *de maison,* domestic worker.

employer *v.* **1.** *(utiliser)* to use, to employ, to utilize. ~ *une somme en recette,* to put a sum to the credit side. **2.** *(personne)* to employ.

employeur *n.m.* employer.

emporter *v.* to take away, to carry away, to carry. « *A* ~ », « for off consumption » ; « take-away orders », « take-home orders », (U.S.) to go. *Vente à* ~, cash and carry *(contre paiement comptant, sans livraison).*

empressé, e *adj.* eager.

empresser (s') (de) *v.i.* to hasten (to), to be prompt (in). *Nous nous empressons de vous présenter nos excuses,* we hasten to offer you our apologies.

emprunt *n.m.* loan, borrowing. ~ *à court terme/à long terme,* short-dated/long-dated loan. ~ *à lots,* lottery loan. ~ *consolidé,* consolidated loan. ~ *de guerre,* war loan. ~*s d'état,* public sector borrowing, state borrowing ; public loan, government loan. ~ *forcé,* forced loan. ~ *garanti/gagé,* secured loan. ~ *hypothécaire,* mortgage loan. ~ *irrecouvrable,* dead loan. ~ *obligataire,* debenture loan. ~ *sur titres,* loan on stocks. *Accorder un* ~, to grant a loan. *Amortir un* ~, to redeem, to repay a loan. *Caisse d'~s,* loan office. *Capital d'~,* loan capital. *Contracter un* ~, to raise, to take out a loan, to take up a loan. *Émettre un* ~, to issue a loan. *Lancer un* ~, to float a loan. *Rembourser un* ~, to repay, to redeem a loan.

emprunter *v.* to borrow (*à qqn,* from someone). ~ *à court terme,* to borrow short. ~ *à intérêt,* to borrow at interest. ~ *sur hypothèque,* to borrow on mortgage. ~ *sur titres,* to borrow on securities.

emprunteur *n.m.* borrower. ~ *sur gages,* pledger, pawner, mortgager, mortgagor.

encadré *n.m.* *(presse)* box.

encadrement *n.m.* **1.** *(personnel)* cadre ; executives, foremen and supervisors. **2.** ~ *du crédit,* credit regulations, *(sens large)* credit tightening, credit squeeze.

encadrer *v.* **1.** *(personnel)* to supervise. **2.** *(crédit)* to regulate.

encaissable *adj.* **1.** *(chèque)* cashable, encashable. **2.** *(effet)* collectable.

encaisse *n.f.* cash ; till money ; cash in hand. ~ *liquide,* cash reserve. ~ *métallique,* cash and bullion in hand. *Déficit dans l'~,* short in the cash. *Excédent dans l'~,* over in the cash.

encaissement *n.m.* 1. collection, encashment. 2. *(chèque)* paying-in ; *Présenter un chèque à l'~,* to pay in a cheque (*U.S.,* check), to present a cheque for payment. 3. *(mise en caisse de marchandises)* encasing, boxing.

encaisser *v.* 1. *(chèque)* to cash, to encash, to pay in ; *(effet)* to collect. *~ un chèque,* to cash a cheque (*U.S.* check). *~ des fonds,* to collect money. *~ une traite,* to collect a bill. *Avis d'~,* advice of collection. *Effet à l'~,* bill for collection. *Envoyer à l'~,* to remit ; to send for collection. *Frais d'~,* collection charges. *Remise d'effets à l'~,* remittance of bill for collection. *Valeur à l'~,* value for collection. 2. *(mettre en caisse des marchandises)* to encase, to box. 3. *(fam., supporter)* to suffer. *~ un coup,* to take a blow.

encaisseur *n.m.* 1. *(d'un effet)* collector. 2. *(employé de banque)* receiver, receiving-cashier.

encart *n.m.* insert.

enchère *n.f.* 1. *(offre)* bid. *Dernière ~,* highest bid, closing bid. *Mettre une ~ sur,* to bid for, to make a bid for. 2. *(vente)* auction, auction sale. *~s au rabais,* Dutch auction. *~ publique,* public auction. *Mettre aux ~s,* to put up for auction. *Vendre aux ~,* to auction, to auctioneer, to auction off, to sell by (*U.S.,* at) auction. *Vente aux ~s,* auction sale.

enchérir *v.i.* 1. to increase in price, to get dearer. 2. to bid. *~ sur quelqu'un,* to outbid someone.

enchérir *v.t.* 1. *(à une vente)* to bid for something. 2. *(augmenter des prix)* to raise, to increase, *(U.S.)* to hike prices.

enchérissement *n.m.* rise in cost, increase in price.

enchérisseur *n.m.* bidder. *Dernier ~, plus offrant ~,* highest bidder.

enclenchement *n.m.* start, inception.

encombré, e *adj.* 1. congested, clogged. *Artère ~e,* congested thoroughfare. 2. glutted, overstocked. *Marché ~,* glutted market.

encombrement *n.m.* 1. congestion, glutting. *~ de la circulation,* traffic jam. *~ du marché,* glutting of the market. *(D'un réseau électrique, etc.),* overload. 2. *(volume)* measurement, bulk. *Tonneau d'~,* measurement ton.

encouragement *n.m.* incentive, inducement ; encouragement.

encourager *v.* to promote, to foster, to stimulate, to spur, to act as an incentive on. *~ l'épargne,* to foster saving. *~ l'investissement,* to spur investment.

encourir *v.* to incur. *~ des frais,* to incur expenses.

en-cours, encours *n.m.* 1. *encours de crédit,* credit outstanding ; exposure. 2. semi-finished goods/products, in-process goods, work-in-progress items.

encouru, e *adj.* incurred. *Total des dépenses ~es,* total expenses incurred.

encryptage *n.m.* encryption.

endémique *adj.* endemic.

endetté, e *adj.* indebted, debt-laden.

endettement *n.m.* indebtedness ; debt load ; debt burden. *Coût de l'~,* cost of borrowed capital. *~ mutuel,* mutual indebtedness.

endetter (s') *v.* to run into debt, to get into debt, to run into the red ; *(emprunter)* to borrow.

endiguer *v.* to stem.

endos *n.m.* endorsement.

endossable *adj.* endorsable.

endossataire *n.m.f.* endorsee.

endossement *n.m.* endorsement. *~ en blanc,* blank endorsement. *Transmissible par ~,* transferable by endorsement.

endosseur, -euse *n.m.f.* endorser.

endosser *v.* 1. to endorse, to back. *~ un chèque,* to endorse a cheque (*U.S.,* check). *~ un effet,* to back a bill. 2. *~ des responsabilités,* to assume, to shoulder responsibilities.

endurance *n.f.* endurance. *Test d'~*, reliability test, endurance test.

énergétique *adj.* energy. *Ressources ~s*, energy resources ; power supply.

énergie *n.f.* energy. *Source d'~*, power source. Mesures d'économie d'énergie, energy-saving measures. *~ solaire*, solar energy.

énergique *adj.* énergetic.

enfler *v.* to inflate, to boost.

enfler (s') *v.i.* to swell.

enfreindre *v.* to infringe, to transgress, to violate, to break (the law). *~ un règlement*, to infringe regulations.

engagé, e *adj.* engaged, invested, involved, committed. *Capital ~*, trading capital, vested interests. *Responsabilité ~e*, responsibility involved.

engagement *n.m.* **1.** *(recrutement)* engagement, appointment. **2.** *(promesse, dette)* commitment, pledge, obligation, liability. *Comptabilité d'~s*, accrual basis accounting. *Contracter un ~*, to make a commitment, to enter into an obligation. *Créances et ~s*, claims and liabilities. *Offre sans ~*, offer without any obligation. *Respecter, tenir ses ~s*, to meet one's commitments ; *(fam.)* to deliver the goods ; *(fin.)* to meet one's liabilities. *Sans ~ de notre part*, without responsibility on our part. **3.** *(mise en gage)* pawning, pledging. **4.** *(investissement comportant un risque)* exposure.

engager *v.t.* **1.** *(recruter)* to engage, to take on, to sign on, to hire, to recruit. **2.** *(commencer)* to initiate, to start. *~ des négociations*, to enter into negotiations. *~ un processus*, to initiate a process. **3.** *(imposer une obligation)* to bind, to be binding upon. *Cette clause engage le fournisseur*, this clause is binding upon the supplier. **4.** *(des capitaux)* to invest, to tie up capital. **5.** *(mettre en gage)* to pawn, to

pledge, *(U.S.)* to hock. **6.** *(jur.)* to institute. *~ des poursuites*, to take legal action, to undertake proceedings.

engager (s') *v.i.* **1.** *(emploi)* to join, to take service with (a company). **2.** *(responsabilité)* to undertake, to commit oneself, to pledge oneself. *S'~ par contrat*, to contract, to enter into a contract. *Ne pas s'~*, to remain non-committal.

engendrer *v.* to generate, to create.

englober *v.* **1.** to include. **2.** to absorb, to merge.

engorgement *n.m.* bottleneck ; saturation, glutting.

engranger *v.* to lay in ; to garner ; to reap ; to accumulate.

enjeu, *pl.* **enjeux** *n.m.* stake.

enlèvement *n.m.* collection, picking up, (U.S.) pickup ; removal. *~ et livraison*, collection and delivery, (U.S.) pickup and delivery.

enlever *v.* to collect, to pick up ; to remove. *~ des marchandises*, to collect goods.

en ligne 1. on-line, online. **2.** *(téléphone)* on the line.

énoncé *n.m.* enunciation, declaration. *~ d'un problème*, terms of a problem ; *(libellé)* wording.

énoncer *v.* to state, to stipulate, to set forth, to specify. *Conditions énoncées au contrat*, conditions set forth in the agreement.

énorme *adj.* huge, enormous.

enquérir (s') *v.* to inquire (about something).

enquête *n.f.* inquiry, investigation ; *(mort violente ou suspecte)* inquest ; survey, study. *Commission d'~*, investigating committee, board of inquiry. *Commander une ~*, to commission a survey. *Faire une ~*, to carry out/to conduct/a survey ; to investigate, to make inquiries into. *~ à l'extérieur, sur les lieux*, field survey, field study. *~ d'opinion*, opinion poll/survey. *~ par sondage*, sample survey. *~ par sondage de l'opinion*, opinion survey, opinion poll.

enquêter *v.* to inquire (into), to investigate.

enquêteur *n.m.* investigator, field investigator, interviewer.

enrayer *v.* to check, to stem, to curb, to halt, to control. ~ *la hausse des prix,* to hold down prices. ~ *la hausse du coût de la vie,* to control the rise in the cost of living. ~ *l'inflation,* to check/to curb inflation.

enregistrement *n.m.* **1.** *(son, images)* recording. **2.** registration, registry, recording. *Bureau des ~s,* Registry Office. *Droits d'~,* registration fees, registration dues. ~ *d'une société,* incorporation of a company. **3.** *(bagages)* registering, *(U.S.)* checking. *Guichet d'~,* booking-office (for luggage), luggage counter, *(U.S.)* checking office. **4.** *(commandes)* booking. ~ *d'une commande,* booking of an order.

enregistrer *v.* **1.** *(son, images)* to record, to tape. **2.** *(Jur.)* to register, to file, to record. ~ *un acte,* to register a deed. *Faire ~ une société,* to register a company. **3.** *(bagages)* to register, *(U.S.,* to check). **4.** *(commandes)* to book. ~ *une commande,* to book an order. **5.** *(fin.)* to show, to chalk up. *Nous avons enregistré une baisse sensible de nos exportations,* our exports have decreased sharply. ~ *un bénéfice,* to show a profit. ~ *des bénéfices énormes,* to record/to chalk up/enormous profits. *Le dollar a enregistré une nette progression,* the dollar staged a broad advance.

enregistreur *n.m.* recorder.

enregistreur, euse *adj.* recording. *Caisse ~se,* cash register.

enrichir *v.* to enrich, to make rich.

enrichir (s') *v.* to get rich ; to make money, to make a fortune ; to get richer.

enrichissement *n.m.* enrichment. ~ *des tâches,* job enrichment. ~ *personnel,* personal gain ; *(frauduleux)* self-enrichment ; *utilisation de fonctions officielles à des fins d'~ personnel,* graft.

enseigne *n.f.* **1.** sign. ~ *au néon,* neon sign. **2.** *(= marque)* brand, brandname, tradename, corporate name.

enseignement *n.m.* education, teaching, learning, instruction, training, tuition. ~ *à distance,* distance learning. ~ *de gestion,* management education. ~ *par correspondance,* postal tuition. ~ *professionnel,* vocational training. ~ *supérieur,* higher education.

enseigner *v.* to teach.

ensemble *n.m.* whole, entirety, set, body, bulk. ~ *de données,* set of data, data set. *Dans l'~,* as a whole, in the aggregate. *Projet d'~,* comprehensive project, overall program(me). *Sous-~,* sub-set. *Théorie des ~s,* set theory, group theory.

entamer *v.* **1.** to start, to initiate. ~ *une collaboration,* to start a collaboration. ~ *des négociations,* to open negotiations, to enter into negotiations. ~ *une action en justice,* to undertake legal proceedings. **2.** *(puiser)* to draw on, to dip into ; to tap ; to encroach. ~ *des capitaux,* to encroach on capital. ~ *des ressources,* to draw on, to dip into, to tap resources.

entendre (s') *v.* **1.** to agree upon. *S'~ sur les conditions,* to come to terms. **2.** to be understood. *Nos prix s'entendent C.A.F.,* our prices are understood C.I.F., we are quoting C.I.F. prices.

entente *n.f.* agreement, understanding, arrangement, alliance ; entente. ~ *illicite,* illicit agreement. ~ *industrielle,* cartel, combine.

entériner *v.* to ratify, to confirm.

enterrer *v.* to bury. ~ *un projet,* to bury/to shelve a project.

en-tête *n.f.* heading. ~ *de lettre,* letter-head.

entier, ère *adj.* whole, entire, full. *En ~,* in full. *Nombre ~,* whole number, integer.

entièrement *adv.* wholly, entirely, fully. *Actions ~ libérées,* fully paid shares. *Capital ~ versé,* fully paid (up) capital.

entité *n.f.* entity. ~ *juridique*, legal entity.

entorse *n.f.* (à un règlement) infringement.

entraîner *v.* 1. to entail, to involve, to cause. ~ *des conséquences*, to entail consequences. ~ *des dépenses*, to involve expenses. ~ *une baisse des taux d'intérêt*, to cause a drop in interest rates, to knock interest rates. ~ *une hausse des prix*, to cause a rise in prices, to drive up prices. 2. (mouvoir, tirer) to drive ; to pull ; to drag.

entraîneur *n.m.* trainer, coach.

entrave *n.f.* obstacle, impediment, hindrance. ~ *au commerce*, trade barrier. ~ *à la libre concurrence, à la liberté du commerce*, restrictive practice, practice in restraint of trade.

entraver *v.* to hamper, to hinder, to impede, to restrain ; (boucher, obstruer) to clog.

entrée *n.f.* 1. (porte) entrance ; way in. ~ *des fournisseurs*, tradesmen's entrance. ~ *principale*, main entrance. 2. admission, admittance, entrance, *Droit d'~*, admission fee, entrance fee. « ~ *interdite* », « no admittance ». ~ *libre*, admission free. ~ *et sortie de données*, data input and output. 3. (douanes) import, clearance. *Droits d'~*, import duties. ~ *en douane d'un navire*, clearance inwards. 4. (recettes) receipt. ~*s et sorties de caisse*, cash receipts and payments. 5. (jur.) (début de) ~ *en fonction*, taking up a job, taking up one's duties. ~ *en jouissance immédiate*, with immediate possession. ~ *en jouissance*, taking possession. ~ *en vigueur*, implementation, coming into force, coming/going/into effect. *Date d'~ en fonction*, date of appointment, date of engagement. *Date d'~ en vigueur*, effective date. 6. (nombre de spectateurs) ~*s*, gate receipts, gate money, gate.

entrée dans le capital, buy-in. ~ de, buying into.

entrée de gamme bottom of the range.

entrefilet *n.m.* (presse) short paragraph.

entreposage *n.m.* warehousing, storage ; (douanes) bonding.

entreposer *v.* to store, to warehouse ; (en douanes) to bond. *Marchandises entreposées en douane*, goods in bond, bonded goods.

entrepôt *n.m.* 1. warehouse, store. *A prendre en ~*, ex-warehouse. ~ *frigorifique*, cold store, cold storage plant. 2. (douanes) bonded warehouse. ~ *en douane*, bonded warehouse. *Certificat d'~*, warehouse warrant. *En ~*, in bond. *Mise en ~*, warehousing ; wharfage. *Vendre en ~*, to sell in bond.

entreprenant, e *adj.* enterprising.

entreprenaute *n.m.f.* e-entrepreneur.

entreprendre *v.* to undertake. ~ *des démarches*, to take/to initiate/steps.

entrepreneur *n.m.* 1. (homme d'entreprise) entrepreneur. 2. (bâtiment, etc.) contractor, builder. ~ *en bâtiment*, building contractor. ~ *de pompes funèbres*, undertaker, (U.S.) mortician. ~ *de transports*, haulage contractor, carrier. ~ *de roulage public*, common carrier.

entreprise *n.f.* 1. enterprise. ~ *citoyenne*, the firm as a good citizen, good citizenship, community conscious/aware firm. *L'~ privée*, free enterprise, private enterprise. *La libre ~*, free enterprise. (Esprit de) entrepreneurship. *Esprit d'~*, entrepreneurship. 2. firm, business, company, concern, venture, undertaking. *Chef d'~*, head of business, head of firm, entrepreneur, manager. *Comité d'~*, works committee. ~ *commerciale*, business firm, business concern. ~ *de déménagements*, removal contractors. ~ *de vente par correspondance*, mail order firm, mail order business. ~ *en difficulté*, ailing firm. ~ *en participation*, ~ *commune*, joint venture. ~ *indivi-*

duelle, sole proprietorship, sole trader, one-man business. *~s privées,* private firms, private enterprise. *~s publiques,* public organizations, public corporations. *~ sur Internet,* dot-com company, dot-com. *Création d'~,* new business creation, business formation. *Création d'une ~,* setting up a business. *~ privée,* private company. *~ de service public,* public utility, *(U.S.)* utility. *Gestion, planification, stratégie des ~s,* corporate management, planning, strategy. *Homme d'~,* businessman, manager, entrepreneur. *Jeux d'~,* business games. *Petites et moyennes ~s (P.M.E.),* small and medium-size(d) firms.

entreprise à administration en ligne (EAL) business to administration, B2A, B to A.

entrer *v.i.* to enter, to go into. *~ dans le capital de,* to buy shares/stock/a stake in, to buy into. *~ dans les affaires,* to go into business, to take up business. *~ dans une société,* to join a firm. *~ en cale sèche,* to go into dry dock. *~ en fonction,* to take up/enter upon one's duties, to report for work. *~ en jouissance,* to enter into possession. *~ en liquidation,* to go into liquidation ; to go into receivership. *~ en vigueur,* to come into force, to come into effect, to become effective, to become operative, to be implemented.

entrer *v.t.* to bring/let/put/something in. *~ des marchandises en fraude dans un pays,* to smuggle goods into a country.

entretenir *v.* **1.** to maintain, *(U.S.)* to service. **2.** to keep up. *~ de bonnes relations avec,* to keep up good relations with. *~ une correspondance avec,* to keep up a correspondence with. **3.** *~ quelqu'un de quelque chose,* to talk to somebody about something, to report something to somebody, to keep somebody informed about something.

entretenir (s') *v.i.* **1.** *(matériel)* to be kept in repair. **2.** *(discussion)* to talk with.

entretien *n.m.* **1.** *(discussion)* conversation, talk, interview. *Accorder un ~,* to grant an interview (to). *~ d'embauche,* job interview. *~s préliminaires,* preliminary talks. **2.** *(matériel)* maintenance, upkeep. *~ et réparations,* servicing. *Équipe d'~,* maintenance crew. *Frais d'~,* maintenance charges ; upkeep expenses. *Mauvais ~,* neglect.

entrevue *n.f.* interview.

enveloppe *n.f.* **1.** envelope. *~ à fenêtre,* window-envelope. *~ -T,* postage-paid reply envelope, reply-paid envelope ; *(U.S.)* business reply mail. *~ timbrée,* stamped envelope. *Joindre une ~ timbrée pour la réponse,* please enclose/attach/a self-addressed stamped envelope. **2.** *(budget),* amount. *~ budgétaire,* budget, allotted budget, budget allocation. **3.** *(pot-de-vin) donner une ~,* to bribe ; *recevoir/toucher une ~,* to be bribed, to receive a bribe.

énumérer *v.* to list ; to enumerate.

envergure *n.f.* scale, scope. *De grande ~,* large-scale ; far-reaching. *(candidat)* caliber.

environnement *n.m.* environment, surroundings, context. *~ commercial,* business environment. *~ social,* social environment, social context. *Défense de l'~,* environmental protection, environmentalism, conservation of nature, conservation(ism).

envisager *v.* **1.** *(se proposer de)* to plan, to intend, to contemplate, to consider, to envisage, to envision. *Nous envisageons d'exporter nos produits au Brésil,* we plan to export our products to Brazil. *(Plus dubitatif) Nous envisageons de développer notre service après-ventes,* we consider the extension of our after-sales department. **2.** *(prévoir)* to anticipate, to expect.

Nous envisageons un chiffre d'affaires en augmentation, we anticipate an increased turnover.

envoi *n.m.* **1.** *(action d'envoyer)* sending, mailing, dispatch, forwarding, shipping. *Date d'~,* dispatch date. *~ contre-remboursement,* cash on delivery (C.O.D.). *~ de fonds,* remittance. *~ par bateau,* shipment. **2.** *(objets envoyés, colis, etc.)* consignment, shipment, parcel, packet. *~ à titre d'essai,* goods sent on trial. *~ en franchise,* post-free parcel. *~ recommandé,* registered packet/letter.

envoi en nombre, (mass-) mailing.

envoler (s') *v.* **1.** *(avion)* to take off. **2.** *(prix)* to soar, to flare (up).

envoyer *v.* to send, to dispatch, to forward, to ship, to consign ; *(des fonds)* to remit. *~ un câble,* to cable. *~ un télégramme,* to wire, to cable. *~ un télex,* to telex. *~ par courrier électronique,* to e-mail. *~ par fax,* to fax.

envoyé spécial, *(presse)* special correspondent ; *(diplomatie, etc.)* special envoy ; personal representative.

envoyeur *n.m.* sender. « *Retour à l'~* », « return to sender ».

éolienne *n.f.* wind-driven generator, windmill.

éolienne *n.f.* windpump.

épandage *n.m.* **1.** *(engrais, fumier)* manure spreading, manuring ; fertilizer spreading. **2.** *(pesticides)* (crop-) dusting/spraying.

épandre *v.* *(fumier)* to spread ; *(pesticides)* to spray, to dust.

épargnant *n.m.* saver, investor. *Petits épargnants,* small investors, small savers.

épargne *n.f.* saving(s) ; *(esprit d'économie)* thrift, economy ; sparing. *Bons d'~,* savings bonds, government savings bonds. *Caisse d'~,* savings bank, thrift institution. *Caisse d'~ postale,* post-office savings bank, postal savings bank. *~ excédentaire,* oversaving. *~ forcée,* forced saving. *Compte d'~,*

savings account. *~ des ménages,* household savings. *~ institutionnelle,* institutional saving. *~ privée,* personal savings, private investors. *Livret d'~,* savings bank book, coupon book. *Plan d'~,* saving(s) plan. *Taux d'~,* rate of saving.

épargner *v.* to save, to economize ; to spare. *~ de l'argent,* to save money, to put money aside. *~ pour ses vieux jours,* to put money away for one's old age. *~ du temps,* to save time. *~ ses efforts,* to spare one's efforts. *Ils ont été épargnés par la crise,* they have been spared by the slump/crisis, they have escaped the slump/crisis.

épargne salariale savings on wages / salary; savings withheld at source on salary / wages.

éparpillement *n.m.* scattering, scatter.

épave *n.f.* wreck. *~s (flottantes),* flotsam. *~s (échouées),* jetsam.

épicerie *n.f.* grocery, grocery store.

épicier, ère *n.m.f.* grocer.

épisodique *adj.* episodical, occasional.

époque *n.f.* period, time, season, age. *Meubles d'~,* period furniture.

épouse *n.f.* wife, spouse.

époux *n.m.* husband, spouse. *Les ~,* husband and wife.

épreuve *n.f.* test, trial, testing. *A toute ~,* *(résistant)* resistant, sturdy ; *(sans risque d'erreurs)* foolproof. *Mettre à l'~,* to put to the test. *Subir une ~,* to undergo a test. *~ de force,* showdown. *~s d'imprimerie,* proofs, print.

éprouvé, e *adj.* **1.** tried, tested, proven. *Méthode ~e,* proven method, well-tried method. *Principe ~,* time-hono(u)red principle. **2.** *(affecté)* hard-hit. *Nous avons été très ~s par la crise,* we have suffered a lot from the crisis. *Les détaillants sont très ~s par,* retailers are hard-hit by.

éprouver *v.* **1.** to test, to try. **2.** *(des difficultés)* to experience, to meet with (difficulties).

épuisant, e *adj.* exhausting.

épuisé, e *adj.* **1.** exhausted, depleted, out of stock, sold out. *Cet article est ~*, we are out of stock with this line. *Édition ~e*, out of print edition. *Nos stocks sont ~s*, our stocks are depleted, we are out of stock. *Ressources ~es*, depleted resources. **2.** *(personne)* exhausted ; worn out ; *(vidé de son énergie)* burnt out.

épuisement *n.m.* exhaustion, depletion, drain. *~ des ressources*, depletion of resources *~ des sols*, soil/land exhaustion.

épuiser *v.t.* to exhaust, to consume ; to use up ; to deplete ; *(Fin.)* to drain.

épuiser (s') *v.i.* to get exhausted, to run low, to become depleted. *Nos stocks s'épuisent*, our stocks are running low.

équation *n.f.* equation. *~ linéaire à une inconnue*, linear equation in one unknown. *~ du premier degré*, simple equation. *~ du second degré*, second-degree equation. *Mettre un problème en ~*, to find the equation of a problem. *Tracer le graphique d'une ~*, to plot the graph of an equation.

équilibration *n.f.* equilibration.

équilibre *n.m.* balance, equilibrium. *Conditions d'~*, equilibrium conditions. *~ de l'offre et de la demande*, equilibrium of supply and demand. *Mise en ~*, equilibration, balancing. *Parvenir à un ~*, to strike a balance. *Prix d'~ du marché*, equilibrium market price. *Rétablir l'~*, to restore the balance. *Rupture de l'~*, upsetting of the equilibrium.

équilibré, e *adj.* balanced. *Budget ~*, balanced budget. *Croissance ~e*, balanced growth.

équilibrer *v.t.* to balance, to set off ; *~ le budget*, to balance the budget.

équilibrer (s') *v.i.* to balance ; to even (out), to get even.

équipage *n.m.* crew.

équipe *n.f.* team ; shift ; gang. *Chef d'~*, foreman. *~ dirigeante*, top management. *~ de nuit*, night shift. *~ de secours*, rescue team. *Faire ~ avec*, to team up with. *Travail d'~*, team-work. *Travail par ~s*, work in shifts.

équipé, e *adj.* equipped, fitted.

équipement *n.m.* equipment, outfit ; *(lourd)* plant. *Biens d'~*, capital goods. *Dépenses d'~*, equipment goods. *~ industriel*, industrial plant. *~ portuaire*, harbour facilities.

équipementier *n.m.* parts manufacturer, autoparts manufacturer ; subcontractor ; *(télécom, etc.)* equipment maker.

équiper *v.* to equip, to fit, to outfit ; *(en machines)* to tool up.

équitable *adj.* equitable, fair, just ; *(personne)* impartial, just, fair-minded, even-handed. *Commerce ~*, equitable trade. *Règlement ~*, fair settlement. *Salaire ~*, fair wages.

équitablement *adv.* fairly.

équité *n.f.* equity, fairness.

équivalence *n.f.* equivalence. *Mise en équivalence (comptab.)*, equity method of accounting.

équivalent, e *adj.* equivalent.

équivalent *n.m.* equivalent, counterpart.

équivaloir *v.* to be equivalent.

éradication *n.f.* eradication.

éradiquer *v.* to eradicate.

ergonomie *n.f.* ergonomics, biotechnology ; human engineering.

éroder *v.* to erode ; to deplete.

érosion *n.f.* erosion. *(compta., etc.)* attrition.

erreur *n.f.* error, mistake. *~ d'adresse*, misdirection, misrouting. *~ de calcul*, miscalculation. *~ de date*, misdating. *~ par excès*, upward error. *~ typographique*, misprint, printer's error. *Corriger une ~*, to correct an error, to put an error right. *Induire en ~*, to mislead, *(volontairement)* to deceive. *Sauf ~ ou omission*, errors and omissions excepted (E.O.E.).

erroné, e *adj.* erroneous, mistaken, wrong, false.

escalade *n.f.* escalation.

escale *n.f.* (avion) stopover, layover ; (bateau) call. *Faire ~,* (avion) to make a stopover ; (bateau) to call at. *Port d'~,* port of call. *Vol sans ~,* direct flight, nonstop flight, through flight.

esclavage *n.m.* slavery.

esclave *n.m.f.* slave. *Meneur d'~s,* slave-driver. *Travailler comme un esclave,* to slave away.

escomptable *adj.* discountable.

escompte *n.m.* **1.** discount, discounting. *Abaisser le taux d'~,* to lower the bank rate, to reduce the bank rate. *Bordereau d'~,* discount note, list of bills for discount. *Remettre à l'~,* to tender for discount. *Taux d'~ bancaire préférentiel,* prime (lending) rate. **2.** (remise) discount, rebate. *~ de caisse,* cash discount. *~ d'usage, ~ sur factures,* trade discount. *~ pour paiement d'avance,* discount for prepayment. *~ professionnel/aux professionnels,* trade discount.

escompté, e *adj.* **1.** (traite) discounted. **2.** (espéré) anticipated, expected, prospective. *Chiffre d'affaires ~,* anticipated turnover.

escompter *v.* **1.** (traite) to discount. *~ un effet,* to discount a bill. **2.** (Bourse) to call for delivery of securities. *~ à terme,* to call for delivery before the settlement. **3.** (espérer) to anticipate, to expect, to count on, to reckon on, to bank on.

escroc *n.m.* swindler, crook.

escroquer *v.* to swindle, to defraud ; to cheat, to bilk, to con, (prix) to rip off.

escroquerie *n.f.* swindle, fraud, racket, (prix) rip-off.

espace *n.m.* space ; room. *Achat d'~,* space buying. *~ de gondole, d'étagère,* shelf space. *~ publicitaire,* advertising space.

espace aérien, airspace.

espacement *n.m.* spacing, spacing out, spreading(out), *~ des lettres,* letter spacing. *~ des lignes,*

des caractères, spacing out, whiting out.

espacer *v.* to space out. *~ les lettres,* to interspace, to letterspace. *~ les livraisons,* to stagger deliveries.

espèce *n.f.* type, kind, sort, species. *Cas d'~,* case in point.

espèces *n.f.pl.* cash, specie. *Avoir en ~,* cash assets. *Conversion en ~,* realization. *Convertir en ~,* to realize, to turn into cash, to cash. *~ en caisse,* cash in hand. *~ sonnantes et trébuchantes,* hard money, hard cash. *Paiement, règlement en ~,* payment, settlement in cash.

espérance *n.f.* expectancy, expectation. *~ de vie,* life expectancy. *~ de vie d'un produit,* product life expectancy.

espérer *v.* to hope, to expect, to anticipate. *Nous espérons que notre dernier envoi vous est bien parvenu,* we hope that our last consignment has duly reached you. *Nous espérons votre visite le mois prochain,* we are looking forward to your visit next month, we are looking forward to meeting (with) you next month.

esprit *n.m.* spirit, mind. *~ d'entreprise,* entrepreneurship. *État d'~,* state of mind.

esquisse *n.f.* sketch, draft ; (pub.) rough.

esquisser *v.* to sketch, to outline. *~ un projet,* to outline a project.

essai *n.m.* trial, test, experiment. *~ de fiabilité,* reliability test. *~ d'un produit par le consommateur,* consumer trial. *~ gratuit,* free trial. *~ probatoire,* feasibility test. *A l'~,* on trial, (marchandises) on approval (personne) on probation. *A titre d'~,* by way of trial, tentatively. *Centre d'~s,* testing plant ; (nucléaire) testing site. *Lancer un ballon d'~,* to put out feelers. *Marchandises à l'~,* goods on appro(val). *Période d'~,* trial period, (personne) probation.

essaimage *n.m.* hiving off ; spin-off ; subcontracting, farming out.

essayer *v.* to try, to try out, to test.

essence *n.f.* **1.** petrol, *(U.S.)* gas. *Consommation d'~*, petrol *(U.S.*, gas) consumption. **2.** essence. ~ *d'un contrat*, essence of a contract.

essentiel, le *adj.* essential, basic.

essor *n.m.* boom, development. ~ *économique*, economic boom. *Prendre son ~*, to take off, to soar.

essouffler (s') *v.* to run out of steam ; to mark time ; to falter. *La reprise s'essouffle*, the recovery is running out of steam.

estampiller *v.* to stamp.

estaries *n.f.pl* lay days.

esthétique *f.* aesthetics. ~ *industrielle*, industrial design.

estimatif, -ive *adj.* estimated, appraised. *Coût ~*, estimated cost. *Valeur estimative*, appraised value.

estimation *n.f.* estimate, estimation, valuation, assessment, appraisal, rating. ~ *approximative*, rough estimate, gues(s)timate. ~ *de la valeur de*, valuation of, assessment of the value of. ~ *de titres*, valuation of securities. ~ *des coûts*, cost estimate. ~ *du dommage*, assessment of damage, adjustment of damage.

estime *n.f.* **1.** regard, respect, esteem ; **2.** guesswork ; estimation ; opinion ; reckoning.

estimé, e *adj.* estimated, valued. *Dépassement du coût ~*, overrun. *Valeur ~e*, estimated value, valuation.

estimer *v.* to estimate, to value, to appraise, to rate, to evaluate. *Nous estimons nécessaire de prendre ces mesures*, we deem it necessary to take this action, such measures. *Sous-~*, to undervalue, to underestimate, to underrate.

estivage *n.m.* summering (of cattle), mountain pasturing.

estivant, e *n.m.f.* holiday-maker.

établir *v.t.* **1.** to establish, to set up, to found (a business). ~ *une maison de commerce*, to set up a business. **2.** to fix (a price). ~ *le prix de revient d'un article*, to cost an article. ~ *le prix de marchan-*

dises, to price goods. **3.** to draw up (a document). ~ *un budget*, to draw up a budget. ~ *un chèque*, to make out a cheque, to write a cheque (*à l'ordre de*, to).

établir (s') *v.i.* to set up. *S'~ dans le commerce*, to set up in business. *(immigrant, etc.)* to settle.

établissement *n.m.* **1.** establishment, institution. ~ *bancaire*, banking institution. ~ *d'enseignement*, educational establishment. ~ *piscicole*, fish farm. **2.** *(création)* establishment, setting up, foundation, founding. **3.** *(d'un document)* drawing up, making out. ~ *d'un bilan*, drawing up of a balance-sheet. ~ *d'un projet*, design of a project. **4.** *(d'un prix)* fixing (of a price), pricing. ~ *des prix de revient*, costing. **5.** *(fin.)* capital expenditure. *Dépenses d'~*, capital outlay. *Frais de premier ~*, initial outlay, initial capital expenditure.

étage *n.m.* **1.** floor, stor(e)y. **2.** level, tier. *Système à deux ~s*, two-tier system.

étagère *n.f.* shelf, *(pl.)* shelves.

étain *n.m.* tin.

étalage *n.m.* **1.** display, window display ; shop-window. **2.** *(activité de l'étalagiste)* window-dressing.

étalagiste *n.m.f.* window-dresser.

étalon *n.m.* standard. ~ *de change-or*, gold bullion standard. ~ *-or*, gold standard. ~ *-or de change*, gold-exchange standard. *Double ~*, double standard. *Poids-~*, standard weight. *(Sens large)* yardstick.

étalonner *v.* to test ; to standardize ; to grade ; to calibrate ; to benchmark.

étape *n.f.* stage, step ; *(voyage, sports)* leg.

état *n.m.* **1.** state, condition, position. *En bon ~*, in good repair, in good condition. *En mauvais ~*, out of condition, in a bad state, out of repair, in bad repair ; out of order. ~ *civil*, marital status, family status ; *(bureau)* registry office. ~ *des commandes*, order position. ~

de compte, state of account, position of account. ~ *de navigabilité*, seaworthiness. ~ *des finances*, financial status, financial position. ~ *du marché*, state of the market. *Être en* ~ *de*, to be in a position to. *Remettre en* ~, to recondition ; to refurbish ; to renovate. **2.** statement, list, roll, return, account. ~ *de caisse*, cash statement. ~ *de frais*, statement of expenses. ~ *des finances*, ~ *financier*, financial statement. ~ *des lieux*, inventory of fixtures, inventory of premises ; *(sens large)* assessment (of a situation). ~ *détaillé*, detailed account, breakdown. ~ *mensuel*, monthly return. ~ *récapitulatif*, balance account. *Rayer des* ~*s*, to strike off the rolls. **3.** *L'*~, the State, the Government. *Dépenses de l'*~, national expenditure. *L'*~ *-providence*, the Welfare State. *Obligations d'*~, government bonds. *Subvention de l'*~, state subsidy, state grant, grant-in-aid. *Subventionné par l'*~, state-aided, state-subsidized.

état de droit, rule of law.

état félon, rogue state.

étatisé, e *adj.* state-controlled.

étatisation *n.f.* nationalization.

étatisme *n.m.* statism ; state control.

étatiste *adj.* statist.

état membre, member state.

état-nation *n.m.* nation-state.

état souverain, sovereign state.

état voyou, rogue state.

étayer *v. (propre)* to prop up ; *(figuré)* to support, to back up.

été *n.m.* summer. *Heures d'*~, summer-time, *(U.S.)* daylight saving time (D.S.T.).

éteindre *v.* to extinguish. ~ *une dette*, to pay off a debt.

étendre *v.t.* to extend (to).

étendre (s') *v.i.* to expand, to spread, to stretch. *Ces mesures s'étendront également aux ouvriers à temps partiel*, these measures will also apply to part-time workers.

étendue *n.f.* extent, range, scope, scale. ~ *du dommage*, extent of the damage. *Nature et* ~ *d'un risque*, nature and extent of a risk.

éthique *n.f.* ethics. ~ *commerciale*, business ethics.

éthique *adj.* ethical.

étiquetage *n.m.* labelling.

étiquette *n.f.* label, tag, sticker. ~ *de prix*, price tag, price ticket, price sticker. ~ *porte-nom*, name-tag.

étouffer *v.* **1.** to stifle. ~ *la demande*, to stifle demand. **2.** to hush up. ~ *une affaire*, to hush up an affair, to cover up a scandal. **3.** to suppress. ~ *une révolte*, to suppress an uprising.

étranger, ère *adj.* foreign, alien. *Avoirs en devises étrangères*, foreign exchange holdings. *Avoirs en monnaies étrangères*, foreign currency assets. *Effet* ~, foreign bill. *Dette étrangère*, external debt. *De marque étrangère*, foreign-made, foreign built. *Devises étrangères*, foreign currencies, foreign exchange. *Politique étrangère*, foreign policy.

étranger, ère *n.m.f. (d'un autre pays)* foreigner, alien ; *(d'une autre région)* stranger. *A l'*~, abroad. *Avoirs à l'*~, assets held abroad. *Capitaux placés à l'*~, capital invested abroad. ~ *non résident*, non-resident alien. *Investissements à l'*~, foreign investment.

étranglement *n.m.* squeeze, bottleneck ; *Goulot d'*~, bottleneck.

étroit, e *adj.* narrow.

étroitesse *n.f.* narrowness. ~ *du marché*, limited/restricted scope/size/volume of the market.

étude *n.f.* study, survey, research, analysis. *Bourse d'*~*s*, scholarship, grant. *Bureau d'*~*s*, research department, designing department, Research and Development (R & D) Department ; research consultancy, consulting firm ; *Commission d'*~, committee of inquiry, task force. ~ *de coût et d'efficacité*, cost-effectiveness analysis. ~ *de marché*, market study. ~*s de motivation*,

motivation studies, motivational research. ~ *préalable*, feasibility study. ~ *(de) terrain*, field survey. *Faire une ~*, to make/to carry out/a study ; to conduct a survey. *Commander une ~*, to commission a survey. *Question à l'~*, question under consideration.

étudier *v.* to study. ~ *une possibilité*, to look into a possibility, the feasibility of. ~ *une question*, to look into, to inquire into a matter.

euro *n.m.* euro.

eurodevise *n.f.* eurocurrency.

euro-dollar *n.m.* euro-dollar.

euromarché *n.m.* euromarket.

euro-obligation *n.f.* eurobond.

européen, éenne *adj.* European. *Communauté Economique Européenne (C.E.E.)*, European Economic Community (E.E.C.).

évaluation *n.f.* evaluation, assessment, appraisal, estimate, rating. ~ *des actifs*, valuation of assets. ~ *du coût*, costing.

évaluer *v.* to assess, to estimate, to appraise, to evaluate, to rate. ~ *le coût*, to cost. ~ *les dégâts*, to assess the damage. ~ *le prix de revient*, to cost.

évasion *n.f.* escape, evasion. ~ *de capitaux*, flight of capital. ~ *fiscale*, tax evasion, tax dodging, tax dodge.

évènement *n.m.* event ; occasion ; occurrence.

évènementiel, -le, adj. 1. factual. 2. event-related ; event-promoting.

éventail *n.m.* range. ~ *de produits*, product range. ~ *de revenus*, income spread. ~ *des salaires*, wage scale, salary scale. *Nous offrons un large ~*, we offer a wide range.

éventaire *n.m.* stall, stand.

éventualité *n.f.* possibility, prospect, contingency. *Dans une telle ~*, in such a case. *~s imprévues*, contingencies.

éventuel, elle adj. possible, prospective ; casual ; contingent. *Acheteur ~*, prospective buyer.

Client ~, prospective customer, prospect. *Passif ~*, contingent liabilities.

éventuellement adv. should the occasion arise, if need be.

éviction *n.f.* eviction ; dismissal.

évincer *v.* to evict, to dismiss ; to dispossess.

éviter *v.* to avoid ; to shun ; *(un coup)* to dodge. ~ *la faillite*, to stave off bankruptcy.

évolution *n.f.* evolution, trend, development. *~s récentes*, recent trend, latest developments. ~ *de la demande*, evolution of demand, change(s) in demand.

ex (préfixe) ex. ~ *-coupon*, ex-coupon. ~ *-dividende*, ex-dividend. *(U.S.)* dividend off.

exact, e adj. exact, accurate, precise, correct. *La somme ~e*, the exact amount. *La somme est ~e*, the amount/the total/is correct.

exactitude *n.f.* accuracy, precision, exactitude ; punctuality.

exagération *n.f.* exaggeration, overstatement.

exagéré, e adj. exaggerated, excessive, overdone. *Prix ~*, stiff price, unfair price.

exagérer *v.* to exaggerate ; to overdo. *(Les faits)* to overstate, to overblow.

examen *n.m.* 1. examination, inspection, investigation, consideration. 2. test, exam. *Après plus ample ~*, on closer inspection, after further consideration. ~ *approfondi*, close/thorough/examination. ~ *contradictoire*, cross-examination. ~ *d'entrée*, entrance examination. *La question est à l'~*, the matter is under consideration. *Mettre en ~*, to place under (judicial) investigation. *Passer un ~*, to take, to sit (for) an exam. *Passer un ~ avec succès*, to pass an exam.

examiner *v.* to examine, to look into, to investigate, to inspect, to scrutinize. ~ *la comptabilité*, to inspect the books.

excédent *n.m.* excess, surplus. ~ *budgétaire*, budget surplus. ~ *de la* *balance des paiements*, balance of payments surplus. ~ *de bagage*, excess luggage. (*U.S.*) excess baggage. ~ *de poids*, excess weight, overweight. ~ *de production*, surplus capacity. ~ *de trésorerie*, cash surplus.

excédentaire *adj.* excess. *Balance commerciale* ~, favo(u)rable trade balance. *Demande* ~, excess demand. *Épargne* ~, oversaving. *Stocks* ~s, surplus stocks.

excédent brut d'exploitation, earnings before interests, taxes, depreciation and amortization, ebitba.

excédent brut d'exploitation (EBE) gross operating surplus.

excédent commercial, trade surplus.

excéder *v.* to exceed ; to surpass.

exception *n.f.* **1.** exception ; departure. *A l'~ de*, except for. ~ *à une règle*, exception to a rule. *Sans* ~, without exception. **2.** (*Jur.*) protest. *Soulever une* ~ *contre*, to raise a protest against, to put in a plea.

exceptionnel, le *adj.* exceptional. *Année* ~ *le*, banner year. *Bénéfices* ~s, windfall profits. *Prix* ~s, bargain prices. *Récolte* ~*le*, bumper crop.

excès *n.m.* excess. *A l'~*, excessively, overly. ~ *de la demande*, excess demand. ~ *de vitesse*, speeding offence ; *amende/contravention pour* ~ *de vitesse*, fine for speeding, (*fam.*) speeding ticket. *Inflation par* ~ *de la demande*, excess demand inflation.

excessif, -ive *adj.* excessive, exaggerated. *Approvisionnement* ~, overstocking.

exclure *v.* to exclude ; to shut out.

exclus (les), the outcasts ; those who are economically and socially excluded ; the underclass ; dispossessed and uprooted individuals.

exclusion *n.f.* exclusion ; rejection. *A l'~ de*, exclusive of, to the exclusion of.

exclusif, -ive *adj.* sole, exclusive. *Agent/concessionnaire/~*, sole agent. *Droit* ~, exclusive/sole/right.

exclusivité *n.f.* exclusive right, (*U.S.*) franchise. *Clause d'~*, exclusivity stipulation, (*U.S.*) competition clause.

excursion *n.f.* excursion, trip.

excuse *n.f.* apology. *Nous vous prions d'accepter nos* ~s, kindly accept our apologies.

excuser (s') *v.i.* to apologize (to someone for something).

exécutable *adj.* **1.** (*jur.*) executable. *Contrat non* ~, naked/nude contract. **2.** (*faisable*) practicable.

exécutant, -e *n.m.f.* executant, subordinate, person who carries out orders, simple employee.

exécuter *v.t.* **1.** to execute, to carry out, to fulfil, (*U.S.*) fulfill, to perform. ~ *une commande*, to fill an order, (*G.B.*) to make up an order. (*U.S.*) to process an order. ~ *un ordre*, to carry out an order, to execute an order. **2.** (*Bourse*) to buy in, to sell out. ~ *un acheteur*, to sell out against a buyer. ~ *un vendeur*, to buy in against a seller.

exécuter (s') *v.i.* **1.** to comply, to meet one's obligations. **2.** to pay up.

exécuteur, trice *n.m.f.* executor, (*fém.*) executrix. ~ *testamentaire*, executor, (*fém.*) executrix.

exécutif *n.m.* (the) executive.

exécutif, ve *adj.* executive. *Bureau* ~, executive committee. *Pouvoirs* ~s, executive powers.

exécution *n.f.* **1.** execution, carrying out, fulfilment. *En* ~ *de l'article 4*, in pursuance of section 4. *Mettre à* ~, to enforce, to implement, to carry out. *Mise à* ~, enforcement, implementation. **2.** (*Bourse*) buying in, selling out. **3.** (*Jur.*) fulfilment ; distraint. ~ *d'un contrat*, fulfilment of a contract. ~ *d'un débiteur*, distraint of property. *Suspension de l'~ d'un jugement*, stay of execution.

exécutoire *adj.* enforceable, executory. *Jugement* ~, enforceable judgement.

exemplaire *n.m.* copy. *Faire en double ~,* to duplicate.

exempt, e *adj.* exempt (from), free (of). *~ de droits,* duty-free, free of duty. *~ d'impôts,* tax-free, free of tax.

exempter *v.* to exempt, to free (*de,* from).

exemption *n.f.* exemption, freedom, immunity. *~ d'impôt,* exemption from tax, from taxation. *Demander l'~ d'un impôt,* to claim immunity from a tax.

exéquatur *n.f.* recognition.

exercer *v.* to exercise, to exert. *~ un droit,* to exercise a right. *~ des poursuites,* to undertake proceedings. *~ un recours,* to make a claim against someone. *~ des représailles,* to retaliate. (*Le pouvoir, une autorité, etc.*) to wield.

exercice *n.m.* **1.** fiscal year, trading year, financial year. *~ budgétaire,* fiscal year. *~ comptable,* accounting period. *~ écoulé,* year under review, last fiscal year. *~ financier,* trading year, financial year. *~ 1994,* fiscal 1994. **2.** exercise. *Avocat en ~,* practising lawyer. *Dans l'~ de ses fonctions,* in the discharge of his duties. (*Compta.*) *specialisation/indépendance des exercices,* matching principle, accruals basis.

exhaustif, ve *adj.* exhaustive, comprehensive. *Étude exhaustive,* comprehensive survey, exhaustive study.

exigeant, e *adj.* demanding, exacting.

exigence *n.f.* demand, requirement. *Satisfaire les ~s de quelqu'un,* to meet/to comply with/someone's requirements.

exiger *v.* to demand, to require, to claim. to exact. *~ le remboursement d'une créance,* to require the repayment of a debt. *~ une augmentation de salaire,* to claim a wage increase, a salary increase. *La situation exige de nouvelles mesures,* the situation calls for new measures.

exigibilité *n.f.* exigibility, repayability. *~s,* current liabilities. *~ d'une dette,* repayability of a debt.

exigible *adj.* payable, repayable, current, due. *Effet ~ à vue,* bill payable at sight. *Passif ~ (à court terme),* current liabilities.

existence *n.f.* **1.** existence, subsistence. *Moyens d'~,* means of support. **2.** stock. *~s en caisse,* stock in the till. *~s en magasin,* stock on hand, stock in trade.

exode *n.m.* exodus. *~ de capitaux,* flight of capital.

exonération *n.f.* exoneration, exemption, immunity. *~ des droits,* exemption from duties. *~ d'impôt,* tax relief, tax exemption. *Demande d'~ d'impôt,* income tax exemption claim.

exonéré, e *adj.* exempt. *~ de TVA,* VAT exempt.

exonérer *v.* **1.** to exonerate, to exempt, to relieve from. *~ d'impôt,* to exempt from tax, from taxation. *Exonéré(e) d'impôt,* tax-exempt. *~ de responsabilité,* to exonerate from liability. **2.** (*Douanes*) to exempt from duties.

exorbitant, e *adj.* exorbitant, prohibitive. *Prix ~,* exorbitant, extravagant, unfair price.

expansion *n.f.* expansion, growth.

expansionnisme *n.m.* expansionism, hegemony.

expansionniste *adj.* expansionary.

expatriation *n.f.* expatriation.

expatrié, -e *n.m.f.* expatriate.

expatrier *v.* to expatriate ; to banish.

expatrier (s') *v.* to leave one's native country, to expatriate oneself, to settle abroad.

expectative *n.f.* expectancy. *Rester dans l'~,* to wait and see, to remain non-committal, to hold off.

expédient *n.m.* expedient, shift, makeshift. *Avoir recours à des ~s,* to make shift, to resort to expedients/shifts.

expédier *v.* to consign, to send, to dispatch, to forward, to ship.

expéditeur, trice *n.m.f.* 1. *(courrier)* sender. 2. *(colis, chargement)* consignor, shipper.

expédition *n.f.* consignment, shipment ; dispatch, forwarding, sending. *Facture d'~,* shipping invoice. *Feuille d'~,* consignment note. *Frais d'~,* freight costs ; shipping charge(s)/fee(s).

expéditionnaire *n.m.f.* forwarding agent ; shipping clerk.

expérience *n.f.* 1. experience, background. *~ acquise,* previous experience. *~ professionnelle,* professional background, business experience, job experience ; *(fam.)* track record. 2. experiment. *A titre d'~,* tentatively, by way of experiment. *Procéder à une ~,* to make/carry out/an experiment.

expérimental, e *adj.* experimental. *Données ~es,* experimental date. *Stade ~,* experimental stage.

expérimentation *n.f.* experimentation.

expérimenté, e *adj.* experienced, skilled.

expérimenter *v.* to experiment, to test.

expert, e *adj.* expert, qualified. *Géomètre-~,* land surveyor.

expert *n.m.* expert, specialist, professional. *~ -comptable,* chartered accountant, *(U.S.)* certified public accountant (C.P.A.). *~ diplômé,* qualified expert. *~ en assurance,* (insurance) adjustor, claims inspector, valuer. *Honoraires d'~,* expert's fee(s).

expertise *n.f.* valuation, appraisal, survey. *~ comptable,* Chartered Accountancy, *(U.S.)* Certified Public Accountancy. *~ contradictoire,* cross survey. *~ d'avarie,* damage survey. *~ d'un bien,* valuation of a property. *Faire une ~,* to value, to make a valuation. *Rapport d'~,* survey report.

expertiser *v.* to appraise, to assess, to estimate, to value, to survey.

expiration *n.f.* expiry, expiration, falling in. *A l'~,* on expiry. *~*

d'un bail, falling in/termination of a lease. *~ d'une option,* expiration of an option. *Date d'~,* expiry date. *Venir à ~,* to expire.

expirer *v.* to expire.

explicatif, -ive *adj.* explanatory. *Notes explicatives,* explanatory notes ; *(en bas de page)* footnotes.

expliciter *v.* to make clearer, to spell out.

exploit *n.m.* 1. exploit, achievement, feat, deed. 2. *(Jur.)* writ. *Dresser un ~,* to draw up a writ. *~ de saisie-arrêt,* garnishment. *Signifier un ~,* to serve a writ.

exploitable *adj.* exploitable, workable.

exploitant, e *n.m.f.* operator ; owner operator. *~ agricole,* farmer.

exploitation *n.f.* 1. exploitation, abuse. *~ de la main-d'œuvre,* exploitation of labour. 2. exploiting, mining, digging, tapping. *~ à ciel ouvert,* open-pit mining. *~ de ressources pétrolières,* tapping of oil resources. 3. running, working. *(U.S.)* operating. *Bénéfices d'~,* trading profits, *(U.S.)* operating profits. *Capital d'~,* working capital, *(U.S.)* operating capital. *Compte d'~,* trading account, *(U.S.)* operating statement, income statement, earnings report. *Coût(s) d'exploitation,* operating costs. *Deficit d'~, Pertes d'~,* operating loss. *Dépenses d'~,* working expenses, *(U.S.)* operating expenditure. *Frais d'~,* working cost, *(U.S.)* operating cost. *Perte(s) d'~,* trading loss. *~ d'un brevet,* utilization of a patent. 4. *(entreprise)* firm. concern.

exploiter *v.* 1. to run, to operate, to work. *~ un brevet,* to work a patent. *~ un commerce,* to run a business. 2. *(ressources)* to mine, to farm, to tap. *~ une mine d'or,* to mine for gold. *~ des ressources,* to tap resources. 3. *(profiter)* to exploit. *~ le tiers-monde,* to exploit the third world. *~ la crédulité de quelqu'un,* to take advantage of someone's gullibility. 4. *(une situation)* to cash in on, to capitalize on.

exploiteur *n.m.* exploiter. *(de main d'œuvre)* slave-driver.

exploration *n.f.* exploration ; *(pour trouver du pétrole)* drilling.

explorer *v.* to explore.

exploser *v.* **1.** to explode, to burst (out). **2.** *(développement spectaculaire)* to boom ; to explode. *(prix, etc.)* to skyrocket.

explosion *n.f.* explosion. ~ *démographique,* population explosion, baby boom. *Moteur à ~,* explosion engine.

exponentiel, elle *adj.* exponential. *Fonction ~ le,* exponential function. *De façon ~,* geometrically.

exportable *adj.* exportable.

exportateur, trice *adj.* exporting. *Pays ~,* exporting country. *Organisation des Pays ~s de Pétrole (O.P.E.P.),* Organization of Petroleum-Exporting Countries (O.P.E.C.).

exportateur, trice *n.m.f.* exporter.

exportation *n.f.* export ; exportation. *Article d'~,* export item. *Commerce d'~,* export trade. *Droits d'~,* export duty. *Licence d'~,* export licence. *Marchandises destinées à l'~,* export(able) goods. *Marchés d'~,* export markets. *Prime à l'~,* export bonus, export bounty. *Prix d'~,* export price. *Taxes à l'~,* export taxes.

exporter *v.* to export. *Autorisation d'~,* export permit.

exposant *n.m.* **1.** *(participant à une exposition)* exhibitor. **2.** *(maths)* exponent, power. ~ *de x,* power of x.

exposé, e *adj.* on display, on show. *Articles ~s,* articles on display.

exposé *n.m.* statement, report, account. *Faire un ~ de,* to give an account of, to report on.

exposer *v.t.* **1.** to display, to exhibit, to show. **2.** *(une opinion)* to state. ~ *son point de vue sur,* to state one's views on. **3.** *(risque, danger)* to expose, to endanger, to jeopardize.

exposer (s') *v.i.* to make/to render/oneself liable to ; to risk ; to endanger oneself.

exposition *n.f.* exhibition, show, display. ~ *agricole,* agricultural show. ~*s et foires,* exhibitions and fairs. *Salle d'~,* showroom. *Stand d'~,* exhibition stand.

exprès, expresse *adj.* express, explicit, absolute. *Convention ~,* stated agreement.

exprès *n.m.* express. *Distribution par ~,* special delivery. *Lettre par ~,* express letter. *Livraison par ~,* express delivery.

express *adj.* express. *Train ~,* express train.

exprimé, e *adj.* expressed, recorded. *Suffrages ~ s.* votes recorded.

expropriation *n.f.* expropriation, compulsory surrender.

exproprier *v.* to expropriate.

expulser *v.* to evict, to dispossess. ~ *un locataire,* to evict a tenant ; *(d'un pays)* to expel.

expulsion *n.f.* eviction, expulsion, dispossession ; expelling.

extensif, ve *adj.* extensive. *Agriculture extensive,* extensive agriculture.

extension *n.f.* extension, growth, development. *Par ~,* by extension. *Prendre de l'~,* to extend, to expand.

extension de marque brand extension, brand stretching.

extérieur, e *adj.* exterior, external, foreign, outdoor. *Commerce ~,* foreign trade. *Dette ~e,* foreign debt. *Marché ~,* foreign market.

externalisation *n.f.* subcontracting ; outsourcing.

externaliser *v.* to subcontract ; to outsource.

externe *n.m.f.* **1.** *(élève, étudiant)* day-pupil ; day-student. **2.** *(médecine)* non-resident medical student, (U.S.) extern.

externe *adj.* external. *Croissance externe,* external growth.

extinction *n.f.* extinction, termination, end. ~ *d'une dette publique*, extinction of a national debt. ~ *d'un risque*, end of a risk.

extorquer *v.* to extort, to exact. ~ *de l'argent à*, to extort money from.

extorsion *n.f.* extortion.

extra *adj. inv.* first-rate. *Qualité* ~, first-rate, top-grade quality.

extradition *n.f.* extradition, extraditing.

extrader *v.* to extradite.

extraire *v.* to extract.

extrait *n.m.* extract, abstract, certificate. ~ *d'acte de naissance*, birth certificate. ~ *de compte*, abstract of account, statement of account. ~ *du casier judiciaire*, extract from police records.

extraordinaire *adj.* extraordinary, special. *Assemblée générale* ~, extraordinary general meeting.

extrapolation *n.f.* extrapolation.

extrapoler *v.* to extrapolate.

extraterritorial, e *adj.* extraterritorial.

F

fabricant *n.m.* manufacturer, maker.

fabrication *n.f.* manufacture, manufacturing, making, processing. ~ *en série*, mass production. ~ *française*, made in France. *Coût de* ~, manufacturing cost.

fabrique *n.f.* factory, works, mill. ~ *de papier*, paper mill. *Marque de* ~, trade-mark.

fabriquer *v.* to manufacture, to make, to produce, to fabricate.

façade *n.f.* front, frontage.

face *n.f.* *Faire* ~, to meet. *Faire* ~ *à la demande*, to meet the demand.

facial, -e *adj.* valeur faciale, face value, nominal value.

facilité *n.f.* easiness, ease ; readiness. ~ *d'accès*, easy access, accessibility. ~ *de paiement*, easy terms. ~ *d'écoulement, de vente*, saleability. ~ *d'émission garantie*, isuance facility.

faciliter *v.* to facilitate, to make easy, to make easier, to help (do something).

facing *n.m.* face-out display.

façon *n.f.* manner, making, workmanship ; *(main-d'œuvre)* labour.

façon, "*nous travaillons à façon*", "customer's own materials made up".

factage *n.m.* **1.** cartage, forwarding. **2.** *(frais de)* cartage, delivery charge.

facteur *n.m.* **1.** factor, element. *Le* ~ *coût(s)*, cost factor. ~ *d'attirance, de séduction*, appeal. ~ *d'identification*, recognition factor. **2.** customs agent, customs broker. **3.** postman, mailman.

factice *adj.* factitious, artificial, bogus. *Emballage*~, dummy pack, dummy.

factoriel, -le *adj.* factoral, factorial. *Analyse*~ *le*, factor analysis.

facturation *n.f.* invoicing, billing. ~ *des marchandises*, invoicing of goods. ~ *détaillée*, itemized billing. ~ *électronique*, electronic billing.

facture *n.f.* *(façon)* manufacture, make, workmanship. **2.** invoice, bill. *Établir une* ~, to make out an invoice. ~ *consulaire*, consular invoice. ~ *d'avoir*, credit note. ~ *de débit*, debit note. ~ *détaillée*, itemized bill/invoice. ~ *pro-forma, fictive*, pro forma invoice. *Fausse* ~, forged/faked invoice. *La* ~ *pétrolière*, the oil bill. *Régler une* ~, to pay a bill. *Suivant* ~, *selon* ~, as per invoice.

facturer *v.* to invoice, to bill, to charge. *Machine à* ~, invoicing machine, billing machine.

facturette *n.f.* credit card slip.

facturier *n.m.* **1.** invoice clerk. **2.** invoice book.

facultatif, -ive *adj.* optional, voluntary. *Arrêt*~, request stop. *Assurance facultative*, voluntary insurance.

faculté *n.f.* **1.** option, right. *Vente avec* ~ *de retour*, sale or return basis. **2.** *(Ass.)* cargo. *Assurance sur corps et* ~*s*, hull and cargo insurance. ~ *d'adaptation*, adaptability, versatility. **3.** school, university. ~ *de droit*, law school.

faible *adj.* weak ; *(marge, etc.)* low ; *(montant, etc.)* small ; *(résultats, etc.)* poor ; *(activité, etc.)* slack, dull. ~ *quantité*, small quantity. *Économiquement* ~, belonging to the lowest income groups, underprivileged, low-income. *Résultats* ~*s*, poor results.

faiblesse *n.f.* weakness, slackness.

faiblir *v.* to weaken, to slacken, to flag.

failli *n.m.* bankrupt. ~ *concordataire*, certificated bankrupt. ~ *réhabilité*, discharged bankrupt.

faillir *v.* to fail, to go bankrupt, to be bankrupt.

faillite *n.f.* failure, bankruptcy. *Faire*~, to go bankrupt, to fail, to collapse ; to go under ; to fold ;

(fam.) to go bust. *Mettre en ~,* to declare bankrupt, to bankrupt. *Se mettre en ~,* to file a petition in bankruptcy, to file for bankruptcy. *Syndic de ~,* official receiver. *Syndicat de ~,* official receivership.

faire *v.* to make, to do. *Combien cela fait-il ?* How much is it ? *Ça fait 25 dollars (en tout),* that comes to $ 25. *~ des achats,* to buy, to purchase, to shop. *~ acte de candidature,* to apply for a job, a position, a post. *~ des affaires,* to do business. *~ du battage,* to boost, to ballyhoo. *~ du commerce,* to trade, to deal. *~ crédit,* to grant credit, to give credit. *La maison ne fait pas crédit,* the firm does not grant credit facilities/does not allow credit ; on a cash basis only ; cash payment for all purchases. *~ défaut,* to be missing, to run short, to run low. *~ défaut à quelqu'un,* to fail somebody. *~ en double,* to duplicate. *~ face,* to meet. *~ face à la demande,* to meet the demand. *~ faillite,* to go bankrupt. *~ ~ à l'extérieur,* to farm out *(sous-traiter).* *~ fiasco,* to flop, to fizzle out, to wash out. *~ fortune,* to make a fortune. *~ grève,* to go on strike, to strike. *~ des heures supplémentaires,* to work overtime, to do overtime. *~ l'inventaire,* to take stock. *~ une offre,* to bid. *~ payer,* to charge. *~ payer les riches,* to soak the rich. *~ la péréquation,* to equalize. *~ des placements,* to invest. *~ du porte à porte,* to canvass, to call door-to-door. *~ des prévisions,* to forecast. *~ de la publicité,* to advertise.

faire savoir *v.* to inform, to let somebody know.

faire suivre *v.* to forward.

faisabilité *n.f.* feasibility. *Etude de ~* feasibility study.

faiseur *n.m.* maker.

fait, e *p.p.* made, done. *~ sur demande,* custom-built ; customized. *~ sur mesure,* made to measure, custom-made. *~ à la main,* hand-made. *Exception ~,* with the exception of, barring.

fait *n.m.* fact. *En ~,* as a matter of fact. *~ établi,* established fact.

falsificateur *n.* falsifier, fiddler.

falsification *n.f.* falsification, forgery, adulteration, fiddle.

falsifier *v.* to falsify, to forge, to counterfeit, to tamper (with), to fake. *~ les comptes,* to cook the books. *~ les résultats électoraux,* to doctor the election results.

familial, e *adj.* *Allocations ~es,* family allowance. *Emballage ~,* family size, king size, economy size. *Supplément ~,* child benefit.

famille *n.f.* family, household. *Chef de ~,* head of the family, householder. *Être soutien de ~,* to support a family, *(fam.)* to be the breadwinner. *Bien de ~,* family property, heirloom. *~ élargie,* extended family. *~ nucléaire,* nuclear family. *Pension de ~,* boarding house. *Placement de père de ~,* gilt-edged securities, gilts.

famine *n.f.* starvation, famine. *Salaire de ~,* starvation wages.

fantôme *adj.* *Société ~,* dummy company, bogus company ; front.

fantaisie *n.f.* fancy. *Articles de ~,* fancy goods.

fardeau *n.m.* burden.

farine *n.f.* flour ; meal. *~ animale,* animal meal. *~ carnée,* meat and bone meal.

fascicule *n.m.* booklet, brochure ; section.

faussaire *n.m.* forger, counterfeiter.

faute *n.f.* fault, mistake, error. *~ de frappe,* typing error ; *faire une ~ de frappe,* to mistype. *~ d'impression,* misprint. *~ d'orthographe,* spelling mistake. *~ professionnelle,* misconduct. *~ de paiement…,* failing (payment). *~ de paiement sous huitaine,* failing payment within a week. *~ de,* for want of. *Sans ~,* without fail.

faux, fausse *adj.* false ; *(truqué)* forged, fake(d) ; *(simulé)* sham, *(fam.)* bogus ; *(inexact)* wrong, untrue. *Fausse facture,* forged/-fake(d) invoice. *Fausse monnaie,* counterfeit money. ~ *frais,* incidental expenses, incidentals. ~ *fret,* dead freight. ~ *chèque,* bad cheque, dud cheque, rubber cheque. ~ *témoignage,* perjury.

faux *n.m.* falsification ; forgery ; fake. ~ *en écritures,* falsification of accounts.

faux-nez *n.m.* front company, dummy company.

faveur *n.f.* favour, preference. *Prix de* ~, preferential price, rate. *Billet de* ~, complimentary ticket. *La* ~ *du public,* consumer acceptance. *Traitement de* ~, preference, preferential treatment.

favorisé, e *adj. Clause de la nation la plus* ~*e,* most favoured nation clause.

favoriser *v.* to favour, (U.S.) favor, to promote, to further, to foster.

fax *n.m.* **1.** fax. **2.** fax machine.

faxer *v.* to fax.

fédéral, e *adj.* federal. *Gouvernement* ~, federal government. *Banque de la réserve* ~*e,* Federal Reserve Bank. *Système de la réserve* ~*e,* Federal Reserve System.

fédération *n.f.* federation, organization. ~ *américaine du travail,* American Federation of Labor (A.F.L.).

femme *n.f.* **1.** woman, *pl.* women. ~ *de ménage,* charwoman. **2.** wife, *pl.* wives. ~ *au foyer,* housewife.

féminin, e *adj.* female. *Main-d'œuvre* ~*e,* female labour force.

fenêtre *n.f.* window ; *(temps)* time-slot ; *(marché etc.)* opportunity, niche, market-gap.

fer *n.m.* iron. ~ *forgé,* wrought iron. ~ *blanc,* tin, tinplate. *Chemin de* ~, railway, (U.S.) railroad. *Minerai de* ~, iron ore.

férié, e *adj. Jour* ~, official holiday, (G.B.) bank holiday, (U.S.) statutory holiday.

fermage *n.m.* **1.** tenant farming. **2.** *(location de la ferme)* rent.

ferme *adj.* firm, steady, strong. *Commande* ~, firm order. *Le mar-*ché *est* ~, the market is steady.

ferme *n.f.* **1.** farm. **2.** lease.

fermer *v.* to close, to shut ; to close down, to shut down. *Fermé pour travaux,* closed for repairs/for alterations. ~ *boutique,* to close shop, to cease trading ; to fold.

fermeté *n.f.* firmness, steadiness.

fermeture *n.f.* closing, shutdown, closedown. ~ *d'usine,* plant closure, plant closing. *Heure de* ~, closing time.

fermier, -ière *adj.* farm-made. *Beurre* ~, farm-made butter. *Produit* ~, farm product ; *Produits* ~*s,* farm produce.

fermier, -ière *n.m.f.* farmer, tenant farmer.

ferré, e *adj. Voie* ~, rail, (U.S.) railroad ; railway, track.

ferreux, -euse *adj.* ferrous.

ferrite *n.f.* ferrite. *Mémoire à* ~, core storage.

ferroutage *n.m.* piggyback ; piggybacking.

ferroviaire *adj. Industrie* ~, railway industry. *Trafic* ~, rail(way) traffic. *Transport* ~, rail(way) transport, (U.S.) railroad transport. *Voie* ~, track.

fertile *adj.* fertile.

fertilisation *n.f.* fertilization.

fertilité *n.f.* fertility.

fertiliser *v.* to fertilize.

fête *n.f.* feast, festival, celebration ; entertainment ; holiday. *Jour de* ~, public holiday, legal holiday, (G.B.) bank holiday. *La période des* ~*s,* the holiday season, the holidays.

feuille *n.f.* sheet. ~ *d'impôts,* tax form, tax return. *Remplir sa* ~ *d'impôts,* to fill in one's tax return, (U.S.) to file one's tax return. ~ *de paie,* salary slip, wage sheet, pay slip, (U.S.) paycheck. ~ *de présence,* time sheet, attendance sheet.

feuilleton *n.m.* serial. *Publier en* ~, to publish by instalments.

fiabilité *n.f.* reliability.

fiasco *n.m.* fiasco ; failure, flop ; *(négociation)* collapse.

fibre *n.f.* fibre, *(U.S.)* fiber. ~ *optique*, optical fiber. ~*s optiques*, fiber-optics. ~ *synthétique*, synthetic fibre, man-made fibre.

fiche *n.f.* **1.** *(index)* card ; slip, sheet, form ; docket ; list ; voucher ; record. ~ *de paye*, pay slip, *(U.S.)* paycheck. ~ *signalétique*, identification sheet. **2.** *(élec.)* plug, jack.

fichier *n.m.* card-index, card file. ~ *d'adresses*, mailing list. *(Inform.)* file. ~ *d'adresses*, address file.

fictif, -ive *adj.* fictitious ; false ; artificial. *Actif* ~, fictitious asset. *Emploi fictif*, fictitious job. *Facture fictive*, a) pro-forma invoice ; b) *(= fausse)* fake invoice.

fidéicommis *n.m.* *(disposition par laquelle une personne remet à une autre personne ou à un organisme la gestion d'un bien pendant une certaine période, notamment pour remise ultérieure à un tiers)* trust. *Détenir par/en* ~, to hold in trust.

fidèle *adj.* faithful, loyal. *Client* ~, regular customer, *(hôtel, restaurant)* patron, *(magasin)* loyal shopper, *(compagnie aérienne)* frequent flier/flyer.

fidélisation *n.f.* generation/ development/building of consumer loyalty.

fidéliser *v.* to build/develop/ generate consumer loyalty. ~ *un client*, to make a customer/client loyal, to make sure of a customer's loyalty. *Client fidélisé*, regular customer, *(fam.)* regular ; *(restauration etc.)* patron ; *(magasin)* loyal shopper.

fidélité *n.f.* loyalty. ~ *de la clientèle*, customer loyalty. ~ *à la marque*, brand loyalty. ~ *des comptes*, true and fair view.

fiduciaire *adj.* fiduciary. *Monnaie* ~, paper money. *Valeurs* ~*s*, paper securities. *Acte* ~, trust deed, writ. *Société* ~, trust company.

fiduciaire *n.m.* trustee.

fiducie *n.f.* trust.

fièvre *n.f.* fever. ~ *d'achats*, buying spree, buying binge, buying frenzy. ~ *de l'or*, gold rush. ~ *aphteuse*, foot-and-mouth disease.

figurer *v.* to appear, to figure.

filature *n.f.* spinning mill.

file *n.f.* queue, *(U.S.)* line. ~ *d'attente*, queue, waiting line. *Chef de* ~, leader. *Théorie des* ~ *d'attente*, queue/queueing theory.

filer *v.* to spin.

filiale *n.f.* subsidiary ; affiliate ; branch *(attention : techniquement* branch *signifie* succursale, agence) ; subsidiary *s'emploie lorsque la filiale est détenue à plus de 50 % par la société mère.* ~ *détenue à 100 %*, wholly-owned subsidiary.

filialiser *v.* to turn into a subsidiary/an affiliate.

filière *n.f.* **1.** stream, flow. **2.** *(carrière(s))* career(s), pathway, path. **3.** *(administrative)* channel(s). **4.** *(traffic etc.)* network, channel(s). **5.** *(de production)* industry, network, trade, sector. **6.** *(universitaire)* studies, subject, course of studies.

filon *n.m.* seam, lode, *(fam.)* golden opportunity.

film *n.m.* film, movie. ~ *d'actualité*, newsreel. ~ *documentaire*, documentary film, industrial film, sponsored film. ~ *publicitaire*, commercial.

filtrer *v.* to screen *(candidats)*.

fin *n.f.* end. ~ *de série*, odd lot, oddments, odds and ends. ~ *de l'exercice*, close/end of the trading year. ~ *de non recevoir*, flat, blunt refusal.

final, e *adj.* final. *Prix* ~, end price. *Produit* ~, end product. *Utilisateur* ~, end-user. *Utilisation* ~*e*, end use. *Résultat* ~, final result, end result. *Au* ~, at the end of the day.

finance *n.f.* finance, cash, money. *Le monde de la* ~, (the) financial circles. *Loi de* ~, appropriation bill. *Ministre des* ~*s*, finance minister, *(G.B.)* Chancellor of the Exchequer, *(U.S.)* Treasury Secretary. *Moyennant* ~, for money, for a consideration.

financement *n.m.* financing, funding. *Auto-financement,* self-financing. ~ *d'un emprunt,* loan financing. ~ *interne,* internal funding. *Société de ~,* finance/financing company. *Tableau de ~,* funds statement, statement of source and application of funds, source and use of funds statement ; statement of changes in financial position.

financer *v.* to finance, to fund, to bankroll ; to subsidize.

financiarisation *n.f.* financialization.

financier, -ière *adj. Exercice ~,* financial year, fiscal year, trading year. *Frais ~s,* financial charges ; *(emprunts)* interest charges. *Marché ~,* money market, capital market. *Rapport ~,* financial report. *Situation financière,* financial position/standing/status. *Surface financière = situation financière.*

financier *n.m.* financier, money-man.

fin de série, discontinued product line ; stocks to be cleared.

fini, e *adj. produit ~,* finished product, end product.

fioul *n.m.* fuel, oil.

firme *n.f.* firm, concern, business.

fisc *n.m.* (*G.B.*) Inland Revenue, (*U.S.*) Internal Revenue Service (I.R.S.). *Agents du ~,* tax officials/officers. *Service du ~,* tax authorities. *Frauder le ~,* to evade taxes, to dodge taxes.

fiscal, e *adj.* fiscal. *Année ~e, exercice ~,* fiscal year *(débute le 1ᵉʳ avril en G.B. et le 1ᵉʳ octobre aux E.U.).Assiette ~e,* tax law. *Exercice ~,* taxable year. *Fraude ~e,* tax fraud, tax evasion, tax dodging. *Paradis ~,* tax haven, tax shelter. *Pression ~e,* tax burden, tax load. *Régime ~,* tax system. *Timbre ~,* duty stamp.

fiscaliste *n.m.f.* tax specialist, tax expert ; tax adviser, tax consultant, tax lawyer.

fiscalité *n.f.* tax system, taxation system, fiscality. *Le poids de la ~,* tax load, tax burden.

fixation *n.f.* **1.** fixing, setting ; assessment. ~ *des prix,* price setting, pricing ; price fixing. ~ *illégale des prix,* price-rigging, price-fixing. **2.** *(fait d'attacher)* fastening.

fixe *adj.* fixed, regular, set, standing. *Frais ~,* standing charges, expenses, fixed charges. *Prix ~,* standing price, fixed price, set price. *Revenu ~,* fixed income. *Installations ~s,* fixtures and fittings.

fixe *n.m.* fixed salary ; straight salary.

fixer *v.* **1.** to fix, to set, to determine. ~ *le prix d'un produit,* to price a product. ~ *un délai,* to set a deadline. ~ *un rendez-vous,* to make/to arrange an appointment. *La réunion a été fixée à mardi prochain,* the meeting is due to be held/is scheduled for next Tuesday. **2.** *(attacher)* to fasten.

fixité *n.f.* fixity.

flagrant délit (en), caught in the act, in the fact, red-handed. *(Jur.)* flagrante delicto.

flair *n.m.* feeling, intuition, hunch. *Avoir du ~,* to be shrewd. *Avoir du ~ pour quelque chose,* to have a flair, a nose for something.

flambant neuf *adj.* brand-new, bran-new.

flambée *n.f.* sudden rise ; *(violence, etc.)* outbreak. ~ *des prix,* price flare-up, soaring prices.

flamber *v.* to flare (up).

fléau *n.m.* **1.** plague, curse, scourge. **2.** *(instrument)* flail.

fléchir *v.* to go down, to fall off, to sag, to ease. *Les cours ont fléchi,* prices sagged.

fléchissement *n.m.* decline, decrease, sagging, downswing.

flexibilité *n.f.* flexibility. ~ *de l'emploi,* job flexibility. ~ *du travail,* flexible working hours, flextime, flexi-time.

flexible *adj.* flexible. *Horaire ~, flexible working hours, flextime, flexitime.*

florissant, e *adj.* flourishing, prosperous, thriving. *Une économie ~e,* a thriving economy.

flottant, e *adj*. floating. *Capi-taux ~s*, floating capital. *Dette ~e*, floating debt. *Police ~e*, float-ing policy, floater. *Taux de change ~*, floating rate of exchange.

flotte *n.f.* fleet. *~ marchande*, merchant fleet.

flottement *n.m.* floating.

flouer *v.* to cheat, to swindle, to bilk.

fluctuant, e *adj*. fluctuating.

fluctuation *n.f.* fluctuation, drift, change.

fluctuer *v.* to fluctuate, to drift.

fluvial, e *adj*. river. *Navigation ~e*, inland navigation. *Voie ~e*, (inland) waterway.

flux *n.m. ~ de capitaux*, capital flow(s). *~ monétaire*, monetary flow, flow of money. *Tableau des ~*, funds statement, source and application of funds statement, source and use of funds statement ; statement of changes in financial position.

flux tendu, tight flow ; *(approvisionnement, etc.) à/en flux tendu*, just in time. *Travailler/Fonctionner à ~*, to work/operate non-stop, to work/operate at full capacity.

foi *n.f.* faith. *De bonne ~*, in good faith, bona fide. *Détenteur de bonne ~*, bona fide holder. *En ~ de quoi*, in witness whereof. *Faire ~*, to be evidence, to be authentic.

foirail *n.m.* fairground.

foire *n.f.* fair. *~ commerciale*, trade fair.

fois *n.f. Paiement en une ~*, payment in full, lump sum. « *Une ~, deux ~, adjugé* », " going, going, gone ".

foncier *n*. **1.** (= *impôt foncier*) land tax *(sur propriétés non-bâties)* ; property tax *(sur propriétés bâties)*. **2.** *(terrain)* land, landed property.

foncier, -ière *adj*. landed. *Crédit ~*, land bank. *Impôt ~*, land tax ; property tax. *Contribution foncière sur propriétés non-bâties*, land tax ; *contribution foncière sur propriétés bâties*, property tax. *Propriété foncière*, real estate, landed pro-perty, landed estate. *Propriétaire ~*, land holder, land owner. *Taxe foncière*, property tax, *(G.B.)* property rates.

fonction *n.f.* function, duty, office, position. *Les ~s du directeur sont les suivantes*, the duties of the manager are as follows. *Entrer en ~(s)*, to take up one's duties, one's office, to report for work. *En ~ de*, depending on, as a function of, according to. *~ exponentielle*, exponential function. *La ~ marketing*, the marketing function. *La ~ publique*, the civil service, the public service ; *les salaires de la ~ publique*, the salaries of *(G.B.)* civil servants, *(U.S.)* government workers.

fonctionnaire *n.m.* (government) official, public official, civil servant, public servant, government worker, functionary *(ce dernier mot pouvant avoir un sens péjoratif)*. *Haut ~*, senior civil servant, high-ranking civil servant, high-ranking government official.

fonctionnel, -le *adj*. functional.

fonctionnement *n.m.* functioning, working, running, operating, operation. *Le bon ~ du service*, the smooth running of the department. *Bon ~*, efficient working. *Cycle de ~*, operating cycle.

fonctionner *v.* to work, to run. *Le dispositif ne fonctionne pas*, the device is out of order. *Faire ~*, to work, to run, to operate.

fondamental, e *adj*. fundamental, essential, basic. *Recherche ~e*, pure/fundamental research.

fondamentaux *n.m.pl.* fundamentals.

fondateur, -trice *n.m.f.* founder, promoter. *Parts de ~*, founder's shares. *Membre ~*, founder member.

fondation *n.f.* **1.** creation, founding, foundation, setting-up *(entreprise, etc.)*. **2.** foundation. *La ~ Ford*, the Ford Foundation.

fondé *p.p.* **1.** established. *Entreprise ~e en 1953*, company established in 1953. **2.** *(justifié)* grounded, founded, substantiated, justified. *Être ~ à faire quelque chose,* to be justified in doing something.

fond de caisse, cash in the till ; coins and notes/(U.S.) bills in the till.

fondé de pouvoir *n.m.* **1.** agent holding power of attorney. **2.** proxy. **3.** signing clerk. **4.** manager, managing director.

fondement *n.m.* foundation, substance, basis, ground. *Sans ~,* baseless, groundless, unfounded. *~s,* fundamentals.

fonder *v.* **1.** *(société, entreprise)* to found, to start, to set up. **2.** *(finances)* to fund *(dette).*

fonderie *n.f.* **1.** smelting *(de métaux)* **2.** smelting works, foundry, iron-works *(usines).*

fonds *n.m.pl.* fund(s), capital, money. *Affectation de ~,* earmarking, appropriation/allocation of funds. *Appel de ~,* call for funds, call for money. *Bailleur de ~,* silent partner, sleeping partner *(dans une société de personnes)* ; money lender. *Bien-~,* real estate. *Détournement de ~,* embezzlement. *~ d'amortissement,* sinking fund. *~ de réserve,* reserve fund, rainy-day found. *~ de chômage,* unemployment fund. *~ de commerce,* goodwill, stock in trade, business. *~ commercial,* goodwill. *~ consolidés,* funded debt, *(G.B.)* consols. *~ de garantie,* reserve fund ; compensation fund. *~ d'État,* government stock, government securities. *~ Monétaire International (F.M.I.),* International Monetary Fund (I.M.F.). *~ de pension,* pension fund. *~ de placement,* investment fund. *~ de placement fermé,* closed-end investment trust. *~ de placement ouvert, ~ commun de placement,* open-end investment trust, *(G.B.)* unit trust, *(U.S.)* mutual fund. *~ propres,* capital stock, share capital, *(U.S.)* stockholders' equity. *~ de régularisation,* equalization fund. *~ de réserve,* reserve fund, rainy-day

fund. *~ de roulement,* working capital, *(U.S.)* operating capital. *~ indiciel, ~ sur indice,* tracker fund, tracker. *Mise de ~,* investment, (capital) outlay. *Virement de ~,* transfer of funds.

fonds indiciel coté tracker, tracker fund, index tracking fund.

fonds régulateur, buffer pool.

F.M.I. *abr.* I.M.F.

fonte *n.f.* cast iron. *~ brute,* pig iron.

forage *n.m.* drilling. *~ en mer,* offshore drilling. *Plate-forme de ~,* oil rig.

force de travail *n.f.* labour force.

force de vente *n.f.* sales force.

forcé, e *adj. vente ~e,* forced sale, compulsory sale. *Épargne ~e,* compulsory savings.

force majeure *n.f.* force majeure. *Cas de ~,* act of God.

forclore *v. (hypothèque)* to foreclose ; to preclude, to estop.

forclusion *n.f.* foreclosure ; estoppage.

forer *v.* to drill.

forestier *n.m.* forest-ranger, forester.

forestier, ère *adj.* forest. *Exploitation ~,* lumbering ; lumbering firm.

forêt *n.f.* forest.

forfait *n.m.* **1.** contract, lump-sum contract ; flat fee ; package. *Fret à ~,* through freight. *Prix à ~,* lump-sum. *Travail à ~,* work by contract, by the job, job work. *Vente à ~ a)* outright sale. b) *(Bourse)* sale of futures, contract sale. *Voyage à ~,* all-inclusive tour, package tour. **2.** crime.

forfaitaire *adj.* fixed, flat, contract(ual). *Prix ~,* contract price, flat rate. *Redevance ~,* standard charge. *Règlement ~,* lump-sum settlement. *Somme ~,* lump sum.

forfaiture *n.f.* prevarication, maladministration, misuse/abuse of authority.

forger *v.* to forge.

formalité *n.f.* formality, formal procedure. ~*s douanières,* customs formalities, customs clearance.

format *n.m.* format, size.

formateur *n.m.* trainer ; instructor ; educator.

formation *n.f.* **1.** formation. **2.** training, background ; training period, training session, training course. *Une* ~ *littéraire,* an arts background. ~ *continue, permanente,* adult education, continuing/continuous/further/education . ~ *de capitaux,* capital formation. ~ *des prix,* price formation, pricing. ~ *professionnelle,* vocational training. ~ *sur le tas,* on the job/in-plant/in-house/training. ~ *au sein de l'entreprise, dispensée par l'entreprise,* in-company training, in-service training.

forme *n.f.* shape, form. *En bonne et due* ~, in order, in due form. *Pour la* ~, as a matter of form, for form's sake. *Vice de* ~, vice of form. *Sous* ~ *de tableau,* in tabular form.

formel, -le *adj.* formal, express, strict. *Démenti* ~, flat denial. *Ordre* ~, strict order.

former *v.* **1.** to create, to form, to set up *(entreprise).* **2.** to train *(employés).*

formulaire *n.m.* form, printed form, *(U.S.)* blank. ~ *de candidature,* application form. ~ *de demande,* request form. ~ *réponse,* answer sheet. *Remplir un* ~, to fill in/to fill out/to fill up/a form, *(U.S.)* a blank.

formulation *n.f.* formulation ; wording.

formule *n.f.* **1.** *(chimique)* formula. **2.** *(formulaire)* form, blank. ~ *de chèque,* cheque form. **3.** phrase, set of words. ~ *de politesse (à la fin d'une lettre),* complimentary close.

formuler *v.* **1.** to formulate. **2.** to draw up. ~ *une demande,* to make an application. ~ *une proposition,* to put forward a proposal. ~ *une réclamation,* to lodge a claim, to file a claim.

fort, e *adj.* strong, heavy, large. *Chambre* ~*e,* vault. *Coffre-*~, strong box, safe. *Devise* ~*e,* hard currency. *Prix* ~, full price. *Tonne* ~*e,* long ton (1016 kg). ~*e demande,* keen/high/strong/heavy demand. ~*e hausse,* sharp increase. ~*e somme,* large sum, high/substantial amount ; fat price.

fortuit, e *adj.* fortuitous, casual.

fortune *n.f.* fortune, riches, wealth. ~ *de mer,* perils of the sea, sea risks. *Impôt sur la* ~, *impôt sur les grandes* ~*s (I.G.F.),* wealth tax. *Faire* ~, to make a fortune, *(Fam.)* to strike it rich. *Moyens de* ~, makeshift measures, makeshifts.

fortuné, e *adj.* rich, wealthy, well-off.

fourchette *n.f.* bracket, margin, spread. ~ *de prix,* price range.

fourgon *n.m.* van. ~ *à bagages,* luggage van ; guard's van.

fourgonnette *n.f.* van, delivery van, *(U.S.)* delivery truck.

fourneau *n.m.* haut-~, blast-furnace.

fourni, e *adj.* supplied, provided, delivered. *Bien* ~ *en,* well-stocked with.

fournir *v.* to supply, to provide, to furnish. ~ *quelque chose à quelqu'un,* to supply/to provide/somebody with something. ~ *des preuves,* to produce evidence.

fournisseur *n.m.* supplier, provider, dealer. *(Comptab.) compte* ~, accounts payable. *Entrée des* ~*s,* tradesmen's entrance, " tradesmen ". ~ *habituel,* regular supplier, usual supplier. *Référence de* ~, trade reference.

fournisseur d'accès, access provider.

fournisseur de service, service provider.

fourniture *n.f.* furnishing, providing, supplying. **2.** supply, provision ; materials, requisites. *Main-d'œuvre et* ~*s,* labour and material. ~ *de bureau,* office stationery.

fourrage *n.m.* fodder.

foyer *n.m.* household.

fraction *n.f.* **1.** fraction. **2.** segment.

fractionnement *n.m.* dividing-up ; split, split(ting) (up) *(actions)*.

fractionner *v.* to divide, to split up *(actions)*. ~ *un paiement*, to pay by instalments, to stagger payment.

fracture *n.f.* fracture ; *(sens figuré)* divide, cleavage, gap.

fragile *adj.* fragile, brittle *(verre)*. « *Attention* ~ », " handle with care ".

fragmenter *v.* to break up, to divide, to fragment.

frais, fraîche *adj.* fresh, new. *Argent* ~, fresh, new money.

frais *n.m.* expenses, expenditure(s), charge, cost. *A grand* ~, at great cost. *A peu de* ~, at little cost. *Aux* ~ *de*, at the expense of, chargeable to. ~ *annexes*, additional charges, fringe expenses. ~ *de constitution*, preliminary expenses. ~ *d'établissement*, start-up costs. ~ *divers*, sundry expenses, sundries. ~ *financiers*, finance charges, financial expenses. ~ *de fonctionnement*, running costs, running expenses, operating costs. ~ *de manutention*, handling charge(s)/costs/fee(s). ~ *de participation*, (voluntary) contribution ; *(congrès etc.)* registration fee, attendance fee. ~ *de représentation*, entertainment/entertaining fees. ~ *de scolarité*, tuition fees. ~ *de transport*, carrying charges, freight charges, freight costs, shipping costs ; *(= frais de déplacement)* travelling expenses. ~ *généraux*, overhead expenses, overheads, indirect expenses. ~ *d'installation*, start-up costs, initial expenses. ~ *de justice*, (court) costs. *Faux* ~, incidental expenses, contingencies. *Note de* ~, expense account. *Rentrer dans ses* ~, to break even ; *(sens large)* to recoup. *Sans* ~, free of charge.

frais de dossier, frais de constitution de dossier, processing fee ; registration fee.

frais de port, shipping charge(s)/fee(s).

frais d'expédition, shipping charge(s)/fee(s).

franc, franche *adj.* free. *Jour* ~, clear day. *Port* ~, free port. *Zone franche*, free zone. ~ *d'avarie*, free from average.

franc *n.m.* franc, French franc (F.F.). *En* ~*s constants*, in constant francs (in real value). *En* ~*s courants*, in current francs. *Libellé en* ~*s*, payable in francs.

franchisage *n.m.* franchising.

franchise *n.f.* **1.** freedom, exemption, franchise. *(Douanes)* *en* ~, duty-free. *En* ~ *temporaire*, for temporary importation. *(Poste)* O.H.M.S. (On Her Majesty's Service), *(U.S.)* franking privilege. *En* ~ *postale*, post-free. *(Bagages)* Free luggage/(*U.S.*) baggage/allowance. *(Ass.)* (G.B.) excess, (U.S.) deductible. ~ *d'avarie*, free of average. ~ *d'impôts*, tax exemption. **2.** franchise ; franchising. *Magasin en* ~, franchised store/outlet. **3.** frankness.

franchise de TVA, VAT exemption.

franchisé *n.m.* franchisee.

franchiser *v.* to franchise.

franchiseur *n.m.* franchiser.

franco *adv.* free, paid. ~ *à bord*, free on board (F.O.B.). ~ *à quai*, free on quay, free at wharf. ~ *de port*, carriage free. ~ *domicile*, ~ *entrepôt du destinataire*, free (to the) customer's warehouse, carriage paid. ~ *gare d'arrivée*, free to receiving station. ~ *long du bord*, free alongside ship (F.A.S.). ~ *(sur) camion*, free on truck. ~ *sur demande*, free on request. ~ *wagon*, free on rail, free on truck.

frappe *n.f.* **1.** coinage, minting (money). **2.** typing. *Faute de* ~, typing error.

frapper *v.* **1.** *(monnaie)* to coin, to mint. **2.** to type. ~ *d'une amende*, to fine. ~ *d'un impôt*, to levy a tax (on), to slap a tax (on). ~ *de nullité*, to render void, to nullify.

fraude *n.f.* fraud. *En* ~, fraudulently, unlawfully. *Passer quelque* *chose en ~,* to smuggle something (into). *~ fiscale,* tax fraud, tax evasion, tax dodging, tax cheating. *~ électorale,* fraud ; cheating ; *(trucage)* rigging.

frauder *v.* to defraud, to cheat. *~ le fisc,* to evade taxes, to dodge taxes.

fraudeur *n.m.* defrauder, swindler. *(fiscal)* tax-evader ; *(frontière)* smuggler.

frauduleusement *adv.* fraudulently, by fraud.

frauduleux, -euse *adj.* fraudulent.

frein *n.m.* brake, restraint, check ; disincentive ; barrier ; obstacle. *Politique du coup de ~ et de l'accélérateur,* stop-go policy.

freinage *n.m.* braking ; checking ; restraint ; slowdown.

freiner *v.* to check, to stem, to restrain, to slow down. *~ la production,* to slowdown production. *~ l'inflation,* to check inflation.

frénésie *n.f.* spree, binge, frenzy, rush. *~ d'achat,* buying spree, buying binge, shopping spree. *~ de dépenses,* spending spree. *Se lancer dans une frénésie de dépenses,* to go on a spending spree. *~ de nouveautés,* scrambling for new products.

fréquence *n.f.* frequency.

fréquent, e *adj.* frequent, repeated.

fréquentation *n.f.* attendance.

fret *n.m.* **1.** freight, cargo. *~ intégré,* roll-on roll-off. *Contrat de ~,* freight contract. *~ à forfait,* through freight. **2.** charter, charter-ing.

frètement *n.m.* freighting, chartering.

frêter *v.* to freight, to charter.

frêteur *n.m.* shipowner, charterer.

friche *n.f.* waste land, fallow land. *Être en ~,* to lie fallow. *~ industrielle,* industrial wasteland.

frigorifique *adj.* refrigerating. *Entrepôt ~,* cold store, cold storage plant, *navire ~,* cold-storage ship.

froid *n.m.* cold. *Conservation par le ~,* cold storage. *Industrie du ~,* refrigeration industry.

fromager, -ère *adj. Industrie fromagère,* cheese industry.

frontal *n.m. voir* facing.

frontière *n.f.* border ; boundary ; frontier.

fructifier *v.* to fructify, to bear interest.

fructueux, -euse *adj.* profitable, lucrative, fruitful, *(fam.)* juicy.

fuite *n.f.* **1.** *(capitaux)* flight ; outflow. **2.** drain. *~ des cerveaux,* brain-drain. **3.** *(liquide, gaz)* leakage, leak. **4.** *(information)* leak.

funiculaire *n.m.* funicular, funicular train, funicular railway/(U.S.) railroad ; cable-car.

fuseau *n.m. ~ horaire,* timebelt, time zone.

fusée *n.f.* rocket.

fusion *n.f.* merger, amalgamation. *~ d'entreprise,* business/industrial merger. *Fusions et acquisitions,* mergers and acquisitions, M & A.

fusionite *n.f.* mergermania.

fusionner *v.* to merge, to amalgamate.

fût *n.m. (vin)* cask, barrel ; *(huile)* drum.

futur, e *adj.* future. *~ client,* prospective customer, prospect.

G

gabarage *n.m.* lighterage.

gabare *n.f.* lighter.

gabarit *n.m.* gauge, *(U.S.)* gage. *(sens large)* size.

gabegie *n.f.* waste, squandering ; squander-mania.

gadget *n.m.* gadget, gimmick.

gâchage *n.m.* spoiling, wasting. ~ *des prix*, underselling.

gâcher *v.* to spoil, to waste.

gage *n.m.* pledge, security, pawn ; lien. *Mettre en ~*, to pawn, to pledge something. *Prêteur sur ~*, pawnbroker.

gages *n.m. pl.* wages.

gager *n.m.* to pledge, to secure, to pawn. *Meubles gagés*, furniture on which a distress has been levied. *Voiture gagée*, car which has been pledged as security, car against which a charge is held (e.g. car bought on credit and not yet fully paid).

gageur *n.m.* pledger, pawner, lienee.

gagiste *n.m.* pledgee, pawnee, lienor.

gagnant, e *adj.* winning.

gagnant, e *n.m.f.* winner.

gagnant-gagnant, win-win.

gagne-pain *n.m.* **1.** livelihood, means of living. **2.** breadwinner.

gagner *v.* **1.** to earn, to win, to gain ; *(argent)* ~ *sa vie*, to earn one's living. ~ *de quoi vivre*, to make a living. *Manque à ~*, loss of profit. **2.** ~ *un procès*, to win a case. ~ *un nouveau public*, to win over a new public. **3.** ~ *des parts de marché*, to gain market share.

gain *n.m.* gain, profit, earning(s), winning(s). ~*s de change*, foreign exchange gains.

galerie *n.f.* gallery. ~ *d'art*, art gallery.

galerie marchande *n.f.* (shopping) mall.

galerie marchande en ligne shopping channel.

galopant, e *adj.* galloping, runaway. *Inflation ~e*, runaway inflation.

gamme *n.f.* series, range, line. *Produits haut de ~*, top-of-the-line products. ~ *de prix*, price range. ~ *de produits*, range, line of products. ~ *étendue, étoffée*, wide range, extensive/extended range ; ~ *restreinte*, limited range.

garage *n.m.* garage. *Voie de ~*, siding, side-track.

garant *n.m.* **1.** guarantor, surety, bail. **2.** guarantee, security, warrant. *Se porter ~ de quelqu'un*, to vouch for somebody.

garantie *n.f.* guarantee, guaranty, warranty, security, collateral. *Déposer en ~*, to lodge as security. *Fonds de ~*, contingency fund. ~ *bancaire*, bank guarantee. *Garantie de remboursement intégral*, fullrefund guarantee. ~ *pièces et main-d'œuvre*, full (repair) guarantee, warranty for labo(u)r and parts. *Obligation de ~*, surety bond. *Avec ~*, warranted, guaranteed. *Sans ~*, unwarranted, *(fin.)* unsecured. *Sous ~*, under warranty.

garantir *v.* to guarantee, to warrant ; to secure. ~ *un article*, to guarantee an article ~ *un emprunt*, to secure a loan. *Salaire minimum garanti*, minimum guaranteed wage.

garçon *n.m.* boy. ~ *de café*, waiter. ~ *de course(s)*, errand-boy, messenger-boy. ~ *de bureau*, office boy.

garde *n.f.* keeping, care, custody.

garde-meubles *n.m.* furniture storehouse.

garderie *n.f.* day-care center/ (G.B.) centre.

gardien, -ne *n.m.f.* guardian, keeper, warden. *(Immeuble)* caretaker. *(Prison)* guard, *(G.B.)* warder, *(U.S.)* warden. ~ *de nuit*, nightwatchman.

gare *n.f.* (railway) station. ~ *d'arrivée*, arrival station, receiving station *(marchandises)*. ~ *de départ*, departure station, forwarding station (*marchandises*). ~ *maritime*, harbour station. ~ *de triage*, marshalling yard, railway yard. ~ *routière*, coach station, (*U.S.*) bus station.

garnir *v.* to fill. *Bien garni*, well-filled, well-stocked.

gaspillage *n.m.* waste, wastage, squandering.

gaspiller *v.* to waste ; to squander.

gaspilleur *n.m.* waster, wastemaker ; (*argent*) spendthrift.

gâter *v.* to spoil, to damage. *Se ~*, to deteriorate, to go bad ; to spoil.

gazoduc *n.m.* (gas) pipeline.

gazole *n.m.* gas oil.

gel *n.m.* freeze, freezing. ~ *des prix*, price freeze.

geler *v.* to freeze.

gène *n.m.* gene.

gêne *n.f.* hindrance, inconvenience ; restraint.

général, e *pl.* **généraux.** *adj.* general. *Assemblée ~e*, general meeting. *Direction ~e*, head office. *Frais généraux*, overhead expenses, overheads. *Secrétaire ~*, General Secretary, Secretary General, Company Secretary.

générateur *n.m.* (*élect.*) powerstation, power plant ; (*nucléaire*) breeder.

générer *v.* to generate. ~ *des bénéfices*, to generate a profit/profits. ~ *des emplois*, to generate jobs.

généreux, euse *adj.* **1.** generous. **2.** (*somme, etc.*) large, substantial, handsome.

générique *n.m.* (*cinéma, télévision*) credits, credit titles.

générique *adj.* generic. *Produits ~s*, generics, no-brand goods.

généticien, -ne *n.m.f.* geneticist.

génétique *n.f.* genetics.

génétique *adj.* genetic. *Manipulation ~*, genetic engineering. *Obtenu par manipulation ~*, genetically engineered.

génétiquement *adv.* genetically. ~ *modifié*, genetically modified/altered/engineered. *Organisme ~ modifié*, genetically modified organism/product/foodstuff.

génial, e *adj.* of genius.

génie *n.m.* genius, wizard. *Un ~ de la finance*, a financial genius/wizard.

genre *n.m.* kind, sort, type.

gérance *n.f.* management.

gérant, e *n.m.f.* manager, director. *Associé-~*, *directeur ~*, active partner. *Administrateur-gérant*, managing director. ~ *de portefeuille*, portfolio manager.

gérante *n.f.* manageress.

gerbage *n.m.* palletization.

gerber *v.* to palletize.

gérer *v.* to manage, to run ; to operate ; to handle. *Entreprise bien gérée*, well-run firm. *Mal ~*, to mismanage.

geste commercial commercial gesture ; gesture of goodwill.

gestion *n.f.* management, running, administration, conduct. *Comptabilité de ~*, management accounting. *Contrôle de ~*, management control ; management audit. *École de ~*, business school. *Frais de gestion*, administrative expenses. ~ *informatisée*, computerized management ; computerized processing. *Informatique de ~*, computerized management. ~ *(de) produit*, product management. ~ *de projet*, project management. ~ *des risques*, risk management. ~ *des stocks*, stock management. (*U.S.*) inventory management, stock control. ~ *de trésorerie*, cash management. ~ *par exception*, management by exception. *Mauvaise ~*, mismanagement.

gestionaute *n.m.f.* e-manager

gestion de biens, property/estate/assets management.

gestion de crise, crisis management.

gestion de fonds, funds management.

gestion de production, production management.

gestion des connaissances, knowledge management.

gestion des coûts, cost control.

gestion du risque, risk management. ~ *d'entreprise,* business risk management.

gestion du savoir, knowledge management.

gestion par objectifs, management by objectives.

gestion prévisionnelle, operations forecasting, planning and forecasting ; strategic planning.

gestionnaire *n.m.* manager ; administrator.

gisement *n.m.* deposit, field. ~ *houiller,* coal-field. ~ *pétrolier,* oilfield. ~ *de main d'œuvre,* labour pool.

glaner *v.* to glean.

global, e, *pl.* **aux, ales** *adj.* **1.** total, overall, comprehensive, global. *Politique ~e,* comprehensive, overall policy. **2.** (= *mondial*) global.

globalisation *n.f.* globalization.

globaliser *v.* to globalize.

gondole *n.f.* gondola. (*supermarché*), shelf, gondola. *Tête de gondole,* end-of-aisle display.

gondolier, ère *n.m.f.* shelver.

gonflement *n.m.* increase, swelling, inflation.

gonfler *v.* to increase, to swell, to inflate, to boost.

goulot *n.m.* ~ *d'étranglement,* bottleneck.

gouvernance *n.f.* governance.

gouverne *n.f.* guidance, direction. *Pour votre ~,* for your guidance.

gouvernement *n.m.* government, (*U.S.*) administration. *Le ~ Reagan,* the Reagan Administration. ~ *d'entreprise,* corporate governance.

grâce *n.f.* grace. *Jours de ~,* days of grace.

grâce à *prép.* thanks to, owing to.

gracieux, se *adj.* gratuitous, free ; complimentary. *Exemplaire envoyé à titre ~,* complimentary copy, inspection copy. *A titre ~,* free of charge.

gracieusement *adv.* free of charge.

gradation *n.f.* gradation, gradual process.

graduellement *adv.* gradually, progressively, by degrees.

graduel, le *adj.* gradual, progressive.

grain *n.m.* grain, corn.

grand, e *adj.* large, big, great. ~ *livre,* ledger. ~ *magasin,* department (al) store. ~ *modèle,* large size, king size, economy size. *~e pêche,* deep sea fishing. ~ *public,* general public. *~e surface,* large surface store, big store.

grand compte, large account, corporate account.

grand compte key account.

grande distribrution *n.f.* large scale retailing ; supermarkets and hypermarkets, superstores.

Grande École *n.f.* a specific feature of the French higher education system, those engineering and business schools are characterized by highly selective admission exams. Their graduates occupy top positions in private and public organizations.

grande surface *n.f.* superstore, large surface store.

grandeur *n.f.* importance, size, magnitude. *Ordre de ~,* order of magnitude. *Classés par ordre de ~,* sorted out by size.

graphique *n.m.* graph, chart. ~ *en dents de scie,* Z-chart. ~ *à secteurs (fam.* « *camembert* ») pie chart. ~ *à tuyaux d'orgue,* bar chart. *Etablir un ~,* to chart.

grandir *v.* to grow, to increase.

graphisme *n.m.* style, styling.

graphiste *n.m.* designer, graphic artist.

graphologie *n.f.* graphology.

graphologue *n.m.f.* graphologist.

grappe *n.f.* **1.** (*fruits*) bunch. **2.** (*statistique*) cluster.

gratification *n.f.* gratuity, tip ; bonus, *(U.S.)* incentive.

gratis *adv.* free of charge, for free, free. *Entrée ~*, admission free.

gratte-papier *n.m.* paper pusher, pen-pusher.

gratuit, e *adj.* **1.** free of charge. *Action ~e*, bonus share. *Echantillon ~*, free sample. *Entrée ~*, free admission. *Essai ~*, free trial. **2.** gratuitous.

gratuité *n.f.* gratuitousness.

gratuitement *adv.* free of charge, at no charge ; for free.

gravir *v.* to climb. *~ les échelons*, to work one's way up.

gré à gré (de), by contract/ agreement ; over the counter. *Transactions/opérations de gré à gré*, over-the-counter transactions.

greffe *n.m.* **1.** law-clerk's office. **2.** *(sociétés de capitaux)* registrar.

greffier *n.m.* **1.** clerk of the court. **2.** registrar.

grever *v.* **1.** to burden, to encumber, to saddle. *Grevé de dettes*, debt-ridden. **2.** *(jur.)* to entail.

grève *n.f.* strike. *~ active (avec occupation d'usine)*, work-in. *~ d'avertissement*, warning strike. *~ de la faim*, hunger strike. *~ générale*, general strike. *~ perlée*, ca'canny strike, go-slow strike. *~ sauvage*, wildcat strike. *~ de solidarité*, sympathetic/sympathy strike. *~ sur le tas*, sit-down strike, stay-in strike. *~ surprise*, lightning strike. *~ symbolique*, token strike. *~ du zèle*, work-to-rule strike, *(U.S.)* slowdown. *Briseur de ~*, strike breaker, scab. *Etre en ~*, to be (out) on strike, to strike. *Faire ~*, to be on strike, to strike. *Lancer un mot d'ordre de ~*, to call a strike. *Se mettre en ~*, to go on strike, to come out on strike. *Piquet de ~*, strike picket.

gréviste *n.m.f.* striker.

grief *n.m.* grievance.

griffe *n.f.* signature ; stamp ; label ; name tag ; designer's name.

grille *n.f.* scale, grid, schedule. *~ des salaires, ~ salariale*, wage(s) grid, salary scale. *~ des programmes*, program(me) schedule/ grid.

grimper *v.* to rise, to climb. *Faire ~*, to push up, to drive up.

gros, se *adj.* big, large, major ; heavy, bulky. *~ se commande*, big/large/substantial order. *~ tirage*, wide circulation. *~ salaire*, high salary, fat salary. *(avion) ~ porteur*, jumbo jet.

gros *n.m.* wholesale (trade). *Commerce de ~*, wholesale trade. *Prix de ~*, wholesale price. *En ~.* a) wholesale, in bulk. b) roughly, approximately.

grosse *n.f.* gross, twelve dozen. *(jur.)* engrossed document, engrossment. *(nav.)* bottomry bond. *Emprunter à la ~*, to borrow money on bottomry.

grossir *v.* to increase, to grow, to swell.

grossiste *n.m.* wholesaler, wholesale dealer.

groupage *n.m.* grouping, bulking, consolidation, groupage. *Envoi en ~*, collective shipment.

groupe *n.m.* group, batch. *~ d'âge*, age group, age bracket. *~ de réflexion*, focus group. *~ d'intervention*, task force. *~ de pression*, lobby, pressure group. *~ de reflexion*, think-tank. *~ industriel*, industrial group. *~ socio-économique*, socio-economic group. *~ témoin*, test group, testimony panel. *~ de travail*, working party, study group, working group, task force.

groupement *n.m.* group, association, trust, pool.

grouper *v.* to group, *(expéditions)* to bulk.

grouper (se) *v.* to group, to gather, to combine, to get together.

grue *n.f.* crane.

guelte *n.f.* commission, percentage (on sales).

guerre *n.f.* war. *Guerre des prix*, price-war.

guichet *n.m.* counter, window, desk, *(vitré, grillagé)* wicket ;

(location de billets) booking office, ticket office ; *(spectacle)* box-office ; *(banque etc.)* « *guichet fermé* », « Position closed ». *Jouer à ~s fermés,* to play to a full house, to a capacity audience/crowd. *Payable au ~,* payable over the counter. *S'adresser au ~ 8,* (to) apply to counter No. 8.

guichet automatique de banque, automatic/automated teller machine.

guichetier *n.m.* counter-clerk, desk-clerk.

guide *n.m.* **1.** guide. **2.** guide book. *~ des couleurs,* colour chart, colour guide.

guillemets *n.m.pl.* inverted commas, quotation marks. *Ouvrez les ~s,* open inverted commas, *(U.S.)* quote. *Fermez les ~,* close inverted commas, *(U.S.)* unquote. *Entre ~,* between quotes.

habileté *n.f.* ability, competence, skill ; cleverness, smartness.

habilité, e *adj.* entitled, authorized. *Être ~ à*, to be entitled to.

habiliter *v.* to entitle, to empower, to authorize.

habillage *n.m.* 1. *(d'un produit)* packaging, get-up. 2. *~ de bilan*, window dressing.

habillement *n.m.* clothing, clothes, (U.S.) apparel.

habiller *v.* to dress. *~ le bilan/les comptes*, to dress up the books, to indulge in window dressing.

habitant, e *n.m.f.* inhabitant ; resident ; dweller.

habitat *n.m.* housing, housing conditions. *(Animaux).* habitat. *Prêt à ~*, building loan, construction loan.

habitation *n.f.* house, dwelling, home. *H.L.M.*, tenement house, (G.B.) council flat. *Taxe d'~*, rates.

habiter *v.* to live ; to dwell ; to live in, to dwell in ; to inhabit ; to occupy. *Vol non-habité*, unmanned flight/probe. *Vol spatial habité*, manned space flight.

habitué, e *n.m.f.* regular customer, patron.

habitude *n.f.* custom, habit. *~s de consommation*, consumer habits.

habituel, -le *adj.* usual, regular. *Adressez-vous à votre fournisseur ~*, apply to your regular supplier.

haie *n.f.* hedge. *~ vive*, quick hedge.

halage *n.m.* haulage, towing.

hall *n.m.* hall. *~ d'exposition*, exhibition hall, showroom. *~ d'arrivée*, arrival lounge ; *~ de départ*, departure lounge.

handicap *n.m.* handicap.

hangar *n.m.* shed, warehouse, hangar.

harcèlement *n.m.* harassment. *~ sexuel*, sexual harassment.

harceler *v.* to harass, to press.

harmonisation *n.f.* harmonization ; standardization.

harmoniser *v.* to harmonize ; to standardize.

hasard *n.m.* chance, random. *Choix fait au ~*, random choice.

hasarder *v.* to hazard, to venture, to risk.

hasardeux, -euse *adj.* risky, daring. *Entreprise ~*, daring venture.

hausse *n.f.* rise, increase, hike. *Être en ~*, to be rising, to be on the rise, to go up. *~ maximum*, maximum increase/rise ; *(fin.)* limit up. *Tendance à la ~*, upward trend, tendency. *(Bourse) Marché à la ~*, bull, bullish market. *~ rapide*, boom, surge.

hausser *v.* to raise, to increase.

haussier *n.m. (Bourse)* bull.

haussier, ère *adj.* *Tendance haussière*, upward trend, uptrend.

haut, e *adj., adv.* high, top. *Voir plus ~*, see above. *~ de gamme*, top of the line, high grade. *Modèle haut de gamme*, up-market/upscale model. *Pêche en ~e mer*, deep sea fishing.

haut *n.m.* top. *Les ~s et les bas*, the ups and downs. « *Haut* », this side up. *~ de bilan = fonds propres*, share capital, *(U.S.)* stockholders' equity.

haut de bilan, fixed assets and stockholders' equity ; long-term financing.

hauteur *n.f.* height. *A la ~ de*, level with. *Ils se sont engagés à ~ de 6 millions de francs*, They have committed themselves for a sum of/for an amount of/up to/to the extent of/to the tune of/FF 6 m.

haut-parleur *n.m.* loudspeaker ; sound reproducer.

hébergement *n.m.* accommodation.

héberger *v.* to accommodate ; to lodge ; to shelter. *~ pour la nuit*, to put up for the night.

hémorragie *n.f.* hemorrhage ; drain ; outflow. *~ de dollars*, dollar outflow, drain on the dollar.

héritage *n.m.* inheritance, heritage ; legacy ; heirloom.

hériter *v.* to inherit ; to come into property.

héritier *n.m.* heir, inheritor.

héritière *n.f.* heiress.

hermétique *adj.* tight, watertight, airtight.

hésitant, e *adj.* hesitating, undecided. *Marché ~,* unsteady, unsettled market.

heure *n.f.* hour, time. *~ d'affluence,* rush hour. *~ d'antenne,* air time, broadcasting time. *Heure(s) de bureau,* office hours. *~ d'écoute, (radio)* listening time, *(télévision)* viewing time. *~ de fermeture,* closing time. *~ de grande écoute,* prime time, *(G.B., T.V.)* peak viewing time. *~(s) ouvrable(s),* working hours. *~(s) ouvrée(s)/ travaillée(s),* hour(s) worked. *~ d'ouverture,* opening time. *~ de pointe,* peak hour, peak period. *~s supplémentaires,* overtime. *Faire des ~s supplémentaires,* to work/to do/overtime. *Travail à l'~,* time work. *~s de travail, a) (= heures d'ouverture, de bureau)* working hours, business hours, office hours ; *b) (= nombre d'heures nécessaires)* hours of work ; *c) (= heures ouvrées)* hours worked.

hiérarchie *n.f.* hierarchy, chain of command, *(Fam.)* pecking order.

hiérarchique *adj.* hierarchical. *Voie ~,* formal/official/channels, chain of command, hierarchical ladder. *Par la voie ~,* through the official channels.

histogramme *n.m.* histogram, bar chart.

H.L.M., *voir* **habitation.**

holding *n.m.* holding company.

homme *n.m.* ~ *d'affaires,* businessman. ~ *à tout faire,* handyman. ~ *de loi,* lawyer. ~ *de paille,* man of straw, dummy.

homologation *n.f.* (official) approval ; certification.

homologue *n.m.* counterpart.

homologuer *v.* *(légal)* to confirm, to ratify, to homologate,

to certify, *(U.S.)* to probate. ~ *un testament,* to probate a will.

honnêteté *n.f.* honesty ; fairness.

honoraire *adj.* honorary.

honoraire(s) *n.m.pl.* fee(s).

honorer *v.* 1. *(une promesse, etc.)* to honour, *(U.S.)* to honor, to abide by, to comply with, to adhere to, to stick to, to meet. ~ *ses dettes,* to meet one's liabilities. ~ *un engagement,* to meet a commitment. ~ *un accord syndical,* to honour a union agreement. ~ *sa signature,* to honour one's signature. ~ *un chèque,* to honour a cheque, *(U.S.)* to honour a check. ~ *une traite,* to honour a bill/a draft. *Il a honoré sa parole,* he has been as good as his word. 2. *(respecter)* to honour, to respect. 3. *(être à l'honneur de)* to do credit to (somebody), to be a credit to (something).

honorer *v.* *ne pas honorer un paiment / versement,* to default on a payment.

horaire *n.m.* time-table, schedule. ~ *flexible,* flexible time, flextime, flexitime, flexible hours. ~ *variable,* flexible hours. *Travailler à ~ réduit,* to be on short time. *Mettre des ouvriers à un ~ réduit,* to put workers on short time.

horloge-pointeuse *n.f.* time clock, time machine, check clock.

hors-bilan *adj.* off balance-sheet.

hors-champ *adj.* off.

hors cote *adj.* *Marché ~,* curb market, over-the-counter market.

hors d'état *adj.* out of order.

hors d'usage *adj.* out of order ; out of service.

hors faute, *(ass.)* no fault.

hors saison *adj.* off-season.

hors service *adj.* out of order, beyond repair. *Mettre ~,* to decommission.

hors taxe *adj.* 1. pre-tax, before tax, tax not included, exclusive of tax. 2. tax-free.

hostile *adj.* hostile.

hôte, hôtesse *n.m.f.* **1.** *(personne qui reçoit)* host, *(fém.)* hostess. **2.** *(personne reçue)* guest ; visitor. *(hôtellerie) chambres d'hôtes*, guest house, bed and breakfast.

hôtel *n.m.* hotel.

hôtelier *n.m.* hotel keeper, hotel owner, hotel manager, hotelier.

hôtellerie *n.f.* hotel trade.

hôtellerie de bureaux, time-hotelling.

hôtesse d'accueil *n.f.* hostess.

hôtesse de l'air *n.f.* air-hostess ; stewardess.

houe *n.f.* hoe.

houille *n.f.* coal. ~ *blanche*, hydroelectricity.

houiller *adj. Bassin* ~, coalfield.

houillère *n.f.* coal-mine.

huis-clos, *à huis-clos*, behind closed doors, closed-door. *Réunion à* ~, closed-door meeting. *Demander le* ~, to ask for the case to be heard (a trial to be held) in camera ; *ordonner le* ~, to order a case to be heard in camera. *Session à huis-clos*, closed session.

huissier *n.m.* ~ *de justice*, bailiff. ~ *(ministère, etc.)* usher.

huitaine *n.f. sous* ~, *loc.* within a week.

humain, e *adj.* human. *Relations humaines*, human relations, *(au sein d'une entreprise)* industrial relations ; *(avec les employés)* employee relations, employer-employee relations.

humanitaire *adj.* humanitarian ; charitable. *Aide* ~, humanitarian aid ; relief work. *Association* ~, charity, charitable association. *Organisation* ~, relief organization/agency.

humidité *n.f.* damp(ness), moisture. « *Craint l'humidité* », " keep dry ".

hydraulique *adj.* hydraulic, water-powered. *usine* ~, water-works.

hydravion *n.m.* seaplane.

hydrodynamique *adj.* hydrodynamic.

hydroélectrique *adj.* hydroelectric.

hydrofuge *adj.* water-tight, waterproof.

hydroglisseur *n.m.* hydrofoil, hydroplane, jet-foil.

hydrographe *n.m.* hydrographer.

hydrographie *n.f.* hydrography ; surveying, sounding and charting of bodies of water.

hydrographique *adj.* hydrographic, hydrographical.

hydrologie *n.f.* hydrology.

hydrologique *adj.* hydrological.

hydrologiste *n.m.f.* hydrologist.

hydrologue *n.m.f.* hydrologist.

hypermarché *n.m.* hypermarket.

hypothécable *adj.* mortgageable.

hypothécaire *adj.* mortgage. *Prêt* ~, mortgage loan. *Contrat* ~, mortgage deed. *Créancier* ~, mortgagee. *Débiteur* ~, mortgager. *Obligation* ~, mortgage bond, mortgage debenture.

hypothèque *n.f.* mortgage. *Amortir une* ~, to redeem a mortgage. *Bureau des* ~, mortgage registry. *Conservateur d'*~, mortgage registrar. ~ *de premier rang*, first mortgage. *Lever une* ~, to raise a mortgage. *Libre d'*~, unencumbered. *Prendre une* ~, to raise a mortgage, to take a mortgage, to mortgage. *Purger une* ~, to pay off, to redeem a mortgage, *(U.S.)* to lift a mortgage. *Main levée d'*~, release of mortgage. *Purge d'*~, redemption of mortgage. ~ *mobilière*, chattel(s) mortgage.

hypothéquer *v.* to mortgage, to secure by mortgage.

identification *n.f.* identification, recognition. ~ *de marque,* brand recognition.

identifier *v.* to identify.

identique *adj.* identical *(à,* with).

identité *n.f.* identity. *Carte d'~,* identity card, I.D. card/papers.

ignifugé, e *adj.* fire-proof, fire-resistant.

illégal, e *adj.* illegal, unlawful.

illégalité *n.f.* illegality, unlawfulness.

illégitime *adj. (enfant)* illegitimate ; *(marriage)* unlawful ; *(demande)* unwarranted ; *(titre)* spurious.

illétré, e *adj.* et *n.m.f.* illiterate.

illétrisme *n.m.* illiteracy.

illicite *adj.* illicit, unlawful.

illisible *adj.* illegible.

image *n.f.* image. ~ *de marque (pour un produit)* brand image, *(pour une société, entreprise)* corporate image.

image fidèle *(principe comptable),* true and fair view ; *(U.S.)* fair presentation.

imbattable *adj.* second to none ; matchless. *Prix ~,* rock bottom price.

imitation *n.f.* imitation. ~ *de signature,* forging of signature, forged signature.

imiter *v.* to imitate, to copy, to forge *(signature),* to counterfeit *(monnaie).*

immatériel, -le *adj.* intangible. *Biens ~s,* intangible assets, intangibles.

immatriculation *n.f.* registration, registry. *~(s) d'automobiles,* car registration, *(U.S.)* automobile registration ; new car sales. *Numéro d'~,* registration number. *(Mar.) certificat d'~,* certificate of registry.

immatriculer *v.* to register.

immédiat, e *adj.* immediate. *Livraison ~,* immediate/prompt delivery.

immeuble *adj. (Jur.)* real, fixed,

immovable. *Biens ~,* real property, real estate, fixed property.

immeuble *n.m.* **1.** *(Jur.)* real estate, real property, fixed property. **2.** building ; block ; premises. ~ *de bureaux,* office block, office building. ~ *de rapport,* block of flats ; tenement house, *(U.S.)* apartment building. ~ *d'habitations,* block of flats, *(U.S.)* apartment building.

immigrant, e *n.m.f.* immigrant. *~s clandestins/illégaux,* illegal aliens.

immigration *n.f.* immigration. *Immigration clandestine,* illegal immigration, clandestine immigration.

immigré, e *adj. et n.m.f.* immigrant, migrant. *Immigrés clandestins,* illegal immigrants, clandestine migrants. *Travailleurs ~s,* immigrant workers, migrant workers.

immigrer *v.* to immigrate.

immixtion *n.f.* interference.

immobilier *n.m.* real estate.

immobilier, -ère *adj.* real. *(Jur.) Agence ~e,* (real) estate agency. *Agent ~,* (real) estate agent, *(U.S.)* realtor. *Promoteur ~,* real estate developer, property developer. *Biens ~s,* real property, real estate. *Prêt ~,* real estate loan ; home loan.

immobilisation(s) *n.f.* **1.** locking up, tying up, lock-up, immobilization *(de capitaux).* **2.** *(Fin.)* fixed assets, fixed capital, tied-up capital. *Immobilisations corporelles,* tangible assets ; property, plant and equipment. **3.** *(arrêt)* standstill.

immobiliser *v.* to tie up ; to lock up, to immobilize. *Actif(s) immobilisé(s),* fixed assets, tied-up capital.

immunité *n.f.* immunity. *(Jur.)* privilege.

impact *n.m.* impact. *Étude d'impact sur l'environnement,* environment impact assessment.

impair, e *adj.* odd, uneven. *Jours ~s,* odd dates.

impartir *v.* to grant, to allow.

impasse *n.f.* **1.** *(cul de sac)* deadend. **1.** *(blocage)* deadlock, stalemate. *Les négociations sont dans l'impasse,* the talks are deadlocked/in a stalemate. ~ *budgétaire,* budget deficit.

impayé, e *adj.* unpaid, unsettled, outstanding, overdue ; *(chèque, traite)* dishonoured.

impayé *n.m.* outstanding account, unpaid bill, dishonoured bill ; bad debt.

impératif *n.m.* requirement, obligation, imperative, necessity, demand(s), constraint(s).

impératif, -ive *adj.* imperative, mandatory.

imperfection *n.f.* fault, defect, flaw.

impérialisme *n.m.* imperialism.

impérialiste *n.m.* imperialist.

impérialiste *adj.* imperialist, imperialistic.

imperméable *adj.* ~ *à l'eau,* waterproof, watertight. ~ *à l'air,* airproof, airtight.

impétrant, e *n.m.* applicant.

implantation *n.f.* setting-up, location, siting, installation ; ~ *à l'étranger,* foreign venture ; foreign operation(s), operations abroad. ~s, operations. ~ *sur un marché,* market-penetration.

implanter *v.* to set up, *(usine, etc.)* to locate, to site, to establish. *Être implanté sur un marché,* to operate on a market, to have a share of a market.

implanter (s') *v.* to set up operations, to set up shop, to operate ; to build/to open/a plant. *S'~ à l'étranger,* to set up foreign ventures/operations ; to operate abroad.

implication *n.f.* involvement ; motivation ; implication.

impliquer *v.* to involve ; to imply ; to motivate ; to implicate.

importance *n.f.* importance, size, magnitude, extent. *Par ordre d'~,* in ascending order.

important, e *adj.* **1.** *(par la taille)* large ; major, substantial. *Une commande ~e,* a large order, a

substantial order, a bulk order. *Une hausse ~e,* a sharp/steep/stiff/rise ; *une somme ~e,* a large/hefty/sizable/fat/sum. **2.** *(par les conséquences)* important, major, significant, serious.

importateur, -trice *adj.* importing.

importateur *n.m.* importer, import merchant.

importation *n.f.* import ; importation. *Licence d'~,* import licence, import permit.

importer *v.* to import.

imposable *adj.* taxable, rateable, dutiable, leviable, assessable. *Revenu ~,* taxable income. *Marchandises ~s,* dutiable goods. *Être ~,* to be taxable, to be liable to tax, liable for tax. *Valeur locative ~,* rateable value.

imposé, e *adj.* fixed, forced. *Prix ~,* administrated price. *Vente au détail à prix imposé,* resale price maintenance.

imposer *v.* **1.** to tax. **2.** to fix *(prix)* ; to set *(conditions).* **3.** to lay down, *(règlement)* to impose, to clamp, to slap. ~ *un blocage des prix,* to slap/to clamp a price-freeze. **4.** ~ *une baisse de prix,* to roll prices back, to enforce a rollback.

imposition *n.f.* taxation, assessment. *Base d'~,* tax base. *Double ~,* double taxation. *Régime d'~,* tax system, taxation scheme.

impôt *n.m.* tax, rate, levy. *Barème de l'~,* tax rate, tax schedule. *Code des ~s,* tax code. *Crédit d'~,* tax credit. *Déclaration d'~,* tax return. *Dégrèvement d'~,* tax cut, tax allowance. *Exonération d'~,* tax exemption. ~ *additionnel,* surtax. ~ *direct,* direct tax. ~ *foncier,* land tax, property tax. ~ *retenu à la source,* withholding tax, *(G.B.)* "Pay as you earn" (P.A.Y.E.), *(U.S.)* " Pay as you go ". ~s *locaux,* rates. ~ *sur la fortune,* property tax. ~ *sur les bénéfices exceptionnels,* windfall tax. ~ *sur le revenu,* income tax. ~ *sur le revenu des* *personnes physiques, (I.R.P.P.)* personal income tax. ~ *sur les salaires,* payroll tax. ~ *sur les sociétés,* company tax, corporate tax. ~ *sur les plus-values,* capital gains tax. *Réduction d'*~, tax cut, tax rebate, tax break. *Tranche d'*~, tax bracket. *Frapper d'un* ~, to tax, to levy a tax, to lay a tax on, to slap a tax on. *Percevoir un* ~, to collect a tax. *Receveur des* ~s, tax collector. ~ *sur le capital,* capital tax. ~ *sur la fortune,* wealth tax.

impraticabilité *n.f.* impracticability.

impraticable *adj.* impracticable, unfeasible, unworkable ; impossible. *Route* ~ impassable road, road unfit for traffic.

imprescriptible *adj.* undefeasible, imprescriptible.

impression *n.f.* print, printing.

imprévisible *adj.* unforeseeable ; unpredictable.

imprévision *n.f.* lack of foresight ; unforeseeable events ; unexpectedness.

imprévoyance *n.f.* want of foresight ; improvidence ; shortsightedness ; negligence.

imprévoyant, -e *adj.* improvident ; shortsighted ; negligent.

imprévu, e *adj.* unforeseen, unexpected. *(Imprévisible)* unpredictable. *Dépenses* ~es, contigencies.

imprévu *n.m.* unforeseen event, contingency. *Tenir compte de l'*~, to allow for contingencies.

imprimante *n.f.* printer. ~ *à laser,* laser printer.

imprimé *n.m.* printed form, printed paper. *Imprimés,* printed matter. *Remplir un* ~, to fill in a form. ~ *publicitaire,* advertising/ matter/literature, promotional print.

imprimer *v.* to print.

imprimeur *n.m.* printer.

imprimerie *n.f.* printing ; printing works ; printing house ; printing press. *Écrivez en caractères d'*~, use block letters, use capitals, *(U.S.)* please print.

improductif, -ive *adj.* improductive, idle. *Capitaux* ~s, idle capital.

impropre *adj.* unfit, unsuitable. ~ *à la consommation,* unfit for consumption.

imprudence *n.f.* imprudence, carelessness.

impulser *v.* to animate, to promote, to stimulate, to drive.

impulsion *n.f.* impulse, stimulus. *Achat sur* ~, impulse buying.

imputable *adj.* **1.** attributable. **2.** chargeable (to) ; to be paid (to).

imputation *n.f.* **1.** charging. **2.** *(Jur.)* appropriation. **3.** *(Compta.)* allocation. ~ *rationnelle,* cost volume profit analysis.

imputer *v.* **1.** to charge. ~ *à un compte,* to charge to an account. **2.** *(Jur.)* to appropriate.

inabordable *adj. (prix)* prohibitive, exorbitant, extortionate, *(Fam. U.S.)* out of sight.

inabrogeable *adj.* unrepealable.

inacceptable *adj.* unacceptable.

inacceptation *n.f.* non-acceptance.

inacquitté, e *adj.* unpaid, undischarged. *Dette* ~e. undischarged debt.

inactif, -ive *adj.* idle, dormant ; dull. *Capitaux* ~s, idle capital. *Marché* ~, dull market. *Les inactifs,* non-working people.

inactiver *v.* to idle ; to mothball *(équipement, bateaux, etc.).*

inactivité *n.f.* idleness, dullness.

inadmissible *adj.* inadmissible.

inaliénabilité *n.f.* inalienability.

inaliénable *adj.* inalienable, untransferable, unassignable.

inamical, e *adj.* hostile, unfriendly. *O.P.A.* ~, hostile takeover, hostile bid.

inapplicable *adj.* inapplicable ; unenforceable.

inapte *adj.* unfit.

inaugural, e *adj.* inaugural. *Discours* ~, opening address. *Voyage* ~, *(navire)* maiden voyage. *Vol* ~, maiden flight.

inauguration *n.f.* inauguration, formal opening, *(U.S.)* dedication.

inaugurer *v.* to inaugurate, to open formally, *(U.S.)* to dedicate.

incapacité *n.f.* incapacity, disability, unfitness. ~ *temporaire de travail*, temporary disablement. *Allocation d'~*, disability benefit, disability allowance.

incarcération *n.f.* imprisonment, incarceration.

incarcérer *v.* to imprison, to incarcerate.

incendiaire *n.m.* arsonist, *(Fam.)* firebug.

incendie *n.m.* fire ; blaze, conflagration. *Assurance ~*, fire insurance. ~ *volontaire*, arson.

incessibilité *n.f.* inalienability, untransferability.

incessible *adj.* inalienable, untransferable.

inchangé, e *adj.* unchanged, unaltered.

incidence *n.f.* incidence ; effect, impact.

incident *n.m.* incident ; event. *L'~ est clos ;* that's the end of the matter/let's leave it at that.

incitatif, ve *adj.* incentive ; stimulative, stimulating.

incitation *n.f.* inducement, incentive. ~ *fiscale*, tax incentive.

inciter *v.* to induce, to incite, to urge.

inclure *v.* to include ; to insert ; to enclose.

inclus, e *adj.* **1.** enclosed. *Le chèque ci-~*, the enclosed cheque. *Pièces incluses*, enclosures. **2.** included, inclusive. « *Service ~* », " service included ".

inclusif, -ive *adj.* inclusive.

inclusion *n.f.* inclusion.

inclusivement *adv.* inclusively.

incomber *v.* to lie with, to rest with, to be up to…

incompétence *n.f.* incompetence, inefficiency.

incompétent *adj.* incompetent, inefficient.

incomplet, -ète *adj.* incomplete, unfinished.

incompressible *adj.* incompressible, that cannot be reduced/restricted ; structural.

inconsidéré, e *adj.* rash, ill-advised.

inconvertible *adj.* inconvertible.

incorporation *n.f.* incorporation.

incorporel, -le *adj.* intangible. *Actif ~, immobilisation ~ le*, intangible asset.

incorporer *v.* to incorporate.

incoté, e *adj.* unquoted.

incrustation *n.f.* *(télé)* insertion, keying.

incubateur *n.m.* incubator. ~ *d'entreprises*, business incubator.

inculpation *n.f.* indictment ; charge.

inculper *v.* to charge, to indict.

indécis, e *adj.* undecided ; irresolute ; wavering. *(Victoire, etc.)* indecisive, doubtful. *Électeurs ~*, floating voters.

indéfectible *adj.* non wasting. *Actif ~*, non wasting assets.

indemnisable *adj.* entitled to compensation ; compensable.

indemnisation *n.f.* compensation, indemnification.

indemniser *v.* to indemnify, to compensate. ~ *quelqu'un d'une perte*, to compensate somebody for a loss.

indemnité *n.f.* indemnity, compensation, allowance, benefit. ~ *de chômage*, unemployment benefit, unemployment compensation, *(G.B.)* dole. ~ *-logement*, housing allowance. ~ *de représentation*, entertainment allowance. ~ *de licenciement*, severance pay. ~ *de vie chère*, cost-of-living allowance, cost-of-living bonus. ~ *de surestaries*, demurrage. *Réclamer une ~*, to claim for compensation.

independance *n.f.* independence.

indépendant, e *adj.* independent. *Circonstances ~es de ma volonté*, circumstances beyond my control. *Commerçant ~*, independent retailer, independent. *Travailleur ~*, self-employed.

indépendant *n.m.* independent, free lance. *Travailler en ~*, to work freelance, to freelance ; to be self-employed.

index *n.m.* index (*pl.* indices, indexes). *Mettre à l'~*, to blacklist.

indexation *n.f.* (*prix, salaires*) indexing, pegging, linkage. *Clause d'~*, escalator clause.

indexé, e *adj.* index-linked, index-tied, index-pegged.

indexer *v.* to index, (*prix, salaires*) to peg, to link.

indicateur *n.m.* **1.** (*chemin de fer, etc.*) time-table, schedule ; guidebook. **2.** indicator. *Les principaux ~s économiques,* the leading economic indicators. *~ instantané,* instant indicator. **3.** (*police*) informer.

indicatif, -ive *adj.* indicative. *Prix ~,* target price. *A titre ~,* for your guidance ; for your information ; (*sens large*) for example, for instance.

indicatif *n.m.* code, number. *~ musical,* jingle. (*Téléphone*) *~ régional,* area code.

indication *n.f.* indication, information, particular, detail. *A titre d'~,* for your guidance. *Sauf ~ contraire,* unless otherwise specified/agreed. *~ de prix,* quotation.

indice *n.m.* **1.** (*police*) clue. **2.** index. *~ des actions,* share index, stock index. *~ des prix à la consommation,* consumer price index. *~ des prix à la production,* producer price index. *~ Dow Jones,* Dow Jones industrial average, Dow Jones index. *~ pondéré,* weighted index. *~ d'écoute,* audience rating, television rating (T.V.R.).

indice de popularité, popularity rating(s) ; approval rating.

indifférent, e *adj.* indifferent. *Salaire ~,* salary immaterial.

indigent, e *n.m.f.* pauper.

indigent, e *adj.* needy, destitute, poor.

indiquer *v.* to specify, to stipulate, to state, to indicate. *~ un prix,* to quote a price.

indirect, e *adj.* indirect. *Impôts ~s,* indirect taxes.

indivis, e *adj.* joint, held indivisum. *Biens ~,* joint property, (*U.S.*) undivided property. *Par ~,* jointly. *Propriétaires ~,* joint owners.

indivision *n.f.* joint possession, joint ownership.

indu, e *adj.* undue.

induire *v.* to induce.

industrialisation *n.f.* industrialization.

industrialiser *v.* to industrialize.

industrie *n.f.* industry, manufacture, trade. *~ électronique,* electronics industry. *~ clé,* key industry. *~ de base,* staple industry. *~ de pointe,* high-technology industry, high-tech industry. *~ de transformation,* processing industry, manufacturing industry. *L'~ du bâtiment,* the building trade. *L'~ hôtelière,* the hotel trade. *L'~ minière,* the mining industry.

industriel, -le *adj.* industrial, manufacturing. *Propriété ~ le,* patent rights. *Zone ~ le,* (*G.B.*) industrial estate, (*U.S.*) industrial site, industrial park. *Esthétique ~ le,* industrial design.

industriel *n.m.* industrialist, manufacturer.

industriellement *adv.* industrially.

industrieux, -euse *adj.* industrious, busy, active. *Ville industrieuse,* busy town.

inefficace *adj.* inefficient, (*sans résultats*) ineffective, ineffectual.

inefficacité *n.f.* (*personne*) inefficiency ; (*mesure*) ineffectiveness, inefficiency.

inégal, e, -aux, -ales *adj.* unequal, uneven.

inégalité *n.f.* inequality, disparity.

inélasticité *n.f.* inelasticity. *~ de la demande,* inelasticity of demand.

inéligibilité *n.f.* ineligibility.

inéligible *adj.* ineligible.

inemployabilité *n.f.* unemployability.

inemployable *adj.* unemployable.

inemployé, e *adj.* (*capital, capacité de production*) unemployed, idle.

inertie *n.f.* inertia ; apathy ; sluggishness ; dullness ; listlessness.

inescomptable *adj.* undiscountable, not subject to discount.

inexact, e *adj.* inaccurate, incorrect.

inexactitude *n.f.* inexactitude, inaccuracy.

inexécution *n.f.* non-execution, non-performance.

inexploitable *adj.* **1.** not exploitable, unworkable *(mine)*, uncultivable *(terre)*. **2.** *(données)* useless.

inexploité, e *adj. (ressources)* untapped, *(terre)* unexploited, undeveloped.

infidélité *n.f.* unfaithfulness. ~ *à une marque,* brand disloyalty.

inflation *n.f.* inflation. ~ *par les coûts,* cost-push inflation. ~ *par la demande,* demand-pull inflation. ~ *à deux chiffres,* double-digit inflation. ~ *galopante,* run-away inflation, galloping inflation, spiralling inflation. *Pays en proie à l'~,* inflation-ridden country. *Juguler l'~,* to curb/to check/to stem/inflation. *Refuge contre l'~,* hedge against inflation. ~ *structurelle,* core/structural inflation.

inflationniste *adj.* inflationary.

infléchir *v.* **1.** to change, to modify, to alter. **2.** *S'infléchir,* to go down, to sag, to weaken, to dip. *La demande s'infléchit,* demand is weakening.

infléchissement *n.m.* **1.** change, alteration. **2.** downswing, downward trend, downturn, sagging.

influent, e *adj.* influential.

influence *n.f.* influence. *Trafic d'~,* influence peddling.

influencer *v.* to influence, to exert an influence on.

infographie *n.f.* computer art.

infographie *n.f.* computer art.

information *n.f.* information. *Les sciences de l'~,* information sciences. *(Radio) les ~s,* news bulletin, news. *A titre d'~,* for your guidance. *Traitement de l'~,* data processing.

informaticien *n.m.* computer scientist, computer engineer.

informatique *n.f.* computer science, computer technology, (electronic) data processing

(E.D.P.), information technology, informatics. ~ *de gestion,* computerized management. *Le service ~,* the computer department, the computer division, the E.D.P. department. *Directeur de l'~,* Information System Manager/Director.

informatique *adj.* computer ; computerized. *Réseau ~,* computer network.

informatiser *v.* to computerize.

informatisation *n.f.* computerization.

informé, e *adj.* informed ; *jusqu'à plus ample ~,* until closer inquiry. *Milieu/source/bien ~(e),* knowledgeable/reliable/source.

informer *v.* to inform, to notify, to let somebody know, to advertise.

infraction *n.f.* breach ; offence *(U.S.* offense), infringement, violation. ~ *à la loi sur les brevets,* patent infringement.

infrastructure *n.f.* infrastructure, substructure ; facilities. ~ *portuaire,* harbour facilities.

ingénieur *n.m.* engineer. ~ *-conseil,* consulting engineer, *(U.S.)* engineering consultant. ~ *-conseil en organisation,* management consultant. ~ *d'affaires,* ~ *des ventes,* ~ *technico-commercial,* sales engineer.

ingénierie *n.f.* engineering. ~ *éducative,* educational engineering.

ingérence *n.f.* interference, meddling.

inhabité, e *adj.* uninhabited ; *(maison)* unlived in, untenanted ; *(île)* desert.

initial, e *adj.* initial, starting. *Salaire ~,* starting salary, commencing salary, initial salary. *Versement ~,* deposit, cash deposit, down payment.

initiale *n.f.* initial.

initiative *n.f.* initiative. *Prendre l'~ d'une réforme,* to initiate a reform. ~ *privée,* private venture, private enterprise. *Syndicat d'~,* tourist office, information office.

initié, e *n.m.f.* insider. *Délit d'~,* insider trading, insider dealing.

initier *v.* to initiate.

injecter *v.* (de l'argent, des capitaux) to inject, to pump in, to channel, to funnel.

injustifié(e), *adj.* unjustified, unwarranted, wrongful. *Licenciement injustifié*, wrongful dismissal.

innovant, e *adj.* innovative ; innovating.

innovateur *n.m.* innovator, pioneer.

innovateur, -trice *adj.* innovative, innovating ; pioneering, ground-breaking.

innovation *n.f.* innovation ; breakthrough.

innover *v.* to innovate, to break new ground, to pioneer ; to introduce, to initiate.

inobservation *n.f.* disregard, non observance, non-compliance (with).

inondation *n.f.* flood, flooding ; inundation.

inonder *v.* to flood, to inundate, (marché) to swamp. *Le marché est inondé*, the market is glutted. *~ le réseau (par multipostage)*, to spam.

inquiet, -ète *adj.* anxious, uneasy, worried. *Il y a de quoi être ~*, there is cause for serious concern.

inquiétude *n.f.* uneasiness, anxiety, concern.

insalubre *adj.* unhealthy, insalubrious.

insalubrité *n.f.* unhealthiness, insalubrity.

inscription *n.f.* 1. writing-down, inscribing. 2. registration, enrolment. *Droit d'~*, registration fee, entrance fee. *Formulaire d'~*, registration form, entry form. (Pour les sociétés, etc.) ~ au registre du commerce, registration. ~ hypothécaire, registry, registration of mortgage.

inscrire *v.* to register, to enter, to write down. ~ *une hypothèque*, to register a mortgage. ~ *sur une liste*, to enter in a list, to list.

inscrire (s') *v.* to register, to sign up, to enrol(l), to enter ; (club, syndicat…) to join. ~ *à un cours*, to enrol(l) in/on a course ; ~ *à un concours*, to enter a contest, (études) to register for a competitive exam(ination).

insérer *v.* to insert.

insertion *n.f.* 1. insertion, insert ; advertisement. 2. rehabilitation ; integration.

insolvabilité *n.f.* insolvency.

insolvable *adj.* insolvent. *Débiteur ~*, insolvent debtor.

insonore *adj.* sound-proof ; noise-free.

insonoriser *v.* to soundproof.

inspecter *v.* to inspect, to examine.

inspecteur *n.m.* inspector ; (magasin) shopwalker, (U.S.) floorwalker.

inspection *n.f.* inspection, examination.

inspiration *n.f.* inspiration ; brainwave.

instabilité *n.f.* instability, unsteadiness. ~ *du marché*, unsettled market.

instable *adj.* unstable, instable, unsteady, unsettled ; (cours) volatile.

installation *n.f.* 1. setting-up. 2. installing, installation. 3. ~s fixes, fixtures and fittings. 4. (infrastructures, usines) facility(ies).

installateur *n.m.* installer.

installer *v.* 1. (une succursale) to set up. 2. to install. 3. (matériel) to equip.

installer (s') *v.* to set up shop, set oneself up, to set up one's own business, to open up. (se loger) to settle, to move in, to live, to set up home/house. (s'habituer à un environnement) to settle down, to settle in. « *Installez-vous* », make yourself comfortable ; make yourself at home.

instance *n.f.* instance, suit. *Affaire en ~*, pending matter. *Courrier en ~*, mail due to be dispatched, outgoing mail. *Introduire une ~*, to start legal proceedings.

instances *n.f.pl.* authorities.

instauration *n.f.* founding, setting up, establishment.

instaurer *v.* to set up, to establish ; *(mesures)* to initiate, to implement, to adopt.

instigation *n.f.* instigation.

instituer *v.* to found, to set up ; *(poursuites)* to institute, to initiate.

institut *n.m.* institute. ~ *de beauté*, beauty-salon, beauty parlo(u)r.

institution *n.f.* institution, establishment.

institutionnaliser *v.* to institutionalize.

institutionnel, le *adj.* 1. institutional. *Investisseur* ~, institutional investor. 2. *(de l'entreprise)* corporate.

instructeur, trice *n.m.f.* instructor ; trainer ; coach.

instruction *n.f.* 1. education. 2. *(militaire)* training. 3. instruction, direction ; order ; directive. 4. *(juridique)* investigation, inquiry. *Juge d'~*, investigating magistrate.

instruction(s) *n.f.* instruction(s). *(Inform.)* statement.

instruire *v.* 1. to teach, to educate. 2. to inform, to advise. ~ *une affaire*, to conduct an investigation ; ~ *un dossier*, to research a matter, to complete a file, to establish the facts ; to build a case.

instruit, e *adj.* educated.

instrument *n.m.* instrument ; tool. ~ *de crédit*, instrument of credit. ~ *financier*, financial instrument. *Marché à terme des* ~*s financiers*, financial futures market.

instrumentaire *adj.* *témoin* ~, witness to a deed.

instrumenter *v.* to implement, to draw up.

insu *n.m.* ignorance. *A l'*~ *de*, unknown to, without the knowledge of.

insubordination *n.f.* rebelliousness, insubordination.

insuccès *n.m.* failure.

insuffisance *n.f.* shortage, insufficiency. ~ *de main-d'œuvre*, labour shortage. ~ *de provision*, insufficient funds.

insuffisant *adj.* insufficient, inadequate.

intact, e *adj.* complete, intact.

intangible *adj.* intangible. *Valeur* ~, intangible asset.

intégral, e *adj.* full, entire, complete, whole. *Paiement* ~, payment in full. *Remboursement* ~, full repayment.

intégralement *adv.* entirely, completely, wholly, in full.

intégralité *n.f.* integrality, entireness, wholeness, whole.

intégration *n.f.* integration, fusion. ~ *horizontale*, horizontal integration.

intégré, e *adj.* integrated. *Commerce* ~, large scale retail trade. *Fret* ~, roll-on-roll-off.

intégrer *v.* to integrate.

intègre *adj.* honest, righteous.

intégrité *n.f.* honesty, integrity.

intensif, -ive *adj.* intensive, heavy. *Cours* ~, crash course.

intensifier *v.* to intensify.

intenter *v.* ~ *une action en justice*, to take legal action, to institute an action at law, to bring an action (against), to start legal proceedings (against).

intention *n.f.* intention, intent. ~ *de nuire*, malicious intent. *Lettre d'*~, letter of intent.

inter *n.m.* subscriber trunk dialling (S.T.D.), *(U.S.)* long distance. *Appeler l'inter*, to call long distance, *(G.B.)* to make a trunk call ; to call the operator.

interactif, ve *adj.* interactive.

interaction *n.f.* interaction.

interbancaire *adj.* interbank.

intercalaire *n.f.* guide-card, division-card.

interconnecter *v.* to interconnect.

interconnexion *n.f.* interconnection.

interdependant, e *adj.* interdependent.

interdiction *n.f.* interdiction, prohibition, ban. ~ *d'afficher*, stick no bills, post no bills.

interdiction de chéquier, withdrawal of banking privileges.

interdire v. to forbid, to prohibit, to ban. ~ *(quelqu'un) de chéquier,* to withdraw (someone's) banking privileges.

interdit n.m. prohibition ; interdiction ; ban, banning. *Frapper d'~,* to ban, to impose a ban on.

interdit, e adj. forbidden, prohibited.

interdit bancaire, withdrawal of banking privileges. Etre ~ bancaire, to be deprived of/to lose one's banking privileges.

intéressant, e adj. attractive. *Prix ~,* attractive price.

intéressé, e n.m.f. party concerned, involved. *Les intéressés,* the interested parties, the parties concerned, the persons concerned ; the stakeholders.

intéressement n.m. profit-sharing (scheme).

intéresser v. 1. to interest. 2. ~ *les employés aux bénéfices,* to initiate a profit-sharing scheme in the firm.

intérêt(s) n.m. interest. *~s accumulés,* accrued interest, accrual(s). *~s arriérés, arrérages,* back interest, interest in arrears. *~ composé,* compound interest. *~s dus,* payable interest, interest due. *~ à échoir,* accruing interest. *~s échus,* outstanding interest. *~s exigibles,* interest due. *~ simple,* simple interest. *(Bourse) ~ de report,* contango. *Dommages-~s,* damages. *Porter, produire, rapporter un ~,* to bear/to carry/to yield/an interest. *Productif d'~,* interest-bearing. *Principal et ~,* capital and interest. *Taux d'~, de l'argent au jour le jour,* call money rate.

interface n.f. interface.

intérieur, e adj. 1. inner, indoor, inside, internal. 1. home, domestic. *Commerce ~,* home trade, domestic trade. *Marché ~,* home market, domestic market. *Navigation ~e,* inland navigation, internal navigation. *Produit ~ brut,* gross domestic product (G.D.P.). *(Société) règlement ~,* by-laws, rules, articles (of association). *Tarif ~,* inland rate.

intérieur n.m. *Ministère de l'Intérieur, (G.B.)* Home Office, *(U.S.)* Interior Department.

intérim n.m. 1. interim. *Dans l'~,* in the interim, in the meantime. *Directeur par ~,* acting manager. *Assurer l'~ de quelqu'un,* to stand in for somebody, *(U.S.)* to deputize (for). 2. *(travail intérimaire)* temporary work, temping. *Faire de l'~,* to temp, to have a temporary job, to have temporary jobs. *Société d'~, agence d'~,* temping agency, temporary employment agency/firm.

intérimaire adj. temporary, interim. *Bilan ~,* provisional balance. *Directeur ~,* acting manager. *Main-d'œuvre ~,* temporary labour. *Personnel ~,* temporary staff, temps. *Faire un travail ~,* to do temporary work, *(G.B.)* to temp.

intérimaire n.m.f. temporary worker/employee. *(Fam. G.B.)* temp. *Travailler comme ~,* to do temporary work, *(G.B.)* to temp.

interjeter v. ~ *appel (d'un jugement),* to appeal, to lodge an appeal, *(U.S.)* to file an appeal.

interligne n.m. space. *Double interligne,* double space.

interlocuteur n.m. 1. interlocutor, speaker. 2. counterpart ; partner ; *(sens large)* person, people, *etc.*

intermédiaire adj. intermediate, intermediary ; interim. *Arrêté ~ de(s) compte(s),* interim closing of account(s). *Biens ~s,* intermediate goods, intermediates.

intermédiaire n.m.f. intermediary, middleman ; go-between. *On devrait éliminer les ~s,* middlemen should be done away with.

intermédiation n.f. intermediation.

intermittent, e adj. intermittent, occasional, casual. *Main-d'oeuvre ~e,* occasional, casual labour.

internalisation, n.f. 1. internalization. ~ *des coûts,* internalization of costs. **2.** production within the firm, in-house production, « insourcing » (as opposed to outsourcing).

internaliser, v. 1. to internalize. ~ *les coûts*, to internalize costs. **2.** to produce within the firm.

international, e adj. international ; worldwide ; global.

internationalisation n.f. internationalization.

internaute n.m.f. Internet user.

interne adj. internal. *Audit, contrôle* ~, internal audit. *Contrôleur* ~, internal auditor. *Formation* ~, in-house training.

Internet (l'), the Internet.

interphone n.m. intercom, interphone.

interprète n.m.f. interpreter.

interpréter v. to interpret, to explain, to understand ; *(des résultats)* to read.

interprofessionnel, -le adj. interprofessional. *Salaire minimum* ~ *garanti,* guaranteed minimum wage.

interroger v. to ask. ~ *une banque de données,* to query a data bank. *(sondage)* to poll. *Dix pour cent des personnes interrogées,* ten per cent of the people polled/the interviewees/the respondents.

interrompre v. to interrupt ; to suspend ; to stop ; to cease. *(production)* to discontinue. *(négociation)* to break off.

interrupteur n.m. heckler.

interruption n.f. interruption ; suspension ; cessation ; *(du travail)* stoppage ; *(d'une séance)* interruption, break ; *(de la production)* discontinuation, discontinuance ; *(de négociations)* breaking off ; suspension.

interurbain n.m. subscriber trunk dialling (S.T.D.), *(U.S.)* long distance. *Appel* ~, *(G.B.)* trunk call, *(U.S.)* long distance call.

intervenant, e n.m.f. participant ; contributor ; speaker.

intervenir v. to intervene ; to move in, to step in.

intervention n.f. intervention. *(congrès)* contribution.

interventionnisme n.m. interventionism, interference ; *(U.S., intervention autoritaire du Président dans la vie économique)* jawboning.

intervention n.f. intervention, interference.

interview n.f. interview.

interviewer v. to interview. *(sondage)* to poll.

intervieweur n.m. interviewer.

intestat adj. et **n.** intestate. *Mourir* ~, to die intestate.

intitulé n.m. heading ; title ; name.

intraitable adj. intractable, unmanageable, uncompromising ; obstinate.

intransigeance n.f. intransigence, intransigency, uncompromisingness.

intransigeant, -e adj. uncompromising, intransigent.

intrinsèque adj. intrinsic, specific.

introduction n.f. introduction. *(Bourse)* listing.

introduire v. 1. to introduce, to bring in. ~ *en bourse,* to list, to quote on the stock exchange. ~ *sur le marché,* to launch on the market. ~ *une action en justice,* to bring an action (against), to take legal action (against), to sue, to initiate proceedings. **2.** *(une pièce de monnaie dans une fente)* to insert.

inusable adj. hard-wearing, long-wearing.

invalidation n.f. invalidation.

invalider v. to invalidate ; *(décision, jugement)* to quash.

invalidité n.f. 1. nullity, invalidity. **2.** disability, disablement. *Pension d'~,* disability, disablement pension.

invendable adj. unsaleable, unmarketable.

invendu, e adj. unsold.

invendus n.m.pl. returns, sales returns ; unsold goods/articles.

inventaire *n.m.* stock-taking, inventory, stocklist. *Faire l'~*, to take (an) inventory. *Feuille, fiche d'~*, stock sheet. *~ existant*, stock on hand. *~ tournant*, continuous inventory. *Valeur d'~*, stock-taking value, accounting value. *Sous bénéfice d'~*, with reservation. *Faire l'~*, to take stock.

inventer *v.* to invent.

inventeur *n.m.* inventor.

invention *n.f.* invention ; device.

inventorier *v.* **1.** to take stock. **2.** to inventory, to inventorize. **3.** *(Fin.)* to value.

inventoriste *n.m.f.* inventory clerk.

inversion *n.f.* reversal, inversion. *~ de tendance*, reversal of trend.

investir *v.* to invest.

investissement *n.m.* investment. *Banque d'~*, investment bank. *Biens d'~*, capital goods. *Dépenses d'~*, capital expenditure(s). *Déduction fiscale sur les ~s*, capital allowance. *Société d'~*, *(G.B.)* unit trust(s), *(U.S.)* mutual fund(s).

investisseur *n.m.* investor. *~ institutionnel*, institutional investor.

invisible *adj.* invisible. *Exportations ~s*, invisible exports. *Exportations et importations ~s*, invisibles. *Rentrées ~s*, invisible earnings.

irrachetable *adj.* unredeemable, irredeemable.

irrecouvrable *adj.* irrecoverable, unrecoverable uncollectable, uncollectible. *Dettes ~s*, bad debts.

irrégularité *n.f.* irregularity ; *(Bourse)* unsteadiness.

irrégulier, -ière *adj.* irregular, unsteady, erratic. *Marché ~*, unsteady/erratic market.

irremboursable *adj.* **1.** non repayable, non refundable. **2.** unredeemable, irredeemable.

isolation *n.f.* **1.** isolation. **2.** *(thermique, etc.)* insulation.

isolement *n.m.* isolation.

isoler *v.* **1.** to isolate. **2.** *(protection)* to insulate.

issue *n.f.* **1.** outcome ; end result. *C'est sans ~*, it is hopeless, there is no way out. *Situation sans ~*, deadlock. **2.** exit. *~ de secours*, emergency exit. *Voie sans ~*, no exit, no way out, blind alley ; dead end. **3.** *à l'~ de*, at the end of, after ; as a result of.

italiques *n.f.pl.* italics. *Écrire/imprimer en ~*, to write/to print in italics, to italicize.

itinéraire *n.m.* itinerary, route. *~ de délestage*, relief road. *~ bis*, alternative route.

itinérant, e *adj.* travel(l)ing. *Exposition ~e*, travelling exhibition/fair.

J

J *Le jour J*, D day.

jachère *n.f.* fallow land ; waste-land. *Être en ~*, to lie fallow. *Mettre en ~*, to lay land fallow, to leave a piece of land fallow, to let land lie fallow.

jaillir *v.i* **1.** to gush (out), to spurt, to spring (out), to shoot forth. **2.** *(abstrait)* to spring from.

jaillissement *n.m.* gush, gushing, spurt, spurting ; *(pétrole)* blowing.

jalon *n.m.* **1.** mark, marker ; sighting mark ; (graduated) rod. **2.** *(fig.)* landmark, milestone.

jalonner *v.* to stake out, to mark out, to peg out.

jaquette *n.f.* *(livre)* jacket, dust cover.

jardinage *n.m.* gardening ; *(produits du jardin)* garden produce.

jardinerie *n.f.* garden centre/ U.S. center.

jauge *n.f.* **1.** gauge, *(U.S.)* gage ; gauging-rod. **2.** *(marine)* tonnage, burden (of ship). *(tonnage) ~ brute*, gross register(ed). *(tonnage) ~ nette*, net register(ed).

jaugeage *n.m.* gauging, measuring, measurement.

jauger *v.* **1.** to gauge, *(U.S.)* to gage. **2.** *(situation)* to size up. *Le navire jauge 400 tonnes*, the ship is of 400 tons burden.

jaune *adj.* yellow.

jaune *n.m.* *(fam.)* = *briseur de grève*, strike-breaker ; scab, black-leg.

jet *n.m.* **1.** throw, cast ; gush. **2.** *(assur.)* jettison & washing over-board, jettison, casting. *(fam.) Premier ~*, roughdraft. **3.** *(liquides)* jet, gush, stream.

jetable *adj.* *(emballages, etc.)* disposable, non-returnable, one-way.

jetée *n.f.* pier, jetty.

jeter *v.* **1.** to throw, to throw away, to cast. **2.** *~ par-dessus bord*, to throw overboard, to jettison.

jeton *n.m.* token ; *(cartes)* counter. *~ de présence*, (director's) fee.

jeu *n.m.* **1.** game ; gambling, speculation. *~ de hasard*, game, gaming. *~ de rôle*, role play(ing). *Théorie des ~ x*, game theory. **2.** *(mécanique)* play ; clearance. **3.** *(série)* set. *En ~*, at stake, at work, at play.

jeu-concours *n.m.* sweepstake.

jeune *n.m.f.* youth. *Les ~s*, young people.

jeune *adj.* **1.** young. **2.** *(ancienneté)* junior.

jeune pousse *n.f.* start-up.

jeunesse *n.f.* youth.

joailler *n.m.* jeweller.

joignable *adj.* reachable, that can be contacted ; available.

joindre *v.t.* **1.** to assemble, to join, to bring together. **2.** to enclose, to attach. *Veuillez trouver ci-joint*, please find enclosed, we are enclosing, we enclose, we are sending you herewith, please find herewith. **3.** *(prendre contact)* to get in touch (with), to contact, to get hold of.

joindre (se) *v.i.* to join, to meet, to adhere.

joint *n.* joint ; join ; *(rondelle)* washer. *~ de culasse*, gasket.

joint, e *adj.* joined, united, combined. *P.J.*, encl(s). *Pièce(s) ~e(s)*, enclosure(s). *Ci-~*, enclosed, attached, herewith.

jonction *n.* junction, meeting, joining.

jongler *v.* **1.** to juggle. **2.** *(fig.)* to juggle, to deceive, to fiddle with.

jouer *v.t.* **1.** to play ; to be at play/in motion. *~ le jeu*, to play the game. *~ un rôle*, to play a part/a role. **2.** *(argent)* to gamble, to bet, to speculate.

jouer *v.i.* to come into play. *(Clause, etc.)* to apply. *(Mécanisme)* a) to work, to act b) to be loose. *~ à*, to pretend, to play ; to put on an act. *(Bourse) ~ à la baisse*, to play for a fall, to go a bear. *~ à la hausse*, to play for a rise, to go a bull.

jouet *n.m.* toy.

joueur, euse *n.m.f.* **1.** player. **2.** gambler. **3.** *(Bourse)* speculator, operator. *Petit ~,* small-time operator.

jouir *v.* to enjoy ; to receive. *~ d'un privilège,* to have a privilege, to enjoy a privilege.

jouissance *n.f.* **1.** enjoyment. **2.** possession, tenure. *Date de ~,* due date (of interest or coupon), interest due (+ *date).*

jour *n.m.* day. *A ~,* up to date. *Argent au ~ le ~,* day-to-day money. *Taux de l'argent au ~ le ~,* overnight lending rate. *A trois ~s de date,* 3 days after date. *A trois ~s de vue,* three days after sight. *Au ~ le jour,* on a day-to-day basis ; from day to day. *De nos ~s,* nowadays. *~ de congé,* holiday, day off. *~ de fête (légale),* *(G.B.)* bank holiday, *(U.S.)* public holiday. *~ de liquidation, de règlement,* account day, settling day. *~ de paie,* pay day. *~ de planche,* lay day. *~ de surestarie,* day of demurrage. *~ impair,* odd date. *~ J,* D-day. *~ ouvrable,* work(ing) day. *~ ouvré,* work(ing) day, business day. *~ ouvré,* work(ing) day. *~ pair,* even date. *Mettre à ~,* to update. *Prix du ~,* day's price, ruling price. *Si le ~ et l'heure vous conviennent,* if the date and time are convenient to you. *Vivre au ~ le ~,* to live from hand to mouth.

journal *n.m.* **1.** newspaper, paper ; diary. *~ d'entreprise,* house organ. **2.** *(compta.)* (day) book ; register ; journal. **3.** *(marine)* log, log book ; report.

journalier *n.m.* (day) labourer ; journeyman.

journalier, ère *adj.* daily, everyday.

journalisme *n.m.* **1.** journalism. **2.** the press ; the media.

journaliste *n.* journalist, newsman, *(presse écrite)* newspaperman ; pressman, reporter. *~ indépendant,* freelance journalist.

journalistique *adj.* journalistic. *Langue/style ~,* journalese.

journée *n.f.* day. *~ de travail,* working day ; workday. *Après une ~ de travail,* after a day's work.

journellement *adv.* daily.

joyau *n.m.* jewel.

judicature *n.f.* judicature, judicatory.

judiciaire *adj.* juridical, legal. *Poursuites ~s,* legal proceedings. *Erreur ~,* miscarriage of justice. *Pouvoir ~,* judiciary, judicial power.

judiciairement *adv.* judicially.

judicieusement *adv.* judiciously, discerningly, wisely.

judicieux, euse *adj.* judicious, discerning, sensible, wise.

juge *n.m.* judge ; justice ; magistrate. *Juge-assesseur,* associate judge. *~ d'instruction,* examining magistrate. *~ de paix,* Justice of the Peace (J.P.). *~ de paix bénévole,* lay magistrate.

jugement *n.m.* **1.** judgement, judgment, court decision, ruling, trial. *~ contradictoire,* judgment after hearing both sides. **2.** opinion, estimation. *Montrer du ~,* to show good sense, sound judgment.

jugement déclaratif de faillite, adjudication in bankruptcy. *Prononcer un ~,* to adjudicate bankrupt.

juger *v.* **1.** to judge, to try (a case). **2.** to pass sentence/judgment. *~ par défaut,* to deliver judgment by default. **3.** to believe, to think.

juguler *v.* to jugulate, to cut, to suppress, to stifle. *~ l'inflation,* to curb/stem/check inflation.

jumelage *n.m.* *(bourse de marchandises)* contra account. *(ville, etc.)* twinning.

jumeler *v.* to twin.

juré *n.m.* juror, juryman. *Messieurs les Jurés,* Members of the Jury, Ladies and Gentlemen.

jurer *v.* to swear ; to pledge one's word.

juridiction *n.f.* jurisdiction.

juridictionnel *adj.* jurisdictional. *Aide ~,* legal aid, provision of free legal assistance.

juridique *adj.* juridical, judicial, legal. *Conseiller ~,* legal adviser/counsel.

juridiquement *adv.* juridically, judicially, legally.

jurisconsulte *n.m.* jurisconsult, jurist, legal expert.

jurisprudence *n.f.* jurisprudence, case law, statute law.

juriste *n.m.* lawyer, jurist, legal expert/counsel/adviser.

jury *n.m.* jury, panel, board. *Président du ~,* Chairman, *(jur.)* Foreman.

jusqu'au-boutiste *n.m.* *(fam.)* die-hard, last-ditcher, hard-liner.

juste *adj.* **1.** just, fair, right, appropriate. *~ prix,* fair price. **2.** accurate, exact, right.

juste *adv.* **1.** rightly, fairly. **2.** exactly, accurately. **3.** just, only.

juste à temps, *(stocks)* just in time.

juste-milieu *n.m.* middle-course. *Garder le ~,* to keep (to) the middle of the road.

justesse *n.f.* accuracy, exactness, precision.

justice *n.f.* **1.** justice, law. *Action en ~,* action at law. **2.** legal proceedings. *Palais de ~,* Law Court. *Poursuivre en ~,* to sue, to go to law, to take legal action, to institute legal proceedings (against), *(U.S.)* to file a suit.

justiciable *n.m.* person falling under a jurisdiction ; citizen.

justiciable *adj.* liable (to, for), subject to. *~ d'un tribunal,* justiciable to a court. *Cas ~ d'un certain traitement,* case to which a certain treatment applies.

justifiable *adj.* justifiable, warrantable.

justificatif, -ive *adj.* justificative, justificatory. *Facture ~,* vindicating invoice.

justificatif *n.m.* voucher, voucher copy ; supporting document ; documentary evidence.

justification *n.f.* **1.** justification. **2.** *(assur., jur.)* evidence. **3.** *(des prétentions)* proof (of claims). **4.** *(typo.)* column width.

justifier *v.* **1.** to justify ; to vindicate ; to warrant. **2.** to prove, to give proof (of). **3.** *(assur.)* to substantiate a loss.

jute *n.m.* jute.

juteux, euse *adj.* juicy.

K

kaffirs *n.pl. Valeurs sud-africaines,* kaffirs ; South African shares.

kérosène *n.m.* **1.** *(G.B.)* paraffin oil. **2.** *(Aviat. et U.S.)* kerosene.

keynésien *adj.* keynesian.

kidnapper *v.* to kidnap.

kilo *n.m.* **1.** *Abrév. de* kilogram(me). **2.** = 1,000.

kilogramme *n.m.* kilogram(me) (= 2.2 lbs).

kilométrage *n.m.* mileage.

kilomètre *n.m.* kilometre, kilometer (= 0.624 mile).

kilomètre passager, km passager, *(se convertit en)* passenger mile(s).

kilowatt *n.m.* kilowatt.

kiosque *n.m.* kiosk. ~ *à journaux,* newsstand.

kiosquier, ère *n.m.f.* newsagent.

krach *n.m.* crash, stock-market crash, collapse, smash.

L

label *n.m.* label, trademark, seal. ~ *de qualité,* quality label.

labeur *n.m.* labo(u)r ; toil ; (hard) work ; hardship. *Imprimerie de ~,* book printing works.

laboratoire *n.m.* laboratory ; *(fam.)* lab. ~ *de recherche spatiale,* space research lab.

laborieux, se *adj.* **1.** arduous, hard. *Les classes laborieuses,* the working classes, the workers. **2.** difficult ; sluggish.

labour *n.m.* till, tillage ; ploughing, *(U.S.)* plowing.

labourable *adj.* arable, tillable. *Terre ~,* plough-land, *(U.S.)* plowland.

labourage *n.m.* ploughing, *(U.S.)* plowing, tilling.

labourer *v.* to till (the land), to plough *(U.S. :* to plow).

lâche *adj.* **1.** loose, slack. **2.** *(relâché)* slipshod, careless. **3.** *(couard)* coward(ly).

lâcher *v.* **1.** to release ; to loosen ; to set free. **2.** to let out, to let go ; to drop. **3.** ~ *pied,* to give ground, to give way ; to yield ; to break. **4.** *(céder)* to give out, to fail ; to get loose.

lacis *n.m.* network.

lacune *n.f.* **1.** gap ; break ; lacuna. *Combler une ~,* to fill a gap, to fill a blank. **2.** *(omission, oubli, échappatoire dans une loi…)* loophole. *Possibilités légales d'échapper à l'impôt,* tax loopholes.

laïc, laïque *adj.* lay, secular. *L'état laïc,* the secular state.

lainage(s) *n.m.* woollen goods, woollens.

laine *n.f.* wool ; *pure ~,* pure wool. *(Fam.)* Bas de ~, savings. ~ *de verre,* glass-wool, fibre glass. ~ *peignée,* worsted. ~ *vierge,* virgin wool.

lainier, ère *adj.* woollen, wool. *L'industrie ~e,* the wool trade. *Produits ~s,* woollen goods, woollens.

lainier *n.* wool manufacturer, wool worker.

laissé-pour-compte *n.m.* **1.** reject, rejected/refused/goods. **2.** on hand. **3.** unwanted article, white elephant. **4.** *(personne)* outcast. *Les laissés-pour-compte,* the under-privileged.

laisser *v.* **1.** *(permettre)* to let, to allow. ~ *entendre,* to imply. **2.** *(ne pas prendre)* to leave. ~ *tomber,* to drop. *C'est à prendre ou à ~,* take it or leave it. **3.** *(léguer)* to leave, to bequeath. **4.** ~ *un pourboire,* to tip, to give a tip.

laisser-aller *n.m.* carelessness, slovenliness.

laisser-faire *n.m.* laissez-faire, non-interference. *Politique de ~,* laissez-faire policy.

laissez-passer *n.m.* **1.** pass, clearance, permit. *(douane)* transire. **2.** *(diplomatie)* laissez-passer.

lait *n.m.* milk.

laitage *n.m.* dairy produce. ~*s,* dairy produce, dairies.

laiterie *n.f.* **1.** dairy, creamery. **2.** dairy work, dairy farming.

laitier, ière *adj.* milky, milk. *Industrie ~e,* milk industry. *Produits ~s,* dairy produce.

laitier *n.m.* *(métallurgie)* dross, slag.

laiton *n.m.* brass.

laize *n.f.* **1.** *(text.)* width (of cloth). **2.** *(marine)* cloth (for sail making).

lamanage *n.m.* inshore/river/harbour/branch/pilotage, piloting ; mooring/docking operations.

lamaneur *n.m.* (harbour, branch, inshore, river) pilot ; mooring/docking specialist.

laminage *n.m.* laminating, flatting, rolling (of metal). *Usine de laminage,* roll-mill, strip-mill.

laminer *v.* to laminate, to roll, to flat(ten). *(fig.)* to steamroll ; to wipe out.

laminoir *n.m.* rolling/flatting/mill.

lampe *n.f.* **1.** lamp. **2.** *(ampoule)* bulb. **3.** *(radio)* valve, tube.

lampiste *n.m.* *(Fam.)* underling, scapegoat, *(U.S.)* underdog ; fall guy.

lancée *n.f.* momentum, impetus.

lancement *n.m.* **1.** throwing, casting ; launching ; starting up, revving up (motor). **2.** *(produit, campagne)* launch(ing). *Prix de ~,* introductory price. **3.** *(company)* floating, launching. **4.** *(emprunt)* floating (a loan). **5.** *(fusée, etc.)* launch, launching. *Aire de ~,* launching pad. *Rampe de ~,* rocket launcher. *Tour de ~,* gantry.

lancer *v.* **1.** *(jeter)* to cast, to throw, to fling. **2.** *(émettre)* to issue, to send out ; *(une proclamation)* to launch ; *(une accusation)* to level. *~ un mandat d'amener,* to issue a warrant. **3.** *(navire, fusée)* to launch ; *(une société)* to float, to launch ; *(un produit)* to launch, to market ; *(un fonds)* to start. *~ un ballon d'essai,* to put out a feeler. *~ un emprunt,* to float a loan. **4.** *se ~ (dans les affaires)* to set up, to start (in business), to launch out (into business).

lanceur *n.m.* **1.** launcher ; promoter, floater (company). **2.** launcher, thrower.

lande *n.f.* moor, heath.

langage-machine *n.m.* *(inform.)* machine-language, computer language.

langueur *n.m.* **1.** languor, languidness. **2.** *(commerce, marché)* dullness, flatness, sluggishness.

larcin *n.m.* larceny, petty theft ; pilfering.

largage *n.m.* *(aviation)* dropping, releasing. *Point de ~,* dropping area/zone.

large *adj.* **1.** broad, wide ; *(grand)* large, big, ample. **2.** *(généreux)* liberal, generous. **3.** *(limites reculées)* wide, ample ; *(pouvoir)* extensive. *Calculer ~,* to allow/provide ample room/a good margin for error.

large *n.m.* room, space. *(marine)* open sea, high sea(s). *Prendre le ~,* to put to sea, to sail out.

largesse(s) *n.f.* *(pl)* liberality, generosity ; lavishness.

largeur *n.f.* **1.** breadth, width. **2.** *(arche de pont, etc.)* span ; *(rail de chemin de fer)* gauge.

larguer *v.* **1.** *(marine)* to let loose, to let go ; *(amarres)* to cast off. **2.** *(Aviation)* to drop, to release ; to get rid of.

latent, e *adj.* latent ; concealed.

latino-américain, e *adj.* Latin-American.

latitude *n.f.* **1.** latitude. **2.** *(fig.)* scope (of action), freedom (of movement). *Avoir toute ~ pour faire quelque chose,* to have a free hand.

lauréat, e *n.m.f.* laureate, prizewinner, (award) winner.

lavable *adj.* washable. *~ en machine,* machine-washable.

lavage *n.m.* washing. *~ de cerveau,* brain-washing.

laver *v.* to wash. *Machine à ~,* washing machine. *Poudre à ~,* washing powder.

laverie *n.f.* *(magasin)* laundry, launderette.

layette *n.f.* baby clothes.

lèche-vitrine(s) *n.f.* window-shopping. *Faire du ~(s),* to go window-shopping.

lecteur *n.m.* reader ; player. *~ de cartes magnétiques,* magnetic card reader. *~ de cassette(s),* cassette-player. *~ optique,* optical reader/scanner.

lectorat *n.m.* readership.

légal, e *adj.* legal, statutory, lawful. *Médecine ~,* forensic medicine. *Recourir aux moyens légaux,* to go to court, to institute legal proceedings, to sue. *Taux ~,* legal rate. *Titre ~ (métaux précieux),* legal fineness.

légalisation *n.f.* legalization ; certification, authentication.

légaliser *v.* to legalize, to make legal ; to certify, to authenticate, to attest.

légalité *n.f.* lawfulness, legality. *Rester dans la ~*, to keep within the law.

légat *n.m.* legate.

légataire *n.m.f.* legatee ; heir (ess) ; devisee *(ne s'emploie que pour des biens immobiliers)*. *~ universel*, sole legatee.

légation *n.f.* 1. legation. 2. legateship.

légende *n.f.* 1. legend. 2. *(d'un dessin, d'un tableau)* caption.

léger, e *adj.* 1. *(poids, etc.)* light. 2. slight ; mild ; weak. 3. *(remarque, attitude)* inconsiderate, thoughtless.

législateur *n.m.* legislator ; lawmaker.

législatif, ve *adj.* legislative. *Élection législative*, parliamentary election. *Pouvoir ~*, legislative power, legislature.

législation *n.f.* legislation, lawmaking. *~ du travail*, labo(u)r law(s). *~ en vigueur*, laws in force.

législature *n.f.* 1. legislature, legislative body. 2. *(mandat)* term.

légiste *n.m.* 1. jurist, legist. 2. *(médecin)* forensic pathologist.

légitime *adj.* 1. *(revendication, enfant)* legitimate ; lawful, legal ; rightful. *~ défense*, self-defense. 2. justifiable, well-founded ; sound, reasonable.

légitimer *v.* 1. to legitimate, to legitimize. 2. to justify. 3. to recognize, to grant recognition.

legs *n.m.* legacy, bequest ; devise *(ne s'applique qu'aux biens immobiliers)*. *~ à titre universel*, general legacy.

léguer *v.* to bequeath, to will ; to donate, to leave ; to devise *(ne s'applique qu'aux biens immobiliers)*.

légume *n.m.* 1. vegetable. 2. *(fig. et fam.) Grosse(s) ~(s)*, big shot(s), V.I.P. ('s), top brass.

lent, e *adj.* slow.

lenteur *n.f.* 1. slowness. 2. *(pl.)* slow progress, slowness of action ; delays, dilatoriness. *Les ~s de l'administration*, administrative delays ; red-tape.

léonin, e *adj.* 1. lion-like, leonine ; oppressive. 2. *(Part du lion)* lion's share. 3. *(contrat, etc.)* unconscionable, leonine.

léser *v.* 1. to wrong, to harm, to do wrong/harm ; to injure ; to victimize. *~ les droits de quelqu'un*, to encroach upon s.o.'s rights. 2. to endanger, to jeopardize.

lésiner *v.* to be stingy ; to be penny-wise.

lest *n.m.* 1. *(Marine)* ballast. 2. weight(s), sinker(s).

lestage *n.m.* 1. ballasting. 2. weighting.

lester *v.* 1. to ballast. 2. to weight.

lettre *n.f.* letter ; note ; notice. *En (toutes) ~*, in words, in full ; in so many words. *~ -avion*, air-letter. *~ circulaire*, circular letter. *~ de change*, bill of exchange. *~ de convocation* a) *(société)* notice of meeting b) letter fixing an appointment c) *(jur.)* summons. *~ de crédit*, letter of credit. *~ de mer*, sea letter, sea brief. *~ de rappel* a) (letter of) reminder b) *(ambassadeur)* letter of recall. *~ de relance*, follow-up letter. *~ de transport aérien, lettre aérienne*, air-waybill. *~ de voiture*, waybill, consignment note. *~ recommandée*, registered letter. *~s de créance*, credentials.

lettre de change *n.f.* bill of exchange. *~ payable à vue*, sight bill, bill on demand. *~ sur l'étranger*, foreign bill.

lettre de voiture *n.f.* way-bill, consignment note. *~ aérienne (= lettre de transport aérien)* air-waybill, *(U.S.)* air bill of lading, airbill. *~ ferroviaire*, railway bill, *(U.S.)* railroad bill of lading.

leurrer *v.* 1. to deceive, to take in. 2. to lure, to decoy.

levage *n.m.* lifting, raising, hoisting. *Puissance de levage*, lifting power.

levée *n.f.* 1. *(levage)* lifting (-up), raising. *~ de boucliers*, widespread protest ; uproar. 2. *(remblai)* dyke, levee, embankment. 3. *(impôt,* *argent)* levy, collection ; *(P.T.T.)* collection, *(U.S.)* pick-up. ~ *d'une prime,* exercise of an option. ~ *d'actions,* taking up of stock. **4.** *(suppression)* raising, lift-ing, can-celling, cancellation. ~ *d'écrou,* jail delivery. ~ *de la censure,* lifting of censorship. ~ *de l'embargo,* lifting of the embargo. ~ *de scellés,* breaking of seals. ~ *d'une séance,* closing, adjourning of meeting.

lever *v.* **1.** *(soulever)* to lift, to raise, to pull up. **2.** *(fin.)* to levy, to raise, to collect, to pick-up, to exercise an option, to take up stock. ~ *des fonds,* to raise money/funds. ~ *des impôts,* to levy tax. **3.** *(supprimer, terminer)* to raise, to lift, to cancel, to adjourn, to close. ~ *des sanctions,* to lift sanctions. ~ *une interdiction,* to lift a ban. ~ *un mot d'ordre de grève,* to call off a strike.

levier *n.m.* lever, lever arm. *Effet de* ~, leverage (effect) ; *(actions d'une société)* gearing.

liaison *n.f.* connection, link, tie, bond ; connecting, linking, tying ; joining ; liaison. ~ *aérienne,* (air-)service.

liasse *n.f.* *(papiers)* bundle, packet, file, sheaf ; *(billets)* wad.

libellé *n.m.* **1.** writing, wording, drawing up, making. **2.** terms used, words ; *(comm.)* particulars, description.

libeller *v.* to draw (up), to word, to make (out), to write (out), to fill in. ~ *à l'ordre de,* to make out to the order of. ~ *comme suit,* to word as follows. ~ *un chèque,* to draw/to make out/to fill out/a cheque. ~ *un exploit,* to draw a writ.

libéral, e *adj.* **1.** liberal, broad. **2.** generous. *Économie* ~*e,* free market economy. *Les professions libérales,* the professions.

libéralement *adv.* liberally, generously, freely, *(dépenser)* lavishly.

libéralisation *n.f.* liberalization. ~ *des changes,* easing of exchange controls.

libéraliser *v.* to liberalize.

libéralisme *n.m.* liberalism.

libéralité *n.f.* liberality, generosity, lavishness.

libération *n.f.* **1.** liberation, freeing ; *(prisonnier)* release. **2.** *(engagement, obligation)* discharge, relief, release. **3.** *(Action)* paying-up, payment in full. **4.** *(déblocage)* unpegging, *(des tarifs, des loyers)* freeing, *(U.S.)* decontrolling, deregulation. ~ *des prix,* lifting of price controls. *La libération du prix de l'or dans les années 70,* the unpegging of the price of gold in the 70's. ~ *de la femme,* women's lib.

libératoire *adj.* *Avoir force* ~, to be legal tender. *Monnaie libératoire,* legal tender. *Prélèvement* ~, standard deduction. *(versement)* final.

libérer *v.* **1.** to free, to liberate. **2.** *(prisonnier)* to release ; to discharge ; to set free. *Libérer sous caution,* to release on bail. **3.** *(d'une obligation)* to release, to discharge, to relieve. ~ *une caution,* to discharge a surety, to discontinue a guarantee. **4.** *(tarifs, prix, loyers, etc.)* to free, to set free, *(U.S.)* to decontrol ; to unpeg. **5.** *(capital, actions)* to pay up ; *actions libérées,* paid-up shares ; *capital libéré,* paid-up capital. **6.** *Être libéré de ses obligations militaires,* to have completed one's military service, to be free from military obligations.

liberté *n.f.* **1.** liberty ; *(de la presse, du commerce, etc.)* freedom. *Atteinte à la* ~ *du commerce,* restraint of trade. ~ *d'entreprendre,* freedom of enterprise. ~ *d'établissement,* freedom of undertaking. **2.** *(prisonnier, etc.)* discharge, release. **3.** *(jur.)* ~ *sous caution,* bail. **4.** *(moment, jour de)* free moments, day off.

librairie *n.f.* **1.** bookshop, book store. **2.** book trade, bookselling.

libre *adj.* **1.** free. ~ *de droit,* duty-free. ~ *d'impôt,* tax free ; *(pas en service)* off-duty. **2.** clear, open, unoccupied, vacant, unengaged.

Effet ~, clean bill. *(têl.) pas libre,* busy *(U.S.),* engaged *(G.B.). (Taxi)* for hire. ~ *-concurrence, (economie de ~ -concurrence),* free market (economy), competitive profit system. ~ *-échange,* free-trade. *Zone de ~ -échange,* free-trade area. ~ *- échangisme,* free trade policy. ~ *entreprise,* free enterprise. ~ *-service,* self-service (store, restaurant, etc.).

licence *n.f.* 1. *(G.B.)* licence, *(U.S.)* license. *Licence de fabrication,* manufacturing licence/ license. ~ *d'exportation,* export licence/ license. ~ *d'importation,* import license/license. ~ *de vente,* selling licence/license, franchise. 2. permit, pass. 3. leave, permission. 4. *(diplôme)* bachelor's degree ; *(lettres)* B.A., *(sciences)* BS, BSc.

licenciement *n.m.* 1. dismissal, discharge. *Lettre de ~,* notice of dismissal, (U.S.) pink slip. 2. *(par compression de personnel)* lay-off ; laying off. ~ *collectif,* mass dismissal, mass layoff. *Au pluriel, personnes licenciées :* redundancies.

licenciement(s) économique(s), lay-off, laying-off, lay-offs, redundancy, redundancies, mass dismissal(s).

licenciement injustifié wrongful dismissal.

licenciement(s) sec(s), (mass) dismissal (without redeployment, retraining or phasing out) ; layoff/ dismissal without compensatory package, without compensation ; straight dismissal/layoff/ redundancy.

licencier *v.* 1. *(accorder une licence)* to grant a patent, to license. 2. to franchise. 3. *(renvoyer du personnel)* to dismiss ; to discharge ; *(par compression)* to lay off. *(Fam.)* to fire, *(G.B.)* to sack, to give the sack, (U.S.) to pink-slip. ~ *sans préavis,* to dismiss without notice.

licitation *n.f. (jur.)* sale by auction in one lot of property held indivisum.

licite *adj.* lawful, licit, permissible.

lien *n.m.* link, connection ; tie, bond ; binding.

lier *v.* 1. to tie (up), to fasten. 2. *(contrat, commerce, jurid., etc.)* to bind.

lieu *n.m.* 1. *(endroit)* place. ~ *de travail,* workplace ; *sur le ~ de travail,* in the workplace. ~ *public,* public place. 2. *(pl.) Sur les ~ x,* on the spot, on the premises ; on/at the scene. 3. *(d'une exposition, d'un congrès)* venue.

ligne *n.f.* line ; cord, cable ; *(pol.)* course, policy, line. *Ligne de flottaison,* water-line. ~ *de produits,* product line, product range. *(Av.)* ~ *intérieure,* domestic flight. ~ *principale (rail),* main line, trunk line ; *(tél.)* trunk line. *Respecter la ~ du parti,* to toe the party line.

ligne de crédit, credit line.

lignite *n.f.* lignite.

ligue *n.f.* league.

limitatif, ve *adj.* 1. limiting, restrictive ; limitary. 2. *(jur.)* limitative.

limitation *n.f.* 1. limitation, restriction, limit. ~ *de vitesse,* speed limit. 2. control, restraint.

limite *n.f.* limit, limitation, boundary, line, border, borderline. *Dans les ~s de,* within the bounds of. *Cas ~,* borderline case. *Date ~,* deadline. ~ *d'âge,* age limit. *Vitesse ~,* maximum speed.

limité, e *adj.* limited. *Responsabilité limitée,* limited liability *(voir société). Limite d'endettement,* debt capacity.

limiter *v.* 1. to limit, to set bounds/limits (to), to restrict, to reduce. 2. to bound.

limitrophe *adj.* adjacent, bordering, neighbouring, limitrophe.

limoger *v.* to dismiss without notice.

lin *n.m.* flax. *Toile de ~,* linen.

linéaire, n.m. shelf-space.

lingot *n.m.* ingot.

linotype *n.m.* linotype.

liquidateur *n.m.* **1.** *(Jur.)* liquidator. **2.** ~ *de faillite*, official receiver. **3.** *(Bourse)* settling room clerk. ~ *officiel*, official assignee. **4.** *(Bourse de marchandises)* clearing house official/clerk.

liquidatif, -ve *adj.* (pertaining to) liquidation. *Acte ~ de société*, winding-up order, winding-up resolution. *Valeur ~*, break-up value, market value.

liquidation *n.f.* **1.** *(société)* liquidation, winding-up. *Entrer en ~ (forcée)*, to go into/fall into/receivership. ~ *forcée*, compulsory liquidation. ~ *volontaire*, voluntary liquidation/winding up. **2.** *(Bourse)* settlement, account. ~ *prochaine*, next account, new time. *Jour de ~*, account day, settling day, settlement day. **3.** *(Arrêt des opérations)* closing. **4.** *(ventes au rabais)* sales, clearance sales, selling off. **5.** *(ass.)* ~ *de sinistre*, run-off, runoff.

liquide *adj.* **1.** liquid, wet. *Dette ~*, liquid debt. *Marchandises ~s (~ sèches)* wet (~ dry) goods. **2.** *(Argent)* cash (money), hard currency, ready money, money available, cash in the till, liquidities.

liquider *v.* **1.** to liquidate ; *(société)* to wind up ; *(dette)* to pay off. **2.** to go into liquidation. **3.** to clear, to settle, to close. ~ *le stock*, to clear the stock. ~ *une opération*, to close a deal, a transaction.

liquidité *n.f.* **1.** *(fin.)* liquidity. **2.** *(pl.)* liquid assets, cash/money available, liquidities.

lire *v.* to read. *Il faut ~*, it should read. *Lu et approuvé*, read and approved.

lire *n.f.* *(unité monétaire)* lira.

lisibilité *n.f.* legibility.

lisible *adj.* legible, readable.

lisiblement *adv.* legibly.

lissage *n.m.* smoothing, smoothing off. *(Stat.) Lissage exponentiel*, exponential smoothing.

lisse *adj.* smooth.

lisser *v.* to smooth, to even out. ~ *des fluctuations*, to smooth fluctuations.

liste *n.f.* **1.** list, roll. **2.** register, roll. ~ *d'attente*, waiting list. ~ *d'envoi, de publipostage*, mailing-list. ~ *noire*, black list. ~ *de passagers*, passenger list. ~ *de souscripteurs*, subscription list. ~ *nominative*, list of names, nominal list. ~ *de contrôle*, check-list.

litige *n.m.* litigation, dispute at law, (law) suit. *Cas en ~*, case at issue/under dispute/in litigation. *Matière à ~*, issuable matter, controversial matter.

litigieux, se *adj.* litigious, disputable (at law), controversial.

litispendance *n.f.* *(jur.)* pendency (of case).

livrable *adj.* **1.** *(com.)* deliverable, ready for delivery. **2.** *(Bourse)* forward, in futures, in options ; *(marchandises)* for shipment.

livraison *n.f.* delivery. *Délai de ~*, delivery deadline/time-limits. ~ *à domicile*, home delivery. ~ *à terme*, forward delivery, future delivery. ~ *immédiate*, immediate delivery. ~ *le jour même*, same-day delivery. *Payable à la ~*, cash on delivery, C.O.D. *Prendre ~ de*, to take delivery of, to collect. *Respecter les délais de ~*, to meet delivery dates/deadlines, to keep the delivery date. *Retard de ~*, late delivery.

livre *n.m.* **1.** book, journal, register ; *Grand ~*, ledger. ~ *à souche*, stub book. ~ *blanc*, white paper. ~ *broché*, paper-back. ~ *d'achats*, purchase(s) book/journal, bought book/journal, invoice book. ~ *de balance*, balance book. ~ *de bord*, log (book). ~ *de caisse*, cash book. ~ *de comptes*, account book. ~ *d'échéances*, bill diary. ~ *de paie*, wage book. ~ *de poche*, pocket book. ~ *-journal*, journal, day-book. *Tenir les ~s*, to keep the accounts/books. *Tenue des ~s*, bookkeeping. **2.** *(Unité de poids)* = 0,453 kg, pound *(Abr.* lb). **3.** *(Unité monétaire britannique)* pound sterling (£).

livré, e *adj.* delivered. ~ *avec piles,* complete with batteries.

livrer *v.* to deliver. ~ *par erreur,* to misdeliver.

livret *n.m.* booklet, manual, handbook, small book, book, record. ~ *de caisse d'épargne,* savings bank deposit book, savings book, depositor's book.

livreur *n.m.* **1.** delivery man, roundsman, deliverer ; van driver. **2.** *(Bourse)* deliverer, seller.

local *n.m.* **1.** premises, building, rooms, accommodation(s), quarters. *Locaux professionnels/commerciaux,* commercial/business/professional/premises.

local, e *adj.* local. *Agent ~ (concessionnaire),* local agent. *Gouvernement ~,* local government. *Militant syndicaliste ~,* local union officer.

localisation *n.f.* location, localization, position(s).

localiser *v.* to locate, to localize ; to trace, to pinpoint, to position.

localité *n.f.* place, spot.

locataire *n.m.f.* tenant ; renter, hirer. ~ *à bail,* lessee, leaseholder.

locatif, ve *adj.* **1.** pertaining or relating to the renting of premises. *Impôts ~s,* rates. *Valeur locative,* rental value. **2.** rented.

location *n.f.* **1.** renting ; *(par propriétaire)* letting. *Agent de ~,* house agent, *(U.S.)* realtor. *Donner en ~,* to let (out), to hire (out). *Montant de la ~,* rent. *Prendre en ~,* to rent, to hire. *Voiture en ~,* rental-car. **2.** *(spectacle, hôtel, voyage)* reservation, booking. *Location-bail,* lease, leasing. ~ *gérance,* management under lease. ~ *vente,* hire-purchase, H.P. *Conditions de location-vente,* H.P. terms.

locaux *n.m.pl. (Voir local)* premises.

lock-out *n.m.* lock-out.

loco *adv.* loco. *Prix ~,* loco price.

locomotive *n.f.* locomotive, (railway) engine.

logement *n.m.* **1.** housing, lodging. *La crise du ~,* the housing shortage. *Le problème du ~,* the housing problem. ~ *social,* subsidized housing, social housing ; *(G.B.)* council house(s)/flat(s). **2.** dwelling, house. **3.** accommodation.

loger *v.* to accommodate ; to lodge, to house ; to put up.

logiciel *n.m.* software, program(me) ; software package. *(Info.)* ~ *de navigation,* browser.

logistique *adj.* logistic. *Plateforme ~,* (operations) hub.

logistique *n.f.* logistics.

logotype *n.m.* logo.

loi *n.f.* **1.** *(terme générique)* law. *Homme de ~,* lawyer, legal practitioner. *Appliquer la ~,* to enforce/uphold the law, to put the law in force. *Faire la ~,* to rule. *Hors la ~,* out-law(ed). *La ~ et l'ordre,* law and order. ~ *de l'offre et de la demande,* law of supply and demand. *Respectueux de la ~,* law-abiding. **2.** *(pouvoir législatif)* law, act, bill, enactment, statute. *Projet/proposition de ~,* bill. ~ *-cadre,* skeleton-law, outline law. ~ *-programme,* Finance Act authorizing expenditures over several financial years. ~ *votée,* act. *Promulguer une ~,* to enact a bill, to promulgate a law.

loisir *n.m.* leisure ; spare time ; *(activité de ~)* hobby. *Le secteur des ~s,* the entertainment business/sector, the recreational business.

long, gue *adj.* **1.** long. *(= fastidieux)* lengthy. *A ~ terme,* in the long run/term. *A ~ ue échéance,* long-dated. *A ~ ue portée,* long-range. **2.** slow ; protracted. *(De création ancienne) de ~ ue date,* long-standing. **3.** *6 mètres de ~,* 18 feet long/in length.

long-courrier *n.m.* ocean liner, ocean-going ship ; long range/long distance aircraft.

longueur *n.f.* **1.** *(distance)* length. ~ *totale,* overall length. **2.** *(lenteur)* delays.

lot *n.m.* **1.** lot, portion, share, parcel, batch. *(Inform.) Traitement par ~*, batch-processing. *Emprunt à ~s*, lottery loan. *Obligation à ~s*, prize bond, lottery bond. **2.** *(Bourse) lot d'actions*, block of shares.

loterie *n.f.* lottery ; raffle. *(promotion des ventes)* sweepstake.

lotir *v.* **1.** to divide into lots/parcels/batches, to develop. *~ un terrain à bâtir*, to parcel out a building site. **2.** to sort out, to parcel out.

lotissement *n.m.* **1.** parcelling out, sorting out, allotment, apportionment (of estate). **2.** *(zone à bâtir)* building plot. **3.** housing development, housing estate.

louage *n.m.* **1.** renting, hiring ; *de ~*, for rent, for hire. **2.** chartering, hire.

louer *v.* **1.** *(locataire)* to rent ; *(propriétaire)* to let ; to hire ; to reserve, to book ; *(à bail)* to lease. *A ~*, to let, for hire. **2.** to praise, to commend, to extol.

loueur *n.m.* *(locataire)* renter ; *(propriétaire)* letter ; hirer ; *(bailleur)* lessor.

loup *n.m.* *(sens figuré, Bourse)* premium hunter, stag ; *(rossignol)* white elephant. *(défaut)* flaw, defect ; mistake.

lourd, e *adj.* heavy, ponderous. *~e perte*, heavy loss. *~e erreur*, serious mistake, gross mistake. *~ de conséquence*, fraught with consequence.

loyal, e *adj.* fair, honest, straightforward, faithful, straight ; *(Fam.)* on the level, square. *~ en affaires*, straightforward in business. *Bon et ~ inventaire*, true and accurate inventory. *Bonne qualité ~e*, genuine (quality). *Compte ~ et exact*, true and faithful report. *Valeur ~e et marchande*, fair market value.

loyalement *adv.* fairly, honestly, straightforwardly, loyally, faithfully.

loyauté *n.f.* fidelity, loyalty, honesty, straightforwardness, fairness, uprightness. *Manque de ~*, dishonesty, unfairness.

loyer *n.m.* rent, rental. *~ de l'argent*, price/hire/rent of money. *~ nominal*, nominal rent, peppercorn rent.

lucratif, ve *adj.* lucrative, profitable, paying (off). *Sans but ~*, non-profit, non-profit making, non-profit seeking, not-for-profit. *A but ~*, for money, for profit.

lutte *n.f.* fight, struggle, contest, conflict.

lutter *v.* to fight, to struggle ; to contend, to compete, to combat, to battle with. *~ contre l'inflation*, to fight/combat inflation.

luxe *n.m.* luxury. *Articles de ~*, luxury articles/items. *Hotel de ~*, luxury hotel, 4-star hotel, *(fam.)* plush/posh/hotel. *Voiture de ~*, de luxe/automobile/car.

luxueux, euse *adj.* luxury, luxurious, sumptuous, rich.

M

macaron *n.m.* badge, button.

machination *n.f.* plot.

machine *n.f.* machine ; *(moteur)* engine. *Pl.* machines, machinery ; *taper, écrire à la ~,* to type, to typewrite ; *(~ administrative, gouvernementale, syndicale, d'un parti)* machinery.

machine à calculer, calculating machine.

machine à écrire, typewriter.

machine à enseigner, teaching machine.

machine à laver, washing-machine. *~ à laver la vaisselle,* dishwasher.

machine à sous, slot-machine ; *(distributeur)* vending machine.

machine de bureau, office-machine.

machine de traitement de texte, word processor.

machine-outil, machine-tool.

machiner *v.* to scheme, to plot, to engineer, to mastermind.

machiniste *n.m.* machine operator, *(conducteur)* driver ; engineer.

macroéconomie *n.f.* macroeconomics.

macroéconomique *adj.* macroeconomic.

magasinage *n.m.* warehousing, storing. *Droits de ~,* warehouse dues, storage charges.

magasin *n.m.* **1.** store, *(G.B.)* shop. *Grand ~,* department store. *~ à succursales multiples,* chain store, multiple. *~ discompte,* discount centre/(U.S.) center, discount house/store/shop. *~ en libre-service,* self-service store. *~ minimarge,* hard discounter, hard-discount store. *Marchandise(s) en ~,* stock in hand. **2.** *(entrepôt)* warehouse.

magasinier *n.m.* warehouseman, storeman, storekeeper.

magasins généraux *n.m.pl.* bonded warehouse(s).

magistrat *n.m.* magistrate, judge.

magistrature *n.f.* magistracy. *La ~ assise,* the Bench. *La ~ debout,* public prosecutors.

magnat *n.m.* magnate, tycoon ; *(de la presse)* press baron ; *(du pétrole)* oil magnate.

magnétophone *n.m.* tape-recorder.

magnétoscope *n.m.* video(-tape) recorder.

mailing *n.m.* (mass) mailing, mailshot ; direct mail.

maillage *n.m.* netting ; linkage ; networking.

mailler *v.* to net ; to link, to connect.

main *n.f.* hand. *De première ~,* first-hand. *De seconde ~,* second-hand. *En ~,* in hand. *En sousmain,* behind the scenes. *Fait à la ~,* hand-made. *Régler de la ~ à la ~,* to hand over the money direct, without receipt or invoice.

main-d'œuvre *n.f.* labour, *(U.S.)* labor ; labour force ; manpower. *Industrie de ~,* labour-intensive industry. *~ non-qualifiée,* unskilled labo(u)r. *~ qualifiée,* skilled labour. *~ temporaire,* temporary workers, temps ; casual labo(u)r. *Pénurie de ~,* labour shortage ; shortage of hands. *Prix/coût de la ~,* cost of labour, labour costs.

mainlevée *n.f.* restoration of goods. *~ de saisie,* cancellation of garnishee order, replevin. *(chèque)* withdrawal of order to stop payment, withdrawal of stop payment.

main courante *n.f.* rough/waste book ; *(de caisse)* counter cash-book.

mainmise *n.f.* **1.** *(jur.)* seizure, distraint. **2.** *(sens large)* control, hold, grasp.

maintenance *n.f.* maintenance, maintaining.

maintenir *v.* to maintain, to keep ; *(préserver)* to safeguard, to retain ; *(une décision)* to abide by ; *(confirmer la décision d'un tribunal)* to uphold. *~ à l'abri de l'humidité,* « keep dry », « store in a dry place ». *~ l'ordre,* to enforce the law, to maintain law and order.

maintenir **(se)** *v.* to hold ; to hold one's own ; *(prix)* to keep up ; *(actions boursières)* to remain firm.

maintien *n.m.* maintenance ; preservation ; upholding. ~ *des prix,* price maintenance. ~ *de l'ordre,* law enforcement, maintenance of law and order.

maire *n.m. n.m.* mayor.

mairesse *n.f.* mayoress.

mairie *n.f.* town hall, city hall.

maïs *n.m.* maize, *(U.S.)* corn.

maison *n.f.* 1. house. 2. firm. ~ *de commerce,* business firm. ~ *de vente par correspondance,* mail-order firm. ~ *mère* a) head-office b) parent company.

maison de l'emploi, job center, (G.B.) centre.

maître *n.m.* master.

maître *adj.* main, major, master, chief, principal.

maître chanteur *n.m.* blackmailer.

maîtresse *n.f.* mistress ; lover, mistress.

maîtresse *adj.* main, major, chief, principal.

maître d'œuvre *n.m.* project manager ; project supervisor ; contractor.

maîtrisable *adj.* controllable, manageable.

maîtrise *n.f.* 1. mastery ; *(de soi)* self-control. ~ *de l'anglais,* command of English. ~ *des coûts,* cost containment. 2. supervisors. 3. *(Diplôme)* Master's degree. 4. command, control ; supervision. 5. *(adresse)* skill, expertise. 6. *maîtrise d'œuvre,* project management/supervision.

maîtriser *v.* to master, to control, to check, to stem. ~ *l'inflation,* to curb inflation.

maison de l'empoi job center / (GB) centre.

majeur, e *adj.* 1. major, main. *Cas de force* ~, case of absolute necessity. *(assur.)* Act of God, force majeure. ~ *partie,* main part ; main body. 2. of age, major. *Devenir* ~, to come of age.

majoration *n.f.* increase, rise ; charge, mark up ; *(indue)* over-charge ; *(de pension, etc.)* additional, supplementary allowance. ~ *pour retard de paiement,* penalty charge, *(impôts)* delinquency charge.

majorer *v.* 1. to increase, to raise, to put up (prices) ; to put (to make) an additional charge on. 2. *(indûment)* to overcharge. 3. *(sur-évaluer)* to overvalue, to overestimate.

majoritaire *adj.* majority ; *(société)* holding a majority of shares. *Associé* ~, senior partner. *Être* ~, to have a majority ; to be more numerous. *Parti* ~, majority party.

majorité *n.f.* majority. *Faible* ~, small/narrow majority. *Forte* ~, large majority. *Atteindre sa* ~, to reach one's majority, to come of age.

majorité de contrôle, controlling stake, majority stake.

malade *adj.* sick ; ill ; *(entreprise)* ailing.

maladie *n.f.* illness, sickness, disease. *Assurance* ~, health insurance ; health insurance scheme ; sickness insurance ; sickness benefit. *Congé de* ~, sick leave. ~ *professionnelle,* occupational disease. *Maladie de la vache folle,* mad-cow disease.

malaise *n.m.* 1. *(économique)* slackness (of trade), sluggishness. 2. *(sentiment de)* uneasiness. ~ *des cadres,* executive unrest, uneasiness among executives.

malentendu *n.m.* misunderstanding.

malfaçon *n.f.* defect ; bad workmanship.

malhonnête *adj.* dishonest.

malhonnêteté *n.f.* dishonesty.

malle *n.f.* trunk, box.

malt *n.m.* malt.

malus *n.m.* increase in insurance premium for accident-prone drivers ; surcharge ; penalty.

malveillance *n.f.* ill-will ; foul play.

malversation *n.f.* 1. *(détournement de fonds)* embezzlement. 2. *(sens large)* malpractice.

management *n.m.* management.

mandant *n.m.* **1.** principal. **2.** (= *électeur, personne qui mandate*) constituent.

mandat *n.m.* **1.** (~ *postal*) money order. ~ *international*, international money order. ~ *télégraphique*, telegraphic money order. **2.** (*ordre*) mandate, instructions, orders. **3.** (*délégation*) power of attorney, proxy. **4.** (*jur.*) *mandat de perquisition*, search warrant ; ~ *d'arrêt*, arrest warrant. **5.** (*fonction*) term (of office) ; tenure.

mandataire *n.m.* authorized agent ; sales agent ; attorney ; mandatary ; trustee ; assignee ; (*assemblée*) proxy ; representative. ~ *aux halles*, sales agent, inside broker.

mandat-carte *n.m.* money order (in postcard form).

mandater *v.* **1.** to commission ; to instruct ; to empower ; to mandate. **2.** to pay by money order.

mandat-lettre *n.m.* money order (in letter form).

mandat télégraphique, telegraphic money-order.

mandature *n.f.* term of (elective) office.

maniement *n.m.* handling ; (*d'une machine*) operation.

manier *v.* to handle, to manage, to operate.

manifestant *n.m.* demonstrator.

manifestation *n.f.* manifestation ; (*politique*) demonstration. *Organiser une* ~, to stage a demonstration. ~ *culturelle, sportive*, cultural, sports event. ~ *officielle*, official/public function, formal ceremony.

manifeste *n.m.* **1.** manifesto, proclamation. **2.** (*nav. : description de la cargaison*) ship's manifest.

manifester *v.* **1.** to show, to exhibit, to reveal, to demonstrate. **2.** (*dans les rues*) to demonstrate.

manipulation *n.f.* **1.** handling, manipulation, manipulating. **2.** manipulation. ~ *électorale*, election rigging.

manipuler *v.* **1.** to handle, to manipulate. **2.** to manipulate, to manœuvre, to tamper with.

mannequin *n.m.* **1.** (*vitrine*) dummy. **2.** (*personne*) model.

mannequinat *n.m.* modelling, (U.S.) modeling.

manœuvre *n.f.* **1.** manœuvre, (U.S.) maneuver ; manœuvring ; operation ; (*péj.*) scheming. ~*s électorales*, election rigging. ~*s frauduleuses*, swindling. **2.** (*nav.*) steering ; handling, manœuvring. **3.** (*ch. de fer*) shunting ; marshalling.

manœuvre *n.m.* unskilled worker ; labourer.

manœuvrer *v.* **1.** to manœuvre. **2.** (*machine, etc.*) to work, to operate, to handle. **3.** (*péj.*) to scheme. **4.** to manipulate.

manœuvrier *n.m.* tactician. *Fin* ~, smooth operator.

manquant *n.m.* deficiency, shortage ; (*quantité perdue en cours de transport*) ullage, outage.

manquant, e *adj.* **1.** (*marchandise*) out of stock. **2.** (*personne*) absent ; missing.

manque *n.m.* lack ; shortage ; deficiency ; want. ~ *à la livraison*, short delivery. ~ *de poids*, short weight, deficiency in weight.

manqué, e *adj.* missed, unsuccessful, abortive. *Occasion* ~*e*, missed opportunity.

manque à gagner *n.m.* **1.** shortfall ; loss of profit, loss of earnings. **2.** lost opportunity.

manquement *n.m.* breach, violation, lapse. ~ *professionnel*, unprofessional conduct, professional misconduct.

manquer *v.* **1.** to miss. ~ *une affaire*, a) to botch, to bungle a deal. b) to miss an opportunity. ~ *une occasion*, to miss an opportunity, to let slip an opportunity. **2.** *Il me manque 5 francs*, I am 5 francs short. **3.** (*échouer*) to fail, to miscarry, to abort. **4.** (*être absent*) to be absent, to be missing.

manquer à *v.* to fail (in), to default (on), not to meet. ~ *à sa* *parole,* to break one's word. ~ *à son devoir,* to fail in one's duty. ~ *à ses obligations,* to default on one's obligations, not to meet one's commitments. ~ *à une promesse,* to break a promise.

manquer de, *v.* 1. *(être à court de)* to be out of, to be short of, to run short of, to run out of, to be out of stock for ; to need, to lack, to want. 2. *Nous ne manquerons pas de vous le faire savoir,* we shall not fail to let you know (about it).

manuel *n.m.* 1. *(livret)* handbook, manual, instruction book, *(école)* textbook. 2. *(travailleur ~)* manual worker, blue collar.

manuel, le *adj.* *Travail ~,* manual work, manual labour. *Travailleur ~,* manual worker, blue collar.

manufacture *n.f.* factory ; mill ; works.

manufacturé, e *adj.* manufactured.

manufacturer *v.* to manufacture.

manufacturier *n.m.* manufacturer, maker ; factory owner, mill owner.

manufacturier, ère *adj.* manufacturing.

manuscrit, -e *adj.* handwritten.

manutention *n.f.* handling. *Frais de ~,* handling charge(s)/ costs/fee(s).

manutentionnaire *n.m.* handler, packer, warehouseman.

maquette *n.f.* mock-up, model. *(dessin, projet)* draught ; *(de livre)* dummy ; *(de page)* lay-out.

maquettiste *n.m.f.* model maker.

maquiller *v.* to fake, to tamper with. ~ *les comptes,* to cook the books.

maraîcher, ère *adj.* market-garden, market-gardening. *Industrie ~e,* market gardening industry, *(U.S.)* truck farming. *Produits ~s,* market-garden produce, *(U.S.)* truck, truck crops.

maraîcher *n.m.* market gardener, *(U.S.)* truck farmer.

marais *n.m.* swamp.

marasme *n.m.* doldrums, slump. *Les affaires sont dans le ~,* business is in the doldrums, business is slack.

marchand, e *n.m.f.* dealer, trader, merchant, shopkeeper. ~ *ambulant,* hawker ; pedlar. ~ *au détail,* retailer. ~ *de biens,* estate agent. ~ *des quatre saisons,* costermonger. ~ *en gros,* wholesaler, wholesale dealer.

marchand, e *adj.* sal(e)able, merchantable, marketable, commercial. *Bonne qualité ~e,* good merchantable quality. *Marine ~e,* merchant navy. *Navire ~,* merchant vessel, cargo boat. *PIB marchand,* GDP for traded goods and services. *Prix ~,* market price, ruling price. *Valeur ~e,* market value, commercial value.

marchandage *n.m.* bargaining, haggling.

marchander *v.* to haggle, to bargain.

marchandisage *n.m.* merchandizing.

marchandise *n.f.* commodity ; *marchandises,* goods ; wares ; merchandise. *~(s) en magasin,* stock in hand. *Train de ~s,* goods train, *(U.S.)* freight train.

marchandiser *v.* to merchandize.

marchandises périssables *n.f.pl.* perishable goods.

marchandiseur *n.m.* merchandizer.

marche *n.f.* working, running, operation, start. *Bonne ~,* smooth running ; sound management. *En état de ~,* in working order. ~ *à suivre,* steps to be taken ; procedure, course to follow. *Mise en ~,* starting.

marché *n.m.* 1. market. *Attaquer un nouveau ~,* to tap a new market. *Bon ~,* low-priced, inexpensive, cheap. *Étude de ~,* a) market study. b) market research. ~ *aux puces,* flea-market. ~ *boursier,* stock-market. ~ *du travail,* labour (U.S. labor) market. ~ *noir,* black market. ~ *porteur,* buoyant market, seller's market. **2.** deal, transaction, bargain, contract. *Conclure un ~*, to strike a deal, to strike a bargain. *~ conclu !* It's a deal !

marchéage *n.m.* merchandising.

marché à règlement mensuel, forward market (with monthly settlement).

marché à terme, *(devises)* forward market ; *(bourse)* settlement market, dealings for the account ; *~ des instruments financiers,* financial futures market. *(marchandises, options)* futures market.

marché au comptant, cash market, cash transaction(s), spot market.

marché boursier, stock market.

Marché Commun, Common Market.

marché de l'emploi, (the) job market.

marché des changes, foreign exchange market.

marché des devises, foreign exchange market.

marché financier, financial market.

marché gris, *(Bourse)* grey market.

marché hors cote, *(Bourse)* over-the-counter market.

marché monétaire, money market.

marché public, public procurement.

marché unique européen, single European market.

marcher *v.* **1.** to work, to run. *Les affaires marchent,* business is brisk. *Les affaires ne marchent pas,* business is slack, at a standstill. *Faire ~ une affaire,* to run a business. *Bien ~ (campagne, etc.),* to be successful. *Leur entreprise ~ bien,* their business/firm is thriving. **2.** *(réussir)* to succeed. **3.** *(accepter)* to agree, to cooperate. **4.** *(se laisser tromper)* to be taken in **5.** to walk.

marée *n.f.* **1.** tide. *~ basse,* low tide. *~ haute,* high tide. *~ noire,* oil slick ; oil spill. **2.** fish. *Train de ~,* fish train.

mareyeur *n.m.* fishmonger.

marge *n.f.* **1.** *(du vendeur)* margin, mark-up. *~ bénéficiaire,* profit margin. *~ brute,* gross profit. *~ commerciale,* gross profit. **2.** *(couverture)* margin, cover, deposit. *Appel de ~,* margin call, call for extra cover, call for additional cover. **3.** *(d'une page)* margin. **4.** *(latitude)* margin, latitude, scope, range, room, allowance. *~ de sécurité,* safety margin.

marge arrière, *(remise supplémentaire obtenue par un distributeur en fin d'année)* refund.

marge brute d'autofinancement, cash flow.

marge opérationnelle, operating income.

marginal, e *adj.* marginal. *Avantages marginaux,* fringe benefits.

mariage *n.m.* marriage. *Acte de ~, certificat de ~,* marriage certificate. *Né hors du ~,* born out of wedlock.

marier (se) *v.* to marry, to get married. *Marié, sans enfant,* married without children.

marin *n.m.* sailor, seaman.

marin, e *adj.* marine, sea. *Carte ~e,* sea chart. *Mille ~,* nautical mile.

marine *n.f.* marine, navy. *~ marchande,* merchant navy, merchant service. *Le Ministère de la Marine,* the Naval Ministry, *(G.B.)* the Admiralty.

marinier *n.m.* bargeman, bargee.

maritime *adj.* marine, maritime, sea. *Agence ~,* shipping agency. *Agent ~,* shipping agent. *Arsenal ~,* naval dockyard. *Assurance ~,* marine insurance, underwriting. *Commerce ~,* sea-borne trade, seatrade. *Courtier ~,* shipbroker. *Droit ~,* maritime law. *Gare ~,* harbour station. *Route maritime,* sea-route. *Transport ~,* sea-transport.

marketing *n.m.* marketing. *~ direct,* direct marketing. *~ téléphonique,* telemarketing, phone marketing.

maroquinerie *n.f.* **1.** leather goods. **2.** leather work. **3.** leather shop.

maroquinier *n.m.* seller of leather goods, leather shop.

marquage *n.m.* marking.

marque *n.f.* **1.** mark. *(sur emballage, etc.)* marking(s). **2.** *(commerciale)* trademark ; brand ; make. *(en général, « brand » pour les produits alimentaires, parfumerie, etc. « make » pour automobiles, biens semi-durables, etc.).* *Image de ~,* brand-image ; *(de société)* corporate image. *~ distinctive,* earmark. *~ dominante,* brand leader. *~ du distributeur/de distribution,* own brand, generic product, unbranded product, « no-brand ». *~ de revendeur,* dealer brand. *~ protégée,* registered trademark. *Produits de ~,* branded goods. *Changer de marque,* to switch brands. **3.** *(taux de ~)* mark-up, margin.

marque d'enseigne, distributor's brand.

marque du distributeur, distributor's brand.

marquer *v.* **1.** to mark ; to stamp, *(une caisse)* to stencil. *Prix marqué,* catalogue price, listed price, price quoted. **2.** *(montrer, accuser)* to show. *~ une baisse,* to show a fall. **3.** *(prendre note de)* to record, to note, to write down.

marqueur *n.m.* marker.

marron *adj.* **1.** brown. **2.** *(fam.)* shady, bogus, sham, *(courtier)* unlicensed.

masculin, e *adj.* male, *(grammaire)* masculine.

massacrer *v.* to slaughter ; *massacrer les prix,* to slash prices.

masse *n.f.* mass, bulk, lump. *Consommation de ~,* mass-consumption. *Production en masse,* mass-production.

masse des créanciers, (general) body of creditors.

mass media, mass media.

masse monétaire, money supply.

masse salariale, total wage-bill, total payroll, pay packet.

massif, -ive *adj.* massive, heavy, bulky, huge, large-scale. *Commande massive,* substantial order, large order, bulk order, order for large quantities. *Licenciements massifs,* mass dismissals, sweeping layoffs.

matérialiser *v.* to materialize, to represent ; to bring into being.

matérialiser (se) *v.* to materialize.

matériau *n.m.* material.

matériaux *n.m.pl.* materials. *~ de construction,* building materials.

matériel *n.m.* material ; equipment ; plant ; *(de bureau)* furniture ; *(inform.)* hardware. *~ de bureau,* office equipment. *~ de comptoir,* counter display. *~ de construction,* building material. *~ de présentation,* display material. *~ roulant,* rolling-stock.

matériel, le *adj.* material, physical, tangible. *Dégâts ~s, dommages ~s,* damage to property.

maternité *n.f.* **1.** maternity. *Allocation de ~,* maternity benefit. *Congé de ~,* maternity leave. **2.** maternity hospital ; *(service)* maternity ward.

matière *n.f.* **1.** matter, substance, material. **2.** subject, subject-matter ; topic. *~ à litige, à procès,* grounds for litigation. *Table des ~s,* table of contents.

matière plastique, plastic, plastics.

matière première, raw material.

matrice *n.f.* matrix.

matriciel, le *adj.* matrix, matrical. *Algèbre ~ le,* matrix algebra. *Calcul ~,* matrix calculus.

matricule *n.f.* **1.** register, roll, list. **2.** registration certificate.

matricule *n.m.* number, registration number, serial number.

matriculer *v.* to enter in the rolls, on the register ; to assign/to give a registration number.

maturité *n.f.* **1.** *(traite, etc.)* maturity. *Arriver à ~,* to come to maturity, to fall due. *(obligation)* redemption date. **2.** *(fruits)* ripeness, maturity. **3.** *(personne)* maturity.

maussade *adj.* dull.

mauvais, e *adj.* bad. *En ~ état,* in bad repair. *~ état de navigabilité,* unseaworthiness. *~e foi,* bad faith. *~e posture,* bad situation.

mauvaise créance, bad debt.

maxidiscompte *n.m.* hard discount.

maxidiscompteur *n.m.* hard discounter.

maximal, e *adj.* maximum.

maximum *adj.* maximum. *Rendement ~,* maximum efficiency, maximum output, maximum yield. *Rentabilité ~,* maximization of profits, profit-maximization.

mazout *n.m.* fuel-oil.

MDD, marque du distributeur distributor's brand, own brand.

mécanique *n.f.* mechanics.

mécanique *adj.* mechanical. *Génie ~, construction ~,* mechanical engineering.

mécanicien *n.m.* mechanic. *Ingénieur ~,* mechanical engineer.

mécanisation *n.f.* mechanization.

mécaniser *v.* to mechanize.

mécanisme *n.m.* mechanism ; machinery.

mécanographe *n.m.* punch-card operator, office-machine operator, duplicating machine operator.

mécanographie *n.f.* office machines, handling of office machines ; *(sens moderne)* data-processing, data processing department.

mécanographique *adj.* data-processing, tabulating ; punch-card ; computer. *Carte ~, fiche ~,* punch-card. *Fichier ~,* punch-card file.

mécénat *n.m.* patronage ; cultural sponsoring ; private sector initiative.

mécène *n.m.* patron ; sponsor.

merchandisation *n.f.* merchandization.

mécompte *n.m.* **1.** miscalculation, error. **2.** disappointment.

méconnaissance *n.f.* ignorance, misappreciation, misreading of facts, disregard (for).

méconnaître *v.* to disregard, to ignore, to misappreciate.

mécontent, e *adj.* dissatisfied, disgruntled ; frustrated.

mécontentement *n.m.* dissatisfaction.

mécontenter *v.* to displease, to dissatisfy.

médaille *n.f.* medal.

médaillé *adj.* medallist, medal winner, holder of a medal.

médailler *v.* to award a medal (to).

médecin *n.m.* physician, doctor ; medical doctor (M.D.). *~ généraliste,* (G.B.) general practitioner, G.P., (U.S.) generalist. *~ conventionné,* contract doctor. *~ du travail,* factory doctor, company doctor.

médecine *n.f.* medicine. *~ légale,* forensic medicine.

médecine du travail, industrial medicine.

média *n.m.* medium, pl. media. *Les médias,* the media.

médias de masse, mass media.

médiateur *n.m.* **1.** mediator. **2.** *(à l'échelon national entre citoyens et collectivités)* ombudsman.

médiation *n.f.* mediation.

médiatique *adj.* media.

médiatisation *n.f.* media-coverage.

médiatiser *v.* **1.** *(transmission des connaissances)* to mediate. **2.** *(diffusion par les media)* to give media coverage.

médical, e *adj.* medical. *Certificat ~,* medical certificate. *Examen ~,* medical examination, checkup. *Visite ~,* medical examination, *(fam.)* medical.

médicament *n.m.* medicine, drug.

médiocre *adj.* mediocre, indifferent, poor. *Résultats ~s,* poor results.

meeting *n.m.* *(politique)* rally ; *(sports)* event, (G.B.) meeting, (U.S.) meet.

meilleur, e *adj.* *(comparat.)* better ; *(superlat.)* best. *Rendre ~,* to improve, to better. ~ *marché*, cheaper, less expensive.

meilleur *n.m.* best.

mégalopolis *n.m.* megalopolis.

mélange *n.m.* mix ; mixture ; *(tabac, etc.)* blend.

mélanger *v.* to mix, *(tabac, etc.)* to blend ; *(mettre en désordre)* to mix up ; *(des fonds)* to commingle.

membre *n.m.* member. ~ *actif*, active member. ~ *honoraire*, honorary member. *Pays* ~, member-country, member nation.

mémo *n.m.* memo.

mémoire *n.f.* 1. memory. 2. *(inform.)* memory ; ~ *morte (MEM)*, ROM ; ~ *vive (MEV)*, RAM ; storage capacity. *Mise en* ~, storage, storing. ~ *de stockage*, mass storage. 3. report ; *(coûts)* memorandum ; *(pour dépôt de brevet)* specifications (of patent). 4. ~ *de recherche*, research project, research paper.

mémorandum *n.m.* memo(randum), note, report.

mémorisation *n.f.* memorizing ; *(inform.)* storage, storing ; *(publicité)* recall, retention, awareness.

mémoriser *v.* to memorize, to commit to memory ; *(inform.)* to store.

menace *n.f.* threat.

menacer *v.* to threaten ; *(mettre en danger)* to endanger ; to jeopardize. ~ *d'un procès*, to threaten with legal proceedings.

ménage *n.m.* 1. household ; family. *Consommation des* ~*s*, household consumption. 2. *(couple)* couple, married couple. *Jeune* ~, young couple.

ménager *adj.* domestic, household. *Articles* ~*s*, domestic appliances, household appliances. *Salon des Arts Ménagers*, *(G.B.)* Ideal Home Exhibition, exhibition of domestic arts ; household appliances show. *Travaux* ~*s*, housework, *(péj.)* house chores.

ménagère *n.f.* housewife.

mener *v.* to lead, to conduct, to manage. ~ *à bien*, to carry through,

to complete (successfully) ~ *à la gare, à l'aéroport, etc.* to take (to drive) to the station, to the airport. ~ *une enquête* a) to conduct an investigation, an inquiry. b) to conduct a survey. ~ *une politique*, to conduct a policy.

meneur *n.m.* leader, *(péj.)* ringleader.

meneur de jeu *n.m. (radio, télé)* announcer ; anchorman.

mensonge *n.m.* lie.

mensonger, -ère *adj.* false ; misleading. *Publicité* ~*e*, deceptive/ misleading advertising.

mensualisation *n.f.* paying/payment by the month.

mensualiser *v.* to pay by the month.

mensualité *n.f.* monthly payment ; *(achat à crédit)* monthly instalment.

mensuel, -le *adj.* et *n.m.* monthly.

mensuellement *adv.* monthly, on a monthly basis.

mention *n.f.* mention, reference, mark ; *(d'un prix)* quotation ; *(à un examen)* honours. *Reçu avec* ~, passed with distinction. *Rayer les* ~*s inutiles*, cross out when not applicable.

mentionner *v.* to mention ; to state ; to mark ; *(un prix)* to quote. *Ci-dessous mentionné*, under-mentioned, mentioned below. *Ci-dessus mentionné*, above-mentioned.

menu, e *adj.* small. ~*e monnaie*, small change. ~*s frais*, petty expenses.

menuiserie *n.f.* joinery, woodwork ; *(meubles)* cabinet-making.

menuisier *n.m.* joiner ; *(meubles)* cabinet-maker.

méprise *n.f.* mistake.

mer *n.f.* sea. *Navire de haute-* ~, ocean-going vessel ; sea-going ship. *Prendre la* ~, to set sail, to sail, to put to sea.

mercantile *adj.* mercantile.

mercantilisme *n.m.* mercantilism.

mercatique *n.f.* marketing.

mercerie *n.f.* haberdashery ; haberdasher's (shop).

merchandisation, *n.f.* merchandization.

mercier, -ère *n.m.f.* haberdasher.

mercuriale *n.f.* market price-list, market prices.

mérite *n.m.* merit ; ability. *Salaire au ~,* performance-related pay.

mériter *v.* to deserve, to merit.

Mesdames, Messieurs, Ladies and Gentlemen.

mésestimation *n.f.* underestimation, underrating, undervaluing ; misunderstanding.

mésestimer *v.* to underestimate, to underrate, to undervalue.

message *n.m.* message. *Faire passer un ~,* to get a message across. *~ publicitaire,* advertising message ; *(cinéma)* ad ; *(T.V., radio)* commercial, spot.

messager *n.m.* messenger ; carrier.

messagerie(s) *n.f.* parcel(s) service ; parcels office ; *(entrepreneur de ~)* common carrier. *Bureau des ~s,* shipping office. *~s aériennes,* air-mail service. *~ électronique,* electronic mail, E-mail, e-mail, electronic messaging/message system. *~s maritimes,* sea transport of goods ; shipping company. *Service de ~s,* parcel post.

mesurable *adj.* measurable.

mesure *n.f.* **1.** measure, step ; action. *Être en ~ de,* to be in a position to. *Prendre des ~s,* to take steps. *Train de ~s,* package. **2.** measurement. *Dans une large ~,* to a large extent. *Fait sur ~,* made to order, custom-made ; *(vêtement)* made to measure. *Unité de ~,* measuring (measurement) unit, standard of measure, *(fam.)* yardstick.

mesure de couverture brute (MCB) gross rating point (GRP).

mesurer *v.* to measure ; to assess, to estimate.

métal, métaux *n.m.* metal.

métallique *adj.* metallic, metal.

métallurgie *n.f.* iron and steel industry ; metallurgy.

métallurgique *adj.* metallurgic(al) ; *usine ~,* metal works, iron works, steel plant.

métallurgiste *n.m.* metal-worker.

métayage *n.m.* share-cropping.

métayer *n.m.* share-cropper.

méthode *n.f.* method ; technique. *Ingénieur des ~s,* methods engineer. *~ des cas,* case study method.

méthode du chemin critique, critical path analysis/method.

méthodique *adj.* methodical, systematic.

méthodologie *n.f.* methodology.

méthodologique *adj.* methodological.

métier *n.m.* occupation ; *(fam.)* job ; trade, craft, business, profession. *Avoir du ~,* to be experienced. *Chambre des ~s,* Chamber of Trade.

métrique *adj.* metric. *Adopter le système ~,* to change over to the metric system, *(G.B.)* to go metric.

métro *n.m.* underground ; *(U.S.)* subway ; *(G.B., fam.)* the tube.

métropole *n.f.* metropolis ; *(capitale)* capital ; *(pays)* mother country.

métropolitain *adj.* metropolitan.

mettre *v.* to put, to place, to lay ; *(vêtements)* to put on.

se mettre à *v. (commencer)* to start. *~ au travail,* to get down to work. *~ en grève,* to go on strike.

mettre à jour, to update, to bring up to date.

mettre à la porte, to dismiss, to sack, to fire, to oust.

mettre au courant, to inform, to acquaint (with), *(fam.)* to put in the picture, to keep posted (up).

mettre au point, to develop, to perfect.

mettre de côté, to put aside, to save ; *(économiser)* to save for a rainy day.

mettre en cause, to question, to challenge ; *(impliquer)* to involve ; *(sens juridique)* to implicate.

mettre en œuvre 1. *(des moyens)* to use, to put to use. **2.** *(un accord, des mesures)* to implement, to carry into effect.

mettre en place (*réformes, etc.*) to implement ; (*commission, etc.*) to set up ; (*un réseau etc.*) to deploy ; (*des produits dans les points de vente*) to place ; (*des marchandises sur les rayons*) to put on the shelves, to display.

mettre en question, to challenge.

mettre en route, to start, to get started ; to set into motion.

mettre en service, to put into service.

mettre en vente, to sell, to offer for sale, to put up for sale.

meuble *n.m.* piece of furniture ; *meubles,* furniture.

meuble *adj.* movable. *Biens ~s,* personal estate, movables.

meublé, e *adj.* furnished.

meublé *n.m.* furnished apartment, lodgings.

meunier *n.m.* miller.

meurtre *n.m.* murder, (*2ᵉ degré*) wilful murder ; assassination.

meurtrier, -ère *adj.* deadly, lethal.

meurtrier, -ère *n.m.f.* murderer, murderess.

mévente *n.f.* slump.

mi-, half ; mid. *A la mi-avril,* in mid-April.

microéconomie *n.f.* microeconomics.

microéconomique *adj.* microeconomic.

micro-édition *n.f.* desk-top publishing.

micro-informatique *n.f.* microcomputers ; the micro-computer industry.

micro-ordinateur *n.m.* microcomputer ; desk-top computer.

mi-terme (à), on half quarter day, at half quarter.

microphone *n.m.* microphone, (*fam.*) mike.

mieux *n.m.* **1.** *Le ~,* the best. **2.** *Un ~,* an improvement.

mieux *adj.* better, best. *Au ~,* at best. *Au ~-disant,* to the highest bidder.

mieux-disant *n.m.* highest bidder ; best offer.

milieu *n.m.* **1.** middle. **2.** environment, surroundings. **3.** (*social, etc.*) set, circle, sphere, quarters ; (*crime*) *le milieu,* the underworld. *~ x du négoce,* trade quarters. *~ x gouvernementaux,* government circles. *~ bien informé,* knowledgeable source. *On pense dans le ~ des cadres,* it is felt in the executive suite... **4.** (*solution médiane*) middle course. *Le juste ~,* the golden mean.

militant, e *n.* et *adj.* militant.

mille *n.m.* et *adj.* thousand ; one thousand ; *deux mille,* two thousand (2,000).

millésime *n.m.* year ; (*vin*) vintage.

milliard *n.m.* (*G.B.*) one thousand millions ; milliard ; (*U.S.*) billion.

milliardaire *n.m.f.* multi-millionnaire.

millième *n.m.* et *adj.* thousandth.

millier, *n.m.* thousand.

mine *n.f.* mine ; pit. *~ de charbon,* coal-mine, colliery. *Puits de ~,* mine shaft.

minerai *n.m.* ore ; *gisement de minerai de fer,* iron ore deposit.

minéralier, ore-carrier.

minéralogique *adj. numéro ~,* registration number. *Plaque ~,* number/licence/registration plate.

mineur *n.m.* **1.** miner, mineworker. *~ de charbon,* collier. **2.** (*contraire de majeur*) minor.

mineur, e *adj.* **1.** minor, secondary. **2.** (*âge*) under age.

minier, ère *adj.* mining. *Bassin ~,* mine field. *Région ~e,* mining district. *Valeurs ~es,* mine shares, mining shares.

minimal, e *adj.* minimum, minimal.

minime *adj.* small, minimal. *D'une valeur ~,* of trifling value.

minimiser *v.* to minimize ; (*danger, etc.*) to play down.

minimum *n.m., pl.* **minima,** minimum(s). ~ *vital,* subsistence level. *Au-dessous du ~ vital,* below the poverty line.

minimum *adj.* minimum, minimal.

ministère *n.m.* 1. ministry ; department ; office. ~ *de l'Économie,* Ministry for Economic Affairs. ~ *des Finances,* Finance Ministry, *(G.B.)* Exchequer ; *(U.S.)* Treasury. ~ *du Commerce,* Ministry for Commerce and Trade, *(G.B.)* Board of Trade. 2. *(jur.)* ~ *Public,* Public Prosecutor, Prosecuting Magistrate.

ministre *n.m.* minister ; Secretary of State. ~ *des Affaires Étrangères,* Foreign Secretary. ~ *de l'Intérieur, (G.B.)* Home Secretary ; *(U.S.)* Secretary of the Interior. ~ *des Finances,* Finance Minister, *(G.B.)* Chancellor of the Exchequer ; *(U.S.)* Secretary of the Treasury, Treasury Secretary. ~ *du Commerce,* Minister for Commerce and Trade ; *(G.B.)* President of the Board of Trade ; *(U.S.)* Secretary for Commerce. *Premier ~,* Prime Minister, Premier.

minoration *n.f.* 1. cut, reduction. 2. undervaluation.

minorer *v.* 1. to reduce, to cut, to lower. 2. to minimize.

minoritaire *adj.* minority.

minorité *n.f.* 1. minority. *Mettre en minorité,* to defeat. *Minorité de blocage,* blocking minority, blocking vote. 2. *(âge)* infancy ; minority.

minoterie *n.f.* flour-mill.

minotier *n.m.* miller.

minute *n.f.* 1. minute. *Réparations (à la) ~,* instant repairs, repairs while you/U/wait. 2. *(document)* record(s), minute(s).

minuter *v.* 1. to time ; to clock. 2. *(contrat)* to draw up, to draft. 3. *(enregistrer)* to record, to enter.

minutier *n.m.* minute-book.

miroiterie *n.f.* mirror-trade ; mirror-manufacture ; mirror-factory.

miroitier *n.m.* dealer in mirrors ; cutter of mirrors.

mise *n.f. (voir aussi* **mettre**). 1. *(de fonds)* outlay. *Faire une ~ de fonds,* to put up capital, to advance a sum ; *(enchères)* bid ; *(cartes, etc.)* stake. 2. putting, placing, setting, etc.

mise à feu *n.f.* firing ; blast off.

mise à flot, floating ; refloating, launching.

mise à jour, updating ; update.

mise à la porte, dismissal, firing, sacking, ousting.

mise à la retraite, retiring ; retirement ; pensioning off ; ~ *anticipée,* early retirement.

mise à pied, dismissal.

mise à prix, upset price.

mise à profit, taking advantage (of).

mise au point 1. developing, perfecting, fine-tuning. 2. restatement, corrective statement.

mise aux enchères, auctioning.

mise de fonds, investment ; outlay.

mise en accusation, indictment, committal for trial.

mise en chantier, starting construction (on), starting work (on) ; *(nav.)* laying on the stocks, laying down ; *(logements)* housing starts.

mise en circulation, issue, issuing.

mise en commun, pooling.

mise en demeure, summons ; formal notice, formal demand.

mise en examen, indictment, *(fonctionnaires, élus)* impeachment.

mise en gage 1. pawning, *(U.S.)* hocking. 2. pledging as security.

mise en liquidation, winding up, liquidation.

mise en œuvre 1. *(règlement, etc.)* implementation, implementing. 2. using ; marshalling.

mise en orbite, putting into orbit.

mise en page, layout ; *(typo.)* page-setting.

mise en paiement, payment.

mise en place, setting up ; implementation ; deployment. *(Distribution)* placing. *(Marchandises sur rayons)* display.

mise en route, starting (up).

mise en service, commissioning.

mise en syndicat, pooling.

mise en valeur, turning to account, turning to profit ; *(économique)* development ; *(ressource naturelle, rivière, etc.)* harnessing ; *(terrain, marais, etc.)* reclaiming.

mise en vente, selling, putting up for sale, offering for sale.

mise en vigueur, implementation ; enforcement.

miser *v.* to bank (on), to stake (on) ; to put money (on) ; to bet (on). *(Enchères)* to bid, *(bourse)* ~ *sur une hausse,* to play for a rise ; *(sens large : compter sur)* to expect, to anticipate.

misérable *adj.* poor, poverty-stricken.

misère *n.f.* poverty, want.

mission *n.f.* mission, assignment. ~ *commerciale,* trade mission. ~ *d'études,* a) investigation, mission of inquiry, b) study group. *Avoir pour ~ de faire qque chose,* to be commissioned/assigned to do something. *S'acquitter d'une ~,* to complete one's mission successfully, to fulfil one's mission.

missionner *v.* to commission ; to mandate ; to brief ; to assign, to assign a mission to.

mi-temps, half-time. *Travailler à mi-temps,* to work half-time ; to be on half-time ; *(au sens large de temps partiel)* part-time.

mixité *n.f.* *(école)* co-education.

mixte *adj.* mixed ; combined ; *(école)* co-educational ; *(commission, etc.)* joint. *Cargo-~,* cargo-liner, passenger-cargo ship, passenger and cargo ship.

mobile *adj.* mobile ; *(fête)* movable ; *(pièce)* detachable ; *(téléphone)* portable.

mobile *n.m.* motive, incitement, spur ; source, cause ; prime mover.

mobilier *n.m.* furniture. ~ *urbain,* public fixtures and installations designed for the cleanliness and comfort of urban areas, urban furniture.

mobilier, ère *adj.* movable, personal. *Biens ~s,* personal estate. *Impôt ~,* tax on movables. *Saisie ~,* seizure of personal/movable property. *Valeurs ~es,* securities, stocks and shares. *Vente ~,* sale of personal/movable property.

mobilier urbain street furniture.

mobilisable *adj.* mobilizable ; available.

mobilisation *n.f.* mobilization ; *(capitaux)* raising (of capital, of funds).

mobiliser *v.* to mobilize, to call up, to make available ; *(fonds)* to raise ; *(convertir en liquide)* to realize, to liquidate, to convert.

mobiliser (se) *v.* to mobilize, to assemble, to rally, to take up arms again, to be up in arms against.

mobilité *n.f.* mobility.

modalité *n.f.* modality, way, means, condition, method, mode ; *modalités,* terms ; ~s *de paiment,* methods of payment, terms of payment.

mode *n.m.* method, mode, process. ~ *de scrutin,* ballot system. ~ *opératoire,* modus operandi.

mode *n.f.* fashion ; *(passagère)* fad ; craze.

mode d'emploi *n.m.* directions for use, instructions for use, operating instructions ; instruction booklet.

mode de paiement *n.m.* method of payment.

mode de vie *n.m.* way of life ; life-style.

modèle *n.m.* **1.** model ; pattern ; type ; form. *Grand ~,* large-size. *Petit ~,* small-size. ~ *déposé,* registered pattern. ~ *de décision,* decision model. **2.** *(profession)* model.

modèle *adj.* model, exemplary. *Échantillon ~,* standard sample.

modéliste *n.* **1.** dress/fashion designer. **2.** modelist.

modélisation *n.f.* model(l)ing.

modéliser *v.* to model.

modem *n.m.* modem.

modération *n.f.* moderation, restraint. ~ *volontaire,* voluntary restraint.

modéré, e *adj.* moderate, conservative, middle-of-the-road ; *(position)* mild, moderate, low-profile.

modéré *n.m.* *(pol.)* moderate, middle-of-the-roader.

modérer *v.* to moderate, to restrain, to reduce, to curb.

moderne *adj.* modern, up-to-date.

modernisation *n.f.* modernization, bringing up to date, updating.

moderniser *v.* to modernize, to update, to bring up to date. ~ *les chaînes, la production,* to retool.

moderniser (se) *v.* to modernize.

modeste *adj.* moderate, modest ; limited ; reasonable, low, low-priced. *Croissance ~,* moderate/limited/growth.

modicité *n.f.* moderateness ; *(prix)* reasonableness, lowness, inexpensiveness.

modifiable *adj.* alterable, modifiable, changeable.

modificatif *n.m.* corrective statement, qualifying clause ; *(contrat)* rider, modifying clause.

modification *n.f.* change, alteration, modification.

modifier *v.* to change, to alter, to modify.

modifier (se) *v.* to change, to alter, to evolve, to undergo changes.

modique *adj.* moderate, reasonable, inexpensive, low ; *(revenu)* low, slender.

modulation *n.f.* modulation. ~ *de fréquence,* frequency modulation.

module *n.m.* module, unit.

moduler *v.* to modulate.

modus vivendi *n.m.* working agreement, compromise.

mœurs *n.f.pl.* customs, habits, mores. *Police des ~,* vice squad.

moindre *adj.* less, lesser. *Le ~,* the least. ~ *prix,* lower price. ~ *quantité,* smaller quantity.

moins *adv.* less ; *au moins,* at least. *Au ~ disant,* to the lowest bidder.

moins-disant *adj.* *(fournisseur, devis)* less expensive, more competitive. *Le fournisseur le ~,* the lowest bidder, the most competitive supplier, the lowest/most competitive estimate.

moins-perçu *n.m.* amount not drawn.

moins-value *n.f.* depreciation, drop in value ; capital loss. *Enregistrer une ~,* to fall below par, to depreciate, to drop, to stand at a discount.

mois *n.m.* month. *Du ~ dernier,* of last month, ultimo, ult. *Du ~ en cours,* of the current month, instant, inst. *Du ~ prochain,* of next month, proximo, prox. *Payer au ~,* to pay by the month. *Tous les 2 ~,* every two months. *Treizième ~,* Christmas bonus.

moisson *n.f.* harvest, crop.

moissonner *v.* to harvest.

moissonneuse-batteuse *n.f.* combine, combine harvester.

moitié *n.f.* half ; *à moitié prix,* at half-price.

mollir *v.* *(cours)* to ease, to get easier, to drop, to sag.

moment *n.m.* moment, time.

momentané, e *adj.* temporary, momentary.

momentanément *adv.* momentarily, temporarily.

mondanité *n.f.* social event.

monde *n.m.* 1. world. *Le ~ du commerce,* the world of commerce, the business world. *Tiers ~,* third world. 2. society, circle, set, etc. 3. *(grand nombre de personnes)* people ; crowd. *Beaucoup de ~,* many people, a large crowd. *La salle était pleine de ~,* the room was crowded, packed. *Tout le ~,* everybody.

mondial, e *adj.* world, worldwide ; global. *La 2ᵉ guerre ~e,* the second world war, W.W. II. *L'économie ~,* the world economy, the global economy.

mondialement *adv.* world-wide, all over the world, throughout the world ; universally.

mondialisation *n.f.* globalization.

mondialiser *v.* to globalize.

mondialiser (se) *v.* to become global. *(entreprise)* to go global, to globalize.

monétaire *adj.* monetary. *Marché ~,* money market. *Le serpent ~,* the monetary snake, the snake. *Sicav monétaire,* money-market fund. *Système ~,* monetary system. *Unité ~,* currency, monetary unit.

monétique *n.f.* plastic money ; modern techniques of money transfer.

monétisation *n.f.* monetization.

monétiser *v.* to monetize.

moniteur *n.m.* 1. instructor. 2. *(sciences)* monitor ; *(inform.)* programme monitor, monitoring programme. 3. *(colonie de vacances)* (summer camp) counselor.

monnaie *n.f.* 1. money. *Frapper, battre ~,* to mint, to coin money. *Fausse ~,* counterfeit money. *Hôtel des ~s,* (the) Mint. *~ de compte,* money of account. *~ faible,* soft currency, weak currency. *~ forte,* hard currency. *~ légale,* legal tender. *~ scripturale,* bank money. 2. change. *Faire la ~,* to change ; *petite ~,* small change ; *(caisse)* petty cash.

monnaie unique, single currency.

monnayable *adj.* that can be exchanged, for which money can be obtained, negotiable.

monnayer *v.* to make money out of ; to cash in on, to make capital out of, to take advantage of ; to obtain financial compensation for ; to sell at a high price.

monnayeur (faux) *n.m.* forger, counterfeiter.

monoculture *n.f.* monoculture.

monométallisme, monometallism.

monométalliste *n.m.* monometallist.

monoparental, e *adj.* single-parent, one-parent, lone-parent. *Famille ~,* single-parent/lone-parent family.

monopole *n.m.* monopoly. *~ d'un article, d'une marque,* exclusive agency, exclusive sale.

monopolisation *n.f.* monopolization.

monopoliser *v.* to monopolize ; *(marché)* to monopolize, to corner.

monoprix *n.m.* one-price store.

monopsone *n.m.* monopsony (one buyer for a large number of sellers).

monorail *n.m.* monorail.

Monsieur *n.m. (lettre)* Dear Sir.

montage *n.m.* 1. *(méca.)* assembly. *Atelier de ~,* assembly shop. *Chaîne de ~,* assembly line. 2. *(cinéma)* editing. 3. *~ financier,* financial combination, financial package.

montant *n.m.* amount ; sum ; *(prix)* price. *~ des ventes,* sales proceeds.

montant compensatoire, deficiency payment, compensatory amount. *Montants compensatoires monétaires,* monetary compensatory amounts/units, M.C.U.s.

mont-de-piété *n.m.* pawn-office, pawn-shop.

montée *n.f.* 1. rise, increase. *~ en charge, en puissance,* progressive increase, phasing in. 2. *(pente)* slope, gradient.

monter *v.* 1. *(prix, etc.)* to rise, to go up, to increase. *Faire ~ (prix, etc.),* to push up, to drive up, to run up ; to put up. *~ en charge, ~ en puissance,* to develop/to increase progressively, to be phased in, to be implemented gradually. *~ en flèche,* to soar, to skyrocket. 2. *(méca.)* to assemble. 3. *~ à bord,* to go on board, to board. 4. *(une campagne, une opération)* to mount, to stage ; *(une société)* to set up, to found. 5. *(à cheval)* to ride.

monter à (se) *v.* to amount to, to fetch.

monteur *n.m.* fitter.

montre *n.f.* 1. watch. 2. show, display. *Faire ~ de*, to show, to display ; *en montre*, on display.

montrer *v.* 1. to show. *Je vais vous ~ l'usine*, I'll show you (take you) round the factory. *~ le chemin*, to show the way. 2. *(faire preuve de)* to display, to show. 3. *(exposer)* to display, to exhibit, to show.

montrer (se) *v.* to show, to prove.

moral *n.m.* morale.

moral, e *adj.* ethical, moral.

morale *n.f.* ethics, morals. *~ professionnelle*, professional ethics.

moralité *n.f.* ethics, morality ; *(dans les affaires)* business ethics.

moraliser *v.* to moralize, to police.

moratoire *n.m.* moratorium.

moratoire *adj.* moratory *Intérêts ~s*, interest on arrears, back interest, moratory interest.

morceau *n.m.* piece, part.

morceler *v.* to break up, to cut up, to divide, to parcel out.

morcellement *n.m.* breaking up, cutting up, division, parcelling out.

morose *adj.* *(économie, marché, bourse)* dull ; sluggish.

morosité *n.f.* *(économie, marché, bourse)* dullness, sluggishness.

mort *n.f.* 1. death. 2. dead person, deceased ; *(accident) nombre de ~s*, casualties, death toll, victims, number of dead.

mort, e *adj.* dead. *Corps-~*, anchor buoy. *Lettre ~e*, dead letter. *Poids ~*, dead weight. *(compta.) point ~*, break-even point. *Temps ~*, idle period, pause.

mortalité *n.f.* mortality ; death rate ; *(sur les routes, etc.)* (death) toll.

mortel, le *adj.* deadly, lethal, fatal. *Coup ~*, death blow.

morte-saison *n.f.* dead-season, slack season, off-season.

mort-terrain *n.m.* dead ground.

morue *n.f.* cod.

morutier *n.m.* 1. cod-fishing boat. 2. cod-fisherman.

mot *n.m.* 1. word. *~ à ~*, word for word. *~ pour ~*, word for word, verbatim. 2. *(lettre)* line. *Envoyer un ~*, to drop a line.

mot de passe, password.

mot d'ordre *n.m.* watchword ; instruction.

motel *n.m.* motel.

moteur *n.m.* 1. engine, motor. 2. *(pouvoir agissant)* prime-mover ; driving force, driver.

moteur de recherche, search engine.

motif *n.m.* motive, cause, reason, incentive. *~ de réclamation*, grounds for complaint.

motion *n.m.* motion ; proposition. *Proposer une ~*, to move. *Mettre une ~ aux voix*, to put a motion to the vote.

motivation *n.f.* motivation ; incentive. *Étude de ~*, motivational study.

motiver *v.* 1. to motivate. 2. *(jur.)* to give the grounds (for a decision). 3. *(causer)* to cause, to justify, to warrant.

motivé, e *adj.* 1. motivated, dedicated. 2. justified.

moto *n.f.* motorcycle ; *(fam.)* motorbike.

motoriste *n.m.* engine manufacturer.

motrice *n.f.* locomotive.

motrice *adj.* motive. *Force ~*, motive power.

mou, molle *adj.* soft, weak ; *(marché, etc.)* dull ; slack ; sluggish.

mouillage *n.m.* mooring ; mooring ground. *Droits de ~*, mooring dues, berthage. *Poste de ~*, berth.

mouiller *v.* 1. to wet, to moisten, to damp. 2. to cast anchor ; to moor, to anchor, to be anchored.

moulin *n.m.* mill. *~ à vent*, windmill.

mouton *n.m.* sheep. *Éleveur de ~s*, sheep-farmer, sheep raiser.

mouvement *n.m.* movement ; motion ; move ; trend ; fluctuation(s). ~ *de capitaux,* circulation/transfer/flow of capital. ~ *de personnel,* personnel turnover, staff changes. ~ *des navires,* shipping news. ~ *de ports,* traffic of (sea) ports. ~ *des valeurs,* circulation of securities. ~s *du marché,* market fluctuations. ~ *social,* industrial action, strike ; ~ *sociaux,* strikes, social unrest.

moyen *n.m.* means, way. ~ *de transport,* means of transport, means of conveyance. *Je n'en ai pas les* ~s, I can't afford it. ~ *de paiement,* means of payment. ~s *financiers,* financial means. ~ *de communication,* means of communication ; medium.

moyen, ne *adj.* average ; median ; mean. *Classe* ~ *ne,* middle class. ~ *Orient,* Middle East. *Entreprise* ~ *ne,* medium-size(d) firm. *L'étudiant* ~, the run-of-the mill student, the average student. *L'homme* ~, the man in the street, the average man. *Revenu* ~, median income.

moyenne *n.f.* average. *En* ~, on (the) average. ~ *pondérée,* weighted average.

moyennant *prép.* on, against. ~ *finances,* for a consideration.

moyen terme 1. medium term. *A* ~, in the medium term. **2.** *(solution médiane)* middle course.

multicarte *adj.* multicard. *Représentant* ~, representative working for several firms.

multidevise *adj.* multicurrency.

multiple *adj.* multiple. *Magasin(s) à succursales* ~s, multiple(s).

Grand magasin à succursales ~s, chain store.

multiplication *n.f.* multiplication.

multiplier *v.* to multiply.

multiplier (se) *v.* to multiply.

multipostage *n.m.* spamming.

munir *v.* to supply ; *se munir,* to supply oneself (with).

mur *n.m.* wall ; *mur mitoyen,* party wall.

mûr, e *adj.* ripe. *(personne)* mature.

mûrir *v.* to mature ; *(fruit)* to ripen.

musée *n.m.* museum.

mutation *n.f.* **1.** mutation, change, shift. **2.** *(jur.)* transfer (conveyance) of property, change of ownership. **3.** *(fonctionnaire etc.)* transfer, reassignment.

muter *v.* to transfer, to reassign, to move.

mutualiser *v.* to cover by mutual insurance ; to mutualize.

mutualiste *n.m.f.* member of a mutual insurance organization.

mutualité *n.f.* **1.** mutuality. **2.** mutual insurance system(s)/principle.

mutuel, le *adj.* mutual, reciprocal.

mutuelle *n.f.* mutual insurance organization ; mutual insurance company ; mutual benefit society ; (G.B.) friendly society.

mutuellement *adv.* mutually, reciprocally. *Qui s'excluent* ~, mutually exclusive.

mystification *n.f.* hoax.

mystifier *v.* to mystify, to fool, to hoax ; to deceive.

N

nabab *n.m.* nabob.

nacelle *n.f.* *(aéron.)* basket, car, nacelle.

nacre *n.f.* mother of pearl.

nadir *n.m.* nadir.

nager *v.* **1.** to swim. **2.** *(nav.)* to pull. **3.** *(à contre courant)* to struggle against circumstances. **4.** *(savoir ~)* to know the ropes *(fig.)*. **5.** ~ *dans l'abondance*, to be rolling/wallowing/in money.

naissance *n.f.* birth ; *jour de ~*, birthday ; *lieu de ~*, birthplace. *Acte de ~*, birth certificate. *Contrôle des ~*, birth control. *Prendre ~*, to originate, to arise. *Limitation des ~s*, family planning.

naissant, e *adj.* new-born ; *(en train de naître)* nascent ; dawning.

naître *v.* to be born. *Faire ~*, to give birth to.

nanti, e *adj.* **1.** provided for. *Bien ~*, well endowed. *Mal ~*, underprivileged. *Les ~s et les non-~s*, *n.*, the haves and have-nots. **2.** secured, pledged.

nantir *v.* **1.** to pledge ; to secure ; to give security to. ~ *des valeurs*, to pledge securities. **2.** *(~ de quelque chose)* to provide with.

nantissement *n.m.* **1.** collateral (security), pledge, cover. **2.** hypothecation, pledging.

naphte *n.m.* naphta, mineral oil.

nappe *n.f.* sheet. ~ *de pétrole (à la surface de l'eau)*, oil-slick. ~ *pétrolifère*, oil layer. ~ *phréatique*, water table, phreatic/underground/water.

narco-trafic *n.m.* narco-trafficking.

narco-trafiquant *n.m.* narco-trafficker.

nasse *n.f.* net, trap.

natal, e *adj.* native.

natalité *n.f.* birthrate.

natif, -ive *adj.* native. ~ *de Paris*, Paris-born. *Argent ~*, native silver. *Or ~*, native gold.

nation *n.f.* nation. *Les Nations Unies*, the United Nations. *Clause de la ~ la plus favorisée*, most favoured nation clause. *État-~*, nation state.

national, e *adj.* national. *Dette ~e*, national debt. *Produit ~ brut (P.N.B.)*, gross national product (G.N.P.). *Revenu ~ brut*, gross national income. *Campagne d'envergure ~e*, nationwide campaign. *Comptabilité ~e*, national accounting.

nationale *n.f.* *(route)* main road.

nationalisation *n.f.* nationalization.

nationaliser *v.* to nationalize. *Entreprises nationalisées*, state-owned/nationalized/industries.

nationalisme *n.m.* nationalism.

nationaliste *n.m.* et *f.* nationalist.

nationaliste *adj.* nationalistic, nationalist.

nationalité *n.f.* nationality ; citizenship.

naturalisation *n.f.* naturalization.

naturaliser *v.* to naturalize. *Se faire ~ américain*, to take out American naturalization papers, to obtain U.S. citizenship.

nature *n.f.* nature, kind. *En ~*, in kind. *Prestation en ~*, allowance in kind. *Rémunération en nature*, payment in kind.

naturel, le *adj.* natural. *Enfant ~*, natural child, illegitimate child. *Loi ~ le*, natural law. *Ressources ~ les*, natural resources.

naufrage *n.m.* shipwreck.

nautique *adj.* nautical. *Mille ~ = nœud = 1 853 m*, nautical mile, knot.

naval, e *adj.* naval, nautical. *Constructions ~es*, shipbuilding. *Chantiers ~s*, shipyard. *Bataille ~e*, sea battle. *École ~e*, The Naval College/Academy.

navette *n.f.* **1.** *(tissage)* shuttle. **2.** shuttle, shuttle service. *Faire la ~ (service régulier)* to ply between two places. ~ *spatiale*, space shuttle.

navigabilité *n.f.* *(état de)*, airworthiness *(avion)* ; *(bateau)* seaworthiness. *En état de ~*, airworthy, seaworthy. *Certificat de ~*, certificate of airworthiness/of seaworthiness.

navigable *adj.* **1.** navigable. **2.** seaworthy, airworthy.

navigation *n.f.* **1.** navigation, sailing ; shipping. *~ côtière*, coastal navigation. *~ de plaisance*, pleasure-cruising, yachting. *~ hauturière*, deep-sea navigation. *Compagnie de ~*, shipping company. *Compagnie de ~ aérienne*, airline company. *~ spatiale*, space navigation. **2.** *(info.)* browsing. *Logiciel de ~*, browser.

naviguer *v.* **1.** *(voyager sur mer)* to sail. **2.** *(conduite navire)* to navigate. **3.** *(se diriger adroitement dans les affaires)* to know the ropes. **4.** *(internet)* to surf, to browse.

navire *n.m.* ship, vessel. *~ à vapeur*, steamship, steamer. *~ à moteur*, motor ship. *~ à propulsion nucléaire*, nuclear powered ship. *~ mixte*, cargo and passenger ship. *~ de charge*, cargo ship, freighter. *~ pétrolier*, (oil) tanker. *~ frigorifique*, cold storage ship. *~ de combat*, battleship. *~ de commerce*, merchant ship/vessel, merchantman. *~ de guerre*, warship. *~ usine*, factory ship.

néant *n.m.* **1.** naught, nought. *Réduire à ~*, to reduce something to nothing, to annihilate. **2.** *(adm.)* none, nothing to report, nil. *État ~*, nil return.

nécessaire *adj.* necessary, indispensable, required, requested.

nécessaire *n.m.* necessaries, necessities, the indispensable, the needful. *Le strict ~*, bare necessities. *~ de réparation*, repair kit.

nécessairement *adv.* necessarily, inevitably.

nécessité *n.f.* necessity, need, want. *Denrées de première ~*, staple commodities, essential foodstuffs. *Objets de première ~*, indispensable articles. *Selon les ~s*, as circumstances require.

nécessiteux (les) *n.m.pl.* the needy, the destitute.

négatif *n.m.* *(photo)* negative. *~ couleur*, color negative.

négatif, -ive *adj.* negative. *Dessin ~*, blueprint.

négligeable *adj.* negligible. *Quantité ~*, negligible quantity. *Traiter quelqu'un comme quantité ~*, to disregard someone's opinion.

négligence *n.f.* neglect, negligence, carelessness. *~ criminelle*, criminal negligence.

négligent, e *adj.* careless, neglectful, negligent. *D'un air ~*, casually.

négliger *v.* to neglect. *~ ses devoirs*, to neglect one's duty/duties. *~ de*, to fail to, to neglect to.

négoce *n.m.* business, trade, trading. *Faire le ~ de*, to trade in.

négociable *adj.* negotiable, transferable, marketable. *~ en banque*, bankable. *Valeur ~*, market value. *Actif ~*, liquid asset. *Effet(s) ~(s)*, negotiable bill(s).

négociabilité *n.f.* negotiability.

négociant *n.m.* dealer, merchant, trader. *~ en gros*, wholesaler.

négociateur, trice *n.m.f.* negotiator, intermediary, middleman, transactor ; go-between.

négociation *n.f.* negotiation, talks. *~ collective*, collective bargaining. *(Bourse) ~s à terme*, dealings for the settlement. *~s de Bourse*, Stock Exchange transactions. *~s de change*, exchange transactions. *Mener une ~*, to carry out/to conduct/a negotiation.

négocier *v.* to negotiate ; to trade.

négocier(se) *v.* **1.** to be negotiated. **2.** to be traded ; to trade.

nègre *n.m.* **1.** black ; negro. **2.** *(édition)* ghost writer.

néoprène *n.m.* neoprene.

nerf *n.m.* **1.** nerve. *Taper sur les ~s*, to get on someone's nerves, to exasperate. *Guerre des ~s*, war of nerves. **2.** *Le ~ de la guerre*, the sinews of war. *Manquer de ~*, to lack energy/stamina.

net, te *adj.* **1.** *(prix etc.)* net, nett. *Comptant ~*, net cash. *Bénéfice ~*, net profit, clear profit. *Poids ~*, net weight. *Poids ~ réel*, net weight. *Produit ~*, net proceeds. *Revenu ~*, net income. *Valeur ~ te*, net worth. *~ de…*, free from… *~ d'impôts*, tax free, free of tax. *Recevoir un salaire ~ de 2 000 dollars par mois*, to get $ 2,000 clear a month. *Nous avons réalisé des bénéfices ~s de 930 000 euros*, we netted 930,000 euros in profits. **2.** *(clair, évident, marqué)* clear, obvious ; sharp. *~ recul*, sharp setback.

net à payer, (net) amount due.

net d'impôt, 1. *(libre d'impôt)* tax-free, free of tax. **2.** *(après prélèvement de l'impôt)* after tax.

net-économie *n.f.* (the) net economy.

netteté *n.f.* *(image)* sharpness ; *(souvenir)* vividness ; *(style)* clearness. *Écrit avec ~*, neatly written.

nettoiement *n.m.* cleaning. *Service de ~*, refuse collection, *(U.S.)* garbage service, garbage disposal.

nettoyage *n.m.* cleaning. *~ à sec*, dry cleaning. *~ par le vide*, vacuum cleaning. *Produits de ~*, cleaners and cleansers, household products.

nettoyer *v.* **1.** *(rendre propre)* to clean ; to scour. **2.** *(éliminer ennemi, etc.)* to clear ; to wipe out. **3.** *~ un bilan*, to clean up a balance sheet, to cleanse a balance sheet.

neuf, -ve *adj.* new. *A l'état ~*, as new, in mint condition. *(Pièce de monnaie, etc.)* fresh from the mint, unused. *~ aux affaires*, new to business. *~ dans le métier*, new to the trade. *Qu'est-ce qu'il y a de ~ ?*, what is the news ? What's new ? *Il y a du ~*, I have news for you. *Remettre à ~*, to renovate, to recondition, to make something like new, to refurbish. *Tout neuf, flambant neuf*, bran(d)-new.

neutraliser *v.* to neutralize ; to compensate.

neutralité *n.f.* neutrality.

neutre *adj.* neutral. *(mil.) zone ~*, no-man's land. *(lun.) verres ~s*, plain glass.

neutron *n.m.* neutron.

nez *n.m.* nose. *Fourrer son ~ partout*, to poke one's nose into everything. *Fourrer son ~*, to pry (into). *Tirer les vers du ~*, to invite confidence. *A vue de ~*, at first sight, at a rough estimate. *Avoir du ~*, to be well-inspired.

niche *n.f.* (market) niche.

nickel *n.m.* nickel.

nicotine *n.f.* nicotine.

nier *v.* to deny. *~ une dette*, to repudiate a debt.

nitroglycérine *n.f.* nitroglycerine.

niveau *n.m.* level. *~ de décision*, decision-making level. *~ de qualification*, qualification, level of ability. *~ de vie*, standard of living. *~ d'étude*, educational level. *Mise à ~*, levelling. *Immeuble à 20 ~ x*, a twenty-floor building, *(U.S.)* a twenty-story building. *~ le plus bas*, low. *Les bénéfices sont tombés à leur ~ le plus bas*, profits have reached a new low. *~ le plus élevé*, high. *~ le plus bas de l'année*, year low. *~ le plus haut de l'année*, year high. *~ le plus bas/le plus haut jamais enregistré*, all-time low, all-time high/record. *Les cours ont atteint un ~ record*, quotation have reached a record level/a new high. *Nos ventes sont à leur ~ le plus bas depuis 3 ans*, our sales have hit a 3-year low. *Au ~ de*, level with. *Passage à ~*, level crossing, *(U.S.)* grade crossing. *Système à deux niveaux*, two-tier system.

niveau sonore *n.* sound level, volume level.

niveau de synchronisation *n.* sync level.

niveler *v.* to level, to even up (prices). *~ par le bas*, to level down.

nivellement par le bas level(l)ing down ; race to the bottom.

nocturne **(vente)** late night shopping ; late-opening, late-opening night.

nodal, e *adj.* nodal.

nœud *n.m.* **1.** knot. **2.** ~ *de communication*, centre of communication. ~ *routier*, road junction. ~ *ferroviaire*, railway junction. **3.** (*vitesse = 1 852 mètres à l'heure*) knot (1 nautical mile per hour).

noir, e *adj.* black. *Bête ~e*, pet enemy, pet aversion. *Caisse ~e*, slush fund, bribery fund. *Marché ~*, black market. *Acheter au ~*, to buy on the black market. *Travail au ~*, moonlighting. *Travailler au ~*, to moonlight. *Travailleur au ~*, moonlighter. *Série ~e*, series of accidents, run of ill-luck. *Tableau poussé au ~*, gloomy picture.

noir et blanc black and white, B & W.

noircir *v.* to blacken, to make (something) black.

nolisement *n.m.* chartering.

noliser *v.* to charter, to freight, to affreight.

nom *n.m.* **1.** name. ~ *de famille*, surname. ~ *de jeune fille*, maiden name. ~ *et prénom*, full name. ~ *déposé*, registered name. ~ *d'emprunt*, assumed name, alias. ~ *de plume*, pen-name. *Erreur de ~*, misnomer. **2.** *Au ~ de*, on behalf of. *Agir au ~ de quelqu'un*, to act in someone's name.

nomade *adj.* nomadic, wandering.

nomade *n.m.* nomad ; wanderer.

nomadisme *n.m.* nomadism. ~ *professionnel*, job-hopping.

nombre *n.m.* number. ~ *impair*, odd number. ~ *pair*, even number. *Loi des grands ~s*, law of numbers. (*pub.*) ~ *d'exposition*, exposure level. (*pub.*) ~ *de mots*, wordage. (*P.T.T.*) *envoi en ~*, mailshot, mailing. *Ne pas être en ~*, not to have a quorum. *Le ~ suffisant (de membres)*, the quorum. *Surpasser en ~*, to outnumber. *Faire ~*, to make up an audience. ~ *de quatre chiffres*, four-digit number.

nomenclature *n.f.* **1.** nomenclature. **2.** catalogue, (*U.S.*) catalog, parts list ; list. ~ *douanière*, customs classification/list/schedule. *Numéro de ~*, inventory number.

nominal, -aux *adj.* nominal. *Appel ~*, call-over, roll-call. *Faire l'appel ~*, to call the roll, to call over. (*fin.*) *capital ~*, authorized/nominal capital. *Valeur ~e*, face value, nominal value.

nominatif, -ive *adj.* registered ; nominal. *Action nominative*, registered share. *Connaissement ~*, B/L to a named person, (*U.S.*) straight B/L. *Liste nominative*, nominal list. *Porteurs d'actions nominatives*, registered shareholders. *Titres ~s*, registered securities.

nomination *n.f.* **1.** appointment. **2.** (*comme candidat officiel*) nomination. *Recevoir sa ~ (à un poste)*, to be appointed (to a post). ~ *d'un officier*, commissioning of an officer. ~ *à un grade supérieur*, promotion.

nominée, e *n.m.f.* nominee.

nominer *v.* to nominate.

nommer *v.* **1.** to name, to call by name, to give a name. **2.** (*à un poste*) to appoint ; to elect ; to name ; to nominate ; to choose.

non *adv.* no. *J'ai peur que ~*, I fear not. *Faire signe que ~*, to shake one's head. *Répondre par ~*, to answer in the negative. *Les ~s l'emportent*, the noes have it.

non-acceptation *n.f.* dishonour, non acceptance ; refusal.

non-accomplissement *n.m.* non fulfilment.

non-activité *n.f.* non activity.

non-amortissable *adj.* unredeemable.

non-appelé *adj.* uncalled.

non-aligné, e *adj.* non-aligned ; uncommitted.

non-assistance *n.f.* non-assistance. ~ *à personne en danger*, failure to assist s.o. in danger.

non-belligerance *n.f.* non-belligerency.

non-clausé *adj.* clean, without special clauses. *Connaissement ~*, clean bill of lading.

non-comparant *n.m.* defaulter.

non-conciliation *n.f.* refusal to settle out of Court.

non-consigné, e *adj.* non-returnable. *Bouteille non-consignée*, non-returnable bottle, one-way bottle.

non-consolidé, e *adj.* unconsolidated.

non-coté, e (n.c.) *adj.* unquoted, not quoted ; *(Bourse)* unlisted ; *(nav.)* not classed.

non coupable *adj.* not guilty.

non disponible *adj.* unavailable.

non-dissémination *n.f.* non-dissemination.

non-durable *adj.* **1.** *(bien)* non-durable. **2.** *(économie, développement)* unsustainable.

non échu, e *adj.* not (yet) matured, unmatured ; unexpired.

non-engagement *n.m.* neutralism, non-alignment.

non-exécution *n.f.* non-fulfilment, non performance.

non-expiré, e *adj.* unexpired.

non-fonctionnement *n.m.* failure.

non-garanti, e *adj.* unsecured.

non-ingérence *n.f.* non-interference.

non-inscrit *n.m.* independent.

non-intervention *n.f.* non-intervention, non-interference.

non-lieu *n.m.* *(jur.)* non-suit, no ground for prosecution. *Bénéficier d'un ~*, to be discharged.

non-livraison *n.f.* non-delivery.

non lucratif *adj.* non-profit, not-for-profit. *Association à but ~,* non-profit association, association not for profit, society.

non marchand *adj.* non-profit.

nonobstant *adj.* notwithstanding, in spite of.

non-paiement *n.m.* non-payment ; default, defaulting.

non-payé, e *adj.* unpaid.

non performant *adj.* *(actif, prêt)* nonperforming, non-performing.

non-prolifération *n.f.* non-proliferation.

non-recevoir *n.m.* *(fin de)* refusal. *(jur.) opposer une fin de ~*, to put in a plea in bar.

non-reconduction *n.f.* failure to renew (contract).

non-récupérable *adj.* expendable.

non-repris *adj.* non-returnable.

non-résidant, e *n.m.f.* non-resident, nonresident.

non-responsabilité *n.f.* non-responsibility, non-liability.

non-réponse *n.f.* lack of answer.

non-résident *n.m.* non-resident.

non-respect *n.m.* failure to observe, non-compliance (with), non-observance (of).

non retour *n.m.* *(point de)* point of no-return.

non-salarié, e *n.m.* non wage-earning person, non-salaried person.

non-sens *n.m.* nonsense ; meaningless sentence.

non-signé, e *adj.* unsigned.

non-syndiqué, e *adj.* a) non-union, *(U.S.)* nonunion. *Tous les ouvriers sont ~s*, all the employees are nonunion ; b) non union-worker, non-member of a union.

non-valeur *n.f.* **1.** improductiveness. **2.** bad debt. **3.** worthless security, valueless stock.

non-vente *n.f.* no sale.

non-versement *n.m.* non payment.

nord *n.m.* North. *Vers le ~,* northward. *Perdre le ~,* to get confused, to lose one's head, one's bearings.

normal, e *adj.* normal, standard. *École ~e,* teachers' training college. *Poids ~,* standard weight. *Échantillon ~,* average sample. *Valeur ~e,* normal value.

normalisation *n.f.* normalization, standardization.

normaliser *v.* to normalize, to standardize.

norme *n.f.* norm, standard, specification. *~ de production,* production standard. *~ de travail,* labour standard. *~s d'exécution,* standards of performance. *Conforme à la ~,* up to standard, up to specification, according to the norm.

normographe *n.m.* stencil.

nota bene, N.B., please note.

notabilité *n.f.* notability. *Les ~s,* outstanding names.

notable *adj.* worthy of note, considerable.

notable *n.m.* person of influence, of standing, influential citizen, prominent figure. *Les ~s,* the leading citizens.

notaire *n.m.* **1.** notary, notary public. *Dresser par devant ~,* to draw up before a notary. **2.** solicitor.

notarié, e *adj. acte ~,* deed executed and authenticated by a notary.

notation *n.f.* notation ; marking, scoring ; rating. *~ du personnel,* personnel evaluation/rating. *~ financière (classement des dettes selon leur degré de solvabilité),* credit rating. *Agence de notation,* rating agency/firm.

note *n.f.* **1.** *(somme à payer)* account, bill, invoice. **2.** *(annotation)* annotation. **3.** *(~ en bas de page),* foot-note. *Prendre des ~s,* to take (down) notes, to note (down), to jot down, to write down. *Prendre ~,* to note, to make a note of. **4.** *(avis)* note, memo, memorandum ; minute. *~ de crédit,* credit note. *~ de débit,* debit note. *~ de service,* memorandum. *~ de frais,* (note of) expenses. **5.** *(école)* mark, grade.

noter 1. to mark, to score ; to rate. **2.** *v.* to take notice, to note, to jot down, to mark.

notice *n.f.* **1.** account, notice. **2.** handbook, manual. *~ explicative,* instruction manual, directions for use. *~ technique,* specification sheet, spec sheet.

notification *n.f.* notice, notification. *Recevoir ~ de quelque chose,* to be notified of something.

notifier *v.* to notify (so. of sth.). *Être notifié de,* to receive notice to. *(prévenir)* to give notice.

notion *n.f.* notion, idea ; concept. *Avoir des ~s d'économie,* to have a smattering of economics.

notionnel *n.m.* *(Paris Bourse)* futures contract based on French government bonds.

notoire *adj.* well-known ; known ; *(péj.)* notorious.

notoriété *n.f.* **1.** good name, reputation, fame ; recognition ; *(péjoratif)* notoriety. *Il est de ~ publique que,* it is notorious that. *Avoir de la ~,* to have a reputation, to be well known. **2.** *(pub.)* ~ *de la marque,* brand awareness. **3.** *(jur.)* acte de ~, identity certificate. **4.** *(fin.)* crédit sur ~, unsecured credit.

notoriété, share of mind.

nouer *v.* to tie. *~ des relations avec,* to establish relations with someone.

nourrice *n.f.* **1.** nurse. **2.** *(aut. av.)* auxiliary tank, spare tank.

nourrir *v.* **1.** to feed. *~ sa famille,* to maintain one's family. *Logé et nourri,* with board and lodging. **2.** *~ des doutes,* to entertain doubts. *~ l'espoir que,* to indulge the hope that. **3.** *~ l'inflation,* to feed/to fuel inflation.

nourrisant, e *adj.* nourishing, nutritive, rich.

nourriture *n.f.* food. *La ~ et le logement,* food and lodging. *(produits alimentaires)* foodstuffs. *(régime)* diet.

nouveau, nouvel(le) *adj.* **1.** new ; *modèle nouveau,* up to date model. **2.** *(récent)* ~ *venu,* newcomer. *Vin ~,* new wine. **3.** *(autre)* jusqu'à nouvel ordre, until further notice. **4.** *(compta.)* report à ~, solde à ~,* balance brought forward. **5.** *(encore)* à ~,* again.

nouveauté *n.f.* newness ; novelty, change ; new product, new invention. **2.** *(au pluriel)* fancy goods ; latest fashion.

nouveau venu, nouvelle venue, *n.m.f.* newcomer ; *(sur un marché)* new-entrant.

nouvelle *n.f.* news *(coll. sg.)* quelles ~s ?,* what is the news ? *Recevoir des ~s de,* to hear from. *Pas de ~, bonne nouvelle,* no news is good news. *~s économiques,* economic news, economic intelligence, economic report.

novateur, trice *n.m.f.* innovator.

novateur, trice *adj.* innovative.

novation *n.f.* 1. renewal. 2. innovation. 3. *(jur.)* novation, substitution (of debt).

noyau *n.m.* 1. *(fruit)* stone. 2. *(biol., phys.)* nucleus. 3. *(techn.)* core. 4. ~ *dur,* hard core.

noyautage *n.m.* 1. *(pol.)* infiltration. 2. *(métal.)* coring.

noyauter *v. (pol.)* to infiltrate, to set up cells in, to penetrate.

nu, e *adj.* bare, naked. *(tech.)* unequipped. ~ *-propriétaire,* bare owner ~ ~ *-propriété,* bare-ownership, ownership without usufruct.

nuancier *n.m.* colour finder, sample chart.

nucléaire *adj.* nuclear. *Centrale* ~, nuclear plant.

nucléaire *n.m.* nuclear power.

nuire *v.* to harm, to hurt, to be harmful (to), to be prejudicial (to) ; to prejudice. *(jur.) dans l'intention de* ~, maliciously, with malicous intent. ~ *à des intérêts,* to hurt interests. ~ *à l'efficacité de,* to impair.

nuisances *n.f.* nuisances, harmful effects.

nuisible *adj.* detrimental, harmful, noxious, prejudicial.

nuit *n.f.* night. *Équipe de* ~, night shift. *Prime de* ~, night shift premium.

nuitée *n.f.* night (spent at a hotel).

nul, le *adj.* null. ~ *et non avenu,* ~ *et de* ~ *effet,* null and void. *Considérer une lettre comme* ~ *le et non avenue,* to consider a letter as cancelled. *Solde* ~, nil balance. *Bulletin* ~, spoilt paper.

nullifier *v.* to neutralize, to nullify.

nullité *n.f.* 1. nullity, invalidity

(of marriage, deed). *Demande de* ~, nullity suit ; *action en* ~, action for voidance of contract. ~ *de l'assurance,* invalidity of the insurance. *Frapper une clause de* ~, to render a clause void. 2. *(incompétence)* incapacity, inability.

numéraire *adj.* numerary. *Valeur* ~, numerary value, legal tender value.

numéraire *n.m.* cash, specie, metallic currency. *Action en* ~, cash shares. *Avance en* ~, cash shares. *Avance en* ~, cash advance. *Payer en* ~, to pay in cash.

numérique *adj.* digital, numerical, numeric. *Calculateur* ~, digital computer. *Traitement* ~, digital processing.

numérisation *n.f.* digitization.

numériser *v.* to digitize.

numéro *n.m.* 1. *(chèque, commande, compte, référence, série, téléphone)* number. *Appeler/faire/composer un numéro,* to dial a number. *Faux* ~, wrong number. ~ *d'appel gratuit,* ~ *de libre appel,* ~ *vert,* toll-free number. 2. ~ *d'un journal,* issue, number. *Le* ~ *du mois dernier,* last month's issue. *Dernier* ~, current issue, latest issue. 3. *(Show biz.) le dernier* ~ *du programme,* the last item/number/act/on the program. 4. *c'est un* ~ *!,* he is a character !

numérotage *n.m.* numbering ; allocation of a number *(document)* ; paging (book).

numéroter *v.* to number. *Plaque numérotée,* numbered identification plate. ~ *un livre,* to paginate a book. *Compte numéroté,* numbered account.

nylon *n.m.* nylon. *Bas* ~, nylon stocking(s).

O

obédience *n.f.* obedience, allegiance.

obéir *v.* 1. to obey. ~ *à quelqu'un,* to obey somebody. 2. *(respecter règlement, etc.)* to comply (with), to submit (to), to abide (by), to adhere (to), to stick (to). 3. *(répondre à des règles, etc.)* to follow, to answer, to depend on, to respond to.

obéissance *n.f.* obedience, allegiance ; *(à des règles, etc.)* compliance (with), adherence (to).

obérer *v.* to burden, to weigh (heavily) on, to strain ; ~ *un budget, des ressources,* to strain a budget, resources.

objecter *v.* to object (*à*, to).

objectif *n.m.* objective, aim, goal, target, object, purpose.

objectif, -ive *adj.* objective, unbias(s)ed, fair.

objection *n.f.* objection. *Soulever une ~,* to raise an objection.

objectivité *n.f.* objectivity, objectiveness, fairness.

objet *n.m.* 1. object. 2. *(d'une lettre, d'un litige)* subject. 3. *(but)* purpose, object, aim, goal, end. *Sans ~,* aimless, purposeless, void. ~ *de valeur,* valuable object, valuable article, object of value. *(Pl.)* valuables. *Garde des ~s de valeur,* custody of valuables.

obligataire *n.m.* bondholder, debenture-holder.

obligataire *adj.* bond, debenture. *Emprunt ~,* debenture loan. *Intérêt ~,* bond interest. *Titre ~,* debt security.

obligation *n.f.* 1. obligation, duty, necessity. *Faire face à ses ~s,* to meet one's obligations/commitments/liabilities. ~ *de moyens,* best/reasonable effort (in achieving specified results), best effort undertaking. ~ *de résultats,* firm commitment undertaking. 2. *(Juridique, contrat)* binding agreement ; bond. 3. *(titre boursier)* bond, debenture. ~ *au porteur,* bearer bond. ~ *convertible,* convertible bond. ~ *de pacotille,* junk bond. ~ *d'état,* government bond. ~ *garantie,* secured bond. ~ *hypothécaire,* mortgage bond, mortgage debenture. ~ *nominative,* registered bond. ~*s à lots,* lottery bonds. *Porteur (détenteur) d'~s,* bondholder, debenture holder.

obligation de moyens, best endeavo(u)r.

obligatoire *adj.* compulsory, obligatory, (*U.S.*) mandatory ; *(contrat, clause)* binding.

obligatoirement *adv.* necessarily, compulsorily, (*U.S.*) mandatorily.

obligé, e *n.m.f.* (*jur.*) obligee. *Être l'~ de quelqu'un,* to be under an obligation to someone, to be indebted to someone.

obligeance *n.f.* obligingness, kindness. *Avoir l'~ de,* to be so kind as to.

obligeant, e *adj.* obliging, kind, helpful.

obliger *v.* 1. to compel, to force, to oblige ; to bind. *Nous serons obligés de,* we'll be compelled to, forced to, we'll have to. 3. *(faveur, service)* to oblige. *Je vous serais obligé de,* I should be grateful if you would, I should be indebted to you if you would, you would oblige by... *Je vous serais obligé de le renvoyer par retour du courrier,* please send it back by return of mail.

oblitération *n.f.* stamping, obliteration, obliterating.

oblitérer *v.* to stamp, to obliterate. *(timbre)* to cancel. *Timbre oblitéré,* used stamp.

obole *n.f.* (small/token) contribution, *(dîme)* tithe.

obscurcir (s') *v.* to grow dark, to get dimmer. *L'avenir s'obscurcit,* the outlook is gloomy, prospects are grim/bleak.

observance *nf.* observance, observing, compliance with.

observateur *n.m.* observer, analyst.

observation *n.f.* **1.** observance, compliance with. **2.** observation, remark, comment.

observer *v.* **1.** to observe, to see, to watch, to notice, to witness. **2.** *(faire une remarque)* to observe, to remark, to comment. **3.** *(respecter)* to observe, to comply with, to meet. *Faire ~ la loi,* to enforce the law.

obsolescence *n.f.* obsolescence.

obsolescent, e *adj.* obsolescent.

obsolète *adj.* obsolete, outdated, outmoded.

obstacle *n.m.* obstacle, hindrance, hurdle. *Franchir un ~,* to clear an obstacle, to clear a hurdle.

obstination *n.f.* obstinacy, stubbornness.

obstruction *n.f.* obstruction ; blocking, blockage. *Faire de l'~,* to drag one's feet, *(Parlement)* to filibuster.

obtempérer *v.* to comply (with), to obey, to submit to.

obtenir *v.* to obtain, to get, to achieve. *~ des renseignements,* to obtain/to gain information. *~ des subsides,* to secure funds, to obtain subsidies. *~ des voix,* to poll votes. *~ un diplôme,* to get/to obtain/to be granted/to be awarded/a diploma, a degree ; to graduate.

obtention *n.f.* obtaining, getting, securing, granting. *~ d'un prêt,* granting of a loan. *~ d'un diplôme,* granting/awarding/of a diploma, a degree ; graduation.

obturateur *n.m.* plug, stopper, stop-valve ; *(photo)* shutter.

occase *n.f.* *(fam. pour occasion)* opportunity, bargain. *D'~,* second-hand.

occasion *n.f.* **1.** opportunity, occasion ; chance. *Manquer une ~,* to miss an opportunity, *(U.S.)* to pass up a chance. **2.** *(bonne affaire)* bargain. *D'~,* second-hand. *acheter d'~,* to buy second-hand. *Voiture d'occasion,* second-hand car. *Le marché de l'occasion (voitures),* the used car market.

occasionnel, le *adj.* occasional. *Main-d'œuvre ~ le,* casual labour. *Travailleur ~,* casual worker ; *(agriculture)* casual labourer.

occasionnellement *adv.* occasionally.

occasionner *v.* to cause, to entail, to involve, to bring about, to provoke.

occident *n.m.* *L'Occident,* the West, the western world, western countries.

occidental, e *adj.* western.

occidentaliser *v.* to occidentalize, to westernize.

occidentaliser (s') *v.* to westernize, to occidentalize, to adopt western standards.

occulte *adj.* occult, secret, hidden, undisclosed. *Financement ~,* secret funding. *Fonds ~s,* slush fund ; secret accounts. *Ils ont utilisé des fonds ~s,* they used a slush fund.

occulter *v.* to occult, to conceal, to hide.

occupant *n.m.* occupant, occupier, resident ; *(locataire)* tenant ; *(d'une chambre d'hôtel)* guest.

occupation *n.f.* **1.** occupation. *(d'une maison, etc.),* occupancy. *(d'un hôtel, etc.),* occupancy ; *taux d'occupation,* occupancy rate ; *taux d'occupation des chambres,* room turnover. *~ d'usine,* sit-in. *Plan d'~ des sols,* zoning laws, zoning regulations ; land-use regulations. **2.** *(métier)* occupation, business, work, employment, job.

occupé, e *adj.* **1.** *(affairé)* busy ; engaged. *Je suis très ~,* I am very busy. **2.** *(place, etc.)* occupied, taken ; *(W.C.)* engaged. **3.** *(tél.)* engaged, *(U.S.)* busy. *La ligne est ~e,* the line is engaged/busy.

occuper *v.* to occupy ; *(un rang, un poste)* to hold, to have, to fill ; *~ un emploi,* to hold a job ; *(employer)* to employ, to give employment to, to provide jobs for ; *(du temps, de l'espace)* to take up, to fill. *~ une usine,* to stage a sitin.

occuper de (s') *v.* **1.** to be in charge of, to be responsible for ; to deal with, to handle, to attend to, to take care of ; to carry out, to perform, to complete ; to run, to manage, to operate, to be involved in, to be interested in. *S'~ des formalités,* to take care of the formalities. *S'~ des réparations,* to carry out the repairs. *S'~ d'un client,* to attend to a customer.

occurrence *n.f.* occurrence, happening, event. *En l'~,* in this (that) case ; under the circumstances.

océan *n.m.* ocean.

octane *n.m.* (cf. *indice, degré*) octane. *A haut degré d'~,* high-grade.

octet *n.m.* octet, byte.

octroi *n.m.* **1.** (*droit de passage*) toll, dues. *Droits d'~,* excise, excise duties. **2.** (*fait d'octroyer*) granting, grant, awarding, concession. *~ de devise,* allocation of foreign currency. *Conditions d'~,* qualifying conditions.

octroyer *v.* to grant, to allow, (*U.S.*) to award.

oculaire *adj. Témoin ~,* eye-witness.

odeur *n.f.* smell, odour, (*U.S.*) odor. (*parfum*) fragrance.

œnologie *n.f.* enology, oenology.

œnologue *n.m.* oenologist.

œuvre *n.f.* work. *Mettre en ~,* to put into effect, to carry into effect, to implement. *~ d'art,* work of art. *~ de bienfaisance, de charité,* charitable society/institution/trust, (*U.S.*) charity.

œuvre d'art, work of art.

œuvrer *v.* to work ; to act.

offense *n.f.* offence, (*U.S.*) offense.

offenser *v.* to offend, to hurt.

offensif, -ive *adj.* offensive, aggressive.

offensive *n.f.* offensive ; onslaught.

office *n.m.* **1.** function, duty, office, charge. *Faire ~ de (pers.),* to

act as, (*chose*) to serve as. *Remplir son ~,* to do one's job, to perform one's duty/function/office. **2.** (*bureau, administration*) office, agency, bureau, board, department. **3.** *d'office,* automatically, as a matter of course ; automatic, compulsory, (*U.S.*) mandatory. (*jur.*) *Nommé d'~, commis d'~,* appointed by the court ; (*U.S.*) doing mandatory pro bono work. **4.** (*bons offices*) service(s), good offices. *~ de Justification de la Diffusion des Supports, voir O.J.D.*

officialiser *v.* to make official, to render official, to announce officially, to officialize.

officiel *n.m.* official.

officiel, le *adj.* official ; (*cérémonie, etc.*) formal.

officiellement *adv.* officially ; formally.

officier *n.m.* officer. *~ de l'état civil,* registrar. *~ de justice,* law officer. *~ ministériel,* legal officer (notaries, process-servers, solicitors, clerks of the court, auctioneers).

officieusement *adv.* unofficially, semi-officially ; informally ; (*non destiné à la publication*) off-the-record.

officieux, se *adj.* unofficial, semi-official ; informal ; (*déclaration, etc.*) off-the-record.

officine *n.m.* **1.** chemist's shop, (*U.S.*) drugstore. **2.** dubious firm, shady outfit.

offrant, e *adj.* bidder. *Le plus ~,* the highest bidder.

offre *n.f.* offer, proposal. *Loi de l'~ et de la demande,* law of supply and demand. *~ d'achat,* bid. *~ publique d'achat (O.P.A.),* take-over bid. *Offre publique d'échange (O.P.E.),* take-over bid for shares. *Refuser une ~,* to turn down an offer. *~ d'emploi,* job offer, job offerings, vacancy ; (*petites annonces*) « *~s d'emploi* », situations vacant, positions available, appointments. *~ de prix,* price offered, price offer.

offre excédentaire, *(Bourse, etc.)* overhang.

offre publique de vente (d'actions), public offering (of shares).

offre publique initiale (d'actions), initial public offering, I P O.

offrir *v.* 1. to offer, to give. 2. *(fournir)* to provide, to furnish, to supply. 3. *(une somme pour acheter, acquérir)* to bid. 4. ~ *sa démission,* to tender one's resignation, to hand in one's resignation. 5. ~ *des garanties,* a) to present/offer/guarantees ; b) to provide security ; to be safe/secure. 6. *(vendre)* to sell.

offset *n.m.* offset. *Tiré en* ~, printed in offset.

ogive *n.f. (fusée)* nose cone. ~ *nucléaire,* nuclear head.

oignon *n.m.* onion.

oiseux, euse *adj.* idle, irrelevant, trifling.

oisif, -ive *n.* idle person, non-working person, non-worker.

oisif, -ve *adj.* idle.

oisiveté *n.f.* idleness.

O.J.D. *Office de Justification de la Diffusion des Supports,* French equivalent of ABC (Audit Bureau of Circulation).

oléagineux *n.m.* oleaginous.

oléagineux *n.m.pl.* oilseeds.

oléiculteur *n.m.* olive-grower.

oléiculture *n.f.* olive-growing, olive-oil industry.

oléifère *adj.* oil-producing, oleiferous.

oléoduc *n.m.* pipe-line.

oligarque *n.m.* oligarch.

oligarchie *n.f.* oligarchy.

oligarchique *adj.* oligarchical.

oligopole *n.m.* oligopoly.

olive *n.f.* olive. *Huile d'*~, olive oil.

olivier *n.m.* olive-tree.

olographe *adj.* holographic. *Testament* ~, holographic will.

ombre *n.f.* shadow. *L'*~ *au tableau,* what spoils the picture.

omettre *v.* 1. to omit, to leave out. 2. *(de faire quelque chose)* to fail to do, to omit, to neglect to do, to dispense with.

omission *n.f.* omission ; *(oubli)* oversight. *Sauf erreur ou* ~, errors and omissions excepted, E & O E.

omnibus *n.m.* bus ; *(train)* slow train.

omnidirectionnel, le *adj.* omnidirectional.

omnipotence *n.f.* omnipotence.

omnipotent, e *adj.* omnipotent, all-powerful.

omniprésence *n.f.* omnipresence.

omniprésent, e *adj.* omnipresent, pervading.

omnium *n.m.* industrial group, commercial group, general trading company.

once *n.f.* ounce (oz.).

onde *n.f.* wave. *Petites* ~s, short waves. *Grandes* ~s, long waves. ~s *moyennes,* medium waves. *Longueur d'*~s, wavelength.

ondulé, e *adj.* corrugated.

onéreux, euse *adj.* expensive, costly, onerous. *A titre* ~, subject to payment, against payment, *(Jur.)* for a money consideration, for a (valuable) consideration.

onglet *n.m.* tab.

O.P.A. *(Offre Publique d'Achat)* take-over bid.

OPA amicale, friendly bid/take-over.

OPA inamicale, hostile bid/take-over.

O.P.E. *(Offre Publique d'Échange)* exchange offer, takeover bid for shares.

opéable *adj.* likely target for a take-over bid.

opérateur, trice *n.m.f.* operator ; *(U.S., ouvrier)* operative. *(Bourse)* trader ; ~ *au jour le jour,* day trader.

opératoire *adj.* operative.

opératrice *n.f. (tél.)* operator.

opération *n.f.* operation, transaction, deal, dealing. ~ *à la baisse,* bear transaction. ~ *à la hausse,* bull transaction. ~ *à terme,* forward transaction, *(Bourse des valeurs)* dealing for the account ; *(Bourse de marchandises)* futures transaction, futures contract. ~ *au comptant,* cash transaction ; *(Bourse)* spot transaction. ~*s de couverture,* hedging.

opérationnel, le *adj.* operational. *Recherche ~ le,* operational research, *(U.S.)* operations research.

opérer *v.* to operate, to effect, to perform, to transact, to deal.

opérer (s') *v.* to be effected, *(avoir lieu)* to take place.

opiner *v.* 1. to decide in favour of, to approve, to assent. 2. to nod approval.

opiniâtre *adj.* obstinate, stubborn, persistent.

opiniâtreté *n.f.* obstinacy, stubbornness.

opinion *n.f.* opinion. *Leader d'~,* opinion former, opinion leader, trend-setter. *L'~ publique,* public opinion. *Sondage d'~,* opinion poll, survey. *Sans opinion (sondage),* don't knows.

opportun, e *adj.* well-timed, timely, opportune, convenient, advisable.

opportunisme *n.m.* opportunism.

opportuniste *n.m.f.* opportunist ; time-server.

opportuniste *adj.* opportunist, opportunistic ; time-serving.

opportunité *n.f.* opportunity ; *(caractère opportun)* advisability, relevance.

opposabilité *n.f.* opposability.

opposable *adj.* opposable.

opposant, e *n.m.f.* opponent.

opposé, e *adj.* opposed, against. *Partie ~e,* adverse party.

opposé *n.m.* contrary, reverse, opposite.

opposer *v.* 1. to oppose ; *(résistance)* to offer, to put up. 2. *(comparaison)* to contrast.

opposer (s') *v.* 1. to oppose. *S'opposer à une réforme,* to oppose a reform, to be opposed to a reform, to resist, to be in the way of. 2. *(rendre impossible, exclure)* to bar.

opposition *n.f.* opposition. *(jur.)* faire ~ *à une décision, un jugement,* to appeal (against). *Faire ~ à un chèque,* to stop payment of a cheque. ~ *sur titres,* attachment against securities.

oppresser *v.* to oppress.

oppresseur *n.m.* oppressor.

oppressif, ve *adj.* oppressive.

oppression *n.f.* oppression.

opprimer *v.* to oppress.

optant, e *adj.* optant, person exercising an option, taker of an option.

opter *v.* to decide in favour of, to choose, to switch (to), to shift (to), to change (for), to opt (for) *(ce dernier verbe est notamment utilisé au sens d'opter pour une nationalité).*

opticien *n.m.* optician.

optimal, e *adj.* optimum, optimal.

optimisation *n.f.* optimization, maximization.

optimiser *v.* to optimize, to maximize.

optimisme *n.m.* optimism. *C'est l'~ qui domine,* optimism prevails.

optimiste *n.m.f.* optimist.

optimiste *adj.* optimistic ; *(exagérément)* sanguine ; *(à propos d'un marché, etc.)* bullish ; upbeat.

optimum *n.m.* optimum, maximum.

optimum *adj.* optimum, maximum, optimal.

option *n.f.* 1. option, choice, *(Bourse)* option, *(marché à terme)* ~ *d'achat,* call. ~ *de vente,* put. *En option,* on option, optional. ~ *ferme,* firm option. 2. *(Universités, etc.)* concentration. 3. option, optional feature.

optionnel, le *adj.* optional, not compulsory.

optique *n.f. (façon d'envisager)* approach, view(s). *Dans une ~ financière,* in financial terms, along financial lines, *(U.S.)* financewise.

opulence *n.f.* opulence, affluence, wealth.

opulent, e *adj.* opulent, affluent, wealthy, plentiful.

opuscule *n.m.* booklet.

or *n.m.* gold. ~ *en barre,* bullion. ~ *en lingots,* ingot gold. *Cours de l'~,* gold quotation. *Étalon-~,* gold standard. *Étalon-~ de change,* gold-exchange standard. *Faire des affaires d'~,* to do a roaring trade. *Réserves d'~,* gold reserves.

oral *n.m.* *(d'un examen)* oral part, orals. *Échouer à l'~,* to fail the oral part, the orals. *Réussir à l'~,* to pass the orals.

oral, e *adj.* oral, verbal. *Accord ~,* verbal agreement. *Par transmission ~e,* by word of mouth.

oralement *adv.* orally, verbally, by word of mouth.

orangeraie *n.f.* orange-grove, orange-plantation.

orateur *n.m.* speaker ; orator.

orbite *n.f.* orbit. ~ *géostationnaire,* geostationary orbit. *Usine en ~,* orbiting manufacturing plant.

orchestrer *v.* *(campagne, etc.)* to plan, to organize ; to orchestrate ; to mastermind, to engineer *(souvent péjoratif).*

ordinaire *adj.* ordinary, common, regular, usual, standard, run-of-the-mill, *(moyen)* average. *D'ordinaire,* usually. *Action ~,* ordinary share, *(U.S.)* common stock ; equity.

ordinairement *adv.* normally, usually, ordinarily, as a rule.

ordinal *n.m.* ordinal.

ordinal, e *adj.* ordinal.

ordinateur *n.m.* computer. ~ *individuel,* personal computer, P.C. ~ *domestique/familial,* home computer. ~ *portable,* laptop computer. *Assisté par ~,* computer-aided, computer-assisted. *Enseignement assisté par ~,* computer-aided instruction.

ordonnance *n.f.* **1.** *(jur. et adm.)* order, regulation. ~ *de paiement,* order to pay, order for payment. ~ *d'un tribunal,* judge's order (decision, ruling), court order (decision, ruling, injunction). **2.** *(politique)* ordinance, decree. **3.** *(médical)* prescription.

ordonnancement *n.m.* **1.** *(dettes, gestion de production, etc.)* scheduling. **2.** *(ordre de payer)* order to pay.

ordonnancer *v.* **1.** to schedule. **2.** to order payment.

ordonnateur *n.m.* civil servant (functionary, official) entitled to order payment ; giver of an order.

ordonnée *n.f.* *(maths)* ordinate. *Axe des ~s,* Y-axis.

ordonné, e *adj.* orderly, tidy.

ordonner *v.* to order, to direct, to prescribe.

ordre *n.m.* **1.** order. *De l'~ de, of* about, in the region of, of the order of. *De premier ~,* first rate, first class, *(fam.)* top-notch. *Mettre de l'~,* to sort out, to tidy up, to arrange. ~ *hiérarchique,* hierarchical order ; pecking order. *Numéro d'~,* serial number. ~ *de priorité,* preferential order, priority level. **2.** *(commandement)* order, direction, command, behest. **3.** *(chèque, etc.)* *A l'~ de,* to the order of. *A l'~ de moi-même,* to my own order. *Billet à ~,* promissory note. **4.** *(commande)* order. *Passer un ~,* to order. *Exécuter un ~,* to fill, fulfil, execute, carry out, meet an order. **5.** ~ *public,* law and order. *Respectueux de l'~,* law-abiding. *Troubler l'~ public,* to disturb the peace. **6.** *L'~ des avocats,* the Bar.

ordre d'achat, purchase order, buying order, order to buy.

ordre de grandeur, size, range, scope, region, level.

ordre de paiement, payment order.

ordre de prélèvement permanent, standing order.

ordre de vente, selling order, order to sell.

ordre de virement, transfer order.

ordre du jour, agenda. *Mettre à l'~,* to put on the agenda. *Passer à l'~,* to proceed with the agenda, the business of the day. *Questions à* *l'~,* items on the agenda. *(sens large)* order of the day.

ordre ferme, firm order.

ordre permanent, *(banque)* standing order.

ordure *n.f.* garbage, litter, refuse. *Défense de déposer des ordures,* No Litter. *Ramassage des ~s,* garbage disposal/collection.

orfèvre *n.m.* goldsmith.

orfèvrerie *n.f.* **1.** goldsmith's trade, goldsmithery, goldsmithing. **2.** goldsmith's shop. **3.** gold plate, silver plate.

organe *n.m.* organ, agent, means, medium ; arm ; *(publication)* paper, magazine. *~ de presse,* newspaper ; *(commission, etc.)* organization, committee. *Par l'~ de,* through (the medium of).

organigramme *n.m.* **1.** organization chart. **2.** *(inform.)* flowchart, flow-diagram.

organique *adj.* organic, internal.

organisable *adj.* organizable.

organisateur, trice *n.m.f.* organizer, manager.

organisation *n.f.* **1.** *(fait d'organiser)* organization, organizing, planning, arranging, managing. **2.** *(groupe)* organization, association, body, union. *~ de consommateurs,* consumer association/union. *~ internationale,* international organization/body. *~ patronale,* management union, management organization. *~ syndicale (ouvrière)* union, *(G.B.)* trade union, *(U.S.)* labor union. **3.** *(structure)* organization, structure, *(fam.)* set-up. *~ de coopération et Développement Economique (OCDE),* OECD, Organization for Economic Cooperation and Development. *~ hiérarchique verticale,* line organization. *~ fonctionnelle horizontale,* functional organization, staff organization. *~ mixte (type d'organigramme d'entreprise),* staff and line organization. *~ scientifique du travail,* scientific management ; time and motion studies.

organisationnel, le *adj.* organizational.

organisation non-gouvernementale, non-government organization.

organiser *v.* to organize, to plan ; *(manifestation, campagne)* to stage, to mount.

organisme *n.m.* **1.** organization. *Organisme international,* international organization, international body. **2.** *(biologie)* organism.

orge *n.m.* barley.

orient *n.m.* orient, East. *L'extrême-orient,* the Far-East. *Le moyen-orient,* the Middle-East. *Le proche orient,* the Near East.

orientation *n.f.* **1.** orientation, direction, trend, tendency. *Changement d'~ d'une politique,* policy shift. *Perdre le sens de l'~,* to lose one's bearings. *Principales ~s d'un programme,* main provisions (lines) of a program. **2.** *(professionnelle)* guidance, counsel(l)ing. *~ professionnelle,* vocational counselling, vocational guidance. **3.** *(Université, etc.)* placement. *Test d'~,* placement test.

orienté, ée *adj.* oriented. *~ à la hausse,* showing an upward trend, going up. *~ à la baisse,* showing a downward trend, going down. *Marché bien orienté,* brisk market.

orienter *v.* **1.** to orient, to orientate. **2.** *(conseiller)* to guide, to counsel, to direct. **3.** *(campagne, etc.)* to gear (to), to centre/*(U.S.)* center (on), to focus (on).

orienter (s') *v.* **1.** to find one's bearings. **2.** *(marché, tendance)* to show a trend (tendency) towards, *(U.S.)* to trend ; to move towards. *Les cours s'orientent à la hausse,* quotations show an upward trend, quotations are going up, *(U.S.)* are trending upward.

orienteur *n.m.* counsel(l)or, adviser, guide. *~ professionnel,* vocational counselor, *(Université)* placement officer ; career officer.

orifice *n.m.* hole, aperture, opening, mouth. *(atomiseur)* nozzle.

originaire *adj.* originating (from) ; *(personne)* native (of), born in.

original, e *adj.* **1.** *(d'origine)* original, initial. **2.** inventive, original.

origine *n.f.* origin, beginning, source, cause ; *(naissance)* birth, descent, *(nationalité)* nationality, origin. *Avoir pour ~*, to originate from, to originate in. *D'~*, original ; genuine, authentic ; *(document, etc.)* certified. *Certificat d'~*, certificate of origin. *Gare d'~*, forwarding station. *Port d'~ (d'attache)*, port of registry. *(bureau de) poste d'~*, office of dispatch.

orphelin, e *n.m.f.* orphan.

orthodoxe *adj.* orthodox, standard, conventional ; sound.

orthographe *n.f.* spelling. *Faute d'~*, spelling error/mistake.

orthographier *v.* to spell. *Mal orthographié*, misspelt, misspelled.

orthographique *adj.* spelling.

O.S., *(ouvrier spécialisé)* unskilled worker, assembly-line worker.

oscar *n.m.* oscar ; award.

oscillation *n.f.* fluctuation, variation, swings ; *(U.S.)* seesawing ; ups and downs.

osciller *v.* to fluctuate ; *(personne)* to waver, to hesitate.

oscillographe *n.m.* oscillograph.

oseille *n.f.* sorrel ; *(fam., argent)* dough.

ossature *n.f.* framework.

ostensible *adj.* ostensible, visible, obvious.

ostentatoire *adj.* showy, ostentatious ; *bien ~*, status symbol.

ostraciser *v.* to ostracize.

ostracisme *n.m.* ostracism.

otage *n.m.f.* hostage. *Prendre en ~*, to hold (as) hostage, to take (as) hostage.

ôter *v.* to take away, to remove, *(vêtement, etc.)* to take off.

ou *n.m. (Bourse, option)* put option.

oubli *n.m.* oversight, omission.

oublier *v.* to forget ; to leave out ; to omit ; to overlook.

ouest *n.m.* West. *De l'~*, western, west.

ouest-allemand, ande, West-German.

ouï-dire *n.m.* hearsay. *Par ~*, by (from) hearsay.

ouïr *v. (un témoin)* to hear (a witness).

ouragan *n.m.* hurricane ; *(sens général)* storm.

ourdir *v. (complot, etc.)* to hatch (a plot).

outil *n.m.* tool ; *(jardinage, agricole)* implement. *(moyen)* aid. *Machine-~*, machine-tool. *~ de travail (entreprise)*, firm, business ; corporate assets. *~ pédagogique*, teaching aid.

outillage *n.m.* tools, plant, equipment, machinery, gear.

outillé, e *adj.* (well) supplied with tools, (well) equipped.

outiller *v.* to equip (to supply) with tools.

outiller (s') *v.* to equip oneself with tools ; *(Usine, pour un type de production)* to tool up.

outrage *n.m. ~ à la justice (à magistrat)*, contempt of court. *~ aux mœurs, à la pudeur*, indecent exposure.

outrager *v.* to insult.

outre *adv.* in addition to, apart from, beyond. *En ~*, besides. *Passer ~*, to disregard, to override, to overrule.

outremer *n.m.* overseas.

outrepasser *v.* to exceed, to go beyond.

ouvert, e *adj.* open. *Opération portes-ouvertes*, open house. *Mener une opération portes-ouvertes*, to conduct an « open house ». *La campagne sera ~e à partir de*, the campaign will start on.

ouvertement *adv.* openly.

ouverture *n.f.* **1.** opening. *Heure d'~*, opening time. *Heures d'~*, business hours, office hours ; *(exposition)* visiting hours. *~ de la* *chasse,* first day/opening of the shooting season ; ~ *de la pêche,* first day/opening of the fishing season. ~ *d'un compte,* opening of an account. **2.** *(occasion)* opening, opportunity. *Faire des* ~*s,* to approach, to make overtures, to make proposals. **3.** *(débat, négociations)* opening, starting. **4.** *(d'esprit)* openness of mind, broad-mindedness.

ouvrable *adj.* workable. *Jour* ~, working day, workday, weekday. *Heures* ~*s,* business hours, office hours, working hours.

ouvrage *n.m.* **1.** work. ~ *d'art,* work of art. *Donneur d'*~ *(état, société)* main contractor ; client. **2.** *(qualité du travail)* workmanship.

ouvragé, e *adj.* worked, wrought.

ouvrager *v.* to work.

ouvré, e *adj.* worked, wrought. *Produit ouvré,* finished product. *Jour(s)* ~*(s), cf. jours ouvrables.*

ouvre-boîte *n.m.* can-opener, tin-opener.

ouvre-lettres, *n.m.* letter-opener.

ouvreuse *n.f. (cinéma)* usherette.

ouvrier, ère *n.f.* worker, workman. ~ *agricole,* farm hand, farm labourer. ~ *à la pièce,* piece worker. ~ *d'usine,* factory worker, factory hand, blue-collar (worker). ~*e d'usine,* factory girl. ~ *qualifié,* skilled worker. ~ *spécialisé (O.S.),* unskilled worker, assembly line worker.

ouvrier, ère *adj.* working. *Classe* ~*e,* working class. *Législation* ~*e,* labour law(s), labour legislation. *Mouvement* ~, labour movement ;

(syndical) union, organized labour. *N.B. : Lorsque « ouvrier » désigne les rapports entre patronat et travailleurs, on trouve souvent* industrial ; *agitation* ~*e,* labo(u)r unrest, industrial unrest ; *conflits* ~*s,* industrial disputes, labo(u)r disputes.

ouvrir *v.* **1.** to open. ~ *un compte dans une banque,* to open an account with a bank. **2.** *(~ un commerce, etc.)* to open up, to open shop. **3.** *(créer)* to open, to set up. **4.** *(commencer)* to open, to start, to begin. ~ *des négociations,* to open/start/begin negotiations. **5.** *(être ouvert, rester ouvert)* to be open, to be open for business. **6.** *(un marché, etc.)* to open up. ~ *son capital,* to open up one's capital, to look for/seek new investors in one's capital.

ouvrir (s') *v.* **1.** *(marché)* to open up. **2.** *(négociation)* to start. **3.** *(se créer)* to open, to be opened, to be set up.

ovation *n.f.* ovation, acclaim, cheers, cheering.

ovationner *v.* to acclaim, to cheer.

ovin, e *adj.* ovine.

ovins *n.m.* sheep.

oxyde *n.m.* oxide. ~ *de carbone,* carbon monoxide.

oxyder (s') *v.* to rust, to become oxidized.

oxygène *n.m.* oxygen. *Ballon d'*~, shot in the arm ; reprieve, temporary relief.

ozone *n.m.* ozone. *Couche d'*~, ozone layer.

P

pacage *n.m.* **1.** pasture land, grazing land. **2.** pasturing, grazing. *Droit(s) de ~,* grazing right(s).

pacification *n.f.* pacification, pacifying.

pacifique *adj.* pacific. *Règlement ~,* peaceable settlement.

pacifier *v.* to pacify.

pacifisme *n.m.* pacifism.

pacifiste *adj.* pacifist.

pacotille *n.f.* trinkets ; *(péj.)* gimcrack(s), shoddy goods, junk. *Obligation de ~,* junk bond.

pacte *n.m.* pact ; compact ; agreement ; covenant ; settlement. *Faire un ~ avec quelqu'un,* to enter into an agreement with someone.

pacte de stabilité, stability pact.

pactiser *v.* to come to terms ; to compromise, to compound.

pactole *n.m.* gold mine, *(U.S.)* bonanza.

pagaille *n.f.* disorder, chaos ; mess.

page *n.f.* page ; *page blanche,* blank page ; *à la ~,* up to date. *~s jaunes,* Yellow Pages.

pagination *n.f.* paging, pagination.

paginer *v.* to page, to paginate.

paie *n.f.* pay, wage(s) *(G.B., fam.)* wage packet, wage envelope, paycheck. *Avoir une bonne ~,* to draw good wages, to have a good salary. *Bulletin de ~,* pay-slip. *Feuille de ~,* pay sheet, wage sheet. *Jour de ~,* pay-day. *Registre de ~,* pay-roll.

paiement *n.m.* payment ; *(règlement)* settlement. *Balance des ~,* balance of payments. *Cessation de ~,* suspension of payment, stoppage of payment. *Conditions de ~,* terms of payment. *Contre ~ de,* on (against) payment of. *Défaut de ~,* non payment, defaulting (on a payment). *Délai de ~* a) term of payment b) extension of term of payment. *Différer un ~,* to postpone a payment. *Echelonner des ~s,* to spread (to stagger) payments. *En ~ de,* in payment of, in settlement of, in discharge of. *Faute de ~ sous huitaine,* failing payment within a week. *Non-~,* non-payment ; *effectuer un ~,* to effect a payment, to pay. *Ordre de ~,* order to pay. *~ à la commande,* cash with order (C.W.O.), *~ à la livraison,* cash on delivery (C.O.D.). *~ anticipé,* payment in advance, advance payment, prepayment. *~ à tempérament,* payment by instal(l)ments *~ à terme* a) payment by instalments, *(U.S.)* time payment b) *(Bourse, etc.)* forward payment. *~ (au) comptant,* cash payment. *~ d'avance,* prepayment, payment in advance. *~ en nature,* payment in kind. *~ en numéraire,* payment in cash, money payment. *~ libératoire,* (payment in) full discharge. *~ partiel,* part payment. *Refus de ~,* refusal to pay.

paille *n.f.* straw. *Homme de ~,* strawman, man of straw, dummy, front ; stooge.

paillon *n.m.* *(bouteille)* strawcase.

pain *n.m.* bread. *Gagne-~,* livelihood, living.

pair, e *adj.* even. *Jour ~,* even date. *Nombre ~,* even number.

pair *n.m.* **1.** par, par value. *Au ~,* at par. *Au-dessous du ~,* below par, at a discount. *Au-dessus du ~,* above par, at a premium. *~ de change,* par of exchange. **2.** *Pair du Royaume,* Peer of the Realm. **3.** *(personnel) au ~,* with board and lodging, but without salary, « au pair ». *Jeune fille au ~,* au pair girl.

paire *n.f.* pair.

pairie *n.f.* peerage.

pairs *n.m. pl.* peers. *La pression des pairs,* peer pressure.

paix *n.f.* peace.

palabre *n.f. ou m.* palaver.

palabrer *v.* to palaver.

palace *n.m.* palace ; plush hotel, posh hotel.

palais *n.m.* palace ; *palais de justice*, law-courts. *Le Palais (les gens du ~)* the lawyers.

palan *n.m.* tackle. *(Marchandises) sous palan*, under ship's tackle.

palette *n.f.* pallet. *Chargement sur ~*, palletized load(ing). *Mettre sur ~*, to palletize.

palettiser *v.* to palletize.

palier *n.m.* **1.** landing. **2.** stage, degree ; step ; level.

palliatif *n.m. et adj.* palliative.

pallier *v.* to palliate ; to lessen ; to compensate for, to offset.

palmarès *n.m.* honours-list, prize-list, list of awards ; list of winners, results ; hit parade.

palme *n.f.* palm ; award ; victory.

palmeraie *n.f.* palm-grove, palm plantation.

palmier *n.m.* palm-tree.

palpable *adj.* palpable, tangible ; obvious.

palper *v. (fam. = toucher de l'argent)* to pocket money.

pan *n.m.* piece, section, sector. *Des pans entiers de notre industrie s'effondrent*, whole sectors of our industry are being wiped out.

panachage *n.m.* splitting (up) votes (possibility of voting for candidates from different parties on the same voting paper).

panacher *v.* to split (up) one's vote (voir **panachage**).

pancarte *n.f.* placard ; show-card ; bill.

panégyrique *n.m.* encomium, panegyric.

panel *n.m.* panel. *Panel de consommateurs*, consumer panel. *Panel élargi*, access panel.

panéliste *n.m.f.* panelist.

panier *n.m.* basket. *~ de la ménagère*, shopping basket. *Le haut du panier*, the pick of the basket.

panique *n.f.* panic, scare, stampede. *~ bancaire*, run on a bank (on banks).

paniquer (se) *v.* to panic ; to become frantic.

panne *n.f.* **1.** breakdown. *Tomber en ~*, to break down. *~ de courant*, power failure. **2.** *(~ de fournitures, etc.) (fam.) être en ~ de…* to have run out of…

panne (en) *(appareil)* out of order. *(Voiture) ma voiture est en panne*, my car has broken down, my car has engine trouble. *(Négociations) les négociations sont en panne*, the talks are at a standstill/have broken down.

panneau *n.m.* **1.** panel. **2.** board. *~ d'affichage, (pour informations)* notice board. *(Pour publicité)* hoarding, *(U.S.)* bill-board ; *(signalisation routière)* signpost. *~ réclame*, advertisement hoarding.

panonceau *n.m.* sign.

panoplie *n.f.* kit.

panorama *n.m.* panorama. *~ de l'exercice*, review ; highlights of the year under review.

panoramique *adj.* panoramic.

paperasse *n.f.* paper work.

paperasserie *n.f.* red-tape, red-tapism ; paper-pushing ; paper work.

paperassier, -ère *adj.* involved in red-tape, paper-pushing.

papeterie *n.f.* **1.** stationery. **2.** *(usine)* paper-mill.

papetier *n.m.* paper-maker. **2.** (bookseller and) stationer.

papier *n.m.* **1.** paper. *~ à lettre*, note paper, writing paper ; stationery. *~ carbone*, carbon paper. *~ d'emballage*, packing paper ; wrapping paper ; brown paper. *~ glacé*, glazed paper. *~ journal*, newsprint. *~ libre*, unstamped paper. *~ machine*, typing paper. *~ -monnaie*, paper money, paper currency. *~ pelure*, flimsy. *~s de bord*, ship's papers. *~ timbré*, stamped paper. **2.** *(fin.)* bill, paper. *~ à courte échéance*, short-dated bill. *~ à longue échéance*, long-dated bill. *~ fictif*, fictitious bill. *~ sur l'étranger*, foreign bill.

papillon *n.m.* leaflet ; slip.

paquebot *n.m.* liner.

paquège *n.m.* package.

paquet *n.m.* parcel, package, packet ; bundle. ~ *d'actions*, block of shares. ~ *recommandé*, registered parcel, *(U.S.)* registered pack-age.

paquetage *n.m.* 1. parcelling. 2. *(militaire, etc.)* pack.

paqueteur *n.m.* packer.

paquet postal *n.m.* *(G.B.)* parcel. *(U.S.)* package. *Par ~ postal*, by parcel post.

par *prép.* by ; through ; *(en passant ~)* via.

parachever *v.* to complete, to perfect, to finish off, to put the finishing touch (to).

parade *n.f.* 1. parade, show. *(de véhicules automobiles)* motorcade. 2. *(défense)* response, counter.

paradis fiscal *n.m.* tax haven, tax shelter.

parafe *n.m.* initials.

parafer *v.* to initial.

paraffiner *v.* to paraffin ; to wax. *Papier paraffiné*, waxed paper ; oiled paper.

parafiscal *adj.* parafiscal.

parafiscalité *n.f.* parafiscality.

paragraphe *n.m.* paragraph.

paraître *v.* *(revue etc)* to be published, to be issued, to be released, to come out, to appear.

parallèle *adj.* 1. parallel. 2. unofficial ; underground.

paralysant, e *adj.* paralyzing, crippling ; stifling. *Réglementation ~*, stifling regulation(s).

paralyser *v.* to paralyze, to cripple. *Usine paralysée par une grève*, plant crippled by a strike, strikebound plant.

paralysie *n.f.* paralysis.

paramètre *n.m.* parameter.

par action, per share.

paraphe *cf.* **parafe,** initials ; signature.

parapher *cf.* **parafer.** to initial ; to sign.

parapheur *n.m.* signature book.

parasite *n.m.* parasite ; sponger. *(Radio, etc.)* static ; interference.

paravent *n.m.* *(agir comme ~ pour)* front, cover.

par avion, by air, by plane. *(courrier par ~,* airmail. *Envoyer par ~,* to send/to ship/by air ; *(courrier)* to airmail.

parc 1. park ; yard ; ~ *d'attractions,* theme park, amusement park ; ~ *de stationnement,* parking lot, car park. 2. *(automobile).* a) number of cars. b) *(nombre de véhicules d'une entreprise)* fleet (of cars, trucks). 3. *(ferroviaire)* rolling stock. *(de matériel)* stock, supply, equipment, installations, facilities, infrastructure ; number (of machines, hotels, etc.). 4. *(enclos pour animaux)* pen.

parcage, parking ; *(bétail)* penning, enclosing ; *(moutons)* folding.

parcellaire *adj.* 1. divided into plots. 2. *(sens large)* incomplete, limited ; spotty, patchy.

parcelle *n.f.* 1. scrap. 2. *(terrain)* plot, patch.

parceller *v.* to divide ; to portion out ; to parcel out.

parchemin *n.m.* *(fam. pour diplôme)* diploma ; title.

parcimonie *n.f.* thrift ; *(péj.)* stinginess ; *distibuer avec ~,* to dole out.

parcimonieusement *adv.* thriftily ; *(péj.)* stingily.

parcimonieux, euse *adj.* thrifty ; *(péj.)* stingy.

parcmètre *n.m.* parking meter.

parcourir *v.* 1. to travel (through) ; *(distance)* to cover ; to drive, to sail, to fly. 2. *(un document)* to run through, to go through, to read through, to go over, to survey.

parcours *n.m.* 1. journey. 2. *(itinéraire)* route. 3. *(distance)* run, mileage, distance covered. *Le ~ devient difficile,* the going is getting tough. ~ *professionnel,* track record.

pardon *n.m.* pardon ; *(jur.)* remission of a sentence.

pardonnable *adj.* forgivable ; excusable ; pardonable.

pardonner *v.* to forgive ; to excuse ; to pardon.

paré, e *adj.* ready, prepared.

par écrit *loc.* in writing.

pareil, -le *adj.* identical, similar, the same.

parent *n.m.* parent, relative, blood relation. *Plus proche ~*, next of kin ; *~s par alliance*, connected by marriage, kinsmen by marriage.

parental, e *adj.* parental ; *autorité ~e*, parental authority.

parenté *n.f.* kinship, relationship. *Lien de ~*, kinship, (family) relationship. *Degré de ~* (degree of) relationship.

parenthèse *n.f.* parenthesis, *pl.* parentheses ; bracket. *Ouvrez la ~*, open bracket(s).

parents et alliés *n.m.* persons related by blood or marriage, relatives, kin.

parer *v.* 1. to avoid ; to ward off ; to counter ; to compensate for. 2. *(préparer)* to prepare. 3. *(décorer)* to decorate, to deck out.

paresse *n.f.* 1. laziness ; sloth. 2. *(de l'économie)* sluggishness.

paresseux, -euse *adj.* 1. lazy. 2. *(marché, etc.)* sluggish, slack.

par exprès *loc.* (by) special delivery.

parfaire *v.* to perfect ; to complete, to finish off, to put the finishing touch (to).

parfait, e *adj.* perfect ; *(sans faille)* flawless.

parfaitement *adv.* perfectly.

parfum *n.m.* 1. perfume. 2. *(arôme, goût)* flavour.

parfumerie *n.f.* perfumery.

parfumeur *n.m.* perfumer.

pari *n.m.* 1. bet. 2. gamble. *Les ~s sont à 15 contre un*, betting odds/the odds/are fifteen to one.

parier *v.* to bet ; to gamble. *~ sur quelqu'un*, to bet on someone, to back someone.

parieur *n.m.* better ; gambler. *(Sports, etc.)*, backer.

paritaire *adj.* joint. *Commission paritaire*, joint-committee, employer-employee board. *Réunion ~*, joint meeting.

parité *n.f.* parity ; par value ; par equality ; equivalence ; *A ~*, at par. *~ à crémaillère*, crawling peg. *~ des monnaies*, mint par of exchange.

parjure *n.m.* 1. perjury, violation of oath. 2. *(personne)* perjurer.

parking *n.m.* *(lieu)* car park, parking lot. *~ interdit*, No parking.

par la présente *loc.* *(jur.)* hereby.

parlement *n.m.* parliament.

parlementaire *n.m.* Member of Parliament, *(G.B.)* M.P. ; *(U.S.)* Congressman.

parlementaire *adj.* parliamentary.

parlementer *v.* to parley.

parler *v.* to speak. *Entendre ~ de*, to hear of (about). *Faire ~ de soi*, to hit the headlines, to be the talk of the town. *~ affaires*, to talk business, to get down to business. *~ couramment*, to speak fluently, to be fluent (in).

parole *n.f.* 1. word. 2. *(promesse)* promise, word. *Donner sa ~*, to pledge one's word, to pledge oneself. *Être de ~*, to be as good as one's word. 3. *Prendre la ~*, to take the floor, to begin to speak, to begin one's address. *Demander la ~*, to request leave to speak. *Donner la ~ à*, to call upon someone to speak, to give the floor to someone.

par porteur, *(spécial)* by messenger, by courier.

par procuration *loc.* by proxy. *~ (signature)* per pro *(abréviation de per procurationem)*.

parquer *v.* *(bétail)* to pen ; *(moutons)* to fold ; *(véhicules)* to park.

parquet *n.m.* 1. floor ; flooring. 2. *(jur.)* Public Prosecutor's Office. 3. *(Bourse) Le ~*, The Ring, the official market, *(U.S.)* the Pit. 4. *(mar.) ~ de chargement*, dunnage.

parrain *n.m.* 1. godfather. 2. sponsor.

parrainage *n.m.* sponsoring ; sponsorship.

parrainer *v.* to sponsor.

parraineur, -euse *n.m.f.* sponsor.

part *n.f.* share ; part ; portion. ~ *de fondateur*, founder's share ~ *du/de marché*, market share. ~ *sociale*, share (in a private limited company), « part sociale ».

part (à) *loc.* apart (from), aside (from). *Emballage à ~*, packing extra.

part, *(de la ~ de)* from/on the part of ; on behalf of. *Ce serait aimable de votre ~*, It would be nice (kind) of you.

part (faire) *n.m.* card, notice, notification.

part (faire… de) *v.* to inform, to let someone know ; to advise ; to notify.

part (prendre… à) *v.* to take part in, to participate in, to be involved in, to join (in).

partage *n.m.* **1.** sharing, sharing out, division, distribution, allotment. *(d'un pays)* partition. ~ *des bénéfices*, profit sharing. ~ *d'une succession* division of an estate. ~ *du travail*, a) division of labour, b) work-sharing. **2.** *(séparation)* division, splitting. *Ligne de ~ des eaux*, watershed.

partager *v.* *(distribuer)* **1.** to divide ; to share (out), to distribute, to allot. *(Inform.)* *Temps partagé*, time sharing. **2.** *(avoir en commun)* to share (in). *Partager un point de vue*, to agree ; to share (someone's) view(s). **3.** *(différence d'opinion, division)* to divide, to split. *Le conseil est partagé sur ce problème*, The Board is split on the issue.

partance (en) *loc.* *(navire)* about to sail ; outward bound. *En ~ pour… (navire)* bound for, sailing to ; *(train, etc.)* leaving ; *(avion)* about to take off ; flying to…

part de fondateur, founder's share.

part de marché market share. *Gagner/conquérir des parts de marché*, to gain market share.

partenaire *n.m.* partner. ~ *commercial*, trading partner. ~*s sociaux*, industrial partners (i.e. management, the state as an employer and unions), management and organized labo(u)r.

partenariat *n.m.*, partnership.

parti *n.m.* **1.** party. *Parti politique*, political party. *Le Parti Travailliste*, The Labour Party. **2.** *(avantage)* profit, advantage. *Tirer le meilleur ~ de*, to make the best of. **3.** *(décision)* course, decision, choice. *Prendre ~*, to commit oneself/to take sides/to side (with).

parti pris *n.m.* prejudice, bias.

partial *adj.* bias(s)ed, one-sided, unfair, prejudiced.

partialité *n.f.* bias, one-sidedness, prejudice, unfairness, partiality.

participant *n.m.* *(à un séminaire, etc.)* participant, *(U.S.)* attendee. ~*s à une réunion*, attendance, audience. *Nombre de ~s à une manifestation*, turnout.

participatif, -ive *adj.* participative ; *(en participation)* joint. *Titre ~*, participating stock.

participation *n.f.* **1.** participation ; stake ; *(com.)* sharing. *Avoir des ~s dans*, to have shares in, to have an interest in, to own capital in, to have/to own equity in, to have a stake in. *Compte de (en) ~*, joint account. *Entreprise/opération/en ~*, joint-venture. ~ *aux bénéfices*, profit-sharing. ~ *électorale*, (voters') turnout. ~ *majoritaire*, majority interest/holding, controlling stake. ~ *minoritaire*, minority interest/holding. *Prendre une ~ dans*, to take a stake in, to buy shares in, *(U.S.)* to buy stock in(to). **2.** *(contribution)* contribution, participation ; involvement. ~ *aux frais*, financial contribution, fee. **3.** *(réunion)* attendance.

participation(s) croisée(s), cross-held stakes ; cross-ownership of stock ; cross shareholding ; intercorporate stockholding ; stock-swap.

participer v. to take part (in) ; to participate (in), to be involved (in) to share (in) to join (in) ; to contribute (to). ~ *à une réunion,* to attend a meeting. ~ *aux bénéfices,* to share in the profits.

particularisme *n.m.* particularism ; local custom(s), regional customs and traditions.

particulier *n.m.* private person, private individual.

particulier, ère *adj.* **1.** particular, specific, special. **2.** private, confidential, personal. *Secrétaire* ~, private secretary, personal assistant, P.A.

particulier (en) 1. especially, particularly, in particular, specifically. **2.** in private, privately.

partie *n.f.* **1.** part. *Faire* ~ *de.* a) to belong to, to be part of. *Faire* ~ *du Conseil d'Administration,* to sit (be) on the Board. b) to come (fall) within, to be part of. *Ça ne fait pas* ~ *de mes responsabilités,* this does not fall (come) within my responsibilities, this is not part of my responsibilities. **2.** *(jur.)* party. *La* ~ *adverse,* the other side, the other party. *Les* ~*s,* the parties, the litigants. **3.** *(domaine)* line, branch, field, job. **4.** *(sports, etc.)* game, match.

partie (en) in part ; partly.

partie civile *n.f.* plaintiff (claiming damages), claimant. *Se porter* ~, to bring a civil action against someone, to institute a civil action.

partie double, *comptabilité en* ~, double entry bookkeeping.

partiel, le *adj.* part, partial ; incomplete. *A temps* ~, part time ; *employé/travailleur à temps* ~, part-time employee/worker. *(traite) Acceptation* ~ *le,* qualified acceptance. *Expédition, livraison* ~ *le,* part shipment, part delivery. *Paiement, règlement* ~, part payment. *(Ass.) Perte* ~ *le,* partial loss. *Travail à temps* ~. a) part-time work. b) part-time job.

partiellement *adv.* partly.

partie prenante, party involved (in a deal), stakeholder.

partie simple, *comptabilité en* ~, simple entry bookkeeping.

partir v. to leave, to start, *(navire)* to sail, *(avion)* to take off. *Les marchandises partiront demain,* the goods will be dispatched/forwarded/shipped/sent/tomorrow.

partir de (à ~) prép. *(à compter de)* from, as from, as of, starting. *Le nouveau règlement sera appliqué* ~…, the new regulation will be implemented/effective as from (as of)…

partisan *n.m.* **1.** supporter, backer, follower ; advocate ; *(propagateur)* exponent. *Être* ~ *de quelque chose,* to favour, to be in favour of, to approve of ; to advocate, to call for. **2.** *(milit)* guer(r)illa.

part sociale *n.f.* *(SARL)* share.

parution *n.f.* publication, issue ; publishing.

parvenir v. **1.** to succeed, to manage. **2.** to reach ; to arrive ; to attain. … *vous parviendra la semaine prochaine,*… will reach you next week.

parvenir à un accord, to reach an agreement.

parvenu *n.m.* upstart.

pas *n.m.* step. ~ *à* ~, step by step. *Faux* ~, slip, blunder, mistake. *Avoir, prendre le* ~ *sur,* to have priority on, to have precedence on.

pas de porte, *(com.)* goodwill ; *(appartement, etc.)* key-money.

passable *adj.* tolerable ; indifferent ; decent ; fair, fairly good.

passage *n.m.* **1.** *(d'un document)* passage. **2.** *(franchissement)* passing (over), crossing. **3.** *(voyage)* passage. **4.** *(changement)* change, changeover, shift, switch. **5.** *(visite)* visit, call. **6.** *(transport)* transport. *Droit(s) de* ~, toll ; *(bac)* ferrydues. **7.** ~ *interdit,* « No entry ». **8.** ~ *souterrain,* *(G.B.)* subway, *(U.S.)* underpass. **9.** ~ *à niveau,* level crossing, *(U.S.)* grade crossing.

passager, ère *adj.* temporary, short-lived, momentary, casual.

passager, ère *n.m.f.* passenger. ~ *clandestin*, stowaway. ~ *régulier (lignes aériennes)*, frequent flier/flyer.

passant *n.m.* passer-by ; *pl.* passers-by.

passant, e *adj.* *(rue, etc.)* busy.

passation *n.f.* 1. *(d'un acte)* drawing up, signing. ~ *d'un marché*, signing of a deal/contract. ~ *des marchés publics*, public procurement. 2. *(compte)* entering, posting, making entries. 3. *(d'une commande)* placing (of an order). 4. ~ *de pouvoir*, transmission of powers, transfer of power, handing over of power/office, takeover.

passavant *n.m.* permit.

passe *n.f.* *(naut.)* fairway, channel ; *(edit.)* surplus copies, over copies. *Être dans une mauvaise* ~, to be in a tight corner. ~ *de caisse*, allowance to cashier for possible errors, cashier error allowance.

passe-droit *n.m.* undue favour, unfair promotion, injustice.

passeport *n.m.* passport.

passer *v.* 1. to pass ; *(route)* to run. 2. *(consacrer du temps)* to spend, to pass. 3. *(s'écouler)* to go by, to pass. 4. *(signer un accord)* to sign, to conclude, to enter into, a contract. ~ *un marché*, a) to enter into a bargain. b) to place an order. 5. *(établir un texte, le voter) passer un acte*, to draw up a deed. ~ *une loi*, to pass a bill. *Faire* ~ *une motion*, to have a motion voted. 6. *(~ des écritures)* to enter (in the books), to post, to record. ~ *au compte profits et pertes*, to post to the profit and loss account, to write off. 7. *(avoir rang)* ~ *avant*, to rank first, to have precedence (priority) on (over). ~ *après*, to rank after, to come after. 8. *(en venir à)* to proceed with, to proceed to, to turn to, to pass on to. 9. *(augmenter)* to rise, to increase, to grow, to go up. *Le prix est passé de X à Y*, the price increased from X to Y. 10. *(changer) passer de... à...*, to change from... to..., to shift from... to...,

to switch from... to... 11. *(visiter)* to call (on somebody), to visit, *(fam.)* to drop by. 12. *(être accepté) notre proposition est passée*, our proposal has been accepted. 13. *(disparaître)* to disappear, to go away, to be over, to die away. 14. *(remettre un document etc.)* to hand ; to pass on. 15. *(un correspondant au téléphone)* to put through. *Passez-le moi.* a) put him on. b) hand him over to me. *Passez-moi le poste 28*, please put me trough to extension 28. 16. *(un examen)* to take, to sit for. *(réussir)* to pass ; to succeed (at an exam). 17. ~ *à la radio, à la télé*, to be on radio, on T.V., to be broadcast, *(U.S.)* to go on the air, to be on the air. 18. *passer prendre quelque chose*, to collect, to pick up, to take delivery of. *Passer prendre quelqu'un*, to pick someone up, to meet somebody. 19. *passer un accord*, to sign an agreement. 20. *passer une annonce*, to run an ad, to place an ad. 21. *passer un film*, to show a film.

passer commande, to place an order *(à quelqu'un*, with somebody, *de quelque chose*, for something).

passer de mode, to become/outmoded/old-fashioned.

passer en contrebande, to smuggle.

passer en fraude, to smuggle.

passer en jugement, to be heard, to come up before a court. *L'affaire passera en jugement la semaine prochaine*, the case/will be heard/will come up/next week.

passer (se) *v.* to occur, to happen, to take place.

passer de (se), to do without (something).

passerelle *n.f.* 1. footbridge. 2. *(nav.)* bridge. ~ *d'embarquement*, passenger gangway. *(avion)* gantry.

passible *adj.* liable (for, to), subject (to). ~ *de dommages et intérêts*, liable for damages. ~ *de droit(s)*, liable to duty, dutiable. ~

de droit de timbre, subject to stamp duty. ~ *de poursuites,* liable to prosecution, liable to be sued. ~ *d'une amende,* liable to a fine, liable to be fined.

passif, -ive *adj.* passive. *Dettes passives,* liabilities.

passif *n.m.* liabilities.

passif exigible, current liabilities.

pastoral, e *adj.* pastoral. *Une économie pastorale,* a pastoral economy.

pastoralisme *n.m.* pastoralism.

pâte à papier *n.f.* pulp.

patente *n.f.* **1.** (*magasin*) licence ; business licence (*U.S.* license) tax. **2.** (*mar.* ~ *de santé*) bill of health.

patenté *n.m.* licensee, licensed dealer.

patenté, e *adj.* licensed, established.

patenter *v.* to license.

paternalisme *n.m.* paternalism.

paternaliste *adj.* paternalistic.

patient, e *n.m.f.* patient.

patisserie *n.f.* **1.** (*magasin*) confectionery. **2.** pastry, pastries.

patissier, ère *n.m.f.* confectioner ; pastrycook.

patrie *n.f.* native country, native land. mother country, motherland, fatherland, home, homeland.

patrimoine *n.m.* patrimony ; estate ; inheritance. *Gestion de ~,* estate management, private assets management.

patrimonial, e *adj.* patrimonial.

patriote *n.m.* patriot.

patron *n.m.* **1.** employer ; manager ; (*fam.*) boss. (= *grand spécialiste*) top specialist, top expert. (= *personne qui domine un secteur*) tycoon. **2.** pattern, model ; size.

patronage *n.m.* **1.** (*parrainage*) sponsoring ; patronage. *Sous le ~ de,* under the auspices of, under the sponsorship of, sponsored by. **2.** (*clientèle*) custom.

patronat *n.m.* management ; employers.

patronal, e *adj.* management, manager, employer ; managerial. *Associations ~es,* manager's associations (unions). *Responsabilités ~es,* managerial duties/responsibilities.

patronner *v.* to sponsor.

patronyme *n.m.* surname, family name ; last name.

patronymique *adj.* patronymic.

pâturage *n.m.* **1.** pasture, grassland, meadow(s). **2.** pasturing, pasturage.

pâture *n.f.* pasture, meadow, herbage ; pasturing, pasturage. (*sens figuré*) food.

paupérisation *n.f.* pauperization. *Seuil de ~,* poverty line.

paupérisme *n.m.* pauperism. *Extinction du ~,* depauperization.

pause *n.f.* pause ; break ; rest ; stop. ~ *café,* coffee- break. ~ *pour le thé,* tea break. ~ *dans les hostilités,* truce. *Marquer une ~,* to pause, to come to a rest, to come to a pause.

pauvre *adj.* poor.

pauvres *n.m.* *Les ~s,* the poor ; the have-nots ; the underprivileged ; the needy ; the destitute.

pauvreté *n.f.* poverty.

pavillon *n.m.* **1.** (*navire*) flag. *Battre ~,* to fly a flag. ~ *de complaisance,* convenience flag. **2.** (*exposition, etc.*) stand. **3.** (*maison*) ~ *de banlieue,* suburban home (house). ~ *mitoyen,* semi-detached house.

payable *adj.* payable. ~ *à la commande,* (to be paid) cash with order (C.W.O.). ~ *à la livraison,* (to be paid) cash on delivery (C.O.D.). ~ *à l'échéance,* payable at maturity. ~ *à vue,* payable at sight, on presentation, on demand.

payant, e *adj.* **1.** paying ; against payment. *L'entrée sera ~e,* a fee will be charged for admission. **2.** (*qui donne des résultats*) profitable, rewarding. *Notre stratégie a été ~e,* our strategy paid off.

paye *n.f.* *voir.* **paie** ; pay, wages, wage, salary. *Feuille de ~, fiche de ~,* paycheck, payslip. *Jour de ~,* payday. *Registre de ~,* payroll. *Assurer la ~,* to meet the payroll.

payement *n.m. voir* **paiement.**

payer *v.* (*voir aussi* **payement, payable**). **1.** to pay, (*régler*) to settle, to discharge. *Congés payés,* holidays with pay, (*U.S.*) paid vacations. *Faire ~,* to charge. *~ quelqu'un,* to pay someone. *~ quelque chose,* to pay for something. *Combien avez-vous payé cet article ?,* How much did you pay for this article ? *Payer à un compte,* to pay into an account. *Politique consistant à faire ~ les riches,* soak-the-rich policy. *En port payé,* carriage paid ; *réponse payée,* answer prepaid. (*Enveloppe « T »*), (*U.S.*) business reply mail. **2.** (*fam.*) (*être profitable*) to pay off.

payer (se), (*marchandises*) to be worth, to sell (at a certain price) to be bought, (at a certain price) to be purchased, (at a certain price).

payeur, euse *n.m.f.* payer. *Mauvais payeur,* defaulter ; slow payer ; problem debtor.

pays *n.m.* nation, country. *~ developpé,* developed nation. *~ d'origine,* country of origin. *~ du tiers monde,* third-world country. *~ en voie de développement P.V.D.,* developing nation, L.D.C. (less developed country). *~ pauvre,* poor nation. *~ riche,* rich nation. *~ sous-développé,* under-developed nation.

paysagé *adj. bureau ~,* open-plan office, open space.

paysage *n.m.* landscape ; scenery.

paysagiste *n.m.* lanscape gardener.

paysan *n.m.* farmer ; peasant.

paysannat *n.m.* farmers ; peasantry.

paysannerie *n.f.* (the) farmers.

pays développé, developed nation.

pays en voie de développement, (P.V.D.) developing nation, less developed country, L.D.C. (pl. LDC's).

PDM, pays d'Europe centrale ou orientale, central or eastern European country.

péage *n.m.* toll. (*lieu*) toll-gate. *Autoroute à ~,* toll motorway, (*U.S.*) tollway, turnpike road. *Pont à ~,* toll-bridge. *Télévision à ~, chaîne à ~,* pay-TV, payvision, pay-TV channel.

peau *n.f.* (*d'animal*) hide, pelt, skin ; (*fourrure*) fur.

pêche *n.f.* **1.** fishing, fishery. *Bateau de ~,* fishing boat, fishing smack. *~ à la baleine,* whaling. *~ à la morue,* cod-fishing. *~ au chalut,* trawling. **2.** (*prise(s)*) catch.

pêcher *v.* **1.** to fish. *~ au chalut,* to trawl. *~ le saumon,* to fish for salmon. **2.** (*prendre*) *~ une truite,* to catch a trout.

pêcherie *n.f.* fishery.

pêcheur *n.m.* fisherman.

pécule *n.m.* **1.** savings, nest-egg. **2.** (*Milit.*) gratuity (paid on discharge). **3.** (*prisonnier*) earnings (of convict).

pécuniaire *adj.* pecuniary, financial, money.

pécuniairement *adv.* financially, pecuniarily.

P.C.V. *Appel en ~,* collect call, (*G.B.*) reverse charge call. *Appeler en ~,* to call collect. (*G.B.*) to reverse charges.

P.D.G., (*G.B.*) Chairman and Managing Director, *~ (U.S.)* Chairman and President.

pédagogique *adj.* pedagogical, educational.

peine *n.f.* **1.** penalty. *Commuer une ~,* to commute a sentence/a penalty. *~ capitale,* capital punishment. *~ de prison,* prison term. *Sous ~ de,* under penalty of. **2.** (*difficulté*) difficulty, difficulties, trouble.

peintre *n.m.* painter. *~ en bâtiment,* house-painter.

peinture *n.f.* **1.** (*fait de peindre*) painting. **2.** (*matière*) paint. *Attention à la ~,* « Wet Paint », « Mind the Paint ».

péjoratif *adj.* pejorative, disparaging, derogatory.

pelleterie *n.f.* **1.** (*métier*) fur-trade ; fur-making. **2.** (*peaux*) peltry, furs, skins.

pelletier *n.m.* furrier.

pellicule *n.f.* **1.** film, pellicle. **2.** *(film, etc.)* film.

peloton *n.m.* main body, bunch. ~ *de tête,* leading group ; big league.

pénal, e *adj.* **1.** penal. **2.** *(contrat) clause ~e,* penalty clause.

pénalement *adv.* penally.

pénalisation *n.f.* penalization, penalizing.

pénaliser *v.* to penalize.

pénalité *n.f.* penalty ; *(paiement)* ~ *de retard,* late payment charge.

pencher sur (se) *v.* to study, to analyse ; to tackle.

pendant, e *adj.* pending.

pénétration, penetration ; *(publicité)* impact. ~ *d'un marché,* market penetration.

pénétrer *v.* to penetrate, to enter. ~ *par effraction,* to break (into something), to burglarize. ~ *un nouveau marché,* to tap a new market.

pénible *adj.* painful. *Travaux ~s,* heavy work, hard work.

pénibilité *n.f.* painfulness ; inconvenience ; tediousness. *Prime de ~,* heavy work bonus.

péniche *n.f.* barge ; lighter. ~ *automotrice,* self-propelled barge.

pénitencier *n.m.* penitentiary.

pénitentiaire *adj.* penitential ; penitentiary.

penser *v.* to think. *Nous pensons que,* we think that, we feel that, we consider that ; we trust that.

pension *n.f.* **1.** pension. ~ *alimentaire,* alimony. ~ *de retraite,* retiring pension, retirement pension, old-age pension. ~ *viagère,* life annuity. **2.** *(vivre et couvert)* board and lodging, accommodation ; *(frais de ~)* accommodation fees, board(ing) charges. ~ *complète,* full board. **3.** boarding-house. **4.** *(effets de commerce) prise en ~,* repurchase agreement, REPO.

pensionnaire *n.m.f.* **1.** *(école, etc.)* boarder. **2.** *(hôtel, etc.)* guest. **3.** *(prison)* inmate.

pensionné *n.m.* pensioner.

pensionner *v.* to pension (off).

pente *n.f.* **1.** slope ; gradient, incline. **2.** *(= tendance)* trend, inclination, bent.

pénurie *n.f.* shortage *(de quelque chose,* of something) ; dearth.

pépinière *n.f.* nursery.

pépiniériste *n.m.* nursery gardener.

pépite *n.f.* nugget.

percé, e *adj.* pierced ; holed.

percée *n.f.* *(technologique, etc.)* breakthrough. *Faire une ~ sur un marché,* to break into a market.

percentile *n.m.* percentile.

percepteur *n.m.* tax-collector.

perception *n.f.* **1.** *(fait de percevoir un droit, etc.)* collection, levy, levying, charge, charging. **2.** *(bureau du percepteur)* tax-collector's office.

percer *v.* to pierce, to perforate, to drill/bore a hole into. *(Produit, etc.) Commencer à ~,* to begin to break through. *(Personne)* to succeed, to make it.

percevoir *v.* **1.** *(une taxe, etc.)* to collect, to levy, to charge. **2.** to see, to hear, to feel, to sense, to perceive.

perdant, e *n.m.f.* loser.

perdre *v.* to lose.

perdre (se) *v.* **1.** to be lost, to get lost. **2.** *(coutume, etc.)* to disappear, to be on the wane, to fall into disuse. **3.** *(perdre son chemin)* to lose one's way.

perdu, e *adj.* **1.** lost ; missing. *Emballage ~,* non-returnable packing/empty, one-way packing, packing included. ~ *corps et biens,* lost crew and cargo ; lost with all hands. **2.** *(gâché)* wasted.

péremption *n.f.* time limit(ation) ; *(produits alimentaires) date de ~,* sell-by date.

péremptoire *adj.* peremptory ; *(argument)* decisive.

pérenne *adj.* **1.** perennial. **2.** *(agriculture, etc.)* sustainable.

pérennité *n.f.* perenniality.

péréquation *n.f.* equalization. *Caisse de ~,* equalization fund.

perfectibilité *n.f.* improvability, perfectibility.

perfectible *adj.* perfectible, improvable.

perfection *n.f.* perfection ; perfecting.

perfectionné, e *adj.* sophisticated, complex ; perfected, improved.

perfectionnement *n.m.* improvement ; improving, perfecting. *(Formation permanente)* advanced courses ; retraining program(me).

perfectionner *v.* to perfect, to improve.

perforatrice *n.f.* 1. *(machine)* drilling-machine, punching-machine. 2. *(personne)* punch-card operator.

perforé, e *adj.* punched. *Carte ~e,* punch-card, punched-card.

perforer *v.* to punch ; to perforate ; to drill, to bore. *Carte perforée,* punch(ed)-card.

performance *n.f.* performance. *~ d'un investissement,* yield.

performant, e *adj.* efficient ; high-performing, high-performance. *Les fonds de placement les plus performants,* the best-performing investment funds. *Produit ~,* high-performance product.

péricliter *v.* to be ailing, to be in a bad way, to go downhill, to be in danger.

péril *n.m.* danger, peril ; risk ; hazard. *Aux risques et ~s du propriétaire,* at owner's risks. *Aux risques et ~s de l'expéditeur,* at sender's risks. *Mettre en ~,* to endanger, to jeopardize, to threaten. *~ de mer,* hazards of the sea, sea-risks, perils of the sea.

périmé, e *adj.* expired ; outdated ; no longer valid ; out of date. *Billet ~,* used ticket.

périmer *v. (jur.)* to lapse, to become out of date.

périmer (se) *v.* to expire ; to lose one's validity ; to become out of date. *(jur.)* to lapse.

périmètre *n.m.* perimeter, area ; *(d'une usine, etc.)* premises. *A ~ constant,* like for like.

période *n.f.* period ; time ; spell ; phase, stage. *(Compta.) ~ considérée,* period under review. *~ d'essai,* trial period. *~ de prospérité,* (period of) boom. *~ de rôdage,* running-in period ; period of adjustment.

périodicité *n.f.* periodicity ; frequency ; recurrence.

périodique *adj.* periodical ; *(qui revient régulièrement)* recurrent. *État (évaluation)/rapport ~,* progress report.

périodique *n.m.* periodical ; magazine.

périodiquement *adv.* periodically.

périphérie *n.f.* periphery. *(ville)* outskirts. *Quartiers de la périphérie,* outlying/suburban districts.

périphérique *adj.* peripheral. *Équipement ~,* peripheral equipment. *Boulevard ~,* ring road. *Quartiers ~s,* outlying/suburban districts.

périssable *adj.* perishable. *Denrées ~s,* perishable goods, perishables.

permanence *n.f.* 1. permanence. 2. service, duty. *Être de ~,* to be on duty. 3. *(local)* office open all day ; permanent office. 4. *(Compta.) ~ des méthodes appliquées,* consistency (principle/concept).

permanent, e *adj.* permanent, standing. *Commission ~e,* standing committee. *Formation ~e,* ongoing education, further/continuing/continuous/ education, adult education. *(Banque) ordre ~,* standing order.

permanent *n.m.* permanent member, permanent staff (member). *(D'un parti, d'un syndicat)* official.

permettre *v.* to permit, to allow ; *(capacité)* to enable, to make it possible.

permettre (se) *v.* 1. to take the liberty of ; to allow oneself to ; to make bold to, to make so bold as to ; to venture. 2. *(achat)* to afford.

permis, e *adj.* allowed, permitted, lawful.

permis *n.m.* permit, licence. ~ *de construire*, building permit ; planning permission. ~ *d'embarquement (marchandises)*, shipping note. ~ *d'entrée (nav.)*, clearance inwards. ~ *d'importation (d'entrée)*, import licence. ~ *de sortie (nav.)*, clearance outwards. ~ *d'exportation (de sortie)*, export licence, export permit. ~ *de séjour*, certificate of registration, registration certificate, registration papers, registration card. ~ *de travail*, work/labour permit.

permis d'émission, *(gaz)* effluence permit.

permission *n.f.* **1.** permission, consent, authorization, agreement. **2.** *(militaire, etc.)* leave ; *(U.S.)* furlough.

permutation *n.f.* exchange ; *(math.)* permutation.

permuter *v.* to exchange (posts, positions).

PERP Plan d'Epargne Retraite Populaire, retirement savings plan.

perpétration *n.f.* perpetration, commission (of a crime).

perpétrer *v.* to commit (a crime), to perpetrate.

perpétuel, le *adj.* perpetual, everlasting ; ceaseless, endless. *Emprisonnement ~*, imprisonment for life, life sentence. *Rente ~ le*, perpetual annuity.

perpétuité *n.f.* perpetuity. *A ~*, for life. *Être condamné à ~*, to get a life sentence, to be sentenced to life (imprisonment).

perquisition *n.f.* (house) search ; *faire une ~ chez quelqu'un*, to search someone's premises. *Mandat de ~*, search warrant.

perquisitionner *v.* to search.

persévérance *n.f.* perseverance, sense of purpose ; dedication, commitment.

persévérer *v.* to persevere, to persist, to insist, to stick (to something).

persistant, e *adj.* persistent ; lasting ; enduring.

persister *v.* to persist.

personnalisation *n.f.* personalization ; *(automobiles etc.)* customizing, customization.

personnalisé, e *adj.* *(produit)* customized, custom-made, custom-built ; personalized.

personnaliser *v.* **1.** to personalize. **2.** *(produit)* to customize.

personnalité *n.f.* personality ; V.I.P. ; ~ *civile, juridique, morale*, legal entity. *Les ~s*, the officials.

personne *n.f.* person, individual. ~ *à charge*, dependant. *En ~*, personally, in person. ~ *civile, juridique, morale*, legal entity. *Tierce ~*, third party. *Note : lorsqu'il s'agit simplement de dénombrer les présents ou participants on emploie* people. *5 000 ~s ont pris part à la manifestation,* 5,000 people took part in the demonstration.

personne âgée, senior citizen.

personnel *n.m.* personnel, staff, employees, labour ; labour force, manpower, workforce. *Note : pour désigner l'ensemble du personnel, «* Personnel » *tend à l'emporter — sauf dans le cas d'hôpitaux, hôtels, établissements scolaires — sur* staff *qui retrouve son sens d'origine d'état-major. Avoir trop de ~, du ~ en surnombre,* to be overstaffed/overmanned. *Chef du ~,* Personnel Manager. *Licenciement de ~,* lay-off, laying off, redundancies. *Manquer de ~,* to be understaffed, undermanned. ~ *à temps partiel,* part-time workers. ~ *réduit,* skeleton staff. ~ *intérimaire,* temporary workers/employees ; temps. ~ *temporaire,* temporary workers, casual labour. *Rotation du ~,* personnel turnover.

personnel, le *adj.* personal ; private ; individual ; own.

personnellement *adv.* personally ; in person.

perspective *n.f.* **1.** *(ce qu'on peut prévoir)* prospect(s), outlook. *Les ~s sont mauvaises,* prospects are bad/bleak, the outlook is gloomy. *~s d'avenir,* future prospects. *~s de carrière,* career prospects. *~s de reprise,* prospects of recovery. *Les ~s ne sont pas encourageantes,* the outlook is not promising. **2.** *(façon d'envisager)* approach. *Dans cette ~.* a) with this in view. b) from this point of view, from that angle, from this standpoint/viewpoint *(U.S.),* in this light.

perspicacité *n.f.* perspicacity, discernment ; shrewdness ; insight ; *(dans le domaine des affaires)* acumen.

persuader *v.* to persuade, to convince.

persuasion *n.f.* persuasion ; belief.

perte *n.f.* **1.** loss. *Accuser une ~,* to make a loss, to suffer/substain/take a loss. *Compenser des ~s,* to make good a loss ; to recoup ; to offset losses. *(Nav.)* ~ *corps et bien,* total loss. ~ *de temps,* waste of time. *~s et profits,* profit and loss. *~s et profits sur exercices antérieurs,* profit and loss on previous years. *~s par écoulement,* leakage. ~ *sèche,* dead loss. *Subir des ~s,* to suffer, to sustain losses. **2.** *(en vies humaines)* casualties.

perte (à) *loc.* **1.** at a loss. **2.** at a discount.

perte(s) d'exploitation, trading/operating loss, loss of profit ; business interruption.

pertinence *n.f.* relevance.

pertinent, e *adj.* relevant. *Non pertinent,* irrelevant.

perturbation *n.f.* disturbance, disruption. *La grève causera des ~s dans l'acheminement du courrier,* the strike will disrupt mail deliveries.

perturbateur *n.m.* disturber ; agitator ; *(réunion électorale, etc.)* heckler.

perturber *v.* **1.** *(le fonctionnement d'un service, etc.)* to disrupt. **2.** *(l'ordre public, etc.)* to disturb. **3.** to perturb, to inconvenience, to unsettle. *~l'ordre public,* to disturb the peace. *Marché perturbé,* unsettled market.

pervers, e *adj.* *effet ~,* secondary effect ; negative effect ; perverse effect.

pesage *n.m.* weighing. *Appareil de ~,* weighing-machine. *Droits de ~,* weighing dues.

pesant, e *adj.* heavy ; ponderous.

pèse-lettre *n.m.* letter-balance.

pesanteur *n.f.* **1.** gravity. **2.** *(d'un marché, des cours de l'économie)* dullness, sluggishness. **3.** *(~ des traditions sociologiques, etc.)* weight (of something), heaviness.

pesée *n.f.* weighing. *Faire la ~,* to weigh.

peser *v.* **1.** to weigh. **2.** *(valoir)* to be worth, to amount to, to represent.

peser (sur) to weigh on, to bear on, to be a burden on.

pessimisme *n.m.* pessimism ; gloom.

pessimiste *adj.* pessimistic ; gloomy. *Prévisions ~s,* gloomy forecasts.

pessimiste *n.m.f.* pessimist.

petit, e *adj.* small.

petit délinquant, petty offender/criminal.

petite caisse, petty cash.

petite(s) annonce(s), classified ad(s). *(Rubrique dans un journal)* classifieds. *Passer une ~,* to place an ad ; to run an ad ; to insert an ad.

petites et moyennes entreprises, small and medium-size(d) firms ; small business.

petite somme, small sum/amount.

petite vitesse, (en) (by) goods train, *(U.S.)* freight train.

pétition *n.f.* petition.

pétitionnaire *n.m.* petitioner.

pétitionner *v.* to petition.

pesticide *n.m.* pesticide.

pétrochimie *n.f.* petrochemistry.

pétrodollar *n.m.* petrodollar.

pétrole *n.m.* oil. ~ *brut,* crude oil. *Gisement de ~,* oil field. *Pays producteurs de ~,* oil-producing countries. *Puits de ~,* oil-well.

pétrolier, ère *adj.* oil. *L'industrie ~e*, the oil industry. *Navire ~*, oil-tanker. *Pays ~s*, oil-producing countries. *Valeurs ~es*, oil shares.

pétrolier *n.m. (nav.)* oil-tanker.

peuple *n.m.* people, nation.

peuplé, e *adj.* populated. *Peu ~*, thinly populated. *Très ~*, densely populated ; *peuplé de*, peopled with.

peuplement *n.m.* peopling, settling, populating. *A faible ~*, thinly populated, sparsely populated. *Colonie de ~*, settlement.

peupler *v.* to people ; *peuplé*, populated ; *peuplé de*, peopled with.

phare *n.m.* lighthouse ; beacon. *Droits de ~*, light dues. *Produit ~*, flagship product.

pharmaceutique *adj.* pharmaceutical. *Entreprise/Société ~*, pharmaceutical company, drug firm. *Produits ~s*, pharmaceuticals.

pharmacie *n.f.* **1.** dispensing chemist's ; *(U.S.)* drugstore ; pharmacy. *~ de service*, duty chemist. **2.** *(produits)* pharmaceuticals.

pharmacien, ne *n.m.f.* chemist ; *(U.S.)* druggist ; pharmacist.

phase *n.f.* stage, period, phase, step.

philatélie *n.f.* stamp-collecting.

philatéliste *n.m.f.* stamp-collector.

phénoménal, e *adj.* amazing, phenomenal, fantastic.

phénomène *n.m.* phenomenon, *pl.* phenomena.

phosphate *n.m.* phosphate.

phosphater *v.* to phosphate.

photocopie *n.f.* photocopy, copy, duplicate.

photocopier *v.* to photocopy ; to duplicate ; to copy ; to xerox.

photocopieur *n.m.* photocopier, copier.

photocopieuse *n.f.* photocopier, copier.

photographe *n.m.f.* photographer.

photo(graphie) *n.f.* photograph ; picture ; *photo d'identité*, small photograph, passport photograph.

photographier *v.* to photograph.

photograveur *n.m.* photo-engraver.

photogravure *n.f.* photo-engraving.

phrase *n.f.* sentence.

physionomie *n.f.* *(marché)* trend, tone, aspect ; main features.

physique *n.f.* physics.

pic *n.m.* peak.

pièce *n.f.* **1.** room. **2.** *(monnaie)* coin. **3.** *(de rechange, etc.)* part ; piece (of equipment). **4.** *(document)* document ; paper. **5.** *travail à la ~, aux ~s*, piecework, job work. **6.** *(brisées)* piece(s), fragment(s). **7.** *(théâtre)* play. **8.** *(terrain)* field, plot, tract. **9.** *(~ d'étoffe)* roll of fabric, roll of material. **10.** *(pour rapiécer)* patch. **11.** *donner la ~*, to tip.

pièce à conviction, exhibit ; incriminating evidence.

pièce comptable, *(compta.)* voucher ; receipt ; record.

pièce de monnaie, coin.

pièce de rechange, replacement part, replacement, spare part, spare.

pièce détachée, spare part, spare, component part, component, part.

pièce(s) jointe(s), enclosure(s), Encl.

pièce justificative, voucher ; supporting document ; documentary evidence.

pied *n.m.* foot. *Mettre à ~*, to dismiss, to lay off. *Mise à ~*, dismissal, lay-off. *Prendre ~ sur le marché*, to get/gain a footing/foothold on a market. *Sur ~ (bétail)*, on the hoof. *Bétail sur pied*, live cattle.

piéton *n.m.* pedestrian.

pige *n.f.* piecework ; free-lancing.

pigeon *n.m.* gull, *(fam.)* sucker.

pigiste *n.m.f.* free-lance, free-lancer ; stringer.

pile *n.f.* **1.** pile, stack, heap. **2.** *(batterie)* cell ; battery. **3.** *(atomique)* atomic pile, nuclear reactor. **4.** *(de pont)* pier. **5.** *~ ou face*, heads or tails. *Tirer à ~ ou face*, to toss/to flip/a coin.

pillage *n.f.* *(émeutes, etc.)* looting ; plundering.

pillard *n.m.* *(émeutes, etc.)* looter ; plunderer.

piller *v.* *(émeute)* to loot ; to plunder, to pillage, to sack, to ransack.

pilleur d'épaves, wrecker.

pilotage *n.m.* piloting ; pilotage. *(Aviation)* flying. *Comité de ~*, steering committee. *Frais de ~*, pilotage dues.

pilote *n.m.* pilot ; *(autom.)* driver. *Bateau ~*, pilot boat. *Boisson ~*, drink sold in cafés at administered prices. *Expérience ~*, pilot program(me), pilot project. *Installation ~*, pilot plant. *Projet ~*, pilot scheme ; *Usine ~*, pilot plant.

piloter *v.* **1.** to pilot ; to steer, *(avion)* to pilot, to fly, *(autom.)* to drive, *(nav.)* to pilot, to steer. **2.** *(guider)* to show round ; to guide (round). **3.** *(fam.)* ~ *un projet*, to have responsibility for, to be in charge of, responsible for, to manage, to lead a project.

pingre *adj.* mean, stingy, miserly.

pin's *n.m.* lapel-button, badge.

pinte *n.f.* pint *(G.B. = 0.568 l, U.S. = 0.473 l).*

pionnier, e *n.m.f.* pioneer. *Faire œuvre de ~*, to pioneer, to break new ground. *Mentalité (esprit) des ~s*, (the) pioneer spirit ; *(U.S.)* frontier spirit.

piquet de grève *n.m.* strike picket. *Mettre des piquets de grève*, to picket.

piratage *n.m.* piracy ; *(info.)* hacking.

pirate *n.m.* pirate. *Émetteur ~*, pirate station. ~ *de l'air*, hijacker. ~ *informatique*, hacker ; cracker.

pirater *v.* to pirate ; *(info.)* to hack.

piraterie *n.f.* piracy. ~ *aérienne*, hijacking, skyjacking ~ *informatique*, computer hacking/cracking/piracy ; ~ *littéraire*, literary piracy.

pire *n.m.* the worst.

pis-aller *n.m.* makeshift ; *(solution)* last resort.

piscicole, *adj.* fish ; fish-farming.

pisciculteur, trice, *n.* *n.f.* fish-farmer.

pisciculture *n.f.* **1.** fish-farming. **2.** fish-farm.

piste *n.f.* **1.** track. **2.** *(aviat.)* runway, strip ; ~ *de manœuvre, d'approche*, taxiway.

piston *n.m.* **1.** *(entregent)* pull, influence, string-pulling. *Il a obtenu cet emploi grâce au ~*, he got that job through pull, through influence. **2.** *(mécanique, etc.)* piston, valve.

pivot *n.m.* **1.** pivot, axis. *Fauteuil à ~*, swivel chair. **2.** *(sens large)* key factor, king pin.

placage *n.m.* *(bois)* veneering ; *(métal)* plating.

placard *n.m.* **1.** *(meuble)* *(G.B.)* cupboard, *(U.S.)* closet ; locker. **2.** *(affiche)* bill, poster ; public notice. **3.** *(fam.)* *mettre au placard (fonctionnaire, cadre)*, to sideline.

placarder *v.* to post, to stick, to display.

place *n.f.* **1.** place. **2.** *(espace)* room, space. **3.** *(rang)* rank, position. **4.** *(emploi)* job, position. **5.** *(siège)* seat. « *Plus de ~s* », fully booked, booked up. **6.** ~ *boursière*, stock exchange, stock market. *(bourse de marchandises)* produce exchange, commodity exchange. **7.** ~ *marchande, commerciale*, market centre ; banking and financial centre/U.S. center. **8.** *(de ville, village)* *(public)* square. **9.** *(pour un spectacle, etc.)* ticket.

place à quai, berthing, mooring berth.

place, (chèque sur) town cheque.

place, (faire la) to canvass (for orders).

place financière, financial market.

place (frais de), local charges.

place (prix sur), loco-price, spot price.

place (sur) *loc.* on the spot ; locally ; in the field ; *(dans les locaux)* on the premises. *Prix ~*, loco-price, spot price.

placé, e *adj.* *être bien ~*, to be well placed, to be in a good position ; *être bien ~ pour*, to be in a position to ; *haut ~*, influential, high up.

placement *n.m.* **1.** investment. *Faire, opérer des ~s*, to invest, to make investments. *institution/organisme de placement*, investment house. *Fonds de ~*, investment fund. *~ de père de famille, de tout repos*, gilt-edged investment. *~ sûr*, safe investment. **2.** *(du personnel)* employment, placement. *Bureau de ~*, employment bureau/agency/office ; *(bourse du travail)* labour exchange. **3.** *(emprunt, titre)* placement, placing ; offering.

placer *v.* **1.** to place, to put, to set, to position. **2.** *(de l'argent)* to invest ; *(en prenant un risque)* to stake. **3.** *(vendre)* to sell. **4.** *(du personnel)* to find a job (employment) for. **5.** *(mener à sa place)* to show someone to one's seat/to one's place. **6.** *(nommer à un poste)* to appoint ; to assign. **7.** *~ en entrepôt*, to store.

placer (se) *v.* **1.** to find a job. *(personnel de maison)* to go into service ; *(apprentis)* to be apprenticed, to be articled. **2.** *(obtenir un rang)* to rank. *Nous nous plaçons en second*, we rank second. **3.** *(se vendre)* to sell ; *(U.S.)* to move.

placier *n.m.* canvasser, door-to-door salesman ; *(assurances)* broker.

plafond *n.m.* ceiling, limit, cap. *Prix ~*, maximum price, ceiling price. *Crever, dépasser le ~*, to exceed the limit.

plafonnement *n.m.* **1.** *(fixation d'une limite)* fixing of a ceiling, setting of a limit ; pegging. **2.** *(atteinte d'un niveau maximum)* levelling off ; reaching of a ceiling.

plafonner *v.* **1.** *(fixer un plafond)* to put a ceiling on, to set a limit to ; to put a cap on ; to cap ; to peg. **2.** *(atteindre un niveau maximum)* to level off, to peak, to reach a (the) ceiling.

plage *n.f.* **1.** beach ; seaside resort. **2.** *plage horaire*, time, time slot, window, hour(s), period.

plagiaire *n.m.f.* plagiarist.

plagiat *n.m.* plagiarism, plagiary ; piracy.

plagier, to plagiarize, to copy.

plaidable *adj.* pleadable.

plaidant, e *adj.* *les parties ~es*, the litigants, the parties.

plaider *v.* to plead ; *(faire procès)* to go to court. *~ un dossier*, to argue a case. *~ coupable*, to plead guilty. *~ non coupable*, to plead not guilty.

plaider (se) *v.* *(procès)* to come before the court(s), to be heard.

plaideur *n.m.* litigant.

plaidoirie *n.f.* counsel's speech.

plaidoyer *n.m.* plea.

plaignant, e *adj.* plaintiff.

plaindre *v.* to be sorry for, to pity.

plaindre (se) *v.* to complain ; to grumble.

plaine *n.f.* plain, flat country.

plainte *n.f.* complaint. *Porter ~*, to lodge a complaint (against) ; *(U.S.)* to file a claim against ; to take legal action, to sue, to bring an action against someone, to undertake proceedings, to institute proceedings, to file a lawsuit. *Retirer une ~*, to withdraw a charge.

plainte en diffamation, action for libel.

plaire *v.* to please. *~ aux consommateurs*, to appeal to (the) consumers.

plaisance *n.f.* *bateau de ~*, pleasure boat.

plaisancier *n.m.* pleasure-boat owner.

plaisir *n.m.* **1.** pleasure. *Nous avons le ~ de*, we are pleased to. **2.** *(amusement)* enjoyment ; entertainment.

plan *n.m.* **1.** plan, scheme, project. *Faire des ~s*, to plan ; to scheme. *~ comptable*, accounting plan. *~ d'épargne*, savings plan/scheme. *~ d'épargne en actions*, P E A, equity savings plan.

~ *d'épargne logement,* state-sponsored savings plan for prospective home owners, in the form of bank deposits opening rights to low-interest loans, cf. *G.B.* Building Societies and *U.S.* Savings and Loan Associations ; *(G.B.)* Building Society account, *(U.S.)* home loan plan. ~ *d'exécution,* implementation program(me), execution plan. ~ *de financement,* financing plan. ~ *social,* redeployment, reassignment of the work force, provisions for retraining and early retirement (in the event of plant closure or redundancies), plant closure/closing package. **2.** *(niveau)* plane, level. **3.** ~ *d'eau,* expanse of water, pool, lake. **4.** *(cinéma)* shot ; *gros* ~, close-up.

planche *n.f.* plank ; board. *Avoir du pain sur la* ~, to have a lot of work to do. ~ *à billet,* printing press.

planche (jours de) *(nav)* lay-days *(pour le chargement et le déchargement d'un navire).*

plancher *n.m.* floor. *Prix plancher,* floor price, minimum price, lowest price.

plan d'épargne retraite (P.E.R.), savings-related retirement scheme, savings-related pension plan.

planétaire *adj.* planetary, world-wide, global.

planificateur *n.m.* planner.

planification *n.f.* planning. ~ *d'entreprise,* corporate planning.

planification à long terme long-term planning.

planification des media media planning.

planifier *v.* to plan. *Economie planifiée,* planned economy.

planning *n.m.* planning ; schedule ; timetable. ~ *familial,* planned parenthood.

plan social, redundancy package.

plant *n.m.* **1.** *(jeune végétal)* seedling, slip, sapling. **2.** *(terrain)* patch.

plantation *n.f.* **1.** plantation. **2.** *(fait de planter)* planting.

plante *n.f.* plant.

planter *v.* to plant.

planteur *n.m.* planter ; *(légumes)* grower. ~ *de tabac,* tobacco grower.

plaque *n.f.* plate, sheet. ~ *de porte,* door plate. ~ *d'identification,* badge. ~ *d'immatriculation,* licence plate *(automobile)* number plate. ~ *tournante (ch. de fer)* turn-table ; *(sens large)* hub ; pivot.

plaquer *v.* **1.** *(bois)* to veneer ; *(métal)* to plate. **2.** *fam.* ~ *son boulot,* to quit one's job.

plaquette *n.f.* **1.** *(métal)* small plate ; *(pierre, etc.)* (thin) slab ; *(de frein)* pad ; *(à circuit imprimé)* card. **2.** brochure, booklet.

plastifier *v.* to plasticize.

plastique *adj.* plastic. *Matière* ~, plastic.

plastique *n.m.* plastic.

plat, e *adj.* flat ; *(marché etc.)* dull.

plateau *n.m.* **1.** *(géographie)* plateau, tableland ; ~ *continental,* continental shelf. **2.** *(cinéma)* set. **3.** *(planche d'échafaudage)* plank. **4.** *camion* ~, flat truck. **5.** *(à thé etc.)* tray.

plateau-repas *n.m.* tray meal ; packed lunch.

plate-forme   *n.f.*   platform. *Camion* ~, flat truck. ~ *de chargement,* loading platform/bay. ~ *de déchargement,* unloading platform/bay. ~ *de forage,* oil rig. ~ *électorale,* election platform. *(aviation etc.)* hub. ~ *d'opérations/d'exploitation,* operating/operations hub.

plate-forme de convergence, *(info.)* convergence platform.

plâtre *n.m.* plaster.

plâtrier *n.m.* plasterer.

plein, e *adj. et n.m.* full, filled. *Battre son* ~, to be in full swing. *Faire le* ~ *(réservoir)* to fill up ; *(salle, spectacle)* to be filled to capacity ; to play to a full house *Travailler à* ~ *(régime)* to work to capacity.

plein-emploi *n.* full employment.

plein-temps *n.* full-time.

plénier, ère *adj.* plenary. *Assemblée ~e*, plenary assembly ; *séance ~e*, plenary session.

plénipotentiaire *n.m.* plenipotentiary, authorized agent (representative having full powers to negotiate or transact business).

plénipotentiaire *adj.* plenipotentiary ; having full power to negotiate or transact business.

pléthore *n.f.* profusion, excess, over-abundance ; *(sur un marché)* superabundance, glut.

pléthorique *adj.* too numerous ; over-abundant, superabundant ; plethoric ; replete.

pli *n.m.* **1.** *(lettre)* letter, note. *Par ~ recommandé*, by registed mail. *~ cacheté*, sealed letter. *Sous ~ séparé*, under separate cover. **2.** *(habitude)* turn, habit. **3.** crease ; fold.

pliant, e *adj.* collapsible ; folding.

plier *v.* *(lettre etc.)* to fold ; *(ployer)* to bend ; *(céder)* to yield, to submit (to something).

plier à (se) **1.** to comply (with) ; to submit (to) ; to yield (to). *~ à des exigences*, to comply with requirements. **2.** *(siège, etc.)* to collapse.

plomb *n.m.* **1.** lead. *Essence sans ~*, unleaded *(G.B.)* petrol/ *(U.S.)* gas. *Fil à plomb*, plumb-line. **2.** *(fusible)* fuse. **3.** *(sceau)* seal.

plomber **1.** to lead ; to cover with lead ; to plumb ; *(une dent)* to stop, to fill. **2.** *(douanes)* to seal, to plumb. **3.** *(comptes, résultats)* to weigh (heavily) on, to drag down, to drive down.

plomberie *n.f.* **1.** plumbing. **2.** lead industry.

plombier *n.m.* plumber.

plongeon *n.m.* dive. *Faire un plongeon*, to go into/to take a nose-dive, to collapse. *Faire le ~ = faire faillite*, to go bankrupt, to go under.

plonger *v.* **1.** to plunge. **2.** to collapse ; to go into/to take a nose-dive. **3.** *être plongé dans...*, to be immersed in... ; *plongé dans le marasme*, in the doldrums.

plot *n.m.* stud ; plug. *~ lumineux d'atterrissage*, flush marker light/beacon.

pluri *préf.* pluri, multi, inter.

pluriannuel, -le *adj.* over/covering several years.

pluridiciplinaire *adj.* multidisciplinary, interdisciplinary.

plurivalent, e *adj.* plurivalent.

plus (en) *loc.* not included, extra.

plus-value *n.f.* increase in value, gain (in value), appreciation, surplus ; *~ sur les capitaux*, capital gains ; *impôt sur les ~s de capitaux*, capital gains tax.

P.M.E. small and medium-size(d) firm(s) ; small business.

pneu *voir* **pneumatique.**

pneumatique *n.m.* **1.** express letter transmitted by pneumatic tube. **2.** tyre, *(U.S.)* tire.

poche *n.f.* pocket. *Argent de ~*, pocket money. *En être de sa ~*, to be out of pocket. *Il connaît la société comme sa ~*, he knows the firm inside out.

poids *n.m.* **1.** weight. *Faire bon ~*, to give good weight. *Manque de ~*, short weight. *Perdre du ~*, to lose weight, *~ à vide*, weight (when) empty. *~ brut*, gross weight. *~ en charge*, weight (when) loaded. *~ lourd*, *(G.B.)* lorry ; *(U.S.)* (heavy) truck. *Conducteur de ~ lourd*, *(G.B.)* lorry driver ; *(U.S.)* truck driver, trucker, teamster. *~ mort*, deadweight. *~ net*, net weight. *~ utile*, payload. *Prendre du ~*, to put on weight. *Vendre au ~*, to sell by weight. **2.** *(fardeau)* burden, load.

poids lourd *n.m.* **1.** *(camion)* (G.B.) lorry ; (U.S.) (heavy) truck. **2.** heavyweight. *Un des poids lourds de la distribution*, one of the heavyweights of distribution.

poigne *n.f.* firmness, energy, toughness. *Avoir de la ~*, to be firm, to be energetic, to be tough.

poinçon *n.m.* *~ de contrôle/ garantie/de qualité*, hallmark.

poinçonner *v.* **1.** *(garantie, qualité)* to hallmark, to stamp. **2.** *(billets etc.)* to punch.

poinçonneur *n.m.* puncher ; ticket-puncher.

point *n.m.* **1.** point. **2.** *(lieu)* place. **3.** *(stade)* state, degree, extent. **4.** *(ponctuation)* full stop, *(U.S.)* period. *(pointillé)* dot. **5.** *(notation)* mark. *Faire le ~,* to recap ; to review/to assess/the situation ; to take stock (of a question) ; *(nav.)* to take bearings. *Marquer des ~,* to score. *Mettre au ~,* to perfect, to develop, to adjust ; to finalize. *Mise au ~ :* a) development, perfecting ; adjusting ; b) *(déclaration)* restatement ; *(démenti)* denial. *~ bas,* low ; trough. *A son ~ le plus bas,* at its lowest, at its worst ; *~ le plus bas depuis 2 ans,* 2-year low. *~ chaud,* hot point. *~ d'arrivée,* point of arrival, place of arrival, place of destination. *~ de départ,* starting point. *~ de non-retour,* point of no-return. *~ de vente,* point of sale ; outlet. *~ de vue,* point of view, viewpoint, standpoint. *A (de) mon ~ de vue,* from my point of view. *~ faible :* a) weak point ; liability ; b) soft spot. *~ fort,* strong point ; asset. *~ haut,* high, peak.

pointage *n.m.* **1.** *(vérification)* checking, *(en cochant)* ticking off, *(décompte)* tally, tallying ; *feuille de ~,* tally sheet ; *~ des voix, électoral,* tally of the votes. **2.** *(mesure des tâches)* time-keeping. **3.** *(par horloge pointeuse)* clocking in/out ; *feuille (fiche) de ~,* time-sheet.

pointcom *n.* dot-com, .com.

pointe *n.f.* point ; tip ; top ; head. *heure de ~ (circulation, magasin),* rush hour ; peak hour, peak time. *En dehors des heures de ~,* off-peak. *~ d'une courbe,* peak of a curve, crest of a curve. *Technologie de ~,* advanced technology.

pointer *v.* **1.** *(vérifier)* to check ; *(compter)* to tally ; *(cocher)* to tick (off). **2.** *(horloge pointeuse) à l'ar-*

rivée, to clock in, *en partant,* to clock out. **3.** *(se présenter pour signer)* to sign on.

pointeur *n.m.* *(vérificateur)* checker ; *(qui compte)* tally-clerk ; *(qui mesure les tâches)* time-keeper.

pointeuse *n.f.* *horloge ~,* clocking-in/out machine.

point faible, weak point, weakness, liability.

point fort, strong point, strength, asset. *Ce n'est pas mon ~,* it's not my forte.

pointillé *n.m.* dotted line.

pointilleux, euse *adj.* fastidious, fussy ; *(fam.)* finicky.

point mort *n.m.* **1.** *(compta.)* break even point. **2.** *(voiture, etc.)* neutral (point). **3.** *(immobilité). Les affaires sont au ~,* business is at a standstill.

pointu, e *adj.* sharp, pointed *(fam.) (secteur, domaine, etc.)* narrow, specific, precise.

pointure *n.f.* **1.** size. **2.** *(fam.) ~ d'un candidat, (U.S.)* caliber of an applicant. *C'est une autre ~,* he is in/it's/a different league.

poisson *n.m.* fish ; *~ d'eau douce,* fresh-water fish ; *~ de mer,* salt-water fish.

poissonnerie *n.f.* fish-shop ; fish-market.

poissonneux, euse *adj.* abounding in/with fish, rich in fish, fish-rich.

poissonnier, ère *n.m.f.* *(G.B.)* fishmonger ; *(U.S.)* fish dealer.

polarisation *n.f.* polarisation.

polariser *v.* to polarize ; *se ~,* to polarize ; *se ~ sur,* to become obsessed with, to focus too much on.

pôle *n.m.* pole ; *~ d'attraction,* centre of attraction, pole of attraction, magnet.

polémique *adj.* controversial.

polémique *n.f.* controversy.

police *n.f.* **1.** police ; police force ; *commissariat de ~,* police station ; *~ judiciaire,* Criminal Investigation Police. **2.** *(assurance)* policy. *Détenteur d'une ~,* policy holder ; *établir une ~*, to draw up a policy. *Prendre, souscrire une ~ d'assurance*, to take out an insurance policy. *~ à bénéficiaire désigné (dénommé)*, policy to a named person. *~ à capital différé*, endowment policy. *~ à forfait*, open policy. *~ à terme*, time policy. *~ automobile*, (motor-) car insurance policy. *~ au voyage*, voyage policy. *~ d'assurance*, insurance policy. *~ d'assurance accident*, accident policy. *~ d'assurance incendie*, fire-insurance policy. *~ d'assurance vol*, theft-insurance policy. *~ d'assurance vol et incendie*, fire and theft insurance policy. *~ d'assurance accidents aux tiers*, third-party accident policy. *~ d'assurance maritime*, marine insurance policy. *~ d'assurance (sur la) vie*, life assurance policy, life insurance policy. *~ évaluée*, valued policy. *~ flottante*, floating policy. *~ globale*, comprehensive policy, all-in policy. *~ non-évaluée*, open policy. *~ ouverte*, open policy, open cover. *~ provisoire*, provisional policy, cover(ing) note. *~ recours des tiers*, third party accident policy. *~ sur corps*, hull policy. *~ sur facultés*, cargo policy. *~ tous risques*, all-risks policy, all-in policy.

policer *v.* to police.

policier *n.m.* policeman, police officer ; *(chargé d'une enquête)* detective.

policier, ère *adj.* police ; *enquête ~*, police inquiry, police investigation ; *état ~, régime ~*, police state ; *(inspecteur de police)* police inspector, detective.

polir *v.* to polish.

politesse *n.f.* politeness. *Formules de ~ (lettre)* salutation(s) and complimentary close(s).

politicien *n.m.* politician.

politique *n.f.* 1. *(vie ~)* politics. 2. *(d'un gouvernement, d'une entreprise)* policy. *~ agricole*, agricultural policy. *~ bancaire*, banking policy. *~ d'austérité*, austerity policy ; *(entreprise)* retrenchment policy. *~ de crédit*, credit policy. *~ de l'emploi*, employment policy. *~ de libre-échange*, free-trade policy. *~ d'entreprise*, business policy, corporate policy. *~ de prix, (entreprise)* pricing policy. *~ de relance*, pump-priming policy ; reflation policy. *~ des prix*, price policy. *~ des revenus*, incomes policy. *~ des salaires*, wage(s) policy. *~ des ventes*, sales policy, selling policy. *~ économique*, economic policy. *~ étrangère*, foreign policy. *~ financière*, financial policy. *~ fiscale*, fiscal policy. *~ mondiale*, world politics. *~ monétaire*, monetary policy.

politique *adj.* political. *Parti ~*, political party.

politiquement *adv.* politically.

politisation *n.f.* politization.

politiser *v.* to politicize.

politologie *n.f.* political analysis.

politologue *n.m.* political analyst, political scientist.

polluant *n.m.* pollutant.

polluer *v.* to pollute.

pollupostage *n.m.* spamming.

pollution *n.f.* pollution.

polycopie *n.f.* duplication.

polycopier *v.* to duplicate ; to mimeograph.

polyculture *n.f.* mixed farming ; subsistence farming ; mixed-crop farming.

polygone *n.m.* polygon ; *~ d'essai*, test site.

polymère *n.m.* polymer.

polyvalence *n.f.* versatility ; flexibility ; polyvalence.

polyvalent, e *adj.* multi-purpose, polyvalent ; versatile.

polyvalent *n.m.* tax inspector.

pompe *n.f.* 1. pump. 2. pomp, ceremony. *En grande ~*, with great pomp and circumstance, with pomp and ceremony. 3. *~s funèbres*, undertaking ; *entrepreneur de ~s funèbres*, undertaker, *(U.S.)* mortician.

pompiste *n.m.f.* **1.** pump assistant, (pump) attendant ; service-station attendant. **2.** service-station owner/operator, *(G.B.)* petrolstation owner, *(U.S.)* gas station owner.

ponce *n.f.* pumice (stone).

ponction *n.f.* levy ; tapping ; drain(ing). *Opérer une ~ sur les revenus,* to tap incomes, to dip into incomes, to bite into incomes. *~ fiscale,* tax levy, tax, tax bite.

ponctionner to tap, to dip into, to bite into, to drain, to levy.

ponctualité *n.f.* punctuality.

ponctuation *n.f.* punctuation.

ponctuel, le *adj.* punctual.

ponctuellement *adv.* punctually.

ponctuer *v.* to punctuate.

pondérabilité *n.f.* ponderability.

pondérable *adj.* ponderable.

pondérateur, trice *adj.* **1.** balancing, stabilizing. **2.** moderating.

pondération *n.f. (stat., etc.)* **1.** weighting ; balance, balancing. **2.** moderation.

pondéré, e *adj.* **1.** balanced, weighted. *Moyenne ~e,* weighted average. **2.** *(personne)* moderate, level-headed.

pondérer *v.* to weight, to balance.

pondéreux, -euse *adj.* ponderous, heavy. *Marchandises pondéreuses,* heavy goods.

pondéreux *n.m.pl.* heavy goods.

pont *n.m.* bridge, *(nav.)* deck. *Cargaison sur le ~,* deck cargo. *(fam.) Faire le ~,* to take a long week-end (to take one or several working days off to benefit from the week-end before or after a holiday). *~ (à) bascule,* weigh-bridge. *~ aérien,* air-lift. *~ à péage,* toll bridge.

ponton *n.m.* landing stage.

Ponts et Chaussées (The) Department of Civil Engineering, (The) Highways Department.

pontée *n.f.* deck cargo, deck load.

pont-levis *n.m.* draw-bridge.

populaire *adj.* popular.

popularisation *n.f.* popularisation.

populariser *v.* to popularize, to make/render/popular.

popularité *n.f.* popularity. *Indice de ~,* approval rating.

population *n.f.* population.

populeux, euse *adj.* populous, thickly populated.

populisme *n.m.* populism.

populiste *adj.* populist.

pornographie *n.f.* pornography.

pornographique *adj.* pornographic. *Film porno,* blue movie, x-movie, porn film.

port *n.m.* **1.** *(ville, administration)* port ; port authorities. **2.** *(installations portuaires, rade)* harbour. *Droits de ~,* port dues. *Faire escale (relâche) dans un ~,* to call at a port. *~ d'armement,* port of registry. *~ d'arrivée,* port of arrival. *~ d'attache,* port of registry. *~ de chargement,* port of loading. *~ de déchargement,* port of discharge. *~ de départ,* port of departure. *~ d'embarquement,* shipping port, *(passagers)* port of embarkation. *~ d'escale,* port of call. *~ d'expédition,* shipping port. *~ fluvial,* river port. *~ franc,* free port. *~ libre,* free port (open to ships from all nations). **3.** *(transport)* carriage, transport ; postage. *En ~ dû,* carriage forward. *En ~ payé,* carriage paid, freight prepaid. *Frais de ~,* shipping charge(s)/fee(s). *Franco de ~,* carriage paid, post-paid, freight prepaid.

portable *n.m.* **1.** *(téléphone)* mobile phone. **2.** *(ordinateur)* laptop (computer).

portable *adj.* portable. *Ordinateur ~,* laptop computer. *Téléphone ~,* mobile phone, portable phone, cell phone.

portage *n.m.* **1.** porterage ; transport. *Frais de ~,* porterage. **2.** *(réseau commercial)* piggy-back, piggy-backing. **3.** supply of necessary funds and issuing of bonds by bank in L.M.B.O. *(voir* leverage*).*

portail *n.* **1.** gate. **2.** *(Internet)* portal.

portatif, ve *adj.* portable.

porte *n.f.* door ; *porte d'entrée*, main entrance, front door ; ~ *(de garage, entrepôt)*, gate ; *(localité, port donnant accès à une région plus vaste)* gateway. *Mettre à la ~*, to sack, *(U.S.)* to fire.

porte à porte *loc.* door to door, door to door calling. *Faire du ~*, to canvas, to sell (call) door to door. *Vente au ~*, door to door selling ; door-to-door sale.

porte-avion *n.m.* aircraft-carrier.

porte-bagages *n.m.* luggage-rack ; luggage-carrier ; trolley.

porte-cartes *n.m.* **1.** card-case. **2.** map-case.

porte-conteneur *n.m. (navire)* container ship.

portée *n.m.* **1.** range ; *(d'une décision)* consequences, implications, scope. *Réforme de grande ~*, far-reaching reform. **2.** *(nav.)* capacity. ~ *en lourd*, deadweight capacity, deadweight tonnage. **3.** *(animaux)* litter.

portefeuille *n.m.* **1.** pocket-book ; wallet. ~ *électronique*, e-wallet, digital wallet. **2.** *(d'actions, etc.)* portfolio, stock portfolio. *Gérant de ~*, portfolio manager. *Gestion de ~*, portfolio management. **3.** *ministre sans ~*, minister without portfolio.

porte-monnaie *n.m.* purse. ~ *électronique*, digital wallet, electronic wallet, cyberwallet.

porte-ouverte *loc.* open door. *Politique de ~*, open door policy. *Journée ~s*, open house. *Organiser une journée ~*, to organize, to plan an open house.

porte-parole *n.m.* spokesman, spokesperson *(de,* for).

porter *v.* **1.** *(transporter)* to carry, to transport, *(livrer)* to deliver. ~ *à domicile*, to deliver home. **2.** *(indiquer, mentionner)* to mark, to put, to state ; to mention, to specify, etc. *Être porté*, to appear, to be shown, to be mentioned, to be printed, written, to be featured, etc. *Ce n'est pas porté dans le rapport*, this is not mentioned (stated) in the report. ~ *une signature*, to bear a signature. **3.** *(~ une écriture)* to enter (in the books), to post, to pass. **4.** *(atteindre la cible)* to hit/reach, a target, to be effective. *Les mesures ont porté*, the measures have been effective. *Ses arguments ont porté*, he's made his point, his arguments have gone home. **5.** *(augmenter)* to raise, to increase, to bring up (to). **6.** ~ *intérêt*, to bear interest, to yield an interest. **7.** *(vêtements)* to wear.

porter (se) *v.* **1.** *(bien, mal)* Bien ~, to be in good health, to be healthy ; *(fig.)* to fare well. Mal ~ *(entreprise, etc.)* to be ailing, to be in bad shape. **2.** *(candidat, volontaire)* ~ *candidat*, to run (stand) as candidate. ~ *caution*, to become surety ; to go bail, to stand bail (for someone) ; *se porter garant de*, to answer for, to be answerable for, to vouch for. **3.** ~ *partie civile*, to bring a civil action against someone, to claim for damages.

porter à un compte a) *(crédit)* to pay into/to credit to/an account. b) *(débit)* to charge to an account, to debit from an account.

porter plainte, to take legal action ; to lodge a complaint, *(U.S.)* to file a suit ; to sue ; to bring an action (against someone), to institute/to (under)take proceedings etc.

porter sur, to bear on, to centre on, *(U.S.)* to center on, to focus on ; to deal with.

porter sur une note, to charge on a bill.

porter témoignage, to bear witness (to), to testify (to).

porter un coup, to deal a blow.

porter une écriture to post an entry, to enter an item (in the books).

porteur *n.m.* **1.** *(bagages, etc.)* porter. **2.** *(transporteur)* carrier. **3.** *(d'un document)* holder, bearer. *Au*

~, to bearer. *Chèque au ~*, bearer cheque. *Petit ~*, small investor. ~ *d'action*, shareholder, stockholder. ~ *d'obligation*, bondholder, debenture holder. ~ *d'un effet*, bearer of a bill. *Tiers ~*, holder in due course. **4.** *(avion)* gros ~, jumbo jet.

porteur, (au) *loc.* to (the) bearer ; *chèque ~*, bearer cheque.

porteur *adj.* **1.** carrying, carrier. **2.** *(marché)* buoyant. *Marché ~*, seller's market ; buoyant market. *Créneau ~*, market gap, market opportunity. **3.** *mère porteuse*, surrogate mother.

portillon *n.m.* gate, wicket. ~ *automatique*, automatic gate.

portuaire *adj.* harbour, port. *Autorités ~s*, port authorities. *Infrastructure ~*, harbour facilities. *Installations ~s*, harbour installations (facilities).

pose *n.f.* **1.** installation, fitting, fixing, laying. ~ *de la première pierre*, laying of the foundation stone. **2.** *(photo)* exposure.

poser *v.* **1.** to place, to put, to lay (down). ~ *l'outil*, to down tools. **2.** *(problème)* to raise, to pose. **3.** *(~ que)* to assume, to suppose, to grant, to admit ; to submit. **4.** ~ *sa candidature*, to apply (for a position, a job). **5.** *Je pose 3 et je retiens 2*, I put down three and carry two.

se poser *v.* **1.** to arise ; to be raised. **2.** *(avion)* to land. **3.** *(~ en)* to act as ; to claim to be ; to volunteer as.

positif, -ive *adj.* positive. *Balance commerciale positive*, favourable balance of trade.

position *n.f.* **1.** position. ~ *clé*, key position. **2.** *(géographique)* location, situation, site. **3.** *(emploi)* post, position, function, job. *Être en ~ de*, to be in a position to. ~ *de responsable*, responsible position. **4.** *(~ sociale)* social status/circumstances/condition/situation/standing. **5.** *(finance, Bourse)* position. ~ *acheteur*, bull position. ~ *à la baisse*, bear position. ~ *courte*,

short position. ~ *d'un compte*, position of an account. ~ *longue*, long position. ~ *ouverte*, open position. ~ *vendeur*, bear position. **6.** *(point de vue)* position, stand, *(U.S.)* stance. **7.** *(rang)* position, rank. *En première ~*, at the head, at the top, in (the) front.

position dominante *(sur un marché)* a) (market) leadership. *Nous avons une ~ pour les plastiques*, we are market leaders for plastics. b) dominant position. *Abus de ~*, abuse of dominant position.

position d'une marque, brand position ; brand establishment.

position d'un produit, product position, product establishment.

position sur le marché, market position. *Position de numéro un (sur un marché)* market leadership.

positionnement *n.m.* positioning ; *(géographique)* locating ; *(des horaires)* timing, scheduling.

positionner *v.* **1.** to position. **2.** *(calculer la position d'un compte)* to calculate the balance of an account.

positionner (se) *v.* **1.** *(être placé)* to stand, to rank. *Comment vous positionnez-vous sur le marché ?* What's your market position ? **2.** *(se placer)* to position oneself ; to jockey for position.

positivement *adv.* positively ; favourably.

possédant *n.m.* owner ; landowner ; wealthy person.

possédants (les) *n.pl.* the haves, the rich ; the well-off ; the propertied classes ; the well-to-do.

posséder *v.* to own ; to possess ; to have. ~ *un diplôme*, to hold/have a diploma/degree. ~ *un document*, to hold/have a document.

possesseur *n.m.* owner ; possessor ; *(document)* holder. *Étudiant ~ d'un diplôme de l'enseignement supérieur*, graduate (student).

possession *n.f.* **1.** possession, ownership. *Entrée en ~ (de)*, accession (to). *Prendre ~ de*, to take possession of, to take over. ~ *vaut titre*, possession is title. **2.** *(biens possédés)* estate, property.

possibilité *n.f.* possibility ; opportunity ; feasibility.

possible *adj.* possible ; feasible.

postal, e *adj.* postal. *Boîte ~e*, post-office box, P.O. box. *Chèque ~*, giro form, *Compte chèque ~*, giro account. *Mandat ~*, money order. *Services postaux*, postal services.

postdater *v.* to postdate.

poste *n.m.* **1.** *(emploi)* post, position. *Se porter candidat à un ~*, to apply for a position. *(industrie)* *~ de travail*, work station. *Suppression de ~*, redundancy, layoff. **2.** *(nav.)* *~ à quai*, (ship's) berth ; *~ d'amarrage*, mooring berth ; *~ de mouillage*, anchoring berth. **3.** *~ de police*, police station. **4.** *(numéro de ~ téléphonique)* extension. *Passez-moi le ~ 226*, please put me through to extension 226. **5.** *(appareil)* set ; *~ de radio*, radio set ; *~ de télévision*, television set, T.V. set ; *~ téléphonique*, telephone set. **6.** *(bilan etc...)* item, entry.

poste *n.f.* post. *Bureau de ~*, post office. *Grève des postes*, postal strike, mail strike. *La Poste*, the Post Office. *Mettre à la ~*, to post, to mail. *~ aérienne*, air-mail. *~ restante, (G.B.)* Poste Restante, *(U.S.)* General Delivery ; to be left till called for.

poste à pourvoir, vacant position, vacancy.

poste de travail, work station.

postenquête *(pub.)* post-testing.

poster *v.* **1.** to post, to mail. **2.** *(des hommes)* to station. *Travail posté,* assembly line work ; shift work.

postérieur, e *adj.* **1.** subsequent ; posterior ; later. **2.** *(arrière)* back, rear.

postérieurement *adv.* subsequently, later (on), at a later date.

posteriori, (a) a posteriori, after the fact.

postérité *n.f.* posterity.

posthume *adj.* posthumous. *A titre ~,* posthumously.

postier, ère *n.m.f.* post-office worker ; mail-carrier ; postman, postwoman.

post-marché *n.m. (ensemble des procédures de confirmation, règlement, livraison ayant trait aux opérations conclues sur les marchés financiers et monétaires)* back office.

post-scolaire *adj.* post-graduate. *Éducation ~,* further/adult/ongoing/ continuing/continuous/continuative/education.

post-scriptum *n.m.* postcript, *(fam.)* P.S. *En ~,* by way of postscript.

postulant, e *n.m.f.* applicant.

postuler *v.* to apply (for).

potable *adj.* drinkable ; *eau ~,* drinking water.

pot de vin *n.m.* bribe ; payoff. *Offrir des pots de vin,* to bribe.

poteau *n.m.* post. *~ de mine,* pitprop. *~ indicateur,* sign-post. *~ télégraphique,* telegraph pole.

potentialité *n.f.* potentiality.

potentiel, le *adj.* potential. *Client ~,* potential customer, potential client, prospective client, prospect.

potentiel *n.m.* potential.

potentiellement *adv.* potentially.

poterie *n.f.* pottery. *(usine)* pottery works.

potier *n.m.* potter.

poubelle *n.f.* (trash) bin, trash can, (G.B.) dustbin, (U.S.) garbage can. *Télévision "poubelle",* trash TV.

pouce *n.m.* **1.** *(mesure)* inch. **2.** thumb.

poulie *n.f.* pulley.

poupe *n.f.* stern, poop.

pour acquit *loc.* " received with thanks ".

pourboire *n.m.* tip ; tipping ; service.

pour cent *loc.* per cent.

pourcentage *n.m.* percentage ; *(stat.)* percentile.

pourparlers *n.m.pl.* negotiations, talks.

pourri, e *adj.* rotten ; *(personne)* corrupt.

pourrir *v.* to rot, to decay.

pourrissement *n.m.* rot(ting), decay, decaying ; *(d'une situation)* degradation, deterioration.

poursuite *n.f.* 1. continuation, pursuit. 2. *(jur.)* lawsuit, action, prosecution. *Entamer (engager, etc.) des ~s*, to take legal action, to sue, to institute proceedings, etc. ~ *en diffamation*, libel action, suit for libel, libel charge. 3. *(police)* tracking, hunt(ing).

poursuivre *v.* 1. *(continuer)* to carry on, to go on, to continue, to get on (with). 2. *(jur.)* to sue, to prosecute, to take legal action (against), to bring an action (against), to institute/to undertake/proceedings, *(U.S.)* to file a (law) suit ; to take to court, to go to law. ~ *en diffamation*, to sue for libel ; ~ *en dommages et intérêts*, to sue for damages. 3. *(police)* to track down, to hunt.

pourvoi *n.m.* appeal. ~ *en grâce*, petition for mercy.

pourvoir *v.* to provide, to supply. ~ *à*, to provide for ; to see to, to attend to. *Poste à ~*, vacant position.

pourvoir en appel (se) *v.* to lodge *(U.S.* to file) an appeal.

pourvoyeur *n.m.* supplier.

pourvu *p.passé.* provided, supplied, endowed (with).

pourvu que *loc. conj.* provided (that), so long as.

poussée *n.f.* thrust ; pressure. ~ *en hausse*, upward tendency (trend). ~ *inflationniste*, inflationary trend.

pousser *v.* 1. to push. 2. *(plante)* to grow. 3. ~ *à*, to prompt to, to drive to, to encourage to, to urge to. 4. *(un produit, les ventes)* to boost.

pousseur *n.m.* towboat.

pouvoir *n.m.* 1. power. *Abus de ~*, abuse of power, misuse of power ; *(constituant un abus de ~)* ultra vires. *Arriver au ~*, to come into power, into office. ~ *exécutif*, executive power. ~ *judiciaire*, judicial power, judiciary power ; ~ *législatif*, legislative power. *Les ~s publics*, (the) public authorities, (the) public powers, the state, the government. *Prendre le ~*, to assume power, to take over. 2. *(procuration)* power of attorney ; proxy ; procuration. *Avoir pleins ~s*, to have full powers, to be fully empowered, to be fully authorized. *Donner tous pouvoirs*, to give full power(s) ; to give the proper authorities. *(Vote à une assemblée)* proxy. *Fondé de ~*, proxy, deputy, agent, signing clerk.

pouvoir d'achat, purchasing power, buying power, spending power.

pragmatique *adj.* pragmatic.

pragmatisme *n.m.* pragmatism.

praticable *adj.* practicable, feasible.

praticien, ne *n.m.f.* 1. *(médecin)* practitioner. 2. *(professionnel)* expert, specialist, practitioner.

pratique *n.f.* 1. practice, *(U.S.)* practise ; *pratique anti-concurrentielle*, unfair practice/practise, restrictive practice/practise ; experience ; *(~s = méthodes)* methods, dealings, proceedings. 2. *(clients)* *(d'un avocat)* client(s) ; *(d'un médecin)* patient(s), practice ; *(d'un commerçant)* custom, customer(s).

pratiquement *adv.* practically ; virtually.

pratiquer *v.* to practise ; to operate ; to make ; to employ, to use. *Cours pratiqués, prix pratiqués*, ruling prices.

préalable *adj.* previous ; preliminary ; prior.

préalable *n.m.* prerequisite ; condition, precondition ; preliminary, preliminary condition.

préalablement *adv.* beforehand ; previously.

préambule *n.m.* preamble.

préavis *n.m.* notice. *Donner un ~*, to give notice. *Déposer un pré-*

avis de grève, to give/(*U.S.*) file notice of a strike. *Sans ~,* without notice.

préavis de grève, strike notice.

prébende *n.m.* 1. cushy job. 2. (*pot de vin*) bribery.

précaire *adj.* 1. precarious. *A titre ~,* precariously. 2. temporary. *Emploi ~,* temporary job. *Main d'œuvre ~,* casual labour (*U.S.*) labor.

précairement *adv.* precariously.

précariser *v.* to make / render precarious ; to weaken.

précarité *n.f.* precariousness.

précaution *n.f.* precaution. *principe de ~,* precautionary measure(s), precautionary principle.

précédent *n.m.* precedent. *Créer un ~,* to create/to set/a precedent. *Sans ~,* unprecedented.

précédent, e *adj.* previous, preceding, former.

précéder *v.* 1. to precede. 2. (*rang, priorité*) to have precedence (of/over/someone).

précepte *n.m.* precept.

précieux, se *adj.* precious ; valuable. *Pierres précieuses.* precious stones. *Objets ~,* valuables. *Renseignements ~,* valuable information. *Un renseignement ~,* a valuable piece of information.

précis, e *adj.* precise ; definite ; accurate.

précis *n.m.* 1. handbook. 2. (*résumé*) abstract, summary.

précisément *adv.* precisely, exactly.

préciser *v.* to specify, to stipulate ; to qualify ; to determine ;

précision *n.f.* precision, accuracy. *Demander des ~s,* to ask for more detailed information, for further particulars.

précité *adj.* above, above-mentioned.

précoce *adj.* precocious ; early.

précocité *n.f.* precociousness.

précompte *n.m.* (= sum withheld from wages or salary for social security etc.) withholding, withdrawal (at source), deduction (at source), advance deduction.

précompter *v.* to withhold, to withdraw (at source), to deduct (at source) (a sum from wages or salary for social security etc.)

préconiser *v.* to advocate, to call for, to recommend, to urge.

précurseur *n.m.* precursor.

prédateur *n.m.* predator ; raider.

prédecesseur *n.m.* predecessor.

prédiction *n.f.* forecast.

prédire *v.* to forecast ; to predict.

prédisposer *v.* to predispose.

prédisposition *n.f.* predisposition.

prédominance *n.f.* predominance.

prédominant, e *adj.* prevailing, predominant ; leading.

prédominer *v.* to prevail, to predominate.

prééminence *n.f.* preeminence.

prééminent *adj.* preeminent.

préempter *v.* to preempt.

préemptif, -ive *adj.* preemptive.

préemption *n.f.* preemption.

préenquête *n.f.* (market) pretesting.

préétablir *v.* to preestablish.

préexistant *adj.* preexisting.

préexister *v.* to preexist.

préfabrication *n.f.* prefabrication.

préfabriqué, e *adj.* prefabricated, prefab.

préfacturation *n.f.* advance billing, prebilling, pre-invoicing.

préfacturer *v.* to pre-invoice, to bill in advance.

préfectoral, e *adj.* prefectoral, prefectorial.

préfecture *n.f.* prefecture.

préférable *adj.* preferable, better, more advisable.

préféré, e *adj.* preferred, favourite, pet.

préférence *n.f.* preference. *Action de ~,* preference shares, preferred stock. *Avoir la ~ sur,* to have priority (on, over), to have precedence (over), to rank prior (to), to have a prior claim (on). *De ~,* preferably.

préférentiel, le *adj.* preferential.

préférer *v.* to prefer. *Nous préférerions que la réunion soit remise*, we would prefer the meeting to be postponed, we had rather the meeting were postponed.

préfet *n.m.* prefect.

préfiguration *n.f.* prefiguration.

préfigurer *v.* to foreshadow ; to announce ; to herald.

préjudice *n.m.* prejudice, detriment, damage, harm, injury, wrong ; *(jur.)* tort.

préjudiciable *n.m.* detrimental, damaging, prejudicial.

préjugé *n.m.* prejudice ; bias. ~ *favorable*, favourable presumption. *Sans ~s*, unprejudiced, unbias(s)ed ; open-minded, broad-minded.

préjuger *v.* **1.** to prejudge ; to prejudice. **2.** (~ *de*) to overestimate.

prélegs *n.m.* preference legacy.

prélèvement *n.m.* **1.** deduction ; levy ; withdrawal ; drawing ; *(d'une commission)* charge, charging. *Ordre de ~ (banque)*, standing order. ~ *à la source*, withdrawal at source. ~ *forfaitaire, libératoire*, standard deduction, *(impôts)* withholding tax. ~ *automatique*, standing order, automatic transfer. *~s obligatoires*, compulsory/*(U.S.)* mandatory levies/contributions, taxes and social security contributions. *Système de ~ à la source*, pay as you earn (P.A.Y.E.) system, *(U.S.)* pay as you go. **2.** *(d'un échantillon)* sampling, taking. **3.** *(échantillon)* sample.

prélever *v.* **1.** to deduct ; to levy ; to withdraw ; to take ; *(état)* to appropriate ; *(une commission)* to charge ; *(sur un compte)* to debit (from an account) ; ~ *à la source*, to withdraw at source. **2.** *(un échantillon)* to take (a sample).

préliminaire *adj.* preliminary. *Discussions/entretiens/négociations préliminaires*, exploratory talks.

préliminaires *n.m.pl.* preliminaries.

prématuré, e *adj.* premature ; too early.

prématurément *adv.* prematurely ; too early.

préméditation *n.f.* premeditation. *Avec ~*, wilfully, deliberately ; *(jur.)* with malice aforethought. *Meurtre avec ~*, wilful murder.

premier, e *adj. et n.* first. *Classe de ~e*, sixth form. *Frais de ~ établissement*, initial expenses, initial investment cost, initial outlay. *Hypothèque de ~ rang*, first mortgage. *Matière ~e*, raw material. *Nombre ~*, prime number. ~ *choix*, first choice, top grade, top quality. *De ~ choix, de ~e classe*, first rate. *~e classe*, first class. *De ~e main*, first-hand. ~ *intéressé (jur.)*, preferential creditor.

première de change *loc.* first of exchange.

premièrement *adv.* first, firstly.

première monte, original equipment.

« **premier rentré, premier sorti** », *loc.* first in, first out, FIFO.

prémisse *n.f.* premise.

prémunir (se) *v.* to protect oneself (from, against) ; *(contre des fluctuations des cours etc.)* to hedge.

prenante (partie) *loc. f.* **1.** stakeholder, party involved. **2.** *(fin.)* payee.

prendre *v.* **1.** to take. ~ *un jour de congé*, to take a day off. **2.** *(faire payer)* to charge. **3.** *(acheter)* to buy. **4.** *(embaucher)* to hire, to recruit. **5.** *(réussir)* to catch on. **6.** *(passer ~)* to pick up, to collect. **7.** *le dollar a pris deux points*, the dollar gained two points.

prendre à bail, to take on lease, to lease.

prendre corps, to materialize, to take shape, to get off the ground.

prendre date, to make an appointment, to set (fix) a date.

prendre à l'essai, *(pers.)* to take on probation ; *(produit)* to take on appro (approval).

prendre (des mesures), to take steps.

prendre effet, to come into force, to come into effect, to take effect, to become operative, to be effective.

prendre en charge, to take charge (of) ; *(frais, etc.)* to cover, to bear, to meet ; to refund.

prendre forme, to take shape.

prendre la direction de, to take over (the management of).

prendre langue, to get in touch (with).

prendre le contrôle de, to take over ; to take a controlling interest (in) ; to assume control.

prendre part (à), to take part (in), to participate (in) ; to share (in).

prendre rendez-vous, to make an appointment.

prendre sa retraite, to retire, to go into retirement.

prendre une commande, to book an order.

prendre une police d'assurance, to take out an insurance policy.

preneur *n.m.* taker ; buyer ; purchaser ; *~ d'une lettre de change,* taker of bill. *Trouver ~,* to find a purchaser, to sell.

preneur à bail, lessee, leaseholder.

prénom *n.m.* first name, *(G.B.)* Christian name.

préoccupant, e *adj.* disturbing, worrying. *La situation commence à être ~e,* the situation is beginning to cause concern.

préoccupation *n.f.* concern, preoccupation.

préoccupé, e *adj.* concerned, preoccupied ; worried, disturbed.

préoccuper (se) to attend (to), to see (to).

préparatifs *n.m.pl.* preparations.

préparation *n.f.* preparation, preparing ; *(traitement)* processing.

préparatoire *adj.* preparatory, preliminary, introductory. *Discussions/entretiens/négociations préparatoires,* exploratory talks.

préparer *v.* to prepare ; to get something ready. *~ un examen,* to prepare for an examination.

préparer (se) *v.* **1.** to prepare ; to get ready ; to make ready ; to make preparations. **2.** *(menacer)* to brew ; to loom.

préplacement *n.m. (actions)* pre-allotment.

prépondérance *n.f.* preponderance ; predominance.

prépondérant, e *adj.* preponderant, determining, predominant, leading. *Voix ~e,* casting vote.

préposé *n.m.* clerk, agent, official, officer.

prérequis *n.m.* prerequisite ; precondition, preliminary requirement. *Cette u.v. est un prérequis pour s'inscrire en option Finance,* this credit is a prerequisite for enrol(l)ment in the Finance concentration.

pré-retraite *n.f.* **1.** early retirement (as a means of avoiding layoffs). *Prendre sa ~, partir en ~,* to accept early retirement. **2.** *(somme versée)* early retirement pension/allowance.

pré-retraité, -e *n.m.f.* early retiree, worker/employee/executive taking early retirement.

prérogative *n.f.* prerogative ; privilege.

présager *v.* to announce, to herald, to augur.

prescripteur *n.m.* **1.** *(méd.)* prescriber. **2.** opinion-leader, opinion-former ; influencer ; specifier ; décider.

prescriptible *adj.* prescriptible.

prescription *n.f.* **1.** *(jur.)* prescription ; statute of limitations, statute of repose. *Tomber sous le coup d'une ~,* to fall under the statute of limitations. **2.** *(pluriel = règlements)* regulations, instructions. **3.** *(méd.)* prescription.

prescriptions techniques specifications.

prescrire *v.* to prescribe ; to stipulate. *A la date prescrite,* on the date fixed, on the appointed day. *Dans les limites prescrites,* within the stipulated limits.

préséance *n.f.* precedence, priority. *Avoir (la) ~ sur quelqu'un,* to take precedence of someone.

présélection *n.f.* preselection ; *(candidats)* screening ; shortlisting.

préselectionner *v.* to preselect ; *(candidats)* to shortlist ; to screen.

présence *n.f.* presence *(à une réunion, un cours)* attendance. *Feuille de ~,* attendance sheet ; attendance list/roll ; *(horloge pointeuse)* time sheet ; *~ obligatoire,* compulsory attendance.

présent *n.m.* 1. *Le ~,* the present. 2. *(cadeau)* gift.

présent, e *adj.* current, present. *Le ~ contrat,* this contract.

présent, (à) *adv.* 1. currently, *(U.S.)* presently ; at present ; now. 2. *(en opposition à un passé révolu ou lointain)* nowadays. 3. *(en tenant compte du temps qui vient de s'écouler)* by now. 4. *jusqu'~,* up to now, so far. *(jur.)* heretofore.

présentateur *n.m.* 1. *(facture)* presenter. 2. *(télé, etc.)* M.C., emcee (Master of Ceremonies) ; announcer ; anchorman ; host ; *(disques)* disc jockey, D.J., deejay.

présentation *n.f.* 1. appearance, arrangement, presentation, get up. 2. *(des marchandises dans un magasin)* display. 2. *(traite, etc.)* presentation. *Payable à ~,* payable on presentation, at sight, on demand. 4. *(d'une lettre)* lay-out. 5. *(fait de présenter une personne)* introduction, introducing. 6. *(communication lors d'un congrès, etc.)* presentation ; *(écrite)* paper. 7. *(~ d'un nouveau modèle)* launching, introduction. 8. *(~ de mode, de collections)* fashion show.

présentatrice *n.f.* *(télé)* announcer ; hostess ; M.C., emcee.

présente *n.f. La ~,* this letter. *Par la ~,* in this letter, *(jur.)* hereby.

présenter *v.* 1. *(une personne)* to introduce. 2. *(offrir)* to offer. 3. *(des marchandises)* to display. 4. *(une traite)* to present. 5. *(soumettre)* to submit. 6. *(révéler, etc.)* to show. *Les résultats présentent une augmentation de…* The results show an increase of… 7. *(décrire, formuler)* to state.

présenter des difficultés, to involve difficulties.

présenter des excuses, to apologize, to tender one's apologies.

présenter sa démission, to tender/to hand in/one's resignation.

présenter ses vœux, to offer one's wishes ; to congratulate.

présenter un argument, to bring forward an argument, to make a point.

présenter un candidat, to field a candidate.

présenter un compte, to submit an account.

présenter un document, to produce, to show, to exhibit a document.

présenter une motion, to introduce a motion, to table a motion, to put a motion to the meeting, to move (that, etc.).

présenter un projet de loi, to introduce a bill.

présenter (se) *v.* 1. to introduce oneself. 2. *(rendre visite)* to call. 3. *(événement, situation)* to occur, to come up, *(fam.)* to turn up. *(difficulté)* to arise. *L'affaire se présente bien,* the matter looks promising. 4. *(à une sélection)* to run, to stand as a candidate. 5. *(à un examen)* to sit for an exam, to take an exam. 6. *(pour une entrevue, etc.)* to go, to come, to apply, to call ; *se ~ au travail,* to report for work ; 7. *(vol.)* to check in.

présents (les) *n.m.pl.* those present, those attending, the audience, *(U.S.)* the attendees.

préservation *n.f.* preservation, protection, maintenance. *~ de l'emploi,* job protection, job security, safeguard (ing) of employment. *~ des ressources naturelles,* conservation (of natural resources).

présentoir *n.m.* display stand, display unit.

préserver *v.* to preserve, to protect.

présidence *n.f.* presidency, chairmanship. *Assurer la ~ de,* to preside over, *(réunion)* to chair. *~ tournante,* rotating chairmanship/presidency.

président *n.m.* president ; (*réunion, conseil d'administration*) chairman ; (*pol.*) ~ *du Conseil*, Prime Minister, Premier.

président de séance, chairman.

Président-Directeur Général *n.m.* (*G.B.*) Chairman and Managing Director, (*U.S.*) Chairman and President.

Président du Conseil d'Administration, Chairman of the Board.

president, -e (*de conseil d'administration, réunion, séance etc.*) chairperson.

présidentiel, le *adj.* presidential.

présider *v.* to preside. ~ *une réunion,* to preside over a meeting/at a meeting, to chair a meeting. *Qui va ~ la réunion ?* Who is going to take the chair ?

présomptif, -ive *adj.* presumptive. *Héritier ~,* heir apparent.

présomption *n.f.* presumption. *Preuve par ~,* presumptive evidence, circumstantial evidence.

presse *n.f.* **1.** *la presse,* the press. *La ~ écrite,* the printed press ; print media. **2.** (*cohue*) crowd ; rush ; congestion. **3.** *Mettre sous ~* a) to print b) to go to press.

pressentir *v.* **1.** to sense. **2.** (*quelqu'un pour un poste*) to approach.

presser *v.* **1.** to press. **2.** to hurry, to hasten.

pressant, e *adj.* pressing, urgent.

presser (se) *v.* **1.** to hurry. **2.** to crowd, to press.

pressing *n.m.* (*magasin*) dry cleaner's.

pression *n.f.* **1.** pressure. *Faire ~ sur,* to pressure, to bring pressure to bear on. **2.** *bière à la ~,* beer on draught, (*U.S.*) draft.

pression fiscale, tax burden.

pressions inflationnistes, inflationary pressures.

pressurer *v.* to squeeze, to pressure, to pressurize.

prestataire *n.m.* **1.** person receiving benefits/allowances, beneficiary, recipient. **2.** ~ *de service,* service provider.

prestataire de service *loc.m.* service provider, supplier of service.

prestation *n.f.* **1.** (*prêt*) provision, contribution, supply(ing). ~ *de capitaux,* provision of capital. **2.** (*service fourni*) service. ~ *de service,* provision of a service. **3.** (~ *sociale*) allowance, benefit, social benefit, (*U.S.*) entitlement. ~ *maladie,* sickness benefit. **4.** ~ *de serment,* taking of an oath ; (*Président U.S., etc.*) swearing in ceremony, taking the oath of office. **5.** (*sens large*) performance ; show, act, number ; assignment.

prestation *n.f.* offer.

prestige *n.m.* prestige ; status. *Opération de ~,* public relations operation, P.R. operation.

prestigieux, se *adj.* prestigious.

présumer *v.* to presume, to assume ; to suppose.

présupposé *n.m.* assumption.

prêt, e *adj.* ready ; prepared. *Nous sommes ~s à vous accorder une réduction,* we are prepared to grant you a discount.

prêt *n.m.* loan. *Accorder, consentir un ~,* to grant a loan, to make a loan. *Demander un ~,* to apply for a loan. *Obtenir un ~,* to be granted a loan, to secure a loan. ~ *à découvert,* a) unsecured loan. b) loan on overdraft. ~ *à risque,* bad loan. ~ *épargne/logement,* P.E.L, home loan plan, private home ownership plan. ≈ (*U.S.*) Home Owners Mortgage Loan, (*G.B.*) Building Society Loan. ~ *hypothécaire (sur hypothèque),* mortgage loan. ~ *multi-devises,* multicurrency loan. ~ *personnel,* ~ *personnalisé,* personal loan. ~ *pour l'amélioration de l'habitat,* home improvement loan. ~ *relais,* standby loan ; bridging loan. ~ *sur titres,* loan/advance on securities.

prêtable *adj.* lendable, loanable.

prêt-à-porter *n.m.* ready-to-wear.

prêt-bail *n.m.* leasing.

prêt bonifié, government-subsidized loan, low-interest loan, soft loan.

prétendre *v.* to claim ; to allege.

prétendu, e *adj.* alleged, would-be, so-called, self-styled.

prétendument *adv.* allegedly.

prête-nom *n.m.* front, dummy, straw-man ; *(officiel sans influence réelle)* figurehead.

prétention *n.f.* claim ; pretension. ~*s salariales,* salary expected, salary asked for, salary claim.

prêter *v.* **1.** to lend, *(U.S.)* to loan. ~ *à intérêt,* to lend at interest. **2.** ~ *serment,* to take an oath, to be sworn. *(Président U.S.)* to be sworn in. **3.** *(attribuer)* to attribute, to credit someone with something. **4.** ~ *attention,* to pay attention. **5.** *(~ à une interprétation, etc.)* to lead to, to give rise to, to lend oneself to. ~ *à confusion,* to be misleading.

prêter à (se) *v.* to lend oneself to.

prêteur *n.m.* lender. ~ *sur gage,* pawnbroker.

prétexte *m.m.* pretext, excuse.

prétexter *v.* to allege, to pretext.

prétoire *n.m.* court.

preuve *n.f.* proof, evidence. *Faire* ~ *de,* to show, to demonstrate, to display. *(jur.) La charge de la* ~, *l'obligation de faire la* ~, the onus of proof, the burden of proof. *Faire la* ~ *de,* to prove. *Faire ses* ~*s,* to demonstrate one's ability.

prévaloir *v.* **1.** to prevail. *Faire* ~ *ses droits,* to make good one's rights, to vindicate one's rights. **2.** *(= avoir cours, être d'usage)* to obtain, to prevail.

prévaloir (se) *v.* to take advantage of. *Se* ~ *d'un droit,* to exercise a right.

prévaricateur, -trice *n.m.f.* corrupt official ; embezzler.

prévarication *n.f.* breach of trust, deviation from duty ; corrupt practices ; embezzlement.

prévendre *v.* to presell.

prévente *n.f.* presale.

prévenir *v.* **1.** to inform, to advise, to notify, to give notice. **2.** *(avertissement, menace)* to warn. **3.** *(empêcher)* to prevent, to forestall. **4.** *(percevoir ou satisfaire par avance)* to anticipate. **5.** *(prédisposer contre)* to prejudice, to bias. **6.** *(jur.)* être prévenu d'un délit, to be accused of an offence.

préventif, -ive *adj.* preventive ; pre-emptive. *Mesure préventive,* preventive measure, deterrent. *Détention préventive,* (detention under) remand.

prévention *n.f.* **1.** prevention. ~ *des accidents,* prevention of accidents. ~ *routière,* (Agency for the) Prevention of Road Accidents. **2.** *(préjugé)* prejudice, bias. **3.** *(temps passé en prison avant d'être jugé)* confinement under remand, detention awaiting trial.

préventivement *adv.* preventively.

prévenu *n.m. Le* ~, the accused ; *un* ~, an offender.

prévisible *adj.* predictable, foreseeable.

prévision *n.f.* **1.** forecast, estimate ; expectation, anticipation. *Les* ~*s ont dû être revues en baisse,* estimates had to be revised down(ward). **2.** *(fin. = provision)* provision, allowance.

prévisionnel, -le *adj.* expected, projected, estimated. *Budget* ~, estimated budget.

prévisionniste *n.m.* forecaster.

prévoir *v.* **1.** to foresee, to expect ; to anticipate ; *(et annoncer)* to forecast. **2.** *(loi, texte, etc.)* to provide, to make provisions for ; to specify, to state. *Leur programme ne prévoit rien pour les personnes âgées,* their programme does not provide anything for the elderly. *Ce n'est pas prévu au contrat,* this is not specified in the contract. *La réunion prévue pour demain,* the meeting due to be held tomorrow/scheduled for tomorrow. *Il faut* ~ *plusieurs réunions,* we have to arrange for (make arrangements for) several meetings. **3.** *(tabler sur). Il faut* ~ *au moins deux mois,* we have to allow for two months at least. **4.** *(~ de faire quelque chose)* to plan.

prévoyance *n.f.* precaution ; foresight. *Caisse (fonds) de ~,* reserve fund, provident fund. *uvres de ~,* provident societies, provident schemes, charities.

prévoyant, e *adj.* cautious, far-sighted ; provident.

prier *v.* to request. *Nous vous prions de…* Please etc. *Nous vous prions de croire à l'assurance, etc.* Yours faithfully, Yours sincerely, *(U.S.)* Sincerely yours.

prière *n.f.* request. *~ de faire suivre,* Please forward. « *~ de nous couvrir par chèque* » « kindly remit by cheque ».

primaire *adj.* primary. *École ~,* primary school. *Élection ~,* primary.

primaires *n.f.pl.* primaries.

primauté *n.f.* priority, precedence.

prime *n.f.* **1.** *(supplément)* bonus. *~ de productivité/de rendement,* efficiency bonus **2.** *(d'assurance)* premium. **3.** *(allocation)* grant, subsidy, allowance. **4.** *(Bourse)* option, *(achat)* call, *(de vente)* put ; *double ~,* put and call option, straddle. *Faire ~,* to be above par, at a premium. **5.** *~ (cadeau)* (free) gift.

prime (en) *loc.* into the bargain.

prime à la construction, building subsidy.

prime à l'exportation, export bonus.

prime d'ancienneté, seniority bonus, seniority pay, long service premium.

prime d'assurance, insurance premium.

prime de déménagement, removal allowance, relocation allowance.

prime d'encouragement, incentive bonus. *Système de primes d'encouragement,* incentive bonus scheme.

prime de licenciement, *(G.B.)* redundancy payment, *(U.S.)* severance pay.

prime de productivité, efficiency bonus, productivity bonus.

prime d'équipement, development subsidy.

prime de reconversion, redeployment compensation, retraining award.

prime de réexportation, drawback.

prime de rendement, efficiency bonus, productivity bonus, output bonus.

prime de risque, danger money.

prime de transport, transport allowance.

prime de vie chère, cost-of-living allowance.

primé, e *adj.* prize-winning. *Bétail ~,* prize cattle.

primer *v.* **1.** *(accorder un prix)* to grant a prize, to grant an award, to award a prize. **2.** *(avoir priorité sur),* to have a prior claim (on, over) ; to outweigh, to outrank, to surpass.

primeur *n.f.* newness, freshness. *Avoir la ~ de…,* to be the first informed of. *(journalisme) donner une nouvelle en ~,* to have a scoop on…

primeurs *n.f.pl.* early vegetables.

primitif, -ive *adj.* **1.** original, initial. **2.** primitive.

primitivement *adv.* initially, originally.

primordial, e *adj.* paramount, utmost, major.

principal *n.m.* **1.** *(capital)* principal, capital. **2.** main point, main thing, essential.

principal, e *adj.* principal, main, chief, major, leading, head. *Associé ~,* senior partner *Créancier ~,* chief creditor.

principe *n.m.* principle. *En ~,* in principle, theoretically. *Par ~,* on principle. *~ de précaution,* principle of precaution/caution/prudence, precautionary principle ; " safety first " principle. *Selon le ~ de précaution,* as a precautionary measure.

prioritaire *adj.* priority. *Être ~,* to have priority, to have precedence, to have a prior claim. *Action ~,* preference share. *Objectif ~,* major objective, main goal, first priority objective.

priorité *n.f.* **1.** priority (on, over), precedence (over), prior claim (on, over). *Actions de ~,* preference shares, preferred stock. *Affecter un ordre de ~,* to prioritize. *Avoir la ~ sur,* to have priority on, to take precedence over, to rank before. *Carte de ~,* pass. **2.** *(route)* right of way.

prise *n.f.* **1.** hold, grasp. *Être (en venir) aux ~,* to come to grips. **2.** *(fait de prendre)* taking. **3.** *(pêche)* catch. **4.** *(électrique)* plug. **5.** *(Enregistrement musical)* take ; *~ de vue,* take, shot.

prise à domicile, home collection.

prise de bénéfices, profit taking.

prise de conscience, realization.

prise de contrôle, take-over. *Tentative de ~,* take-over bid. *Échapper à une tentative de ~,* to stave off a take-over bid.

prise de décision, decision making.

prise de position, stance.

prise de participation, *n.f.* **1.** buy-in, buying shares/stock/a stake in(to) a company ; *~ dans...,* buying into... ; partial take-over. **2.** *(pour augmentation de capital)* equity financing.

prise de possession, entering (entry) upon possession ; appropriation.

prise de risque(s), risk-taking.

prise de vue, shot ; take.

prise en charge, take-over, taking over. *(De frais)* coverage, covering. *(Taxi)* minimum charge.

prise en compte, taking into account (of), allowance (for), allowing (for).

prisée *n.f.* *(jur)* valuation ; appraisal.

priser *v.* to value, to estimate.

priseur (commissaire) *n.m.* auctioneer.

prison *n.f.* prison, jail, gaol ; imprisonment. *Faire de la ~,* to serve a jail term, to serve a sentence of imprisonment, to serve time, *(fam.)* to do time.

prisonnier, e *n.* prisoner.

privatif, -ive *adj.* **1.** private *(jur.) droit ~,* exclusive right. **2.** depriving. *Peine privative de liberté,* prison sentence.

privation *n.f.* **1.** deprivation, loss. *~ de droits,* loss of rights. **2.** privation, hardship.

privatisation *n.f.* privatization.

privatiser *v.* to privatize. *(une société de type S.A.)* to take a company private.

privatiser (se) to privatize ; to go private.

privé, e *adj.* private. *Entreprise ~e,* private firm, private business, private enterprise. *Épargne ~e,* private investors ; personal savings. *Propriété ~e,* private property. *Secteur ~,* private sector. *Société ~e,* private company. *Sous seing ~,* under private seal. *Acte sous seing ~,* private deed (contract, agreement). *Vie ~e,* privacy, private life.

prisée *n.f.* pricing.

priser *v.* to price.

priseur *n.m.* pricer.

priver *v.* to deprive.

privilège *n.m.* **1.** privilege. **2.** *(Jur.)* preference, preferential right, preferential claim ; lien. *~ de créancier,* creditors' lien. *~ de vendeur,* vendor's lien.

privilégié, e *adj.* preferential ; preferred. *Action ~e, (G.B.)* preference share, *(U.S.)* preferred share (stock). *Créance ~e,* preferential claim.

privilégier *v.* to privilege, to favour.

privilégiés (les) *n.m.pl.* the privileged classes, the privileged few, the upper classes ; the happy few.

prix *n.m.* **1.** price ; rate ; quotation ; cost ; value ; charge. *Blocage (gel) des ~,* price-freeze. *De ~,* valuable ; expensive. *Différence de ~,* price differential, price spread.

Hors de ~, prohibitive. *Indice des ~,* price index. *Indiquer un ~, communiquer un ~, faire connaître un ~,* to quote a price. *Mise à ~,* upset price, *(enchères)* reserve price, opening bid. 2. prize, award.

prix affiché, posted/sticker/price.

prix à la production, producer price, *(agriculture)* farm gate price.

prix au comptant, cash price.

prix bloqué, controlled price ; administered price.

prix d'achat, purchase price.

prix courant, current price, market price, prevailing price, ruling price.

prix-courant, *n.m.* price-list, catalogue.

prix coûtant, cost price.

prix d'attaque, penetration price ; penetration pricing.

prix de campagne, seasonal price.

prix de détail, retail price.

prix de faveur, preferential price.

prix de gros, wholesale price.

prix de la main-d'œuvre, cost of labour.

prix de lancement, launching price.

prix demandé, asked price, asking price.

prix d'émission, issue price, issuing price.

prix de revient, cost price.

prix de soutien, support price, pegged price.

prix de vente, selling price.

prix fixe, fixed price.

prix imposé, administered price.

prix offert, bid price.

prix plancher, floor price.

prix promotionnel, promotional price.

prix seuil, trigger price.

prix sortie d'usine, ex-works price, x-works price, x-mill (ex-mill) price, x-plant (ex-plant) price.

prix sur place, spot price, loco price.

pro-actif, -ive *adj.* pro-active.

probabilité *n.f.* probability, likelihood, likeliness. *Calcul de ~s,* probability calculus.

probable *adj.* probable, likely. *Peu ~,* unlikely.

probant *adj. (preuve)* conclusive ; *(argument)* convincing, cogent, potent.

probatoire *adj.* probationary, probational. *Période ~,* probation(ary) period.

probité *n.f.* probity, integrity, honesty.

problématique *adj.* problematical ; dubious.

problème *n.m.* problem ; issue.

procédé *n.m.* 1. process, method ; means. 2. deal(ing), practice, conduct, behaviour. *~ déloyal,* unfair practice.

procédé de fabrication, manufacturing process.

procéder *v.* 1. to proceed. *(effectuer)* to carry out, to effect. 2. *~ de,* to arise from, to stem from, to originate from, to proceed from.

procédure *n.f.* procedure ; proceedings. *~ collective,* collective bargaining. *~ de faillite,* bankruptcy proceedings. *~s de séparation des exercices, (comptab.)* cut off procedures.

procédurier *n.m.* pettifogger.

procès *n.m.* suit, lawsuit ; *(criminel)* trial ; case. *Faire, intenter, engager un ~,* to take legal action, to sue, to bring an action against, to institute proceedings, *(U.S.)* to file a (law)suit.

processus *n.m.* process.

procès-verbal *n.m.* 1. *(de réunion)* minutes (of the proceedings, of the meeting). 2. *(police)* report, memorandum. *Faire un ~,* to draw up a report.

prochain, e *adj.* 1. nearest. 2. *(avenir)* next, coming. *La semaine ~e,* next week. *Dans les ~ mois,* in the next few months.

prochainement *adv.* soon, shortly, at an early date.

proche *adj.* near ; close ; neighbouring. *Le Proche Orient,* the

Near East. ~*s parents*, near relations, next of kin.

proches *n.m.pl.* near relations, next of kin.

proclamation *n.f.* proclamation.

proclamer *v.* to proclaim, declare ; *(loi, etc.)* to promulgate ; *(des résultats)* to announce.

procuration *n.f.* procuration, proxy ; power of attorney. *Lettre de procuration*, power of attorney ; letter of authority. *Par ~*, by proxy, *(lettre, etc.)* per pro (per procurationem).

procurer *v.* to supply, to provide, to procure.

procurer (se) *v.* to raise, to find, to get, to obtain. ~ *des capitaux*, to raise capital.

procureur *n.m.* attorney. ~ *de la République*, public prosecutor, *(U.S.)* District Attorney, D.A.

prodigalité *n.f.* lavishness. *Avec ~*, lavishly.

prodigue *adj.* spendthrift ; lavish ; thriftless.

producteur *n.m.* producer. *Prix au ~*, producer price, *(agriculture)* farm gate price.

producteur, trice *adj.* producing. *Pays ~s de pétrole*, oil producing countries. ~ *d'intérêt*, interest-bearing.

productible *adj.* productible.

productif, -ive *adj.* **1.** productive. **2.** *(d'un intérêt)* yielding, bearing. *Actions productives d'un dividende de*, shares yielding a dividend of... *Placement ~*, high-yield investment, profitable investment. ~ *d'intérêts*, interest-bearing.

production *n.f.* **1.** producing, production ; generation. **2.** *(industrielle, etc.)* production ; *(quantifiable)* output. **3.** *(produit(s))* product(s), manufacture(s). **4.** *(jur. = présentation)* producing, exhibiting, exhibition.

productique *n.f.* production engineering, production technology, production engineering applications ; factory automation, industrial automation.

productivisme *n.m.* quantity-/volume-oriented production, productivism.

productiviste *adj.* quantity-/volume-oriented.

productivité *n.f.* productivity. *Accord de ~*, productivity deal, self-financing productive deal. *Gains de ~*, productivity gains. ~ *par ouvrier*, per-worker productivity. *Prime de ~*, efficiency bonus, productivity bonus.

produire *v.* **1.** to produce. **2.** *(causer)* to bring about. **3.** *(un intérêt)* to yield, to bear, to produce. **4.** *(un document)* to show, to produce, to exhibit.

produire (se) *v.* to take place, to occur, to happen, to arise, to come about.

produire un intérêt, to yield/bring/produce/an interest.

produit *n.m.* **1.** product ; *(agricole)* produce. ~ *de base*, staple, staple commodity, staple product ; *sous-~*, by-product. **2.** *(comptab.)* revenue, income ; ~ *à recevoir*, accrued income ; ~*s constatés d'avance*, deferred income ; ~*s d'exploitation*, trading revenue. *(produit des ventes)* proceeds, yield. ~ *de la journée*, day's takings, day's receipts.

produit alimentaire, food product ; ~*s alimentaires*, foodstuffs ; *(épicerie)* groceries.

produit chimique, chemical product, ~*s chimiques*, chemicals.

produit de beauté, cosmetic.

produit de marque, branded article, brand(ed) product.

produit d'entretien, household product. ~*s d'entretien*, cleaners and cleansers.

produit dérivé, by-product ; spin-off. *(Fin.)* *produits dérivés*, derivatives.

produit fabriqué, manufactured product ; manufacture.

produit financier, financial product.

produit fini, finished product.

produit intérieur brut (P.I.B.), gross domestic product, G.D.P.

produit intermédiaire, intermediate product.

produit libre, generic product.

produit manufacturé, manufactured product.

produit national brut (P.N.B.), gross national product, G.N.P.

produit net, net proceeds ; net income.

produit phare, flagship product.

produits conditionnés, packaged goods.

produits de grande distribution, mass-retailed products.

produit semi-fini, semi-finished product.

produits et charges, revenues and charges, income and expenses, revenue and costs.

profane *n.m.* layman.

professeur *n.m.* teacher ; *(d'université)* professor.

profession *n.f.* occupation ; *(fam.)* job ; calling, trade ; business. *~s libérales,* (the) professions.

professionalisme *n.m.* professionalism.

professionnel, le *adj.* occupational ; vocational ; professional. *Adresse ~ le,* business address. *Expérience ~ le,* job-related experience ; professional/field experience ; track-record. *Formation ~ le,* vocational training. *Frais ~s,* job-related expenses. *Maladie ~ le,* occupational disease. *Risque ~,* occupational hazard.

professionnel *n.m.* professional. *(fam.)* pro. *De ~ à ~,* business to business. *De ~ à client/consommateur,* business to consumer.

profil *n.m.* profile. *~ de poste,* job description, job definition. *Analyse de(s) profil(s), gestion de(s) profil(s),* profiling.

profilage *n.m.* profiling.

profiler *v.* to profile.

profileur *n.m.* profiler.

profiler (se) *v.* to shape up ; *(menace)* to loom.

profit *n.m.* profit. *A profit,* at a profit. *Au ~ de,* in favour of, on

behalf of, to the credit of. *~s et pertes,* profit and loss. *Compte de ~s et pertes,* profit and loss account, income statement. *~s non distribués,* retained earnings. *Mettre à ~,* to take advantage (of), to make the best (of).

profitable *adj.* profitable ; advantageous ; beneficial.

profiter *v.* to profit (by, from), to benefit (by, from) ; to take advantage of, to cash in on, to capitalize on.

profiteur *n.m.* profiteer.

profond, e *adj.* deep.

pro-forma *loc.* pro forma. *Facture ~,* pro-forma invoice.

profondeur *n.f.* depth.

profusion *n.f.* profusion, abundance ; lavishness.

progiciel *n.m.* *(inform., programme d'application prêt à l'emploi et vendu à l'utilisateur)* package.

programmation *n.f.* programming.

programme *n.m.* **1.** programme, *(U.S.)* program ; plan, planning ; schedule, scheduling ; scheme. **2.** *(politique)* platform. **3.** *(d'un cours)* syllabus ; *(d'une université)* curriculum.

programmé, e *adj.* programmed. *Enseignement ~,* programmed education (course ; learning).

programmer *v.* to program(me) ; to plan ; to schedule.

programmeur *n.m.* programmer.

progrès *n.m.* **1.** progress ; advance ; development ; advancement. *Faire des ~,* to progress, to make progress, to improve ; *(négociations, etc.)* to make headway. *Le ~,* progress. *Le ~ technique,* technical progress. *Un ~ technique,* a technical advance (development, breakthrough). **2.** *(amélioration)* improvement.

progresser *v.* to progress ; to advance ; to improve *(négociations etc.)* to make headway.

progressif, -ive *adj.* progressive ; gradual ; *(impôt)* graduated.

progression *n.f.* progress, progression ; increase, rise. *Être en ~,* to be up, to be on the rise, to be on the increase, to be increasing. *~ régulière,* steady increase ; steady improvement.

progressiste *n.* progressist.

progressivement *adv.* progressively, gradually.

progressivité *n.f.* progressiveness, progressivity.

prohibitif, ve *adj.* prohibitive ; *(taux d'intérêt etc.)* extortionate.

prohiber *v.* to prohibit, to forbid, to bar, to ban.

prohibition *n.f.* prohibition, ban.

proie (être la proie de, en proie à), *n.f.* to fall prey to. *Être en ~ à l'inflation,* to be plagued by inflation, to be inflation ridden.

projection *n.f.* projection.

projet *n.m.* project, plan, scheme ; *(incomplet)* rough draft. *Chef de ~,* project manager. *Faire des ~s,* to plan, to make plans. *~ détaillé (document ou programme officiel)* white paper.

projet d'accord, draft-agreement.

projet de contrat, draft-agreement.

projet de loi, (government) bill.

projet d'entreprise, business plan.

projet pilote *n.m.* pilot scheme, pilot project.

projeter *v.* **1.** to plan ; to consider, to contemplate ; to project. **2.** *(une image etc.)* to project ; to screen.

prolétaire *adj. et n.m.* proletarian.

prolétariat *n.m.* proletariat.

prolétarien, ne *adj.* proletarian.

prolétarisation *n.f.* proletarization, proletarianization.

prolétariser *v.* to proletarize, to proletarianize.

prolifération *n.f.* proliferation.

proliférer *v.* to proliferate ; to multiply ; to teem.

prolongation *n.f.* extension ; lengthening, prolonging, prolongation ; continuation, reconduction. *~ de délai,* extension of deadline. *~ d'une lettre de change,* renewal of a bill. (football) *Les prolongations,* overtime.

prolongé, e *adj.* long ; lasting ; prolonged ; continued ; *(délai)* extended ; *(relations, effort)* sustained *(qui dure trop)* protracted. *Une grève ~e,* a protracted strike.

prolongement *n.m.* **1.** extension, lengthening. **2.** consequence.

prolonger *v.* to prolong, to extend ; to protract ; *~ un délai,* to extend a deadline ; *~ une lettre de change,* to renew a bill.

prolonger (se) *v.* to extend, to continue, to be prolonged, to last.

promesse *n.f.* promise ; pledge, commitment. *Honorer ses ~s,* to meet one's commitments. *~ électorale,* election pledge. *~ de vente,* promise to sell. *Tenir sa ~,* to keep one's promise, to be true to one's word.

prometteur, -euse *adj.* promising ; attractive ; appealing.

promettre *v.* to promise ; to pledge oneself, to pledge one's word (to do something).

promoteur *n.m.* **1.** promoter, originator (of idea etc.) **2.** *(immobilier)* (real-estate) developer, *(d'un spectacle etc.)* organizer.

promotion *n.f.* **1.** promotion, advancement. *~ à l'ancienneté,* promotion by seniority. *~ au choix,* promotion by selection, according to merit. *~ au mérite,* promotion/advancement through merit. *~ interne,* internal promotion, promotion from within the company, from the ranks. *~ sociale,* social advancement ; self-betterment. **2.** *(des marchandises etc.)* promotion. *Campagne de ~,* promotion campaign. *~ des ventes,* sales promotion. **3.** *(d'une école)* class, year. *La ~ 82,* the class of 82.

promotion *n.f.* special offer. *Cet article est en promotion,* this article / item is on special offer.

promotionnel, le *adj.* promotionnal, promotion. *Campagne ~,* promotion campaign. *Matériel ~,* publicity material, promotional material. *Offre ~,* special offer.

promouvoir *v.* to promote. *Être promu à un poste,* to be promoted to a position.

prompt, e *adj.* prompt, quick, speedy.

promptitude *n.f.* promptness, dispatch ; speed.

promu, e *adj.* promoted.

promulgation *n.f.* proclamation, promulgation ; *(loi)* enactment, enacting.

promulguer *v.* to proclaim, to promulgate, to issue, *(loi)* to enact.

prôner *v.* to advocate ; to recommend ; to extol.

prononcé, e *adj.* pronounced ; marked ; sharp ; strong.

prononcé *n.m. (d'un jugement)* terms, verdict.

prononcer *v.* **1.** to pronounce, to utter. *~ un discours,* to deliver a speech, to make a speech, to deliver an address. **2.** *(un jugement)* to pass, deliver, pronounce (a sentence).

prononcer (se) *v.* to commit oneself, to declare (for, against), to express one's opinion ; *(tribunal)* to give one's verdict, *(commission)* to come to a conclusion.

prononciation *n.f.* pronunciation ; *(d'un discours)* delivery, *(d'un jugement)* passing (of a sentence).

pronostic *n.m.* forecast. *(Médical)* prognosis.

pronostiquer *v.* to forecast.

pronostiqueur *n.m.* forecaster.

propagande *n.f.* propaganda. *Faire de la ~,* to advertise, to publicize.

propager *v.* to spread.

propager (se) *v.* to spread.

propension *n.f.* tendency, proclivity.

propice *adj.* favourable.

proportion *n.f.* **1.** proportion, rate, ratio, percentage. **2.** dimension, size.

proportionalité *n.f.* proportionality.

proportionnellement *adv.* proportionally ; proportionately.

proportionnel, le *adj.* proportional, *(proportionné)* proportionate ; *(douanes)* ad valorem. *Droit ~,* ad valorem duty.

proportionner *v.* to proportion, to adjust.

proposer *v.* to propose, to offer, to suggest, to submit. *(un ordre du jour, une motion)* to move. *~ l'ajournement de la réunion,* to move that the meeting be adjourned.

proposition *n.f.* **1.** proposal, proposition, offer ; suggestion. *Refuser une ~,* to turn down an offer. **2.** *(recommandation)* recommendation.

propre *adj.* own ; proper ; specific ; accurate ; fit (for), suitable (for) ; appropriate. *Fonds ~s,* stockholders' equity, capital stock. *Remettre en main(s) ~(s),* to be delivered personally, to be delivered into someone's own hands.

propriétaire *n.* owner ; proprietor ; possessor. *(d'un appartement)* landlord. *Co-propriétaire,* co-owner. *~ foncier,* land-owner.

propriété *n.f.* **1.** ownership ; proprietorship ; possession. **2.** estate, property. *Accédant à la ~,* prospective home-owner ; new property owner. *Posséder en toute ~,* to hold in fee simple. *Titre de ~,* title-deed (to property), deed of property, title to property. **3.** property, characteristic, feature.

propriété foncière, landed property, real estate. *(G.B., détenue à perpétuité)* freehold.

propriété grevée d'hypothèques encumbered estate.

propriété indivise, coparcenary ; joint property, joint ownership.

propriété industrielle, industrial property, patent rights.

propriété littéraire et artistique, copyright.

propriété mobilière, personal property.

propriété privée, private property ; « *Propriété privée* », " Trespassers will be prosecuted.

propriété viagère, life-estate.

propulser *v.* to propel.

propulsion *n.f.* propulsion.

prorata *n.m.* pro rata. *Au ~ de,* in proportion to. *Établir un ~,* to prorate.

prorogation *n.f.* extension of time ; ~ *(d'une traite, d'un prêt),* renewal ; *(échéance),* extension of term of payment.

proroger *v.* to extend (time-limits), to prolong (the duration of) ; *(traite, prêt)* to renew ; *(assemblée)* to prorogue.

proscription *n.f.* proscription, proscribing, outlawing, interdiction, prohibition.

proscrire *v.* to proscribe, to forbid, to prohibit, to outlaw.

prospect *n.m.* prospect.

prospecter *v.* *(min.)* to prospect ; *(clientèle)* to canvas, to look for new customers, to seek (out) new customers ; *(par publipostage)* to circularize.

prospecteur *n.m.* prospector ; *(clientèle)* canvasser.

prospectif, ve *adj.* prospective.

prospection *n.f.* prospecting ; *(de clientèle)* canvassing.

prospective *n.f.* forecasting ; futurology ; prospective studies.

prospectus *n.m.* **1.** handbill, leaflet ; booklet. **2.** *prospectus d'émission (actions),* prospectus.

prospère *adj.* prosperous, thriving, flourishing ; affluent.

prospérer *v.* to prosper, to thrive, to flourish.

prospérité *n.f.* boom, prosperity.

protagoniste *n.m.* protagonist.

protecteur, trice *adj.* protective.

protection *n.f.* protection ; preservation ; safety ; *(assurances)* cover. ~ *de la nature,* conservation. ~ *de l'emploi,* job protection, job security. ~ *sociale,* welfare, social coverage, social benefits ; safety net.

protectionnisme *n.m.* protectionism.

protectionniste *adj.* protectionist, protective. *Messures ~s,* protective/protectionist/measures. *Mesures ~s non-tarifaires,* non-tariff barriers.

protectorat *n.m.* protectorate.

protéger *v.* to protect ; to shelter ; *(une transaction)* to hedge.

protestable *adj.* protestable. *Effet ~,* protestable bill.

protestataire *n.m.* protester.

protestation *n.f.* protest.

protester *v.* to protest. ~ *un effet, une traite,* to protest a bill.

protêt *n.m.* protest. *Faire dresser un ~,* to have a bill noted.

protocolaire *adj.* protocolar, protocolary, protocolic ; *(fam.)* formal.

protocole *n.m.* **1.** protocol. **2.** heads of agreement ; preliminary memorandum. ~ *d'accord,* outline agreement.

protocole d'accord draft-agreement.

prototype *n.m.* prototype.

prouver *v.* to prove ; *(faire preuve de)* to demonstrate ; *(fournir des preuves)* to substantiate.

provenance *n.f.* origin.

provenir de *v.* to come from, *(marchandises)* to be imported from, *(avoir pour cause)* to stem from, to result from, to arise from, to originate from ; *(fonds)* to accrue from.

province *n.f.* province. *La province,* the provinces.

provision *n.f.* **1.** deposit, provision. *Chèque sans ~,* bad cheque, *(U.S.)* dud check, worthless cheque, bouncing cheque, cheque/ check with insufficient funds, *(U.S.)* rubber check. *Défaut de ~,* no funds, insufficient funds. ~ *insuffisante,* insufficient funds. **2.** charge ; *faire/effectuer/opérer une provision, porter une provision au bilan,* to take a charge, to book a charge. *(réserve)* reserve ; ~ *pour mauvaises créances (créances dou-*

teuses) provision for bad debts. ~ *pour reconstitution de gisement,* depletion reserve. ~ *pour risques et charges,* provision for contingent liabilities, contingency and loss provision, provision for specific risks. **3.** *(bourse)* margin, cover. *Fournir une* ~, to margin. **4.** *(avance)* advance. **5.** *(commission)* commission *(versée à avocat, expert)* retaining-fee, retainer. **6.** *(lettre de change)* consideration. **7.** *(marchandises)* store, supply. *Faire* ~ *de,* to stock (in), to lay in a stock of.

provisionnel, le *adj.* provisional. *Tiers* ~, instalment on income tax.

provisionnement *v.* **1.** *(finance).* recording of a provision/a charge. **2.** *(approvisionnement d'un compte)* replenishment, restoring (of) the credit balance.

provisionner *v.* **1.** *(un compte)* to put funds into, to replenish, to deposit funds (on/into an account) ; *(traite)* to give consideration for. ~ *un chèque,* to make a cheque *(U.S.* check) good. **2.** *(comptab.)* to record a charge, to record a provision, to take a charge/provision.

provisionner une perte, to book a loss ; to take a write down.

provisions *n.f.pl.* supplies. *Faire des* ~*s,* to stock, to lay in a stock. *Faire ses* ~*s,* to do one's shopping.

provisoire *adj.* provisional, temporary, interim ; *(personnel)* casual.

provisoirement *adv.* temporarily, provisionally.

provocation *n.f.* provocation.

provoquer *v.* **1.** to cause, to bring about, to lead to, to entail. **2.** to challenge.

proxénète *n.m.* procurer ; *(fam.)* pimp.

proxénétisme *n.m.* procuring ; white-slaving.

proximité *n.f.* nearness, proximity, vicinity. *Achat de* ~, convenience shopping ; *Magasin de* ~,

convenience shop/store ; shop round the corner.

prudence *n.f.* caution ; wariness.

prudent, e *adj.* cautious ; wary. *Estimation* ~*e,* conservative estimate.

prudentiel, le *adj.* prudential.

Prud'hommes (Conseil des), conciliation board, arbitration tribunal, Labour Court (Court for the settlement of labour disputes by arbitration or court order ; its members are elected by employers and employees).

pseudo *préf.* pseudo.

pseudonyme *n.m.* pseudonym, assumed name, alias ; *(auteur)* penname.

psychanalyse *n.f.* psychoanalysis.

psychologie *n.f.* psychology.

psychologique *adj.* psychological.

psychologiquement *adv.* psychologically.

psychologue *n.* psychologist.

pub. *n.f. (familier pour publicité)* **1.** advertising. **2.** ad.

publiable *adj.* publishable.

public, que *adj.* **1.** public. *Relations publiques,* public relations, P.R. *Service* ~, public service, civil service ; public utility service, (public) utility. **2.** national. *Dépenses publiques,* national spending. *Dette publique,* national debt. *Le Ministère* ~, the public prosecutor.

public *n.m.* **1.** public. *Le (grand)* ~, the general public. **2.** *(publicité, spectacle etc.)* audience.

publication *n.f.* **1.** publishing, publication ; issue ; issuing ; release. **2.** *(de résultats)* announcing, announcement, publishing. **3.** *(ouvrage publié)* publication. ~ *périodique,* periodical. **4.** *(~s)* published work, publications.

publicitaire *adj.* advertising. *Agence* ~, advertising agency. *Annonce* ~, advertisement, *(G.B.)* advert, *(U.S.)* ad. *Budget* ~, advertising budget ; *(d'un annonceur* *dans une agence)* advertising account.

publicitaire *n.m.* adman ; advertising executive ; advertiser *(peut aussi désigner l'annonceur)*.

publicité *n.f.* **1.** advertising ; publicity. *Agence de ~,* advertising agency. *Budget de ~ (d'annonceur)* advertising account. *Campagne de ~,* advertising campaign. **2.** *(annonce)* advertisement, *(G.B.)* advert, *(U.S.)* ad. *(télé.)* commercials.

publicité comparative, comparative advertising.

publicité de lancement, introductory advertising.

publicité institutionnelle, institutional advertising ; *(destinée à créer ou maintenir une image)* corporate image advertising, corporate publicity.

publicité sur le lieu de vente, point-of-sale/point-of-purchase/ advertising.

publicité mensongère, deceptive advertising, misleading advertising.

publicité produit, product advertising ; brand advertising.

publicité rédactionnelle, editorial advertising, editorial publicity.

publier *v.* to publish ; to release. *(résultats, etc.)* to announce, to publish, to make public.

publipostage *n.m.* mailshot, mass mailing ; mail advertising. *~ direct,* direct mail.

publiquement *adv.* publicly.

publireportage *n.m.* infomercial.

puce *n.f.* *(info.)* (micro-)chip. *Carte à ~,* smart card.

puiser *v.* to draw *(dans,* from). *~ dans les réserves,* to dip into the reserves.

puissance *n.f.* power.

puissant, e *adj.* powerful ; mighty.

puits *n.m.* well. *~ de pétrole,* oil well. *~ de mine,* pit, shaft.

punir *v.* to punish.

punissable *adj.* punishable.

punitif, -ive *adj.* **1.** punitive. *Dommages-intérêts ~s,* punitive damages. **2.** *Droits de douane ~,* punishing tariffs.

punition *n.f.* punishment, penalty.

pupille *n.f.* ward.

pupitre *n.m.* desk, console.

pupitreur *n.m.* console operator.

pur, e *adj.* pure ; neat.

pureté *n.f.* purity.

purge *n.f.* **1.** *(Pol.)* purge. **2.** *(hypothèque)* redemption. **3.** *(fait de purger un fichier, etc.)* purging.

purger *v.* **1.** *(une peine)* to serve time, *(fam.)* to do time. **2.** *(une dette)* to pay off, to redeem. *~ une hypothèque,* to redeem a mortgage. **3.** *(informatique) ~ un fichier,* to purge a file.

putatif, -ive *adj.* putative.

pylône *n.m.* pylon, (steel) tower.

pyramidal, e *adj.* pyramid. *Vente ~,* pyramid selling.

Q

quadrangle *n.m.* quadrangle.

quadrangulaire *adj.* four-angled, four-cornered, quadrangular.

quadrant *n.m.* quadrant.

quadratin *n.m.* *(Typo.)* quadrat.

quadrature *n.m.* squaring, quadrature. *Chercher la ~ du cercle,* to try to square the circle.

quadrichromie *n.f.* four-color printing.

quadriennal, e *adj.* quadriennal. **1.** *(Qui dure quatre ans)* lasting for four years. **2.** *(Qui se renouvelle tous les quatre ans)* occurring every four years. *Assolement ~,* four-year rotation.

quadrilatère *adj.* quadrilateral.

quadrillage *n.m.* **1.** *(papier, carte)* cross-ruling, squaring. **2.** *(zone)* partitioning. **3.** *(motif)* checks, chequer-work.

quadriller *v.* **1.** *(Tracer un quadrillé)* to rule in square, to cross-rule. *Papier quadrillé,* squared paper. **2.** *(Couvrir d'un dispositif de quadrillage)* to comb (out).

quadrimoteur *n.m.* four-engined (aircraft).

quadripartite *adj.* quadripartite. *Conférence ~,* four-power conference.

quadriréacteur *n.m.* Cf. **quadrimoteur** ; 4-reactor aircraft.

quadruple *adj.* quadruple, fourfold. *Payer le ~ du prix,* to pay four times the price.

quadrupler *v.* to quadruple, to increase fourfold.

quai *n.m.* **1.** *(train)* platform. *Accès au ~,* to the trains. **2.** *(port)* quay, pier, wharf. *Droits de ~,* wharfage, pier dues. *(marchandises)* A Quai, Ex Quay. **3.** *(rivière)* embankment.

qualifiant, -e *adj.* qualifying, enabling.

qualification *n.f.* **1.** *(attribution d'un titre, d'une qualité)* designation, name, title ; qualifying, rating evaluation. **2.** *(niveau de capacité)* qualification. *Certificat de ~,* qualification certificate, proficiency certificate. *Sans ~,* unskilled.

qualifié, e *adj.* **1.** *(qui a les qualités requises)* qualified ; *(~ pour parler de)* entitled, qualified to speak about, of… **2.** *(Ouvrier)* skilled (worker). **3.** *(= désigné, appelé)* termed, called ; styled ; dubbed. **4.** *vol ~,* aggravated theft, aggravated larceny, grand larceny, robbery.

qualifier *v.* **1.** *(caractériser)* to call, to qualify, to style, to term. **2.** *(conférer un titre, etc.)* to call, to describe. **3.** *(être admis)* se ~, to qualify. **4.** *(se nommer)* se ~, to call/to style oneself.

qualitatif, -ive *adj.* qualitative ; quality, quality-oriented.

qualitativement *adv.* qualitatively.

qualité *n.f.* **1.** *(manière d'être de quelque chose, produit)* quality. *Première ~,* prime quality, high grade, top grade, first-rate. *~ totale,* total quality. *Cercles de qualité,* quality circles. *Management total de la qualité,* total quality management (TQM). **2.** *(aptitude)* qualification, capacity. *Avoir les ~s requises pour,* to be qualified for. **3.** *(propriété)* property. **4.** *(condition juridique) Nom, prénom et ~,* surname, (Christian) name and occupation. *Agir en ~ de,* to act in one's capacity as… *Avoir ~ pour,* to be authorized/empowered/to act, to have authority to act.

quant-à-soi *loc.* reserve.

quantième *n.m.* day of the month.

quantifiable *adj.* quantifiable.

quantificateur *n.m.* quantifier.

quantification *n.f.* quantification.

quantifier *v.* to quantify.

quantitatif, -ive *adj.* quantitative ; quantity-/volume-oriented. *Remise quantitative,* quantity discount, discount for quantity/quantities.

quantitativement *adv.* quantitatively.

quantité *n.f.* quantity.

quantum *n.m.* amount, proportion, ratio ; quantum.

quarantaine *n.f.* **1.** *(environ quarante)* forty, some forty. **2.** *(âge) Avoir passé la ~,* to be over forty, in one's forties. **3.** *(isolement)* quarantine. *Mettre en ~,* a) to quarantine ; b) to ostracize, to exclude.

quarantième *adj.* *(numéral ordinal)* fortieth.

quarantièmes rugissants, roaring forties.

quarantenaire *n.m.* **1.** *(qui dure quarante ans)* lasting for forty years, of forty years. **2.** *(relatif à la quarantaine sanitaire)* quarantinable.

quarte *n.f.* quart.

quart *n.m.* **1.** quarter, fourth part. **2.** *Être de ~,* to be on watch. *Officier de ~,* officer of the watch, officer on duty. *~ de jour,* day shift. *~ de nuit,* night shift.

quartier *n.m.* **1.** *(portion de quelque chose divisé en quatre)* quarter, fourth part. **2.** *(part)* part, portion. **3.** *(partie d'une ville)* district, neighbourhood, quarter, ward. *~ des affaires,* business district, *(U.S.)* downtown. *~ général,* headquarters. **4.** *Ne pas faire de ~,* to spare nobody.

quartier-maître *n.m.* *(Mar.)* quartermaster, leading seaman.

quart-monde *n.m.* **1.** *(Pays les moins avancés parmi les pays en voie de développement)* Fourth World. **2.** inner cities poor ; the homeless and jobless.

quartz *n.m.* rock crystal, quartz. *Horloge à ~,* crystal clock ; *montre à ~,* quartz watch.

quasi *adv.* **1.** *(+ adj.)* quasi, almost. **2.** *(+ nom)* a sort of, quasi.

quasi-contrat *n.m.* *(Jur.)* quasi contract, implied contract, virtual contract.

quaternaire *adj.* quaternary.

quatre, four. *Couper les cheveux en ~,* to split hairs. *Se mettre en ~,* to do one's utmost, to go out of one's way, to lean/bend over backwards.

quatre-mâts *n.m.* four-masted (ship).

quatre-saisons, *Marchand des ~,* fruit and vegetable stallholder, barrow boy.

quelconque *adj.* **1.** ordinary, commonplace ; indifferent, poor. **2.** *(= n'importe lequel)* any. *Sous un prétexte ~,* under any pretext.

quémander *v.* to beg (for), to solicit.

qu'en-dira-t-on *loc.* gossip, tittle tattle. *Se moquer du ~,* not to care what people say.

querelle *n.f.* *(contestation, différend)* dispute, quarrel, altercation, row, feud.

question *n.f.* **1.** *(interrogation)* question, query. **2.** *(sujet, problème)* question, matter, point, problem ; issue. *Poser la ~ de confiance,* to ask for a vote of confidence. *~ à l'ordre du jour,* item on the agenda. **3.** *mettre en ~,* to question, to challenge ; to doubt.

questionnaire *n.m.* list, set of questions ; questionnaire ; *(= feuille à remplir)* form. *~ à choix multiple,* multiple choice questionnaire.

quête *n.f.* **1.** *(recherche)* quest, search. **2.** *(collecte)* collection. *Faire la ~,* to take up a collection.

quêter *v.* to take up a collection ; to collect. *~ des compliments,* to fish for compliments.

queue *n.f.* **1.** *(extrémité, prolongement)* tail. **2.** *(tige)* stem. **3.** *(file d'attente)* queue, file, *(U.S.)* line. *Faire la ~,* to queue (up), *(U.S.)* to wait in line, to stand in line ; to form a queue.

quidam *n.m.* *(individu)* individual, person, someone.

quille *n.f.* **1.** *(pièce d'un bateau)* keel. **2.** *(jeu)* skittle. **3.** *(fin du service militaire)* demob.

quincaillerie *n.f.* **1.** *(commerce, industrie)* hardware business ; *(magasin)* hardware shop. **2.** *(objets)* hardware, ironmongery.

quincailler *n.m.* ironmonger, hardware merchant.

quinconce *n.f.* arrangement in five, quincunx, staggered arrangement.

quinquennal, e *adj.* quinquennal. *Plan ~,* five-year plan.

quintal *n.m.* quintal (= 100 kg) ; *demi-~,* (approx.) hundredweight (cwt).

quintuple *adj.* fivefold, quintuple.

quintupler *v.* to increase fivefold, to multiply by five, to quintuple.

quinzaine *n.f.* **1.** *(trois fois cinq)* fifteen. **2.** *(deux semaines)* a fortnight, a couple of weeks. *~ commerciale,* (two-week) trade fair.

quinze *num.* **1.** *(adj.)* fifteen. **2.** *(aujourd'hui en ~)* today fortnight. **3.** *(nom)* ~ *du mois,* mid month.

quirat *n.m.* *(Jur.)* joint ownership, share (in a ship).

quirataire *n.m.* owner (of shares in a ship).

quittance *n.f.* discharge, receipt. *~ comptable,* accountable receipt. *~ double,* duplicate receipt. *~ finale, libératoire,* receipt in full discharge, receipt for the balance. *~ de loyer,* rent receipt.

quittancer *v.* to receipt.

quitte *adj.* **1.** *(libéré d'une obligation)* discharged (from), free, quit, rid (of). *Être ~ d'une dette,* to be out of debt, to have discharged a debt. *Être ~ avec,* to be quits with. *Tenir quelqu'un ~ de quelque chose,* to release someone from, to let someone off. **2.** *(Conj.)* ~ *à,* even if, even though, only to. *~ à perdre mon emploi,* even if I lose my job, even if it means losing my job. **3.** *Jouer à ~ ou double,* to play double or quits.

quitter *v.* **1.** *(se retirer)* to leave ; to quit ; *(un local)* to vacate (the premises). *~ les affaires,* to retire from business. *~ la partie,* to give up, to throw up the sponge. **2.** *(se séparer)* to part. *Ils se sont quittés bons amis,* they parted good friends. **3.** *(Tél.) Ne quittez pas !,*

Hold on ! Hold the line ! Hang on ! Don't ring off ! **4.** *~ son poste,* to leave/to quit/office, to step aside, to step down ; *(prendre sa retraite)* to retire ; *(démissionner)* to resign ; *(abandonner)* to abandon/to desert/one's post.

quitus *n.m.* **1.** *(Com.)* receipt in full. **2.** *(Jur.)* final discharge, full discharge. *Donner ~ à quelqu'un,* to give someone final discharge. *~ fiscal,* tax clearance.

qui-vive *n.m. Être sur le ~,* to be on the lookout, on the alert.

quoi *pron. rel.* what. **1.** *Ce à ~ nous nous opposons,* what we object to. **2.** *Avoir de ~ vivre,* to have enough to live on. *(Fam.) Ils ont de ~,* they are well off. **3.** *(Expr.) Il n'y a pas de ~,* don't mention it ; you're welcome. **4.** *~ qu'on fasse,* whatever you do.

quorum *n.m.* quorum. *Constituer un ~,* to form/to reach/to have/a quorum. *Le ~ n'est pas atteint,* the quorum is not present, we do not reach a quorum.

quota *n.m.* quota. *Fixer un ~,* to set a quota. *Fixation de ~(s),* quotafication.

quote-part *n.f.* contribution, portion, quota, share. *Payer sa ~,* to pay one's contribution/quota. *Rece-voir sa ~,* to receive one's share. *~ revenant à chacun,* quota falling to each.

quotidien, -ne *adj.* daily, everyday. *Gestion ~,* day-to-day management/running (of a firm, etc.). *Vie quotidienne,* everyday life.

quotidien *n.m.* daily (news)paper, daily.

quotidiennement *adv.* daily, every day.

quotidienneté *n.f.* everyday life ; everyday nature.

quotient *n.m.* **1.** *(Math.)* quotient, ratio. **2.** *(~ familial)* income tax relief system based on the number of dependants. **3.** *(Bourse = rapport)* ratio. **4.** *(Q.I.)* I.Q., intelligence quotient.

quotité *n.f.* amount, extent, proportion, quota, share.

R

rabais *n.m.* reduction, discount, rebate, allowance. *Accorder un ~,* to grant/to allow/a discount, a rebate. *Magasin de vente au ~,* discount store. *~ pour paiement comptant,* cash discount. *~ sur facture,* trade discount. *Vendre au ~,* to sell at a discount, at a reduced price.

rabaissement *n.m.* lowering.

rabaisser *v.* to lower, to reduce.

rabatteur *n.m.* *(chasseur de têtes)* talent scout ; *(démarcheur, placier)* tout.

rabattre *v.* to reduce, to diminish, to lessen, to knock off (price).

raccrocher *v.* *(téléphone)* to ring off, to hang up.

rachat *n.m.* **1.** buying back, buy-back ; buy-out ; repurchase ; *(d'entreprise)* take-over ; buy-out. *~ de l'entreprise par ses cadres,* management buy-out ; *~ de l'entreprise par ses salariés,* employee buy-out. **2.** *(titres, rentes)* redemption. *Avec faculté de ~,* with option of purchase, of redemption. *~ d'une entreprise,* buyout. *~ d'une obligation,* redemption of a bond. **3.** *(assurances)* surrender. *Valeur de ~,* surrender value.

rachetable *adj.* *(dette, etc.)* repurchasable, redeemable.

racheter *v.* **1.** to buy back, to repurchase ; to buy again. **2.** *(entreprise)* to buy out ; to take over. **3.** *(dette, etc.)* to redeem. **4.** *(assur.)* to surrender.

racoler *v.* **1.** *(personnel)* to lure away, to hire away, to poach (for). **2.** *(clientèle)* to tout for.

radiation *n.f.* striking off. **1.** *(d'une liste, etc.)* striking out, crossing out. **2.** *(titulaires, fonctionnaires)* dismissal. *(du barreau)* disbarment, disbarring. **3.** *~ d'une inscription hypothécaire,* entry of a satisfaction of mortgage. **4.** *(nucléaire)* radiation.

radier *v.* *(registre, liste)* to strike out, to cross out, to delete. **2.** *(fonctionnaire)* to dismiss. *(du barreau)* to disbar. **3.** *~ une inscription hypothécaire par une mention sur le registre,* to enter a memorandum of satisfaction of mortgage on the register.

radio *n.f.* radio. *A la ~,* on the radio ; *poste de ~,* radio, radio-set.

radiophonique *adj.* radio, broadcast (ing). *Émission ~,* a broadcast, a radio program(me).

radiodiffuser *v.* to broadcast, to air.

radiodiffusion *n.f.* broadcasting.

radio-messagerie *n.f.* paging.

radoub *n.m.* repair, refitting, graving. *Bassin de ~,* dry dock, graving dock. *Navire en ~,* ship under repair, in dry dock.

raffermir *v.* *(prix)* to steady ; to harden.

raffermir (se) *v.* to harden, to steady, to firm up. *Les prix se raffermissent,* prices are firming up.

raffermissement *n.m.* hardening, steadying, firming-up, strengthening, improvement.

raffinage *n.m.* refining.

raffiner *v.* to refine.

raffinerie *n.f.* refinery. *~ de pétrole,* oil refinery.

rafler *v.* to buy up, to sweep off.

rail *n.m.* **1.** rail. *Les rails,* the rails, the track(s). *Quitter les ~s,* to leave the rails/the track, to go off the rails/the track. *Sur les ~s,* on track. *Remettre sur les ~s,* to put/get back on track. **2.** railway(s), (U.S.) railroad ; rail transport ; *(la) route et (le) rail,* road and rail.

raison *n.f.* **1.** reason, motive, ground, cause. **2.** *~ sociale,* corporate name, firm's name, trade name, style. **3.** *à ~ de,* at the rate of, in the proportion of, at the price of. *En ~ de,* owing to, on account of, due to.

raisonnable *adj.* reasonable, moderate. *A des prix ~s,* at moderate prices/charges.

rajeunir *v.* **1.** *(personnel, cadres)*

to inject new blood into ; to prune corporate deadwood. 2. *(entreprise, structures)* to renovate, to revamp, to modernize, to rejuvenate.

rajustement *n.m.* readjustment, adjustment.

rajuster *v.* to (re)adjust.

ralenti *n.m.* 1. *(cinéma)* slow motion, instant replay. 2. *Marcher au ~,* to go slow.

ralentir *v.* to slow down, to slacken.

ralentir (se) *v.* to slow down, to slacken, to decelerate.

ralentissement *n.m.* slowing down, slackening, slowdown, slack. *~ des affaires,* business slowdown.

rallonge *n.f.* additional payment. *~ budgétaire,* supplementary estimates.

rallonger *v.* to lengthen, to extend.

ramassage *n.m.* gathering, collecting, collection, pick-up. *Zone de ~,* catchment area.

rame *n.f.* 1. *(papier)* ream. 2. *(rail)* train.

ramener *v.* to lower, to reduce, to bring down.

ramification *n.f.* branching, ramification.

ramifier (se) *v.* to branch out, to divide.

rançon *n.f.* ransom. *(sens large)* price (paid for), penalty (of).

rançonner *v.* to ransom.

rang *n.m.* rank, ranking. *De premier ~,* first class, first rate. *Hypothèque de premier ~,* first mortgage. *Prendre ~,* to rank (among). *~ d'une dette,* rank of a debt.

ranimer *v.* to revive. *~ l'inflation,* to refuel/rekindle/revive inflation.

rapatrier *v.* to repatriate.

rapatriement *n.m.* repatriation.

rapetisser *v.* to shrink, to dwindle.

rapide *n.m.* express train, fast train.

rapide *adj.* quick ; fast ; prompt ; rapid ; *(superficiel)* cursory. *Une*

réponse ~ nous obligerait, a prompt answer would oblige us. *Livraisons ~s,* express deliveries.

rappel *n.m.* 1. reminder *(fin.).* *Lettre de ~,* (letter of) reminder, collection letter, *(U.S.)* dunning letter. *~ de compte,* reminder of account. *~ d'échéance,* reminder of due date. 2. *(retrait)* recall. 3. *~ de salaire,* back pay. 4. *~ à l'ordre,* call to order ; reminder.

rappeler *v.* 1. *(tél.)* to call back ; to call again. 2. *(faire revenir)* to recall. 3. *(un produit défectueux, voiture, etc.)* to recall. 4. *(un décret)* to repeal. 5. *(évoquer)* to conjure up ; to remind someone of something. 6. *se rappeler,* to remember. 7. *(ne pas oublier)* not to forget. 8. *~ quelque chose à quelqu'un,* a) *(futur)* to remind someone to do something, b) *(passé)* to remind someone of something. 9. *~ à l'ordre,* to call to order.

rapport *n.m.* 1. *(compte rendu)* report. *Présenter un ~,* to submit a report. *~ d'expertise,* survey report. 2. *(rendement)* return, yield, income, profit. *Immeuble de ~,* block of flats. *~ d'un capital,* yield of capital, return on capital. 3. relation, connection. *Être en ~ avec,* to be in relation with, to be in touch with. 4. ratio. *(Bourse)* ~ *cours-bénéfice,* price-earnings ratio.

rapporter *v.* 1. to yield, to bear ; to bring in, to produce ; to be profitable, to yield an income. *~ des intérêts,* to bear/to yield/to carry/to earn interests. 2. *(Compt.)* to post. *~ une écriture,* to post an entry. 3. *(Jur.)* *(décret)* to repeal, to rescind. 4. *(Ordre de grève)* to call off.

rapporteur *n.m.* reporter ; recorder ; *(Pol.)* *(commission)* chairman ; *(chef de parti)* floor leader.

rapprochement *n.m.* *(Compt.)* reconciliation ; *état de ~,* reconciliation statement. *(Polit.)* rapprochement.

rapprocher (se... de...) *v.* to approach, to contact, to get in touch with ; to get closer (to…) ; to consider joint-operations (with…), to form an alliance (with…).

rare *adj.* scarce, rare. *L'argent est ~*, money is scarce.

raréfaction *n.f.* rarefaction, scarcity.

raréfier (se) *v.* to become scarce, to grow scarce ; to dwindle.

rassortiment *n.m.* restocking, new stock.

rassortir *v.* to restock.

rater *v.* to fail, to flop ; to backfire.

ratio *n.m.* ratio. *~(s) de capitalisation*, capitalization ratio(s). *~ cours-bénéfice*, price-earnings ratio (P/E ratio). *~ de liquidités*, cash ratio, liquidity ratio. *~ d'exploitation*, operating ratio. *~ de fonds de roulement*, working capital ratio. *~ de rentabilité*, return on investment. *~ de trésorerie*, current ratio.

ratifier *v.* to ratify ; to confirm ; *(décision)* to approve.

ration *n.f.* ration.

rationalisation *n.f.* rationalization. *~ des choix budgétaires*, planning programming budgeting system (P.P.B.S.).

rationaliser *v.* to rationalize.

rationnel, le *adj.* rational.

rationner *v.* to ration.

rationnement *n.m.* rationing.

rattachement *n.m.* **1.** linking up, link-up, connection, connecting, binding. **2.** *(d'une société à une autre)* tie-up. **3.** *(comptab., prise en compte simultanée des produits et charges résultant des mêmes transactions)* matching.

rattacher *v.* to link up, to tie up, to connect (à, with). *Vous serez rattaché(e) au Directeur Général,* you will report direct to the General Manager.

rattrapage *n.m.* catch-up, catching-up. *(salaires) Clause de ~*, escalator clause. *Effet de ~*, catch-up effect. *~ de la demande*, catch-up demand.

rattraper *v.* to catch up (with). *~ le retard*, to catch up with the delay.

rature *n.f.* erasure, deletion. *Faire une ~*, to erase, to cross out, to delete (a word).

raturer *v.* to erase, to delete, to cross out.

ravitaillement *n.m.* supply, supplying.

ravitailler *v.* to supply. *~ quelqu'un (en)*, to supply somebody (with).

raviver *v.* to revive. *~ l'inflation*, to revive/refuel/rekindle inflation.

rayer *v.* to strike out, to cross out. *~ les mentions inutiles*, delete as appropriate. *~ un nom de la liste*, to strike a name off the list.

rayon *n.m.* **1.** *(dans un grand magasin)* department. **2.** *(supermarché, etc.)* counter. *Chef de ~*, buyer, supervisor. *~ des soldes*, sales counter, *(U.S.)* bargain basement/counter. **3.** *~ d'action*, range ; radius.

rayonnage *n.m.* shelves ; shelf-space.

rayonnement *n.m.* dissemination, spread, range.

rayonner *v.* to radiate, to spread (out).

RCE, rendement des capitaux engagés, return on capital employed, ROCE.

RCP, rendement des capitaux propres, return on equity, ROE.

RDA, rendement de l'actif, return on assets, ROA.

RDI, rendement de l'investissement, return on invested capital (ROIC) / return on investment, ROI.

réacheminer *v.* to reroute, to redirect.

réactiver *v.* to reactivate.

réaction *n.f.* **1.** reaction, response. *~ de l'acheteur*, buyer response. *Temps de ~*, response time. **2.** *Avion à ~*, jet (plane).

réactualisation *n.f.* updating ; update.

réactualiser *v.* to update.

réadaptation *n.f.* readaptation, readjustment ; *(rééducation)* rehabilitation.

réadapter v. to readapt, to readjust, to rehabilitate.

réaffectation n.f. 1. (personnel) reassignment, redeployment. 2. (matériel, fonds) reallocation, reapportionment.

réajustement n.m. readjustment, adjustment. ~ monétaire, monetary adjustment.

réajuster v. to readjust, to adjust.

réalisation n.m. 1. realization, carrying out, working out ; achievement. Une belle ~ technique, a fine technical achievement. 2. La ~ des actions, the sale of (the) shares.

réalisateur, trice n.m.f. 1. realizer, seller. 2. director ; film maker, producer.

réalisable adj. realizable ; feasible. Actif ~, current assets.

réaliser v. 1. (projet) to realize, to carry out, to work out. 2. (Fin.) to realize, to sell out. ~ un bénéfice, to make a profit.

réaliser (se) v. to materialize.

réaménagement n.m. 1. rearrangement ; reorganization. 2. (monétaire, etc.) readjustment, realignment. 3. (d'une dette) rescheduling.

réaménager v. 1. to reorganize, to rearrange. 2. (les parités monétaires) to realign, to readjust. 3. (une dette) to reschedule.

réapprovisionnement n.m. resupply(ing). (Stocks) replenishing, rebuilding. (Compte) crediting.

réapprovisionner v. to resupply. (Stocks) to replenish, to rebuild ; to restock. (Compte) to restore the credit balance, to credit, to replenish.

réassortiment n.m. voir rassortiment.

réassortir v. voir rassortir.

réassurance n.f. reinsurance ; underwriting.

réassurer v. to reinsure ; to underwrite.

réassureur n.m. reinsurer ; underwriter.

rebâtir v. to rebuild.

reboisement n.m. reafforestation, reforestation.

reboiser v. to (re)afforest.

rebond n. rebound.

rebondir v. to rebound ; to bounce back.

rebut n.m. 1. (postes) dead letter. Bureau des ~s, dead letter office. 2. (industrie) reject(s). Marchandise(s) au ~, trash. Mettre au ~, to scrap, to reject. Taux de ~, rejection rate.

recapitalisation n.f. recapitalization.

recapitaliser v. to recapitalize.

récapitulatif, ve adj. recapitulative.

récapitulatif n.m. summary, recap.

récapitulation n.f. summary, summing-up, recap(itulation).

récapituler v. to recapitulate, to recap, to sum up ; to review.

recéder v. to sell back.

recel n.m. 1. (d'objets) receiving and concealing, (fam.) fencing. 2. (de criminels) hiding.

receleur n.m. receiver of stolen goods, (fam.) fence.

recensement n.m. 1. (population) census. 2. (marchandises) inventory, checking off, stocktaking. 3. (comptage) counting, tally.

recenser v. 1. to take a census of (population). 2. (marchandises) to inventory, to check. 3. to count, to number.

recentrage n.m. refocu(s)sing.

recentrer v. to refocus.

recentrer (se) v. to refocus (sur, on).

récépissé n.m. receipt, acknowledg(e)ment. ~ de bord, mate's receipt. ~ -warrant, warrant.

réception n.f. 1. receipt. Accusé de ~, acknowledg(e)ment of receipt ; notice of delivery. A la ~ de, on receipt of. Accuser ~ de, to acknowledge receipt of. 2. (hôtel) reception, (fam.) desk. Adressez-vous à la ~, apply at, inquire at (the) reception (desk). 3. welcome, greeting. 4. reception, (formal) party.

réceptionnaire n.m.f. consignee, receiver, recipient.

réceptionner v. (*marchandises*) to check and take over/sign for ; to take delivery of.

réceptionniste n.m.f. receptionist.

réceptivité n.f. acceptance, receptiveness, responsiveness. (*Radio*) reception.

récession n.f. recession. *De ~*, recessionary. *Entrer en ~*, to go into recession.

recette n.f. **1.** (*rentrée d'argent*) receipt(s), return(s), earnings, revenue(s). *Dépenses et ~s*, expenses and receipts. *Faire une ~ brute de*, to gross. **2.** (*~s d'un magasin*) takings. *~ journalière*, daily takings. (*d'un match, d'un spectacle*) gate receipts, gate money. **3.** (*recouvrement*) collection. *Garçon de ~*, collection clerk. **4.** (*bureau de recouvrement*) collector's office, receiver's office. **5.** (*de cuisine*) recipe. *~ miracle*, instant recipe.

recettes publicitaires, advertising revenue.

recevabilité n.f. (*Jur.*) admissibility.

recevable adj. (*Jur.*) admissible, receivable, acceptable.

receveur, euse n.m.f. collector, receiver. *~ d'autobus*, bus conductor. *~ des contributions directes*, tax-collector. *~ des postes*, postmaster.

recevoir v. **1.** to receive ; (*argent, impôts*) to collect. *Comptes à ~*, accounts receivable. *Effets à ~*, bills receivable, receivables. *Nous avons bien reçu*, we have duly received. **2.** to welcome ; to entertain ; to host.

rechange n.m. **1.** (*Fin.*) re-exchange. **2.** (*pièces de ~*), spare parts, spares. **3.** (*recharge*) refill.

réchauffement n.m. warming up.

réchauffement de la planète, global warming.

recherche n.f. research, research and development, R & D. (*Inform.*) retrieval. *~ de motivation*, motivation(al) research. *Personne en ~ d'emploi*, job-seeker. *~ d'emploi*, job-seeking, job hunting. *~ documentaire*, desk research ; information retrieval. *~ opérationnelle*, operations research/operational research. *~ sur le terrain*, field work. *Service de la ~*, research department, Research and Development Department, R & D department. *Travail de ~*, research work, research project.

rechercher v. to look for, to seek ; (*informations*) to retrieve. *Être très recherché*, to be in great/demand/request. *~ des débouchés*, to seek outlets.

rechute n.f. relapse ; set-back.

récidive n.f. (*Jur.*) second offence ; recidivism.

récidiver v. to commit a second offence, to re-offend ; to reappear, to recur.

récidiviste n.m.f. habitual criminal, old offender, second offender, repeat offender, recidivist.

récipient n.m. container ; vessel.

réciprocité n.f. reciprocity. *Accord de ~*, reciprocity agreement.

réciproque adj. reciprocal, mutual.

réclamant adj. claimant, complainant.

réclamation n.f. claim, complaint. *Bureau, service des ~s*, claims department, complaint department. *Faire, formuler une ~*, to claim, to complain, to make a claim/a complaint, to lodge/(*U.S.*) to file a claim/a complaint. *Faire droit à une ~*, to entertain a claim, to allow a claim. *Rejeter une ~*, to disallow a claim.

réclame n.f. (*G.B.*) advertising, advertisement, ad, advert. *En ~*, (on) special offer ; promotion sale. *Faire de la ~*, (*U.S.*) to advertise, to boost. *~ lumineuse*, neon sign.

réclamer v. to claim. *~ des dommages-intérêts*, to claim damages. *~ le paiement*, to demand payment. *~ une augmentation de salaire*, to demand a salary increase.

reclassement *n.m.* **1.** re-classification. **2.** *(personnel)* redeployment/resettlement ; reassignment.

reclasser *v.* **1.** to classify, to reclassify. **2.** *(employés, etc.)*, to redeploy/to resettle ; to reassign.

réclusion *n.f.* *(Jur.)* solitary confinement.

récolement *n.m.* checking, verification.

récoler *v.* to check, to verify.

récoltant *adj.* *Propriétaire ~,* grower.

récolte *n.f.* crop, harvest. *~ record,* bumper crop. *~ sur pied,* standing crop.

récolter *v.* to harvest, to gather, to reap. *~ un gros bénéfice,* to reap a substantial profit.

recommandation *n.f.* recommendation, *(P.T.T.)* registration, registry.

recommander *v.* **1.** *(quelqu'un)* to recommend. **2.** *(poste)* to register. *Lettre recommandée,* registered letter. *Sous pli recommandé,* under registered cover. **3.** *(conseiller)* to advise, to recommend.

récompense *n.f.* reward, award.

récompenser *v.* to reward, to recompense.

recompter *v.* to recount.

reconditionnement *n.m.* repackaging.

recondtionner *v.* to repackage.

reconductible *adj.* renewable.

reconduction *n.f.* renewal. *~ tacite,* renewal by tacit agreement.

reconduire *v.* **1.** to renew. *~ un bail,* to renew a lease. **2.** *(quelqu'un)* to show someone out. **3.** *(quelqu'un dans ses fonctions)* to reconfirm, to maintain in office. *~ un bureau,* to reelect a board, a committee.

reconfiguration *n.f.* re-engineering.

reconfigurer *v.* to re-engineer ; to revamp ; to remodel ; to restructure.

reconnaissance *n.f.* acknowledg(e)ment, recognition. *~ de dette,* acknowledg(e)ment of a debt, I.O.U. (= I owe you, *je vous dois*).

reconnaissant, e *adj.* thankful, grateful. *Je vous serais ~ de bien vouloir...,* I should be grateful if you would…

reconquérir *v.* to reconquer, to recapture, to regain, to win back.

reconquête *n.f.* reconquest. *(clientèle, marché)* winback, winning back.

reconstituer *v.* to rebuild ; to restore ; to reconstitute. *(réserves)* to build up again ; *(stocks)* to replenish.

reconstitution *n.f.* reconstitution ; *(crédit)* reconstitution ; *(stocks)* replenishment ; restocking. *Provision pour reconstitution de gisement,* depletion reserve.

reconstruction *n.f.* rebuilding, reconstruction.

reconstruire *v.* to rebuild, to reconstruct.

reconventionnel, le *adj.* reconventional. *Demande ~ le,* counter-claim.

reconversion *n.f.* reconversion ; *(personnel)* retraining ; redeployment. *Programme de ~,* retraining program. *~ industrielle,* industrial redeployment.

reconvertir *v.* *(personnel)* to retrain ; to redeploy.

reconvertir (se) *v.* *(personnel)* to retrain. *(Entreprise)* to convert.

record *n.m.* record ; *(sommet)* peak, high ; *(baisse)* low. *Baisse ~,* all-time low. *Chiffre ~,* all-time figure. *Chômage record,* record unemployment, record-high unemployment. *Cours ~,* record price.

recoupement *n.m.* cross-checking.

recouper *v.* to check, to cross-check, to tally with.

recourir à *v.* to have recourse to, to resort to, to call upon.

recours *n.m.* recourse, resort, redress. *En dernier ~,* as a last resort. *~ à l'arbitrage,* appeal to arbitration. *~ contre des tiers,* recourse against third parties. *Un ~,* a means of redress. *~ en justice,* appeal (to the court). *Introduire un* *recours,* to appeal, to make an appeal. ~ *gracieux,* (submission for an) out-of-court settlement. *(Mar.)* ~ *sur la cargaison,* lien on the cargo.

recouvrable *adj.* **1.** *(argent)* recoverable. **2.** *(dette, etc.)* collectable, collectible.

recouvrement *n.m.* *(dette, facture)* recovery, collection. *Frais de* ~, collection/collecting charges. ~ *de créance,* collection of debt.

recouvrer *v.* to collect, to recover. *Créances à* ~, outstanding debts.

recrudescence *n.f.* fresh outbreak, multiplication.

recrue *n.f.* recruit.

recruteur *n.m.* recruiter, *(chasseur de tête)* head-hunter.

recrutement *n.m.* recruiting, recruitment, hiring, engagement.

recruter *v.* to hire, to engage, to sign (somebody) on.

rectifier *v.* to rectify ; *(prix, erreur)* to correct, to put right.

rectificatif *n.m.* correction, adjustment, amendment ; corrective statement.

rectificatif, -ive *adj.* rectifying, correcting ; amended.

rectification *n.f.* correction, adjustment, rectification.

recto *n.m.* **1.** recto. **2.** *(document)* face. *Au* ~ *du chèque,* on the face of the cheque.

reçu *n.m.* receipt. *Au* ~ *de,* on receipt of. ~ *de bord,* mate's receipt.

recul *n.m.* decrease, decline, drop ; setback ; downturn.

reculer *v.* to fall back, to decline, to drop, to recede ; *(foule, etc.)* to move back ; *(véhicule)* to back, to reverse ; *(= céder)* to back off ; *(= retarder)* to put off, to postpone. ~ *les dates de livraison,* to push back delivery dates.

récupérable *adj.* **1.** *(dette, etc.)* recoverable. **2.** *(marchandises)* salvageable.

récupération *n.f.* **1.** *(dette, etc.)* recovery. ~ *des frais,* recovery of expenses. **2.** *(perte)* recoupment. **3.** *(marchandises)* salvage. **4.** *(des terres)* reclaiming, reclamation. **5.** *(de la TVA)* reclaiming. **6.** *(de jours de travail)* making it up, making the time up, compensation.

récupérer *v.* **1.** *(dette)* to recover. **2.** *(marchandises)* to salvage. **3.** *(perte)* to retrieve, to recoup. ~ *des pertes,* to retrieve/to recoup/ one' losses. **4.** *(des terres, la T.V.A., etc.)* to reclaim. **5.** *(des jours de travail)* to make it up, to make the time up.

récursoire *adj.* *Engager une action* ~, to seek redress.

récusation *n.f.* *(témoin, arbitre)* exception (to), objection (to) ; *(d'un juge)* recusation, (U.S.) recusal.

récuser *v.* to take exception to, to object to, to reject. *(Un témoin, un juré, etc.)* to challenge. *(Un témoignage, etc.)* to challenge, to impugn ; to contest.

recyclage *n.m.* **1.** *(personnel)* retraining, redeployment. *Cours de* ~, refresher course. **2.** *(matériaux)* recycling.

recycler *v.* **1.** *(personne)* to retrain ; *(personnel)* to redeploy. **2.** *(matériaux)* to recycle.

rédacteur *n.m.* writer, drafter. ~ *en chef,* (chief-)editor. ~ *publicitaire,* copywriter. *(Banque, assur., etc.)* senior clerk, employee in charge of the drawing up of contracts, deeds, etc.

rédaction *n.f.* **1.** *(document)* wording, drafting. **2.** *(acte)* drawing-up. **3.** *(journal)* editorial staff, *(U.S.)* the desk.

rédactionnel, le *adj.* editorial. *Contenu* ~, editorial content. *Publicité* ~ *le,* editorial advertising. *Texte* ~, editorial matter.

reddition *n.f.* *(des comptes)* reporting ; rendering.

redémarrage *n.m.* **1.** *(économie)* recovery, rally. **2.** *(d'une activité, de négociations)* resumption ; reopening. **3.** *(inform.)* restart.

redémarrer *v.* **1.** *(éco.)* to recover, to rally. **2.** *(activité, négociations)* to resume ; to reopen.

rédemption *n.f.* (*dette, obligation*) redemption, redeeming.

redéploiement *n.m.* redeployment ; (*dette*) rescheduling.

redéployer *v.* to redeploy ; (*dette*) to reschedule.

redescendre *v.* to come/to go/down again, (*prix, taux, etc.*) to fall again, to fall back.

redevable *adj.* indebted, liable. *Je vous suis ~ de cette adresse,* I am indebted to you for this address. (*Être ~ = devoir*). *Je vous suis ~ de 100 £,* I owe you £ 100.

redevance *n.f.* **1.** rent, rental ; fee. **2.** (*mines, pétrole, brevet*) royalty (-ies). **3.** licence, tax. ~ *radio et télévision,* radio TV licence.

rédhibition *n.f.* redhibition, annulment.

rédhibitoire *adj.* redhibitory. *Vice ~,* latent defect.

rediffuser *v.* (TV) to rebroadcast, to rerun.

rediffusion *n.f.* (TV) rebroadcasting.

rédiger *v.* **1.** (*lettre, document*) to write, to word, to draft. **2.** (*un acte, contrat*) to draw up. **3.** (*chèque, facture*) to make out.

redistribuer *v.* **1.** to redistribute, to reallocate. **2.** (*ressources, personnel*) to redeploy.

redistribution *n.f.* redistribution, reallocation ; (*ressources, personnel*) redeployment.

rediscuter *v.* to rediscuss.

redressement *n.m.* **1.** rectification, amendment, adjustment. *Écriture de ~,* correcting entry. ~ *fiscal,* order to pay tax arrears, settlement of tax arrears (plus interest and penalty if the taxpayer did not act in good faith). **2.** recovery, upswing, upturn. **3.** (*d'une entreprise*) turnaround, turning around.

redressement judiciaire, legal bailout/bailing out (of a failing company). *cf.* Filing under Chapter 11 (U.S.), reorganization by a bankruptcy court.

redresser *v.* **1.** to rectify, to correct. **2.** (*compta.*) to adjust. ~ *un compte,* to adjust an account. **3.** (*impôts*) to order payment of arrears. **4.** ~ *une entreprise,* to turn a firm around.

redresser (se) *v.* to look up ; (*économie, entreprise*) to recover, to turn around.

redresseur *n.m.* (*de société*) refloater.

réduction *n.f.* reduction, cut (ting) down, cut, cutback, discount, lowering. ~ *d'impôts,* tax cut. ~ *de prix,* price cut, markdown (*U.S.*). ~ *des horaires de travail,* short time. ~ *de la semaine de travail,* shorter work(ing) week. *Plan de ~ du personnel,* redundancy plan.

réduire *v.* to reduce, to cut down, to curtail, to lower, to decrease, to slice, to slice off. ~ *considérablement les prix,* to slash prices. ~ *le déficit budgétaire,* to trim the budget deficit. ~ *le personnel,* to lay off, to cut the payroll. ~ *un écart,* to narrow a gap.

rééchelonnement *n.m.* (*dette*) rescheduling.

rééchelonner *v.* (*dette*) to reschedule.

rééducation *n.f.* **1.** (*recyclage*) retraining. **2.** rehabilitation. ~ *des victimes d'accidents du travail,* rehabilitation of the incapacitated.

réélection *n.f.* re-election.

rééligible *adj.* re-eligible, eligible for reelection.

réélire *v.* to re-elect.

réemploi *n.m.* **1.** re-use. **2.** rehiring, re-employment. **3.** (*fonds*) reinvestment.

réemployer *v.* **1.** to re-use. **2.** to re-employ, to re-hire ; to employ again. **3.** (*fonds*) to reinvest.

réemprunter *v.* to borrow again, to apply for a new loan.

rééquilibrage *n.f.* readjustment, readjusting, restoration of balance.

rééquilibre *n.m.* restoration of balance.

rééquilibrer *v.* to restore the balance of.

réescompte *n.m.* rediscount.

réescompter *v.* to rediscount.

réévaluer v. **1.** (devise) to revalue. **2.** (devis, prévisions) to revise upward.

réévaluation n.f. revaluation.

réexpédier v. (courrier) to forward, to redirect ; (marchandises) to reship.

réexpédition n.f. (courrier) forwarding, redirection ; (marchandises) reshipment.

réexportation n.f. re-export (ation).

réexporter v. to re-export.

réfaction n.f. allowance, rebate, reduction.

refacturation n.f. re-invoicing ; charging back.

refacturer v. to re-invoice ; to charge back.

refaire (se) v. to retrieve one's losses, to recoup oneself.

réfection n.f. repair(ing), restoration.

référé n.m. summary procedure.

référence n.f. **1.** reference. ~ commerciale, trade references. En ~ à, with reference to ; referring to ; (objet d'une lettre) Re. En ~ à votre demande, Re your inquiry. **2.** (certificat, attestation) testimonial, recommendation. **3.** (critère) bench mark. Indice de ~, bench-mark index. Prix de ~, benchmark price.

référencé, e adj. entered under a reference number.

référencer v. to reference, to provide a reference ; to list, to shortlist. Notre produit est référencé dans les supermarchés, our product is listed by supermarkets.

référer v. to refer, to report. En ~ au P.D.G., to report/to submit/the matter to the Chairman and Managing Director.

refinancement n.m. refinancing.

refinancer v. to refinance.

refluer v. to fall back.

refondre v. to reorganize. **1.** (organisation) to reshape, to redeploy ; to reshuffle ; (complètement) to overhaul. **2.** (traite) to recast. **3.** (monnaie) to recoin, to remint.

refonte n.f. reorganization, restructuring ; reshuffling ; overhaul.

réforme n.f. reform.

réformer 1. to reform. **2.** (matériel) to scrap. **3.** (un jugement) to reverse. **4.** (armée) to discharge as unfit.

refrain n.m. (musique) burden, chorus. ~ publicitaire, jingle.

refuge n.m. shelter, refuge ; haven ; (= cachette) hide-out. Valeurs ~, gilt-edged securities. Un ~ contre l'inflation, a hedge against inflation.

réfugié, e n.m.f. refugee.

refus n.m. refusal ; denial.

refus de vente, refusal to supply.

refuser v. to refuse ; to deny ; (une offre) to turn down. ~ de payer une traite, to dishonour a bill. ~ l'accès, to deny admission.

regagner v. to regain, to recover.

regain n.m. renewal, revival. Un ~ d'activité, a recovery.

regard n.m. Droit de ~, right of inspection.

régie n.f. **1.** excise. **2.** state control, state supervision ; state-run firm, state-controlled firm. En ~, under government/state/management. **3.** (Jur.) (propriétés) administration, stewardship.

régime n.m. **1.** system. ~ de faveur, preference (given, granted). ~ de retraite, pension/retirement plan, retirement/pension scheme, superannuation scheme). ~ maladie, health insurance (scheme). Le ~ vieillesse, the old-age pension scheme. **2.** (méd.) diet. **3.** (pol.) regime. **4.** (cours d'eau) rate of flow. **5.** (mécanique) speed ; running, operation. Aller/fonctionner/marcher à plein ~, to go at full speed, to operate to full capacity. Monter en ~, to rev up ; (économie etc.) to gather/pick up steam, to gain momentum. ~ de croisière, cruising speed.

région n.m. region, area, district. De la ~, local ; ~ cible, target area. ~ test, test area.

régional, le *adj.* regional, local. *Directeur ~,* district manager. *(ventes) Responsable ~,* area manager.

régionalisation *n.f.* regionalization ; devolution (of power to regions).

régir *v.* to run, to manage, to rule.

régisseur *n.m.* manager, agent ; *(propriété)* steward.

registre *n.m.* account book, register, record. *~ des délibérations, des procès-verbaux,* minute book. *~ de présence,* attendance sheet, time-sheet. *~ du commerce,* trade register, register of business names, *(G.B.)* (company) registrar.

réglable *adj.* **1.** payable. **2.** adjustable.

règle *n.f.* rule, regulation. *~ de sécurité,* safety rule. *Pour la bonne ~,* for order's sake. *Tout est en ~,* everything is in order. *Reçu en ~,* formal receipt. *En ~ générale,* as a (general) rule. *La ~ du jeu,* the rules of the game.

règlement *n.* **1.** regulation(s). *~s douaniers,* customs regulations. *~ intérieur,* rules and regulations, by-laws. **2.** *(compte, facture, conflit)* settlement. *Jour du ~,* settlement day, account day, settling day. *Pour ~ de tout compte,* in full settlement. *~ à l'amiable,* out-of-court settlement, amicable settlement. *~ mensuel,* monthly settlement. *~ par chèque,* payment by cheque. **3.** *(assur.)* adjustment. *~ d'avaries,* average adjustment. **4.** *~ judiciaire,* liquidation.

réglementaire *adj.* regular, regulatory, statutory. *L'environnement légal et ~,* the legal and regulatory provisions/framework/background. *Réserve ~,* statutory reserve. *Taille ~,* regulation size.

réglementairement *adv.* in the regular/prescribed/manner.

réglementation *n.f.* regulation(s), control. *~ des changes,* exchange controls.

réglementer *v.* to regulate, to make rules for.

règlement judiciaire, liquidation.

régler *v.* **1.** *(compte, problème)* to settle. *Réglé,* paid. *Non réglé,* outstanding, unpaid. *~ la note,* to pay the bill, to pick up the bill, *(fam.)* to pick up the tab ; to foot the bill. *~ un compte,* to settle an account. *~ une dette,* to pay off a debt. *~ une succession,* to settle an estate. **2.** *(assur.)* to adjust. *~ l'avarie,* to adjust the average.

regonfler *v.* **1.** to boost, to bolster, to reflate. **2.** *(stocks)* to rebuild, to replenish.

regorger *v.* to abound (in), to teem (with) ; to be glutted (with).

régresser *v.* **1.** to recede, to fall back, to drop, to decrease. **2.** to regress.

régressif, -ive *adj.* regressive. *Tarif ~,* tapering charge. *En ordre ~,* in a descending order.

régression *n.m.* regression, drop, decline.

regret *n.m.* regret. *Nous sommes au ~/avons le ~ de vous faire savoir que...,* we are sorry to let you know/inform you that…

regrettable *adj.* regrettable, unfortunate.

regretter *v.* to regret, to be sorry. *Le regretté M. X,* the late Mr X.

regroupement *n.m.* regrouping, consolidation.

regrouper *v.* to group (together), to bring together ; to regroup ; to unite, to combine, to pool.

régularisation *n.f.* regularization ; *(Fin.)* equalization. *Fonds de ~,* equalization fund. *Compte de ~ actifs,* prepayments and deferred charges.

régulariser *v.* to regularize ; *(Fin.)* to equalize.

régularité *n.f.* regularity ; stability ; steadiness ; reliability. *~ et sincérité des comptes,* true and fair view, fair presentation.

régulateur *adj.* regulating. *Stocks ~s,* buffer stocks.

régulation *n.f.* regulation,

management, control. ~ *de l'offre,* supply management. ~ *des naissances,* birth control.

réguler, *v.* to regulate.

régulier, ère *adj.* regular, steady, normal. *Marché* ~, steady market. *Quittance* ~*e,* proper receipt. *Services* ~ *s ; (transports)* scheduled services. *Ligne aérienne* ~*e,* scheduled airline.

régulièrement *adv.* **1.** regularly, duly, steadily ; at regular intervals. **2.** legally, lawfully.

réhabilitation *n.f.* rehabilitation ; *(d'un failli)* discharge.

réhabiliter *v.* to rehabilitate ; *(failli)* to discharge.

rehausser *v. (prix)* to raise, to increase.

réimportation *n.f.* reimport (ation).

réimporter *v.* to reimport.

réimposer *v.* to reimpose, to tax again.

réimposition *n.f.* reimposition.

réindustrialisation *n.f.* reindustrialization.

réindustrialiser *v.* to reindustrialize.

réinsérer *v.* **1.** *(document, etc.)* to reinsert. **2.** to rehabilitate, to reintegrate.

réinsérer (se) *v.* to rehabilitate oneself ; to reintegrate.

réinsertion *n.f. (sociale)* rehabilitation, reinsertion ; *(annonce)* repeat, rerun.

réinstallation *n.f. (personnel)* relocation. *Prime de* ~, relocation allowance. *(Équipement)* reinstallation.

réinstaller *v. (personnel, employés)* to relocate ; *(équipement)* to reinstall.

réintégration *n.f. (personnel, fonctionnaires)* reinstatement.

réintégrer *v.* **1.** *(personnel)* to reinstate. **2.** *(un groupe, l'atmosphère)* to re-enter.

réintroduction *n.f.* reintroduction.

réintroduire *v.* to reintroduce.

réinvestir *v.* to reinvest, to plough back, *(U.S.)* to plow back.

réinvestissement *n.m.* reinvestment, ploughing back, *(U.S.)* plowing back.

rejet *n.m.* **1.** rejection, disallowance. ~ *d'une réclamation,* disallowance of a claim. ~ *de pourvoi,* dismissal of an appeal. **2.** *(de produits polluants)* discharge, effluence, emission.

rejeter *v.* to reject ; *(réclamation)* to disallow ; *(offre, etc.)* to turn down ; to dismiss. **2.** *(de produits polluants)* to discharge.

relâche *n.f.* call, port of call. *Faire* ~ *à,* to call at. *(Cinéma, théâtre)* faire ~, to close, to be closed.

relâcher *v.* **1.** to call at. **2.** *(mesures)* to loosen, to relax, to slacken, to ease.

relâchement *n.m.* relaxation, slackening, easing.

relais *n.m.* relay. *Crédit* ~, stand-by credit. *Prendre le* ~ *(de),* to relay ; to take over from.

relance *n.f.* **1.** revival, boosting, stimulation ; reflation. **2.** *Mesures de* ~, pump-priming measures ; reflationary measures. **3.** follow(ing)-up. ~ *(après une campagne publicitaire),* follow-up. *Lettre de* ~, follow-up letter. **4.** *(lettre de rappel)* reminder.

relancer *v.* **1.** *(économie)* to revive, to rev up, to reflate ; to boost, to spur, to stimulate, to revitalize. ~ *l'inflation,* to refuel/ spur/rekindle inflation. *(moteur)* to restart. **2.** *(clientèle)* to follow up. **3.** *(débiteur)* to send out a reminder ; to dun. **4.** *(lancer à nouveau)* to relaunch.

relatif, -ive *adj.* **1.** relative. **2.** ~ *à,* relating to, with regard to.

relation *n.f.* relation ; acquaintance. ~ *d'affaires,* business connection. ~*s avec la clientèle,* customer relations. ~*s publiques,* public relations (P.R.). *Chargé/responsable/des* ~ *s publiques,* public relations officer (P.R.O.). ~*s humaines, sociales (dans l'entreprise),* industrial relations, employer-employee relations.

relation clients, customer relationship. *Gestion de la ~,* customer relationship management.

relationnel, -le *adj.* **1.** relational. **2.** interpersonal. *Sens ~, qualités ~s,* interpersonal skills.

relayer *v.* to relay ; to take over from.

relaxe *n.f.* release ; discharge.

relaxer *v.* to release ; to discharge.

relaxer (se) *v.* to relax.

relevé *n.m.* statement, return. *~ bancaire,* bank statement. *~ de compte,* statement of account. *~ des ventes,* sales report. *~ d'identité bancaire,* bank details.

relèvement *n.m.* raising, increase, rise. *~ de l'impôt,* tax raise/increase. *~ des salaires,* salary increase/rise/(U.S.) hike ; wage increase/rise/(U.S.) hike.

relever *v.* **1.** *(prix, etc.)* to raise, to increase ; *(fam.)* to jack-up. **2.** *(erreur, etc.)* to note, to notice, to find out. **3.** *(un niveau)* to improve, to upgrade, to raise (standards). *Ce candidat relève le niveau,* this candidate stands out (from the lot). **4.** *(l'économie, etc.)* to revive, to restore, to rebuild. **5.** *(destituer)* to relieve somebody of his/her office/duties, to dismiss. **6.** *~ de,* to proceed from. *~ de quelqu'un,* to be responsible to, to be answerable to, to report to. *~ de quelque chose,* to be dependent on. *Cela relève de l'article 1,* it comes under article 1. *~ d'une juridiction,* to fall/to be/within a jurisdiction. **7.** *~ un défi,* to meet a challenge. **8.** *(un numéro, etc.)* to take down, to record, to note. **9.** *(un compteur)* to read.

relever (se) *v.* to recover ; to rally.

relier *v.* to link, to connect ; to interconnect. *(reliure)* to bind.

reliquat *n.m.* remainder. *~ de caisse,* remaining cash. *~ d'un compte,* balance of an account.

relogement *n.m.* rehousing. *Indemnité de ~,* rehousing/relocation allowance.

reloger *v.* to rehouse, to relocate.

remaniement *n.m.* **1.** change, alteration, modification. **2.** *(personnel, etc.)* reshuffle, shake-up.

remanier *v.* **1.** to alter, to modify. **2.** *(état-major, etc.)* to reshuffle, to shake up.

remarque *n.f.* observation, remark. *Faire une ~,* to make a remark, an observation, to remark. « *Des ~s (à faire) ?* », « Any comments ? ».

remarquer *v.* to observe, to remark, to notice.

remboursable *adj.* repayable, refundable ; *(obligations)* redeemable, *(U.S.)* callable.

rembours = remboursement *n.m.* *(commerce, douanes)* drawback.

remboursement *n.m.* repayment, refund(ing) ; reimbursement ; redemption. *Envoi contre ~,* cash on delivery (C.O.D.). *~ d'une dette,* repayment of a debt. *~ des arrhes,* refund of deposit. *~ d'obligations,* redemption of bonds. *Garantie de ~ intégral,* full-refund guarantee.

rembourser *v.* to repay, to pay off, to pay back ; *(des frais professionnels, etc.)* to reimburse ; *(restituer l'argent versé)* to refund, to return ; *"satisfait ou remboursé",* money-back guarantee ; *(obligations, etc.)* to redeem.

remède *n.m.* remedy ; cure.

remédier *v.* to remedy.

remembrement *n.m.* land-reshaping, regrouping/reallocation of land ; *(urbain)* rezoning.

remembrer *v.* to reshape/regroup/reallocate land. *(agglomération)* to rezone.

remerciement *n.m.* thanks ; acknowledgement. *Adresser ses ~s à quelqu'un,* to extend one's thanks to someone. *Lettre de ~,* thank-you note.

remercier *v.* **1.** to thank. **2.** *(employés)* to dismiss, to discharge.

réméré *n.m.* repurchase. *Vente à ~,* sale with option of repurchase, with privilege of repurchase. *(Bourse) repos* (repurchase of stock).

remettre *v.* **1.** *(ajourner)* to postpone, to put off. **2.** *(des fonds, argent)* to remit. **3.** *(livrer)* to deliver, to hand over ; to hand in. *~ sa démission,* to hand in, to tender one's resignation. *~ en état,* to recondition ; to refurbish.

remettre à jour, to update.

remise *n.f.* **1.** *(ajournement)* postponement, putting off. **2.** *(rabais)* rebate, discount. *Accorder une ~ de 5 %,* to grant/to allow/a 5 % discount. *~ aux professionnels/entre professionnels,* trade allowance. *~ quantitative,* quantity discount. *~ sur facture,* trade discount. *~ de lancement,* introductory allowance. **3.** *(fonds, effets)* remittance. *~ d'un effet à l'encaissement,* remittance of a bill for collection. **4.** *(livraison)* delivery of documents ; surrender. *Contre ~ des documents,* against delivery. *Le remboursement sera effectué contre/sur ~ des coupons,* repayment will be made against surrender of the coupons. **5.** *(d'une dette, etc.)* remission. *~ d'impôt,* remission of tax. *~ d'une dette,* remission/cancellation/forgiveness of a debt. **6.** *~ en état,* reconditioning, refurbishment ;

remise à jour, updating.

remisier *n.m.* *(Bourse)* remisier, (intermediate) broker.

rémission *n.f.* remission ; *(dette)* forgiveness.

remontée *n.f.* recovery, revival, pick-up, increase, rise.

remonter *v.* **1.** to go up again, to be/on the increase/on the rise, to pick up. **2.** *(une entreprise)* to start a new business ; to revive a business.

remorquage *n.m.* towage. *Droits de ~,* towage dues, towage, towage charges.

remorque *n.f.* *(véhicule)* trailer. *En ~,* on/in tow.

remorqueur *n.m.* tug, tow-boat.

remous *n.m.* unrest.

remplaçant, e *n.m.f.* replacement, substitute, stand-in.

remplacement *n.m.* **1.** replacement, substitution. *Comptabilité des coûts de ~,* replacement cost accounting. *Coûts de ~,* replacement costs. *Produit de ~,* substitute. *Valeur de ~,* replacement value. **2.** *Faire un ~,* to stand in for somebody, to substitute for. *Une dactylo qui fait des ~s,* a temporary typist. *Faire des ~s, (fam.)* to temp.

remplacer *v.* **1.** to replace, to supersede. **2.** *(quelqu'un)* to replace, to stand in for *(provisoirement),* to take over.

remplir *v.* **1.** *(faire le plein)* to fill up. **2.** *(un imprimé)* to fill in, to fill up, to fill out. *~ un formulaire,* to fill in a form. **3.** *(condition, obligation)* to meet, to fulfil, to comply with. *~ une condition,* to meet a requirement, to fulfil a condition. *~ une formalité,* to comply with a formality. *~ ses engagements,* to meet one's commitments. **4.** *(rôle, mission)* to perform, to carry out.

remplissage *n.m.* filling, filling up, filling in. *Coefficient de ~,* occupancy rate, coefficient of occupation.

rémunérateur, trice *adj.* remunerative, profitable, rewarding. *Placement ~,* profitable/high-yield investment.

rémunération *n.f.* remuneration, payment, pay, compensation, salary ; consideration. *~ du capital,* return on capital. *En ~ de vos services,* as payment for your services, in consideration of your services.

rémunérer *v.* to pay, to remunerate ; to reward. *~ des services,* to pay for services. *Travail très bien rémunéré,* highly-paid/well-paid/job. *Compte-chèques rémunéré,* interest-bearing bank(ing) account/ *(U.S.)* checking account.

renchérir *v.* **1.** to raise, to increase the price of. **2.** to rise, to increase in price ; *(aux enchères)* to go up. **3.** *(sur quelqu'un)* to outbid.

renchérissement *n.m.* increase/rise/advance/in price. *Le ~ du coût de la vie,* the increasing cost of living.

renchérisseur *n.m.* outbidder.

rendement *n.m.* *(industriel)* output ; *(agricole, financier)* yield ; *(d'un investissement, etc.)* return, profit. *(Sens large)* efficiency. *Actions à haut ~,* high-yield shares. *Loi des ~s décroissants,* law of diminishing returns. *~ horaire,* output per hour. *~ individuel,* output per man. *Prime de ~,* efficiency bonus, merit bonus, output bonus, incentive bonus. *Fonctionner/Tourner à plein ~,* to operate at full capacity. *L'usine tourne à plein ~,* the plant is working to full capacity. *(Fin.) ~ du capital,* return on capital. *~ brut,* gross return. *~ d'investissement,* investment return, return on investment (R.O.I.). *~ d'un message publicitaire ou d'une annonce,* pull.

rendement de l'actif, return on assets.

rendement de l'investissement, return on invested capital / return on investment.

rendement des capitaux engagés, return on capital employed.

rendement des capitaux propres, return on equity.

rendez-vous *n.m.* appointment. *Sur ~,* by appointment. *Donner/fixer un ~,* to make an appointment (with), to fix an appointment. *Organiser un ~,* to arrange a meeting. *~ d'affaires,* business appointment.

rendre *v.* to give back, to return. *~ la monnaie (de),* to give change (for). *~ la monnaie en euros,* to return change in euros. *~ un arrêt (jur.),* to issue/to pronounce/a decree. *~ un jugement,* to deliver a judgment. *~ compte à quelqu'un,* to report to somebody. *~ service à quelqu'un,* to do somebody a favo(u)r, to render a service.

rendu, e *adj.* F.O.B., free on board (F.O.B.). *~ usine,* free factory. *Prix ~,* delivery price.

rendu *n.m.* return, returned article. *Faire un ~,* to return an article. *~s sur vente,* sales returns.

renégociation *n.f.* renegotiation.

renégocier *v.* to renegotiate.

renflouage *n.m.* **1.** *(d'un bateau)* refloating. **2.** *(d'une entreprise en difficulté)* bailing out, bailout.

renflouer *v.* **1.** *(bateau)* to refloat. **2.** *(entreprise en difficulté)* to bail out.

renflouement *n.m.* = renflouage.

renforcement *n.m.* strengthening, reinforcement.

renforcer *v.* **1.** to strengthen, to reinforce. **2.** *(resserrer)* to tighten. **3.** *(les effectifs)* to beef up.

rengager *v.* **1.** to re-engage, to re-hire. **2.** *(mettre à nouveau en gage)* to repledge, to repawn.

rengagement *n.m.* **1.** *(employés)* re-engagement, re-hiring. **2.** *(remise en gage)* repledging, repawning.

renom *n.m.* renown, fame, reputation, repute.

renommée *n.f.* reputation, good name, fame, repute. *(Jur.) Preuve par ~ commune,* hearsay evidence.

renommé, e *adj.* renowned, well-known, famous.

renoncer *v.* **1.** *(idée, projet)* to give up, to abandon. **2.** to renounce, to waive, to disclaim. *~ à une réclamation,* to waive a claim, to withdraw a claim.

renonciation *n.f.* *(Jur.)* renunciation ; *(à un droit, désistement)* waiver, disclaimer. *Clause de ~,* waiver clause.

renouer avec les bénéfices / le profit, to return to profit.

renouvelable *adj.* renewable. *Crédit par acceptation ~, crédit ~ automatique,* revolving credit. *Energie ~,* renewable energy.

renouveler *v.* to renew, to repeat. *~ une commande,* to repeat an order. *~ une traite,* to prolong a bill.

renouvellement *n.m.* renewal, replacement. *~ d'un contrat,* renewal of a contract. *Le bail vient à ~,* the lease is up for renewal. *~ du matériel,* replacement of equipment. *Achat de renouvellement,* renewal purchase.

rénovation *n.f.* renovation, restoration, reconditioning. *(ville)* renewal.

rénover *v.* to renovate, to recondition. *~ les locaux (commerciaux),* to recondition the premises.

renseignement *n.m.* information, particular(s), detail(s). *Bureau de ~s,* enquiry/inquiry office, information bureau. *Demande de ~s,* enquiry, inquiry, request for information. *Pour tous ~s complémentaires,* for further information, for further details, for further particulars. *~s pris...,* upon inquiry.

renseigner *v.* to inform, to give information. *On vous a mal renseigné,* you have been misinformed.

renseigner (se) *v.* to inquire (about), to get information (about).

rentabilité *n.f.* profitability ; return, pay-off. *~ du capital,* return on capital. *~ d'un investissement,* return on investment (R.O.I.). *Seuil de ~,* break-even point. *Atteindre le seuil de ~,* to break even.

rentabilisation *n.f.* making profitable ; *(d'un investissement)* payback ; *(d'une invention)* marketing.

rentabiliser *v.* to make profitable, to maximize (profits), to optimize. *(Investissements, installations)* to make the best use of.

rentable *adj.* profitable, profit-making, profit-earning, money-making ; economical ; cost-effective.

rente *n.f.* income, annuity, rent. *Biens en ~,* funded property. *~ consolidée,* consolidated stock(s), *(G.B.)* consols. *~ perpétuelle,* perpetual annuity, perpetuity. *~ sur l'État,* government annuity, government stock(s), government bond(s), government fund(s). *~ viagère,* life annuity. *Vivre de ses ~s,* to live on a private income.

rentier *n.m.* **1.** investor, annuitant, *Petit ~,* small investor. *~ viager,* annuitant. **2.** person living on unearned income, person of independent means, recipient of an allowance.

rentrée *n.f.* **1.** *(recettes)* return(s), receipt(s), takings, encashment ; revenue. **2.** *(recouvrement)* collection. *~s et sorties de caisse,* cash receipts and payments. **3.** *~ en possession,* repossession. **4.** *(scolaire)* beginning of the school/academic year, resumption of school ; beginning of term. *Affaires/Occasions de la ~,* back-to-school bargains.

rentrer *v.* **1.** *(dans une catégorie)* to fall into (a category). **2.** *(argent)* to come in. *~ dans ses frais,* to break even. *~ dans ses fonds,* to recoup one's investment.

renversement *n.m.* turnround, reversal. *~ de tendance,* reversal of trend. *(d'un gouvernement, etc.)* overthrow.

renverser *v.* **1.** *(liquide)* to spill. **2.** *(tendence)* to reverse. **3.** *(un gouvernement)* to overthrow, to topple. **4.** *(un piéton)* to knock down, to hit.

renverser (se) *v.* to overturn. *(= s'inverser)* to reverse.

renvoi *n.m.* **1.** *(ajournement)* postponement, putting off. **2.** *(employés)* dismissal, discharge. **3.** *(retour)* return. **4.** reference. **5.** marginal alteration.

renvoyer *v.* **1.** *(ajourner)* to postpone, to put off. **2.** *(employés)* to dismiss, to discharge. **3.** to return, to send back. **4.** to refer.

réorganisation *n.f.* reorganization, revamping ; *(personnel)* redeployment, reshuffle.

réorganiser *v.* to reorganize ; *(personnel)* to reshuffle.

réorienter *v.* to reorient, to reorientate ; to redeploy.

réouverture *n.f.* reopening ; *(reprise)* resumption.

réparable *adj.* repairable, mendable. *Cette machine n'est pas réparable,* this machine is beyond repair.

réparateur, trice *n.m.f.* repairman, repairer.

réparation *n.f.* 1. repair, repairing. *Atelier de ~*, repair shop. *Être en ~*, to be under repair. 2. *(Jur.)* redress. *~ légale*, legal redress.

réparer *v.* 1. to repair. 2. to rectify, to put right. *~ l'erreur*, to put the matter right. 3. *(un tort)* to redress.

répartir *v.* 1. *(tâches)* to divide, to share out. 2. *(dividendes)* to distribute. 3. *(actions)* to allot, to allocate. 4. *(Assur.)* to adjust. *~ une avarie*, to adjust an average. *~ un risque*, to spread a risk. *~ dans le temps*, to spread (over a period) ; to time.

répartiteur *n.m.* 1. *(impôts)* assessor. 2. *(Assur.)* average adjuster.

répartition *n.f.* 1. distribution. 2. *(actions)* allotment. *Avis de ~ d'actions*, letter of allotment. 3. *(bénéfices)* appropriation. 4. *(Fin.)* dividend. 5. *(Assur. marit.)* adjustment. 6. *(postes, expéditions)* dispatching. *~ de la diffusion*, circulation breakdown. 7. *(éventail)* spread. 8. *Retraite par ~*, state-sponsored redistribution pension scheme, pay-as-you-go state pension scheme, benefit-defined retirement scheme.

répercuter *v.* to pass on to. *~ sur les consommateurs*, to pass on to the consumers.

répercuter (se) to have repercussions (on…), to spread (to…), to have an impact (on…), to impact (on…), to reflect (on…).

répercussion *n.f.* repercussion ; impact ; *(choc en retour)*, backlash.

répertoire *n.m.* index, table, list. *~ d'adresses*, directory, address book. *(musical, etc.)* repertoire.

répertorier *v.* to index ; to list.

répit *n.m.* respite. *Jours de ~*, days of grace.

replacement externe, outplacement.

replâtrage *n.m.* superficial change, face-lift(ing), papering over, patching up. *Mesure de ~*, cosmetic measure.

repli *n.m.* 1. drop, fall. 2. fallback, fall-back, falling back. *Position de ~*, refuge, shelter.

replier (se) *v.* 1. *(se retirer)* to withdraw, to pull out. 2. *(Bourse, etc.)* to fall, to drop. 3. *se replier sur*, to fall back on. *Se ~ sur soi-même*, to fall back on oneself, on one's own resources.

répondeur *n.m.* answering machine, answer phone.

répondant *n.m.* *(Jur.)* surety, security. *Être le ~ de quelqu'un*, to stand surety for somebody.

répondre *v.* 1. to reply, to answer, *(U.S.)* to respond. *Il sera répondu à toutes les demandes,* all applications will be acknowledged. 2. *(de quelqu'un)* to answer for someone ; to stand surety for. 3. *~ de*, to be liable for, to be responsible for. 4. *(Bourse)* to declare. *~ à une prime*, to declare an option. *~ à la demande*, to meet the demand ; to keep up with the demand. 5. *(réagir)* to respond. 6. *répondre à un besoin*, to meet a requirement ; *répondre à une attente*, to come up to someone's expectations.

réponse *n.f.* 1. answer, *(surtout écrite)* reply, *(U.S.)* response. *Coupon-~*, send-in coupon, reply-card. *Coupon-~ international*, international reply coupon. *~ payée*, reply paid. 2. *(réaction)* response. *Temps de ~*, response time, lag time.

report *n.m.* 1. *(action de reporter)* postponement, postponing ; rescheduling ; deferment ; carrying forward ; bringing forward. 2. *(somme reportée)* amount carried forward, carry over. *~ à nouveau*, carried forward. *~ de l'exercice précédent*, balance brought forward. *~ à l'exercice suivant*, balance carried forward, balance to next account. 3. *(écriture)* posting. *~ au grand livre*, ledger posting. 4. *(Bourse)* contango, continuation, carrying over. *Taux du ~*, contango rate/charge.

reportage *n.m.* report ; press coverage, news coverage.

reporté *n.m.* *(Bourse)* giver.

reporter *v.* **1.** *(ajourner)* to postpone, to defer, to put off ; to reschedule. **2.** *(compta.)* to carry forward, to carry over, to bring forward. *A ~,* carried forward. **3.** *(passer une écriture)* to post. *~ une entrée,* to post an entry. **4.** to continue ; *(Bourse)* to carry over.

reporteur *n.m.* *(Bourse)* taker.

repos *n.m.* rest. *Jour de ~,* day off. *Valeur de tout ~,* safe investment, gilt-edged security.

repositionnement *n.m.* repositioning.

repositionner *v.* to reposition.

repositionner (se) *v.* to reposition, to reposition oneself.

repousser *v.* **1.** *(ajourner)* to postpone, to put off. **2.** *(offre, proposition)* to reject, to turn down. **3.** *(accusation)* to deny. *~ une accusation,* to deny a charge.

reprendre *v.* **1.** *(société)* to take over. **2.** *(le travail)* to resume. **3.** *(marchandises)* to take back. **4.** to improve, to pick up, to look up, to rally, to recover. *Les affaires reprennent,* business is improving/picking up. **5.** *(voiture)* to trade in. *Pouvez-vous ~ mon ancien véhicule ?,* Can I trade in my old car (for a new one) ? **6.** *(des employés)* to rehire.

reprendre (se) *v.* *(cours, etc.)* to rally.

repreneur de sociétés, acquirer (of ailing firms).

représailles *n.f.pl.* retaliation, reprisals. *Prendre des mesures de ~,* to retaliate.

représentant *n.m.* **1.** *(d'une entreprise)* official. **2.** representative, agent. *~ de commerce,* commercial traveller, agent, representative, (U.S.) salesman. *~ exclusif,* sole agent. *~ multicarte,* representative of several companies or brands.

représentation *n.f.* **1.** representation, agency. *~ exclusive,* sole agency. *Frais de ~,* entertaining expenses. **2.** image, model, representation. **3.** *(théâtre, etc.)* performance. **4.** *Faire des ~s (à quelqu'un),* to remonstrate (with somebody).

représenter *v.* **1.** *(une maison)* to represent, to be an agent (for). **2.** *(traite)* to represent. *~ une traite à l'acceptation,* to represent a bill for acceptance. **3.** *(se ~ d'une façon visuelle)* to visualize. **4.** *(marché)* to account for. *Ford représente 40 % du marché,* Ford accounts for 40 % of the market. *Se faire ~,* to appoint a proxy.

représenter (se) *v.* **1.** *(occasion)* to recur. **2.** *(aux suffrages)* to stand for reelection, to run for a new term.

reprise *n.f.* **1.** recovery, revival, rally, upturn, rebound. *~ de l'activité économique,* economic recovery, business revival. *~ de la Bourse,* stock-exchange/stock market rally. **2.** *(invendus)* taking back, return. **3.** *(travail, négociations)* resumption. **4.** *(inform.)* restart. **5.** *(d'une voiture)* trade-in. **6.** *(mobilier)* taking-over. *Droit de ~,* right to recover possession. *(= dessous de table)* key-money. **7.** *(d'entreprise)* take-over ; buy-out ; acquisition.

reproduction *n.f.* reproduction, duplication. *Droits de ~,* copyright. *~ en grand,* enlarged copy, blow-up.

reproduire *v.* to reproduce, to duplicate, to copy.

reproduire (se) *v.* **1.** to happen again, to occur again. *Pour éviter que de tels incidents se reproduisent,* to avoid a recurrence of such incidents. **2.** to reproduce ; to breed.

reprographie *n.f.* duplication.

reprographier *v.* to duplicate, to xerox.

répudiation *n.f.* **1.** *(dette, etc.)* repudiation ; denunciation. **2.** *(succession)* renunciation, relinquishment.

répudier *v.* **1.** *(dette, etc.)* to repudiate ; to denounce. **2.** *(succession)* to renounce, to relinquish.

réputé, e *adj.* well-known, renowned, famed.

réputation *n.f.* reputation, repute, fame. *Jouir d'une bonne ~,* to have a good reputation.

requérant, e *n.m.f.* claimant, plaintiff.

requérir *v.* to ask, to solicit ; to demand, to claim, to require, to need ; to requisition.

requis, e *adj.* required, requested.

requête *n.f.* request, petition, address. *Adresser une ~ à quelqu'un,* to petition somebody.

réquisition *n.f.* requisition, requisitioning ; levy. *(d'un tribunal)* public prosecutor's address.

réquisitionnement *n.m.* requisitioning ; *(milit.)* commandeering.

réquisitionner *v.* to requisition ; *(milit.)* to commandeer.

rescinder *v.* to rescind, to cancel, to annul.

rescision *n.f.* rescission, annulment.

réseau *n.m.* network, system. *~ de vente,* sales network. *(électrique, etc.)* grid. *(de traficants, etc.)* ring. *Technique de ~,* networking.

réservataire *adj.* *Héritier ~,* heir who has a right to part of an inheritance.

réservation *n.m.* reservation, booking.

réserve *n.f.* 1. *(territoire)* reservation ; *(chasse)* preserve. *~ de main d'œuvre,* labour pool. 2. *(Fin.)* reserve. *(dans un bilan) réserves,* retained earnings. *~ légale,* legal reserve. *~ statutaire,* statutory reserve. *Constituer des ~s,* to build up reserves. *~ pour créances douteuses,* provision for bad debts. *Monnaie de ~,* reserve currency. *Banque de la ~ Fédérale,* Federal Reserve Bank. *Conseil de la ~ Fédérale,* Federal Reserve Board (the Fed). *Système de la ~ Fédérale,* Federal Reserve System. 3. reserve, reservation. *Acceptation sans ~,* general/clean/acceptance. *Acceptation sous ~,* qualified acceptance. *Apporter une ~,* to enter a

reservation. *Faire des ~s,* to make reservations/reserves. *Connaissement avec ~,* foul/uncleaned/claused/bill of lading. *Connaissement sans ~,* clean bill of lading. *Signature sans ~,* clean signature. *Sous ~ de...,* subject to. *Sous ~ que,* provided that.

réservé, e *adj.* 1. reserved ; *Domaine ~,* preserve. *Tous droits ~s,* all rights reserved. *(Place, billet, chambre)* booked. 2. *(personne)* reserved, shy.

réserver *v.* 1. *(place, billet, chambre)* to reserve, to book. 2. *(mettre de côté)* to set aside/apart.

réservoir *n.m.* tank. *~ de main d'œuvre,* labour pool.

résidence *n.f.* residence.

résident, e *n.m.f.* resident.

résidentiel, le *adj.* residential. *Quartier ~,* residential district, *(U.S.)* brownstone district.

résider *v.* 1. to reside, to dwell. 2. to consist in, to lie with, to rest with.

résidu *n.m.* *(Fin.) (capital)* fraction.

résiduel, le *adj.* residual. *Propriété ~ le,* residuary estate. *Valeur ~ le,* residual value ; scrap value.

résiliable *adj.* liable to cancellation, cancel(l)able, terminable.

résiliation *n.f.* cancellation, termination.

résilier *v.* to cancel, to terminate, to annul. *~ un bail,* to cancel a lease.

résistance *n.f.* strength, resilience. 2. resistance, opposition.

résistant, e *adj.* strong, firm, solid. *Marché ~,* strong market. *Tissu ~,* hard-wearing material.

résolution *n.f.* 1. cancellation, termination, rescission. 2. *(solution)* solution. 3. resolution, decision.

résister *v.* to resist, to hold out (against), to withstand.

résolutoire *adj.* resolutory, resolutive. *Clause ~,* determination clause *(pour un contrat).*

résorber *v.* *(déficit, etc.)* to resorb, to mop up. ~ *le chômage,* to relieve unemployment.

résoudre *v.* **1.** *(problème)* to solve, to settle. **2.** *(Jur.)* to cancel, to rescind.

respect *n.m.* observance, compliance (with). *Non-~ du règlement,* non-observance of the regulations. ~ *de l'environnement,* environmental protection, preservation of the environment ; eco-efficiency.

respecter *v.* to respect, to observe, to comply (with), to abide by, to obey, to adhere to, to meet. ~ *la loi,* to obey/to abide by the law. ~ *un délai, une date limite,* to meet a deadline. ~ *les délais de livraison,* to meet delivery deadlines. ~ *les termes du contrat,* to comply with the terms of the contract. ~ *ses engagements,* to meet one's commitments, to stick to one's commitments. ~ *l'environnement,* to preserve/protect the environment.

respectueux, euse de l'environnement, *(produit)* eco-friendly ; *(entreprise)* eco-efficient.

responsabiliser *v.* to give a sense of responsibility (to someone) ; to empower.

responsabilité *n.f.* responsibility, liability. ~ *civile,* civil/public liability. ~ *du fabricant,* product liability. ~ *limitée,* limited liability. ~ *patronale, (en matière d'assurance du travail)* employer's liability. ~ *solidaire et indivise,* joint and several liability. *Société à ~ limitée,* private (limited) company.

responsable *adj.* responsible, accountable, answerable, liable *(envers,* to ; *de,* for). *M. Dupont est (le) ~ des ventes,* Mr. Smith is in charge of (the) sales.

responsable *n.m.f.* officer, official, manager, head, executive, person in charge, person responsible (for something), *(U.S.)* party responsible (for something). *(Publicité)* ~ *de budget,* account executive. ~ *Marketing,* marketing executive. ~ *Produit,* product executive. ~

Relations Publiques, P.R. Officer (P.R.O.), *(U.S.)* External Affairs Officer (E.A.O.). ~ *du Service Commercial,* sales manager, sales executive. ~ *syndical,* union official. *Les ~s,* a) the authorities, the officers, the managers, the persons in charge. b) Those responsible (for something), the offenders.

responsable de formation, training manager.

responsable de la confidentialité, Chief Privacy Officer (CPO).

responsable de la sécurité, safety manager, security manager.

responsable de projet, project manager.

responsable des grands comptes, key account manager.

responsable des ventes, sales manager.

resquiller *v.* *(spectacle, match)* to gate-crash. *(queue)* to jump a queue, *(U.S.)* to cut in line.

resquilleur, euse *n.m.f.* *(spectacle, match)* gate-crasher.

ressaisir (se) *v.* *(Bourse, économie)* to pick up, to rally, to recover.

resserrement *n.m.* tightness, squeeze. ~ *du crédit,* credit squeeze /crunch ; tight money.

resserrer *v.* to tighten, to squeeze, to restrict.

ressort *n.m.* competence, *(jur.)* jurisdiction. *En dernier ~,* in the last resort.

ressortir *v.* **1.** *faire ~,* to bring out, to show. **2.** *(Jur.)* to fall within the competence of, to come under the jurisdiction of. **3.** *(un article etc.)* to reissue, to bring out again, to re-release. **4.** *Faire ~ la TVA,* to take out/isolate VAT.

ressortir *v.* *le prix moyen ressort à...,* the average price works out at...

ressortissant, e *n.m.f.* **1.** national, subject. ~ *français,* French national/citizen. **2.** person under the jurisdiction of an administration or chamber of commerce etc.

ressource *n.f.* resource, funds, (financial) means. *~s énergétiques,* energy supplies. *~s financières,* financial means. *~ humaines,* human resources. *~s pétrolières,* oil resources/supplies.

restaurant *n.m.* restaurant.

restaurateur, trice *n.m.f.* restaurant operator, restaurant owner.

restaurer *v.* to restore.

restauration *n.f.* **1.** restoration, reconstruction. **2.** *(restaurants)* catering trade, restaurant business.

restant *n.m.* remainder, rest, balance.

reste *n.m.* remainder, rest, *(solde)* balance.

rester *v.* **1.** to remain. **2.** *(séjourner)* to stay. *Il nous reste quelques exemplaires,* we have a few copies left.

restituable *adj.* returnable ; repayable.

restituer *v.* to restitute, to return ; to restore.

restitution *n.f.* restitution, return ; restoration.

restreindre *v.* to restrict, to curtail, to squeeze. *~ les dépenses,* to curtail, cut down expenses. *~ les marges bénéficiaires,* to narrow profit margins.

restrictif, -ive *adj.* restrictive, limitative.

restriction *n.f.* restriction, restraint, retrenchment. *~ de crédit,* tight money, credit squeeze. *Politique de ~,* retrenchment policy. *Accepter sans ~,* to accept unreservedly.

restructuration *n.f.* restructuring, restructuration, reorganization ; redeployment ; overhaul (ing). *~ avec embauche,* up-sizing, upsizing.

restructurer *v.* to restructure, to revamp, to streamline, to reorganize ; to redeploy ; to overhaul.

résultat *n.m.* **1.** result. **2.** *(comportement, efficacité)* performance. *Évaluation des ~,* performance appraisal. **3.** *(~s d'un sondage, d'une enquête)* findings. **4.** *(d'un test)* score. **5.** *(d'une négociation, etc.)* outcome. **6.** *(compta.)* profit. *Compte de résultat,* income state-

ment, earnings report. *~ net,* net income. *~ d'exploitation,* operating income, operating profit, *(si négatif)* operating loss. *~s d'une société,* corporate profits, corporate performance. *Avertissement/Alerte sur résultat,* profit warning. **7.** *~s scolaires,* school grades ; university record.

résultat net d'exploitation, net operating profit after tax, NOPAT.

résumé *n.m.* summing-up, summary, abstract. *En résumé,* to sum (it) up, in short.

résumer *v.* to sum up, to summarize.

rétablir *v.* to reestablish, to restore. *(Quelqu'un dans ses fonctions)* to reinstate.

rétablir (se) *v.* to recover, to be looking up, to be improving.

rétablissement *n.m.* restoration ; *(affaires)* recovery, rally ; pick-up. *(De quelqu'un dans ses fonctions)* reinstatement.

retard *n.m.* **1.** delay. *~ justifié,* excusable delay. *Compte en ~,* outstanding account. *Créance en ~,* overdue debt. *~ de livraison,* late delivery. *Paiement en ~,* payment in arrear. *Souffrir, subir un ~,* to be delayed. *~ technologique,* technological gap. **2.** tardiness *(le fait d'être en ~ plus ou moins régulièrement)* ; lateness. **3.** lag. *Être en ~ sur son programme,* to be behind schedule, to fall behind. *Être en ~ sur son loyer/son travail,* to be behindhand with one's rent/work. *Il accuse un ~ de dix points sur son concurrent dans les sondages,* he is trailing his opponent by ten points in the polls. *Prendre du ~,* to fall/to slip/behind. *Rattraper son ~,* to catch up (on something, with somebody). *(commandes, etc.) ~ accumulé,* backlog.

retard (être en) 1. to be late. **2.** to lag behind, to be lagging behind.

retardataire *n.m.f.* **1.** *(qui arrive en retard)* late-comer. *Les ~s pourront se voir refuser l'accès,* late arrivals may be denied admission. **2.** *(à la traîne)* laggard.

retarder *v.* to delay, to put off, to postpone, to defer. **2.** *J'ai été retardé par les embouteillages,* I've been held up by the traffic (-jams). *Je ne veux pas vous ~ plus longtemps,* I don't want to detain you any longer. **3.** *Ma montre retarde,* my watch is slow. **4.** to lag.

retardement *n.m.* to postponement, putting-off, deferment.

retenir *v.* **1.** *(réserver)* to book, to reserve. **2.** to retain ; *(déduction)* to withhold ; to keep back ; to stop. **3.** *(arithmétique)* to carry. *Je pose 3 et retiens 1,* I put down 3 and carry 1. *(en douane)* to hold up, to stop. *Les marchandises sont retenues en douane,* the goods are being held up at the customs. **4.** *(= se souvenir)* to remember, to memorize. **5.** *(= retarder quelqu'un)* to detain.

rétention *n.f.* retention. *Droit de ~,* right of retention, lien.

retenue *n.f.* **1.** deduction, stoppage, withholding, retention. *~ sur salaire,* stoppage on pay. *Système de ~ à la source,* withholding system, *(G.B.)* pay as you earn (P.A.Y.E.), *(U.S.)* pay-as-you-go. **2.** *(arrêt) ~ en douane,* holding up at the customs. **3.** *(inform.)* carry.

réticence *n.f.* reluctance, resistance. *~ des consommateurs,* consumer reluctance.

retirer *v.* **1.** to withdraw, to remove. *~ de l'argent de la banque,* to withdraw money from the bank, to draw money out of the bank. *~ un effet,* to withdraw/to retire a bill. *~ une plainte,* to withdraw an action. **2.** *(bénéfice)* to draw, to derive. **3.** *(rappeler, ~ de la circulation, marchandises, argent)* to call in. *Les billets de 2 dollars seront retirés de la circulation,* 2-dollar bills will be called in. *~ un article, une voiture de la circulation pour correction d'un vice de fabrication,* to recall.

retirer (se) *v.* **1.** *(des affaires)* to retire. **2.** *(quitter la fonction qu'on occupe)* to step down. **3.** *(d'un territoire)* to withdraw, to pull out. **4.**

(prendre congé) to take leave, to withdraw.

retombée *n.f.* *(économique)* fall-out, spin-off. *~ technologique,* technological spin-off. *(Sens large de conséquences)* consequences, aftermath.

retomber *v.* to fall, to decrease.

rétorsion *n.f.* retortion, retaliation. *Mesure de ~,* retaliatory measure.

retour *n.m.* return ; *~ aux bénéfices,* return to profit. *(Fin.)* dishonoured bill. *Cargaison de ~,* return cargo, homeward cargo. *Billet de ~, aller et ~,* (return) ticket. *(U.S.)* round-trip ticket. *Fret de ~,* back load. *Par ~ (du courrier),* by return (of post, of mail). *En ~ de,* in return for. *~ sur investissement,* return on investment. *~ sur ventes,* sales returns. *(marchandises invendues)* returns.

retournement *n.m.* reversal. *~ de tendance,* reversal of (the) trend ; turnaround. *(= volte-face)* turnabout.

retourner *v.* to return, to send back. *Marchandises retournées,* returns.

retourner (se) *v.* **1.** *(tendance)* to be reversed. **2.** *(jur.) ~ contre,* to sue ; to recover over against.

rétractation *n.f.* retraction ; withdrawal.

rétracter (se) *v.* to retract, to withdraw ; to renege (on a deal/ transaction) ; to go back on/upon one's word ; *(témoin)* to withdraw a charge.

retrait *n.m.* withdrawal, retirement ; calling-in. *~ de fonds,* withdrawal of funds. *(d'un article défectueux)* recall. *(d'un territoire)* withdrawal, pullout.

retraite *n.f.* retirement, pension, superannuation. *Bénéficiaire de la ~ à taux plein,* eligible for full retirement benefits. *Caisse de ~,* pension fund, retirement fund. *Être à la ~,* to have/be/retired, to be in retirement. *Mettre quelqu'un à la ~,* to pension off, to retire.

Mise/Départ à la retraite anticipée, early retirement. *Pension de ~,* retirement pension. *Pré~, ~ anticipée,* early retirement. *Prendre sa ~,* to retire (on a pension). *Prendre/ Accepter une ~ anticipée,* to take early retirement. *Régime de ~,* pension plan, pension scheme. *~ complémentaire,* supplementary pension. *~ vieillesse,* old age pension.

retraité, e *n.m.f.* pensioner, retiree.

retraitement *n.m.* reprocessing.

retraiter *v.* to reprocess.

retrancher *v.* to cut off, to cut out, to reduce ; to deduct (from). *On lui retranchera 5 % de son salaire,* he will be docked 5 % of his salary.

retransmettre *v. (TV)* to broadcast.

retransmission *n.f. (TV)* broadcasting.

rétribuer *v.* to pay, to remunerate, to compensate. *Un emploi bien ~,* a well-paid job.

rétribution *n.f.* payment, salary, remuneration, compensation.

rétroactif, ive *adj.* retroactive ; retrospective. *Avoir effet ~,* to backdate. *L'augmentation était rétroactive au 1er septembre,* the increase was backdated to 1st September.

rétroactivité *n.f.* retroactivity, retrospective effect, backdating, retrospection.

rétrocéder *v.* to retrocede, to reconvey.

rétrocession *n.f.* retrocession, reconveyance.

rétrogradation *n.f.* **1.** downgrading, downgrade ; **2.** retrogression, decline. **3.** *(personne)* demotion, demoting.

rétrograde *adj.* backward.

rétrograder *v.* **1.** to downgrade. **2.** to retrograde, to decline. **3.** *(personnel)* to demote.

rétroprojecteur, overhead projector.

réunion *n.f.* meeting. *~ du Conseil d'Administration,* board meeting. *~ des détaillants,* dealer

meeting, dealer conference. *Salle de ~,* assembly room. *Tenir une ~,* to hold a meeting.

réunir *v.* **1.** to convene, to call a meeting ; to call in. **2.** *(rassembler)* to gather. *~ des renseignements/data.* *~ une somme suffisante,* to raise sufficient money. *Se ~,* to meet ; *(association, etc.)* to convene.

réussir *v.* to succeed. *(Fam.)* to make it. *~ à un examen,* to pass an exam(ination).

réussite *n.f.* success, achievement. *Une grande ~,* a hit.

revalorisation *n.f.* revalorization.

revaloriser *v.* to revalue, to revalorize.

révéler *v.* to reveal, to disclose, to release.

revendable *adj.* resalable, resaleable.

revendeur euse *n.m.f.* reseller ; retailer.

revendicatif, ive *adj.* militant ; combative.

revendication *n.f.* claim, demand. *Faire droit à/satisfaire /une ~,* to meet a claim. *~ de salaire/salariales,* salary claim, wage claim, pay claim. *~s des travailleurs,* labour demands/claims.

revendiquer *v.* to claim ; to call for.

revendre *v.* to resell, to sell again ; *(Bourse)* to sell out.

revenir *v.* **1.** to come back, to return, to go back, to revert. *Pour en ~ à la question,* to return to the question. **2.** to cost, to amount (to). *Sa maison lui est revenue à $ 50.000,* his house cost him $ 50,000. *~ en moyenne à,* to average out to. **3.** *revenir vers qqu'un,* to contact (s.o.) again, to get in touch again ; to call back.

revente *n.f.* **1.** resale ; reselling. **2.** *(Bourse)* selling out.

revenu *n.m.* **1.** *(personne)* income ; *(de l'impôt, etc.)* revenue. *Déclarations de(s) ~(s),* income tax return. *Faire sa déclaration de ~,* to file one's income tax. *Impôt sur le ~ des personnes physiques (I.R.P.P.)*, personal income tax. *Impôt sur le ~ des sociétés*, corporate income tax. *~ de la propriété*, property income. *~ des ménages*, private income. *~ des particuliers*, personal income. *~ disponible*, disposable income. *~ du travail*, earned income. *~ imposable*, taxable income. *~ moyen*, median income. *Tranche de ~s*, income bracket. **2.** *(rendement)* yield, return. *Valeurs à ~ fixe*, fixed-yield/fixed-income/securities.

revers *n.m.* setback. *Subir un ~*, to suffer a setback.

réversataire *n.m.f.* *(bénéficiaire d'une reversion)* reversionist, reversionist.

réversibilité *n.f.* reversibility, reversal. *(Jur.)* revertibility.

réversible *adj.* reversible. *(Jur.)* revertible.

reversion *n.f.* reversion. *Rente viagère avec ~*, survivorship annuity.

revient *n.m.* *Prix de ~*, cost price, prime cost. *Calculer le prix de ~*, to cost. *Comptabilité des prix de ~*, cost accounting. *Rapport prix de ~-prix de vente*, cost-price ratio.

revigorer *v.* to invigorate, to reinvigorate, to revive, to stimulate.

revirement *n.m.* reversal, turnabout, turn-round, turnaround.

révisable *adj.* revisable ; reviewable.

réviser *v.* **1.** to revise. *~ en baisse, à la baisse*, to revise downward. *~ en hausse, à la hausse*, to revise upward. **2.** *(machine)* to overhaul. **3.** *(procès)* to review, to reconsider.

réviseur *n.m.* auditor. *~ interne*, internal auditor.

révision *n.f.* **1.** revision, review. *Techniques de ~ et d'évaluation de programme (recherche opérationnelle)*, Program Evaluation and Review Techniques (P.E.R.T.). **2.** *(moteur, etc.)* overhaul. **3.** *(compta.)* audit(ing). **4.** *(Jur.)* reconsideration, review.

révision à la hausse / à la baisse upward / downward revising / revision, revising / revision upward / downward.

révocable *adj.* revocable ; *(fonctionnaire)* removable.

révocation *n.f.* **1.** revocation, cancellation. **2.** *(fonctionnaire)* removal, dismissal.

revoir *v.* **1.** *(modifier)* to revise ; to correct ; to alter. *(réexaminer)* to reconsider. *(actualiser)* to update. *(améliorer)* to upgrade. *~ en baisse, à la baisse*, to revise down (ward). **2.** *Nous avons hâte de vous ~*, we are looking forward to seeing you again.

revoir en hausse / à la hausse to revise upward.

révoquer *v.* **1.** to revoke, to cancel, to rescind. **2.** *(personnel)* to dismiss.

revue *n.f.* **1.** review, survey, inspection. *Passer en ~*, to review. **2.** magazine, journal, review. *~ d'entreprise*, house magazine/organ. *~ illustrée*, pictorial. *~ professionnelle*, trade magazine, trade paper.

revue de presse, press review.

rez-de-chaussée *n.m.* *(G.B.)* ground floor, *(U.S.)* first floor.

richard *n.m.* *(fam.)*, money bags, (U.S.) fat cat.

riche *adj.* rich, wealthy, well-off.

riche *n.m.* *Un ~*, a rich/wealthy/person. *Les ~s*, the rich, the wealthy.

richesse *n.f.* wealth ; fortune ; riches. *Signe extérieur de ~*, show of wealth.

richissime *adj.* fabulously rich, extremely rich.

rien (partir de) to start from scratch.

rigidité *n.f.* *~ de la demande*, inelasticity of demand.

rigoureux, euse *adj.* severe, harsh, drastic. *Prendre des mesures rigoureuses*, to take drastic measures.

rigueur *n.f.* **1.** severity, restraint, austerity. *Politique de ~ économique*, policy of economic austerity. ~ *budgétaire*, tight budget, retrenchment. **2.** *Délai de/terme de/~*, deadline, latest date, final date.

risque *n.m.* **1.** risk. *Aux ~s et périls de l'expéditeur*, at sender's risk(s). *Aux ~s et périls du destinataire*, at sendee's risk(s), at consignee's risk(s), at customer's risk(s). *Aux ~s et périls du propriétaire*, at owner's risk(s). *A vos ~s et périls*, at your own risk. *Gestion des ~s*, risk management. *Capital ~*, risk capital, venture capital. *Prime de ~*, danger/risk/money. *~(s) de change*, foreign exchange risks. *Gestion du ~ (des ~s) de change*, management of foreign exchange risks. *~s divers*, contingencies. **2.** *(Assur.)* risk. *Police d'assurance tous ~s*, all-in policy, comprehensive policy. *~ maritime*, sea risk. *Souscrire un ~*, to underwrite a risk. *Un bon ~, (personne)* a good risk. **3.** hazard. *~ pour la santé*, health hazard. *~s de mer*, hazards of the sea, sea-perils, sea-risks. *~s professionnels*, occupational hazards. **4.** *(fin.)* exposure.

risque moral, moral risk/hazard (bailing out stricken economies or economic sectors in a way that may encourage investors to take similar risks in future).

risque-pays *n.m.* country-risk.

risque-produit *n.m.* product-risk.

risqué, e *adj.* risky, dangerous ; chancy.

risquer *v.* to risk, to hazard. *~ des capitaux,* to venture/to risk capital.

ristourne *n.f.* **1.** rebate, allowance ; return, refund. **2.** *(compta.)* transfer, writing back.

ristourner *v.* **1.** *(trop perçu)* to refund, to return. **2.** *(police d'assurance)* to cancel, to annul. **3.** *(compta.)* to transfer, to write back.

rival, e rival, competitor.

riverain, e *n.m.f.* resident, local resident.

RMA, revenu minimum d'activité minimum working income.

R-m-iste *n.m.f.* recipient of R.M.I. (minimum income).

robot *n.m.* robot. *Portrait-robot,* composite.

robotique *n.f.* robotics.

robotisation *n.f.* robotization.

robotiser *v.* to robotize.

rocade *n.f.* ring-road, by-pass.

roder *v.* to run in.

rodage *n.m.* running-in. *Période de ~,* running-in period. *(U.S.)* breaking-in period.

rogner *v.* to trim, to pare, to cut down, to curtail, to shave.

rôle *n.m.* **1.** role, part ; function. **2.** roll, list, register. *A tour de ~,* in turn, by turn. *~ d'équipage,* crew list. *Jeux de ~,* role playing. *~ d'un tribunal,* roll of (court), register, list of cases ; caseload.

rompre *v.* to break (off). *~ un contrat,* to break off a contract. *~ les relations diplomatiques,* to sever diplomatic ties.

rompu, e *adj.* experienced ; conversant with, familiar with, well-versed in. *~ aux affaires,* experienced in business.

rond, e *adj.* round. *Compte ~,* round sum. *En chiffres ~s,* in round figures. *Table ~e,* round table, panel.

rond-de-cuir *n.m.* bureaucrat.

rossignol *n.m.* dud item ; junk.

rotation *n.f.* rotation, turnover, turnaround. *~ des capitaux,* capital turnover. *~ des stocks,* stock/inventory turnover. *~ du personnel,* personnel/staff/turnover. *(véhicule, bateau) Temps de ~,* turnaround time. *Article à forte ~,* fast mover.

rotation des stocks *(inventory / stock)* turnaround.

rouage *n.m.* mechanism, machinery, wheel, cog(-wheel).

rouge *n.m.* red. *(compte déficitaire) Être dans le ~,* to be in the red.

roulage *n.m.* cartage, haulage, truckage, trucking.

roulant, e *adj.* **1.** rolling. *Matériel ~,* rolling stock. **2.** working. *Capital ~,* working capital.

roulement *n.m.* **1.** turnover. *Actifs de ~,* current assets. *Fonds de ~,* working capital, *(U.S.)* operating capital. **2.** rotation. *Par ~,* in rotation.

rouler *v.* to circulate, to run, to roll. *(Voiture)* to drive.

routage *n.m.* dispatching, routing.

route *n.f.* **1.** road. **2.** route, itinerary. *~ aérienne,* airway. *~ commerciale,* trade route. *~ maritime,* sea route. *Code de la ~,* highway code, *(G.B.)* rule of the road. *Mise en ~,* start(ing) up.

router *v.* to route, *(U.S.)* to rout ; to direct.

routier, ère *adj.* road. *Transport ~,* road transport. *Entrepreneur de transports ~,* road haulage contractor, haulier, *(U.S.)* hauler.

routier *n.m.* lorry driver, *(U.S.)* trucker, *(U.S.)* teamster. *~ patron,* owner operator ; haulier, *(U.S.)* hauler.

routine *n.f.* routine, drudgery, red tape. *Tomber dans la ~,* to get into a rut.

rouvrir *v.* to reopen.

rubrique *n.f.* section, heading. *Sous des ~s différentes,* under separate headings.

rudiment *n.m.* grounding, smattering. *Des ~s d'anglais,* a smattering of English.

rue *n.f.* street. *~ commerçante,* shopping street ; busy street. *~ piétonne, piétonnière,* pedestrian precinct ; pedestrian mall ; "Pedestrians Only".

ruée *n.f.* **1.** rush ; scramble. *~ vers l'or,* gold rush. **2.** run. *~ sur les banques,* run on banks. **3.** binge, spree. *~ sur les magasins à Noël,* Christmas shopping spree.

ruine *n.f.* ruin, collapse, downfall.

ruiné, e *adj.* ruined, broke.

ruiner *v.* to ruin, to destroy, to bankrupt. *~ la carrière de quelqu'un,* to wreck someone's career.

ruiner (se) *v.* to ruin oneself.

ruineux, euse *adj.* ruinous.

rupture *n.f.* breaking, rupture, severance. *~ de contrat,* breach of contract. *~ des négociations,* breakdown of negotiations, collapse of the talks, breaking off of negotiations. *~ de stock,* exhaustion of stock, depletion of stock. *Être en ~ de stock,* to be out of stock. *~ des relations diplomatiques,* severance of diplomatic ties.

rupture de charge, bulk-breaking, breaking of bulk ; unloading ; transfer (of cargo) ; change of means of transport.

rural, e *adj.* rural. *Vie ~e,* country life.

rythme *n.m.* rate, pace, rhythm, tempo. *Augmenter le ~ de production,* to step up production. *Au ~ de l'an dernier,* at last year's pace/rate. *Le ~ de la reprise,* the pace of recovery.

saborder *v.* to scuttle. ~ *un accord,* to scuttle a deal.

sabotage *n.m.* sabotage, sabotaging.

saboter *v.* 1. to sabotage. 2. *(Fam.)* to botch, to bungle *(travail).*

sac *n.m.* bag, sack. *Mettre à sac,* to sack ; to plunder ; to loot. ~ *à jeter,* disposable bag.

sacrifier *v.* to sacrifice ; to slaughter. *Article sacrifié,* article sold at a sacrifice, *(U.S.)* loss leader. *Prix sacrifiés,* slashed prices.

sain, e *adj.* 1. sound, healthy. 2. wholesome. *Alimentation ~e,* wholesome food. *Monnaie ~e,* hard, sound currency.

saisi *n.m. (Jur.)* distrainee.

saisie *n.f.* 1. seizure, distraint. *Lever la ~,* to withdraw the seizure. *Opérer une ~,* to levy a distress. ~ -*arrêt,* garnishment, attachment. ~ -*arrêt sur salaire,* attachment of earnings. ~ -*exécution,* execution, distress. ~ *immobilière,* seizure, attachment of real property. ~ *mobilière,* seizure of movable property. *(de biens ou articles non entièrement payés)* repossession. 2. ~ *de données,* **a)** *(collecte)* data collection/collecting/acquisition ; *(avec idée de classement)* collation. **b)** *(enregistrement, mise sur ordinateur etc.)* data storage/storing, keying in/entering of data. **c)** *(accès)* access to data.

saisine *n.f.* seisin.

saisir *v.* 1. to catch, to grasp. ~ *une occasion,* to seize, to grasp an opportunity. 2. *(Jur.)* to seize, to attach *(biens meubles),* to distrain upon *(marchandises).* ~ *une hypothèque,* to foreclose a mortgage. *Faire ~ quelqu'un,* to sell someone up. *(des biens ou articles non entièrement payés)* to repossess. 3. ~ *un tribunal d'une affaire,* to refer a matter to a court, to bring a matter before a court, to refer a case to a court ; ~ *la justice,* to go to court, to take legal action, to sue. 4. ~ *des*

données, **a)** *(rassembler, collecter)* to collect data ; *(avec idée de classement)* to collate data. **b)** *(enregistrer, mettre sur ordinateur etc.)* to store/to enter/to key in data. **c)** *(avoir accès à)* to access data.

saisissable *adj.* attachable *(revenus),* distrainable *(marchandises).*

saison *n.f.* season. ~ *de pointe,* peak season. *Morte ~,* slack season, off season. *Pleine ~,* peak season.

saisonalité *n.f.* seasonality.

saisonnier, -ère *adj.* seasonal. *Chômage ~,* seasonal unemployment. *Correction des variations ~es,* correction/adjustment for seasonal variations. *Demande ~e,* seasonal demand. *(Données) corrigées des variations ~es,* seasonally adjusted (data). *Moyenne corrigée des variations ~es,* average corrected for seasonal variations. *Ouvrier ~,* seasonal worker ; casual worker.

salaire *n.m.* wage(s), pay, *(mensuel)* salary, *(U.S.)* paycheck. *Accorder une augmentation de ~,* to grant, to award a wage increase, a pay rise, *(U.S.)* wage hike. *Augmentation uniforme des ~s,* across-the-board wage increase. *Blocage des ~s (et des prix),* wage (-price) freeze. *Bloquer les ~s,* to freeze wages. *Différences de ~s,* wage differentials. *Échelle (mobile) des ~s,* (sliding) wage scale. *Effectuer une retenue (de 3 %) sur les ~s,* to stop/to deduct/(3 %) from the wages. *Écart, éventail des ~s,* wage differential(s), pay differential(s). *Feuille de ~,* pay slip, wage sheet. *Réduction de ~,* wage cut. *Retenue sur les ~s,* stoppage, retention on wages. *Relèvement des ~s,* raising of wages, *(U.S.)* pay hikes. *Revendications de ~s,* wage claims, pay claims. ~ *à forfait,* job wage. ~ *à la pièce,* piece wage. ~ *au mérite,* performance-related pay *(peut aussi signifier salaire au rendement).* ~*s au rendement,* efficiency wages, *(U.S.)* incentive wages. *~ de base,* basic wage, basic salary, base rate. *~ des cadres,* executive pay. *~ fixe,* fixed wage. *~ hebdomadaire,* weekly wages. *~ horaire,* hourly wages. *~ minimum inter-profes-sionnel garanti,* minimum guaran-teed wage. *~ réel,* real wage. *~ net,* net wages, *(U.S.)* takehome pay. *Toucher un ~,* to draw a wage, to earn a salary.

salarial, e *adj.* pertaining to wages. *Charges ~es,* payroll charges. *Conflit ~,* pay-fight, pay-dispute. *Politique ~e,* wage policy. *Revendication ~e,* pay-claim. *Revenus (non) salariaux,* (un)ear-ned income.

salariat *n.m.* **1.** wage earning. **2.** wage-earning class(es), wage-and-salary-earners, wage earners and salaried employees.

salarié, e *adj.* **1.** wage-earning. **2.** salaried.

salarié *n.m.* wage-earner, sala-ried worker, salaried employee, salary-earner, *(plur.)* labour. *Les ~s d'une entreprise,* employees on a company's payroll, payroll.

salarier *v.* to pay a regular wage (to…), to pay a salary (to…), to salary.

salle *n.f.* room, hall. *~ d'attente,* waiting room. *~ d'audience,* court room. *~ des marchés (Fin., banque, bourse)* trading floor(s), trading room, front office. *~ du conseil,* board room. *~ d'exposition,* show-room. *~ des ventes,* auction-room.

salon *n.m.* show, exhibition. *~ de beauté,* beauty-parlo(u)r, beauty-salon. *~ de coiffure,* hairdresser's. *~ de thé,* tea room. *~ de l'agriculture,* agricultural show, farm show. *~ des arts ménagers, (G.B.)* Ideal Home Exhi-bition ; household appliances show. *~ de l'automobile,* motor show, *(U.S.)* auto show.

salut *n.m.* salvation, welfare.

salutaire *adj.* beneficial, health-ful, salutary.

salutation *n.f.* salutation ; gree-ting *Je vous prie d'agréer mes ~s distinguées,* yours faithfully/truly.

sanction *n.f.* **1.** sanction. *Lever les sanctions économiques,* to lift economic sanctions. *~s commer-ciales,* trade sanctions. *(Pénale)* penalty, punishment. **2.** approval, endorsement, approbation, assent.

sanctionner *v.* **1.** to approve, to support, to endorse, to certify. *Les études seront sanctionnées par un diplôme,* A degree/diploma will be awarded on completion of (the) studies. **2.** to sanction, to attach a penalty to, to penalize.

sans-abri, homeless, *Les ~,* the homeless.

sans-domicile, homeless. *Les ~,* the homeless.

sans domicile fixe, homeless ; without fixed address ; vagrant. *Les ~ (S.D.F.),* the homeless.

sans-emploi *loc.* unemployed. *Les ~,* the unemployed.

sans-logis *loc.* homeless. *Les ~,* the homeless.

sans-papier(s) *n.m.f.* undocu-mented alien(s)/immigrant(s), ille-gal immigrant(s)/entrant(s).

sans-travail *loc.* unemployed. *Les ~,* the unemployed.

santé *n.f.* health. *~ publique,* public health. *Bulletin de ~,* health bulletin. *Certificat de ~,* certificate of health. *Ministère de la ~ publique, (G.B.)* (Public) Health Office, *(U.S.)* Department of Health. *Ministre de la ~ publique, (G.B.)* Health Minister, *(U.S.)* Surgeon General, Secretary of Health and Human services. *Pro-gramme/système de santé (publique)* health care program(me)/system.

saper *v.* to undermine, to sap, to erode.

satellite *n.m.* satellite ; *~ de communication,* communications satellite. *Ville ~,* satellite town.

satisfaction *n.f.* satisfaction. *~ professionnelle,* job satisfaction. *Donner ~,* to satisfy, to prove satis-factory, to meet someone's expec-tations. *Indice de ~,* satisfaction rating. *Taux de ~,* approval rating.

satisfaire v. to satisfy, to meet. ~ *un besoin*, to fulfil/meet/a need, to respond to a need. ~ *les besoins de la clientèle*, to cater for/to/customers' needs. ~ *la demande en quelque chose*, to meet the demand for something.

satisfaire v. to meet, to comply with. ~ *à des conditions*, to qualify, to be eligible. ~ *aux conditions d'embauche*, to qualify for employment. ~ *aux normes de sécurité*, to meet, to comply with safety standards.

satisfaisant, e adj. satisfactory.

saturation n.f. 1. saturation. 2. (*Éco.*) glut. ~ *du marché*, market glut, market saturation. *Point de ~*, saturation point.

saturé, e adj. 1. saturated. 2. glutted. *Le marché est ~*, the market is glutted.

saturer v. to saturate ; to glut ; to clog.

sauf prép. except, excepted, save. ~ *accidents*, barring accidents. ~ *avis contraire*, unless otherwise stipulated, unless specified to the contrary. ~ *convention contraire*, unless otherwise agreed. ~ *dispositions contraires*, save as otherwise provided. ~ *erreur ou omission*, errors and omissions excepted (E. & O.E.). ~ *imprévu*, barring unforeseen circumstances, circumstances permitting.

sauter v. 1. to jump. 2. to skip. ~ *un paragraphe*, to skip a paragraph. ~ *sur une occasion*, to grasp (at) an opportunity ; to snap a bargain. *Faire ~*, to blast, to blow up.

sauvage adj. wild. *Capitalisme ~*, unrestrained/unfettered capitalism. *Concurrence ~*. cut-throat competition. *Grève ~*, wildcat strike, unofficial strike. *Syndicalisme ~*, black unionism.

sauvegarde n.f. safeguard ; safeguarding ; preservation. *Clause de ~*, saving clause, (*U.S.*) hedge clause.

sauvegarder v. to safeguard, to protect ; to preserve. ~ *les intérêts*

de quelqu'un, to protect someone's interests.

sauver v. to save ; (*matériel*) to salvage ; (*personnes*) to rescue. ~ *une entreprise en difficulté*, to salvage/to bail out/an ailing company.

sauvetage n.m. salvage, rescue. *Opérations de ~*, salvage operations ; (*personnes*) rescue/relief operations ; (*entreprise*) *plan de sauvetage*, rescue plan, rescue package, bailout plan.

sauveteur n.m. rescuer ; rescue worker.

savant n.m. scientist.

savoir n.m. knowledge ; learning. *Gestion du ~*, knowledge management. *Gestionnaire du ~*, knowledge manager.

savoir-faire n.m. know-how, expertise, (*U.S.*) savvy.

scandale n.m. scandal ; shame.

scandaleux, -euse adj. scandalous, shameful.

sceau n.m. seal, signet. ~ *privé*, private seal. *Garde des ~ x*, Keeper of the Seals.

scellé n.m. seal. *Apposer les ~s*, to affix the seals. *Lever les ~s*, to remove the seals.

sceller v. to seal. ~ *un acte*, to seal a deed.

scénarimage n.m. (*pub.*) storyboard.

scénario n.m. scenario, screenplay, script, story-line ; (*message publicitaire*) storyboard.

schéma n.m. diagram, scheme.

schématique adj. schematic, sketchy.

schématiser v. to schematize ; to outline.

scie n.f. saw. *Courbe en dents de ~*, jigsaw curve ; (*fluctuations*) roller-coaster.

science n.f. science. ~ *du comportement*, behavioural science. ~ *de la gestion*, management science. ~ *sociale*, social science.

scientifique adj. scientific. *Organisation ~ du travail*, industrial engineering ; time and motion studies.

scientifique *n.m.* scientist.

scinder *v.* to divide, to split up.

scission *n.f.* scission, split, rift. ~ *d'actifs*, divestment (of assets). *Faire ~*, to secede.

scolaire *adj.* (relating to) school, academic, educational. *Année ~*, academic year, school year. *Bulletin ~*, school's report card. *Établissement ~*, educational institution/ establishment. *Résultats ~s*, academic achievements, academic record.

scolarité *n.f.* **1.** *(durée de la ~)* (years of) schooling. **2.** tuition. *La ~ est de trois ans dans cette école*, the school has a three-year program(me). *Age de fin de ~*, school-leaving age. *Certificat de ~*, school certificate, school attendance certificate, certificate of studentship. *Droits/frais de ~*, tuition fees.

score *n.m.* score. ~ *de mémorisation*, noting score.

scrip *n.m.* scrip.

scriptural, e *adj.* scriptural. *Monnaie ~e*, bank money.

scrutin *n.m.* poll, ballot, vote. *Dépouiller un ~*, to count/to tally/ the votes. *Jour du ~*, polling day. ~ *secret*, secret ballot, secret vote.

séance *n.f.* session, meeting ; *(organisme officiel)* sitting ; *(tribunal)* hearing ; *(cinéma)* show, performance. ~ *de clôture*, closing session. *(Bourse) En fin de séance*, at/towards/the close. *Lever une ~*, to adjourn ; to wind up a meeting. *Ouvrir une ~*, to open a meeting.

sec, sèche *adj.* dry. *Cale sèche*, dry dock. *Perte sèche*, dead loss.

sécheresse *n.f.* drought.

secondaire *adj.* secondary. *Effet ~*, side effect. *Secteur ~*, secondary sector.

seconde main (de), second-hand.

second marché *(Bourse)* secondary market, unlisted stock market, *(G.B.)* unlisted securities market, junior market.

secouer *v.* to shake ; to jolt ; to rock.

secours *n.m.* help, assistance, relief. *Caisse de ~*, relief fund. *Fonds de ~*, emergency fund. *(Accident) les ~*, the rescue/relief party.

secousse *n.f.* shock, jolt, jerk.

secret, -ète *adj.* secret. *Vote à bulletin ~*, (by) secret ballot.

secret *n.m.* **1.** secret ; **2.** secrecy. ~ *bancaire*, banking secrecy ; bank secrecy. ~ *professionnel*, confidentiality ; professional secrecy.

secrétaire *n.m.f.* secretary. ~ *de direction*, executive secretary ; P.A. (Personal Assistant) secretary. ~ *général*, general secretary, secretary-general, company secretary.

secrétariat *n.m.* **1.** secretariat ; *(fonction)* secretaryship. **2.** *(bureau)* secretary's office.

secteur *n.m.* **1.** sector, industry, field. *Le ~ automobile*, the car industry. ~ *électrique*, local supply circuit. ~ *de vente*, sales area. *Chef/Responsable de ~*, area manager. ~ *primaire*, primary sector. ~ *privé*, private sector. ~ *public*, public sector. ~ *secondaire*, secondary sector. ~ *tertiaire*, tertiary sector. **2.** *Brancher sur le ~*, to take one's power from the mains, to connect to the local supply circuit ; to plug in.

section *n.m.* section, branch. ~ *syndicale*, (G.B.) union branch, local branch, (U.S.) local.

sectoriel, le *adj.* sectional. *Intérêts ~s*, sectional interests ; vested interests.

sécurisation *n.f.* securing, making secure.

sécuriser *v.* to make secure, to secure.

sécurité *n.f.* **1.** security. **2.** safety. *Coefficient de ~*, safety factor. *Marge de ~*, safety margin. ~ *alimentaire*, food safety. ~ *de l'emploi*, job security. ~ *sociale*, social security.

sédentaire *adj.* sedentary.

segment *n.m.* segment. ~ *de clientèle*, customer group. ~ *de marché*, market segment.

segmentation *n.f.* segmentation ; cluster sampling. ~ *des marchés,* market segmentation.

segmenter *v.* to segment.

seing *n.m.* seal. *Acte sous ~ privé,* simple contract, private deed, private contract.

séjour *n.m.* stay. *Permis de ~,* residence permit, residency permit. *Taxe de ~,* visitor's tax.

séjourner *v.* to stay.

selectif, -ive *adj.* selective. *Accès ~,* random access.

sélection *n.f.* selection. ~ *de candidats,* selection of candidates, screening of applicants. ~ *des médias,* media selection. ~ *de portefeuille,* portfolio selection.

sélectionner *v.* to select ; to shortlist ; to screen.

selon *prép.* according to. *Salaire ~ âge et expérience acquise,* salary commensurate with age and previous experience. ~ *facture,* as per invoice.

semaine *n.f.* ~ *de travail,* working week, (U.S.) workweek, *Réduire la ~ de travail,* to shorten the workweek.

semestre *n.m.* **1.** half-year. *Les résultats pour le premier ~,* the first two quarters' performance. **2.** *(universitaire)* semester.

semestriel, -le *adj.* half-yearly, semi-annual.

semestriellement *adv.* half-yearly.

semi *préf.* semi-.

séminaire *n.m.* symposium ; *(force de vente, etc.)* convention ; *(université)* seminar.

sensible *adj.* **1.** substantial, marked, significant, sharp. *Amélioration ~,* marked improvement. *Baisse ~ de qualité,* marked impairment of quality. *Baisse ~ des cours,* sharp drop in quotations. *Hausse ~ des prix,* substantial/significant/increase in prices. **2.** sensitive, receptive. *Marché ~,* sensitive market. *Produit ~,* sensitive product.

sensibiliser *v.* to sensitize.

sentence *n.f.* **1.** decision, judg(e)ment. **2.** sentence, award. ~ *d'arbitrage,* arbitration award. *Rendre une ~ arbitrale,* to make an award.

sentiment *n.m.* feeling ; *(bourse etc.)* sentiment.

séparation *n.f.* separation ; divorce ; *demander la ~,* to seek a divorce. ~ *de biens,* separate maintenance. *(comptab.) principe de séparation des exercices,* matching principle ; *procédures de séparation des exercices,* cut off procedures.

séparé, e *adj.* separate, individual, several. *(Couple)* estranged.

séparer *v.* to separate.

séquence *n.f.* sequence. ~ *filmée,* film sequence.

séquencement *n.m.* sequencing.

séquentiel, -le *adj.* sequential.

séquestration *n.f.* sequestration.

séquestre *n.m.* **1.** sequestration, embargo, receivership. **2.** *(individu)* receiver, sequestrator ; trustee, depositary. *Mise sous ~,* receivership. *Ordonnance de mise sous ~,* receiving order. *Mettre sous séquestre,* to sequester.

séquestrer *v.* to sequester, to lay an embargo upon.

série *n.f.* **1.** series, set, run, batch. **2.** range, line. *De ~,* standard(ized). *Fabrication en ~,* mass production, standardized production. *Fins de ~,* oddments, remnants. *Hors ~,* specially manufactured, custom-made. *Pré-~,* pilot run. *Numéro de ~,* serial number. *Production en petite ~,* batch production. ~ *de produits,* product line. *Depuis quelques mois, il y a eu une ~ de grèves sauvages,* there has been a rash/a spate/of wildcat strikes in the past few months.

sérier *v.* to seriate.

sérieux, -euse *adj.* **1.** genuine, reliable, dependable. **2.** serious.

serment *n.m.* oath. *Prêter ~,* to take an oath. *Déclaration sous ~,* affidavit. *Sous ~,* on oath, under oath.

serpent monétaire, (European) monetary snake.

serré, e *adj.* tight. *Prix ~,* best price, lowest price.

serveur, -euse *n.m.f.* waiter, waitress.

serveur *n.m.* *(Info.)* server. *~ de données,* on line data service.

servi, e *adj.* served. *Premier arrivé, premier ~,* first come, first served.

service *n.* **1.** service, department. **2.** *(Fin.)* payment service. **3.** *(transport)* service. **4.** *(fonctionnaire, etc.)* duty. *En ~,* on duty. *Ne pas être en ~,* to be off duty. *Années de ~,* years of service, seniority. *Chef de ~,* head of department. *Entreprise de ~ public,* (public) utility. *Libre-~,* self-service store. *Nécessités du ~,* service requirements. *Rendre ~,* to be useful, to oblige, to do a favo(u)r. *~s administratifs,* administrative department. *~ après-vente,* after-sales service, after-sales department. *~ clients,* *~ consommateurs,* customer service. *~ clientèle,* *~ à la clientèle,* customer service. *~ commercial,* sales department. *~ comptable,* accounts department. *~ de recouvrement,* collection department. *~ du contentieux,* legal department, law department. *(Pub.) ~ création,* art/artwork/creative/design/department. *~ de la dette,* debt service. *~ d'intérêt,* payment of interest. *~ de livraison,* delivery service. *~ de presse,* press-copies. *(Pub.) ~ rédaction,* copy department. *~ des réclamations,* claims department.

service de proximité, community service.

service des ventes, sales department. *Chef du ~,* sales manager.

service minimum, minimum service.

service public 1. public sector ; state-controlled sector, state-controlled enterprise(s) ; *(gaz, électricité)* (public) utility. **2.** government service, public service.

services *n.pl.* services, (the) service industries, (the) service trades.

servir *v.* **1.** to serve, to be useful, to be in use. **2.** to use, to make use of. **3.** *(restaurant)* to wait on somebody. *Est-ce que l'on vous sert ?,* Are you being attended to ? *~ le marché,* to service the market. **4.** *(une rente, une annuité)* to pay. *~ un intérêt,* to pay/earn/bear/yield (an) interest.

servir (se) 1. *(= utiliser)* to use, to operate. **2.** *(= prendre)* to help oneself (to something).

servitude *n.f.* easement, encumbrance, charge. *Immeuble sans ~s ni hypothèques,* estate free from encumbrances. *(Sens large)* constraint ; dependence ; bondage.

session *n.f.* **1.** *(assemblée)* session, sitting. **2.** *(examens)* session, examination ; course, program(me). *La ~ de juin,* the June examination. *~ à huis clos,* in camera session, *(U.S.)* executive session. *~ intensive,* crash course, intensive program(me).

seuil *n.m.* threshold, point, level, line. *Seuil critique,* critical level. *~ de pauvreté,* poverty line. *~ de prix,* price threshold. *~ de rentabilité,* point mort, break-even point. *~ de signification (compta.),* materiality (principle). *Abaisser le ~ de la retraite,* to lower retirement age.

seul, e *adj.* only ; alone ; sole, single. *~ légataire,* sole legatee. *~ propriétaire,* sole owner, sole proprietor. *Le tourisme ~ n'explique pas ces bénéfices,* tourism alone does not account for such profits.

sexe *n.m.* sex ; gender.

sexuel, le *adj.* sexual, sex. *Discrimination ~,* sex discrimination. *Harcèlement ~,* sexual harassment.

sicav *(société d'investissement à capital variable),* open-end investment trust/fund, *(G.B.)* unit trust, *(U.S.)* mutual fund ; sicav-actions, stock fund ; *sicav monétaire,* money-market fund ; *sicav obligataire,* bond fund.

sidérurgie *n.f.* iron and steel industry.

sidérurgique *adj.* iron and steel. *Industrie ~*, iron and steel industry. *Usine ~*, steel plant ; iron-works.

sidérurgiste *n.m.* steel worker.

siège *n.m.* **1.** seat. **2.** head office. *~ social*, head office, headquarters ; *(statutaire)* registered office. *Il a un ~ au Conseil d'administration*, he is a board member, he sits on the board. *Il y a un ~ à pourvoir au Conseil d'administration*, there is an empty seat on the Board of Directors. **3.** le Saint-Siège, the Holy See.

siéger *v.* *(personne, organisation, tribunal)* to sit. *~ au conseil d'administration*, to sit on the Board. *(commission)* to sit, to hold meetings. *(commission d'enquête)* to hold hearings. *(avoir son siège à)* to have headquarters at/in.

sigle *n.m.* acronym.

signal *n.m.* signal. *~ d'alarme*. **1.** alarm signal ; flashing lights ; warning. **2.** burglar's alarm. *Tirer le ~ d'alarme*, to sound the alarm.

signaler *v.* to inform, to notify, to report. *Nous vous signalons qu'une hausse de 5 % interviendra dans nos tarifs à dater du 1er avril*, we inform you/please note/that our prices will be increased by 5 % as of April 1st. *Plusieurs clients nous ont signalé certains retards dans les livraisons*, several clients reported (complained of) delays in deliveries.

signalétique *n.f.* signage.

signalisation *n.f.* signalling, (U.S.) signaling ; signposting.

signaliser *v.* to signal ; to signpost.

signalétique *adj.* descriptive ; *état/fiche ~*, descriptive return.

signataire *n.m.f.* signer, signatory.

signature *n.f.* **1.** signature. **2.** signing. *Apposer sa ~*, to sign, to sign one's name, to set one's hand (to), to affix/to append/one's signature (to). *Avaliser une ~*, to guarantee an endorsement. *Avoir la ~* *(pour une société)*, to be authorized to sign for a company, to have signatory power. *Présenter à la ~*, to submit for signature. *~ d'un contrat, d'un accord*, signing of a contract, of an agreement. *~ par procuration*, proxy signature. *~ d'un testament*, execution of a will.

signe *n.m.* sign. *On peut observer des ~s de reprise*, signs of a recovery can be noticed/a recovery seems to be in the works.

signer *v.* to sign. *~ par procuration*, to sign by proxy. *~ une procuration*, to execute a power of attorney. *A nous retourner dûment signé*, please sign and return to us.

significatif, ve *adj.* significant.

signification *n.f.* **1.** meaning. **2.** *(Jur.)* notification, serving.

signifier *v.* **1.** to mean. **2.** *(Jur.)* to serve, to notify. *~ une décision*, to notify a decision.

silo *n.* silo, *(U.S.)* elevator.

simple *adj.* simple, ordinary, plain, mere. *Avarie simple*, ordinary average. *Aller simple*, single ticket, *(U.S.)* one-way ticket. *Crédit simple*, simple credit. *Intérêts simples*, simple interest.

similicuir *n.* mock leather, imitation leather.

simulation *n.f.* simulation. *~ des files d'attente*, simulation of queues, queueing simulation.

simulé, e *adj.* simulated, bogus, sham. *Vente simulée*, sham sale.

sincère *adj.* frank, sincere ; candid ; honest ; true, genuine.

sincérité *n.f.* sincerity, frankness ; candour/(U.S.) candor ; honesty ; truth, genuineness. *~ des comptes* ≃ true and fair view.

sinistralité *n.f.* frequency of accidents / claims.

sinistre *n.m.* **1.** accident, casualty ; disaster. **2.** loss, damage. **3.** claim. *Déclaration de ~*, notice of loss or damage. *Évaluer le ~*, to assess the damage/the loss. *Faire une déclaration de ~*, to report an accident/a damage/a loss ; to put in a claim for compensation. *Service des ~s*, claims department.

sinistré, e *n.m.f.* disaster victim.

sinistré, e *adj.* damaged ; disaster-stricken. *Zone ~,* disaster area.

site *n.m. site. ~ commercial (sur la toile),* dot-com, dot-com company. *~ de la toile,* Website, web site ; *~ Internet,* Internet site. *~ de vente aux enchères,* auction site. *Sur le ~,* on site.

situation *n.f.* **1.** situation, position, state, condition. *Situation de famille,* marital/family/status. **2.** *(= métier)* occupation, position, job. **3.** *(géographique)* location. **4.** *(compte)* position ; statement, return. *Bordereau de ~ d'un compte,* bank statement. *~ financière,* financial standing/status. *~ de trésorerie,* financial statement. *~ en banque,* bank statement, bank balance. *Avoir une ~ stable,* to have a steady job.

situation nette *(société)* net worth, stockholders' equity.

slogan *n.m.* slogan.

SMIC *abrév.* de *Salaire Minimum de Croissance,* minimum growth wage.

smicard *n.m.* worker/employee who earns the minimum growth wage.

snobisme *n.m.* snobbery, snobbishness ; *(comportement d'achat)* status-seeking.

social, e *adj.* **1.** social. **2.** industrial, labour. **3.** corporate, authorized. **4.** welfare. *Agitation ~e,* social turmoil, labour unrest. *Assurances ~es,* national insurance, social insurance. *Bilan ~ de l'entreprise,* social audit of the firm. *Capital ~,* authorized, registered capital. *Conflit ~,* industrial, labour, dispute. *Prestations ~es,* social security benefits, welfare payments. *Raison ~e,* style (of a firm), trading name, corporate name. *Relations ~es,* industrial relations. *Siège ~,* head office, registered office, headquarters.

socialisation *n.f.* socialization.

socialiste *adj.* socialist.

socialiste *n.m.f.* socialist.

sociétaire *n.m.f.* **1.** member. **2.** *(actionnaire)* shareholder, *(U.S.)* stockholder.

sociétal, e *adj.* societal.

société *n.f.* **1.** society *(groupe social ou organisme à but non lucratif).* **2.** company, firm, concern ; *(U.S.)* corporation *(G.B. : uniquement pour entreprise non commerciale type* British Broadcasting Corporation). *~ de personnes,* partnership. *Acte constitutif de ~,* memorandum of association, charter of a company. *Constituer une ~,* to set up, to form, to incorporate a company ; to form an association. *Droit des ~s,* company law, corporate law, *(U.S.)* law of business corporations. *Impôts sur les ~s,* corporate tax. *~ affiliée,* affiliated company, affiliate. *~ anonyme, (équivalent G.B.)* public (limited) company, *(U.S.)* corporation. *~ à but non lucratif,* non profit (-seeking/-making) organization. *~ à responsabilité limitée,* private limited company, (U.S.) private corporation, close corporation. *~ à succursales multiples,* chain store, multiple. *~ en commandite simple,* limited partnership. *~ en commandite par actions,* partnership limited by shares. *~ de commerce,* trading company. *~ civile,* non-trading company. *Société commerciale,* business firm, business organization, *(U.S.)* business corporation. *~ concessionnaire,* statutory company. *~ de financement,* financing company. *~ de placement (de portefeuille)* investment trust. *~ en nom collectif,* general partnership. *~ fantôme,* bogus company. *~ holding,* holding company. *~ immobilière,* real estate company. *~ d'investissement à capital variable (SICAV),* unit trust, *(U.S.)* mutual fund. *~ d'investissement fermée,* closed-end investment. *~ mère,* parent company. *~ par actions,* joint-stock company, company limited by shares, *(U.S.)* corporation. *~ sœur,* sister company.

société cible, target company.

société de bourse, brokerage firm, stockbroking firm.

société de capitaux, corporation, corporate body, limited liability company.

société de personnes, partnership.

société écran, shell company, front company, nominee company.

sociologie *n.f.* sociology.

sociologique *adj.* sociological.

sociologue *n.m.f.* sociologist.

socio-professionnel, -le *adj.* socio-economic, occupational.

software *n.m.* software.

soin *n.m.* care. *Aux bons ~s de,* c/o (care of).

solaire *adj.* solar ; sun- ; sunlight. *Energie ~,* solar energy.

solde *n.m.* 1. balance. 2. surplus stock, sale goods, sale. *Pour ~ de tout compte,* in full settlement, to close the account. *Présenter un ~ créditeur,* to show a credit balance. *Présenter un ~ débiteur,* to show a debit balance. *Prix de ~s,* bargain prices. *Vendre en ~,* to sell at a discount, at cut prices. « *Soldes* », " sale ", " clearance sale ". *~ dû,* balance due. *~ d'un compte,* balance of an account. *~ reporté à l'exercice suivant,* balance carried forward to next account. *Solde reporté de l'exercice précédent,* balance brought forward from last account.

solde *n.f.* pay. *Congé sans ~,* holiday without pay.

solder *v.* 1. to balance, to settle, to pay off. 2. *(des marchandises)* to sell off, to clear (off), to sell at a discount.

solder (se) *v.* 1. *(finir)* to wind up, to end up. 2. *(compta.)* to show a balance, to show a profit (or a loss). *Se ~ par un échec,* to prove unsuccessful, to turn out to be a failure, to fizzle out.

soldeur *n.m.* discounter ; discount store.

solidaire *adj.* 1. sympathetic ; solidary ; interdependent. 2. *(Jur.)* joint and several. *Obligation (conjointe et) ~,* obligation binding all parties, joint and several obligation. *Responsabilité (conjointe et) ~,* joint and several liability.

solidairement *adv.* jointly and severally. *Conjointement et ~,* jointly and severally.

solidarité *n.f.* solidarity, sympathy. *Grève de ~,* sympathy strike, sympathetic strike. *Se mettre en grève par ~,* to strike in sympathy.

solide *adj.* 1. strong, sturdy ; robust, rugged. 2. sound, reliable. *Article ~,* sturdy article. *Reputation ~,* long-standing reputation, established fame. *Financièrement ~,* financially sound.

solidité *n.f.* strength, sturdiness.

solliciter *v.* to ask for, to apply for. *~ un emploi,* to apply for a job, for a position. *Je sollicite de votre haute bienveillance,* I should be extremely grateful if you would.

solution *n.f.* 1. solution ; settlement. *La meilleure ~ serait de,* the best course would be to. 2. break. *~ de continuité,* break in continuity, solution of continuity.

solvabilité *n.f.* solvency, creditworthiness, credit rating. *Degré de ~,* credit rating.

solvable *adj.* solvent, financially sound. *Caution ~,* sufficient security, good surety.

sombre *adj.* dark ; sombre, (U.S.) somber ; gloomy. *L'avenir est/les perspectives sont ~(s),* the outlook is gloomy, prospects are grim.

sommaire *n.m.* summary, abstract, digest.

sommaire *adj.* summary, brief, concise ; perfunctory, cursory.

sommation *n.* 1. summation (of a series). 2. *(Jur.)* summons.

somme *n.f.* sum, amount, mass, quantity. *~ déductible des impôts sur le revenu,* tax write-off. *~ forfaitaire,* lump sum. *~ globale,* inclusive sum, lump sum, global amount. *~ totale,* sum-total, total amount. *Passer une ~ au débit de,* to charge a sum to the debit of. *Porter une ~ au crédit de,* to credit a sum to.

sommer *v.* **1.** to sum, to sum up. **2.** *(Jur.)* to summon.

sommet *n.m.* summit, peak, top ; apex. *Conférence au ~,* summit meeting.

somptuaire *adj.* sumptuary, lavish. *Dépenses ~s,* lavish expenses.

sonal *n.m.* *(pub.)* jingle.

sondage *n.m.* **1.** poll, survey. *(Audience radio, tél)* ratings. **2.** probe, sounding. *Contrôle par ~,* spot checking. *Enquête par ~,* sample survey, survey. *Faire un ~,* to poll, to carry out a poll, to take a poll. *Organisme/institut de sondage,* polling agency/institute. *Résultats d'un sondage,* findings. *~ à la sortie des urnes/du bureau de vote,* exit poll. *~ aléatoire,* random sampling. *~ d'opinion,* opinion poll. *~ sur place,* spot check. *Spécialiste des ~s,* pollster.

sondage (faire un), to conduct a poll/survey.

sondage par téléphone, telephone poll.

sondé, e *adj.* polled, surveyed. *Les sondés,* those polled, those interviewed, the interviewees, the respondents.

sonder *v.* **1.** *(opinion)* to poll, to survey. *Personnes sondées,* those polled, the people polled, the interviewees, the respondents. **2.** *(enquêter)* to probe, to investigate. **3.** *(profondeur)* to sound.

sondeur *n.* pollster.

sonorisation *n.f.* **1.** public address system. **2.** sound mixing.

sort *n.m.* lot. *Tirage au sort,* drawing, draw. *Tirer au ~,* to draw by lot. *Tirer au ~ des obligations remboursables,* to draw bonds for redemption.

sortant, e *adj.* outgoing, retiring. *Commissaire aux comptes ~,* retiring auditor. *Battre le candidat ~,* to defeat/to unseat/the incumbent.

sortie *n.f.* **1.** outgoings, disbursement, outflow, output. **2.** exit. *~ de secours,* emergency exit. **3.** export. *Entrées et ~s de caisse,* cash receipts and payments. *Entrée et ~ de données,* data input and output. *~ de capitaux,* capital outflow. *~ de devises,* currency outflow, flight of currencies, drain on currencies. *~ d'entrepôt,* taking out of bond, clearing from bond.

sortie d'usine, factory exit/gate ; *(prix)* ex-works, ex-plant, ex-factory ; (at the) factory gate.

sortir *v.* to go out. *~ de la récession,* to pull out of recession. *~ un livre,* to publish a book. *~ un article/produit,* to launch/market an article/a product. *~ une règlementation,* to issue a regulation.

souche *n.f.* stub, counterfoil. *~ de chèque,* cheque (*U.S. :* check) stub. *~ de bordereau,* counterfoil.

soudoyer *v.* to bribe.

souffrance *n.f.* abeyance, demurrage, suspense. *Colis en ~,* unclaimed parcel, parcel awaiting delivery. *Dossier en ~,* case/file pending. *Effet en ~,* overdue/outstanding bill, bill in suspense. *Marchandises en ~,* goods being help up, goods on demurrage. *Compte en ~,* outstanding/overdue account.

souffrir (de) *v.* to suffer (from).

soulte *n.f.* **1.** *(Jur.)* balance. **2.** *(Fin.)* cash distribution.

soumettre *v.* to submit, to present, to produce. *~ à une épreuve,* to test. *~ des propositions,* to make proposals. *~ un rapport,* to submit, to produce a report.

soumis, e (à) *adj.* subject to, liable to. *~ à l'impôt sur le revenu,* liable to income-tax. *~ aux droits de douane,* dutiable, liable to customs duties. *~ aux fluctuations du marché,* subject to market fluctuations.

soumission *n.f.* tender, bid. *Faire une ~,* to make a tender, to tender for. *Ouvrir la ~,* to invite tenders for. *~ cachetée,* sealed tender.

soumissionnaire *n.m.* tenderer, *(Fin.)* underwriter. *Adjudication au plus bas ~,* allocation to the lowest tenderer/bidder.

soumissionner *v.* to tender for, to make a tender, *(U.S.)* to bid ; *(Fin.)* to underwrite. *~ à une adjudication,* to tender for a contract.

soumissionner *v.* to submit a bid.

source *n.f.* source. *Savoir quelque chose de ~ sûre,* to have it on good authority, to speak with inside knowledge. *Retenue à la ~,* pay-as-you-earn (P.A.Y.E.), *(U.S.)* pay-as-you-go. *~ d'information,* source of information. *~ bien informée,* authoritative source, knowledgeable source, reliable source.

sous-agence *n.f.* sub-agency.

sous-agent *n.m.* sub-agent.

sous-bail *n.m.* sub-lease.

sous-bailleur *n.m.* sub-lessor.

sous-capitalisation *n.f.* underfunding, inadequate funding, undercapitalization.

sous-capitalisé, underfunded, undercapitalized.

sous-comité *n.m.* sub-committee.

sous-commission *n.f.* sub-committee.

sous-compte *n.m.* subsidiary account.

sous-consommation *n.f.* underconsumption.

sous-coté(e) *adj.* undervalued ; underestimated, underrated.

souscripteur *n.m.* subscriber.

souscription *n.f.* subscription, application, underwriting. *Appel à la ~,* prospectus. *Droit de ~,* application right. *Mettre en ~,* to invite subscriptions for. *~ d'actions,* application for shares. *~ à une émission,* subscription to an issue.

souscrire *v.* **1.** to subscribe, to apply for. **2.** *(Ass.)* to underwrite. *~ à une émission,* to subscribe to an issue. *~ à un emprunt,* to subscribe to a loan. *~ un abonnement,* to take out a subscription. *~ des actions,* to subscribe shares, to apply for shares. *~ une police,* to underwrite

a policy. *~ un risque,* to underwrite a risk. **3.** *(à une opinion)* to endorse.

souscrit, e *adj.* subscribed. *Capital ~,* subscribed capital. *Émission entièrement ~e,* fully subscribed issue ; *émission sursouscrite,* over-subscribed issue.

sous-développé, e *adj.* underdeveloped. *Pays sous-~s,* underdeveloped/developing/countries, less-developed countries (L.D.C.s).

sous-développement *n.m.* underdevelopment.

sous-directeur, -trice *n.m.f.* assistant manager, deputy manager.

sous-ensemble *n.m.* sub-set.

sous-emploi *n.m.* underemployment.

sous-employer *v.* to underuse.

sous-estimation *n.f.* underestimation, underrating, undervaluation.

sous-estimer *v.* to underestimate, to undervalue, to underrate.

sous-évaluation *n.f.* undervaluation.

sous-évaluer *n.* to undervalue.

sous-facturation *n.f.* underbilling.

sous-facturer *v.* to underbill.

sous-groupe *n.m.* sub-group.

sous-jacent, e *adj.* underlying.

sous-locataire *n.f.* sub-lessee.

sous-louer *v.* to sublet.

sous-marque *n.f.* subsidiary brand.

sous-multiple *n.m.* sub-multiple.

sous-performer *v.* to underperform.

sous-production *n.m.* underproduction.

sous-produit *n.m.* by-product, secondary product.

sous-programme *n.m.* routine, subroutine.

sous-prolétariat *n.m.* lumpen proletariat.

sous-sol *n.m.* **1.** subsoil, substratum. **2.** basement ; lower ground floor.

sous-système *n.m.* sub-system.

sous-titre *n.m.* **1.** sub-title, cross-head, subheading. **2.** *(d'un dessin)* caption.

soustraction *n.f.* subtraction, subtracting.

soustraire *v.* to subtract.

sous-traitance *n.f.* sub-contracting ; contracting out.

sous-traitant *n.m.* subcontractor ; jobber.

sous-traiter *v.* to subcontract ; to contract out ; to farm out.

sous-valorisé(e) *adj.* undervalued.

sous-vêtements *n.m.pl.* underwear.

soute(s) *n.f. sg ou pl.* hold.

soutenance *n.f. (d'un rapport, etc.)* oral presentation.

soutenir *v.* **1.** to support, to back (up), *(Fin.)* to subsidize. *~ une entreprise en difficulté,* to prop up an ailing company. *~ une monnaie,* to bolster a currency. *~ une motion,* to second a motion. **2.** *(un point de vue)* to uphold, to maintain, to affirm ; *(le point de vue d'un tiers)* to endorse.

soutenu, e *adj.* **1.** supported, sustained. **2.** steady, buoyant. *Efforts ~s,* sustained efforts. *Marché ~,* steady, buoyant market.

souterrain, e *adj.* underground. *Economie ~,* underground economy.

soutien *n.m.* support. *Politique de ~ à l'agriculture, (U.S.)* agricultural support policy. *Prix de ~,* support price, supported price. *~ de famille,* breadwinner. *~ des prix,* price support.

souverain, e *adj.* sovereign. *Risque ~,* sovereign risk.

souveraineté *n.f.* **1.** sovereignty, supremacy, supreme authority. *Partage de ~,* power-sharing. **2.** dominion, territory.

spatial, e *adj.* space. *L'industrie ~e,* the (air)space industry ; *navette ~e,* space shuttle ; *vaisseau ~,* spacecraft.

spationaute *n.m.f.* astronaut, spaceman, spacewoman.

spécialisation *n.f.* specialization. *~ des exercices et des réalisations (compta.),* matching principle.

spécialisé, e *adj.* **1.** specialized, special-purpose. *Ouvrier ~, O.S. (par opposition à ouvrier qualifié)* unskilled worker, semi-skilled worker. **2.** skilled. *Main-d'œuvre ~e,* skilled labour, *(U.S.)* labor. *Main-d'œuvre non ~e,* unskilled labour, *(U.S.)* labor. *Ordinateur ~,* special-purpose computer.

spécialiste *n.m. f.* specialist, expert.

spécialité *n.f.* speciality, specialty. *Biens de ~,* specialty goods. *~ pharmaceutique,* patent medicine, proprietary medicine.

spécification *n.f.* specification, requirement. *~ de la fonction,* job specification.

spécifier *v.* to specify, to set forth, to spell out. *~ des conditions (contrat, police),* to stipulate/to set forth terms.

spécifié, e *adj.* specified. *Compte ~,* detailed account, *(U.S.)* itemized account.

spécifique *adj.* specific.

spécimen *n.m.* specimen.

spectacle *n.m.* show, performance. *L'industrie du ~,* show-business.

spéculateur, -trice *n.m. f.* speculator. *~ à la baisse,* bear. *~ à la hausse,* bull. *~ mixte, loup,* stag.

spéculatif, -ive *adj.* speculative. *Capitaux ~s,* a) hot money ; b) risk capital. *Risque ~,* speculative risk.

spéculation *n.f.* speculation. *~ à la baisse,* bear speculation, bear operation. *~ à la hausse,* bull speculation, bull operation. *~ mixte,* straddle speculation. *Valeurs de ~,* speculative/hot securities.

spéculer *v.* to speculate (*sur le café,* in coffee ; *sur des chances,* on chances), to gamble ; *(U.S.)* to play the stock market. *~ à la baisse,* to speculate for a fall, to play for a fall, to go a bear. *~ à la hausse,* to play for a rise, to go a bull.

spirale *n.f.* spiral. ~ *des coûts,* spiral(l)ing costs. ~ *des salaires et des prix,* wage-price spiral. ~ *inflationniste,* inflationary spiral.

spoliatif, -ive *adj.* spoliative, confiscatory.

spoliation *n.f.* spoliation.

spolier *v.* to spoliate.

spontané, e *adj.* spontaneous, sudden. *Offre ~,* unsolicited offer ; *candidature ~,* unsolicited application.

spot *n.* spot, commercial.

stabilisateur, -trice *adj.* stabilizing.

stabilisation *n.f.* stabilization.

stabiliser *v.* to stabilize, to steady ; to level off ; to peg. ~ *le marché,* to peg the market.

stabiliser (se) *v.* to level off, to stabilize, to steady. *Les cours se sont stabilisés à leur niveau d'hier,* quotations have climbed back (+), eased back (-), to yesterday's level. *Les ventes se stabiliseront dans les mois à venir,* sales will level off in the months to come. *Le dollar s'est stabilisé à…,* the dollar settled at…

stabilité *n.f.* stability, steadiness. ~ *de l'emploi,* job security. ~ *des prix,* price stability. *Pact de ~,* stability pact.

stable *adj.* stable, steady, firm. *Emploi ~,* stable job, permanent position. *Marché ~,* firm market. *Monnaie ~,* stable currency. *Rythme stable,* steady pace.

stage *n.m.* **1.** training period, *(U.S.)* traineeship, *(U.S.)* internship ; training course/session. **2.** training program(me). ~ *de formation,* training program(me). ~ *de pré-emploi,* probation, probation period. *Faire un ~,* to complete a training period, *(U.S.)* a traineeship, an internship. ~ *en entreprise, (U.S.)* internship, *(G.B.)* work experience placement, work placement.

stagiaire *n.m. f.* **1.** trainee, *(U.S.)* intern. **2.** *(en pré-emploi)* probationer.

stagnant, e *adj.* stagnant, stagnating, dull. *Économie ~e,* stagnant economy. *Marché ~,* dull market. *Prix ~s,* stagnant prices.

stagnation *n.f.* stagnation, dullness. ~ *du marché,* market stand-still.

stagner *v.* to stagnate. *Les affaires stagnent,* business is at a stand-still.

stand *n.m.* stand, booth, stall. ~ *d'exposition,* exhibition stand.

standard *adj.* standard, standardized. *Coûts ~,* standard costs. *Déviation ~,* standard deviation. *Modèle ~,* standard model, *(U.S.)* run-of-the-mill model.

standard *n.m.* **1.** standard. **2.** *(Tél.)* switchboard. ~*s de prix,* price standards. ~ *de vie,* standard of living.

standardisation *n.f.* standardization.

standardisé, e *adj.* standardized, standard.

standardiser *v.* to standardize.

standardiste *n.f.* switchboard operator, telephone operator.

standing *n.m.* status.

station *n.m.* **1.** station. **2.** *(tourisme)* resort. ~ *balnéaire,* seaside resort. ~ *de sports d'hiver,* winter resort. ~ *thermale,* spa. **3.** ~ *spatiale,* space station. ~ *spatiale habitée,* manned space station.

stationnaire *adj.* stationary. *État ~,* stationary state.

stationnement *n.m.* parking. ~ *réglementé,* restricted parking. *(Navires) Taxe de ~,* demurrage charge.

statique *adj.* static. *Modèle ~,* static model.

statisticien *n.m.* statistician.

statistique *adj.* statistical. *Analyse ~,* statistical analysis. *Écart ~,* statistical discrepancy. *Enquête ~,* statistical survey/enquiry.

statistique *n.f.* statistics ; return, figures. ~*s démographiques,* vital statistics, population statistics.

statuer *v.* **1.** to decree, to order. **2.** *(Jur.)* to rule, to pronounce judgment on, to settle a matter.

statut *n.m.* **1.** status. **2.** statute ; article, rule, regulation. ~ *légal*, legal status. ~*s de société*, memorandum and articles of association, *(U.S.)* charter and by-laws.

statutaire *adj.* statutory, provided by the articles. *Réserve ~*, statutory reserve. *Réunion ~*, statutory meeting.

stellage *n.m.* put and call, double option.

stencil *n.m.* stencil.

sténodactylo *n.f.* shorthand typist.

sténographie *n.f.* shorthand, stenography.

sténographier *v.* to take down in shorthand.

stérile *adj.* unproductive, barren, fruitless.

sterling *n.m.* sterling. *Livre ~*, pound sterling, sterling. *Zone ~*, sterling area.

stimulant, e *adj.* stimulating, incentive.

stimulant *n.* stimulus, incentive.

stimulation *n.f.* stimulation, incentive.

stimuler *v.* to stimulate, to incite, to spur. *Mesures destinées à ~ l'économie*, economic incentives.

stipulation *n.f.* stipulation, provision. ~*s d'un contrat*, specifications, provisions of a contract. ~*s d'une police d'assurance*, provisions of an insurance policy.

stipulé, e *adj.* stipulated, specified, provided. *Prix ~ au contrat*, contract price.

stipuler *v.* to stipulate, to provide, to specify. *Le contrat stipule que*, the contract provides that.

stock *n.m.* stock, stock-in-trade, inventory. *Accumulation de ~s*, accumulation of stocks, inventory buildup. *Avoir en ~*, to keep in stock. *Constituer des stocks*, to lay in stocks, to build up inventories. *Constitution de ~s*, stock building. *Épuisement des ~s*, stock depletion. *Gestion des ~s*, stock control, inventory control, stock management. *Liquidation du ~*, stock clea-rance, liquidation of inventories. *Renouvellement des ~s*, restocking. *Rotation des ~s*, stock turnover. *Rupture de ~*, stock shortage, understocking. *Être en rupture de ~*, to be out of stock.

stockage *n.m.* **1.** stocking, building of inventory ; stockpiling ; carrying of stocks. **2.** storage. *Capacité de ~*, storage capacity.

stocker *v.* to stock, to store, to stockpile.

strate *n.f.* layer.

stratégie *n.f.* strategy. ~ *commerciale*, marketing strategy. ~ *de croissance*, growth strategy. ~ *de l'entreprise*, corporate strategy. ~ *de marque*, brand strategy. ~ *de prix*, pricing strategy. *Élaboration de ~*, strategy formulation.

stratégique *adj.* strategic. *Plan ~*, strategic plan, strategic planning.

stress *n.m.* stress.

stresser *v.* to stress. *Stressé*, stressed out.

strict, e *adj.* strict, severe ; *(mesures)* tight. ~ *minimum*, bare minimum.

structural, e *adj.* structural.

structure *n.f.* structure. ~ *de coût(s)*, cost structure. ~ *de l'entreprise, des organisations*, corporate structure. ~ *de prix*, price structure. *Changements de ~*, structural changes. *Mutation des ~s*, organization change.

structurel, -le *adj.* structural, core, built-in.

style *n.m.* style, tone. ~ *rédactionnel*, editorial style. ~ *de vie*, life-style.

stylique *n.f. (pub.)* design.

styliser *v.* to stylize.

subalterne *n.m.f.* subordinate, subaltern.

subalterne *adj.* subaltern, subordinate. *Tâches ~s*, menial tasks/work.

subdiviser *v.* to subdivide.

subdivision *n.f.* subdivision.

subir *v.* to suffer, to sustain, to undergo. ~ *une épreuve*, to undergo a test. ~ *des modifications,* to be subjected to alterations, to undergo alterations. ~ *une perte,* to suffer, to sustain, to take a loss. *Ces articles ont subi une hausse importante,* the price of these articles has increased sharply.

subliminal, e *adj.* subliminal.

submerger *v.* to submerge ; to flood ; to overwhelm ; *(navire etc.)* to swamp. *Etre submergé de travail,* to be swamped with work, to be snowed under with work.

subordination *n.f.* subordination.

subordonné, e *adj.* dependent (on), subordinate(d) (to). *Titre ~,* subordinated security.

subordonné *n.m.* subordinate.

subordonner *v.* to subordinate (à, to).

subornation *n.f.* bribing, bribery, subornation. ~ *de témoin(s),* witness bribing.

suborner *v.* to bribe, to suborn.

subrogation *n.f.* subrogation, substitution.

subroger *v.* to subrogate.

subside *n.m.* subsidy ; grant.

subsidiaire *adj.* subsidiary, accessory.

subsidiarité *n.f.* subsidiarity.

substantiel, -le *adj.* substantial ; *(somme, etc.)* handsome, generous, large.

substituer *v.* to substitute, to replace.

substitut *n.m.* **1.** *(produit de remplacement)* substitute. **2.** *(Jur.)* deputy public prosecutor.

substitution *n.f.* substitution, replacement. *(Jur.) Clause de ~,* tail, entailment. *Produit de ~,* substitute (product).

suburbain, e *adj.* suburban.

subvenir *v.* to provide, to support. ~ *aux besoins d'une famille,* to support a family.

subvention *n.f.* subsidy, grant, aid. ~ *de l'État,* Government subsidies, grant-in-aid. ~ *à l'exportation,* export subsidy. *Recevoir une ~ de l'État,* to be subsidized by the State.

subventionné, e *adj.* subsidized. ~ *par l'État,* State-aided.

subventionner *v.* to subsidize.

succédané *n.m.* substitute.

succéder *v.* to succeed to, to take over from. *(Héritage)* to come into an inheritance. *Il succède à M. Thompson,* he is taking over from Mr. Thompson.

succès *n.m.* success. *Nos nouveaux produits ont connu un gros ~,* our new products have proved quite successful.

successeur *n.m.* successor.

successif, ve *adj.* successive, consecutive. *(Jur.) Droit ~,* right to inherit.

succession *n.f.* **1.** succession. **2.** *(Jur.)* inheritance. *Droits de ~,* estate duties, death duties, *(U.S.)* inheritance tax, estate tax, death tax.

successoral, e *adj.* successional.

succursale *n.f.* branch, suboffice. *Magasin à ~s multiples,* multiple store, *(U.S.)* chain store.

succursaliste *n.m.* multiple operator.

suffire *v.* to be sufficient, to suffice. *Qui suffit à ses besoins,* self-supporting.

suffisant, e *adj.* sufficient, adequate.

suffrage *n.m.* vote ; suffrage ; franchise. ~*s exprimés,* votes recorded. *Obtenir des ~s,* to poll votes. ~ *universel,* universal franchise/suffrage.

suggérer *v.* to suggest.

suggestion *n.f.* suggestion.

suite *n.f.* **1.** continuation. **2.** succession, series. *A la ~ de,* following, further to ; pursuant to, owing to, on account of. *A la ~ du sommet de Genève,* in the wake of the Geneva summit. *Faisant ~ à notre conversation téléphonique…,* further to our telephone conversation… *Prendre la ~ d'une affaire,* to take over a business. *Prendre la ~ de quelqu'un,* to take over from someone. *Nous ne pouvons pas donner ~ à votre demande,* we cannot meet your request, handle your inquiry. *Trois fois de ~,* three times running, in a row. « *Suite* », " continued ".

suivant, e *adj.* following, next.

suivant *prép.* according to, as per. *~ facture,* as per invoice. *~ vos instructions,* according to your instructions.

suivi, e *adj.* persistent, consistent. *Demande ~e,* steady demand. *Relations ~es,* close relations.

suivi *n.m.* follow-up, monitoring, supervision, control. *~ des commandes,* follow-up/monitoring/ of orders. *~ des livraisons,* delivery control.

suivre *v.* 1. to follow. 2. to monitor, to control. « *A suivre* », to be continued. *Comme suit,* as follows. « *Faire ~ S.V.P.* ». "please forward". *~ un article,* to keep a line (of articles). *~ des instructions,* to comply with, to follow instructions.

sujet, -te *adj.* subject to, liable to ; *(qui a tendance à)* prone to. *Dividendes ~s à l'impôt sur le revenu,* dividends liable to income-tax. *Marchandises ~ tes à des droits,* dutiable goods. *Prix ~s à des variations,* prices subject to alterations.

sujet *n.m.* matter, subject, subject-matter.

superbénéfice *n.m.* surplus profit, excess profit.

supercherie *n.f.* fraud. *(Canular)* hoax.

superdividende *n.m.* surplus dividend.

superficie *n.f.* surface, area.

superficiel, -le *adj.* superficial.

superflu, e *adj.* superfluous, unnecessary.

surperformer *v.* to outperform.

supérieur, e *adj.* upper, superior, higher, top. *Cadre ~,* top executive, senior executive. *Enseignement ~,* higher education. *Qualité ~e,* prime quality, top quality, top grade.

supermarché *n.m.* supermarket.

supervision *n.f.* supervision.

supplanter *v.* to supersede.

suppléant, e *adj.* acting, substitute, deputy.

suppléant, e *n.m.f.* deputy ; substitute.

suppléer *v.* 1. to make up for. 2. to act as deputy for.

supplément *n.m.* supplement, addition ; additional payment, extra charge, extra. *~ d'imposition,* additional tax. *~ de prix,* extra charge, additional charge.

supplémentaire *adj.* supplementary, additional, extra, further. *Faire des heures ~s,* to work/to do/overtime. *Heures ~s,* overtime (work). *Train ~,* relief train.

support *n.m.* 1. *(soutien)* support. 2. *(étagère)* rack. 3. *(publicité, presse)* medium. *~s publicitaires,* advertising media. *Remarque* ■ L'anglais ne fait pas la différence entre média (ex : la presse) et support (ex : un journal), tous deux traduits par medium, *pl.* media. *Si les besoins d'une traduction l'imposent, traduire support par channel (TV),* station *(radio),* newspaper *etc. (presse), ou de façon plus générale et abstraite,* par vector. 4. aid. *~(s) audio-visuel(s),* audiovisual aids.

supporter *v.* 1. to bear, to stand. 2. to support. *~ des frais,* to meet expenses, to foot a bill. *~ une perte,* to sustain/to suffer/a loss.

supposer *v.* to suppose, to assume, to presume. *A ~ que,* assuming that.

supposition *n.f.* supposition, assumption.

suppression *n.f.* abolition, suppression, lifting. *~ d'emplois,* layoffs, redundancies, job losses, *(U.S.)* job-cuts. *~ des barrières douanières,* lifting of customs barriers.

supprimer *v.* to abolish, to cancel, to suppress, to cut. *~ des emplois/des postes,* to lay off, to shed jobs, to trim/prune the work/labo(u)r force. *(U.S.)* to cut jobs. *~ un mot (dans un texte),* to delete a word.

supputation *n.f.* reckoning, calculation.

supputer *v.* to reckon, to calculate.

supranational, e *adj.* supranational.

suprématie *n.f.* supremacy.

sûr, e *adj.* safe, secure, reliable. *Placement ~,* safe investment.

surabondance *n.f.* surfeit, glut.

surabondant, e *adj.* overabundant ; redundant.

surajustement *n.m.* overshooting.

suranné, e *adj.* old-fashioned, obsolete.

surcapacité *n.f.* overcapacity, excess capacity, surplus capacity, reserve capacity.

surcharge *n.f.* **1.** overload, excess weight. *(Inform.)* overrun. **2.** *(Impôts)* additional tax, surtax, overtax. **3.** alteration, correction.

surcharger *v.* **1.** to overload. **2.** to overtax, to overcharge. **3.** to alter. *Être surchargé de travail,* to be overworked.

surchauffe *n.f.* overheating.

surcote *n.f.* overpricing ; overvaluation ; overrating.

surcoter *v.* to overprice ; to overvalue ; to overrate.

surcoût *n.m.* overrun, cost overruns ; additional cost/burden.

surcroît *n.m.* increase, addition. *~ de travail,* extra work.

sureffectif(s) *n.m.* overmanning ; redundancies.

suremballage *n.m.* overwrap. *~ de vente,* pack. *~ par six,* sixpack.

surenchère *n.f.* outbidding, overbid, higher bid.

surenchérir *v.* to overbid, to outbid.

surendettement *n.m.* debt overload, debt overburden, excessive indebtedness.

surendetter (se) *v.* to overextend oneself ; to run into huge debts.

surestarie *n.f.* demurrage.

surestimation *n.f.* overevaluation, overvaluation, overestimate ; overrating.

surestimer *v.* to overestimate, to overrate, to overvalue.

sûreté *n.f.* safety, security, surety. *~ en garantie d'une créance,* security for a debt.

surévaluation *n.f.* overevaluation, overvaluation, overestimate.

surévaluer *v.* to overvalue, to overrate.

surface *n.f.* surface, area. *Magasin à grande ~,* large surface store ; supermarket ; superstore ; hypermarket. *~ de vente,* shopping space.

surfacturation *n.f.* overbilling ; overcharging.

surfacturer *v.* to overbill ; to overcharge.

surgelés, (deep-) frozen food(s).

surimposer *v.* to overtax.

surinvestissement *n.m.* overinvestment.

surmenage *n.m.* overwork, overworking.

surmener *v.* to overwork ; to drive (employees) too hard.

surmonter *v.* to overcome, to surmount. *(une crise)* to weather.

surnombre *n.m.* redundancy. *Ouvriers en ~,* redundant workers.

surpasser *v.* to exceed, to surpass.

surpaye *n.f.* extra pay, bonus.

surpayer *v.* to overpay.

surperformer *v.* to outperform.

surpeuplé, e *adj.* overpopulated ; overcrowded.

surpeuplement *n.m.* overpopulation.

surplus *n.m.* surplus, excess. *~ agricole(s),* farm surplus(es), agricultural surplus(es).

surprime *n.f.* extra premium.

surproduction *n.f.* overproduction.

surqualification *n.f.* overqualification.

surqualifié, e *adj.* overqualified.

surréaction *n.f.* overreaction ; *(économie)* overshooting.

surréservation *n.f.* overbooking.

sursalaire *n.m.* extra pay, bonus.

surseoir *v.* to postpone, to defer,

to put off. *Ordonnance de ~ à l'exécution d'un arrêt*, stay of execution.

sursis *n.m.* delay, respite, reprieve. *~ de paiement*, respite of payment. *~ à statuer*, stay of proceedings. *~ militaire*, military deferment/postponement. *(Jur.)* suspended sentence.

surtaxe *n.f.* extra charge, surtax. *~ fiscale*, tax surcharge. *~ postale*, additional postage.

survaleur *n.f.* 1. goodwill. 2. *(surévaluation)* overvaluation.

surveillance *n.f.* supervision, inspection, monitoring. *Comité de ~*, inspection committee. *Conseil de ~*, supervisory board.

surveillant, e *n.m.f.* supervisor, overseer, superintendent.

surveiller *v.* to watch, to observe ; to look after ; to keep track of, to monitor ; to supervise, to oversee. *~ de près*, to watch closely, to keep a close/sharp eye on.

survendre *v.* to oversell.

susceptible *adj.* likely to *(positif)*, liable to *(négatif)*.

suspendre *v.* to suspend, to discontinue ; to interrupt ; *(un projet)* to shelve ; to hold up, to stop ; *(une séance)* to adjourn ; *~ quelqu'un de ses fonctions*, to suspend someone from office. *~ le paiement d'un chèque*, to stop a cheque.

suspens (en) *adv.* unresolved, interrupted, in suspense, in abeyance. *Compte en ~*, outstanding account.

suspension *n.f.* suspension, stoppage. *~ de l'exécution d'un jugement*, stay of execution. *~ d'un paiement*, stoppage of payment. *~ de séance*, adjournment of a meeting/session ; recess ; break, pause.

symbolique *adj.* symbolic, nominal. *Grève ~*, token strike. *Paiement ~*, token payment. *Franc ~*, nominal damages.

synallagmatique *adj.* synallagmatic. *Contrat ~*, bilateral contract ; indenture.

syndic *n.m.* trustee, syndic, assignee. *~ de faillite*, official receiver, trustee in bankruptcy.

syndical, e *adj.* union. *Chambre ~e des agents de change*, stock exchange committee. *Délégué ~*, shop steward, union delegate. *Droits syndicaux*, union rights. *Mouvement ~*, organized labo(u)r, *(G.B.)* trade-union movement. *Section ~e*, *(G.B.)* union branch, local branch, *(U.S.)* local.

syndicalisation *n.f.* unionization.

syndicalisme *n.m.* unionism, *(G.B.)* trade-unionism. *L'histoire du ~*, the history of organized labour.

syndicaliste *n.m.f.* unionist, trade-unionist ; union member.

syndicat *n.m.* 1. union, trade-union, *(U.S.)* labor union. 2. syndicate. *~ de faillite*, official receivership ; trusteeship of a bankruptcy. *~ de garantie*, underwriting syndicate. *~ d'enchères*, *(fin.)* tender panel. *~ d'initiative*, tourist information office. *~ patronal*, employers' association. *~ professionnel*, trade association. *Adhérer à un ~*, to join a union. *Former un ~*, to form a union. *(Fin.) Mettre en ~*, to pool.

syndicataire *n.m.* underwriter.

syndiqué, e *adj.* 1. unionized. 2. syndicated. *Actions ~es*, syndicated shares. *Ouvriers ~s, travailleurs ~s, main-d'œuvre ~e*, union members, unionized workers, union men. *Ouvriers non ~s*, non-union men, *(U.S.)* unorganized workers.

syndiqué, e *n.m.f.* trade-unionist, *(U.S.)* unionized worker ; union member. *Le nombre des syndiqués est en baisse*, union membership is down/there is a drop in union membership.

syndiquer *v.* 1. to unionize, *(U.S.)* to organize (workers). 2. *(Fin.)* to syndicate.

syndiquer (se) *v.* 1. to join a union. 2. to form a union.

synergie *n.f.* synergy.

synthétique *adj.* synthetic, artificial, man-made. *Bilan ~*, consolidated balance-sheet.

systématique *adj.* systematic, constant ; preventive.

systématiser *v.* to systematize.

système *n.m.* system, scheme, method, plan. ~ *d'encouragement,* incentive bonus scheme. ~ *d'information pour le management,* management information system. ~ *expert,* expert system. ~ *fiscal,* tax system. ~ *métrique,* metric system.

~ *monétaire,* monetary system. ~ *de participation aux bénéfices,* profit-sharing scheme. ~ *de prévoyance,* provident scheme. ~ *de retraite,* pension scheme, retirement plan. *Analyse de ~s,* systems analysis. *Conception des ~s,* systems design.

systémique *adj.* systemic. *Risque ~,* systemic risk.

T

tabac *n.m.* tobacco. *Bureau de ~,* tobacconist's.

table *n.f.* table. *Dessous de ~,* bribe, golden handshake ; *(U.S.)* payola ; *(appart.)* key-money.

tableau *n.m.* **1.** *(graphique, etc)* table, chart. **2.** *(pour écrire)* board. *~ de bord,* instrument panel. *(Entreprise)* indicators, management chart, performance chart. *~ de commande,* control panel, control board. **4.** *(hôtel)* key rack, board. **5.** *~ d'avancement,* promotion list, promotion roster. **6.** *(peinture)* picture, painting. *L'ombre au ~,* what spoils the picture.

tableau de financement, funds statement, statement of source and application of funds.

tableau d'emploi-ressources, funds statement, statement of source and application of funds.

tabler *v.* to count (on), to bank (on), to expect.

table ronde *n.f.* round table, round table session/conference/talks.

tablette *n.f.* **1.** shelf. **2.** *(pharmacie)* tablet, lozenge. **3.** *(de chocolat)* bar.

tableur *n.m.* spread sheet, spreadsheet.

tabloïd(e) *n.m.* tabloid.

tabou *n.m.* taboo.

tabulateur *n.m.* tabulator.

tabulatrice *n.f.* tabulator. *~ numérique,* digital tabulator.

tache *n.f.* stain, spot, blot. *Sans ~,* stainless, spotless. *Réputation sans ~,* unblemished/blameless reputation.

tâche *n.f.* task, job, duty. *Travail à la ~,* piecework, jobbing. *Travailler à la ~,* to do piecework.

tachymètre *n.m.* speedometer, tachometer.

tacite *adj.* tacit, implicit ; implied. *Reconduction ~,* renewal by tacit agreement.

tact *n.m.* tact, *Sans ~,* tactless. *Plein de ~,* tactful.

tacticien, ne *n.m.f.* tactician.

tactique *adj.* tactical.

tactique *n.f.* tactics ; *(le singulier* tactic *se rencontre de plus en plus).*

taille *n.f.* **1.** size. **2.** *(fait de tailler)* cutting ; *(arbres, etc)* trimming, pruning, clipping. **3.** *Front de ~ ;* pit-face. **4.** *(Hauteur du corps)* height. **5.** *(Partie du corps)* waist.

tailler *v.* **1.** to cut. **2.** *(arbres, etc.)* to trim, to prune ; to clip. **3.** *Être taillé pour (personne),* to be cut out for something. **4.** *Se ~ (un empire, etc.),* to carve out. *Se ~ la part du lion,* to take the lion's share. **5.** *~ un crayon,* to sharpen a pencil.

tailleur *n.m.* tailor.

taillis *n.m.* brushwood, underwood, bush ; copse.

talent *n.m.* talent *Avoir le ~ de, un ~ pour,* to have a gift/a knack/for.

talion (loi du) *n.* retaliation.

talon *n.m.* **1.** stub, counterfoil. **2.** *(chaussure)* heel.

tamis *n.m.* sieve ; *(liquides)* strainer.

tamisage *n.m.* sifting, filtering ; *(liquide)* straining.

tamiser *v.* to sift ; *(liquide)* to strain, to filter.

tampon *n.m.* **1.** *(appareil)* rubber stamp, inking pad, stamp pad. **2.** *(marque)* stamp. *~ de la poste,* postmark. **3.** *(pour amortir les chocs)* buffer. *État ~,* buffer state. **4.** *(inform.)* mémoire tampon, buffer.

tamponner *v.* **1.** to stamp. **2.** *(heurter)* to bump into, to collide into/with, to run into.

tandem *n.m.* tandem.

tangent, e *adj.* tangential (to), tangent (to) ; *(sens large)* close.

tangible *adj.* tangible.

tannage *n.m.* tanning.

tanner *v.* to tan.

tannerie *n.f.* tan-yard, tannery ; *(métier),* tanning (trade).

tanneur *n.m.* tanner.

tantième *n.m.* percentage, quota, share ; share of profit. ~ *des administrateurs,* directors' percentage/share/of the profits.

tant pour cent *loc.* so much per cent. *Le tant pour cent,* the percentage.

tapage *n.m.* 1. disturbance of the peace. ~ *nocturne,* disturbance of the peace at night.

taper *v.* 1. *(à la machine)* to type. 2. *(fam. : emprunter)* to touch somebody for something.

tapis *n.m.* carpet, carpeting.

tapisser *v.* to paper.

tapisserie *n.f.* 1. wall-paper. 2. *(garnitures, etc.)* upholstery. 3. (en tissu) tapestry, hangings.

tapissier *n.m.* upholsterer.

tard *adv.* late.

tarder *v.* to be long. *Sans ~,* without delay.

tardif, -ve *adj.* belated ; *(heure)* late.

tardivement *adv.* late ; belatedly.

tare *n.f.* tare.

tarif *n.m.* 1. rate, price, charge ; tariff. ~ *dégressif,* tapering charge. ~ *en vigueur,* current price(s), ruling price, prevailing price/rate, rate in force ; current price-list. ~ *habituel,* usual rate. ~*s postaux,* postal rates. 2. *(liste)* pricelist, tariff, schedule (of charges). 3. *(transports)* price, fare, tariff. *(avion)* ~*s aériens,* air fares. ~ *affaires,* business class fare. ~ *réduit,* reduced fare. 4. ~ *douanier* (customs) tariff. ~ *ad valorem,* ad valorem tariff. ~ *extérieur commun,* common external tariff. ~ *spécifique,* specific tariff.

tarifaire *adj.* tariff ; fare. *Politique ~,* a) *(douanes)* tariff policy b) *(transports)* fare policy c) *(de prix)* pricing policy.

tarifer *v.* to tariff, to fix a price, a rate, to fix the rate (of something).

tarification *n.f.* tariffing, fixing of a price, a rate.

tarir *v.* to dry up, to exhaust.

tarissement *n.m.* drying up, exhaustion, exhausting ; depletion.

tas *n.m.* heap, pile, stack. *(Fam.)* *un ~ de,* a lot of.

tassement *n.m.* 1. levelling out, settling. 2. *(de fondation, etc.)* subsidence, sinking. 3. *(cotation boursière),* setback. 4. *(revenus, etc.)* decline, contraction ; fall, drop, decrease.

tasser (se) *v.* to settle (down), to calm (down).

tâtonnement *n.m. Procéder par ~,* to proceed by trial and error.

tâtonner *v.* to grope about (around, along), to proceed by trial and error.

taux *n.m.* rate, ratio, percentage, proportion, coefficient, quota. ~ *d'amortissement (matériel)* depreciation rate. ~ *de change,* exchange rate. ~ *de croissance,* growth rate. ~ *de l'escompte,* discount rate, discounting rate. ~ *officiel de l'escompte,* bank rate. ~ *préférentiel de l'escompte,* prime rate. ~ *de base (bancaire),* base rate, base lending rate, bank rate, prime rate. ~ *de marque,* markup, margin. ~ *de prime,* premium rate. ~ *d'intérêt,* interest rate. ~ *d'intérêt progressif,* graduated interest. ~ *directeur,* base rate. ~ *plafond, (fin.)* cap. ~ *plancher, (fin.)* floor.

taxable *adj.* taxable.

taxation *n.f.* taxation, taxing.

taxe *n.f.* 1. *(prélèvement)* tax, duty. ~ *à la valeur ajoutée (T.V.A.),* value added tax, V.A.T. ~ *foncière,* *(G.B.)* property rates, *(U.S.)* property tax. ~ *postale,* postage. ~ *successorale,* death duty. 2. *(prix officiel)* fixed price, official price. 3. *(prix d'un service)* charge, rate. 4. *(évaluation)* assessment. 5. *(Jur. = fixation des frais)* taxation. 6. *(supplément)* surcharge.

taxer *v.* 1. *(prélever une taxe)* to tax, to impose (lay, put) a tax on something, to levy a duty on something. *(Fam.)* to slap a tax on something. **2.** *(imposer un prix)* to fix a price, to regulate (price, rate). **3.** *(faire payer un supplément)* to surcharge. **4.** *(communication téléphonique)* to charge. **5.** *(quelqu'un de quelque chose)* to tax someone with something, to accuse someone of something.

taxi *n.m.* taxi, cab, taxi-cab. *Station de ~,* taxi rank.

taximètre *n.m.* taximeter, meter.

taxiphone *n.m.* public call-box, pay-phone.

technicien, ne *n.m.f.* technician.

technicité *n.f.* technicality, technicalness.

technique *adj.* technical, technological.

technique *n.f.* technique.

techniquement *adv.* technically.

technocrate *n.m.* technocrat.

technocratie *n.f.* technocracy.

technocratique *adj.* technocratic.

technologie *nf.* technology. *~ courante,* standard technology. *~ ~ de pointe, haute technologie, technologie avancée,* advanced technology, cutting-edge/leading-edge technology, high-tech.

technologique *adj.* technological, *Retard ~,* technological gap, technology gap. *Valeurs ~s,* technology stock(s)/shares, tech stocks.

teindre *v.* to dye.

teinte *n.f.* shade, tint, colour ; dye.

teinter *v.* to tint, to tinge.

teinture *n.f.* **1.** dye, dyeing. **2.** *Avoir une ~ de,* to have a smattering of.

teinturerie *n.f.* **1.** *(métier)* dyeing, dyer's trade. **2.** *(magasin)* dry cleaner's. **3.** *(usine)* dye works.

teinturier, ère *n.m.f.* dyer.

télé *n.f.* T.V. *(G.B.) (fam.)* telly ; *la ~,* the box.

télé-achat, home-shopping.

télécarte *n.f.* phone-card.

téléchargeable *adj.* downloadable.

télécharger *v.* to download.

télécommande *n.f.* telecontrol, remote control.

télécommander *v.* to operate by remote control, to radio-control ; to monitor. *(Sens figuré)* to mastermind, to monitor.

télécommunication(s) *n.f.* telecommunication(s).

téléconférence *n.f.* teleconference, teleconferencing.

télécopie *n.f.* telecopy, fax ; telecopying, faxing.

télécopier *v.* to telecopy, to fax.

télécopieur *n.m.* telecopier, fax machine.

télé-enseignement *n.m.* distance-learning.

téléférique *n.m.* cable-car, teleferic, telpher.

télégramme *n.m.* telegram, cable, wire.

télégraphe *n.m.* telegraph.

télégraphie *n.f.* telegraphy.

télégraphier *v.* to telegraph, to wire, to cable.

télégraphique *adj.* telegraphic. *Adresse ~,* telegraphic address. *Mandat ~,* telegraphic money order.

télégraphiquement *adv.* telegraphically, by telegraph, by wire, by cable.

télégraphiste *n.* telegraph operator, telegraphist ; *(messager)* telegraph messenger.

téléguidage *n.m.* remote control, radio control, telecontrol.

téléguider *v.* to operate by remote control, to radiocontrol. *Engin téléguidé,* guided missile ; homing device ; *(vol non-habité)* drone.

téléimprimeur *n.m.* teleprinter, telewriter, teletype, teletypewriter.

télématique *n.f.* telematics, electronic data transmission.

télémercatique *n.f.* telemarketing.

télémesure *n.f.* telemetry.

télémètre *n.m.* telemeter.

téléobjectif *n.m.* teleobjective, telephoto lens, telelens.

télépaiement *n.m.* electronic payment.

téléphérique *n.m.* *voir* **téléférique**.

téléphone *n.m.* telephone, phone. *Au ~,* on the phone. *Coup de ~,* (tele)phone call. *Donner (passer) un coup de ~,* to phone, to ring up, to call ; to give/to make/to place/a (phone) call.

téléphone cellulaire, cellular phone, cell phone.

téléphone mobile, portable phone, mobile (tele)phone.

téléphone portable, portable phone ; mobile phone.

téléphoner *v.* to telephone, to phone, to ring up, to call (on the phone), to place a phone call, *(fam.)* to give a ring/a buzz. *Télégramme téléphoné,* telephoned telegram.

téléphone sans fil, cordless phone.

téléphonie sans fil, cordless phone technology.

téléphonique *adj.* telephone. *Appel ~,* (tele)phone call. *Cabine ~,* (public) call box, (tele)phone booth. *Carte ~,* phone card. *Combiné ~,* receiver. *Entretien ~,* phone conversation. *Marketing ~,* phone marketing, telemarketing, tele-sales. *Standard ~,* switchboard.

téléphoniquement *adv.* by (tele)phone, on the phone.

téléphoniste *n.m.f.* (telephone) operator.

téléphotographie *n.f.* 1. *(technique)* telephotography. 2. *(photo)* telephotograph.

téléreportage *n.m.* T.V. report, T.V. commentary, television newscasting.

télescoper *v.* *(accident)* to collide (with), to telescope, to crash (into).

télescopage *n.m.* 1. *(accident)* pile-up. 2. telescoping.

téléscripteur *n.m.* teleprinter, teletypewriter. *(Fam.)* ticker.

téléspectateur, trice *n.m.f.* tele-viewer, viewer, T.V. viewer. *Les téléspectateurs,* the T.V. audience.

télétraitement *n.m.* teleprocessing.

télétravail *n.m.* telework.

télétravailleur *n.m.* teleworker.

télétype *n.m.* teleprinter, teletype, teletypewriter.

télévente *n.f.* tele-sale(s), telemarketing.

téléviser *v.* to televise. *Journal télévisé,* T.V. news. *~ en direct,* to televise live.

téléviseur *n.m.* T.V. (set).

télévision *n.f.* 1. television, T.V., *(fam.)* telly, *A la ~,* on T.V. *Chaîne de ~,* T.V. channel, T.V. network. *Emettre par ~,* to telecast. *Emission de ~,* T.V. program, T.V. broadcast, T.V. show. *Passer à la ~,* to appear on T.V., to go on the air. *~ interactive,* interactive television, i-T.V. 2. T.V. set. *~ en circuit fermé,* closed-circuit T.V. *~ par antenne collective,* community antenna television (C.A.T.V.). *~ par câble,* cable T.V.

télévisuel, le *adj.* T.V.

télex *n.m.* telex.

téléxer *v.* to telex.

témoignage *n.m.* 1. testimony, evidence. *Porter ~, donner son ~,* to testify, to give evidence, to bear testimony, to bear witness (to). *Faux ~,* perjury. 2. *(signe, symbole)* token, proof. *En signe de ~,* as a token of. 3. *(du passé),* reminder (of the past).

témoigner *v.* 1. to testify, to bear witness, to bear testimony *(de,* of) ; to give evidence *(de,* of). 2. *(faire montre de, manifester)* to show, to display ; to prove.

témoin *n.m.* 1. witness. *Barre des ~,* (witness) box. *Être ~ de,* to witness. *~ à charge,* witness for the prosecution. *~ à décharge,* witness for the defence ; *~ de moralité,* character witness. 2. *(échantillon)* sample. *Groupe ~,* panel. 3. *Appartement ~,* show flat, *(U.S.)* model apartment.

tempérament *n.m.* *A ~,* by instalments, on the deferred payment system, *(U.S.)* on time. *Vente à ~,* sale by instalments, *(G.B.)* hire-purchase.

température *n.f.* temperature.

tempête *n.f.* storm.

temporaire *adj.* temporary, provisional. *Main-d'œuvre* ~, casual labour.

temporairement *adv.* temporarily, provisionally.

temporiser *v.* to temporize, to play for time.

temps *n.m.* **1.** time. *A* ~, on time, in time. *A plein temps,* full-time. *Affrètement à* ~, time charter. *Police à* ~, time policy. ~ *d'attente,* waiting time, idle time. ~ *de fonctionnement,* ~ *machine,* running time, (*ordinateur*) computer time. ~ *de réponse,* time lag ; lead time. ~ *mort,* idle time, interruption, break, ~ *partagé,* time sharing. ~ *réel,* real time. **2.** (*météo*) weather. **3.** (*étape*) step, stage, phase.

tenancier, ère *n.m.f.* **1.** proprietor ; operator. **2.** (*ferme*) tenant farmer.

tendance *n.f.* trend, tendency. ~ *à la baisse,* downward trend, bearish trend. ~ *à la hausse,* upward trend, bullish trend. ~ *du marché,* market trend, (*Bourse*) tone of the market. *Avoir* ~ *à,* to tend to, (*U.S.*) to trend towards ; to be prone to, to be inclined to.

tendre *v.* **1.** (~ *à*) to tend to. **2.** (*corde, etc.*) to tighten. **3.** (*la main, etc.*) to hold out.

tendre (se) *v.* **1.** (*prix*) to harden, to stiffen, (*relations*) to become strained/stretched, (*situation*) to become tense. **2.** *Se tendre la main,* to join hands.

tendu, e *adj.* (*prix*) stiff, hard, firm, (*relations*) strained, (*situation*) tense, (*corde, etc.*) tight. *Flux tendu,* tight flow. *Politique de la main* ~*e,* policy of overtures.

teneur *n.f.* **1.** (*d'un document*) tenor, terms. **2.** (*d'un produit*) grade, content(s), percentage. *Minerais à haute (forte)* ~, high-grade ores. **3.** ~ *de marché,* market maker.

tenir *v.* **1.** to hold. **2.** (*gérer*) to keep, to operate, to manage, to run, to be in charge of. **3.** (*dans une salle, un récipient*) to go, to fit (in). **4.** (*résister*) to hold one's own, to stand (hold) one's ground, to resist. **5.** (*maintenir*) ~ *à l'abri de l'humidité,* to store in a dry place. ~ *au frais,* to store in a cool place. **6.** (*rester valable*) to hold, to be valid, to stand. **7.** (*faire* ~, *envoyer*) to send. **8.** (*penser*) to consider, to claim, to argue, to hold (that…). **9.** (*avoir appris de quelqu'un*) to have been told (by someone). **10.** (*respecter*) ~ *des délais,* to meet a deadline ; ~ *des délais de livraison,* to meet delivery deadlines.

tenir (se) *v.* **1.** to stand ; to stay ; to sit. ~ *à la disposition de quelqu'un,* to be/to remain/at someone's disposal. **2.** (*avoir lieu*) to take place. *La réunion se tiendra la semaine prochaine,* the meeting will be held/is scheduled for/is due to take place/next week. **3.** (*être lié*) to be connected, to be related, to be linked ; to hang together ; to be all one. **4.** (*bien, mal*) to behave, not to behave ; to conduct oneself properly, improperly. **5.** (*faire sens*) to make sense. *Cela se tient,* it makes sense, (*fam.*) it figures. **6.** *se tenir pour responsable,* to consider oneself as responsible. **7.** *S'en tenir à,* to stick to, to comply with, to abide by, to adhere to ; to keep to, to hold by ; not to go beyond, to restrict/limit/oneself to. *S'en tenir aux termes d'un contrat,* to abide by the terms of a contract. *S'en tenir là,* to leave it at that. **8.** *Les cours se tiennent,* quotations are steady/firm ; prices hover round previous quotations.

tenir à *v.* **1.** (*attacher de la valeur à*) to value, to prize. **2.** (*insister pour faire ou obtenir quelque chose*) to insist (on doing something), to want, to be keen on something, to be anxious to do something. **3.** (*dépendre de*) to depend on, to be due to, to be owing to. ~ *bail,* to hold on lease. ~ *jour,* to keep up-to-date.

tenir compte de, to take something into account, to make allowances for something, to allow for something.

tenir de *v.* **1.** to partake of, to look like, to sound like. **2.** *(ressembler à une personne)* to take after someone.

tenir la mer, to be seaworthy.

tenir la route, to hold the road, to be roadworthy, *(Fam.)* to be practical, to be valid.

tenir les comptes, to keep (the) accounts.

tenir les prix, to hold prices down, to keep prices down.

tenir un article, to keep/to stock/to carry/to sell an article.

tenir un délai to meet a deadline.

tenir une date, to meet a deadline.

tenir une promesse, to keep a promise, to keep one's word, to meet a commitment.

tenir une réunion, to hold a meeting.

tentant, e *adj.* tempting, alluring, appealing, entreating.

tentative *n.f.* attempt ; try ; endeavour.

tenter 1. *(essayer)* to attempt, to try. **2.** *(attirer)* to tempt, to appeal to, to attract.

tenue *n.f.* **1.** dress ; costume ; uniform ; garb ; outfit. ~ *de soirée,* evening dress. ~ *sport/décontractée,* casual wear. **2.** *(comportement)* behaviour/(U.S.) behavior ; performance ; standard. **3.** *(d'une réunion)* holding. **4.** *Tenue de route,* roadholding. **5.** *Bonne ~ des cours,* firmness, firm tone, buoyancy.

tenue de fichier, *(inform.)* file maintenance.

tenue de livres, bookkeeping, keeping of accounts.

tenue de marché, market making.

tension *n.f.* **1.** tension, tenseness, strain, stress. ~ *nerveuse,* nervous stress. **2.** *(des prix)* hardness, stiffness, firmness.

tenure *n.f.* tenure. ~ *à bail,* leasehold.

termaillage *n.m.* leads and lags.

terme *n.m.* **1.** *(Fin.)* end, limit, completion, conclusion, termination. *Mener à ~,* to complete. **2.** *(expression)* term, expression, phrase. *Termes,* terms, conditions, wording. ~ *d'un contrat,* terms of a contract. *Aux ~ du contrat, aux ~ de l'accord,* under the contract, under the agreement. **3.** *Être en bons ~ avec,* to be on good terms with, on friendly terms with, to get along well with, to be well in with. **4.** *(loyer)* *(période)* quarter, *(somme)* rent, *(jour du ~)* quarter day. **5.** *(Bourse)* settling day ; *marché à ~,* forward market, *(marchandises)* futures market. *Opérations à ~,* dealings for the account. *Livrable à ~,* for future delivery. **6.** *A court ~,* short-range, short-term, in the short run. *A long ~,* long-range, long-term, in the long run. *A moyen ~,* medium-term. **7.** *Venir à ~, à maturité (pour une traite, etc.)* to fall/come due, to come to maturity. **8.** *Payer en plusieurs ~,* to pay in several instalments. **9.** *(Pour un retrait, etc.)* *A court ~,* at short notice.

terme échu (à), at the end of the rental term.

terminal *n.m.* terminal. ~ *d'oléoduc,* oil terminal. ~ *point de vente,* ~ *monétique,* point of sale terminal.

terminal, e *adj.* final. *Examens terminaux,* final exam(s), finals.

terminer *v.* to end, to finish, to bring to an end, to a close, to complete, to terminate, *(un discours)* to wind up.

terminer (se) *v.* to end, to come to an end, to wind up.

terminologie *n.f.* terminology.

terminus *n.m.* terminal. ~ *aérien,* air terminal.

terne *adj.* dull ; lackluster, *(G.B.)* lack-lustre.

terrain *n.m.* **1.** land. *Prix du ~,* price, cost of land. *~ à bâtir,* building land, building site. *~ et immeubles,* land and buildings. *~ d'atterrissage,* landing strip. **2.** *Sur le ~,* in the field. *Expérience de ~,* field experience ; *(pratique)* hands-on experience. *Homme de ~,* field operator. **3.** *(nature du ~)* terrain. *Être sur son ~,* to be on familiar ground. *Ne pas être sur son ~,* to be out of one's depth. *~ d'entente,* common ground(s). *Gagner du, perdre du ~,* to gain ground, to lose ground.

terrassement *n.m.* earthwork, earthmoving. *Matériel de ~,* earthmoving equipment/machinery.

terrassier *n.m.* construction worker, *(G.B.)* navvy.

terre *n.f.* earth, land, *(sol)* ground, *(cultivable)* soil. *~ incultes,* waste land, fallow land.

terrestre *adj.* land, ground ; terrestrial.

terril *n.m.* tip, dump.

territoire *n.m.* territory, area. *~s d'outre-mer,* overseas territories.

territorial, e *adj.* territorial. *Eaux ~es,* territorial waters. *Revendications ~,* territorial claims.

terrorisme *n.m.* terrorism.

terroriste *n.m.f.* terrorist.

tertiaire *adj.* tertiary. *Le secteur ~,* the tertiary sector.

test *n.m.* test. *~ en aveugle,* blindfold test.

testament *n.m.* will, testament.

testamentaire *adj. Dispositions ~,* provisions of a will. *Exécuteur, (-trice) ~,* executor, executrix.

testateur, trice *n.m.f.* testator, testatrix.

tester *v.* **1.** to test, to submit to a test. *Personne testée,* testee. **2.** *(faire son testament)* to make one's will.

tête *n.f.* head. *~ de bétail,* head of cattle *(invariable :* ten head of cattle). *Par ~,* per capita, per head. *Être à la ~ de* a) to head, to lead b) *(posséder)* to own, to be in possession of. *En ~* a) in front, in the front b) *(en avance) être en ~,* to lead, to

be in the lead c) *(d'une liste)* first, at the top, top of the list. *Tête-à-tête,* private meeting.

tête de gondole, end-of-line display.

texte *n.m.* text. *Traitement de ~,* word-processing. *(Libellé)* wording.

textile *n.m.* textile. *Le ~,* the textile industry. *~ artificiel,* synthetic textile/fibre, *(U.S.)* fiber ; manmade fibre, *(U.S.)* fiber.

textile *adj.* textile.

textuel, le *adj.* textual, word for word, verbatim.

textuellement *adv.* textually, word for word, verbatim.

thème *n.m.* theme, topic, subject.

théoricien, ne *n.m.f.* theoritician, theorist.

théorie *n.f.* theory.

théorique *adj.* theoretical.

théoriquement *adv.* theoretically.

thérapeutique *adj.* therapeutic.

thérapeutique *n.f.* therapy.

thérapie *n.f.* therapy.

thermique *adj.* thermal. *Centrale ~,* thermal power station, thermal power plant.

thermochimie *n.f.* thermochemistry.

thermodynamique *n.f.* thermodynamics.

thermoélectricité *n.f.* thermoelectricity.

thermoélectrique *adj.* thermoelectric(al).

thermomètre *n.m.* thermometer.

thermonucléaire *adj.* thermonuclear.

thésaurisation *n.m.* hoarding.

thésauriser *v.* to hoard.

thésauriseur *n.m.* hoarder.

thèse *n.f.* thesis, *pl.* theses.

ticket *n.m.* ticket. *~ de caisse,* receipt, till receipt, sales slip. *~ d'entrée,* admission ticket. *~ modérateur,* amount to be paid by the insured person (in the French Social Security System) for medical expenses, deterrent fee ; co-payment. ~ *restaurant*, luncheon voucher, meal voucher, meal ticket.

tiers *n.m.* **1.** third. *Le Tiers-Monde*, the Third World. ~ *payant*, direct payment by insurer ; third-party payer, paying third. **2.** *(personne)* third party. *Assurances au* ~, third party insurance. ~ *arbitre*, umpire. ~ *porteur*, holder in due course.

timbrage *n.m.* stamping.

timbre *n.m.* stamp. *Droit de* ~, stamp duty. ~ *à date*, date-stamp. ~ *amende*, (receipt-) stamp (for payment of a fine). ~ *de la poste*, postmark. ~ *fiscal*, revenue stamp. ~ *-poste*, postage stamp. ~ *-prime*, trading stamp. ~ *-quittance*, receipt stamp.

timbrer *v.* to stamp. *Enveloppe timbrée*, stamped envelope, self-addressed envelope, S.A.E. *Papier timbré*, stamped paper.

timide *adj.* shy. *Reprise* ~, slight recovery, faint recovery.

tirage *n.m.* **1.** drawing. *Droits de* ~ *spéciaux*, *(D.T.S.)*, special drawing rights (S.D.R.'s). ~ *au sort*, drawing (of lots), lottery. *Obligations remboursables par* ~ *au sort*, bonds redeemed by lot. *Par* ~ *annuel*, by annual drawing. **2.** *(d'une traite, d'un chèque)* drawing, *(chèque)* making out. **3.** *(d'un journal, etc.)* circulation. *(fait de tirer)* printing. ~ *à part*, special reprint. ~ *limité*, limited edition. **4.** *(Fam.)* trouble, difficulties, friction.

tiraillement *n.m.* friction, dissension, quarelling, bickering.

tirant d'eau draught. ~ *en lège*, light draught. ~ *en charge*, load draught.

tiré, e *n.m.f.* drawee.

tiré-à-part *n.m.* offprint.

tirelire *n.f.* piggy-bank.

tirer *v.* **1.** *(une traite, un chèque)* to draw. ~ *à découvert*, to overdraw one's account. ~ *en blanc*, to draw a blank cheque, to draw in blank. ~ *en l'air*, to fly a kite. ~ *un chèque*, to draw/to make out/to write (out) a cheque. **2.** ~ *un bénéfice de...*, to draw, to derive (a profit from). **3.** ~ *les prix*, to quote the best possible prices. **4.** ~ *au sort*, to draw lots. **5.** ~ *en longueur*, to drag on. **6.** *(Avoir un tirant d'eau)* to draw, to pull. **8.** *(armes à feu)* to shoot, to fire.

tireur *n.m.* **1.** drawer. **2.** *(arme à feu)* shooter, marksman. *Bon* ~, marksman, good shot. *Franc-*~, *tireur embusqué*, sniper.

tiroir *n.m.* drawer. ~ *-caisse*, till.

tissage *n.m.* weaving.

tisser *v.* to weave. *Métier à* ~, weaving-loom.

tisserand *n.m.* weaver.

tissu *n.m.* fabric. ~ *d'ameublement*, furnishing fabric. ~ *social,* social fabric. ~ *urbain*, urban environment.

titre *n.m.* **1.** title. **2.** *(de propriété, etc.)* deed (of property), title-deed, title to property. **3.** *(Bourse)* security, stock, bond. *Avance sur* ~, advance on securities. ~ *au porteur*, bearer security. ~ *d'état*, government stock, government bond. ~ *négociable*, marketable security. ~ *nominatif*, registered security. ~*(s) participatif(s)*, participating stock. ~*s de placement*, marketable securities. **4.** ~ *de créance*, proof of debt, evidence of debt. ~ *de créance négociable*, negotiable instrument of debt. **5.** *(qualification)* qualification. **6.** *(fonctions)* capacity. **7.** ~ *de transport*, ticket. **8.** *(journal, etc.)* headline, heading. **9.** *(teneur)* content, grade, (alcoholic) strength. **10.** *A* ~ *de*, as, *(fonction)* in one's capacity of. *A* ~ *gracieux (gratuit)*, free of charge.

titrer *v.* **1.** to title, *(journal)* to headline. **2.** *(déterminer le titre d'une solution, etc.)* to determine the blend, the strength, *(minerai)* to assay.

titrisation *n.f.* securitization.

titriser *v.* to securitize.

titulaire *n.m.f.* holder. ~ *d'un compte*, account holder, ~ *d'une police*, policy holder.

titulaire *adj.* regular, permanent, titular, incumbent.

titularisation *n.f.* confirmation in a post, *(pour un professeur)* tenure. *Obtenir sa ~,* to be granted tenure.

titulariser *v.* to appoint formally/permanently, to confirm in a post, *(professeur)* to grant tenure.

toast *n.m.* toast. *Porter un toast à,* to pledge.

toile *n.f.* 1. canvas. 2. *(tableau)* painting. 3. *(info.) la toile,* the web.

toilettage *n.m.* face-lifting.

tôle *n.f.* sheet iron, plate. *~ d'acier,* steel plate. *~ émaillée,* enamelled (sheet) iron.

tolérance *n.f.* limit(s), margin ; *(douanes)* allowance.

tolérer *v.* 1. to bear, to tolerate, to admit. 2. *(douanes)* to allow.

tôlerie *n.f.* sheet-iron works, steel-plate works, rolling mill ; sheet-iron goods, steel plate goods.

tomber *v.* to fall, to drop. *La réunion tombe un mardi,* the meeting falls on a Tuesday. *Cela tombe bien,* this is (most) fortunate, this comes at the right time. *Cela tombe mal,* this is unfortunate, this comes at the wrong time. *~ d'accord,* to agree, to come to an agreement. *~ sur quelqu'un,* to run into somebody. *Laisser ~ quelqu'un,* to let somebody down. *~ en désuétude* to fall into disuse, *(droit)* to lapse, *(loi)* to fall into abeyance. *~ en panne,* to break down.

tonnage *n.m.* tonnage. *~ brut,* gross tonnage. *~ désarmé,* idle tonnage. *~ de jauge,* register tonnage.

tonne *n.f.* ton. *~ courte,* short ton. *~ d'arrimage,* measurement ton. *~ d'encombrement,* measurement ton. *~ de jauge,* register ton. *~ forte,* long ton. *~ métrique,* metric ton.

tonneau *n.m.* 1. cask, barrel. *Petit ~,* keg. 2. *(mesure)* ton. *~ d'affrètement,* shipping ton, freight ton. *~ de jauge,* register ton. *~ de fret,* freight ton.

tonnelier *n.m.* cooper.

tonnellerie *n.f.* cooperage.

tontine *n.f.* tontine.

torpeur *n.f.* sluggishness, torpor.

tort *n.m.* wrong, error, fault. *~,* wrongly. *Causer du ~,* to harm, to wrong, to cause damage. *Être dans son ~,* to be at fault ; to be in the wrong.

total *n.m.* total, sum, whole. *Faire le ~,* to add up, to sum up, to tot up. *Au ~,* on the whole.

total, e *adj.* total, complete, entire, whole. *Montant ~,* total amount, sum total, aggregate amount.

totalement *adv.* totally, completely.

totalisateur *n.m.* adding machine.

totalisation *n.f.* summing up, totalization, totalizing, totting up.

totaliser *v.* to tot up, to totalize, to add up, to sum up.

totalitaire *adj.* totalitarian.

totalitarisme *n.m.* totalitarianism.

totalité *n.f.* whole. *La ~ des,* all the. *En ~,* as a whole, in the aggregate.

touchable *adj.* payable, cashable, collectable. *~ à,* to be paid at.

touche *n.f.* key.

toucher *v.* 1. *(argent)* to earn, to be paid, to draw, to receive. *~ la sécurité sociale,* to draw social security. *~ un chèque,* to cash a cheque. *~ une traite,* to collect a bill. *~ un intérêt,* to receive interest. *~ un salaire,* to earn, to draw/a wage (wages)/a salary. 2. *(concerner)* to touch on, to deal with, to concern. 3. *(atteindre)* to reach.

tour *n.m.* 1. turn. 2. *(du tourneur)* lathe. 3. *Je vais vous faire faire le ~ de l'usine,* I'll show you round the factory. 4. *(Élection) Premier ~,* first ballot. *Second ~,* second ballot, *(U.S.)* runoff. *Il a battu le candidat sortant au 2e ~,* he unseated the incumbent in the runoff.

tour *n.f.* **1.** tower ; high-rise (building) ~ *de bureaux,* office tower. **2.** ~ *de forage,* derrick.

tour de table *n.m.* **1.** *(lors d'une réunion)* introduction of participants (in a meeting) ; individual opinion of participants. **2.** *(fin.)* list of partners ; partners (in an acquisition deal) ; equity partners. **3.** *(fin. = capital investi)* capital invested, equity.

tourisme *n.m.* tourism, the tourist industry, touring ; sightseeing. *Faire du ~,* to tour ; to go sightseeing, to see the sights. *Agence de ~,* tourist agency, tour operator.

touriste *n.m.f.* tourist ; visitor ; sightseer.

touristique *adj.* touristic, tourist ; touring, *(pittoresque)* scenic. *Renseignements ~s,* tourist information. *Voyage ~,* pleasure trip, sightseeing trip.

tournage *n.m. (d'un film)* shooting. ~ *en extérieur,* shooting on location.

tournant *n.m.* turn, turning point ; *(route)* bend, curve, turn, turning ; *(date historique)* watershed, landmark, milestone.

tournant, e *adj.* rotating. *Présidence ~,* rotating presidency, rotating chairmanship.

tournée *n.f.* tour, *(facteur, médecin, etc.)* round, rounds.

tourner *v.* to turn. ~ *autour de (concerner),* to deal with, to be centered on, to be focus(s)ed on, to be concerned with. ~ *un film,* to shoot a film.

tourner vers (se) to turn to, to call upon the services of.

tourneur *n.m. (ouvrier)* turner, lathe-operator.

tournure *n.f.* turn, course. *Prendre bonne ~,* to improve, to look up, to brighten up, to take a turn for the better. *Prendre mauvaise ~,* to go wrong, to deteriorate, to look worse, to turn sour.

tout-à-l'égout *n.m.* sewage system, drainage.

tout compris, all-inclusive ; including all charges, all charges included.

tout-venant *n.m.* run-of-the-mill product, ungraded product, ungraded goods.

toxique *adj.* toxic, *(gaz)* poison, harmful.

TPE, très petite enterprise, very small firm.

traçabilité *n.f.* traceability.

traçable *adj.* traceable.

tracasseries administratives, administrative harassment, red tape, red-tapism.

trace *n.f.* mark, trace.

tracé *n.m.* sketching, *(graphique)* plotting, *(route, etc.)* layout.

tracer *v.* to draw, to sketch, to outline ; *(route, etc.)* to lay out ; *(itinéraire)* to map out ; *(graphique)* to plot.

tract *n.m.* leaflet, handout, broadsheet.

tractation *n.f.* negotiation, negotiating, dealings, bargaining ; transaction.

tracter *v.* to draw, to pull.

tracteur *n.m.* tractor.

traction *n.f.* traction, pulling, haulage ; propulsion.

tradition *n.f.* tradition, custom.

traditionalisme *n.m.* traditionalism, conservatism.

traditionnel, le *adj.* traditional, conventional, usual, standard.

traditionnellement *adv.* traditionally.

traducteur, trice *n.m.f.* translator.

traduction *n.f.* translation.

traduire *v.* **1.** to translate. **2.** *(en justice)* to sue, to prosecute, to indict. **3.** *(représenter)* to reflect, to represent, to convey, to reveal.

traduire (se) *v. se ~ par,* to translate into, to result in, to mean, to entail.

traduisible *adj.* **1.** translatable. **2.** *(en justice)* liable to be sued, liable to prosecution.

trafic *n.m.* **1.** *(transports marchandises)* traffic, service. **2.** *(illicite)* illicit trading, traffic. ~ *d'influence,* influence peddling.

trafiquant, e *n.m.f.* trafficker, *(drogue, etc.)* dealer, peddler.

trafiquer *v.* **1.** to traffic. **2.** *(Fam. truquer)* to tamper with. ~ *les comptes,* to cook the books.

train *n.m.* train. ~ *direct,* through train. ~ *de banlieue,* commuter train. ~ *de marchandises,* goods train, *(U.S.)* freight train. ~ *de voyageurs,* passenger train. *Prendre le ~ en marche,* to jump/to climb/on the bandwaggon. ~ *de mesures,* package.

traîneau *n.m.* sledge.

traîner *v.* **1.** *(tirer)* to drag, to draw, to pull. **2.** *(en longueur)* to drag on. **3.** *(être à la traîne)* to lag, to lag behind.

trait *n.m.* **1.** *(caractéristique)* feature. **2.** *(de plume, etc.)* stroke, line, mark. **3.** *Avoir ~ à,* to concern, to bear on. **4.** *Cheval de ~,* draught/(U.S.) draft/horse. **5.** ~ - *d'union* a) hyphen b) *(personne)* go-between, intermediary.

traite *n.f.* **1.** draft, bill of exchange. *Honorer une ~,* to honour, to meet a bill. *Tirer une ~,* to draw a bill. ~ *à courte échéance,* short bill, short-dated bill. ~ *à date fixe,* time bill. ~ *à longue échéance,* long-dated bill. ~ *à vue,* sight draft, sight bill. ~ *bancaire,* banker's draft. ~ *contre acceptation,* acceptance bill. ~ *de cavalerie,* kite. ~ *de complaisance,* accommodation bill. ~ *documentaire,* documentary bill. ~ *sur l'étranger,* foreign bill. ~ *sur l'intérieur,* inland bill. **2.** *(trafic des esclaves)* the slave trade. *La ~ des blanches,* white slavery.

traitement *n.m.* **1.** *(rémunération)* salary. *Toucher un ~,* to earn/to draw/a salary. ~ *de base,* basic salary. ~ *de début,* initial/starting/commencing salary. **2.** *(façon de traiter)* treatment. ~ *de la nation la plus favorisée,* most favoured nation treatment. **3.** *(de l'informa-* *tion, d'un matériau)* processing. ~ *des données,* data processing., ~ *informatisé,* computerized processing, ~ *par lots,* batch processing. ~ *des eaux usées,* processing of effluents. *Usine de ~,* processing plant.

traitement de texte, word-processing. *Machine à ~,* word-processor.

traitement des opérations *(Bourse),* back-office work.

traité *n.m.* **1.** treaty, agreement, compact. *Aux termes du ~,* under the treaty. **2.** *(ouvrage)* treatise.

traiter *v.* **1.** to treat. **2.** ~ *des affaires,* to transact business, to do business, to deal (with someone). **3.** *(négocier)* to deal, to negotiate (with someone). **4.** *(un matériau, de l'information)* to process. **5.** ~ *de quelque chose,* to deal with something.

traiter (se) *v.* to be negotiated ; *(valeurs boursières)* to be dealt in, to be exchanged, to sell.

traiteur *n.m.* caterer.

trajet *n.m.* journey, drive, ride, flight, etc. *Faire un ~,* to travel, to journey. *Accident de ~,* accident on the way to or from work.

tram, tramway *n.m.* tram, tram car, *(U.S.)* streetcar.

traminot *n.m.* tramcar operator/employee, (U.S.) street car operator/employee.

tranche *n.f.* slice, portion, block, group, section ; *(emprunt)* tranche. ~ *d'âge,* age bracket. ~ *de paiement,* instalment. ~ *de revenu,* income bracket. ~ *d'imposition,* tax bracket. ~ *horaire,* time slot.

trancher *v.* to make a decision, to settle ; to have the final say.

tranquillité *n.f.* quietness.

transaction *n.f.* **1.** transaction, operation, deal. ~*s commerciales,* business transactions, commercial transactions. *(Bourse)* ~ *suspectes,* suspect trades, suspicious trading. *(Bourse) volume des ~s,* turnover, trading. **2.** *(compromis)* compromise, arrangement, composition, settlement.

transactionnel, le *adj.* transactional, compromise.

transatlantique *adj.* transatlantic.

transbordement *n.m.* tran(s)shipment, tran(s)shipping ; *(rail)* transfer ; *(d'une rive à l'autre)* ferrying.

transborder *v.* to tran(s)ship, *(rail)* to transfer, *(d'une rive à l'autre)* to ferry.

transbordeur *n.m. bac ~,* transporter ferry. *Pont ~,* transporter bridge.

transcription *n.f.* transcription, *(Jur.)* registration, recording, *(Compta.)* posting, transfer.

transférabilité *n.f.* transferability. *(Assur.)* portability.

transférable *adj.* transferable, transferrable.

transférer *v.* to transfer, to move. *Notre usine a été transférée à,* our plant has been moved to/relocated to ; *(une personne à un poste)* to assign ; to reassign ; to transfer ; *(par sanction)* to remove ; *(Jur. des biens)* to assign, to convey, to make over to someone.

transfert *n.m.* **1.** transfer, transport. *Pendant le ~,* in transit. *~ de fonds,* transfer of funds, money transfer. *~ électronique de fonds,* electronic funds transfer. **2.** *(de ses biens, de ses droits)* transfer ; *(de droits)* assignment ; *(d'une propriété)* conveyance. *Acte de ~,* transfer deed. *~ de propriété,* transfer of ownership, conveyance of title. *~s sociaux,* income transfers, welfare payments, transfer payments, social payments. *~ technologique,* technological transfer.

transformable *adj.* transformable, convertible.

transformateur, trice *n.m.f.* transformer, converter.

transformation *n.f.* transformation, change, alteration. *Industries de ~,* processing industries, manufacturing industries.

transformer *v.* to transform, to turn, to change, to convert, to alter, to modify, to redesign, to revamp.

transgresser *v.* to infringe, to break (the law), to trespass, to violate (the law).

transgression *n.f.* infringement, infringing, violation, trespassing.

transhumance *n.f.* transhumance.

transhumer *v.* to move to (or from) mountain pastures.

transiger *v.* to come to terms, to compromise.

transit *n.m.* transit. *En ~,* in transit ; *(rail) Trafic de ~,* through traffic ; *voyageurs en ~,* transit passengers, *(air)* stopovers.

transitaire *n.m.* forwarding agent, freight agent, freight forwarder, transport agent, transit agent.

transiter *v.* to be in transit. *~ par,* to transit through, to go through, to pass through.

transition *n.f.* transition.

transitoire *adj.* transitory, temporary ; transient.

transmetteur *n.m.* transmitter.

transmettre *v.* **1.** to transmit, to pass on, to send, to convey. **2.** *(radio, etc.)* to broadcast. **3.** *(Jur.)* to transfer, to assign, to convey. **4.** *(ses pouvoirs)* to hand over.

transmissibilité *n.f.* transmissibility, transferability.

transmissible *adj.* transmissible, transmittable, transferable.

transmission *n.f.* **1.** transmission, transmitting. **2.** *(d'un programme radio, T.V.)* broadcasting, broadcast. **3.** *(Jur.)* transfer, assignment, conveyance. **4.** *(des pouvoirs)* handing over, transfer (of power).

transnational, e *adj.* transnational.

transocéanique *adj.* transoceanic, transocean.

transparence *n.f.* transparency

transparent *n.m.* transparency ; slide.

transplantable *adj.* transplantable.

transplantation *n.f.* transplantation, transplanting, transplant.

transplanter *v.* to transplant.

transport *n.m.* carriage, transport, *(U.S.)* transportation. *Entrepreneur de ~*, haulage contractor. *Moyen(s) de ~*, means of transport, means of conveyance. *~ à longue distance*, long distance traffic, *(U.S.)* long hauls. *~ à petite distance*, short distance traffic, local traffic, *(U.S.)* short hauls. *~s en commun*, public transport, *(U.S.)* public transportation. *~ fluvial*, inland navigation, river traffic. *~ maritime*, sea transport, shipping. *~(s) public(s)*, public transport(ation). *~ routier*, road transport, road haulage, *(U.S.)* trucking. **2.** *(Jur. transfert)* transfer, cession, conveyance. *~ sur les lieux*, *(Ass.)* visit to the scene.

transportable *adj.* transportable.

transporter *v.* **1.** to transport, to carry, to convey, *(U.S.)* to move. *~ par avion*, to fly. *~ par bateau*, to ship. (To ship *peut aussi signifier expédier quel que soit le moyen de transport).* **2.** *(Jur.)* to transfer, to convey, to assign.

transporteur *n.m.* **1.** carrier ; haulage contractor. *~ public*, common carrier. *~ routier*, road haulage contractor. **2.** *(ruban roulant)* conveyor. *~ à bande*, belt conveyor.

transposable *adj.* transposable.

transposer *v.* to transpose.

travail *n.m.* **1.** work. *Accident du ~*, industrial injury, accident on-the-job. *Arrêt de ~*, a) stoppage of work. b) sick leave, day's off. *Division du ~*, division of labour. *Poste de ~*, work station. **2.** *(emploi)* job, occupation, employment. *Sans ~*, workless, jobless, unemployed. *Chercher du ~*, to look for a job. *Perdre son ~*, to lose one's job. *~ à plein temps*, full-time job. **3.** *(monde du ~, etc.)* labour, *(U.S.)* labor. *Bourse du ~*, Labour Exchange. *Conflit du ~*, labour dispute. *~ à domicile*, *(chez soi)* home-based work/job/business ; homework ; *(à l'extérieur)* outwork. *~ à façon*, work made to

order, work made to custom, jobbing. *~ à la chaîne*, assembly line work. *~ à la pièce, aux pièces*, piece-work, job-work. *~ à mi-temps*, part-time work/job. *~ au noir*, moonlighting. *~ de bureau*, office work, clerical work. *~ d'équipe*, team work. *~ en cours*, work in hand, in progress, in process. *~ en équipes, par équipe*, shift work. *~ manuel*, manual work. *~ posté*, work on the assembly line.

travailler *v.* **1.** to work. **2.** *(argent)* to produce interest. *Faire ~ son argent*, to put one's money out at interest.

travailleur, euse *n.m.f.* worker. *~ agricole*, farm-hand, labourer. *~ indépendant*, self-employed (person). *~ manuel*, manual worker. *~s pauvres*, (the) working poor. *~ salarié*, salaried worker. *~ social*, social worker, *(U.S.)* welfare worker.

travailleur, euse *adj.* hard-working.

travaillisme *n.m.* labour.

travailliste *n.m.f.* member of the Labour Party, Labour Party member, labourite.

travailliste *adj.* labour, labourite. *Député ~*, labour M.P. (Member of Parliament). *Le Parti Travailliste*, the Labour Party.

travaux publics *n.m.pl.* public works.

traversée *n.f.* crossing.

traverser *v.* to cross, to cross over.

treize à la douzaine *loc.* a baker's dozen, a long dozen, thirteen as twelve, thirteen for the price of twelve.

treizième mois *loc. masc.* (Christmas) bonus.

tremblement de terre *loc. masc.* earthquake.

tremplin *n.m.* springboard ; *(figuré)* stepping stone, launching pad.

trésor *n.m.* **1.** treasure. **2.** *(~ Public, etc.)* Treasury. *Bons du ~*, Treasury bills, Treasury bonds.

trésorerie *n.f.* 1. treasury. 2. *(liquidités)* cash, liquidities, funds ; cash and bank accounts. *Gestion de ~,* cash management. *Prévisions de ~,* cash forecast(s). *Problèmes de ~,* cash-flow problems.

trésorier, ère *n.m.f.* treasurer, paymaster.

treuil *n.m.* winch, windlass ; *(exploitation, minière, etc.)* hoist.

trêve *n.f.* truce. *Sans ~,* unceasingly.

tri *n.m.* sorting (out). *~ manuel,* handpicking. *~ postal,* mail sorting, sorting of the mail. *Faire le ~ (un ~)* to sort (out).

triage *n.m.* sorting ; *(pour classer selon la qualité)* grading. *Gare de ~,* marshalling yard.

tribal, e *adj.* tribal.

tribord, starboard.

tribu *n.f.* tribe.

tribunal *n.m.* 1. court, court of justice, law court. 2. *(d'enquête)* tribunal, court of (of inquiry). *~ civil,* civil court. *~ criminel,* criminal court. *~ de commerce,* commercial court. *~ de grande instance,* county court, higher civil court. *~ d'instance,* court of summary jurisdiction, police court. *~ pour enfants,* juvenile court.

tribune *n.f.* tribune, platform, rostrum. *Monter à la ~,* to take the floor.

tribut *n.m.* tribute ; *(sens large)* contribution. *Prélever un ~,* to levy (a tax, etc.) ; *(récompense)* reward. *(Fig.)* toll.

tributaire *adj.* dependent upon.

tricher *v.* to cheat. *~ en rendant la monnaie,* to shortchange. *~ sur le poids,* to give short weight.

tricherie *n.f.* cheating.

tricheur, euse *n.m.f.* cheat.

tricot *n.m.* knitting ; *(articles)* knitwear.

tricotage *n.m.* knitting.

tricoter *v.* to knit. *Machine à tricoter,* knitting machine.

tricoteuse *n.f.* 1. knitter. 2. knitting machine.

triennal, e *adj.* triennial ; lasting three years, recurring every third year. *Assolement ~,* three-year crop rotation. *Fonction ~,* three-year turn.

trier *v.* to sort, to sort out ; *(des wagons)* to marshal. *Trié sur le volet,* handpicked.

trillion *n.m.* *(G.B.)* billion, *(U.S.)* trillion.

trimestre *n.m.* quarter ; *(scolaire, universitaire)* term.

trimestriel, le *adj.* quarterly. *Revue ~ le,* quarterly review ; *(école, université* term. *Bulletin ~,* end-of-term school report, report card.

trimestriellement *adv.* quarterly, every term, once a term, every three months.

triomphe *n.m.* triumph. *Il a obtenu un triomphe à la fin de son spectacle.* He received/was given a standing ovation at the end of his show.

tripartisme *n.m.* three-party system.

tripartite *adj.* tripartite, three-party.

triple *adj.* triple, treble, three-fold.

tripler *v.* to treble, to triple, to increase threefold, to be three times as large.

tripotage *n.m.* tampering (with something) ; *(U.S.)* fixing ; *(des comptes)* cooking the books, cooking of accounts. *~ électoral,* election-rigging ; *(en remodelant les circonscriptions)* gerrymandering.

tripoter *v.* *(les comptes)* to cook the books.

trisannuel, le *adj.* 1. lasting three years, triennal. 2. occurring every third year.

troc *n.m.* barter ; swap, swop ; truck, exchange in kind ; countertrade.

trois étoiles three-star.

trois-huit three-shift system. *Faire les ~,* to operate the 3-shift system ; to work round the clock in eight-hour shifts.

troisième âge, senior citizens, *(G.B.)* elderly people, the elderly.

trolleybus *n.m.* trolleybus.

trombone *n.m.* (paper) clip.

tromboner *v.* to clip.

tromper *v.* to deceive, to mislead, to cheat.

tromper (se) *v.* to be wrong, to be mistaken.

tromperie *n.f.* deception, fraud, cheating.

trompeur, euse *adj.* misleading, deceptive. *Publicité trompeuse,* misleading/deceptive advertising.

tronc *n.m.* trunk ; ~ *commun (cours),* core courses.

tronçon *n.m. (chemin de fer, etc.)* section.

tronçonner *v.* to cut into sections, to divide.

tronçonneuse *n.f.* chain saw.

tronquer *v.* to curtail.

tropical, e *adj.* tropical.

trop-perçu *n.m.* overcharge.

trop-plein *n.m.* excess, surplus ; *(qui déborde)* overflow.

troquer *v.* to barter, to exchange, to swap, to swop.

trou *n. m.* **1.** hole. **2.** *(déficit)* gap, déficit ; shortfall. **3.** *(période)* gap. **4.** *(mémoire)* blank.

trouble(s) *n.m.* confusion, disorder, disturbance, agitation. ~ *de jouissance,* disturbance of possession. ~ *sociaux,* social unrest, labour unrest.

trouée *n.f. faire une ~,* to make one's mark, to make inroads (into a market, etc.), to make a breakthrough.

troupeau *n.m.* herd ; *(moutons)* flock.

truc *n.m.* trick, knack ; gimmick.

trucage *n.m.* **1.** tampering (with something), faking, cheating, *(U.S.)* fixing. ~ *des comptes,* cooking of

accounts, cooking the books. ~ *du/d'un marché,* market rigging. ~ *électoral,* a) election rigging. b) *(par modification des circonscriptions)* gerrymandering. **2.** *(cinéma)* special effect.

truquage *n.m. voir* **trucage.**

truquer *v.* to fake, to tamper (with something) ; to fix, to manipulate ; *(comptes)* to cook (the books) ; *(marché, élections)* to rig.

trust *n.m.* trust. *Lois anti-~,* anti-trust laws.

truster *v.* to monopolize.

tubercule *n.m.* tuber.

tuile *n.f.* **1.** tile. **2.** *(Fam.)* bad luck, bad news, snag.

tuilerie *n.f.* tile works.

tunnel *n.m.* tunnel. ~ *sous la Manche,* Channel tunnel, chunnel.

turbine *n.f.* turbine.

turboréacteur *n.m.* turbojet.

tutelle *n.f.* tutelage, guardianship ; *ministère de ~,* supervisory ministry ; *(politique, territoire sous ~, etc.)* trusteeship. *Territoire sous ~,* trust territory ; *(sens large : protection)* protection ; *(sens large : dépendance)* dependence.

tuteur *n.m.* guardian.

type *n.m.* type, model, pattern, standard model, sample piece. *Ecart-type,* standard deviation.

typique *adj.* typical, representative.

typiquement *adv.* typically.

typographe *n.m.* typographer, printer.

typographie *n.f.* typography.

typographique *adj.* typographic(al). *Erreur ~,* misprint, printing error.

typographiquement *adv.* typographically.

typologie *n.f.* typology.

tyrannie *n.f.* tyranny.

tyrannique *adj.* tyrannical.

ultérieur, e *adj.* *(date)* later ; *(réunion, etc.)* subsequent. *(Ordre)* further.

ultérieurement *adv.* later on ; subsequently. *Marchandises livrables ~,* goods for future delivery.

ultimatum *n.m.* ultimatum.

ultime *adj.* final, last, ultimate.

ultra *n.m.* *(péj.)* ultra ; *(pol.)* extremist, ultra, hard-liner, die-hard.

ultramoderne *adj.* ultramodern.

ultra-rapide *adj.* high-speed, ultra-fast, split-second.

ultrasensible *adj.* supersensitive, ultra-sensitive.

ultra-son, ultrason *n.m.* ultrasound, suprasound.

ultraviolet *adj.* ultraviolet.

unanime *adj.* unanimous.

unanimité *n.f.* unanimity. *A l'~,* unanimously, with one consent.

uni, e *adj.* **1.** united. *Royaume-Uni,* United Kingdom. *Les États-Unis,* the United States. **2.** *(terrain)* even, level, smooth. **3.** *(couleur)* plain.

unicité *n.f.* uniqueness, singleness.

unidirectionnel, le *adj.* one-way, unidirectional.

unième *adj.* first.

unification *n.f.* consolidation ; standardization, unification.

unifié, e *adj.* unified, standard.

unifier *v.* to unify ; to standardize.

uniforme *n.m.* uniform.

uniforme *adj.* even, regular, uniform. *Augmentation ~,* across-the-board increase. *Tarif ~,* flat rate. *Allure uniforme,* even, unvarying pace. *Vitesse ~,* uniform velocity.

uniformément *adv.* consistently, uniformly, evenly.

uniformiser *v.* to standardize ; to make uniform.

uniformité *n.f.* uniformity.

unilatéral, e *adj.* unilateral, one-sided. *Décision ~e,* unilateral decision. *Stationnement ~,* parking on one side only.

uninominal, e *adj.* *(scrutin),* uninominal (ballot).

union *n.f.* **1.** coalition, combination. **2.** association. *~ douanière,* customs union. *Union Européenne,* European Union. *~ monétaire,* monetary union. *Union patronale,* management association/union. **3.** unity, agreement. *L'~ fait la force,* unity is strength. *Contrat d'~,* agreement to take concerted action. **4.** *(mariage)* union. *~ libre,* cohabitation.

Union Européenne, European Union, EU.

unipersonnelle (entreprise), legal type of business extending the benefit of SARL status (limited liability) to sole owners.

uniprix *n.m.* *(magasin ~)* one-price store.

unique *adj.* **1.** only, single, sole. *Cas ~,* only example, single case. *Associé ~,* sole partner. *Fils ~,* only son. *Magasin à prix ~,* one-price store. *Monnaie ~,* single currency. *Prime ~,* single premium. *(Rue) Sens ~,* one-way street. *Voie ~,* single line traffic. *(Pol.) front uni,* united front. **2.** unique, unrivalled, priceless.

unir *v.* **1.** to combine, to join, to unite. **2.** *(liaison)* to link ; to connect.

unir (s') *v.* to unite ; to combine ; to join forces.

unisexe *adj.* unisex.

unitaire *adj.* **1.** unit, unitarian, unitary. *Prix ~,* unit price. **2.** *(rassemblement, attitude)* joint, common, united, unified.

unité *n.f.* **1.** unit. *Prix de l'~,* price per unit. *(Bourse) actions émises en unité,* shares issued in ones. **2.** *(Indus.)* unit ; plant ; department. **3.** *(mesure, valeur)* unit. **4.** *(de la marine)* ship, craft. **5.** *(fait d'être uni)* unity.

unité d'affichage, display unit.

unité centrale, *(Inform.)* central processing unit.

unité combattante, fighting unit, combat unit *(U.S.)*.

unité de compte, unit of account.

unité mobile *n. (T.V.)* mobile unit.

unité monétaire, monetary unit.

unité pilote, pilot plant.

unité de production, unit of production, production unit.

unité de sondage *n.* sampling unit.

univalent, e *adj.* monovalent, univalent.

univers *n.m.* universe ; field.

universalisation *n.f.* universalization.

universaliser *v.* to universalize, to make universal.

universalité *n.f.* universality.

universel, le *adj.* universal ; world-wide ; all-purpose. *Légataire ~,* sole legatee, residuary legatee.

universitaire *adj.* university. *Diplôme ~,* university degree. *Diplômé ~,* university graduate. *Dossier ~,* academic record (of student). *Éducation/études/~(s),* university education/studies.

universitaire *n.m.* academic ; member of the teaching profession ; member of the faculty.

université *n.f.* **1.** university. *Conseil d'~,* university board. *Diplôme d'~,* university degree. **2.** the teaching profession, the academics.

univoque *adj.* univocal ; unequivocal.

untel *adj. (Monsieur) ~,* (Mr.) So-and-So.

uranium *n.m.* uranium. *~ enrichi,* enriched uranium.

urbain, e *adj.* **1.** urban. *Architecture ~e,* town planning. *(Téléphone) appel ~,* exchange call. *Communication ~e,* local call. *Zone ~e,* built-up area. **2.** *(comportement)* urbane, polite.

urbanisation *n.f.* urbanization. *~ sauvage,* urban sprawl.

urbaniser *v.* to urbanize. *Zone urbanisée,* residential area.

urbanisme *n.m.* town planning.

urbaniste *n.m.* town planner.

urgence *n.f.* **1.** urgency. *D'~,* urgently. **2.** *(crise)* emergency. *État d'~,* state of emergency. *En cas d'~,* in case of emergency. *Trousse d'~,* first-aid kit. *Réparation d'~,* emergency repairs. *Mesures d'~,* emergency measures. *Convoquer d'~ les actionnaires,* to call an extraordinary meeting of the shareholders. *Transporter quelqu'un d'~ à l'hôpital,* to rush s.o. to hospital.

urgent, e *adj.* urgent, pressing. *Commande ~e,* rush order. *(PTT) urgent,* " for immediate delivery ".

urne *n.f.* **1.** urn. **2.** *~ de scrutin,* ballot box. *Aller aux ~s,* to go to the polls. *Sondage sortie des urnes,* exit poll.

us *n.m. les ~ et coutumes,* the ways and customs.

usage *n.m.* **1.** *(pratique, coutume)* custom, practice, usage, use. *D'~,* usual, customary. *Selon l'~,* according to custom. *Avoir l'~ de quelque chose,* to be experienced in, used to, something. *~s locaux,* local customs. *Références d'~,* usual/customary references. **2.** *(utilisation)* employment, use, using. *Biens d'~,* durables. *Faire bon ~,* to make good use of. *Garanti à l'~,* guaranteed to wear well. *Hors d'~,* out of service ; out of repair. *Local à ~ de bureaux,* office space. *Locaux à ~ commercial,* commercial/business premises. *A ~ multiple,* multipurpose. **3.** *(jur.)* droit d'~, customary right. *Avoir l'~ de (biens),* to have the right to use, the use of.

usagé, e *adj.* worn (out) ; used ; *(d'occasion)* second-hand.

usager *n.m.* user. *Les ~s de la route,* road users.

usager *adj. (douanes) effets ~s,* personal effects.

usant *adj.* **1.** *(fatiguant)* wearing. **2.** *(Jur.)* ~ *et jouissant de ses droits,* acting in one's own right.

usance *n.f.* *(Com.)* usance. *A ~ de soixante jours,* at sixty days' usance.

usé, e *adj.* worn ; worn out. *Eaux usées,* effluents.

user *v.* **1.** *(faire usage)* to use, to make use of something. ~ *de son droit,* to exercise one's right. ~ *de son influence,* to use one's influence, to exert one's influence. **2.** *(consommer)* ~ *ses provisions,* to use up one's provisions. ~ *ses vêtements,* to wear out one's clothes.

user (s') *v.* to wear out ; to wear away. *S'~ à la tâche,* to wear oneself out on the job.

usinage *n.m.* tooling.

usine *n.f.* factory, plant, mill, works. *Directeur d'~,* factory manager, plant manager. *Ouvrier d'~,* blue-collar (worker), factory worker. *Prix sortie d'~,* price exworks. ~ *clés-en-main,* turnkey project/plant/factory. ~ *pilote,* pilot plant.

Remarque ■ *Les Américains utilisent le plus souvent " plant ", que les Britanniques réservent aux industries modernes :* ~ *automobile, (G.B.)* car factory, *(U.S.)* automobile plant ; ~ *atomique (G.B. et U.S.)* nuclear plant. *Mill s'emploie pour les usines où la force motrice — au moins à l'origine — était l'air ou l'eau* (cotton mill, sawmill, *scierie ;* paper-mill). *Works s'emploie pour l'industrie lourde en général.* (An iron and steel works.)

usine-center *n.m.* factory outlet.

usiner *v.* to tool, to machine.

usité, e *adj.* current, in use, used.

ustensile *n.m.* tool, utensil, implement. ~ *de ménage,* household utensil.

usuel, le *adj.* common, customary, habituary, ordinary, usual. *(Livres) un ~,* a reference book.

usufruit *n.m.* usufruct.

usufruitier, ère *adj.* usufructuary.

usufruitier *n.m.* beneficial occupant ; tenant for life.

usuraire *adj.* exorbitant, usurious, extortionate. *Prêt à des taux ~s,* lending/loan/at extortionate rates, *(U.S.)* loan-sharking.

usure *n.f.* **1.** *(d'une machine, etc.)* wear. *Résister à l'~,* to stand wear and tear, to wear well. ~ *normale,* fair wear and tear. **2.** *(des effectifs, etc.)* attrition. *Guerre d'~,* war of attrition. **3.** ~ *technologique,* obsolescence. **4.** *(prêt avec intérêt)* usury, charging of illegal rates of interest, exorbitant/extortionate/ interest, *(U.S.)* loan-sharking.

usurier *n.m.* moneylender ; usurer ; *(U.S.)* loan-shark.

usurpation *n.f.* usurpation, unauthorized assumption. ~ *d'état civil/d'identité,* impersonation.

usurper *v.* to usurp ; to encroach on someone's rights. ~ *une personnalité,* to impersonate.

utile *adj.* useful. *Charge ~,* useful load, carrying capacity, payload. *En temps ~,* duly, in (due) time. *Prendre toutes les dispositions ~s,* to make all (the) necessary arrangements, to take all (the) necessary steps. *Se rendre ~,* to make oneself useful.

utilisable *adj.* available, usable, fit for use, utilizable.

utilisateur *n.m.* user, utilizer. ~ *final,* end user.

utilisation *n.f.* use, using, utilization. ~ *en commun,* joint use. *Frais d'~,* running costs. *Mode d'~,* directions for use, instructions for use.

utiliser *v.* to use, to make use of, to utilize ; *(une occasion)* to take advantage.

utilitaire *adj.* utilitarian. *Véhicules ~s,* commercial vehicles. *(info.) programme ~,* utility program(me).

utilitarisme *n.m.* utilitarianism.

utilité *n.f.* **1.** use, utility, usefulness ; service ; (useful) purpose. *D'~ publique,* in the public interest ;

public-interest. *Pour cause d'~ publique,* for public purpose. **2.** *Jouer les ~s,* to play a minor role, to play second fiddle.

utopie *n.f.* utopia. *C'est de l'~,* it's wishful thinking, it's unrealistic.

utopique *adj.* utopian, utopist ; unrealistic.

V

vacance *n.f.* **1.** *(de poste)* vacancy, vacant position, vacant post. **2.** holiday, vacation.

vacances *n.f.pl.* holidays, *(U.S.)* vacations. ~ *parlementaires*, recess. *Être en ~*, to be on holiday, on vacation. *Prendre des ~*, to go on holiday, to take a holiday/a vacation.

vacancier, -ère *n.m.f.* holiday-maker, *(U.S.)* vacationist.

vacant, e *adj.* vacant, unfilled, unoccupied ; *(Jur.)* *succession ~e*, estate in abeyance, estate unclaimed.

vacation *n.f.* **1.** service paid on a time/an hourly/basis. **2.** *(paiement)* fee.

vagabondage *n.m.* vagrancy.

vague *n.f.* wave, tide, spate. ~ *de grèves*, rash of strikes.

vainqueur *n.m.* winner. ~ *d'un concours*, contest winner.

vaisseau *n.m.* vessel, ship. ~ *à vapeur*, steamship, steamer. ~ *de haute mer*, ocean-going vessel. ~ *marchand*, merchant vessel, merchantman. ~ *spatial*, spacecraft.

valable *adj.* valid, available ; good.

valeur *n.f.* **1.** value, worth. *(Équivalent)* equivalent ; *(montant)* amount ; *(prix)* price, cost ; *(douanes)* Droit sur la ~, ad valorem duty. *Mise en ~*, development, *(ressources naturelles)* harnessing ; *(terrain)* reclaiming. *Objets de ~*, valuables. *Sans ~*, valueless, of no value. ~ *ajoutée*, value added. *Taxe sur la ~ ajoutée (T.V.A.)*, value added tax (V.A.T.). *(Ass.)* ~ *déclarée*, value insured, value declared. ~ *à l'échéance*, cash at maturity. ~ *à l'encaissement*, value for collection. ~ *comptable*, book value. ~ *d'entrée*, original cost. ~ *d'inventaire*, accounting value. ~ *de liquidation d'un actif*, asset back-up. *(Ass.)* ~ *de rachat*, surrender value. ~ *en compte*, value in account. ~ *en douanes*, customs value. ~ *intrin-*sèque *(ass.)*, embedded value. ~ *nominale*, nominal value, face value. ~ *reçue*, value received, " for value received ". ~ *résiduelle*, net worth. **2.** *(Bourse, etc.)* security. ~*s mobilières*, securities, stocks and shares, *(U.S.)* stocks and bonds. ~ *au porteur*, bearer security. ~ *nominative*, registered security. ~*s de père de famille*, *sûres*, *de tout repos*, gilt-edged securities, gilts. *(actions)* ~(s) *de premier ordre*, blue chip(s). ~ *refuge*, safe/secure investment ; blue-chip stock. ~*s technologiques*, technology stock(s)/shares, tech stocks. ~*s vedettes*, leaders, blue chips, glamor/*(G.B.)* glamour stocks. **3.** *(comptab.)* asset. ~*s d'exploitation*, current assets.

valeur actualisée, present value.

valeur actuelle, current value.

valeur comptable, book value.

valeur historique, original cost.

valeur liquidative, break-up value.

valeur locative, rental value.

valeur marchande, market value.

valide *adj.* **1.** *(contrat, etc.)* valid ; *(billet)* valid, available. **2.** *(homme)* able-bodied.

validation *n.f.* validation.

valider *v.* to validate ; *(document)* to authenticate.

validité *n.f.* *(contrat)* validity ; *(billet)* validity, availability.

valise *n.f.* case, suitcase. ~ *diplomatique*, (embassy) dispatch-bag, dispatch-box, pouch.

valoir *v.* **1.** to be worth ; *(prix)* to cost, to amount to, to fetch. *A ~*, on account. *Un à-~*, a sum on account. *A ~ sur*, on account of. *Cela n'en vaut pas la peine*, it's not worth it, it's not worth the trouble. **2.** *(mériter)* to deserve, to merit, to be worth. **3.** *(faire obtenir)* to win, to gain, to obtain.

valoir (faire) *v.* **1.** *(terre, etc.)* to develop, to farm. **2.** *(argument)* to point out, to emphasize. **3.** *(ses* *droits)* to claim one's rights, to assert one's rights, to vindicate one's rights. ~ *ses droits à la retraite,* to retire, to be eligible for retirement. **4.** *(de l'argent)* to invest.

valorisation *n.f.* appreciation ; *(chèque)* valuing ; *(stocks)* valuation, ~ *des stocks,* inventory valuation ; *(d'un produit)* enhancing, enhancement ; *(d'une région, des terres)* development. *(d'un comportement)* valuing, high regard (for).

valoriser *v. (estimer la valeur)* to value, to assess ; *(par intervention gouvernementale ou d'un cartel/trust)* to valorize ; *(augmenter)* to raise the price (of) ; *(chèque)* to value ; *(une région, des terres)* to develop ; *(un comportement)* to value, to rate highly, to regard highly.

valoriser (se) *v.* **1.** to appreciate. **2.** *(personne)* to try and show one's importance, to show off.

valse des étiquettes *loc. f.* uncontrolled price increase, constant changes in price-tags.

vandalisme *n.m.* vandalism.

vanter *v.* to praise, to extol. ~ *ses marchandises,* to hawk one's wares.

vapeur *n.f.* **1.** steam. *Machine à ~,* steam-engine. *Bateau, navire à ~,* steamship, steamer. **2.** *(navire)* steamship, steamer.

vaquer *v.* **1.** to be vacant. **2.** *(assemblée, tribunal)* to be in recess, not to be sitting. **3.** *Vaquer à,* to attend to, to see to.

variabilité *n.f.* variability, variableness, changeableness.

variable *adj.* variable, changeable, unsteady, unsettled.

variation *n.f.* variation, change, fluctuation. *~s saisonnières,* seasonal swings. *Corrigé des ~s saisonnières,* seasonally adjusted.

varier *v.* to vary, to change, to fluctuate, to differ. *Le gouvernement n'a pas varié (dans sa position),* the government has not

changed its stand.

varié, e *adj.* varied, varying, miscellaneous, sundry.

variété *n.f.* variety. *Une grande ~ d'échantillons,* a wide range of samples. *Spectacle de ~,* variety show. *~(s) (monde du spectacle)* entertainment, show-business.

vaste *adj.* vast, wide, broad, extensive, comprehensive. *~s réformes,* far-reaching reforms.

va-tout *n.m. Jouer son ~,* to stake one's all.

vau-l'eau (à) *loc. adv.* aller à ~, to go to the dogs, to go down the drain.

vecteur *n.m.* vector.

vécu *n.m.* actual experience, personal experience.

vedettariat *n.m.* star system.

vedette *n.f.* **1.** *(cinéma, etc.)* star. *Être la ~,* to star, to be starring. **2.** *(sujet)* mettre en ~, to highlight, to focus on, to emphasize. *Être mis en ~,* to be emphasized, to be in the limelight ; *(presse)* to hit the headlines. *Voler la ~,* to steal the show. **3.** *(actions vedettes)* leading shares, blue chips. **4.** motor-boat, (motor-) launch.

végétarianisme *n.m.* vegetarianism.

végétarien, -ne *adj.* vegetarian.

végétation *n.f.* vegetation, growth.

végéter *v.* to vegetate.

véhicule *n.m.* vehicle. ~ *de livraison,* delivery van. ~ *utilitaire,* commercial vehicle.

véhiculer *v.* **1.** to carry, to transport ; *(U.S.)* to haul, to cart. **2.** *(idées, etc.)* to convey, to transmit, to disseminate.

veille *n.f.* **1.** the eve, the day before, the preceding day, the previous day. *A la ~ de,* on the eve of. *(faillite, catastrophe)* on the brink of, on the verge of. **2.** watch. ~ *technologique,* technological watch.

veiller à *v.* **1.** to see to, to look after, to take care of. **2.** *(ne pas oublier de)* not to forget to, to make sure of/that.

veilleur *n.m.* watcher, warden. ~ *de nuit,* nightwatchman.

veilleuse *n.f. Mettre en ~,* to reduce, to give up temporarily ; *(projet)* to shelve. *(= atténuer)* to downplay, to softpedal.

vélo *n.m.* bicycle, bike. *Aller à/faire du ~,* to cycle, to ride a bicycle.

velours *n.m.* velvet. ~ *côtelé,* corduroy.

vénal, e *adj.* **1.** marketable, saleable, purchasable. *Valeur ~e,* market value. **2.** corrupt, corruptible, mercenary, venal.

vénalité *n.f.* venality.

venant *(voir* **venir)** *Tout-~,* ungraded product.

vendable *adj.* saleable, salable, marketable.

vendange(s) *n.f.* (vine)-harvest, (wine)-harvest, grape-harvesting.

vendanger *v.* to harvest (grapes), to gather (the grapes), to vintage.

vendeur *n.m.* **1.** *(personne qui vend)* seller ; marketer. *(Jur.)* vendor. **2.** *(de magasin, etc.)* shop-assistant, *(U.S.)* salesman, salesboy, salesperson, clerk, salesclerk. **3.** *(personne qui a le sens de la vente)* salesman. *Talent de ~,* salesmanship. **4.** *(colporteur)* pedlar, hawker, peddler.

vendeur, -euse *adj. (argument, etc. qui fait vendre)* selling, sales.

vendeuse *n.f.* shop-assistant, shop-girl, salesgirl, saleslady.

vendre *v.* to sell. *Art de ~,* salesmanship. *A ~,* for sale. ~ *à crédit,* to sell on credit. ~ *à découvert,* to sell short. ~ *à domicile,* to sell door-to-door. ~ *à perte,* to sell at a loss. ~ *à terme* a) to sell on credit. b) *(Bourse de valeurs)* to sell for the account. c) *(Bourse de marchandises)* to sell for future delivery, to sell futures. ~ *au comptant,* to sell for cash. ~ *au détail,* to sell (by) retail, to retail. ~ *aux enchères,* to sell by auction, to auction (off). ~ *directement du producteur au consommateur,* to sell direct from producer to consumer. ~ *en gros,* to sell wholesale. ~ *par correspondance,* to sell by mailorder, by post, by correspondence, by catalogue.

vendre (se) *v.* **1.** to sell ; *(Fam.)* ~ *comme des petits pains,* to sell like hot cakes. **2.** to fetch a price, to command a price.

venir *v.* **1.** to come. *Faire ~,* to send for, to fetch, to call in, to summon. **2.** ~ *de (provenir de)* to come from, to result from, to stem from. **3.** *Il vient d'arriver,* he has just arrived.

vente *n.f.* sale. *Acte de ~,* sale contract. *Art de la ~, sens de la ~,* salesmanship. *Chiffre de ~,* sales figure. *En vente,* on sale. *Mettre en ~,* to offer for sale, to put up for sale. *Prix de ~,* selling price. *Promotion des ~s,* sales promotion. *Salle des ~s,* auction room. *Service après-~s,* after-sales service. *Service des ~s,* sales department. ~ *à l'amiable,* sale by private treaty. ~ *à l'essai,* sale on approval, sale on trial. ~ *à tempérament,* sale by instalment(s). ~ *à terme (Bourse),* sale for the account. ~ *au comptant,* cash sale, spot selling. ~ *au détail,* retail trade. ~ *aux enchères,* sale by auction. ~ *croisée,* cross selling. ~ *de liquidation,* clearing/ clearance/ sale. ~ *d'espace, (Pub.)* space selling. ~ *directe,* direct selling ; *ventes directes,* direct sales. ~ *par correspondance,* mail-order selling, selling by post ; mail-order sale(s). ~ *par distributeur automatique,* vending. ~ *par soumission,* sale by tender. ~ *porte à porte,* door-to-door selling. ~ *pyramidale,* pyramid selling. ~ *réclame,* bargain sale, promotional sale. ~*s massives,* heavy sales, bulk sales, sales/selling/in large quantities. ~ *sur échantillon,* sale on sample.

vente croisée cross-selling.

vente forcée, high-pressure selling, pressure selling ; unsolicited offer/sale ; forced sale.

ventilation *n.f.* **1.** *(de résultats, etc.)* breakdown, breaking down. **2.** *(attribution)* apportionment, distribution. **3.** *(d'une salle)* ventilation.

ventiler v. 1. (résultats, etc.) to break down. 2. (attribuer) to assign, to apportion, to distribute. 3. (salle) to ventilate.

verbal, e adj. verbal. Par transmission ~e, by word of mouth. Procès-verbal, a) (policemen's) report ; b) minutes of the proceedings, records.

verbalement adv. verbally, by word of mouth.

verbaliser v. to draw up an official report, to draw up a memorandum.

verdict n.m. verdict. Prononcer /rendre/un ~, to return a verdict. ~ d'acquittement, verdict of not guilty.

véreux, -euse adj. shady, dubious, fishy, bogus, corrupt. Avocat ~, (U.S. fam.) shyster.

verger n.m. orchard.

véridique adj. truthful, trustworthy.

vérificateur n.m. inspector, examiner, verifier ; (Compta.) auditor.

vérification n.f. inspection, examination, verification, control, testing ; (Compta.) audit, auditing ; (stock) control. Balance de ~, trial balance.

vérifier v. to check, to inspect, to examine, to test, to verify ; (Compta.) to audit.

vérifier (se) v. to prove true/accurate/correct.

véritable adj. genuine, real, true.

vérité n.f. truth ; (Jur.) Dire la ~, toute la ~, rien que la ~, to tell the truth, the whole truth, and nothing but the truth.

verre n.m. glass. Articles de ~, glassware. ~ perdu, non-returnable bottle, (U.S.) one-way bottle. ~s (bouteilles vides), empties.

verrerie n.f. glass making, glass works ; glassware ; (magasin) glass shop.

verrier n.m. glassmaker, (ouvrier) glass worker, glass blow-er.

verroterie n.f. glass trinkets, glass beads.

verrouillage n.m. locking, bolting ; (ordinateur) lock-out ; latching.

verrouiller v. to lock (up), to bolt, (ordinateur) to secure. (Fin., bourse) ~ sa position, to lock one's position, to close one's position.

vers prép. towards ; to. Ils se dirigent ~..., they are heading for…

versé, e adj. experienced (in), versed (in), familiar (with), conversant (with).

versé, e p.p. Voir verser.

versement n.m. payment ; settlement ; remittance ; (en banque) payment-in ; (mensualité) instalment ; (dépôt) deposit. Bordereau/bulletin de ~, paying-in slip. Par ~s échelonnés, by instalments. Premier ~, down payment, first instalment. ~ au comptant, cash payment, down payment.

verser v. 1. to pay, to deposit money, to remit, to settle. Capitaux versés, paid-up capital ; ~ des arrhes, to pay/leave/make a deposit. (Investir) to invest, to put money (in something). 2. (un liquide) to pour ; (renverser) to spill. 3. ~ à un dossier, to file. 4. (muter) to ransfer, to assign, to appoint.

version n.f. version. (Film) ~ originale, original version, undubbed foreign film.

verso n.m. back. Voir au ~, see overleaf, please turn over, P.T.O. Effets comme au ~, bills as per back.

vertical, e adj. vertical. Concentration ~e, vertical concentration, verticalisation.

verticalement adv. vertically.

verts (les), the environmentalists, the green ; the ecologists.

vertu (en… de) in pursuance of. En vertu de l'article 4, under article 4.

vestiaire n.m. (usine, sports, etc.) locker-room, cloakroom. Préposé(e) au ~, cloakroom attendant.

vêtement *n.m.* clothes, clothing, dress, garment, *(U.S.)* apparel. *L'industrie du ~,* the clothing trade, *(U.S.)* the garment industry. *Magasin de ~s,* clothes shop, *(U.S.)* apparel store. *~s pour dames,* ladies' wear. *~s pour hommes,* men's wear.

vétérinaire *n.m.* veterinary surgeon.

veto *n.m.* veto. *Droit de ~,* right of veto. *Mettre son ~, émettre un ~,* to veto. *Passer outre à un ~,* to override a veto.

vétuste *adj.* outdated, antiquated, dilapidated.

vétusté *n.f.* outdated character, dilapidated state, decay.

veuf *n.m.* widower.

veuvage *n.m.* *(femme)* widowhood ; *(homme)* widowerhood. *Allocation de ~,* widow's benefit.

veuve *n.f.* widow.

vexation *n.f.* harassing, vexatious measures.

viabiliser *v.* to service. *Terrain viabilisé,* serviced area/lot/site.

viabilité *n.f.* viability, practicability.

viable *adj.* viable.

viaduc *n.m.* viaduct.

viager *n.m.* life, for life. *Bien ~,* life estate. *Rente ~ ère,* life annuity, life interest.

viande *n.f.* meat. *~ frigorifiée,* frozen meat.

vice *n.m.* fault, defect, flaw. *~ de conception,* faulty design. *~s de construction,* defective/faulty/construction. *~ de fabrication,* manufacturing defect/flaw/bug. *~ de forme,* faulty drafting, vice of form, flaw ; *(jugement)* irregularity.

vice- préf. vice, deputy. *~ - président,* vice-president, deputy chairman ; *(U.S. : fam. pour le vice-président des États-Unis)* the Veep.

vicier *v.* **1.** *(air)* to pollute, to contaminate. *Air vicié,* polluted air, stale air. **2.** *(Jur.)* to invalidate, to render void, to make void, to void, to vitiate. **3.** *(goût, etc.)* to vitiate,

to corrupt. **4.** *(nourriture)* to spoil, to taint.

vicieux, -se *adj.* vicious. *Cercle ~,* vicious circle.

vicinal, e *adj.* local.

victime *n.f.* victim ; *(accident, etc.) les ~s,* the casualties. *Nombre des ~s,* number of casualties, toll.

vidange *n.f.* emptying ; *(auto)* change of oil, oil change.

vidanger *v.* to empty ; *(auto)* to change the oil.

vide *n.m.* vacuum ; *(place ~)* empty space, gap, void ; *(document)* blank. *Combler un ~,* to fill a gap. *Navire à ~,* ship going light ; *(camion, etc.) retour à ~,* no back load, no return load. *Voyage à ~,* trip without freight, trip without a load.

vide *adj.* empty. *Emballages ~s,* empties.

vidéoachat *n.m.* videoshopping.

vidéo-conférence *n.f.* videoconference.

vidéodiffusion *n.f.* videocasting.

vidéodisque *n.m.* videodisk, videodisc.

vidéothèque *n.f.* video (cassette/tape) library.

vie *n.f.* life, living, lifetime. *Assurance-~,* life assurance *(insurance). Coût de la ~,* cost of living. *Espérance de ~,* life expectation/expectancy. *Gagner sa ~,* to make a living. *Niveau de ~,* standard of living. *Prime/indemnité/de ~ chère,* cost of living bonus. *Qualité de la ~,* quality of life. *~ d'une marque,* brand's life. *~ d'un produit,* product life, life cycle of a product.

vieille *adj. Voir* **vieux.**

vieillesse *n.f.* old age ; *(chose)* oldness. *Pension de vieillesse,* old age pension.

vieilli, e *adj.* obsolete, out of date, outdated, antiquated.

vieillir *v.* to grow/get/old ; to become obsolete, to become outdated.

vieillissement *n.m.* aging ; *(produit)* obsolescence.

vieux, vieille *adj.* old. *Les vieux,* old people, the elderly, senior citizens.

vif, vive *adj.* keen, sharp ; lively, brisk ; quick, fast. *La concurrence est de plus en plus vive,* competition is keener and keener. *De vive voix,* orally, viva voce, by word of mouth. *Je le lui dirai de vive voix,* I'll tell him/her in person. *~s remerciements,* hearty/heart-felt thanks, sincere/sincerest thanks.

vifs *n.m.pl.* *(Jur.)* living persons. *Disposition/Donation entre vifs,* donation inter vivos.

vigne *n.f.* vine ; *(vignoble)* vineyard.

vignette *n.f.* inland revenue stamp, *(U.S.)* internal revenue stamp. *~ automobile,* road-tax, special tax levied on cars, depending on c.c.'s and materialized by a windscreen sticker. *Cf. (G.B.)* tax disk, *(U.S.)* tax sticker.

vignoble *n.m.* vineyard.

vigoureux, -euse *adj.* strong.

vigueur *n.f.* strength, vigour. *Entrer en ~,* to come into force, to come into effect, to take effect, to become effective, to become operative, to be implemented ; *(Ass.)* to attach. *En ~, (règlement)* in force ; *(prix)* ruling, prevailing. *Mettre en ~, (mesure)* to implement, *(loi)* to enforce. *Remettre en ~,* to revive. *Cesser d'être en ~,* to cease to apply. *Ce règlement n'est plus en vigueur,* this regulation no longer applies, is no longer in force.

vil prix *loc.* low price. *Vendre à ~,* to sell cheap, at a knock-out price, *(Fam.)* to sell dirt cheap.

village *n.m.* village.

villageois, e *n.m.f.* villager.

ville *n.f.* town, city. *~ importante, (G.B.)* large town, *(U.S.)* big city. *Centre ~,* town centre, *(U.S.)* downtown. *Dîner en ~,* to dine out. *Hôtel de ~,* town-hall, *(U.S.)* city-hall. *~ thermale,* spa.

villégiature (en) *n.f.* on holiday, on vacation.

vin *n.m.* wine. *Éleveur de ~,* wine grower. *Grands ~s,* vintage wines, great wines, famous wines. *Négociant en ~s,* wine merchant. *~ d'honneur,* reception during which an official guest is toasted.

vinicole *adj.* wine, wine-growing.

vingt *adj. num.* twenty, a score.

vingtaine *n.f.* *Une ~,* a score, about twenty.

viol *n.m.* 1. rape. 2. *(violation)* breach, infringement.

violation *n.f.* breach, infringement, violation, breaking (of rules), trespass, trespassing. *~ de brevet,* patent infringement. *~ de domicile,* housebreaking, breach of domicile, burglary. *~ de frontière,* trespass of frontier, border encroachment. *~ de la loi,* breach of the law. *~ de propriété,* trespassing.

violence *n.f.* violence.

violent, e *adj.* violent.

violer *v.* 1. *(personne)* to rape. 2. to violate, to transgress, to break.

virage *n.m.* turning, bend ; *(politique, etc.)* turnabout, turnaround, shift.

virement *n.m.* transfer. *~ bancaire,* bank transfer. *~ de fonds,* transfer of funds. *~ postal,* postal transfer, giro transfer.

virer *v.* 1. to turn, to turn round. 2. to transfer. 3. *(Fam. congédier)* to fire, to oust.

virgule *n.f.* comma. *Point et ~,* semi-colon.

virtuel, -le *adj.* virtual.

virus *n.m.* virus. *~ informatique,* computer virus.

vis *n.f.* screw. *Serrer la ~s,* to turn the screw, to clamp down (on).

visa *n.m.* 1. visa. *Demander un ~,* to apply for a visa. *Octroyer un ~,* to grant a visa. 2. *(signature)* signature, initials, certification.

viser *v.* 1. to aim. *(clientèle etc.)* to target. *Clientèle visée,* target group, target audience. 2. *(concerner)* to refer to, to allude to, to relate to. 3. to stamp, to certify, to initial, to countersign, to sight.

visées *n.f.pl.* designs, aims, objectives.

visibilité *n.f.* visibility.

visible *adj.* visible.

visioconférence *n.f.* videoconference.

visite *n.f.* 1. visit, call. *Carte de ~,* business card ; visiting-card. *Faire une ~,* to visit, to call (on someone), to pay a call, to pay (make) a visit, *(Fam.)* to drop by/in. *Rendre ~,* to call (on someone). *~ guidée,* guided tour, guided visit. 2. *(douanes)* examination. 3. *(Jur.)* search. *~ des lieux,* search of the premises ; *(Nav.) droit de ~,* right of search. 4. *~ médicale,* medical exam(ination), medical. *~ à domicile,* house call. *~ systématique (bilan de santé),* check-up.

visiter *v.* 1. to visit, to call (on someone), *(Fam.)* to drop in, to drop by. *Faire ~,* to show around. 2. *(Douanes, etc.)* to examine, to inspect. 3. *(Jur.)* to search. 4. *(un appartement)* to view (a flat, U.S. an apartment).

visiteur *n.m.* visitor, caller ; *(Douanes)* inspector, searcher.

vital, e *adj.* vital.

vitalité *n.f.* vitality ; *(marché)* briskness, buoyancy.

vitamine *n.f.* vitamin.

vite *adv.* promptly, quickly, fast, rapidly, speedily, swiftly.

vitesse *n.f.* speed ; *(mécanique)* velocity. *Changer de ~,* to change gears. *En grande ~,* by passenger train, *(G.B.)* by fast goods train. *En petite ~,* by goods train, *(U.S.)* by freight train. *Être en perte de ~,* to decline, to lose ground. *Prendre de ~,* to outspeed, to outstrip, to outrun. *Train à grande ~,* high speed train. *~ acquise,* momentum, impetus. *~ de la lumière,* velocity of light. *~ de rotation,* rate of turnover.

viticole *adj.* wine, wine-growing.

viticulteur *n.m.* winegrower, wine-grower.

viticulture *n.f.* wine-growing.

vitre *n.f.* window-pane.

vitré, e *adj.* glass, glazed. *Cloison ~e,* glass partition.

vitrier *n.m.* glass-maker, glazier.

vitrine *n.f.* shop-window, showcase.

vivant, e *adj.* 1. alive, living. 2. *(animé)* lively, animated, busy.

vive voix (de) *loc. adv.* orally, viva voce, by word of mouth. *Je lui dirai de ~,* I'll tell him/her in person.

vivier *n.m.* (fish)-preserve, breeding-ground.

vivifiant, e *adj.* vivifying, invigorating, rejuvenating.

vivifier *v.* to vivify, to vitalize, to stimulate, to enliven, to rejuvenate.

vivoter *v.* to eke out a living, to struggle along. *Entreprises qui vivotent,* struggling firms.

vivre *v.* to live, to be alive. *~ de,* to live on.

vivre et couvert *loc. m. sg.* board and lodging.

vivres *n.f.pl.* supplies, provisions, food supplies, foodstuffs ; victuals.

vivrier, ère *adj. Culture ~e,* food crop(s).

vocable *n.m.* word, name.

vocabulaire *n.m.* vocabulary.

vocation *n.f.* calling. *Avoir la ~ de,* to be cut out for.

vœu *n.m.* 1. wish. *Émettre/ exprimer/un ~,* to express a wish. *Exaucer un ~,* to grant a wish. *~ pieux,* wishful thinking. 2. *(engagement)* vow, pledge. *Faire le ~ de,* to vow, to pledge.

vogue *n.f.* fashion, vogue ; *(de courte durée)* craze, fad. *C'est la grande ~,* it's all the rage. *En ~,* in fashion, prevailing, ruling.

voie *n.f.* 1. *(moyen)* way, means, channel, measure, method, process, course. 2. *(route, etc.)* way, road, route ; *(ville)* thoroughfare, avenue, artery ; *(chemin de fer)* track. *Être dans la bonne ~,* to be on the right track. *Largeur de ~,* gauge. *Par ~ de mer,* by sea. *Par ~ de terre,* by land, overland. ~ *d'accès,* access road. ~ *d'autoroute,* lane. ~ *ferrée,* (railway/(U.S.) railroad) track. **3.** *en ~ de,* about to *(+ verbe),* in (the) process of, on the way to *(+ nom).* *L'affaire est en ~ de règlement,* the affair is about to be settled, *(Jur.)* the affair is in process of settlement out of court. *Pays en ~ de développement,* developing countries, less developed countries, LDC's. **4.** *(vocation) Ce n'est pas sa ~,* it's not his line, he's not cut out for it. ~ *aérienne,* air-way, air-route. *Par la ~ aérienne,* by air, by plane. ~ *d'eau.* a) leak. *Faire une ~ d'eau,* to spring a leak. b) waterway. ~ *de communication,* line of communication, road. ~*(s) de droit,* legal proceedings, legal channels. ~*(s) de fait,* assault and battery. ~ *de garage,* siding ; *la proposition a été mise sur une ~ de garage,* the proposal has been shunted into a siding ; *mettre sur une ~ de garage,* to shunt into a siding, *(projet, etc.)* to shelve. ~*(s) de recours :* (possibility of) recourse, *(Jur.)* grounds for appeal ; *nous n'avons pas de ~s de recours,* we have no recourse left. ~ *diplomatique,* diplomatic channels. ~ *fluviale,* (inland) waterway. ~ *hiérarchique,* formal/official/channels, chain of command. ~ *légale,* legal channels, legal proceedings. ~*(s) maritime(s),* sea route(s). ~ *navigable,* (inland) waterway. ~ *publique,* street ; *sur la ~ publique,* in public, publicly.

voile *n.f.* sail ; *(navigation à la ~)* sailing. *Aller à la ~,* to sail. *A ~,* sail, sailing. *Bateau à ~s,* sailing boat, sailboat, sailing ship. *Faire de la ~,* to sail.

voilier *n.m.* sailing boat, sailboat, sailing ship.

voir *v.* **1.** to see ; *(traite)* to sight (a bill). **2.** *(considérer)* to view, to consider, to regard. **3.** *(étudier)* to study, to examine, to look into. **4.** *(comprendre)* to see, to understand. *Nous nous verrons contraints de,* we shall be compelled to. **5.** *Cela*

n'a rien à voir avec notre problème, This has nothing to do with our problem. *Ça n'a rien à voir,* it's irrelevant.

voirie *n.f.* highways, system of roads. *Service de la voirie,* Highways Department.

voisin *n.m.* neighbour, *(U.S.)* neighbor.

voisin, e *adj.* neighbouring, *(U.S.)* neighboring ; neighbour, *(U.S.)* neighbor ; next (to), next door (to) ; close to, bordering on, verging on ; related, allied, similar ; *(pièce, etc.)* adjoining. *Pays ~s,* neighbouring countries.

voisinage *n.m.* **1.** neighbourhood, *(U.S.)* neighborhood, vicinity, proximity, nearness, surroundings, environment. **2.** relations between neighbours. *Rapports (relations) de bon ~,* neighbourliness.

voiturage *n.m.* cartage, carriage, haulage.

voiture *n.f.* **1.** car, motor-car. *Aller en ~,* to drive, to ride. *Louer une ~,* to rent, to hire a car. ~ *de déménagement,* removal van. ~ *de livraison :* delivery van, *(U.S.)* delivery truck. ~ *de louage, de place,* hackney-carriage, taxi-cab, cab. ~ *de tourisme,* passenger car. **2.** *(Chemin de fer)* (passenger) coach, carriage, *(U.S.)* car. ~ *de marchandises,* *(G.B.)* goods truck, *(U.S.)* freight car. **3.** *lettre de ~,* waybill, *(chemin de fer)* consignment note, *(mer)* bill of lading. *Lettre de ~ aérienne,* airwaybill, airbill.

voiturer *v.* to cart, to carry, to convey, to transport, to haul.

voiturier *n.m.* **1.** carter, carrier, haulier. ~ *public,* common carrier. **2.** *(restaurant, etc.)* valet parking service ; parking attendant.

voix *n.f.* **1.** voice. *Avoir ~ au chapitre,* to have a say in the matter. *De vive ~,* by word of mouth. ~ *publique,* public opinion, public rumour. **2.** vote. *Avoir ~ prépondérante,* to have a casting vote. *Compter les voix,* to tally the votes.

Le décompte des ~, the tally (of votes). *Mettre une résolution aux ~,* to put a motion to the vote, to move a resolution. *Obtenir des ~,* to poll votes.

vol *n.m.* 1. theft, larceny, stealing, robbery. *Assurance contre le ~,* insurance against theft. *Assurance contre le ~ et l'incendie,* fire and theft insurance. *~ à l'étalage,* shoplifting. *~ à main armée,* armed robbery. *~ avec effraction,* burglary. *~ qualifié,* aggravated theft/larceny ; robbery. 2. flight. *A ~ d'oiseau,* as the crow flies. *~ régulier,* scheduled flight. *~ sans escale,* non-stop flight, through flight. *(Fusées, etc.)* probe. *~ non piloté,* unmanned flight.

volaille *n.f.* poultry ; *(gibier, cuisine)* fowl(s). *Marchand de ~s,* poulterer.

volailler *n.m.* poulterer.

volant *n.m.* 1. wheel. 2. reserve, margin. *~ de sécurité,* safety margin, reserves.

volant, e *adj.* 1. flying. *Soucoupe ~e,* flying-saucer. 2. *(feuille, etc.)* loose, detachable.

volatil, e *adj.* volatile.

volatilité *n.f.* volatility.

voler *v.* 1. to steal, to rob ; *(sens large)* to cheat, to bilk, to swindle. *Se faire ~,* a) to be robbed ; b) to be cheated. 2. to fly.

volet *n.m.* shutter ; *(avion)* flap ; *(partie)* part, element. *Trié sur le ~,* hand-picked.

voleur, -euse *n.m.f.* thief, burglar, robber.

volontaire *n.m.f.* volunteer. *Se porter ~,* to volunteer.

volontaire *adj.* voluntary, wilful. *Homicide ~,* wilful murder.

volontairement *adv.* voluntarily, wilfully, deliberately, intentionally, willingly, on purpose.

volontariat *n.m.* voluntarism ; voluntary action, volunteering.

volonté *n.f.* will ; *(caractère)* willpower. *A ~,* at will ; ad lib ; *(en grande quantité)* galore. *Bonne ~,* goodwill. *Dernières ~s,* last will

and testament. *Indépendant de notre ~,* beyond our control. *Mauvaise ~,* ill-will.

volontiers *adv.* gladly, willingly.

volte-face *n.f.* about-turn, turnabout, turnaround, reversal of one's stand.

volume *n.m.* volume, bulk ; *(ouvrage)* volume.

volumineux, -euse *adj.* bulky, large.

votant *n.m.* voter. *Nombre des ~s (participation)* turnout.

vote *n.m.* vote, voting, ballot, poll. *Accorder le droit de ~,* to enfranchise ; to grant voting rights/the right of vote. *Bulletin de ~,* ballot-paper. *Bureau de ~,* polling station. *Droit de ~,* voting right, right to vote, right of vote, franchise. *Jour du ~,* polling day. *~ à main levée,* voting by show of hands. *~ au Parlement britannique,* division ; *vote au scrutin secret,* (voting by) secret ballot. *~ de confiance,* vote of confidence. *~ de censure,* vote of no-confidence. *~ d'une loi,* passing of a bill. *~ par correspondance,* write-in voting, write-in vote(s), write-in ballot(s), write-in. *~ par procuration,* vote/voting by proxy.

voter *v.* to vote, to cast one's vote ; *(Parlement G.B.)* to divide, to come to a division ; *(une loi)* to pass/to carry/a bill. *~ blanc,* to cast a blank vote. *~ par procuration,* to vote by proxy.

voué, e à l'échec *loc. adj.* doomed to failure, bound to fail.

vouloir *v.* 1. to want. 2. *Vouloir bien,* to agree, to consent. 3. *(exiger)* to require, to need, to demand.

vouloir *n.m.* will, willpower. *Bon vouloir,* goodwill. *Mauvais ~,* ill-will.

voulu, e *adj.* 1. *(volontaire)* intentional, deliberate ; studied. 2. *(nécessaire)* required, requisite, necessary.

voyage *n.m.* travel, travelling, *(U.S.)* traveling, journey, trip, tour, *(mer)* voyage, passage, crossing. *Agence de ~,* travel agency. *Agent* *de ~,* travel agent. *Entrepreneur de ~s,* tour operator. *Être en ~ d'affaires,* to be on a business trip. *Faire un ~ d'affaires,* to go on a business trip. *Frais de ~s,* travel (ling) expenses. *~ aller et retour,* round trip. *~ d'étude(s),* field trip. *~ de retour,* return journey, homeward trip. *~ en chemin de fer,* train journey. *~ organisé,* package tour.

voyager *v.* to travel, to make a trip, to make a journey ; *(marchandises)* to be transported, shipped. *~ en première classe,* to travel first-class. *~ pour affaires,* to go/to be/on a business trip, to travel on business.

voyageur *n.m.* traveller, *(U.S.)* traveler ; *(train, etc.)* passenger ; *(taxi)* fare.

voyageur, -euse *adj.* travelling, *(U.S.)* traveling. *Commis ~,* commercial traveller, *(U.S.)* traveling salesman.

voyageur de commerce *n.m.* representative, commercial traveller, *(U.S.)* traveling salesman.

voyagiste *n.m.* tour-operator.
voyant *n.m.* indicator.
vrac *n.m.* bulk. *En ~,* in bulk.
vrai, e *adj.* true, real, genuine, right, accurate.

vraquier *n.m.* bulk carrier.
vu *adj. (effet de commerce)* sighted.

vu *n.m. Au ~ de,* on sight of, at sight of.

vu *prép.* considering, seeing, in view of, given, owing to. *~ l'article 6,* under article 6, pursuant to article 6, in pursuance of article 6. *~ la loi de 1967 sur,* in the matter of the 1967 Act on.

vue *n.f.* **1.** sight. *A première ~,* at first sight ; *(traite, etc.) à sept jours de ~,* seven days after sight. *A ~,* at sight, on demand, at call. *Dépôt à ~,* deposit at call. *Payable à ~,* payable on demand/at sight. *Traite à ~,* sight bill, sight draft, demand bill. **2.** *(opinion)* view. *Échange de ~s,* exchange of views. *Exprimer ses ~s,* to express one's views. *Point de ~,* point of view, viewpoint, standpoint. **3.** *(pl. intuitions)* intuition(s), purpose, design, objective(s). *En ~ de,* with a view to… *(+ substantif ou verbe à la forme en -ing).* **4.** *(diapositive)* slide. *Prise de vues,* shooting of a film ; take, shot.

vue (en) *loc.* prominent ; conspicuous ; (highly) visible.

vulgaire *adj.* vulgar, common.
vulgarisateur, -trice *n.m.f.* popularizer.

vulgarisation *n.f.* popularizing.
vulgariser *v.* to popularize.

wagon *n.m. (terme de chemin de fer ; souvent improprement utilisé au lieu de « voiture » lorsqu'il s'agit du transport de personnes).* Carriage, car, coach ; truck, wag (g)on. ~ *de marchandises,* goods wagon/truck, (U.S.) freight car, (freight) truck. ~ *couvert,* covered truck/wagon, box car/wagon. ~ *à bestiaux,* cattle *(U.S.* stock) car. ~ *complet/plein/chargé,* wagonnée, truckload. *Franco* ~ *(sur rail),* free on rail (F.O.R.), free on truck, on rail. *Prix sur* ~, price on rail. ~ *à plateforme,* flat (goods) truck, *(U.S.)* flat car. ~ *bar,* buffet car. ~ *citerne,* tank car, tank wagon. ~ *couvert/fermé,* covered wagon/truck/van, box wagon, box car. ~ *lit,* sleeping car, sleeper. ~ *postal,* mail van/car(riage), sorting carriage/tender. ~ *réservoir,* tank truck/car. ~ *-restaurant,* dining car, restaurant car, buffet car.

wagonnage *n.m.* transport/transportation by wagon/truck/rail.

wagonnée *n.f.* truckload, carload.

wagon(net) *n.m.* tip truck/wagon.

warrant *n.m. (aussi : récepissé-~)* warrant, deposit warrant, dock/warehouse warrant *(marchandises déposées dans entrepôts publics).* ~ *en marchandises,* produce warrant.

warrantage *n.m.* issuing of a warehouse warrant ; securing (goods) by warrant.

warranter *v. (marchandises)* to issue a warehouse warrant (for goods) ; to secure (goods) by warrant.

watt *n.m.* watt, ampere-volt. ~ *heure,* watt-hour.

webmestre *n.m.f.* webmaster.

wharf *n.m.* wharf.

wolfram *n.m. (minerai)* wolfram, tungsten.

X

X 1. *(Tél.)* ~ *comme Xavier,* X for Xmas (Christmas). **2.** *(Jur.) (personne) inconnu(e),* person unknown ; *(quantité inconnue,* x. **3.** *(Algèbre) x, X ; l'abscisse,* the abscissa, the X-axis.

xenon *n.m.* *(gaz)* xenon.
xénophobe *n.m.f.* xenophobe.
xénophobe *adj.* xenophobic.
xénophobie *n.f.* xenophobia.
xérographie *n.f.* *(du nom du fabricant)* xerography.

Y

Y. *Y comme Yvonne,* Y for yellow. **1.** *(Élec.) Montage en Y,* Y connection. **2.** *(Algèbre) inconnue,*

y. *L'ordonnée y,* the ordinate, the Y-axis.
yaourt *n.m.* yog(h)urt.

Z

Z *(Prononcer* [zed] *en G.B.,* [zi :] *aux U.S.A.). Z comme Zoé,* Z for zebra.
Z.A.C. *Zone d'Aménagement Concerté,* (urban planning) area where development has been planned.
Z.A.D. *Zone d'Aménagement Différé,* (urban planning) an urban area for which provisions have been made for future development.
zapper *v.* to change/switch channels, to zap.
zapping *n.m.* channel-surfing, flicking, zapping.
zinc *n.m.* zinc ; *(en feuilles, barres, ou pour la soudure)* spelter.
zénith *n.m.* zenith.
zéro *adj.* **1.** *(rien)* zero, nil, nought, nothing. *12,05* = 12.05 (twelve point nought five) ; *0,5,* 0,5,.5 (nought point five, point five). **2.** *(énumération de nombres, téléphone)* 620-56-00, six two oh *(U.S. :* zero) five six double oh *(U.S. :* zero). **3.** *(nul)* null, nothing. *(Jur.) Nul et non avenu,* null and void. *Résultat sportif, (football) 2 à 0,* two nil ; *(tennis) 40-0,* forty love.
zéro-défaut-, zero-fault, zero-defect.
zinzins *n.m. pl. (les) investis-*

seurs *institutionnels,* institutional investors.
zonage *n.m.* city/urban planning. **1.** zoning, parcelling. **2.** zonation.
zone *n.f.* **1.** zone, area. *De seconde* ~, second-rate. *Responsable/Chef de zone,* Area Manager. ~ *de chalandise,* **a)** distribution area ; **b)** commercial area ; shopping centre *(U.S.* center), shopping mall. ~ *de combat,* fighting area. ~ *de libre-échange,* free-trade area. ~ *desservie,* service area. ~ *de stationnement, (véhicules)* parking area ; *(milit., etc.)* assembly area. ~ *franche,* free zone, free trade zone. ~ *frontière,* border area, frontier zone. ~ *industrielle,* industrial estate, *(U.S.)* industrial park. ~ *interdite,* prohibited/restricted/area ; "off-limits. ~ *monétaire,* monetary area. ~ *piétonne/piétonière,* pedestrian mall. ~ *postale,* postal area/zone ; *(U.S.)* zone of improved postage (Z.I.P.). ~ *sinistrée,* disaster area. ~ *suburbaine,* suburban area. ~ *test,* test area, testing area. ~ *urbaine,* urban area ; built-up area. **2.** *(géog.).* zone, belt. ~ *désertique,* desert belt. ~ *forestière,* forest belt. *Sur* ~, on site.

Abréviations françaises

a.b.s. *aux bons soins de,* care of, c/o.

A.C. *arrêt de commercialisation,* withdrawal from the market, discontinuation, discontinuance.

action *Agence pour la coopération technique, industrielle et économique.*

A.D.P. *action à dividende prioritaire,* preference share, preferred stock.

ADV *administration des ventes.*

A F *anciens francs,* old francs.

A.F. *Allocations Familiales,* Family Allowances.

AFB, *Association Française de Banque,* French association of banking professionals.

AFCERQ *Association Française des Cercles de Qualité.*

A.F.M.E. *Agence Française pour la Maîtrise de l'Énergie.*

AFNOR *Association Française de Normalisation,* French Association in charge of setting industrial product quality standards.

A.F.P. *Agence France-Presse,* French Press Agency.

A.F.P.A. *Association nationale pour la Formation Professionnelle des Adultes.*

AGE *Assemblée Générale Extraordinaire,* Extraordinary General Meeting.

A.G.E.T.A.C. *Accord Général sur les Tarifs Douaniers et le Commerce,* G.A.T.T., General Agreement on Tariffs and Trade.

A.G.I.R.C. *Association Générale des Institutions de Retraites des Cadres.*

AGO *Assemblée Générale Ordinaire,* Ordinary General Meeting.

A.I.E. *Agence Internationale de l'Energie,* International Agency for Energy.

A.I.T.A. *Association Internationale des Transports Aériens,* I.A.T.A., International Air Transport Association.

ALENA, *Accord de Libre Echange Nord-Américain,* NAFTA, North American Free Trade Agreement.

A.M.T. *agents de maîtrise et techniciens.*

A.N.A.H. *Agence Nationale pour l'Amélioration de l'Habitat.*

ANASE, *Association des Nations de l'Asie du Sud-Est,* Association of South-East Asian Nations, ASEAN.

A.N.P.E. *Agence Nationale pour l'Emploi,* National Agency for the Unemployed, government-run placement centre/(U.S.) center.

A.N.V.A.R. *Agence Nationale pour la Valorisation de la Recherche.*

A.O.C. *(vins) Appellation d'Origine Contrôlée.*

A.P. *Assistance Publique,* Central administration controlling French public hospitals and National Assistance.

A.P.E.C. *Association pour l'Emploi des Cadres (ingénieurs et techniciens),* Placement office for unemployed executives in business and industry.

arr. *arrondissement,* district in cities like Paris, Lyon and Marseille.

art. *article,* article, Art.

a/s *aux soins de,* care of, c/o.

A.S.S.E.D.I.C. or Assedic, *Association pour l'Emploi dans l'Industrie et le Commerce,* Unemployment fund to which all wage - earners working in business and industry contribute.

Av. *avenue,* avenue, Ave.

Bac. *baccalauréat* cf. GB « O » levels, (Secondary) school leaving certificate.

B.A.S. *Bureau d'Aide Sociale.*

BCE, *Banque Central Européenne,* European Central Bank, ECB.

Bd. *Boulevard,* Boulevard, Bvd.

B.D. *Bande(s) Dessinée(s),* comic strip(s), comics, cartoon.

B.D.F. *Banque de France.*

BEI, *Banque Européenne d'Investissement,* European Investment Bank, EIB.

Benelux Belgique - Nederland - Luxembourg, Benelux states.

B.E.P. *Brevet d'Etudes Professionnelles.*

B.E.P.C. *Brevet d'Etudes du Premier Cycle,* degree awarded after successful completion of the first four years of studies in a *Collège d'Enseignement Secondaire (C.E.S.).*

BERD *Banque Européenne pour la Reconstruction et le Développement,* EBRD, European Bank for Reconstruction and Development.

B.F.C.E. *Banque Française du Commerce Extérieur,* French Bank for foreign trade.

BFR *besoin en fonds de roulement,* working capital requirements, (U.S.) operating capital requirements.

B.I.C. *Bénéfices Industriels et Commerciaux.*

B.I.R.D. *Banque Internationale pour la Reconstruction et le Développement,* I.B.R.D., International Bank for Reconstruction and Development.

B.I.T. *Bureau International du Travail,* I.L.O., International Labour Office.

BMTN *bon(s) à moyen terme négociable(s).*

B.N.C. *Bénéfices Non Commerciaux.*

B.N.P. *Banque Nationale de Paris.*

BNPA *bénéfice net par action,* net earnings per share.

B.O. *Bulletin Officiel.*

B.O.F. *Beurre, Œufs, Fromages,* derogatory term for « *nouveaux riches* ».

B.P. *Boîte postale,* P.O.B., Post Office Box.

B.P.F. *bon pour francs* (on cheques and credit notes).

br. *brut,* gross.

B.R.I. *Banque des Règlements Internationaux,* Bank for International Settlements.

B.T. *Brevet de Technicien.*

BTAN *Bon(s) du Trésor à taux Annuel,* annual rate Treasury bond(s).

BTF Bon(s) du Trésor à taux fixe, fixed rate Treasury bills.

BTP *Bâtiment et Travaux Publics.*

B.T.S. *Brevet de Technicien Supérieur.*

B.V.P. *Bureau de Vérification de la Publicité.*

c *centimes.*

C.A. *chiffre d'affaires,* turnover.

C.A.C. *Compagnie des Agents de Change.*

c.à.d. *c'est-à-dire,* that is to say, i.e.

C. & A. *coût et assurance,* cost and insurance.

caf ou C.A.F. *Coût, Assurance, Fret,* C.I.F., Cost, Insurance, Freight.

C.A.F. *Caisse d'Allocations Familiales.*

C.A.F. *Capacité d'Autofinancement.*

CAO, *conception assistée par ordinateur,* computer-aided design, CAD.

C.A.P. *Certificat d'Aptitudes Professionnelles.*

C.A.P.E.S. *Certificat d'Aptitude Pédagogique à l'Enseignement Secondaire.*

C.C.I. *Chambre de Commerce Internationale,* International Chamber of Commerce.

C.C.I.P. *Chambre de Commerce et d'Industrie de Paris,* Paris Chamber of Commerce.

C.C.O. *copie conforme à l'original.*

C.C.P. *Compte Chèques Postaux,* Giro account.

C.C.R. *Coefficient de Capitalisation des Résultats,* P.E.R.

C.D. *Corps Diplomatique,* Diplomatic Corps.

C.D.C. *Caisse des Dépôts et Consignations.*

C.D.D. *Contrat à durée déterminée.*

C.D.I. *Contrat à durée indéterminée.*

C.E. *Comité d'Entreprise,* works council.

C.E.A. 1. *Commissariat à l'Energie Atomique,* Atomic Energy Agency. **2.** *Compte d'Epargne en Actions.*

C.E.C.A. *Communauté Européenne du Charbon et de l'Acier,* European Community for the coal and steel industries.

Cedex ou CEDEX *courrier d'entreprise à distribution exceptionnelle.*

C.E.E. *Communauté Economique Européenne,* European Economic Community, E.E.C.

C.E.G. *Collège d'Enseignement Général.*

C.E.L. *Compte d'Epargne Logement.*

C.E.L.T. *Compte d'Epargne à Long Terme.*

C.E.S. 1. *Collège d'Enseignement Secondaire.* **2.** *Contrat emploi-solidarité.*

CESP, *Centre d'Etudes des Supports de Publicité.*

C.E.T. *Collège d'Enseignement Technique.*

C.F.A. *Communauté Financière Africaine (ex. Franc C.F.A.).*

C.F.C.E. *Centre Français du Commerce Extérieur.*

C.F.D.T. *Confédération Française et Démocratique du Travail* (a major French Union).

C.F.T. *Confédération Française du Travail,* French Federation of Labour.

C.F.T.C. *Confédération Française des Travailleurs Chrétiens* (a major French union).

C.G.C. *Confédération Générale des Cadres,* White Collar Union Federation.

C.G.I. *Code Général des Impôts.*

C.G.T. *Confédération Générale du Travail* (a major French union).

ch. *cherche,* (classified ad), seeks, invites applications for.

C.H.U. *Centre Hospitalier Universitaire.*

C.I., *certificat d'investissement,* certificate of investment.

Cie *Compagnie,* Company, Co.

C.I.O. *Centre d'Information et d'Orientation.*

cm *centimètre(s),* centimeter(s).

C.N.A.M. *Conservatoire National des Arts et Métiers.*

C.N.C.E. *Centre National du Commerce Extérieur.*

C.N.C.L. *Commission Nationale de la Communication et des Libertés.*

C.N.I.L. *Commission Nationale Informatique et Libertés.*

C.N.P.F. *Conseil National du Patronat Français* ≈ G.B. Confederation of British Industry (remplace'en 1998 par le MEDEF).

C.N.R.S. *Centre National de la Recherche Scientifique.*

C.N.U.C.E.D. *Commission des Nations Unies pour le Commerce et le Développement,* U.N.C.T.A.D., United Nations Conference for Trade and Development.

c/o *care of, aux bons soins de.*

C.O.B. *Commission des Opérations de Bourse* ≈ (U.S.) S.E.C., Securities and Exchange Commission.

C.O.D.E.V.I. *Compte pour le Développement Industriel.*

C.O.FA.C.E. *Compagnie Française d'Assurance pour le Commerce Extérieur.*

C.O.S. *Coefficient d'Occupation des Sols.*

C.P.A.M. *Caisse Primaire d'Assurance Maladie.*

CPI *Code personnel d'identification,* Personal Identification Number, PIN.

C.Q.F.D. *ce qu'il fallait démontrer,* Q.E.D., quod erat demonstrandum.

C.R. *Coefficient de Rémunération.*

Credoc *crédit documentaire,* documentary credit.

C.R.S. *Compagnie Républicaine de Sécurité,* riot police.

C.S.A. *Conseil Supérieur de l'Audiovisuel.*

CSCE, *Conférence sur la Sécurité et la Coopération en Europe.*

CSG *Contribution Sociale Généralisée,* welfare contribution levied on all tax-payers.

C.S.P. *Catégorie Socio-professionnelle,* occupational group.

ct. *(du mois) courant,* inst.

CUMP *coût unitaire moyen pondéré.*

C.V. *curriculum vitae,* résumé, C.V.

CVS *corrigé des variations saisonnières,* seasonally adjusted.

D.A.B. *Distributeur Automatique de Billets,* Automated Teller Machine, A.T.M.

DAF *Directeur Administratif et Financier, Direction Administrative et Financière.*

D.A.T.A.R. *Délégation à l'Aménagement du Territoire et à l'Action Régionale,* French agency for regional economic development.

D.D.E. *Direction Départementale de l'Équipement.*

D.E.A. *Diplôme d'Etudes Approfondies,* pre-doctoral degree.

D.E.C.S. *Diplôme d'Etudes Comptables Supérieures.*

D.E.P.S. *Dernier Entré, Premier Sorti,* LIFO.

D.E.S. *Diplôme d'Etudes Supérieures.*

D.E.S.S. *Diplôme d'Études Supérieures Spécialisées.*

D.G.T. *Direction Générale du Territoire.*

D.E.U.G. *Diplôme d'Etudes Universitaires Générales,* degree awarded upon successful completion of the first two years of University studies.

D.O.M. *Départements d'Outre-Mer,* French overseas departments.

D.P.L.G. *Diplômé par le Gouvernement.*

D.P.O. *Direction par objectifs,* Management by objectives, M.B.O.

Dr. *Docteur,* Doctor, Dr.

DRH *Direction/Directeur des Ressources Humaines.*

D.S.T. *Direction de la Surveillance du Territoire,* intelligence service.

D.T.S. *Droits de tirage spéciaux,* Special Drawing Rights, S.D.R.s.

D.U.T. *Diplôme Universitaire de Technologie.*

dz. *douzaine,* dozen.

E.A.O. *Enseignement Assisté par Ordinateur,* Computer Aided Instruction, C.A.I.

Earl *Exploitation agricole à responsabilité limitée.*

éd. *éditeur ou éditions,* publisher, publishing firm.

E.D.C. *École des Cadres.*

E.D.F. *Electricité de France,* French Electricity Board.

EDI, *échange de données informatisées.*

EED, *échange électronique de données.* Electronic Data Interchange, EDI.

EEE *Espace Economique Européen,* European Economic Area, EEA.

E.N.A. *École Nationale d'Administration.*

E N S A M *École Nationale Supérieure des Arts et Métiers.*

env. *environ,* about, circa.

E.S.C. *École Supérieure de Commerce,* Business School.

E.S.C.A.E. *École Supérieure de Commerce et d'Administration des Entreprises,* School of Business Administration.

E.S.C.L. *École Supérieure de Commerce de Lyon,* one of the top French business schools.

E.S.C.P. *École Supérieure de Commerce de Paris,* one of the top French business schools.

E.S.E. *École Supérieure d'Electricité.*

E.S.S.E.C. *École Supérieure des Sciences Sociales et Economiques,* one of France's top business schools.

ETE *Excédent de Trésorerie d'Exploitation,* operating cash surplus.

Ets. *Etablissements,* firm, company.

E.U. *Etats-Unis,* U.S.A.

Eurl *Entreprise unipersonnelle à responsabilité limitée (SARL dont toutes les parts sont détenues par une même personne physique ou morale exerçant une activité commerciale, artisanale ou, dans certaines conditions, libérale).*

ex. *exemple,* e.g., for instance, for example.

E.V. *en ville* (mentioned on letters delivered by messenger).

exp. *expéditeur,* from ; return to.

F. *Francs.*

FAO, *fabrication assistée par ordinateur,* computer-aided manufacturing, CAM.

FB *Francs Belges,* Belgian Francs.

F.C.C. *Fonds Commun de Créances.*

F.C.P. *Fonds Commun de Placement,* mutual fund, money-market fund.

F.C.P.R. *Fonds Communs de Placement à Risque,* venture capital.

F.D.E.S. *Fonds de Développement Economique et Social,* National Fund for Economic and Social Development.

FDR *Fonds de Roulement,* working capital, (U.S.) operating capital.

F.E.D. *Fonds Européen de Développement,* European Fund for Development.

FF *Francs Français,* French Francs.

fig. *figure,* figure, drawing, sketch.

F.I.M. *Fonds Industriel de Modernisation.*

F.M.I. *Fonds Monétaire International,* International Monetary Fund, I.M.F.

F.N.S. *Fonds National de Solidarité,* National Solidarity Fund.

F.O. *Force Ouvrière* (a French union).

FS *Franc Suisse,* Swiss franc.

F.S. *Faire suivre,* Please forward.

G.A.B. *Guichet Automatique de Banque,* automatic/automated teller machine, A.T.M.

G.A.E.C. *Groupement Agricole d'Exploitation en Commun.*

G.D.F. *Gaz de France,* French Gas Board.

G.I.E. *Groupement d'Intérêt Économique.*

G.M.S. *Grandes et Moyennes Surfaces,* large and medium-sized supermarkets.

G.P.L. *Gaz de Pétrole Liquéfié,* Liquified Petroleum Gas, L.P.G.

GRH *Gestion des Ressources Humaines,* Human Resources Management, HRM.

h. *heure(s),* hour, o'clock.

H.E.C. *(École des) Hautes Etudes Commerciales,* one of the top French business schools.

H/F *homme/femme,* man/woman, male/female.

H.L.M. *habitation à loyer modéré,* (G.B.) council flat, council house ; (U.S.) subsidized apartment, subsidized high-rise.

H.T. *hors taxe,* before tax.

I.A.A. *Industries Agricoles et Alimentaires.*

ibid. *ibidem.*

ICC *Institut du Commerce et de la Consommation.*

id. *idem.*

I.D.I. *Institut pour le Développement Industriel.*

I.F.O.P. *Institut Français d'Opinion Publique.*

IME *Institut Monétaire Européen,* European Monetary Institute.

I.N.C. *Institut National de la Consommation.*

I.N.E.D. *Institut National d'Études Démographiques,* national institute for demographic studies.

I.N.R.A. *Institut National de la Recherche Agronomique,* national institute for agronomic research.

I.N.S.E.E. *Institut National de la Statistique et des Etudes Economiques,* National Statistical Office ; (G.B.) C.S.O., Central Statistical Office ; (U.S.) Census Bureau.

I.N.S.E.R.M. *Institut National de la Santé et de la Recherche Médicale.*

I.R.C.A.N.T.E.C. *Institut de Retraite des Agents Non-Titulaires de l'État et des Collectivités Publiques.*

I.R.P.P. *impôt sur le revenu des personnes physiques* ≈ personal income tax.

I.S.F. *Impôt de Solidarité sur la Fortune (remplace l'ancien I.G.F., Impôt sur les Grandes Fortunes).*

ISO 9000, International Standard Organization, *norme décernée aux sociétés satisfaisant à certains critères de qualité (produits, service, gestion.).*

I.U.T. *Institut Universitaire de Technologie,* institute of technology ; polytechnic (G.B.).

I.V.G. *interruption volontaire de grossesse,* voluntary abortion.

J.O. *Journal Officiel,* (GB) Hansard. *Jeux olympiques,* Olympic Games.

K.F. *kilofranc, 1 000 F.*

kg *kilogramme ;* kilogram.

km/h *kilomètre-heure,* kilometer per hour.

kwh *kilowatt-heure.*

l *litre,* liter, litre.

L.E.P. 1. *Lycée d'Enseignement Professionnel.* **2.** *Livret d'Épargne Populaire.*

LOA, *location avec option d'achat.*

L.T.A. *lettre de transport aérien,* AWB, air-waybill.

M. *Monsieur,* Mr.

M1, *composante de la masse monétaire : papier-monnaie plus dépôts à vue,* paper money plus sight deposits, M1.

M2, *composante de la masse monétaire : M1 plus comptes d'épargne,* M1 plus savings accounts, M2.

M3, M2 *plus des éléments tels que dépôts à terme, SICAV monétaires, obligations proches de leur maturité ; actifs convertible en liquidités,* M2 plus such elements as time deposits, money market funds, bonds close to redemption date, assets convertible into cash, M3 (= money and near money).

m.a.b. *mise à bord,* loading on board ship.

M.A.T.I.F. *Marché à Terme International de France, anciennement Marché à Terme des Instruments Financiers (PARIS).*

MBA, *marge brute d'autofinancement,* cash flow.

M.C.M. *Montant Compensatoire Monétaire,* Monetary Compensatory Unit, M.C.U.

MEDEF, *Mouvement des Entreprises de France* (Confederation of French Industry/Enterprises/Managers), remplace le CNPF depuis 1998.

Mlle *Mademoiselle,* Miss, Ms.

M.F. *millions de francs,* million francs.

MM. *Messieurs,* Messrs ; Gentlemen.

Mme *Madame,* Mrs/Ms.

MONEP *Marché des Options Négociables de Paris.*

NIP *(Bourse) Négociateur Individuel de Parquet (cf. U.S. « local »).*

N.P.I. *Nouveau(x) Pays Industrialisé(s).*

NTI, *nouvelles technologies de l'information.* New Technologies of Information, NTI.

NTT *nouvelles technologies de télécommunication.*

N/Réf. *notre référence ;* our reference.

OAT *obligation assimilable du Trésor.*

O.C.D.E. *Organisation de Coopération et de Développement Economique,* OECD, Organisation for Economic Cooperation and Development.

O.E.A. *Organisation des Etats Américains, O.A.S.,* Organization of American States.

OGM, *organisme génétiquement modifié,* genetically modified organism, GMO.

OIT, *Organisation Inter-nationale du Travail,* ILO, International Labo(u)r Organization.

O.M. *Obligations militaires,* military service.

O.M.C. *Organisation Mondiale du Commerce,* World Trade Organization, WTO.

OMPI, *Organisation mondiale de la propriété intellectuelle,* WIPO, World Intellectual Property Organization.

O.M.S. *Organisation Mondiale de la Santé,* WHO, World Health Organization.

ONG *organisation non-gouvernementale,* non-government organization.

O.N.I.S.E.P. *Office National d'Information sur les Enseignements et les Professions.*

O.N.U. *Organisation des Nations Unies,* UNO, United Nations Organization.

O.P.A. *offre publique d'achat,* take-over bid.

OPCVM *Organisme de Placements Collectifs en Valeurs Mobilières.*

O.P.E. *Offre Publique d'Echange,* exchange offer, take-over bid for shares.

O.P.E.P. *Organisation des Pays Exportateurs de Pétrole,* OPEC, (Organization of) Oil Producing and Exporting Countries.

O.P.V. *Offre Publique de Vente (d'actions), notamment à l'occasion de privatisation ou de dénationalisation.*

O.R.S.E.C. *Organisation des Secours,* Contingency plan in the event of natural disasters or emergencies.

O.R.T. *Obligation Renouvelable du Trésor.*

O.R.T.F. *Office de Radio-diffusion - Télévision Française,* French Radio and Television Corporation.

O.S. *ouvrier spécialisé,* semi-skilled worker (to be distinguished from qualified worker).

O.S.T., *opérations sur titre.*

O.T.V. *Obligation à Taux Variable,* floating rate bond.

O.U.A. *Organisation pour l'Unité Africaine.*

p. *personne(s),* person(s).

P.A.C. *politique agricole commune,* CAP, Common Agricultural Policy.

PAF *Paysage Audiovisuel Français.*

P.A.O. *Publication Assistée par Ordinateur,* Desk Top Publishing, DTP.

P.A.P. 1. *Prêt d'aide à l'accession à la propriété,* home acquisition or improvement loan. **2.** *Prêt-à-porter,* ready to wear.

PARE, *Plan d'aide au retour à l'emploi.*

P.C.C. *pour copie conforme,* certified copy.

p. cent *pour cent,* per cent.

P.C.V. collect call, (G.B.) transferred charge call, reversed charge call.

P.D.G. *président-directeur général,* (G.B.) Chairman and Managing Director, (U.S.) Chairman and President, Chairman and Chief Executive Officer (C.E.O.).

PED, *pays en développement,* developing country/countries.

P.E.L. *Plan Epargne Logement,* home acquisition or improvement loan.

PEP *Plan d'Épargne Populaire (remplace les anciens PER).*

P.E.P.S. *Premier Entré, Premier Sorti,* FIFO.

P.E.R. *Plan d'Épargne Retraite.*

P.F.L. *Prélèvement Forfaitaire Libératoire,* standard deduction.

PGC, *produits de grande consommation,* convenience goods.

P.I.B. *produit intérieur brut,* G.D.P., Gross Domestic Product.

P.I.C. *Prêt Immobilier Conventionné.*

P.J. 1. *pièce(s) jointe(s),* enclosure(s) **2.** *police judiciaire.*

P.L.V. *publicité sur le lieu de vente,* point-of-sale advertising, (U.S.) point-of-purchase advertising.

P.M.A. *pays moins avancé(s), pays les moins avancés,* L.D.C.('s), less developed country/countries.

P.M.E. *petites et moyennes entreprises,* small and medium-size(d) firms.

P.M.I. *petites et moyennes industries,* small and medium size(d) industrial firms.

P.M.U., *Pari Mutuel Urbain* (Horse-racing betting system in which the stakes are taxed globally before their distribution to the winners).

P.N.B. *produit national brut,* G.N.P., Gross National Product.

p.o. *par ordre.*

P.O.S. *plan d'occupation des sols, cf.* zoning regulations.

p.p. *par procuration,* per pro.

P.R.G., *provision pour reconstitution de gisement,* depletion allowance.

PRU *Prix de Revient Unitaire,* cost price per unit, unit cost price.

P.T.T. *postes, télégraphes et télécommunications,* GPO, General Post Office.

pub. *(fam. pour publicité)* **1.** advertising. **2.** ad.

P.V. 1. *Point de Vente,* point of sale. **2.** *Procès-Verbal,* police report.

P.V.D. *pays en voie de développement,* developing country, less developed country, L.D.C.

Q.I. *quotient intellectuel,* I.Q., intelligence quotient.

r. *rue,* street.

R. *recommandé* registered.

R.A.T.P. *Régie Autonome des Transports Parisiens,* Paris public transport system ≈ London Transport, (U.S.) ex : Chicago Transit Authority.

R.C. *registre du commerce,* registrar (of companies).

R.D.A. *République Démocratique Allemande,* East Germany.

ref. *référence,* reference.

RELIT, *règlement-livraison de titres.*

R.E.R. *réseau express régional.*

R.E.S. *Rachat de l'Entreprise par les Salariés (traduction discutable de L.M.B.O., que voir.).*

R.F. *République Française,* French Republic.

R.F.A. *République Fédérale Allemande,* West Germany.

RFA *remise sur facture annuelle.*

R.I.B. *Relevé d'Identité Bancaire,* bank details.

RICE *relevé d'identité de caisse d'épargne.*

R.I.P. *Relevé d'Identité Postale,* Giro identification.

RMI *Revenu Minimum d'Insertion.*

R.S.V.P. *répondez s'il vous plaît.*

RRR, *remise(s), rabais, ristourne(s),* discounts and allowances.

RTT, *réduction du temps de travail,* shorter working time/week.

R.V. *rendez-vous,* appointment.

S.A. *société anonyme,* public limited company, plc ; (U.S.) corporation.

S.A.C.E.M. *Société des Auteurs, Compositeurs et Editeurs de Musique,* Association of Songwriters, Music Composers and Music Publishers.

S.A.F.E.R. *Société d'Aménagement Foncier et d'Établissement Rural.*

S.A.R.L. *société à responsabilité limitée* ≈ private limited company, (U.S.) private corporation, close corporation.

SAS *Société Anonyme Simplifiée.*

SAV, *service après ventes,* after-sales service.

S.C.I. *Société Civile Immobilière.*

S.C.P.I. *Société Civile de Placement Immobilier.*

S.C.O.P. *Société Coopérative Ouvrière de Production.*

SDF, *sans domicile fixe,* homeless.

SDR, *société de développement régional.*

SE, *système expert,* Expert System, ES.

S.E.O. *sauf erreur ou omission,* E & O.E., Errors and omissions excepted.

S.G.D.G. *sans garantie du gouvernement* (patents).

S.I. *Syndicat d'initiative.*

S.I.C.A.F. *Société d'Investissement à Capital Fixe,* closed-end investment trust.

S.I.C.A.V. *société d'investissement à capital variable,* open-end investment fund, (G.B.) unit trust, (U.S.) mutual fund.

S.I.C.O.B. *Salon des Industries, du Commerce et de l'Organisation du Bureau* now *Salon International de la Communication et de la Bureautique, cf.* (G.B.) Computer World Exhibition.

S.I.T. *Système Interbancaire de Télétransmission.*

S.M.E. *système monétaire européen, serpent monétaire européen,* EMS, European Monetary System, European Monetary Snake.

S.M.I.C. *salaire minimum interprofessionnel de croissance.*

S.M.I.G. *salaire minimum interprofessionnel garanti,* guaranteed minimum wage.

SNC *Société en non collectif,* general partnership.

S.N.C.F. *Société Nationale des Chemins de Fer français,* French Rail(ways).

S.O.F.R.E.S. *Société française d'enquête par sondage,* polling institute, poll-taking agency.

S.O.P.E.X.A. *Société pour l'Expansion des Ventes des Produits Agricoles Alimentaires.*

S.P.A. *Société Protectrice des Animaux, cf.* (G.B.) R.S.P.C.A.

SRD, *service de règlement différé* (Bourse).

SRU *solidarité et renouvellement urbain,* solidarity and urban renewal (20 % compulsory social housing in boroughs/districts above a certain size).

Sté *société,* company, corporation.

S.V.P. *s'il vous plaît,* please.

t. *tonne,* ton.

T.E.F. *Transfert Electronique de Fonds,* electronic funds transfer, E.F.T.

T.E.G. *Taux Effectif Global (prix réel d'un prêt).*

tél *téléphone,* phone number, telephone, tel.

T.E.P. *Tonne Equivalent Pétrole (mesure unitaire des énergies en fonction de leur pouvoir calorifique).*

TER *Tableau d'Emploi-Ressources,* funds statement.

TG, *tête de gondole,* end-of-aisle display.

T.G.V. *train à grande vitesse,* high speed train.

TIG, *travail d'intérêt général,* community job, public service job.

TIP *titre interbancaire de paiement.*

TIPP, *taxe intérieure sur les produits pétroliers.*

T.I.R. *Transport International Routier,* international road transport.

T.M.G., *taux minimum garanti,* minimum guaranteed rate.

T.M.M. *Taux du Marché Monétaire.*

TMMMM *Taux Moyen Mensuel du Marché Monétaire.*

T.M.O., t.m.o., *Taux Moyen Obligataire, taux moyen des obligations.*

TMT, *Technologie, Médias et Télécommunication,* media, technology and telecommunications.

T.O.M. *territoire d'outremer,* overseas territory.

T.P. *travaux publics,* public works.

T.P.V. *Terminal Point de Vente,* point of sale terminal.

TSDI *titre subordonné à durée indéterminée* ≈ *IRP, Instantly Repackaged Perpetual.*

TSR, *titre subordonné remboursable,* repayable subordinated security.

T.S.V.P. *Tournez s'il vous plaît,* Please turn over, P.T.O.

T.T. *transit temporaire,* temporary transit (for cars).

T.T.C. *toutes taxes comprises,* all taxes included, inclusive.

Tt cft *tout confort.*

T.U.C. *travaux d'utilité collective,* community jobs, (U.S.) public service jobs.

T.U.P. *Titre Universel de Paiement.*

T.V.A. *taxe sur (à) la valeur ajoutée,* V.A.T., value-added tax.

U.C.E. *Unité de Compte Européenne,* European Currency Unit, ECU.

U.E. *Union Européenne.*

U.E.M. *Union Économique et Monétaire.*

U.E.O. *Union de l'Europe Occidentale.*

U.E.P. *Union Européenne des Paiements, E.U.P., European Union of Payments.*

U.E.R. *unité d'enseignement et de recherche,* University department.

UME, *union monétaire européenne,* European monetary union, EMU.

U.N.E.D.I.C. *Union Nationale* *pour l'Emploi dans l'Industrie et le Commerce.*

U.R.S.S.A.F. *Union Régionale (pour le recouvrement des cotisations) de la Sécurité Sociale et des Allocations Familiales.*

U.T.A. *Union de Transports Aériens.*

U.V. *unité de valeur,* (university) credit.

V.D.Q.S. *vin délimité de qualité supérieure.*

V.F. *v.f., version française,* French version (film).

VL, *véhicule léger,* light vehicule ; *véhicule de livraison,* delivery van.

V.S.N.E. *Volontaire du Service National en Entreprise.*

V.O. *version originale,* original version, undubbed.

V.P.C. *vente par correspondance,* mail-order selling.

V.R.D. *voies et réseaux divers.*

V. Ref. *votre référence,* your reference.

V.R.P. *voyageurs, représentants, placiers* ≈ commercial travellers, representatives, canvassers.

VUL, *véhicule utilitaire léger,* van.

Z.A.C. *zone d'aménagement concerté.*

Z.A.D. *zone d'aménagement différé.*

Z.I.F. *Zone d'Intervention Foncière.*

Zinzins *(les) investisseurs institutionnels,* institutional investors.

Z.U.P. *zone d'urbanisation prioritaire.*

I. PRÉSENTATION D'UNE LETTRE COMMERCIALE EN ANGLAIS

La correspondance commerciale en anglais a perdu son caractère formaliste et ampoulé. Les conseils quant au style sont donc les mêmes que pour une lettre ordinaire : écrivez simplement et clairement, en utilisant autant que possible des phrases courtes, et en évitant la familiarité excessive — sauf si le destinataire est un ami de longue date ; n'hésitez pas à aller à la ligne pour tout nouvel élément de votre message.

Pour ce qui est de la présentation, voici quelques règles simples :

1) Si vous n'écrivez pas sur du papier à en-tête, placez votre **adresse** (en tant qu'expéditeur) en haut à droite. (Numéro, ville ou localité, code postal). Ne pas y faire figurer votre nom, qui apparaîtra au-dessous de votre signature. Votre numéro de téléphone peut être indiqué en dessous (Phone :).

2) L'indication de la **date** vient sous cette adresse.

Si vous écrivez sur du papier à en-tête, la date est en haut à droite, sous l'en-tête. On n'indique pas le nom de la localité avant la date, à la différence du français.

On peut aujourd'hui écrire la date de diverses façons :

> **May 22nd 20…**
> **23rd March, 20…**

correspondent à la tradition britannique, et peuvent aussi apparaître sous la forme :

> **September 10th 20…**
> **12th June 20…**
> **5 April, 20…**

La forme suivante, d'origine américaine, est maintenant fréquente dans l'usage international :

> **February 6, 20…**

Les abréviations peuvent aussi être utilisées :

> **8 Oct. 20…**
> **Dec. 16th, 20…**

On trouve des dates indiquées uniquement en chiffres, comme en français, mais un tel usage peut être dangereux car :

• en anglais britannique **4.3.02** signifiera comme en français le 4e jour du 3e mois (mars)

• alors qu'en anglais américain c'est le mois qui vient en tête et **4.3.02** signifiera donc le 3 avril. Le 4 mars serait, version U.S. : **3.4.02.**

3) La **référence,** quand elle existe, se place en haut à gauche, sous l'en-tête, et comporte en général un numéro (code) et des initiales (auteur de la lettre et secrétaire ou dactylo).

4) **L'adresse du destinataire** (dite **" inside address "**, adresse intérieure) figure en haut et à gauche (sous la référence si celle-ci existe). Elle comporte :

le nom et l'adresse du destinataire, individu ou société.

S'il s'agit d'une personne : elle commencera par **Mr, Mrs, Miss, Messrs (Messieurs), Ms** (qui ne préjuge pas du fait qu'une femme est mariée ou non, sigle souhaité par des associations féministes).

Ces abréviations peuvent être suivies d'un point (**Mr.** etc.). C'est une pratique courante en américain bien que les puristes n'aiment pas ce point qui vient après la dernière lettre d'un mot. Viennent ensuite l'initiale et le nom. Les Américains utilisant leurs deux prénoms, on aura **J.K. THOMSON** ou **John K. THOMSON.**

L'adresse (numéro, ville ou localité, code postal) vient ensuite.

Les Britanniques utilisent parfois — de plus en plus rarement — l'abréviation de courtoisie : Esq. (Esquire, à l'origine *écuyer*). **G. THOMSON, Esq.** ne signifie rien d'autre que : **Mr. G. THOMSON.**

5) Les formules de salutations les plus générales :

Dear Sir, ou **Dear Madam,**

ou **Dear Sirs,**

Elles sont suivies d'une virgule en anglais britannique, de deux points en anglais américain.

Malgré la présence de " Dear ", ces formules correspondent au français *Monsieur* ou *Madame,* etc.

Mesdames se dira **Mesdames.**

L'américain utilisera **Gentlemen :** au lieu de **Dear Sirs,** (G.B.).

Pour exprimer *Cher Monsieur,* etc., sous forme plus cordiale, plus personnelle, on fera figurer le nom du destinataire : **Dear Mr JOHNSON.**

Dans le cadre de relations fréquentes et de longue date, l'usage américain permet l'utilisation du prénom :
Dear John,
la virgule étant dans ce cas considérée comme moins formelle.
Les formules de salutation se placent à gauche, et non au milieu de la feuille.

6) Le **corps** de la lettre.
Deux présentations possibles :
• présentation décalée *(indented form)* où chaque paragraphe commence légèrement en retrait ;
• présentation compacte *(block form)* où toutes les lignes commencent à la verticale l'une de l'autre.
Double interligne entre les paragraphes.

7) Pas de longue formule finale à la française mais une **brève formule de conclusion,** en accord avec la salutation.

• En anglais britannique, si la lettre commence par **Dear Sir,** terminer toujours par **Yours faithfully.**

Si elle commence par **Dear Mr THOMSON,** terminer par **Yours sincerely.**

Une lettre de ton familier peut être terminée par **Yours.**

• Usage américain :

Yours faithfully n'est guère utilisé, on utilise **Sincerely yours,** ou simplement **Sincerely,** parfois **Very truly yours.**

Le premier mot — et le premier seulement — de la formule est toujours écrit avec une majuscule. La formule est suivie d'une virgule, avant la signature.

La formule de clôture se place le plus souvent à gauche, à la verticale du premier mot du premier paragraphe.

8) **Signature.**

A gauche le plus souvent, au-dessus du nom du signataire et de sa fonction.

Si c'est une signature par procuration, le nom de la personne au nom de laquelle on signe apparaîtra au-dessus de la signature, et sera précédée de **p.p.** ou de **per pro** (abréviation de per procurationem, latin pour *par procuration*).

9) Les **pièces jointes** sont signalées en bas de la lettre à gauche, par la mention :

Encl. ou **Enc.**

suivie de la nature des pièces.

II. FORMULES TYPES
UTILISÉES DANS LES LETTRES COMMERCIALES

1. *En réponse à votre demande de renseignements...*
   In reply (U.S. : In response) to your inquiry...

2. *En réponse à votre lettre du...*
   In reply (U.S. : In response) to your letter of...

3. *Nous vous envoyons ci-joint...*
   Please find enclosed...
   We enclose...
   We are enclosing...

4. *Nous accusons réception de...*
   We acknowledge receipt of...
   Thank you for...

5. *J'ai l'honneur de confirmer…*
   I wish to confirm…

6. *Nous sommes heureux de vous faire savoir que…*
   We are pleased to let you know/inform you that…

7. *Nous sommes au/avons le/regret de vous faire savoir que…*
   We are sorry to let you know/inform you/that…

8. *Je vous serais reconnaissant de…*
   I would be grateful if you would…
   Would you be so kind as to…
   Please…

9. *Nous nous permettons de vous suggérer…*
   We venture to suggest…

10. *Une réponse rapide nous obligerait.*
    A prompt answer would be appreciated.
    An early reply will/would/oblige us.

11. *Si le jour et l'heure ne vous conviennent pas…*
    If the date and time are not convenient…

12. *Envoyez-nous la facture en double exemplaire.*
    Please send us the invoice in duplicate.
    Please send us two copies of the invoice.

13. *Faites-nous connaître vos meilleurs prix/conditions.*
    Please quote us your best terms.

14. *Les prix que nous indiquons sont établis…*
    We are quoting… prices./The prices we quote are…

15. *Si cet article ne vous convient pas…*
    If this article does not suit you…

16. *Nos conditions habituelles sont…*
    Our usual terms are…

17. *Nous accordons des réductions importantes…*
    We grant/allow sizeable/substantial discounts…

18. *Le règlement devra être effectué/opéré/par…*
    Payment will be by…

19. *Nous sommes prêts à vous accorder un escompte de 5 %.*
    We are prepared to grant you (a) 5 % discount.

20. *Nous vous présentons nos excuses pour ce retard.*
    We apologize for the delay.

21. *Les marchandises seront livrées...*
    The goods will be delivered...

22. *Les marchandises n'étaient pas conformes à l'échantillon/à la commande.*
    The goods were not true to sample/as per order.

23. *Faites-nous connaître par retour de courrier...*
    Please let us know by return...

24. *Nous ne sommes pas en mesure de...*
    We are not in a position to...

25. *Nous nous voyons contraints d'annuler la commande.*
    We are sorry to have to cancel the order.
    We regret having to cancel the order.

26. *Nous avons enregistré votre commande.*
    We have booked your order.

27. *Les marchandises ont été expédiées la semaine dernière.*
    The goods were sent/forwarded/shipped/last week.

28. *Nous vous passons commande de...*
    We order/We wish to order/We are placing an order for...

29. *Nous vous serions reconnaissants d'avancer la date de livraison.*
    We would be grateful if you could put the delivery forward.

30. *Nous aimerions obtenir des informations plus précises sur...*
    We would like to have/to obtain/more detailed information/further information/further particulars/on...

31. *Nous sommes à votre disposition pour tout renseignement complémentaire.*
    We are at your disposal for any further information.

32. *J'espère avoir de vos nouvelles prochainement.*
    I am looking forward to hearing from you soon.

33. *Nous vous prions de croire à l'assurance de nos sentiments distingués.*
    (G.B.) Yours faithfully,/Yours sincerely,
    (U.S.) Sincerely yours,/Sincerely,

III. INCOTERMS :
LISTE DES CONDITIONS
LES PLUS USUELLES
DANS LES CONTRATS DE VENTE

Les prix mentionnés peuvent être :

ex-works	
ex-factory	à l'usine (sortie d'usine)
ex-mill	
ex-warehouse	en magasin
FOR	
(free on rail)	Franco wagon
FOT	
(free on truck)	Franco wagon
	(U.S.) *aussi* franco camion
FAS	
(free alongside ship)	Franco le long du navire
FOB	
(free on board)	FOB
	(franco bord)
FOB Airport	FOB Aéroport
C & F	
(cost and freight)	C & F
	(coût et fret)
CIF	
(cost, insurance, freight)	CAF
	(coût, assurance, fret)
Carriage Paid to…	Port payé jusqu'à….
Freight Paid to…	Fret payé jusqu'à…
Ex Ship	Ex Ship
	(marchandise à la disposition de l'acheteur à bord du navire dans le port de destination)
Ex Quay (duty paid)	A Quai (dédouané)
Ex Quay (duties on buyer's account)	
	A Quai (non dédouané)
Delivered at frontier	Rendu frontière
	(indiquer les deux pays que la frontière sépare, et le lieu de livraison)
Delivered…	Rendu…
(named place of destination in the importing country)	(lieu de destination convenu dans le pays d'importation)
duty paid	droits acquittés

IV. REMARQUES SUR LA FAÇON D'ÉCRIRE ET DE DIRE LES CHIFFRES

1. Ne pas oublier les virgules après les milliers :
   two thousand five hundred and fifty : 2,550

2. Les décimales s'écrivent avec un point là où le français utilise une virgule :
   français : 1,5 %   anglais : 1.5 %
   remarques :
   = 0,5 % pourra s'écrire 0.5 % (oh point five per cent) ou simplement : .5 % (point five per cent).
   = attention à : *augmenter de 5 %*, **to increase/rise/by 5 %.**
   = *une augmentation de 5 %*, **an increase/a rise/of 5 %, a 5 % increase/rise.**
   = *une augmentation de 10 % des prix au détail*, **a 10 % increase in retail prices.**

3. **hundred, thousand,** etc. sont invariables lorsqu'ils suivent un chiffre :
   two thousand cars, three hundred people.
   Ils prennent un **s** lorsqu'ils correspondent au français *des milliers de, des centaines de, des millions de* :
   hundreds of cars, thousands of people, millions of dollars.

4. Attention à la traduction du français **milliard :**
   (G.B.) one thousand million, (U.S.) one billion. FR. six milliards, (G.B.) six thousand million, (U.S.) six billion. Dans la langue internationale, l'usage américain l'emporte.

5. Attention aux formations adjectivales :
   une réunion de trois heures : **a three-hour meeting**
   un voyage de deux jours : **a two-day trip.**

6. Indication des monnaies :

FR	G.B.	U.S.
600 FF	£ 600	$ 600
	(six hundred pounds)	(six hundred dollars)

7. Au téléphone, 735 65 02 se dira **seven three five six five oh two.**

8. *Des dizaines, des vingtaines* seront souvent traduits par **dozens of :**
   des dizaines de livres, **dozens of books.** (mais attention, *deux douzaines d'œufs*, **two dozen eggs**) (cf. 3). On trouve aussi :
   des vingtaines de livres, **scores of books** *des dizaines de milliers de livres*, **tens of thousands of books.**

MULTIPLES ET SOUS-MULTIPLES

Préfixes	Abréviations	Multiplie par un facteur de :
tera-	T	10^{12} = mille milliards ou un million de millions
giga-	G	10^9 = un milliard
mega-	M	10^6 = un million
kilo-	k	10^3 = mille
hecto-	h	10^2 = cent
deca-	da	10^1 = dix
deci-	d	10^{-1} = un dixième
centi-	c	10^{-2} = un centième
milli-	m	10^{-3} = un millième
micro-		10^{-6} = un millionième
nano-	n	10^{-9} = un milliardième
pico-	p	10^{-12} = un million de millions de fois plus petit

V. POIDS ET MESURES

MASSE

avoirdupoids weight

	grain (gr)	0,0648 g	dram (dr)	1,77 g	
	ounce (oz)	28,35 g	pound (lb)	0,454 kg	
(G.B.)	stone		6,356 kg		
	quarter		12,7 kg	(G.B.)	
			11,34 kg	(U.S.)	
(U.S.)	short hundredweight (short cwt)		45,4 kg		
	hundredweight (cwt)		50,8 kg		
	short ton		907 kg		
	long ton		1 016 kg		

troy weight *(pour peser l'or, l'argent et les métaux précieux)*

grain (gr)	0,0648 g	
pennyweight (dwt)	1,555 g	
ounce (oz)	31,10 g	
pound (lb)	373,24 g	

LONGUEURS

inch (in)	2,54 cm	foot (ft)	30,48 cm
yard (yd)	0,914 m	rod/pole/perch	5,029 m
chain (ch)	20,116 m	furlong (fur)	201,168 m
mile (mi)	1,609 km		

(G.B.)	league	4,827 km

SURFACES

square inch (sq. in.)	6,45	cm²
square foot (sq. ft.)	0,093	m²
square yard (sq. yd.)	0,836	m²
square rod (sq. rd)	25,293	m²
square chain	404,624	m²
(G.B.) rood	0,101	ha
acre (a)	0,405	ha
square mile (sq. mi.)	2,590	km²

VOLUMES

cubic inch (cu. in.)	16,387	cm³
cubic foot (cu. ft.)	0,028	m³
cubic yard (cu. yd.)	0,765	m³

MESURES LIQUIDES

	G.B.	U.S.
gill (gi)	0,142 l	0,118 l
pint (pt)	0,568 l	0,473 l
quart (qt)	1,136 l	0,946 l
gallon (gal)	4,543 l	3,78 l

MESURES DE CAPACITÉ

(dry measures)

	G.B.	U.S.	
pint	0,568 l	0,550 l	(pt)
quart	—	1,101 l	(qt)
gallon	4,543 l	—	
peck	9,087 l	8,809 l	(pk)
bushel	36,347 l	35,238 l	(bu)
quarter	290,781 l	—	

MESURES NAUTIQUES

fathom (= *brasse*)	1,828	m
cable (= *encâblure*)	185,31	m
nautical mile (= *mille marin*)	1,852	km
sea league (= *lieue*)	5,550	km
knot (= *nœud*)	1,852	km/h

TAILLE ET POIDS D'UNE PERSONNE

TAILLE				
	1,55 m	5 ft 1 in	1,80 m	5 ft 11 in
	1,60 m	5 ft 3 in	1,83 m	6 ft
	1,65 m	5 ft 5 in	1,85 m	6 ft 1 in
	1,70 m	5 ft 7 in	1,90 m	6 ft 3 in
	1,75 m	5 ft 9 in		

POIDS	FR.	G.B. en stone et pounds	U.S. en pounds
	45 kg	6 st 1 lb	85 lb
	50 kg	8 st	112 lb
	55 kg	8 st 9 lb	121 lb
	60 kg	9 st 4 lb	130 lb
	65 kg	10 st 3 lb	143 lb
	70 kg	11 st	154 lb
	75 kg	11 st 11 lb	165 lb
	80 kg	12 st 9 lb	177 lb
	85 kg	13 st 4 lb	186 lb
	90 kg	14 st 2 lb	198 lb
	95 kg	15 st	210 lb
	100 kg	15 st 10 lb	220 lb

TEMPÉRATURES

Pour convertir des degrés centigrades en degrés Fahrenheit, multiplier par 9/5 et ajouter 32.

Exemple : 10 °C donnent $(10 \times 9)/5 + 32 = 50$ °F

Pour convertir des degrés Fahrenheit en degrés centigrades ou celsius, retrancher 32 et multiplier par 5/9.

Exemple : 60 °F donnent $60 - 32 \times 5/9 = 15°5$

Quelques repères :

Température du corps humain ...	36°9 C =	98°4 F
Congélation de l'eau	0°C =	32°F
Ébullition de l'eau	100°C =	212°F
....	−10°C =	14°F

MONNAIES

Pièces (coins) *Billets* (notes)

G.B. :
a half penny (a half p) 1/2p   one pound, a pound, £1
a penny (one p) 1p   five pounds, £5
two pence (two p) 2p   ten pounds, £10
five pence (five p) 5p   twenty pounds, £20
ten pence (ten p) 10p   fifty pounds, £50
twenty pence (twenty p) 20p
fifty pence (fifty p) 50p
one pound, a pound, £1

U.S. :
a cent (a penny) 1   a dollar, a dollar-bill ; *(fam.)* a
                               buck ; $ 1
five cents (a nickel) 5   five dollars, a five-dollar bill ;
                               (fam.) 5 bucks ; $ 5
ten cents (a dime) 10   ten dollars, a ten-dollar bill ;
                               (fam.) 10 bucks ; $ 10
twenty-five cents   twenty dollars, a twenty-
(a quarter) 25   dollar bill ; *(fam.)* 20 bucks ; $ 20
half a dollar, a half-dollar ; one hundred dollars, a hundred-
(fam.) half a buck, 50   dollar bill ; *(fam.)* 100 bucks ;
                               $ 100

Remarques
1. Lorsqu'une monnaie est représentée par un symbole ($, p, £),
celui-ci s'accole automatiquement au nombre qui le précède ou qui
le suit : £ 50, 50£ ; 100 $, $ 1,00 ; 5p, etc.
2. Les milliers sont séparés par une virgule, là où en français on
se contente d'un intervalle : $ 2,000 = deux mille dollars.
3. En 1979, la communauté européenne a créé d'une monnaie de
compte commune. Cette unité monétaire européenne, à l'origine
l'écu (European Currency Unit), est devenue l'euro. (€).

Composition : Atelier JOMI & DÉCLINAISONS

Impression réalisée sur Presse Offset par Brodard et Taupin
34859 – La Flèche (Sarthe), le 07-04-2006
Dépôt légal : septembre 1998
POCKET – 12, avenue d'Italie - 75627 Paris cedex 13
Imprimé en France